La notion de promoteur immobilier

Droit privé et sciences criminelles

Collection dirigée par Yves Strickler

Créée fin 2011 par Yves Strickler et le Centre d'études et de recherches en droit privé (devenu le Centre d'études et de recherches en droit des procédures en 2013) de la Faculté de droit et science politique de Nice, la présente collection a pour vocation principale de publier des ouvrages en liaison avec le thème retenu pour dénomination de la collection. Cette dernière rassemble des recherches originales, tirées notamment de travaux de recherche, de manifestations scientifiques ainsi que d'ouvrages collectifs sur les interrogations actuelles que rencontre la science juridique, spécialement dans le domaine du droit privé et des sciences criminelles.

Parutions antérieures

Université et prétoire*, Mélanges en l'honneur de Monsieur le Professeur Claude LIENHARD* (dir. I. Corpart, C. Lacroix et M.-F. Steinlé-Feuerbach), janvier 2020, 422 pages.

Défiance, doute, incertitude : quelle place pour la notion de confiance dans les sociétés modernes ? (dir. Julie Tribolo), 2019, 90 pages.

L'enfant à l'épreuve de la séparation parentale (dir. Laetitia Antonini-Cochin et Marie-Cécile Lasserre), avril 2019, 126 pages.

Les grands principes des répartitions dans les procédures collectives, Maxence Guastella, mars 2019, 300 pages.

La cession de dette, Jean-Baptiste Bottin, mars 2019, 148 pages.

Déclaration des droits de l'homme et du citoyen. Postérité et actualité (dir. Jimmy Meersman et Rémi Puigventos), février 2019, 238 pages.

Médiation et entreprises. Regards croisés Droit et Gestion (dir. Gulsen Yildirim, Isabelle Sauviat et Romain Dumas), janvier 2019, 142 pages.

La procédure (dir. Joanna Genovese et Giovanna Debernardi), octobre 2018, 138 pages.

Techniques de critique d'une décision « définitive ». Imprécision sémantique et pérennité des décisions de justice en procédure civile, Tennessee Caen, juin 2018, 160 pages.

Réforme de la prescription pénale (dir Christine Courtin et Jean-Raphaël Demarchi), juin 2018, 154 pages.

Droit des sociétés et procédures collectives (dir. Laurence-Caroline Henry), janvier 2018, 207 pages.

Le concept d'arbitrage (dir. Camille Leroy et Loïc Yboud), décembre 2017, 221 pages.

Procédure civile et nouvelles technologies, Delphine de Lorgeril, septembre 2017, 164 pages.

Mélanges en l'honneur du Doyen Roger Bernardini, « Parcours pénal » (dir. Christine Courtin, Marc Dalloz, Fabienne Ghelfi, Jean-François Renucci), mars 2017, 313 pages.

Victor Hugo et les magistrats, Marcel Foulon, octobre 2016, 198 pages.

Variations juridiques et sociologiques - Regards experts sur les grandes mutations du droit (dir. Marc Dalloz), septembre 2016, 141 pages.

De la mobilisation du fait à la réalisation du droit (dir. Maxime Lei et Loïc Yboud), septembre 2016, 225 pages.

Les enjeux patrimoniaux de la séparation - Questions récurrentes (dir. Laetitia Antonini-Cochin), juillet 2016, 112 pages.

Les aspects procéduraux du dessaisissement, Benjamin Ferrari, février 2016, 192 pages.

Le droit et les sentiments (dir. Laurie Bolleri-Schenique et Delphine Lanzara), décembre 2015, 219 pages.

L'erreur judiciaire : Apprendre à douter pour lutter contre les erreurs judiciaires (dir. Xavier Pin), novembre 2015, 119 pages.

Fonctionnaires et droit pénal. Des justiciables comme les autres ? (dir. Marc Dalloz et Christine Courtin), septembre 2015, 226 pages.

L'expertise non judiciaire à l'aune des droits fondamentaux, Thibault Goujon-Bethan, janvier 2015, 196 pages.

Un art, un droit, une question – Triptyque juridico-artistique (dir. Diane Boustani, Dalida Chabri, Marion Combe, Sarah Farhi, Marie-Cécile Lasserre), octobre 2014, 210 pages.

Le paiement (dir. Marc Mignot et Jérôme Lasserre Capdeville), juillet 2014, 298 pages.

Le vice de procédure. Réflexions désordonnées d'un artisan du droit sur l'article 2241, alinéa 2 du Code civil, Denys Mas, juin 2014, 137 pages.

Le droit de l'exécution des peines. Espoirs ou désillusion ? (dir. Fabienne Ghelfi), juin 2014, 153 pages.

Variations juridiques et politiques. Clés pour la compréhension du monde contemporain (dir. Yves Strickler), novembre 2013, 354 pages.

Les infractions de harcèlement, Sylvana Paradiso, octobre 2013, 94 pages.

Volonté et biens (dir. Yves Strickler et Fabrice Siiriainen), juillet 2013, 352 pages.

La réforme de la garde à vue (dir. Christine Courtin), janvier 2013, 124 pages.

L'arbitrage, questions contemporaines (dir. Yves Strickler et Jean-Baptiste Racine), juillet 2012, 224 pages.

Le prix de la rupture. Au cœur des contentieux familiaux (dir. Laetitia Antonini-Cochin et Christine Courtin), mars 2012, 112 pages.

Delphine PELET

Sous la direction scientifique
du Professeur Blandine Mallet-Bricout

La notion de promoteur immobilier

L'Harmattan

5-7, rue de l'École-Polytechnique, 75005 Paris
http://www.editions-harmattan.fr
ISBN : 978-2-343-24849-3
EAN : 9782343248493

Thèse soutenue le 18 juin 2020 à l'Université Jean Moulin Lyon III, devant un jury composé de :

BECQUÉ-ICKOWICZ Solange, Professeure, Université de Montpellier, Rapporteur.
FAURE-ABBAD Marianne, Professeure, Université de Poitiers, Suffragante.
MALLET-BRICOUT Blandine, Professeure, Université Jean Moulin Lyon 3, Directrice de recherches.
PÉRINET-MARQUET Hugues, Professeur, Université Panthéon-Assas Paris 2, Rapporteur.
POUMARÈDE Matthieu, Professeur, Université Toulouse 1 Capitole, Suffragant.

SOMMAIRE

PRÉFACE

Blandine MALLET-BRICOUT
Agrégée des facultés de droit, Avocate générale en service extraordinaire à la Cour de cassation

Personnage clef de l'opération de construction collective, le promoteur immobilier n'a fait l'objet d'aucune étude doctorale d'ensemble, depuis la thèse de Robert Denoyelle en 1965, rédigée alors que la profession commençait à s'imposer dans le paysage des opérations immobilières et que la notion était encore balbutiante, tout juste reconnue devant les juges du fond. Des décennies après ce premier travail de recherche, aucun travail de systématisation de la notion de promoteur n'avait encore été proposé, alors même que cet acteur essentiel du droit de la construction prenait une dimension nouvelle, omniprésent dans les réflexions économiques et sociales autour de la question du logement et du développement des locaux professionnels. C'est dire à quel point l'étude menée par Madame Delphine Pelet ne pourra que susciter l'intérêt de tous ceux qui s'intéressent au droit immobilier et aux opérations de construction plus particulièrement. Madame Pelet présentait en effet un bel atout pour mener cette recherche : un brillant parcours universitaire couplé à une expérience professionnelle de plusieurs années, en qualité d'avocate puis de juriste en droit de la construction. Son travail lie ainsi une analyse proprement juridique à une approche pragmatique de la question traitée, ce qui était sans doute indispensable pour appréhender toutes les dimensions de ce sujet, à forts enjeux tant théoriques que pratiques.

La notion de promoteur immobilier connait en effet plusieurs ambivalences qui font d'elle une notion relativement indéterminée. Les sources légales et jurisprudentielles demeurent insuffisantes à appréhender pleinement la notion, en ce qu'elles s'intéressent presque exclusivement aux rapports contractuels et au régime de responsabilité qui lient le promoteur à l'accédant, particulièrement l'accédant au logement. Aucune n'aborde le promoteur *in personam* ni n'arrête un périmètre précis de son champ d'intervention. En outre, s'agissant particulièrement de la définition prétorienne du promoteur, la jurisprudence en cultive une conception très accueillante, qui conduit à faire une application aléatoire et imprévisible du régime rigoureux qui lui est réservé. Le promoteur immobilier est en effet débiteur des garanties légales mises à sa charge, ainsi que d'une obligation de résultat particulièrement étendue.

En droit positif, la notion de promoteur immobilier donne ainsi l'impression d'un maquis juridique, dans lequel il faut accepter de s'enfoncer pour y emprunter les chemins sinueux de la jurisprudence, en l'absence de définition légale satisfaisante au regard de la pratique de la promotion immobilière. Le régime juridique dérogatoire du promoteur apparait ainsi comme une clef d'entrée vers la notion, ce que révèle son caractère fonctionnel. Madame Pelet démontre ainsi, en premier lieu et par une étude fine du droit positif, que la notion de promoteur immobilier est non seulement fonctionnelle, maniée avec la volonté d'équilibrer les rapports entre promoteur et accédant, mais aussi plurivoque. Elle distingue le promoteur « initiateur » du promoteur « exécutant », ce qui permet de rendre compte des liens puissants entre le promoteur immobilier et les différentes figures contractuelles spéciales du droit de la construction (vendeur d'immeuble à construire, à rénover, achevé ; maître d'ouvrage délégué), tout en mettant au jour les oscillations du promoteur entre les qualités de vendeur, de mandataire et d'entrepreneur. Au-delà de ces constats, l'étude de la notion sous une double perspective, personnelle et matérielle, autorise à le considérer comme un professionnel agissant pour autrui, dont l'activité, civile ou commerciale, consiste à construire ou à rénover des ouvrages immobiliers, destinés à tous types d'usages, pour le compte de personnes privées ou publiques. En phase de montage, puis de suivi de l'opération, ses missions recoupent pour l'essentiel les attributions de la maîtrise d'ouvrage, que le promoteur assume en lieu et place du bénéficiaire final de l'opération, relégué au rang d'accédant. Alors qu'ils sont les figures antagonistes d'un même rapport contractuel, promoteur et accédant sont ainsi susceptibles de recevoir la même dénomination de « maître d'ouvrage », ce qui donne lieu à de regrettables confusions.

Cette démonstration ayant conduit Madame Pelet au constat d'un certain flottement attaché à la notion juridique de promoteur immobilier, l'auteur propose ensuite une vision rénovée de la notion. S'intéressant successivement à la personne du promoteur puis à ses activités, l'auteur propose de repenser la notion en adoptant une définition clarifiée du promoteur, qu'elle se refuse toutefois à systématiser de manière théorique. Elle promeut toutefois clairement une définition qui serait fondée à la fois sur les missions du promoteur (révélant ainsi la dimension fonctionnelle de la notion, les lignes-force autour des phases de montage et de suivi), sa qualité de professionnel (afin de mettre un terme à la jurisprudence sur le promoteur bénévole ou occasionnel), tout en intégrant les formes sociales que l'exercice de cette profession peut emprunteur.

La dimension professionnelle de la notion amène enfin Madame Pelet à revenir sur les conditions d'exercice de cette profession, qui font encore débat à l'heure actuelle. Malgré deux tentatives de réforme en 1977 et en 1995, aucun projet de statut professionnel n'a été adopté à ce jour, notamment en raison de la difficulté de doter le promoteur d'une définition claire et exhaustive. Un tel travail de redéfinition étant réalisé dans cette thèse, il devient possible de repenser le statut applicable au promoteur. Madame Pelet s'y emploie, proposant la mise en place d'un statut dans une logique préventive, en complément de la réglementation propre au secteur protégé. Puis elle s'intéresse au régime juridique de la responsabilité du promoteur pour tenter de trouver le meilleur équilibre, en proposant plus spécialement de réduire le champ d'application de son obligation de résultat, en retenant plutôt une obligation de moyens lorsqu'est en cause la conformité technique des immeubles livrés.

Très complet, parsemé de propositions fortes, cet ouvrage permet ainsi, non seulement d'appréhender le promoteur immobilier sous toutes ses facettes juridiques, dans un style élégant et clair qui permet de s'imprégner sans difficulté de la complexité des sujets (nombreux) qui y sont abordés, mais aussi de réfléchir à l'avenir de la promotion immobilière, en espérant une réaction législative qui ferait œuvre de sécurisation et de clarification. Ainsi que le résume l'auteur à la fin de son beau travail de recherche, « longtemps demeuré à l'ombre de la figure captivante de l'accédant, devenu un acteur majeur sur la scène de la construction, le promoteur immobilier s'incarne dans une notion juridique singulière et centrale, qui invite à repenser l'analyse du droit de la construction à travers un prisme renouvelé ».

REMERCIEMENTS

J'adresse mes plus sincères remerciements au Professeur Blandine MALLET-BRICOUT, qui a accepté de diriger mes travaux et de m'accompagner dans mon parcours de recherche. La bienveillance et la confiance qu'elle n'a cessé de me témoigner ont facilité la réalisation de ce projet et m'ont guidée jusqu'à sa finalisation.

J'exprime ma gratitude aux Professeurs Hugues PÉRINET-MARQUET, Solange BECQUÉ-ICKOWICZ, Matthieu POUMARÈDE et Marianne FAURE-ABBAD, pour l'honneur qu'ils m'ont fait de juger cette thèse. Leurs riches contributions en droit de la construction ont été des références inspirantes et déterminantes dans l'élaboration de ma réflexion.

Je remercie chaleureusement ma famille et celle de mon époux, pour leur présence à mes côtés et leurs encouragements. A ma mère, qui n'aura pas pu voir mon projet aboutir, mais qui l'aura porté, j'adresse mes plus profondes pensées.

En dernier lieu, je remercie infiniment mon époux, sans qui aucun défi, personnel ou professionnel, ne pourrait être relevé. Son indéfectible soutien et la grande qualité de nos échanges sont des sources inépuisables d'énergie, sans lesquelles je n'aurais pu atteindre ce grade universitaire, que nous tenons tous deux en haute estime.

A ma Mère †,
À Paul-Maxence,

LISTE DES PRINCIPALES ABRÉVIATIONS

aff.	Affaire
AGEFOS-PME	Association de Gestion des Fonds de Formation des Salariés de PME
AJDI	Actualité juridique droit immobilier
al.	Alinéa
art.	Article
Ass. Nat.	Assemblée Nationale
Ass. plén.	Assemblée plénière de la Cour de cassation
assoc.	Association
Bull. AP	Bulletin des arrêts de la Cour de cassation, assemblée plénière
Bull. civ.	Bulletin des arrêts de la Cour de cassation, chambres civiles
Bull. crim.	Bulletin des arrêts de la Cour de cassation, chambre criminelle
Bull. mixte	Bulletin des arrêts de la Cour de cassation, chambre mixte
c/	Contre
C. civ.	Code civil
CA.	Cour d'appel
CAA.	Cour administrative d'appel
Cass.	Cour de cassation
CCH	Code de la construction et de l'habitation
CE	Conseil d'État
Ch. mixte	Chambre mixte de la Cour de cassation
Chron.	Chronique
Civ. (1ère, 2ème, 3ème)	Chambre civile de la Cour de cassation (première, deuxième, troisième)
CJCE	Cour de justice des communautés européennes
CJUE	Cour de justice de l'Union européenne
CNTG	Conseil National de la Transaction et de la Gestion immobilière
Com.	Chambre commerciale de la Cour de cassation
Concl.	Conclusions
Cons. const.	Conseil constitutionnel
Constr.-Urb.	Construction-Urbanisme
CPME	Confédération des Petites et Moyennes Entreprises
Crim.	Chambre criminelle de la Cour de cassation
D.	Recueil Dalloz
DC	Contrôle de constitutionnalité des normes
dir.	Sous la direction de

Doc.	Document
éd.	Edition
etc.	*Et caetera*
Fasc.	Fascicule
FFB	Fédération Française du Bâtiment
FNAIM	Fédération Nationale de l'Immobilier
FNTP	Fédération Nationale des Travaux Publics
FPI	Fédération des Promoteurs Immobiliers
GAJA	Les grands arrêts de la jurisprudence administrative
GAJC	Les grands arrêts de la jurisprudence civile
Gaz. Pal.	Gazette du Palais
Ibid.	*Ibidem*
in	Dans
Infra	Voir ci-dessous
JCl.	Encyclopédies JurisClasseur
JCP	JurisClasseur périodique (Semaine juridique)
JCP A	La Semaine juridique Administrations et Collectivités territoriales
JCP E	La Semaine juridique Entreprise et Affaires
JCP G	La Semaine juridique Edition générale
JCP N	La Semaine juridique Notariale et Immobilière
JO	Journal officiel
JORF	Journal officiel de la République Française
L.	Loi
Lebon	Recueil des décisions du Conseil d'État, statuant au contentieux
LGDJ	Librairie générale de droit et de jurisprudence
LPA	Les Petites Affiches
MEDEF	Mouvement des entreprises de France
n°	Numéro
obs.	Observations
op. cit	*Opere citato*
p.	Page(s)
préc.	Précité(e)
PUF	Presses universitaires de France
RCA	Responsabilité civile et assurances
RDC	Revue des contrats
RDI	Revue de droit immobilier
RDP	Revue de droit public
RDT	Revue de droit du travail
Rec.	Recours
Rep. Min.	Réponse ministérielle
Req.	Chambre des requêtes de la Cour de cassation

RJDA	Revue de jurisprudence de droit des affaires
RTD civ.	Revue trimestrielle de droit civil
RTD com.	Revue trimestrielle de droit commercial
s.	Suivant(e)s
SA	Société anonyme
SAS	Société par actions simplifiée
SCCV	Société civile de construction-vente
SCI	Société civile immobilière
SNC	Société en nom collectif
Supra	Voir ci-dessus
t.	Tome
TC	Tribunal des conflits
TGI	Tribunal de Grande Instance
th.	Thèse
UNIS	Union des Syndicats de l'Immobilier
V.	Voir

INTRODUCTION GÉNÉRALE

« Être homme, c'est précisément être responsable. (…) C'est sentir, en posant sa pierre, que l'on contribue à bâtir le monde »[1].

1. « *Le monde de la maîtrise d'ouvrage est porteur des utopies humaines* »[2]. Les ouvrages immobiliers relient l'Homme à son histoire : ils sont la trace visible de son mode de vie, renseignent sur ses valeurs. Selon Marguerite YOURCENAR, « *construire, c'est collaborer avec la terre : c'est mettre une marque humaine sur un paysage qui en sera modifié à jamais* »[3]. L'acte de bâtir fascine par sa permanence et par l'immense variété de ses formes d'expression : « *depuis l'aube de l'humanité, l'homme a toujours été un bâtisseur. De la hutte au gratte-ciel, il n'a cessé de marquer de son empreinte l'espace qu'il considérait comme sien* »[4]. Ce qui fait en outre l'utilité et la noblesse de l'acte de construire c'est qu'il peut tout à la fois relever des nécessités les plus prosaïques, en permettant notamment à l'Homme de se protéger, et témoigner dans le même temps d'une sophistication propre aux œuvres artistiques. En cela, l'acte de construire présente la particularité d'être à la fois « *un métier, une technique, un esprit, un art, une compétence (…). C'est donc faire, mais aussi savoir* »[5] : « *de tous les actes, le plus complet est celui de construire* »[6].

---

[1] A. DE SAINT EXUPERY, *Terre des hommes*, Le Livre de Poche, 1939, p. 59.

[2] M. HUET, « Rôle du maître d'ouvrage dans la définition du programme », *RDI*, 2002, p. 442.

[3] M. YOURCENAR, *Mémoires d'Hadrien*, 1951.

[4] B. DUBAN, *Les Promoteurs Constructeurs*, PUF, 1982, p. 3.

[5] F. COLLART DUTILLEUL, P. DELEBECQUE, *Contrats civils et commerciaux*, 11ème éd., Dalloz, 2019, p. 654.

[6] P. VALÉRY, *Eupalinos ou l'Architecte*, 1923. B. DUBAN, *op. cit.*, p. 3 : « *Complet parce qu'il est un acte de production alliant l'idée à la matière, la conception du projet à sa réalisation. Complet parce qu'il implique le travail et l'harmonie de nombreux corps de métiers aux compétences multiples. Complet parce qu'il porte sur un bien fondamental et nécessaire au développement économique et social d'un pays et parce qu'il témoigne à la fois du niveau de vie et de la qualité de vie dans une société* ».

2. Définition de la construction. L'acte de construire désigne tant le fait d'assembler, à partir d'un plan, les diverses parties d'un ouvrage d'architecture, que celui de diriger ou commander la réalisation d'un édifice[7]. *Stricto sensu*, l'acte de construire se définit comme une suite d'interventions humaines visant à l'assemblage et au façonnage de matériaux, conformément aux techniques du génie civil. Le terme « construire », emprunté au latin *construere* qui signifie « entasser par couches avec ordre, ranger », renvoie à l'action de « *bâtir, édifier, élever, ériger (...) suivant un plan déterminé avec des matériaux divers* » [8]. La construction se résume dans ce cas à la phase de réalisation proprement dite, c'est-à-dire à la conception puis à l'exécution des travaux par des techniciens du bâtiment. *Lato sensu*, le processus de construction d'un ouvrage inclut en sus l'accomplissement d'une série de formalités administratives, juridiques, financières, voire commerciales, préalables ou concomitantes au chantier, telles que notamment la prospection foncière, le rassemblement des capitaux, l'obtention des autorisations d'urbanisme, ou bien encore la passation des marchés de travaux. La construction, au sens large, intègre dans ce cas le « montage » et le « suivi » de l'opération, c'est-à-dire l'ensemble des démarches préalables ou successives qui rendent possible la réalisation du programme[9].

3. Emergence du promoteur immobilier. Si les constructions marquent les mémoires, ceux qui les ont portées sont le plus souvent méconnus ou oubliés. La technicité propre à l'acte de construire implique pourtant la succession d'une série d'intervenants spécialisés, sans lesquels l'opération ne pourrait avoir lieu. Toute opération de construction entraîne inévitablement la participation d'un maître d'œuvre, chargé de la conception et du suivi de l'exécution des travaux, ainsi que l'intervention d'entreprises responsables de l'édification. Or, la complexification croissante de l'acte de construire a entraîné un phénomène de diversification des compétences, au point que désormais, « *les professions de la construction n'épousent plus nécessairement les fonctions de l'acte de bâtir* »[10]. De même que l'opération de construction ne se résume plus à la phase strictement entendue de réalisation, les concepteurs et les exécutants ne sont plus les seuls susceptibles d'être considérés comme constructeurs[11]. L'évolution de la

---

[7] L. GUILBERT, R. LAGANE, G. NIOBEY (dir.), *Grand Larousse de la langue française en sept volumes*, t. 2, 1976, p. 937.

[8] A. REY (dir.), *Dictionnaire culturel en langue française*, t. 1, Le Robert, 2005, p. 1811.

[9] J.-J. GRANELLE, « La place de la promotion immobilière privée dans l'évolution du marché », *AJDI*, 1993, p. 5.

[10] M. HUET, « Les professionnels de la construction », *RDI*, 1992, p. 437.

[11] C. TOPALOV, *Les promoteurs immobiliers. Contribution à l'analyse de la production capitaliste du logement en France*, Mouton, 1974, p. 101 : « *Au cours de l'histoire, les agents ont changé : du couple propriétaire du terrain – entrepreneur, on est passé à une combinaison complexe de financiers – promoteurs – architectes – bureaux d'études – entrepreneurs – vendeurs* ». P. MALINVAUD, « Nouvelles fonctions dans les marchés de construction », *RDI*, 1996, p. 447 : « *Toute personne désireuse de faire construire un ouvrage n'a eu, pendant longtemps, que deux interlocuteurs, l'architecte ou maître*

construction a généré l'apparition d'un intervenant inconnu jusqu'alors : « *l'édification d'un immeuble de quelque importance, nécessite des démarches et des études d'ordres technique, financier, administratif qu'une personne non spécialisée peut difficilement entreprendre, ce qui a entraîné la constitution et le développement d'une profession nouvelle, celle de promoteur immobilier* »[12]. Celui-ci assume une fonction d'intermédiaire, en charge du montage et du suivi du programme. Son rôle n'est pas de participer à l'édification de l'immeuble mais de permettre la réalisation de l'opération de construction « *en se chargeant d'accomplir les actes et formalités nécessaires* »[13]. Inexistant à l'orée du XXème siècle, le promoteur s'impose aujourd'hui comme la nouvelle figure centrale de l'opération de construction, « *le chef d'orchestre sur la scène où se rencontrent les partenaires de l'acte de construire* »[14].

I. Présentation de l'objet d'étude

4. Le promoteur immobilier incarnant tout à la fois une notion juridique et un agent économique, l'objet d'étude requiert une présentation qui soit à la fois juridique (B) et extra-juridique (A).

A) Présentation extra-juridique du promoteur immobilier

5. Le promoteur immobilier fait l'objet de multiples définitions, aux origines diverses, qui illustrent la spécificité de son champ d'activité (1). Apparu dans un contexte historique et économique favorable à son émergence (2), il se révèle être un personnage clivant, du fait des nombreuses critiques qu'il inspire, tant négatives que positives (3).

1. Approche analytique du promoteur immobilier

6. **Un acteur dont l'activité est difficile à identifier**. Si le promoteur est essentiellement appréhendé à travers les missions qu'il exerce, force est de constater que son périmètre d'intervention reste difficile à circonscrire. En effet,

---

d'œuvre, et l'entrepreneur ; et donc deux contrats à passer. Cette situation simple n'est plus de mise aujourd'hui et le maître de l'ouvrage peut, ou doit même dans certains cas, s'entourer d'intervenants aux domaines et modes d'intervention variés ». F. MODERNE, « Rapport de synthèse : Nouvelles fonctions dans les marchés de construction », *RDI*, 1996, p. 511 : « *Depuis quelques décennies, nous l'avons vu, de nouveaux protagonistes apparaissent, de nouvelles fonctions se profilent, de nouvelles professions se constituent et tentent d'obtenir leur consécration juridique dans un environnement de plus en plus brouillé* ».

[12] F. LEMEUNIER, *Tous les problèmes juridiques des sociétés de construction : la promotion immobilière*, 3ème éd., J. Delmas, 1983, p. 28.

[13] « Rôle du promoteur », *Dictionnaire Permanent Construction et Urbanisme*, Editions Législatives, actualisé le 25 juin 2014, § 2, p. 3561.

[14] C. TOPALOV, *op. cit.*, p. 284.

« le rôle d'un promoteur de constructions est extrêmement complexe et étendu (…). Le promoteur est une personne qui conçoit, étudie, organise et guide la construction d'un ou plusieurs immeubles aux points de vue juridique, technique, financier, administratif et commercial »[15]. C'est précisément parce que le promoteur s'occupe de « *la gestion globale de l'opération* », en étant « *le seul interlocuteur du maître d'ouvrage* »[16], que l'on considère son activité comme étant protéiforme, ce qui rend ses contours flous et difficiles à fixer[17]. Bernard DUBAN souligne à ce titre que « *l'agent économique le plus ignoré, sinon le plus méconnu est le promoteur-constructeur.* (…) *Situation paradoxale puisqu'*[il] *remplit une fonction fondamentale* »[18].

7. Cette méconnaissance du promoteur immobilier pourrait s'expliquer par le fait qu'il est un nouvel intervenant à la construction, dont l'apparition est récente, au regard de la dimension immémoriale de l'acte de construire. « *Jusqu'aux années 1930, les débuts de la promotion immobilière sont balbutiants, marqués par une faible reconnaissance et définition des activités ainsi que par une instabilité des acteurs* »[19]. Au début du XXème siècle, la construction dépend encore de l'intervention conjointe de trois acteurs seulement : le maître d'ouvrage, qui fournit le terrain et le financement, l'architecte, qui conçoit l'ouvrage et en surveille la réalisation, et l'entrepreneur, qui l'exécute. Puis, l'émergence du promoteur se dessine à brefs délais : « *en 1960, cinq promoteurs sur six n'avaient pas dix ans d'existence. Et la moitié d'entre eux a pour seule activité la promotion. Ils n'étaient qu'un sur quatre, dix ans auparavant* »[20]. L'installation du promoteur dans le secteur de la construction, qui était jusque-là parfaitement ordonnancé sans lui, est pour ainsi dire fulgurante.

8. De surcroît, le promoteur s'est imposé en tant qu'intermédiaire. Il n'a pas rejoint les acteurs de la construction qui lui préexistaient, pour prendre part à la conception ou à l'exécution de l'ouvrage, mais a créé son propre espace d'intervention. En effet, « *le promoteur, à la différence du marchand de biens ou de l'agent immobilier, réalise l'immeuble. Toutefois, à la différence de l'entrepreneur, il ne le bâtit pas lui-même. Le promoteur joue le rôle d'intermédiaire économique sinon juridique entre les hommes de l'art et*

---

[15] R. DENOYELLE, *Le promoteur de constructions immobilières*, Thèse, Berger-Levrault, 1965, p. 64.
[16] M. FAURE-ABBAD, *Droit de la construction*, 3ème éd., Gualino-Lextenso, 2016, p. 322.
[17] J.-B. AUBY, H. PÉRINET-MARQUET, R. NOGUELLOU, *Droit de l'urbanisme et de la construction*, 11ème éd., LGDJ, 2017, p. 1075.
[18] B. DUBAN, *op. cit.*, p. 4.
[19] J. POLLARD, *L'Etat, le promoteur et le maire. La fabrication des politiques du logement*, Presses de Sciences Po, 2018, p. 60.
[20] B. AVRIL, B. ROTH, *La promotion immobilière. Construire pour autrui*, Presses de l'Ecole Nationale des Ponts et Chaussées, 2001, p. 25.

l'accédant »[21]. C'est donc en observant les frontières des activités de chacun de ces acteurs que le promoteur donne à voir ce qu'il est[22], selon une définition négative, qui parait aujourd'hui insuffisante. Pourtant, malgré l'incertitude qui entoure les contours de son activité, c'est bien à travers elle que le promoteur immobilier est envisagé. Les définitions qui lui sont attribuées privilégient une approche matérielle mettant l'accent sur les caractéristiques de l'action exercée, plutôt qu'une approche personnelle s'intéressant aux attributs du sujet.

9. Définition étymologique du promoteur immobilier. Les sens étymologiques du terme « promoteur » revêtent une connotation méliorative. Le terme « promoteur » provient du latin médiéval *promotor*, qui signifie « celui qui accroît » ; cette allocution provenant elle-même du latin classique *promovere*, qui veut dire « faire avancer ». En détail, « *ce verbe, formé de* pro *''en avant'' et de* movere *signifie proprement ''pousser en avant, faire avancer'', d'où ''étendre, agrandir'' et au figuré ''faire monter en grade'', ''développer'' et ''faire des progrès''* »[23], « *élever à un rang supérieur* »[24]. Dans une même perspective, le terme « promotion » renvoie à l'« *action de promouvoir, développer, encourager, stimuler, favoriser* »[25]. Le « promoteur » désigne ainsi la « *personne qui met en œuvre un projet, qui assure la création de quelque chose et provoque son développement, son succès ; la personne qui est la première à lancer des idées ou des techniques nouvelles* »[26] ou qui cherche à faire admettre un nouveau concept. Ses synonymes sont « *l'animateur, le créateur, l'initiateur, le pionnier, l'auteur, l'inspirateur, l'instigateur, le père* »[27]. Après avoir revêtu une signification religieuse éloignée de celle désormais admise, en désignant l'ecclésiastique tenant près des juridictions canoniques le rôle de ministère public[28], ou celle de procureur jusqu'au

---

[21] P. MALINVAUD, P. JESTAZ, P. JOURDAIN, O. TOURNAFOND, *Droit de la promotion immobilière*, 9ème éd., Dalloz, 2014, p. 1. En maîtrisant la phase de construction de l'ouvrage, prise dans son sens large, le promoteur intervient chronologiquement après l'aménageur, chargé de préparer l'assiette foncière, et avant le marchand de biens, qui transforme le bâti.

[22] J. POLLARD, *op. cit.*, p. 26.

[23] A. REY (dir.), *Dictionnaire culturel en langue française*, t. 3, Le Robert, 2005, p. 2124.

[24] J. DUBOIS, H. MITTERAND, A. DAUZAT, *Grand dictionnaire étymologique et historique du français*, Larousse, 2011, p. 807.

[25] G. CORNU, assoc. H. CAPITANT, *Vocabulaire juridique*, 13ème éd., PUF, 2020, p. 812.

[26] http://www.cnrtl.fr/lexicographie/promoteur.

[27] L. GUILBERT, R. LAGANE, G. NIOBEY (dir.), *Grand Larousse de la langue française en sept volumes*, t. 5, 1976, p. 4673.

[28] http://www.cnrtl.fr/definition/promoteur.

XVIIIème siècle[29], l'adjectif « promoteur » est utilisé, à partir du milieu du XXème siècle, en emploi qualifié « *promoteur immobilier* »[30].

10. Définition courante du promoteur immobilier. On prête la paternité du vocable « promoteur immobilier » à l'architecte et urbaniste français Fernand POUILLON, qui l'aurait inventé en 1954, dans le sens recherché de « monteurs d'affaires immobilières ». Le promoteur immobilier est défini par les dictionnaires de la langue française comme « *l'homme ou la femme d'affaires qui se charge du plan de financement et de la réalisation d'un programme de constructions individuelles et collectives* »[31]. Le promoteur immobilier serait ainsi la personne physique « *ou la société qui achète le terrain, finance les emprunts, choisit les architectes et entrepreneurs et surveille la construction d'immeubles pour les vendre ou les louer* »[32]. Le terme « promoteur » est parfois remplacé par celui de « développeur », mais ce dernier est surtout un anglicisme provenant du mot « *developer* »[33].

11. Définition économique du promoteur immobilier. Certains auteurs insistent sur le contenu économique de la notion de promoteur : celui-ci « *échappe à toute définition juridique précise et ne peut être saisi que dans sa fonction économique d'intermédiaire* »[34]. Pour leur part, « *les économistes considèrent comme promoteur l'agent qui, par son travail de gestion, assure la transformation d'un capital monétaire en produit immobilier fini* »[35]. Adoptant un prisme exclusivement économique, Christian TOPALOV définit le promoteur immobilier comme un « *agent social qui assure la gestion d'un capital immobilier de circulation dans sa phase de transformation en marchandise logement* »[36]. Pour l'auteur, « *la fonction de promotion comporte la mise à disposition d'un sol à un capital et la gestion de ce capital dans la phase où il se transforme en marchandise* »[37]. A ce titre, le promoteur serait un industriel, bien que son activité s'apparente juridiquement à une prestation de services[38].

---

[29] O. BLOCH, W. VON WARTBURG, *Dictionnaire étymologique de la langue française*, PUF, 1932, p. 514.
[30] A. REY (dir.), *op. cit.*, p. 2124.
[31] J. REY-DEBOVE, A. REY (dir.), *Le Petit Robert de la langue française*, 2015, p. 2043. L. GUILBERT, R. LAGANE, G. NIOBEY (dir.), *Grand Larousse de la langue française en sept volumes*, t. 5, 1976, p. 4673.
[32] http://www.cnrtl.fr/definition/promoteur.
[33] Dans la langue française, le terme « développeur » est utilisé dans le secteur de l'informatique, ou dans l'immobilier, pour désigner le « développeur foncier ».
[34] P. MALINVAUD, P. JESTAZ, P. JOURDAIN, O. TOURNAFOND, *op. cit.*, p. 5.
[35] *Idem*.
[36] C. TOPALOV, *op. cit.*, p. 15.
[37] *Ibid.*, p. 103.
[38] J. RIOUFOL, J.-F. SELAUDOUX, *Le marché immobilier*, PUF, 2005, p. 29. V. G. LARDEUX, « Le contrat de prestation de service dans les nouvelles dispositions du code civil », *D.* 2016, p. 1659.

12. Définition corporatiste du promoteur immobilier. Aux termes de l'article 3 de ses statuts actuels, la Fédération des Promoteurs Immobiliers - syndicat représentatif de la profession - désigne ses adhérents à travers une série de critères cumulatifs relativement précis, soulignant la dimension professionnelle, diversifiée et inclusive de l'activité de promotion. Sont adhérents et, partant, promoteurs les « *personnes physiques ou morales dont la profession ou l'objet est d'assurer, de façon habituelle et dans le cadre d'une organisation permanente, la maîtrise d'ouvrage ou de prendre l'initiative de réalisations immobilières dans divers domaines relevant des logements collectifs ou individuels, des résidences de loisirs, des résidences pour étudiants, des résidences avec services, des hôtels, des bureaux, des locaux commerciaux et industriels, des parcs d'activité, de l'aménagement, de la rénovation et de la réhabilitation, ainsi que tout autre domaine connexe et/ou d'assumer la responsabilité de la coordination des opérations intervenant pour l'étude, l'exécution, la livraison et la gestion des programmes immobiliers* »[39]. La Fédération des Promoteurs Immobiliers considère ainsi le promoteur comme une personne morale, agissant en qualité de professionnelle, assumant la maîtrise d'ouvrage d'opérations de différentes natures, portant sur des immeubles destinés à divers usages.

13. Définition juridique du promoteur immobilier. Le Précis Dalloz dédié à l'étude du droit de la promotion immobilière débute par la définition suivante : « *le promoteur immobilier est l'agent économique qui réalise un ou plusieurs immeubles afin d'en faire acquérir la propriété à une ou plusieurs personnes nommées accédants à la propriété (plus brièvement accédants)* »[40]. Selon les lexiques de termes juridiques, le promoteur immobilier serait l'agent dont l'action est de « *prendre en charge la réalisation d'une opération, d'en assumer la responsabilité d'ensemble* »[41], un « *intermédiaire, le plus souvent professionnel, qui réalise des constructions collectives ou individuelles au profit d'accédants qui en deviendront propriétaires* »[42]. Plus spécifiquement, Philippe MALINVAUD identifie au sein de la notion un promoteur « capitaliste » et un promoteur « prestataire de services »[43]. Le premier dispose de fonds propres

---

[39] P. MALINVAUD, P. JESTAZ, P. JOURDAIN, O. TOURNAFOND, *op. cit.*, p. 4 : l'article 3 ancien des statuts de la Fédération Nationale des Promoteurs-Constructeurs visait toute personne répondant à la description suivante : « *la personne physique ou morale dont la profession ou l'objet est de prendre, de façon habituelle et dans le cadre d'une organisation permanente, l'initiative de réalisations immobilières et d'assumer la responsabilité de la coordination des opérations intervenant pour l'étude, l'exécution et la mise à disposition des usagers des programmes à réaliser* ».

[40] *Ibid.*, p. 1.

[41] G. CORNU, assoc. H. CAPITANT, *op. cit.*, p. 812.

[42] S. GUINCHARD, T. DEBARD, *Lexique des termes juridiques*, 27ème éd., Dalloz, 2019, p. 864. « Promotion immobilière », *Dictionnaire Permanent Construction et Urbanisme*, Editions Législatives, actualisé le 25 juin 2014, p. 3561.

[43] P. MALINVAUD, P. JESTAZ, P. JOURDAIN, O. TOURNAFOND, *op. cit*, p. 5.

suffisants pour avoir l'initiative et la maîtrise des opérations, sur des terrains qu'il acquiert lui-même, dans un objectif de commercialisation visant à rapporter des bénéfices. Le second se borne à accomplir une série de démarches, en contrepartie desquelles il est rémunéré par un commanditaire, qui finance la construction sur un terrain qui lui appartient ou sur lequel il est titulaire du droit de construire. En d'autres termes, « *le promoteur peut être simple prestataire de services qui assiste le maître de l'ouvrage, lui apporte sa technicité et sa compétence en vue de réaliser une opération de construction* (…). *Il peut, à l'opposé, être celui qui met en œuvre tous les stades successifs de l'opération : achat du terrain, financement de la construction, direction de la réalisation puis de la commercialisation des constructions* »[44]. Alors que l'immeuble est une marchandise pour le « promoteur capitaliste », il n'est que le support de l'activité du « promoteur prestataire de services ».

14. Ainsi, les différentes définitions du promoteur immobilier qui ont cours mettent en exergue ses fonctions d'intermédiaire, de coordonnateur et d'organisateur, ainsi que la nature principalement juridique, administrative et financière de son intervention. Quelle que soit la définition retenue, celle-ci resterait lacunaire sans un éclairage historique.

2. Approche historique du promoteur immobilier

15. Aux origines de la promotion immobilière. Si le promoteur immobilier s'est imposé en quelques décennies comme le rouage essentiel de l'opération de construction, son apparition est particulièrement tardive. La promotion immobilière connait ses prémices aux lendemains de la Première Guerre Mondiale, mais la profession ne se structure qu'après 1945. Elle s'installe durablement dans le secteur de la construction grâce à la phase d'expansion que permettront les Trente Glorieuses, avant de connaître une succession de périodes de crise et de croissance liées à l'évolution du marché immobilier. Avant 1914, les entrepreneurs et les architectes, intervenants traditionnels de la construction, étaient cantonnés dans leurs rôles respectifs. « *La construction relevait d'initiatives individuelles destinées à satisfaire les besoins personnels* » : « *on faisait construire sa maison avec le concours d'un architecte et d'un entrepreneur* »[45], ou bien un investisseur se chargeait de faire édifier sous sa maîtrise d'ouvrage le ou les immeubles collectifs qu'il réservait à la vente ou à la location. « *Les patrons de la révolution industrielle et du capitalisme triomphant ont été les réalisateurs de leur propre patrimoine immobilier* »[46]. Jusqu'au début du XXème siècle, « *les données juridiques et pratiques de la construction étaient beaucoup moins complexes que de nos jours. Ainsi, lorsqu'un détenteur de capitaux faisait édifier un immeuble de*

---

[44] J.-L. BERGEL (dir.), « Définition jurisprudentielle du promoteur », *Lamy Droit Immobilier*, actualisé en juin 2019, § 2747.
[45] J. RIOUFOL, J.-F. SELAUDOUX, *op. cit.*, p. 29.
[46] B. AVRIL, B. ROTH, *op. cit.*, p. 168.

rapport par un architecte et un entrepreneur, ces trois personnes se partageaient sans difficulté les tâches d'organisation, si bien que la fonction d'intermédiaire n'avait aucune autonomie »[47]. Les constructeurs avaient alors pour seul cocontractant le maître d'ouvrage, qui commandait l'immeuble et supervisait l'opération. A ses débuts, le promoteur immobilier apparaît sous les traits d'un simple prestataire de services qui accompagne les maîtres d'ouvrage dans l'exercice de leurs fonctions. Puis, à partir de 1945, sous l'effet de différents facteurs à la fois économiques, techniques et juridiques, le promoteur devient producteur à part entière de constructions neuves, en assumant directement la maîtrise d'ouvrage des opérations. Cela étant, « *le promoteur va prendre la place du particulier fortuné, maître d'ouvrage, qui faisait édifier des immeubles de rapport* »[48].

16. Une conjoncture favorable à l'émergence du promoteur immobilier. Les destructions causées par le second conflit mondial ont été à l'origine d'un grave déséquilibre entre l'offre et la demande de logements. Outre la restauration du parc immobilier tel qu'il se trouvait avant-guerre, l'exode rural et l'explosion démographique d'après-guerre ont également contribué à accroître les besoins en logements. Par ailleurs, le prix des loyers avait déjà nettement augmenté entre 1918 et 1939, ce qui a incité les particuliers à faire l'acquisition de leur résidence principale. Par la suite, la loi du 1er septembre 1948[49] a imposé le blocage des loyers en excluant du dispositif les immeubles neufs, pour lesquels la fixation des loyers par les propriétaires restait libre, ce qui a également attiré les investisseurs vers la construction. Enfin, la croissance économique qui a suivi le deuxième conflit mondial a largement accompagné le processus de reconstruction. Pour l'ensemble de ces raisons, les mises en chantier n'ont cessé de croître des années 1950 au premier choc pétrolier : 68 000 en 1950, 316 000 en 1960, 412 000 en 1970, 550 000 en 1974[50]. L'Etat a été contraint de laisser à l'initiative privée le soin de se charger d'une partie des chantiers, faute de disposer des moyens financiers, techniques et humains suffisants pour les conserver tous sous sa maîtrise d'ouvrage. En outre, les constructeurs ont tiré profit des subventions de l'Etat versées aux propriétaires d'immeubles détruits ou endommagés et, plus généralement, de l'ensemble des initiatives publiques mises en œuvre dans le but de soutenir financièrement ce secteur. A titre d'exemple, le crédit à la construction a pu se développer sous

---

[47] P. MALINVAUD, P. JESTAZ, P. JOURDAIN, O. TOURNAFOND, *op. cit.*, p. 11.

[48] J.-J. GRANELLE, « Où en est la promotion immobilière privée ? », *Etudes Foncières*, n° 78, 3 mars 1998 *in* J. POLLARD, « Les grands promoteurs immobiliers français », *Flux*, 2007/3, n° 69, p. 94.

[49] Loi n° 48-1360 du 1er septembre 1948 portant modification et codification de la législation relative aux rapports des bailleurs et locataires ou occupants de locaux d'habitation ou à usage professionnel et instituant des allocations de logement.

[50] Commission du bilan, annexe III, p. 239 cité *in* F. BOUYSSOU, « L'Etat et le logement », *RDI*, 1983, p. 1.

l'égide du Crédit Foncier, grâce à la loi du 21 juillet 1950[51], qui a permis la distribution de primes donnant droit à des prêts spéciaux couvrant jusqu'à 50% de l'acquisition dans le neuf. D'une manière plus indirecte, mais toujours dans un objectif incitatif, la loi du 11 juillet 1953[52] a créé le « 1% logement », obligeant certains employeurs à consacrer 1% des salaires à l'effort de construction. Plusieurs facteurs ont ainsi concouru à faire de l'après-guerre une période de bouleversement de la construction privée, au point que les années 1960 et 1970 soient restées celles de l'âge d'or de la construction et de l'habitat en France. Ce contexte économique a fait du bâtiment un secteur particulièrement attractif, en créant indirectement le terreau favorable à l'apparition du promoteur. C'est, en quelque sorte, « *le développement récent de la construction collective de masse qui a donné naissance à la profession de promoteur* »[53].

17. De nouvelles techniques matérielles de construction. Alors qu'auparavant, les acquéreurs se chargeaient directement de la maîtrise d'ouvrage de l'opération, la combinaison de différents paramètres, tels que la technicité croissante des méthodes de construction ou la complexification des normes applicables[54], ont favorisé l'intervention d'un organisateur expérimenté. Afin de satisfaire rapidement et efficacement les demandes de logements, en forte expansion après-guerre, tout en tenant compte de la rareté progressive des terrains constructibles (causée par la concentration de la population dans les villes), la construction d'immeubles collectifs ou de grands ensembles de maisons individuelles a été privilégiée. Plusieurs auteurs parlent à cet égard « *d'une révolution immobilière analogue à la révolution industrielle* »[55]. Ce phénomène de « collectivisation » a donné lieu à des opérations d'envergure, impliquant le recours à des techniques de plus en plus exigeantes et la mobilisation de nombreux intervenants, qui ont rendu plus complexes le

[51] Loi n° 50-854 du 21 juillet 1950 autorisations de dépenses pour opérations prévues au plan de modernisation.
[52] Loi n° 53-611 du 11 juillet 1953 portant redressement économique et financier.
[53] P. MALINVAUD, P. JESTAZ, P. JOURDAIN, O. TOURNAFOND, *op. cit.*, p. 9.
[54] J.-J. GRANELLE, « Où en est la promotion immobilière privée ? », *Etudes Foncières*, n° 78, 3 mars 1998 *in* J. POLLARD, « Les grands promoteurs immobiliers français », *Flux*, 2007/3, n° 69, p. 94. F. MODERNE, « Rapport de synthèse : Nouvelles fonctions dans les marchés de construction », *RDI*, 1996, p. 511 : « *Technicité plus marquée des opérations de construction qui mettent le maître d'ouvrage en porte-à-faux avec sa fonction habituelle, difficulté croissante de la mission de maîtrise d'ouvrage aux prises avec la complexité des relations qui s'instituent avec des participants plus nombreux, dont le profil professionnel n'est plus aussi aisément saisissable, réglementation devenue très exigeante, notamment dans le domaine de la sécurité technique des constructions ou de la santé/sécurité des travailleurs sur les chantiers. Tout ceci ne peut que modifier l'approche classique de la maîtrise d'ouvrage* ».
[55] P. MALINVAUD, P. JESTAZ, P. JOURDAIN, O. TOURNAFOND, *op. cit.*, p. 13.

montage de l'opération et le suivi des travaux[56]. Les techniques de construction sont alors retranscrites dans des dispositions réglementaires, ce qui suscite un véritable phénomène de normalisation en la matière[57]. De 1945 à 1978, « *les architectes et les entrepreneurs mettront en œuvre des méthodes nouvelles de construction et des matériaux jusqu'alors inconnus et souvent mal maîtrisés* »[58]. Cette sophistication de l'acte de construire va de pair avec la mobilisation d'auxiliaires spécialisés (bureaux d'études, ingénieurs, bureaux de contrôle…)[59]. Dès lors, « *l'édification des grands ensembles collectifs (et à une échelle plus modeste, des maisons individuelles), en raison de la complexité des techniques de construction, a imposé le recours à des intermédiaires chargés de faire réaliser, par des hommes de l'art, les opérations envisagées* »[60]. Puisque l'opération de construction nécessite désormais « *des démarches et des études d'ordres technique, financier, administratif qu'une personne non spécialisée peut difficilement entreprendre* », s'est constituée et développée « *une profession nouvelle, celle de promoteur immobilier* »[61]. Ces façons de construire inédites ont en effet rendu nécessaire le concours d'un tiers compétent chargé d'encadrer l'opération, au soutien du maître d'ouvrage. Dans ce contexte, « *la fonction du promoteur est pensée comme produite par un processus de division technique du travail, sa spécialisation étant le résultat naturel de la*

---

[56] B. BOUBLI, « Contrat d'entreprise », *Répertoire de droit civil*, Dalloz, novembre 2016 (actualisé en octobre 2019), § 180 : « *L'apparition d'une mission de coordination dans l'opération de construction est à la fois l'illustration et la conséquence de deux mouvements de spécialisation et de fragmentation : l'un dû à la sophistication de la technique de construction et aux contraintes croissantes imposées par les coûts, l'autre dû à la multiplication des intervenants à l'acte de construire* ».

[57] Parallèlement aux dispositions légales et réglementaires, il existe plus de 35 000 « normes volontaires », adoptées par des organismes privés, qui guident la conduite des opérateurs économiques dans leurs différentes activités techniques (NF, EN, ISO, *etc.*). T. PIAZZON, *La sécurité juridique*, Thèse, Lextenso, 2009, p. 196 : « *Dans l'esprit contemporain, les progrès économiques, techniques ou sociaux justifient indéniablement une mise en harmonie du droit avec les faits* ».

[58] J. CHRISTOPHE MAZARD, *La responsabilité contractuelle de droit commun des constructeurs*, Thèse, Université de Toulouse, 2005, p. 2.

[59] J.-L. BERGEL (dir.), *Missions et responsabilités des professionnels de l'immobilier*, Le Moniteur, 2006, p. 45 : « *La complexification croissante des techniques et matériaux de construction, la satisfaction de nouveaux objectifs dans le domaine du confort, ainsi que le souci d'optimisation énergétique ont offert aux techniciens et spécialistes une place grandissante dans l'opération de construire* ».

[60] J.-L. BERGEL (dir.), « Causes des interventions jurisprudentielles et législatives », *Lamy Droit Immobilier*, actualisé en juin 2019, § 2746.

[61] F. LEMEUNIER, *op. cit.*, p. 64. P. MALINVAUD, « Nouvelles fonctions dans les marchés de construction », *RDI*, 1996, p. 447. F. DANEMANS, « Libres propos sur le maître de l'ouvrage d'une opération de construction » *in Etudes offertes au Professeur Philippe Malinvaud*, LexisNexis Litec, 2007, p. 156 : « *Bientôt ces missions devinrent celles de spécialistes. C'est ainsi qu'apparut dans l'opération de construction le promoteur immobilier* ».

complexification des tâches, signe de développement des activités de service et d'organisation dans notre société ''post-industrielle'' »[62].

18. De nouvelles techniques juridiques de construction. Des modèles juridiques innovants ont accompagné le phénomène de collectivisation de la construction, à l'instar des méthodes de Paris et de Grenoble, conçues par le promoteur après-guerre. Ces techniques sont mobilisées lorsque plusieurs maîtres d'ouvrage souhaitent réunir leurs capitaux afin de faire de la construction une entreprise commune. Dans chacun de ces dispositifs juridiques, le promoteur s'impose comme le maître d'ouvrage actif de l'opération, l'interlocuteur principal et unique de tous les intervenants à la construction, en agissant pour le compte des futurs propriétaires[63]. La « méthode de Grenoble » consiste pour le promoteur à faire l'acquisition d'un terrain puis à le revendre en indivision aux futurs propriétaires, qui acquièrent chacun les millièmes correspondant aux locaux qui leur reviendront. Le temps de l'opération, le promoteur représente ses coindivisaires dans leurs rapports aux constructeurs. Une fois achevé, l'immeuble est partagé et chacun des indivisaires se voit attribuer en nature la fraction du bien correspondant à ses millièmes[64]. Quant à la « méthode de Paris »[65], elle consiste pour le promoteur à constituer une société qui se charge d'acheter le terrain et de superviser l'opération. Les futurs propriétaires font l'acquisition de parts sociales qui correspondent aux lots qu'ils entendent réserver. Ces derniers sont remis en nature à chacun des associés, après dissolution de la société[66]. En l'absence de réglementation spécifiquement dédiée à l'encadrement de la construction collective, le promoteur exploite ainsi les nouveaux mécanismes juridiques que la liberté contractuelle tolère. Une fois la construction terminée, ces immeubles collectifs voient de surcroît leur administration facilitée par le régime de la copropriété, qui séduit les acquéreurs et conforte l'activité des promoteurs. Celle-ci permet en effet de résoudre les difficultés de gestion d'un immeuble divisé en plusieurs lots, en contournant les obstacles de l'indivision. La souplesse apportée par ce régime a contribué à favoriser la construction collective, ce qui fait dire à Robert DENOYELLE que « *la tendance à l'autonomie de la profession de promoteur s'est accentuée par suite de l'essor pris par la construction en vue de la copropriété* »[67].

---

[62] C. TOPALOV, *op. cit.*, p. 285.

[63] R. DENOYELLE, *th. préc.*, p. 32.

[64] Cf. *Infra*, § 88 et s.

[65] Celle-ci s'incarnera ensuite dans le modèle proposé par la « société d'attribution », ultérieurement réglementée dans le CCH.

[66] Cf. *Infra*, § 94 et s.

[67] R. DENOYELLE, *th. préc.*, p. 30. J.-J. GRANELLE, « La place de la promotion immobilière privée dans l'évolution du marché », *AJDI*, 1993, p. 5 : « *Les promoteurs privés apparaissent à Paris, par l'intermédiaire de la copropriété, et en banlieue par le biais juridique du lotissement* ».

19. Au cours de la deuxième moitié du XXème siècle, plusieurs facteurs - de nature économique, matérielle ou juridique - ont facilité l'émergence du promoteur immobilier. Or, force est de constater que depuis l'origine, ce dernier véhicule une image singulière, qui participe de sa définition.

3. Approche sociologique du promoteur immobilier

20. Si le promoteur fait à première vue l'objet de nombreuses critiques (a), celles-ci peuvent être relativisées à la lumière des retombées positives de son activité (b).

a. Représentations négatives du promoteur

21. Un intervenant mal jugé. Le promoteur immobilier a longtemps souffert dans l'opinion publique d'une image irrémédiablement négative, qu'entretiennent des réalités ou des préjugés nombreux et divers. Dans les représentations, « *le promoteur serait à ranger du côté des nantis et des corrompus composant, avec d'autres, le groupe à droite d'une ligne de partage séparant les bons des mauvais, le bien commun de l'intérêt personnel ou bien encore la vertu du vice* »[68]. L'apparition tardive du promoteur explique sans doute qu'il ait été perçu comme un intervenant au rôle superflu. Le caractère innovant de sa participation à l'opération de construction a pu susciter la méfiance des acquéreurs, peu habitués à interagir avec un interlocuteur dont les missions diffèrent de celles des constructeurs traditionnels. En tant qu'intermédiaire économique, le promoteur ne contribue ni à la conception ni à la réalisation de l'ouvrage : il n'a pas le savoir-faire des techniciens de la construction. Son rôle a donc pu être interprété comme celui d'un simple investisseur, peu sensibilisé aux attentes des acquéreurs et peu préoccupé par les conditions d'édification de l'ouvrage. Du reste, la notion d'intermédiaire souffre en tant que telle d'un déficit de popularité : elle « *ne semble en effet pouvoir être évoquée sans qu'aussitôt ne surgisse l'image d'un agent opaque, profitant de sa situation pour s'enrichir indûment sur le dos d'autrui* »[69].

22. Un spéculateur. Le public a projeté sur le promoteur immobilier la vision dégradante d'un spéculateur, héritée de la littérature du XIXème siècle. Comme le relève Alain BÉCHADE, « *Emile Zola reprendra, en l'appuyant et en la politisant, l'image du spéculateur immobilier* ''génie démoniaque, figure de proue de la corruption d'un régime'' *(La Curée).* (...) *Très vite, le public assimilera à l'image du spéculateur celle du promoteur et si Balzac et Zola sauvent toujours leurs héros, il n'en sera pas de même pour le public qui*

---

[68] A. TABURET, *Promoteurs immobiliers privés et problématiques de développement durable urbain*, Thèse, Université du Maine, 2012, p. 11.

[69] N. DISSAUX, *La qualification d'intermédiaire dans les relations contractuelles*, Thèse, LGDJ, 2007, p. 7 : « *L'intermédiaire serait un parasite dont les agissements éveilleraient les soupçons et justifieraient la proscription* ».

considère encore qu'on ne peut pas être un héros de probité commerciale et promoteur immobilier ! »[70]. L'image du « spéculateur » est sans doute alimentée par l'important déséquilibre entre l'offre et la demande qui marque de façon cyclique le secteur du bâtiment[71]. Cette vision trouverait son expression paroxystique dans la pratique consistant à « geler » des logements vacants, dans le but d'attendre que les prix augmentent[72]. Cela étant, « *bien qu'ayant changé, la figure du promoteur pâtit des représentations qui font de son activité, une activité économique exacerbée et peu scrupuleuse.* (…) *Les promoteurs immobiliers privés sont réunis* [malgré eux] *sous le chapeau commun de la rentabilité et du bénéfice* »[73].

23. Un corrupteur. Le promoteur immobilier a également été perçu comme un corrupteur d'élus politiques. « *L'imagerie populaire représentant le promoteur comme toujours riche, souvent cynique, parfois corrompu et corrupteur des élus du peuple, ne pouvait supporter l'image accolée du député et du promoteur* »[74]. Dans ce contexte, l'une des premières mesures visant à encadrer l'activité du promoteur a été l'adoption, par la loi du 24 janvier 1972[75], d'une règle d'incompatibilité de la profession avec tout mandat parlementaire[76]. Récemment, la loi du 9 décembre 2016[77] est venue renforcer le contrôle des relations entre promoteurs et pouvoirs publics, dans le cadre de la lutte anti-corruption applicable aux « représentants d'intérêts »[78]. Afin de garantir la transparence de la vie publique, les promoteurs qui s'inscrivent dans une

---

[70] A. BÉCHADE, *La promotion immobilière*, PUF, 1997, pp. 6-7.

[71] https://www.insee.fr/fr/statistiques/1906731?sommaire=1906743&q=construction.

[72] B. AVRIL, B. ROTH, *op. cit.*, p. 192.

[73] A. TABURET, *th. préc.*, p. 12.

[74] A. BÉCHADE, *op. cit.*, p. 6. « *Les ''Affaires'' liées au financement des partis politiques au travers des opérations immobilières des années 80 ont accentué cette approche satiriste, même s'il était de notoriété publique que l'activité de bâtiment-travaux publics et les opérations immobilières participaient au financement, de longue date et comme bien d'autres, des campagnes électorales de tous bords et de toutes natures* (…). *Tout le monde s'en satisfaisait, c'était l'époque de ''l'illégal toléré'' (P. Truche, président de la Cour de cassation). Il faudra attendre les lois de 1990 et 1991 pour réglementer lesdits financements de la vie publique, mais le mal était fait, un de plus pour l'immobilier* » (*Idem*).

[75] Loi n° 72-64 du 24 janvier 1972 de modification de l'ordonnance n° 58-998 du 24 octobre 1958.

[76] Article LO146 4° du Code électoral.

[77] Loi n° 2016-1691 du 9 décembre 2016 relative à la transparence, à la lutte contre la corruption et à la modernisation de la vie économique.

[78] Article 18-2 de la loi n° 2016-1691 du 9 décembre 2016 : « *Sont des représentants d'intérêts, au sens de la présente section, les personnes morales de droit privé* (…) *dont un dirigeant, un employé ou un membre a pour activité principale ou régulière d'influer sur la décision publique, notamment sur le contenu d'une loi ou d'un acte réglementaire* », en entrant en communication avec notamment un membre du Gouvernement, un député, un sénateur, ou bien encore un collaborateur du Président de la République.

démarche de « lobbying » sont notamment tenus à des obligations déclaratives et au respect de règles déontologiques[79].

24. Un ennemi de l'environnement. « *À partir essentiellement des années 90, s'ajoutera l'image de la promotion immobilière détruisant la nature, ennemi de l'environnement* »[80]. Cette caricature du promoteur « bétonneur » a été renforcée par une prise de conscience tardive des impératifs esthétiques et écologiques. Le promoteur a accompagné plusieurs périodes de construction intenses, qui sont allées de pair avec la standardisation immobilière. Comme le reconnait elle-même la Présidente actuelle de la Fédération des Promoteurs Immobiliers, « *les promoteurs ont eu leur part de responsabilité* (…) *dans l'insuffisante qualité architecturale de nos villes, dans la densification excessive d'une partie du littoral, ou dans l'émergence d'entrées de villes laides et mal pensées, ponctuées de locaux commerciaux sommairement construits* »[81].

25. Un escroc. Le promoteur immobilier s'est à plusieurs reprises illustré dans des scandales judiciaires qui ont pu saisir l'opinion publique ; François DANEMANS évoque à cet égard « *le temps de la maîtrise d'ouvrage interlope* »[82]. Pour cause, les premiers jalons de la définition juridique du promoteur ont dû être posés dans le cadre d'un courant jurisprudentiel cherchant à sanctionner ces abus[83]. Ce type d'affaires a également conduit le législateur à réagir, en faisant émerger une législation de la construction principalement tournée vers la protection de l'accédant. L'image d'Epinal du promoteur-escroc est entretenue par de nouveaux dossiers, dont les médias se font à juste titre les

---

[79] Cf. *Infra*, § 826 et s.

[80] A. BÉCHADE, *op. cit.*, p. 7.

[81] A. FRANCOIS-CUXAC, *L'immobilier au cœur. Plaidoyer pour une nouvelle donne dans la politique du logement en France*, FPI, 2017, p. 21.

[82] F. DANEMANS, *art. préc. in Etudes offertes au Professeur Philippe Malinvaud*, LexisNexis Litec, 2007, p. 167. R. DENOYELLE, *th. préc.*, p. 282 : « *Les acquéreurs d'appartements, ou de parts ou actions y donnant vocation* (…) *se méfient* a priori *du promoteur en raison du retentissement qu'ont connu dans la presse certaines affaires malheureuses qui ne concernaient qu'un pourcentage infime des opérations de promotion immobilière. Mais les excès sont parfois réels* ».

[83] L'arrêt qui a consacré pour la première fois la définition jurisprudentielle de promoteur immobilier a été rendu par la Cour d'appel de Paris le 12 juin 1963, à l'occasion de l'affaire d'escroquerie de l'« Immobilière Lambert ». V. CA. PARIS, 12 juin 1963, *D.* 1964. 472, note R. SAINT-ALARY, *RTD com.* 1963. 863, obs. R. SAINT-ALARY. Archives de l'Assemblée Nationale, débats parlementaires de 1965, *JOAN*, question orale avec débat n° 13112 : cette société de promotion « *a violé systématiquement les plans de financement qu'elle avait établis et, pour augmenter ses bénéfices, a eu recours à diverses pratiques frauduleuses : majoration des devis et marchés, relèvement des révisions de prix, interposition d'une entreprise générale fictive, affectation de groupes de parts ou de lots minorés à des filiales,* etc. », ce qui a conduit son dirigeant à faire l'objet d'une condamnation à six mois d'emprisonnement avec sursis et 50 000 francs d'amende.

relais, à l'instar de l'affaire « Apollonia ». La société éponyme avait été l'instigatrice d'un programme destiné à de l'investissement aux fins de défiscalisation, qui s'est apparenté à une importante escroquerie ayant entraîné le surendettement d'une majorité d'acquéreurs[84]. En réalité, « *le danger d'escroquerie délibérée est minime même si certaines affaires, sans rapport réel d'ailleurs avec le droit de la construction, ont sensibilisé l'opinion* »[85].

26. A l'aune de ces différentes critiques, « *qui n'associe pas encore aujourd'hui ''promotion et spéculation'', ''promotion et dérogation'', ''promotion et tractation'', faisant ainsi du promoteur-constructeur un véritable maître après Dieu* ? »[86]. Finalement, à rebours de sa première réputation, la profession s'est assainie. L'activité s'est structurée grâce à une législation protectrice des intérêts des acquéreurs, et au travail de formation et de surveillance dispensé par les instances syndicales. En outre, au-delà des aspects négatifs précédemment décrits, force est de reconnaître que le rôle du promoteur est « *fondamental sur le plan économique et social car ses initiatives entraînent la mise en marché d'un secteur de production, modèlent le paysage urbanistique et architectural du pays et concourent à la satisfaction de ses habitants* »[87]. Cela étant, « *les promoteurs de constructions immobilières jouent un rôle essentiel dans la construction moderne* »[88] et assument entre autres une fonction sociale. L'activité de promotion immobilière « *recouvre de multiples aspects : économiques, financiers, juridiques et réglementaires, sociologiques, commerciaux, fiscaux,* etc. *En ce sens, c'est une activité économique très complète qui se trouve à la croisée des chemins des différentes composantes de notre vie économique, politique, sociale, dans ses aspects privés et publics, et qui est donc toujours à un moment donné, le reflet d'une société* »[89]. Le promoteur immobilier est au centre d'une activité économique florissante, qui génère de multiples emplois. Il soutient de surcroît l'Etat dans la production de logements, participe à la transition écologique et accompagne la mutation du bâti.

b. Représentations positives du promoteur

27. Un acteur économique essentiel. « *D'un point de vue macroéconomique, les contrats de construction sont un élément important de la richesse nationale* »[90]. Le promoteur participe au premier plan à « l'industrie immobilière », cette dernière représentant environ 10% du produit intérieur brut

---

[84] Cass. Crim., 5 janvier 2017, n° 16-83255, inédit.
[85] J.-B. AUBY, H. PÉRINET-MARQUET, R. NOGUELLOU, *op. cit.*, p. 25.
[86] B. DUBAN, *op. cit.*, p. 85.
[87] *Ibid.*, p. 44.
[88] R. DENOYELLE, *th. préc.*, p. 281.
[89] A. BÉCHADE, *op. cit.*, p. 11.
[90] H. PÉRINET-MARQUET, « Les aspects économiques du contrat de construction », *RDI*, 2002, p. 1.

national[91]. En France, comme en Europe, « *le secteur de la construction constitue l'une des composantes les plus importantes de l'économie, tant en termes de capitaux engagés que d'emplois concernés* »[92]. D'une part, l'investissement dans la « pierre » est un gage de sécurité pour les français, particuliers et professionnels[93]. D'autre part, le secteur de la construction est un puissant pourvoyeur d'emplois, sur le territoire national. La construction fait vivre « *non seulement les majors du BTP que tout le monde connaît, mais une multitude de PME, TPE et artisans qui constituent un tissu économique et social majeur et qui sont, aujourd'hui encore, des fournisseurs d'emploi* »[94]. Ce segment de l'industrie embauche plus de deux millions de personnes. À elle seule, la branche « promotion immobilière » représente environ 2 500 entreprises, dont 85% emploient entre 1 et 9 salariés, 14% entre 10 et 99 salariés et les 1% restant, 25 100 salariés[95]. Ces postes ne sont pas délocalisables puisque la construction immobilière est une activité qui s'exerce presque intégralement *in situ*. En revanche, les employés ne sont pas nécessairement de nationalité française, dans la mesure où le secteur du bâtiment recourt massivement aux travailleurs détachés provenant de pays de l'Union Européenne, ou d'autres pays étrangers. Au surplus, « *si* [l'activité] *n'est pas délocalisable économiquement, elle ne l'est pas non plus fiscalement, ce qui en fait une des premières sources de revenus publics* »[96]. Ainsi, la promotion immobilière « *ne répond pas seulement au besoin de logement ou à un souhait de placement de la part de l'accédant à la propriété, elle participe au maintien de plusieurs activités professionnelles essentielles pour l'économie du pays* »[97]. Or en la matière, « *ce sont les commandes privées, plus que celles des pouvoirs publics, qui génèrent la part la plus considérable du chiffre d'affaires des entreprises du secteur* »[98].

---

[91] « Croissance : les moteurs de la ville », Real Estate and Urban Employment Monitor, publié par la Fondation Palladio, Business Immo et Ernst and Young : http://www.ey.com/Publication/vwLUAssets/ey-croissance-les-moteurs-de-la-ville/$FILE/ey-croissance-les-moteurs-de-la-ville.pdf.

[92] B. KOHL, *Droit de la construction et de la promotion immobilière en Europe. Vers une harmonisation de la protection du consommateur en droit de la construction ?*, Thèse, LGDJ, 2008, p. 156. « *Tant au niveau national qu'au niveau européen, l'industrie de la construction participe de manière considérable à la santé de l'économie. Les quatorze millions de travailleurs directement employés dans ce secteur font de lui le plus large pourvoyeur de travail au sein de l'Union européenne* » (*ibid.*, p. 23).

[93] G. DAUDRÉ, « Pratique de la vente en l'état futur d'achèvement dans le secteur libre », *RDI*, 2006, p. 15.

[94] P. MALINVAUD, « L'ISF et la construction », *RDI*, 2017, p. 169.

[95] « Croissance : les moteurs de la ville », *art. préc.*

[96] A. FRANCOIS-CUXAC, *op. cit.*, p. 20.

[97] V. IONESCU, *L'équilibre juridique de l'opération immobilière d'habitation*, Thèse, Université de Dijon, 2000, p. 4.

[98] B. KOHL, *th. préc.*, p. 156.

28. Un constructeur de logements. Perçu comme le « *dernier produit ''rationné''* »[99], le logement pour tous reste un objectif difficile à atteindre et constitue à ce titre un enjeu politique constant[100]. Parmi les options qui s'offrent aux décideurs[101], la construction d'immeubles neufs reste une solution privilégiée car elle est également le moyen de stimuler le secteur du bâtiment et d'y garantir un nombre stable d'emplois. Lorsqu'elle relève de l'initiative privée, la construction neuve concrétise l'accès au logement, soit directement, en permettant l'accès à la propriété de sa résidence principale, soit indirectement, en mettant de nouveaux biens sur le marché de la location. A ce titre, plusieurs dispositifs de défiscalisation se sont succédés depuis l'adoption de la loi Méhaignerie[102], afin d'attirer les capitaux des particuliers vers ce type d'investissement. Dans ce contexte et de longue date, le rôle joué par les promoteurs immobiliers dans la construction de logements est fondamental. « *De 1965 à 2012 inclus, ils ont ainsi produit près de 4.800.000 logements, dont plus d'un million avec le bénéfice des aides de l'Etat ; ces chiffres mettent en évidence le rôle social du promoteur immobilier* »[103]. En effet, « *eux seuls ont permis à la construction privée de reprendre une place considérable à côté du secteur public ou semi-public. En leur absence, le fardeau de l'organisation de toutes les opérations importantes retomberait sur l'Etat ou les collectivités publiques* »[104]. En 1976, le Ministre de l'Equipement prenait donc leur défense : « *à un moment où il est de bon ton de critiquer les promoteurs, je crois qu'on oublie trop souvent le rôle fantastique que la promotion a joué dans notre pays. Sans elle, la construction ne serait pas digne de notre temps et je dirais que dans le domaine social, les promoteurs privés ont fait aussi bien que les organismes d'Etat* »[105]. L'engagement des promoteurs immobiliers dans ce domaine participerait ainsi de l'intérêt général, dans la mesure où ils « *deviennent des relais indispensables à la mise en œuvre de certains objectifs*

---

[99] R. DENOYELLE, *th. préc.*, p. 13.

[100] En ce sens, v. F. ZITOUNI, « Le DALO face au principe de réalité », *RDI*, 2016, p. 173. B. KIRALY, « Un besoin de 300 000 à 400 000 nouveaux logements chaque année d'ici 2030 », *Le Moniteur*, 12 mai 2015.

[101] Afin d'assurer un logement à tous, plusieurs solutions s'offrent aux décideurs politiques, parmi lesquelles la fiscalité incitative (B. PLAGNOT, « La politique fiscale en faveur du logement » *in Mélanges à la mémoire du Professeur Roger Saint-Alary. L'immeuble et le droit*, Editions législatives, Presses de l'Université des sciences sociales de Toulouse, 2006, pp. 437-455), le renforcement des législations protectrices du logé, ou bien encore l'usage de méthodes plus coercitives comme la réquisition des logements vacants, ou encore l'expropriation des biens privés pour cause d'utilité publique.

[102] Loi n° 86-1290 du 23 décembre 1986 tendant à favoriser l'investissement locatif, l'accession à la propriété de logements sociaux et le développement de l'offre foncière. Après cette loi, ont été adoptés plusieurs dispositifs de défiscalisation : « Périssol » en 1996, « Besson » en 1999, « Robien » en 2003, « Borloo » en 2006, « Scellier » en 2009, « Duflot » en 2014, « Pinel » en 2015, « Cosse » en 2017.

[103] A. DURANCE, « Le logement en 2018, situation et budget », *AJDI*, 2018, p. 177.

[104] R. DENOYELLE, *th. préc.*, p. 281.

[105] B. DUBAN, *op. cit.*, p. 33.

politiques »[106]. C'est notamment par cette reconnaissance que débutait la proposition de loi déposée en 1977 pour doter le promoteur d'un statut professionnel[107].

29. Conscient de la part prise par le promoteur dans la satisfaction de la demande de logements, l'Etat entretient dès lors un rapport ambigu à son endroit. Il est soucieux de protéger les intérêts des accédants, en encadrant l'activité du promoteur immobilier, mais ne souhaite pas pour autant entraver la construction de logements. *A priori*, ces deux impératifs sont antinomiques, car la protection de l'accédant impliquerait plutôt une politique restrictive de liberté, tandis que les promoteurs aspirent à une politique libérale, qui favorise l'investissement et soutient la production[108]. Or, « *une politique de protection des accédants maladroite ou excessive risque de ralentir l'essor de la construction privée et de détourner les capitaux de ce secteur. Il faut donc rechercher un compromis entre ces deux impératifs contraires* »[109]. C'est pourquoi, le législateur donnera aux promoteurs immobiliers « *un cadre juridique tourné vers la défense des utilisateurs, sans interférer dans la liberté d'entreprendre et d'exercer ce métier* »[110].

30. Un artisan de la transition écologique. « *Pourquoi ne pas rapprocher promoteurs immobiliers privés et problématiques de développement durable urbain dont la seule opposition apparente résiderait dans les représentations que l'on se fait de l'un et de l'autre* ? »[111]. Contrairement à l'idée qui a cours, le promoteur est l'une des chevilles ouvrières de la transition écologique, si l'on

---

106 J. POLLARD, *op. cit.*, p. 18.

107 Proposition de loi n° 3246 du 15 novembre 1977, article 1er.

108 E. GAVIN-MILLAN, *Essai d'une théorie générale des contrats spéciaux de la promotion immobilière*, Thèse, LGDJ, 2003, p. 3. « *La sécurité de l'accédant, parce qu'il acquiert un bien vital, et qu'il le finance, alors qu'il est encore en construction, bref parce qu'il est la personne faible de la relation contractuelle, apparaît comme une nécessité primordiale. Mais elle ne doit pas masquer un autre impératif, difficilement conciliable avec le premier, celui de ne pas freiner l'essor de la construction privée* » (*ibid.* p. 5).

109 *Ibid.*, p. 6. E. HUGUES, Ass. Nat., 2ème séance du 19 novembre 1956, p. 4851. R. SAINT-ALARY, « Le consommateur et son logement », *RDI*, 1981, p. 15 : « *Même si le droit au logement est un des plus pressants qui soient, sinon le plus urgent, il serait dangereux de vouloir en son nom ériger un système de protection absolue. (...) Il ne pourrait ensuite que conduire à un surenchérissement du coût des logements ou à leur raréfaction* ». P. MALINVAUD, « Propos conclusifs : L'influence de la crise sur le droit immobilier », *RDI*, 2010, p. 61 : « *En période d'euphorie, (...) l'Etat s'efforce de maîtriser ce qu'on pourrait appeler les débordements d'un capitalisme débridé en instaurant des barrières et un contrôle parfois tatillon ; et en période de récession, c'est tout l'inverse : il faut relancer la machine ou, mieux encore, éviter qu'elle ne se grippe. C'est en quelque sorte la politique du stop and go* ».

110 A. BÉCHADE, *op. cit.*, p. 10.

111 A. TABURET, *th. préc.*, p. 12.

considère que « *le secteur de la construction apparaît comme l'un des acteurs majeurs de l'intégration du développement durable en France* », ce qui fait « *l'objet d'un large consensus* »[112]. A l'inverse des immeubles anciens que l'on rénove dans la limite des contraintes de l'existant, les immeubles neufs sont à jour des nouvelles exigences écologiques. Le « verdissement » de la construction s'est imposé en raison des pollutions générées par le secteur du bâtiment, que l'on a identifié comme « *l'un des trois principaux responsables de l'effet de serre, de l'acidification de l'air et de l'épuisement des ressources non renouvelables* »[113]. Plus encore, « *le secteur du bâtiment est, parmi les secteurs économiques, le plus gros consommateur en énergie. Il représente 43% des consommations énergétiques nationales, soit 660 TWh, et près de 25% des émissions de* CO_2 »[114]. « *Face à ce double constat, de réchauffement du climat et d'épuisement des énergies fossiles, et une fois relevé que le secteur de la construction pouvait se présenter comme un important gisement d'économies* »[115], différentes normes réglementaires ont été adoptées afin d'améliorer la qualité énergétique du bâti, comme en attestent notamment les « réglementations thermiques », régulièrement actualisées[116].

31. Alors qu'auparavant, les exigences qui présidaient aux techniques de construction visaient à garantir la sécurité, l'hygiène et le confort, elles ont désormais aussi pour objet la préservation de l'environnement[117]. Différents types de mesures sont employées pour atteindre cet objectif : des mesures coercitives, impliquant le respect obligatoire de normes techniques[118], ainsi que des mesures incitatives, conditionnant le respect de certaines pratiques à l'obtention d'avantages financiers, notamment fiscaux[119]. De surcroît, en plus de servir l'intérêt général, les mesures écologiques applicables au secteur du bâtiment servent les intérêts privés des occupants, en réduisant leurs dépenses en

---

[112] F.-G. TRÉBULLE, « Développement durable et construction », *RDI*, 2006, p. 71 : Ce constat recouvre plusieurs enjeux tels que « *la santé et la sécurité des travailleurs puis des occupants ; l'impact des bâtiments sur les écosystèmes, l'environnement dans lequel ils s'insèrent et la ressource en eau ; la consommation d'énergie induite par la fabrication des éléments de construction puis par l'utilisation du bâtiment ; le traitement des matériaux de construction lors de la démolition en fin de vie du bâtiment* ».

[113] *Idem.*

[114] http://www.developpement-durable.gouv.fr/-Batiments-neufs-.html.

[115] G. DURAND-PASQUIER, « Des conditions restrictives de la garantie décennale en cas de défaut de performance énergétique », *RDI*, 2016, p. 120.

[116] V. S. BECQUÉ-ICKOWICZ, « L'impact du Grenelle sur les contrats de construction et la responsabilité des constructeurs », *RDI*, 2011, p. 25. J. SÉNÉCHAL, « La transition énergétique, aujourd'hui et maintenant ? », *RDI*, 2015, p. 449. D. RASANDRATANA, « Le droit de la construction et la réglementation thermique au secours du climat. Entre bonnes intentions et difficultés d'application », *RDI*, 2018, p. 580.

[117] V. F.-G. TRÉBULLE, « L'accroissement de la prise en compte du développement durable dans le secteur de la construction », *RDI*, 2008, p. 176.

[118] A titre d'exemple : articles R. 111-20 à R. 111-20-6 du CCH.

[119] A titre d'exemple : article 200 *quater* du Code général des impôts.

énergie et en améliorant leurs conditions d'occupation[120], en termes d'acoustique ou de qualité de l'air.

32. **Un précurseur**. « *Etre un bâtisseur c'est savoir défier le temps (...) une opération de promotion immobilière impose de s'abstraire du présent par la vision prospective du marché ; un promoteur achète ''demain'' ; il n'est pas un visionnaire mais un prévoyant* ». Or, « *prendre le risque vis-à-vis du temps c'est prendre le risque de l'incompréhension* »[121]. Alors que « *beaucoup de français voient d'abord dans l'acte de bâtir une remise en cause du* statu quo *et une nuisance* »[122], le promoteur s'associe aux grandes mutations de notre époque, en modelant le paysage et en adaptant le bâti aux nouveaux modes de vie en vigueur. Comme l'observe Aurélien TABURET, « *ses produits immobiliers sont montés en gamme et en qualité, au gré des mutations socio-économiques et des évolutions des référentiels de la modernité ou du confort* »[123], si bien qu'au désir d'être logé, a progressivement succédé le désir d'être mieux logé. Le promoteur a accompagné et encouragé les nombreux progrès techniques qui ont modifié la façon de concevoir l'habitat, en portant un regard prospectif sur le marché de l'immobilier et les attentes des acquéreurs. Il a élaboré de nouvelles formes d'hébergements, à l'instar « *des ensembles immobiliers fondés sur la propriété spatio-temporelle, les réalisations en copropriété avec services et gestion locative et les hôtels-résidence de tourisme* »[124], auxquels on peut ajouter les résidences connectées grâce à l'intégration de la domotique. Enfin, le promoteur se fait parfois le relais des innovations les plus originales, à l'instar de l'immeuble imprimé, ou bien de la structure préfabriquée mobile et écologique (en bois ou en carbone), qui permet de lutter contre la pénurie de terrains. Le promoteur immobilier, « *qui sait maîtriser les temporalités, est un visionnaire et un utopiste* »[125].

33. Alors qu'une approche extra-juridique permet de s'intéresser à la personne du promoteur, en tant qu'objet d'étude, la notion de promoteur

---

[120] F.-G. TRÉBULLE, « Développement durable et construction », *RDI*, 2006, p. 71. Désormais, le dossier de diagnostic technique (DDT) communiqué à l'acquéreur ainsi qu'au locataire, contient obligatoirement un diagnostic de performance énergétique (DPE), lequel a pour objectif de sensibiliser la personne logée sur l'état de la consommation énergétique de son habitation, et sur son taux d'émission de gaz à effet de serre, afin qu'il connaisse son impact sur l'environnement.

[121] A. BÉCHADE, *op. cit.*, p. 8.

[122] A. FRANCOIS-CUXAC, *op. cit.*, p. 33.

[123] A. TABURET, *th. préc.*, p. 12.

[124] B. DUBAN, *op. cit.*, p. 71.

[125] A. CASTON, F.-X. AJACCIO, M. CABOUCHE, L. DE GABRIELLI, M. HUET, *Traité des marchés privés de travaux. Passation et exécution*, 6ème éd., Le Moniteur, 2016, p. 52. V. P. DESSUET, « De l'immeuble écoresponsable à l'immeuble connecté. Etude prospective sur la mise en jeu des responsabilités et des garanties d'assurance en matière de désordres à la construction », *RDI*, 2019, p. 376.

immobilier a sa propre autonomie en droit, comme le révèle son analyse sous un angle juridique.

B) Présentation juridique de la notion de promoteur immobilier

34. Le promoteur immobilier est apparu dans un contexte juridique qui n'était pas encore doté des outils suffisants pour l'appréhender pleinement. L'encadrement de l'activité de promotion immobilière est donc étroitement lié au mouvement de spécialisation progressive qu'a connu le droit de la construction (1). Une définition jurisprudentielle, puis une définition légale du promoteur ont été adoptées, afin de conduire à l'application d'un régime spécial tenant compte des enjeux de son activité (2).

1. Contexte d'émergence de la notion de promoteur immobilier

35. Le défaut de réglementation spéciale. A ses débuts, le promoteur n'a subi aucune entrave juridique au développement de son activité, en particulier dans ses rapports aux clients. En 1950, à l'exception de quelques dispositions éparses, seul le droit commun régissait ces relations contractuelles, puisque les règles de protection propres au droit de la construction n'existaient pas encore. La théorie générale des obligations et « *la responsabilité qui pouvait résulter des vices de la construction, étaient alors suffisantes ; il suffit de consulter les ouvrages de doctrine pour constater que la matière de la construction y tient une place restreinte car elle soulevait peu de difficultés* »[126]. Dans le Code civil, seuls les articles sommaires du louage d'ouvrage ont vocation à régir le contrat de construction. La responsabilité décennale y est tout de même déjà consacrée : l'article 1792 ancien du Code civil met à la charge de l'entrepreneur et de l'architecte une responsabilité objective de dix ans en cas de vice du sol ou de la construction, mais uniquement dans l'hypothèse d'un marché à forfait[127]. Pour le reste, la protection de la partie faible ne s'impose pas encore comme une nécessité, en raison du postulat théorique de l'égalité des contractants. La réglementation de l'activité reste sous la tutelle du Code civil jusqu'à l'adoption du contrat de vente d'immeuble à construire, par la loi du 3 janvier 1967[128],

---

[126] F. LEMEUNIER, *op. cit.*, p. 42.

[127] M. FAURE-ABBAD, *Droit de la construction*, 3ème éd., Gualino-Lextenso, 2016, p. 15.

[128] Loi n° 67-3 du 3 janvier 1967 relative aux ventes d'immeubles à construire et à l'obligation de garantie à raison des vices de construction.

« *première loi moderne de la promotion immobilière* »[129] et « *loi fondatrice du droit de la promotion immobilière* »[130].

36. Sous l'influence de la jurisprudence, le législateur prend peu à peu conscience des nombreux risques qui menacent la démarche du maître d'ouvrage, durant l'opération et postérieurement à la réception. En effet, le bien à construire est une chose future, inexistante au jour de la signature du contrat, dont la réalisation dépend de multiples facteurs qui rendent l'issue de l'opération incertaine. Cet « aléa » se manifeste dans les risques d'inachèvement et de non-conformité de l'ouvrage. A ces risques matériels, s'ajoutent des risques contractuels liés à la complexité du projet, tant sur le plan technique que sur le plan juridique. Enfin, le coût élevé de la construction est susceptible d'altérer durablement le patrimoine du maître d'ouvrage, *a fortiori* s'il fait construire sur ses deniers personnels. Ce cumul de risques fait de la construction immobilière une entreprise relativement dangereuse, marquée par un déséquilibre naturel entre les parties au contrat. Or, celui-ci est d'autant moins admissible lorsque l'une d'elle est un particulier, profane, cherchant à se loger[131]. Si cette inégalité entre parties n'est pas toujours tangible dans les relations entre constructeurs et maître d'ouvrage, elle apparaît en revanche significative en présence du promoteur immobilier. Les rapports antagonistes qu'il entretient avec l'accédant opposent une partie faible à une partie forte, au point que « *la naissance de réglementations protectrices du consommateur de la construction coïncide* (...) *avec la professionnalisation du métier de promoteur immobilier* »[132]. Dans cette perspective, « *le droit spécial de la promotion immobilière est un droit qui rétablit l'équilibre des intérêts en présence* »[133]. A mesure que le promoteur s'impose sur le marché de la construction, les risques de l'opération sont d'autant plus prégnants que des situations abusives adviennent. Devant ce constat, les seules règles du Code civil, propres au louage d'ouvrage, semblent à la fois inadéquates et insuffisantes[134]. « *La révision des modes de*

---

[129] M. POUMARÈDE, « L'évolution de la loi de 1967 relative aux VIC et à l'obligation de garantie à raison des vices de construction : d'une bonne loi à une grande loi », *JCP N*, n° 30-34, 28 juillet 2017, p. 28.

[130] J.-P. TRICOIRE, « Propos introductifs » *in* J.-P. TRICOIRE (dir.), *Le droit de la promotion immobilière, 50 ans après la loi du 3 janvier 1967*, Dalloz, 2017, p. 5.

[131] E. GAVIN MILLAN OOSTERLYNCK, « La multiplication des contrats de la promotion immobilière et l'extension du secteur protégé » *in* J.-P. TRICOIRE, *op. cit.*, p. 7 : « *C'est l'époque où le déséquilibre entre les parties se creuse : l'acheteur est de plus en plus vulnérable, profane, faible ; il contracte avec un vendeur professionnel qui devient de plus en plus puissant. Cet acheteur est perdu dans le labyrinthe juridique, économique, fiscal, financier, affectif de l'opération.* (...) *C'est l'époque où la profession de promoteur s'institutionnalise. Le promoteur devient le génie démoniaque, l'homme protêt des affaires modernes* ».

[132] B. KOHL, *th. préc.*, p. 2.

[133] E. GAVIN-MILLAN, *th. préc.*, p. 10.

[134] M. le rapporteur du projet de loi n° 2379 tendant à favoriser la construction de logements et les équipements collectifs, Ass. Nat., 2ème séance du 19 novembre 1956,

commercialisation des immeubles » a placé « *le droit existant en retard par rapport à l'avancée des situations qui lui* [étaient] *soumises* » : « *les failles du système, voire l'absence de législation,* [ont pu alors] *être utilisées à leur profit par ceux qui détiennent le pouvoir décisionnel* »[135]. De 1954 à 1967, plusieurs tentatives de réglementations se succèdent, mais celles-ci pêchent par leur caractère trop ciblé, inadapté, ou par leur manque de sévérité. Concomitamment, dès 1956, un Syndicat national de la construction et de la copropriété voit le jour, qui deviendra en 1960, l'Association Nationale des Promoteurs-Constructeurs (ANPC) puis, à terme, la Fédération des Promoteurs Immobiliers. C'est « *l'époque du ''Far West''*[136] *immobilier où la multiplication des faillites entraina la floraison de textes inopérants destinés à ''protéger les acquéreurs'' et la naissance d'une organisation désireuse de départager les véritables professionnels des autres* »[137].

37. La réglementation de la construction à travers la création de contrats spéciaux. Afin de limiter les risques susmentionnés, de nombreuses règles impératives ont été compilées afin d'encadrer les contrats conclus en matière de construction et de renforcer la responsabilité des constructeurs. Au cours des années 1960, « *l'ordre public a commencé à régner en maître dans cette discipline de droit privé qu'est le droit de la construction. Mais, quelle autre technique de protection le législateur avait-il vis-à-vis des acquéreurs ? On ne saurait lui reprocher d'avoir mis l'impérativité au service de l'équité. L'équilibre était à ce prix* »[138]. À partir de 1967, plusieurs contrats nommés voient le jour en matière de construction immobilière, de sorte que la plupart des formes juridiques d'intervention dans ce secteur sont désormais encadrées, qu'il s'agisse de la vente, du mandat ou du louage d'ouvrage. Le droit de la construction s'est constitué à travers l'élaboration de ces contrats dédiés, dont l'objectif est de réglementer les différentes alternatives contractuelles qui s'offrent aux accédants, afin de prévenir les difficultés juridiques suscitées par chacune d'elles[139]. Plus largement, « *lorsque le législateur s'est penché sur l'opération de promotion immobilière d'habitation il a tenté d'apporter, par une*

---

p. 4851 : « *Faisons donc confiance au gouvernement pour ne pas permettre la spéculation sur la misère du logement, spéculation qui s'est déjà exercée souvent à l'encontre des candidats à la propriété. Nous ne serons jamais assez intransigeants contre les aigrefins, contre tous ceux qui ont fait de retentissantes faillites. Les dispositions que nous envisageons et que nous demandons au Gouvernement de prendre doivent être aussi sévères que possibles* ».

[135] V. IONESCU, *th. préc.*, p. 277.

[136] L'expression est attribuée à Roger SAINT-ALARY.

[137] C. TOPALOV, *op. cit.*, p. 290.

[138] H. PÉRINET-MARQUET, « Propos conclusifs : la loi du 3 janvier 1967, modèle ou top model ? », *JCP N*, n° 30-34, 28 juillet 2017, p. 82.

[139] C. PONCE, *Assurance-construction et garanties de bonne fin*, Thèse, Université d'Aix-Marseille, 2003, p. 379 : « *L'épanouissement du droit de la construction s'est historiquement réalisé sous le signe de la contrainte posée par la nécessité d'assurer la protection du consommateur* », ou plus largement, de l'accédant au logement.

création tout azimut de modèles de contrats, une réponse aux interrogations d'ordre économique et social engendrées par le libéralisme »[140]. La loi du 3 janvier 1967 a créé la vente d'immeuble à construire, dans le but de protéger le maître d'ouvrage faisant l'acquisition d'un immeuble neuf sur un terrain qui ne lui appartient pas, dont il acquière la propriété en même temps que l'ouvrage. Puis, « *les outils mis au service des acteurs de la construction se sont développés* (…) *sur la base du modèle initial posé par le législateur en 1967* »[141]. La loi du 16 juillet 1971[142] a consacré le contrat de promotion immobilière, par lequel le maître d'ouvrage confie à un mandataire spécialisé le soin de faire procéder à la construction d'un immeuble neuf sur un terrain qui lui appartient déjà. La loi du 19 décembre 1990[143] a quant à elle permis l'adoption du contrat de construction de maison individuelle : un marché de travaux portant sur la construction d'une maison individuelle neuve ne comportant pas plus de deux logements pour le compte du même maître d'ouvrage, sur un terrain dont il est propriétaire. Plus récemment, la loi du 13 juillet 2006[144] a réglementé la vente d'immeuble à rénover, par laquelle le maître d'ouvrage fait l'acquisition d'un immeuble existant, dont il confie au vendeur les travaux de rénovation.

38. Ainsi, « *le règne de la forme impérative est tel, qu'un développement inattendu a pu être constaté depuis 1967, date de référence qui marque la conquête du droit spécial immobilier sur le droit commun* »[145]. La place prise par ces contrats réglementés en droit de la construction est désormais centrale : « *le domaine contractuel de l'acte de construire a quitté le vêtement sur mesure pour l'habillement type ou industriel* »[146]. En effet, « *à l'ombre de ces contrats ''pleins'' à forte pérennité systémique et dans un environnement statutaire très dense, il ne semble plus y avoir de place pour l'innommé* »[147], sauf peut-être entre professionnels. Ces modèles contractuels sont regroupés dans la catégorie des « contrats spéciaux de la construction » qui désignent, selon Marianne FAURE-ABBAD, « *d'un point de vue étroit,* (…) *les contrats dont le débiteur de la prestation caractéristique – construire – est réputé constructeur* » et « *plus largement,* (…) *ceux qui gravitent autour d'une opération de construction immobilière et auquel s'intéresse le droit de la construction* »[148]. Afin d'éviter

---

[140] V. IONESCU, *th. préc.*, p. 339.

[141] J.-P. TRICOIRE, « Propos introductifs » *in* J.-P. TRICOIRE (dir.), *op. cit.*, p. 5.

[142] Loi n° 71-579 du 16 juillet 1971 relative à diverses opérations de construction.

[143] Loi n° 90-1129 du 19 décembre 1990 relative au contrat de construction d'une maison individuelle.

[144] Loi n° 2006-872 du 13 juillet 2006 portant engagement national pour le logement.

[145] V. IONESCU, *th. préc.*, p. 340.

[146] M. DARNET, L. DEPUY, S. GENDRE, *L'architecte : pratiques professionnelles et responsabilités*, LexisNexis Litec, 2005, p. 42.

[147] D. GRILLET-PONTON, « Nouveau regard sur la vivacité de l'innommé en matière contractuelle », *D.* 2000, p. 331.

[148] M. FAURE-ABBAD, « Les incidences de la réforme : sur les effets des contrats de construction : questions choisies » *in* L. ANDREU, M. MIGNOT (dir.), *Les contrats*

toute confusion avec les contrats spéciaux du Code civil, Gwendoline LARDEUX place les contrats de construction immobilière dans la catégorie des « *contrats hyperspéciaux* »[149]. Depuis leur adoption, le contrat d'entreprise - socle de droit commun de la construction - a été réduit à un champ d'application résiduel[150]. Il n'a plus vocation à s'appliquer qu'en l'absence de mandat ou lorsque le mandat est limité à de simples formalités administratives (sous peine de requalification en contrat de promotion immobilière), en l'absence de procuration directe ou indirecte du terrain (sous peine de requalification en vente d'immeuble à construire) et, dans l'hypothèse de la construction d'une maison individuelle, uniquement lorsque le constructeur ne fournit pas les plans ou n'exécute pas cumulativement les travaux de gros œuvre, de mise hors d'eau et de mise hors d'air (sous peine d'être requalifié en contrat de construction de maison individuelle)[151].

39. La réglementation de la construction à travers l'instauration d'un secteur protégé. Le législateur a distingué les règles applicables aux contrats spéciaux de la construction en fonction du degré de protection à accorder au maître d'ouvrage, en les répartissant dans deux « secteurs » différenciés : l'un « protégé », l'autre « libre ». Selon cette classification originale, le contrat de construction est absorbé par le secteur protégé lorsque le maître d'ouvrage verse des fonds au constructeur avant l'achèvement du bien et que ce dernier est destiné en tout ou partie à l'habitation. Indépendamment du critère financier, le secteur protégé repose donc sur un critère objectif et matériel qui intéresse la finalité de l'opération projetée : la construction d'un immeuble neuf servant au moins partiellement de logement. A l'inverse, aucun critère subjectif tenant à la qualité du maître d'ouvrage n'est pris en compte ; si celui-ci est un particulier qui cherche à satisfaire un besoin personnel, c'est au Code de la consommation qu'il revient de lui apporter un complément de protection. Le classement du contrat dans le secteur protégé entraîne la mise en œuvre d'une série de dispositions particulières, visant à préserver les intérêts de l'accédant, des pourparlers à l'expiration du contrat. Les contrats innervés par le secteur protégé partagent un régime comparable qui fait leur spécificité. Leur processus de formation est jalonné par de multiples règles qui visent à éclairer et consolider le consentement de l'accédant, ainsi qu'à le préserver de dépenses hâtives et injustifiées. De même, la phase d'exécution est strictement encadrée : les versements sont échelonnés, des garanties financières d'achèvement sont instaurées et les obligations du constructeur sont renforcées. « *C'est ainsi que*

---

spéciaux et la réforme du droit des obligations, Institut Universitaire Varenne, 2017, p. 181.

149 G. LARDEUX, *art. préc.*, p. 1659.

150 B. KOHL, *th. préc.*, p. 192.

151 J.-L. BERGEL (dir.), « Intermédiaire chargé de la construction ne procurant pas le terrain – Domaines respectifs du contrat de promotion immobilière, du contrat de louage d'ouvrage et du contrat de construction de maison individuelle », *Lamy Droit Immobilier*, actualisé en juin 2019, § 2741.

l'on parle d'ADN du secteur protégé du logement avec des éléments de régime communs à tous ces contrats spéciaux »[152]. Chaque contrat spécial de la construction est potentiellement, voire obligatoirement, applicable en secteur protégé, à la différence du contrat de louage d'ouvrage immobilier. *A contrario*, le secteur libre concerne de manière résiduelle les constructions de locaux exclusivement professionnels, c'est-à-dire agricoles, industriels, libéraux, artisanaux ou commerciaux. Dans ce secteur, les parties y sont précisément libres de signer le contrat de leur choix, tant du point de vue de sa nature que du point de vue de ses conditions, sous réserve de respecter les règles impératives du droit commun. Bien que le secteur protégé soit le plus expansif et, partant, le plus étudié, le secteur libre représente une part conséquente des contrats conclus en construction. Selon Hugues PÉRINET-MARQUET, « *les règles d'ordre public des contrats de construction ne sont que des restrictions et des habillages d'un libéralisme économique affirmé* »[153].

40. En définitive, grâce à l'adoption des contrats spéciaux, et sous l'effet des règles du secteur protégé, on observe qu'« *à côté de de ce droit commun de la construction, protégeant le maître de l'ouvrage contre les sinistres techniques par les règles classiques de la responsabilité, des régimes spécifiques se sont progressivement mis en place (…) pour assurer une protection particulière au cocontractant face au professionnel de la construction, lorsque l'immeuble à construire est destiné au logement du premier* »[154]. C'est dans ce contexte particulier qu'une notion juridique de promoteur immobilier a pu émerger.

2. Caractéristiques de la notion juridique de promoteur immobilier

41. Définition de la « notion ». La notion provient du terme latin *notio*, qui signifie « *connaître* ». Elle correspond à « *une construction, une représentation de l'esprit,* (…) *une conception, un point de vue* », qui serait une « *idée générale et abstraite en tant qu'elle implique les caractères essentiels de l'objet* »,

[152] J.-P. TRICOIRE, « Propos introductifs » *in* J.-P. TRICOIRE (dir.), *op. cit.*, p. 5.

[153] H. PÉRINET-MARQUET, « Les aspects économiques du contrat de construction », *RDI,* 2002, p. 1. Dans le même sens, F. ZÉNATI-CASTAING, « La dimension fondatrice de l'accession à la propriété » » *in* S. BECQUÉ-ICKOWICZ, S. CABRILLAC, J.-F. MONTREDON (dir.), *La protection de l'accédant immobilier*, LexisNexis Litec, 2010, p. 28 : « *il faut partir de l'idée que la législation de la construction est une législation économique. Son objet est d'organiser et de promouvoir, par la fourniture d'un cadre juridique approprié, l'économie de la construction, ce qui ne passe pas exclusivement par une action de protection. Son but a été, avant tout, de contribuer à faire de la construction un produit, pour organiser le marché de l'immeuble neuf, puis de contribuer à en faire un produit de consommation, pour rendre ce marché plus équitable et, par suite, créer les conditions de son essor. La poursuite du premier objectif a fait naître l'accession à la propriété, celle du second, la protection de l'accédant* ».

[154] B. KOHL, *th.préc.*, p. 2.

renvoyant à la « *connaissance immédiate, intuitive* (…) *d'ensemble, élémentaire, acquise de quelque chose* »[155]. La notion se démarque de l'institution qui désigne « *un ensemble organique et systématique de règles de droit qui régissent, en fonction d'un but commun, une manifestation permanente et abstraite de la vie sociale* »[156]. En revanche, la notion est proche du concept, celui-ci étant également une « *représentation mentale générale et abstraite d'un objet* »[157]. Un concept est précisément « *le résultat de l'opération par laquelle l'esprit isole de certaines réalités données dans l'expérience un ensemble dominant et stable de caractères communs qu'on désigne ordinairement, en les généralisant, par le même mot* »[158]. Toutefois, la singularité du concept réside dans la distanciation qu'il exige avec la réalité : son objectif est d'appréhender l'« essence » des choses. Aussi, le concept est-il associé à une démarche inductive ou « dogmatique » - la réalité étant appréhendée à partir du concept qui la précède - tandis que la notion va de pair avec une démarche déductive ou « pragmatique », traduisant la réalité dont elle est issue. La notion se distingue encore de la définition, qui incarne le fait de « *déterminer les limites et le contenu d'un concept,* (…) [mettre] *en équivalence un être à définir avec un ensemble d'attributs qui déterminent ses caractères essentiels* »[159]. Elle est le fruit de l'identification de « *l'ensemble des termes connus dont la combinaison détermine le concept défini représenté par un terme unique* »[160]. Pour Jean-Louis BERGEL, « *une définition doit représenter un modèle permettant une comparaison afin que l'on puisse y rattacher les situations que sécrète la vie juridique* »[161]. C'est pourquoi la définition doit servir à « *identifier les éléments constitutifs du concept envisagé et caractériser les relations qui les unissent* »[162].

42. En cela, le travail de définition entretient des liens étroits avec le travail de qualification, que l'on peut décrire comme « *l'opération intellectuelle d'analyse juridique* (…) *consistant à prendre en considération l'élément qu'il s'agit de qualifier* (…) *et à le faire entrer dans une catégorie juridique préexistante* (…) *en reconnaissant en lui les caractéristiques essentielles de la catégorie de rattachement* »[163]. Cette démarche permet de passer des faits au

---

[155] http://www.cnrtl.fr/lexicographie/notion.

[156] J.-L. BERGEL, *Théorie générale du droit*, 5ème éd., Dalloz, 2012, p. 210.

[157] C. ATIAS, *Epistémologie juridique*, Dalloz, 2002, p. 35. V. également, F. ROUVIÈRE, « Autour de la distinction entre règles et concepts », Université Aix-Marseille, 2018 (https://halshs.archives-ouvertes.fr/halshs-01141831/document).

[158] L.-M. MORFAUX, *Vocabulaire de la philosophie et des sciences humaines*, Armand Colin, 1980 cité *in* J.-L. BERGEL, « A la recherche de concepts émergents en droit », *D.* 2012, p. 1567.

[159] http://www.cnrtl.fr/definition/d%C3%A9finition.

[160] A. LALANDE, *Vocabulaire technique et critique de la philosophie*, PUF, réédition 1997, p. 207.

[161] J.-L. BERGEL, *Théorie générale du droit*, 5ème éd., Dalloz, 2012, p. 229.

[162] *Ibid.*, p. 230.

[163] G. CORNU, assoc. H. CAPITANT, *op. cit.*, p. 829.

droit, en reliant les éléments empiriques à un concept ou à une notion juridique, « *parce qu'ils en ont la nature et en empruntent donc le régime* »[164]. Cette opération de classement se fonde sur l'emploi de critères, en tant qu'instruments de qualification. Ceux-ci assument la fonction pratique de faire entrer des données factuelles dans des catégories juridiques, ces dernières étant des ensembles logiques de personnes ou de choses qui synthétisent en leur sein différents objets partageant un certain nombre de caractères communs[165]. Les propriétés communes sur lesquelles se fondent ces objets justifient alors qu'ils partagent le même régime. La catégorie juridique repose sur des critères délimités et précis, alors que la notion a un champ d'application plus large ; elle englobe également des catégories juridiques indéterminées ou en devenir. Le promoteur immobilier renvoie à une notion polysémique qui rassemble plusieurs définitions, reposant elles-mêmes sur des critères encore imprécis, ce qui explique qu'elle ne puisse être considérée à ce jour comme une catégorie juridique.

43. L'origine jurisprudentielle de la notion de promoteur immobilier. En l'absence de définition légale du promoteur jusqu'en 1971, date à laquelle fut adopté le contrat de promotion immobilière, le juge a fait œuvre créatrice en proposant le premier une définition du promoteur. En la matière, « *le droit s'est intéressé à l'activité avant de réglementer le contrat* »[166]. Dans l'arrêt fondateur du 12 juin 1963 rendu par la Cour d'appel de Paris, le promoteur immobilier est décrit de manière inédite comme « *la personne physique ou morale qui s'engage directement ou par société interposée, à construire ou à procurer un immeuble ou une partie d'immeuble à usage principal d'habitation et qui, à cet effet prend l'initiative et le soin principal de cette affaire* »[167]. Les critères alors retenus cantonnent l'activité du promoteur immobilier à double titre. D'une part, en limitant l'intervention du promoteur au secteur de l'habitation, la définition jurisprudentielle exclut de son champ d'application tous ceux qui construisent des biens à destination professionnelle. D'autre part, en considérant que le promoteur a nécessairement « l'initiative » de l'opération, elle écarte ceux qui exercent une activité de promotion immobilière sans être titulaires de la maîtrise d'ouvrage. Si cette définition a rapidement fait l'objet d'une jurisprudence constante, elle fut en revanche progressivement recentrée sur les seuls critères de « l'initiative » et du « soin principal ». Or, aucun de ces deux critères n'étant clairement déterminés, ils laissent au juge un large pouvoir d'interprétation et, ce faisant, une importante marge de manœuvre dans le travail de qualification. Pour caractériser le « soin principal » de l'opération, les juges se livrent à une appréciation *in concreto* des missions exécutées et qualifient le promoteur sur la

---

164 J.-L. BERGEL, « A la recherche de concepts émergents en droit », *D.* 2012, p. 1567.

165 http://cnrtl.fr/definition/cat%C3%A9gorie.

166 H. PÉRINET-MARQUET, « Promotion immobilière », *Répertoire de droit immobilier*, Dalloz, janvier 2013 (actualisé en mars 2014, M. FAURE-ABBAD), § 1.

167 CA. PARIS, 12 juin 1963, *D.* 1964. 472, note R. SAINT-ALARY, *RTD com.* 1963. 863, obs. R. SAINT-ALARY.

base d'un faisceau d'indices[168]. Dès lors, « *c'est l'activité exercée qui fait le promoteur et non la dénomination qu'il se donne* »[169]. Ce faisceau d'indices varie au gré des faits d'espèce et des décisions de justice, puisqu'aucune définition précise de l'activité du promoteur immobilier n'est arrêtée, ce qui fait dire à Daniel TOMASIN que « *le ''promoteur'' est un concept variable car judiciaire* »[170]. En tant que qualification de fait, la définition du promoteur immobilier échappe en outre au contrôle de la Cour de cassation. Aussi, grâce à l'utilisation de ces critères, un large panel d'intervenants à l'opération est susceptible de se voir qualifier de promoteur, alors même qu'ils ne se définissent pas comme tels. C'est le cas notamment du maître d'œuvre[171] ou de l'établissement bancaire[172].

44. Une définition jurisprudentielle fonctionnelle. Comme l'écrit François MAGNIN, « *la loi a laissé à la jurisprudence la mission de définir ce personnage et celle-ci l'a fait principalement, on le sait, pour en tirer conséquence dans le contentieux de la construction* »[173]. La définition jurisprudentielle du promoteur immobilier n'a pas été élaborée à des fins purement conceptuelles, mais dans le but de servir l'application d'un régime juridique spécifique. Le juge a souhaité lutter contre les abus de professionnels de l'immobilier qui, après la Seconde Guerre Mondiale, ont profité du silence de la loi pour produire et commercialiser des opérations immobilières sous la forme de montages juridiques complexes, les faisant échapper aux conséquences de l'inexécution ou de la mauvaise exécution des ouvrages[174]. Jusqu'en 1967, « *seule une obligation de moyens pesait sur le promoteur ainsi défini. Partant, l'accédant à la propriété ne bénéficiait d'aucune protection face aux situations difficiles qui pouvaient intervenir au cours de l'opération de construction* »[175], car la faute du promoteur était difficile à rapporter. A travers sa méthode de qualification, la jurisprudence a cherché à cerner le « maître de fait » de

---

[168] A titre d'exemple, Cass. Civ. 3ème, 3 avril 1973, n° 72-11131, *Bull. civ.* III, n° 253, p. 183.

[169] J.-C. GROSLIÈRE, C. SAINT-ALARY-HOUIN, Chron. « Promotion immobilière – Vente d'immeuble », *RDI*, 1987, p. 239.

[170] D. TOMASIN, « Promotion immobilière (notion et responsabilités) » *in* P. MALINVAUD (dir.), *Droit de la construction*, 7ème éd., Dalloz, 2018, § 450.31.

[171] A titre d'exemple : Cass. Civ. 3ème, 9 janvier 1979, n° 77-13255, *Bull. civ.* III, n° 8, p. 6, *RDI* 1979. 474, obs. J.-C. GROSLIÈRE, P. JESTAZ.

[172] A titre d'exemple : Cass. Civ. 3ème, 14 octobre 1992, n° 90-17817, *Bull. civ.* III, n° 272, p. 167, *D.* 1993, note F. MAGNIN.

[173] F. MAGNIN, « Un statut pour le promoteur immobilier ? (1ère partie) », *LPA*, 27 mars 1995, n° 37, p. 21.

[174] D. TOMASIN, « Promotion immobilière (notion et responsabilité) » *in* P. MALINVAUD (dir.), *Droit de la construction*, 7ème éd., Dalloz, 2018, § 450.11.

[175] J.-L. BERGEL (dir.), « Causes des interventions jurisprudentielles et législatives », *Lamy Droit Immobilier*, actualisé en juin 2019, § 2746.

l'opération, ce « *que résumait tant bien que mal le terme de ''promoteur''* »[176], pour lui faire supporter les risques du programme, peu important la nature juridique de ses rapports avec les accédants victimes. Dans le but de remédier aux lacunes de la législation, « *les tribunaux ont échafaudé une doctrine mettant à la charge des promoteurs une obligation portant sur la bonne fin de l'opération, le non-dépassement des prix prévus ainsi que sur les vices de construction* »[177]. A cette fin, les juridictions civiles ont fait endosser au promoteur une obligation de résultat[178], applicable à l'ensemble de ses engagements, pourtant nombreux et divers. *A fortiori*, cette obligation de résultat mise au jour par la jurisprudence outrepasse parfois l'absence de lien contractuel entre le promoteur et l'accédant, pour se déployer dans un cadre délictuel[179]. Lorsque le promoteur est identifié par le prisme des critères de « l'initiative » et du « soin principal », « *suivant la jurisprudence, même s'il n'a aucun lien contractuel avec les victimes, il est néanmoins tenu d'une obligation de résultat de livrer un ouvrage exempt de vices et conforme à sa destination* »[180].

45. Cela étant, en imposant au promoteur « *une responsabilité objective pour malfaçons ou défaut de conformité* », le juge a nettement facilité les actions des accédants à son encontre et leur a fait bénéficier « *d'un recours supplémentaire à l'encontre d'une personne dont la solvabilité paraît peu contestable* »[181]. L'emploi de critères modulables pour qualifier le promoteur sert ainsi l'application d'un régime de responsabilité spécial, en facilitant sa mise en œuvre. Dans cette perspective, la tendance de la jurisprudence est d'entendre largement la notion de promoteur afin de pouvoir protéger le plus efficacement possible la victime de dommages[182]. Cette jurisprudence, associée aux différents régimes légaux impératifs qui suivirent, a créé « *un filet protecteur dont on a voulu que les mailles fussent assez serrées pour qu'aucun*

---

[176] D. TOMASIN, « Promotion immobilière (notion et responsabilité) » *in* P. MALINVAUD (dir.), *Droit de la construction*, 7ème éd., Dalloz, 2018, § 450.13.
[177] J.-L. BERGEL (dir.), *art. préc.*, § 2746.
[178] *Idem.* « Détermination jurisprudentielle de la qualité de promoteur », *Dictionnaire Permanent Construction et Urbanisme*, Editions Législatives, actualisé le 25 juin 2014, p. 3561 : « *L'importance grandissante du secteur de la promotion immobilière incita les tribunaux à définir la qualité de promoteur en attachant à celle-ci d'importantes conséquences en matière de responsabilité puisque le promoteur est tenu à une obligation de résultat* ».
[179] A titre d'exemple, Cass. Civ. 1ère, 13 décembre 1967, *Bull. civ.* I, n° 362.
[180] P. MALINVAUD, « Responsabilité des constructeurs (droit privé) : généralités » *in* P. MALINVAUD (dir.), *Droit de la construction*, 7ème éd., Dalloz, 2018, § 470.23.
[181] F. MAGNIN, « Attribution de la qualité de promoteur immobilier au gérant d'une société civile immobilière qui est intervenu dans l'acte de construction », *D.* 1993, p. 355.
[182] « Détermination jurisprudentielle de la qualité de promoteur », *Dictionnaire Permanent Construction et Urbanisme*, Editions Législatives, actualisé le 25 juin 2014, p. 3561.

promoteur ne puisse y échapper »[183]. La notion de promoteur immobilier constitue donc, dès ses origines, une notion fonctionnelle[184].

46. La définition légale de promoteur immobilier. La loi du 16 juillet 1971 a entériné l'adoption du contrat de promotion immobilière, en le définissant à l'article 1831-1 du Code civil, comme le « *mandat d'intérêt commun par lequel une personne dite ''promoteur immobilier'' s'oblige envers le maître d'un ouvrage à faire procéder, pour un prix convenu, au moyen de contrats de louage d'ouvrage, à la réalisation d'un programme de construction d'un ou de plusieurs édifices ainsi qu'à procéder elle-même ou à faire procéder, moyennant une rémunération convenue, à tout ou partie des opérations juridiques, administratives et financières concourant au même objet* ». Force est d'admettre que le législateur a fait le choix de réserver l'appellation de « promoteur immobilier » à l'agent économique qui se charge de superviser une opération de construction au nom et pour le compte d'un maître d'ouvrage, soit en en confiant totalement la réalisation à des tiers, soit en participant lui-même à son exécution. Marianne FAURE-ABBAD utilise à propos de cette typologie de promoteur l'expression de « *promoteur de droit* »[185]. A la différence de la définition jurisprudentielle originelle, la définition légale du promoteur immobilier ne s'intéresse ni à la personne du promoteur, ni à la destination du bien à construire. Les deux définitions se recoupent à travers le critère du « soin principal » de l'opération, que le promoteur assume dans tous les cas, mais se séparent en revanche sur le critère de « l'initiative ». C'est le promoteur lui-même qui est à l'origine du projet dans la définition jurisprudentielle, tandis que dans la définition légale, c'est le donneur d'ordres du promoteur qui commande le programme. Le régime applicable au promoteur dans le cadre du contrat de promotion immobilière s'inspire largement du régime découvert en jurisprudence. Etant garant de l'exécution des obligations mises à la charge des personnes avec lesquelles il a traité au nom du maître d'ouvrage, le promoteur est débiteur d'une obligation de résultat générale et tenu en sus aux garanties biennale et décennale des constructeurs[186], qui donnent lieu à une responsabilité détachée de toute faute. De surcroît, le lien de causalité entre le désordre matériel à l'ouvrage et l'intervention du promoteur est inexistant ou seulement théorique, car le promoteur immobilier n'est, sauf exception, ni un concepteur ni un exécutant. Le régime de responsabilité du promoteur déroge donc à celui des

---

[183] R. SAINT-ALARY, *art. préc.*, p. 15.

[184] J.-C. GROSLIÈRE, C. SAINT-ALARY-HOUIN, « Approche pragmatique de la notion de promoteur, *RDI*, 1993, p. 387 : « *Les tribunaux ont tendance à étendre, de manière excessive, la notion de promoteur pour retenir la responsabilité d'intervenants solvables à l'acte de construire. La fin justifie les moyens…* ». P. MALINVAUD, P. JESTAZ, P. JOURDAIN, O. TOURNAFOND, *op. cit.*, p. 48 : « *la responsabilité du promoteur est extrêmement compréhensive* ».

[185] M. FAURE-ABBAD, *Droit de la construction*, 3ème éd., Gualino-Lextenso, 2016, p. 322.

[186] Article 1831-1 alinéa 1er du Code civil.

constructeurs, car le promoteur est garant de la construction sans prendre matériellement part au chantier. Ainsi, qu'il soit promoteur de fait ou promoteur au sens de la loi, le promoteur immobilier est assujetti à un régime de responsabilité qui diffère du régime de droit commun que connaissent les autres professionnels : « *cette différence de traitement entre un professionnel classique et un promoteur immobilier est justifié* (...) *par la spécificité de l'activité exercée* »[187].

47. Les autres qualifications contractuelles. Puisque les articles 1831-1 et suivants du Code civil sont les seuls à mentionner le « promoteur immobilier », le contrat de promotion immobilière serait alors l'unique modèle contractuel réglementé qu'utilise le promoteur. En réalité, les rapports que ce dernier entretient avec les accédants empruntent différentes formes juridiques (le mandat, la vente ou encore le louage d'ouvrage), qui dépendent des modalités de son intervention. Lorsque le promoteur initie l'opération, il la commercialise par le truchement de la vente. Le promoteur initiateur a donc pour principal outil contractuel la vente d'immeuble à construire et, particulièrement, la vente en l'état futur d'achèvement. Par extension, il peut également être amené à conclure des ventes d'immeubles à rénover, si les travaux sont entrepris sur un ouvrage existant. Lorsqu'il agit comme prestataire de services, le promoteur immobilier n'utilise pas exclusivement le mandat prévu à l'article 1831-1 du Code civil, mais peut également conclure un contrat d'entreprise, voire éventuellement un contrat de construction de maison individuelle, s'il prend en charge la réalisation des travaux. Or, dans l'ensemble de ces modèles contractuels, la loi prévoit que le cocontractant du maître d'ouvrage, quelle que soit sa désignation, est débiteur des garanties légales des constructeurs. Indirectement, ces garanties ont donc été étendues au promoteur dans ses différentes émanations contractuelles.

48. La présentation de la notion de promoteur immobilier en tant qu'objet d'étude - selon un double niveau de lecture, à la fois matériel et juridique - donne à voir la richesse de son contenu. Face à ce champ d'étude particulièrement ample, certains enjeux de recherche se dessinent néanmoins.

II. Enjeux de la recherche

49. Des définitions discordantes. Le promoteur immobilier est aujourd'hui clairement défini à l'article 1831-1 du Code civil comme le cocontractant du maître d'ouvrage, dans le contrat nommé de promotion immobilière. Le lexique des termes juridiques de Serge GUINCHARD et de Thierry DEBARD définit le promoteur immobilier en renvoyant audit article[188]. De même, le vocabulaire juridique de l'association Henri CAPITANT définit-il le promoteur comme « *la*

[187] V. IONESCU, *th. préc.*, p. 7.
[188] S. GUINCHARD, T. DEBARD, *op. cit.*, p. 864.

personne physique ou morale dont l'activité professionnelle ou occasionnelle consiste à conclure des contrats de promotion »[189]. Cette définition légale aurait dû en principe se substituer à celle qui existait jusqu'alors en jurisprudence et s'imposer comme l'unique définition du promoteur immobilier. Pourtant, à ce jour encore, « *le terme de promoteur a deux acceptions juridiques* » : il peut s'agir de celui qui a eu « l'initiative et le soin principal de l'affaire », ou du professionnel prestataire de services qui conclut avec le maître d'ouvrage un contrat de promotion immobilière, au sens de l'article 1831-1 du Code civil[190]. Dans les faits, le promoteur peut être à l'initiative de l'opération, en assumer la maîtrise d'ouvrage en vue de sa commercialisation, ou être un prestataire de services qui met ses compétences aux services de son mandant[191]. En ce sens, le droit positif reconnaît tout à la fois le « promoteur initiateur », également dénommé « promoteur capitaliste », et le « promoteur exécutant » ou « prestataire de services ». Jean-Louis BERGEL confirme ainsi « *la distinction entre les promoteurs au sens courant de ce terme, qui ont l'initiative et le contrôle d'une opération de promotion immobilière qu'ils conçoivent, dont ils maîtrisent le financement, la réalisation et la commercialisation, autrement dit ''les promoteurs intégrés'', et les promoteurs ''prestataires de services'', au sens des articles 1831-1 et suivants du Code civil* »[192].

50. Philippe MALINVAUD abonde dans le sens d'un dédoublement de la notion, du fait de la survie de la définition prétorienne : la « *notion jurisprudentielle, économique et large de promoteur s'est perpétuée alors même que le législateur de 1971, en instituant le contrat de promotion immobilière, avait créé une notion légale, juridique et étroite du promoteur, défini comme celui qui conclut ledit contrat* »[193]. En effet, « *paradoxalement l'œuvre entreprise* [par la jurisprudence] *a continué même après que le législateur a eu organisé, et pourrait-on dire, quadrillé le secteur de la promotion immobilière* »[194]. En dépit de l'adoption de la définition légale, les juges continuent à se référer à la définition qu'ils ont dégagée, car plus souple, elle conduit aisément au régime de responsabilité spécial que la qualification de promoteur déclenche. Aussi, « *compte tenu de l'attractivité du régime juridique pour la protection des accédants, la jurisprudence ne s'est pas tenue à la définition légale restrictive* »[195], mais a entretenu et privilégié sa propre

---

[189] G. CORNU, assoc. H. CAPITANT, *op. cit.*, p. 812.

[190] P. MALINVAUD, « Responsabilité des constructeurs (droit privé) : généralités » *in* P. MALINVAUD (dir.), *Droit de la construction*, 7ème éd., Dalloz, 2018, § 470.21.

[191] J.-L. BERGEL (dir.), « Promoteurs privés », *Lamy Droit Immobilier*, actualisé en juin 2019, § 2754.

[192] J.-L. BERGEL, « Rapport de synthèse : Nouvelles fonctions dans les marchés de construction » *in* J.-P. TRICOIRE (dir.), *op. cit.*, p. 142.

[193] P. MALINVAUD, P. JESTAZ, P. JOURDAIN, O. TOURNAFOND, *op. cit.*, p. 46.

[194] *Ibid.*, p. 45.

[195] D. HIEZ, « Coopérative de construction et d'habitation », *Répertoire de droit immobilier*, Dalloz, octobre 2013 (actualisé en avril 2016), § 63.

interprétation de la notion de promoteur immobilier. Philippe MALINVAUD justifie le maintien de cette définition jurisprudentielle autonome par le fait que les régimes attachés aux contrats spéciaux de la construction ne couvrent pas de manière exhaustive les risques attachés à l'opération, en particulier dans le secteur libre[196]. Il conviendrait dès lors de pouvoir user de la qualification de promoteur en dehors de ce canevas de contrats, pour sanctionner facilement celui qui se comporte comme tel. Daniel TOMASIN affirme à cet égard que « *le concept de promoteur garde un intérêt normatif complémentaire, parallèlement aux dispositions législatives et réglementaires, car il permet de sauvegarder les intérêts des clients des promoteurs victimes de montages juridiques licites, mais déloyaux, en révélant et sanctionnant la réalité de l'exercice du pouvoir* »[197].

51. Ainsi, il n'est pas contestable que les définitions légale et jurisprudentielle du promoteur immobilier coexistent aujourd'hui en droit positif. François MAGNIN reconnait à ce titre que « *la notion générale de promoteur et le statut jurisprudentiel qui en découle ne doivent pas être confondus avec l'acception restreinte donnée à ce terme par l'article L. 1831-1 du Code civil* »[198], dans la mesure où « *une notion jurisprudentielle autonome du promoteur, extérieure au contrat de promotion, subsiste* »[199]. Autrement dit, « *le champ de l'activité de promotion immobilière et celui du contrat homonyme ne sont pas totalement confondus, le premier étant plus large que le second* »[200]. Philippe MALINVAUD relève pareillement que les deux notions se développent indépendamment l'une de l'autre : « *de même que l'existence d'un contrat de promotion immobilière n'empêche pas la qualification de promoteur* lato sensu *chez un tiers au contrat qui a eu l'initiative et le soin principal de l'opération,*

---

196 P. MALINVAUD, P. JESTAZ, P. JOURDAIN, O. TOURNAFOND, *op. cit.*, p. 45.

197 D. TOMASIN, « Promotion immobilière (notion et responsabilité) » *in* P. MALINVAUD (dir.), *Droit de la construction*, 7ème éd., Dalloz, 2018, § 450.21.

198 F. MAGNIN, « Attribution de la qualité de promoteur immobilier au gérant d'une société civile immobilière qui est intervenu dans l'acte de construction », *D.* 1993, p. 355.

199 J.-B. AUBY, H. PÉRINET-MARQUET, R. NOGUELLOU, *op. cit.*, p. 1063. « *En toute logique, le promoteur devrait être le signataire du contrat de promotion immobilière (…). Pourtant, tel n'est pas toujours le cas. Dès avant la loi de 1971, la jurisprudence avait créé, de toutes pièces, la notion de promoteur pour faire jouer plus aisément la responsabilité de certaines personnes. Cette initiative prétorienne a perdu beaucoup de son intérêt depuis l'instauration des articles L. 221-1 et suivants du Code de la construction et de l'habitation. Elle apparait même comme un élément perturbateur* (cf. *RDI* 1980. 436, obs. J.-C. GROSLIÈRE, P. JESTAZ). *Cependant, elle garde un domaine propre lorsqu'une personne prend en main la réalisation de la construction sans contrat de promotion immobilière formel. L'étude de la notion de promoteur de fait et de ses obligations spécifiques conserve donc son intérêt certain* » (*ibid.*, p. 1067).

200 J.-P. TRICOIRE, Fasc. 10 « Contrat de promotion immobilière », *JCl. Construction-Urbanisme*, LexisNexis, 12 décembre 2011 (actualisé le 4 janvier 2017), § 2.

de même cette qualification ne requiert pas que soient réunis les éléments d'un contrat de promotion immobilière au profit de la personne ainsi désignée »[201].

52. Une notion souple, source d'insécurité juridique. L'incertitude qui entoure la notion de promoteur immobilier s'explique en premier lieu par la concomitance de plusieurs définitions, émanant de différentes sources, qui complexifient l'appréhension de la notion. De surcroît, parmi ces deux définitions, celle arrêtée par la jurisprudence est d'autant plus dangereuse qu'elle n'est pas suffisamment explicitée : « *compte tenu du nombre des intervenants dans l'opération de construction, la question se pose* (...) *de savoir à quels professionnels peut s'appliquer la définition susvisée* »[202]. La jurisprudence cultive une conception très accueillante de la notion de promoteur, car celle-ci conduit à l'application d'un régime juridique favorable à l'accédant, qui se fonde entre autres sur une obligation de résultat générale. Or dans sa quête d'identification du promoteur, le juge porte parfois atteinte aux prévisions des parties et à la force obligatoire de leurs accords. Plus largement, en imposant l'application de règles que les parties au litige n'avaient pu valablement anticiper, le juge rend la norme imprévisible et d'autant plus inintelligible qu'elle n'est pas clairement exposée. Dans cette perspective, puisque la qualification de promoteur immobilier emporte de graves conséquences du point de vue du régime applicable, le caractère incertain de la notion est source d'insécurité juridique pour les professionnels de la construction. Si le maintien de la qualification fonctionnelle de « promoteur de fait » est « *compréhensible dans la mesure où subsistent encore certains vides, cette démarche pourrait conduire à des résultats plus que discutables* »[203]. En effet, la qualité de promoteur immobilier peut être attribuée à des intervenants qui assument d'autres fonctions, si bien que ces décisions « *ne sont guère propices à encourager les locateurs d'ouvrage et les investisseurs au moment où leur action apparaît déterminante* »[204]. Cela étant, les juges usent de la notion de promoteur « *dans des conditions qui donneraient à craindre, si on prenait leur motivation au pied de la lettre, qu'*[elle] *ne finisse par absorber toutes les autres* »[205]. Or, les décisions rendues en la matière peuvent encore prospérer en l'absence de notion légale - ou à tout le moins doctrinale - claire et exhaustive du promoteur. La « précarité juridique » qui affecte à l'heure actuelle la notion de promoteur immobilier mériterait donc d'être résolue.

---

[201] P. MALINVAUD, P. JESTAZ, P. JOURDAIN, O. TOURNAFOND, *op. cit.*, p. 46.
[202] F. MAGNIN, « Le promoteur immobilier : une définition extensive », *LPA*, 24 janvier 1994, n°10.
[203] P. MALINVAUD, P. JESTAZ, P. JOURDAIN, O. TOURNAFOND, *op. cit.*, pp. 45-46.
[204] F. MAGNIN, « Le promoteur immobilier : une définition extensive », *LPA*, 24 janvier 1994, n° 10.
[205] P. MALINVAUD, P. JESTAZ, P. JOURDAIN, O. TOURNAFOND, *op. cit.*, p. 48.

53. Un acteur mal appréhendé dans toute sa diversité. L'activité du promoteur « *s'est créée et développée dans une entière liberté, en dehors de toute réglementation. Il n'en existe même pas une définition officielle, non plus que de l'acte de promotion immobilière* »[206]. Au-delà de la contradiction qui persiste entre la définition jurisprudentielle et la définition légale, ces sources sont en tout état de cause insuffisantes pour appréhender pleinement le promoteur immobilier. Ces « *formules sont en effet trop vagues en ce qu'elles atteignent toute personne intervenant à quelque titre que ce soit dans la construction d'un immeuble, ou trop restreintes en ce qu'elles s'attachent à l'un ou l'autre des aspects juridiques que peut revêtir l'activité qu'elles prétendent définir* »[207]. Les définitions juridiques du promoteur immobilier, consacrées par la jurisprudence puis par la loi, ne s'intéressent qu'aux rapports contractuels qui lient le promoteur à l'accédant, ainsi qu'à la responsabilité du premier à l'égard du second. Elles ne prennent en considération ni les autres paramètres juridiques ou matériels qui permettent de cerner l'activité du promoteur, ni ceux qui déterminent la structure avec laquelle il exerce. En réalité, la promotion immobilière recouvre différents modes d'exercice. Si l'on se penche sur son activité, le promoteur assume « *la fonction d'animateur d'opération de construction immobilière dans les domaines financier, comptable, fiscal, juridique, administratif et commercial* »[208], si bien qu'« *on a souvent tenté, mais sans grand succès, de synthétiser les différentes activités du promoteur* »[209] ou de détailler la variété de ses missions. Celui-ci a notamment vu son activité se diversifier avec le temps, en passant de la construction d'ouvrages à la rénovation, à l'aménagement, voire à la gestion d'immeubles. Par ailleurs, les définitions susvisées n'abordent pas le promoteur *in personam*, au point que l'on ignore les caractéristiques particulières de sa personnalité juridique. Ce faisant, « *l'hétérogénéité de ses missions, la diversité de ses qualifications juridiques, la variabilité de ses structures professionnelles ne permettent pas d'y voir une notion uniforme* »[210]. Une multitude de questions restent donc en suspens : quel est l'objet de son activité ? Quelles sont ses missions ? En quoi sont-elles distinctes de celles du maître d'ouvrage ? Doit-il être considéré comme un constructeur ? Quels contrats conclut-il ? Est-ce une personne physique ou morale ? Est-ce un professionnel ? Est-ce une personne privée ou publique ?

---

206 R. DENOYELLE, *th. préc.*, p. 30.

207 *Ibid.*, p. 66.

208 G. LEGUAY, « La fonction de promoteur s'inscrit-elle nécessairement dans le cadre d'un contrat de promotion immobilière ? Le contrat d'assurance ''responsabilité civile promoteur'' couvre-t-il la responsabilité du promoteur hors de ce cadre ? », *RDI*, 1999, p. 128.

209 P. MALINVAUD, P. JESTAZ, P. JOURDAIN, O. TOURNAFOND, *op. cit.*, p. 4.

210 J.-L. BERGEL, S. CIMAMONTI, Fasc. 222 « Construction. – Responsabilité des vices, malfaçons et dommages du promoteur à l'égard du souscripteur », *JCl. Construction-Urbanisme*, LexisNexis, 2006, p. 2.

Quelles sont les formes de sociétés qu'il emprunte ? Autant d'interrogations auxquelles il convient de répondre[211].

54. Une notion à clarifier. Comme le constate François MAGNIN, « *bien qu'il soit un personnage clef de l'opération de construction collective, le promoteur immobilier ne fait l'objet d'aucun statut légal d'ensemble, ni même d'une simple définition du législateur, hormis l'hypothèse tout à fait particulière visée par l'article 1831-1 du Code civil* »[212]. Force est d'observer en effet que « *le droit ne définit pas le promoteur immobilier sauf de façon indirecte par le truchement du contrat de promotion immobilière* »[213], ou par le prisme de la définition retenue en jurisprudence. La promotion immobilière constitue un phénomène juridique sans cohérence véritable, dont l'origine et les causes sont diverses. Selon Jean-Louis BERGEL, un tel phénomène peut être « *le résultat d'une évolution désordonnée, de l'accumulation de dérogations aux principes, d'initiatives purement idéologiques, méconnaissant l'environnement juridique* »[214], ce que l'on peut vérifier en matière de promotion immobilière. À l'heure actuelle, la notion de promoteur est une notion « *indéterminée* » donnant lieu à une « *appréciation subjective et évolutive* ». Dans cette hypothèse, « *la différence avec les règles précises et univoques est seulement que la détermination du sens n'est pas intrinsèque au texte juridique, mais renvoie au contexte, c'est-à-dire à d'autres ensembles de normes dont le contenu, extra juridique, sera intégré par l'interprète au travail de détermination du sens de la norme* »[215]. Il n'existe pas de notion unifiée du promoteur immobilier en droit français[216]. Hugues PÉRINET-MARQUET et Marianne FAURE-ABBAD soulignent que « *le terme de promotion immobilière est, aujourd'hui, ambigu. Il recouvre en effet aussi bien, dans son sens large, une activité que, dans un sens*

---

[211] En revanche, la présente recherche ne prendra pas en considération la taille de la structure avec laquelle le promoteur exerce, dès lors que les règles qui sont spécifiquement applicables au promoteur s'appliquent indifféremment au « major » et au travailleur indépendant. Les réponses apportées à l'ensemble des questions abordées dans le cadre de cette recherche permettront en outre de déterminer si la définition « factuelle » arrêtée par la Fédération des Promoteurs Immobiliers - décrivant le promoteur comme une personne morale, assumant un rôle de maître d'ouvrage, intervenant tant en matière de construction que de rénovation, et dans tous types de secteurs - se vérifie en droit.

[212] F. MAGNIN, « Le promoteur immobilier : une définition extensive », *LPA*, 24 janvier 1994, n° 10.

[213] D. HIEZ, « Coopérative de construction et d'habitation », *Répertoire de droit immobilier*, Dalloz, octobre 2013 (actualisé en avril 2016), § 63.

[214] J.-L. BERGEL, *Théorie générale du droit*, 5ème éd., Dalloz, 2012, p. 212.

[215] M. DELMAS-MARTY, *Pour un droit commun*, Seuil, 1994, p. 121 et s. *in* J.-L. BERGEL, *op. cit.*, pp. 232-233.

[216] La définition juridique du promoteur renvoie à une définition légale et à une définition jurisprudentielle, toutes deux couvrant des champs d'application différents, sans pour autant appréhender pleinement l'essence de la notion.

étroit, un contrat précis »[217], auxquels on peut ajouter une catégorie de professionnels. La notion de promoteur ne souffre pas d'un « vide juridique » mais de plusieurs ambivalences ou incertitudes qui préjudicient à la qualité de la norme et à sa réception par les professionnels.

55. Un travail de redéfinition de la notion s'impose donc à plusieurs titres. En premier lieu, cette entreprise poursuit un objectif de clarification : « *l'identification des concepts suppose aussi de les désigner par un nom ou une expression qui leur soit propre et qui en constitue en quelque sorte le signalement, l'étiquette permettant de les repérer. Il convient donc* (…) *d'éviter toute polysémie susceptible d'entraîner des confusions* »[218]. En second lieu, la redéfinition de la notion doit être le moyen de sécuriser l'activité, en substituant à la qualification fonctionnelle actuelle, une notion juridique précise de promoteur immobilier. Ainsi, le régime juridique spécial attaché à cette qualité s'appliquerait à une catégorie identifiée d'intervenants, ce qui apporterait plus de prévisibilité à des acteurs économiques dont l'action est déjà complexe et incertaine. Enfin, ce travail de recherche est d'autant plus opportun qu'il n'existe qu'un nombre réduit de travaux doctrinaux dédiés à l'étude du promoteur immobilier en droit français : « *très peu de travaux scientifiques se sont attachés à saisir cette profession, à appréhender son rôle sur le marché et à observer les politiques publiques visant à l'encadrer* »[219]. De fait, « *les recherches dans le domaine du logement et de l'habitat se sont peu intéressées au promoteur. Après des travaux développés dans les années 1960 et 1970*[220] (…), *les promoteurs immobiliers sont tombés dans l'oubli pendant plus de trente ans* »[221].

56. Un statut juridique à repenser. Il n'existe aucune loi qui réglemente l'accès à la profession de promoteur immobilier ou qui régit ses conditions d'exercice. A l'exception de certaines règles ponctuelles, à l'instar de l'incompatibilité de la profession avec tout mandat parlementaire, l'activité de promotion est libre d'accès : aucune condition n'est exigée pour la pratiquer. Seules les opérations de promotion sont, en tant que telles, encadrées[222] : « *plutôt que d'en définir l'accès et l'exercice, les pouvoirs publics ont choisi de*

---

[217] H. PÉRINET-MARQUET, « Promotion immobilière », *Répertoire de droit immobilier*, Dalloz, janvier 2013 (actualisé en mars 2014, M. FAURE-ABBAD), § 1.
[218] J.-L. BERGEL, « A la recherche de concepts émergents en droit », *D.* 2012, p. 1567.
[219] J. POLLARD, « Les grands promoteurs immobiliers français », *Flux*, 2007/3, n° 69, p. 94.
[220] On peut citer notamment la thèse de doctorat en droit de Robert DENOYELLE, parue en 1965, ou bien l'ouvrage de sociologie de Christian TOPALOV, paru en 1973.
[221] J. POLLARD, *op. cit.*, p. 12.
[222] J.-L. BERGEL (dir.), « Absence de réglementation », *Lamy Droit Immobilier*, actualisé en juin 2019, § 2749.

réglementer les actes concrets de promotion immobilière »[223]. Pourtant, plusieurs tentatives d'instauration d'un statut professionnel ont eu lieu sous l'impulsion de la Fédération des Promoteurs Immobiliers, notamment en 1977 à l'initiative du député Alain MAYOUD[224], puis en 1995, à l'initiative du sénateur Philippe MARINI[225]. La Fédération a plusieurs fois émis le souhait de contrôler l'accès à la profession, afin d'en écarter ceux qui pourraient nuire à son image par manque de professionnalisme. Plusieurs raisons ont finalement justifié le renoncement à toute forme de statut professionnel, parmi lesquelles la difficulté, non résolue à ce jour, de doter le promoteur immobilier d'une définition claire et exhaustive. Ainsi, « *la profession est libre car jusqu'à ce jour le législateur a reculé devant la difficulté, préalable à toute réglementation, de donner une définition juridique du promoteur. Aussi a-t-il préféré procéder à une réglementation fractionnée des actes de promotion* »[226]. Partant, « *établir un statut implique de définir précisément le métier de promoteur-constructeur. C'est là un souci prioritaire de la FNPC* [Fédération Nationale des Promoteurs-Constructeurs] *mais c'est aussi la plus grande difficulté* »[227]. Ce travail de redéfinition est une clef d'entrée pour repenser le statut applicable au promoteur, d'un point de vue strictement professionnel, mais également du point de vue du régime juridique qui lui est applicable. En effet, en sus d'être garant des dommages matériels à la construction, au même titre que les constructeurs de métier, le promoteur se trouve malgré lui débiteur, pour le surplus, d'une obligation de résultat particulièrement large, parfois injustifiée. Alors que ce dispositif a été originellement conçu dans un souci d'équilibre contractuel, se pose la question de savoir s'il ne conduit pas à de nouveaux déséquilibres, cette fois au détriment du promoteur.

57. Ainsi, l'étude de la notion de promoteur immobilier s'impose en droit. Son double niveau d'interprétation, jurisprudentiel et légal, fait d'elle une notion équivoque, peu intelligible et imprévisible, à laquelle il convient de substituer une notion claire, complétée des éléments qui lui font aujourd'hui défaut. De fait, la notion de promoteur recouvre une réalité plus vaste que celle décrite par les deux définitions en vigueur, qu'il conviendrait d'intégrer dans une notion redéfinie, sur la base de laquelle pourra être partiellement repensé le régime juridique qui lui est attaché. Ce travail se fonde sur une méthode de recherche prenant nécessairement appui sur l'étude du droit de la construction.

---

[223] J. POLLARD, « Les grands promoteurs immobiliers français », *Flux*, 2007/3, n° 69, p. 94.

[224] Proposition de loi n° 3248 du 15 novembre 1977.

[225] Proposition de loi n° 230 du 6 mars 1995.

[226] P. MALINVAUD, P. JESTAZ, P. JOURDAIN, O. TOURNAFOND, *op. cit.*, p. 39.

[227] H. GIRAUD, « Faut-il un statut pour les promoteurs ? », *Les Echos*, 2 juin 1994.

III. Méthode de la recherche

58. La mobilisation du droit de la construction. Puisqu'il porte principalement sur les rapports juridiques qui unissent le maître d'ouvrage aux différents intervenants à l'opération, le droit de la construction constitue la principale source mobilisée pour les besoins du sujet. Celui-ci renvoie à une branche indépendante du droit privé, issue du droit civil, et plus spécifiquement, du droit de l'immobilier (auquel on le rattache par nature). Elle fut systématisée à la fin du XXème siècle, dans le but de réglementer un secteur économique à risques. « *Même si l'immeuble est presque aussi ancien que l'humanité, le droit immobilier en lui-même est une création moderne* »[228], ce qui est *a fortiori* valable pour le droit de la construction, apparu ensuite. Ce dernier se définit comme « *la branche du droit régissant la réalisation d'ouvrages de construction immobilière* ». Il s'agit d'une discipline qui « *s'intéresse essentiellement à l'acte de construire, c'est-à-dire aux contrats de construction et aux responsabilités qui en découlent* »[229]. Elle est « *abondamment jurisprudentielle (…) tant le travail d'interprétation et l'œuvre des juges sont considérables sur ce sujet* »[230], ce qui fait d'elle une matière juridique complexe, en perpétuelle évolution[231]. Le droit de la construction « *est bien le laboratoire où s'élaborent en permanence de nouveaux thèmes, de nouveaux rapports juridiques qui alimenteront le droit des obligations de demain* »[232]. En tant que discipline récente, le droit de la construction reste moins exploré que d'autres branches du droit, si l'on observe le faible nombre de thèses soutenues sur le sujet, en comparaison avec d'autres domaines d'études se rapportant au droit civil[233]. Frédéric ZÉNATI-CASTAING écrivait en 2010 que « *le droit savant*

---

[228] H. PÉRINET-MARQUET, « Pour l'unité du droit immobilier » *in Mélanges à la mémoire du Professeur Roger Saint-Alary. L'immeuble et le droit*, Editions législatives, Presses de l'Université des sciences sociales de Toulouse, 2006, p. 398.

[229] M. FAURE-ABBAD, *Droit de la construction*, 3ème éd., Gualino-Lextenso, 2016, p. 13.

[230] *Ibid.*, pp. 5-6. J.-P. CORDELIER, « Vers une réforme du droit de la construction ? », *RDI*, 1988, p. 17 : « *Le droit de la construction est l'objet d'un double traitement, l'un par la loi elle-même, l'autre par la jurisprudence qui, dans ce domaine comme dans bien d'autres, fait œuvre créatrice* ».

[231] A. CASTON, « Des droits à indemnisation de l'acquéreur contre le promoteur vendeur d'ouvrage immobilier », *RDI*, 2013, p. 517 : « *L'abondance des décisions rendues illustre la vitalité du droit de la construction. Cette richesse jurisprudentielle traduit-elle la mauvaise qualité des ouvrages ou l'incertitude du plaideur sur l'état réel de la règle ?* ».

[232] F. MODERNE, « Rapport de synthèse : Nouvelles fonctions dans les marchés de construction », *RDI*, 1996, p. 511.

[233] Il en va de même des autres disciplines que recouvre le droit immobilier : « *dans la mesure où ce droit immobilier n'existe pas globalement en tant que discipline, les théoriciens de la matière sont rares* » (H. PÉRINET-MARQUET, « Pour l'unité du droit immobilier » *in Mélanges à la mémoire du Professeur Roger Saint-Alary. L'immeuble et*

n'a pas eu le temps de décanter des principes et des systèmes d'une législation trépidante qui s'est codifiée sans son secours, par elle-même. Ses tentatives de systématisation et d'édification d'une discipline sont encore dans les limbes »[234]. L'étude de la notion de promoteur immobilier présente donc un fort intérêt pour la recherche en droit de la construction.

59. Marianne FAURE-ABBAD propose de distinguer le droit de la construction du droit de la promotion, lequel aurait « *pour sujet principal les intermédiaires économiques qui réalisent et commercialisent des constructions immobilières* »[235]. Le droit de la promotion immobilière peut se définir comme « *le droit qui régit l'ensemble des rapports juridiques noués par le promoteur en vue de faire édifier l'immeuble par les hommes de l'art et de faire accéder le client à la propriété de cet immeuble* »[236]. Le traitement du sujet requiert d'étudier, au sein du droit de la promotion, les « contrats spéciaux » au moyen desquels sont construits ou rénovés les immeubles[237]. Cette expression « *ne désigne pas* de lege lata *une qualification légale ; elle regroupe les outils contractuels du secteur de la construction immobilière : louage d'ouvrage, vente d'immeuble à construire, voire à rénover, contrat de promotion immobilière, sous-traitance de construction* »[238]. L'expression « contrats spéciaux de la construction » peut être employée pour désigner les rapports contractuels entre promoteur et accédant, dans la perspective de la définition retenue par Elodie GAVIN-MILLAN, qui les décrit comme « *les instruments juridiques qui permettent d'accéder à la propriété ou d'acquérir la propriété d'un immeuble en construction, en contrepartie de versements de fonds, au cours de son édification* »[239].

60. **La mobilisation d'autres disciplines**. Le droit de la construction n'est pas la seule source de droit exploitable pour l'étude de la notion de promoteur immobilier ; certains auteurs évoquent même « *l'éparpillement des sources formelles des règles juridiques relatives aux ''maîtres d'ouvrage''* »[240]. Lorsque l'opération de construction concerne un accédant particulier qui cherche à

---

le droit, Editions législatives, Presses de l'Université des sciences sociales de Toulouse, 2006, p. 397).

[234] F. ZÉNATI-CASTAING, *art. préc. in* S. BECQUÉ-ICKOWICZ, S. CABRILLAC, J.-F. MONTREDON (dir.), *op. cit.*, p. 28.

[235] M. FAURE-ABBAD, *Droit de la construction*, 3ème éd., Gualino-Lextenso, 2016, p. 13.

[236] P. MALINVAUD, P. JESTAZ, P. JOURDAIN, O. TOURNAFOND, *op. cit.*, p. 27.

[237] En revanche, les relations contractuelles ou délictuelles existant entre le promoteur et les différents intervenants à l'opération (contrat d'études, de maîtrise d'œuvre, de contrôle technique, de sous-traitance, *etc.*) ne seront abordées qu'à la marge.

[238] M. FAURE-ABBAD, « L'impact de la réforme des contrats spéciaux sur le contrat d'entreprise », *RDI*, 2017, p. 570.

[239] E. GAVIN-MILLAN, *th. préc.*, p. 1.

[240] G. DURAND-PASQUIER, *Le maître de l'ouvrage : contribution à l'harmonisation du régime du contrat d'entreprise*, Thèse, Université Paris I, 2005, p. 9.

satisfaire un besoin personnel, le droit de la construction est directement influencé par le droit de la consommation : « *la réglementation des contrats de construction et le droit de la consommation s'enchevêtrent, se superposent, s'entrechoquent* »[241]. Cette ingérence consumériste est d'autant plus marquée en droit de la promotion immobilière que ce dernier se fonde sur le postulat d'un déséquilibre entre les parties. Les auteurs sont nombreux à relever le « *lien indiscutable existant aujourd'hui entre le droit de la consommation et le droit de la promotion immobilière* »[242]. Plus largement, le droit civil, dont le droit de la promotion immobilière est un dérivé, est un socle de droit commun incontournable, permettant de résoudre de manière résiduelle les interrogations que le droit spécial ne se propose pas de solutionner. Par ailleurs, le droit des assurances, le droit du crédit, le droit des sociétés, le droit du travail ou bien encore le droit public sont autant de branches qui permettent ponctuellement d'éclairer le régime juridique applicable au promoteur[243]. La richesse des sources mobilisables s'explique par le positionnement du droit de la construction, au carrefour de plusieurs influences. On trouve ainsi des règles de construction « *non seulement dans le code civil, le code de la construction et de l'habitation, mais encore* [dans] *le code de la consommation, le code de l'urbanisme, le code du travail, le code pénal, les décrets et arrêtés non codifiés... sans omettre les directives européennes, notamment sur les biens de consommation et les produits défectueux !* »[244]. Au-delà des références textuelles, l'étude de la notion de promoteur immobilier justifie également que soient pris en compte les travaux de la Fédération des Promoteurs Immobiliers, en tant que représentant syndical de la profession. D'autre part, bien qu'elle ne soit pas une source du droit, l'observation des usages des praticiens est, en la matière, riche d'enseignements. A propos des transformations qui ont marqué la loi du 3 janvier 1967, Matthieu POUMARÈDE relève notamment que « *c'est aussi (et surtout ?) à la pratique de la loi qu'il convient de s'intéresser, puisque c'est elle qui l'a fait vivre depuis 50 ans* »[245]. En définitive, « *ce foisonnement*

---

241 M. POUMARÈDE, « Les contrats de construction et le droit de la consommation », *RDI*, 2017, p. 8.

242 V. IONESCU, *th. préc.*, p. 313.

243 Il convient de préciser à ce titre que la présente recherche porte sur la notion de promoteur immobilier, non sur l'activité de promotion immobilière. Aussi, ne s'attachera-t-elle pas à analyser les mécanismes juridiques qui donnent au promoteur le droit de construire (vente immobilière, bail à construction, bail emphytéotique, division en volumes, *etc*). Plus généralement, les contrats que conclut le promoteur pour les besoins de son activité, à l'instar du contrat de crédit, du contrat d'assurance ou du mandat de commercialisation, ne seront pas étudiés en tant que tels ou évoqués de manière marginale.

244 J.-F. PÉRICAUD, « L'harmonisation du droit de la construction à partir du Code de la construction et de l'habitation est-elle souhaitable et, dans l'affirmative selon quelles conditions ? », *RDI*, 2004, p. 497.

245 M. POUMARÈDE, « L'évolution de la loi de 1967 relative aux VIC et à l'obligation de garantie à raison des vices de construction : d'une bonne loi à une grande loi », *JCP N*, n° 30-34, 28 juillet 2017, p. 24.

de règles éparses a pu faire dire à juste titre que ''la législation sur la construction est l'une des plus abondantes et des plus compliquées de celles qui, en France, régissent les activités d'ordre privé'' »[246].

61. La délimitation du sujet. L'étude de la notion de promoteur immobilier est ici circonscrite au droit privé français. En premier lieu, si l'activité de construction immobilière peut être exercée par des personnes publiques, la qualité de promoteur immobilier appartient par hypothèse à une personne privée. Du reste, les origines de la notion, les objectifs qu'elle poursuit, ou bien encore ses traits caractéristiques sont autant de clefs de lecture qui trouvent leurs sources en droit privé. En second lieu, bien que la notion de promoteur immobilier ne soit pas l'apanage du droit français, il est nécessaire de doter la présente recherche de limites spatiales. Celle-ci ne justifie pas l'utilisation de sources extranationales dès lors que le droit de la construction, sur lequel elle se fonde principalement, possède une spécificité française. Or, une étude comparative ne se justifie que si les systèmes juridiques dans lesquels l'objet d'étude se situe sont comparables. L'élaboration de la notion de promoteur immobilier est le fruit d'une culture juridique française, que les législations étrangères n'ont que très peu influencée[247]. La notion de promoteur a été conditionnée par des facteurs historiques et économiques qui la rattachent nécessairement au pays dans lequel elle a émergé. Les objectifs poursuivis à travers la réglementation de l'activité de promotion immobilière sont notamment le fruit de considérations sociétales et idéologiques qui s'inscrivent dans un contexte spatio-temporel singulier. Aussi, les particularismes du système légal et jurisprudentiel français ont fait du promoteur immobilier un sujet d'étude à part entière, dont la richesse justifie un travail limité au droit national[248].

---

246 « Construction », *Nouveau Répertoire de droit. Mise à jour 1980 à 2004*, Dalloz, 2004, p. 505 *in* B. KOHL, *th. préc.*, p. 165.

247 Inversement, la France a elle-même influencé des pays étrangers, notamment européens, sur des points précis de sa législation relative à la construction. V. M. FAURE-ABBAD, *Droit de la construction*, 3ème éd., Gualino-Lextenso, 2016, pp. 23-24 ; « Etat des lieux : synthèse de droit comparé sur les garanties contre les vices de l'immeuble dans l'Union européenne » *in* S. BECQUÉ-ICKOWICZ, S. CABRILLAC, J.-F. MONTREDON (dir.), *op. cit.*, p. 111 et s. V. également les interventions du colloque de l'Association Française du Droit de la Construction, « L'Europe de la construction : développements et perspectives », *RDI*, 1992, pp. 413-463. Pour un éclairage étranger, en dehors de l'Europe : A. REBAI, *La vente d'immeuble à construire en droit tunisien*, Thèse, LGDJ, 2003. Y. MOUSSAVOU-DJEMBI, *Prévention et règlement amiable des litiges dans le contrat international de construction*, Thèse, Université d'Angers, 2005.

248 V. P. GLAVINIS, *Le contrat international de construction*, Thèse, Université Paris II, 1992. A. KARIM ZALLAM, *Les contrats internationaux de construction – exploitation – transfert*, Thèse, Université Paris II, 1999. L. IDOT, « Immeubles et droit communautaire : brèves observations sur une rencontre insolite » *in Mélanges à la mémoire du Professeur Roger Saint-Alary. L'immeuble et le droit*, Editions législatives, Presses de l'Université des sciences sociales de Toulouse, 2006, pp. 283-302.

62. Indépendamment des disciplines mobilisées et de la méthode de recherche adoptée, le traitement du sujet exige un ordonnancement particulier.

IV. Plan de la recherche

63. Organisation générale de la thèse. Une première partie traitera de la genèse de la notion, du régime spécial auquel elle conduit et cherchera à analyser la typologie des promoteurs susceptibles d'être identifiés en droit positif, à travers le prisme des contrats utilisés dans le cadre de l'activité de promotion immobilière. Une seconde partie proposera de systématiser l'ensemble des critères de définition du promoteur, afin de cerner la notion à travers un double angle de lecture : un prisme *ratione personae*, traitant des qualités subjectives du promoteur et de ses différentes formes d'exercice, et un prisme *ratione materiae*, portant sur l'objet de son activité et la variété des missions exercées. Sur la base de cette définition renouvelée, il s'agira de s'interroger sur une réforme ponctuelle du système de responsabilité applicable au promoteur dans ses rapports aux accédants, et notamment sur l'adoption éventuelle d'un statut professionnel.

64. La notion juridique incertaine de promoteur immobilier (Première Partie). La notion juridique de promoteur immobilier est apparue dans un contexte particulier qui l'a profondément déterminée. Afin de remédier aux lacunes du droit positif antérieur, qui tolérait des rapports contractuels déséquilibrés entre promoteur et accédant, le juge puis le législateur se sont attelés à définir le promoteur immobilier, en vue de lui appliquer un régime juridique spécifique, dérogatoire au droit commun. La notion de promoteur immobilier ayant été conçue pour faciliter la protection des accédants, elle possède un caractère fonctionnel. Au surplus, la coexistence d'une double définition du promoteur immobilier, à la fois légale et jurisprudentielle, induit qu'il s'agit d'une notion plurivoque, donnant lieu à de multiples interprétations, ce que vient renforcer l'analyse des différentes alternatives contractuelles qui s'offrent au promoteur pour l'exercice de son activité.

65. La notion juridique rénovée de promoteur immobilier (Seconde Partie). Il convient de doter la notion de promoteur immobilier d'une définition précise et adaptée. Selon une approche *ratione materiae*, la définition du promoteur immobilier implique de déterminer avec précision le champ de son intervention, en délimitant l'objet de son activité et en détaillant les missions qu'il est susceptible d'assumer. Une telle analyse doit être complétée par une approche *ratione personae*, s'intéressant à la qualité de professionnel du promoteur et décrivant les formes juridiques empruntées par ce dernier. Plus largement, le travail de redéfinition de la notion ne présenterait qu'un intérêt théorique si le statut juridique qui va de pair n'était aucunement mis en doute. En ce sens, dès lors que la notion de promoteur s'est construite sur la base d'un régime de responsabilité spécial, il convient de s'interroger sur le bien-fondé de ce dernier, à la lumière de la notion renouvelée et actualisée de promoteur. Il parait tout autant opportun de voir selon quelles modalités pourrait s'exercer un contrôle de l'Etat sur les conditions d'accès et d'exercice de cette profession.

PREMIÈRE PARTIE

LA NOTION JURIDIQUE INCERTAINE DE PROMOTEUR IMMOBILIER

66. Avant que la jurisprudence, puis la loi, ne s'intéressent au promoteur immobilier, seules les règles de droit commun lui étaient applicables. Celles-ci se sont rapidement révélées insuffisantes pour endiguer les risques liés à l'opération de construction et inaptes à régir l'activité de promotion immobilière. La liberté laissée au promoteur lui a permis d'utiliser, voire d'imaginer, les outils contractuels de son choix ; des outils par nature défavorables aux intérêts des accédants. Le juge et le législateur se sont dès lors mobilisés afin d'apporter au client du promoteur, victime d'abus, un cadre juridique adapté aux enjeux de son projet. Cette protection s'est fondée en droit de la construction sur un critère exclusivement finaliste, celui de la destination d'habitation de l'immeuble, que le droit de la consommation a enrichi d'un critère personnel, fondé sur la qualité de consommateur du client. Cette double réaction, d'origine à la fois jurisprudentielle et légale[249], a conduit à imposer au promoteur un régime juridique particulièrement sévère, s'inspirant partiellement de celui des constructeurs de métier. Sur le plan contractuel, de nombreuses obligations sont mises à la charge du promoteur, lors de la formation du contrat et lors de son exécution, afin de sécuriser la démarche de l'accédant. Ce dernier peut, du reste, facilement engager la responsabilité contractuelle du promoteur, qui repose sur une obligation de résultat. Bien qu'il ne participe pas au chantier, le promoteur est débiteur de plusieurs garanties légales, à l'instar des garanties biennale et décennale, dont les conditions de mise en œuvre ont été progressivement assouplies par la jurisprudence. Ainsi, la notion de promoteur immobilier possède une nature fonctionnelle, en ce qu'elle a été créée pour répondre à un besoin impérieux de protection de l'accédant, se matérialisant dans l'application d'un régime spécifique (Titre I).

67. Le promoteur immobilier peut être diversement interprété en droit. De prime abord, il désigne, depuis la loi du 16 juillet 1971, le cocontractant du maître d'ouvrage dans le contrat de promotion immobilière, réglementé aux articles 1831-1 et suivants du Code civil. *A priori*, le promoteur immobilier serait donc un mandataire que le maître d'ouvrage chargerait de réaliser une opération de construction, en son nom et pour son compte. Or, préalablement à l'adoption de cette définition, le juge a été contraint de combler le vide juridique qui entourait la notion de promoteur immobilier, en proposant, dès 1963, sa propre définition, selon laquelle le promoteur est celui qui a l'initiative et le soin principal de l'opération. L'entrée en vigueur de la loi de 1971 n'a pas mis fin à l'interprétation jurisprudentielle de la notion de promoteur, si bien que les deux définitions coexistent à l'heure actuelle : celle d'un promoteur initiateur, qui est à l'origine de l'opération qu'il commercialise, et celle d'un promoteur exécutant ou prestataire de services, qui représente le maître d'ouvrage dans l'exercice de ses attributions. Plus largement, la promotion immobilière « *ne saurait actuellement être ramenée au cadre d'un unique contrat, mais se présente*

---

249 V. LASBORDES, *Les contrats déséquilibrés*, Thèse, Presses universitaires d'Aix-Marseille, 2000, t. 1, p. 37.

comme un ensemble de méthodes répondant à un besoin économique »[250]. À partir des deux modes d'intervention précédemment évoqués, plusieurs qualifications contractuelles sont susceptibles de conduire au promoteur immobilier. Le promoteur exécutant utilise le contrat de promotion immobilière, ou d'autres formes de mandat, comme le contrat de maîtrise d'ouvrage déléguée. La question se pose de savoir s'il n'est pas également amené à faire usage du contrat de louage d'ouvrage, en concluant par exemple un contrat de construction de maison individuelle. Le promoteur initiateur recourt quant à lui à la vente d'immeuble à construire, ou à d'autres formes de ventes, telles que la vente d'immeuble à rénover ou la vente d'immeuble achevé. Lorsque la doctrine évoque le « *promoteur de l'opération* », elle prend d'ailleurs le soin de préciser : « *qu'il soit vendeur d'immeuble à construire, promoteur immobilier ou constructeur de maison individuelle* »[251], validant ainsi l'hypothèse d'une pluralité de contrats associés à l'activité de promotion immobilière. Cela étant, la réglementation de cette activité « *s'avère multiforme et passe, en pratique, par d'autres contrats que celui de promotion immobilière* »[252] : l'analyse du droit positif révèle ainsi le caractère plurivoque de la notion de promoteur (Titre II).

---

[250] R. DENOYELLE, *th. préc.*, p. 70.
[251] J.-L. BERGEL (dir.), *Les contentieux immobiliers*, Lextenso, 2010, p. 311.
[252] H. PÉRINET-MARQUET, « Promotion immobilière », *Répertoire de droit immobilier*, Dalloz, janvier 2013 (actualisé en mars 2014, M. FAURE-ABBAD), § 3, 6.

TITRE I. Une notion fonctionnelle

68. Le régime de responsabilité renforcée qui s'applique au promoteur immobilier s'est imposé suite au constat d'échec du droit commun, celui-ci s'étant avéré inapte à régir les rapports unissant le promoteur à ses clients. La liberté contractuelle laissée au promoteur a été préjudiciable aux contractants les moins avisés, ce que les tribunaux ont rapidement constaté, avant que le pouvoir législatif ne s'empare de la question. La réaction de ce dernier a emprunté deux voies, dont les objectifs tendent finalement à se rejoindre : la première vise la protection du logement, à travers la destination d'habitation comme critère d'application du secteur protégé, tandis que la seconde vise la protection de l'accédant personne physique, à travers les règles protectrices du droit de la consommation (Chapitre 1).

69. Le promoteur immobilier correspond à la catégorie des notions « fonctionnelles » ou « opérationnelles », qui ont vocation à déclencher l'application d'une règle de droit particulière. Ces notions « *confèrent ce qu'il est possible d'appeler un statut au contractant, le statut étant un ensemble de normes ayant pour objet de préciser les droits et obligations prescrits en faveur ou à l'encontre d'une classe de sujets* »[253]. La catégorie des notions fonctionnelles se distingue des catégories « pédagogiques », dont la fonction est uniquement classificatoire[254], ou bien encore des notions « conceptuelles », que l'on peut doter de définitions complètes, fondées sur des critères logiques[255]. Au contraire, les notions fonctionnelles sont celles qui « *procèdent directement d'une fonction qui leur confère seule une véritable unité. Ces dernières ne peuvent donner lieu qu'à une énumération, et non à l'énoncé de critères communs fiables, hormis une finalité commune* »[256]. La nature fonctionnelle de la notion de promoteur immobilier se justifie par le régime de responsabilité auquel elle renvoie : un régime contraignant au soutien de la protection des intérêts des accédants. « *Dès avant la loi de 1971, la jurisprudence avait créé, de toutes pièces, la notion de promoteur pour faire jouer plus aisément la responsabilité de certaines personnes* »[257]. Si la jurisprudence a été la première à mettre à la charge du promoteur une obligation de résultat, la loi a confirmé cette tendance en lui faisant supporter les mêmes garanties légales que les

---

[253] C. NOBLOT, *La qualité du contractant comme critère légal de protection. Essai de méthodologie législative*, Thèse, LGDJ, 2002, p. 12.

[254] *Idem* : « *Elles appartiennent non au domaine du droit positif, mais à celui de la science du droit. Elles sont créées et utilisées par la doctrine pour les besoins épistémologiques de la réflexion liée à la compréhension, à l'analyse critique et à la connaissance du phénomène juridique* ».

[255] N. BARGUE, *Essai sur la notion de garantie*, Thèse, Université Paris I, 2008, p. 21.

[256] *Ibid.*, p. 22.

[257] J.-B. AUBY, H. PÉRINET-MARQUET, R. NOGUELLOU, *Droit de l'urbanisme et de la construction*, 11ème éd., LGDJ, 2017, p. 1067.

intervenants matériels au chantier[258]. Cette logique répressive a été complétée par une logique préventive, qui a également vu naître de nombreuses obligations contractuelles à la charge du promoteur, visant à prémunir l'accédant contre les risques inhérents à son projet (Chapitre 2).

[258] J.-C. GROSLIÈRE, C. SAINT-ALARY-HOUIN, Chron. « Promotion immobilière – Vente d'immeuble », *RDI*, 1985, p. 161 : à la clef de la qualification de promoteur, « *se trouve toujours, bien sûr, l'obligation de garantir les vices cachés* (...) *calquée sur la responsabilité des constructeurs* ».

Chapitre 1. La volonté d'équilibrer les rapports entre promoteur et accédant

70. Le droit commun s'est rapidement révélé inadapté aux relations liant le promoteur à son client et sous-dimensionné au regard des enjeux de l'opération de construction. L'absence d'encadrement sur-mesure de l'activité de promotion immobilière jusqu'aux années 1960 a permis au promoteur de jouir d'une liberté contractuelle qui fut néfaste aux intérêts de ceux qui cherchaient à faire construire (Section 1). Après quelques tentatives de réglementation sous l'impulsion de la jurisprudence, qui sont apparues infructueuses, le législateur a fortement encadré les alternatives contractuelles en matière de construction. Il a créé à cette occasion un « secteur protégé » réunissant les règles les plus protectrices, au profit de l'accédant cherchant à se loger. Si ce secteur protégé repose sur la destination d'habitation du bien, sans tenir compte de la qualité des parties, il a par la suite été secondé par le droit de la consommation, fondé quant à lui sur un critère personnel (Section 2).

Section 1. Les rapports originellement déséquilibrés entre promoteur et accédant

71. En tant que nouvel intermédiaire dans le secteur de la construction à partir des années 1950, le promoteur est « *une personne, physique ou morale, qui apporte la réponse à un besoin auquel il n'existait avant lui aucune contrepartie* »[259]. Outre le fait que le droit positif ne comporte logiquement aucune règle cherchant spécifiquement à encadrer son activité, le promoteur apparaît dans un contexte juridique faiblement réglementé. « *Les promoteurs se trouvaient dans un no man's land juridique. Cette situation était avantageuse en ce qu'ils étaient très libres d'agir à leur guise. Elle présentait toutefois l'inconvénient de ne pas offrir d'outil juridique adapté à la situation et, surtout, de laisser les cocontractants d'un éventuel promoteur indélicat sans protection* »[260] (I). En conséquence, plusieurs tentatives de réglementation ont été mises en place par le législateur à partir de la loi du 28 juin 1938[261], sur le plan civil comme sur le plan pénal, pour remédier aux abus commis par le promoteur dans ses rapports aux accédants. Ces tentatives se sont toutefois rapidement enlisées du fait de leur caractère inefficace ou insuffisant (II).

---

259 R. DENOYELLE, *Le promoteur de constructions immobilières*, Thèse, Berger-Levrault, 1965, p. 32.

260 H. PÉRINET-MARQUET, « Promotion immobilière », *Répertoire de droit immobilier*, Dalloz, janvier 2013 (actualisé en mars 2014, M. FAURE-ABBAD), § 2.

261 Loi du 28 juin 1938 tendant à régler le statut de la copropriété des immeubles divisés par appartements.

I. La réglementation sommaire de l'acte de construire

72. A ses débuts, le promoteur est laissé libre d'envisager comme il l'entend les relations contractuelles avec ses clients, sous réserve de respecter les règles de droit commun qui s'imposent à lui. Le promoteur exploite alors les mécanismes offerts par le droit positif (A). Fort de la liberté qui lui est laissée, le promoteur élabore également des montages contractuels *sui generis*, qui répondent aux nécessités de son intervention et privilégient ses intérêts (B).

A) L'application des mécanismes contractuels de droit commun

73. Les promoteurs se sont durablement installés dans le secteur de la construction à partir des années 1950. « *Sans instrument légal ou réglementaire significatif et pour s'assurer une certaine sécurité juridique, ces professionnels se tournaient vers les dispositifs existants pour organiser leurs relations contractuelles* »[262]. Dans ce contexte, le promoteur s'appuie sur les modèles que constituent les contrats nommés pour faire construire et commercialiser ses ouvrages (1). En l'absence de cadre impératif, il jouit d'une liberté contractuelle peu tempérée (2).

1. L'utilisation des contrats nommés du droit positif

74. Avant que le législateur n'adopte les contrats spéciaux de la construction à partir de 1967, le louage d'ouvrage constitue le seul contrat légal à régir l'acte de construire (bien qu'il ne fasse l'objet que d'une réglementation succincte). Il demeure à ce titre « *le contrat de construction de droit commun* »[263] (a). D'autres contrats nommés existent néanmoins pour permettre au promoteur d'administrer ses relations avec ses clients, à l'instar du mandat ou de la vente, utilisés en complément du contrat d'entreprise (b).

a. Le louage d'ouvrage pour construire

75. La définition du louage d'ouvrage dans le Code civil. « *Le manque de règles, constaté dans le secteur de la construction et de la promotion immobilière au début des années 60, était total. Ce secteur était régi pour l'essentiel par les dispositions du Code civil* »[264], et notamment par celles du louage d'ouvrage immobilier. L'article 1710 du Code civil définit le louage d'ouvrage et d'industrie comme le « *contrat par lequel l'une des parties*

---

[262] S. DWERNICKI, E. MARTIN- IMPÉRATORI, Fasc. 200-50 « Contrat de maîtrise d'ouvrage déléguée de droit privé », *JCl. Construction-Urbanisme*, LexisNexis, 27 juin 2014, § 2.

[263] H. PÉRINET-MARQUET, « Les aspects économiques du contrat de construction », *RDI*, 2002, p. 1.

[264] C. PONCE, *Le contrat de construction de maison individuelle, 15 ans après la loi du 19 décembre 1990*, LexisNexis, 2006, p. 9.

s'engage à faire quelque chose pour l'autre, moyennant un prix convenu entre elles ». Il s'agit d'un contrat synallagmatique conclu à titre onéreux, dans lequel le locateur d'ouvrage est chargé de réaliser des actes matériels, manuels et/ou intellectuels, en toute indépendance et sans représentation[265]. Le vocable « louage d'ouvrage » a depuis été remplacé par celui de « contrat d'entreprise »[266], afin d'embrasser plus largement les différentes modalités d'application de ce contrat dans la vie des affaires. L'article 1779 du Code civil distingue trois espèces principales de louage d'ouvrage : le louage de service, le louage de transport et « *celui des architectes, entrepreneurs d'ouvrages et techniciens par suite d'études, devis ou marchés* ». C'est cette dernière forme de louage d'ouvrage - le louage d'ouvrage immobilier - régi par les articles 1787 et suivants du Code civil, qui s'applique à l'opération de construction. Bien qu'il n'ait pas été spécifiquement conçu pour régir une telle activité, le contrat de louage d'ouvrage a prévalu jusqu'en 1967 comme le seul instrument légal en la matière. Aussi, « *le contrat de droit commun est, en matière de construction, le contrat de louage d'ouvrage* »[267], car ses dispositions, d'application générale, en constituent le cadre juridique fondamental.

76. Une prestation matérielle, mais également intellectuelle. Le louage d'ouvrage revêt une dimension matérielle car son objet porte sur la création d'une chose corporelle. Il est plus précisément un acte de spécification, c'est-à-dire de transformation de la matière. Néanmoins, le terme d'« ouvrage » vient du latin *operae*, qui signifie travailler[268]. L'ouvrage, au sens matériel d'un bien exécuté, et au sens téléologique d'un bien achevé, est inséparable du travail humain qui a conduit à sa production. A ce titre, les articles 1710 et 1787 du Code civil insistent plus sur le travail que sur le résultat recherché et rapprochent en cela le louage d'ouvrage du louage de services[269]. Le contrat d'entreprise peut ainsi convenir à des prestations de services purement intellectuelles, donc immatérielles, qui ne portent pas sur un bien qu'il s'agit de transformer, ou seulement indirectement[270]. Pascal PUIG remarque que « *l'objet du louage n'est plus* [seulement] *un* ouvrage à faire », comme dans l'institution romaine, « *mais*

---

[265] V. S. MOREIL, *Les obligations nées du contrat d'entreprise*, Thèse, Université Paris II, 2009.
[266] F. LABARTHE, « Du louage d'ouvrage au contrat d'entreprise, la dilution d'une notion » *in Etudes offertes à Jacques Ghestin. Le contrat au début du XXIème siècle*, LGDJ, 2001, p. 489.
[267] J.-B. AUBY, H. PÉRINET-MARQUET, R. NOGUELLOU, *op. cit.*, p. 545.
[268] J. DUBOIS, H. MITTERAND, A. DAUZAT, *Grand dictionnaire étymologique et historique du français*, Larousse, 2011, p. 696.
[269] L'article 1710 du Code civil dispose que « *l'une des parties s'engage à faire quelque chose pour l'autre* ». L'article 1787 du Code civil prévoit que « *lorsqu'on charge quelqu'un de faire un ouvrage, on peut convenir qu'il fournira seulement son travail ou son industrie* ».
[270] G. LARDEUX, « Le contrat de prestation de service dans les nouvelles dispositions du code civil », *D.* 2016, p. 1659.

un travail à accomplir »[271]. Le fait pour le contrat de louage d'ouvrage de s'attacher à la fois au travail matériel de transformation de la matière et au travail intellectuel nécessaire au processus d'élaboration de l'ouvrage, lui permet de convenir à tous les intervenants susceptibles de participer à l'acte de construire : concepteurs, exécutants et, dans une certaine mesure, organisateurs. Par sa nature, le contrat de louage d'ouvrage peut donc convenir aux promoteurs immobiliers, soit qu'ils participent à la conception ou à la réalisation de la construction, soit qu'ils se chargent seulement de son montage ou assistent le maître d'ouvrage à ce titre. Partant, le promoteur est bien « *un entrepreneur au sens juridique du terme* »[272].

77. Un contrat faiblement réglementé. Le louage d'ouvrage ne contient que très peu de règles contraignantes, au point que la doctrine le qualifie de contrat « quasi-innommé ». « *Moins de 10 articles encadrent le contrat lui-même* »[273] - dont seule une minorité est d'ordre public - contre une quarantaine pour le prêt ou le dépôt, une soixantaine pour le bail et plus d'une centaine pour la vente. Cette faible réglementation explique également le caractère résiduel de cette figure contractuelle, perçue comme la « *bonne à tout faire des contrats spéciaux* »[274], ou encore « *l'auberge espagnole des contrats* »[275]. On constate ainsi « *une distorsion criante entre son utilité économique et la faiblesse de sa réglementation juridique* »[276]. Paradoxalement, le louage d'ouvrage n'a pas connu le même mouvement de spécialisation que les autres types de louages, malgré son importance sur le plan économique[277] ; « *le contrat d'entreprise – outil incontournable du secteur – est resté en dehors de la modernisation du droit civil* »[278]. L'évolution du louage d'ouvrage s'est construite en dehors des dispositions légales, grâce aux apports de la jurisprudence, la Cour de cassation ayant joui d'une certaine marge de manœuvre en raison du faible niveau

---

[271] P. PUIG, « Le contrat d'entreprise » *in* L. ANDREU, M. MIGNOT (dir.), *Les contrats spéciaux et la réforme du droit des obligations*, Institut Universitaire Varenne, 2017, p. 122.

[272] F. COLLART DUTILLEUL, P. DELEBECQUE, *Contrats civils et commerciaux*, 11ème éd., Dalloz, 2019, p. 659.

[273] H. PÉRINET-MARQUET, « Les aspects économiques du contrat de construction », *RDI*, 2002, p. 1.

[274] Cette expression est attribuée à Philippe MALAURIE.

[275] G. CORNU, Chron. « Contrats spéciaux », *RTD Civ.*, 1971, p. 171.

[276] J. SÉNÉCHAL, *Le contrat d'entreprise au sein de la classification des contrats spéciaux. Recherche sur un double enjeu du mouvement de recodification du droit des contrats*, Thèse, Presses Universitaires d'Aix-Marseille, 2008, p. 11.

[277] J. SÉNÉCHAL, *th. préc.*, p. 105 : « *Il apparait que le législateur s'est refusé à réguler le louage d'ouvrage, se contentant de réguler son sur-genre, le contrat et ses sous-espèces, les devis et marchés, le louage de services et le contrat de transport* ».

[278] M. FAURE-ABBAD, « L'impact de la réforme des contrats spéciaux sur le contrat d'entreprise », *RDI*, 2017, p. 570.

d'encadrement du contrat[279]. Toutefois, si le louage d'ouvrage peut être utilisé pour des prestations modiques, il a également vocation à régir des opérations complexes, notamment de construction immobilière. Pour ce genre d'objet, la réglementation clairsemée du louage d'ouvrage peut se révéler inadaptée, voire dangereuse pour le maître d'ouvrage[280]. En effet, « *ce faible maillage légal laisse une part déterminante à l'autonomie de la volonté. Il pourrait permettre un certain nombre d'abus dans la mise en œuvre des obligations, en contradiction avec la recherche de l'équilibre économique* »[281]. De fait, « *aucune clause obligatoire, aucune règle protectrice n'est applicable à ce contrat qui obéit à la conception égalitaire du Code civil* »[282]. Les relations précontractuelles ne font l'objet d'aucune norme spécifique et la formation du contrat répond au principe du consensualisme. En revanche, avant d'être consacré à l'article 1793 du Code civil, le marché à forfait existait déjà sous l'Ancien Régime, puisque la garantie décennale était réservée à l'origine aux « *marchés à prix faits* »[283]. S'agissant de l'exécution du contrat, l'entrepreneur peut engager sa responsabilité s'il manque à son obligation de résultat de livrer un bien conforme à la commande et aux règles de l'art[284], à son obligation de respect des délais[285], ou en cas de perte de l'ouvrage[286]. Du reste, la loi instaure, dès 1804, plusieurs garanties objectives à la charge de l'entrepreneur, qui lui imposent de réparer les non-conformités ou les vices altérant le bien achevé[287].

b. Le mandat et la vente pour commercialiser

78. Le recours au mandat. En raison du nombre restreint d'articles qui lui étaient consacrés dans le Code civil, la doctrine du XIXème siècle considérait le mandat comme un « petit contrat ». Présumé gratuit à défaut de dispositions

---

279 La Norme AFNOR NF P 03-001, élaborée par l'Association Française de Normalisation, dont la première version a été éditée en avril 1989, est également venue compléter le régime applicable au louage d'ouvrage immobilier. Cette norme regroupe un grand nombre de clauses-types dans un « cahier des clauses administratives générales applicables aux travaux de bâtiments faisant l'objet de marchés privés ».

280 Christophe PONCE considère au contraire qu'« *en dépit de cette protection réduite, le maître de l'ouvrage ne court que des risques modérés. En effet, le morcellement des travaux et leur éparpillement sur plusieurs marchés constituent un moyen efficace pour atténuer les risques notamment financiers (…). L'absence de formalisme protecteur est compensée par la dilution des risques* » (C. PONCE, *op. cit.*, p. 7).

281 H. PÉRINET-MARQUET, « Les aspects économiques du contrat de construction », *RDI*, 2002, p. 1.

282 C. PONCE, *op. cit.*, p. 7.

283 Cf. *Infra*, § 227.

284 Cf. *Infra*, § 206.

285 En l'absence de délai prévu au contrat, l'entrepreneur est tenu d'exécuter sa prestation dans « un délai raisonnable » : Cass. Civ. 3ème, 16 mars 2011, n° 10-14051, *Bull. civ.* III, n° 35.

286 Dans le cas où l'entrepreneur fournit la matière, selon l'article 1788 du Code civil.

287 Cf. *Infra*, § 227 et s., 851 et s.

contraires, selon l'article 1986 du Code civil, le mandat n'est plus perçu comme une convention à conclure entre amis, mais s'est imposé comme l'un des contrats majeurs du Code civil, structurant de nombreuses activités économiques. Défini par l'article 1984 du Code civil, « *le mandat ou procuration est un acte par lequel une personne donne à une autre le pouvoir de faire quelque chose pour le mandant et en son nom* ». Il s'agit du contrat par lequel le mandant confie à son mandataire une mission de représentation, au terme de laquelle ce dernier va accomplir des actes juridiques en son nom et pour son compte. Le promoteur a eu pour fonction initiale de représenter le ou les maître(s) d'ouvrage à l'origine du projet, afin d'exercer en leur lieu et place les différentes attributions de la maîtrise d'ouvrage, en contrepartie d'un « salaire ». Le régime juridique applicable au mandat est suffisamment souple pour que le promoteur puisse le façonner selon ses intérêts. Il s'agit d'un contrat consensuel, qui impose au mandataire d'agir dans la limite des pouvoirs qui lui ont été impartis, en rendant compte de sa gestion au mandant. Seule une obligation de moyens pèse en principe sur le mandataire.

79. **Le recours à la vente**. Avant que ne soit adopté le contrat de vente d'immeuble à construire, le contrat de vente de droit commun, réglementé aux articles 1583 et suivants du Code civil, ne portait en matière immobilière que sur des immeubles existants. *A priori*, il ne s'agit pas d'un contrat utilisé alors par une majorité de promoteurs, mais par ceux qui sont en mesure d'avancer la totalité des frais induits par la construction de l'ouvrage. Ces promoteurs se classent avant l'heure dans la catégorie des « initiateurs » ; ils sont à l'origine de l'opération, financent intégralement l'achat du terrain et la réalisation des travaux, avant de transférer la propriété des lots achevés aux acquéreurs, au moyen de contrats de vente immobilière[288]. Le contrat de vente est un contrat consensuel, quoique soumis à des formalités d'enregistrement, qui impose au vendeur de délivrer et de garantir la chose qu'il vend, conformément à l'article 1603 du Code civil. En plus de son obligation de délivrance conforme[289], le vendeur est débiteur d'une garantie d'éviction du fait personnel et du fait des tiers[290], ainsi que d'une garantie des vices cachés[291].

80. Ainsi, le louage d'ouvrage est la forme de contrat la plus à même d'être utilisée par le promoteur au début de son activité, au regard de son champ d'application particulièrement large, de la souplesse de ses dispositions et parce qu'il constitue en toute logique, l'outil contractuel de base de la construction. Néanmoins, selon le mode d'intervention qu'il adopte, le promoteur peut également s'orienter vers d'autres types de contrats tels que le mandat, s'il intervient uniquement comme prestataire de services chargé de représenter le maître d'ouvrage, ou la vente, s'il préfinance l'intégralité de l'opération avant de

---

288 Cf. *Infra*, § 343 et s.
289 Articles 1604 et 1615 du Code civil.
290 *Ibid.*, articles 1626 à 1640.
291 Articles 1641 à 1649 du Code civil.

céder sa propriété sur les biens achevés. Toutefois, « *ces contrats traditionnels ne contiennent dans leur structure ni les modalités, ni les garanties exigées par l'opération de promotion immobilière* (…). *Ils ont été créés à un moment où la promotion immobilière n'existait pas. Ils ne peuvent donc pas absorber* [cette] *nouvelle technique* »[292]. Le promoteur jouit pour l'essentiel d'une liberté contractuelle, peu adaptée à l'objet de son activité. « *En effet, si le contrat de construction a acquis dès 1804 une spécificité (le législateur lui réservant dès cet instant quelques dispositions particulières auxquelles les parties ne peuvent déroger), son régime est demeuré durant longtemps simplement régi par les principes généraux du droit des obligations et des contrats* »[293].

2. La liberté contractuelle laissée aux parties

81. Indépendamment des alternatives contractuelles qui s'offrent au promoteur pour interagir juridiquement avec ses clients, et sous réserve des dispositions impératives qui sont susceptibles de s'imposer à lui (b), le promoteur tire profit de la liberté contractuelle qui caractérise encore le domaine de la construction avant le tournant qui marquera les années 1950 et 1960. Or, « *de la Révolution française jusqu'au début du 20ème siècle, le droit privé des contrats est relativement peu finalisé. Durant cette période, les règles sont générales et abstraites* »[294]. Les contractants sont réputés être dans un rapport d'égalité l'un envers l'autre, selon une conception idéelle : « *de cette prémisse libérale, il est alors possible de déduire que les contrats d'échange conclus par ces hommes libres et égaux sont nécessairement justes et utiles à la fois pour chacun des contractants et pour le groupe social en son entier. Par conséquent, le droit ne doit avoir qu'une intervention restreinte dans le contrat* »[295]. Les sujets de droit sont libres de contracter, avec la personne de leur choix, sur la base d'un contenu librement déterminé, en fixant eux-mêmes leurs obligations réciproques[296] (a).

a. Un contexte juridique libéral

82. L'autonomie de la volonté, au fondement de la liberté contractuelle. Les règles régissant le régime général des obligations dans le Code civil de 1804 sont le reflet d'une philosophie individualiste, conçue pour des contractants raisonnables, prudents et avisés, capables de pourvoir seuls et de la meilleure

---

[292] E. GAVIN-MILLAN, *Essai d'une théorie générale des contrats spéciaux de la promotion immobilière*, Thèse, LGDJ, 2003, p. 1.

[293] B. KOHL, *Droit de la construction et de la promotion immobilière en Europe. Vers une harmonisation de la protection du consommateur en droit de la construction ?*, Thèse, LGDJ, 2008, p. 163.

[294] C. NOBLOT, *th. préc.*, p. 16.

[295] J. SÉNÉCHAL, *th. préc.*, p. 61.

[296] S. GUINCHARD, T. DEBARD, *Lexique des termes juridiques*, 27ème éd., Dalloz, 2019, p. 643.

façon à leurs intérêts. « *Envisagé comme une pure volonté guidée par une raison infaillible, chaque contractant est le meilleur juge et donc le meilleur législateur de ses intérêts. (...) Si une obligation imposée peut être injuste, une obligation acceptée ne peut pas l'être* »[297]. En principe, l'opposition des intérêts de chacune des parties doit permettre d'atteindre un certain équilibre dans le contrat car « *l'homme étant un être libre, il ne peut être soumis à des obligations autres que celles qu'il a voulues ; libre de s'engager sans contrainte, il ne l'est que dans la mesure où il l'a voulu* »[298]. Le contractant protège lui-même ses intérêts car il est libre de contracter et selon les modalités qu'il souhaite[299]. Dans le Code civil, la protection du contrat est préférée à celle du contractant, ce qu'incarne entre autres le principe de la force obligatoire du contrat[300], lui-même fondé sur l'autonomie de la volonté comme source de légitimation de l'accord convenu. Ainsi, « *le droit français classique préfère la sécurité des transactions à l'équilibre contractuel* »[301]. C'est bien dans ce contexte juridique particulier que les premières expériences de promotion immobilière s'inscrivent : elles « *sont placées sous l'égide du dogme de l'autonomie de la volonté des parties* »[302]. En effet, « *la protection de celui qui fait construire n'apparaît pas encore comme une priorité : lorsque le contrat de construction qui s'appelle encore louage d'ouvrage réunit le bon père de famille mythique du Code civil et un petit entrepreneur, le pouvoir de la volonté peut jouer son rôle normal entre les parties* »[303].

83. La bonne foi comme limite théorique à la liberté contractuelle. Cela étant, la liberté contractuelle a pour garde-fous « *les idéaux de confiance et de bonne foi, assurant le triomphe de la morale et de la raison* »[304]. Consacrée originellement à l'article 1134 alinéa 3 du Code civil, avant d'être consolidée à l'article 1104[305], la bonne foi correspond à « *l'attitude traduisant la conviction ou la volonté de se conformer au droit (...) ; le comportement loyal que requiert notamment l'exécution d'une obligation ; l'attitude d'intégrité et d'honnêteté* »

---

[297] F. TERRÉ, P. SIMLER, Y. LEQUETTE, F. CHÉNEDÉ, *Droit civil. Les obligations*, 12ème éd., Dalloz, 2018, pp. 33-34.

[298] P. MALINVAUD, M. MEKKI, J.-B. SEUBE, *Droit des obligations*, 15ème éd., LexisNexis, 2019, p. 86.

[299] Dans son Discours Préliminaire au Code civil, Portalis déclarait à ce titre que « *l'office de la loi est de protéger contre la fraude d'autrui, mais non pas de nous dispenser de faire usage de notre propre raison* ».

[300] J. JULIEN, *Droit de la consommation*, 3ème éd., LGDJ, 2019, p. 32.

[301] J. CALAIS-AULOY, H. TEMPLE, *Droit de la consommation*, 9ème éd., Dalloz, 2015, p. 210.

[302] E. GAVIN-MILLAN, *th. préc.*, p. 2.

[303] J.-B. AUBY, H. PÉRINET-MARQUET, R. NOGUELLOU, *op. cit.*, p. 21.

[304] E. CHEVREAU, Y. MAUSEN, C. BOUGLÉ, *Histoire du droit des obligations*, 2ème éd., LexisNexis, 2011, p. 234.

[305] V. également, article 1112 alinéa 1er du Code civil. N. BALAT, « Le juge contrôlera-t-il d'office la bonne foi des contractants ? », *D.* 2018, p. 2099.

ou encore « *un esprit de droiture qui vaut un bienfait à celui qu'il anime* »[306]. Bien qu'elle soit difficilement sanctionnée devant les juridictions, la bonne foi est supposée empêcher l'un des contractants de tirer profit de sa supériorité pour orienter le contrat en sa faveur. Alors que dans un contrat à titre onéreux les parties cherchent à maximiser leurs intérêts, la bonne foi apparaît comme un tempérament naturel, garant de l'équilibre contractuel. Bertrand FAGES considère pour autant qu'il n'entre pas dans la fonction de la bonne foi « *de constituer l'instrument d'un "solidarisme contractuel" ou d'une politique de justice sociale menée à grande échelle* »[307]. De même pour Jacques MESTRE, si l'on peut concevoir d'imposer à l'individu contractant un certain dépassement de son « *individualisme foncier* », et donc un effort de rapprochement vers le partenaire contractuel, on ne saurait exiger de lui « *un altruisme absolu négateur de ses propres intérêts* » ou un « *dévouement chronique et illimité* »[308]. Le législateur n'a donc eu d'autre choix que d'instaurer certains dispositifs objectifs visant à astreindre les parties au maintien d'un réel équilibre contractuel, particulièrement en matière de promotion immobilière.

b. Une liberté faiblement tempérée

84. L'ordre public de protection comme limite concrète à la liberté contractuelle. L'article 6 du Code civil consacre l'ordre public comme limite infranchissable de la liberté contractuelle en affirmant que l'« *on ne peut déroger, par des conventions particulières, aux lois qui intéressent l'ordre public et les bonnes mœurs* ». L'ordre public désigne alors un « *intérêt supérieur hors d'atteinte des volontés particulières contraires, une limite à la liberté qui fait positivement ressortir les valeurs fondamentales qu'elle protège contre les abus de la liberté* »[309]. Il peut se définir concrètement comme un ensemble de normes impératives auxquelles les individus sont contraints de se conformer, dans leur comportement comme dans leurs conventions[310]. Distinct de l'ordre public de direction, l'ordre public de protection « *permet, par l'intermédiaire de dispositions impératives, d'assurer la sauvegarde de certaines catégories de citoyens ou d'intérêts appelant une sollicitude particulière de l'Etat* »[311]. En effet, il renvoie à un corps de règles qui s'emploient à « *défendre les intérêts de catégories déterminées de contractants placés dans une position d'infériorité*

---

306 G. CORNU, assoc. H. CAPITANT, *Vocabulaire juridique*, 13ème éd., PUF, 2020, pp. 131-132. V. *Le contrat au début du XXIe siècle : études offertes à Jacques Ghestin*, LGDJ, 2001. J. GHESTIN, H. BARBIER, *Introduction générale. Tome 1, Droit objectif et droits subjectifs, sources du droit*, 5ème éd., LGDJ, 2018.

307 B. FAGES, *Droit des obligations*, 9ème éd., LGDJ, 2019, p. 53.

308 J. MESTRE, « Bonne foi et équité, même combat ! », *RTD Civ.*, 1990, p. 649.

309 G. CORNU, assoc. H. CAPITANT, *op. cit.*, p. 714.

310 G. CORNU, assoc. H. CAPITANT, *op. cit.*, p. 714.

311 S. PORCHY-SIMON, *Les obligations 2020 – Droit civil 2ème année*, 12ème éd., Dalloz, 2019, p. 126. V. S. BROS, C. LARROUMET, *Traité de droit civil. Les obligations, le contrat*, t. 3, 9ème éd., Economica, 2018.

telle que l'exercice de leur volonté ne garantit plus la justice contractuelle »[312]. Sous l'égide de cet ordre public de protection, plusieurs mesures ponctuelles, contenues notamment dans les régimes applicables aux contrats nommés utilisés par le promoteur immobilier, ont constitué les premières limites de son activité. Ce fut notamment le cas de l'obligation de conseil et d'information, ou des garanties attachées au louage d'ouvrage ou à la vente.

85. Ainsi, jusqu'à l'adoption des différents contrats spéciaux de la construction, le promoteur a joui d'une liberté contractuelle qui lui a permis de donner à son activité le cadre de son choix, dans la seule limite des règles impératives de droit commun. En tant qu'intermédiaire, le promoteur a pu utiliser le contrat de louage ou le mandat, en agissant comme prestataire de services, ou recourir à la vente pour commercialiser les biens construits sous sa direction exclusive. Indépendamment des contrats nommés qui s'offraient à lui, le promoteur a aussi utilisé des outils juridiques sur-mesure, qui ont servi ses intérêts au détriment de ceux des accédants : « *les promoteurs profitaient en effet de cette liberté pour détourner l'esprit de la loi, dans le sens qui leur convenait* »[313].

B) L'élaboration de techniques juridiques sur-mesure

86. Les promoteurs « *ont été très vite amenés à imaginer les premières relations contractuelles devant les lier aux accédants à la propriété, afin de se doter des meilleurs instruments leur permettant de mener à bien leur mission* »[314]. Les méthodes de Grenoble et de Paris constituent les premiers mécanismes juridiques qui ont permis aux accédants de mettre en commun leurs moyens pour construire, en confiant la supervision de l'opération à un tiers compétent. Ces deux types de montages correspondent à « *des cas de promotion immobilière déjà évolués puisque le candidat propriétaire n'a plus affaire qu'à un seul contractant qui prend à sa charge toute l'organisation de l'opération* »[315]. Si le promoteur a su tirer profit du contexte libéral dans lequel il se trouvait pour mettre en œuvre des dispositifs contractuels adaptés à son activité, « *l'autonomie de la volonté laissée aux parties laissa bien vite la porte ouverte à de nombreux abus* »[316]. Paradoxalement, les accédants n'exerçaient pas pleinement la maîtrise d'ouvrage de l'opération alors qu'ils en assumaient tous les risques, que ce soit dans le cadre de la méthode de Grenoble, fondée sur la technique de l'indivision (1), ou dans celle de Paris, basée sur la technique sociétaire (2).

---

[312] S. PECH-LE GAC, *La proportionnalité en droit privé des contrats*, Thèse, Université Paris XI, 1997, t. 1, p. 35.
[313] E. GAVIN-MILLAN, *th. préc.*, p. 3.
[314] J.-L. BERGEL (dir.), « Causes des interventions jurisprudentielles et législatives », *Lamy Droit Immobilier*, actualisé en juin 2019, § 2746.
[315] R. DENOYELLE, *th. préc.*, p. 29.
[316] B. KOHL, *th. préc.*, p. 182.

1. L'utilisation du mécanisme de l'indivision

87. La méthode dite de « Grenoble » vise à réunir les candidats à la construction dans le cadre d'une indivision, dont les membres confient au promoteur immobilier le soin de faire construire l'ouvrage, au moyen d'un mandat (a). Cette méthode offre un cadre juridique approprié au promoteur, mais comporte plusieurs inconvénients pour les accédants (b).

a. La « méthode de Grenoble »

88. Définition de la « méthode de Grenoble ». La « tradition grenobloise de construction » est apparue dès les années 1930, en tant que méthode collective de construction, utilisée à l'origine entre maîtres d'ouvrage uniquement. Les candidats à l'accession achetaient ensemble un terrain dont ils devenaient propriétaires indivis. Afin de superviser l'opération de construction, les indivisaires désignaient l'un d'entre eux pour les représenter dans les différents actes d'administration et de disposition que rendait nécessaires la gestion du chantier. Les propriétaires indivis devenaient propriétaires de l'ouvrage selon leurs quotes-parts respectives. Ces quotes-parts, qui portaient initialement sur le terrain et le droit de construire, portaient ensuite sur le terrain et l'ouvrage, au fur et à mesure de son édification, sous le jeu de l'accession[317]. Une fois l'immeuble terminé, les indivisaires procédaient au partage, et par suite des attributions de lots, devenaient pleinement propriétaires de leurs locaux. La propriété de l'immeuble « *étant répartie, entre plusieurs personnes, par lots comprenant chacun une partie privative et une quote-part de parties communes* »[318], le régime de l'indivision cédait la place au régime de la copropriété des immeubles bâtis régie par la loi du 28 juin 1938, avant que la loi du 10 juillet 1965[319] n'entre en vigueur. La méthode de Grenoble présentait l'avantage, pour les accédants, de mutualiser leurs moyens dans le cadre d'un projet commun, ce qui leur permettait d'acquérir plus facilement la propriété des terrains et de faire certaines économies dans l'exécution de l'ouvrage. De surcroît, en désignant un représentant compétent pour se charger à leur place de la gestion administrative, juridique, technique et financière de l'opération, les accédants évitaient ainsi les difficultés et les risques qu'impliquaient l'exercice de la maîtrise d'ouvrage.

89. Modalités d'utilisation par les promoteurs. La méthode de Grenoble est progressivement reprise par des prestataires spécialisés, qui ne sont pas encore des promoteurs immobiliers reconnus comme tels, puisque l'activité ne s'est pas encore structurée. Agents immobiliers, entrepreneurs, financiers, notaires : ils sont des initiateurs de programmes, issus de différents corps de

---

[317] Articles 551, 552 et 553 du Code civil.

[318] Article 1er de la loi n° 65-557 du 10 juillet 1965 fixant le statut de la copropriété des immeubles bâtis.

[319] *Ibid.*

métier en lien avec le secteur de l'immobilier. Leur intervention peut alors prendre plusieurs formes. D'une part, le prestataire peut acheter seul le terrain à construire, diviser son titre en millièmes, pour le céder ensuite à titre onéreux aux candidats à l'accession. Dans ce cas de figure, il agit en tant que promoteur initiateur, en impulsant le projet et en le commercialisant à des fins lucratives. Puisque le contrat de vente d'immeuble à construire n'a pas encore été adopté, le promoteur recourt à la vente immobilière de droit commun, puis conclut un mandat avec les acquéreurs afin que ceux-ci lui confient la gestion de l'opération. Le faible contrôle du montage permettait alors au promoteur de conserver dans son patrimoine un ou plusieurs lot(s), auquel il attribuait un faible nombre de parts, ce qui lui permettait de bénéficier d'appels de fonds proportionnellement réduits. Selon le principe de la force obligatoire des contrats, le juge était lié par la répartition des lots et des parts convenue entre les parties ; les accédants ne bénéficiaient d'aucune mesure de protection à ce titre. D'autre part, le prestataire peut tout aussi bien être sollicité directement par la collectivité des accédants déjà constituée en indivision, en concluant avec eux un contrat de mandat, par lequel ces derniers le chargent de régulariser les marchés nécessaires à la construction et de surveiller le déroulement du chantier. Ces mandats constituent les premières formes de mandats de maîtrise d'ouvrage. Dans cette hypothèse, puisque le contrat de promotion immobilière n'existe pas encore, le promoteur agit en tant que simple mandataire, prestataire de services, en laissant l'initiative de l'opération aux maîtres d'ouvrage qui le missionnent pour superviser son organisation. Contrairement à la situation du promoteur initiateur, aucune phase de commercialisation n'est nécessaire dans le cas du prestataire de services, puisque tous les accédants sont d'ores et déjà connus dès le stade de l'acquisition du terrain.

b. Les défauts de la méthode de Grenoble

90. Les contraintes du régime de l'indivision. En premier lieu, la méthode de Grenoble induit une pluralité de maîtres d'ouvrage. Chacun des indivisaires est titulaire de la maîtrise d'ouvrage, dans la mesure où la totalité de l'ouvrage à construire fait l'objet d'une propriété collective. Les parts ou fractions dont sont titulaires les indivisaires « *ne se rapportent pas à chacun des biens composant l'indivision, mais à l'ensemble constituant la masse indivise. Il s'agit, dit-on de parts abstraites* »[320]. Or, à l'inverse du syndicat des copropriétaires qui lui succède une fois l'immeuble achevé, l'indivision n'a pas la personnalité juridique, ce qui est de nature à complexifier le processus décisionnel. Avant la réforme induite par la loi du 23 juin 2006[321], faisant elle-même suite à la loi du 31 décembre 1976[322], l'indivision est encore perçue comme un régime précaire et passager. L'unanimité est en conséquence exigée pour tous les actes pris par

---

[320] F. TERRÉ, P. SIMLER, *Droit civil. Les Biens*, 10ème éd., Dalloz, 2018, p. 455.
[321] Loi n° 2006-728 du 23 juin 2006 portant réforme des successions et des libéralités.
[322] Loi n° 76-1286 du 31 décembre 1976 relative à l'organisation de l'indivision.

les indivisaires, peu important leur nature et leur gravité[323]. Une telle organisation ne peut qu'être inadaptée aux exigences du chantier, qui donne lieu à de nombreuses décisions, dans le cadre d'une administration quotidienne. Dans ce contexte, le promoteur prive les accédants de tout contrôle sur le déroulement de l'opération[324]. Au surplus, les accédants rencontraient des difficultés à obtenir des crédits pour financer leur projet immobilier, notamment parce que l'hypothèque consentie sur une part indivise ne présentait pas le même intérêt pour le financeur qu'une hypothèque portant sur une propriété pleine et entière[325].

91. L'absence de garantie pour les accédants. Par ailleurs, les accédants ne détiennent aucune garantie spécifique à l'encontre du promoteur, car le régime du mandat de droit commun est lacunaire sur ce point[326]. Le mandataire est tenu à une obligation de moyens dans l'accomplissement de sa mission[327], ce qui subordonne les recours engagés par les accédants à la démonstration d'une faute commise par le promoteur, mais celle-ci reste difficile à mettre en lien avec les dommages matériels. Les accédants entretiennent des liens contractuels directs avec les constructeurs et ne peuvent compter que sur les garanties que la loi met à leur charge, pour obtenir réparation des désordres. A l'inverse, le promoteur, qui ne s'engage pas à construire mais seulement à représenter la communauté des accédants, ne peut aucunement être tenu responsable des non-conformités ou des vices constatés sur l'ouvrage. Dès lors, « *ces ''promoteurs'' prétendaient* (…) *éviter toute responsabilité et échapper à la garantie décennale en s'abritant derrière leurs qualifications de mandataires conventionnels ou*

---

323 F. TERRÉ, P. SIMLER, *op. cit.*, pp. 462-464 : la jurisprudence avait tout de même pu apporter quelques correctifs à cette réglementation, en admettant qu'un indivisaire seul puisse accomplir des actes conservatoires, à charge pour les autres de lui rembourser les dépenses afférentes (Cass. Civ. 1ère, 16 juillet 1968, *Bull. civ.* I, n° 216, *JCP* 1969, II, 15833, note M. DAGOT), ou en reconnaissant l'existence d'une gestion d'affaires pour les actes d'administration (Cass. Civ. 1ère, 12 décembre 1961, *Bull. civ.* I, n° 602).

324 Cass. Civ. 3ème, 9 janvier 1979, n° 77-13255, *Bull. civ.* III, n° 8, p. 6.

325 P. MALINVAUD, P. JESTAZ, P. JOURDAIN, O. TOURNAFOND, *Droit de la promotion immobilière*, 9ème éd., Dalloz, 2014, p. 15.

326 J.-L. BERGEL (dir.), « Causes des interventions jurisprudentielles et législatives », *Lamy Droit Immobilier*, actualisé en juin 2019, § 2746 : « *Tout mandataire n'est en effet tenu, en principe, que d'une obligation de moyens et les contrats de promotion immobilière étaient toujours rédigés de manière telle que les engagements assumés par le promoteur mandataire demeuraient suffisamment vagues pour recevoir cette qualification* (…). *Certes, la jurisprudence s'était efforcée d'imposer au promoteur mandataire des obligations de garanties et de renseignements ; mais du point de vue strictement juridique, cette solution était contestable. De la sorte, le risque demeurait grand de voir les obligations du promoteur interprétées dans le sens imposé par les principes et donc d'une manière défavorable au maître d'ouvrage* ».

327 Cass. Civ. 3ème, 1er juin 2017, n° 15-29312, inédit.

légaux »[328]. Ce n'est qu'à compter de l'entrée en vigueur de la loi du 16 juillet 1971 que le promoteur mandataire sera tenu de supporter le risque d'inexécution ou de mauvaise exécution des travaux, dans le cadre du contrat réglementé de promotion immobilière.

92. Concomitamment à l'utilisation de la méthode de Grenoble, fondée sur le mécanisme de l'indivision, le promoteur a également recours à une autre méthode, celle de Paris, qui implique la constitution d'une société réunissant les accédants à la construction. Si la méthode de Paris présente des avantages sensiblement similaires à ceux de la méthode de Grenoble, d'autres travers peuvent en revanche lui être reprochés.

2. L'utilisation du mécanisme sociétaire

93. La méthode dite de « Paris » constitue la seconde technique contractuelle mise au jour par le promoteur pour cadrer son intervention. Elle conduit à la constitution d'une société dont les parts sont progressivement cédées aux accédants, au fur et à mesure de la commercialisation (a). La méthode de Paris satisfait surtout les intérêts du promoteur, au détriment de ceux de ses cocontractants. En effet, « *cette technique pouvait s'avérer dangereuse pour des acquéreurs qui, dans l'unique dessein de se loger, prenaient part aux aléas de la vie sociétaire et aux risques de l'opération de construction* »[329] (b).

a. La « méthode de Paris »

94. **Définition de la « méthode de Paris ».** Dans le cadre de la méthode de Paris, le promoteur et les accédants sont les associés d'une même société. Le terrain est d'abord acquis par le promoteur, qui l'apporte à une société qu'il constitue et dans laquelle s'associent les accédants, soit *ab initio*, soit au fur et à mesure de l'avancement de l'opération et de sa commercialisation. « *La société était devenue une méthode de construction à leur service. (…) Elle s'ouvrait aux clients connus ou inconnus qui la pénétraient soit par voie de cession de parts, soit par voie de souscription à une augmentation du capital* »[330]. Le promoteur peut également créer la société, céder les parts aux accédants qu'il aura préalablement identifiés, avant que la société ne se charge ensuite d'acheter le terrain. Le promoteur, nommé gérant de la société, s'occupe de conclure les contrats de louage d'ouvrage et de superviser le chantier, sans avoir besoin pour ce faire, de conclure de contrat de mandat avec les accédants. En tant que gérant, il a directement le pouvoir d'engager la société ou de faire appliquer les décisions prises par les associés. Tant que la société est active, les cessionnaires

[328] D. TOMASIN, « Promotion immobilière (notion et responsabilité) » *in* P. MALINVAUD (dir.), *Droit de la construction*, 7ème éd., Dalloz, 2018, § 450.13.
[329] M. BARRÉ, « Sociétés de construction en vue de la vente », *Répertoire des sociétés*, Dalloz, janvier 1993 (actualisé en octobre 2013), § 2.
[330] E. GAVIN-MILLAN, *th. préc.*, p. 3.

ne disposent que d'un droit de propriété sur leurs parts sociales. Ils ne deviennent propriétaires des locaux qu'une fois la société dissoute et l'immeuble partagé en nature[331], au terme du fractionnement de l'actif social. Postérieurement à la réception des travaux, et avant que le partage ait lieu, les accédants disposent d'un droit de jouissance privatif transitoire sur les locaux qui leur reviennent. La méthode de Paris s'incarne dans la société de construction-attribution, partiellement régie par la loi du 28 juin 1938, puis modernisée par la loi du 16 juillet 1971. Celle-ci est définie à l'article L. 212-1 du Code de la construction et de l'habitation comme la société qui a pour objet la construction ou l'acquisition d'immeubles en vue de leur division par fractions destinées à être attribuées aux associés en propriété ou en jouissance. L'objet de cette société comprend la gestion et l'entretien des immeubles jusqu'à la mise en place d'une organisation différente. Ainsi, « *la société d'attribution régie par la loi du 28 juin 1938 a constitué du début des années 1950 à la fin des années 1960 le principal cadre juridique de la promotion-accession* »[332]. La méthode de Paris substitue clairement à la construction mutualisée, qui caractérise la méthode de Grenoble, la construction commercialisée. Alors qu'il ne s'agit que d'une option dans la méthode de Grenoble, l'initiative de l'opération est toujours conservée par le promoteur dans la méthode de Paris. Dans ce cas de figure, le promoteur n'est pas un prestataire au service des accédants, mais bien un vendeur qui commercialise le programme.

95. Les avantages du dispositif. Les parties peuvent choisir librement la forme juridique de la société. Son objet social se limite à la construction d'un ouvrage et à sa répartition par lots entre les acquéreurs. La société n'a donc pas pour objet de réaliser des bénéfices, entendus comme des gains ajoutant à la fortune des associés, mais uniquement de transformer un capital en produit immobilier fini. Sans but lucratif, elle encourait donc la nullité[333]. Or, la loi du 28 juin 1938 est venue remédier à cet inconvénient en reconnaissant la validité de ces sociétés dépourvues de but lucratif, quelle que soit leur forme. Elle a admis de plus la possibilité de procéder à des appels de fonds supplémentaires pour la réalisation de l'objet social, proportionnellement aux engagements des associés[334], alors qu'en principe, un vote à l'unanimité est requis dans cette hypothèse[335]. Pour le reste, les décisions sont essentiellement prises à la majorité. Enfin, c'est à la société qu'appartient le terrain, l'ouvrage à construire

---

[331] Un décret du 20 mai 1955 a organisé le partage partiel pour les associés dont le logement est déjà terminé.

[332] D. SIZAIRE, G. DURAND-PASQUIER, Fasc. 81 « Ventes d'immeubles à construire – Origine. Législation. Définition », *JCl. Construction-Urbanisme*, LexisNexis, 30 août 2010 (actualisé le 5 août 2019), § 4.

[333] Cass. Ch. Réunies, 11 mars 1914, inédit ; Cass. Req., 21 décembre 1931.

[334] P. MALINVAUD, P. JESTAZ, P. JOURDAIN, O. TOURNAFOND, *op. cit.*, p. 16. V. R. DENOYELLE, *th. préc.*, p. 23.

[335] Article 1836 alinéa 2 du Code civil.

par accession et, ce faisant, la qualité de maître d'ouvrage, ce qui permet aux intervenants d'interagir avec un cocontractant unique.

b. Les défauts de la méthode de Paris

96. Un rôle d'associé peu adapté à la démarche de l'accédant. La qualité d'associé donne lieu à des obligations autres que celle consistant simplement à verser le prix, à rebours de la démarche passive dans laquelle les accédants se trouvent dorénavant. Sans *affectio societatis*, ces accédants apparaissent comme des associés forcés, prêts à de nombreuses concessions pour faire construire dans le cadre d'un collectif : « *l'accédant ressemblait beaucoup plus à un acheteur d'appartement qu'à un associé véritable* »[336]. En effet, « *l'accédant, qui raisonnait en acquéreur pur et simple, ressentait comme une corvée les obligations inhérentes à sa qualité d'associé. De son côté, le promoteur présidait aux destinées d'une société ingouvernable puisque les futurs copropriétaires, c'est-à-dire en fait les adversaires de ce promoteur, allaient tôt ou tard y détenir la majorité* »[337]. Alors qu'en théorie, le promoteur est censé tenir compte de la volonté des acquéreurs devenant majoritaires au gré des cessions de parts, on assiste à une institutionnalisation progressive des inégalités entre les parties. Leurs intérêts sont de plus en plus divergents, le promoteur prenant progressivement le pas sur chacun de ses clients : « *le premier ne recherchait que le bénéfice, alors que le second était uniquement préoccupé par sa sécurité* »[338]. En réalité, les associés, candidats à la construction, ne prenaient pas pleinement part aux décisions relatives à l'ouvrage.

97. De nombreux abus constatés. « *Les graves incertitudes, faute de garanties financières, que faisait peser sur les acquéreurs, titulaires de droits sociaux, l'utilisation par les personnes de moralité douteuse des sociétés de construction régies par la loi du 28 juin 1938* »[339] ont été dénoncées. Certains promoteurs se sont progressivement servis de ces structures à des fins spéculatives : au lieu d'associer les futurs acquéreurs directement, ils associaient des investisseurs et conservaient des parts qu'ils cédaient au fur et à mesure de la construction en réalisant des bénéfices, le plus souvent lorsque des arbitrages déterminants avaient déjà été pris. Le promoteur pouvait dans certains cas céder des parts pour un montant qui ne comprenait pas l'intégralité des travaux, ce qui impliquait pour les acquéreurs de satisfaire à des appels de fonds complémentaires. Inversement, le promoteur pouvait céder des parts à un prix supérieur à l'avancement réel des travaux[340]. De même, pouvait-il se réserver certains lots, auxquels il faisait correspondre un nombre réduit de parts donnant lieu à des appels de fonds limités, afin de profiter du financement surévalué des

---

[336] P. MALINVAUD, P. JESTAZ, P. JOURDAIN, O. TOURNAFOND, *op. cit.*, p. 17.
[337] *Ibid.*, p. 18.
[338] E. GAVIN-MILLAN, *th. préc.*, p. 4.
[339] Proposition de loi n° 3248, 15 novembre 1977, exposé des motifs, pp. 3-4.
[340] Cass. Civ. 3ème, 4 novembre 1976, n° 75-11366, *Bull. civ.* III, n° 381, p. 289.

autres souscripteurs. Par ailleurs, certains promoteurs se retiraient de l'opération en cours de construction en laissant les associés-accédants démunis, ne sachant pas à qui s'adresser, comment financer la fin des travaux et à qui demander la réparation des non-conformités ou des désordres. La société pouvait également n'être dissoute que plusieurs années après l'achèvement, en raison de difficultés liées à son fonctionnement ou à l'apurement des comptes des associés[341]. Durant tout ce temps, l'associé ne pouvait encore prendre possession du local qui lui était destiné, ce qui pouvait entraîner diverses conséquences juridiques contraignantes, notamment au titre de la cession des droits mobiliers, en raison des conditions strictes du retrait anticipé.

98. Les inconvénients liés à l'acquisition des parts sociales. Puisque les accédants faisaient l'acquisition de parts sociales, la véritable portée de leur engagement - celle d'accéder à la propriété d'un ouvrage neuf - n'était pas prise en compte à sa juste mesure. Par nature, la cession de parts, qui confère au cessionnaire un droit de créance de nature personnelle à l'encontre de la société, est moins protégée que la cession de droits réels, qui confère à l'acquéreur un pouvoir direct et immédiat sur un bien. Selon l'article 1693 du Code civil, seule l'existence de la créance attachée aux parts sociales est garantie, à l'exclusion des biens immobiliers sur lesquels elles portent. Ces parts sociales ne permettent pas de se prévaloir de la garantie des vices cachés[342], ou d'invoquer l'obligation de conformité des travaux aux descriptifs[343]. *A fortiori*, le cédant de parts sociales n'est aucunement débiteur des garanties légales des constructeurs. En la matière, « *le fait que plusieurs contrats, dont la finalité pratique est identique mais le régime juridique distinct, coexistent dans un même domaine économique ne permet évidemment pas un emprunt de leurs règles respectives* »[344]. Jusqu'à la dissolution de la société, cette dernière est la seule à pouvoir agir sur le fondement des garanties légales des constructeurs : « *la jurisprudence n'a jamais reconnu au porteur de parts d'une société d'attribution le bénéfice de l'action décennale* ». Les associés peuvent quant à eux agir contre la société en réparation de leurs troubles de jouissance[345], ou exercer un recours délictuel contre les constructeurs[346], sauf à pouvoir se prévaloir à leur encontre d'une action oblique. En tant que cédant de parts sociales, le promoteur n'est donc susceptible de voir sa responsabilité contractuelle engagée que pour faute

---

341 Article L. 212-9 alinéa 5 du CCH.

342 Cass. Civ. 3ème, 16 mai 1977, n° 75-15093, *Bull. civ.* III n° 206, p. 157.

343 Cass. Civ. 3ème, 11 janvier 1977, n° 75-13937, *Bull. civ.* III, n° 10, p. 8.

344 F. MAGNIN, « Le point sur la garantie due par le cédant de parts de sociétés civiles immobilières de construction-attribution », *RDI*, 1982, p. 475.

345 Cass. Civ. 3ème, 9 avril 1970, n° 68-13956, *Bull. civ.* III, n° 234, p. 172. Cass. Civ. 3ème, 7 juillet 1982, n° 81-12387, *Bull. civ.* III, n° 173. J.-L. BERGEL (dir.), *Les grands arrêts du droit immobilier*, Dalloz, 2002, pp. 194-202. V. également, B. CHEMIN, X. CHEMIN, « De quelques pièges de procédure dans les litiges de construction », *RDI*, 1993, p. 461.

346 Cass. Civ. 3ème, 13 décembre 1989, n° 88-13685, *Bull. civ.* III n° 235, p. 128.

prouvée et il n'a pas à garantir la consistance des biens neufs qu'il commercialise. Pour l'ensemble de ces raisons, le législateur choisira par la suite de rompre « *avec la fiction d'un rapport de force supposé équilibré entre le promoteur et son client ''associé''* »[347], dans le secteur du logement. Pour autant, le problème du déficit de protection qui accompagne la cession de parts sociales se pose encore avec acuité puisqu'il a perduré dans le secteur libre : la technique sociétaire y est encore utilisée à ce jour pour la commercialisation des immeubles professionnels ou commerciaux.

99. La réglementation sommaire de l'acte de construire par le droit commun des contrats a laissé au promoteur la liberté d'utiliser des montages sur-mesure. Néanmoins, qu'il s'agisse de la méthode de Grenoble ou de la méthode de Paris, « *la recherche de formules d'édification d'un immeuble collectif destiné à être divisé par fractions, avec participation à l'opération de construction des personnes intéressées, a soulevé des problèmes que n'avait pu prévoir le Code civil* »[348]. En effet, « *les formules se sont usées en raison principalement du déséquilibre des relations entre le promoteur et les accédants qui assumaient la réalité des risques sans pouvoir influer réellement sur la maîtrise d'ouvrage* »[349]. Cette situation a contraint le juge, puis le législateur, à réagir.

II. L'encadrement insuffisant de l'activité de promotion immobilière

100. Comme le relève Jean-Philippe TRICOIRE, « *quoique très confortable pour les promoteurs qui jouissaient d'une totale liberté, la situation présentait le double inconvénient de n'offrir aucun instrument juridique adapté aux besoins de l'activité de ''construction-accession'' et de laisser les accédants démunis face à un cocontractant indélicat ou en déconfiture* »[350]. A ce titre, les années 1950 et 1960 sont restées celles du « *far-west de l'immobilier* »[351], la période où « *la promotion immobilière connut alors ses propres turpitudes, favorisées paradoxalement par l'autonomie des volontés* »[352]. Une fois le constat d'insuffisance du droit commun établi (A), plusieurs initiatives ont été prises

---

[347] C. PONCE, « Vers une protection moderne de l'accédant au stade de l'engagement contractuel en matière de vente d'immeubles à construire » *in* A. GUILLOTIN (dir.), *L'actualité du droit immobilier et de la construction. Les premières assises de L'Institut de droit immobilier de Toulon et du Var*, Edilaix, 2004, p. 183.

[348] D. SIZAIRE, G. DURAND-PASQUIER, Fasc. 81 « Ventes d'immeubles à construire – Origine. Législation. Définition », *JCl. Construction-Urbanisme*, LexisNexis, 30 août 2010 (actualisé le 5 août 2019), § 1.

[349] F. MODERNE, « Rapport de synthèse : Nouvelles fonctions dans les marchés de construction », *RDI*, 1996, p. 511.

[350] J.-P. TRICOIRE, Fasc. 10 « Contrat de promotion immobilière », *JCl. Construction-Urbanisme*, LexisNexis, 12 décembre 2011 (actualisé le 4 janvier 2017), § 3.

[351] P. MALINVAUD, P. JESTAZ, P. JOURDAIN, O. TOURNAFOND, *op. cit.*, p. 17.

[352] E. GAVIN-MILLAN, *th. préc.*, p. 3.

pour remédier aux défauts et aux excès du système, mais celles-ci n'ont pas donné entière satisfaction (B).

A) Un cadre juridique inadapté à la réalité de l'activité

101. « *L'acte de construire est un acte juridiquement dangereux* »[353]. Outre les risques juridiques que soulèvent les contrats proposés par le promoteur immobilier, ou les montages auxquels il peut recourir, l'opération de construction engendre aussi des risques matériels (1). Une fois ces risques réalisés, les sanctions qui sont susceptibles d'être prononcées apparaissent alors insuffisantes, sur le plan civil comme sur le plan pénal (2).

1. Les risques de l'opération de construction

102. Le risque financier de l'opération. Toute opération de construction immobilière présente vraisemblablement un coût non négligeable - incluant le prix du foncier, des matériaux, de la main d'œuvre et de toutes les prestations de services nécessaires à son aboutissement - dont l'importance varie en fonction des capacités financières du maître d'ouvrage. Si ce dernier est un particulier qui fait construire un ouvrage pour ses propres besoins, tel qu'un logement, la construction impliquera des dépenses notables, de nature à affecter substantiellement et durablement son patrimoine personnel[354]. Le caractère relativement exceptionnel ou extraordinaire de l'investissement explique que l'opération de construction soit associée à un risque financier, d'autant plus caractérisé si des dommages matériels surviennent. Dès lors, en plus d'être d'origine juridique ou technique, la situation de faiblesse dans laquelle se trouvent certains accédants peut être d'origine économique, ce qui contribue à renforcer le déséquilibre entre les parties au contrat. Dans ces conditions, « *l'acquéreur d'immeuble, même s'il n'engage pas toujours les économies de toute une vie, est en droit de bénéficier, vue l'importance des sommes consenties, d'une vaste gamme de garanties. (…) A ce titre, le législateur a créé un système à double détente : le régime protecteur du contrat d'accession proprement dit et son interaction avec les accessoires représentés par le crédit et l'assurance* »[355]. En effet, la loi du 10 janvier 1978 est venue instaurer un rapport d'interdépendance entre le contrat de prêt et le contrat de construction, permettant une coordination de leurs effets respectifs[356].

---

[353] C. PONCE, *Assurance-construction et garanties de bonne fin*, Thèse, Université d'Aix-Marseille, 2003, p. 381.

[354] P. MALINVAUD, P. JESTAZ, « La recommandation de la Commission des clauses abusives concernant le contrat de construction de maisons individuelles », *RDI*, 1981, p. 155.

[355] V. IONESCU, *L'équilibre juridique de l'opération immobilière d'habitation*, Thèse, Université de Dijon, 2000, p. 6.

[356] La loi n° 78-22 du 10 janvier 1978 relative à l'information et à la protection des consommateurs dans le domaine de certaines opérations de crédit a mis en place une

103. Les risques matériels de l'opération. Surtout, le maître d'ouvrage peut être confronté à des risques matériels, d'ordre technique. Lors de la réception des travaux ou postérieurement, le maître d'ouvrage peut constater que l'ouvrage qui lui a été livré n'est pas conforme à ses prescriptions contractuelles ou aux règles de l'art, ou bien qu'il est affecté de vices qui compromettent sa solidité ou qui dégradent ses conditions d'utilisation, en raison des économies réalisées par le constructeur, de son incurie ou de son incompétence. Il n'est pas anodin de relever que « *partout et de tout temps, législateurs, juges et arbitres se sont employés à protéger le maître de l'ouvrage contre les sinistres affectant l'immeuble érigé* »[357], car ces derniers sont fréquents et contraignants.

104. La complexité juridique et technique de l'opération. La complexité de l'opération de construction place par ailleurs l'accédant profane dans une situation vulnérable[358]. En principe, assumer la maîtrise d'ouvrage d'une telle entreprise implique d'avoir des connaissances *a minima* juridiques et techniques. Sur le plan juridique, il importe que « *le choix de la formule de commercialisation de l'immeuble* », les enjeux du contrat conclu et les spécificités du régime applicable soient « *bien compris par le candidat à la propriété* »[359]. Or, les accédants disposent rarement des connaissances suffisantes ; « *peu ou pas compétents pour mener à bien une opération immobilière de construction ou des travaux importants, ils cherchent à confier leurs missions de maîtrise d'ouvrage à d'autres prestataires extérieurs* »[360]. En effet, le concours d'un professionnel est souvent indispensable en raison du grand nombre de tâches financières, fiscales, administratives et juridiques qu'implique l'opération[361]. Le défaut de compétence qui caractérise

---

interdépendance d'ordre public entre le contrat de crédit et le contrat financé, afin que les deux contrats ne forment qu'une seule et même opération. La jurisprudence a ainsi reconnu que l'annulation ou la résolution du contrat principal anéantit automatiquement et rétroactivement le contrat de prêt qui constitue son accessoire (V. Cass. Civ. 1ère, 18 juin 1996, n° 92-19868, *Bull. civ.* I, n° 261, p. 183).

357 B. KOHL, *th. préc.*, p. 1.

358 P.-C. JSENG, *La protection du consommateur immobilier*, Thèse, Université de Nantes, 2004, p. 7 : « *La personne qui acquiert un immeuble ou recourt à un service immobilier pour se loger, est généralement en position d'infériorité par rapport à son cocontractant, le vendeur ou le constructeur. Ce déséquilibre ne s'explique pas seulement par les lois de l'économie : l'excès de la demande sur l'offre. Il vient surtout de la complexité de l'opération immobilière ainsi que de l'inégalité des partenaires en présence : l'un est profane et l'autre, fréquemment, est un professionnel des questions immobilières* ».

359 F. MAGNIN, « Le point sur la garantie due par le cédant de parts de sociétés civiles immobilières de construction-attribution », *RDI*, 1982, p. 476.

360 S. DWERNICKI, E. MARTIN- IMPÉRATORI, Fasc. 200-50 « Contrat de maîtrise d'ouvrage déléguée de droit privé », *JCl. Construction-Urbanisme*, LexisNexis, 27 juin 2014, § 1.

361 F. LEMEUNIER, *Tous les problèmes juridiques des sociétés de construction : la promotion immobilière*, 3ème éd., J. Delmas, 1983, p. 3.

dans certains cas l'accédant le place dans une certaine précarité. Il en résulte que « *le promoteur est la partie forte au contrat, car c'est lui qui dispose du savoir technique et juridique* »[362].

105. Sur le plan matériel, pour commander aux entrepreneurs et diriger le chantier, le maître d'ouvrage doit maîtriser les aspects techniques de l'opération. Or, le recours à de multiples corps d'état différents est révélateur du degré de spécialisation requis pour construire, tant au stade de la conception qu'au stade de l'exécution. A ce titre, la dénomination de « maître de l'ouvrage » est paradoxalement réservée à l'acteur de l'opération le moins impliqué. Au contraire, c'est parce que le locateur d'ouvrage est un sachant, qu'il réalise sa prestation en toute indépendance[363]. « *L'impression que le* potentior *est plutôt l'entrepreneur que le maître de l'ouvrage vient de ce que, excessivement souvent, le destinataire du service n'en maîtrise pas du tout les aspects techniques* »[364]. Cet état des forces en présence est d'autant plus exacerbé aujourd'hui. En effet, « *le dépassement des textes, rédigés à une époque où le travail réalisé par les artisans était simple et où le contrôle exercé par la clientèle restait aisé, s'impose aujourd'hui où des travaux délicats d'une haute technicité sont confiés à des spécialistes et où la vérification opérée par le client devient illusoire s'il ne possède, lui-même, des connaissances approfondies* »[365]. Ainsi, « *la technicité, propre au domaine de la construction immobilière, justifiait que les rédacteurs du code civil prévissent des règles spéciales* »[366], dans l'intérêt du maître d'ouvrage. La réglementation du contrat de construction s'imposera donc au législateur comme le moyen de « *réduire l'écart entre un professionnel doté du savoir technique et de la compétence juridique, et un profane dépourvu des moyens équivalents* »[367].

106. Le caractère incertain de l'opération. Tous les contrats présentent des risques, notamment lorsqu'ils sont à caractère onéreux et synallagmatiques, car le créancier qui accomplit ses propres obligations peut craindre de ne pas recevoir la contrepartie attendue. Ceci est d'autant plus vrai en matière de construction que l'objet du contrat est une chose future, qui n'existe pas au jour

---

[362] E. GAVIN-MILLAN, *th. préc.*, p. 5.

[363] J.-C. GROSLIÈRE, P. JESTAZ, Chron. « Promotion immobilière – Vente d'immeubles », *RDI*, 1980, p. 437 : l'obligation de résultat de l'entrepreneur est justifiée par la confiance du client, qui « *abandonne son libre arbitre* » (TGI Bayonne, 3 avril 1979, *JCP N* 1980. II. 169, note R. BONNAIS).

[364] E. PUTMAN, « Gwenaëlle DURAND-PASQUIER, Le maître de l'ouvrage – Contribution à l'harmonisation du régime du contrat d'entreprise, thèse Paris I, direction P. DELEBECQUE, novembre 2005, 560 pages (dactyl) », *RTD Civ.*, 2007, p. 211.

[365] B. GROSS, *La notion d'obligation de garantie dans le droit des contrats*, Thèse, Université de Nancy, 1964, p. 125.

[366] R. RAFFI, *L'obligation de garantie du constructeur immobilier*, Thèse, Université de Bordeaux, 1994, p. 473.

[367] V. IONESCU, *th. préc.*, p. 1. E. GAVIN-MILLAN, *th. préc.*, p. 5 : « *le promoteur est la partie forte au contrat, car c'est lui qui dispose du savoir technique et juridique* ».

de la signature du contrat[368]. « *A la différence du client qui choisit parmi l'éventail des produits existants, le maître de l'ouvrage doit ici définir ce qu'il veut* »[369], il donne son consentement « *à une opération qu'il idéalise, dont il ignore le déroulement et l'issue* »[370]. Or le risque d'inexécution ou d'exécution défectueuse est proportionnel à la complexité de l'objet du contrat[371]. Le contrat de construction porte sur une prestation globale composée elle-même de multiples sous-prestations, qui augmentent d'autant les risques d'inexécution ou de mauvaise exécution. La prestation espérée du promoteur repose sur différentes compétences qui doivent s'articuler entre elles pour aboutir à un ouvrage élaboré, dont le temps de réalisation s'étalera sur plusieurs mois. Aussi, une multitude de facteurs, de différentes natures, sont susceptibles de perturber le déroulement de l'opération, en la retardant, ou pire, en la compromettant. Dans ce contexte, « *la participation financière de l'accédant est dangereuse, d'autant plus qu'elle commence très tôt, à un moment où l'immeuble n'est pas encore achevé, voire pas encore construit* »[372]. C'est pourquoi, « *le préfinancement de l'ouvrage avant son achèvement constitue l'une des raisons avancées pour justifier l'adoption de mesures spécifiques de protection* »[373] au profit de l'accédant. En effet, les risques de non-conformités et d'inachèvement sont apparus incompatibles avec l'idée d'un prix réglé à l'avance, susceptible de rester sans contrepartie. En conséquence, si l'accédant n'attend pas de constater l'état d'achèvement du bien pour commencer à s'engager et à payer le prix, « *il ne faut pas qu'il verse ses économies à fonds perdus et que le vendeur lui livre un immeuble inachevé, mal construit ou différent de ce qui avait été promis !* »[374]. Plusieurs mécanismes existent donc désormais pour encadrer ce risque[375].

107. Ainsi, les risques induits par l'opération de construction procèdent des particularismes économiques, juridiques et techniques propres à cette dernière.

---

368 A. MORIN, *Contribution à l'étude des contrats aléatoires*, Thèse, LGDJ, 1998, p. 97 : en revanche, « *le caractère futur de la chose n'empêche pas que l'objet satisfasse aux exigences de possibilité et de commercialité* » imposées par le Code civil, en vue de la validité du contrat.

369 P. MALINVAUD, « La responsabilité du maître de l'ouvrage », *RDI*, 2002, p. 441.

370 J.-L. BERGEL (dir.), *Les contentieux immobiliers*, Lextenso, 2010, p. 311.

371 M. POUMARÈDE, « La clause de force majeure dans les contrats de construction », *RDI*, 2017, p. 456 : « *En effet, de multiples évènements sont susceptibles d'affecter l'exécution des contrats de construction qui présentent d'importantes particularités : contrats de durée, ''entreprise à ciel ouvert'', intervenants multiples, utilisation de matériaux divers, etc. Ces évènements (incidents, grèves, intempéries, modification de la réglementation, disparition d'un fournisseur, etc.) ne sont en principe pas libératoires, de sorte qu'ils doivent être supportés par le constructeur pour lequel l'exécution sera plus difficile, plus onéreuse* ».

372 E. GAVIN-MILLAN, *th. préc.*, p. 5.

373 B. KOHL, *th. préc.*, p. 5.

374 O. TOURNAFOND, « Vente d'immeuble à construire », *Répertoire de droit civil*, Dalloz, mars 2004 (actualisé en juin 2019), § 19.

375 Cf. *Infra*, § 188 et s.

Ils présentent l'inconvénient d'être graves et divers, *a fortiori* lorsque l'accédant est un particulier profane qui fait construire son logement[376]. L'importance de ces risques met d'autant plus en exergue l'insuffisance des remèdes qui furent proposés dans un premier temps par le droit positif. Or, « *malheureusement, l'expérience a montré que trop souvent, notamment en cas d'achat sur plan, qui croyait acheter un logement achetait un procès* »[377]. En l'absence de mesures préventives adaptées et efficaces, le juge n'avait d'autre choix que d'intervenir au stade de la réparation, en appliquant les sanctions civiles ou pénales de droit commun, dont la portée restait négligeable.

2. L'insuffisance des sanctions de droit commun

108. L'application des sanctions civiles de droit commun. Les acquéreurs qui entretiennent des liens contractuels directs avec les constructeurs sont susceptibles de mobiliser les garanties légales prévues par le Code civil dès 1804. Toutefois, les promoteurs, dont l'activité n'a pas encore été pleinement appréhendée en droit, ne figurent pas sur la liste des débiteurs de ces garanties et n'assument donc pas encore les risques matériels de l'opération. En outre, puisque les techniques juridiques employées associent en principe les acquéreurs aux décisions qui les concernent, cela suffit en théorie à les protéger, à tout le moins dans un contexte où la liberté contractuelle prime entre des parties encore présumées sur un pied d'égalité. Le juge est donc amené à appliquer les sanctions du droit commun, en condamnant par exemple le promoteur à des dommages et intérêts sur le fondement de sa responsabilité contractuelle, au visa des articles 1134 et 1147 anciens du Code civil.

109. Les innovations de la jurisprudence. En l'absence de règles permettant spécifiquement d'encadrer l'activité des promoteurs, la Cour de cassation a adopté des décisions originales, dont certaines ont notamment permis de remédier aux dangers de la cession de parts sociales. Les cessionnaires se sont vu reconnaître une action contre la société porteuse du projet, fondée sur les attributs du droit de créance, leur permettant d'exiger la délivrance de locaux conformes aux prévisions statutaires ainsi que leur jouissance paisible, cette

---

[376] B. AVRIL, B. ROTH, *La promotion immobilière. Construire pour autrui*, Presses de l'école nationale des Ponts et Chaussées, 2001, p. 192 : « *Que se passe-t-il lorsqu'il s'agit d'acquérir de quoi loger son foyer, de s'endetter pour vingt ans, de réaliser le plus gros investissement de sa vie, dans un domaine d'une extrême complexité, dépendant de plusieurs dizaines d'intervenants, dans la jungle, difficilement pénétrable pour un non-spécialiste, de diverses strates croisées de réglementations juridiques, financières et fiscales ?* ».

[377] M. POCHARD, « Le recours des collectivités publiques à la vente en l'état futur d'achèvement », conclusions sur CE, 8 février 1991, *Région Midi-Pyrénées c/ Syndicat de l'architecture de la Haute-Garonne et autres*, *RFDA*, 1992, p. 48.

dernière impliquant elle-même que l'ouvrage soit dépourvu de vices[378]. Au prix d'une confusion des obligations du cédant et de la société et au mépris de l'article 1693 du Code civil[379], la jurisprudence a admis à plusieurs reprises que le cédant devait au cessionnaire la garantie de conformité et la garantie des vices dues habituellement par le vendeur immobilier[380]. En revanche, cette action attachée aux parts n'est reconnue qu'aux cessionnaires de premier rang, à l'inverse des garanties légales qui suivent le bien *propter rem*[381]. La Cour de cassation a fini par mettre fin à cette jurisprudence, en rappelant le caractère purement mobilier des parts sociales, en vertu duquel la garantie du cédant doit se limiter aux droits incorporels cédés, à l'exclusion des biens corporels auxquels ils se rapportent[382]. La Cour de cassation a également eu l'occasion d'assimiler la cession de parts sociales en contrat de vente immobilière[383], pour permettre aux cessionnaires de bénéficier des garanties attachées à la vente[384]. Elle a enfin qualifié le cédant de « promoteur de fait », afin de le soumettre à l'obligation de résultat de livrer des locaux conformes aux stipulations contractuelles et aux normes en vigueur[385]. Bien que ces jurisprudences soient favorables aux intérêts de l'accédant, elles ne s'appliquent par principe qu'à des cas particuliers et ne permettent pas, ou seulement à la marge, de prévenir les litiges à venir.

110. Le recours aux incriminations pénales de droit commun. Selon Michel ZAVARO, « *la notion de promoteur est née de la jurisprudence criminelle qui cherchait à sanctionner la responsabilité pénale de professionnels de l'immobilier qui abusaient des pouvoirs de mandataire conférés par des accédants à la propriété* »[386]. Les juridictions ont ainsi recherché « *la responsabilité pénale du maître de l'opération qui, sous les apparences licites de montages juridiques obscurs, abusait des pouvoirs de*

---

[378] Cass. Civ. 3ème, 8 janvier 1975, n° 73-13408, *Bull. civ.* III, n° 4, p. 4. Cass. Civ. 3ème, 8 juillet 1975, n° 73-14926, *Bull. civ.* III, n° 248, p. 188. F. MAGNIN, « Le point sur la garantie due par le cédant de parts de sociétés civiles immobilières de construction-attribution », *RDI*, 1982, p. 477.

[379] Cf. *Supra*, § 98.

[380] F. MAGNIN, « Le point sur la garantie due par le cédant de parts de sociétés civiles immobilières de construction-attribution », *RDI*, 1982, p. 477.

[381] Cf. *Infra*, § 229.

[382] Cass. Civ. 3eme, 15 mai 1970, n° 68-13973, *Bull. civ.* III, n° 340, p. 248. F. MAGNIN, « Le point sur la garantie due par le cédant de parts de sociétés civiles immobilières de construction-attribution », *RDI*, 1982, p. 477.

[383] Cass. Civ. 3ème, 5 mai 1981, n° 79-17115, *Bull. civ.* III. n° 90, p. 65, *RDI* 1981. 385, obs. J.-C. GROSLIÈRE, P. JESTAZ. Cass. Civ. 3ème, 17 mars 1981, n° 79-15428, *Bull. civ.* III, n° 57, p. 43.

[384] Cass. Civ. 3ème, 17 mars 1981, n° 79-15428, Bull. civ. III, n° 57.

[385] Cf. *Infra*, § 311 et s. Cass. Civ. 3ème, 16 mai 1977, n° 75-15093, *Bull. civ.* III, n° 206, p. 157.

[386] M. ZAVARO, *La responsabilité des constructeurs*, 3ème éd., LexisNexis, 2013, p. 105.

mandataire qu'il s'était fait attribuer pour gruger ses clients »[387]. Les malversations commises par certains promoteurs ont été sanctionnées au plan pénal, sur le fondement d'incriminations de droit commun, telles que l'escroquerie[388] ou l'abus de confiance[389]. Toutefois, comme en matière civile, la législation pénale n'est pas calibrée pour saisir correctement les dangers induits par l'activité du promoteur, ce que constate également le gouvernement dans le cadre de l'exposé des motifs du décret du 10 novembre 1954 : « *les autorités judiciaires ont ouvert un certain nombre d'informations, notamment sous des inculpations d'escroqueries, d'abus de confiance ou d'infractions aux lois sur les sociétés. (…) Mais leur action est insuffisante. La législation pénale actuelle ne permet pas d'atteindre toutes les irrégularités commises dans ce domaine. Et surtout l'action répressive ne peut être exercée que lorsque des délits sont déjà consommés et révélés. Si elle aboutit à mettre un terme à des activités délictueuses, elle ne peut les prévenir* »[390].

111. Ainsi, l'opération de construction comporte de nombreux risques, susceptibles d'être aggravés sous l'effet de l'intervention d'un promoteur de mauvaise foi. A défaut d'une réglementation propre à protéger l'accédant en situation de faiblesse, le juge a appliqué les sanctions civiles et pénales du droit commun, en innovant parfois pour pallier les lacunes du droit positif. C'était toutefois sans compter sur le fait que « *les personnes lésées n'ont, en général, ni l'envie, ni les moyens de supporter les frais d'une action judiciaire* »[391] et que « *les souscripteurs, simples créanciers, ne trouvent aucun profit au dépôt de plaintes et risquent même d'en être les victimes* »[392]. Face à ce constat, le législateur a pris certaines initiatives pour encadrer préventivement le contrat liant le promoteur à son client, mais celles-ci se sont révélées infructueuses.

B) Des tentatives de protection inefficaces

112. « *Des ''scandales'' dus à l'incompétence et parfois à la malhonnêteté de certains promoteurs ont éclaté, et le législateur, ayant conscience de l'insuffisance des textes, est finalement intervenu* »[393], mais seulement au moyen de « *réformes ponctuelles et tardives* », alors que « *la recherche d'une*

---

[387] D. TOMASIN, « Promotion immobilière (notion et responsabilité) » *in* P. MALINVAUD (dir.), *Droit de la construction*, 7ème éd., Dalloz, 2018, § 450.12.
[388] Article 313-1 du Code pénal.
[389] *Ibid.*, article 314-1.
[390] Décret n° 54-1123 du 10 novembre 1954 tendant à protéger l'épargne contre certaines activités répréhensibles dans le domaine de la construction, *JORF*, 16 novembre 1954, p. 10765.
[391] C. ARBOGAST, Ass. Nat., 2ème séance du 19 novembre 1956, p. 4851.
[392] P. DE FELICE, sous-secrétaire d'Etat à la reconstruction et au logement, Ass. Nat., 2ème séance du 19 novembre 1956, p. 4851.
[393] F. LEMEUNIER, *op. cit.*, p. 3.

protection était devenue urgente »[394]. En effet, force est d'observer que « *face à l'insécurité qui caractérisait la situation des accédants à la propriété, les réformes furent longues à arriver. Elles ne sont intervenues que progressivement, par l'adoption de textes ponctuels jusqu'à la mise en place d'un système véritablement protecteur* »[395]. Afin de mieux délimiter le cadre contractuel de la promotion et la responsabilité du promoteur, de nouvelles normes sont apparues à partir de 1954 (1), assorties de leurs propres sanctions pénales (2).

1. Les tentatives en droit civil

113. La nécessité de mettre un terme aux abus de la promotion immobilière. Le décret du 10 novembre 1954 a été expressément adopté aux fins de limiter les abus constatés en matière de promotion immobilière. Le gouvernement dénonce à cette occasion la méthode, souvent employée, consistant à faire signer à une clientèle « *généralement peu avertie et de condition modeste* » un contrat prévoyant le versement de sommes importantes, censées couvrir les frais liés à l'acquisition du terrain et à la commande des matériaux nécessaires au chantier, qui restent acquises à la société si le candidat renonce à son projet. Selon l'exposé des motifs, les dossiers administratifs et techniques sont mal présentés par le promoteur, les autorisations ou les concours financiers sont donc obtenus après de très longs délais, voire ne sont pas obtenus ; les prêts sont surestimés, de sorte que les souscripteurs sont dans l'impossibilité de faire face aux dépenses réellement engagées ; l'apport personnel est accru pour couvrir le coût des travaux ou équipements supplémentaires, ou pour régler les frais liés à l'accomplissement des formalités de prêt, alors que le promoteur ne justifie pas des démarches accomplies en ce sens. Par ailleurs, le gouvernement signale qu'en cours de chantier, les travaux sont parfois interrompus pour non-paiement des sous-traitants, ce qui contraint l'accédant à les régler directement ; les matériaux employés ne sont pas de bonne qualité ou ne correspondent pas aux quantités prévues au devis, si toutefois celui-ci comporte de telles précisions, car l'information délivrée à l'accédant est souvent lacunaire ; certains choix, comme la dimension exacte de la construction, sont laissés à la libre discrétion du promoteur. Sont également critiquées les pratiques des sociétés ou coopératives régies par la loi du 28 juin 1938. Les accédants ne se voient pas remettre immédiatement les titres sociaux donnant vocation à la jouissance de leur logement, mais seulement des promesses de parts ou d'actions. De cette façon, « *les organismes restent les maîtres de l'affaire tant que bon leur semble et ils peuvent demander aux acquéreurs de logements des versements, souvent très importants, sans que ceux-ci soient en mesure de participer à la gestion de la société ou de la*

[394] J.-L. BERGEL (dir.), « Causes des interventions jurisprudentielles et législatives », *Lamy Droit Immobilier*, actualisé en juin 2019, § 2746.
[395] J.-P. TRICOIRE, Fasc. 10 « Contrat de promotion immobilière », *JCl. Construction-Urbanisme*, LexisNexis, 12 décembre 2011 (actualisé le 4 janvier 2017), § 3.

coopérative »[396]. De même, l'« organisme » exerce les fonctions de gérant statutaire, « *la gestion des intérêts communs échappant dans ce cas au contrôle des associés* ». Enfin, il n'existe pas de compte spécial pour chaque opération, ce qui signifie que les fonds d'une opération peuvent servir à « *accorder des délais de payement à des souscripteurs antérieurs* », ou « *liquider d'anciennes opérations déficitaires* »[397].

114. Le champ d'application du décret du 10 novembre 1954. Il est intéressant de noter que ce décret vise précisément la promotion immobilière, et non les contrats de construction habituels, puisqu'il exclut clairement les « *marchés passés, dans les conditions du droit commun, entre les entrepreneurs du bâtiment et leur clientèle* »[398]. Le terme « promoteur » est explicitement cité dans l'exposé des motifs, à deux reprises. En vertu de l'article 1er du décret, cette nouvelle réglementation a vocation à s'appliquer aux promoteurs, personnes physiques ou morales, agissant en qualité de mandataires ou de gérants d'affaires. Ce faisant, le texte vise à couvrir les différentes formes de promotion immobilière, qu'il s'agisse notamment de la méthode grenobloise ou de la méthode parisienne, ou de « *toute autre modalité de droit ou de fait* ». En revanche, le champ d'application du décret est limité à double titre. D'une part, il ne concerne que les opérations destinées à l'habitation. D'autre part, ces opérations doivent avoir été financées par un prêt consenti par le Crédit foncier de France, le Sous-Comptoir des entrepreneurs ou une société de crédit immobilier. En réalité, « *le but du décret est plus de protéger l'épargne qui s'investit dans la construction que de réglementer directement l'activité des promoteurs de constructions immobilières* »[399]. En effet, cette législation « *s'est donnée pour but d'assurer une protection efficace de l'épargne publique* », car « *ne serait-il pas choquant que cette aide fut détournée de sa destination pour permettre à des intermédiaires de réaliser des bénéfices spéculatifs et illimités ?* »[400].

115. Les règles issues du décret du 10 novembre 1954. Le promoteur n'est pas encore débiteur d'une obligation de renseignement, voire de conseil à

---

[396] Décret n° 54-1123 du 10 novembre 1954 tendant à protéger l'épargne contre certaines activités répréhensibles dans le domaine de la construction, *JORF*, 16 novembre 1954, p. 10765.

[397] Décret n° 54-1123 du 10 novembre 1954 tendant à protéger l'épargne contre certaines activités répréhensibles dans le domaine de la construction, JORF, 16 novembre 1954, p. 10765.

[398] *Ibid.*, p. 10766.

[399] R. DENOYELLE, *th. préc.*, p. 79. « *Tout au long de l'exposé des motifs, sont d'ailleurs employées indifféremment les expressions ''promoteur'', ''constructeur'', ''entreprise'', ''société'', ''organisme'' pour désigner cette même personne* » (*ibid.* p. 87), ce qui montre le désintérêt du législateur pour l'identification de ce nouvel acteur.

[400] Archives de l'Assemblée Nationale, Débats Parlementaires de 1965, *JO*, question orale avec débat n° 13112.

l'égard de son client. Néanmoins, l'article 9 du décret, qui oblige le promoteur à informer le client de l'identité des tiers intervenant à l'opération, traduit une recherche de transparence. En outre, les articles 2 et 3 du décret prévoient l'insertion au contrat de différentes mentions obligatoires, sous peine de nullité relative, parmi lesquelles le prix et la désignation du terrain ; la nature, la consistance et le coût des travaux ; le montant et la durée du prêt sollicité ; l'échelonnement du prix en fonction de l'avancement des travaux ; la date de commencement des travaux et leur durée probable ; le montant et la durée de la retenue sur le prix pour garantir la bonne exécution des travaux, *etc*. Ces mentions s'inscrivent dans la logique formaliste visée par le décret. En effet, le contrat passé par le promoteur implique l'établissement d'un écrit et un exemplaire du contrat est remis à chacune des parties. Doivent être reproduits en caractères très apparents les dispositions des articles 3 (relatives au budget global : montant des travaux, honoraires, frais…), 6 (relatives à la condition suspensive liée à l'obtention d'un prêt) et 7 (relative à la prohibition de tout versement avant la notification du prêt, conformément à l'article 8 prévoyant que les fonds à verser en amont pour le transfert de propriété du terrain sont consignés auprès du notaire). Par ailleurs, selon l'article 4, le prix n'est pas forfaitaire mais certaines dépenses inéluctables sont réputées comprises dans le prix (telles que celles induites par les branchements aux réseaux d'eau, de gaz, d'éclairage…). L'article 5 prohibe entre autres les clauses pénales, les clauses résolutoires de plein droit et les clauses limitatives de responsabilité (sauf si ces dernières sont homologuées par la loi du 24 mai 1941).

116. Le titre II du décret réunit les obligations imposées au promoteur qui constitue une société régie par la loi du 28 juin 1938 ou par l'article 80 de la loi du 7 février 1953[401], dans le but de commercialiser l'opération sous la forme de cessions de parts ou d'actions donnant vocation à la jouissance d'un logement à construire (dès lors que l'opération est financée avec l'un des prêts visés à l'article 1er du décret). S'agissant des rapports entre le promoteur et les souscripteurs de parts, l'article 11 impose, à titre d'obligation d'information, la communication des statuts ou des projets de statuts au cessionnaire, ainsi que la reproduction des mentions visées aux articles 2, 3 et 4 du décret. Par ailleurs, l'article 13 prohibe les versements réalisés antérieurement à l'obtention de la qualité d'associé, à l'exception du prix du terrain qui peut être consigné. Conformément à l'article 15, les fonds de ces sociétés doivent être déposés sur un compte spécial, auprès d'un organisme spécial. Le promoteur est tenu envers les souscripteurs des engagements qu'il a pris dans le plan de financement à l'égard de l'administration et les acquéreurs peuvent désormais poursuivre le remboursement des sommes indûment payées. Il est intéressant de relever au surplus que, dans le but de faciliter l'accès à la justice, l'article 19 du décret exonère du timbre fiscal (alors en vigueur) les accédants qui souhaitent exercer

[401] Loi n° 53-80 du 7 février 1953 relative au développement des dépenses d'investissements pour 1953.

un recours à l'encontre d'un promoteur ciblé par le décret. En outre, si au terme de son action, le souscripteur n'était pas condamné aux dépens, il était exonéré des droits afférents aux jugements et arrêts rendus en application du décret.

117. La loi du 15 mars 1963 et le décret du 9 juillet 1963. Le chapitre V de la loi du 15 mars 1963[402] a consacré le principe de neutralité fiscale, selon lequel les cédants de parts et les vendeurs immobiliers sont soumis aux mêmes règles avantageuses s'agissant des droits d'enregistrement, de la taxe sur la valeur ajoutée et de la taxation des plus-values[403]. Ce principe a déterminé les promoteurs à commercialiser leurs lots au moyen de ventes immobilières, ce qui a permis aux accédants de bénéficier d'un régime juridique plus sûr que celui résultant de la cession de parts. L'article 27 précise néanmoins que ce principe de neutralité fiscale ne concerne que les « *opérations concourant à la production ou à la livraison d'immeubles dont les trois quarts au moins de la superficie totale sont affectés ou destinés à être affectés à l'habitation* » ; les « opérations » visées étant largement entendues[404]. Par la suite, la loi du 16 juillet 1971 réduira ce seuil à 10%, faisant ainsi bénéficier un plus grand nombre de programmes de ce régime favorable. Le décret du 9 juillet 1963[405] a ajouté que les ventes en l'état futur d'achèvement (non encore réglementées par la loi du 3 janvier 1967), ainsi que les cessions de parts sociales donnant droit à l'attribution d'immeubles en cours d'achèvement, pouvaient bénéficier des mêmes avantages fiscaux que ceux prévus dans la loi du 15 mars 1963 pour les ventes d'immeubles achevés. Pour bénéficier de ce régime, il faut que la vente soit conclue après l'achèvement des fondations, que les droits sur le terrain et sur les constructions existantes soient immédiatement transférés à l'acquéreur et que le promoteur conserve la qualité de maître d'ouvrage à l'égard des intervenants à la construction. Dans ce cas, des mentions obligatoires relatives à la consistance et aux conditions techniques d'exécution des travaux, au prix, aux modalités de paiement et à la situation financière du vendeur, doivent être reproduites dans l'*instrumentum* du contrat. Le promoteur s'engage à couvrir les

---

[402] Loi n° 63-254 du 15 mars 1963 portant réforme de l'enregistrement, du timbre et de la fiscalité immobilière, *JORF*, 17 mars 1963, p. 2581. Rapport de M. JACQUET, Commission des finances de l'Ass. Nat., *JOAN*, n° 1796, p. 66.

[403] P. MALINVAUD, P. JESTAZ, P. JOURDAIN, O. TOURNAFOND, *op. cit.*, p. 19.

[404] La loi entend largement les « *opérations* » en incluant le lotissement, les ventes et apports en société de terrains à bâtir et de biens assimilés, les livraisons que doivent se faire à elles-mêmes les personnes qui construisent ou font construire des immeubles destinés soit à être vendus soit à être occupés par elles-mêmes ou par des tiers, ou bien encore les ventes d'immeubles et les cessions de parts donnant droit à l'attribution en propriété ou en jouissance d'un immeuble ou d'une fraction d'immeuble. Sont en revanche exclues les maisons individuelles construites par des personnes physiques pour leur propre usage, sans l'intervention d'aucun intermédiaire, ainsi que les logements réservés à la location, dont la construction a fait l'objet d'aides financières de l'Etat.

[405] Décret n° 63-678 du 9 juillet 1963 relatif à l'entrée en vigueur et aux modalités d'application des dispositions des art. 28 & 29 de la loi n° 63-254 du 15 mars 1963, *JORF*, 12 juillet 1963, p. 6316.

appels de fonds de la société s'ils excédent ceux prévus au contrat, au moyen d'une caution bancaire ou d'un cautionnement en numéraire[406], la société de construction devant elle-même bénéficier d'une caution bancaire lui permettant de répondre aux appels de fonds en cas de défaillance des associés. De surcroît, sont également assimilées à des ventes d'immeubles achevées, les ventes à terme pour lesquelles le transfert de propriété ne s'opère qu'une fois les travaux terminés. Dans ce cas, aucun versement ne peut être effectué avant l'achèvement, seuls des dépôts de garantie sont réalisés sur un compte spécial et le vendeur ne peut se faire exonérer de la garantie des vices cachés.

118. Des mesures de protection consacrées dans le contrat d'entreprise à partir de 1971. Le contrat d'entreprise comporte ses propres règles dérogatoires au profit du maître d'ouvrage, *a fortiori* lorsqu'il est un particulier faisant construire un immeuble d'habitation. Afin de ne plus laisser le maître d'ouvrage démuni dans l'hypothèse de non-conformités, l'article 1er de la loi du 16 juillet 1971[407] a consacré la pratique de la retenue de garantie. Le maître d'ouvrage est autorisé à prélever sur chacun des acomptes qu'il verse à l'entrepreneur un montant maximum de 5%, afin de garantir l'exécution des travaux de levée des réserves durant l'année qui suit la réception. Dans un autre registre, l'article 14-1 de la loi du 31 décembre 1975[408] impose au maître d'ouvrage qui a connaissance de la présence d'un sous-traitant sur son chantier, de mettre en demeure l'entreprise principale d'avoir à respecter ses obligations légales (consistant à fournir au sous-traitant une garantie de paiement, à le faire accepter et à faire agréer ses conditions de paiement auprès du maître d'ouvrage). Or, l'alinéa 4 prévoit que ces dispositions ne s'appliquent pas à « *la personne physique construisant un logement pour l'occuper elle-même ou le faire occuper par son conjoint, ses ascendants, ses descendants ou ceux de son conjoint* ». Le maître d'ouvrage qui est lui-même en situation de faiblesse est ainsi déchargé de cette obligation. Plus tard enfin, l'article 1799-1 du Code civil issu de la loi du 10 juin 1994[409] précisera, en son alinéa 4, que le maître d'ouvrage qui « *conclut un marché de travaux pour son propre compte et pour la satisfaction de besoins ne ressortissant pas à une activité professionnelle en rapport avec ce marché* » n'a pas à fournir de caution à l'entrepreneur, mais seulement à affecter son prêt éventuel au financement des travaux.

119. Des règles insuffisantes. Bien qu'elles aient permis d'importantes avancées dans la recherche de protection de l'accédant, les règles instaurées par le décret du 10 novembre 1954 ou par la loi du 15 mars 1963 n'ont eu qu'une

---

[406] C. TOPALOV, *Les promoteurs immobiliers. Contribution à l'analyse de la production capitaliste du logement en France*, Mouton, 1974, pp. 301-302.
[407] Loi n° 71-584 du 16 juillet 1971 tendant à réglementer les retenues de garantie en matière de marchés de travaux définis par l'article 1779-3° du code civil.
[408] Loi n° 75-1334 du 31 décembre 1975 relative à la sous-traitance.
[409] Loi n° 94-475 du 10 juin 1994 relative à la prévention et au traitement des difficultés des entreprises.

portée limitée[410]. Le décret de 1954 ne s'applique qu'aux opérations financées par des prêts spécifiques, tandis que la loi de 1963 concerne les opérations dont les trois quarts sont destinés à l'habitation : autant de critères restrictifs qui font que ces réglementations n'imprègnent pas encore pleinement l'ensemble des contrats utilisés par le promoteur immobilier avec ses clients.

120. Des règles incitatives, non coercitives. Avant de recourir à des prescriptions impératives, le législateur a d'abord cherché à moraliser la profession, par des mécanismes incitatifs. Ce n'est qu'en présence de prêts spéciaux du Crédit Foncier de France ou de prêts de sociétés de crédit immobilier que le promoteur est tenu de respecter les obligations mises à sa charge par le décret du 10 novembre 1954. Du reste, ces dernières sont prescrites en échange d'avantages financiers. De même, le décret du 24 décembre 1963[411], pris en application de la loi de finances du 19 décembre 1963[412], prévoit des aides financières d'Etat, versées sous forme de primes et prêts spéciaux, en contrepartie de garanties imposées dans les cessions de droits sociaux et dans les ventes. Selon l'article 3, ces primes - allouées pour une période de dix ou vingt ans - sont versées en tenant compte notamment de la situation de l'opération, de la qualité de la construction et de la surface habitable. Si ces avantages financiers pouvaient déterminer les promoteurs à se conformer aux obligations légales ou réglementaires prévues dans l'intérêt de leurs clients, il suffisait *a contrario* qu'ils renoncent à ces faveurs pour se placer en dehors du dispositif de protection. Puisque celui-ci pouvait leur paraître sévère, ils choisissaient fréquemment de l'éluder, la réglementation instaurée n'étant aucunement coercitive. Dès lors, « *le constat est celui de l'échec des législations incitatives à rétablir l'équilibre rompu entre les parties* »[413], en raison de l'absence de caractère impératif des dispositions.

121. En définitive, bien que le pouvoir législatif et le pouvoir réglementaire se soient emparés des questions soulevées par les pratiques des promoteurs immobiliers, les réponses apportées n'ont pas été pleinement satisfaisantes. Des tentatives de réglementation ont également été constatées dans le domaine pénal, le plus souvent en complément des règles spéciales adoptées sur le plan civil. Puisque « *la répression a également des finalités prophylactiques, en dissuadant*

[410] A titre d'exemple, elles ne s'appliquent pas dans l'hypothèse d'une cession de parts d'une société transparente à un investisseur professionnel : Cass. Civ. 3ème, 4 octobre 1983, n° 82-14093, *Bull. civ.* I, n° 217, *RDI* 1984. 422, obs. J.-C. GROSLIÈRE, P. JESTAZ.

[411] Décret n° 63-1324 du 24 décembre 1963 relatif aux primes, aux bonifications d'intérêt et aux prêts à la construction, *JORF*, 29 décembre 1963, p. 11864.

[412] Loi n° 63-1241 du 19 décembre 1963 portant loi de finances pour 1964.

[413] E. GAVIN-MILLAN OOSTERLYNCK, « La multiplication des contrats de la promotion immobilière et l'extension du secteur protégé » *in* J.-P. TRICOIRE (dir.), *Le droit de la promotion immobilière, 50 ans après la loi du 3 janvier 1967*, Dalloz, 2017, p. 8.

certains comportements »[414], c'est parfois sous un angle exclusivement répressif qu'un droit spécial émerge. A titre d'exemple, « *le droit de la consommation fut d'abord un droit pénal de la consommation* »[415]. Un tel constat ne peut cependant être dressé en promotion immobilière. En la matière, les normes adoptées pour encadrer le processus contractuel ont été assorties de sanctions pénales, qui sont venues poser les jalons d'un nouveau droit pénal de la promotion. Toutefois, ces sanctions ont pêché par manque de précision et par excès de sévérité.

2. Les tentatives en droit pénal

122. La loi du 7 août 1957. Le droit pénal de la promotion immobilière est né avec la loi du 7 août 1957[416], dont l'article 59 édicte différentes sanctions pénales applicables en cas de non-respect des dispositions du décret du 10 novembre 1954. Ces sanctions consistent en des peines d'emprisonnement allant d'un mois à cinq ans et à des amendes comprises entre 10 000 et 10 millions de francs. Sont punis de telles peines le fait de donner des indications volontairement incomplètes ou inexactes, afin de chercher volontairement à tromper le souscripteur de parts sur la qualité ou les dimensions de la construction ou des matériaux[417] ; le fait d'insérer des informations volontairement fausses dans les documents destinés à l'obtention du prêt[418] ; le fait de mettre obstacle à l'action des organes de contrôle dans les sociétés concernées ou de détourner le pouvoir du gérant dans un but personnel, direct ou indirect ; ou bien encore le fait de contourner les règles relatives aux appels de fonds[419]. La loi du 7 août 1957 a créé trois infractions spéciales : la tromperie volontaire dans la conclusion ou l'exécution des contrats de construction, l'obstacle à l'action des organes de contrôle de la société et l'abus des biens, du crédit ou des pouvoirs d'une société de construction. Dans toutes ces hypothèses, l'intention délictuelle est recherchée dans la violation des dispositions réglementaires, plutôt que dans la volonté de nuire aux souscripteurs, ce qui facilite sa caractérisation. Par ailleurs, l'article 60 de la loi du 7 août 1957 prévoit une interdiction d'exercice, directement ou par société interposée, qui frappe les personnes empêchées d'exercer un commerce en vertu

---

[414] J. JULIEN, *op. cit.*, p. 28.

[415] J. JULIEN, *op. cit.*, p. 20. « *En réalité, la première grande loi consumériste fut* (…) *la loi du 1er août 1905 sur la répression des fraudes dans la vente de marchandises et des falsifications des denrées alimentaires et produits agricoles* » (*idem*).

[416] Loi n° 57-908 du 7 août 1957 tendant à favoriser la construction de logements et les équipements collectifs, *JORF*, 10 août 1957, p. 7906.

[417] Cass. Crim. 7 décembre 1967, n°66-93518, *Bull. crim.* n° 323.

[418] Cass. Crim. 3 décembre 1964, n° 63-92256, *Bull. crim.* n° 328.

[419] Cass. Crim. 12 mai 1965, n° 64-90286, *Bull. crim.* n° 135, *D.* 1965. 740, *RDI* 1979. 260, obs. G. ROUJOU DE BOUBÉE.

de la loi du 30 août 1947[420] et celles qui ont fait l'objet d'une condamnation en raison de certaines infractions susceptibles d'être pratiquées en promotion immobilière, telles que notamment le vol, l'abus de confiance, l'escroquerie, l'émission de chèques sans provision, l'usure ou le recel.

123. Les sanctions pénales prévues dans les contrats spéciaux de la construction. Le droit pénal de la construction a évolué en parallèle des réformes relatives aux contrats ou aux sociétés de construction[421], en s'étendant également aux domaines connexes de la consommation, du crédit, de l'assurance, de l'urbanisme ou des techniques réglementaires de construction, parfois sanctionnées pénalement[422]. À partir de la loi du 3 janvier 1967, deux agissements du promoteur peuvent l'exposer à des sanctions pénales, dans le cadre de l'exécution des contrats spéciaux de la construction prévus par la loi : la méconnaissance des conditions de versement du prix avant achèvement et le détournement des fonds reçus pour la construction[423]. En outre, depuis 1978, le promoteur qui ne souscrit pas d'assurance visant à couvrir sa responsabilité décennale encourt également des sanctions pénales[424]. S'ajoutent par ailleurs à ces dernières celles qui résultent du non-respect des interdictions professionnelles dont le promoteur fait l'objet[425].

124. Des sanctions critiquables. Selon Gabriel ROUJOU DE BOUBÉE, le dispositif pénal applicable au promoteur « *devait se révéler à la fois excessif,*

---

420 Loi n° 47-1635 du 30 août 1947 relative à l'assainissement des professions commerciales et industrielles.

421 Sur le non-respect de la loi n° 71-579 du 16 juillet 1971, au regard de la prohibition des versements avant la signature du contrat. V. Cass. Crim 27 juin 1977, n° 76-92921, *Bull. crim*. n° 242, p. 612. Au regard des mentions obligatoires à reproduire dans le cas d'une construction de maison individuelle régie par la loi n° 71-579 du 16 juillet 1971. V. Cass. Crim. 14 juin 1977, n° 76-91584, *Bull. crim.* n° 220, p. 553. Sur le non-respect de la loi n° 67-3 du 3 janvier 1967. V. Cass. Crim. 23 octobre 1978, n° 77-91253, *Bull. crim*. n° 285, p. 737.

422 V. B. GOLFIER, « Le risque pénal des professionnels de la vente et de la construction de logements neufs », *RDI*, 2001, p. 462. M.-H. GOZZI, « Le risque pénal du droit de la construction », *RDI*, 2001, p. 455. A. MASSON, *La dimension pénale des opérations de construction immobilière*, Thèse, Université de Nice, 2002. C. MASCALA, « L'immeuble : un bien saisi par le Code pénal ? » *in Mélanges à la mémoire du Professeur Roger Saint-Alary. L'immeuble et le droit*, Editions législatives, Presses de l'Université des sciences sociales de Toulouse, 2006, pp. 369-386. G. ROUJOU DE BOUBÉE, « De quelques aspects actuels du droit pénal de l'urbanisme », *ibid*., pp. 489-497.

423 Cf. *Infra*, § 535, 591.

424 Cf. *Infra*, § 891.

425 G. ROUJOU DE BOUBÉE, « La responsabilité pénale dans les contrats de construction », *RDI*, 1979, pp. 16-17. Cf. *Infra*, § 776-777.

insuffisant et empreint d'ambiguïté »[426]. L'auteur dénonce en premier lieu son caractère excessif, en mentionnant l'absence de différenciation entre les véritables fraudes et les fautes de négligence. Le décret du 10 novembre 1954 est assorti de sanctions pénales qui paraissent trop sévères pour que le promoteur accepte de se placer sous l'égide de ses dispositions, ce qui confère à ces dernières un effet répulsif et non attractif, comme escompté. Généralement, l'élément intentionnel est caractérisé par le fait que le prévenu a sciemment éludé les dispositions légales[427]. « *La présomption de connaissance de la loi est d'autant plus forte que l'on est en présence d'un professionnel qui, moins que tout autre, ne saurait invoquer une erreur de droit* »[428], alors que l'erreur de droit est pourtant admise à l'article 122-3 du Code pénal. De surcroît, la jurisprudence a également contribué à développer le périmètre des sanctions pénales propres à la promotion immobilière[429]. Alors que le décret du 10 novembre 1954 s'appliquait seulement aux cas de mandat ou d'entremise, la Cour de cassation a outrepassé les limites du texte en l'étendant à la vente[430]. Elle a également refusé d'appliquer strictement les exigences relatives au prêt souscrit, afin de pouvoir embrasser plus de cas. Le décret de 1954 était donc mis en œuvre même si l'accédant n'obtenait pas ou ne sollicitait pas de prêt et sans que la qualité de l'organisme de crédit soit prise en considération[431]. En second lieu, la réglementation pénale spéciale applicable au promoteur est apparue insuffisante dans la mesure où le décret du 10 novembre 1954 et la loi du 7 août 1957 ne pouvaient concerner que les opérations financées grâce à l'aide d'un prêt spécial. En troisième lieu, cette réglementation était empreinte d'ambiguïté du fait des incertitudes qui entouraient encore la notion de contrat de construction, mentionnée dans le décret[432]. Surtout, en dehors des critères relatifs à la nature des opérations concernées, les lois et décrets n'ont pas pris le soin de définir ce qu'il convenait d'entendre par « promoteur ».

125. En définitive, les dispositions adoptées au civil comme au pénal, pour tenter d'apporter un premier cadre juridique à la promotion immobilière, se sont

---

[426] G. ROUJOU DE BOUBÉE, « La responsabilité pénale dans les contrats de construction », *RDI*, 1979, pp. 16-17.

[427] Cass. Crim. 29 octobre 1973, n° 72-93923, *Bull. crim.* n° 388, p. 955.

[428] G. ROUJOU DE BOUBÉE, « Chronique Droit pénal immobilier », *RDI*, 1979, p. 260.

[429] P. MALINVAUD, P. JESTAZ, P. JOURDAIN, O. TOURNAFOND, *op. cit.*, p. 335.

[430] Cass. Crim, 3 décembre 1964, n° 63-92256, *Bull. crim.* n° 328, *D.* 1965. 284, note R. SAINT-ALARY; Cass. Crim, 15 juillet 1965, n° 64-91899, *Bull. crim.* n° 178, *Gaz. Pal.*, 1965, 2, 290.

[431] Cass. Crim, 23 janvier 1963, n° 62-91069, *Bull. crim.* n° 44, *JCP* 1963 II 13312, note C. SIZAIRE ; Cass. Crim. 10 octobre 1967, n° 66-93864, *Bull. crim.* n° 246. Cass. Crim. 27 novembre 1968, n° 68-91029, *Bull. crim.* n° 318 ; Cass. Crim. 20 octobre 1970, n° 70-90632, *Bull. crim.* n° 273, p. 651. *Contra* : Rep Min, *JOAN*, 21 octobre 1964, p. 3442.

[432] G. ROUJOU DE BOUBÉE, « La responsabilité pénale dans les contrats de construction », *RDI*, 1979, pp. 16-17.

révélées inaptes à fournir à l'accédant une protection efficace et pérenne. « *Ces procédés sont devenus insuffisants pour organiser la production immobilière dans le cadre d'une activité ayant désormais le caractère d'une véritable économie, car ils n'offraient pas une sécurité suffisante aux parties* »[433]. Jean-Philippe TRICOIRE confirme ainsi que « *le législateur ne prit pas la mesure des enjeux, ni de l'essor qu'allait connaître la construction immobilière. La protection que la loi accordait aux accédants était insuffisante et s'est rapidement révélée inadaptée pour encadrer efficacement les pratiques nouvelles développées par les promoteurs* »[434]. Après le constat d'échec des réformes ponctuelles des années 1950 et 1960, les réactions législatives et jurisprudentielles ont été par la suite nombreuses à œuvrer pour le passage de l'égalité théorique entre les parties à une « discrimination égalisatrice », assurant l'égalité par le droit[435]. Le législateur a emprunté deux voies à cet effet : l'une fondée sur la protection du logement, l'autre sur la protection du consommateur, qui ont permis de remédier durablement au déséquilibre qui caractérisait alors les relations entre le promoteur et l'accédant.

Section 2. Les réponses apportées au besoin de protection de l'accédant au logement

126. Le régime dérogatoire actuellement applicable au promoteur immobilier est le fruit d'une prise de conscience simultanée du législateur et du juge, portant sur la nécessité de préserver les droits des personnes qui construisent en vue d'habiter. Pour cause, « *les accédants sont jugés faibles, parce que justement, ils acquièrent un bien qui a un caractère vital* »[436]. À partir de 1967, le législateur a imaginé plusieurs contrats adaptés aux différentes hypothèses d'accession, en prenant le soin d'édicter, dans chacun des dispositifs, des règles spéciales de protection, qui ont dessiné le « secteur protégé » du droit de la construction. Celui-ci repose par essence sur un critère exclusivement matériel, celui de la destination d'habitation, à travers lequel la loi cherche à défendre les intérêts de ceux qui cherchent à se loger. Toutefois, en l'absence de critère fondé sur la qualité de la personne qui fait construire, le secteur protégé inclut dans son giron des accédants qui n'y ont pas leur place et laisse inversement en secteur libre des accédants qui mériteraient une protection particulière (I). En complément des garanties apportées par le droit de la construction sur le fondement du critère finaliste du logement, le droit de la consommation est venu protéger l'accédant personne physique. L'intégration de l'accédant dans la catégorie des

---

[433] F. ZÉNATI-CASTAING, « La dimension fondatrice de l'accession à la propriété » *in* S. BECQUÉ-ICKOWICZ, S. CABRILLAC, J.-F. MONTREDON (dir.), *La protection de l'accédant immobilier*, LexisNexis, 2010, p. 29.

[434] J.-P. TRICOIRE, Fasc. 10 « Contrat de promotion immobilière », *JCl. Construction-Urbanisme*, LexisNexis, 12 décembre 2011 (actualisé le 4 janvier 2017), § 3.

[435] D. BERTHIAU, *Le principe d'égalité et le droit civil des contrats*, Thèse, LGDJ, 1999, p. 126.

[436] E. GAVIN-MILLAN, *th. préc.*, p. 204.

consommateurs montre l'évolution de la notion vers l'émergence du nouveau concept de « consommateur immobilier » (II).

I. L'accession à l'habitation appréhendée par le secteur protégé

127. La nécessité de se loger, associée au risque pour l'accédant de financer une chose future, susceptible de rester inachevée ou de comporter des défauts de conformité, ont mis en lumière l'insuffisance des mécanismes de protection offerts par le droit positif. En réglementant les contrats de construction, le législateur a créé un « secteur protégé », reposant sur deux conditions cumulatives : celle de la destination d'habitation et celle des versements avant achèvement (A). S'ils paraissent *a priori* clairs et précis, les critères choisis sont en réalité critiquables à plusieurs titres. Ils tolèrent de larges interprétations et ne tiennent aucunement compte de la personnalité de l'accédant, ce qui entraîne des conséquences inutiles ou dommageables sur le plan juridique (B).

A) La consécration d'un secteur protégé en droit de la construction

128. Le droit de la construction connaît une *summa divisio* opposant le secteur protégé - correspondant en substance à celui du logement, dans lequel les parties se voient imposer la nature de leur contrat ainsi que son contenu (1) - au secteur libre, qui rassemble toutes les constructions professionnelles, dans lequel la liberté contractuelle prévaut dans la limite des dispositions d'ordre public[437] (2).

1. Les critères cumulatifs d'intégration dans le secteur protégé

129. Le secteur protégé est une spécificité des contrats spéciaux de la construction (a). Dans la réglementation propre à chacun d'eux, plusieurs conditions de mise en œuvre du secteur protégé sont évoquées, au sein desquelles deux critères se distinguent : celui des versements avant achèvement (b) et celui de la destination d'habitation (c).

a. Le champ d'application du secteur protégé

130. Les contrats spéciaux concernés. Le secteur protégé concerne exclusivement les contrats spéciaux de la construction ; leur caractère « spécial » étant lui-même rattaché à la réglementation impérative dont ils font l'objet. Outre la vente d'immeuble à construire, figurent dans cette catégorie le contrat de promotion immobilière, le contrat de construction de maison individuelle, ou bien encore la vente d'immeuble à rénover. Comme le relève Vivien

---

[437] B. KOHL, *th. préc.*, p. 183 : il s'agit de « *la division la plus importante du droit français de la construction* ».

ZALEWSKI-SICARD, « *les contrats conçus après la loi du 3 janvier 1967 ont tous un secteur protégé délimité de façon identique à celui de la vente d'immeuble à construire* »[438]. Plusieurs voies contractuelles différentes peuvent ainsi être empruntées pour confier la construction de son ouvrage à un tiers, qui dépendent, entre autres, du point de savoir si l'on est ou pas propriétaire du terrain à construire[439]. En dépit de leur nature différente - certains relevant de la vente, d'autres du mandat ou du louage d'ouvrage - ces contrats spéciaux de la construction ont pour point commun de concerner exclusivement les rapports entre promoteur et accédant, selon une interprétation large du champ de la promotion immobilière, incluant également le contrat de construction de maison individuelle[440]. Il n'existe pas à proprement parler de définition du « secteur protégé » dans la loi. Les critères d'intégration qui délimitent son objet ressortent d'une lecture croisée des articles qui lui sont propres, dans les différents régimes des contrats spéciaux concernés. Le secteur protégé est décrit à l'article L. 261-10 alinéa 1er du Code de la construction et de l'habitation, s'agissant du contrat de vente d'immeuble à construire, à l'article L. 262-1 alinéa 1er, s'agissant de la vente d'immeuble à rénover, à l'article L. 222-1 alinéa 1er, s'agissant du contrat de promotion immobilière et à l'article L. 231-1 alinéa 1er, s'agissant du contrat de construction de maison individuelle.

131. Les critères du secteur protégé. Le secteur protégé de la vente d'immeuble à construire se fonde sur trois critères : un transfert de propriété, la réalisation de travaux de construction portant sur un ouvrage destiné à un usage d'habitation ou à un usage mixte, c'est-à-dire professionnel et d'habitation, et l'obligation pour l'acheteur d'effectuer des versements ou des dépôts de fonds avant l'achèvement de la construction. Ces mêmes critères se retrouvent dans le secteur protégé de la vente d'immeuble à rénover, avec en sus l'exigence explicite de la réalisation de travaux sur l'immeuble (alors que l'existence de travaux de construction transparait simplement à l'article L. 261-10 du Code de la construction et de l'habitation, à travers la mention des versements « *avant l'achèvement de la construction* »). Le secteur protégé du contrat de promotion immobilière se réfère uniquement au critère de la destination d'habitation ou mixte, ainsi qu'au critère de la construction de l'immeuble, tout comme le contrat de construction de maison individuelle. Celui-ci présente d'ailleurs la particularité - comme la vente d'immeuble à rénover - de n'exister qu'en secteur protégé (sans comporter de règles éventuellement applicables en secteur libre).

132. Bien que la définition du secteur protégé ne soit pas rigoureusement la même dans chaque contrat spécial de la construction, certains critères

---

[438] V. ZALEWSKI-SICARD, « Secteur protégé : un secteur à adapter ? », *Constr.-Urb.* n° 9, septembre 2018, repère 8.

[439] Les contrats de vente sont réservés aux accédants qui acquièrent en même temps la construction et le terrain d'assiette, tandis que les autres contrats peuvent être utilisés par ceux qui sont d'ores et déjà propriétaires du terrain.

[440] Cf. *Infra*, § 457.

transcendent néanmoins les différentes catégories contractuelles et s'imposent comme les critères substantiels du secteur protégé. S'agissant de la réalisation de travaux de construction, il ne s'agit pas d'un critère distinctif du secteur protégé car il est inhérent à tous les contrats de construction quel que soit le secteur, libre ou protégé. Le transfert de propriété des droits sur le terrain ne peut pas plus être retenu comme un critère substantiel du secteur protégé, car il n'est pas commun à tous les contrats de ce secteur (seules les ventes d'immeuble à construire et à rénover le mettent en œuvre). A l'inverse, les versements avant achèvement peuvent être considérés comme un critère d'identification du secteur protégé, de même que la destination d'habitation, car ces derniers constituent, implicitement pour le premier, explicitement pour le second, les deux clefs d'entrée du régime impératif des contrats spéciaux de la construction.

b. Le critère économique des versements avant achèvement

133. La définition du critère. A la différence des articles L. 261-10 et L. 262-1 du Code de la construction et de l'habitation, applicables à la vente d'immeuble à construire et à la vente d'immeuble à rénover, les textes relatifs au secteur protégé du contrat de promotion immobilière (article L. 222-1) et du contrat de construction de maison individuelle (article L. 231-1) ne se réfèrent pas expressément à la condition des versements avant achèvement. Dans ces hypothèses, la seule existence de travaux de construction, destinés à l'habitation ou à un usage mixte, suffit à faire entrer le contrat visé dans le secteur protégé. Les versements avant achèvement sont traités dans ces contrats non comme une cause mais comme une conséquence de l'application des règles du secteur protégé[441]. Les versements visés par la loi concernent exclusivement des règlements en numéraire, ce qui exclut du secteur protégé la convention de remise de terrains contre locaux à construire[442]. Les simples dépôts sont assimilés à des versements, même si ces dépôts sont maintenus sur un compte ouvert au nom de l'accédant, dès lors qu'ils ont été rendus obligatoires par la signature du contrat. Ce principe s'illustre notamment dans le contrat de vente à terme, placé en secteur protégé, malgré l'existence de simples dépôts de garantie. Enfin, « *l'obligation de versements, au sens large du terme est (…) réalisée, en quelques mains que ce soit et de quelque manière que ce soit* »[443].

134. L'objectif poursuivi. Le critère des versements avant achèvement est considéré par certains auteurs comme « *celui qui justifie le dispositif protecteur contenu dans le secteur protégé* » : « *c'est parce que l'accédant va verser des*

---

[441] Cass. Civ. 3eme, 30 avril 1985, n° 83-16896, *Bull. civ.* III, n° 76, p. 58, *JCP N* 1986.21, obs. B. STEMMER. Articles R. 222-7 et R. 231-7 du CCH.

[442] V. Rép. Min., *JOAN* Q, 4 avril 1969, p. 867 ; *JCP N* 1969, prat., n° 4566-5. Cass. Civ. 3ème, 4 novembre 1999, n° 97-21469, inédit.

[443] J.-P. TRICOIRE, Fasc. 83-10 « Vente d'immeubles à construire. – Secteur protégé. – Champ d'application », *JCl. Construction-Urbanisme*, LexisNexis, 15 décembre 2016, § 16.

fonds avant que l'immeuble soit édifié qu'il a droit à un certain nombre de garanties »[444]. Le fait de financer la construction alors que celle-ci est seulement en cours, et non encore achevée, place l'accédant dans une position de faiblesse, en l'exposant à un risque de paiement sans contrepartie. Inversement, si l'accédant ne verse le prix qu'à la fin du contrat, il peut vérifier la consistance du bien achevé avant de le payer, ce qui doit suffire à le protéger, même dans le secteur de l'habitation. Outre le fait qu'ils constituent un critère d'identification du secteur protégé, les versements avant achèvement tiennent également une place centrale dans le régime qui en découle, puisqu'ils y sont strictement encadrés et échelonnés, afin de préserver les intérêts de l'accédant tout au long du chantier.

c. Le critère finaliste de la destination du bien

135. La destination d'habitation. Les contrats spéciaux de la construction en secteur protégé portent tous sur des immeubles « *à usage d'habitation ou à usage professionnel et d'habitation* ». Le mot immeuble s'entend dans son sens juridique : c'est le bien immobilier sur lequel porte le contrat, qu'il s'agisse d'un bâtiment entier ou d'un lot de copropriété (sauf pour le contrat de construction de maison individuelle qui se limite aux maisons individuelles ne comportant pas plus de deux logements pour le même maître d'ouvrage). Peuvent ainsi être destinés à l'habitation des immeubles collectifs, des maisons individuelles, des résidences de vacances ou bien encore des résidences-services (résidences séniors ou étudiantes), conformes à certains critères réglementaires[445]. Seule compte en revanche la destination du bien objet du contrat, peu important le cas échéant la destination du reste de l'immeuble. La destination d'habitation correspond à un critère objectif matériel, de nature téléologique, qui intéresse la finalité de l'opération projetée : l'acquisition d'un bien servant en tout ou partie au logement.

136. La destination mixte. La destination mixte renvoie à la situation dans laquelle se trouve un bien immobilier affecté à plusieurs usages de natures différentes[446]. Dans le secteur protégé, la destination est mixte lorsqu'une partie du bien est dédiée à l'habitation et l'autre à l'exercice d'une activité professionnelle. Selon Marianne FAURE-ABBAD, le terme professionnel renvoie aux activités civiles, par opposition aux activités commerciales[447]. Cette interprétation est confirmée par Olivier TOURNAFOND, pour qui « *cette disposition est d'interprétation stricte et ne saurait concerner les autres locaux*

---

[444] O. TOURNAFOND, « Vente d'immeuble à construire », *Répertoire de droit civil*, Dalloz, mars 2004 (actualisé en juin 2019), § 19.

[445] Articles R.111-1, L. 631-7 alinéa 2, R. 111-18, R. 222-3 du CCH.

[446] D. SIZAIRE, « La détermination contractuelle de la destination de l'immeuble », *RDI*, 1995, p. 415.

[447] M. FAURE-ABBAD, *Droit de la construction*, 3ème éd., Lextenso, 2016, p. 19.

à usage mixte, par exemple, à usage commercial et d'habitation »[448]. De même, pour Jean-Philippe TRICOIRE, « *le terme "usage professionnel" sera pris au sens d'une activité libérale et plus largement civile, par opposition à un usage commercial* »[449]. La loi ne mentionne aucune clef de répartition entre la partie relative au logement et la partie servant de local professionnel. Indépendamment du principe *accessorium sequitur principale*[450], l'article L. 242-1 du Code de la construction et de l'habitation précise que le bien peut dans certains cas être considéré comme étant à destination d'habitation lorsque 10% de sa superficie est affecté à cet usage, selon une lecture particulièrement extensive du critère. La loi réserve cependant l'application de ce seuil à certaines hypothèses uniquement, soit que la construction ait été placée sous la maîtrise d'ouvrage de sociétés de construction-attribution ou de coopératives de construction, soit qu'elle ait été réalisée au moyen d'un contrat de promotion immobilière. Aussi, bien que le seuil de 10% garantisse une large protection, en embrassant un grand nombre de situations, il n'est pas transposable à tous les contrats réglementés susceptibles d'entrer dans la sphère du secteur protégé. Pour ceux à qui il ne s'applique pas, « *peu importe l'importance respective de l'un et l'autre de ces usages, dès lors qu'il y a usage mixte, pour partie à usage professionnel et pour partie à usage d'habitation, quelle que soit l'importance de celle-ci* »[451], le régime du secteur protégé s'impose. En revanche, en présence d'une destination mixte, dans laquelle l'habitation côtoie un autre type de destination (notamment commerciale ou artisanale), le secteur à appliquer est celui de la destination considérée comme principale[452].

137. L'objectif de protection du logement. Le critère de la destination d'habitation préside au secteur protégé, si bien que ce dernier est presque exclusivement associé au logement, en tant que marque distinctive. Comme le relève Benoît KOHL, « *le législateur a estimé que c'est le besoin de se loger qui mettait le consommateur à la merci du promoteur, observation qui paraît par le*

---

[448] O. TOURNAFOND, « Vente d'immeuble à construire », *Répertoire de droit civil*, Dalloz, mars 2004 (actualisé en juin 2019), § 12.

[449] J.-P. TRICOIRE, Fasc. 83-10 « Vente d'immeubles à construire. – Secteur protégé. – Champ d'application », *JCl. Construction-Urbanisme*, LexisNexis, 15 décembre 2016, § 10.

[450] Cass. Civ. 3ème, 15 février 1978, n° 76-11889, *Bull. civ.* III, n° 84, p. 64, *JCP N* 1978, II, obs. S. GALLE, *D.* 1978. 427, obs. GIVERDON, *RDI* 1979. 86, obs. R. SAINT-ALARY, J.-C. GROSLIÈRE, P. JESTAZ : la vente simultanée d'une station-service et d'un appartement pour le logement du pompiste ne relève pas du secteur protégé, la destination commerciale prévalant sur la destination d'habitation.

[451] J.-P. TRICOIRE, Fasc. 83-10 « Vente d'immeubles à construire. – Secteur protégé. – Champ d'application », *JCl. Construction-Urbanisme*, LexisNexis, 15 décembre 2016, § 13.

[452] O. TOURNAFOND, « Vente d'immeuble à construire », *Répertoire de droit civil*, Dalloz, mars 2004 (actualisé en juin 2019), § 15 : « *En cas de logement accessoire, on applique la règle suivant laquelle celui-ci suit le principal* ».

faible nombre de scandales observés en dehors du secteur du logement »[453]. Le promoteur pouvant être amené à proposer spontanément des garanties à un partenaire économique, pour des raisons commerciales, on considère que « *la situation des candidats au logement est plus digne d'intérêt et réclame un régime plus protecteur que celle des personnes qui désirent obtenir un local professionnel, industriel ou commercial* »[454]. Le projet de construction d'une habitation revêt en outre une dimension symbolique et affective, dans la mesure où l'on conçoit traditionnellement la propriété comme le « *cap avancé de la pénétration de l'individu dans l'espace social* »[455] et le logement, comme la satisfaction d'un besoin humain fondamental[456]. A travers l'habitation, plus que la propriété, c'est bien le logement que l'on cherche à préserver[457], en tant que lieu de protection, facteur de stabilité, source de dignité et siège de la vie privée et familiale[458]. Dans cette perspective, le « droit au logement »[459] fait l'objet de nombreuses déclarations de principe, notamment supranationales, qui le visent indirectement par le truchement des « *conditions de vie suffisantes pour soi et sa famille* »[460], « *le respect de la vie privée et familiale* » ou bien « *la protection du domicile* »[461]. Parallèlement à l'objectif quantitatif, visant à garantir un logement pour tous, s'est également développée l'exigence qualitative d'un logement décent[462].

---

453 B. KOHL, *th. préc.*, p. 183.

454 R. DENOYELLE, *th. préc.*, p. 70.

455 R. LIBCHABER, « La propriété, droit fondamental » *in* R. CABRILLAC (dir.), *Libertés et droits fondamentaux*, 23ème éd., Dalloz, 2017, p. 887.

456 B. GOLFIER, « Vente d'immeuble à rénover et vente d'immeuble à construire », *RDI*, 2007, p. 31.

457 E. GAVIN-MILLAN, *th. préc.*, p. 202. S. BOURREL, *Le consommateur d'immeuble*, Thèse, Université de Reims Champagne-Ardenne, 2015, p. 79. B. AVRIL, B. ROTH, *op. cit.*, p. 149 : « *La recherche d'un logement conforme à ses besoins (…) passerait ainsi avant l'investissement patrimonial ayant vocation à être transmis* ».

458 Selon LE CORBUSIER, « *le logis est le temple de la famille* ». Christophe PONCE va jusqu'à qualifier la maison pavillonnaire comme « *un refuge, une nouvelle image du ventre maternel, du cocon, du nid voire de la maison ancestrale généralement rurale. De ce fait, elle constitue l'objet capable de protéger l'intimité de la famille* » (C. PONCE, *op. cit.*, p. 2).

459 V. E. BIZON, *Le droit au logement*, Thèse, Presses universitaires Septentrion, 1997. D. PLAS, M. PUECHAVY (dir.), *Le droit au logement : vers la reconnaissance d'un droit fondamental de l'être humain*, Bruylant, 2008. M. BARRÉ-PÉPIN, *La protection du logement en droit privé*, LexisNexis, 2009.

460 Article 25-1 de la Déclaration universelle des droits de l'homme du 10 décembre 1948.

461 Article 8-1 de la Convention européenne de sauvegarde des droits de l'homme et des libertés fondamentales du 4 novembre 1950.

462 A titre d'exemple, l'article R. 111-2 du CCH précise la surface et le volume habitables, tandis que l'article R.111-3 dresse la liste des éléments dont le logement doit être obligatoirement équipé pour être considéré comme décent, en termes de pièces et d'équipements sanitaires.

138. L'opération consistant à construire un bien au moins partiellement destiné à l'habitation, nécessitant des versements avant achèvement, relève nécessairement du secteur protégé de la construction. Pour le reste, « *la qualité des parties, le degré d'autonomie juridique de l'immeuble (maison individuelle ou immeuble collectif), le mode d'occupation de l'immeuble (résidence principale ou secondaire), la finalité de l'opération (habiter, louer, doter sa maîtresse ou sa fille), importent peu* »[463]. Lorsque ces deux conditions ne sont pas cumulativement remplies, l'opération dépend par défaut du secteur libre.

2. L'existence d'un secteur libre résiduel

139. La définition du secteur libre. Le secteur libre s'applique *a contrario* du secteur protégé, de manière résiduelle. Il recouvre en premier lieu les contrats relatifs à la construction de locaux exclusivement professionnels, c'est-à-dire destinés à un usage commercial, industriel, agricole, artisanal, ou libéral[464]. Dépendent ainsi du secteur libre les locaux commerciaux, les bureaux d'entreprises, les bâtiments industriels, les entrepôts, les établissements de service, *etc.* Puisque les deux conditions du secteur protégé s'appliquent de manière cumulative, lorsque le bien à construire revêt l'une de ces destinations, le fait que les fonds soient versés au promoteur avant ou après l'achèvement est indifférent. En second lieu, relèvent du secteur libre les contrats qui ont pour objet la construction d'un bien destiné en tout ou partie à l'habitation, dès lors que l'accédant ne verse aucun fonds ni dépôt de garantie avant que la construction soit achevée (lors de la signature du contrat ou en cours de chantier). C'est le cas par exemple des ventes « clefs en main », portant notamment sur des « queues de programme », c'est-à-dire des lots qui n'ont pu faire l'objet d'une commercialisation en cours de construction et qui ne trouvent acquéreurs qu'une fois leur construction terminée[465].

140. Le régime du secteur libre. Comme son nom l'indique, le secteur libre est celui de la liberté contractuelle. Celle-ci s'exerce tant au niveau du choix du contrat que de son régime, dans la limite des dispositions impératives qui régissent le droit commun des obligations, voire éventuellement le contrat de construction concerné. Les parties peuvent se contenter de conclure un contrat d'entreprise *sui generis*, ou utiliser les contrats spéciaux nommés de la construction comme des modèles. En secteur libre, les règles impératives du secteur protégé deviennent supplétives, ce qui permet aux parties de bénéficier

[463] E. GAVIN-MILLAN OOSTERLYNCK, « La multiplication des contrats de la promotion immobilière et l'extension du secteur protégé » *in* J.-P. TRICOIRE (dir.), *op. cit.*, p. 9.

[464] Si le bien est également destiné à l'habitation dans ce dernier cas, le bien possède une destination mixte et le secteur protégé s'applique.

[465] Cf. *Infra*, § 235.

de ces cadres contractuels dans une version édulcorée[466]. Dès lors, si les parties choisissent volontairement de se placer sous l'égide du secteur protégé, la violation des règles de formation du contrat ne sera pas sanctionnée par la nullité[467]. Le promoteur qui contracte en secteur libre peut, au besoin, proposer uniquement les garanties du secteur protégé, à des fins commerciales[468].

141. Ainsi, le droit de la construction est scindé en deux secteurs. Dans le secteur protégé, les contrats spéciaux sont imposés aux parties qui en remplissent les conditions et leur contenu est réglementé, afin d'encadrer la construction de biens destinés au moins partiellement à l'habitation, requérant des versements avant achèvement. Dans le secteur libre, les parties conservent leur liberté contractuelle, sous réserve de l'application de certaines règles impératives, parce que l'opération de construction sur laquelle portent leurs accords n'est pas destinée à l'habitation, mais poursuit une finalité professionnelle.

B) Un secteur protégé inadapté en raison de l'absence de critère *ratione personae*

142. Le droit de la construction propose des règles différenciées pour trois catégories seulement de maîtres d'ouvrage : le maître d'ouvrage public, le maître d'ouvrage privé ne construisant pas pour lui-même ou l'un de ses proches et le maître d'ouvrage construisant à l'inverse pour lui-même ou l'un de ses proches[469]. Pour le reste, « *les règles protectrices s'appliquent, en principe, indépendamment de la qualité des parties, professionnel ou non professionnel de l'immobilier* »[470]. A quelques rares exceptions près[471], aucun des critères associés au secteur protégé ne se rattache à la qualité juridique de l'accédant,

---

[466] A propos de la vente en l'état futur d'achèvement par exemple, G. DAUDRÉ, « Pratique de la vente en l'état futur d'achèvement dans le secteur libre », *RDI*, 2006, p.15 : « *Libéré de ce corset de règles impératives édictées en 1967 et que l'on nomme le ''*secteur protégé*'', la VEFA offre aux agents économiques et à leurs notaires un espace de liberté contractuelle ouvert aux réalités économiques de l'immobilier d'entreprise. Pour autant, ce contrat n'est pas malléable à l'envie et connaît quelques limitations tenant, par exemple, à la garantie des constructeurs d'ouvrages ou (…) au droit commun de la vente* ».

[467] Cass. Civ. 3ème, 15 février 1978, n° 76-11889, *Bull. civ.* III, n° 84, p. 64, *JCP N* 1978, II, obs. S. GALLE, *D.* 1978. 427, obs. GIVERDON, *RDI* 1979. 86, obs. R. SAINT-ALARY, J.-C. GROSLIÈRE, P. JESTAZ. O. TOURNAFOND, « Vente d'immeuble à construire », *Répertoire de droit civil*, Dalloz, mars 2004 (actualisé en juin 2019), § 22.

[468] V. sur ce point, Cass. Civ. 3ème, 28 mars 2001, n° 99-17655, inédit, *RDI* 2001. 240, obs. B. BOUBLI.

[469] H. PÉRINET-MARQUET, « Les aspects économiques du contrat de construction », *RDI*, 2002, p. 1.

[470] V. ZALEWSKI-SICARD, « Pour l'instauration d'un contrat de rénovation en secteur protégé », *RDI*, 2014, p. 442.

[471] Article L. 222-1 alinéa 2 du CCH. Cf. *Infra*, § 147.

sans doute parce que le prisme uniquement matériel employé dans le secteur protégé procède de la confusion opérée entre la protection du logement et la protection du logé[472]. Partant, le dispositif de protection est susceptible d'être activé quelle que soit la qualité de l'accédant qui acquiert le bien à usage mixte ou d'habitation : « *qu'il soit personne physique, personne morale, consommateur, non-professionnel ou professionnel, les règles du secteur protégé s'appliquent* »[473]. Cette absence totale de prise en compte de la personne de l'accédant entraîne plusieurs situations paradoxales[474]. Un accédant non-professionnel peut être amené à contracter dans le cadre du secteur libre et souffrir ainsi d'un déficit de protection. *A contrario*, le secteur protégé peut s'appliquer à certains particuliers qui ne nécessitent pas le même degré d'attention (1). Par ailleurs, un accédant professionnel, rompu aux techniques de l'immobilier, peut bénéficier de la tutelle du secteur protégé alors qu'il n'en éprouve pas le besoin (2).

1. Les hypothèses d'inadéquation du secteur aux particuliers

143. L'inadéquation du secteur libre aux particuliers. Il est rare que les particuliers évoluent dans le secteur libre puisqu'un tel secteur induit la réalisation d'un ouvrage destiné à accueillir, au moins partiellement, une activité professionnelle, ce qui insinue que l'accédant possède lui-même cette qualité. S'agissant en revanche du critère des versements en cours d'opération, le seul fait pour le particulier de payer le prix de la construction postérieurement à son achèvement justifie qu'il soit placé, malgré lui, en secteur libre. Le système aboutit donc « *à ce que le petit investisseur faisant construire un immeuble de trois logements soit soumis aux mêmes règles juridiques que le maître d'ouvrage faisant construire 200 000 m2 de bureaux* »[475]. Cette situation est dangereuse car, indépendamment du versement du prix intervenant en fin de chantier, elle prive de toute autre protection l'accédant particulier.

144. L'inadéquation du secteur protégé à certains particuliers. L'application systématique du secteur protégé à tous les particuliers faisant construire un bien d'habitation pourrait être remise en cause, car dans certaines situations, il paraitrait opportun de tenir compte de leur compétence ou de la cause subjective du contrat. En premier lieu, le secteur protégé semble

---

[472] B. KOHL, *th. préc.*, p. 2 : « *La protection de l'acquéreur de ce logement étant perçue comme un corollaire au droit fondamental de se loger* ». O. TOURNAFOND, « Vente d'immeuble à construire », *Répertoire de droit civil*, Dalloz, mars 2004 (actualisé en juin 2019), § 11.

[473] B. KOHL, *th. préc.*, p. 2.

[474] P. MALINVAUD, P. JESTAZ, P. JOURDAIN, O. TOURNAFOND, *op. cit.*, p. 399. O. TOURNAFOND, « Vente d'immeuble à construire », *Répertoire de droit civil*, Dalloz, mars 2004 (actualisé en juin 2019), § 11.

[475] H. PÉRINET-MARQUET, « Les aspects économiques du contrat de construction », *RDI*, 2002, p. 1.

inapproprié aux non-professionnels compétents. En effet, un particulier agissant pour ses besoins personnels n'est pas fatalement placé dans une position d'infériorité à l'égard du professionnel avec qui il contracte, notamment s'il est lui-même un sachant[476]. A cet égard, « *ne faut-il pas réserver un sort particulier au maître de l'ouvrage ''qui sait'', qui est (...) détenteur d'une compétence ?* »[477]. Gwenaëlle DURAND-PASQUIER estime pour sa part que la prise en compte de la compétence de l'accédant devrait se limiter à la règle de l'immixtion fautive du maître d'ouvrage notoirement compétent[478]. Pourtant, cette compétence peut rendre négligeables certains mécanismes de protection du secteur protégé dès lors qu'ils visent précisément à pallier l'ignorance et l'inexpérience de l'accédant.

145. En second lieu, le secteur protégé pourrait exclure les particuliers qui investissent. A rebours de la vision stéréotypée de l'acquéreur dépourvu de moyens, il apparait que sur l'ensemble des acquéreurs particuliers, 54% sont des ménages investisseurs, tandis que 46% sont de futurs occupants[479]. Les articles de loi relatifs au secteur protégé ne mentionnent aucune durée minimale de conservation du bien, ni aucune exigence relative à un usage personnel à titre de résidence principale, ce qui a pour effet d'étendre le secteur protégé à des logements dont il est prévu que la propriété ou la jouissance soit transmise à un tiers à titre onéreux[480]. Il en résulte que l'accédant peut parfaitement bénéficier du cadre du secteur protégé alors qu'il envisage une revente à court terme, à des fins spéculatives, voire une location à des fins commerciales ; la Cour de cassation ayant récemment admis que le secteur protégé trouvait à s'appliquer peu important « *les modalités de gestion en résidence hôtelière* [du] *bien ou de l'immeuble dont il dépendait* »[481]. Par exception néanmoins, les contrats de

---

[476] J.-P. CHAZAL, « De la cohérence de la notion de consommateur : de l'unicité de la définition à la multiplicité des régimes », *D.* 1999, p. 249 : « *Il y a des cas particuliers où le consommateur peut traiter avec un professionnel sur un pied d'égalité. Dès lors, vouloir appliquer les règles consuméristes à ces situations induit forcément des effets de surprotection* ».

[477] E. PUTMAN, « Gwenaëlle DURAND-PASQUIER, Le maître de l'ouvrage – Contribution à l'harmonisation du régime du contrat d'entreprise, thèse Paris I, direction P. DELEBECQUE, novembre 2005, 560 pages (dactyl) », *RTD Civ.*, 2007, p. 211.

[478] *Idem.*

[479] « Promotion immobilière, des métiers d'avenir », édition 2017, publication de l'Observatoire des métiers de la branche promotion immobilière (http://fpifrance.fr/fr/content/des-metiers-pour-construire-son-avenir).

[480] Cass. Civ. 3ème, 7 janvier 2016, n° 14-29655 14-29656, *Gaz. Pal.*, n° 258e4, 23 février 2016, p. 82, obs. V. ZALEWSKI-SICARD, *Defrénois*, n° 122v1, 15 avril 2016, p. 9, obs. H. PÉRINET-MARQUET, *Constr.-Urb.* 2016, comm. 28, note C. SIZAIRE. Cet arrêt montre que les règles du secteur protégé s'appliquent malgré la conclusion d'un bail commercial entre les acquéreurs et l'exploitant d'une résidence de services. *A contrario*, CA. ROUEN, 29 juin 2011.

[481] En principe, les hôtels sont exclus du secteur protégé car ils remplissent une destination commerciale (v. en ce sens, Cass. Civ. 3ème, 7 avril 2016, n° 15-11342,

promotion immobilière et de construction de maison individuelle prévoient que les commandes portant sur une pluralité de biens d'habitation ne sont pas éligibles au secteur protégé[482], sans doute parce que l'accédant est identifié dans ce cas comme un investisseur. Pour Jean CALAIS-AULOY et Henri TEMPLE, « *il ne faut certainement pas assimiler, en droit, les épargnants aux consommateurs* »[483], car selon les économistes, « *les premiers utilisent leurs disponibilités monétaires pour la satisfaction de leurs besoins* », alors que « *les seconds conservent leurs disponibilités, et éventuellement les placent, en prévision de besoins futurs* »[484]. Jean-Philippe TRICOIRE considère, dans cette perspective, que « *le maître d'ouvrage qui fait construire pour revendre, à titre professionnel ou pas, entend retirer un profit de l'opération envisagée et, à ce titre, ne mérite pas une protection particulière* »[485]. En tout état de cause, « *la sécurité négociée par un investisseur prudent et disposant d'une certaine puissance économique n'aura rien à envier à l'ordre public de protection du secteur protégé* ! »[486]. En revanche, le particulier qui investit à des fins de défiscalisation s'expose à certains risques qui semblent justifier un traitement particulier[487]. Loin de faire de la défiscalisation une cause de dégradation de la protection applicable - bien qu'il s'agisse d'une démarche d'investissement - la jurisprudence renforce la protection des accédants en leur permettant de se retourner contre le promoteur[488] mais également contre l'agent immobilier, le notaire ou le banquier[489], pour manquement à leur obligation d'information. Peut-être cette position se justifie-t-elle par le fait que les investisseurs sont dans

inédit). Or, la Cour de cassation a opéré un revirement à l'occasion de l'arrêt Cass. Civ. 3ème, 23 mai 2019, n° 17-17908 : « *peu importaient les modalités de gestion en résidence hôtelière de ce bien ou de l'immeuble dont il dépendait, la cour d'appel en a déduit à bon droit que le régime protecteur de la vente en état futur d'achèvement prévu par l'article L. 261-10 du Code de la construction et de l'habitation était applicable* ».

482 L'article L. 222-1 alinéa 2 du CCH prévoit que le contrat de promotion immobilière en secteur protégé ne s'applique pas au maître d'ouvrage qui construit un ou plusieurs immeubles en vue de la vente. L'article L. 231-1 alinéa 1er du CCH précise que le contrat de construction de maison individuelle cesse de s'imposer lorsque la construction porte sur plus de deux logements.

483 J. CALAIS-AULOY, H. TEMPLE, *Droit de la consommation*, 9ème éd., Dalloz, 2015, pp. 14-15.

484 *Idem.*

485 J.-P. TRICOIRE, Fasc. 10 « Contrat de promotion immobilière », *JCl. Construction-Urbanisme*, LexisNexis, 12 décembre 2011 (actualisé le 4 janvier 2017), § 86.

486 G. DAUDRÉ, *art. préc.*, p. 15.

487 V. M. FAURE-ABBAD, « Défiscalisation des investissements immobiliers : dangers et remèdes », *RDI*, 2011, p. 255.

488 Cass. Civ. 3ème, 6 septembre 2018, n° 17-21096, inédit, *RDI* 2018. 558, obs. J.-P. TRICOIRE.

489 V. Cass. Civ. 3ème, 29 octobre 2015, n° 14-17469, *Bull. civ.* III, n° 353, *RDI* 2016. 222, obs. H. HEUGAS-DARRASPEN. Cass. Civ. 1ère, 9 juillet 2015, n° 14-22020, inédit, *Constr.-Urb.* n° 10, octobre 2015, comm. 144, C. SIZAIRE. Cass. Civ. 3ème, 14 janvier 2021, n° 19-24881.

ce cas des particuliers profanes, pour lesquels le placement immobilier n'est pas une activité récurrente.

2. Les hypothèses d'inadéquation du secteur aux professionnels

146. La surprotection du professionnel en secteur protégé. Un professionnel de l'immobilier qui fait construire un immeuble destiné à l'habitation se trouve nécessairement en secteur protégé. En la matière, « *le fait que les acquéreurs soient des sociétés commerciales est sans incidence sur la soumission de l'opération aux règles impératives* »[490] qui lui sont attachées. Cette intégration dans le secteur protégé est paradoxale dans la mesure où le professionnel se trouve le plus souvent dans une position de force, du fait de son pouvoir économique, de sa compétence ou, plus simplement, parce qu'il ne contracte pas pour ses besoins personnels[491]. Le secteur protégé peut se révéler être un carcan juridique particulièrement contraignant pour le maître d'ouvrage professionnel, puisque les règles qui en découlent viennent encadrer dans de strictes limites l'ensemble du processus contractuel. En outre, la mise en œuvre des règles du secteur protégé peut soulever certaines contradictions. A titre d'exemple, l'obligation d'information mise à la charge du promoteur, afin de permettre à l'accédant de donner un consentement éclairé au contrat, sied mal au professionnel dont l'ignorance est réputée inexcusable. L'obligation de se renseigner soi-même est généralement plus forte à l'égard de l'acquéreur professionnel. De surcroît, le déploiement du secteur protégé peut profiter injustement à l'accédant professionnel, au détriment de son cocontractant, qui pourra être un promoteur de faible envergure. Cela étant, le professionnel bénéficie d'une protection qui à l'origine et par nature ne lui est pas destinée ; « *est-il certain que telle était la volonté des rédacteurs de la loi du 3 janvier 1967 ?* »[492]. Il convient *a priori* de répondre par la négative[493].

---

[490] J.-P. TRICOIRE, O. TOURNAFOND, « Critères du secteur protégé et vente d'immeuble assortie de travaux de rénovation lourde (avant la vente d'immeuble à rénover) », *RDI*, 2016, p. 150. V. Cass. Civ. 3ème, 17 juillet 1996, n° 95-21334, *Bull. civ.* III, n° 191, p. 122 : les règles du secteur protégé sont appliquées au profit d'une société exerçant la profession de marchand de biens.

[491] H. PÉRINET-MARQUET, « Les aspects économiques du contrat de construction », *RDI*, 2002, p. 1 : « *Le droit de la construction est de ce de point de vue trop encore marqué par l'idéologie du code civil. Aujourd'hui, le bon père de famille qui doit être protégé contre l'entrepreneur, l'est au titre des contrats spéciaux du droit de la construction. Mais, fréquemment, le maître d'ouvrage professionnel, souvent une personne morale, dispose d'une autre puissance économique que la plupart des constructeurs et peut imposer son point de vue* ».

[492] M. POUMARÈDE, « L'évolution de la loi de 1967 relative aux VIC et à l'obligation de garantie à raison des vices de construction : d'une bonne loi à une grande loi », *JCP N*, n° 30-34, 28 juillet 2017, p. 29.

[493] C. SIZAIRE, « Application des dispositions du secteur protégé à la vente de lots de copropriété dans une résidence avec services », *Constr.-Urb.* n° 2, février 2016,

147. Les exceptions légales. Le législateur introduit ponctuellement un critère *ratione personae* dans les conditions d'application du secteur protégé. L'article L. 261-10 alinéa 2 du Code de la construction et de l'habitation impose en principe au constructeur qui procure directement ou indirectement le terrain à l'accédant de conclure un contrat de vente d'immeuble à construire répondant aux règles du secteur protégé. Or, selon le même article, cette règle est écartée si l'accédant est une société civile de construction vente, de construction-attribution ou une coopérative. De même, certains accédants sont exclus du contrat de promotion immobilière en secteur protégé. C'est le cas des maîtres d'ouvrage professionnels qui font construire un ou plusieurs immeubles en vue de la vente (peu important leur destination) et de toutes sociétés, autres que les sociétés de construction-attribution et les coopératives, qui font construire plus de deux locaux à usage professionnel ou d'habitation[494]. Dans ces différentes hypothèses, « *le maître d'ouvrage en sa qualité de professionnel de l'immobilier n'a pas à être protégé de manière plus particulière que ses cocontractants* »[495] : il présente suffisamment de garanties pour qu'il ne soit pas nécessaire au promoteur immobilier d'en fournir davantage.

148. A la lumière de ces différents constats, « *ne serait-il pas plus simple de raisonner en fonction de la qualité des parties ? Ou au moins de doubler le critère objectif de l'usage par un critère subjectif tenant à la qualité de l'accédant à la propriété ?* »[496]. Cette réflexion est partagée par une large partie de la doctrine qui considère que l'absence de condition *ratione personae* conduit à faire entrer dans le secteur protégé des accédants dont les qualités ou la démarche justifieraient qu'ils en soient exclus. Or, « *à force de vouloir protéger l'accédant, l'action du législateur aboutit parfois, non pas au résultat d'équilibre initialement souhaité, mais à un déséquilibre inverse. (…) La loi fait de* [l'accédant] *le décideur de l'avenir du contrat, avec le risque réel d'un comportement déresponsabilisé* »[497], tandis que dans d'autres cas, elle le place injustement dans le secteur libre, en dehors de tout dispositif de protection. Si le droit spécial de la construction ne fait manifestement pas cas de la personne de l'accédant, celui-ci reste néanmoins protégé par le droit de la consommation. A

---

comm. 28 : « *La finalité des dispositions du secteur protégé était avant tout de faire bénéficier d'une protection l'occupant du local et non les investisseurs, notamment si ces acquéreurs sont des personnes morales et au surplus s'ils ont la qualité de professionnel de l'immobilier* ».

[494] Article L. 222-1 du CCH.

[495] J.-L. BERGEL (dir.), « Maître d'ouvrage vendeur d'immeuble construit ou à construire », *Lamy Droit Immobilier*, actualisé en juin 2019, § 2799.

[496] M. POUMARÈDE, « L'évolution de la loi de 1967 relative aux VIC et à l'obligation de garantie à raison des vices de construction : d'une bonne loi à une grande loi », *JCP N*, n° 30-34, 28 juillet 2017, p. 29. E. GAVIN-MILLAN, *th. préc.*, p. 204 : « *N'aurait-il pas mieux valu prendre directement en considération la qualité de la personne à protéger ?* ».

[497] V. IONESCU, *th. préc.*, p. 286.

l'analyse des critères de protection fondés sur une approche exclusivement matérielle, propres au droit de la construction, succède l'analyse du droit de la consommation comme source de protection exclusivement tournée vers la personne du contractant.

II. L'accédant assimilé au « consommateur immobilier »

149. « *La discrimination faite au profit des accédants à l'habitation a été, par la suite, confirmée et accentuée par l'avènement du droit de la consommation, droit de protection s'il en est* »[498]. L'objectif poursuivi par cette législation consiste à résoudre le déséquilibre existant entre les parties dans les contrats d'adhésion, qui a pu proliférer grâce à la complaisance de la liberté contractuelle. Celle-ci a permis « *aux promoteurs malhonnêtes de s'enrichir aux dépens des épargnants candidats à l'accession à la propriété, personnes généralement peu averties et de condition modeste* »[499]. En effet, c'est bien au contact du particulier agissant pour ses besoins personnels, que les excès de la promotion immobilière ont été identifiés dans toute leur ampleur. Sous l'influence de différents facteurs, la protection ponctuelle offerte à l'acquéreur et, par extension, au maître d'ouvrage, a été étendue à l'accédant (A), avant que ne soit finalement reconnue la figure du consommateur immobilier (B).

A) Les origines de la notion de consommateur immobilier

150. Si la vente immobilière est appréhendée par le droit de très longue date, notamment par le prisme de l'acquéreur, le maître d'ouvrage et, *a fortiori*, l'accédant font l'objet d'une considération plus récente (1). Paradoxalement, le phénomène de consumérisation a progressivement dépassé les biens mobiliers pour englober également les biens immobiliers, dont la nature et l'importance les placent pourtant en dehors de tout acte de consommation (2).

1. La découverte d'une nouvelle partie faible au contrat : l'accédant

151. De la protection du vendeur à la protection de l'acquéreur. La vente immobilière est perçue comme un acte juridique engageant et risqué pour les deux parties, car elle possède en héritage l'importance de la propriété immobilière sur le plan économique, matériel et affectif[500], justifiant ainsi que le contrat qui la transfère fasse l'objet d'un encadrement légal et jurisprudentiel

---

[498] F. ZÉNATI-CASTAING, *art. préc. in* S. BECQUÉ-ICKOWICZ, S. CABRILLAC, J.-F. MONTREDON (dir.), *op. cit.*, p. 32.

[499] R. DENOYELLE, *th. préc.*, p. 76.

[500] F. COHET-CORDEY, *Les droits de l'acquéreur d'un bien immobilier*, L'Harmattan, 2003, p. 81.

exhaustif[501]. Le propriétaire vendeur, qui effectue un acte de disposition grave, bénéficie de certains mécanismes juridiques visant à lui garantir une juste contrepartie[502]. Mais le législateur cherche essentiellement à préserver les intérêts de l'acquéreur, qui engage durablement son patrimoine pour accéder à la propriété immobilière. Ainsi, en sus de pouvoir engager la responsabilité du vendeur ou résoudre la vente si le bien ne présente pas les caractéristiques attendues, sur le fondement de l'obligation de délivrance conforme du vendeur, l'acquéreur est créancier de plusieurs garanties légales. La garantie d'éviction, prévue à l'article 1626 du Code civil, « *interdit au vendeur de troubler la jouissance ou la propriété de l'acquéreur, même par des actes qui eussent été licites s'ils avaient été exercés par une autre personne* »[503], cette garantie étant d'ordre public[504]. Le vendeur est également débiteur d'une garantie d'éviction du fait des tiers, limitée aux troubles de droit dont la cause est antérieure à la vente. Par ailleurs, l'article 1641 du Code civil met à la charge du vendeur une garantie des vices cachés, aux termes de laquelle le vendeur doit délivrer une chose qui soit apte à l'usage auquel on la destine (bien que cette garantie fasse l'objet d'une exclusion conventionnelle lorsque le vendeur est un particulier). Or, « *si le contrat de vente est pris en exemple, ce n'est pas la nature des obligations (payer le prix, délivrer la chose) qui entraîne un danger, mais bien la qualité des parties* »[505] qui peut être à l'origine d'un déséquilibre. Progressivement, les qualités de vendeur ou d'acheteur, qui déclenchent les règles de protection de la vente immobilière, ne suffiront plus. Les qualités de vendeur professionnel et d'acheteur consommateur occasionneront un complément de protection, à travers le droit de la consommation[506].

152. De la protection de l'acquéreur à la protection du maître d'ouvrage. Jusque dans les années 1960, le maître d'ouvrage était considéré comme la partie forte du contrat de construction, ce qui explique que très peu de règles lui étaient spécifiquement favorables[507]. Le maître d'ouvrage était alors perçu comme « *un acteur déterminant dans l'acte de construire si ce n'est le principal en raison de sa présupposée puissance financière, de son statut de propriétaire du foncier auquel s'incorpore la construction, en clair de celui qui tire profit de l'opération immobilière* »[508]. A ce moment-là, « *le maître de*

---

[501] Sur cette question, v. P. MALAURIE, L. AYNÈS, P.-Y. GAUTIER, *Droit des contrats spéciaux*, LGDJ, 10ème éd., 2018, pp. 53-289. V. Y. AKODA, *La recherche d'une protection efficace de l'acquéreur immobilier par le législateur*, Thèse, Université de Strasbourg, 2009.
[502] V. articles 1591, 1196, 1674 et suivants du Code civil.
[503] P. MALAURIE, L. AYNÈS, P.-Y. GAUTIER, *op. cit.*, p. 233.
[504] Article 1628 du Code civil.
[505] J. JULIEN, *op. cit.*, p. 35.
[506] *Idem.*
[507] Cf. *Supra*, § 77. *Infra*, § 682.
[508] R. PIETTE, « La sécurisation financière des relations entre professionnels : maîtres d'ouvrage et entreprises », *RDI*, 2005, p. 384.

l'ouvrage est, sociologiquement, celui qui détient le pouvoir économique »[509] et le pouvoir de commandement dans l'opération. Désormais, « *autant que l'acheteur profane, le maître d'ouvrage profane mérite d'être protégé* »[510], car si l'acquéreur fait l'acquisition d'un immeuble achevé, le maître d'ouvrage fait pour sa part construire un immeuble, sa démarche étant nettement plus complexe et incertaine. La protection de l'acquéreur justifie donc *a fortiori* la protection du maître d'ouvrage[511]. Gwenaëlle DURAND-PASQUIER confirme en ce sens que « *acquéreurs et maîtres d'ouvrages seraient de la sorte soumis peu ou prou au même régime* »[512].

153. De la protection du maître d'ouvrage à la protection de l'accédant. Selon l'acception commune, l'accédant immobilier signifie littéralement « celui qui est en train d'accéder à la propriété ». Cette définition autoriserait ainsi à considérer comme « accédants » à la fois les acquéreurs et les maîtres d'ouvrage. Or, à l'inverse de l'acquéreur qui se voit transférer de manière instantanée la propriété d'un immeuble déjà construit, le maître d'ouvrage s'engage dans un processus d'accession à la propriété qui est, dans son cas, progressif. En réalité, il convient d'employer le terme d'accédant uniquement en matière de construction, afin de marquer une différence de terminologie entre la situation de l'acquéreur, qui acquiert un bien existant dont il peut vérifier la consistance, et la situation du maître d'ouvrage, qui est confronté aux risques d'inachèvement et de non-conformité. Plus précisément, le terme d'accédant permet de désigner spécifiquement le maître d'ouvrage passif, qui se contente d'accéder à un produit immobilier fini, sans assumer, à proprement parler, la maîtrise d'ouvrage de l'opération. Aussi peut-on affirmer que « *l'accédant est fondamentalement quelqu'un qui n'est pas propriétaire avant l'acquisition, à l'opposé du maître de l'ouvrage, qui est déjà propriétaire avant que la construction ne commence* »[513], ne serait-ce que du terrain. Plus largement, le qualificatif d'accédant devrait être privilégié pour désigner tous ceux qui confient à un tiers, promoteur, la maîtrise d'ouvrage de leur chantier, qu'ils soient ou qu'ils ne soient pas déjà propriétaires de l'assiette foncière. L'usage du

---

[509] B. BOUBLI, « Contrat d'entreprise », *Répertoire de droit civil*, Dalloz, novembre 2016 (actualisé en octobre 2019), § 155.

[510] P. REMY, « Distinction de la vente de chose future et de l'entreprise ; le contrat est un contrat d'entreprise et non une vente dès lors que la chose à fabriquer demande un ''travail spécifique'' pour répondre à ''des besoins particuliers'' exprimés par le maître de l'ouvrage », *RTD Civ.*, 1990, p. 105.

[511] V. C. JALLAMION, « La protection de l'accédant immobilier : perspectives historiques » *in* S. BECQUÉ-ICKOWICZ, S. CABRILLAC, J.-F. MONTREDON (dir.), *op. cit.*, p. 3 et s.

[512] G. DURAND-PASQUIER, *Le maître de l'ouvrage : contribution à l'harmonisation du régime du contrat d'entreprise*, Thèse, Université Paris I, 2005, p. 17.

[513] F. ZÉNATI-CASTAING, *art. préc. in* S. BECQUÉ-ICKOWICZ, S. CABRILLAC, J.-F. MONTREDON (dir.), *op. cit.*, p. 29.

terme « accédant » éviterait ainsi d'éventuelles confusions avec l'emploi du terme « maître d'ouvrage », utilisé pour parler du promoteur immobilier[514].

154. En définitive, « *c'est la vente qui, comme toujours, a donné l'exemple* »[515]. La protection de l'acquéreur a été au fondement de la protection du maître d'ouvrage, celle-ci étant d'autant plus justifiée que ce dernier est placé dans une situation plus risquée encore. Or, la notion de maître d'ouvrage a elle-même évolué vers celle d'accédant, dans un souci de distinction avec toute forme de maîtrise d'ouvrage professionnelle. Le rapprochement à l'œuvre entre les notions d'accédant et de consommateur - qui donnera lieu à la reconnaissance du « consommateur immobilier » - aurait pu se heurter au fait que l'immeuble n'est pas un bien de consommation, mais il n'en est rien.

2. L'admission d'une conception consumériste de l'immeuble, objet du contrat

155. Un rapprochement *a priori* paradoxal. En principe, consommation et accession immobilière s'inscrivent dans un rapport antagoniste, « *non pas tant que l'accédant à la propriété ne puisse pas être un consommateur au sens du droit de la consommation, mais parce que l'immeuble, bien d'investissement et non de consommation, devrait être tenu hors du champ du droit de la consommation* »[516]. L'immeuble désigne une catégorie de biens corporels, composée des fonds de terre et de ce qui y est incorporé[517], qui paraissent incompatibles avec l'acte de consommer, ce dernier étant l'apanage des biens mobiliers. La consommation désigne l'action d'utiliser ou de détruire, instantanément ou progressivement, des biens ou des services. Elle va de pair avec des biens dont l'obsolescence est programmée, impliquant dans certains cas un renouvellement cyclique de l'acte d'acquisition. Si l'article liminaire du Code de la consommation n'exclut pas expressément les immeubles du champ du droit de la consommation, la construction immobilière est en revanche explicitement écartée de certaines directives relatives à la consommation[518]. Pourtant, « *de façon contemporaine, l'immeuble est envisagé comme un bien de consommation* », ce qui est particulièrement le cas du logement[519]. « *Cette affirmation est sans doute choquante, car elle évoque immédiatement un bien consomptible disparaissant avec l'usage ou, plus généralement, un bien meuble.*

---

[514] Cf. *Infra*, § 686, 734-735.

[515] P. MALAURIE, L. AYNÈS, P.-Y. GAUTIER, *op. cit.*, p. 218.

[516] M. POUMARÈDE, « Les contrats de construction et le droit de la consommation », *RDI*, 2017, p. 8.

[517] S. GUINCHARD, T. DEBARD, *op. cit.*, p. 555.

[518] Les directives n° 85/577/CEE du 20 décembre 1985, n° 97/7/CE du 20 mai 1997, n° 2011/83/UE du 25 octobre 2011 excluent les contrats de construction des législations protectrices relatives aux contrats conclus hors établissement et à distance.

[519] C. GIVERDON, « Le copropriétaire est-il devenu un consommateur ? » *in Etudes offertes au Professeur Philippe Malinvaud*, LexisNexis Litec, 2007, p. 237.

Pourtant, cette conception-là est trop étroite »[520]. En effet, pour Jean CALAIS-AULOY et Henri TEMPLE, « *tous les biens peuvent être objets de consommation, dès lors qu'ils sont acquis ou utilisés dans un but non-professionnel (…). Des immeubles (le logement) sont des objets de consommation* »[521]. Frédéric ZÉNATI-CASTAING confirme ainsi que « *l'immeuble bâti est devenu, au milieu du XXe siècle, un objet de production et de consommation* »[522].

156. L'immeuble, un bien *a priori* unique. L'immeuble est un corps certain individualisé, le résultat d'une commande spécifique et unique[523], tandis que les biens de consommation sont semblables, substituables et remplaçables. « *Les biens de consommation ne concernent pas des individualités, mais des choses qui se ressemblent et qui existent en pluralité d'exemplaires, tels des produits-types, des séries, ou des produits normalisés* »[524]. Même standardisé ou fabriqué en série, l'immeuble reste non fongible : « *deux terres, même d'égale superficie et de composition homogène ont toujours entre elles cette différence essentielle qu'elles ne peuvent occuper le même point de l'espace* »[525]. Pourtant, selon Frédéric ZÉNATI-CASTAING, la législation de la construction remplit des objectifs d'ordre économique qui contribuent à faire de l'immeuble à construire un bien de consommation, « *une opération stéréotypée, banalisée et réalisable dans un laps de temps réduit, par souci de rentabilité* »[526]. De même pour Amandine CAYOL, il est difficile de soutenir qu'une maison individuelle construite sur la base d'un plan préétabli constitue un ouvrage spécifique[527]. En matière de maisons individuelles, les constructeurs recourent à des méthodes de rationalisation empruntées au secteur industriel : les maisons-types qu'ils proposent sont standardisées, vendues sur la base de maisons-témoins qui peuvent être reproduites à l'identique, sous réserve de quelques aménagements. Ces « *maisons sur catalogue* » se caractérisent par leur « *mode de réalisation industrielle* » qui permet une réduction des coûts grâce à la répétition mécanique des mêmes gestes par les entrepreneurs, sur la base d'études de conception qui demeurent inchangées. Néanmoins, « *ces constructions standardisées,*

---

[520] E. GAVIN-MILLAN, *th. préc.*, p. 202.

[521] J. CALAIS-AULOY, H. TEMPLE, *Droit de la consommation*, 9ème éd., Dalloz, 2015, p. 8.

[522] F. ZÉNATI-CASTAING, *art. préc. in* S. BECQUÉ-ICKOWICZ, S. CABRILLAC, J.-F. MONTREDON (dir.), *op. cit.*, p. 28.

[523] P. MALINVAUD, « La responsabilité du maître de l'ouvrage », *RDI*, 2002, p. 441 : « *Les travaux ou ouvrages, privés ou publics, sont à peu près tous des prototypes. (…) A supposer même que certains ouvrages aient tous la même forme, la même apparence extérieure, ils peuvent être très différents par leur implantation, et par leurs fondations qui dépendent de la nature du sol sur lequel ils sont édifiés* ».

[524] S. BOURREL, *th. préc.*, p. 63.

[525] J. CARBONNIER, *Droit civil, Les Biens*, t. 3, 19ème éd., PUF, 2000, p. 98 *in* S. BOURREL, *th. préc.*, p. 66.

[526] F. ZÉNATI-CASTAING, *art. préc.*, p. 29.

[527] A. CAYOL, *Le contrat d'ouvrage*, Thèse, Université Paris I, 2012, p. 64.

simplement posées sur le terrain de l'acquéreur, ont rapidement souffert d'un déficit d'image sur le plan de la solidité »[528], alimentant d'autant plus le postulat de l'altérabilité croissante des biens immobiliers. Force est de constater du reste que, d'un point de vue sociologique, la construction de maisons individuelles, très associée au crédit et au marketing pour les besoins de la commercialisation, s'est aussi imposée comme une manifestation du consumérisme.

157. L'immeuble, un bien *a priori* impérissable. « *Sans doute le consommateur-type est-il l'acquéreur de meubles corporels et spécialement de denrées alimentaires* »[529]. Les biens consommables se subdivisent en deux catégories ; les biens qualifiés de « consomptibles », qui se détruisent par le premier usage, dont l'utilisation va de pair avec la destruction[530] et les biens dits « de consommation », dont l'utilisation répétée conduit à leur altération[531]. Parce qu'il vise à satisfaire un besoin ciblé et momentané, le bien de consommation se caractérise par son caractère périssable. Or « *la périssabilité des produits de consommation, qu'elle soit immédiate ou progressive, explique l'éviction de l'immeuble du droit de la consommation* »[532]. En matière immobilière, la consommation de l'immeuble ne pourrait s'entendre que de l'exercice du droit de disposition du propriétaire sur l'immeuble, aboutissant dans un sens matériel à sa destruction et dans un sens juridique, à son aliénation. Pour le reste, l'immeuble ne peut être considéré ni comme un bien consomptible ni comme un bien de consommation ; il a, au contraire, vocation à la perpétuité. En ce sens, « l'immobilier n'est pas un produit de consommation courante, *ni* a fortiori *un produit ''jetable''* (…). *Il doit être conçu pour satisfaire un besoin immobilier durable, son financement et sa rentabilité étant calculés et appréciés sur le long terme* »[533]. A ce titre, l'immeuble fut longtemps considéré comme un bien héréditaire, à fort enjeu patrimonial[534]. Il est un bien frugifère dont les fruits civils se renouvellent sans altérer la substance du bien. A l'inverse, « *la dévalorisation par vétusté et par usage est la marque de presque toutes les choses mobilières corporelles* »[535]. Malgré ces postulats, n'est-il pas envisageable de considérer que les biens de consommation pourraient également comprendre les immeubles ? L'immeuble ne reste pas impassible à l'écoulement du temps, il s'use parfois jusqu'à entraîner sa ruine. Bien qu'il ne se réfère à aucune considération technique, le droit fiscal estime à cinquante ans la durée moyenne d'amortissement d'un immeuble[536]. Plus largement, « *l'accédant*

---

[528] C. PONCE, *op. cit.*, p. 4.

[529] R. SAINT-ALARY, « Le consommateur et son logement », *RDI*, 1981, p. 14.

[530] S. GUINCHARD, T. DEBARD, *op. cit.*, p. 182.

[531] P. MALAURIE, L. AYNÈS, M. JULIENNE, *Droit des biens*, LGDJ, 8ème éd., 2019, p. 65.

[532] S. BOURREL, *th. préc.*, p. 71.

[533] B. AVRIL, B. ROTH, *op. cit.*, p. 181.

[534] P. MALAURIE, L. AYNÈS, M. JULIENNE, *op. cit.*, p. 47.

[535] *Ibid.*, p. 65.

[536] http://bofip.impots.gouv.fr/bofip/2060-PGP.html

aurait déjà une mentalité de consommateur, *sans qu'on sache si cette expression ambigüe désigne simplement une vigilance accrue à l'égard du fabricant ou si elle va jusqu'à impliquer (...) la conscience de détenir un bien relativement périssable* »[537].

158. La construction immobilière, une démarche qui s'inscrit *a priori* dans la durée. L'expression de « société de consommation » fait référence à une organisation sociale qui a fait le choix d'une économie de marché, de type capitaliste, dans laquelle les individus accumulent des biens et des services non indispensables. Dans ce contexte, l'acte de faire construire devrait correspondre à une démarche réfléchie et utile. Le contrat de construction diffère du contrat de consommation en ce que « *l'engagement du futur accédant est moins tributaire des influences extérieures, et il est surtout plus réfléchi quant aux besoins qui le justifient* »[538]. Il en résulte qu'« *un accédant à la propriété est plus responsable dans ses choix qu'un acheteur d'un bien de consommation* »[539]. Toutefois, la réglementation du secteur protégé contribue à faire de l'accédant une partie extérieure à l'opération de construction, puisque le législateur fait précisément en sorte qu'il n'assume pas la maîtrise d'ouvrage de l'opération, en confiant cette fonction au promoteur immobilier. Le maître d'ouvrage privé occasionnel et non-professionnel fait l'objet d'une présomption d'incompétence qui l'a amené à être dépossédé du rôle qui était le sien jusqu'au début du XXème siècle[540]. Le « maître d'ouvrage » historique, aujourd'hui simple « accédant », est réduit à n'être que le créancier passif d'un résultat. Nous sommes passés « *insensiblement de l'idée d'une personne qui* construit *à celle d'une personne qui* acquiert *une construction, réalisée pour lui par un professionnel* »[541]. Dans cette perspective, la logique consumériste « *protège moins le propriétaire en puissance qu'est l'accédant que le contractant* »[542] et consacre avec elle une nouvelle vision du maître d'ouvrage, que traduit l'usage du terme substitué d'« accédant »[543]. Cela étant, « *faire construire son logement* » est devenu un acte de consommation[544]. Aussi, l'émergence du concept de consommation

---

537 J.-C. GROSLIÈRE, P. JESTAZ, Chron. « Promotion immobilière – Vente d'immeuble », *RDI*, 1983, p. 462. Toutefois, si l'on doit suivre une telle logique, « *en traitant l'accédant comme un consommateur, n'encourage-t-on pas les constructeurs à bâtir moins solidement que par le passé ?* » (*ibid.*, p. 461).
538 V. IONESCU, *th. préc.*, p. 8.
539 *Ibid.*, p. 13.
540 Cf. *Infra*, § 683-685.
541 F. ZÉNATI-CASTAING, *art. préc. in* S. BECQUÉ-ICKOWICZ, S. CABRILLAC, J.-F. MONTREDON (dir.), *op. cit.*, p. 29.
542 *Ibid.*, p. 34.
543 F. DANEMANS, « Libres propos sur le maître de l'ouvrage d'une opération de construction » *in Etudes offertes au Professeur Philippe Malinvaud*, LexisNexis Litec, 2007, p. 168 : alors que « *le propriétaire caractérisait à la fois un état et une fonction* », « *petit à petit, l'état de propriétaire s'est dissocié de la fonction de maître d'ouvrage* ».
544 J. CALAIS-AULOY, H. TEMPLE, M. DEPINCÉ, *Droit de la consommation*, 10ème éd., Dalloz, 2020, p. 8.

immobilière s'expliquerait moins par la consommation de l'immeuble, difficilement compréhensible et vraisemblablement contestable, que par le comportement de consommateur de l'accédant.

159. Ainsi, selon une approche personnelle permettant de montrer la qualité de partie faible de l'accédant, ou selon une approche matérielle visant à démontrer que l'intégration de l'immeuble dans les biens de consommation est admissible, les analyses convergent pour créer un terreau favorable à la reconnaissance d'un « consommateur immobilier ».

B) La consécration de la notion de consommateur immobilier

160. La reconnaissance du « consommateur immobilier » est le fruit de la rencontre de deux corps de règles : celui du droit de la construction, centré sur la protection du logement, et celui du droit de la consommation, fondé sur la protection du particulier (1). Cela étant, la notion de « consommateur immobilier » conduit à l'ingérence des règles issues du droit de la consommation dans les rapports contractuels traités par le droit de la construction. Il se dégage de ce phénomène une superposition de régimes, dont les conséquences sont à certains égards critiquables (2).

1. Un consommateur spécial

161. La définition du « consommateur ». La notion de consommateur revêt d'abord une signification extra-juridique, en désignant « *l'agent économique qui achève le circuit économique* » et qui ne contracte pas « *dans le but de réintroduire postérieurement une valeur sur le marché* »[545]. La loi du 17 mars 2014[546] a inséré dans le Code de la consommation un article liminaire définissant le consommateur comme « *toute personne physique qui agit à des fins qui n'entrent pas dans le cadre de son activité commerciale, industrielle, artisanale, libérale ou agricole* »[547]. Aussi, la notion légale de consommateur repose à la fois sur la finalité de l'acte accompli - la satisfaction d'un besoin exclusivement personnel - et sur la qualité du contractant, personne physique uniquement[548]. Cette définition est parfaitement transposable à l'accédant personne physique, cherchant à se loger : « *rien n'empêche,* a priori, *que la*

---

[545] J.-P. CHAZAL, *art. préc.*, p. 249.

[546] Loi n° 2014-344 du 17 mars 2014 relative à la consommation : loi de transposition de la directive n° 2011/83/UE du 25 octobre 2011 relative aux droits des consommateurs.

[547] S. GUINCHARD, T. DEBARD, *op. cit.*, p. 270 : le consommateur est défini comme la personne qui conclut avec un professionnel un contrat lui conférant la propriété ou la jouissance d'un bien ou d'un service destiné à un usage personnel ou familial, à l'exclusion de toute finalité professionnelle.

[548] H. HEUGAS-DARRASPEN, J. SALVANDY, « La loi du 17 mars 2014 modifiée relative à la consommation et le renforcement de la protection du consommateur immobilier », *RDI*, 2014, p. 608.

personne qui fait construire un logement pour y habiter ou même pour le louer soit considérée comme un consommateur »[549]. La loi a opté pour une « conception objective » de la notion, qui ne s'intéresse pas à l'aptitude du contractant, mais seulement au but poursuivi[550]. Or, bien que la loi n'en fasse pas état, la notion de consommateur repose implicitement sur un critère de compétence[551]. Le consommateur « *désigne une catégorie de contractant qui se caractérise par une situation de faiblesse présumée. Le consommateur n'est pas la ''personne raisonnable'' du droit commun, il est le faible, le non-sachant, le profane, l'incompétent de fait* »[552]. En effet, la vulnérabilité du consommateur ne résulte pas toujours de sa situation économique, mais peut être liée à un manque de discernement[553]. Ce prisme renvoie à une « conception subjective » du consommateur, selon laquelle « *l'important est de savoir si le contrat est déséquilibré (ou risque de l'être), en raison de l'état d'infériorité du contractant* »[554]. Par ailleurs, le consommateur ne doit pas être confondu avec le « non-professionnel », que l'article liminaire du Code de la consommation définit aujourd'hui comme « *toute personne morale qui n'agit pas à des fins professionnelles* ». A l'inverse du consommateur, le non-professionnel n'achève pas le cycle économique, sa démarche s'apparentant à de la « consommation intermédiaire »[555]. Le non-professionnel contracte dans un domaine qui, parce qu'il ne relève pas de sa spécialité, le place dans une situation d'ignorance équivalente à celle du consommateur, ce qui justifie qu'il bénéficie d'une protection juridique similaire[556]. Dans son travail de qualification du non-professionnel, le juge s'est d'abord fondé sur la compétence du contractant[557], avant de circonscrire son analyse à la caractérisation d'un « rapport direct » entre la nature de l'activité du contractant et l'objet du contrat[558].

---

549 M. POUMARÈDE, « Les contrats de construction et le droit de la consommation », *RDI*, 2017, p. 8.

550 J. JULIEN, *op. cit.*, p. 50. « *L'avantage d'un tel critère réside sans doute dans son (apparente ?) simplicité, puisqu'il n'exige pas de sonder les cœurs et reins, et de rechercher si le contractant avait ou non des compétences particulières en la matière* » (*ibid.*, p. 51).

551 V. LASBORDES, *Les contrats déséquilibrés*, Thèse, Presses universitaires d'Aix-Marseille, 2000, t.1, p. 216 : « *L'inégalité des connaissances caractérise les relations entre professionnels et consommateurs à tel point que l'incompétence de ces derniers se trouve présumée* ».

552 S. BOURREL, *th. préc.*, p. 15.

553 *Ibid.*, p. 88.

554 J. JULIEN, *Droit de la consommation*, *op. cit.*, p. 50.

555 J.-P. CHAZAL, *art. préc.*, p. 249.

556 D. PELET, « La protection du ''non-professionnel'' en droit de la construction », *RLDC*, 2021, n° 192, p. 45.

557 Cass. Civ. 1ère, 28 avril 1987, n° 85-13674, *Bull. civ.* I, n° 134, p. 103.

558 Cass. Civ. 1ère, 24 janvier 1995, n° 92-18227, *Bull. civ.* I, n° 54, p. 38, *D.* 1995, J. 327, obs. G. PAISANT, *D.* 1995, som. 229, obs. P. DELEBECQUE, *D.* 1995, som. 310, obs. PIZZIO, *RTD Civ.* 1995. 362, obs. J. MESTRE.

162. La nécessaire protection du consommateur. Dès les années 1960, bien que les consommateurs représentent le groupe économique le plus important, ils constituent une population peu avertie et fragilisée. Le déséquilibre qui en résulte dans leurs rapports aux professionnels revêt deux formes différentes[559] : il est structurel, dans la mesure où les réseaux de distribution ont tendance à écraser le consommateur isolé, et intellectuel, au regard du « *méchant* potentior *exploitant ou abusant de la faiblesse du pauvre* humilior »[560]. Pour Jérôme JULIEN, le déséquilibre a trois sources : « *déséquilibre des personnes tout d'abord, le professionnel étant souvent d'un poids économique plus important que le consommateur ; déséquilibre dans la maîtrise de l'objet du contrat ensuite, la relation unissant un sachant et un profane ; déséquilibre dans la maîtrise juridique de l'opération enfin, le contrat étant en pratique rédigé préalablement par le professionnel* »[561]. Cette inégalité entre les parties a conduit le législateur à renforcer les mécanismes de protection de la partie faible, afin de remédier aux risques induits par la liberté contractuelle laissée à la partie dominante[562]. L'objectif poursuivi par la législation consumériste est donc d'atténuer le déséquilibre objectif entre les parties dans les contrats d'adhésion, dans lesquels la négociation contractuelle est écartée et les clauses prérédigées. Codifié en France en 1993, le droit de la consommation regroupe « *de nombreuses mesures dérogatoires dans un droit spécial voire autonome, pour permettre au droit du contrat de conserver sa cohérence* »[563].

163. Le rapprochement du consommateur et de l'accédant. Le contrat de construction constitue un contrat complexe, dont l'issue est, à certains égards, incertaine. Or la dichotomie « consommateur - professionnel » fait référence à la différence qui existe entre le sachant et le profane, à la supériorité économique que l'un a sur l'autre et à leurs intérêts divergents, qui n'est pas sans rappeler les rapports que le promoteur entretient avec ses clients personnes physiques. Par ailleurs, le consommateur cherche à satisfaire des besoins qui lui sont personnels, à l'instar de l'accédant qui, dans le cadre du secteur protégé, fait construire un immeuble qu'il destine, au moins en partie, à son propre logement.

---

[559] S. BERNHEIM-DESVAUX, *Droit de la consommation*, 2ème éd., Studyrama, 2011, p. 19.

[560] P. LE TOURNEAU, « Obligations des professionnels » *in* P. LE TOURNEAU (dir.), *Droit de la responsabilité et des contrats. Régimes d'indemnisation*, 11ème éd., Dalloz, 2017, § 3124.12.

[561] J. JULIEN, *op. cit.*, p. 39.

[562] L. JOSSERAND, « Aperçu général des tendances actuelles de la théorie des contrats », *RTD Civ.*, 1937, p. 1 : « *La liberté contractuelle devenait une réalité unilatérale, ne fonctionnant qu'au profit du plus fort, réalisant à coup sûr l'écrasement du plus faible. A l'égalité théorique, désormais rompue dans les faits, il fallait substituer l'égalité effective en instituant une politique de réglementation et d'interventionnisme* » *in* J.-P. CHAZAL, *art. préc.*, p. 7.

[563] L. FIN-LANGER, *L'équilibre contractuel*, Thèse, LGDJ, 2002, p. 421.

Ainsi, alors que la figure du maître d'ouvrage, telle que conçue à l'origine, était incompatible avec celle du consommateur, cette dernière peut désormais être rapprochée de la figure de l'accédant personne physique qui fait construire son habitation[564]. A la différence du maître d'ouvrage, dont l'image originelle est celle d'un commanditaire dirigeant l'opération, l'accédant qui s'est progressivement substitué à lui est un maître d'ouvrage passif, susceptible d'être aussi vulnérable que peut l'être le consommateur, « *un être faible qui s'engage de manière irréfléchie* »[565]. Hugues PÉRINET-MARQUET remarque en ce sens que « *l'accédant est apparemment considéré comme un grand enfant, émotif, fragile, emporté* »[566]. Finalement, « *si le législateur a protégé l'accédant par le biais de l'usage des locaux, n'est-ce pas simplement parce que la figure du consommateur, tout juste née outre-Atlantique, était inconnue du droit français des contrats ?* »[567]. En effet, comme Matthieu POUMARÈDE le confirme : « *à cette époque, la figure du consommateur étant absente du paysage juridique, c'est par le biais de l'usage d'habitation que la difficulté a été traitée* »[568].

164. La consécration de la notion de consommateur immobilier. « *Bien que controversée, la figure du ''consommateur immobilier'' est apparue depuis de longues années maintenant et elle constitue une réalité* »[569]. L'expression serait entrée dans le langage juridique dès les années 1980[570]. A l'origine, elle est difficilement identifiable, ce qui explique que certains auteurs voient en elle un « *artifice de langage juridique* »[571]. Pourtant, « *bien que les règles relatives à l'acquisition du logement ne figurent pas dans le Code de la Consommation,*

---

[564] E. PUTMAN, « Gwenaëlle DURAND-PASQUIER, Le maître de l'ouvrage – Contribution à l'harmonisation du régime du contrat d'entreprise, thèse Paris I, direction P. DELEBECQUE, novembre 2005, 560 pages (dactyl) », *RTD Civ.*, 2007, p. 211 : « *La foule des maîtres d'ouvrage paraît excessivement bigarrée : nous sommes tous des consommateurs de services c'est-à-dire des maîtres d'ouvrages, quoique nous n'ayons pas l'impression d'être maîtres de quoi que ce soit, d'être en posture de commander, de donner quelque chose à faire, comme disaient Domat et Pothier. Le contrat d'entreprise du 21e siècle paraît bien éloigné de la* locatio operis faciendi *du droit romain, le maître de l'ouvrage aujourd'hui, bien différent du* locator ».

[565] F. ZÉNATI-CASTAING, *art. préc. in* S. BECQUÉ-ICKOWICZ, S. CABRILLAC, J.-F. MONTREDON (dir.), *op. cit.*, p. 34.

[566] H. PÉRINET-MARQUET, « Rapport de synthèse » *in* S. BECQUÉ-ICKOWICZ, S. CABRILLAC, J.-F. MONTREDON (dir.), *op. cit.*, p. 163.

[567] M. POUMARÈDE, « L'évolution de la loi de 1967 relative aux VIC et à l'obligation de garantie à raison des vices de construction : d'une bonne loi à une grande loi », *JCP N*, n° 30-34, 28 juillet 2017, p. 29.

[568] M. POUMARÈDE, « Les contrats de construction et le droit de la consommation », *RDI*, 2017, p. 8.

[569] *Idem.*

[570] P.-C. JSENG, *th. préc.*, p. 9. Sur l'apparition de la notion de « consommateur immobilier » : v. S. BOURREL, *th. préc.*, pp. 20-21.

[571] H. PÉRINET-MARQUET, « L'impact de la loi SRU sur la vente immobilière », *JCP N*, 2001, n° 10, p. 533 *in* S. BOURREL, *th. préc.*, p. 21.

(…) *il s'agit néanmoins d'un acte de consommation, le plus important que puisse effectuer le consommateur* »[572]. Selon Pin-Chieh JSENG, le « consommateur immobilier » désigne « *la personne physique qui se procure ou qui utilise un bien immeuble ou un service immobilier pour un usage personnel ou familial* »[573]. Alors qu'en droit de la consommation on s'attache à la qualité des contractants, dans le cadre du secteur protégé, c'est la destination d'habitation de l'immeuble qui préside au statut protecteur[574]. Ainsi, la notion de consommateur immobilier réunit, dans une appellation unique, l'approche personnelle propre au droit de la consommation, sur laquelle repose la protection de la personne physique dont la démarche est exclusive de toute activité professionnelle, et l'approche matérielle propre au droit de la construction, centrée sur la finalité du contrat, la construction d'un ouvrage d'habitation. Toutefois, au-delà de ce rapprochement formel, la notion de consommateur immobilier possède-t-elle une signification propre ? Cette notion incarne parfaitement le nouveau rapport de force que constitue l'opposition entre le promoteur et son cocontractant le plus faible, au point que « *le couple consommateur-promoteur pourrait transcender les binômes classiques tels que vendeur-acheteur ou constructeur-maître de l'ouvrage* »[575]. En revanche, la notion de consommateur immobilier, réservée aux personnes physiques selon la définition légale du consommateur, se distingue de la notion d'accédant, qui s'applique indifféremment aux personnes physiques et morales.

165. Défini objectivement par la loi comme la personne physique qui agit à des fins personnelles, le consommateur fait aussi l'objet d'une approche subjective qui met l'accent sur son état de faiblesse présumé. Sa situation n'est pas sans rappeler celle de l'accédant immobilier, qui prend part à une opération risquée et complexe, devant laquelle il peut se trouver démuni. Les deux catégories de contractants se rejoignent ainsi dans la figure du consommateur immobilier, qui renvoie à l'accédant personne physique faisant construire son propre logement. Celle-ci donne lieu à l'application superposée des dispositifs de protection issus du droit de la construction et du droit de la consommation. Si l'on peut justifier ce cumul de régimes par l'état de vulnérabilité particulier du consommateur immobilier, qui « *semble en effet, encore plus digne d'attention que le consommateur ordinaire eu égard à l'importance des sommes en jeu* »[576], il reste critiquable à certains égards.

---

[572] J. CALAIS-AULOY, H. TEMPLE, M. DEPINCÉ, *Droit de la consommation*, 10ème éd., Dalloz, 2020, p. 457.
[573] P.-C. JSENG, *th. préc.*, p. 12.
[574] O. TOURNAFOND, « Vente d'immeuble à construire », *Répertoire de droit civil*, Dalloz, mars 2004 (actualisé en juin 2019), § 11.
[575] P. MALINVAUD, P. JESTAZ, P. JOURDAIN, O. TOURNAFOND, *op. cit.*, pp. 48-49.
[576] C. PONCE, *th. préc.*, p. 379.

2. Un contractant super-protégé

166. Le cumul des dispositifs de protection. La création du secteur protégé a précédé le droit de la consommation[577]. C'est pourquoi, « *la loi du 3 janvier 1967 relative à la vente d'immeuble à construire est souvent qualifiée de ''première loi consumériste''* »[578]. Le législateur « *a été à ce point précurseur que ses innovations ont inspiré la vague des lois consuméristes qui a déferlé à partir de la fin des années 1970* »[579]. Aujourd'hui, le droit de la construction et le droit de la consommation constituent deux corps de règles qui s'empilent. « *A la manière d'un mille-feuille législatif, plusieurs règles vont se superposer pour encadrer la liberté contractuelle : à celles spécifiques aux contrats de construction se rajoutent les règles générales du droit de la consommation et du droit commun* »[580]. A titre d'exemple, le maître d'ouvrage qui conclut un contrat de construction de maison individuelle étant vraisemblablement un consommateur, il pourra se prévaloir des textes issus du droit de la consommation[581], en sus de ceux prévus aux articles L. 231-1 et suivants du Code de la construction et de l'habitation. Parfois, le droit de la consommation conditionne directement le droit de la construction, comme le démontre la liste des clauses abusives établie à l'article L. 231-3 dudit Code[582]. En outre, « *la prise en compte de la qualité des parties, normalement indifférente, ressurgit parfois, ce qui conduit à une convergence des réglementations* »[583]. L'article L. 271-1 du Code de la construction et de l'habitation prévoit, dans le cadre des contrats conclus en secteur protégé, une faculté de rétractation au profit de l'accédant non-professionnel. Il s'agit là d'une incursion de la législation consumériste dans le dispositif du secteur protégé du droit de la construction.

---

577 B. GOLFIER, « Vente d'immeuble à rénover et vente d'immeuble à construire », *RDI*, 2007, p. 31 : « *Les grandes lois de la construction et de la vente ont été animées par la prise en compte du logement bien avant qu'elles ne soient absorbées par le droit de la consommation* ». H. PÉRINET-MARQUET, « Propos conclusifs : la loi du 3 janvier 1967, modèle ou top model ? », *JCP N*, n° 30-34, 28 juillet 2017, p. 82.

578 S. BECQUÉ-ICKOWICZ, « VEFA et contrats de construction : quelle liberté contractuelle ? », *Defrénois*, n° 12, 30 juin 2014, p. 674.

579 F. ZÉNATI-CASTAING, *art. préc. in* S. BECQUÉ-ICKOWICZ, S. CABRILLAC, J.-F. MONTREDON (dir.), *op. cit.*, p. 34.

580 S. BECQUÉ-ICKOWICZ, *art. préc.*, p. 674.

581 D. TOMASIN, « Contrats de construction de maison individuelle : généralités relatives à la réglementation » *in* P. MALINVAUD (dir.), *Droit de la construction*, 7ème éd., Dalloz, 2018, § 220.62.

582 P. MALINVAUD, P. JESTAZ, « La recommandation de la Commission des clauses abusives concernant le contrat de construction de maisons individuelles », *RDI*, 1981, p. 155.

583 *Idem*. J.-P. TRICOIRE, O. TOURNAFOND, « L'action exercée par le vendeur ''professionnel'' d'un immeuble vendu en VEFA à l'encontre d'un acquéreur ''consommateur'', pour obtenir paiement du prix, se prescrit par deux ans à compter de la livraison en application des dispositions de l'article L. 218-2 du Code de la consommation », *RDI*, 2018, p. 37.

L'article L. 271-1 reflète ainsi l'imbrication des deux critères de protection que sont d'une part, le critère *ratione materiae* - relatif à la protection de l'habitation - et d'autre part, le critère *ratione personae*, relatif à la protection du non-professionnel. Par ailleurs, le délai de prescription de deux ans, que l'article L. 218-2 du Code de la consommation réserve en principe aux actions des professionnels à l'encontre des consommateurs, a été transposé par la jurisprudence aux rapports entre constructeur et accédant[584]. Plus court que le délai quinquennal de droit commun, le délai biennal est défavorable au professionnel qui souhaite agir contre le consommateur, notamment en paiement. Cette jurisprudence signifie que la seule présence d'un consommateur dans un rapport de droit accrédite l'application des dispositions du Code de la consommation, indépendamment de la nature et de l'objet du contrat conclu. En conséquence, si dans le cadre d'un contrat spécial de la construction conclu en secteur protégé, les mesures de protection consuméristes se cumulent avec celles prévues par le droit de la construction à raison de la destination d'habitation du bien, elles constituent en secteur libre la protection spéciale minimale à laquelle l'accédant consommateur a droit.

167. Une superposition critiquable des régimes. Comme le dénoncent Jean-Philippe TRICOIRE et Olivier TOURNAFOND, « *le décalage des champs d'application respectifs de ces deux corps de règles génère d'inévitables problématiques d'enchevêtrement, de chevauchement et donc de concurrence* »[585]. L'absence totale de prise en compte de la qualité de l'accédant dans les critères présidant au secteur protégé implique que les règles spéciales du droit de la consommation se superposent à celles du droit de la construction sans cohérence ni vue d'ensemble. En effet, « *la réglementation des contrats de construction, du moins lorsqu'ils portent sur un immeuble à usage d'habitation, a largement absorbé les techniques du droit de la consommation. Pour autant, parce qu'il n'est pas, en principe, prêté attention à la qualité de l'accédant à la propriété, il ne semble pas possible de conclure,* de lege lata, *qu'ils sont des contrats de consommation* »[586]. Plusieurs auteurs évoquent en outre l'émergence d'un secteur « super » protégé en droit de la construction[587], qui a abouti à

---

[584] Cass. Civ. 1ère, 17 février 2016, n° 14-29612, *Bull. civ.* I, n° 976. Cass. Civ. 3ème, 26 octobre 2017, n° 16-13591 16-13592, inédit, *RDI* 2018. 37, obs. J.-P. TRICOIRE, O. TOURNAFOND. Cass. Civ. 3ème, 6 septembre 2018, n° 17-19325 17-19326, inédit, *RDI* 2018. 556, obs. J.-P. TRICOIRE.

[585] J.-P. TRICOIRE, O. TOURNAFOND, « L'action exercée par le vendeur ''professionnel'' d'un immeuble vendu en VEFA à l'encontre d'un acquéreur ''consommateur'', pour obtenir paiement du prix, se prescrit par deux ans à compter de la livraison en application des dispositions de l'article L. 218-2 du Code de la consommation », *RDI*, 2018, p. 37.

[586] M. POUMARÈDE, « Les contrats de construction et le droit de la consommation », *RDI*, 2017, p. 8.

[587] D. SIZAIRE, G. DURAND-PASQUIER, Fasc. 81 « Ventes d'immeubles à construire – Origine. Législation. Définition », *JCl. Construction-Urbanisme*, LexisNexis, 30 août 2010 (actualisé le 5 août 2019), § 26.

surenchérir la protection offerte au consommateur immobilier[588]. Matthieu POUMARÈDE s'interroge à ce titre ; « *faire bénéficier le consommateur de règles protectrices supplémentaires n'entraîne-t-il pas le risque de déséquilibrer les contrats du secteur protégé ?* »[589]. Finalement, « *à l'impérative protection du faible s'est greffé en réalité une protection souvent excessive, parfois, même attentatoire aux intérêts des professionnels* »[590]. Or, pour Philippe LE TOURNEAU, « *il est urgent de redonner aux sujets de droit le sens de leur propre responsabilité, en repoussant l'infantilisme juridique dans lequel ils sont aujourd'hui trop souvent confinés* »[591].

168. Par ailleurs, la superposition des régimes est susceptible d'entraîner certaines incertitudes dans leur application respective. C'est le cas lorsque plusieurs règles se contredisent, *a fortiori* si toutes sont d'ordre public. A l'inverse du droit de la consommation qui a une vocation transversale, le droit de la construction n'est destiné à régir que sa matière, ce qui explique que les normes qui en sont issues « dérogent au général », du fait de leur caractère spécial. Mais comment doit-on considérer les règles issues du droit de la consommation ? Celles-ci doivent être considérées comme étant d'application moins « spéciale » que celles du droit de la construction, si bien que, conformément à la règle *specialia generalibus derogant*, les dispositions du droit de la consommation s'appliquent lorsque le contrat de construction est conclu avec un consommateur « *et qu'aucune règle propre au droit de la construction ne régit précisément la problématique considérée* »[592]. Dans un souci de clarté et de sécurité juridique, l'ajout en secteur protégé d'un critère relatif à la qualité de l'accédant serait opportun, afin que les deux réglementations soient combinées[593]. Ainsi, conviendrait-il de circonscrire le secteur protégé au consommateur, voire éventuellement au non-professionnel : « *si le critère objectif de l'usage de l'immeuble à construire doit demeurer, il se doublerait d'un critère subjectif tenant à la qualité de l'accédant à la propriété sans que cela ne trahisse la volonté des législateurs ayant institué le secteur protégé* »[594]. A terme, le législateur fera peut-être le choix de penser le régime

[588] C. NOBLOT, *th. préc.*, p. 16.
[589] M. POUMARÈDE, « Les contrats de construction et le droit de la consommation », *RDI*, 2017, p. 8.
[590] V. IONESCU, *th. préc.*, pp. 313-314.
[591] P. LE TOURNEAU, « De l'allègement de l'obligation de renseignement ou de conseil », *D.* 1987.
[592] J.-P. TRICOIRE, O. TOURNAFOND, « L'action exercée par le vendeur ''professionnel'' d'un immeuble vendu en VEFA à l'encontre d'un acquéreur ''consommateur'', pour obtenir paiement du prix, se prescrit par deux ans à compter de la livraison en application des dispositions de l'article L. 218-2 du Code de la consommation », *RDI*, 2018, p. 37.
[593] M. FAURE-ABBAD, « L'impact de la loi Elan sur les contrats spéciaux de construction immobilière », *RDI*, 2019, p. 17.
[594] M. POUMARÈDE, « Les contrats de construction et le droit de la consommation », *RDI*, 2017, p. 8.

de protection du consommateur immobilier de manière uniforme, afin de mettre un terme à la coexistence parfois malhabile du droit de la construction et du droit de la consommation. A ce titre, l'article 22 bis A du projet de loi « ELAN », déposé en 2018[595], avait entendu limiter les ventes en l'état futur d'achèvement du secteur protégé aux seuls « *consommateurs et non-professionnels* »[596]. Cet article a finalement été retiré, ce que certains auteurs ont approuvé, estimant qu'« *une telle modification ne pouvait être décidée pour la seule VEFA* »[597], mais devait au contraire revêtir une portée générale.

169. En définitive, « *les immeubles d'habitation sont soumis à un régime spécifique, parce qu'ils répondent à un besoin essentiel de l'homme et parce que l'acquéreur, souvent mal rompu aux affaires et s'endettant lourdement pour se loger, se présente comme un ''consommateur immobilier'', auquel est due une protection particulière* »[598]. Le consommateur immobilier renvoie au cocontractant archétypal du promoteur immobilier, dont l'activité doit être encadrée. C'est bien sur la base d'une double approche, à la fois matérielle et personnelle, que se justifie la protection de l'accédant personne physique dont la construction est destinée au logement. La notion de « consommateur immobilier » synthétise ainsi ces deux approches, sans fondre pour autant dans un régime homogénéisé les conséquences juridiques attachées à chacune d'elles.

---

[595] Le projet de loi portant évolution du logement, de l'aménagement et du numérique (ELAN), a été présenté en Conseil des ministres le 4 avril 2018.

[596] Cette évolution était notamment soutenue par la Fédération des Promoteurs Immobiliers. Cela ressort du répertoire des représentants d'intérêts dans lequel la Fédération a consigné les actions menées à ce titre auprès des parlementaires (https://www.hatvp.fr/ficheorganisation/?organisation=784312332#&fiche=SQV7MN2).

[597] M. FAURE-ABBAD, « L'impact de la loi Elan sur les contrats spéciaux de construction immobilière », *RDI*, 2019, p. 17. V. ZALEWSKI-SICARD, « Secteur protégé : un secteur à adapter ? », *Constr.-Urb.* n° 9, septembre 2018, repère 8.

[598] J.-L. BERGEL (dir.), « Protection du logement », *Lamy Droit Immobilier*, actualisé en juin 2019, § 4188.

Conclusion du Chapitre 1

170. Le promoteur immobilier est apparu dans un contexte juridique relativement libéral, qui lui a donné la latitude suffisante pour penser lui-même ses propres outils contractuels, ce que dévoile notamment l'étude des méthodes de Grenoble et de Paris. En considération des risques multiples qui menacent par nature l'opération de construction et du déséquilibre qui existait alors dans les rapports contractuels unissant le promoteur à l'accédant, le législateur et le juge ont pris plusieurs initiatives pour tenter d'apporter à l'activité de promotion immobilière un premier cadre juridique. Les règles instaurées se sont rapidement révélées insuffisantes et ont donné lieu à l'adoption de mesures peu efficaces, en raison d'une approche trop étriquée de la promotion immobilière. Finalement, c'est par le truchement des contrats spéciaux de la construction, traversés par le secteur protégé, que le législateur a pu imposer une réglementation adaptée. Cela étant, « *la protection à sens unique a été une solution nécessaire à une époque où le décalage entre les possibilités de l'accédant et celles du promoteur était si important, qu'il ne s'agissait pas d'un aménagement évolutif mais tout simplement d'une remise à niveau du faible par rapport au fort* »[599]. Les règles spéciales du secteur protégé de la construction accompagnent désormais toute personne qui cherche à faire construire un bien destiné totalement ou partiellement à l'habitation. Le droit de la consommation est par ailleurs venu compléter ce dispositif en prévoyant des mécanismes de protection au profit notamment de l'accédant personne physique, qui fait construire pour ses besoins personnels. Schématiquement, le droit positif a donc d'abord été indifférent au promoteur immobilier, en tant que nouvel acteur économique, avant d'identifier ce dernier comme le garant naturel de l'opération de construction. En conséquence, le promoteur immobilier a été placé à la croisée de différents corps de règles spéciales, animés par un double dessein de protection : celui du droit fondamental au logement et celui de la personne de l'accédant, partie faible au contrat. Le souci de préserver les intérêts du particulier dont le projet épouse une noble cause constitue ainsi le socle sur lequel s'est progressivement érigé le statut du promoteur en droit privé français. Aussi, l'analyse du contexte juridique qui a vu émerger la notion de promoteur immobilier permet-elle de comprendre les causes du régime spécial qui s'applique à elle aujourd'hui, en révélant les origines de sa nature fonctionnelle. Le promoteur fait en effet l'objet, en secteur protégé, d'un régime contractuel et de responsabilité particulièrement contraignant.

---

[599] V. IONESCU, *th. préc.*, p. 295.

Chapitre 2. L'instauration d'un régime défavorable au promoteur immobilier

171. Le caractère fonctionnel de la notion de promoteur immobilier s'illustre avec force dans le déploiement des nombreuses règles qui font la spécificité de son régime juridique. Selon Hugues PÉRINET-MARQUET, il existe deux manières de prévenir les risques inhérents à l'opération de construction : « *la protection ''ex ante'' par la connaissance de l'immeuble* » et « *la protection ''ex post'' par la garantie de l'immeuble* »[600]. La protection « *ex ante* » peut se rattacher à l'encadrement des risques contractuels susceptibles de survenir avant réception, tandis que la protection « *ex post* » renvoie à l'encadrement des risques matériels qui se manifestent postérieurement. Comme le souligne Sophie PECH-LE GAC, si la formation du contrat est relativement bien encadrée dans la théorie générale des obligations, à travers un contrôle scrupuleux des conditions de validité du contrat, la phase d'exécution fait l'objet d'une réglementation moins foisonnante[601]. Or, le droit de la promotion immobilière se démarque en ce qu'il accorde un soin équivalent aux deux phases du processus contractuel (en particulier en secteur protégé), auxquelles s'ajoute un traitement spécial des responsabilités encourues postérieurement à la réception.

172. La formation puis l'exécution du contrat de construction sont totalement réglementés sous l'effet de l'application combinée du secteur protégé du droit de la construction et du droit de la consommation. Le secteur protégé, qui innerve l'ensemble des contrats spéciaux de la construction, entraine l'application d'une série de règles destinées à préserver les intérêts de l'accédant[602] : « *tous autant qu'ils sont et au-delà des règles spéciales qui les gouvernent, les contrats du secteur protégé sont porteurs d'une même philosophie et la logique dont ils sont animés imprime en chacun des traits communs* »[603]. La législation consumériste complète quant à elle le dispositif en sécurisant l'opération, lorsque celle-ci est destinée à un accédant personne physique, consommateur immobilier. Dès lors, « *ces différents outils ou leviers de protection trouvent une certaine unité dans l'objectif commun qu'ils partagent, à savoir le rétablissement d'un équilibre, même partiel (…). En revanche, ces différents outils se distinguent par leurs sources, les critères d'application respectifs qui les gouvernent ou encore les modalités de leur mise en œuvre* »[604]. Ce régime juridique à « double détente »,

---

600 H. PÉRINET-MARQUET, « Rapport de synthèse » *in* S. BECQUÉ-ICKOWICZ, S. CABRILLAC, J.-F. MONTREDON (dir.), *La protection de l'accédant immobilier*, LexisNexis Litec, 2010, pp. 160-161.

601 S. PECH-LE GAC, *La proportionnalité en droit privé des contrats*, Thèse, Université Paris XI, 1997, t. 1, pp. 47-48.

602 J.-L. BERGEL (dir.), *Les contentieux immobiliers*, Lextenso, 2010, p. 313.

603 C. NOBLOT, *Droit de la consommation*, LGDJ, 2012, p. 65.

604 J.-P. TRICOIRE, « La VEFA et la protection du ''consommateur immobilier'' » *in* J.-P. TRICOIRE (dir.), *Le droit de la promotion immobilière, 50 ans après la loi du 3 janvier 1967*, Dalloz, 2017, p. 68.

applicable au cocontractant du promoteur, vient indéniablement aggraver la responsabilité de ce dernier. Du reste, la loi n'est pas l'unique source du régime juridique dérogatoire applicable au promoteur, puisque « *face à l'imprécision et à l'inefficacité des textes, la jurisprudence a pris une dimension majeure dans l'encadrement de la pratique et la protection des accédants à la propriété* »[605]. Le juge a très tôt imposé à ceux qu'il qualifie de promoteurs, une obligation de résultat résiduelle, permettant aux accédants d'engager facilement leur responsabilité, même quand les garanties légales ne trouvent pas à s'appliquer (Section 1).

173. Postérieurement à la réception de l'ouvrage, et une fois les rapports contractuels expirés entre accédant et promoteur, ce dernier reste tenu de garantir l'ouvrage dans la durée, en prenant à sa charge la réparation des dommages matériels susceptibles de survenir. Alors que les garanties légales pesaient à l'origine sur les constructeurs de métier, la loi a progressivement allongé la liste des débiteurs en y incluant plusieurs profils de constructeurs « non-réalisateurs », dont une majorité renvoie en réalité à la figure du promoteur. Celui-ci supporte ainsi les garanties légales des constructeurs, ainsi que d'autres garanties légales dont il est seul débiteur. Or, à l'instar des autres constructeurs, le promoteur fait les frais du mouvement jurisprudentiel à l'œuvre de longue date, visant à étendre le champ d'application des garanties légales. Pour pouvoir appliquer plus largement la responsabilité décennale, les juges adoptent une interprétation particulièrement accueillante du critère de l'impropriété à destination et vont même jusqu'à créer de toutes pièces des responsabilités délictuelles ou contractuelles sans faute, à l'instar de la responsabilité du fait des troubles anormaux du voisinage ou des dommages intermédiaires (Section 2).

Section 1. Un régime contractuel contraignant imposé au promoteur dans ses rapports avec l'accédant

174. Le législateur a instauré « *des mécanismes de protection du consommateur de la construction, amenés à jouer tant durant la période entourant le moment de la signature des contrats que lors de la phase de construction proprement dite de l'habitation* »[606]. En cherchant à fiabiliser la démarche de l'accédant, ces règles viennent aggraver le régime juridique applicable au promoteur. Le dispositif de protection mis en place se traduit en premier lieu par un encadrement strict des clauses contractuelles afin que, tant au stade de la formation que de l'exécution du contrat, les intérêts de l'accédant soient toujours préservés (I). De surcroît, pour que la protection soit pleinement

[605] J.-P. TRICOIRE, Fasc. 10 « Contrat de promotion immobilière », *JCl. Construction-Urbanisme*, LexisNexis, 12 décembre 2011 (actualisé le 4 janvier 2017), § 3.

[606] B. KOHL, *Droit de la construction et de la promotion immobilière en Europe. Vers une harmonisation de la protection du consommateur en droit de la construction ?*, Thèse, LGDJ, 2008, p. 3.

efficace, l'accédant doit pouvoir facilement engager la responsabilité de son cocontractant. C'est tout l'objectif de l'obligation de résultat générale qui pèse sur le promoteur (II).

I. L'obligation du promoteur de se conformer à un processus contractuel légalement défini

175. Force est de reconnaître que « *malgré l'apparente diversité des formules juridiques utilisables pour organiser l'accession à la propriété de nouvelles habitations par des consommateurs, certaines constantes peuvent* (...) *s'observer, lorsqu'on examine les mécanismes de protection dont bénéficient ces consommateurs* »[607]. Aussi existe-t-il « *une uniformité de régimes, malgré la diversité des natures* »[608]. L'ensemble des mécanismes de protection issus du droit spécial de la construction et du droit de la consommation ont pour vocation partagée d'éclairer l'accédant (A) et d'encadrer le prix versé (B), quel que soit le contrat de construction conclu.

A) L'encadrement des conditions de formation des contrats proposés par le promoteur

176. Selon Laurence FIN-LANGER, « *la protection de l'équilibre contractuel apparait comme le résultat indirect d'un impératif* (...) *important du droit des contrats : assurer la qualité du consentement* »[609]. Les relations précontractuelles, puis la formation du contrat, constituent des étapes délicates à l'occasion desquelles la vulnérabilité de l'accédant peut être facilement abusée. Son consentement doit être le fruit d'une conduite libre et lucide (2), ce que garantit notamment un certain contrôle des agissements du promoteur avant la conclusion du contrat (1).

1. Les obligations de loyauté et de transparence du promoteur avant la formation du contrat

177. La prohibition des pratiques commerciales déloyales. Selon l'article L. 121-1 du Code de la consommation, une pratique commerciale[610] est déloyale « *lorsqu'elle est contraire aux exigences de la diligence professionnelle et qu'elle altère ou est susceptible d'altérer de manière substantielle le comportement économique du consommateur normalement informé et raisonnablement attentif et avisé, à l'égard d'un bien ou d'un service* ». Au sein

---

607 B. KOHL, *th. préc.*, pp. 155, 187-188.

608 E. GAVIN-MILLAN OOSTERLYNCK, « La multiplication des contrats de la promotion immobilière et l'extension du secteur protégé » *in* J.-P. TRICOIRE (dir.), *op. cit.*, p. 13.

609 L. FIN-LANGER, *L'équilibre contractuel*, Thèse, LGDJ, 2002, pp. 259, 263.

610 Article 2 d) de la directive européenne n° 2005-29 du 11 mai 2005 2005/29/CE. Les produits visés intègrent les biens immobiliers, selon l'article 2 c) la directive.

de cette catégorie, le législateur a distingué les pratiques commerciales trompeuses[611] des pratiques commerciales agressives[612]. La tromperie peut quant à elle porter sur la quantité du produit, entendue en l'espèce comme la surface du bien commercialisé, la qualité des prestations exécutées[613], le prix de vente ou encore les réductions d'impôt obtenues à l'occasion d'un investissement locatif[614]. Le promoteur peut être tenu par ses promesses publicitaires si leur valeur contractuelle est établie, notamment en raison du caractère précis des informations véhiculées, susceptibles d'avoir influencé la volonté de l'accédant[615]. On considère dans cette hypothèse que le promoteur s'est engagé à fournir le contenu de la publicité, ce qui pourra justifier une sanction sur le fondement de son obligation de délivrance, laquelle est de résultat[616]. En outre, les informations erronées contenues dans les brochures publicitaires peuvent fonder une action en nullité du contrat au motif pris de l'erreur ou du dol (si de surcroît le promoteur a entendu tromper sa clientèle)[617].

178. Le devoir d'information précontractuel. Bien que l'accédant soit d'abord tenu de se renseigner lui-même - conformément à l'adage « *emptor debet esse curiosus* »[618] - il doit recevoir du promoteur une information suffisante sur tous les éléments susceptibles de déterminer son consentement. C'est notamment l'objet de l'obligation précontractuelle d'information, consacrée à l'article 1112-1 du Code civil, d'application générale[619]. L'article L. 111-1 du Code de la consommation liste pour sa part les données qui doivent obligatoirement être rendues accessibles au consommateur avant la conclusion du contrat. En sus de l'amende administrative prévue par le Code de la consommation[620], tout manquement au devoir précontractuel d'information peut

---

[611] Articles L. 121-2 à L. 121-5 du Code de la consommation.

[612] *Ibid.*, articles L. 121-6 et L. 121-7.

[613] Cass. Crim, 16 février 1982, n° 81-92263, *Bull. crim.* n° 54.

[614] V. à ce titre l'article L. 122-23 du Code de la consommation.

[615] Cass. Civ. 3ème, 2 avril 1979, n° 77-12919, inédit. Cass. Civ. 1ère, 6 mai 2010, n° 08-14461, inédit. J.-C. GROSLIÈRE, C. SAINT-ALARY-HOUIN, « Responsabilité du promoteur », *RDI*, 1990, p. 220. V. ZALEWSKI-SICARD, « Vente en l'état futur d'achèvement et pratique commerciale trompeuse », *Gaz. Pal*, n° 350, 16 décembre 2014, p. 27.

[616] G. PIGNARRE, G. PAISANT, « A propos de la valeur contractuelle des documents publicitaires », *D.* 1998, p. 248.

[617] Cass., Civ. 3ème, 2 juin 2016, n° 15-18286 15-18287, inédit.

[618] D. BERTHIAU, *Le principe d'égalité et le droit civil des contrats*, LGDJ, 1999, p. 134. R. DENOYELLE, *Le promoteur de constructions immobilières*, Thèse, Berger-Levrault, 1965, pp. 217-218 : « *Jusqu'à un certain point, les ''candidats propriétaires'' sont souvent autant victimes de leur négligence que des manœuvres des promoteurs* ».

[619] G. DURAND-PASQUIER, « La loi de ratification de l'ordonnance portant réforme du droit des contrats et ses incidences en droit immobilier et de la construction », *RDI*, 2018, p. 532.

[620] Conformément à l'article L. 131-1 du Code de la consommation, « *3 000 euros pour une personne physique et 15 000 euros pour une personne morale* ».

se solder par l'annulation du contrat, sur le fondement de la réticence dolosive[621].

179. La réglementation de l'avant-contrat (dans les ventes d'immeuble à construire et à rénover). Le contrat préliminaire de réservation, précédant la conclusion du contrat de vente d'immeuble à construire, comporte plusieurs leviers de protection dans l'intérêt du réservataire : l'insertion de nombreuses mentions obligatoires sous peine de nullité ; un dépôt de garantie limité à 5%, restant indisponible, inaccessible et insaisissable jusqu'à la conclusion du contrat définitif ; la notification au candidat du projet d'acte définitif un mois avant sa signature ; la possibilité pour le candidat de renoncer à l'opération et de récupérer son dépôt de garantie dès lors que le projet fait apparaitre une différence anormale au regard des prévisions initiales, *etc*[622]. Le contrat de vente d'immeuble à rénover peut également être précédé d'un avant contrat spécial : une promesse de vente réglementée[623], comportant obligatoirement les informations déterminantes du contrat.

180. L'obligation de réflexion. Finalement, ce n'est pas tant l'information délivrée qui importe mais précisément la réflexion qu'elle est censée susciter chez son destinataire, au point que ce temps puisse, dans certains cas, être imposé dans une logique préventive. Les renseignements communiqués par le promoteur sur le futur bien ne présenteraient que peu d'intérêt si l'accédant, profane, n'avait pas la possibilité d'en prendre toute la mesure et, le cas échéant, de revenir sur son engagement. Cette information sert en effet à le guider dans sa décision, pour éventuellement le faire renoncer à un acte dont les conséquences à la fois matérielles, juridiques et financières lui seraient défavorables[624]. Sans qu'il soit nécessaire d'aller puiser dans le Code de la consommation, l'article L. 271-1 alinéa 5 du Code de la construction et de l'habitation prévoit lui-même l'existence d'un délai de réflexion, au profit de l'accédant non-professionnel faisant construire un immeuble destiné à l'habitation. En l'absence d'avant-contrat, son consentement ne peut être donné qu'une fois passé un délai de réflexion de dix jours, débutant à la remise du projet d'acte authentique. Durant ce délai, l'accédant ne peut effectuer aucun versement, qui équivaudrait alors à un commencement d'exécution du contrat.

181. Ainsi, le législateur a fait en sorte que l'accédant puisse s'engager en connaissance de cause, en prévoyant plusieurs mécanismes destinés à l'accompagner jusqu'à la signature du contrat, tels que notamment le devoir d'information précontractuel ou le délai de réflexion, qui s'ajoutent à l'encadrement exhaustif des avant-contrats en secteur protégé. Au stade de la

---

[621] Article 1112-1 alinéa 6 du Code civil.
[622] Articles L. 261-15 et suivants du CCH.
[623] *Ibid.*, articles R. 262-14 et R. 262-15.
[624] C. NOBLOT, *op. cit.*, p. 105.

formation du contrat, d'autres outils prennent le relais pour faire naître chez l'accédant un consentement libre et éclairé.

2. Les obligations de forme et de fond à respecter lors de la conclusion du contrat

182. La nature du contrat imposée en secteur protégé. Dès lors que l'opération remplit certaines conditions posées par la loi, les parties se retrouvent dans un cadre contractuel dont elles ne peuvent se soustraire, peu importe leur volonté commune. La nature du contrat de construction s'impose au promoteur de manière impérative, si bien que la sélection d'un autre modèle contractuel ou le recours à des montages frauduleux est sanctionné par la nullité absolue[625]. Le juge n'étant pas lié par la nature du contrat choisie par le promoteur, il peut procéder à sa requalification. Or, en sus de la sanction tenant spécifiquement au choix de la convention, s'ajoutent les sanctions qui découlent du non-respect des règles qui auraient dû en principe s'appliquer[626]. Inversement, les parties sont autorisées à conclure la convention de leur choix en secteur libre.

183. Le formalisme du contrat. Outre la conclusion par écrit de l'ensemble des contrats spéciaux de la construction, ceux qui comportent un transfert de propriété font l'objet d'un acte notarié[627], à des fins de publicité foncière. Il en va de même du contrat de promotion immobilière, malgré sa nature de mandat[628]. L'intervention du notaire, tiers neutre et compétent, gardien du respect de la loi, est la garantie d'un acte conforme au droit et d'un accompagnement adapté de l'accédant inexpérimenté. Par ailleurs, qu'il soit authentique ou sous seing privé - comme c'est le cas du contrat de construction de maison individuelle - l'*instrumentum* du contrat doit être intelligible[629]. Dans cette perspective, il doit comporter un certain nombre de mentions obligatoires, dans le but d'« *éclairer le consentement du consommateur sur des points que le professionnel aurait tendance à laisser dans l'ombre s'il pouvait librement rédiger le contrat* »[630]. Les contrats spéciaux de la construction en secteur protégé se réfèrent ainsi à des listes de mentions qui doivent figurer de manière exhaustive dans le corps du contrat[631]. L'information qu'elles visent à délivrer

---

[625] A titre d'exemple, si un contrat de vente puis un contrat d'entreprise sont conclus pour contourner frauduleusement le contrat de vente d'immeuble à construire, les deux conventions seront sanctionnées par la nullité.

[626] Cass. Crim 27 janvier 2004, n° 03-83428, inédit, *Constr.-Urb.* 2004, comm. 72.

[627] R. DENOYELLE, *th. préc.*, pp. 217, 258.

[628] Article L. 221-6 du CCH.

[629] V. article L. 211-1 alinéa 1er du Code de la consommation.

[630] J. CALAIS-AULOY, H. TEMPLE, M. DEPINCÉ, *Droit de la consommation*, 10ème éd., Dalloz, 2020, p. 171.

[631] Article L. 222-3 du CCH pour le contrat de promotion immobilière, articles L. 231-2 et L. 232-1 pour les contrats de construction de maison individuelle, article L. 261-11

porte essentiellement sur les caractéristiques du bien à construire (consistance du bâtiment, prix, délai d'exécution des travaux, *etc.*) et sur les conditions particulières de l'opération. Cela étant, « *les mentions et annexes obligatoires permettent à l'acquéreur ''sur plans'' de se faire l'idée la plus précise et la plus juste possible du bien qu'il acquière* »[632]. Ces mentions obligatoires contribuent à donner au contrat de construction une forme standardisée, aisément reproductible, offrant une certaine sécurité au promoteur, qui se ménage ainsi la preuve de l'accomplissement de son devoir de renseignement. Celui-ci « *est assuré que le contrat conclu ne pourra que très rarement être annulé pour vice du consentement* »[633]. Ce formalisme est en tout état de cause exigé *ad validitatem*, ou bien *ad solemnitatem*, en étant sanctionné par la nullité relative du contrat[634], voire par des sanctions pénales[635].

184. La prohibition des clauses abusives. L'ordonnance du 10 février 2016[636] a intégré la prohibition des clauses abusives dans le droit commun des obligations[637]. Une clause est abusive lorsque l'avantage qu'elle procure à l'autre est « *sans contrepartie, non réciproque ou non justifié* »[638]. Dans le droit spécial de la construction, le contrat de construction de maison individuelle répertorie à l'article L. 231-3 du Code de la construction et de l'habitation six clauses prohibées en raison de leur caractère abusif[639]. Sans être listées dans la loi, les clauses abusives sont également sanctionnées dans les autres contrats du secteur protégé[640]. Une clause reconnue abusive est réputée non écrite, sous réserve qu'elle ne soit pas substantielle, auquel cas l'intégralité du contrat peut être annulé.

---

pour la vente d'immeuble à construire, article L. 262-4 pour la vente d'immeuble à rénover.

632 M. FAURE-ABBAD, *Droit de la construction*, 3ème éd., Lextenso, 2016, p. 203.

633 V. ZALEWSKI-SICARD, « Le formalisme et le contenu des contrats de la promotion immobilière » *in* J.-P. TRICOIRE (dir.), *op. cit.*, p. 18.

634 Cass. Civ. 3ème, 30 septembre 2015, n° 14-12845, *Bull. civ.* III, n° 203, *D.* 2015. 2009, *JCP* 2015, n° 1261, § 7, obs. Y.-M. SERINET, *RDI* 2016. 32, obs. O. TOURNAFOND, J.-P. TRICOIRE.

635 V. l'article L. 241-8 du CCH, dans le cadre de la réglementation du contrat de construction de maison individuelle.

636 Ordonnance n° 2016-131 du 10 février 2016 portant réforme du droit des contrats, du régime général et de la preuve des obligations.

637 Articles 1170, 1171 du Code civil. A l'origine, seul l'article L. 212-1 alinéa 1er du Code de la consommation prévoyait une règle de prohibition des clauses abusives entre professionnels et consommateurs.

638 C. NOBLOT, *op. cit.*, p. 42.

639 P. MALINVAUD, P. JESTAZ, « La recommandation de la Commission des clauses abusives concernant le contrat de construction de maisons individuelles », *RDI*, 1981, p. 155.

640 Pour une appréciation particulièrement souple des clauses abusives dans le contrat de vente en l'état futur d'achèvement : Cass. Civ. 3ème, 23 mai 2019, n° 18-14.212.

185. Le délai de rétractation. Conformément à l'article L. 271-1 du Code de la construction et de l'habitation, l'accédant non-professionnel faisant construire un ouvrage destiné à l'habitation bénéficie d'un délai de rétractation de dix jours, à compter du lendemain de la première présentation de la lettre lui notifiant l'acte définitif ou l'avant-contrat. Durant ce délai, aucun versement ne peut être effectué entre les mains du promoteur, sous quelque forme que ce soit. L'accédant se voit octroyer ici un droit de repentir, exercé discrétionnairement et sans indemnité, lui permettant de revenir sur son consentement. Ce droit contourne ainsi le principe de la force obligatoire des contrats, selon lequel les conventions légalement formées sont irrévocables.

186. L'obligation d'information, de renseignement et de conseil. Dans la lignée du devoir d'information précontractuel[641], l'obligation d'information se poursuit durant l'exécution du contrat, comme une manifestation du devoir de collaboration entre les parties. La délivrance d'une information exhaustive est un gage de transparence du promoteur et de prudence pour l'accédant qui est contraint, de la sorte, à prendre en considération toute la complexité de l'acte auquel il consent, en réduisant ainsi le risque d'erreur. L'obligation d'information *stricto sensu* implique la communication au créancier d'un ensemble d'indications objectives, à l'instar de celles contenues dans les mentions obligatoires ou dans les notices descriptives des contrats spéciaux. Dans le contrat de construction de maison individuelle, « *la notice d'information, claire et simple, attire l'attention du maître de l'ouvrage sur ses droits et obligations lors de l'exécution du contrat* »[642]. C'est au débiteur de l'information de prouver qu'il a pleinement rempli son obligation[643] ; en la matière, la charge de la preuve est renversée. Ainsi, le promoteur doit-il prendre l'initiative de renseigner son client, sans attendre de répondre à ses interrogations éventuelles. Dans l'obligation d'information comme dans celle de renseignement, le débiteur « *n'a pas à prendre parti ni à favoriser l'adoption d'une solution plutôt qu'une autre* »[644]. La principale critique que l'on peut apporter à ces dispositifs est leur inefficacité probable, compte tenu de la multitude de données non hiérarchisées reçues par l'accédant ; « *la surinformation pourrait donc s'avérer contre-productive* »[645]. La technicité de l'information n'est pas de nature à en faciliter la compréhension. De surcroît, sans préjuger de cette dernière, encore faut-il que l'accédant se livre à une

---

[641] Cf. *Supra*, § 178.

[642] P. MELMOUX, « Loi du 19 décembre 1990. Le nouveau contrat de construction de maison individuelle », *AJDI*, 1992, p. 8. Article L. 231-9 du CCH.

[643] Néanmoins l'obligation d'information a pour limite les données que le professionnel ignore lui-même, ainsi que celles que l'accédant connaît ou peut facilement connaître.

[644] *Ibid.*, p. 387. M. POUMARÈDE, « Notion d'obligation contractuelle » *in* P. LE TOURNEAU (dir.), *Droit de la responsabilité et des contrats. Régimes d'indemnisation*, 11ème éd., Dalloz, 2017, § 3122.141.

[645] F. GLANSDORFF, *Les obligations d'information, de renseignement, de mise en garde et de conseil*, Larcier, 2006, p. 331.

lecture consciencieuse et exhaustive de la documentation qui lui est remise. En définitive, si la délivrance de l'information est une obligation de résultat pour le promoteur, « *une fois le renseignement donné, sa pertinence, sa compréhension et sa prise en compte par son bénéficiaire relèvent de l'obligation de moyens* »[646]. Inversement, l'obligation de conseil, qui incarne le devoir de solidarité et de loyauté entre les parties, inclut un avis sur l'opportunité du contrat : « *il ne suffit pas de renseigner le contractant, il faut lui proposer la solution qui sert le mieux ses intérêts* »[647]. Cette obligation correspond à « *la mise en relation du renseignement brut avec l'objectif poursuivi par le créancier* » pour faire apparaître l'opportunité d'un certain comportement[648]. Puisque « *l'obligation de conseil a deux terres d'élection : la fourniture d'appareils ou d'ensembles complexes* »[649], « *les promoteurs immobiliers et les vendeurs d'immeubles à construire sont concernés au même titre que les entrepreneurs* »[650] par ce devoir. L'obligation de mise en garde suppose pour le promoteur d'attirer l'attention de son cocontractant sur les risques présentés par le contrat, en mettant en exergue ses éléments dangereux ou inadaptés, jusqu'à lui déconseiller de contracter lorsque cela s'impose, le cas échéant au détriment de ses propres intérêts.

187. Ainsi, le consentement libre et éclairé de l'accédant est une condition fondamentale de sa protection, justifiant que de nombreux instruments s'emploient à le garantir. En effet, « *en disposant d'une volonté plus éclairée, la partie considérée comme faible peut défendre ses intérêts sur un pied d'égalité avec le professionnel et aboutir à un contenu du contrat harmonieux et équitablement réparti* »[651]. Dans cette perspective, la nature du contrat est dans certains cas imposée aux parties, l'*instrumentum* fait l'objet d'un certain formalisme, certaines clauses sont prohibées et l'on s'assure que l'accédant soit bien informé et conscient de son engagement. Une fois le contrat définitivement formé, l'obligation essentielle de l'accédant consiste à payer le prix de la construction, ce qui explique que le législateur soit particulièrement attentif à son *quantum* et aux modalités de son versement.

---

[646] M. POUMARÈDE, *art. préc.*, § 3122.141.

[647] J. CALAIS-AULOY, H. TEMPLE, M. DEPINCÉ, *Droit de la consommation*, 10ème éd., Dalloz, 2020, p. 65.

[648] M. FABRE-MAGNAN, *De l'obligation d'information dans les contrats : essai d'une théorie*, Thèse, LGDJ, 1992 (réédition 2014), p. 385.

[649] M. POUMARÈDE, « Notion d'obligation contractuelle » *in* P. LE TOURNEAU (dir.), *op. cit.*, § 3122.163.

[650] Cass. Civ. 3ème, 27 janvier 2010, n° 08-18026, *Bull. civ.* III, n° 22. C. NOBLOT, « Tout professionnel de la construction est tenu, avant réception, d'une obligation de conseil et de résultat », *RDI*, 2010, p. 215.

[651] L. FIN-LANGER, *th. préc.*, p. 272.

B) La réglementation du prix demandé par le promoteur

188. Le caractère particulièrement onéreux de l'opération de construction implique que son prix soit strictement encadré ; d'une part en prohibant tout supplément qui n'aurait pas été prévu à l'origine[652] (1), d'autre part en subordonnant chaque versement à une contrepartie réelle et conforme (2).

1. La fixation d'un prix ferme, global et définitif

189. Le recours au marché à forfait. Lorsque le prix stipulé au contrat est forfaitaire, c'est-à-dire fixé de manière ferme, globale et définitive, il évite à l'accédant de supporter le moindre surcoût, qu'engendrerait des travaux nécessaires mais imprévus[653]. Il s'agit d'une méthode courante de fixation du prix, que les parties peuvent choisir de pratiquer dans les marchés de travaux de droit commun. En raison des avantages qu'elle procure à l'accédant, le législateur a logiquement fait le choix de l'imposer dans les contrats de construction réglementés, et notamment dans le contrat de construction de maison individuelle, qui le mentionne explicitement[654]. En contrepartie néanmoins, « *le constructeur a droit au prix convenu, quelle que soit l'importance de son bénéfice qui sera ainsi ignoré du maître de l'ouvrage* »[655], à la différence du promoteur signataire d'un contrat de promotion immobilière, qui doit restituer à son client les économies réalisées sur le prix convenu, conformément aux règles du mandat. En revanche, le caractère forfaitaire du prix n'empêche pas les contrats spéciaux de la construction de stipuler une clause de révision[656], le but étant d'éviter que « *le promoteur ou le constructeur*

---

[652] Dans le secteur libre au contraire, l'article 1165 du Code civil trouve à s'appliquer.

[653] Ce type de marché s'applique aux travaux de construction dont le plan a été arrêté et convenu entre les parties et dont le prix a été fixé de manière globale et définitive. La rigidité du prix forfaitaire contraint l'entrepreneur à intégrer dans le montant tous les travaux nécessaires à la réalisation de l'ouvrage conformément aux règles de l'art ; les surcoûts restant à sa charge. Le prix des travaux supplémentaires peut néanmoins être imputé au maître d'ouvrage s'il les a autorisés préalablement par écrit, ou expressément acceptés *a posteriori* (Cass. Civ. 3ème, 17 mai 1995, n° 93-15332, *Bull. civ.* III, n° 122, p. 83, *Mon. TP*, 18 août 1995, p. 28). Son autorisation cesse en revanche d'être nécessaire dans l'hypothèse d'un bouleversement de l'économie générale du contrat (Cass. Civ. 3ème, 28 février 1996, n° 94-15561, inédit, *RDI* 1996. 213, obs. P. MALINVAUD, B. BOUBLI), c'est-à-dire en cas de circonstances exceptionnelles, telle qu'une modification substantielle des plans d'origine (Cass. Civ. 3ème, 8 mars 1995, n° 93-13659, *Bull. civ.* III n° 73, p. 49). V. M. LAGELÉE-HEYMANN, *Le contrat à forfait*, Thèse, IRJS éditions, 2016.

[654] Article L. 231-2 du CCH.

[655] P. THIRIOT, *Le contrat de construction d'une maison individuelle avec fourniture du plan (après la loi n° 90-1129 du 19 décembre 1990)*, Thèse, Université de Toulouse, 1991, p. 66.

[656] La possibilité de réviser le prix est prévue à l'article L. 261-11 du CCH dans le cadre de la vente d'immeuble à construire ; à l'article L. 262-5, dans le cadre du contrat de

ne supporte les conséquences de la dépréciation monétaire, étant donné la longueur du délai qui peut s'écouler entre la fixation contractuelle du prix et l'exécution des travaux »[657].

190. La garantie contre les dépassements de prix. Cette garantie, propre au contrat de promotion immobilière conclu en secteur protégé[658], renforce le caractère forfaitaire du « prix convenu ». Elle consiste pour le promoteur à souscrire personnellement - sans possibilité de remboursement de la part du maître d'ouvrage - un cautionnement ou une ouverture de crédit, afin qu'un tiers garant puisse payer, en ses lieu et place, toutes les sommes nécessaires à l'achèvement de la construction susceptibles d'excéder le prix stipulé au contrat. La garantie contre les dépassements de prix prend fin au moment de la reddition des comptes[659], lors de la livraison de l'immeuble au maître d'ouvrage[660].

191. Les garanties contre les surcoûts liés à l'inachèvement du chantier. En dehors de la garantie contre les dépassements de prix, les autres garanties financières imposées au promoteur dans les contrats spéciaux de la construction visent majoritairement à garantir à l'accédant l'achèvement de l'ouvrage[661]. Le promoteur peut faire face à d'importants défauts de paiement des acquéreurs[662], à la mévente de certains lots, à la déconfiture des entreprises : autant d'évènements imprévus susceptibles de mettre en péril l'équilibre financier de l'opération. Si les entreprises sont défaillantes, le promoteur n'a pour sa part aucune garantie d'achèvement, sous réserve d'aménagements contractuels éventuels en ce sens. Le promoteur doit donc pouvoir compter sur un tiers solvable qui garantira l'achèvement, s'il vient à rencontrer des difficultés financières. Ces garanties sont l'un des leviers les plus emblématiques du régime applicable en secteur protégé. Elles constituent une mesure efficace de lutte contre l'inachèvement et ses conséquences pernicieuses, sauf dans l'hypothèse très particulière de l'annulation ou de la péremption du permis de construire. Les garanties d'achèvement sont « *la conséquence, ou plus exactement le remède, à l'insécurité que comporte inévitablement la vente d'une chose future à un acquéreur qui l'a déjà payé en partie* ». En cela, elles sont « *un argument fort*

---

vente d'immeuble à rénover ; à l'article L. 222-3, dans le cadre du contrat de promotion immobilière, à l'article L. 231-11 dans le cadre du contrat de construction de maison individuelle.

[657] J. CALAIS-AULOY, H. TEMPLE, M. DEPINCÉ, *Droit de la consommation*, 10ème éd., Dalloz, 2020, p. 484.

[658] Article R. 222-9 du CCH.

[659] Article 1831-4 du Code civil.

[660] Article R. 222-14 du CCH.

[661] B. GOLFIER, « Les obligations particulières du maître de l'ouvrage : les garanties d'achèvement ou la gestion du risque d'inachèvement par le promoteur immobilier », *RDI*, 2002, p. 473.

[662] Conformément à l'article 1244-1 du Code civil, les acquéreurs peuvent être autorisés par le juge à retarder jusqu'à deux ans le règlement de leurs dettes.

dans la commercialisation »[663]. Néanmoins, ces garanties obligatoires sont aussi à l'origine de tentatives d'évitement des contrats réglementés par les promoteurs, qui cherchent à échapper à des contraintes financières qu'ils n'ont pas les moyens d'assumer[664]. Lorsque la garantie produit ses effets, le garant peut agir à titre récursoire contre le débiteur défaillant[665]. Cela étant, « *seuls les promoteurs les plus sérieux* [peuvent] *bénéficier d'une telle garantie* »[666].

192. La garantie de remboursement ou d'achèvement[667]. La garantie financière attachée à la vente d'immeuble à construire consiste à faire garantir, par un tiers extérieur au contrat, l'achèvement du bien[668] ou le remboursement des sommes déjà versées par l'acquéreur[669], en cas de défaillance financière du vendeur[670]. Depuis la suppression de la garantie intrinsèque[671], seule une

---

663 B. GOLFIER, *art. préc.*, p. 473.

664 O. TOURNAFOND, J.-P. TRICOIRE, « La suppression de la garantie intrinsèque. Ordonnance n° 2013-890 du 3 octobre 2013, relative à la garantie financière en cas de vente en l'état futur d'achèvement – Loi n° 2013-659 du 1er juillet 2013 habilitant le gouvernement à adopter des mesures de nature législative pour accélérer les projets de construction », *RDI*, 2013, p. 526 : « *Cette politique du ''tout sécuritaire'' et du ''risque zéro'' a pourtant depuis longtemps fait la preuve de ses limites, car elle est très coûteuse.* (…) *La volonté de plaire a été de nouveau plus forte que la volonté d'organiser de manière réaliste un secteur d'activité sensible* ».

665 Loi n° 2010-737 du 1er juillet 2010 réformant le crédit à la consommation. O. TOURNAFOND, « Les garants financiers retrouvent enfin leur action récursoire contre le promoteur défaillant ! », *RDI*, 2010, p. 560 : « *la jurisprudence antérieure faisait peser sur les garants financiers tout le risque de l'opération de construction et accordait aux promoteurs et constructeurs une exonération incompréhensible* ».

666 V. ZALEWSKI-SICARD, « Le formalisme et le contenu des contrats de la promotion immobilière » *in* J.-P. TRICOIRE (dir.), *op. cit.*, p. 18.

667 V. à ce titre, C. ZIMMER, *Les garanties de bonne fin dans les ventes en état futur d'achèvement : garanties réelles ou garanties virtuelles*, Thèse, Université Paris II, 2003.

668 Article L. 261-10-1 du CCH. V. J.-M. BERLY, « Les évolutions passées et souhaitables de la garantie financière d'achèvement », *JCP N*, 28 juillet 2017, n° 30-34, p. 56.

669 Pour sa part, la garantie de remboursement est le plus souvent choisie au début de l'exécution du contrat car une fois le chantier avancé, il est préférable de garantir à l'accédant l'achèvement. Cette garantie ne peut prendre la forme que d'une caution solidaire, intervenant lorsque la vente est résolue, pour inachèvement exclusivement. Elle ne peut servir en cas d'annulation du contrat. L'article R. 261-23 du CCH autorise les parties à substituer les garanties entre elles en cours de contrat.

670 La « défaillance financière » du vendeur couvre toutes les hypothèses dans lesquelles ce dernier ne dispose pas des fonds suffisants pour achever l'opération, à l'exclusion de celles en lien avec des difficultés techniques (Cass. Civ. 3ème, 18 février 2016, n° 14-29841, inédit, *RDI* 2016. 227, obs. O. TOURNAFOND, J.-P. TRICOIRE, *ibid.* 2016. 454, obs. J.-L. GRANIER, J.-M. BERLY). L'article L. 261-10-1 du CCH précise désormais que la défaillance financière du vendeur est caractérisée par « *une absence de disposition des fonds nécessaires à l'achèvement de l'immeuble* ».

671 O. TOURNAFOND, J.-P. TRICOIRE, « La suppression de la garantie intrinsèque. Ordonnance n° 2013-890 du 3 octobre 2013, relative à la garantie financière en cas de

garantie extrinsèque peut être souscrite, sous la forme d'une ouverture de crédit ou d'un cautionnement solidaire[672]. En tant que garantie autonome, elle est souscrite pour le compte de chaque attributaire et survit donc à l'ouverture de la procédure de liquidation judiciaire du vendeur. Jusqu'à l'entrée en vigueur de la loi « ELAN » du 23 novembre 2018, la loi ne donnait aucune information sur les modalités de mise en œuvre de la garantie financière d'achèvement (à l'inverse de ce que l'on peut trouver en matière de construction de maison individuelle)[673] ; l'obligation du garant se limitant au paiement. Depuis, l'article L. 261-10-1 du Code de la construction et de l'habitation prévoit que le garant « *peut faire désigner un administrateur ad hoc par ordonnance sur requête* »[674]. Le garant n'est tenu que du défaut d'achèvement, c'est-à-dire des « non-façons », à l'exclusion des malfaçons. Il est libéré lorsque l'achèvement de la construction peut être constaté, au sens de l'article R. 261-1 du Code de la construction et de l'habitation. Dans l'hypothèse de la vente d'immeuble à rénover, le vendeur doit fournir une garantie extrinsèque d'achèvement[675], qui ne peut prendre la forme que d'une caution solidaire[676]. Dans le silence des textes, l'achèvement s'entend également de celui défini à l'article R. 261-1 précité[677].

193. La garantie de livraison à prix et délais convenus. La réglementation du contrat de construction de maison individuelle (avec ou sans fourniture de plan) met à la charge du constructeur une garantie extrinsèque d'achèvement

---

vente en l'état futur d'achèvement – Loi n° 2013-659 du 1er juillet 2013 habilitant le gouvernement à adopter des mesures de nature législative pour accélérer les projets de construction », *RDI*, 2013, p. 526 : « *Certains petits ou moyens promoteurs pouvaient recourir à une garantie intrinsèque pour des raisons de coût, d'indépendance ou d'opportunité. Le choix du ''tout sécuritaire'' leur interdit maintenant cette possibilité* ».

672 Article R. 261-21 du CCH.

673 V. J.-L. GRANIER, J.-M. BERLY, « La ''défaillance financière'' du vendeur en l'état futur d'achèvement », *RDI*, 2016, p. 454. J.-M. BERLY, « De la nécessité de compléter la loi de 1967 (éventuellement contractuellement) afin de garantir efficacement les acquéreurs en l'état futur d'achèvement » *in* J.-P. TRICOIRE, *op. cit.*, p. 63. M. POUMARÈDE, « L'évolution de la loi de 1967 relative aux VIC et à l'obligation de garantie à raison des vices de construction : d'une bonne loi à une grande loi », *JCP N*, 28 juillet 2017, n° 30-34, p. 27.

674 Article L. 261-10-1 du CCH : « *L'administrateur ad hoc, qui dispose des pouvoirs du maître de l'ouvrage, a pour mission de faire réaliser les travaux nécessaires à l'achèvement de l'immeuble. Il peut réaliser toutes les opérations qui y concourent et procéder à la réception de l'ouvrage, au sens de l'article 1792-6 du code civil* (…) ». J.-P. TRICOIRE, O. TOURNAFOND, « Bref éclairage sur l'article 22 de l'avant-projet de la loi ELAN (évolution du logement et aménagement numérique) », *RDI*, 2018, p. 167.

675 Article R. 262-12 du CCH.

676 *Ibid.*, article L. 262-7.

677 C. SIZAIRE, « Vademecum sur la garantie financière d'achèvement (GFA) », *Constr.-Urb.* n° 6, juin 2021, étude 6.

prenant la forme d'une caution solidaire[678]. Cette garantie vise à lutter contre l'inexécution ou la mauvaise exécution du contrat, en couvrant à la fois « *le coût des dépassements du prix convenu dès lors qu'ils sont nécessaires à l'achèvement de la construction* », « *les conséquences du fait du constructeur ayant abouti à un paiement anticipé ou à un supplément de prix* », c'est-à-dire le remboursement des sommes que le constructeur n'aurait pas dû percevoir, ainsi que « *les pénalités forfaitaires prévues au contrat en cas de retard de livraison excédant trente jours* ». La garantie de livraison impose au garant de s'assurer lui-même de l'achèvement effectif des travaux : « *c'est la première fois, en droit français, qu'un cautionnement se traduit par une obligation de faire* »[679]. Bien que le garant ne soit pas lié par un contrat de louage d'ouvrage, il « *intervient comme un constructeur* »[680], sans pour autant en prendre la qualité[681]. La garantie de livraison prend fin lors de la réception de l'ouvrage, sauf si des réserves ont été formulées, auquel cas la garantie expire un an après, une fois ces dernières levées. « *Assujetti à l'obligation de prendre à sa charge surcoût et pénalités, mais surtout assujetti à une obligation de faire, ou de faire faire, le garant doit en outre un achèvement strictement conforme au contrat et exempt de vices* »[682]. Ainsi, le champ d'application de la garantie de livraison est plus large que celui de la garantie d'achèvement de la vente d'immeuble à construire, sans doute parce que le contrat de construction de maison individuelle s'adresse par nature à des consommateurs immobiliers, nécessitant le plus haut niveau de protection.

194. Ainsi, le législateur est soucieux de garantir à l'accédant l'immuabilité du prix convenu. A cet effet, le recours au marché forfaitaire a été généralisé, implicitement ou explicitement, à l'ensemble des contrats spéciaux de la construction. Des garanties financières ont été instaurées afin de prévenir tout dépassement de prix, comme dans le contrat de promotion immobilière, ou pour pallier le surcoût qui pourrait être causé par l'inachèvement du chantier et le paiement d'un constructeur de substitution. En plus de l'invariabilité du prix convenu, celui-ci est versé selon des conditions strictes, qui garantissent toujours à l'accédant une contrepartie proportionnelle au montant réglé.

---

[678] Article L. 231-6 du CCH.

[679] P. MELMOUX, *art. préc.*, p. 8.

[680] *Idem.*

[681] Cass. Civ. 3ème, 7 septembre 2011, n° 10-21331, *Bull. civ.* III, n° 138. E. GAVIN-MILLAN OOSTERLYNCK, « Le garant de livraison n'a pas la qualité de constructeur », *L'Essentiel Droit de l'immobilier et urbanisme*, 1er octobre 2011, n° 9, p. 4. *A contrario*, v. article L. 261-10-1 du CCH applicable à la vente d'immeuble à construire.

[682] J.-P. VALSON, « L'inachèvement de l'ouvrage et la mise en œuvre des garanties financières », *RDI*, 1998, p. 335.

2. L'échelonnement impératif des appels de fonds

195. La prohibition des versements anticipés. Les contrats spéciaux interdisent au promoteur de percevoir des versements préalablement à la signature du contrat définitif[683]. Au stade de l'avant-contrat, les règlements effectués par le candidat à l'accession ne peuvent être que des dépôts de garantie indisponibles, incessibles et insaisissables[684] ou éventuellement, des versements couverts par une garantie de remboursement[685]. Cette règle a une importance telle que sa violation donne lieu à la caractérisation d'un délit de versement irrégulier, sanctionné pénalement[686].

196. L'échelonnement des paiements. Dans les contrats de construction du secteur protégé, « *le principe de versements proportionnels à l'état d'avancement du chantier constitue un élément fondamental de la protection de l'accédant à la propriété* »[687]. Dans les marchés privés de droit commun, aucun échelonnement n'est prévu, si ce n'est 95% du prix total avant l'achèvement de l'ouvrage et 5% réservable à titre de retenue de garantie. A rebours de cette liberté laissée à l'entrepreneur dans la fixation des modalités de paiement, tous les contrats spéciaux de la construction en secteur protégé imposent au promoteur un échelonnement impératif des versements. Il s'agit là d'un enjeu important des contrats réglementés, puisque « *le promoteur immobilier peut être sanctionné pénalement s'il venait à percevoir plus que les montants précisés par la loi* »[688], sur le fondement du délit de versement irrégulier précité, sanctionné comme l'abus de confiance[689]. Le contrat de construction de maison individuelle avec fourniture de plan est celui qui prévoit le plus grand nombre d'échéances : 15% à l'ouverture du chantier, 25% à l'achèvement des fondations, 40% à

---

[683] On retrouve cette interdiction à l'article L. 222-5 du CCH, dans le cadre du contrat de promotion immobilière, à l'article L. 261-12 alinéa 1er, dans le cadre de la vente d'immeuble à construire, à l'article L. 262-8, dans le cadre de la vente d'immeuble à rénover et à l'article L. 231-4 II, dans le cadre du contrat de construction de maison individuelle avec fourniture de plan. L'article L. 263-1, propre à la vente d'immeuble à construire et à rénover, prend le soin de préciser en ce sens que ne sont pas considérés comme des versements au sens de la loi « *les dépôts de fonds effectués sur un compte bancaire ouvert au nom du déposant et dont celui-ci peut à tout moment disposer sans restriction d'aucune sorte* ».

[684] Ce principe est prévu à l'article L. 261-15 alinéa 3 du CCH, dans le cadre de la vente d'immeuble à construire.

[685] Ce principe est prévu à l'article R. 231-8 du CCH, dans le cadre du contrat de construction de maison individuelle.

[686] Les articles L. 241-1 et L. 263-1 du CCH prévoient ainsi une peine d'emprisonnement de deux ans et une amende de 9 000 euros, ou l'une de ces deux peines seulement.

[687] O. TOURNAFOND, « Le payement du prix dans les contrats de construction » *in* J.-P. TRICOIRE (dir.), *op. cit.*, p. 27.

[688] B. KOHL, *th. préc.*, p. 191.

[689] L'article 314-1 du Code pénal dispose que « *l'abus de confiance est puni de trois ans d'emprisonnement et de 375 000 euros d'amende* ».

l'achèvement des murs, 60% à la mise hors d'eau, 75% à l'achèvement des cloisons et à la mise hors d'air, 95% enfin à l'achèvement des travaux d'équipement, de plomberie, de menuiserie, de chauffage et de revêtements extérieurs, outre 5% de retenue de garantie le cas échéant[690]. En matière de vente d'immeuble à construire, les versements ne peuvent excéder au total 35% lors de l'achèvement des fondations, 70% à la mise hors d'eau, 95% à l'achèvement de l'immeuble, outre 5% de retenue de garantie le cas échéant[691].

197. Il s'est posé la question de savoir si le vendeur était habilité à percevoir, à la signature du contrat, la fraction du prix correspondant au coût du terrain, en ajoutant notamment un premier palier de l'ordre de 15 à 20%, avant celui de 35% prévu par la loi[692]. En effet, le transfert de propriété du sol pourrait logiquement faire l'objet d'une ligne de paiement indépendante, au lieu d'être « fondue » dans la ventilation globale du prix. Les notaires prévoient bien en pratique un appel de fonds intermédiaire avant celui qui correspond à l'achèvement des fondations, sous réserve que l'architecte fournisse une attestation indiquant que les travaux ont démarré[693]. S'agissant de la vente d'immeuble à rénover, les paiements de l'accédant ne peuvent excéder 50 % à l'achèvement des travaux représentant la moitié du prix total des travaux, 95 % à l'achèvement de l'ensemble des travaux, outre 5% de retenue de garantie le cas échéant[694]. S'agissant en revanche du contrat de promotion immobilière, il laisse une plus grande marge de manœuvre aux parties, dans la mesure où il ne stipule que deux seuils impératifs : 15% du prix à l'achèvement des fondations, puis 70% à la mise hors d'eau[695].

198. Ainsi, outre la prohibition des versements anticipés, l'un des mécanismes les plus protecteurs du secteur protégé réside dans l'échelonnement

---

690 Article R. 231-7 du CCH.
691 *Ibid.*, article R. 261-14.
692 V. P. MALINVAUD, « VEFA : 30% du prix le jour de la vente ? », *RDI*, 2011, p. 296. O. TOURNAFOND, « Les modalités de payement du prix et ses questions dans la VEFA : la question des versements exigibles au moment de la signature du contrat », *RDI*, 2012, p. 53.
693 Rép. min. n° 92957, 9 nov. 2010, *JOAN*, 1er mars 2011, p. 20147. J.-P. PROHASZKA, « Bilan général de santé de la Vefa », *JCP N*, 28 juillet 2017, n° 30-34, p. 76. Certains auteurs défendent cet usage : O. TOURNAFOND, « Quel acompte le vendeur peut-il exiger au moment de la signature d'une vente en état futur d'achèvement ? », *RDI*, 2011, p. 281. O. TOURNAFOND, « Le payement du prix dans les contrats de construction » *in* J.-P. TRICOIRE (dir.), *op. cit.*, p. 31. M. DAGOT, « La vente en l'état futur d'achèvement avant réalisation des fondations », *Defrénois*, 2010, n° 39182, p. 2361. D'autres auteurs se positionnent contre : G. ROUJOU DE BOUBÉE, « Le délit de versements irréguliers dans le contrat de VEFA portant sur un immeuble à usage d'habitation », *RDI*, 2011, p. 280.
694 Article R. 262-10 du CCH. B. MALLET-BRICOUT, « Le nouveau contrat : la vente d'immeuble à rénover », *RDI*, 2007, p. 17.
695 Article R. 222-7 du CCH.

des paiements, afin que chaque appel de fonds émis par le promoteur corresponde aux travaux réellement exécutés. Nombreuses sont les règles qui font « *du régime de la consommation de logement un droit dérogatoire en ce qu'il confère à l'acquéreur d'immeuble des prérogatives exorbitantes du droit commun* »[696]. Or, en complément de ce régime contractuel particulièrement structuré, le juge puis le législateur ont imposé au promoteur immobilier une obligation de résultat générale, facilitant les recours de l'accédant à son encontre.

II. L'obligation de résultat du promoteur de satisfaire à ses engagements contractuels

199. La distinction entre les obligations de moyens et de résultat est une théorie mise au jour par DEMOGUE[697] au début du XXème siècle, à partir d'une comparaison entre les articles 1137 et 1147 anciens du Code civil[698]. Tandis que l'article 1137 du Code civil subordonnait la responsabilité du débiteur à un comportement fautif, l'article 1147 admettait que l'inexécution du contrat suffisait à fonder la condamnation du débiteur, sans que la preuve d'une faute soit nécessaire[699]. En la matière, il est « *infiniment rare* » que la loi précise elle-même l'intensité de l'obligation qui pèse sur un débiteur, car « *c'est le plus souvent le juge saisi d'un litige qui aura à se prononcer sur l'étendue de l'obligation* »[700]. S'agissant du promoteur, c'est bien le juge qui a qualifié « de résultat » son obligation : celle de construire, dans les délais impartis, un ouvrage exempt de vices et conforme au contrat. Alors qu'en principe, sont qualifiées « de moyens » ou « de résultat » certaines obligations précisément identifiées, le promoteur voit son entière prestation qualifiée de résultat. Un tel choix s'explique difficilement à l'aune des critères habituels de distinction entre obligation de moyens et de résultat (A). Il entraîne au surplus certains effets particuliers dans l'administration de la preuve de la responsabilité du promoteur, recherchés dans l'intérêt de l'accédant (B).

---

696 S. BOURREL, *Le consommateur d'immeuble*, Thèse, Université de Reims Champagne-Ardenne, 2015, p. 177.

697 R. DEMOGUE, *Traité des obligations en général*, Ed. Rousseau et Cie, 1925, n° 1237.

698 Henri MAZEAUD a proposé pour sa part une classification équivalente reposant sur la distinction entre les obligations de prudence et de diligence, renvoyant aux obligations de moyens, et les obligations déterminées, renvoyant aux obligations de résultat (H. MAZEAUD, « Essai de classification des obligations », *RTD. Civ.*, 1936, p. 1. V. H. MAZEAUD, F. CHABAS, *Leçons de droit civil. 2.1. Obligations : théorie générale*, 10ème éd., Montchrestien, 2000, n° 435 et s).

699 S. PORCHY-SIMON, *Les obligations 2020 – Droit civil 2ème année*, 12ème éd., Dalloz, 2019, p. 309.

700 P. MALINVAUD, M. MEKKI, J.-B. SEUBE, *Droit des obligations*, 15ème éd., LexisNexis, 2019, p. 614.

A) L'obligation de résultat élargie du promoteur immobilier

200. Le juge a découvert le premier l'obligation de résultat du promoteur immobilier, en décidant, de manière originale, de qualifier de la sorte tout engagement souscrit par ce dernier (2). Cette orientation interroge si l'on considère que l'obligation de résultat du promoteur est moins guidée par les critères traditionnellement admis pour définir ce type d'obligation, que par la volonté de supprimer l'obstacle de la preuve de la faute pour le demandeur à l'action (1).

1. La responsabilité du promoteur engagée en l'absence de faute prouvée

201. Une obligation de résultat d'origine jurisprudentielle. De même que « *le constructeur est tenu d'une obligation de résultat lors de l'exécution de son contrat* »[701], la jurisprudence a très tôt imposé à ceux qu'elle qualifie de promoteur, une obligation de résultat permettant aux accédants d'engager facilement leur responsabilité ; « *l'entrepreneur a une obligation générale de résultat en phase contractuelle (…) il en va de même pour un promoteur à l'égard de ses acquéreurs* »[702]. À partir des années 1970, les professionnels ont ainsi pu voir fleurir dans les décisions de justice la formule selon laquelle « *le promoteur est tenu d'une obligation de résultat* »[703]. Celle-ci a précédé l'extension des garanties légales au promoteur immobilier : « *le promoteur, qu'il soit légal ou de fait, est tenu d'une obligation de résultat générale et ce, dès avant la loi du 3 janvier 1967* »[704], ainsi qu'*a fortiori*, dès avant la loi du 16 juillet 1971[705]. Pour autant, en anticipant sur les garanties légales imposées par la suite au promoteur, la jurisprudence a donné à son obligation de résultat une portée confinant parfois à celle de la responsabilité décennale[706]. Puisque la

---

[701] Cass. Civ. 3ème, 6 décembre 2005, n° 04-18749, inédit.

[702] J.-B. TAILLAN, C. SABUT (dir.), *Dictionnaire de la maîtrise d'ouvrage publique et privée*, 2ème éd, Le Moniteur, 2019, p. 334.

[703] Cass. Civ. 3ème, 25 octobre 1972, n° 70-14368, *Bull. civ.* III, n° 544, p. 397. Cass. Civ. 3ème, 3 avril 1973, n° 72-11131, *Bull. civ.* III, n° 253, p. 183.

[704] H. HEUGAS-DARRASPEN, « Le promoteur de fait, qui est celui qui a conçu et mis en œuvre un projet de rénovation, n'est pas tenu de restituer les frais d'enregistrement des ventes, en cas d'annulation de ces ventes », *RDI*, 2010, p. 103. Cass. Civ. 3ème, 21 février 1978, n° 76-13827, *Bull. civ.* III, n° 87, p. 67 : « *Attendu que le promoteur était, dès avant la loi du 3 janvier 1967, tenu d'une obligation de résultat et qu'il se trouvait ainsi engagé à livrer un immeuble conforme aux règles de l'art et exempt de malfaçons* ».

[705] Cass. Civ. 3ème, 31 mai 1978, n° 76-15275, *Bull. civ.* III, n° 232, p. 177. Dans le même sens : Cass. Civ. 3ème, 13 décembre 1978, n° 77-14054, *Bull. civ.* III, n° 371, p. 285. Cass. Civ. 3ème, 27 février 1991, n° 89-11619, inédit.

[706] Cass. Civ. 3ème, 1er février 1972, n° 70-14079, *Bull. civ.* III, n° 73, p. 53 : pour avoir donné aux intervenants des « *missions discordantes* » et avoir manqué à son « *obligation*

jurisprudence a d'abord mis au jour la notion de promoteur initiateur, ce dernier est le premier à avoir été rendu débiteur de l'obligation de résultat. « *C'est la jurisprudence qui, la première, a proclamé l'existence d'une obligation de résultat du promoteur investisseur, avant que le législateur ne soumette le promoteur prestataire de service à la responsabilité décennale* »[707]. Le juge faisait peser sur le promoteur, qu'il avait pu préalablement identifier sans fondement contractuel ou légal[708], une obligation de résultat de principe, que ni la loi ni le contrat ne prévoyait encore. Il considérait ainsi que « *le promoteur est tenu en cette seule qualité d'une obligation de résultat qui le contraint à assumer la charge de la réparation des malfaçons et dont il ne peut être dispensé ni par une clause de non garantie du contrat de vente ni par le transfert aux acquéreurs de l'action en garantie décennale contre l'entrepreneur* »[709]. Ainsi, selon un rapport de cause à effet, « *tirant les conséquences de la qualification retenue, la jurisprudence retient généralement que l'intervenant qualifié de promoteur de fait est alors tenu d'une obligation de résultat envers les acquéreurs de l'immeuble* »[710]. L'obligation de résultat a ensuite progressivement transcendé les différentes formes de promotion : « *le promoteur est tenu, envers les acquéreurs de parts ou de locaux, d'une obligation de résultat qui lui impose de leur livrer, en jouissance ou en propriété, une construction exempte de malfaçons* »[711]. Cette règle a été consacrée largement si bien qu'aujourd'hui « *quelle que soit la qualification du contrat, tout professionnel de la construction est tenu (...) d'une obligation de résultat envers le maître de l'ouvrage* »[712].

202. Les critères de distinction en présence. Le travail de qualification de l'obligation a donné lieu à une casuistique jurisprudentielle qui a permis d'identifier plusieurs critères de répartition[713]. En premier lieu, la qualification de l'obligation dépend de la volonté des parties, notamment de la portée de l'engagement qu'accepte de souscrire le débiteur. Dans le cas où les contractants ne se sont pas prononcés sur la nature de leurs obligations, le juge prend en compte l'existence éventuelle d'un aléa dans l'exécution de la prestation. « *Si le débiteur avait en son pouvoir exclusif les moyens lui permettant d'en garantir l'exécution, l'obligation est de résultat, puisque le débiteur pouvait promettre*

---

de surveillance », le promoteur était, à ce titre, « *responsable des vices qui affectaient l'immeuble et le rendaient impropre à sa destination* ».

[707] A. CASTON, « Des droits à indemnisation de l'acquéreur contre le promoteur vendeur d'ouvrage immobilier », *RDI*, 2013, p. 517.

[708] Cf. *Infra*, § 311 et s.

[709] Cass. Civ. 3ème, 13 décembre 1977, n° 76-12558, *Bull. civ.* III, n° 442, p. 336.

[710] C. SIZAIRE, « Promoteur de fait : définition », *Constr.-Urb.* n° 6, juin 2009, comm. 90.

[711] Cass. Civ. 3ème, 13 octobre 1976, n° 75-11992, *Bull. civ.* III, n° 350, p. 266.

[712] Cass. Civ. 3ème, 27 janvier 2010, n° 08-18026, *Bull. civ.* III, n° 22.

[713] Cf. *Infra*, § 909-911.

l'exécution du contrat. Dans le cas contraire, elle est de moyens »[714]. Une activité aléatoire donnera donc lieu à une obligation de moyens tandis qu'une prestation dont l'issue est certaine donnera lieu à une obligation de résultat. Par ailleurs, la participation du créancier à l'exécution de l'obligation confiée au débiteur justifie que l'obligation soit qualifiée de moyens, car elle introduit une forme d'aléa dans la réalisation de la prestation[715]. Enfin, il arrive également au juge de délaisser ces critères objectifs pour apprécier la nature de l'obligation « *en fonction de considérations d'opportunité* », notamment dans un « *souci d'indemnisation des victimes* »[716]. « *Il se manifeste de plus en plus une* politique jurisprudentielle *qui conduit les tribunaux, avec la bénédiction - faut-il dire la complicité ? - de la Cour de cassation, à cultiver en ce domaine les plus purs délices de l'impressionnisme* »[717]. En l'espèce, le promoteur ne choisit pas de qualifier ses propres obligations de résultat et l'accédant ne participe pas à l'opération de construction en dehors de sa seule contribution financière. En revanche, l'opération possède une issue incertaine qui justifierait plutôt que l'on privilégie l'obligation de moyens pour le promoteur immobilier[718]. Si la volonté des parties ou l'absence d'aléa ne permettent pas de justifier l'obligation de résultat du promoteur, cette dernière résulte vraisemblablement d'arbitrages jurisprudentiels pris en opportunité.

203. Parmi les différentes catégories d'obligations, « *toutes les obligations de donner ou de ne pas faire sont des obligations de résultat parce qu'a été promis un résultat absolu, non susceptible de plus ou de moins* »[719], tandis que les obligations de faire sont tantôt de moyens tantôt de résultat. Un transfert de propriété ou une abstention sont des obligations qui n'impliquent pas de variation dans les modes d'exécution ; le débiteur les exécute ou ne les exécute pas, il doit un résultat. A l'inverse, une prestation de service peut être exécutée partiellement, totalement, ou différemment de ce qui avait été envisagé. Si les obligations de faire relatives à des prestations de service sont généralement réputées être de moyens, il n'en va pas de même lorsqu'elles portent sur un bien, comme c'est le cas en matière de louage d'ouvrage immobilier, l'entrepreneur étant tenu à une obligation de résultat.

204. La suppression de la preuve de la faute. L'obligation de résultat présente l'avantage de déboucher sur un régime de responsabilité simplifié, dans lequel la preuve de la faute est écartée. L'article 1353 du Code civil fait supporter la charge de la preuve au créancier qui réclame l'exécution d'une

---

[714] S. PORCHY-SIMON, *op. cit.*, p. 311.
[715] F. TERRÉ, P. SIMLER, Y. LEQUETTE, F. CHÉNEDÉ, *Droit civil. Les obligations*, 12ème éd., Dalloz, 2018, p. 913. V. S. BROS, C. LARROUMET, *Traité de droit civil. Les obligations, le contrat*, t. 3, 9ème éd., Economica, 2018.
[716] S. PORCHY-SIMON, *op. cit.*, p. 311.
[717] F. TERRÉ, P. SIMLER, Y. LEQUETTE, F. CHÉNEDÉ, *op. cit.*, p. 913.
[718] Cf. *Infra*, § 911 et s., 921 et s.
[719] P. MALINVAUD, M. MEKKI, J.-B. SEUBE, *op. cit.*, p. 9.

obligation, de même que l'article 9 du Code de procédure civile prévoit qu'« *il incombe à chaque partie de prouver conformément à la loi les faits nécessaires au succès de sa prétention* ». La charge de la preuve portera uniquement sur l'inexécution du contrat dans le cas d'une obligation de résultat, dès lors que « *l'inexécution fait irréfragablement présumer la faute du débiteur* »[720]. En l'espèce, « *la faute du constructeur est indifférente et la preuve de son absence de faute impuissante à l'exonérer de sa responsabilité vis-à-vis du maître d'ouvrage ou de l'acquéreur* »[721]. Le respect des normes réglementaires en vigueur n'a aucun effet exonératoire sur la responsabilité d'un entrepreneur[722]. Grâce à la suppression de la preuve de la faute, l'accédant est libéré d'une charge probatoire susceptible de compromettre son recours. C'est particulièrement le cas dans le domaine de la construction, où les prestations exécutées sont techniques et, partant, difficiles à critiquer, sauf à faire appel à un expert judiciaire pour éclairer le juge sur la réalité des fautes commises[723]. C'est précisément dans le but de faire jouir l'accédant de la même facilité d'action à l'encontre du promoteur que le juge a transposé à ce dernier le régime de l'obligation de résultat.

205. Ainsi, le juge a assigné au promoteur immobilier une obligation de résultat qui le détermine à remplir l'objectif prévu au contrat, sous peine d'engager sa responsabilité contractuelle si le résultat n'est pas atteint, peu important les moyens qu'il a pu déployer pour tenter d'y parvenir. Si l'obligation de résultat est habituellement privilégiée lorsque certaines conditions sont remplies, c'est bien plus pour des considérations d'opportunité qu'elle fut imposée au promoteur. Singulière, l'obligation de résultat qui pèse sur lui est aussi étendue que peuvent l'être ses missions.

2. Une obligation de résultat généralisée à l'ensemble des prestations du promoteur

206. Une obligation de résultat générale. « *La jurisprudence a dit le promoteur tenu d'une obligation générale de résultat, celle de livrer un ouvrage conforme aux règles de l'art, et exempt de malfaçons, sur le fondement (…) de la responsabilité contractuelle de droit commun* »[724]. L'obligation de résultat du promoteur s'applique dès avant la réception[725], pour aboutir à la livraison d'un

---

[720] S. PORCHY-SIMON, *op. cit.*, p. 310.
[721] C. NOBLOT, « Les risques du sol de l'article 1792 du code civil », *RDI*, 2016, p. 444.
[722] Cass. Civ. 3ème, 3 avril 2002, n° 01-01722, inédit, *RDI* 2002. 237, obs. P. MALINVAUD. Cass. Civ. 3ème, 9 décembre 2003, n° 02-18628, inédit, *RDI* 2004. 196, obs. P. MALINVAUD.
[723] Cf. *Infra*, § 864 et s.
[724] A. CASTON, *art. préc.*, p. 517.
[725] Cass. Civ. 3ème, 10 juillet 2013, n° 12-21910, *Bull. civ.* III, n° 102, *RDI* 2013. 517, obs. A. CASTON, *Constr.-Urb.* 2013, comm. 121, obs. M.-L. PAGÈS-DE VARENNE, *ibid.* comm. 157, obs. C. SIZAIRE, *D.* 2013. 2544, obs. M. COTTET : « *Avant*

ouvrage conforme à la commande passée par l'accédant[726]. Cette obligation de conformité contractuelle lui incombe personnellement[727]. En outre, bien que la qualité technique de l'ouvrage ne dépende pas de lui, le promoteur doit aussi livrer un ouvrage qui soit conforme aux règles de l'art[728] et exempt de malfaçons[729]. La jurisprudence se réfère ainsi à « *l'obligation de résultat* » du promoteur « *de livrer un ouvrage exempt de vices* », en considérant comme indifférent le fait qu'il n'ait « *pas participé effectivement à l'acte de construire* »[730]. Les règles de l'art peuvent se définir comme « *des règles de savoir-faire technique, conformes aux données actuellement acquises de la science* »[731]. Etant le résultat de la « *sécrétion progressive de la pratique et des travaux de recherche* », les règles de l'art sont évolutives[732] et ne sont pas nécessairement toutes écrites, puisqu'elles se trouvent également dans les usages spontanément adoptés par les praticiens. Réputé constructeur par la loi[733], le

---

réception, le promoteur est tenu de l'obligation de résultat de livrer un ouvrage exempt de vices ».

726 Cass. Civ. 3ème, 26 janvier 1983, inédit. C. SIZAIRE, « Promoteur de fait : définition », *Constr.-Urb.* n° 6, juin 2009, comm. 90.

727 Cass. Civ. 3ème, 28 avril 1993, n° 91-15270, inédit.

728 Elles renvoient à « *tout ce qui appartient à un savoir-faire utile à la réalisation technique d'un ouvrage de construction* ». Le respect des règles de l'art correspond à l'obligation de « *se conformer aux données actuellement acquises de la science et de la technique* », appréciées au moment du chantier. Les règles de l'art ont une origine réglementaire et sont accessibles dans les recueils de normes techniques mis à jour par les organismes de normalisation (les documents techniques unifiés – « DTU »), dans les revues spécialisées, dans les modes d'emploi, *etc.* Le juge utilise les règles de l'art comme un standard juridique lui permettant d'apprécier le comportement du bon professionnel de la construction (A. PENNEAU, *Règles de l'art et normes techniques*, Thèse, LGDJ, 1989). Alors qu'en principe, la violation d'une règle de l'art est, en tant que telle, susceptible d'engager la responsabilité contractuelle de l'entrepreneur (tenu à ce titre d'une obligation de résultat), la Cour de cassation a récemment exonéré un constructeur qui ne s'était pas conformé aux prescriptions d'un DTU, en se fondant sur le fait que ce DTU n'avait pas été spécifiquement visé au marché donc contractualisé, et que le manquement n'avait été à l'origine d'aucun désordre (Cass. Civ. 3ème, 10 juin 2021, n° 20-15277).

729 L'obligation de résultat du promoteur lui impose de garantir les vices de l'ouvrage même dans le cas d'une vente forcée, alors qu'en principe, le vendeur est exonéré de garantie lorsque la vente s'est faite par autorité de justice. Cass. Civ. 3ème, 21 novembre 1990, n° 89-13775, *Bull. civ.* III, n° 242, p. 137.

730 Cass. Civ. 3ème, 10 juillet 2013, n° 12-21910, *Bull. civ.* III, n° 102 précité.

731 J. CHRISTOPHE MAZARD, *La responsabilité contractuelle de droit commun des constructeurs*, Thèse, Université de Toulouse, 2005, p. 20.

732 A. PENNEAU, « La notion de règles de l'art dans le domaine de la construction », *RDI*, 1988, pp. 407-417. Le fait que les règles de l'art ne soient pas toujours couchées par écrit et actualisées en temps réel, les rend en quelque sorte évanescentes et porteuses d'un risque d'insécurité juridique pour les constructeurs, qui ne parviendront pas à s'exonérer en invoquant leur caractère imprévisible. Cass. Civ. 3ème, 22 octobre 1980, n° 78-40830, *Bull. civ.* III, n° 161, *RDI* 1981. 78, obs. P. MALINVAUD, B. BOUBLI.

733 Cf. *Infra*, § 253-254.

promoteur supporte une obligation de résultat similaire à celle des locateurs d'ouvrage, que les accédants peuvent invoquer en matière de dommages matériels. A la différence de la garantie des vices cachés qui est alternative[734], l'obligation de résultat du promoteur se cumule avec les garanties biennale et décennale dont il est débiteur. En ce sens, « *l'on ne voit plus l'intérêt de démontrer que la garantie des articles 1792 et s. est applicable puisque toute malfaçon, quelle qu'elle soit, est le signe de l'inexécution de l'obligation de résultat et oblige à réparation* »[735]. L'obligation de résultat du promoteur étant générale, il n'est pas nécessaire pour le juge d'identifier les chefs de missions ou les obligations lui incombant directement, qui auraient été spécifiquement tournées, avant[736] ou après réception[737].

207. Une obligation de résultat extracontractuelle. Alors que l'obligation de résultat n'existe en principe que dans un cadre contractuel, celle du promoteur est susceptible d'être invoquée par des tiers qui n'ont pas directement contracté avec lui[738]. Une jurisprudence, certes précaire, a étendu le bénéfice de l'obligation de résultat au-delà du cocontractant direct, dans le but de faciliter aussi les recours des tiers. C'est pourquoi, l'obligation de résultat du promoteur possède une dimension potentiellement extracontractuelle : « *la jurisprudence admet cette qualification de promoteur alors même qu'aucun lien contractuel ne préexiste entre le promoteur et l'accédant à la construction* »[739]. Le juge n'hésite pas à créer de toutes pièces un lien contractuel d'emprunt, en identifiant par exemple un contrat *sui generis* entre promoteur et souscripteurs[740], alors notamment qu'une société fait écran entre eux[741]. Or, « *cette responsabilité du promoteur étant indépendante de toute relation contractuelle avec la victime des malfaçons et se trouvant fondée sur la seule qualité de ce professionnel* »[742], « *il y aurait donc assimilation du promoteur de fait à un contractant conventionnel professionnel* »[743], dans le seul but de lui faire supporter l'obligation de résultat qui découle de cette qualité. Ainsi, « *pour favoriser les actions en responsabilité*

---

[734] Cass. Civ. 3ème, 24 janvier 1979, n° 77-14886, *Bull. civ.* III, n° 25, p. 19.
[735] J.-C. GROSLIÈRE, C. SAINT-ALARY-HOUIN, « Promoteur. Responsabilité de droit commun. Dommages intermédiaires affectant les canalisations », *RDI*, 1991, p. 230.
[736] Cass. Civ. 3ème, 20 décembre 1994, n° 92-19904, *Bull. civ.* III, n° 224, p. 145. Cass. Civ. 3ème, 10 juillet 2013, n° 12-21910, *Bull. civ.* III, n° 102, *RDI* 2013. 517, obs. A. CASTON, *Constr.-Urb.* 2013, comm. 121, obs. M.-L. PAGÈS-DE VARENNE, *ibid.* comm. 157, obs. C. SIZAIRE, *D.* 2013. 2544, obs. M. COTTET.
[737] Cass. Civ. 3ème, 16 mai 1977, n° 75-14743, *Bull. civ.* III, n° 205, p. 157.
[738] CA. PARIS, 5 juillet 1988, *RDI* 1988. 468.
[739] D. BAZIN-BEUST, *L'obligation de faire faire*, Thèse, ANRT, 2000, p. 158.
[740] CA. PARIS, 8 mars 1966, *RTD Com.* 1966. 965.
[741] Cf. *Infra*, § 660 et s.
[742] F. MAGNIN, « Le point sur la garantie due par le cédant de parts de sociétés civiles immobilières de construction-attribution », *RDI*, 1982, p. 481.
[743] D. TOMASIN, « Promotion immobilière (notion et responsabilités) » *in* P. MALINVAUD (dir.), *Droit de la construction*, 7ème éd., Dalloz, 2018, § 450.71.

des souscripteurs contre le promoteur, la jurisprudence tisse un lien contractuel entre eux, même dans les cas où ils n'ont pas directement contracté. Cette démarche n'est pas sans artifice... »[744]. Plusieurs auteurs ont donc dénoncé cette « *jurisprudence qui, pour éviter que le promoteur n'échappe à sa responsabilité, affirme de façon divinatoire l'existence d'un contrat innommé ou* sui generis *l'unissant à l'accédant* »[745].

208. Cette obligation de résultat pensée par le juge ne devrait logiquement concerner que l'obligation de livrer un ouvrage conforme aux règles de l'art, car pour pouvoir apprécier la conformité à la commande, encore faudrait-il pouvoir se référer à ses stipulations : objet de la construction, coût, délai, *etc.* Or, en l'absence de contrat, l'obligation de résultat du promoteur relative à la conformité « contractuelle » des travaux, au respect du coût ou du délai[746], ne peut raisonnablement être sanctionnée. Ces exemples démontrent avec force l'artificialité de cette jurisprudence. En effet, « *le terme d'*obligation *n'implique pas l'exigence d'un lien contractuel préexistant entre le promoteur et l'accédant : selon les cas, ce lien existe vraiment ou parfois est fictivement affirmé par les juges* ». Dans d'autres hypothèses, « *la Cour de cassation se borne à déduire une obligation de résultat qu'elle fonde sur la seule qualité de promoteur et non (du moins non explicitement) sur une fiction contractuelle* »[747]. Quoiqu'il en soit, le juge fait fi de la dimension contractuelle de l'obligation de résultat, en l'imposant indépendamment d'un contrat la prévoyant explicitement. En vérité, il s'agit donc plutôt « *d'une obligation légale (à cela près qu'une jurisprudence prétorienne tient lieu ici de loi) et en tout cas d'une obligation extracontractuelle* »[748]. Or, avec la consécration légale de l'obligation de résultat du promoteur dans le contrat de promotion immobilière, le juge n'a eu qu'à requalifier comme tel la convention conclue entre les parties pour en déduire l'obligation de résultat[749], « *ce qui n'est qu'un trompe-l'œil destiné à dégager*

---

[744] J.-L. BERGEL, S. CIMAMONTI, Fasc. 223 « Responsabilité de droit commun du promoteur », *JCl. Construction-Urbanisme*, LexisNexis, 2006, p. 4.

[745] R. SAINT-ALARY, J.-C. GROSLIÈRE, C. SAINT-ALARY-HOUIN, Chron. « Promotion immobilière – Vente d'immeuble », *RDI*, 1979, p. 78.

[746] C. SIZAIRE, « Promoteur de fait : définition », *Constr.-Urb.* n° 6, juin 2009, comm. 90.

[747] R. SAINT-ALARY, J.-C. GROSLIÈRE, C. SAINT-ALARY-HOUIN, *art. préc.*, p. 78 : « *Dans presque tous les cas, le juge a voulu établir une responsabilité* directe *du promoteur à l'égard d'accédants qui n'avaient pas contracté avec celui-ci mais seulement avec des cédants de parts sociales ou plus rarement avec des sociétés de vente* ».

[748] P. MALINVAUD, P. JESTAZ, P. JOURDAIN, O. TOURNAFOND, *Droit de la promotion immobilière*, 9ème éd., Dalloz, 2014, p. 47.

[749] Cass. Civ. 3ème, 8 avril 2009, n° 07-20706 07-21304 08-11577, *Bull. civ.* III, n° 81, *Constr.-Urb.* n° 6, juin 2009, comm. 90, obs. C. SIZAIRE : « *la société CEDIF, devant en conséquence être qualifiée de promoteur de fait, sa responsabilité était engagée en application de l'article 1831-1 du code civil, pour avoir méconnu l'obligation de résultat pesant sur elle quant à la conformité du projet aux règles d'urbanisme* ».

une garantie objective du promoteur »[750]. La reconnaissance, dans les contrats spéciaux de la construction, d'une obligation de résultat légale à la charge du promoteur légitime d'autant plus l'obligation de résultat appliquée au « promoteur de fait » par la jurisprudence. En définitive, cette obligation de résultat jurisprudentielle s'inscrit dans la volonté de sécuriser l'opération de construction en facilitant l'engagement de la responsabilité du promoteur, indépendamment de l'application des garanties légales, et peu important la qualité du demandeur, le cadre contractuel ou délictuel dans lequel il agit, la date de survenance du dommage ou encore son assiette. Elle est ainsi particulièrement sévère pour le promoteur immobilier.

209. Une obligation de résultat indirectement relayée par la loi. L'obligation de résultat légale du promoteur « *n'est pas sortie tout armée du cerveau des parlementaires, mais venait en droite ligne de la jurisprudence antérieure* »[751]. Les contrats spéciaux de la construction ont repris l'objet des obligations de résultat découvertes par le juge, notamment celle de livrer un ouvrage conforme aux règles de l'art et aux spécifications de l'accédant. S'agissant en outre de l'obligation de respect des délais, chaque contrat spécial de la construction stipule parmi ses mentions obligatoires une date de livraison, qui s'accompagne parfois de pénalités de retard visant à contraindre le promoteur à livrer l'ouvrage dans le temps imparti[752]. Cette obligation de respect du délai contractuel est un critère d'identification du contrat de vente d'immeuble à construire, l'article 1601-1 du Code civil précisant qu'il s'agit de la convention par laquelle « *le vendeur s'oblige à édifier un immeuble dans un délai déterminé par le contrat* », ce qui atteste de la volonté du législateur de lutter contre le retard. Pour le reste, c'est essentiellement à travers l'emploi des garanties légales que le législateur a entériné le principe d'une responsabilité sans faute du promoteur immobilier, au titre des dommages matériels à la construction[753].

210. L'obligation du promoteur a été qualifiée de résultat par les juges afin de permettre à l'accédant d'engager sa responsabilité, en se délestant du fardeau probatoire que constitue la démonstration d'une faute. Cette obligation de résultat a un champ d'application large qui couvre la prestation globale du promoteur, y compris lorsque son exécution a pu causer un dommage à un

---

[750] J.-L. BERGEL, S. CIMAMONTI, Fasc. 223 « Responsabilité de droit commun du promoteur », *JCl. Construction-Urbanisme*, LexisNexis, 2006, p. 5.

[751] Cass. Civ. 3ème, 14 octobre 1981, *RDI* 1982. 520, obs. J.-C. GROSLIÈRE, P. JESTAZ.

[752] V. l'article R. 231-14 du CCH, applicable dans le cadre du contrat de construction de maison individuelle. Toutefois, la législation propre au contrat de vente d'immeuble à construire n'impose pas au vendeur la stipulation de pénalités de retard dans le contrat. L'article L. 261-11 du CCH se contente de dire que « *le contrat doit être conclu par acte authentique et préciser : c) Le délai de livraison* ».

[753] Cf. *Infra*, § 242 et s.

accédant avec lequel il n'a pas directement conclu de contrat. L'obligation de résultat de livrer à l'accédant un ouvrage conforme à sa commande et aux règles de l'art, dans les délais impartis, a été confortée par la réglementation des contrats spéciaux de la construction et notamment par les différentes garanties légales mises à la charge du promoteur. Or, le choix de cette typologie d'obligation entraine de lourdes conséquences sur les conditions d'engagement de sa responsabilité.

B) L'obligation de résultat renforcée du promoteur immobilier

211. En principe, « *le garanti victime de l'inexécution doit, pour obtenir réparation, établir le contenu de l'obligation, prouver l'inexécution de l'engagement et rattacher la violation de l'obligation au fait du débiteur* »[754]. En l'absence de toute participation matérielle du promoteur à la conception ou à l'exécution des travaux, il n'est *a priori* pas envisageable d'établir un lien de causalité entre le désordre ou la non-conformité et l'intervention du promoteur. Il faut donc en déduire qu'en sus de la faute, le demandeur n'a pas non plus à rapporter l'existence d'un lien de causalité avec le dommage lorsqu'il souhaite engager la responsabilité du promoteur (1). De surcroît, les causes d'exonération qu'est susceptible d'invoquer le promoteur sont réduites (2).

1. La suppression du lien de causalité

212. Les théories de la causalité. Même si dans le cadre de l'obligation de résultat, le créancier n'a pas à prouver la faute du débiteur, il lui appartient à tout le moins de démontrer que le dommage se rattache bien à la prestation attendue. Avec le dommage et la faute, l'existence d'un lien de causalité direct et certain est le troisième pilier du triptyque traditionnel de la responsabilité civile[755]. Il n'existe aucune définition légale du lien de causalité ; ce dernier renvoie à un enchaînement d'évènements et de circonstances sans lesquels le dommage ne serait pas arrivé, une succession de faits matériels à l'origine du dommage, une « *relation mécanique de cause à conséquence* »[756]. En droit, il s'agit du « *lien de cause à effet entre la faute d'une personne ou le rôle d'une chose et le préjudice subi par un tiers* »[757]. Le lien de causalité doit être caractérisé sur le plan juridique afin de « *relier le dommage dont il est demandé réparation à la*

---

[754] N. SAID BENYAHIA, *L'évolution des concepts d'obligation de moyens et d'obligation de résultat*, Thèse, Université Rennes I, 1990, p. 340.

[755] P. LE TOURNEAU, « Responsabilité : généralités », *Répertoire de droit civil*, Dalloz, mai 2009 (actualisé en avril 2019), § 33.

[756] G. MAITRE, *La responsabilité civile à l'épreuve de l'analyse économique du droit*, Thèse, LGDJ, 2005, p. 107.

[757] S. GUINCHARD, T. DEBARD, *Lexique des termes juridiques*, 27ème éd., Dalloz, 2019, p. 160.

personne qui, fautive ou non, en sera déclarée responsable »[758]. La causalité permet donc « *d'identifier (matériellement) l'enchaînement des évènements ayant rendu possible un dommage* », avant « *d'imputer (juridiquement) la responsabilité, de déterminer l'agent devant répondre du préjudice qui en découle (en distinguant le dommage du préjudice)* »[759]. Plusieurs théories doctrinales s'affrontent pour déterminer la manière d'apprécier le lien de causalité[760].

213. La présomption de causalité applicable au promoteur. Bien que la preuve du lien de causalité soit libre et puisse être administrée par tous moyens, elle reste perçue comme une « *probatio diabolica* ». Le lien de causalité peut être difficile à rapporter, peu importe la théorie mobilisée, au point parfois de mettre en échec l'action en responsabilité. C'est pourquoi, « *l'exigence de causalité semble par moments faire obstacle à l'objectif prioritaire d'indemnisation qui est assigné à la responsabilité civile* »[761]. Afin de remédier à cette difficulté, « *l'exigence d'un lien de causalité est écartée dans certains régimes objectifs d'indemnisation (plus que de réparation), relevant non plus de la justice commutative (comme la vraie responsabilité) mais de la justice distributive* »[762]. Dans ce cas, le lien de causalité ne sert pas à identifier la cause exacte du désordre, mais plus généralement à « *déplacer un coût (celui du dommage) d'un agent économique (la victime du dommage) à un autre (le responsable)* »[763]. Ce faisant, au lieu de servir à relier le dommage à l'action personnelle du responsable, le lien de causalité relie le dommage à « *la sphère de risque* »[764] du responsable. Or, lorsqu'il n'est pas possible d'identifier précisément un responsable, faute de pouvoir se fonder sur un lien de causalité direct et certain, la loi propose par défaut des présomptions de causalité. En

---

[758] F. LINDITCH, « Responsabilité décennale », *Répertoire de droit immobilier*, Dalloz, mars 2016 (actualisé en novembre 2019), § 358.

[759] P. LE TOURNEAU, *art. préc.*, § 33.

[760] La théorie de la *causa proxima*, qui retient comme cause du dommage, l'évènement le plus proche de sa survenance sur le plan temporel ; la théorie de l'équivalence des conditions, mise au jour par VON BURI (*Die kausalität und ihre strafrechtlichen beziehungen*, 1885), qui postule que tous les éléments survenus, sans lesquels le dommage n'aurait pas eu lieu, doivent être considérés comme la cause du dommage ; la théorie de la causalité adéquate, mise au jour par VON KRIES (*Die Prinzipien der Wahrscheinlichkeitsrechnung*, 1886), qui considère quant à elle qu'une cause en particulier, celle qui a joué un rôle déterminant, doit être retenue comme la cause principale du dommage.

[761] J.-S. BORGHETTI, « Peut-on se passer de la causalité en droit de la responsabilité ? » *in* Y. LEQUETTE, N. MOLFESSIS (dir.), *Quel avenir pour la responsabilité civile ?*, Dalloz, 2015, p. 12.

[762] P. LE TOURNEAU, « Responsabilité : généralités », *Répertoire de droit civil*, Dalloz, mai 2009 (actualisé en avril 2019), § 33.

[763] J.-S. BORGHETTI, *art. préc. in* Y. LEQUETTE, N. MOLFESSIS (dir.), *op. cit.*, p. 18.

[764] *Ibid.*, pp. 19-20.

jurisprudence, « *l'obligation de résultat n'emporte donc pas seulement une* présomption de faute *du débiteur, mais aussi et nécessairement une* présomption de causalité *entre la faute et le dommage* »[765].

214. C'est le cas pour les constructeurs et, par extension, pour le promoteur. Evoquant l'obligation de résultat d'un sous-traitant – décalque de celle de l'entrepreneur – la Cour de cassation mentionne explicitement « *une obligation de résultat emportant présomption de faute et de causalité* »[766]. En plus de ne pas avoir à prouver l'existence d'une faute commise par le constructeur, le maître d'ouvrage n'a pas à démontrer qu'il existe un rapport de cause à effet direct et certain entre son intervention et la survenance du dommage. A défaut de lien de causalité, il est simplement exigé un lien d'imputabilité entre le champ d'intervention du constructeur et le siège du dommage[767], ce qui signifie que le constructeur ne pourra s'exonérer qu'en prouvant que son activité est sans rapport avec l'assiette du dommage[768]. « *La responsabilité des constructeurs s'articule autour d'une présomption irréfragable de responsabilité et d'une présomption simple d'imputabilité. (…) Hors les hypothèses, rares, de force majeure,* [le constructeur] *ne peut éviter sa condamnation qu'en faisant la preuve de l'impossibilité d'imputer le dommage à son activité* »[769]. Cela signifie, en pratique, que la responsabilité du plombier ne sera pas retenue si le désordre consiste exclusivement en un problème de charpente. L'imputabilité s'entend au cas présent de la « *possibilité d'attribuer à un individu un fait digne de blâme, c'est-à-dire de lui reprocher l'acte dont il est à l'origine* »[770]. Elle ne renvoie pas à la faculté de discernement dont l'auteur est ici nécessairement doté, lui permettant de distinguer le bien du mal, conformément à ce que le droit de la responsabilité civile exige pour désigner un responsable. Grégory MAITRE propose à cet égard « *de nommer ''imputation'' ce rattachement du fait générateur au responsable* »[771], afin d'éviter d'éventuelles confusions.

215. La présomption d'imputabilité applicable au promoteur. La condition d'imputabilité ne devrait jamais pouvoir être caractérisée pour engager la responsabilité du promoteur dans l'hypothèse d'un dommage matériel. En

---

765 M. POUMARÈDE, « Preuve de l'inexécution d'une obligation contractuelle » *in* P. LE TOURNEAU (dir.), *op. cit.*, § 3123.101.

766 Cass. Civ. 3ème, 22 juin 2010, n° 09-16199, inédit.

767 Cass. Civ. 3ème, 25 mars 2015, n° 13-27584 14-13927 14-16441 14-19942, inédit, *RDI* 2015. 310, obs. P. MALINVAUD.

768 Cette hypothèse n'est évidemment acceptable que dans le cadre d'un marché par lots séparés où l'intervention de chaque prestataire est clairement identifiée ; en revanche, elle ne peut fonctionner lorsque les travaux sont pris en charge par une entreprise générale (sauf à ce qu'elle reporte la responsabilité sur ses sous-traitants éventuels).

769 H. PÉRINET-MARQUET, « La responsabilité du maître d'ouvrage dans la préparation et la conclusion du marché », *RDI*, 2002, p. 451.

770 G. MAITRE, *th. préc.*, p. 74.

771 *Ibid.*, p. 108.

effet, celui-ci n'intervient pas à proprement parler sur le chantier, puisqu'il n'assume ni mission de conception ni mission d'exécution qui se rattache à l'édification de l'ouvrage[772]. Comme l'affirme Jean-Philippe TRICOIRE, « *le promoteur immobilier n'intervenant pas directement sur le terrain – sauf hypothèse de l'article 1831-1 in fine*[773] *– tout lien d'imputabilité entre son intervention et le dommage affectant l'ouvrage sera nécessairement établi de manière artificielle* »[774]. A la différence des autres constructeurs, les promoteurs sont tenus « *indépendamment de tout lien de causalité entre leur activité, qui est une activité de gestion et de pilotage de l'opération, et les désordres qui surviennent* »[775]. Dans le prolongement de son obligation de résultat, le promoteur est donc responsable des désordres qui altèrent l'immeuble, sans avoir commis de faute à ce titre et sans que le dommage ait un lien de causalité avec ses agissements, ni même un lien d'imputabilité. L'obligation de résultat du promoteur va au-delà de la présomption de faute ou de la présomption de causalité et comprend également une présomption d'imputabilité[776]. Dans son cas, « *toute tentative d'exonération au titre de l'absence d'intervention causale dans le chantier de construction est donc pratiquement vouée à l'échec* »[777]. Finalement, la présomption de faute et la présomption d'imputabilité qui pèsent sur le promoteur conduisent à « *s'interroger sur le point de savoir si le promoteur, qui n'a pourtant pas réalisé lui-même les travaux, n'est en définitive pas soumis à un régime de responsabilité plus sévère que celui qui est applicable aux entrepreneurs* »[778]. A titre d'exemple, la présomption de causalité est écartée dans l'hypothèse du contrôleur technique, qui ne peut voir sa responsabilité engagée que sur la base d'un véritable lien de causalité

---

[772] R. RAFFI, *L'obligation de garantie du constructeur immobilier*, Thèse, Université de Bordeaux, 1994, pp. 308-309 : « *Si la condition traditionnelle de l'imputabilité du désordre à l'activité du constructeur était maintenue, comment pourrait-on expliquer, sur un plan strictement pratique, que le vendeur de l'ouvrage, et le promoteur immobilier, qui sont visés, en tant que constructeurs, par l'article 1792-1, sont susceptibles d'être désignés comme responsables des désordres, alors qu'ils restent, sauf rares exceptions, totalement étrangers à l'acte technique de construire, et que, par conséquent, on ne peut jamais, en principe, leur imputer, matériellement, le désordre ?* ».

[773] Cf. *Infra*, § 399.

[774] J.-P. TRICOIRE, Fasc. 10 « Contrat de promotion immobilière », *JCl. Construction-Urbanisme*, LexisNexis, 12 décembre 2011 (actualisé le 4 janvier 2017), § 50.

[775] P. MALINVAUD, P. JESTAZ, P. JOURDAIN, O. TOURNAFOND, *op. cit.*, p. 139.

[776] M. POUMARÈDE, « Preuve de l'inexécution d'une obligation contractuelle » *in* P. LE TOURNEAU (dir.), *op. cit.*, § 3123.102 : « *Il s'agit en réalité d'une* présomption de responsabilité, *puisque dans cette dernière la présomption n'est écartée que par la preuve d'une cause étrangère* ».

[777] P. MALINVAUD, P. JESTAZ, P. JOURDAIN, O. TOURNAFOND, *op. cit.*, p. 139.

[778] N. RIAS, « Des actions de l'acquéreur immobilier victime de dommages de construction », *Gaz. Pal.*, 26 septembre 2013, n° 269.

caractérisé entre le dommage et l'exécution des missions qui lui ont été confiées[779].

216. Ainsi, la loi prévoit une présomption de causalité entre le dommage et l'intervention du constructeur, qui tombe lorsque ce dernier parvient à prouver que le dommage ne lui est pas imputable. Cette présomption de causalité pèse sur le promoteur, alors qu'il est admis *a fortiori* que le dommage ne saurait lui être imputable, compte tenu de son absence d'intervention sur le chantier. Grâce à cette présomption d'imputabilité, en promotion immobilière plus encore que dans d'autres domaines, « *non seulement le garanti n'a pas à établir la faute de son cocontractant en cas d'inexécution, mais encore il n'éprouve pas de difficultés dans la preuve de l'imputabilité puisqu'on ne la lui exige pas véritablement* »[780]. Or, « *le fait de réduire ainsi la part de l'imputabilité à sa plus simple expression, constitue la meilleure réponse à l'objectif que s'était fixé le législateur en 1978, c'est-à-dire améliorer la situation des victimes, principalement en minimisant les lenteurs de la procédure* »[781]. En effet, la faute, le lien de causalité ou *a minima* le lien d'imputabilité, sont autant de fardeaux probatoires dont l'accédant est libéré. Ce dispositif s'impose au détriment du promoteur immobilier, qui voit l'engagement de sa responsabilité grandement facilité, ce que vient renforcer la restriction des causes d'exonération susceptibles d'être invoquées.

2. La restriction des causes d'exonération

217. Si la preuve de l'absence de faute permet au débiteur d'échapper à sa responsabilité uniquement dans le cadre d'une obligation de moyens, la cause étrangère est en revanche source d'exonération dans les deux catégories d'obligations. En principe, « *les causes d'exonération (…) ne viennent nullement supprimer la causalité, mais bien plutôt encadrer celle-ci, en évitant que le défendeur ne réponde de dommages qui ont bien été causés par un fait générateur qui lui est imputable, mais qui ne relèvent pourtant pas de sa sphère de risque* »[782]. Les causes d'exonération admises en droit positif sont de trois sortes : le fait du créancier, le fait du tiers et la force majeure.

218. La conception restreinte du fait du créancier. En principe, « si le fait du créancier présente les caractères de la force majeure, *le débiteur est*

---

[779] Article L. 111-24 du CCH.

[780] N. SAID BENYAHIA, *th. préc.*, p. 344.

[781] R. RAFFI, *th. préc.*, pp. 308-309. « *En consacrant l'imputabilité allégée* », le législateur accrédite ainsi « *l'instauration d'une garantie d'indemnisation, par le biais de laquelle le garant se substitue, le cas échéant, au véritable responsable, pour garantir à la victime la réparation du dommage qu'elle a subi* » (*ibid.*, p. 312).

[782] J.-S. BORGHETTI, *art. préc. in* Y. LEQUETTE, N. MOLFESSIS (dir.), *op. cit.*, p. 19.

totalement exonéré »[783]. Dans le cas contraire, le fait du créancier ne produira qu'un effet exonératoire partiel, le juge du fond se chargeant alors d'apprécier la gravité des fautes commises par chacune des parties. En droit de la construction, le constructeur peut être partiellement ou totalement exonéré de sa responsabilité s'il rapporte l'existence de fautes commises par l'accédant. Tel sera le cas si, en cours de chantier, l'accédant manque à son obligation d'information en privant le constructeur de données juridiques, administratives, financières ou techniques qui auraient pu lui être utiles dans l'exercice de ses missions[784], ou si postérieurement à la réception de l'ouvrage, il fait un usage du bien contraire aux exigences de sa destination[785]. La jurisprudence a également reconnu comme causes d'exonération, l'acceptation délibérée des risques par le maître d'ouvrage[786] et l'immixtion fautive du maître d'ouvrage notoirement compétent[787]. La première hypothèse suppose que le maître d'ouvrage ait volontairement contourné les conseils donnés par « un professionnel de la construction ayant eu connaissance du problème technique et compétence pour le résoudre (...) *et que les risques aient été présentés au maître dans leur ampleur et leurs conséquences* »[788]. La seconde hypothèse vise tout acte positif d'intervention, au stade de la conception ou de la réalisation des travaux, d'un maître d'ouvrage dont la compétence est reconnue dans le domaine concerné[789]. Finalement, à l'exception de la faute commise par l'accédant dans les modalités de jouissance du bien postérieurement à la livraison, ou éventuellement de l'acceptation délibérée des risques, les autres causes d'exonération fondées sur le fait du créancier peuvent rarement et difficilement être invoquées par le promoteur pour se départir de sa responsabilité à l'égard de l'accédant. En effet ce dernier n'a pas d'obligation d'information à l'égard du promoteur et s'immisce rarement dans le chantier, notamment s'il a acquis le bien dans le cadre d'une vente d'immeuble à construire.

219. La conception restreinte du fait des tiers. En principe, le débiteur peut être totalement exonéré de sa responsabilité en raison d'une faute commise

---

[783] S. PORCHY-SIMON, *op. cit.*, p. 316.

[784] Cass. Civ. 3ème, 6 novembre 2013, n° 12-15763, inédit.

[785] B. GROSS, *La notion d'obligation de garantie dans le droit des contrats*, Thèse, Université de Nancy, 1964, p. 135.

[786] Cass. Civ. 3ème, 19 janvier 1994, n° 92-14303, *Bull. civ.* III, n° 6, p. 4, *RDI* 1994. 243, obs. P. MALINVAUD, B. BOUBLI.

[787] Cass. Civ. 3ème, 7 mars 1990, n° 88-13133, *Bull. civ.* III, n° 70, p. 38.

[788] J.-B. AUBY, H. PÉRINET-MARQUET, R. NOGUELLOU, *Droit de l'urbanisme et de la construction*, 11ème éd., LGDJ, 2017, pp. 839-840.

[789] Cass. Civ. 3ème, 16 juin 2016, n° 14-27222, inédit. En principe, le constructeur, sachant dans son domaine, doit évaluer toutes les consignes qu'il reçoit sur le plan technique, pour pouvoir émettre le cas échéant des réserves si la prescription ne lui parait pas pleinement opportune. Toutefois, si les directives viennent d'un maître d'ouvrage compétent, il est légitime pour le constructeur de les suivre, ce qui justifie qu'il ne soit pas tenu responsable des dommages susceptibles d'en découler. Il s'agit là de la théorie de l'« immixtion fautive du maître d'ouvrage notoirement compétent ».

par un tiers étranger à sa sphère d'activité, si ses agissements revêtent les caractères de la force majeure, ou partiellement dans le cas contraire. A défaut d'être imprévisible, irrésistible et extérieur, le fait du tiers ne conduit pas à une exonération de responsabilité mais à la condamnation *in solidum* des deux responsables[790]. Ne sont pas considérés comme des tiers les intervenants dont le débiteur répond : un constructeur ne peut donc voir sa responsabilité exonérée si le dommage est imputable à l'un de ses préposés ou sous-traitants. Le constructeur peut dans certains cas exciper de la faute commise par un autre constructeur en charge d'un lot distinct, pour démontrer que le désordre ne lui est pas imputable[791]. Toutefois, cette règle n'est pas valable pour le promoteur, pour qui la condition d'imputabilité est écartée : dans l'hypothèse de dommages purement matériels qui sont par définition étrangers au promoteur, celui-ci ne peut invoquer la faute des autres constructeurs pour se décharger de sa responsabilité à l'égard de l'accédant. En effet, « *aucun intervenant réputé constructeur, au sens de l'article 1792-1, ne peut exciper de la faute des autres constructeurs, même si ces derniers sont des tiers par rapport à lui, pour échapper à sa responsabilité à l'égard du maître d'ouvrage* »[792]. Si le promoteur démontre l'existence de fautes imputables à d'autres constructeurs, il fera tout au plus l'objet d'une condamnation *in solidum* avec ces derniers[793].

220. Si l'on peut considérer que l'élément d'extériorité existe entre colocateurs d'ouvrage, cet argument n'a pas la même portée à l'égard du promoteur, qui n'est pas un constructeur de métier intervenant sur le chantier concomitamment ou successivement aux autres. En réalité, l'indifférence du fait des tiers dans l'appréciation de la responsabilité du promoteur se justifie par le postulat selon lequel il agit en donneur d'ordres à l'égard des constructeurs, dont il répond. « *Les défaillances des locateurs d'ouvrage auxquels il a eu recours ne l'exonèreront donc pas de sa responsabilité, sauf si elles sont imprévisibles et irrésistibles* »[794]. Il fallait faire en sorte que « *l'imputabilité ne soit pas un obstacle à l'indemnisation du garanti. Pour atteindre ce but* [la jurisprudence] *n'a pas hésité à supprimer cette condition de la responsabilité lorsque l'inexécution provenait du fait d'un tiers* (...). *Elle a ainsi créé une règle de fond, elle ne s'est pas contentée d'admettre une présomption, déplaçant la charge de la preuve* »[795]. A l'inverse, les fautes commises par le promoteur compétent sur le plan technique ou assumant une mission matérielle peuvent être retenues comme causes d'exonération de la responsabilité des constructeurs,

---

[790] S. PORCHY-SIMON, *op. cit.*, p. 316.

[791] Cass. Civ. 3ème, 26 mars 1997, n° 92-21612, inédit, *RDI* 1997. 450, obs. P. MALINVAUD.

[792] J.-B. AUBY, H. PÉRINET-MARQUET, R. NOGUELLOU, *op. cit.*, p. 833.

[793] Cf. *Infra*, § 875 et s.

[794] B. GOLFIER, « Les obligations particulières du maître de l'ouvrage : les garanties d'achèvement ou la gestion du risque d'inachèvement par le promoteur immobilier », *RDI*, 2002, p. 473.

[795] B. GROSS, *th. préc.*, pp. 262-263.

sur le fondement de l'immixtion notoire[796] ou du défaut d'imputabilité, ce qui dénote une différence de traitement entre les différents acteurs de l'opération.

221. La conception restreinte de la force majeure. *Stricto sensu*, « *la force majeure s'oppose au* cas fortuit *; elle est un évènement non seulement imprévisible et insurmontable mais encore d'origine externe, absolument étranger à la personne du débiteur* »[797]. Les caractères d'imprévisibilité, d'irrésistibilité et d'extériorité de la force majeure ont été repris à l'article 1218 du Code civil, qui la définit comme « *l'évènement échappant au contrôle du débiteur, qui ne pouvait être raisonnablement prévu lors de la conclusion du contrat et dont les effets ne peuvent être évités par des mesures appropriées* ». La force majeure s'applique lorsque les précautions prises par le débiteur n'auront pas été suffisantes pour empêcher la survenance de l'événement[798]. Néanmoins, ne sont pas exonératoires les vices de l'existant et, notamment, les vices du sol[799]. « *Entre deux théories susceptibles de fonder le couple* emolumentum-onus *et de déterminer l'attributaire des vices du sol, celle du ''risque-propriété'' et celle du ''risque-compétence'' ou risque entrepreneurial, l'article 1792 a clairement tranché pour la seconde* »[800]. Ce choix s'explique par la compétence technique du constructeur qui est censé s'assurer de l'adéquation de la construction au terrain d'implantation. Cette règle est toutefois en contradiction avec celle qui, dans le cadre du louage d'ouvrage, prévoit que l'entrepreneur n'est pas responsable du vice de la matière fournie par le maître d'ouvrage, conformément au principe « *res perit domino* »[801]. Ainsi, « *l'article 1792 a détaché les risques du sol de la propriété et les a reliés, via une règle de droit de la responsabilité, à la compétence professionnelle des acteurs* »[802]. Or, en pratique, à défaut de pouvoir imputer ce type de dommages à un constructeur en particulier, la responsabilité retenue sera celle du promoteur par défaut[803].

222. Une obligation de résultat assimilable à une garantie. Ainsi, la responsabilité du promoteur peut être engagée sur la base de conditions très souples permettant à l'accédant de contourner les obstacles liés à la preuve

---

[796] Cass. Civ. 3ème, 16 juin 2016, n° 14-27222, inédit, *RDI* 2016. 602, obs. O. TOURNAFOND, J.-P. TRICOIRE.

[797] S. GUINCHARD, T. DEBARD, *op. cit.*, p. 505.

[798] F. LAFAY, *La modulation du droit par le juge. Etude de droit privé et sciences criminelles*, Thèse, Presses universitaires d'Aix-Marseille, 2006, p. 285. Cass. Civ. 3ème, 10 octobre 1972, n° 71-11052, *Bull. civ.* III, n° 508, p. 372.

[799] Les vices du sol ne doivent pas être confondus avec les risques du sol, que sont notamment les inondations ou les glissements de terrain, qui peuvent pour leur part remplir les conditions de la force majeure et exonérer le promoteur de sa responsabilité.

[800] C. NOBLOT, « Les risques du sol de l'article 1792 du code civil », *RDI*, 2016, p. 444.

[801] Article 1789 du Code civil.

[802] C. NOBLOT, « Les risques du sol de l'article 1792 du code civil », *RDI*, 2016, p. 444.

[803] Cass. Civ. 3ème, 16 mars 1994, n° 91-12477, inédit, *Mon. TP*, 17 juin 1994, p. 66.

d'une faute et d'un lien de causalité avec le dommage allégué. En outre, les trois causes d'exonération traditionnellement admises ne peuvent être invoquées que dans des cas limitatifs, ce qui facilite encore davantage l'engagement de la responsabilité du promoteur. Son obligation de résultat « *se traduit donc par une responsabilité quasi objective en ce sens que le promoteur ne peut pratiquement invoquer aucune cause d'exonération* »[804]. En effet, « *l'obligation mise à la charge de ce professionnel est plus lourde que l'obligation de résultat de droit commun ; cette obligation s'apparente en réalité à une obligation de garantie* »[805]. Le juge n'hésite pas à parler de « *l'obligation de résultat, garantie légale des désordres* », que le promoteur doit « *au même titre que les locateurs d'ouvrage* »[806], alors qu'en réalité celle du promoteur est à certains égards plus grave encore. Aussi, « *''l'obligation de résultat'' pesant sur le promoteur n'est rien d'autre qu'une garantie objective ou peu s'en faut* »[807] : les promoteurs apparaissent « *comme de véritables ''garants'' financiers de l'opération de construction immobilière, plutôt que comme de simples responsables* »[808].

223. En sus des règles prévues par la loi à des fins préventives, dans le but de protéger l'accédant contre un engagement irréfléchi et des dépenses injustifiées, celui-ci peut invoquer, à des fins correctives, la responsabilité spéciale du promoteur immobilier. Celle-ci se manifeste par une obligation de résultat, mais également par une responsabilité légale, empruntant toutes deux le régime de la garantie.

Section 2. Un régime de responsabilité objectif assimilant le promoteur au constructeur

224. Une fois réceptionné, l'ouvrage immobilier est censé offrir à l'accédant les utilités et la sécurité qu'il est en droit d'attendre. L'ouvrage doit donc être conforme à sa commande et aux techniques qui garantissent sa pérennité. Or, outre le risque de non-conformité, qui peut se manifester dès la livraison, des malfaçons ou des vices sont susceptibles d'affecter l'immeuble dans la durée. Afin de lutter contre ces risques matériels, inhérents à toute opération de construction, le législateur a très tôt associé à cette dernière des garanties légales permettant au maître d'ouvrage de rechercher aisément la responsabilité des constructeurs. Si, en toute logique, ces garanties ont d'abord été mises à la charge de ceux qui ont effectivement participé à la conception ou à l'exécution de l'ouvrage, la loi les a ensuite étendues au « constructeur non-réalisateur » et, à travers lui, au promoteur immobilier, bien qu'il soit étranger au chantier (I). La

[804] P. MALINVAUD, P. JESTAZ, P. JOURDAIN, O. TOURNAFOND, *op. cit.*, pp. 47-48.
[805] *Ibid.*, p. 690.
[806] CA. PARIS, 24 juillet 1981, *RDI* 1982. 245, obs. J.-C. GROSLIÈRE, P. JESTAZ.
[807] J.-C. GROSLIÈRE, P. JESTAZ, Chron. « Promotion immobilière – Vente d'immeuble », *RDI*, 1984, p. 195.
[808] P. MALINVAUD, P. JESTAZ, P. JOURDAIN, O. TOURNAFOND, *op. cit.*, p. 139.

loi a longtemps été l'unique source de ces garanties, avant que la jurisprudence ne contribue largement à en étendre le périmètre, soit en interprétant avec beaucoup de souplesse certains critères d'application, soit en créant *ex nihilo* de nouveaux régimes de responsabilité, avec ou sans faute. Ces initiatives jurisprudentielles, dont la vocation est de compléter le dispositif de protection de l'accédant, ont conduit à renforcer le régime de responsabilité du promoteur (II).

I. Le promoteur immobilier, débiteur des garanties légales des constructeurs

225. Les garanties légales des constructeurs renvoient à différents chefs de responsabilité objective qui visent à faciliter l'action en indemnisation du maître d'ouvrage, au titre des désordres susceptibles de survenir dans les dix ans de la réception. Ces garanties ont progressivement été étendues à d'autres constructeurs, réputés comme tels par la loi, dont la participation est uniquement intellectuelle et « indirecte ». L'ajout des constructeurs « non-réalisateurs » à la liste des débiteurs a eu pour principal effet d'y inclure le promoteur immobilier, sous ses différentes formes juridiques d'intervention (A). Le promoteur est ainsi tenu aux mêmes garanties légales que les constructeurs de métier et supporte au surplus des garanties légales qui lui sont spécifiques. Cette assimilation du promoteur aux constructeurs met en exergue le caractère hétérogène de la notion de constructeur, dont la définition interroge (B).

A) L'obligation des constructeurs de garantir l'ouvrage dans la durée

226. « *Les constructeurs d'un immeuble sont tenus, comme les vendeurs professionnels d'une ''obligation de garantie de résultat'' quant à la qualité du produit livré* »[809], qui se manifeste à travers la « *responsabilité de plein droit* » ou la « *présomption de responsabilité* » dont ils font l'objet dans la loi. L'existence de garanties légales dans le domaine de la construction neuve s'explique par différents facteurs. Leur nature et leur objet une fois définis (1), il convient de déterminer à quel type d'intervenant elles s'appliquent (2).

1. Le principe de garantie de l'ouvrage construit

227. L'évolution des garanties légales des constructeurs. La garantie décennale est une externalité du contrat de louage d'ouvrage de longue date. La coutume de Paris de 1748 la prévoyait déjà en son article 114[810], avant que le

---

[809] N. SAID BENYAHIA, *th. préc.*, p. 350.

[810] M. DESGODETS, *Les lois des bâtiments suivant la coutume de Paris*, 1748, p. 118 : « *Les entrepreneurs, maçons et charpentiers sont garants des édifices qu'ils ont construits, chacun à leur égard, pendant le temps de dix années après leur construction. Les autres ouvriers qui contribuent à la construction des édifices et bâtiments sont garants de leurs ouvrages, chacun en particulier pendant la première année après*

Code Napoléon de 1804 ne la reprenne à l'article 1792 ancien dans les termes suivants : « *si l'édifice à prix fait périt en tout ou en partie par le vice de la construction, même par le vice du sol, les architectes, entrepreneurs et autres personnes liées au maître de l'ouvrage en sont responsables pendant dix ans* »[811]. Cette garantie s'explique par le caractère immobilier de l'ouvrage neuf, dont la solidité ne peut être appréciée que sous l'effet du temps. Le choix de réserver la garantie aux marchés à forfait se justifie alors par « *le danger d'un entrepreneur travaillant au plus serré afin d'améliorer la rentabilité financière du marché* »[812]. A l'occasion de la loi du 3 janvier 1967[813], la référence au marché « à prix fait » disparaît, afin d'étendre la garantie décennale à tous les louages d'ouvrage, peu important le mode de détermination du prix. La loi de 1967 consacre en outre, à l'article 2270 du Code civil, une garantie de deux ans pour les « menus ouvrages », désignant schématiquement ceux qui ne relèvent ni du clos ni du couvert[814]. Puis la loi du 4 janvier 1978[815] substitue à la notion d'« édifice » la notion plus large d'« ouvrage »[816], ce qui permet d'intégrer dans le champ d'application des garanties les voieries, réseaux et ouvrages de génie civil, par nature ni clos ni couvert. La garantie des menus ouvrages est remplacée par la garantie biennale de bon fonctionnement des éléments d'équipement. La ligne de démarcation entre la garantie décennale et la garantie biennale n'est plus fondée sur l'importance de l'élément de construction affecté mais sur le caractère dissociable ou indissociable de l'élément d'équipement endommagé (quoique ce critère soit indifférent dans l'hypothèse d'une impropriété à destination).

---

achèvement et perfection d'iceux ouvrages, pour ce qui concerne la façon et la qualité des matières qui y sont employées mais non pour leur entretien et ce qui se peut user ou rompre par violence ou par la négligence de ceux qui occupent les lieux soit maîtres, locataires et autres semblables » *in* J.-B. AUBY, H. PÉRINET-MARQUET, R. NOGUELLOU, *op. cit.*, p. 21.

[811] M. ZAVARO, *La responsabilité des constructeurs*, 3ème éd., LexisNexis, 2013, p. 2. L'article 2270 du Code civil confirmait ainsi : « *après dix ans, l'architecte et les entrepreneurs sont déchargés de la garantie des gros ouvrages qu'ils ont faits ou dirigés* ».

[812] M. FAURE-ABBAD, *Droit de la construction*, 3ème éd., Gualino-Lextenso, 2016, p. 266.

[813] Loi n° 67-3 du 3 janvier 1967 relative aux ventes d'immeubles à construire et à l'obligation de garantie à raison des vices de construction.

[814] Article R. 111-27 du CCH.

[815] Loi n° 78-12 du 4 janvier 1978 relative à la responsabilité et à l'assurance dans le domaine de la construction.

[816] Dans une même perspective, l'article 1792-2 du Code civil a été modifié par l'ordonnance n° 2005-658 du 8 juin 2005, afin de substituer au terme de « bâtiment » celui, plus large, d'« ouvrage ».

228. La loi de 1978 consacre également l'existence d'une garantie de parfait achèvement à l'article 1792-6 du Code civil. L'ordonnance du 8 juin 2005[817] est venue pour sa part exclure du domaine d'application des garanties les éléments d'équipement dissociables exclusivement destinés à un usage professionnel[818]. En dernier lieu, la loi du 17 juin 2008[819] a ajouté un nouvel article 1792-4-1 au Code civil, confirmant que les débiteurs des garanties légales sont déchargés de toute forme de responsabilité une fois écoulés les délais d'action relatifs à chacune des garanties. Plus encore, la loi précise, dans un nouvel article 1792-4-3[820], qu'en dehors des recours fondés sur les garanties légales, les actions en responsabilité dirigées contre les constructeurs se prescrivent par dix ans[821].

229. **Le champ d'application des garanties légales des constructeurs**. Les garanties légales des constructeurs n'existent qu'en présence d'une construction immobilière, réceptionnée de manière contradictoire entre le maître d'ouvrage et le(s) constructeur(s)[822]. La généralité du terme « ouvrage immobilier » démontre que le législateur a pensé ces garanties comme les accessoires invariables du contrat de construction, quel que soit son objet, sa destination[823] ou son ampleur (construction entièrement neuve, adjonction à un existant, travaux de rénovation). A l'universalité des ouvrages couverts, s'ajoute l'universalité des maîtres d'ouvrage bénéficiaires. En effet, tous les maîtres d'ouvrage peuvent tirer profit des garanties légales, peu important leur qualité - professionnel, non-professionnel, occasionnel - et la nature de leur projet. La protection s'étend en outre à tous les acquéreurs successifs de l'ouvrage, puisque les garanties légales se transmettent *propter rem*, jusqu'à l'expiration des délais d'actions[824]. Comme

---

[817] Ordonnance n° 2005-658 du 8 juin 2005 portant modification de diverses dispositions relatives à l'obligation d'assurance dans le domaine de la construction et aux géomètres experts.

[818] Article 1792-7 du Code civil.

[819] Loi n° 2008-561 du 17 juin 2008 portant réforme de la prescription en matière civile.

[820] Avant l'adoption des articles 1792-4-1 et 1792-4-3, v. Cass. Civ. 3ème, 11 juin 1981, n° 80-10875, *Bull. civ.* III, n° 120.

[821] Cf. *Infra*, § 885.

[822] Article 1792-6 alinéa 1er du Code civil. Les ventes en cours de construction (Cass. Civ. 3ème, 9 juin 1999, n° 97-19257, *Bull. civ.* III, n° 133, p. 91, *RDI* 1999. 408, obs. P. MALINVAUD) ou en cours de rénovation (Cass. Civ. 3ème, 14 mars 2001, n° 99-18348, *Bull. civ.* III, n° 34, p. 27, *RDI* 2001. 255, obs. P. MALINVAUD) sont considérées comme des ventes « en l'état », non réceptionnées, pour lesquelles les garanties légales sont inapplicables. Antérieurement à la réception des travaux, ou en l'absence de réception, seule la responsabilité contractuelle de droit commun peut servir de fondement à une action en réparation des désordres.

[823] Sauf en ce qui concerne les éléments d'équipement professionnels, qui sont exclus du champ d'application des garanties légales.

[824] A ce titre, l'article 1646-1 alinéa 2 du Code civil précise que « *ces garanties bénéficient aux propriétaires successifs de l'immeuble* ». Cass. Civ. 3ème, 23 septembre 2009, n° 08-13470, *Bull. civ.* III, n° 202, *D.* 2009. 2352, *RDI* 2010. 107, obs. F. NESI, D. CHAUCHIS, *RTD Civ.* 2010. 336, obs. P. JOURDAIN, *Defrénois* 2010. 221, obs.

le rappelle ainsi la jurisprudence[825], « *le maître d'ouvrage comme le sous acquéreur jouit de tous les droits et actions attachés à la chose qui appartenait à son auteur* »[826]. Trois garanties légales coexistent, qui varient selon les désordres couverts et le délai pour agir. La garantie de parfait achèvement ayant pour débiteur unique l'entrepreneur dont les travaux d'exécution sont à l'origine du dommage, les concepteurs et les promoteurs n'en sont pas débiteurs. A l'inverse, les garanties biennale et décennale sont quant à elles opposables à tous les constructeurs, en tant que « *garanties d'application générale* »[827].

230. Dès avant le Code civil de 1804, le législateur fait peser sur les constructeurs une obligation de garantie, dans le but de faciliter l'action en réparation du maître d'ouvrage. Les constructeurs sont ainsi débiteurs d'une garantie annale de parfait achèvement, d'une garantie biennale de bon fonctionnement et d'une garantie décennale, qui couvrent de manière objective, impérative et exclusive les désordres matériels affectant l'ouvrage, dans les dix ans de sa réception[828]. Sous l'effet de la loi, la liste des débiteurs des garanties légales s'est sensiblement allongée jusqu'à inclure le promoteur immobilier, à travers ses différentes formes d'intervention.

2. La liste évolutive des débiteurs des garanties

231. Les constructeurs débiteurs des garanties légales sont aussi nombreux que divers. Alors que la loi de 1967 a opéré « *un premier élargissement de la catégorie de ''constructeur'' à une série de techniciens du bâtiment contractuellement liés au maître de l'ouvrage, (…) la loi du 4 janvier 1978 a réputé ''constructeurs'' des personnes sans compétence dans l'art de construire et qui ne sont jamais intervenues ni au stade de la conception, ni au stade de la*

H. PÉRINET-MARQUET : « *la garantie décennale accompagne, en tant qu'accessoire, l'immeuble* ».

[825] Cass. Ass. Plen., 7 février 1986, n° 83-14631, *Bull. A.P.* n° 2, p. 2. S'agissant de l'action contractuelle, la jurisprudence s'était d'abord opposée à une transmission de l'action (Cass. Civ. 3ème, 31 mai 1989, n° 88-11435, *Bull. civ.* III, n° 121, p. 67), avant de l'admettre finalement (Cass. Civ. 3ème, 10 mars 2009, n° 08-11173, inédit. Cass. Civ. 3ème, 10 juillet 2013, n° 12-21910, *Bull. civ.* III, n° 102, *RDI* 2013. 517, obs. A. CASTON, *Constr.-Urb.* 2013, comm. 121, obs. M.-L. PAGÈS-DE VARENNE, *ibid.* comm. 157, obs. C. SIZAIRE, *D.* 2013. 2544, obs. M. COTTET).

[826] En tout état de cause, il peut arriver que le nouveau propriétaire choisisse d'engager la responsabilité de son vendeur plutôt que celle du constructeur. Le cas échéant, le maître d'ouvrage conserve la possibilité d'exercer lui-même une action contre le constructeur dès lors « *qu'elle présente pour lui un intérêt certain et qu'il peut donc invoquer un préjudice personnel* » (Cass. Civ. 3ème, 31 mai 1995, n° 92-14098, *Bull. civ.* III, n° 133, p. 89).

[827] M. FAURE-ABBAD, *Droit de la construction*, 3ème éd., Gualino-Lextenso, 2016, p. 263.

[828] Cf. *Infra*, § 852-855.

réalisation des travaux »[829]. Si les garanties légales n'ont d'abord concerné que les constructeurs de métier (a), elles ont progressivement été étendues à des intervenants qui ne participent qu'indirectement au chantier (b).

a. Les constructeurs de métier, débiteurs originels des garanties

232. Des garanties limitées à l'origine aux locateurs d'ouvrage. La garantie pèse par principe sur le débiteur de l'obligation essentielle du contrat. Dans le contrat d'entreprise, cette dernière correspond à la réalisation de l'ouvrage par l'entrepreneur, puisque le prix versé en contrepartie par le maître d'ouvrage n'est pas une prestation caractéristique du contrat d'entreprise, mais une contrepartie commune à tous les contrats conclus à titre onéreux. De même, la garantie pèse théoriquement sur un débiteur en situation de supériorité, réelle ou présumée, ce qui est le cas de l'entrepreneur, réputé compétent dans son domaine d'intervention[830]. Dans la coutume de 1748, puis dans le Code Napoléon de 1804, l'article 1792 vise les « *entrepreneurs, architectes et autres personnes liées au maître d'ouvrage* ». La loi de 1967 agrandit la liste des débiteurs potentiels, en ajoutant, à l'article 1779 du Code civil, les « *techniciens* ». Aussi précise-t-elle, à l'article 1792, que les « *autres personnes liées au maître de l'ouvrage* » le sont « *par un contrat de louage d'ouvrage* », afin de circonscrire les garanties légales aux seuls marchés de travaux immobiliers.

233. Cela étant, en plus des entreprises d'exécution, sont intégrés dans la liste des débiteurs des garanties légales les maîtres d'œuvre *lato sensu*, chargés de la conception (économistes, bureau d'études) ou du suivi d'exécution, ainsi que les contrôleurs techniques[831] et les « coordonnateurs sécurité et protection de la santé ». La loi de 1978 a également consacré à l'article 1792-4 du Code civil la responsabilité légale du fabricant au titre des garanties biennale et décennale, dans l'hypothèse où les éléments de construction qu'il fournit revêtent une spécificité telle qu'elle rend le fabricant solidairement responsable

---

[829] C. NOBLOT, « Les risques du sol de l'article 1792 du code civil », *RDI*, 2016, p. 444.

[830] F. MODERNE, « Rapport de synthèse : Nouvelles fonctions dans les marchés de construction », *RDI*, 1996, p. 511 : « *Se souvient-on que, dans le code Napoléon, seuls les architectes étaient tenus d'une obligation de garantie décennale, sanction de leur rôle éminent dans l'opération d'édification d'un bâtiment ?* ». P. MALINVAUD, P. JESTAZ, P. JOURDAIN, O. TOURNAFOND, *op. cit.*, p. 137 : « *Pareille rigueur paraît justifiée pour ceux qui assument des missions d'exécution car l'art de construire présente un degré de certitude suffisant pour que les locateurs d'ouvrage se voient imposer une telle obligation* ».

[831] Le décret d'application n° 78-1146 du 7 décembre 1978 a assujetti le contrôleur technique à la garantie décennale exclusivement, sous réserve que soit rapporté un véritable lien de causalité entre les désordres allégués et les missions contractuellement mises à sa charge.

avec l'entrepreneur des désordres qui pourraient en résulter[832]. En revanche, les fabricants d'éléments de construction standardisés ne peuvent être recherchés que sur le fondement de la responsabilité contractuelle de droit commun[833]. La loi de 1978 dispose ainsi à l'article 1792 du Code civil que « *tout constructeur d'un ouvrage* » est tenu aux garanties légales, comme si le terme de « constructeur » renvoyait à une catégorie juridique identifiable[834].

b. L'extension des garanties aux constructeurs « non-réalisateurs »

234. L'allongement de la liste légale des constructeurs. Indépendamment des constructeurs qui interviennent à l'opération en tant que concepteurs, fabricants, exécutants ou contrôleurs, les garanties biennale et décennale s'appliquent aussi à tous ceux qui contribuent « *à la mise sur le marché d'un ouvrage neuf* »[835]. C'est le sens de l'article 1792-1 du Code civil, consacré par la loi du 4 janvier 1978, qui répute constructeur non seulement « 1° *tout architecte,*

---

832 L'ordonnance du 8 juin 2005 exclura du champ des « EPERS » les éléments d'équipement servant exclusivement à des fins professionnelles (article 1792-7 du Code civil). La responsabilité du fabricant d'« EPERS » a été très critiquée par la doctrine. V. M. CARCENAC, *La condition juridique des éléments préfabriqués dans la construction*, Thèse, Université Montpellier I, 1996, pp. 286-325. C. PONCE, *Assurance-construction et garanties de bonne fin*, Thèse, Université d'Aix-Marseille, 2003, p. 381. P. MALINVAUD, « Bilan et perspectives de la responsabilité des constructeurs. 1967-2004 » *in Mélanges à la mémoire du Professeur Roger Saint-Alary. L'immeuble et le droit*, Editions législatives, Presses de l'Université des sciences sociales de Toulouse, 2006, p. 364 : « *D'évidence, la réforme étendant la responsabilité des constructeurs aux fabricants a été mal ressentie, comme si elle constituait une sorte d'artifice, un greffon qui n'a pas pris* ». Dans son rapport annuel 2007, la Cour de cassation a proposé d'abroger l'article 1792-4 du Code civil. M. FAURE-ABBAD, *Droit de la construction*, 3ème éd., Gualino-Lextenso, 2016, p. 330.

833 *A contrario* : Cass. 3ème Civ., 28 février 2018, n° 17-15962, *Bull. civ.* III, n° 25.

834 Cf. *Infra*, § 249 et s. Alors que celle-ci rassemble logiquement tous les « constructeurs de métier » (le Code civil emploie notamment le terme d'« *ouvrier* » aux articles 1779 3°, 1793, 1794 du Code civil), aucune garantie légale ne s'applique au sous-traitant, bien qu'il soit un entrepreneur en charge de l'exécution des travaux, car dans son cas, c'est le critère du rapport contractuel avec le maître d'ouvrage qui fait défaut. En opportunité, les parlementaires de 1978 n'ont pas souhaité « *voir les responsabilités décennales et biennales étendues aux sous-traitants en raison de leur petite taille et des difficultés de trésorerie des petites entreprises de sous-traitance* » (E. MARTINVILLE, *La sous-traitance de construction. Adaptation du droit aux évolutions économiques en matière de construction*, Thèse, Presses universitaires d'Aix-Marseille, 2004, p. 296). En revanche, depuis l'ordonnance n° 2005-658 du 8 juin 2005, le délai de prescription de la responsabilité délictuelle du sous-traitant à l'égard du maître d'ouvrage est aligné sur celui des garanties légales des constructeurs (article 1792-4-2 du Code civil), en variant ainsi de deux à dix ans selon la nature du dommage en cause.

835 J.-P. STORCK, « A propos de la responsabilité du vendeur qui vend, après achèvement, un ouvrage qu'il a construit ou fait construire », *D.* 2001, p. 2628.

entrepreneur, technicien ou autre personne liée au maître de l'ouvrage par un contrat de louage d'ouvrage », mais également « *2° toute personne qui vend, après achèvement, un ouvrage qu'elle a construit ou fait construire* », ainsi que « *3° toute personne qui, bien qu'agissant en qualité de mandataire du propriétaire de l'ouvrage, accomplit une mission assimilable à celle d'un locateur d'ouvrage* ». Partant, les garanties légales pèsent non seulement sur les constructeurs « matériels », liés au maître d'ouvrage par un contrat de louage d'ouvrage, mais également sur « *ceux que la loi y assimile, c'est-à-dire la plupart des professionnels qui se chargent de commercialiser l'immeuble en construction ou de le vendre une fois construit* »[836]. Ces constructeurs « non-réalisateurs » sont « *ceux qui n'ont pas de ''responsabilité technique'' mais qui, par leurs activités, peuvent avoir des ''responsabilités juridiques''* »[837]. A l'inverse, peuvent être considérés comme « réalisateurs », les constructeurs qui prennent part au chantier, en qualité de concepteurs ou d'exécutants[838]. L'intégration des « non-réalisateurs » dans la liste des débiteurs des garanties légales est d'autant plus surprenante qu'ils ne sont pas liés au maître d'ouvrage par un contrat de louage d'ouvrage, ce qui paraissait être une condition préalable à l'application des garanties.

235. L'extension aux vendeurs après achèvement. L'article 1792-1 2° du Code civil peut concerner le maître d'ouvrage professionnel qui choisit de transférer la propriété du bien une fois sa construction achevée, ou qui vend par défaut ses « queues de programme » clefs en main[839]. Dans cette dernière hypothèse, le régime du vendeur professionnel après achèvement suit le régime du vendeur d'immeuble à construire, dans la mesure où leurs démarches sont similaires, quoique le transfert de propriété à l'acquéreur n'intervienne pas au même moment[840]. L'article 1792-1 2° peut également s'appliquer au particulier qui revend le bien qu'il a construit lui-même, en auto-construction, ou qu'il a fait construire par un tiers. Le particulier qui a fait construire son logement, et qui a pu à ce titre « *bénéficier de la qualité de consommateur pendant toute l'opération de construction, devient professionnel constructeur au moment où il*

---

[836] P. MALINVAUD, « L'autonomie de la garantie des vices en matière immobilière », *RDI*, 1998, p. 321.

[837] M. AMBACHER, « Le vendeur, le promoteur et l'obligation de souscrire une police ''constructeur non réalisateur'' », *RDI*, 1989, p. 23.

[838] Il est intéressant de relever à ce titre que l'annexe II à l'article A. 243-1 du Code des assurances définit les « réalisateurs » comme « *l'ensemble des constructeurs* (…) *qui sont mentionnés au 1° de l'article 1792-1 du code civil et sont liés, à ce titre, au maître de l'ouvrage par un contrat de louage d'ouvrage en qualité de concepteur ou de conseil (architecte, technicien ou autre) ou en qualité d'entrepreneur, et qui participent à la réalisation de l'opération de construction* ».

[839] Les « queues de programmes » désignent les reliquats de l'opération qui n'ont pu être commercialisés en cours de chantier au moyen de ventes d'immeubles à construire et qui sont donc cédés après achèvement, dans le cadre de ventes immobilières de droit commun.

[840] D. SIZAIRE, « Le vendeur-constructeur », *Constr.-Urb.* n° 2, février 2005, étude 2.

se sépare de ce bien»[841]. Un tel raisonnement prend le contrepied des considérations habituelles sur la qualité des parties, qui autorisent à apprécier avec plus de souplesse la responsabilité du non-professionnel[842]. De surcroît, la volonté de construire dans la perspective d'une revente n'est pas déterminante puisque le revendeur peut être réputé constructeur alors qu'il n'avait pas envisagé un projet de vente à l'origine[843]. Le fait que la vente n'intervienne pas immédiatement après la fin des travaux[844], ou que le bien fasse l'objet de plusieurs ventes successives sont tout autant indifférents[845]. C'est pourquoi, Jean-Philippe TRICOIRE propose de « *redéfinir le champ de l'article 1792-1 2° du code civil qui recouvre des situations trop différentes* »[846], afin de limiter ses effets aux personnes qui vendent un bien immobilier qu'elles n'ont pas occupé à titre personnel ou familial, dans les cinq ans qui suivent son achèvement[847]. Par ailleurs, il est d'autant plus regrettable de faire du revendeur particulier un constructeur « *que la garantie décennale due par les constructeurs initiaux se transmet à l'acquéreur de l'immeuble avec ce dernier* »[848]. Enfin, la mise en œuvre des garanties légales soulève un grand nombre de difficultés juridiques lorsque le vendeur a construit lui-même l'ouvrage[849]. Pour Jean-Patrice

---

[841] O. SEIGLE-FERRAND, *Droit de la construction et droit de la consommation. Essai sur les critères de qualification des contractants*, Thèse, Université de Montpellier, 2017, p. 179.

[842] C'est le cas notamment en matière de vente, s'agissant de la clause d'exonération des vices cachés.

[843] Cass. Civ. 3ème, 12 mars 1997, n° 95-12727, *Bull. civ.* III, n° 61, p. 39.

[844] Cass. Civ. 3ème, 14 janvier 1998, n° 95-19916, *Bull. civ.* III, n° 11, p. 8 ; Cass. Civ. 3ème, 2 octobre 2002, n° 00-11117, *Bull. civ.* III, n° 204, p. 173.

[845] Le vendeur de troisième ou de quatrième rang pourra ainsi être amené à voir sa responsabilité recherchée sur le fondement des garanties légales.

[846] J.-P. TRICOIRE, « La responsabilité du vendeur d'immeuble après achèvement pour désordres intermédiaires », *RDI*, 2011, p. 116.

[847] J.-P. TRICOIRE, « La soumission du vendeur de droit commun aux responsabilités des constructeurs. Chassé-croisé entre les qualifications retenues et les régimes juridiques appliqués », *Actes Pratiques et Ingénierie Immobilière*, juillet 2015, n° 3, dossier 20 *in* O. SEIGLE-FERRAND, *th. préc.*, p. 182.

[848] J.-P. STORCK, « A propos de la responsabilité du vendeur qui vend, après achèvement, un ouvrage qu'il a construit ou fait construire », *D.* 2001, p. 2628. Cf. *Supra* § 229. Le maître d'ouvrage est tenu des mêmes garanties que celles qu'il détient contre les locateurs d'ouvrage auxquels il a fait appel, alors que lui-même n'a pas réalisé l'ouvrage, ce qui peut paraitre relativement sévère.

[849] Dans ce cas de figure, le demandeur à l'action se heurte à la difficulté de déterminer le jour de la réception des travaux comme point de départ des garanties, car s'agissant d'un évènement contradictoire entre le maître d'ouvrage et le constructeur, elle n'existe pas dans le cadre de l'auto-construction, où la même personne assume ces deux fonctions. Or, les ouvrages non réceptionnés échappent à l'article 1792-1 2°, indépendamment de la question de l'achèvement (Cass. Civ. 3ème, 27 février 2013, n° 12-12148, *Bull. civ.* III, n° 29, *D.* 2013. 640, *RDI* 2013. 276, obs. P. MALINVAUD). En effet, les garanties légales pèsent sur le vendeur après achèvement si l'ouvrage est vendu achevé et réceptionné ; les conditions d'achèvement (exigé par l'article 1792-1 2°) et de

STORCK, la garantie décennale ne devrait donc pas incomber aux vendeurs après achèvement, mais uniquement à « *ceux qui ont contribué à l'édification ou à la mise sur le marché* »[850] d'immeubles neufs qu'ils n'ont pas entendu construire ou faire construire pour eux-mêmes. Christophe PONCE affirme également qu'il serait souhaitable d'« *exclure le vendeur particulier, et plus spécifiquement le ''castor'', de la liste des personnes assimilées à un constructeur* »[851], sauf lorsqu'il « *se comporte comme un promoteur ayant l'initiative et le soin principal de l'opération face à un acquéreur, lui aussi particulier consommateur de logement, soumis aux rigueurs de la vente de droit commun* »[852].

236. L'extension au mandataire du maître d'ouvrage. L'article 1792-1 3° cite, parmi les débiteurs des garanties biennale et décennale, le « *mandataire du propriétaire de l'ouvrage* » qui « *accomplit une mission assimilable à celle d'un locateur d'ouvrage* ». Cette disposition ne doit pas être confondue avec le fondement autonome de l'article 1831-1 du Code civil, qui fait supporter ces garanties au promoteur signataire d'un contrat de promotion immobilière. L'article 1792-1 3° vise tacitement le contrat de maîtrise d'ouvrage déléguée, par lequel le maître d'ouvrage confie à un tiers le soin de le représenter dans l'accomplissement des actes d'organisation et de supervision de l'opération[853]. Or, ledit article suggère que le mandataire exécute, en sus de ses missions juridiques de représentation, des missions matérielles relevant par nature du

---

réception (exigé par l'article 1792) étant cumulatives, la responsabilité du vendeur ne sera que de droit commun si l'une d'entre elles n'est pas respectée (P. MALINVAUD, « N'est pas réputé constructeur au sens de l'article 1792-1 celui qui vend sa maison avant réception », *RDI*, 2013, p. 276). A défaut de réception, le juge se fonde sur un faisceau d'indices pour déterminer la date d'achèvement des travaux (Cass. Civ. 3ème, 29 mars 2018, n° 17-14121, inédit). La situation du vendeur après achèvement soulève enfin la question de la souscription, avant le début du chantier, de l'assurance de responsabilité décennale obligatoire. « *Comment le vendeur pourrait-il être* [couvert] *puisqu'à cette date il est maître de l'ouvrage et n'entend pas vendre ?* » (J.-P. STORCK, *art. préc.*, p. 2628). L'obligation de souscrire une assurance responsabilité décennale ne concerne en réalité que le vendeur après achèvement qui projetait de vendre le bien *ab initio*, conformément à ce que prévoit l'article L. 241-2 du Code des assurances. Le vendeur après achèvement pourrait faire valoir que la construction lui était à l'origine exclusivement destinée ; l'acquéreur serait alors dans l'impossibilité d'apporter la preuve contraire, puisque celle-ci se rattache à un élément intentionnel. Quant à l'assurance dommages-ouvrage, aucune sanction pénale n'est encourue lorsque le défaut de souscription est imputable à « *la personne physique construisant un logement pour l'occuper elle-même ou le faire occuper par son conjoint, ses ascendants, ses descendants ou ceux de son conjoint* » (article L. 243-3 alinéa 2 du Code des assurances).

[850] J.-P. STORCK, « La notion du constructeur au sens de l'article 1792-1, 2° du Code civil », *D.* 1998, p. 234.

[851] C. PONCE, *th. préc.*, p. 381.

[852] C. PONCE, *Le contrat de construction de maison individuelle, 15 ans après la loi du 19 décembre 1990*, LexisNexis Litec, 2006, p. 29.

[853] Cf. *Infra,* § 431 et s.

louage d'ouvrage immobilier[854]. Aussi, le maître d'ouvrage délégué verra-t-il sa responsabilité facilement engagée sur le fondement des articles 1792 et suivants, s'il se charge d'une mission de contrôle des travaux, assimilable à un acte de maîtrise d'œuvre d'exécution[855]. Plus largement, l'article 1792-1 3° apparait comme une « *disposition balai* »[856], « *destinée à capter toutes les interventions susceptibles d'échapper aux règles relatives à la responsabilité des constructeurs* », à l'instar d'une prestation de services non couverte par le régime obligatoire du contrat de promotion immobilière[857].

237. L'extension aux autres constructeurs non-réalisateurs. La liste des constructeurs non-réalisateurs mentionnée à l'article 1792-1 du Code civil n'est pas exhaustive. D'autres hypothèses la complètent, visées dans des dispositions légales autonomes, propres aux contrats spéciaux de la construction. Sont ainsi réputés constructeurs différentes catégories de promoteurs[858]. Ainsi, l'article 1646-1 du Code civil rend débiteur des garanties légales le vendeur d'immeuble à construire, l'article 1831-1 alinéa 1er du Code civil fait de même avec le promoteur immobilier dans le cadre du contrat de promotion immobilière et l'article L. 262-2 alinéa 3 du Code de la construction et de l'habitation les étend au vendeur d'immeuble à rénover. Aussi paradoxal que cela puisse paraître, le vendeur après achèvement, même simple particulier, dont la prestation consiste essentiellement en une vente, figure parmi les constructeurs visés à l'article 1792-1, tandis que le vendeur d'immeuble à construire, qui s'engage à bâtir, n'est pas expressément intégré dans cette liste[859]. Lorsqu'il impose les garanties légales au promoteur, au vendeur d'immeuble à construire ou à rénover, « *le législateur attribue le statut du constructeur à des intervenants qui n'ont pourtant pas la fonction de constructeur* »[860], puisqu'ils ne participent pas au chantier, ou seulement de manière indirecte. Dans leur cas, « *une logique de métier l'emporte sur une logique de contrat* »[861]. Rémi RAFFI considère que le dénominateur commun de cette catégorie juridique est « *la ''maîtrise'' de l'ouvrage, au sens d'un pouvoir indépendant, lié à l'édification de cet ouvrage* »[862]. Ces intervenants sont *réputés* constructeurs, en ce qu'ils ne sont

---

[854] Cass. Civ. 3ème, 10 octobre 2012, n°11-17627 11-17796, inédit.
[855] Cass. Civ. 3ème, 21 octobre 2009, n° 08-17395 08-17598 08-17877, inédit.
[856] P. MALINVAUD, P. JESTAZ, P. JOURDAIN, O. TOURNAFOND, *op. cit.*, p. 172.
[857] J.-L BERGEL, S. CIMAMONTI, Fasc. 222 « Construction. - Responsabilité des vices, malfaçons et dommages du promoteur à l'égard du souscripteur », *JCl. Construction-Urbanisme*, LexisNexis, 2006, pp. 27-28.
[858] Cass. Civ. 3ème, 4 juillet 1990, n° 89-11092, *Bull. civ.* III, n° 164, p. 95.
[859] J.-P. TRICOIRE, « L'engagement de la responsabilité du vendeur d'un immeuble à construire pour les désordres intermédiaires affectant l'immeuble vendu suppose la démonstration d'une faute », *RDI*, 2010, p. 609.
[860] D. BAZIN-BEUST, *th. préc.*, p. 157.
[861] M. FAURE-ABBAD, « Responsabilité des constructeurs et des vendeurs pour les dommages intermédiaires : unité ou diversité ? », *RDI*, 2013, p. 456.
[862] R. RAFFI, *th. préc.*, p. 507 : « *Les intéressés ont participé, d'une certaine manière, à la construction de l'ouvrage : cette participation se concrétise par le fait d'avoir décidé*

pas appréhendés à travers leur fonction dans la construction, mais à travers leur qualité de signataire d'un contrat spécial de construction avec le maître d'ouvrage. Il ne peut s'agir que d'une assimilation puisqu'ils ne sont pas constructeurs, au sens où ils n'interviennent pas à proprement parler dans l'édification de l'ouvrage. Cela étant, « *certaines personnes ont une mission d'édifier un ouvrage, il est alors possible de parler de ''constructeur matériel''. Tandis que d'autres sont des prestataires non constructeurs dans le sens où ils ne réalisent pas matériellement un travail de construction* »[863].

238. En revanche, la loi ne considère pas comme constructeurs, même non-réalisateurs, les cédants de parts sociales, probablement en raison du fait que leur contrat ne porte qu'indirectement sur une construction. Inversement, l'article L. 231-1 alinéa 5 du Code de la construction et de l'habitation fait supporter les garanties légales au constructeur de maisons individuelles, en tant que locateur d'ouvrage concrètement en charge de la réalisation des travaux. Il est intéressant de relever que l'article 94 de l'avant-projet de réforme du droit des contrats spéciaux de l'association Henri CAPITANT propose d'actualiser la liste de l'article 1792-1 en précisant, dans un nouvel alinéa, qu'est réputé constructeur : « *4° Tout vendeur d'immeuble à construire, constructeur de maisons individuelle ou promoteur au sens de l'article 1831-1 du présent code* ». Cette liste renouvelée permettrait de clarifier la notion, en synthétisant ses différentes manifestations, ce qui est souhaité par une partie de la doctrine[864]. En revanche, cette nouvelle liste ne viserait toujours pas le vendeur d'immeuble à rénover, alors que la loi le rend pourtant expressément débiteur des garanties légales des constructeurs.

239. Ainsi, « *tout immeuble neuf est garanti pendant dix ans contre les vices cachés visés aux articles 1792 et suivants du Code civil, peu importante le mode juridique qui a permis au propriétaire de l'immeuble d'acquérir cette qualité : contrat d'entreprise, contrat de mandat ou contrat de vente* »[865]. Si les garanties légales bénéficient uniquement au maître d'ouvrage et à ses ayants droits

---

de construire (cas du maître de l'ouvrage initial, du vendeur d'immeuble à construire ou du promoteur), par le fait d'avoir conçu l'ouvrage (cas de l'architecte et des divers techniciens appelés par le maître de l'ouvrage), par le fait, enfin, de l'avoir réalisé matériellement (cas de l'entrepreneur de construction) ».

863 D. BAZIN-BEUST, *th. préc.*, p. 156.

864 E. POURCEL, « Le constructeur est-il un objet juridique identifié ? », *Constr.-Urb.* n° 4, avril 2013, étude 4 : « *Sans doute les textes mériteraient d'être toilettés afin de préciser la notion en listant, tout simplement, et de manière limitative les intervenants à l'acte de construire qui seraient considérés comme tel sans que cela ne préjuge, par ailleurs, de leur responsabilité éventuelle ni de leur degré de responsabilité ni d'une définition légale qui, au vu de critères précis, permettrait au juge d'intégrer quand il le juge nécessaire de nouveaux acteurs dont les modalités d'intervention n'existeraient pas au moment de l'établissement de la liste* ».

865 J.-P. STORCK, « La notion du constructeur au sens de l'article 1792-1, 2° du Code civil », *D.* 1998, p. 234.

successifs, elles s'imposent en revanche à de nombreux débiteurs, participant directement ou seulement indirectement au chantier. Alors qu'elles pesaient uniquement sur les locateurs d'ouvrage, ces garanties ont ensuite été étendues au mandataire, au vendeur après achèvement et, plus généralement, à tous les promoteurs, désormais considérés comme des constructeurs non-réalisateurs.

B) Le promoteur immobilier, un « constructeur non-réalisateur »

240. Le promoteur immobilier est paradoxalement débiteur des mêmes garanties légales que celles qui reposent sur les constructeurs qui ont pris part à la conception et/ou à l'exécution de l'ouvrage (1). Le fait que le promoteur soit réputé constructeur met en exergue l'ambivalence de cette notion, dont les critères de définition sont difficilement perceptibles (2).

1. Le promoteur immobilier, débiteur des garanties légales

241. Le promoteur supporte les traditionnelles garanties biennale et décennale, à l'instar des autres constructeurs, tout en assumant aussi des garanties qui lui sont propres, dans le cadre des contrats réglementés qu'il est amené à conclure avec les accédants (a). Il est possible de voir dans l'application de ces garanties au promoteur un exemple de responsabilité du fait d'autrui (b).

a. Les garanties légales applicables au promoteur immobilier

242. Les garanties légales d'application générale. Comme précédemment démontré, à travers ses qualités alternatives de vendeur d'immeuble à construire, de vendeur après achèvement, de vendeur d'immeuble à rénover, de promoteur immobilier au sens de l'article 1831-1 du Code civil, ou bien encore de maître d'ouvrage délégué, le promoteur est débiteur des garanties biennale et décennale[866]. Conformément à l'article 1792-3 du Code civil, la garantie biennale couvre uniquement, pour une durée de deux ans à compter de la réception, les vices ou malfaçons cachés à cette date, qui affectent les éléments d'équipement dissociables de l'ouvrage. Ces derniers sont définis *a contrario* des éléments d'équipement indissociables décrits à l'article 1792-2 du Code civil, c'est-à-dire comme ceux qui ne forment pas indissociablement corps avec les ouvrages de viabilité, de fondation, d'ossature, de clos ou de couvert et dont la dépose, le démontage ou le remplacement peut s'effectuer sans détérioration ou enlèvement de matière. Alors que le champ d'application de la garantie biennale paraissait nettement défini par le législateur, le juge est venu bouleverser ses conditions de mise en œuvre[867]. En vertu de l'article 1792 du Code civil, la garantie décennale permet quant à elle de réparer les vices et les

[866] Pour mémoire, la garantie de parfait achèvement n'est due que par les locateurs d'ouvrage, auxquels le désordre peut être imputé, notamment parce que cette garantie a été pensée pour conduire à une réparation en nature du désordre.
[867] Cf. *Infra*, § 271-273.

malfaçons cachés à réception, qui affectent les éléments constitutifs ou les éléments d'équipement, en portant atteinte à la solidité de l'entier ouvrage ou en rendant ce dernier impropre à sa destination. Contrairement à la garantie biennale que l'on active à travers un critère d'assiette, la garantie décennale répond pour sa part à un critère de gravité[868]. Par ailleurs, le délai de dix ans dans lequel elle est enfermée fait l'objet d'exceptions, en présence de « dommages futurs »[869] ou de « désordres évolutifs »[870], ces derniers permettant au maître d'ouvrage d'introduire une action au-delà de la durée légale.

243. La garantie des vices apparents. L'article 1642 du Code civil prévoit, dans le cadre de la vente immobilière de droit commun, une exonération de responsabilité du vendeur relative aux vices apparents « *dont l'acheteur a pu lui-même se convaincre* ». Or, cette disposition n'est pas transposable au contrat de vente d'immeuble à construire, dans lequel le maître d'ouvrage accède à un bien qui n'existait pas lors de son engagement et pour lequel il n'a donc pu se convaincre de rien. C'est pourquoi, l'article 1642-1 du Code civil prévoit que « *le vendeur d'un immeuble à construire ne peut être déchargé, ni avant la réception des travaux, ni avant l'expiration d'un délai d'un mois après la prise de possession par l'acquéreur, des vices de construction ou des défauts de conformité alors apparents* »[871]. L'acquéreur dispose d'un délai d'action d'un an, débutant à la plus tardive de ces deux échéances[872]. Alors qu'en principe, les vices apparents doivent être dénoncés dans les délais visés à l'article 1642-1, la Cour de cassation est venue préciser qu'ils pouvaient l'être dans le délai d'action

---

[868] Cass. Civ. 3ème, 28 février 1996, n° 94-17154 94-18203, *Bull. civ.* III, n° 57, p. 38.

[869] J.-B. AUBY, H. PÉRINET-MARQUET, R. NOGUELLOU, *op. cit.*, p. 761 : il s'agit des dommages qui, judiciairement dénoncés à l'intérieur du délai décennal, n'ont pas encore atteint à ce moment un seuil de gravité décennale mais l'atteindront certainement par la suite. V. Cass. Civ. 3ème, 26 janvier 1993, n° 91-12231, inédit

[870] J.-B. AUBY, H. PÉRINET-MARQUET, R. NOGUELLOU, *op. cit.*, p. 761 : il s'agit de « *ceux qui, apparus après le délai de dix ans, sont la conséquence inéluctable de ceux dénoncés dans ce délai. Etant la suite logique de ces désordres, ils sont réparables comme eux* ».

[871] Le vice apparent s'entend du défaut perceptible au terme d'un simple examen visuel superficiel de l'immeuble (depuis la loi n° 2009-323 du 25 mars 2009 de mobilisation pour le logement et la lutte contre l'exclusion, les vices apparents comprennent les défauts de conformité apparents). La prise de possession correspond au commencement effectif de l'occupation, tandis que la livraison renvoie à l'acte par lequel le vendeur délivre le bien achevé à l'acquéreur. La prise de possession intervient logiquement après la livraison, mais il arrive que cette dernière ait lieu préalablement à la réception, notamment dans le but de rendre opposables aux entreprises les réserves dénoncées par les acquéreurs.

[872] Article 1648 alinéa 2 du Code civil : « *dans le cas prévu par l'article 1642-1, l'action doit être introduite, à peine de forclusion, dans l'année qui suit la date à laquelle le vendeur peut être déchargé des vices ou des défauts de conformité apparents* ».

prévu à l'article 1648 alinéa 2[873]. Il en résulte que le délai mentionné à l'article 1642-1 du Code civil s'entend désormais exclusivement du délai d'apparition des vices apparents[874]. Cette garantie partage avec la garantie de parfait achèvement le fait de couvrir à la fois les non-conformités, les vices et les malfaçons ; d'intervenir immédiatement après la fin de la prestation contractuelle, matérialisée par la livraison ; et d'inciter à une réparation matérielle rapide des désordres. En revanche, la garantie des vices apparents est plus favorable que la garantie de parfait achèvement en ce qu'elle permet à l'acquéreur de dénoncer les vices apparents un mois après la prise de possession, tandis que ces derniers sont « purgés » dans l'autre hypothèse s'ils ne sont pas mentionnés dans le procès-verbal de réception. La garantie des vices apparents donne lieu aux mêmes sanctions que la garantie des vices cachés tirée du contrat de vente de droit commun, à savoir une option entre la résolution du contrat, la diminution du prix, une réparation en nature ou par équivalent. Si la garantie des vices apparents a été reprise en substance dans la vente d'immeuble à rénover[875], aucune garantie des vices apparents n'existe en revanche dans le contrat de promotion immobilière ou dans le contrat de construction de maison individuelle[876].

244. La garantie d'isolation phonique. Conformément à l'article L. 111-11 du Code de la construction et de l'habitation, la garantie d'isolation phonique a pour objet la conformité des biens nouvellement construits aux « *prescriptions légales ou réglementaires relatives aux exigences minimales requises en matière d'isolation phonique* ». Cette garantie vise à sanctionner la violation des normes, tandis que la responsabilité contractuelle du promoteur pourra être engagée de manière résiduelle, pour sanctionner les défauts d'isolation phonique résultant d'engagements contractuels spécifiques. L'article L. 111-11 mentionnant « *le vendeur ou le promoteur immobilier* », il est possible d'en déduire que la garantie produit ses effets dans le contrat de promotion immobilière et dans le contrat de vente d'immeuble à construire. Son champ d'application est restrictif. Cette garantie n'est applicable qu'aux constructions destinées à l'habitation (à défaut de précision dans la loi, la destination d'habitation peut s'entendre de la destination exclusive du bien). Elle n'est prévue qu'au profit du premier

---

[873] Cass. Civ. 3ème, 22 mars 2000, n° 98-20250, *Bull. civ.* III, n° 63, p. 43. Cass. Civ. 3ème, 16 décembre 2009, n° 08-19612, *Bull. civ.* III, n° 280.

[874] Dès lors, si l'acquéreur dispose d'une année suivant la réception ou de treize mois suivant la prise de possession pour dénoncer les vices apparents et introduire une action contre le vendeur sur ce fondement, il n'en reste pas moins qu'il doit rapporter la preuve que le vice était apparent au jour de la réception ou qu'il est apparu dans le mois qui a suivi la prise de possession.

[875] Article L. 262-3 alinéa 2 du CCH.

[876] Dans le cadre du contrat de construction de maison individuelle, l'article L. 231-8 du CCH laisse simplement au maître d'ouvrage, non assisté par un professionnel, un délai supplémentaire de huit jours après réception pour dénoncer les vices apparents non signalés à cette occasion.

occupant, pour une durée maximale d'un an à compter de la prise de possession. La loi prévoit par ailleurs que « *les travaux de nature à satisfaire à ces exigences relèvent de la garantie de parfait achèvement visée à l'article 1792-6 du code civil* ». En tout état de cause, si cette dernière n'a pas vocation à jouer, les désordres phoniques font l'objet d'un concours de qualifications juridiques qui assure à l'accédant plusieurs actions alternatives ; notamment sur le fondement de la responsabilité contractuelle du vendeur ou du promoteur pour non-conformité du bien à la commande[877], ou encore sur celui de la garantie décennale en raison d'une impropriété à destination[878].

b. Une responsabilité du fait d'autrui

245. La responsabilité du fait d'autrui dans le Code civil. Si en droit pénal, le principe est celui d'une responsabilité toujours personnelle, la responsabilité délictuelle du fait d'autrui est en revanche admise en droit civil. Reprenant l'article 1384 ancien du Code civil, l'article 1242, issu de l'ordonnance du 10 février 2016[879], dispose que l'« *on est responsable non seulement du dommage que l'on cause par son propre fait, mais encore de celui qui est causé par le fait des personnes dont on doit répondre* ». A l'origine, le Code civil envisage la responsabilité du fait d'autrui à travers cinq cas limitativement énumérés[880]. Puis la jurisprudence développe l'idée d'une responsabilité générale du fait d'autrui, applicable dès lors qu'une personne a le pouvoir d'organiser, de diriger et de contrôler le mode de vie ou l'activité d'un individu[881]. La responsabilité du fait d'autrui prend sa source dans l'obligation de surveillance. Elle permet de considérer qu'« *est civilement responsable celui qui détient, lors de la survenance du dommage, une* autorité effective *sur la personne du responsable primaire, auteur réel du dommage* »[882], dans la mesure où celui-ci se trouve soumis « *à un rapport de dépendance* » le plaçant « *sous l'empire d'un pouvoir de direction et de contrôle* »[883]. S'agissant particulièrement de la responsabilité du commettant du fait de son préposé, elle

[877] Cass. Civ. 3ème, 21 février 1990, n° 88-10623, *Bull. civ.* III, n° 59, p. 31.
[878] Cass. Civ. 3ème, 20 mai 2015, n° 14-15107, *Bull. civ.* III, n° 48, *RDI* 2015. 400, obs. S. BECQUÉ-ICKOWICZ. O. TOURNAFOND, J.-P. TRICOIRE, « Le maquis des régimes applicables à la violation des normes réglementaires phoniques ou thermiques : dommage décennal, dommage spécial, ou défaut de conformité… ? », *RDI*, 2016, p. 29.
[879] Ordonnance n° 2016-131 du 10 février 2016 portant réforme du droit des contrats, du régime général et de la preuve des obligations.
[880] L'article 1384 ancien du Code civil mentionnait à ce titre la responsabilité des parents du fait de leurs enfants, celle des maîtres et commettants du fait de leurs domestiques et préposés, celle des instituteurs du fait de leurs élèves, ainsi que celle des artisans du fait de leurs apprentis.
[881] Arrêt « *Blieck* » : Cass. Ass. Plen., 29 mars 1991, n° 89-15231, *Bull. A.P.*, n° 1, p. 1.
[882] P. LE TOURNEAU, « Responsabilité : généralités », *Répertoire de droit civil*, Dalloz, mai 2009 (actualisé en avril 2019), § 200.
[883] M. MIGNOT, *Les obligations solidaires et les obligations* in solidum *en droit privé français*, Thèse, Dalloz, 2002, p. 271.

implique l'exercice de rapports d'autorité et de subordination permettant au commettant de donner des ordres ou des instructions au préposé, afin de contrôler ses actions « *pour en prévenir efficacement les conséquences éventuellement dommageables* »[884]. Ce rapport de subordination se manifeste principalement dans le contrat de travail, dont il est l'une des caractéristiques. En droit de la construction, cette hypothèse est notamment visée à l'article 1797 du Code civil, qui dispose que « *l'entrepreneur répond du fait des personnes qu'il emploie* ». A l'égard du maître d'ouvrage, l'entrepreneur est réputé exécuter son travail en toute indépendance. Cela n'empêche pas l'entreprise principale d'être tenue des agissements de son sous-traitant - bien que ce dernier soit lui aussi un entrepreneur indépendant - selon la lettre de l'article 1er de la loi du 31 décembre 1975[885] précisant que le sous-traitant est « *sous la responsabilité* » de l'entreprise. Or, « *l'existence d'un lien de préposition n'implique pas nécessairement chez le commettant les connaissances techniques pour pouvoir donner des ordres avec compétence* »[886], ce qui autoriserait à penser que le promoteur puisse être un commettant et les constructeurs, ses préposés. Plus encore, le commettant peut être considéré comme « *l'équivalent d'un garant accessoire tenu à l'exécution de l'obligation du préposé* »[887], ce qu'est précisément le promoteur. Toutefois, conformément à la jurisprudence « Costedoat »[888], le commettant ne peut exercer de recours contre un préposé ayant agi dans le cadre de sa mission, car dans cette hypothèse, « *le débiteur définitif d'indemnisation est le commettant, en sa qualité de créateur du risque ayant conduit à la production du dommage* »[889]. Il s'agit là d'une différence notable de régime entre les notions de « garant » et de « commettant » : « *tandis que le garant est, en principe, présumé ne prendre le risque à sa charge qu'à titre provisoire, le commettant est tenu définitivement, à raison de sa situation particulière* »[890].

246. La responsabilité du promoteur du fait d'autrui. Si l'existence d'une responsabilité contractuelle du fait d'autrui, autonome et d'application générale, fait encore débat en doctrine (bien que certains arrêts la consacrent explicitement[891]), la responsabilité du fait d'autrui qui pèse sur le promoteur immobilier est clairement exprimée à l'article 1831-1 du Code civil. Celui-ci dispose que « *ce promoteur est garant de l'exécution des obligations mises à la charge des personnes avec lesquelles il a traité au nom du maître de l'ouvrage* ». Le promoteur « *assume donc à la fois les obligations du donneur*

---

[884] G. MAITRE, *th. préc.*, p. 102.
[885] Loi n° 75-1334 du 31 décembre 1975 relative à la sous-traitance.
[886] P. MALINVAUD, M. MEKKI, J.-B. SEUBE, *op. cit.*, p. 627. Cass. Civ. 2ème, 11 octobre 1989, n° 88-16219, *Bull. civ.* II, n° 175, p. 89.
[887] M. MIGNOT, *th. préc.*, p. 272.
[888] Cass. Ass. Plen, 25 février 2000, n° 97-17378 97-20152, *Bull. A.P.*, n° 2, p. 3.
[889] N. BARGUE, *Essai sur la notion de garantie*, Thèse, Université Paris I, 2008, p. 383.
[890] *Idem*.
[891] Cass. Civ. 1ère, 9 avril 1962, inédit.

d'ordres et de celui qui les reçoit »[892]. Dans son cas, la responsabilité du fait d'autrui prend la forme d'une responsabilité personnelle, de nature objective et d'origine légale[893], dont l'élément déclencheur est la faute ou la négligence des constructeurs chargés de la conception ou de la réalisation de l'ouvrage. Elle résulte directement de l'obligation de garantie du promoteur, en vertu de laquelle celui-ci s'oblige à un résultat. S'il n'est pas atteint, le promoteur engage sa responsabilité, même si la réalisation de son engagement ne peut se concrétiser qu'avec le concours de tiers indépendants. Ainsi, « *l'organisateur est un garant non responsable* »[894].

247. Cette responsabilité du fait d'autrui est critiquable lorsque l'obligation mal exécutée par le tiers fautif n'a pas été initialement mise à la charge du débiteur, comme dans le cas du promoteur mandataire, dont l'obligation consiste explicitement à faire construire l'ouvrage par des tiers constructeurs, au nom et pour le compte du maître d'ouvrage. Dans ce cas de figure, le promoteur assume tout de même la responsabilité de la construction, en supportant une obligation sans faute et sans lien de causalité, qui peut s'apparenter à une responsabilité du fait des entreprises qu'il a missionnées, voire à une responsabilité du fait des sous-traitants à qui les entreprises ont pu confier à leur tour les travaux. A l'inverse, cette responsabilité du fait d'autrui est plus facilement concevable dans le cas du promoteur initiateur, car celui-ci est personnellement débiteur de l'obligation de construire. Dans cette hypothèse, bien que la faute incombe au tiers constructeur qu'il s'est substitué dans l'exécution de son engagement, on considère artificiellement que c'est le promoteur qui a mal agi[895], notamment parce que c'est lui qui a confié au tiers sa propre obligation. Dans ces conditions, « *il y a une certaine logique contractuelle à ne pas libérer le débiteur lorsque l'inexécution est consécutive à celle des personnes auxquelles il a eu recours pour s'exécuter* »[896]. En définitive, « *la responsabilité contractuelle n'est pas personnelle en fonction de celui qui provoque l'inexécution, mais bien différemment, elle est personnelle en fonction de celui qui prend l'engagement.* (…) *Ainsi, sans doute faut-il admettre que la responsabilité contractuelle n'est jamais une responsabilité du fait personnel. C'est plus exactement une responsabilité pour ''inexécution des obligations*

---

892 X. BEZANCON, P. BITTER, C. CUCCHIARINI, *Guide de la commande privée*, Le Moniteur, 2008, pp. 95, 104 : « *Le promoteur est pris dans l'étau, assumant les obligations et risques du maître d'ouvrage dont il est le représentant, il répond des obligations du locateur d'ouvrage* ».
893 D. BAZIN-BEUST, *th. préc.*, p. 441 : « *L'obligation de garantie du fait des prestataires ne sanctionne ni le non-respect d'une obligation contractuelle ni celui d'une obligation générale de bonne conduite. Elle est en marge de la distinction entre les deux ordres de responsabilité* ».
894 *Ibid.*, p. 443.
895 D. BAZIN-BEUST, *th. préc.*, pp. 424-425.
896 M. FAURE-ABBAD, « Les responsabilités contractuelles de droit commun » *in* J.-P. TRICOIRE (dir.), *op. cit.*, p. 104.

conventionnelles''. (...) Il y a ou non-exécution indépendamment de la personne qui tente de la fournir »[897].

248. Non seulement le promoteur immobilier est tenu aux mêmes garanties biennale et décennale que les constructeurs - alors qu'il ne participe pas matériellement au chantier - mais en sus, le contrat spécial qu'il est amené à conclure avec l'accédant peut lui imposer d'autres garanties légales - qu'il est le seul à supporter - à l'instar de la garantie des vices apparents ou d'isolation phonique. A travers ces garanties, le promoteur est en quelque sorte responsable du fait des constructeurs qu'il a missionnés au titre de la conception ou de l'exécution de l'ouvrage. A l'aune de ces considérations, l'intégration du promoteur immobilier au sein de la catégorie des constructeurs interroge.

2. La qualité de constructeur du promoteur immobilier

249. Le « constructeur », une notion plurivoque. Le terme de « constructeur » est un emprunt au langage courant. Il s'agit d'un terme aisément compréhensible et imagé renvoyant à l'action de bâtir, d'édifier. Pourtant, à rebours de cette définition *a priori* monosémique, le constructeur désigne aussi celui qui « fait construire ». Ne dit-on pas indifféremment que le Château de Versailles a été construit par Louis XVI ou qu'il l'a été par MANSART[898] ? Cela démontre bien la dualité qui caractérise par nature le terme de constructeur, y compris dans le langage commun. Cette confusion a gagné le langage juridique puisque le mot « constructeur » est polysémique en droit ; il renvoie à une catégorie juridique rassemblant des intervenants divers, réalisateurs et non-réalisateurs. Le seul point convergent entre les différentes acceptions réside dans le régime de responsabilité qu'elles partagent. La notion de constructeur n'est mobilisée et ce faisant, modelée, qu'à travers le prisme de l'application des garanties légales, dites à juste titre « garanties légales des constructeurs », ce qui en fait une notion éminemment fonctionnelle. Si la notion de constructeur se caractérise essentiellement par le régime auquel elle conduit, elle ne fait l'objet d'aucune définition légale[899], ce qui justifie que l'on s'intéresse à son contenu.

250. Le constructeur, entrepreneur du bâtiment. Il convient en premier lieu d'opérer une distinction entre le constructeur au sens contractuel de

---

[897] J. BELLISSENT, *Contribution à l'analyse de la distinction des obligations de moyens et des obligations de résultat*, Thèse, Université de Montpellier, 2001, p. 472.

[898] P. MALINVAUD, P. JESTAZ, P. JOURDAIN, O. TOURNAFOND, *op. cit.*, p. 2.

[899] E. POURCEL, *art. préc.* : « *On pourrait attendre du législateur que cette notion cardinale fasse l'objet d'une définition unique, claire, concise et opposable au droit public et au droit privé. Or, la réalité est plus complexe : définie en droit privé mais indéfinie en droit public, la notion de constructeur reste soumise à l'interprétation, parfois déroutante, des juges des deux ordres de juridictions et traversée par des approches légales, disparates, mêlées et transversales* ».

« locateur d'ouvrage » et le constructeur au sens matériel ou factuel d'« entrepreneur » ou exécutant. Sont considérés comme entrepreneurs, au sens courant, les bâtisseurs chargés d'édifier l'ouvrage en fournissant leur industrie. Au sens strict, le terme d'entrepreneur renvoie exclusivement aux exécutants, à l'exception des intervenants chargés de concevoir l'ouvrage, de surveiller les travaux, ou de contrôler sa conformité aux règles de l'art, dont les prestations sont uniquement « intellectuelles ». Ainsi peut-on faire une distinction entre les « *constructeurs non-entrepreneurs* » et les « *constructeurs entrepreneurs* », afin de « *séparer les prestataires de services intervenant à l'acte de construire des prestataires de travaux* »[900]. Si le terme juridique de constructeur correspondait à la définition courante de l'entrepreneur exécutant, cela reviendrait à adopter une conception trop restrictive de la notion. C'est pourquoi, le terme de constructeur doit être entendu dans un sens plus large.

251. Le constructeur, locateur d'ouvrage. Au-delà de l'acception courante du constructeur, la première signification juridique du terme est celle qui correspond à l'entrepreneur dans le contrat de louage d'ouvrage[901]. Dans cette perspective, « *le critère permettant l'application des responsabilités légales n'est pas tant celui de la nature de l'activité du professionnel, mais le mode de relation établi avec le maître de l'ouvrage. La mise en cause de ces responsables suppose l'existence de liens contractuels avec le maître de l'ouvrage, de la nature d'un louage d'ouvrage* »[902]. Cette exigence exclut le sous-traitant de la catégorie des constructeurs débiteurs des garanties légales[903], alors que dans les faits, il est un constructeur au sens courant et strict d'entrepreneur du bâtiment. De même, alors qu'il participe à l'élaboration de l'ouvrage, en contractant parfois directement avec le maître d'ouvrage, le fabricant n'est pas débiteur des garanties légales parce que sa prestation implique la signature d'un contrat de vente. Le fabricant d'« EPERS » se trouve néanmoins dans une situation différente ; sa responsabilité légale est recherchée accessoirement à celle de l'entrepreneur, en raison de la spécificité du bien fabriqué, qui rapproche sa prestation de celle d'un locateur d'ouvrage[904]. En conséquence, sont des ''constructeurs'' au sens juridique du terme, l'ensemble

---

900 E. POURCEL, *art. préc.*

901 CE, 12 mai 1989, *Département du Puy-de-Dôme c/ Egger et a.*, inédit, *LPA*, 13 février 1990, p. 11, note F. MODERNE.

902 M. DARNET, L. DEPUY, S. GENDRE, *L'architecte : pratiques professionnelles et responsabilités*, LexisNexis, 2005, p. 135.

903 Cass. Ass. Plen, 12 juillet 1991, n° 90-13602, *Bull. A.P.*, n° 5, p. 7 : « *Le sous-traitant n'est pas contractuellement lié au maître de l'ouvrage* ».

904 En raison des difficultés de qualification du fabricant d'« EPERS », le fait qu'il soit débiteur des garanties légales est remis en cause. Cf. *Supra*, § 233.

des participants à une opération de construction, liés au maître d'ouvrage par un contrat de louage d'ouvrage[905].

252. Le constructeur, locateur d'ouvrage immobilier. Si le constructeur correspond en droit au cocontractant du maître d'ouvrage dans le contrat d'entreprise de l'article 1710 du Code civil, cette correspondance se vérifie *a fortiori* dans le louage d'ouvrage immobilier des « devis et marchés », décrit aux articles 1787 et suivants. En effet, « *le fait même d'être titulaire d'un contrat de louage d'ouvrage ne suffit point, il faut aussi que les missions qu'il contient corroborent le rôle de l'intervenant dans la conception et le suivi d'exécution des travaux* »[906]. C'est pourquoi, le terme de constructeur n'est susceptible de s'apparenter au terme juridique d'« entrepreneur » que dans le cadre du contrat d'entreprise de nature immobilière. Ce faisant, le constructeur s'entend du locateur d'ouvrage, au sens de l'article 1779 3° du Code civil, c'est-à-dire de l'« *architecte* », de l'« *entrepreneur d'ouvrage* » ou du « *technicien par suite d'études, devis ou marchés* ». La catégorie juridique des entrepreneurs est plus large que celle des « entrepreneurs de métier » puisque tous les participants à l'acte de construire peuvent être signataires d'un contrat d'entreprise : les concepteurs (architectes et assimilés) et les exécutants (entreprises et techniciens), auxquels peut être ajouté le contrôleur technique dont la fonction est à l'interface. En revanche, le coordonnateur sécurité et protection de la santé est certes lié au maître d'ouvrage par un contrat de louage d'ouvrage mais il n'est pas un constructeur débiteur des garanties légales car « *il ne participe en aucun cas à la sécurité de l'ouvrage ou à celle de ses futurs utilisateurs* »[907]. Aussi convient-il de garder à l'esprit que la notion de constructeur « *ne repose pas uniquement sur le contrat de louage d'ouvrage liant le maître de l'ouvrage au professionnel* » mais tient également à « *la participation effective de ce dernier à la réalisation de la construction* »[908]. En ce sens, « *la qualité de constructeur s'attache objectivement à la seule finalité contractuelle, la réalisation d'un ouvrage* »[909]. Ainsi, la qualité juridique d'entrepreneur conduit à la qualification de constructeur lorsque plusieurs conditions sont remplies : la conclusion d'un contrat d'entreprise conclu avec le maître d'ouvrage, qui consiste spécifiquement en un louage d'ouvrage immobilier, dans le cadre duquel l'entrepreneur assume des missions de conception, de surveillance ou d'exécution des travaux. Cette distinction entre entrepreneur au sens courant et entrepreneur au sens juridique mériterait d'être clairement identifiée à travers une terminologie différenciée, afin de mieux appliquer les régimes divergents attachés à ces deux catégories. En effet, le locateur d'ouvrage exécutant,

---

[905] CE, 30 juin 1999, *Commune de Voreppes*, *Lebon*, p. 225, *BJCP*, 1999, n° 7, p. 595, concl. C. BERGEAL. F. MODERNE, « Sur la notion de ''constructeur'' dans le droit de la garantie décennale », *RDI*, 2006, p. 380.
[906] E. POURCEL, *art. préc.*
[907] M. DARNET, L. DEPUY, S. GENDRE, *op. cit.*, p. 137.
[908] *Idem*. V. CAA. LYON, 7 octobre 2010, *Sté Fondasol*, n° 07LY01210.
[909] E. POURCEL, *art. préc.*.

entrepreneur du bâtiment, est tenu à une obligation de résultat, tandis que d'autres locateurs d'ouvrage, qui ne se chargent pas de l'édification, comme l'architecte ou le contrôleur technique, sont débiteurs d'une obligation de moyen. Même les garanties légales, qui s'imposent pourtant comme le dénominateur commun de la notion de constructeur, ne sont pas en tous points semblables pour l'ensemble des locateurs d'ouvrage. L'entrepreneur exécutant supporte la garantie de parfait achèvement, ce qui n'est pas le cas des autres entrepreneurs, au sens juridique.

253. Le constructeur, signataire d'un contrat spécial de construction. Plus largement, le terme de constructeur intègre ceux qui participent à l'acte de construire de manière abstraite, par le truchement d'un contrat de vente ou de mandat conclu à cet effet. Avant 1967, seul le contrat de louage d'ouvrage conduisait à l'application des garanties légales. Depuis, le critère contractuel s'est élargi. En effet, le vendeur d'immeuble à construire ou après achèvement, le vendeur d'immeuble à rénover, le promoteur immobilier au sens de l'article 1831-1 du Code civil ou bien encore le mandataire dont la mission est assimilable à celle d'un locateur d'ouvrage, assument les garanties légales au même titre que les locateurs d'ouvrage. L'intégration de ces prestataires dans la liste des débiteurs des garanties et ce faisant, dans la liste des constructeurs, met en exergue l'autonomie de la notion de constructeur en droit. Non seulement, celle-ci n'entretient qu'un lien très distendu avec la notion de constructeur du langage courant, mais elle a également connu une nette évolution sur le plan juridique, qui l'a conduite à se détacher du strict louage d'ouvrage immobilier. Cette transformation progressive de la notion de constructeur s'illustre de manière significative dans l'hypothèse du vendeur après achèvement, dont le bien a été construit par un tiers. Dans ce cas, « *c'est la vente qui rend le maître d'ouvrage constructeur et elle seule, alors que la qualité de constructeur existe dans toutes les autres hypothèses dès l'origine de l'opération* »[910].

254. La distinction entre les « constructeurs réalisateurs » et les « constructeurs non-réalisateurs ». On observe que les critères permettant de conduire à la qualification juridique de constructeur sont alternatifs. En premier lieu, sont sujets à cette qualification, les entrepreneurs de métier, ainsi que plus généralement tout locateur d'ouvrage immobilier au sens du Code civil, qui participe directement au chantier en assumant une mission de conception, de réalisation ou de contrôle. Ce sont là les « constructeurs réalisateurs ». En second lieu, sont sujets à la qualification de constructeur, ceux qui contractent avec le maître d'ouvrage au titre d'une prestation globale portant sur la construction de l'ouvrage, sans pour autant s'investir matériellement dans sa conception ou son édification. Il s'agit des « constructeurs non-réalisateurs ». Ainsi, les premiers sont des « *intervenants ''traditionnels'', ou ''garants*

[910] J.-P. STORCK, « La notion du constructeur au sens de l'article 1792-1, 2° du Code civil », *D.* 1998, p. 234.

spéciaux'', dont la situation, au regard de l'imputabilité, serait conforme au droit antérieur », tandis que les seconds « *suscitent l'appellation de ''garants généraux'', parce qu'ils ne participent pas directement à la construction de l'ouvrage, et qu'ils sont soumis à une imputabilité allégée* »[911].

255. Si les garanties légales ont d'abord été mises à la charge des constructeurs de métier, la qualité de constructeur a ensuite été étendue à d'autres catégories d'intervenants, notamment intellectuels, avant d'englober *in fine* les promoteurs immobiliers. Cette intégration du promoteur dans la catégorie des constructeurs souligne l'hétérogénéité de la notion, dont le champ recouvre à la fois les « réalisateurs » et les « non-réalisateurs ». En tant que débiteur des garanties légales, le promoteur doit faire face au mouvement d'extension de leur champ d'application, actuellement à l'œuvre sous l'impulsion de la jurisprudence.

II. Le promoteur immobilier, débiteur de nouvelles garanties d'origine jurisprudentielle

256. « *Sous le couvert de l'interprétation des textes* », les juges ont d'abord « *entendu les articles du Code dans un sens large* », puis ils ont été plus loin et, « *s'appuyant sur ce qu'ils pensaient être l'esprit de la loi, ils ont appliqué l'obligation de garantie en dehors des prévisions expresses du législateur* » : « *la jurisprudence a donc précisé les textes, elle a également étendu la garantie en dehors des textes* »[912]. Se livrant à une interprétation compréhensive des conditions de mobilisation de la garantie décennale, le juge s'est attelé à lui conférer un champ d'application qui soit le plus ample possible (A). *A fortiori*, la jurisprudence est allée jusqu'à découvrir de nouveaux fondements de responsabilité, contractuels ou délictuels (B).

A) L'extension de la garantie décennale à travers l'interprétation accueillante de l'« impropriété à destination »

257. La Cour de cassation a fait sortir la garantie décennale des limites fixées par le législateur, par la consécration d'une qualification particulièrement souple du critère de l'« impropriété à destination ». Si l'atteinte à la solidité présente pour sa part un caractère objectif aisément saisissable, de nature à en « verrouiller » l'interprétation, l'impropriété à destination est une notion plus subjective. Déjà en 1967, les commentateurs de la loi « *n'avaient pas manqué de faire observer que l'impropriété à la destination laissait place à toutes les interprétations, et notamment les plus laxistes* »[913]. En effet, « *la jurisprudence*

---

[911] R. RAFFI, *th. préc.*, p. 316.
[912] B. GROSS, *th. préc.*, p. 115. F. LAFAY, *th. préc.*, p. 28.
[913] P. MALINVAUD, « Bilan et perspectives de la responsabilité des constructeurs. 1967-2004 » *in Mélanges à la mémoire du Professeur Roger Saint-Alary. L'immeuble et*

s'est engouffrée dans l'ouverture de l'impropriété à la destination »[914], oubliant qu'en la matière, « *il ne suffit pas d'affirmer, encore faut-il motiver* »[915]. Il n'existe aucune définition légale de ce qu'il convient d'entendre par un ouvrage « impropre à sa destination », notamment parce qu'il n'existe aucune définition légale du terme « destination »[916], à l'exclusion de celle, traditionnellement admise, de « *l'usage auquel une chose est affectée* ». En principe, un immeuble est considéré comme impropre à sa destination lorsqu'il ne remplit pas le rôle qui lui a été assigné, en raison du mauvais fonctionnement de certains éléments d'équipement ou de la détérioration de certains éléments constitutifs, qui empêchent son usage dans les conditions normalement attendues. Ce type d'impropriété à destination, telle qu'elle fut imaginée par le législateur à l'origine, correspond à l'« impropriété-inaptitude ». A titre d'exemple, en matière d'habitation, cette qualification serait mobilisée pour un système de chauffage ou de climatisation qui dysfonctionne[917] ; s'il était impossible d'accéder à des stationnements en sous-sol[918] ; ou bien encore dans l'hypothèse d'infiltrations d'eau[919]. Dans cette perspective, et comme le laisse entendre sa nature décennale, l'impropriété à destination avait été pensée pour couvrir des dommages suffisamment graves pour que les conditions d'occupation du bien soient altérées. Or, en dépit de ce seuil de gravité tacitement requis, la Cour de cassation a entretenu une conception particulièrement extensive de ce critère, au point qu'un immeuble puisse être considéré comme impropre à sa destination alors que l'occupation se poursuit sans difficulté. De fait, parallèlement à l'« impropriété-inaptitude », d'autres formes d'impropriété à destination ont été progressivement admises sous l'influence de la jurisprudence, à rebours de la *ratio legis* initiale.

258. Le non-respect de la destination conventionnelle. La notion de destination s'entend « *non seulement de manière abstraite, par rapport notamment au critère d'habitabilité de l'ouvrage, mais aussi de manière*

---

le droit, Editions législatives, Presses de l'Université des sciences sociales de Toulouse, 2006, p. 361.

[914] P. MALINVAUD, « La responsabilité des constructeurs 40 ans après la loi du 4 janvier 1978 », *RDI*, 2018, p. 417.

[915] P. MALINVAUD, « Le contrôle de la Cour de cassation sur l'appréciation de l'impropriété à la destination », *RDI*, 2016, p. 476. La Cour de cassation exerce un contrôle sur la motivation qui préside à la caractérisation de l'impropriété à destination dans les décisions du fond. A titre d'exemple, Cass. Civ. 3ème, 2 juin 2016, n° 15-16115, inédit.

[916] P. MALINVAUD, *art. préc.*, p. 476 : « *La difficulté commence déjà avec la notion même d'impropriété à la destination que nul ne s'est aventuré à définir* ».

[917] Cass. Civ. 3ème, 5 février 1992, n° 90-13428, *Bull. civ.* III, n° 37, p. 23.

[918] Cass. Civ. 3ème, 19 juillet 2000, n° 98-22130, inédit.

[919] Cass. Civ. 3ème, 8 avril 1987, n° 85-11141, *Bull. civ.* III, n° 81, p. 48.

concrète, en fonction de la destination spécifique convenue par les parties »[920]. En effet, l'impropriété à destination de l'ouvrage peut être caractérisée lorsque l'occupant n'est pas en capacité de jouir du bien conformément aux conditions stipulées dans sa commande. Pour que la destination subjective puisse intégrer le champ contractuel, il appartient à l'accédant de définir avec précision la destination qu'il entend donner à l'immeuble. La destination d'habitation varie rarement d'un occupant à un autre, quoique certains détails puissent donner lieu à des « travaux modificatifs ». En revanche, la destination conventionnelle est très prégnante dans le secteur tertiaire, industriel ou agricole, en raison des contraintes propres aux activités professionnelles. Dans ce contexte, un désordre pourra exceptionnellement être qualifié de décennal dès lors qu'il rend l'immeuble impropre à la destination particulière que le maître d'ouvrage a souhaité lui assigner[921]. A titre d'exemple, lorsqu'un immeuble de standing ou d'exception possède des caractéristiques architecturales particulières, ces dernières justifient de considérer certains dommages uniquement esthétiques[922] comme étant à l'origine d'une impropriété à destination.

259. Le cas particulier du défaut de performance énergétique. La destination subjective a récemment intégré dans son champ d'application l'hypothèse du défaut de performance énergétique. Lorsque le bâtiment est vendu avec une performance supérieure à la réglementation applicable, si les seuils promis ne sont pas atteints, une action en responsabilité décennale est envisageable contre le promoteur ou les constructeurs. Ce cas de figure a été admis pour sanctionner la non-obtention des économies d'énergie qui auraient dû découler de l'installation d'un chauffage solaire[923]. En l'espèce, la défaillance concernait une source d'énergie d'appoint qui n'empêchait pas les occupants de bénéficier du chauffage et de l'eau chaude en quantité et à température suffisantes. L'impropriété à destination n'était donc pas en tant que telle caractérisée, du moins pas objectivement. Le seul fait pour l'acquéreur d'avoir été empêché de réaliser les économies qu'il escomptait a suffi à mobiliser la garantie décennale. Ce choix est d'autant plus surprenant que la performance énergétique est liée en principe à des éléments d'équipement dissociables, soumis par nature à la garantie de bon fonctionnement. Le juge l'aurait donc manifestement écartée dans le but de lui substituer un délai d'action de dix ans. Philippe MALINVAUD n'a pas manqué de critiquer cette position : « *tout en*

---

920 S. BECQUÉ-ICKOWICZ, « Responsabilité du vendeur d'immeuble à construire : appréciation des dommages décennaux et délai pour agir en garantie des vices apparents », *RDI*, 2015, p. 400.

921 Pour quelques illustrations. Cass. Civ. 3ème, 12 mai 1982, n° 80-14372, inédit ; Cass. Civ. 3ème, 28 février 2006, n° 05-11827, inédit.

922 Cass. Civ. 3ème, 11 mars 2008, n° 07-10651, inédit ; Cass. Civ. 3ème, 4 avril 2013, n° 11-25198, *Bull. civ.* III, n° 45. Cass. Civ. 3ème, 10 octobre 2012, n° 10-28309 10-28310, *Bull. civ.* III, n° 140.

923 Cass. Civ. 3ème, 27 septembre 2000, n° 98-11986, inédit. Pour une interprétation *a contrario*, Cass. Civ. 3ème, 12 mai 2004, n° 02-20247, inédit.

comprenant la solution, qui d'évidence est guidée par des considérations d'équité, nous avouons éprouver les plus vives réserves à l'égard de cette extension déformante de la notion d'impropriété à la destination »[924]. La loi du 17 août 2015[925] est pourtant venue consacrer cette solution jurisprudentielle, en précisant les conditions dans lesquelles une surconsommation d'énergie peut être considérée comme une impropriété à destination. Le nouvel article L. 111-13-1 du Code de la construction et de l'habitation a fait l'objet de critiques dès son adoption[926], mais n'a pas encore donné lieu à une jurisprudence systématisée. En tout état de cause, cette réforme est symptomatique du basculement de l'impropriété à destination vers une notion économique et subjective, à rebours de la manière dont elle avait été pensée à l'origine[927]. Gwénaëlle DURAND-PASQUIER préconise à ce titre l'adoption d'un nouvel article de loi, dans le prolongement des articles 1792 et suivants du Code civil, qui disposerait que « *sauf à rendre impossible l'utilisation de l'ouvrage, les dommages consistant dans un surcoût d'exploitation comme dans un déficit de production de l'ouvrage, ne relèvent pas de la présomption de responsabilité établie par l'article 1792 du code civil* »[928], afin de revenir à la vision idéelle de l'impropriété à destination.

260. L'« impropriété-dangerosité ». Ce type d'impropriété à destination concerne les hypothèses dans lesquelles l'ouvrage présente un risque de danger soit pour ceux qui l'habitent, soit pour les tiers. Elle a notamment pu être caractérisée dans les cas de revêtements de façade se délitant, d'installation de gaz présentant un risque d'explosion, ou encore d'une toiture dépourvue de dispositif de protection contre les chutes de glace[929]. La seule existence d'un risque avéré de désordre suffit à reconnaître l'impropriété à destination de l'ouvrage, même si le désordre n'est ni actuel ni certain[930]. Comme le dénonce

---

[924] P. MALINVAUD, « L'impropriété à destination peut s'entendre de la non-obtention des économies d'énergie promises », *RDI*, 2001, p. 82.

[925] Loi n° 2015-992 du 17 août 2015 relative à la transition énergétique pour la croissance verte.

[926] Ce texte soulève des problèmes d'interprétation. Ce qu'il faut considérer comme étant une consommation « exorbitante » variera selon les usagers, c'est pourquoi l'absence de seuil réglementaire est critiquable. Les juges seront contraints de se livrer à une appréciation *in concreto*, prenant en compte tous les paramètres pouvant influer sur la consommation énergétique, en se référant au comportement du « sujet de droit raisonnable », ce qui risque de donner lieu à une casuistique jurisprudentielle.

[927] G. DURAND-PASQUIER, « L'application de la RT 2012 et la responsabilité décennale des constructeurs », *RDI*, 2013, p. 184 : « *Initialement conçu comme un abri, c'est-à-dire un clos et un couvert destinés à offrir une certaine sécurité et un confort minimum, le bâtiment risque à l'évidence d'être désormais envisagé comme un bien producteur d'énergie et source d'économies* ».

[928] G. DURAND-PASQUIER, « L'application de la RT 2012 et la responsabilité décennale des constructeurs », *RDI*, 2013, p. 184.

[929] Cass. Civ. 3ème, 10 avril 1996, n° 94-13157, inédit.

[930] *A contrario* : Cass. Civ. 3ème, 3 avril 2013, n° 11-21360, inédit.

Jean-Sébastien BORGHETTI, « *le juge fait œuvre salomonique en indemnisant l'angoisse liée à l'exposition au risque, même non avéré, que le dommage se réalise, ou se soit déjà réalisé. La substitution d'un préjudice d'angoisse à un dommage plus grave, même incertain, permet ainsi de déplacer le lien de causalité requis* »[931]. Dans cette perspective, la caractérisation d'un risque peut se déduire également du non-respect de certaines normes. La violation des règles d'urbanisme ne rend pas en tant que tel l'ouvrage impropre à sa destination, mais puisqu'elle peut conduire à la démolition de l'ouvrage, elle est constitutive d'un désordre d'une gravité telle qu'il rend l'immeuble impropre à sa destination[932], comme c'est le cas en matière d'erreurs d'implantation[933]. De même, le non-respect des normes de sécurité - telles que les normes parasismiques obligatoires[934] ou la réglementation incendie[935] - est porteur d'un risque qui peut suffire à caractériser une impropriété à destination, en accord avec le principe de précaution. Ainsi, « *tout ouvrage ne respectant pas une norme de sécurité obligatoire présenterait,* de jure, *une dangerosité. Celle-ci rendrait alors systématiquement l'ouvrage impropre à sa destination.* (…) *Pour ce type de norme, la notion de dommage s'effacerait ainsi au profit de celle de non-conformité* »[936]. Cela revient à sanctionner des dommages purement hypothétiques, à rebours des règles habituelles de la réparation (sauf à considérer que le risque de dommage est dans cette hypothèse le dommage lui-même, mais encore faut-il qu'il soit certain).

261. Une interprétation critiquable de l'impropriété à destination. Olivier TOURNAFOND et Jean-Philippe TRICOIRE regrettent « *l'insécurité juridique générée par* [ce] *concept qualificatoire particulièrement flou, dont les critères de définition sont trop imprécis* » et qui autorise le juge à « *qualifier de dommage de nature décennale tel désordre que bon lui semble sans avoir à en justifier juridiquement !* »[937]. Loin de garantir les désordres matériels mettant en

---

931 J.-S. BORGHETTI, *art. préc. in* Y. LEQUETTE, N. MOLFESSIS (dir.), *op. cit.*, p. 16.

932 Cass. Civ. 3ème, 26 mai 2004, n° 02-19464, inédit.

933 Cass. Civ. 3ème, 15 décembre 2004, n° 03-17876, *Bull. civ.* III, n° 237, p. 212.

934 Cass. Civ. 3ème, 11 mai 2011, n° 10-11713, *Bull. civ.* III, n° 70. *A contrario*, Cass. Civ. 3ème, 5 juillet 2018, n° 17-17902 17-19348 17-19513, inédit.

935 Cass. Civ. 3ème, 30 juin 1998, n° 96-20789, inédit.

936 G. DURAND-PASQUIER, « Réflexions sur le régime de responsabilité des constructeurs en cas de violation d'une norme », *RDI*, 2012, p. 192.

937 O. TOURNAFOND, J.-P. TRICOIRE, « Le maquis des régimes applicables à la violation des normes réglementaires phoniques ou thermiques : dommage décennal, dommage spécial, ou défaut de conformité… ? », *RDI*, 2016, p. 29. « *L'impropriété à destination doit demeurer un concept objectif reposant sur l'idée d'une anomalie intrinsèque de l'immeuble* (…). *La notion d''impropriété à la destination convenue'' est donc une espèce d'hybride fonctionnel développé par la jurisprudence, sur la base de considérations d'opportunité, pour faire entrer dans le champ du dommage décennal – et donc de l'assurance construction – des dommages qui n'en relèvent pas normalement* » (*idem*).

péril la solidité de l'ouvrage ou dénaturant substantiellement les conditions d'occupation, la responsabilité décennale peut être « détournée » pour sanctionner la non-obtention d'économies ou le non-respect d'objectifs de confort[938]. L'approche subjective de la destination « *ne doit pas conduire à estimer que la violation de toute prévision contractuelle conduit automatiquement à une atteinte à la destination, à peine de confondre le désordre de gravité décennale et la non-conformité contractuelle* »[939]. Certains auteurs dénoncent en effet les « *formules ambiguës et trompeuses* (…) *''d'impropriété à la destination contractuelle'' ou de ''défaut de conformité à la destination'' qui provoquent un amalgame fâcheux entre la garantie décennale et la responsabilité de droit commun* »[940]. C'est pourquoi, un travail de redéfinition des frontières s'impose entre les non-conformités au contrat, couvertes par la responsabilité contractuelle, et les hypothèses d'impropriété à destination, qualifiées de désordres décennaux[941]. En admettant une approche extensive de l'impropriété à destination, détachée de toute anomalie technique, les juges adoptent une position particulièrement favorable à l'accédant, qui entraine un alourdissement notable de la responsabilité objective du promoteur. Par ailleurs, l'utilisation dévoyée de la responsabilité décennale conduit à la mobilisation de la police d'assurance décennale obligatoire en dehors du cadre habituel, alors que ce risque n'est pas toujours intégré dans la couverture souscrite par le promoteur. Le régime de responsabilité retenu parait donc inversement proportionnel à la gravité du dommage en cause. *A contrario*, d'aucuns considèrent que cette jurisprudence se justifie par le niveau d'exigence technique que se doivent de respecter les promoteurs, dans un souci de satisfaction du client, dépassant les seuls objectifs de sécurité. A l'instar de Philippe MALINVAUD, il est également possible de considérer que les dispositions sur la performance énergétique sont des normes « citoyennes », au service d'ambitions plus grandes, telle que la protection de l'environnement[942]. Quoiqu'il en soit, « *la notion d'impropriété à destination, aux contours incertains, nécessite une harmonisation, que seule la Cour de cassation, sinon le législateur, peut assurer* »[943].

938 I. BONARDI, « La maison connectée à l'épreuve du droit de la construction », *RDI*, 2018, p. 193.

939 C. CHARBONNEAU, « Les responsabilités spécifiques des constructeurs » *in* J.-P. TRICOIRE (dir.), *op. cit.*, p. 114.

940 O. TOURNAFOND, J.-P. TRICOIRE, « Les conséquences du défaut de conformité de l'ouvrage avant et après la réforme du droit des contrats », *RDI*, 2018, p. 339.

941 G. DURAND-PASQUIER, « Des conditions restrictives de la garantie décennale en cas de défaut de performance énergétique », *RDI*, 2016, p. 120.

942 P. MALINVAUD, « Les normes citoyennes et le droit de la responsabilité. A propos de la RT 2012 », *RDI*, 2015, p. 553.

943 S. BECQUÉ-ICKOWICZ, « Responsabilité du vendeur d'immeuble à construire : appréciation des dommages décennaux et délai pour agir en garantie des vices apparents », *RDI*, 2015, p. 400.

262. L'exemple contestable de la jurisprudence relative aux « quasi-ouvrages »[944]. Alors que la loi requiert en principe l'existence d'un ouvrage pour admettre l'application de la responsabilité décennale - c'est-à-dire une construction entièrement neuve ou des travaux devenus indivisibles avec un ouvrage existant - la Cour de cassation passe outre cette exigence en considérant artificiellement qu'un simple équipement dissociable ajouté sur existant peut donner lieu à la mobilisation de la garantie décennale de l'installateur, dès lors que le dommage rend l'entier ouvrage impropre à sa destination[945]. Cette jurisprudence ne concerne pas le promoteur qui, par définition, n'intervient pas sur des « quasi-ouvrages » mais sur des ouvrages, sur lesquels il fait réaliser des travaux d'une certaine importance, qui le distinguent précisément du marchand de biens[946]. Néanmoins l'étude de ce revirement reste intéressante, en ce qu'elle illustre avec force le pouvoir d'interprétation du juge, qui ne cesse de bouleverser les principes qui président à l'application des garanties légales des constructeurs. Philippe MALINVAUD considère à ce titre que le juge excède ses attributions en outrepassant son rôle d'interprétation de la règle de droit, dès lors qu'il « *étend singulièrement le champ d'application de l'article 1792, bien au-delà de ce que le législateur de 1978 avait envisagé* ». Le juge outrepasse aussi son rôle d'adaptation de la règle de droit, puisque cette dernière prévoyait à escient que les travaux sur existant n'étaient pas des travaux de construction. Il outrepasse enfin son rôle de suppléance de la règle de droit car avant ce revirement, celle-ci prévoyait bien que « *les éléments d'équipement dissociables étaient soumis à la responsabilité de droit commun, non à la décennale* »[947]. Pour Philippe MALINVAUD, la Cour de cassation statue *contra legem* : un installateur ne pouvant être tenu responsable de l'impropriété à destination d'un ouvrage qu'il n'a pas construit[948].

---

[944] C. CHARBONNEAU, « L'avènement des quasi-ouvrages », *RDI*, 2017, p. 409. C. CHARBONNEAU, « Quand le quasi-ouvrage emporte l'ouvrage », *RDI*, 2018, p. 41.

[945] Cass. Civ. 3ème, 15 juin 2017, n° 16-19640 : « *Les désordres affectant des éléments d'équipement, dissociables ou non, d'origine ou installés sur existant, relèvent de la responsabilité décennale lorsqu'ils rendent l'ouvrage dans son ensemble impropre à sa destination* ». La Cour de cassation a maintenu à l'identique sa position dans plusieurs arrêts successifs. Cass. Civ. 3ème, 29 juin 2017, n° 16-16637, inédit, *RDI* 2017. 483, obs. P. MALINVAUD ; Cass. Civ. 3ème, 14 septembre 2017, n° 16-17323, inédit ; Cass. Civ. 3ème, 25 janvier 2018, n° 16-10050, inédit, *RDI* 2018. 230, obs. P. MALINVAUD. S. BERTOLASO, E. MÉNARD, « Elément d'équipement adjoint à un ouvrage existant : révolution en trompe-l'œil », *Constr.-Urb.*, 2018, étude 2. G. DURAND-PASQUIER, « Travaux sur existants : de la nécessité de circonscrire l'extension de la décennale en cas d'installation d'éléments d'équipement dissociables sur existants », *Constr.-Urb.*, 2018, focus 1. P. DESSUET, « Le problème des travaux sur existants depuis les revirements de juin et sept. 2017 », *RDI*, 2018, p. 136.

[946] Cf. *Infra*, § 374.

[947] P. MALINVAUD, « A propos des éléments d'équipement dissociables : observations sur le pouvoir du juge », *RDI*, 2018, p. 230.

[948] *Idem*.

263. A travers son interprétation souple de l'impropriété à destination, la jurisprudence a considérablement élargi le champ d'application de la garantie décennale. « *L'article 1792 a beaucoup changé depuis sa naissance. Les élargissements successifs dont il a fait l'objet* (…) *ont eu pour effet d'obscurcir la* ratio legis *initiale de la règle attributive* »[949]. La diversité des cas dans lesquels cette garantie est désormais susceptible de s'appliquer montre une fois de plus le souci de satisfaire les intérêts de l'accédant, au détriment de ceux du promoteur immobilier ; « *la jurisprudence a laissé bien peu de chances au promoteur d'échapper à la garantie décennale* »[950]. En outre, la tendance à la multiplication des leviers permettant d'engager la responsabilité du promoteur s'est prolongée, tant dans le domaine contractuel que délictuel.

B) La consécration de nouveaux régimes de responsabilité applicables au promoteur immobilier

264. Alors que l'on pouvait penser que la responsabilité du promoteur et des autres constructeurs était principalement régie par les articles 1792 et suivants du Code civil, la jurisprudence est venue donner un nouvel essor au droit commun, en complément du droit spécial[951]. En effet, dès les années 1970, « *l'envahissant contentieux des dommages à l'ouvrage ne doit pas dissimuler l'existence d'une responsabilité de droit commun qui connait même une relative expansion* »[952]. Indépendamment des garanties légales, le promoteur peut voir sa responsabilité contractuelle recherchée dans des conditions favorables au demandeur ; au titre de désordres matériels affectant la construction, sur le fondement de la responsabilité pour faute du fait des dommages intermédiaires (1) ; ou au titre de dommages émanant de la construction, sur le fondement de la responsabilité objective du fait des troubles anormaux du voisinage (2).

1. La responsabilité du fait des dommages intermédiaires

265. La responsabilité du fait des dommages intermédiaires peut être mobilisée principalement au titre de désordres affectant des éléments d'équipement dissociables inertes, depuis que ces derniers ont été exclus du champ de la garantie biennale (b). Elle peut, plus largement, être invoquée subsidiairement aux garanties légales (a).

---

[949] C. NOBLOT, « Les risques du sol de l'article 1792 du code civil », *RDI*, 2016, p. 444.
[950] E. NICOLAS, *Le rôle de la jurisprudence civile dans la responsabilité des constructeurs*, Thèse, Université de Toulouse, 1999, p. 193.
[951] P. MALINVAUD, « Bilan et perspectives de la responsabilité des constructeurs. 1967-2004 » *in Mélanges à la mémoire du Professeur Roger Saint-Alary. L'immeuble et le droit*, Editions législatives, Presses de l'Université des sciences sociales de Toulouse, 2006, p. 357.
[952] J.-C. GROSLIÈRE, P. JESTAZ, Chron. « Promotion immobilière – Vente d'immeubles », *RDI*, 1979, p. 475.

a. Une responsabilité mobilisable à titre subsidiaire

266. La consécration de la responsabilité du fait des dommages intermédiaires. Avant l'adoption de la théorie jurisprudentielle des dommages intermédiaires, la réception valait *quitus* et libérait le constructeur de sa responsabilité contractuelle. Seules subsistaient les garanties légales, conformément à la thèse « dualiste » selon laquelle la réception met fin aux rapports contractuels entre le maître d'ouvrage et le constructeur[953]. Toutefois, « *le progrès des règles de l'art et la spécialisation des métiers ont modifié le point de vue : on admet moins aujourd'hui qu'hier que des dommages de construction, même mineurs, échappent au champ des responsabilités des constructeurs* »[954]. Par les arrêts *Delcourt* du 10 juillet 1978[955] et *Maison Enec* du 22 mars 1995[956], la Cour de cassation a consacré la théorie de la responsabilité du fait des dommages intermédiaires[957]. Celle-ci s'apparente à « un régime résiduel de responsabilité, *pouvant s'appliquer à* tout vice de construction, *n'entrant pas dans la définition des garanties légales* (…), *dès lors qu'une faute est établie* »[958]. Les désordres intermédiaires sont ceux qui ne relèvent pas de la garantie biennale en ce qu'ils n'affectent pas les éléments d'équipement dissociables[959], ni de la garantie décennale en ce qu'ils n'atteignent pas le seuil de gravité requis par l'article 1792 du Code civil[960]. Les

---

953 Cf. *Infra*, § 853. Cass. Civ. 3ème, 6 septembre 2018, n° 17-21155, *D.* 2018. 1753, *RDI* 2018. 552, obs. B. BOUBLI.

954 M. FAURE-ABBAD, « Responsabilité des constructeurs et des vendeurs pour les dommages intermédiaires : unité ou diversité ? », *RDI*, 2013, p. 456.

955 Cass. Civ. 3ème, 10 juillet 1978, n° 77-12595, *Bull. civ.* III, n° 285, p. 219.

956 Cass. Civ. 3ème, 22 mars 1995, n° 93-15233, *Bull. civ.* III, n° 80, p. 54, *RDI* 1995. 349, obs. G. LEGUAY. J.-L. BERGEL (dir.), *Les grands arrêts du droit immobilier*, Dalloz, 2002, pp. 228-239. Il était déjà admis que la responsabilité contractuelle de droit commun puisse s'appliquer en parallèle de la garantie de parfait achèvement mais seulement pour les réserves non levées, ce qui n'était pas l'hypothèse visée ici, l'arrêt évoquant des désordres cachés à réception.

957 J.-P. CORDELIER, « Vers une réforme du droit de la construction ? », *RDI*, 1988, p. 17 : « *Œuvre de la jurisprudence, la théorie dite des désordres intermédiaires était annoncée et connue lorsqu'a été débattue et votée devant le Parlement la loi du 4 janvier 1978* ».

958 P. DESSUET, « Le régime juridique applicable aux dommages intermédiaires sous l'empire de la loi du 4 janvier 1978. Le papillon sort de sa chrysalide... », *RDI*, 2001, p. 113.

959 Cass. Civ. 3ème, 16 septembre 2003, n° 02-14104, inédit, *RDI* 2003. 582, obs. P. MALINVAUD. Cass. Civ. 3ème, 1er février 2006, n° 04-17361, *RDI* 2006. 232, obs. P. MALINVAUD.

960 Cass. Civ. 3ème, 9 novembre 1994, n° 90-21516, *Bull. civ.* III, n° 183, p. 117. P. MALINVAUD, B. BOUBLI, « Les dommages intermédiaires ne relèvent ni de la garantie décennale ni de la garantie biennale », *RDI*, 1997, p. 242. A. PELON, « De quelques inconséquences des régimes de responsabilité des constructeurs », *RDI*, 2012, p. 476. O. TOURNAFOND, J.-P. TRICOIRE, « Les vices apparents ne peuvent être soumis à la responsabilité spéciale des dommages intermédiaires », *RDI*, 2013, p. 91.

dommages esthétiques en sont notamment un exemple significatif. Ainsi, « *le juge pallie une certaine carence du législateur, en couvrant par le biais de la responsabilité contractuelle ''les angles morts'' de la loi* »[961]. Néanmoins, le caractère résiduel de la responsabilité du fait des dommages intermédiaires ne permet pas de contourner le principe d'exclusivité des garanties légales, renvoyant lui-même à la règle du non-cumul avec toute autre forme de responsabilité. Si les garanties légales sont par exemple prescrites, le désordre ne saurait être analysé en un dommage intermédiaire[962].

267. Une responsabilité fondée sur un délai de prescription décennal. L'arrêt *Maison Bottemer*[963], rendu par la Cour de cassation le 16 octobre 2002, a aligné le délai de l'action en responsabilité du fait des dommages intermédiaires sur le délai de prescription décennal, dans « *un objectif politique d'uniformisation de la durée des responsabilités des constructeurs* », afin de « *rationaliser le jeu des actions récursoires et faciliter l'assurance des responsabilités* »[964]. L'article 1er de la loi du 17 juin 2008 a ensuite consacré à l'article 1792-4-3 du Code civil ce délai d'action dérogatoire, d'une durée de dix ans à compter de la réception, pour l'indemnisation des désordres intermédiaires[965]. Or, puisque ces derniers renvoient à des désordres de faible gravité, parfois seulement esthétiques, l'écoulement du temps peut rendre difficile la distinction entre ce qui relève d'un vice et ce qui relève d'un défaut d'entretien, ou simplement de l'usure.

268. Une responsabilité de nature contractuelle. La responsabilité du fait des dommages intermédiaires « *ne peut être recherchée que sur le fondement du rapport d'obligation qui lie le maître de l'ouvrage au constructeur* »[966]. Cette action présente en quelque sorte une nature hybride en ce qu'elle constitue une action supplémentaire ouverte à l'accédant, lui permettant d'obtenir réparation d'un désordre matériel de construction non couvert par les garanties légales, mais reposant sur la preuve d'une faute imputable au constructeur. Cela revient à dire que l'obligation de résultat applicable au constructeur et, par extension, au promoteur, devient de moyens après la réception, ce qui défie la logique[967]. En

---

961 J.-P. CORDELIER, *art. préc.*, p. 17. J. CHRISTOPHE MAZARD, *th. préc.*, p. 13.

962 La garantie décennale n'est pas concernée par cette hypothèse puisqu'elle couvre le même délai que celui des dommages intermédiaires : celui, maximal, de dix ans.

963 Cass. Civ. 3ème, 16 octobre 2002, n° 01-10330, *Bull. civ.* III, n° 205, p. 174.

964 M. FAURE-ABBAD, *Droit de la construction*, 3ème éd., Gualino-Lextenso, 2016, pp. 413-414.

965 La loi n° 2008-561 du 17 juin 2008 portant réforme de la prescription en matière civile n'a pas eu pour conséquence de faire passer le délai de prescription de l'action fondée sur les dommages intermédiaires à cinq ans, conformément au nouvel article 2224 du Code civil.

966 E. NICOLAS, *th. préc.*, p. 405.

967 P. MALINVAUD, « Dommages intermédiaires et responsabilité pour faute prouvée », *RDI*, 1997, p. 591.

tout état de cause, la responsabilité du fait des dommages intermédiaires n'étant pas impérative, elle peut faire l'objet d'une clause d'exclusion de garantie dans le contrat conclu avec l'accédant.

269. Une responsabilité difficilement applicable au promoteur immobilier. L'action en responsabilité du fait des dommages intermédiaires concerne les constructeurs au sens de la loi[968], dont le promoteur fait partie[969]. Puisque cette action repose sur la démonstration d'une faute, elle est *de facto* plus difficile à mettre en œuvre à l'encontre d'un constructeur non-réalisateur[970]. Comme le relève Pascal DESSUET, on imagine mal en quoi « *le promoteur qui par définition ne* [doit] *pas s'immiscer dans l'acte de construire,* [peut] *commettre une faute engageant sa responsabilité... En quoi peut bien consister la faute lorsqu'on n'est pas exécutant ?* »[971]. Dans cette perspective, « *retenir de manière automatique, la responsabilité contractuelle de droit commun du vendeur du seul fait de la présence de désordres de moindre gravité affectant l'immeuble* [conduirait] *à le rendre débiteur d'une véritable ''garantie nouvelle'', particulièrement sévère, au-delà des prévisions mêmes du législateur* »[972]. Dans le même temps, force est d'observer qu'au terme des contrats qu'il conclut avec l'accédant, le promoteur est tenu de l'obligation de résultat de livrer l'ouvrage « exempt de vices »[973]. C'est pourquoi, « *dans une logique de contrats (…), le vendeur sur plans devrait répondre des dommages intermédiaires dus au mauvais travail des constructeurs car son obligation est celle d'édifier l'ouvrage et non de le faire édifier par d'autres* »[974]. Cette obligation, lorsqu'elle n'est pas respectée, pourrait ainsi constituer la faute justifiant à elle seule l'engagement de la responsabilité du promoteur vendeur, sur le fondement des dommages intermédiaires. Conformément à son obligation de résultat générale, le promoteur fait l'objet d'une présomption de responsabilité, qui serait le cas échéant mobilisable pour tous types de désordres, y compris ceux de moindre gravité tels que les dommages intermédiaires.

---

[968] La nature contractuelle de l'action a pour effet d'écarter de la responsabilité du fait des dommages intermédiaires les sous-traitants, qui entretiennent une relation délictuelle avec le maître d'ouvrage.

[969] Cass. Civ. 3ème, 4 novembre 2010, n° 09-12988, *Bull. civ.* III, n° 196, *RDI* 2011. 116, obs. J.-P. TRICOIRE. Cass. Civ. 3ème, 14 décembre 2010, n° 09-71552, inédit, *RDI* 2011. 160, obs. J.-P. TRICOIRE.

[970] M. FAURE-ABBAD, « Responsabilité des constructeurs et des vendeurs pour les dommages intermédiaires : unité ou diversité ? », *RDI*, 2013, p. 456.

[971] P. DESSUET, « Le régime juridique applicable aux dommages intermédiaires sous l'empire de la loi du 4 janvier 1978. Le papillon sort de sa chrysalide... », *RDI*, 2001, p. 113.

[972] J.-P. TRICOIRE, « Le vendeur d'immeuble en état futur d'achèvement et les dommages intermédiaires », *RDI*, 2011, p. 160.

[973] Cass. Civ. 3ème, 31 mars 1999, n° 97-17770, *Bull. civ.* III, n° 82, p. 56, *Constr.-Urb.* 1999, Chron. n° 7, obs. C. SIZAIRE.

[974] M. FAURE-ABBAD, « Les responsabilités contractuelles de droit commun » *in* J.-P. TRICOIRE (dir.), *op. cit.*, p. 104.

270. La Cour de cassation a finalement retenu une application rigoriste de ce nouveau cas de responsabilité, en exigeant la démonstration d'une véritable faute imputable au promoteur, en lien avec les désordres matériels en cause[975]. Il faut donc considérer que le promoteur n'est responsable du fait de dommages intermédiaires que s'il est rapporté une faute qui lui est personnellement imputable, et non seulement virtuellement, à titre de « garant relais »[976]. « *Cette solution doit être approuvée car la solution inverse reviendrait à étendre la présomption de responsabilité à tous les désordres affectant un ouvrage, et donc à écarter la condition de gravité expressément posée par l'article 1792* »[977]. La faute du promoteur sera d'autant moins facile à rapporter que celui-ci ne dispose en principe d'aucune compétence ou mission technique qui permette d'établir un lien avec la survenance de désordres matériels[978]. Si le promoteur est bien débiteur de la responsabilité du fait des dommages intermédiaires, au même titre que les autres constructeurs, sa faute est difficile à caractériser dans cette hypothèse, ce qui explique que peu d'actions prospèrent à son encontre sur ce fondement (ce qui n'empêche pas les plaideurs de l'invoquer presque systématiquement)[979]. En tout état de cause, le juge a accordé une place d'importance à la responsabilité du fait des dommages intermédiaires en étendant son régime à des désordres qui relèvent par nature de la garantie biennale.

b. Une responsabilité applicable aux éléments d'équipement inertes

271. L'introduction d'une nouvelle condition d'application de la garantie biennale. Alors que légalement, la garantie biennale couvre tous les dommages susceptibles d'affecter les éléments d'équipement dissociables de l'ouvrage, la jurisprudence est venue retrancher de son assiette les dommages relatifs aux éléments d'équipement dissociables inertes[980]. En sus du critère de la

---

975 Cass. Civ. 3ème, 25 janvier 2011, n° 10-10977, inédit. Cass. Civ. 3ème, 8 septembre 2010, n° 08-22062, *Bull. civ.* III, n° 148, *Constr.-Urb.* 2010, comm. 142, obs. M.-L. PAGÈS-DE VARENNE. Cass. Civ. 3ème, 13 février 2013, n° 11-28376, *Bull. civ.* III, n° 21, *RDI* 2013. 329, obs. O. TOURNAFOND, J.-P. TRICOIRE. *Constr.-Urb.* 2013, comm. 59, obs. M.-L. PAGÈS-DE VARENNE. M. PARMENTIER, « Conditions de la responsabilité du vendeur d'immeuble à construire au titre des désordres intermédiaires », *Gaz. Pal.*, 18 mai 2013, n° 138. Cass. Civ. 3ème, 12 novembre 2014, n° 13-23570, inédit. Plus récemment : Cass. Civ. 3ème, 14 mai 2020, n° 19-10434.

976 Cf. *Infra*, § 861.

977 P. MALINVAUD, « La responsabilité pour dommages intermédiaires est une responsabilité pour faute prouvée », *RDI*, 2004, p. 383.

978 Cass. Civ. 3ème, 21 février 1984, n° 82-15337, *Bull. civ.* III, n° 44.

979 Cass. Civ. 3ème, 13 janvier 1982, inédit. Cass. Civ. 3ème, 4 juin 2009, n° 08-13239, *Bull. civ.* III, n° 130, *D.* 2009. 1611, *RDI* 2009. 474, obs. O. TOURNAFOND, *Constr.-Urb.* 2010, Chron. 1, 5, obs. C. CHARBONNEAU, comm. 24, obs. C. SIZAIRE.

980 Dans un arrêt de 2011 (Cass. Civ. 3ème, 30 novembre 2011, n° 09-70345, *Bull. civ.* III, n° 202), la Cour de cassation a indiqué que les moquettes et tissus tendus n'étaient pas

dissociabilité de l'élément d'équipement, la jurisprudence a donc ajouté aux conditions de mise en œuvre de la garantie biennale le critère du fonctionnement. La garantie biennale de « *bon fonctionnement* » n'était-elle pas finalement conçue pour garantir le fonctionnement des seuls éléments d'équipement doués d'un mécanisme ? On peut considérer *a contrario* que le terme de « fonctionnement » associé à la garantie biennale renvoyait au fait de « remplir une fonction » et qu'ainsi, le législateur avait bien envisagé de soumettre à la garantie biennale les dommages relatifs à tous types d'éléments d'équipement, y compris inertes[981]. Au sens de la jurisprudence, le critère du fonctionnement implique que l'élément ait la faculté de se mouvoir ou qu'il soit doté d'un certain dynamisme[982], sans que l'on sache s'il doit résulter d'un fonctionnement automatisé et autonome[983] ou de la main de l'homme[984].

272. Une nouvelle subdivision existe désormais parmi les éléments d'équipement, entre d'une part les éléments d'équipement dissociables inertes (à l'instar des matériaux de revêtement, comme le carrelage) et, d'autre part, les éléments d'équipement dissociables destinés à fonctionner (tels qu'un store électrique, un ascenseur ou encore une chaudière). Cette distinction, d'origine exclusivement prétorienne, réduit la portée de la garantie biennale, dans la lignée de l'article 1792-7 du Code civil qui en exclut déjà les éléments d'équipement professionnels. Alors que les garanties légales des constructeurs ont été pensées par le législateur comme un système de responsabilité simple et

---

des éléments d'équipement soumis à la garantie biennale mais à « *la responsabilité contractuelle de droit commun* ». Dans un arrêt rendu en 2013 (Cass. Civ. 3ème, 11 septembre 2013, n° 12-19483, *Bull. civ.* III, n° 103, *RDI* 2013. 536, obs. P. MALINVAUD ; L. KARILA, « La jurisprudence a-t-elle créé un nouveau type d'''éléments dissociables''? », *Le Moniteur*, 6 décembre 2013, p. 56), la Haute Juridiction a refusé d'appliquer la garantie biennale dans l'hypothèse d'un désordre relatif à un carrelage, pourtant qualifié d'élément d'équipement dissociable, au motif que celui-ci n'était pas destiné à fonctionner. La Cour de cassation s'est encore prononcée en ce sens à propos de désordres affectant des revêtements de sol, dans différents arrêts rendus en 2015 (Cass. Civ. 3ème, 27 janvier 2015, n° 13-25514, inédit, *RDI* 2015. 185, obs. P. MALINVAUD ; Cass. Civ. 3ème, 26 novembre 2015, n° 14-19835, *Bull. civ.* III, n° 489, *RDI* 2016. 40, obs. P. MALINVAUD).

981 P. MALINVAUD, « L'élément d'équipement dissociable ''non destiné à fonctionner'' relève de la responsabilité de droit commun », *RDI*, 2013, p. 536.

982 C. CHARBONNEAU, « Les responsabilités spécifiques des constructeurs » *in* J.-P. TRICOIRE (dir.), *op. cit.*, p. 112 : « *Le fonctionnement n'est pas la fonction et la destination à fonctionner se réduit à celle de capacité de l'élément à être mis ou non en fonctionnement, de connaître un état actif et passif selon son positionnement* ».

983 Cass. Civ. 3ème, 18 février 2016, n° 15-10750, *Bull. civ.* III, n° 943, *D.* 2016. 480, *RDI* 2016. 232, obs. P. MALINVAUD : la Cour a notamment qualifié le revêtement végétal d'un système d'étanchéité situé en toiture d'élément d'équipement dissociable inerte, bien que la végétation puisse en tant que telle être considérée comme vivante.

984 Le cas échéant, les éléments mobiles (telles que les portes ou les fenêtres) pourront être ajoutés à la catégorie des éléments d'équipement dissociables susceptibles de fonctionner.

efficace, la jurisprudence tend à complexifier la matière, en atteignant un haut degré de précision dans la qualification des désordres, et par là même des garanties applicables[985]. Dans ces conditions, certains auteurs s'interrogent ; « *ne serait-il pas plus simple de supprimer purement et simplement la biennale et de porter à deux ans la garantie de parfait achèvement, proposition jadis formulée par l'Inspection générale des finances et le conseil général des Ponts et Chaussées ?* »[986].

273. Le régime applicable aux éléments d'équipement inertes. Dorénavant, seuls les dommages relatifs aux éléments d'équipement dissociables susceptibles de fonctionner peuvent donner lieu à l'engagement de la responsabilité des constructeurs sur le fondement de la garantie biennale, c'est-à-dire sans faute, durant deux ans. Concernant les éléments d'équipement dissociables inertes, c'est la responsabilité contractuelle du fait des « dommages intermédiaires » qui trouve à s'appliquer. Une telle décision paraît *a priori* défavorable à l'accédant qui perd, dans cette dernière hypothèse, le bénéfice d'une garantie légale lui permettant d'engager la responsabilité du constructeur sans avoir à rapporter la preuve d'une faute. Toutefois, la responsabilité contractuelle des constructeurs présente l'intérêt de pouvoir être actionnée dans un délai de dix ans à compter de la réception des travaux. Le fait pour l'accédant de devoir prouver la faute du constructeur paraît finalement moins pénalisant pour lui que la courte prescription à laquelle il aurait dû faire face si la garantie biennale s'était appliquée. Pour certains auteurs, il n'en reste pas moins « *curieux d'appliquer à cette responsabilité un délai de prescription supérieur au délai biennal* », si bien que « *la solution annihilant toute responsabilité résiduelle devrait perdurer* »[987].

274. Alors que la responsabilité légale du promoteur est déjà particulièrement étendue, la jurisprudence a tout de même mis au jour un nouveau cas de responsabilité, de nature contractuelle et d'application

---

[985] Les éléments d'équipement dissociables peuvent désormais relever de quatre régimes alternatifs : la garantie de parfait achèvement (si le dommage est constaté dans l'année suivant la réception), la garantie biennale (si le dommage affecte un élément dissociable destiné à fonctionner), la garantie décennale (si le dommage rend l'ouvrage globalement impropre à sa destination) ou la responsabilité contractuelle du fait des dommages intermédiaires (si le dommage affecte un élément d'équipement dissociable inerte).

[986] P. MALINVAUD, « Confirmation : le carrelage, élément dissociable ''non destiné à fonctionner'' relève de la responsabilité de droit commun, sauf impropriété à la destination », *RDI*, 2015, p. 185. A l'inverse d'autres apports jurisprudentiels, l'avant-projet de réforme du droit des contrats spéciaux de l'Association Henri CAPITANT ne prend pas en compte la distinction de régime établie par la jurisprudence entre les éléments d'équipement dissociables susceptibles de fonctionner et les éléments d'équipement dissociables inertes.

[987] P. DE LESCURE, « La responsabilité contractuelle de droit commun des constructeurs en cas de dommage à l'ouvrage depuis la loi du 17 juin 2008 », *RDI*, 2009, p. 458.

résiduelle : la responsabilité du fait des « dommages intermédiaires ». Le juge a donc « *créé de toute pièce, une responsabilité* sui generis*, accordant par là-même un nouvel effet à la réception, non envisagé par le législateur* »[988]. Si ce cas de responsabilité vient s'ajouter aux nombreux recours dont dispose déjà l'accédant, à la différence des autres, il nécessite de rapporter la preuve d'une faute à l'origine du dommage matériel à l'ouvrage. Dans la mesure où le promoteur ne prend part ni à la conception ni à l'exécution de ce dernier, sa responsabilité contractuelle est rarement engagée sur ce fondement. En revanche, sa responsabilité délictuelle est facilement retenue en matière de troubles anormaux de voisinage, puisqu'en la matière, aucune faute n'est exigée.

2. La responsabilité du fait des troubles anormaux de voisinage

275. Une responsabilité d'origine jurisprudentielle[989]. Dans un arrêt rendu le 19 novembre 1986, *Epoux Miller*, la Cour de cassation a rendu pour la première fois une décision au visa du « *principe selon lequel nul ne doit causer à autrui un trouble anormal du voisinage* »[990], en abandonnant toute référence à l'article 1382 du Code civil. Cette responsabilité n'est pas fondée sur la faute[991], mais uniquement sur l'anormalité du dommage[992], considérée au regard des inconvénients normaux du voisinage. L'anormalité est caractérisée dès lors que le trouble en cause revêt une certaine gravité ou se manifeste de manière régulière, selon une appréciation *in concreto*, qui tient compte entre autres du caractère diurne ou nocturne du trouble, ou de sa localisation géographique. Les troubles de voisinage recouvrent une grande variété de dommages. Or, nombre d'entre eux sont susceptibles de survenir à l'occasion d'une opération de construction. Sont ainsi considérés comme des troubles de voisinage les nuisances sonores, olfactives ou visuelles inhérentes au chantier, les dommages matériels causés aux avoisinants du fait des travaux, ou encore la dépréciation du bien voisin consécutive à la nouvelle construction (en raison d'une perte d'ensoleillement, d'atteintes à la vie privée ou plus généralement de la modification de l'environnement immédiat). *In fine*, les troubles anormaux du voisinage peuvent donner lieu à des préjudices patrimoniaux, notamment matériels ou financiers, et extrapatrimoniaux, de jouissance ou d'agrément.

276. De la responsabilité du propriétaire à la responsabilité de l'entrepreneur. Le voisin victime peut être indifféremment le propriétaire, le locataire ou l'occupant d'un bien contiguë à celui à l'origine du trouble, ou d'un

---

[988] E. NICOLAS, *th. préc.*, p. 416.
[989] V. G. COURTIEU, D. COURTIEU, *Les troubles du voisinage*, Litec, 2002.
[990] Cass. Civ. 2ème, 19 novembre 1986, n° 84-16379, *Bull. civ.* II, n° 172, p. 116.
[991] En cela, la responsabilité du fait des troubles anormaux du voisinage se distingue de l'abus de droit, qui repose sur une faute commise par le propriétaire.
[992] P. MALAURIE, L. AYNÈS, M. JULIENNE, *Droit des biens*, 8ème éd., LGDJ, 2019, p. 362.

bien situé à proximité de ce dernier[993]. Si à l'origine, l'indemnisation du voisin troublé était considérée comme une charge incombant au propriétaire, la jurisprudence a progressivement désigné d'autres responsables. La Cour de cassation a admis le principe d'un recours sur le fondement des troubles anormaux de voisinage contre le maître d'ouvrage, ès qualité de propriétaire du bien à construire ou de bénéficiaire des travaux[994]. Puis, dès la fin des années 1960, les entrepreneurs participant au chantier ont été condamnés sur le fondement de leur responsabilité délictuelle de droit commun, sans faute, ni imprudence ou négligence[995]. Cette jurisprudence a ensuite été confirmée à plusieurs reprises, au visa des inconvénients anormaux du voisinage[996]. D'aucuns ont pu critiquer le fait que ce courant conduise « *à la prise en charge systématique et totale par les constructeurs de tous les troubles, même mineurs, causés au voisinage par les opérations de construction* »[997].

277. La notion de « voisin occasionnel ». La responsabilité du maître d'ouvrage était déjà recherchée en l'absence de faute des entreprises[998], avant que l'arrêt *George V* rendu le 22 juin 2005 ne consacre la notion de « voisin occasionnel »[999] et avec elle, le principe général selon lequel tant « *le propriétaire de l'immeuble auteur des nuisances* » que « *les constructeurs à l'origine de celles-ci sont responsables de plein droit vis-à-vis des voisins victimes, sur le fondement de la prohibition du trouble anormal de voisinage* ». Les constructeurs sont ici entendus au sens large. On pourrait penser que « *la notion de voisin occasionnel résulte d'une présence matérielle effective sur le chantier contribuant à la survenance du dommage. Cette logique est cependant à exclure puisque les intervenants intellectuels à l'acte de construire ayant la*

---

993 M.-F. NICOLAS, « La protection du voisinage », *RTD Civ.*, 1976, p. 675.

994 J.-M. BERLY, « La responsabilité du maître de l'ouvrage en raison des troubles anormaux de voisinage », *Constr.-Urb.*, janvier 2000, Chron. n° 1. M.-C. LAMBERT-PIÉRI, « La responsabilité envers les voisins du fait de la construction », *RDI*, 1980, p. 367. *A contrario*, la Cour de cassation a pu exiger par la suite la démonstration d'une faute imputable au maître d'ouvrage : Cass. Civ. 3ème, 25 mai 2005, n° 03-19286 03-19324, *Bull. civ.* III, n° 112, p. 103, *RDI* 2005. 300, obs. P. MALINVAUD. Indépendamment du maître d'ouvrage, les constructeurs pouvaient être recherchés sur le fondement de leur responsabilité civile délictuelle pour faute, ou sur le fondement de la garde du chantier. Cass. Civ. 3ème, 8 mars 1978, inédit, *D.* 1978. 641, obs. C. LARROUMET.

995 Cass. Civ. 2ème, 10 janvier 1968, inédit, *Bull. civ.* II, n° 11.

996 A titre d'exemple, Cass. Civ. 3ème, 30 juin 1998, n° 96-13039, *Bull. civ.* III, n° 144, p. 96, *RDI* 1998. 647, obs. P. MALINVAUD. H. PÉRINET-MARQUET, « Remarques sur l'extension du champ d'application de la théorie des troubles de voisinage », *RDI*, 2005, p. 161.

997 P. MALINVAUD, « Les dommages aux voisins dus aux opérations de construction », *RDI*, 2001, p. 479.

998 Cass. Civ. 3ème, 17 juillet 1974, n° 73-11251, *Bull. civ.* III, n° 316, p. 240.

999 Cass. Civ. 3ème, 22 juin 2005, n° 03-20068, *Bull. civ.* III, n° 136, p. 124, *RDI* 2005. 330, obs. E. GAVIN-MILLAN OOSTERLYNCK.

qualité de constructeur semblent devoir être considérés comme voisins occasionnels »[1000]. La jurisprudence cherche à faciliter le recours des tiers qui souffrent de préjudices imputables à la réalisation de travaux sur un site proche, en leur permettant d'agir contre un plus grand nombre de débiteurs. Le voisin victime pourra ainsi agir contre le propriétaire maître d'ouvrage ou bien contre les entreprises, en fonction de leur solvabilité respective, voire contre l'ensemble des intervenants, en recherchant leur responsabilité *in solidum*.

278. L'assimilation du promoteur au « voisin occasionnel ». En sus des constructeurs participant matériellement au chantier, la jurisprudence a inclus dans la notion de « voisin occasionnel » le promoteur immobilier, en sa qualité de maître d'ouvrage de l'opération. A la manière des garanties légales, cette responsabilité objective s'impose au promoteur sans faute ni lien de causalité, celui-ci n'étant qu'indirectement responsable des nuisances ou des dommages causés par le chantier. En réalité, « *dans le cas où les dommages sont inhérents à l'opération de construction et se sont produits en dehors de toute faute de quiconque, la charge de la réparation doit rester sur la tête du maître de l'ouvrage qui a commandé l'opération et qui en tire profit :* ubi emolumentum ibi onus »[1001]. A l'instar des autres fondements objectifs de responsabilité du promoteur, la responsabilité du fait des troubles de voisinage reposerait sur la théorie du risque-profit, selon laquelle l'instigation d'un programme dans un démarche lucrative implique d'en supporter toutes les conséquences. Une fois le voisin victime indemnisé, le promoteur a en tout état de cause la possibilité de se retourner contre les constructeurs sur le fondement des contrats qu'il a conclus, en invoquant le cas échéant une clause prévoyant spécifiquement cette garantie ou en se fondant par défaut sur le non-respect d'obligations visées au contrat[1002]. Le promoteur peut également se prévaloir de sa qualité de subrogé dans les droits et actions du voisin[1003] ; cette subrogation étant totale en l'absence de faute commise personnellement par le promoteur[1004]. Certains auteurs suggèrent

---

[1000] C. CHARBONNEAU, « La responsabilité des maîtres d'ouvrage délégués », *RDI*, 2011, p. 208.

[1001] P. MALINVAUD, « La responsabilité du maître de l'ouvrage à l'égard des voisins », *RDI*, 2002, p. 492.

[1002] Cass. Civ. 3ème, 22 novembre 2000, n° 99-12182, inédit, *RDI* 2001. 87, obs. P. MALINVAUD ; Cass. Civ. 3ème, 28 novembre 2001, n° 00-13970, *Bull. civ.* III, n° 135, p. 103, *RDI* 2002. 90, obs. P. MALINVAUD.

[1003] Cass. Civ. 3ème, 21 juillet 1999, n° 96-22735, *Bull. civ.* III, n° 182, p. 125, *RDI* 1999. 656, obs. P. MALINVAUD, *ibid.* 2000. 75, obs. G. LEGUAY, *RTD Civ.* 2000. 120, obs. P. JOURDAIN ; Cass. Civ. 3ème, 24 septembre 2003, n° 02-12873, *Bull. civ.* III, n° 160, p. 143, *RDI* 2003. 545, obs. L. GRYNBAUM, *ibid.* 2003. 582, obs. P. MALINVAUD.

[1004] P. MALINVAUD, « Vers un nouveau régime prétorien de la responsabilité des constructeurs pour troubles de voisinage », *RDI*, 2006, p. 251 : c'est ce que précise notamment la Cour de cassation dans son arrêt précité du 22 juin 2005, « *considérant ainsi implicitement mais nécessairement que (…) le maître de l'ouvrage n'était pas tenu avec les constructeurs, mais pour les constructeurs* ».

au contraire que les dommages au voisinage pèsent exclusivement sur le maître d'ouvrage à l'origine du projet[1005].

279. La fin de la jurisprudence du « voisin occasionnel » ? La jurisprudence est progressivement revenue à une lecture plus orthodoxe de la théorie des troubles anormaux de voisinage, en abandonnant la responsabilité du « voisin occasionnel », pour lui préférer celle de l'auteur du trouble, en vertu d'un véritable lien de causalité. « *Seuls ceux qui sont sur le chantier au moment du trouble sont susceptibles d'être poursuivis sur le fondement de la théorie des troubles de voisinage* », bien que s'agissant des nuisances, elles soient *in fine* imputables à la décision de construire[1006]. Ainsi, à l'ancienne acception, « *on substitue volontiers la relation de cause directe qui doit exister entre les troubles subis et les missions confiées aux différents intervenants de la construction* »[1007]. Désormais, la caractérisation d'un trouble émanant du « voisinage » et la concomitance d'une opération de construction ne suffisent plus : un lien d'imputabilité doit être identifié[1008]. Le débiteur de la réparation ne peut donc être qu'un constructeur réalisateur : c'est-à-dire une entreprise exécutante, selon une conception restrictive se référant à l'« *occupation du fonds* »[1009], ou un concepteur, selon une approche extensive comprenant également les maîtres d'œuvre[1010]. Ce revirement a été salué par une partie de la doctrine[1011] : « *pour tous les auteurs intellectuels de la construction, tant décriés, il est toujours possible d'espérer que la preuve de l'imputation sera difficile à rapporter* »[1012]. Cette nouvelle interprétation rend plus complexe l'engagement de la responsabilité du promoteur sur le fondement des troubles

---

1005 P. MALINVAUD, « Vers un nouveau régime prétorien de la responsabilité des constructeurs pour troubles de voisinage », *RDI*, 2006, p. 251. P. JOURDAIN, « Recours du maître de l'ouvrage contre les constructeurs : la limite au recours résultant de l'exigence d'une intervention causale », *RTD Civ.*, 2011, p. 361 : « *La solution, qui épargne le maître de l'ouvrage au stade de la contribution à la dette d'indemnisation, ne va pas de soi car elle introduit une hiérarchie entre les coresponsables d'un même dommage qui, en l'absence de toute faute à l'origine des troubles, n'est pas aisée à justifier* ».

1006 P. MALINVAUD, « Vers une restriction de la notion de voisin occasionnel tenu des troubles de voisinage », *RDI*, 2008, p. 345.

1007 N. REBOUL-MAUPIN, « Le voisin occasionnel : précision ou disparition d'une notion ? », *D.* 2011, p. 2607.

1008 Cass. 3ème Civ., 21 mai 2008, n° 07-13769, *Bull. civ.* III, n° 90, *RDI* 2008. 345, obs. P. MALINVAUD, *ibid.* 2008. 546, obs. E. GAVIN-MILLAN OOSTERLYNCK. Cass. Civ. 3ème, 9 février 2011, n° 09-71570 09-72494, *Bull. civ.* III, n° 21, *RDI* 2011. 227, obs. P. MALINVAUD.

1009 CA. PARIS, 26 novembre 2008, *RDI* 2009. 255, obs. P. MALINVAUD.

1010 Cass. Civ. 3ème, 28 avril 2011, n° 10-14516 10-14517, *Bull. civ.* III, n° 59, *RDI* 2011. 402, obs. P. MALINVAUD.

1011 P. JOURDAIN, « Recours du maître de l'ouvrage contre les constructeurs : la limite au recours résultant de l'exigence d'une intervention causale », *RTD Civ.*, 2011, p. 361.

1012 N. REBOUL-MAUPIN, *art. préc.*, p. 2607.

anormaux de voisinage, en dehors notamment d'une abstention fautive déduite de précautions insuffisantes ou d'une prise de risques délibérée. Or, à rebours des dernières évolutions jurisprudentielles, le nouvel article 1244 alinéa 1 du Code civil, issu du projet de réforme de la responsabilité civile du Garde des Sceaux, pourrait bien intensifier de nouveau la responsabilité du promoteur en matière de troubles anormaux du voisinage[1013].

280. En définitive, « *on ne peut que constater que s'il est un ouvrage en voie d'inachèvement permanent, c'est bien l'édifice construit, pas à pas, par la Cour suprême, en droit de la responsabilité des constructeurs* »[1014]. Qu'il s'agisse de sa responsabilité légale ou de sa responsabilité contractuelle, le régime applicable au promoteur évolue au gré des mouvements jurisprudentiels, si bien qu'il ne semble pas encore compréhensible dans sa forme définitive. Une constante se dégage néanmoins de l'observation de ces transformations : la responsabilité du promoteur doit par principe pouvoir être engagée facilement par l'accédant - son client - ce qui explique sans doute les nombreux cas de responsabilité qu'il a à connaître, le plus souvent sans faute ou assortis d'un délai de prescription dérogatoire.

[1013] Cet article se propose de définir la responsabilité pour troubles anormaux de voisinage dans les termes suivants : « *le propriétaire, le locataire, le bénéficiaire d'un titre ayant pour objet principal de l'autoriser à occuper ou à exploiter un fonds, le maître d'ouvrage ou celui qui en exerce les pouvoirs, qui provoque un trouble excédant les inconvénients normaux de voisinage, répond de plein droit du dommage résultant de ce trouble* ». G. DURAND-PASQUIER, « L'incidence de la future réforme des conditions de la responsabilité civile sur le droit immobilier et de la construction », *RDI*, 2017, p. 579.

[1014] A. CASTON, *art. préc.*, p. 517.

Conclusion du Chapitre 2

281. Juge et législateur ont pris conscience de la nécessité d'encadrer les agissements du promoteur immobilier, au profit de son cocontractant vulnérable. « *Face à un équilibre contractuel souvent bafoué, le juge écarte les sanctions de la théorie classique pour préférer des remèdes qui s'adaptent à la physionomie des relations contractuelles* »[1015]. Il appréhende le premier le promoteur afin de lui faire supporter une obligation de résultat étendue, répondant à tous les risques de la construction. Sans coïncider nécessairement avec la conclusion d'un contrat spécial, « *l'obligation de résultat naît automatiquement de la qualification de promoteur de fait* »[1016]. Grâce à l'adoption des différents régimes impératifs des contrats spéciaux de la construction en secteur protégé, le législateur a fait en sorte de verrouiller l'ensemble du processus contractuel, de l'avant-contrat à l'extinction du contrat définitif, afin de ramener à l'équilibre les rapports du promoteur et de l'accédant. De nombreux mécanismes sont utilisés à la fois pour s'assurer que l'accédant comprenne pleinement les enjeux de son projet et faire en sorte qu'il ne se retrouve en difficulté, notamment sur le plan financier ; certains visent à prévenir les risques contractuels de l'opération de construction, tandis que d'autres ciblent les risques matériels[1017]. Ces règles d'encadrement de la formation et de l'exécution du contrat sont autant d'obligations qui - particulièrement dans le secteur de l'habitation - pèsent sur le promoteur immobilier, lequel se trouve privé de toute marge de négociation.

282. De surcroît, quel que soit son logiciel contractuel, le promoteur immobilier est débiteur des garanties biennale et décennale des constructeurs et supportent d'autres garanties légales qui lui sont propres. Ces garanties sanctionnent la conformité et la pérennité de l'ouvrage sur le plan technique. Elles s'imposent donc au promoteur en l'absence de tout lien de causalité avec son intervention, par nature limitée à des prestations intellectuelles d'organisation et de supervision, juridiques, administratives ou financières. Réputé artificiellement constructeur par la loi, le promoteur subit en conséquence les évolutions jurisprudentielles qui tendent à élargir le champ d'application des garanties légales ou à découvrir de nouveaux fondements de responsabilité, dans le but de faciliter les recours des accédants contre les intervenants au chantier. Ce postulat se vérifie à la lecture des arrêts qui entretiennent une appréciation souple de l'impropriété à destination, qui consacrent la responsabilité du fait des dommages intermédiaires ou qui rendent le maître d'ouvrage garant des troubles anormaux de voisinage causés par le chantier.

[1015] K. DE LA ASUNCION PLANES, *La réfaction du contrat*, Thèse, LGDJ, 2006, p. 12.
[1016] M. ZAVARO, *op. cit.*, p. 105.
[1017] E. NICOLAS, *th. préc.*, p. 233.

Conclusion du Titre I

283. La notion de promoteur immobilier est intimement liée à son contexte d'apparition et aux motivations qui ont déterminé le juge et le législateur à l'appréhender. L'activité de promotion immobilière a débuté dans un environnement juridique où la liberté contractuelle prédominait, ce qui a permis au promoteur de recourir à des montages favorables à ses intérêts. En considération du déséquilibre qui émaillait progressivement la relation entre le promoteur et ses clients, plusieurs tentatives de réglementation ont eu lieu, mais celles-ci sont demeurées infructueuses. Dans le domaine de la construction, comme ailleurs, « *le juge et le législateur font* [alors] *preuve de réalisme en dépassant le postulat libéral sur lequel repose le Code de 1804* »[1018]. Progressivement, la protection de l'accession au logement - à travers le critère de la destination d'habitation - puis la protection de l'accédant personne physique - à travers la figure du consommateur immobilier - se sont imposées comme deux impératifs justifiant l'instauration de régimes spéciaux visant à encadrer l'activité du promoteur immobilier. Un cadre légal impératif s'est dessiné afin de réglementer les risques contractuels de l'opération, liés à son caractère complexe et aléatoire, ainsi que les risques matériels, de non-conformités ou de malfaçons. La poursuite de ces objectifs s'est opérée « *au prix de règles complexes puisqu'elles ont pour objet de viser toutes les hypothèses de non satisfaction du client* »[1019].

284. *In fine*, le promoteur immobilier fait l'objet d'un régime juridique spécial, conçu entièrement en faveur de l'accédant, et plus encore en faveur de l'accédant au logement. En secteur protégé, le promoteur est tenu de se conformer à de nombreuses obligations lors de la formation et de l'exécution du contrat. Il est, en toutes hypothèses, débiteur d'une obligation de résultat particulièrement étendue et des mêmes garanties légales que les constructeurs participant au chantier. « *L'activité justifiant l'application d'une règle de responsabilité objective doit présenter un risque de dommage caractérisé, qui dépasse un certain seuil de normalité* »[1020], ce qui est le cas de toute opération de construction immobilière que le promoteur est amené à superviser. Or, c'est précisément ce régime dérogatoire que les définitions jurisprudentielle et légale du promoteur visent à rejoindre, faisant ainsi de lui une notion juridique éminemment fonctionnelle. Puisque la responsabilité du promoteur est « *extrêmement compréhensive* »[1021], « *les tribunaux ont tendance à étendre, de manière excessive, la notion de promoteur pour retenir la responsabilité*

[1018] V. LASBORDES, *Les contrats déséquilibrés*, Thèse, Presses universitaires d'Aix-Marseille, 2000, t.1, p. 26.
[1019] C. PONCE, *th. préc.*, p. 379.
[1020] G. MAITRE, *th. préc.*, p. 133.
[1021] P. MALINVAUD, P. JESTAZ, P. JOURDAIN, O. TOURNAFOND, *op. cit.*, p. 48.

d'intervenants solvables à l'acte de construire. La fin justifie les moyens... »[1022]. Au-delà de sa nature fonctionnelle, la notion de promoteur immobilier se définit également par son hétérogénéité, qui fait d'elle une notion incontestablement plurivoque.

[1022] J.-C. GROSLIÈRE, C. SAINT-ALARY-HOUIN, « Approche pragmatique de la notion de promoteur », *RDI*, 1993, p. 387.

TITRE II. Une notion plurivoque

285. Force est d'observer que « *la promotion immobilière envisagée globalement peut revêtir plusieurs techniques juridiques différentes et que parmi celles-ci figure notamment la vente d'immeuble à construire* »[1023], ou bien encore le contrat de promotion immobilière. Ce postulat se vérifie notamment dans la distinction, d'origine doctrinale, du promoteur « initiateur » et du promoteur « exécutant »[1024], résumant la dualité de la notion. Puisqu'il n'existe aucune définition légale du promoteur jusqu'en 1971, le juge développe sa propre définition. La Cour d'appel de Paris arrête, dès 1963, une définition souple permettant d'attribuer la qualification de promoteur à toute personne qui a « l'initiative » et le « soin principal de l'affaire », autrement dit à celui des intervenants qui détient la réalité du « pouvoir » dans le cadre de l'opération de construction. A travers le critère de l'initiative, la définition jurisprudentielle insiste sur le rôle de précurseur du promoteur et renvoie ainsi à toutes les hypothèses dans lesquelles celui-ci est maître d'ouvrage *ab initio*. Dans cette première situation, « *la plus fréquente, le promoteur immobilier dispose d'un terrain et l'entièreté de l'initiative de la construction lui revient* »[1025]. Ce faisant, la définition jurisprudentielle du promoteur permet de l'appréhender comme vendeur d'immeubles à construire, voire comme vendeur d'immeubles achevés ou à rénover (Chapitre 1). En consacrant l'existence du contrat de promotion immobilière, la loi du 16 juillet 1971[1026] a entendu donner au promoteur une définition différente, celle d'un prestataire de services qu'un maître d'ouvrage mandate, pour exécuter en ses lieu et place les missions qu'implique sa fonction. Dans cette seconde situation, l'accédant est déjà propriétaire du terrain à bâtir lorsqu'il sollicite les services du promoteur immobilier. Si le contrat de promotion immobilière cantonne le promoteur à un rôle de mandataire, qui ne lui sied pas nécessairement, celui-ci utilise néanmoins d'autre leviers contractuels lorsqu'il intervient comme exécutant, qu'il s'agisse du mandat ou du louage d'ouvrage (Chapitre 2).

[1023] J.-P. K., « Marché, travaux, responsabilité – Promoteur – Qualité – Existence d'un contrat de construction de maison individuelle indifférente – Absence de contrat de promotion immobilière au sens de l'article 1831-1 du Code civil », *AJDI*, 1994, p. 380.
[1024] Cf. *Supra*, § 49-51.
[1025] B. KOHL, *Droit de la construction et de la promotion immobilière en Europe. Vers une harmonisation de la protection du consommateur en droit de la construction ?*, Thèse, LGDJ, 2008, pp. 184-185.
[1026] Loi n° 71-579 du 16 juillet 1971 relative à diverses opérations de construction.

Chapitre 1. Le « promoteur initiateur » intervenant en qualité de vendeur

286. La première définition attribuée au promoteur immobilier est d'origine jurisprudentielle. Basée sur les critères relativement larges de l'« initiative » et du « soin principal », cette définition empirique s'appuie sur l'observation des attributions exercées par l'intervenant en cause. Elle offre ainsi une importante marge de manœuvre au juge, source de confusion et d'insécurité juridique (Section 1). Associé au « soin principal », le critère de l'initiative révèle la qualité de maître d'ouvrage du promoteur, en tant que commanditaire et organisateur du programme de construction. Il permet en conséquence de rattacher le promoteur initiateur à la figure contractuelle du vendeur d'immeubles à construire, et de s'interroger, par la même occasion, sur l'identification éventuelle du promoteur au vendeur d'immeuble achevé ou à rénover (Section 2).

Section 1. La notion jurisprudentielle de « promoteur initiateur »

287. Face à « *l'inefficacité et* [à] *l'imprécision des décisions légales et réglementaires (…), la jurisprudence s'est tout naturellement substituée au législateur pour devenir l'organe principal de régulation des pratiques contractuelles de la construction immobilière* »[1027]. Afin de remplir sa mission de justice, le juge a eu besoin de définir le promoteur immobilier et s'est servi, pour ce faire, de son pouvoir de qualification. A cette occasion, ont été mis au jour les critères de l'« initiative » et du « soin principal » de l'affaire[1028], dont l'analyse repose sur la nature des actes conclus (I). Les critères utilisés par le juge, particulièrement larges, lui permettent de conserver une certaine latitude dans son travail de caractérisation du promoteur, ce qui donne lieu à certains contresens. Comme le souligne Fabien LAFAY, « *cette liberté d'appréciation dévolue aux magistrats est une liberté qui n'est encadrée par aucun texte de loi. L'ensemble des Codes ne comprend aucun article traitant de ce pouvoir souverain ou en précisant le domaine. Mieux encore, son utilisation est faite sous couvert de la protection de la Cour de cassation* »[1029]. Particulièrement imprévisible et peu intelligible, cette jurisprudence porte atteinte au principe de sécurité juridique (II).

[1027] S. DWERNICKI, E. MARTIN- IMPÉRATORI, Fasc. 200-50 « Contrat de maîtrise d'ouvrage déléguée de droit privé », *JCl. Construction-Urbanisme*, LexisNexis, 27 juin 2014, § 2.

[1028] F. MAGNIN, « Attribution de la qualité de promoteur immobilier au gérant d'une société civile immobilière qui est intervenu dans l'acte de construction », *D.* 1993, p. 355 : « *On sait qu'en l'absence de dispositions légales à cet égard, c'est la jurisprudence qui a défini le promoteur* ».

[1029] F. LAFAY, *La modulation du droit par le juge. Etude de droit privé et sciences criminelles*, Thèse, Presses universitaires d'Aix-Marseille, 2006, p. 415.

I. Les spécificités de la notion jurisprudentielle de promoteur

288. Avant qu'une définition légale du promoteur n'émerge à travers la réglementation du contrat de promotion immobilière, le juge a innové en déterminant le premier la notion de promoteur (A). La définition choisie repose sur des critères matériels, dont l'appréciation *in concreto* conduit à faire du promoteur une notion « de fait » (B).

A) La définition jurisprudentielle du promoteur immobilier

289. Grâce aux pouvoirs dévolus au juge par la loi, celui-ci a pu pallier l'absence de définition légale du promoteur immobilier qui prévalait alors (1). Si cette définition reposait à l'origine sur une combinaison de critères différents, la jurisprudence l'a finalement réduite aux deux conditions de l'« initiative » et du « soin principal » de l'affaire (2).

1. Une définition suppléant les carences de la loi

290. Le juge, « bouche de la loi ». La séparation des pouvoirs législatif et judiciaire s'est imposée à partir de la Révolution Française, afin de lutter contre les abus commis par les parlements d'Ancien Régime, à qui l'on reprochait de prendre part à l'exercice du pouvoir législatif, par des décisions de portée générale. La prohibition des arrêts de règlement[1030] a été consacrée aux articles 10 et 12 de la loi des 16 et 24 août 1790[1031], avant d'être reprise à l'article 5 du Code civil. L'article 1355 du même Code ajoute dans cette perspective que « *l'autorité de la chose jugée n'a lieu qu'à l'égard de ce qui a fait l'objet du jugement* ». Le juge n'est donc théoriquement « *qu'un organe second qui tranche, en fonction du cadre préétabli, les conflits interindividuels qui se présentent à lui, de la manière la plus neutre et la plus pacifiée possible* »[1032]. Selon le « principe dispositif », le procès est « la chose des parties », au sens où l'objet du litige est déterminé par les prétentions respectives de chacune d'elles, comme le rappelle l'article 4 du Code de procédure civile. Ces dernières ont la charge d'alléguer les faits au soutien de leurs prétentions et d'en rapporter la preuve[1033]. Le juge est tenu quant à lui de trancher le litige « *conformément aux*

[1030] L'arrêt de règlement se définit comme une « *décision solennelle prise par une cour souveraine (Parlement de l'Ancien Régime), de portée générale, et liant les juridictions inférieures* » (S. GUINCHARD, T. DEBARD, *Lexique des termes juridiques*, 27ème éd., Dalloz, 2019, p. 80).

[1031] V. également : article 3 de la Constitution française du 3 septembre 1791, article 203 de la Constitution française du 5 fructidor an III.

[1032] J. SÉNÉCHAL, *Le contrat d'entreprise au sein de la classification des contrats spéciaux. Recherche sur un double enjeu du mouvement de recodification du droit des contrats*, Thèse, Presses Universitaires d'Aix-Marseille, 2008, p. 60.

[1033] Articles 6 et 9 du CPC.

règles de droit qui lui sont applicables »[1034], en se cantonnant à n'être que « la bouche de la loi », selon la célèbre formule de MONTESQUIEU[1035]. « *Le caractère obligatoire de la règle de droit constitue une garantie essentielle du justiciable et la condition de l'égalité des citoyens devant la loi générale et abstraite* »[1036], ce qui justifie que le juge en fasse une application rigoureuse et exclusive. Il ne rend que des décisions individuelles, couvertes par l'autorité relative de la chose jugée ; c'est pourquoi, il n'est pas lié pour l'avenir par les décisions qu'il prend.

291. La stricte qualification juridique des faits. Si les parties ont l'obligation de qualifier en droit les moyens qu'elles soulèvent - *a fortiori* depuis que le décret du 28 décembre 1998[1037] en a fait une obligation déontologique pour les professionnels du droit - le juge « *doit donner ou restituer leur exacte qualification aux faits et actes litigieux sans s'arrêter à la dénomination que les parties en auraient proposée* »[1038]. Les juges du fond relèvent librement les faits déterminants de la cause, en prenant en considération ceux que les parties versent au débat, ainsi que les faits « adventices »[1039]. Il les qualifie ensuite, sous le contrôle de la Cour de cassation, en requalifiant au besoin les actes et faits litigieux selon le droit applicable[1040]. Il arrive néanmoins que la loi interdise au juge de relever d'office un moyen de droit : c'est le cas en matière de prescription[1041] ou de compétence d'attribution[1042]. Par ailleurs, l'article 12 alinéa 3 du Code de procédure civile prévoit que le juge « *ne peut changer la dénomination ou le fondement juridique lorsque les parties, en vertu d'un accord exprès et pour les droits dont elles ont la libre disposition, l'ont lié par les qualifications et points de droit auxquels elles entendent limiter le débat* ». Puisque les parties pourraient transiger sur ces éléments, le juge se voit logiquement retirer la possibilité d'imposer une qualification juridique différente, même si celle-ci est plus appropriée. En définitive, le juge est tenu à une obligation de qualification juridique strictement entendue.

292. Le rôle de suppléance de la jurisprudence[1043]. *A priori*, la jurisprudence ne figure pas parmi les sources du droit, puisqu'aucun texte

---

[1034] Article 12 alinéa 1er du CPC.

[1035] C.-L. DE SECONDAT, Baron DE MONTESQUIEU, *De l'esprit des lois*, 1748.

[1036] G. BOLARD, « La matière du procès et le principe dispositif » *in* S. GUINCHARD (dir.), *Droit et pratique de la procédure civile. Droit interne et européen*, 9ème éd., Dalloz, 2016, § 221.112, p. 864.

[1037] Décret n° 98-1231 du 28 décembre 1998 modifiant le code de l'organisation judiciaire et le nouveau code de procédure civile.

[1038] Article 12 alinéa 2 du CPC.

[1039] Expression de H. MOTULSKY. Article 7 du CPC.

[1040] Cass. Ass. Plen., 21 décembre 2007, n° 06-11343, *Bull. A.P.* n° 10.

[1041] Article 2247 du Code civil.

[1042] Article 92 du CPC.

[1043] Pascale DEUMIER distingue la « jurisprudence » du « contentieux », qui renvoie à l'ensemble de l'activité judiciaire (T. PIAZZON, *La sécurité juridique*, Thèse, Lextenso,

formel ne la reconnaît comme telle. Certes, le pouvoir judiciaire ne comprend pas celui d'édicter des règles de droit, « *mais en fait on constate que le juge ne peut appliquer la règle sans y ajouter quelque chose – une interprétation, une adaptation,* etc.- *que cet ajout constitue du droit et s'incorpore à la règle* »[1044]. Le juge ne se contente jamais de « dire le droit ». En l'adaptant aux faits soumis à son analyse, il assume déjà une fonction créatrice. Chaque fois qu'il tranche un conflit, ou qu'il prend une décision, le juge crée en quelque sorte une nouvelle norme juridique, individualisée. Par ailleurs, la limitation du rôle du juge à une stricte application de la loi impliquerait que l'ensemble des textes adoptés par le pouvoir législatif soient dénués de toute ambiguïté ou lacune et couvrent de manière exhaustive l'ensemble des situations particulières qui pourraient naître de leur application. Or, tel n'est pas le cas en réalité. Ainsi, en accomplissant son devoir, le juge est conduit malgré lui à découvrir de nouvelles règles, à travers un triple rôle d'interprétation, d'adaptation et de suppléance de la règle de droit[1045], qui valorisent la jurisprudence comme une source normative tacite. Or, la notion jurisprudentielle de promoteur immobilier est précisément née du rôle de suppléance confié au juge. Même lorsque le droit positif ne suggère aucune solution, il est fait obligation au juge de trancher tous les litiges dont il a à connaître. C'est le sens de l'article 4 du Code civil, selon lequel « *le juge qui refusera de juger, sous prétexte du silence, de l'obscurité ou de l'insuffisance de la loi, pourra être poursuivi comme coupable de déni de justice* ». A travers cette disposition, la loi impose au juge de combler les vides juridiques résultant des lacunes de la loi, afin d'apporter aux parties une solution à leur litige en toutes circonstances. Cet article légitime le pouvoir normatif du juge, qui se concrétise dans la motivation de ses décisions. C'est dans ce contexte que la Cour d'appel de Paris a rendu le 12 juin 1963 un arrêt définissant pour la première fois le terme de « promoteur immobilier » en droit. En exerçant ainsi son devoir de suppléance, la Cour d'appel de Paris a eu l'occasion de décrire le promoteur immobilier sous les traits de « *la personne physique ou morale qui s'engage directement ou par société interposée, à construire ou à procurer un immeuble ou une partie d'immeuble à usage principal d'habitation et qui, à cet effet prend l'initiative et le soin principal de cette affaire* »[1046]. Bien qu'il ne s'agisse pas d'un arrêt de la Cour de cassation, la motivation de l'arrêt de la

---

2009, p. 244 : « *l'ensemble des décisions rendues par les cours et tribunaux, de quelque ordre et quelque degré que ce soit, qu'elles soient publiées ou non* »). P. DEUMIER, « Jurisprudence », *Répertoire de droit civil*, Dalloz, novembre 2017 (actualisé en juillet 2019), § 1 : selon une acception plus stricte, la jurisprudence rassemble « *les seules décisions portant une interprétation du droit susceptible d'être généralisée au-delà du cas particulier* ».

[1044] P. MALINVAUD, *Introduction à l'étude du droit*, 18ème éd., LexisNexis, 2018, p. 183.

[1045] *Ibid.*, pp. 197-199.

[1046] CA. PARIS, 12 juin 1963, *D.* 1964. 472, note R. SAINT-ALARY, *RTD Com.* 1963. 863, obs. R. SAINT-ALARY.

Cour d'appel de Paris répond à un « *style abstrait, général et impersonnel* »[1047], qui atteste de l'ampleur que l'on a souhaité donner à sa portée.

293. En théorie, le juge est relégué à son pouvoir de *jurisdictio*, qui lui confère entre autres un pouvoir de qualification, par lequel il applique la loi aux faits litigieux et dit ainsi « le droit applicable ». En réalité, le juge est indéniablement créateur de droit, comme le confirme la jurisprudence relative au promoteur immobilier. En assumant pleinement sa fonction, le juge a découvert deux critères d'identification du promoteur, ceux de l'« initiative » et du « soin principal ».

2. Une définition reposant sur des critères accueillants

294. Alors que la définition établie en 1963 par la Cour d'appel de Paris se réfère à différents critères, dont notamment celui de la destination de l'immeuble, la Cour de cassation emploie progressivement la formule selon laquelle une personne a « *la qualité de promoteur* » dès lors qu'elle a pris « *l'initiative et le soin principal de l'affaire* »[1048]. Au gré des décisions, « *des lignes de force ont fini par se dégager* »[1049], aboutissant à la conservation de ces deux éléments caractéristiques de la définition jurisprudentielle de promoteur. Or, « *si la brièveté de* [cette] *motivation présente un mérite certain, elle est aussi source d'une perte de sens et de richesses* », d'une « *perte pédagogique liée à l'absence d'explication de la solution* », ainsi que d'une « *perte de légitimité démocratique puisque* (…) *la solution apparait de manière univoque sans trace des débats qui ont pu conduire à sa formulation* »[1050]. L'« initiative » (a) et le « soin principal » (b) ont donc l'avantage de la simplicité mais pêchent par leur ambiguïté.

a. L'« initiative » de l'affaire

295. Définition. L'« initiative de l'affaire » est une condition de qualification du promoteur immobilier mise au jour par la Cour d'appel de Paris dans son arrêt fondateur du 12 juin 1963 et reprise ensuite par la Cour de cassation. Le terme d'« initiative » renvoie à l'action de celui qui, le premier, propose,

---

[1047] C. CHARBONNEAU, *La contribution de la Cour de cassation à l'élaboration de la norme*, Thèse, IRJS éditions, 2011, p. 47.

[1048] Cass. Civ. 3ème, 1er février 1972, n° 70-14079, *Bull. civ.* III, n° 73, p. 53.

[1049] P. MALINVAUD, P. JESTAZ, P. JOURDAIN, O. TOURNAFOND, *Droit de la promotion immobilière*, 9ème éd., Dalloz, 2014, p. 45.

[1050] C. CHARBONNEAU, *th. préc.*, pp. 303-304. V. Projet de réforme de 2019 sur la motivation et la rédaction des décisions de la Cour de cassation (https://www.courdecassation.fr). S. PIEDELIÈVRE, « Du passé, ne faisons pas table rase », *D.* 2019, p. 1547.

entreprend, organise quelque chose[1051]. Il faut donc considérer que la formule de « l'initiative de l'affaire » permet de désigner celui qui est à l'origine de l'opération immobilière. Or, une telle expression, volontairement large et imprécise, est sujette à diverses interprétations. L'initiative d'une opération de construction est susceptible d'appartenir à celui qui en a eu l'idée, à celui qui l'a organisée ou encore à celui qui l'a financée. L'expression choisie par le juge pour désigner le promoteur ne saurait donc être instantanément rattachée à un acteur singulier, faute de comporter un degré de précision suffisant. Doit-on en déduire que le juge a choisi ce critère à dessein, afin de conserver une marge de manœuvre suffisante pour pouvoir qualifier de promoteur, l'organisateur comme le financeur ? Peut-être convient-il de garder à l'esprit que ce premier critère n'est en réalité pas dissociable du second, celui du « soin principal », et qu'ainsi, le promoteur s'entend de celui qui a cumulativement initié, financé et supervisé l'opération.

296. Application au promoteur immobilier. Si l'on transpose le critère de « l'initiative » aux différents contrats spéciaux de la construction réglementés par la loi, il convient alors d'exclure de la définition jurisprudentielle, les interventions impliquant la conclusion d'un contrat de promotion immobilière ou, le cas échéant, d'un contrat de construction de maison individuelle. Dans ces modèles, le promoteur n'assume pas directement, *in personam*, la maîtrise d'ouvrage de l'opération, puisque cette dernière appartient dès l'origine au commanditaire de l'opération, qui la conserve. Le critère de l'« initiative » apparait ainsi comme un critère réducteur, qui ne permet d'appréhender que les cas de promotion immobilière dans lesquels le promoteur est titulaire *ab initio* de la maîtrise d'ouvrage et continue à l'exercer jusqu'à la livraison de l'opération (bien qu'elle appartienne théoriquement aux accédants à partir de la commercialisation). Le promoteur qui a l'« initiative de l'affaire » serait alors celui qui est l'instigateur d'un programme immobilier et qui le commercialise en recourant à la vente, notamment à la vente d'immeuble à construire. Cette vision du promoteur initiateur a notamment été reprise à l'article 1er de la convention collective nationale de la promotion immobilière du 18 mai 1988 : « *sont considérées comme entreprises de promotion immobilière pour la présente convention les entreprises prenant l'initiative de réalisations immobilières et coordonnant les opérations nécessaires à l'étude, l'exécution et la mise à disposition des usagers de programmes de construction* »[1052].

b. Le « soin principal » de l'affaire

297. Définition. Le « soin principal de l'affaire » est le second critère conservé par la jurisprudence pour définir le promoteur immobilier. Le terme de

[1051] J. REY-DEBOVE, A. REY (dir.), *Le Petit Robert de la langue française*, 2015, p. 1333.

[1052] *Convention collective nationale de la promotion immobilière du 18 mai 1988. IDCC : 1512*, 8ème éd., Les éditions des journaux officiels, novembre 2013, p. 1.

« soin » revêt plusieurs significations, parmi lesquelles « *le souci, la préoccupation relative à un objet, une situation, un projet auquel on s'intéresse* » ou « *l'occupation, la responsabilité qu'une personne doit assumer* »[1053]. Le terme « principal » renvoie quant à lui à ce qui est « *essentiel, le plus important parmi plusieurs choses ou plusieurs personnes* »[1054]. Associés l'un à l'autre, ces deux termes auraient ainsi pour vocation de cerner, parmi les intervenants à l'opération, celui qui a été le plus diligent dans l'avancement du projet, celui qui en avait la responsabilité. Comme le critère de l'« initiative », le critère du « soin principal » pêche par son imprécision, puisque plusieurs sortes d'intervenants sont susceptibles de correspondre à cette description, tels que le maître d'œuvre ou l'entreprise générale, sans qu'elle soit strictement réservée au promoteur immobilier. Le raisonnement qui s'applique au critère de l'« initiative » peut être transposé au « soin principal » : le juge se réfère à un critère relativement large afin de jouir d'un pouvoir d'interprétation non contraint dans son travail de qualification du promoteur.

298. Application au promoteur immobilier. Bien que les critères de l'« initiative » et du « soin principal » fonctionnent tous deux de manière interdépendante[1055], le juge n'hésite pas à utiliser uniquement le second critère, afin de faire une application plus large encore de la qualification de promoteur, en supprimant les limites induites par le critère de l'initiative. De cette façon, la jurisprudence ne se contente pas de viser le promoteur initiateur, mais cible également le promoteur prestataire de services[1056], qui prend le soin principal de l'opération, sans en être à l'origine. Dès lors, si à lui seul le critère de l'« initiative » marque une distinction nette entre la définition jurisprudentielle et la définition légale du promoteur immobilier, en excluant cette dernière de son giron, le critère du « soin principal » peut pour sa part être employé de manière autonome pour identifier le promoteur exécutant, signataire d'un contrat de promotion immobilière. En effet, le « soin principal » peut se définir à la lumière des missions juridiques, administratives et financières que ce contrat spécial met à la charge du mandataire[1057]. Selon la Cour d'appel de Paris, une société qui se comporte « *comme mandataire au sens de l'article 1831-1 du Code civil* », prend le « *soin principal de l'affaire* »[1058]. Cette juridiction a même eu l'occasion de refuser de faire usage de la qualification restrictive de promoteur, fondée sur le seul critère du « soin principal », en l'absence de mandat[1059]. Indépendamment de cette liberté prise par le juge, la définition jurisprudentielle du promoteur s'entend par essence de celle d'un promoteur

---

[1053] http://www.cnrtl.fr/definition/soin.

[1054] http://www.cnrtl.fr/definition/principal.

[1055] Cass. Civ 3ème, 29 février 1972, n° 71-10376, *Bull. civ.* III, n° 138, p. 99.

[1056] Cass. Civ. 3ème, 6 novembre 1985, n° 84-11574, *Bull. civ.* III, n° 140, p. 107.

[1057] Cf. *Infra*, § 400.

[1058] CA. PARIS, 7 février 1991, *RDI* 1991. 486, obs. J.-C. GROSLIÈRE, C. SAINT-ALARY-HOUIN.

[1059] CA. PARIS, 29 juin 2007, n° 04/10102.

« initiateur », dans la mesure où les critères sont mobilisés de manière cumulative dans l'arrêt fondateur de 1963.

299. La définition du promoteur immobilier, établie *ex nihilo* par le juge, repose sur des critères énigmatiques, dont la mise en œuvre révèle leur caractère imprécis et partant, inadapté. L'une des critiques que l'on peut formuler à l'égard de cette définition est « *le risque d'incompréhension résultant de l'excès de laconisme* »[1060]. En effet, force est de reconnaître, comme le font plusieurs auteurs, que « *le critère du soin principal paraît exact encore qu'un peu vague* », tandis que « *le critère de l'initiative, qui précise la notion, ne correspond qu'à une partie de la réalité* »[1061]. En tout état de cause, l'utilisation de ces critères implique pour le juge de se livrer à une appréciation circonstanciée des faits litigieux.

B) La qualification *in concreto* du promoteur par le juge

300. La notion jurisprudentielle de promoteur immobilier repose sur une analyse *in concreto*, comme le révèlent les méthodes de qualification employées par le juge, à l'instar de la technique du faisceau d'indices ou de la théorie de l'apparence (1). Ce travail de qualification doit permettre au juge de discerner, dans les situations soumises à son analyse, le « promoteur de fait », en l'absence de promoteur « légal » (2).

1. Les méthodes de qualification jurisprudentielles du promoteur

301. La Cour de cassation s'est fondée sur les critères découverts par la Cour d'appel de Paris en 1963 pour élaborer un véritable édifice jurisprudentiel autour de la définition du promoteur immobilier. Cette dernière suggère une observation minutieuse des missions assumées et des actes accomplis par les intervenants à l'opération, afin de pouvoir distinguer celui qui assume un rôle prépondérant. Si ce travail de qualification repose principalement sur l'analyse d'un faisceau d'indices (a), la question se pose de savoir si le juge ne fait pas également usage de la théorie de l'apparence (b).

a. L'utilisation d'un faisceau d'indices

302. La technique du faisceau d'indices. Pour qualifier un intervenant de promoteur immobilier, le juge isole, à la lecture des faits, les actes susceptibles d'être rattachés à une activité de promotion immobilière, en vérifiant qu'ils

[1060] C. CHARBONNEAU, *th. préc.*, p. 305. « *A trop vouloir limiter son propos à l'essence de la règle, à vouloir supprimer tout ce qui n'est pas nécessaire à la qualification objet d'un arrêt, la règle de droit énoncée par la Cour de cassation confine parfois à l'oracle* » (*idem*).
[1061] P. MALINVAUD, P. JESTAZ, P. JOURDAIN, O. TOURNAFOND, *op. cit.*, p. 4.

s'apparentent à un comportement en lien avec « l'initiative » et « le soin principal » de l'affaire. Peu contraignante, la technique du faisceau d'indices ne repose pas sur une définition strictement entendue mais sur une série de paramètres, en l'espèce variables, qui offrent au juge une certaine latitude pour identifier, parmi les acteurs du programme, le promoteur immobilier. La lecture des décisions révèle que certains indices sont indifférents, ou seulement subsidiaires, en ce qu'ils ne sont pris en compte par le juge que marginalement. D'autres indices en revanche, tenant à la nature des actes accomplis, sont régulièrement relevés par les juridictions. Ainsi, comme le fait remarquer François MAGNIN, « *les juges retiennent principalement, comme critère de qualification du promoteur, l'accomplissement d'actes tels que notamment, la définition du projet immobilier, la recherche du financement, l'assurance de l'opération, le choix de locateurs d'ouvrages – architectes, techniciens, entreprises – la coordination et la surveillance des travaux* »[1062], ou bien encore la commercialisation des lots. Le seul fait d'accomplir l'une de ces missions caractéristiques de la promotion immobilière ne suffit pas pour autant à faire de l'intervenant un promoteur. C'est bien la réunion de plusieurs prérogatives de nature administrative, juridique, commerciale ou financière qui conduit à la qualification de promoteur[1063].

303. Les indices subsidiaires d'identification du promoteur. En premier lieu, la nature du contrat conclu par les parties ne constitue pas un indice déterminant pour caractériser le critère de l'« initiative » ou celui du « soin principal » de l'affaire. Le fait de conclure ou de ne pas conclure un contrat de promotion immobilière n'a pas d'incidence particulière sur la qualification jurisprudentielle du promoteur immobilier. Dès lors, est promoteur la « *société, qui assume le soin principal et la coordination d'une opération de construction... même si aucun contrat écrit de promotion immobilière et de construction de maison individuelle n'a été signé avec le maître de l'ouvrage* »[1064]. Le travail d'identification de celui qui détient la réalité du pouvoir dans l'opération « *pourra se faire contre, et malgré, toutes les apparences juridiques formelles tirées des qualifications* (...) *du droit des contrats* »[1065]. En revanche, lorsque le cas se présente, la Cour de cassation prend en compte le fait que le promoteur se présentait lui-même sous cette

[1062] F. MAGNIN, « Attribution de la qualité de promoteur immobilier au gérant d'une société civile immobilière qui est intervenu dans l'acte de construction », *D.* 1993, p. 355.

[1063] Cass. Civ. 3ème, 19 avril 1977, n° 75-14734 75-15180, *Bull. civ.* III, n° 165, p. 125.

[1064] J.-C. GROSLIÈRE, C. SAINT-ALARY-HOUIN, « Notion de promoteur », *RDI*, 1990, p. 220. CA. PARIS, 6 octobre 1989, *D.* 1989. I. R. 284.

[1065] D. TOMASIN, « Promotion immobilière (notion et responsabilités) » *in* P. MALINVAUD (dir.), *Droit de la construction*, 7ème éd., Dalloz, 2018, § 450.42.

appellation[1066]. Dans l'un de ses arrêts, elle déduit « *des pièces produites et, notamment, des documents publicitaires où il était précisé que ''l'immeuble Le Saint-Antoine était une réalisation de la société Vaneck, promoteur-constructeur'', que cette société avait eu l'initiative et le soin principal de l'opération* »[1067]. La dénomination professionnelle que se donne l'intervenant est donc un indice que le juge est susceptible de prendre en compte[1068]. En effet, par principe, « *il n'y a de profession que là où l'activité est avouée* », conformément à l'étymologie du terme « *professio* », qui renvoie à un état que l'on déclare exercer[1069]. Cette autodénomination n'est cependant pas suffisante à elle seule. Il est intéressant de noter à ce titre que le fichier national des permis de construire, tenu par le Ministère de l'Ecologie et du Développement durable, distingue, au sein de la catégorie des maîtres d'ouvrage, les « *promoteurs* » et les « *promoteurs reconnus comme tels* »[1070].

304. Les principaux indices d'identification du promoteur. La Cour de cassation se fonde essentiellement sur la nature et l'importance des actes accomplis pour en déduire l'« initiative » et le « soin principal de l'affaire », qui conduisent à la qualification de promoteur immobilier. La jurisprudence met ponctuellement en évidence les missions techniques assumées par le promoteur. C'est notamment le cas dans un arrêt rendu par la Haute Cour le 3 avril 1973 : « *la Secomile avait reçu mission d'effectuer toutes études techniques, de passer tous marchés et tous contrats utiles, de choisir les architectes et hommes de l'art, d'effectuer tous les règlements et d'assurer le contrôle des travaux jusqu'à réception définitive de ceux-ci* ; (...) *les projets d'exécution devaient être établis par elle avec la collaboration de ses architectes, ingénieurs et organismes techniques et elle devait diriger des travaux ; dotée de son propre bureau d'étude composé de personnes qualifiées, elle était notoirement compétente en matière de construction, et s'étant réservée l'autorité complète sur la conduite du programme, elle avait en l'espèce joué le rôle d'un promoteur professionnel largement rémunéré* »[1071]. Parfois, la Cour de cassation se réfère uniquement à titre accessoire à l'exécution de missions techniques, s'apparentant notamment à de la maîtrise d'œuvre d'exécution[1072]. Dans une affaire, elle a relevé que

---

[1066] Cass. Civ. 3ème, 17 juin 1992, n° 89-19831, *Bull. civ.* III, n° 210, p. 127, *D.* 1993. 355, note F. MAGNIN. Cass. Civ. 3ème, 16 mai 1977, n° 75-14743, *Bull. civ.* III, n° 205, p. 157.

[1067] Cass. Civ. 3ème, 28 avril 1993, n° 91-15270, inédit.

[1068] V. également, Cass. Civ. 3ème, 25 octobre 1972, n° 71-10586, *Bull. civ.* III, n° 553, p. 404.

[1069] H. NASOM, *Recherche sur la notion juridique de profession*, Thèse, Université Paris X Nanterre, 1999, p. 390.

[1070] P. GÉRARD, *Pratique du droit de l'urbanisme. Urbanisme réglementaire, individuel et opérationnel*, 6ème éd., Eyrolles, 2013, p. 162.

[1071] Cass. Civ. 3ème, 3 avril 1973, n° 72-11131, *Bull. civ.* III, n° 253, p. 183

[1072] Cass. Civ. 3ème, 8 avril 2009, n° 07-20706 07-21304 08-11577, *Bull. civ.* III, n° 81, *D.* 2009. 1205, *RDI* 2010. 103, obs. H. HEUGAS-DARRASPEN, *Constr.-Urb.* 2009. 26, obs. C. SIZAIRE, *ibid.* n° 6, juin 2009, comm. 90, C. SIZAIRE.

l'intervenant s'était procuré le terrain et s'était chargé de l'obtention du permis et des prêts, du recrutement des entreprises, de la cosignature de leurs contrats, de leur paiement, ainsi qu'au surplus, de la direction, du contrôle des travaux et de la vérification de leur conformité ; « *que de ces constatations et énonciations, desquelles il résulte que Frère a pris l'initiative et le soin principal de l'opération de construction et a accompli les actes utiles à sa réalisation, les juges du second degré ont pu déduire que Frère avait en réalité agi comme promoteur* »[1073].

305. Habituellement, la Cour de cassation se réfère à titre principal aux missions administratives ou juridiques accomplies par l'intervenant. A titre d'exemple, la coordination de l'opération, la signature des plans de financement ou encore la gestion des rapports contractuels avec l'entrepreneur sont autant d'éléments justifiant que l'intervenant « *avait pris l'initiative et le soin principal de l'affaire* », ce qui autorisait les juges du fond à admettre « *qu'il était tenu, en sa qualité de promoteur* »[1074]. La négociation et la signature des marchés, la participation aux rendez-vous de chantier et l'exclusivité de la commercialisation sont également des indices qui permettent à la Cour de cassation de considérer que « *les pouvoirs et le rôle de la société n'étaient pas ceux d'un simple mandataire mais constituaient des tâches incombant au promoteur* (…). *Que par ces constatations et énonciations desquelles il résulte que la société avait pris l'initiative et le soin principal de l'affaire, les juges d'appel, ont ainsi caractérisé son rôle de promoteur* »[1075]. Le fait d'être le « *seul interlocuteur des acquéreurs dans le cadre de l'opération* »[1076] est également une marque d'identification du promoteur immobilier. La Haute Juridiction va parfois plus loin encore dans son travail de reconnaissance du promoteur, en se fondant sur la caractérisation d'une prise en charge globale de l'opération. Dans un arrêt du 13 octobre 1976, l'acteur désigné comme promoteur par la Cour de cassation s'était chargé de la réalisation de l'opération immobilière, en contractant un mandat qui s'étendait « *aux domaines juridique, contentieux, administratif, financier, comptable et technique* » de l'opération. Il s'était vu confier « *l'élaboration de tous actes relatifs au cadre juridique de l'opération, la préparation de tous dossiers relatifs à d'éventuelles instances devant les tribunaux, la surveillance de l'exécution des engagements des associés, la préparation des réunions du conseil de gérance et de l'assemblée générale, la constitution et la négociation des dossiers d'autorisations administratives (permis de construire, primes à la construction,* etc.*), l'élaboration des plans de financement, la constitution et l'instruction des dossiers de demandes de crédits et l'utilisation de ces derniers, la tenue et la liquidation des comptes, la*

1073 Cass. Civ. 3ème, 9 janvier 1979, n° 77-13255, *Bull. civ.* III, n° 8, p. 6.
1074 Cass. Civ. 3ème, 16 mai 1977, n° 75-14743, *Bull. civ.* III, n° 205, p. 157.
1075 Cass. Civ. 3ème, 13 décembre 1978, n° 77-14054, *Bull. civ.* III, n° 371, p. 285.
1076 Cass. Civ. 3ème, 8 avril 2009, n° 07-20706 07-21304 08-11577, *Bull. civ.* III, n° 81, *D.* 2009. 1205, *RDI* 2010. 103, obs. H. HEUGAS-DARRASPEN, *Constr.-Urb.* 2009. 26, obs. C. SIZAIRE, *ibid.* n° 6, juin 2009, comm. 90, C. SIZAIRE.

direction des études techniques, l'établissement des projets, la surveillance des travaux ». Il possédait, enfin, « *la faculté de contracter avec tous architectes ou organismes d'études techniques et de passer tous marchés* » au nom du maître d'ouvrage. Par conséquent, le mandataire avait eu « *la direction et la surveillance de l'opération et avait rempli le rôle de promoteur* »[1077].

b. Le recours à la théorie de l'apparence

306. Définition. En droit, l'apparence se définit comme l'« *état d'une situation qui se présente sur la scène juridique de façon déformée* »[1078]. Il s'agit d'une situation crédible en apparence mais juridiquement fausse, qui peut notamment se manifester dans le fait de posséder une qualité sans en être titulaire, ce qui est de nature à induire les tiers en erreur. Bien que les informations qui sont délivrées préalablement à la formation du rapport contractuel soient plus nombreuses aujourd'hui, ou à tout le moins plus accessibles, le tiers de bonne foi qui s'est trompé sur la qualité de son cocontractant mérite d'être protégé, afin que soient préservés la rapidité des transactions et le respect du principe de sécurité juridique[1079]. La théorie de l'apparence repose sur le principe « *error communis facit jus* » : « *l'erreur commune est invincible quand l'environnement circonstanciel a pu tromper le professionnel le plus avisé (…), l'erreur est commune quand elle est particulièrement excusable* »[1080]. Dans cette hypothèse, une situation seulement apparente peut produire les effets de droit qui devraient lui être attachés, bien qu'en réalité, les conditions pour ce faire ne soient pas remplies. La théorie de l'apparence assure une fonction de présomption de l'identité supposée du cocontractant et de validation des actes conclus avec lui, afin d'éviter qu'ils encourent la nullité, faute de porter sur des droits réellement détenus par les parties. L'apparence prévaut ainsi sur la réalité, dans l'intérêt du tiers de bonne foi. Utilisée dans un but correctif, elle est une dérogation à la règle « *nemo plus juris ad alium transferre potest quam ipse habet* ». La théorie de l'apparence est une « *construction méthodologique offrant aux juges un guide pour motiver des décisions qui font prévaloir le fait sur le droit* »[1081] et qui donnent lieu à un grand nombre de tempéraments à la logique du droit positif ; les juges ont su en profiter pour amender les règles et construire des alternatives dérogatoires[1082]. Les effets produits par l'apparence ne profitent qu'au tiers induit en erreur, sans créer aucun droit au profit du titulaire apparent. En outre, puisque le véritable titulaire du droit en cause se retrouve malgré lui engagé dans un rapport contractuel, il peut agir en indemnisation contre le titulaire apparent, sur le

[1077] Cass. Civ. 3ème, 13 octobre 1976, n° 75-11992, *Bull. civ.* III, n° 350, p. 266. V. également Cass. Civ. 3ème, 17 avril 1984, n° 83-10377, *Bull. civ.* III, n° 85.
[1078] S. GUINCHARD, T. DEBARD, *op. cit.*, p. 71.
[1079] M. BOUDOT, « Apparence », *Répertoire de droit civil*, Dalloz, mai 2018, § 45.
[1080] *Ibid.*, § 158.
[1081] *Ibid.*, § 16.
[1082] *Ibid.*, § 18.

fondement de sa responsabilité civile délictuelle. Depuis la réforme introduite par l'ordonnance du 10 février 2016[1083], il est désormais possible pour le tiers qui doute du pouvoir de son cocontractant de demander au représenté éventuel de lui confirmer que son représentant est bien habilité à signer l'acte, par le truchement d'une action interrogatoire[1084].

307. Application à la promotion immobilière. Dans le cadre de son travail d'identification du promoteur, le juge est sensible aux apparences ; « *les juges recherchent la personne qui a exercé la réalité du pouvoir, surtout lorsque celle-ci coïncide avec l'apparence créée* »[1085]. La théorie de l'apparence peut concerner une qualité professionnelle[1086], c'est pourquoi elle peut être mobilisée lorsqu'un acteur revendique la qualité de promoteur dans le cadre de documents contractuels ou extracontractuels, de nature à induire les tiers en erreur. L'administrateur fondateur d'une société civile de construction a pu être qualifié de promoteur par le juge dès lors que « *dans la notice et le plan de financement établis en vue de la commercialisation de l'opération immobilière, il s'est qualifié de promoteur* »[1087]. Si le terme de « promoteur apparent » n'est pas directement employé dans les décisions de justice, la jurisprudence a déjà eu l'occasion de désigner parmi les parties le « maître d'ouvrage apparent » : « *si le maître d'ouvrage véritable était la société Foncialu, la société Ternois fermetures s'était comportée, à l'égard de la société MTI, comme le maître d'ouvrage apparent en recevant et en acceptant les devis, en approuvant les plans, en assistant aux réunions de chantier et en dirigeant les travaux, de sorte qu'il peut lui être reproché de ne pas avoir mis en demeure l'entrepreneur principal de s'acquitter de ses obligations* »[1088].

308. Par ailleurs, le juge mobilise la théorie de l'apparence pour qualifier le mandat conclu entre les parties[1089]. L'hypothèse du mandat apparent, qui a eu un écho particulièrement important en jurisprudence, est susceptible d'être reconnue lorsque « *les circonstances autorisent le tiers à ne pas vérifier les limites exactes du pouvoir du mandataire et à croire de bonne foi que ce dernier*

[1083] Ordonnance n° 2016-131 du 10 février 2016 portant réforme du droit des contrats, du régime général et de la preuve des obligations.
[1084] Article 1158 du Code civil.
[1085] P. MALINVAUD, P. JESTAZ, P. JOURDAIN, O. TOURNAFOND, *op. cit.*, p. 47.
[1086] Cass. Com. 3 mai 1994, n° 92-17273, *Bull. civ.* IV, n° 168, p. 135.
[1087] Cass. Civ. 3ème, 16 mai 1977, n° 75-14743, *Bull. civ.* III, n° 205, p. 157.
[1088] Cass. Civ. 3ème, 23 mars 2017, n° 15-23683, inédit. V. également Cass. Civ. 3ème, 27 septembre 2006, n° 05-18364, inédit.
[1089] Cass. Com. 5 mars 1980, n° 77-15991, *Bull. civ.* IV, n° 116. J.-C. GROSLIÈRE et P. JESTAZ, Chron. « Promotion immobilière – Vente d'immeuble », *RDI*, 1982, p. 245 : « *En réalité l'arrêt se rattache à l'idée que le promoteur répond des actes exécutés par personnes interposées et doit par conséquent indemniser des accédants avec lesquels il n'a pourtant aucun lien de droit* ».

agissait dans les limites de ses attributions »[1090]. Depuis l'entrée en vigueur de l'ordonnance du 10 février 2016, l'article 1156 alinéa 1er du Code civil prévoit à cet effet que « *l'acte accompli par un représentant sans pouvoir ou au-delà de ses pouvoirs est inopposable au représenté, sauf si le tiers contractant a légitimement cru en la réalité des pouvoirs du représentant, notamment en raison du comportement ou des déclarations du représenté* ». La jurisprudence a eu l'occasion de transposer la théorie du mandat apparent en matière de promotion immobilière[1091], particulièrement en présence d'un contrat de maîtrise d'ouvrage déléguée[1092]. A titre d'illustration, dans un arrêt du 12 janvier 2005, la Cour de cassation a condamné une société qui « *était toujours apparue aux yeux des tiers intervenants sur le chantier comme le maître de l'ouvrage délégué, qualité dont elle s'était prévalue dans de nombreux documents et qu'elle avait revendiquée en suivant le chantier et en prenant les décisions* ». Il lui était reproché d'avoir commis une faute délictuelle en induisant en erreur un sous-traitant qui, ne disposant d'aucun moyen de se convaincre du contraire, avait cru que son interlocuteur pouvait prendre toute décision utile au nom du maître d'ouvrage. Aussi, la Haute Juridiction a-t-elle décidé que la « *société devait réparer le dommage causé au sous-traitant par sa faute comme si elle avait été un véritable maître de l'ouvrage délégué* »[1093]. Les usages professionnels sont généralement pris en compte par le juge pour contrôler que les circonstances n'appelaient pas de recherche particulière de la part du tiers induit en erreur[1094].

309. La technique du faisceau d'indices et la théorie de l'apparence sont des leviers à disposition du juge, qui lui permettent d'identifier, dans les faits, le promoteur immobilier. En l'occurrence, l'analyse des circonstances d'espèce n'est pas seulement une étape du travail de qualification juridique auquel se livre le juge, mais la source même de cette qualification, selon une méthode inductive. C'est pourquoi, la notion de promoteur immobilier s'analyse en une « notion de fait ».

2. Une notion « de fait »

310. La définition jurisprudentielle donnée à la notion de promoteur immobilier évolue au gré des décisions, le juge l'appliquant à des situations

---

[1090] S. DWERNICKI, E. MARTIN- IMPÉRATORI, Fasc. 200-50 « Contrat de maîtrise d'ouvrage déléguée de droit privé », *JCl. Construction-Urbanisme*, LexisNexis, 27 juin 2014, § 46. Cass. Ass. Plen, 13 décembre 1962, n° 57-11569, *Bull. A.P.* n° 2, *D.* 1963. 277, obs. J. CALAIS-AULOY, *RTD Civ.* 1963. 372, obs. G. CORNU, GAJC, t. 2, n° 282, p. 725.

[1091] Cass. Civ. 3ème, 19 octobre 1982, inédit.

[1092] Cf. *Infra*, § 431 et s.

[1093] Cass. Civ. 3ème, 12 janvier 2005, n° 03-17668, inédit. V. également Cass. Civ. 3ème, 12 mai 2010, n° 08-20544, *Bull. civ.* III, n° 92, *RDI* 2010. 379, obs. B. BOUBLI.

[1094] V. Cass. Civ. 1ère, 11 février 1997, n° 95-12926, *Bull. civ.* I, n° 52, p. 33.

diverses sur le plan juridique (a). Elle conduit à « *retenir une notion de promoteur de fait permettant de rechercher la responsabilité d'intervenants à l'acte de construire qui, sans avoir révélé cette qualité de promoteur, se sont investis de façon suffisamment importante dans une opération de promotion immobilière pour qu'il soit considéré qu'ils en ont pris l'initiative et le soin principal* »[1095]. Le juge jouit d'une liberté d'interprétation dans son travail de qualification, qui sert un objectif en particulier, celui d'identifier facilement un responsable solvable (b).

a. L'identification du « promoteur de fait »

311. La définition du « promoteur de fait ». Si une telle formule n'apparait pas explicitement dans les décisions de justice, l'expression « maître d'ouvrage de fait » est employée en jurisprudence[1096]. En pratique, « *les formules d''initiative'' et de ''soin principal'' de la construction sont comprises comme des notions de fait* »[1097]. La définition jurisprudentielle du promoteur est en effet « réaliste », c'est-à-dire fondée sur une analyse empirique des faits, qui nécessite pour le juge de se livrer à une appréciation *in concreto*. Le promoteur n'est pas, en jurisprudence, celui qui conclut un contrat de promotion immobilière, ou un autre contrat apparenté à la promotion immobilière, mais celui qui se livre à des actes de promotion : « *ce sont les actes qu'il effectue qui permettent de lui conférer cette qualité* (...) *la notion de promoteur est une notion de fait* »[1098]. Il suffit ainsi que la personne en cause ait effectivement accompli « *des actes significatifs de maîtrise de l'opération immobilière, dans sa mise en place et*

[1095] C. SIZAIRE, « Définition du maître de l'ouvrage », *Constr. -Urb.* n° 7-8, juillet 2011, comm. 111.

[1096] Cass. Civ. 3ème, 11 mai 2011, n° 10-13782, *Bull. civ.* III, n° 71, *RDI* 2011. 461, obs. C. DREVEAU.

[1097] F. MAGNIN, « Attribution de la qualité de promoteur immobilier au gérant d'une société civile immobilière qui est intervenu dans l'acte de construction », *D.* 1993, p. 355.

[1098] J.-C. GROSLIÈRE, C. SAINT-ALARY-HOUIN, « Approche pragmatique de la notion de promoteur », *RDI*, 1993, p. 387. J.-C. GROSLIÈRE, C. SAINT-ALARY-HOUIN, « Notion de promoteur », *RDI*, 1990, p. 220 : « *La notion de promoteur, comme celle de commerçant ou d'artisan est, pour la jurisprudence, une notion de fait qui se déduit de l'accomplissement des actes professionnels la caractérisant* ». J.-C. GROSLIÈRE, C. SAINT-ALARY-HOUIN, « Promoteur. Notion. Compagnie d'assurance », *RDI*, 1991, p. 229 : « *La notion de promoteur est très pragmatique. Toute personne peut prendre cette qualité si elle effectue des actes de promotion* ». J.-C. GROSLIÈRE, C. SAINT-ALARY-HOUIN, « Notion de promoteur », *RDI*, 1995, p. 556 : « *Est promoteur celui qui fait des actes de promotion... même s'il n'en prend pas la qualité !* ». J.-L BERGEL, S. CIMAMONTI, Fasc. 222 « Construction. – Responsabilité des vices, malfaçons et dommages du promoteur à l'égard du souscripteur », *JCl. Construction-Urbanisme*, LexisNexis, 2006, p. 5 : « *La notion de promoteur est une notion de fait qui se déduit de l'accomplissement des actes professionnels caractéristiques et manifestés par des indices tangibles* ».

dans son suivi »[1099] pour revêtir la qualité de promoteur. L'interprétation de la notion est pragmatique : « *toute personne peut prendre cette qualité si elle effectue des actes de promotion. C'est donc au cas par cas qu'il convient de rechercher si l'un des acteurs de l'opération de construction en a eu l'initiative et en a assuré la maîtrise* »[1100].

312. Les définitions juridiques sont pourtant censées rendre plus claires et plus intelligibles les lois applicables, en permettant aux justiciables d'accéder plus aisément à leur contenu. Elles sont d'autant plus nécessaires lorsqu'elles dépendent de lois dérogatoires : « *fort logiquement, les dispositions qui instituent un régime spécial ou dérogatoire en définissent volontiers l'objet, nécessairement étroit, alors même que l'objet de droit commun, celui qui obéit à la règle générale, ne serait pas défini* »[1101]. En matière de promotion immobilière, ce postulat se vérifie uniquement avec la définition légale, l'article 1831-1 du Code civil donnant une définition relativement restrictive du promoteur. Didier TRUCHET suggère une classification des définitions en trois catégories : « pleinement normatives », « partiellement normatives » et « non normatives ». Si la définition légale du promoteur immobilier est susceptible de rentrer dans la première catégorie, la définition jurisprudentielle peut quant à elle être considérée comme « non normative ». En effet, cette catégorie renvoie à des définitions « *incantatoires, téléologiques ou subjectives, faiblement descriptives* » qui « *méritent à peine le nom de définitions* », parce qu'elles « *sont floues et d'application imprévisible* »[1102]. La notion de promoteur élaborée par la jurisprudence fait ainsi partie des notions « *à contenu ou à géométrie variable, indéterminées (voire indéterminables), cadres, souples, indéfinies, ambiguës, flexibles, évolutives, élastiques, malléables, confuses, vagues* »[1103]. Or « *la critique doit être particulièrement vive lorsque de telles définitions ont des conséquences juridiques effectives, tout particulièrement lorsqu'elles portent sur des comportements donnant lieu à sanction* »[1104], ce qui est le cas du promoteur immobilier.

313. Une qualification résiduelle. La qualification « de fait » supplante les différentes qualifications légales de promoteur immobilier, celles de promoteur au sens de l'article 1831-1 du Code civil ou bien encore celle de vendeur d'immeuble à construire, qui devraient être logiquement les seules à pouvoir être mises en œuvre par le juge. Or, si les lois qui réglementent les contrats spéciaux

---

[1099] J.-L. AUBERT, « Construction. Promoteur. Notion », *Defrénois*, n° 12, 30 juin 1993, p. 779.

[1100] J.-C. GROSLIÈRE, C. SANT-ALARY-HOUIN, *art. préc.*, p. 229.

[1101] D. TRUCHET, « Les définitions législatives » *in* R. DRAGO (dir.), *La confection de la loi*, Rapport du groupe de travail de l'Académie des sciences morales et politiques, mars 2003, p. 77.

[1102] D. TRUCHET, *art. préc. in* R. DRAGO (dir.), *op. cit.*, pp. 80-81.

[1103] T. PIAZZON, *th. préc.*, p. 226.

[1104] D. TRUCHET, *art. préc. in* R. DRAGO (dir.), *op. cit.*, p. 81.

de la promotion immobilière ne trouvent pas à s'appliquer, le juge recourt de manière résiduelle aux critères de l'initiative et du soin principal pour qualifier le « promoteur de fait ». Ce fut le cas dans un arrêt rendu par la Cour de cassation le 13 décembre 1977 : la cour d'appel avait « *pu déduire que Lozano et Garreta qui avaient pris l'initiative et le soin principal de l'affaire en étaient les promoteurs dès lors qu'en un motif non critiqué elle* [avait] *relevé que la loi du 3 janvier 1967, la loi du 7 juillet suivant et la loi du 16 juillet 1971 ne trouvaient pas application en l'espèce* »[1105]. *A fortiori*, le juge fait parfois fi du contrat choisi par les parties, y compris lorsque celui-ci est un contrat spécial de construction dont la réglementation apporte en principe à l'accédant toute la protection dont il pourrait avoir besoin. Dans l'un de ses arrêts, rendu le 10 février 1993, la Cour de cassation a privilégié la qualification de promoteur de fait, plutôt que de tenir compte de la conclusion d'un contrat de construction de maison individuelle. Elle avait « *relevé que la société Tradition 4 Etoiles se présentait comme constructeur dans ses prospectus publicitaires et avait établi les plans, surveillé le chantier* ». Or, « *malgré l'existence d'un contrat de construction de maison individuelle signé par le maître de l'ouvrage et un constructeur, la société Tradition 4 Etoiles s'était comportée en promoteur, en prenant l'initiative et le soin principal de l'affaire, et était tenue, comme tel, de répondre des malfaçons, même en dehors de tout contrat de promotion immobilière au sens de l'article 1831-1 du Code civil* »[1106]. Ainsi, puisque le but de la jurisprudence est « *d'aller chercher le promoteur là où il se cache* », elle a développé « *une notion de fait imposant des obligations à ceux que le jeu normal de la loi et des contrats mettrait, autrement, à l'abri* »[1107].

314. La qualification « de fait » permet de « *saisir ce contractant qui, en raison de son comportement mimétique d'un ''contractant de droit'' écoperait,* volens nolens, *des obligations, sans bénéficier des droits, de celui dont il a singé les gestes* »[1108]. Si la notion de « contractant de fait » est le fruit de l'apparence, la « qualité apparente » et la « qualité de fait » méritent néanmoins d'être distinguées. La théorie de l'apparence se concentre sur la croyance légitime du cocontractant, « *sans se préoccuper directement d'une quelconque faute* », tandis que la recherche d'un « contractant de fait » s'intéresse au comportement de ce dernier et a pour sa part « *un parfum de faute* »[1109]. L'objectif de l'apparence est de « *reproduire les effets attendus du contrat pour des raisons de sécurité juridique* », tandis que le but de la qualification de fait est de

---

[1105] Cass. Civ. 3ème, 13 décembre 1977, n° 76-12558, *Bull. civ.* III, n° 442, p. 336.

[1106] Cass. Civ. 3ème, 10 février 1993, n° 90-21891, *Bull. civ.* III, n° 17, p. 11, *D.* 1993. Somm. 355, obs. F. MAGNIN, *RDI* 1993. 387, obs. J.-C. GROSLIÈRE, C. SAINT-ALARY-HOUIN.

[1107] H. PÉRINET-MARQUET, « Promotion immobilière », *Répertoire de droit immobilier*, Dalloz, janvier 2013 (actualisé en mars 2014, M. FAURE-ABBAD), § 7.

[1108] H. BARBIER, « Le contractant de fait », *RTD Civ.*, 2017, p. 627.

[1109] *Idem.*

« *contraindre le tiers aux obligations mais non aux devoirs attachés à la position contractuelle parasitée et cela dans un souci de sanction* »[1110].

b. La recherche d'un responsable objectif

315. La définition du promoteur, en apparence. A travers l'emploi des critères de l'« initiative » et du « soin principal », le juge a été le premier à donner une définition au promoteur immobilier, alors que la loi avait pu le mentionner auparavant sans prendre le soin de donner à cette appellation son exacte signification. « *Devant ce vide juridique, les tribunaux se livrèrent alors à une démarche nouvelle qui consistait à rechercher le* patron *de l'opération immobilière* »[1111]. Certains arrêts ont même évoqué le promoteur immobilier sans autre précision[1112], suggérant qu'il était implicitement fait référence à la définition jurisprudentielle et que cette dernière avait durablement intégré le droit positif. Néanmoins, la jurisprudence ne s'est pas contentée de définir le promoteur immobilier dans un souci de clarification du droit ; sa définition est une porte d'entrée vers un régime de responsabilité favorable à l'accédant victime.

316. La recherche d'un garant, en réalité. C'est bien en vue de l'application du régime attaché à la notion de promoteur immobilier que la jurisprudence a mis au jour une définition souple, facile à mettre en œuvre dans l'intérêt de la victime, le plus souvent l'accédant. En matière de promotion immobilière, « *là où le doute serait permis, là où le silence de la loi laisserait place à la liberté du juge, le principe de la réparation à tout prix prévaudrait sur toute autre considération* »[1113]. La jurisprudence n'a inventé la notion de promoteur que pour faire supporter à cet acteur de la construction des obligations précises[1114]. Selon Robert DENOYELLE, elle « *fait montre à son égard d'une sévérité certaine et justifiée eu égard à sa qualité de professionnel et à l'importance des intérêts dont il est chargé* »[1115]. La qualification de promoteur est sous-tendue par la recherche d'un responsable facile à condamner et réputé solvable. Le promoteur est en premier lieu garant, au même titre que les constructeurs, des désordres matériels susceptibles de survenir après la réception[1116]. Pour Hugues PÉRINET-MARQUET et Marianne FAURE-ABBAD, « *la jurisprudence n'a dégagé une notion autonome de promoteur que*

[1110] H. BARBIER, *art. préc.*, p. 627.
[1111] P. MALINVAUD, P. JESTAZ, P. JOURDAIN, O. TOURNAFOND, *op. cit.*, p. 45.
[1112] Cass. Civ. 3ème, 5 octobre 1976, n° 75-13645, *Bull. civ.* III, n° 330, p. 252.
[1113] J.-P. CORDELIER, « Vers une réforme du droit de la construction ? », *RDI*, 1988, p. 17.
[1114] H. PÉRINET-MARQUET, « Promotion immobilière », *Répertoire de droit immobilier*, Dalloz, janvier 2013 (actualisé en mars 2014, M. FAURE-ABBAD), § 108.
[1115] R. DENOYELLE, *Le promoteur de constructions immobilières*, Thèse, Berger-Levrault, 1965, p. 256.
[1116] Cf. *Supra*, § 242.

pour lui faire supporter la responsabilité spécifique des constructeurs (…) *des articles 1792 et suivants du Code civil* »[1117]. De même, pour Jean-Claude GROSLIÈRE et Corinne SAINT-ALARY-HOUIN, « *la qualification ainsi retenue présente, bien évidemment, l'avantage d'imposer au promoteur d'être garant des constructeurs. C'est une ''qualification fonctionnelle''* »[1118]. Le promoteur est, au surplus, débiteur d'une obligation de résultat générale, quel que soit son mode d'intervention[1119]. La qualification de promoteur de fait peut même dans certains cas conduire à l'application du régime légal attaché au contrat de promotion immobilière, comme dans cet arrêt rendu le 8 avril 2009 par la Cour de cassation ; « *la société CEDIF, devant en conséquence être qualifiée de promoteur de fait, sa responsabilité était engagée en application de l'article 1831-1 du code civil, pour avoir méconnu l'obligation de résultat pesant sur elle quant à la conformité du projet aux règles d'urbanisme* »[1120]. Le juge fait une utilisation croisée de ces deux sources de règles, jurisprudentielle et légale, pour mieux retenir la responsabilité du promoteur immobilier. Ainsi, « *la jurisprudence du promoteur de fait est marquée par le souci d'atteindre le véritable promoteur, en instaurant une responsabilité d'origine prétorienne, quasiment objective, pour mieux protéger l'acquéreur* » et, *a fortiori*, l'« *acquéreur-consommateur* »[1121]. Le juge a fait le choix de résoudre le besoin de protection de l'accédant, non pas par l'adoption de principes généraux du droit[1122] ou par l'utilisation de contrats innomés[1123], mais de manière originale, en élaborant une nouvelle catégorie juridique, celle des promoteurs immobiliers. Dès lors, « *naquit l'idée d'une responsabilité pesant sur le promoteur pris en tant que tel et fondée sur cette seule qualité* »[1124].

317. En définitive, le juge étudie, dans les faits soumis à son analyse, la répartition des tâches entre les parties, pour attribuer la qualité de promoteur immobilier à l'intervenant qui a assumé la maîtrise d'ouvrage de l'opération. Cette façon de procéder contribue à faire de la notion de promoteur une notion « de fait », au contenu variable et évolutif, qui laisse une confortable marge de manœuvre au juge pour identifier un promoteur et, par là-même, déclencher les

---

1117 H. PÉRINET-MARQUET, *art. préc.*, § 95, 109.

1118 J.-C. GROSLIÈRE, C. SAINT-ALARY-HOUIN, « Notion de promoteur », *RDI*, 1995, p. 556.

1119 Cf. *Supra*, § 201 et s.

1120 Cf. *Supra* : Cass. Civ. 3ème, 8 avril 2009, n° 07-20706 07-21304 08-11577, *Bull. civ.* III, n° 81, *D.* 2009. 1205, *RDI* 2010. 103, obs. H. HEUGAS-DARRASPEN, *Constr.-Urb.* 2009. 26, obs. C. SIZAIRE, *ibid.*, n° 6, juin 2009, comm. 90, C. SIZAIRE.

1121 H. HEUGAS-DARRASPEN, « Le promoteur de fait, qui est celui qui a conçu et mis en œuvre un projet de rénovation, n'est pas tenu de restituer les frais d'enregistrement des ventes, en cas d'annulation de ces ventes », *RDI*, 2010, p. 103.

1122 V. J.-P. GRIDEL, « La Cour de cassation française et les principes généraux du droit privé », *D.* 2002, p. 228.

1123 V. D. GRILLET-PONTON, « Nouveau regard sur la vivacité de l'innommé en matière contractuelle », *D.* 2000, p. 331.

1124 P. MALINVAUD, P. JESTAZ, P. JOURDAIN, O. TOURNAFOND, *op. cit.*, p. 45.

nombreuses garanties qui lui sont associées, dans l'intérêt de l'accédant. Les décisions qui en résultent manquent cependant de cohérence et de prévisibilité. Aussi, « *la jurisprudence en matière de construction est omniprésente, que ce soit dans la détermination des notions ou l'interprétation des règles applicables. Elle est indéniablement liée par la pratique et tente de la suivre, de la canaliser, au risque de s'éloigner de la volonté du législateur* »[1125].

II. Les écueils de la notion jurisprudentielle de promoteur

318. L'emploi du double critère de l'« initiative » et du « soin principal » autorise le juge à « *s'attacher principalement à l'existence d'actes de promotion pour qualifier le promoteur, indépendamment de sa structure juridique ou du but de son intervention* »[1126] et à étendre ainsi la qualification à un grand nombre d'intervenants. Cette acception particulièrement large de la fonction entraîne certaines confusions, notamment avec d'autres constructeurs, voire avec des prestataires extérieurs à l'opération, à l'instar du banquier ou du notaire (A). La notion de promoteur immobilier mise au jour par la jurisprudence est du reste source d'insécurité juridique. Susceptible de s'appliquer indépendamment de la typologie et des clauses du contrat conclu par les parties, elle ne tient pas compte de leur volonté et ne respecte pas leurs accords. En outre, puisque le juge a continué à utiliser sa propre définition du promoteur après l'adoption du contrat légal de promotion immobilière, deux définitions partiellement contradictoires du promoteur coexistent à l'heure actuelle. Il en résulte une atteinte aux principes d'intelligibilité et de prévisibilité de la norme (B).

A) Une notion extensive, source de confusion

319. « *La définition très large du promoteur a permis d'atteindre une grande variété d'intervenants, et, avant tout, de qualifier de promoteur le prestataire de services chargé par un maître d'ouvrage d'organiser et de conduire jusqu'à son terme l'opération de construction* »[1127]. Pourtant, le juge considère parfois qu'une intervention seulement indirecte à l'opération suffit à justifier la qualification de promoteur, comme c'est le cas pour les « prestataires supports » (1). Dans d'autres circonstances, le juge estime au contraire que le promoteur est celui qui accomplit des actes de nature technique, à l'image notamment du maître d'œuvre (2).

[1125] E. NICOLAS, *Le rôle de la jurisprudence civile dans la responsabilité des constructeurs*, Thèse, Université de Toulouse, 1999, p. 29.

[1126] J.-C. GROSLIÈRE, C. SAINT-ALARY-HOUIN, « Promoteur. Notion, Société coopérative universitaire et construction à caractère non lucratif. Promoteur », *RDI*, 1991, p. 486.

[1127] « Personnes entrant dans la catégorie des promoteurs », *Dictionnaire Permanent Construction et Urbanisme*, Editions Législatives, actualisé le 25 juin 2014, § 7, p. 3561.

1. La qualité de promoteur appliquée aux « prestataires supports » de l'opération

320. Les « prestataires supports » de l'opération. Il est possible de désigner comme tels les prestataires de services qui participent indirectement à l'opération, sur le plan juridique et financier. Il en va ainsi de l'assureur, qui est sollicité pour la souscription des polices responsabilité décennale ou dommages-ouvrage ; du notaire, qui, dans les contrats de vente notamment, rédige l'acte authentique liant le promoteur à son client et le publie au fichier immobilier ; ou encore du banquier, qui finance l'opération en consentant des prêts, au promoteur comme à l'accédant. Ces prestataires sont des « supports » de l'opération, au sens où ils ne participent pas directement et principalement à celle-ci mais leurs services ou leurs produits n'en sont pas moins des accessoires indispensables.

321. L'application de la qualification de promoteur au notaire. Par le truchement de la qualification de gérant de fait d'une société de vente, une cour d'appel a eu l'occasion d'attribuer implicitement la qualité de promoteur à un notaire[1128]. En effet, « *le notaire avait dépassé son rôle de rédacteur d'actes pour se livrer à une ''intervention active'' dans l'opération de construction. Cette intervention s'était traduite par la signature de contrats avec les réalisateurs d'ouvrages, par la recherche d'emprunts et par une assistance de tous les instants du maître de l'ouvrage* »[1129]. Dans cette décision, le juge n'a tenu compte que des actes accomplis, sans s'interroger à aucun moment sur la qualité intrinsèque de l'intervenant en cause. Quoique cette décision soit restée, en toute logique, isolée, force est de constater que le juge peut être peu précautionneux lorsqu'il s'agit de désigner un promoteur, même seulement implicitement.

322. L'application de la qualification de promoteur à une banque. La catégorie des financeurs - qui renvoie ici à « *toute personne quelconque, physique ou morale, privée ou publique, qui n'a pas pour métier ou pour objet de réaliser des immeubles, mais qui, de façon occasionnelle ou habituelle, fournit des fonds pour des opérations immobilières, soit par voie d'investissement (participation), soit par voie de prêt (soutien)* »[1130] - est en principe étrangère à la qualification de promoteur immobilier[1131]. Pourtant, la Cour de cassation n'a pas hésité à appliquer cette qualité à un établissement bancaire qui finançait une opération de construction, sous l'égide d'une société de gestion pour la réalisation des travaux et de deux sociétés civiles

---

[1128] CA. VERSAILLES, 24 février 2000.

[1129] C. SAINT-ALARY- HOUIN, « Immixtion d'un notaire dans une opération de construction et manquement au devoir de conseil », *RDI*, 2000, p. 350.

[1130] P. MALINVAUD, P. JESTAZ, P. JOURDAIN, O. TOURNAFOND, *op. cit.*, p. 49.

[1131] Cass. Civ 3ème, 18 février 1976, inédit, *D.* 1976. I.R. 145. *Contra* : CA. PARIS, 24 avril 1984, *RDI* 1984. 422.

immobilières pour la commercialisation du programme[1132]. En réalité, la banque contrôlait une grande partie du capital des sociétés en cause, qui pouvaient apparaître dès lors comme des « *sociétés interposées* »[1133]. Pourtant, l'opération était bien supervisée par une société de gestion, chargée entre autres de l'établissement des plans, de la recherche des entreprises, de la conclusion des marchés et de la surveillance des travaux[1134]. Cette responsabilité improvisée du banquier peut être mise en parallèle de celle dont il fait déjà spécifiquement l'objet dans le cadre de la réglementation du contrat de construction de maison individuelle[1135].

323. Même si les arrêts rendus en ce sens restent marginaux, « *la jurisprudence n'hésite pas à étendre la qualification de promoteur à des intervenants indirects à l'opération de construction* »[1136], tels que le notaire ou le banquier. Ces décisions montrent que la logique fonctionnelle poursuivie par le juge n'a pas de limite particulière[1137]. Plus fréquemment, la Cour de cassation se méprend sur la nature des actes accomplis et attribue ainsi la qualité de promoteur à des constructeurs qui n'assument pas cette fonction, à l'instar du maître d'œuvre.

2. La qualité de promoteur appliquée au maître d'œuvre

324. Des missions similaires. Le maître d'œuvre est un entrepreneur, selon la lettre de l'article 1779 3° du Code civil, qui œuvre à la conception de l'ouvrage et au suivi de l'exécution des travaux. « *Cet homme de responsabilité (…) forgera sa fonction de chef d'orchestre de l'acte de construire, omnipotent sur les chantiers jusqu'à en assumer toutes les responsabilités* »[1138]. La

---

1132 Cass. Civ. 3ème, 14 octobre 1992, n° 90-17817, *Bull. civ.* III, n° 272, p. 167, *D.* 1993. 355, obs. F. MAGNIN.

1133 F. MAGNIN, « Le promoteur immobilier : une définition extensive », *LPA*, 24 janvier 1994, n° 10. F. MAGNIN, « Attribution de la qualité de promoteur immobilier au gérant d'une société civile immobilière qui est intervenu dans l'acte de construction », *D.* 1993, p. 355 : « *La société de gestion n'était en réalité qu'une société de façade, une société fictive faisant écran entre les SCI et la banque* ». Cf. *Infra*, § 600 et s.

1134 *Idem.*

1135 L'article L. 231-10 du CCH impose à l'établissement de crédit de vérifier la garantie de livraison fournie par le constructeur et le respect de l'échéancier légal des versements.

1136 F. MAGNIN, « Le promoteur immobilier : une définition extensive », *LPA*, 24 janvier 1994, n° 10.

1137 M. BOCCARA, J.-M. BERLY, « La responsabilité du prêteur dans le financement du CCMI », *RDI*, 2015, p. 392 : « *en désignant un responsable qui soit n'a pas pris part au dommage, soit est intervenu d'une manière qui n'est pas suffisamment causale, la jurisprudence (…) augmente l'insécurité juridique des acteurs économiques en les exposant de plus en plus au risque de condamnation à des dommages-intérêts en réparation de dommages que d'autres personnes, moins solvables, auront causées* ».

1138 M. DARNET, L. DEPUY, S. GENDRE, *L'architecte : pratiques professionnelles et responsabilités*, LexisNexis Litec, 2005, p. 2.

confusion entre le promoteur - maître d'ouvrage - et le maître d'œuvre, provient entre autres du rapprochement des termes d'« ouvrage » et d'« œuvre », signifiant à la fois le travail, l'activité et le résultat matériel de cette activité[1139]. Pourtant, « *malgré les risques de confusion sémantique entraînés par la parenté des termes choisis, on sait qu'ils correspondent à des tâches éminemment distinctes* »[1140]. La confusion entre les deux acteurs résulte surtout de l'existence de plusieurs missions communes, ce qui est particulièrement observable lorsque le promoteur agit comme prestataire de services, et non comme initiateur. Les interventions du maître d'œuvre peuvent se résumer en trois étapes : « *d'une part, la conception en liaison avec le maître de l'ouvrage, d'autre part, la passation des marchés et la haute direction du chantier en liaison avec les entrepreneurs, et enfin, le règlement des mémoires et les opérations de réception, où réapparaît le maître de l'ouvrage face aux entrepreneurs* »[1141]. Les missions du maître d'œuvre consistent à établir le plan, préparer les devis et les projets de marchés, mettre en forme les demandes d'autorisations administratives[1142], diriger et surveiller les travaux[1143], vérifier les mémoires des entrepreneurs, assister le client lors de la réception des travaux, et éventuellement le conseiller juridiquement[1144]. A l'exception des tâches purement techniques, telles que l'élaboration du plan ou du cahier des charges à fournir aux entreprises, les autres tâches pourraient tout aussi bien être rattachées à l'activité du promoteur immobilier. Sur le plan contractuel, le maître d'œuvre et le promoteur ont au surplus certaines obligations identiques. Outre le devoir d'information et de conseil qui lui incombe[1145], le maître d'œuvre « *est également responsable du respect des délais d'exécution* »[1146].

325. Une confusion entretenue par la jurisprudence. En premier lieu, la Cour de cassation qualifie de promoteur le signataire d'un contrat de maîtrise d'œuvre, si les actes qui ont été effectivement accomplis s'apparentent à ceux d'un promoteur, conformément à la notion jurisprudentielle du « promoteur de fait »[1147]. Dans une affaire où un prestataire de services avait assumé tout le montage d'une opération de construction, en signant avec chaque accédant un contrat d'architecte, la Cour de cassation a estimé que ses activités en réalité

[1139] R. RAFFI, *L'obligation de garantie du constructeur immobilier*, Thèse, Université de Bordeaux, 1994, pp. 6- 7.

[1140] F. MODERNE, « Rapport de synthèse : Nouvelles fonctions dans les marchés de construction », *RDI*, 1996, p. 511.

[1141] J. CHRISTOPHE MAZARD, *La responsabilité contractuelle de droit commun des constructeurs*, Thèse, Université de Toulouse, 2005, p. 68.

[1142] J.-B. AUBY, H. PÉRINET-MARQUET, R. NOGUELLOU, *Droit de l'urbanisme et de la construction*, 11ème éd., LGDJ, 2017, p. 676.

[1143] J. CHRISTOPHE MAZARD, *th. préc.*, p. 83.

[1144] P. MALINVAUD, P. JESTAZ, P. JOURDAIN, O. TOURNAFOND, *op. cit.*, p. 70.

[1145] Cass. Civ. 3ème, 7 avril 2015, n° 14-11198, inédit. Cass. Civ. 3ème, 10 décembre 2014, n° 13-24892, *Bull. civ.* III, n° 162.

[1146] J. CHRISTOPHE MAZARD, *th. préc.*, p. 87.

[1147] Cf. *Supra*, § 302-305, 311.

multiples (procuration du terrain, demande du permis de construire et des prêts, direction des travaux, contrats avec les entrepreneurs, *etc.*) étaient de nature à remplir les critères de l'initiative et du soin principal et à caractériser sa responsabilité pour les malfaçons et défauts de conformité litigieux[1148]. Pareillement, un architecte a pu être condamné, non pour sa participation à l'opération en qualité de maître d'œuvre, mais « *au motif qu'il lui incombait, en tant que promoteur, de livrer des locaux de dimensions sensiblement conformes aux prévisions du plan financier établi par lui et soumis aux associés, lors de la constitution de la société civile immobilière* »[1149]. Plus largement, la confusion entre les deux intervenants se manifeste sans qu'il soit nécessaire d'être en présence d'un maître d'œuvre. La nature des missions retenues par la Cour de cassation pour qualifier le promoteur suffit à tracer un parallèle entre les deux domaines d'intervention, voire des connexions. « *Pour caractériser les actes de promotion,* [la Cour de cassation] *relève des indices qui nous paraissent se rattacher plus à la maîtrise d'œuvre qu'à la promotion* », comme la qualité de constructeur mentionnée dans la publicité, l'établissement des plans, la surveillance du chantier, la direction et la coordination des travaux, ou encore le choix des matériaux[1150].

326. Toutefois, le maître d'œuvre n'est pas le mandataire du maître d'ouvrage : lorsqu'il établit les plans, prépare les appels d'offres ou bien choisit les entreprises pour le compte du maître d'ouvrage, ses prestations relèvent uniquement du louage d'ouvrage[1151]. En principe, le maître d'œuvre n'a pas pour mission de représenter le maître d'ouvrage, sauf accord contraire des parties[1152]. Il n'intervient en qualité de mandataire que s'il est « *investi d'un pouvoir de représentation quand il effectue des actes juridiques au nom et pour le compte de son client : ainsi peut-il être investi du pouvoir de passer ou de modifier des marchés (…), d'effectuer des démarches auprès de l'administration (…), de procéder au règlement des mémoires* »[1153]. Cette fonction de représentation est en revanche consubstantielle au promoteur-exécutant dans le cadre du contrat de promotion immobilière. Il est intéressant de noter enfin que la confusion apparente des rôles, telle qu'elle ressort de l'analyse de la jurisprudence judiciaire, est perçue différemment dans la jurisprudence administrative. La Cour administrative d'appel de Lyon a pu

---

[1148] Cass. Civ. 3ème, 9 janvier 1979, n° 77-13255, *Bull. civ.* III, n° 8, p. 6, *RDI* 1979. 474.
[1149] Cass. Civ. 3ème, 14 mai 1985, *RDI* 1985. 383, obs. J.-C. GROSLIÈRE, C. SAINT-ALARY-HOUIN.
[1150] J.-C. GROSLIÈRE, C. SAINT-ALARY-HOUIN, « Approche pragmatique de la notion de promoteur », *RDI*, 1993, p. 387. Cass. Civ. 3ème, 5 janvier 1994, n° 91-21428, *Bull. civ.* III, n° 1, p. 1, *RDI* 1994. 463, obs. J.-C. GROSLIÈRE, C. SAINT-ALARY-HOUIN.
[1151] Cass. Civ. 1ère, 21 janvier 1963, *Bull. civ.* I, n° 41.
[1152] Cass. Civ. 3ème, 8 janvier 1970, n° 68-11309, *Bull. civ.* III n° 13, p. 10.
[1153] M. STORCK, Fasc. Unique « Contrats et Obligations – Représentation dans les actes juridiques », *JCl. Civil*, LexisNexis, 2 juin 2015 (actualisé le 31 août 2019), § 9.

considérer que des missions telles que la direction et l'approbation des études d'avant-projet, le choix du mode de passation des marchés, l'ordonnancement et le paiement des dépenses ou encore la réception des travaux « *étaient caractéristiques de celles d'un maître d'ouvrage et exclusives de celles d'un maître d'œuvre* »[1154].

327. Aux termes des décisions rendues par la Cour de cassation, peut être qualifiée de « promoteur de fait », toute personne susceptible d'avoir l'« initiative » et le « soin principal » de l'affaire, indépendamment de la fonction qui lui a été dévolue sur le plan contractuel, ou de sa qualité professionnelle originelle. Le faisceau d'indices utilisé par le juge conduit à qualifier comme promoteurs des intervenants qui assument en réalité un autre rôle dans le cadre de l'opération immobilière, confirmant ainsi que cette qualité « *résulte de la commission d'actes de promotion et non point seulement de la profession de celui qui effectue de tels actes* »[1155]. En faisant fi des prévisions contractuelles des parties et en consacrant une notion de promoteur immobilier incertaine, la jurisprudence porte atteinte au principe de sécurité juridique.

B) Une notion incertaine, source d'insécurité juridique

328. Les libertés prises par le juge dans la jurisprudence du « promoteur de fait » font dire à Jean-Claude GROSLIÈRE et à Philippe JESTAZ, non sans une certaine forme de cynisme, qu'« *il faudrait abroger les lois des 3 janvier 1967 et 16 juillet 1971 pour les remplacer par un article unique :* ''en matière de promotion immobilière, le juge statue selon l'équité'' »[1156] ; même si en principe, « *tout jugement peut bien inspirer de l'équité* (…) *à la condition de n'expirer que du droit* »[1157]. Poursuivant cette démarche, le juge porte atteinte à la liberté contractuelle, en imposant la qualité de promoteur à des intervenants qui n'en sont pas, sans considération pour la nature et le contenu du contrat qu'ils ont pu conclure (1). En outre, le caractère fluctuant de cette jurisprudence et le fait qu'elle s'applique indépendamment de la définition légale du promoteur immobilier, sont autant d'éléments qui la rendent inintelligible et imprévisible (2).

[1154] CAA. LYON, 28 juin 1993. F. LLORENS, « La mission du maître d'ouvrage délégué », *RDI*, 1996, p. 463.
[1155] C. SAINT-ALARY-HOUIN, *art. préc.*, p. 350.
[1156] J.-C. GROSLIÈRE, P. JESTAZ, Chron. « Promotion immobilière – Vente d'immeubles », *RDI*, 1980, p. 437.
[1157] N. MOLFESSIS, « L'équité n'est pas une source de droit », *RTD Civ.*, 1998, p. 221.

1. Le risque de requalification du contrat conclu par les parties

329. Le principe de liberté contractuelle. Bien que la liberté contractuelle n'ait pas été reconnue comme un principe de valeur constitutionnelle[1158], elle reste néanmoins protégée par les articles 4 et 16 de la Déclaration des Droits de l'Homme et du Citoyen de 1789[1159], figurant dans le « bloc de constitutionnalité », ce qui atteste de son importance. Sur le fond, la liberté contractuelle renvoie à une triple faculté : contracter ou ne pas contracter, choisir librement son cocontractant et déterminer librement les conditions de la convention[1160]. Ainsi, le juge ne peut en principe imposer à un individu d'entrer dans une relation contractuelle, de le faire avec un cocontractant qu'il n'a pas choisi, ou de se conformer à des règles qu'il n'a pas anticipées. Au contraire, les contractants, qui se sont mutuellement choisis comme partenaires, déterminent eux-mêmes le cadre contractuel dans lequel ils interviennent. A l'exception des règles impératives qu'ils ont l'obligation de respecter, ils sont libres de prévoir les dispositions contractuelles qui leur conviennent.

330. Le principe de la force obligatoire du contrat. Le contrat ne serait pas conçu comme un acte de prévision, de domination de l'avenir, sans la force obligatoire dont il est par essence revêtu. Elle constitue la « *force attachée par la loi aux contrats légalement formés, en vertu de laquelle ce que les parties ont voulu dans les contrats s'impose à elles, dans les conditions mêmes où elles l'ont voulu* »[1161]. En ce sens, l'article 1103 du Code civil (anciennement 1134 alinéa 1er) confère aux contrats correctement formés valeur de loi. Il en résulte, selon l'article 1193 (anciennement 1134 alinéa 2), que « *les contrats ne peuvent être modifiés ou révoqués que du consentement mutuel des parties, ou pour les causes que la loi autorise* ». Dans cette perspective, le maintien de l'économie des contrats relève de la sécurité juridique[1162], conformément au principe de prévisibilité de la norme[1163]. Le juge est soumis à la loi des parties comme il l'est à la loi générale ; il garantit dès lors la mise en œuvre des stipulations contractuelles, au besoin de manière coercitive. La force attachée à la parole

---

[1158] Cons. const., n° 97-388 DC, 20 mars 1997, loi créant les plans épargne retraite, *D.* 1999. Somm. 234, obs. L. FAVOREU, *ibid.* 236, obs. F. MELIN SOUCRAMANIEN, *RTD Civ.* 1997. 787, obs. N. MOLFESSIS, *ibid.* 1998. 99, obs. J. MESTRE.

[1159] Cons., const., n° 2002-465 DC, 13 janvier 2003, loi relative aux salaires, au temps de travail et au développement de l'emploi, *D.* 2003. 642, *RDC* 2003. 9, note T. REVET.

[1160] F. TERRÉ, P. SIMLER, Y. LEQUETTE, F. CHÉNEDÉ, *Droit civil. Les obligations*, 12ème éd., Dalloz, 2018, p. 34.

[1161] S. GUINCHARD, T. DEBARD, *op. cit.*, p. 505.

[1162] Cons. const., n° 98-401 DC, 10 juin 1998, loi d'orientation et d'incitation relative à la réduction du temps de travail, *D.* 2000. Somm. 60, obs. L. FAVOREU ; n° 99-423 DC, 13 janvier 2000, loi relative à la réduction négociée du temps de travail, *D.* 2000. 315, obs. A. BERNARD.

[1163] Cf. *Infra*, § 339.

donnée est un dérivé de l'Etat de droit dans lequel elle s'insère : « *le contrat n'engage vraiment que pris en charge par un ordre juridique qui prêtera au créancier, si nécessaire, une parcelle de cette force dont il a le monopole* »[1164]. En outre, la force obligatoire attachée au contrat est un garde-fou contre toute forme d'immixtion qui viendrait l'altérer : « *le juge doit être un serviteur respectueux du contrat* »[1165]. Jusqu'à l'entrée en vigueur de l'ordonnance du 10 février 2016, le juge judiciaire refusait de tenir compte des changements de circonstances économiques pour réaménager les obligations des parties[1166]. L'article 1192 du Code civil interdit au juge d'interpréter les clauses claires et précises, sous peine de dénaturation, sanctionnée par la Cour de cassation. Selon l'article 1156 ancien du Code civil, repris à l'article 1188, si des clauses paraissent ambiguës, le juge est invité à ne pas s'arrêter au sens littéral des termes, mais à rechercher la commune intention des parties contractantes. Associées aux autres suggestions d'interprétation répertoriées dans la loi, ces règles démontrent que le juge est censé se conformer aux projections des parties, qu'elles ressortent d'une lecture formelle du contrat, ou d'une interprétation de ce dernier sur le fond.

331. Les tempéraments aux principes. Bien que la liberté contractuelle et la force obligatoire restent des principes directeurs en droit positif, plusieurs tempéraments légaux en amoindrissent la portée. La loi ne se contente pas de suivre à la lettre les engagements de chacune des parties, tels qu'ils sont décrits au contrat. L'article 1194 du Code civil (anciennement 1135) précise que « *les contrats obligent non seulement à ce qui y est exprimé, mais encore à toutes les suites que leur donnent l'équité, l'usage ou la loi* ». Si la bonne foi[1167] « *agit en quelque sorte de l'intérieur en veillant à une exécution loyale de la part de chaque contractant* », l'équité va plus loin car « *elle le fait de l'extérieur en se plaçant à un point de vue plus élevé, celui de la justice et en concourant à définir ce qui est dû* »[1168]. En principe, « *le juge n'est, sous réserve de textes particuliers, investi d'aucun pouvoir général de modération ni d'aucune mission de sauvegarde des équilibres du contrat* »[1169], ce qui ne l'empêche pas de s'immiscer dans les prévisions des parties, pour les modifier, comme l'y autorise tacitement l'article 1194, et explicitement l'article 1231-5 alinéa 2 du Code civil. « *Prenant appui sur l'équité, la jurisprudence attache à de nombreux contrats des suites diverses* »[1170]. Le juge a largement excédé ses attributions en matière d'interprétation contractuelle, au point que la doctrine évoque à ce titre une tendance au « forçage du contrat », particulièrement en droit de la

[1164] F. TERRÉ, P. SIMLER, Y. LEQUETTE, F. CHÉNEDÉ, *op. cit.*, p. 36.
[1165] *Ibid.*, p. 35.
[1166] La théorie de l'imprévision est désormais codifiée à l'article 1195 du Code civil.
[1167] L'article 1104 du Code civil (anciennement 1134 alinéa 3) prévoit désormais qu'elle est d'ordre public.
[1168] F. TERRÉ, P. SIMLER, Y. LEQUETTE, F. CHÉNEDÉ, *op. cit.*, p. 680.
[1169] *Ibid.*, p. 681.
[1170] *Ibid.*, p. 693.

construction[1171]. Le juge a exercé « *un pouvoir d'amplification du contenu contractuel en greffant un certain nombre d'obligations* »[1172]. A propos de l'obligation de sécurité de résultat découverte par la jurisprudence, Louis JOSSERAND dénonçait le « *procédé de forçage qui est la dénégation de la règle de l'autonomie de la volonté contractuelle : les contractants ne sont plus maîtres chez eux* »[1173]. Dans ce contexte, la nécessité de protéger la partie faible a largement contribué à donner au juge un rôle de plus en plus prégnant dans l'exécution du contrat, au détriment des prévisions des parties. En matière de promotion immobilière, ces dernières sont souvent balayées, au profit d'autres règles jugées plus justes.

332. Les manquements constatés en matière de promotion immobilière. Dans ce cadre particulier, la propension de la jurisprudence à porter atteinte à la nature ou au contenu du contrat est facilement observable. « *La qualification de ''promoteur'' peut être constatée par un juge judiciaire quelle que soit la qualification conventionnelle donnée à leur accord par les parties* »[1174]. Plusieurs arrêts démontrent que la Cour de cassation n'hésite pas à substituer au contrat conclu une qualification contractuelle différente. « *La nature du contrat que la personne qualifiée de promoteur a fait signer importe peu* »[1175], seule compte la fonction de promoteur que le professionnel a assumée et que le juge a identifiée. « *Même en l'absence d'acte écrit, les juges peuvent retenir l'existence d'un contrat de promotion immobilière dès lors que ses éléments constitutifs en sont réunis* »[1176]. En revanche, « *le fait qu'une personne soit promoteur au sens large (…) n'autorise pas à lui appliquer les textes relatifs au contrat de promotion immobilière tant que (…) se trouveraient réunis les éléments d'un autre contrat* »[1177]. Finalement, « *agissant comme la sanction d'une qualification impropre, la requalification constitue une réfaction du*

[1171] E. NICOLAS, *th. préc.*, p. 304 : « *Le ''forçage'' du contrat peut parfois être inavoué mais dans le domaine de la construction il est ostensible. Le juge n'hésite pas à imposer des obligations sans se référer aucunement à l'intention des parties. Il impose aux constructeurs des obligations spéciales et impératives sur l'exigence de la bonne foi édictée par l'article 1134 alinéa 3 du code civil mais également crée des obligations qualifiées d'accessoires au contrat, conformément à l'article 1135 du code civil* ».
[1172] L. FIN-LANGER, *L'équilibre contractuel*, Thèse, LGDJ, 2002, p. 378.
[1173] L. JOSSERAND, *Le contrat dirigé*, D.H. 1933, Chron., p. 89 cité *in* J.-P. CHAZAL, « La protection de la partie faible chez Josserand, ou la tentative de maintenir le compromis républicain », p. 5 - https://www.sciencespo.fr/ecole-de-droit/sites/sciencespo.fr.ecole-de-droit/files/chazal_protection_josserand.pdf.
[1174] D. TOMASIN, « Promotion immobilière (notion et responsabilités) » *in* P. MALINVAUD (dir.), *Droit de la construction*, 7ème éd., Dalloz, 2018, § 450.44.
[1175] P. MALINVAUD, P. JESTAZ, P. JOURDAIN, O. TOURNAFOND, *op. cit.*, p. 47.
[1176] J.-C. GROSLIÈRE, C. SAINT-ALARY-HOUIN, Chron. « Promotion immobilière – Vente d'immeuble », *RDI*, 1988, p. 469.
[1177] P. MALINVAUD, P. JESTAZ, P. JOURDAIN, O. TOURNAFOND, *op. cit.*, p. 692.

contrat »[1178], alors que ce procédé correspond en principe à une forme de censure par le juge des prévisions contractuelles, justifiée par l'exécution défectueuse des obligations du débiteur. Par ailleurs, « *en requalifiant le contrat, le juge révèle par son intervention, la réelle opération juridique et lui applique son régime juridique propre* »[1179]. La caractérisation d'une situation de promotion immobilière entraîne des effets que les parties n'ont ni anticipés ni acceptés, ces derniers étant de surcroît particulièrement graves. Lorsque les intérêts de l'accédant doivent être préservés, le juge exerce donc sur le contenu du contrat un pouvoir « aggravateur ».

333. Ainsi, « *la jurisprudence sur la garantie porte un coup sévère à l'autonomie de la volonté et à la liberté contractuelle. Paradoxalement, la jurisprudence pour faire respecter la volonté des contractants nie l'expression de cette volonté* »[1180]. Le juge qualifie artificiellement de promoteur des intervenants, sans considération pour leurs prévisions contractuelles. Dans ce cas de figure, les décisions du juge portent non seulement atteinte au principe de libre détermination du contrat et à la force obligatoire qui lui est attachée, mais également au principe de sécurité juridique.

2. Une jurisprudence contraire au principe de sécurité juridique

334. Bien qu'il n'existe pas de consécration formelle du principe de sécurité juridique, le Conseil d'Etat y fait expressément référence, depuis son arrêt d'Assemblée du 24 mars 2006, *Société KPMG et autres*[1181]. Pour Thomas PIAZZON, la sécurité juridique désigne « *l'idéal de fiabilité d'un droit accessible et compréhensible, qui permet aux sujets de droit de prévoir raisonnablement les conséquences juridiques de leurs actes ou comportements, et qui respecte les prévisions légitimes déjà bâties par les sujets de droit dont il favorise la réalisation* »[1182]. Le principe de sécurité juridique se subdivise en trois sous-exigences : l'accessibilité, la prévisibilité et la stabilité du droit et des droits[1183]. Si la définition du promoteur immobilier a bien donné lieu à une

---

[1178] K. DE LA ASUNCION PLANES, *La réfaction du contrat*, Thèse, LGDJ, 2006, p. 139.

[1179] *Idem.*

[1180] B. GROSS, *La notion d'obligation de garantie dans le droit des contrats*, Thèse, Université de Nancy, 1964, p. 165.

[1181] CE Ass., 24 mars 2006, n° 288460, *Société KPMG et autres*, *Lebon*, 2006, p. 154.

[1182] T. PIAZZON, *th. préc.*, p. 62.

[1183] *Ibid.*, p. 6 : « *Les sujets de droit doivent d'abord être en mesure de connaître et comprendre le droit applicable pour pouvoir agir avec certitude ; le droit doit ensuite être respectueux des prévisions juridiques des sujets de droit qu'il ne doit pas déjouer ; enfin, un droit instable risque de ruiner les attentes des sujets de droit et leur confiance même dans le droit* ». Or, dans ses rapports publics de 1991 et de 2006 consacrés à la sécurité juridique, le Conseil d'Etat a dénoncé la prolifération des textes, l'instabilité des règles et la dégradation de la qualité de la norme (*ibid.*, p. 7).

« jurisprudence constante », celle-ci manque d'unité, de clarté et de cohérence, compte tenu notamment des dispositions légales en vigueur, ce qui la rend peu intelligible (a). Du reste, en raison du caractère parfois fortuit de la qualification jurisprudentielle de promoteur, les normes applicables à ce dernier sont particulièrement imprévisibles (b).

a. Une jurisprudence inintelligible

335. L'exigence de qualité de la norme. L'accessibilité et l'intelligibilité de la loi sont des objectifs à valeur constitutionnelle[1184], tandis que l'exigence de clarté de la loi et de cohérence de la norme est un principe à valeur constitutionnelle[1185]. Ces impératifs sont transposables à la jurisprudence, en tant que source informelle du droit. Il est souvent reproché au juge de rendre des arrêts formulés de manière trop énigmatique pour que l'on puisse les appliquer sans un travail d'interprétation préalable. Traditionnellement, les arrêts de la Cour de cassation « *brillent par la concision de leur motivation* »[1186]. Or, « *si la norme écrite imparfaite va pouvoir être ''rattrapée'' par la Cour de cassation, rien ne rattrape l'insuffisance de l'énoncé de la Cour de cassation elle-même. Dernier maillon de l'expression normative, la Cour de cassation est tenue de formuler de manière parfaitement claire la règle de droit* »[1187]. Qu'il s'agisse de la loi ou de la jurisprudence, « *le droit objectif doit bannir toute incohérence, doit se garder de consacrer des solutions floues ou mal assises* (…) *qui ne favorisent pas la prévisibilité des situations individuelles et qui sont au contraire susceptibles d'engendrer des contentieux* »[1188]. Or, de telles critiques peuvent aisément être formulées à l'encontre de la définition duale de la notion de promoteur immobilier, à l'œuvre en droit positif.

336. La coexistence des définitions jurisprudentielle et légale de promoteur immobilier. Bien que la règle légale soit en principe prioritairement appliquée, la consécration de la définition légale du promoteur immobilier à l'article 1831-1 du Code civil n'a pas conduit la jurisprudence à cesser de se

---

[1184] Cons. const., n° 2005-514 DC, 28 avril 2005, loi relative à la création du registre international français, cons. 14 ; n° 99-421 DC, 16 décembre 1999, loi portant habilitation du Gouvernement à procéder, par ordonnances, à l'adoption de la partie législative de certains codes.

[1185] Cons. const., n° 2004-500 DC, loi organique relative à l'autonomie financière des collectivités territoriales ; n° 2001-455 DC, 12 janvier 2002, loi de modernisation sociale, cons. 9 ; n° 2001-451 DC, 27 novembre 2001, loi portant amélioration de la couverture des non-salariés agricoles contre les accidents du travail et les maladies professionnelles, cons. 13 ; n° 98-401 DC, 10 juin 1998, loi d'orientation et d'incitation relative à la réduction du temps de travail, cons. 10.

[1186] P. MALINVAUD, *Introduction à l'étude du droit*, 18ème éd., LexisNexis, 2018, p. 188. Cf. *Supra* : projet de réforme de 2019 sur la motivation et la rédaction des décisions de la Cour de cassation (https://www.courdecassation.fr).

[1187] C. CHARBONNEAU, *th. préc.*, p. 306.

[1188] T. PIAZZON, *th. préc.*, p. 45.

référer à sa propre définition du promoteur. Un tel constat est d'autant plus surprenant que la loi du 16 juillet 1971, qui réglemente le contrat de promotion immobilière, est suffisamment précise et détaillée pour que le juge n'ait plus à se livrer à une interprétation créatrice en la matière. « *Paradoxalement, l'œuvre entreprise a continué même après que le législateur a eu organisé et, pourrait-on dire,* quadrillé *le secteur de la promotion immobilière* », alors même qu'« *à partir de 1967-1968 et mieux encore à partir de 1971-1972, il n'y a plus guère de vide juridique* »[1189]. La notion jurisprudentielle et la notion légale de promoteur se développent donc indépendamment l'une de l'autre ; « *de même que l'existence d'un contrat de promotion immobilière n'empêche pas la qualification de promoteur* lato sensu *chez un tiers au contrat qui a eu l'initiative et le soin principal de l'opération, de même cette qualification ne requiert pas que soient réunis les éléments d'un contrat de promotion immobilière au profit de la personne ainsi désignée* »[1190].

337. Une jurisprudence tolérée par le législateur. « *Si l'on ne peut faire grief au juge d'avoir réagi en équité et imaginé des solutions que la loi ne lui offrait pas, n'est-ce pas au législateur instruit par l'expérience du juge, à éviter des écarts qui bouleversent l'économie de la matière et incitent les victimes à en demander toujours plus ?* »[1191]. S'il s'avère que le juge ne respecte pas strictement les dispositions légales en vigueur, ou statue dans un sens nouveau que le législateur désapprouve, ce dernier n'est pas autorisé, sauf motif impérieux d'intérêt général, à s'immiscer « *dans l'administration de la justice dans le but d'influer sur le dénouement judiciaire d'un litige* »[1192]. Il s'agit là de l'une des manifestations du droit au procès équitable, consacré à l'article 6§1 de la Convention européenne de sauvegarde des droits de l'homme et des libertés fondamentales. Tout au plus, le législateur peut-il mettre en échec une jurisprudence lui paraissant inadaptée, en adoptant postérieurement une loi contraire. Ce procédé, que d'aucuns ont qualifié de « bris de jurisprudence », a notamment pu être observé dans le cadre de l'affaire *Perruche*[1193]. Un tel mécanisme serait-il transposable en matière de promotion immobilière ? *A priori*, non. Il ne ressort pas des motifs de la loi du 16 juillet 1971 que le législateur a entendu mettre un terme à la jurisprudence initiée en 1963. Au

---

[1189] P. MALINVAUD, P. JESTAZ, P. JOURDAIN, O. TOURNAFOND, *op. cit.*, p. 45.
[1190] *Ibid.*, p. 46.
[1191] J.-P. CORDELIER, *art. préc.*, p. 17.
[1192] CEDH, 28 octobre 1999, *Zielinski et Pradal et Gonzalez et autres c. France*, *Rec.* CEDH, p. 1999-VII.
[1193] L'arrêt d'Assemblée plénière rendu par la Cour de cassation le 17 novembre 2000 (Cass. Ass. Plen., 17 novembre 2000, n° 99-13701, *Bull. A.P.*, n° 9, p. 15), qui avait reconnu la possibilité d'être indemnisé du fait d'être né avec un handicap, a précédé l'adoption de la loi n° 2002-303 du 4 mars 2002 relative aux droits des malades et à la qualité du système de santé, dont certaines des dispositions visent spécifiquement à mettre un terme aux effets de cette jurisprudence, en consacrant le principe selon lequel « *nul ne peut se prévaloir d'un préjudice du seul fait de sa naissance* ».

contraire, il est possible que le législateur ait tacitement cautionné l'existence d'une double définition, afin de cerner les différentes hypothèses d'intervention du promoteur immobilier.

338. Pour Philippe MALINVAUD, la survie de la définition jurisprudentielle s'explique en opportunité[1194]. D'une part, la définition légale de promoteur immobilier n'a une dimension obligatoire que dans le cadre du secteur protégé ; en dehors de ce contexte particulier et sans l'existence de la définition jurisprudentielle résiduelle, la notion serait restée indéterminée. Pour cause, en secteur libre, la notion de promoteur immobilier n'étant appréhendée par aucune source légale particulière, sa signification et ses contours peuvent être librement définis, notamment par le juge. Par ailleurs, Philippe MALINVAUD évoque le « *trou d'assurance* » qui pourrait résulter d'une contradiction entre la définition légale et la définition contractuelle du promoteur immobilier[1195]. Une telle situation rendrait alors nécessaire la désignation par le juge d'un promoteur de fait, afin de désigner un débiteur solvable, dans l'intérêt de l'accédant et des autres constructeurs. Daniel TOMASIN s'interroge également sur le point de savoir si la notion de « promoteur de fait » « *a encore un intérêt et pour quelles raisons* »[1196]. L'auteur approuve l'autonomie de la jurisprudence rendue à propos du promoteur de fait, en considérant qu'un tel concept « *garde un intérêt normatif complémentaire, parallèlement aux dispositions législatives et réglementaires, car il permet de sauvegarder les intérêts des clients des promoteurs victimes de montages juridiques licites, mais déloyaux* »[1197]. En dépit de la pertinence de ces arguments, il est possible de considérer *a contrario*, que la survie du promoteur de fait se justifie moins dans le contexte actuel, à l'heure où les différentes alternatives contractuelles pour construire sont massivement réglementées. Si l'on ajoute à cela, une connaissance plus approfondie de la spécificité de la notion de promoteur immobilier, le recours à la qualification confuse du promoteur de fait devrait être relégué, puis à terme, écarté. Il n'en demeure pas moins qu'à l'heure actuelle, elle reste susceptible d'être employée par les juridictions, vis-à-vis desquelles elle continue à être un outil disponible dans la résolution des litiges.

b. Une jurisprudence imprévisible

339. L'atteinte au principe de prévisibilité de la norme. « *L'essentiel pour la sécurité juridique est la prévisibilité des effets de droit attachés aussi bien aux actes qu'aux comportements volontaires* »[1198]. La prévisibilité du contrat n'existe que dans la mesure de la prévisibilité de la loi et, par extension, de la

---

[1194] P. MALINVAUD, P. JESTAZ, P. JOURDAIN, O. TOURNAFOND, *op. cit.*, p. 45.
[1195] *Idem.*
[1196] D. TOMASIN, « Promotion immobilière (notion et responsabilité) » *in* P. MALINVAUD (dir.), *Droit de la construction*, 7ème éd., Dalloz, 2018, § 450.21.
[1197] *Idem.*
[1198] T. PIAZZON, *th. préc.*, p. 49.

jurisprudence. Le principe de prévisibilité de la norme est une émanation de l'article 5 de la Déclaration des Droits de l'Homme et du Citoyen de 1789, qui dispose que « *tout ce qui n'est pas défendu par la Loi ne peut être empêché, et nul ne peut être contraint à faire ce qu'elle n'ordonne pas* ». Ce faisant, « *les plaideurs doivent pouvoir prévoir à quoi ils s'exposent et ne sauraient être livrés aux aléas des fantaisies de certains juges. Il s'agit là de la sécurité juridique élémentaire à laquelle ils sont en droit de prétendre* »[1199]. Du point de vue contractuel, l'article 1231-3 du Code civil (anciennement 1150) prévoit que « *le débiteur n'est tenu que des dommages et intérêts qui ont été prévus ou qui pouvaient être prévus lors de la conclusion du contrat* », sauf en cas de faute lourde ou dolosive[1200]. En matière de promotion immobilière, les dommages susceptibles d'être subis par les accédants peuvent toujours être considérés comme prévisibles car l'obligation du promoteur, qui consiste à livrer dans les délais un ouvrage conforme et exempt de vices, est très largement entendue. En revanche, les conditions très souples dans lesquelles la responsabilité du promoteur peut être engagée place ce dernier dans une situation incertaine. Parfois, « *les juges se sont contentés d'affirmer l'existence de cette obligation de garantie pesant sur le promoteur sans nécessairement chercher à la fonder juridiquement* »[1201]. Dans cette perspective, le processus de fabrication de la jurisprudence porte atteinte à l'exigence de prévisibilité de la norme, car les évolutions dont elle fait l'objet sont sources d'incertitudes pour les justiciables, qui ont besoin de s'assurer que leur situation est valide sur le plan juridique.

340. L'application d'un régime de responsabilité fortuit. Les qualifications choisies par le juge emportent le plus souvent de nombreuses conséquences juridiques, que les parties ne pouvaient valablement prévoir, ce qui les conduit à supporter un régime inattendu. En premier lieu, la requalification d'un contrat de droit commun en un contrat spécial de la construction transforme totalement la forme et le fond de la convention ; des mentions obligatoires sont imposées, le mode de fixation et de règlement du prix est encadré, des garanties financières sont exigées, *etc*[1202]. En second lieu, la responsabilité du promoteur devient bien plus simple à actionner. Finalement, l'imprévisibilité de la norme jurisprudentielle rend nécessaire la souscription, à titre préventif, d'une police d'assurance globale, de nature à couvrir l'ensemble des risques supportés par l'intervenant, et non uniquement ceux induits par le contrat qu'il signe. Les polices d'assurance souscrites par les promoteurs doivent être suffisamment larges pour convenir à tous types de qualifications et à tous types de contrats. Dès lors, « *il n'y a aucune contradiction ni*

[1199] J.-L. BERGEL, *Théorie générale du droit*, 5ème éd., Dalloz, 2012, p. 350.

[1200] V. H. BOUCARD, « Responsabilité contractuelle », *Répertoire de droit civil*, Dalloz, juillet 2018 (actualisé en mai 2019), § 399-415. O. BUSTIN, « Les présomptions de prévisibilité du dommage corporel », *D.* 2012, p. 238.

[1201] J.-P. TRICOIRE, Fasc. 10 « Contrat de promotion immobilière », *JCl. Construction-Urbanisme*, LexisNexis, 12 décembre 2011 (actualisé le 4 janvier 2017), § 3.

[1202] Cf. *Supra*, § 174 et s.

incohérence, pour une société de promotion immobilière, à soutenir à la fois que sa relation contractuelle avec son client maître d'ouvrage ne s'inscrit pas dans le cadre d'un contrat de promotion immobilière et que l'assureur couvrant sa responsabilité professionnelle au titre d'une police ''responsabilité civile du promoteur'' lui devrait garantie au cas où sa responsabilité serait retenue dans le cadre de son activité professionnelle »[1203]. Un jugement du Tribunal de Grande Instance de Lyon du 5 octobre 1998 avait pourtant décidé qu'une société de promotion n'était pas fondée à solliciter le bénéfice d'une police « responsabilité civile promoteur » dès lors qu'il n'avait pas conclu de contrat de promotion immobilière[1204]. Or, « *admettre une telle conclusion aurait pour conséquence de vider de leur contenu, quant à la couverture de la responsabilité civile des promoteurs, une majorité des polices ''responsabilité civile promoteur'' pratiquées sur le territoire national* »[1205]. Une telle décision prouve du reste la confusion que les juridictions entretiennent elles-mêmes en maintenant la définition jurisprudentielle du promoteur, alors qu'elles reviennent parfois à une vision restrictive, limitée au contrat de promotion immobilière. Comme le fait observer Robert DENOYELLE, il faudrait aussi considérer que « *la sécurité des promoteurs est digne d'intérêt* »[1206].

341. L'atteinte au principe de stabilité de la norme. Tandis que le législateur ne peut disposer que pour l'avenir, conformément à l'article 2 du Code civil, le juge rend des décisions qui ont vocation à régir des faits passés. « *Le juge a une latitude dont le législateur ne dispose pas, la loi nouvelle ne pouvant s'appliquer rétroactivement* »[1207]. L'arrêt de principe ou le revirement de jurisprudence sont de nature à porter atteinte aux prévisions des parties, en raison de leur effet rétroactif. Celui-ci permet d'appliquer des règles nouvelles à des faits passés, accomplis sous l'empire d'un droit différent, que les parties pensaient légitimement applicable à leur situation. Sur le plan individuel, la rétroactivité se manifeste à travers l'effet déclaratif de la décision de justice. Sur le plan collectif, la règle nouvelle est intégrée dans le droit objectif et peut avoir une incidence sur d'autres situations nées ou à naître. Pour le justiciable, dont l'affaire est à l'origine du revirement, la règle lui apparaît en même temps que le jugement qui tranche les faits antérieurs, si bien qu'il ne dispose d'aucune marge de manœuvre pour corriger sa situation, de quelque manière que ce soit. A titre d'exemple, une jurisprudence récente a étendu la garantie décennale aux

---

[1203] G. LEGUAY, « La fonction de promoteur s'inscrit-elle nécessairement dans le cadre d'un contrat de promotion immobilière ? Le contrat d'assurance 'responsabilité civile promoteur' couvre-t-il la responsabilité du promoteur hors de ce cadre ? », *RDI*, 1999, p. 128.
[1204] *Idem*.
[1205] *Idem*.
[1206] R. DENOYELLE, *th. préc.*, p. 218.
[1207] P. MALINVAUD, « A propos des éléments d'équipement dissociables : observations sur le pouvoir du juge », *RDI*, 2018, p. 230.

éléments d'équipement dissociables ajoutés sur existant[1208], alors qu'en dehors des hypothèses spécifiquement prévues par la loi, la jurisprudence n'appliquait jusqu'à présent la garantie décennale qu'aux adjonctions faisant indissociablement corps avec l'existant. Ainsi, les arrêts du 15 juin, du 14 septembre et du 26 octobre 2017[1209] « *ont été rendus à propos de situations nées antérieurement et même, pour les arrêts du 14 septembre et du 26 octobre, alors que les parties n'avaient jamais invoqué ces règles nouvelles (et comment auraient-elles pu le faire ?)* »[1210]. Selon Cyrille CHARBONNEAU, ce type de revirement brutal de jurisprudence met en exergue la nécessité de moduler dans le temps les effets des revirements, en raison de « *l'atteinte manifeste causée aux droits des parties contractantes et au principe de prévisibilité induit par tout contrat* »[1211].

342. La survie de la définition jurisprudentielle du promoteur, malgré la consécration d'une définition légale, fait de la notion de promoteur immobilier une notion duale et, partant, plurivoque, qu'il est difficile d'appréhender. De surcroît, en désignant comme promoteurs des intervenants qui ne pouvaient objectivement se considérer comme tels, au regard du droit ou du contrat alors applicable, le juge manque aux principes de prévisibilité et de stabilité de la norme. Dès lors, si la jurisprudence a eu le mérite d'apporter au promoteur immobilier la définition juridique qui lui faisait à l'époque défaut, les critères utilisés et la façon de les employer sont critiquables. La définition jurisprudentielle du promoteur repose sur des indices purement factuels, relativement ambigus et évolutifs, qui entraînent des confusions parmi les intervenants à l'opération, ainsi que différentes atteintes au principe de sécurité juridique. Néanmoins, en choisissant d'insister sur le critère de l'« initiative » de l'affaire, la jurisprudence a fondé la reconnaissance du promoteur-vendeur, en tant que maître d'ouvrage initial d'opérations commercialisées sous forme de ventes.

[1208] Cf. *Supra*, § 262.

[1209] Cass. Civ. 3ème, 15 juin 2017, n° 16-19640 ; Civ. 3ème, 14 septembre 2017, n° 16-17323, inédit ; Civ. 3ème, 26 octobre 2017, n° 16-18120.

[1210] C. CHARBONNEAU, « Quand le quasi-ouvrage emporte l'ouvrage », *RDI*, 2018, p. 41.

[1211] *Idem*. V. « A propos de la rétroactivité de la jurisprudence », *RTD Civ*. 2005, pp. 293-335. N. MOLFESSIS, « La Cour de cassation face à la modulation dans le temps des revirements de jurisprudence », *D*. 2009, p. 2567. G. DROUOT, *La rétroactivité de la jurisprudence. Recherche sur la lutte contre l'insécurité juridique en droit civil*, Thèse, Université Paris II, 2014. P. DEUMIER, « Jurisprudence », *Répertoire de droit civil*, Dalloz, novembre 2017 (actualisé en juillet 2019), § 126-139.

Section 2. Les déclinaisons contractuelles du « promoteur initiateur » en tant que vendeur

343. Selon la définition jurisprudentielle établie en 1963, le promoteur est celui qui, non seulement assume le soin principal de l'opération de construction, mais en est aussi à l'origine, en tant qu'« initiateur ». Cette conception du promoteur prévalait également dans la doctrine, avant que le législateur ne s'empare de la question, en définissant le promoteur comme un mandataire exécutant. Dans sa thèse de doctorat publiée en 1965, Robert DENOYELLE considérait qu'il n'y avait ''promotion immobilière'' qu'au moment où l'initiative de l'affaire échappait « *aux candidats à la propriété des appartements pour revenir à un tiers mu par un intérêt personnel* »[1212]. Le critère de l'« initiative » implique pour le promoteur d'être le maître d'ouvrage originel de l'opération, c'est-à-dire d'être propriétaire des droits sur le terrain, de faire construire l'ouvrage et d'en transférer la propriété à l'accédant final, dans le cadre de la commercialisation du programme. La vente immobilière de droit commun, qui porte par essence sur des biens achevés, obligeait le promoteur à supporter seul le financement de la totalité du chantier, ce qui l'a amené à privilégier des montages contractuels alternatifs, destinés à contourner cette difficulté. Le promoteur pouvait notamment vendre à son client le terrain, avant de lui faire signer un contrat d'entreprise portant sur la construction à édifier. Afin de prévenir le recours à ce type de pratiques, dangereuses pour l'accédant, le législateur a adopté en 1967 le contrat de vente d'immeuble à construire, à conclure à terme ou bien en l'état futur d'achèvement. A l'avenir, c'est à travers la figure du vendeur d'immeuble à construire que le promoteur initiateur se dessinera (I). Indépendamment de ce contrat réglementé, d'autres contrats de vente restent *a priori* accessibles au promoteur initiateur. C'est le cas de la vente d'immeuble à rénover ou de la vente d'immeuble achevé, que le promoteur peut également utiliser pour commercialiser sa production. Dans ces hypothèses néanmoins, la question se pose de savoir si le promoteur immobilier peut toujours être identifié au vendeur (II).

I. La qualification de « promoteur initiateur » dans le contrat de vente d'immeuble à construire

344. Parmi les ventes d'immeubles à construire, le promoteur initiateur utilise presque exclusivement le contrat de vente en l'état futur d'achèvement. Ce contrat s'impose aux parties lorsque ses conditions de formation sont remplies, en suscitant l'application d'une réglementation foisonnante et impérative en secteur protégé. Il reste néanmoins un contrat très apprécié des praticiens, qui en tirent plusieurs avantages, dont celui - primordial - de pouvoir associer l'accédant au financement des travaux. La vente en l'état futur d'achèvement est donc un outil de protection particulièrement efficace pour les

---

[1212] R. DENOYELLE, *th. préc.*, p. 28.

accédants qui acquièrent un logement en cours de construction (A), en plus d'être un contrat adapté à la promotion immobilière de type capitaliste (B).

A) Un contrat répondant au besoin de protection des accédants

345. La vente d'immeuble à construire constitue « *aujourd'hui le cadre de la promotion-accession le plus couramment utilisé à la suite d'une évolution qui a conduit à doter ce contrat d'un statut juridique particulier* »[1213]. Afin de remédier aux effets néfastes de la liberté contractuelle laissée au promoteur initiateur, le législateur a doté le secteur de la construction de son premier contrat spécial en 1967, en posant, par la même occasion, les jalons du secteur protégé (1). La vente d'immeuble à construire se définit comme un contrat hybride, que l'on rattache à la vente, bien qu'elle emprunte aussi au louage d'ouvrage, et qui comporte accessoirement une part de mandat (2).

1. L'encadrement légal de la vente d'immeuble avant achèvement

346. La vente d'immeuble avant achèvement, antérieurement à la loi de 1967. Avant que la loi du 3 janvier 1967[1214] n'entre en vigueur, le vendeur d'un ouvrage à construire ne pouvait transférer la propriété de la construction qu'une fois celle-ci achevée, au moyen d'une vente immobilière de droit commun. Si la vente du bien postérieurement à son achèvement était de nature à rassurer l'acquéreur, qui était en mesure de vérifier la consistance de son acquisition, le fait pour le vendeur d'attendre la fin du chantier pour céder ses droits sur le terrain construit était particulièrement contraignant. Un tel système impliquait en effet d'emprunter d'importantes sommes, à défaut de pouvoir mobiliser des capitaux personnels suffisants. De surcroît, alors que le vendeur faisait l'avance de la totalité des fonds, la vente des biens une fois construits restait aléatoire. Pour que la vente de biens neufs devienne une activité pérenne, il était nécessaire pour le vendeur d'obtenir de l'acquéreur tout ou partie du prix de la construction le plus en amont possible, afin de contribuer aux dépenses du chantier. A cette fin, le vendeur pouvait recourir à un complexe de contrats, composé d'une vente de droit commun portant sur une chose future[1215] et d'un contrat d'entreprise. Cela étant, le vendeur cédait ses droits sur le terrain nu ou partiellement construit et s'engageait concomitamment, dans un contrat indépendant, à construire le bien pour le livrer achevé à l'acquéreur. En concluant à la fois une vente immobilière et un contrat d'entreprise, les parties inscrivaient leurs rapports au croisement de deux contrats nommés, régis par la

---

[1213] D. SIZAIRE, G. DURAND-PASQUIER, Fasc. 81 « Ventes d'immeubles à construire – Origine. Législation. Définition », *JCl. Construction-Urbanisme*, LexisNexis, 30 août 2010 (actualisé le 5 août 2019), § 1.

[1214] Loi n° 67-3 du 3 janvier 1967 relative aux ventes d'immeubles à construire et à l'obligation de garantie à raison des vices de construction.

[1215] Article 1163 du Code civil.

loi. Néanmoins, la démarche restait dangereuse pour l'acquéreur, qui ne bénéficiait d'aucune garantie en cours de chantier, notamment contre le risque d'inachèvement. Dès octobre 1961, un premier projet de loi est proposé, visant à l'adoption d'un contrat de « vente d'immeuble à construire ». Jugé trop ambitieux, celui-ci est finalement abandonné.

347. L'adoption de la loi du 3 janvier 1967. Le régime applicable à la vente d'immeuble à construire s'inspire de certaines dispositions du décret du 24 décembre 1963[1216] qui précise, en son chapitre 2, les conditions d'octroi de primes convertibles et de prêts destinés à faciliter l'accession à la propriété. Les articles 32 et 33 du décret prévoient à ce titre le transfert immédiat de la propriété du sol et des constructions existantes à l'acquéreur, la conservation par le vendeur de la qualité de maître d'ouvrage le temps de l'opération, l'instauration d'une garantie des vices apparents ou encore la prohibition des versements avant achèvement, en l'absence de dépôt de garantie. C'est finalement la loi du 3 janvier 1967 qui consacre légalement la vente d'immeuble à construire, définie à l'article 1601-1 du Code civil comme étant « *celle par laquelle le vendeur s'oblige à édifier un immeuble dans un délai déterminé par le contrat* ». Aussi, « *dès lors que le vendeur s'engage à réaliser des travaux après la vente et qu'il exige le versement du prix avant l'achèvement desdits travaux, il ne peut être légalement conclu de vente de droit commun* »[1217]. Ce nouveau contrat, d'un genre spécial, peut alternativement prendre la forme d'une vente en l'état futur d'achèvement[1218] ou d'une vente à terme[1219]. En plus d'être bicéphale, le contrat de vente d'immeuble à construire présente la particularité de voir certaines de ses dispositions uniquement applicables en secteur protégé (sauf à être volontairement reprises par les parties en secteur libre). La loi de 1967 a inauguré ce qui deviendra la *summa divisio* du droit de la construction : c'est elle qui, « *la première, rompant avec la fiction d'une association entre particuliers accédants et promoteurs avertis, a retenu le cadre de la vente et a posé les bases d'une réglementation dominée par l'idée de protéger le consommateur de logement* »[1220]. Dès lors, en plus d'avoir apporté à la vente d'immeubles en cours de construction un cadre juridique sur-mesure, la loi du 3 janvier 1967 a sécurisé la démarche de l'accédant en réduisant fortement les risques induits par l'opération, grâce à ses nombreux mécanismes protecteurs (mentions obligatoires, garantie financière, échelonnement du prix, garanties légales de responsabilité…*etc*)[1221].

[1216] Décret n° 63-1324 du 24 décembre 1963 relatif aux primes, aux bonifications d'intérêt et aux prêts à la construction.

[1217] V. ZALEWSKI-SICARD, « La fraude dans la vente en l'état futur d'achèvement en secteur protégé », *Gaz. Pal.*, n° 09, 28 février 2017, p. 56.

[1218] Article 1601-3 alinéa 1er du Code civil.

[1219] *Ibid.*, article 1601-2.

[1220] C. PONCE, *Le contrat de construction de maison individuelle, 15 ans après la loi du 19 décembre 1990*, LexisNexis Litec, 2006, p. 9.

[1221] Cf. *Supra*, § 174 et s.

2. La nature hybride du contrat de vente d'immeuble à construire

348. Un contrat à mi-chemin entre la vente et le contrat d'entreprise. Si les articles 1601-2 et 1601-3 du Code civil expriment nettement ce que recouvre chaque typologie de vente d'immeuble à construire, la nature juridique de cette catégorie contractuelle reste ambiguë. Empruntant à la fois à la vente – compte tenu du transfert de propriété des droits sur le sol et sur les constructions existantes – et au contrat d'entreprise – compte tenu de l'obligation de construire supportée par le vendeur, « *ce contrat n'est ni une vente ni un contrat d'entreprise, c'est une créature mi-vente, mi-entreprise, une ventreprise* »[1222]. Cette dualité fonde sa nature juridique hybride, qui ne saurait souffrir d'une dissociation en deux contrats distincts. En secteur protégé, la décomposition de l'opération en une vente et en un contrat d'entreprise est frappée de nullité et entraîne l'application de lourdes sanctions pénales. Dans un arrêt du 27 janvier 2004, la Chambre criminelle de la Cour de cassation a condamné un notaire à une peine de douze mois d'emprisonnement avec sursis et à une amende de neuf mille euros, pour avoir eu recours à ce type de procédé[1223]. Si le transfert de propriété est propre à tout contrat de vente, l'obligation de construire du vendeur est « *l'élément prédominant* »[1224] de ce contrat. En effet, « *le vendeur d'immeuble à construire est à la fois vendeur et constructeur : il transfère des droits réels immobiliers (vente) et il construit un ouvrage (entreprise). L'obligation de construire est sa prestation caractéristique* »[1225]. Son obligation d'édification implique, sur le plan financier, que le coût des travaux soit inclus dans le prix de vente et, sur le plan juridique, que le vendeur assume lui-même la maîtrise d'ouvrage de l'opération[1226]. L'obligation de construire étant consubstantielle à la vente d'immeuble à construire, le régime de cette dernière est majoritairement inspiré de celui du contrat d'entreprise[1227]. Puisque l'obligation principale du vendeur d'immeuble à construire est la construction de l'ouvrage, il est logique de le soumettre aux mêmes obligations que les

---

[1222] V. ZALEWSKI-SICARD, « Réflexions sur les aménagements à apporter aux dispositions relatives à la vente d'immeuble à construire », *JCP N*, n° 30-34, 28 juillet 2017, p. 55.

[1223] Cass. Crim, 27 janvier 2004, n° 03-83428, inédit, *Constr.-Urb.*, 2004, comm. 72. D. SIZAIRE, « Requalification en contrat de promotion immobilière », *Constr.- Urb.*, n° 5, mai 2004, comm. 98.

[1224] Cass. Civ. 3ème, 11 octobre 2000, n° 98-21826, *Bull. civ.* III, n° 163, p. 113.

[1225] M. FAURE-ABBAD, « Responsabilité des constructeurs et des vendeurs pour les dommages intermédiaires : unité ou diversité ? », *RDI*, 2013, p. 456.

[1226] D. SIZAIRE, G. DURAND-PASQUIER, Fasc. 81 « Ventes d'immeubles à construire – Origine. Législation. Définition », *JCl. Construction-Urbanisme*, LexisNexis, 30 août 2010 (actualisé le 5 août 2019), § 65. Cass. Civ. 3ème, 28 janvier 2009, n° 07-20492, *Bull. civ.* III, n° 24 : la Cour de cassation écarte la qualification de vente d'immeuble à construire au motif que les travaux avaient été envisagés à la charge de l'acquéreur.

[1227] Cass. Civ. 1ère, 9 décembre 2015, n° 14-29960, inédit.

constructeurs immobiliers, ce qui explique notamment qu'il soit débiteur des garanties biennale et décennale.

349. Un contrat classé parmi les ventes. Pour distinguer le contrat de vente du contrat d'entreprise, la jurisprudence est passée du critère « économique » au critère du « travail spécifique »[1228]. Selon le critère économique, « *le contrat est une vente lorsque la matière constitue la partie principale du contrat ; c'est une entreprise lorsque le poids de la main d'œuvre est prédominant* »[1229]. Sur la base du critère économique, il faudrait donc considérer que le contrat de vente d'immeuble à construire se classe dans la catégorie des ventes, parce que la valeur des terrains atteint un niveau tel que la main d'œuvre est le plus souvent inférieure. Selon le critère du travail spécifique, « *il y aurait vente si le fabricant conçoit seul l'ouvrage, et entreprise s'il l'exécute conformément aux désirs du client* (…), *ce qui revient à dire que le contrat portant sur un modèle de série est une vente, celui répondant à une* commande *spéciale du maître de l'ouvrage, un contrat d'entreprise* »[1230]. La jurisprudence utilise parfois ce critère, en le combinant au critère économique[1231]. Dans le contrat de vente d'immeuble à construire, il n'y a pas de « commande spéciale » du maître d'ouvrage, c'est-à-dire *in fine* de l'acquéreur, mais une proposition presque définitive du vendeur, ce qui permet de confirmer le classement du contrat dans la catégorie des ventes. En outre, bien que l'obligation de construire du vendeur soit fondamentale, le transfert des droits sur le terrain est tout autant caractéristique de la vente d'immeuble à construire, comme le démontre l'article L. 261-10 alinéa 2 du Code de la construction et de l'habitation. Celui-ci étend considérablement le

---

[1228] P. REMY, « Distinction de la vente de chose future et de l'entreprise ; le contrat est un contrat d'entreprise et non une vente dès lors que la chose à fabriquer demande un ''travail spécifique'' pour répondre à ''des besoins particuliers exprimés par le maître de l'ouvrage'' », *RTD Civ*., 1990, p. 105.

[1229] B. BOUBLI, « Contrat d'entreprise », *Répertoire de droit civil*, Dalloz, novembre 2016 (actualisé en octobre 2019), § 25. Selon l'auteur, la construction d'un ouvrage doit être qualifiée de contrat d'entreprise, sur la base du critère économique, dès lors que les matériaux deviennent la propriété du maître d'ouvrage par accession et non par vente, que le poids de la main d'œuvre est prédominant et que du reste, il y a transformation d'un terrain nu existant en un terrain bâti, ce qui correspond à une prestation de service (*idem)*.

[1230] *Ibid*., § 26. P. PUIG, « Le contrat d'entreprise » *in* L. ANDREU, M. MIGNOT (dir.), *Les contrats spéciaux et la réforme du droit des obligations*, Institut Universitaire Varenne, 2017, p. 121 : « *il suffit que cet ouvrage réponde à des spécifications particulières fixées par le client afin de satisfaire ses besoins spécifiques de telle sorte qu'il ne puisse être ni fabriqué à l'avance ni remplacé par un bien équivalent* ». Cass. Civ 3ème, 5 février 1985, n° 83-16675, *Bull. civ*. III, n° 23, p. 16. Cass. Com. 4 juillet 1989, n° 88-14371, *Bull. civ*. IV, n° 210, p. 141. Cass. Civ. 1ère, 14 décembre 1999, n° 97-19620, *Bull. civ*. I, n° 340, p. 221.

[1231] Cass. Civ 3ème, 19 juin 1991, n° 89-21906, *Bull. civ*. III, n° 185, p. 108, *D*. 1992. 112, obs A. BENABENT, *AJDI* 1992. 280, *RDI* 1991. 479, obs. P. MALINVAUD, B. BOUBLI.

champ d'application du contrat, en l'imposant à celui qui procure, même seulement indirectement, le terrain.

350. L'adjonction ponctuelle d'un mandat. Accessoirement, l'article R. 261-5 du Code de la construction et de l'habitation autorise l'acquéreur à confier au vendeur d'immeuble à construire un mandat spécial, pour la conclusion des actes de disposition « *devant affecter les biens et droits vendus* », qui sont « *indispensables à la construction du bâtiment dont tout ou partie forme l'objet de la vente* ». L'acquéreur peut également mandater le vendeur pour qu'il passe, en ses lieu et place, tous les actes de disposition relatifs aux travaux sur les parties communes, qui se révéleraient nécessaires pour satisfaire aux prescriptions d'urbanisme et aux obligations imposées par le permis de construire, ou pour assurer la desserte de l'immeuble ou son raccordement avec les réseaux de distribution et les services publics. Il s'agit d'un mandat spécial[1232], au sens de l'article 1987 du Code civil, et exprès, au sens de l'article 1988, qui déroge au caractère personnel du mandat de droit commun, comme le précise l'article 1601-4 alinéa 2 du même Code[1233]. Ce mandat facilite grandement la gestion de l'opération. En effet, dès la première vente, le vendeur se trouve en indivision avec un ou plusieurs acquéreur(s)[1234]. Il n'est donc plus fondé juridiquement à régulariser seul les actes d'administration ou de disposition qu'implique la construction de l'immeuble, mais doit pouvoir se prévaloir d'un pouvoir donné par les acquéreurs, ces derniers étant cotitulaires de la maîtrise d'ouvrage, avant d'en devenir, lors de la livraison, les titulaires exclusifs et définitifs[1235]. En revanche, un tel mandat ne se justifie plus lorsque le vendeur a accompli les formalités nécessaires à la constitution d'une copropriété car, le cas échéant, il ne peut se substituer au syndicat des copropriétaires dans l'accomplissement des actes relatifs aux parties communes, sauf à le représenter. Finalement, le fait pour l'article 1601-3 alinéa 2 du Code civil de prévoir que « *le vendeur conserve les pouvoirs de maître de l'ouvrage jusqu'à la réception des travaux* », n'est vraisemblablement pas suffisant pour permettre au vendeur d'exercer pleinement et en toute autonomie les prérogatives attachées à la maîtrise d'ouvrage. Il s'agit pourtant de la philosophie du contrat de vente d'immeuble à construire, qui vise à procurer à l'acquéreur un bien achevé, dont il n'aura pas eu à se préoccuper de la construction.

[1232] Article R. 261-5 du CCH.

[1233] *Ibid.*, article 1601-4 alinéa 2 : « *Si la vente a été assortie d'un mandat, celui-ci se poursuit entre le vendeur et le cessionnaire* ».

[1234] D. SIZAIRE, J.-P. TRICOIRE, Fasc. 82-20 « Ventes d'immeubles à construire. – Régime général. – Dispositions communes à la vente à terme et à la vente en l'état futur d'achèvement », *JCl. Construction-Urbanisme*, LexisNexis, 15 janvier 2014 (actualisé le 4 janvier 2017), § 69.

[1235] Cf. *Infra*, § 730-732.

351. Le succès du contrat de vente d'immeuble à construire s'explique entre autres par son utilité, compte tenu des lacunes du droit commun qu'il est venu combler, ainsi que par sa nature juridique hybride, bien adaptée à son objet. Comme les autres contrats spéciaux qui suivront ensuite, la vente d'immeuble à construire est née du besoin de protection de l'accédant, mais s'est aussi imposée comme le principal contrat de la promotion immobilière de type capitaliste. En sus du cadre protecteur qu'elle apporte aux accédants, elle présente en effet de nombreux avantages pour le vendeur, ce qui participe de son succès.

B) Un contrat adapté à la promotion immobilière de type « capitaliste »

352. Parmi les ventes d'immeubles à construire, le contrat de vente en l'état futur d'achèvement constitue l'outil contractuel le plus utilisé par le promoteur qui construit pour vendre (1). En plus de correspondre au cadre légal des ventes sur plans, ce contrat est le levier privilégié de commercialisation des programmes neufs, ce qui explique qu'il soit associé au promoteur initiateur (2).

1. L'outil privilégié de commercialisation des immeubles neufs

353. Le délaissement de la vente à terme au profit de la vente en l'état futur d'achèvement. Si la vente en l'état futur d'achèvement correspond avant tout à un contrat réglementé, dont les dispositions d'ordre public s'imposent aux parties lorsque leur opération s'inscrit en secteur protégé, il n'en reste pas moins un contrat apprécié des vendeurs professionnels, qui l'utilisent également en dehors de son cadre impératif. Inversement, les praticiens ont très rarement recours à la vente à terme, car cette dernière entraîne l'application du même régime juridique exigeant que celui de la vente en l'état futur d'achèvement, sans permettre au vendeur de financer les travaux grâce au versement échelonné du prix par l'acquéreur. Comme le précise l'article L. 261-12 du Code de la construction et de l'habitation, « *le contrat de vente à terme peut seulement stipuler que des dépôts de garantie seront faits, à mesure de l'avancement des travaux, à un compte spécial ouvert au nom de l'acquéreur par un organisme habilité à cet effet. Les fonds ainsi déposés sont incessibles, insaisissables et indisponibles dans la limite des sommes dues par l'acheteur, sauf pour le paiement du prix* ». Dans ces conditions, le vendeur professionnel préfèrera encore commercialiser ses lots une fois ceux-ci achevés, au moyen de ventes immobilières de droit commun, plutôt que de recourir à un contrat l'astreignant à de plus lourdes obligations, pour un résultat sensiblement identique sur le plan financier. C'est pourquoi, les promoteurs immobiliers se tournent très majoritairement vers la vente en l'état futur d'achèvement[1236]. Ce faisant, la vente à terme, « *handicapée par un régime juridique par trop contraignant* », est à ce jour très peu usitée, tandis que « *la Vefa, grâce à son incontestable souplesse, a connu un succès considérable qui ne s'est jamais démenti* »[1237].

354. Un contrat favorable à l'accédant mais également au vendeur. Bien que la vente en l'état futur d'achèvement soit surtout connue pour les nombreux mécanismes de protection qu'elle offre aux accédants, elle présente également plusieurs avantages pour le vendeur. « *À partir de 1968, date d'entrée en vigueur de la loi, la vente en état futur connait un succès qui s'explique par son adaptation aux problèmes de la promotion* »[1238]. Il convient de noter en premier lieu que « *dans la VEFA, le transfert de propriété a lieu au démarrage des travaux de construction, et non à la livraison. Par conséquent, il n'y a pas de stock de bâtiments construits puisque tout est fabriqué à la demande et vendu à l'avance* »[1239]. De surcroît, le contrat de réservation permet au promoteur de « tester le marché », sans pour autant prendre l'engagement irrévocable de réaliser l'opération, si le projet n'est finalement pas viable économiquement[1240]. En ce sens, « *la prospection du marché, l'engagement uniquement prévisionnel et la protection contre les risques de mévente, constituent les avantages majeurs qui expliquent le succès du contrat préliminaire* »[1241]. De même, l'échelonnement des paiements prévu à l'article R. 261-14 du Code de la construction et de l'habitation - selon lequel le vendeur perçoit 35% du prix à l'achèvement des fondations, 70% à la mise hors d'eau, 95% à l'achèvement de l'immeuble, outre tout seuil intermédiaire supplémentaire qu'il aura ajouté au contrat - rend l'opération de vente en l'état futur d'achèvement « *financièrement attrayante* » pour le promoteur[1242], en lui permettant de ne pas immobiliser

---

[1236] M. POUMARÈDE, « L'évolution de la loi de 1967 relative aux VIC et à l'obligation de garantie à raison des vices de construction : d'une bonne loi à une grande loi », *JCP N*, n° 30-34, 28 juillet 2017, p. 25 : les mêmes choix ont été si fortement reproduits qu'à l'heure actuelle, la vente d'immeuble à construire s'apparente en réalité à une vente en l'état futur d'achèvement, assortie d'une garantie extrinsèque d'achèvement, prenant la forme d'une caution solidaire.

[1237] N. SYMCHOWICZ, *Traité des montages contractuels complexes publics*, 4ème éd., Le Moniteur, 2017, p. 318.

[1238] P. MALINVAUD, P. JESTAZ, P. JOURDAIN, O. TOURNAFOND, *op. cit.*, p. 19.

[1239] A. DININ, ès qualité de Président Directeur Général de la société NEXITY, interviewé par M. RAJCHENBACH, « Le point de vue d'un promoteur sur le marché de l'immobilier et le projet de loi ALUR », *Gaz. Pal.*, 17 décembre 2013, n° 351, p. 8.

[1240] Article L. 261-15 du CCH. En ce sens, les établissements bancaires exigent un certain taux de réservation pour consentir la garantie financière d'achèvement.

[1241] V. IONESCU, *L'équilibre juridique de l'opération im mobilière d'habitation*, Thèse, Université de Dijon, 2000, p. 322.

[1242] E. GAVIN-MILLAN, *Essai d'une théorie générale des contrats spéciaux de la promotion immobilière*, Thèse, LGDJ, 2003, p. 11. C. TOPALOV, *Les promoteurs immobiliers. Contribution à l'analyse de la production capitaliste du logement en France*, Mouton, 1974, p. 16 : « *La période de production (…) est très longue : elle est*

durablement ses fonds propres. Cela étant, « *le constat est parlant : l'essentiel de la production immobilière* ''privée'' *est aujourd'hui commercialisé par le biais de ce seul procédé contractuel* »[1243].

355. Une loi efficace et pérenne. La loi du 3 janvier 1967 a seulement fait l'objet de modifications minimes et ponctuelles en plus de cinquante ans (si l'on excepte l'introduction récente dans la loi de la vente d'immeuble à construire « avec travaux réservés par l'acquéreur »[1244]), ce qui prouve sa pérennité : « *le passage des ans n'a pas de prise sur celle qui reste donc bien un top model apprécié de la création législative* »[1245]. Selon Hugues PÉRINET-MARQUET en effet, « *la loi de 1967aurait pu se contenter, comme certains textes qui l'ont précédé dans les années 1950 et 1960, de réprimer ou de prévenir les fraudes et détournements que l'extraordinaire développement de l'immobilier rendait inévitables. Mais précisément, elle sut aller au-delà* »[1246]. La prospérité du contrat de vente en l'état futur d'achèvement est l'un des facteurs qui expliquent que l'activité de promotion immobilière soit majoritairement tournée vers la vente, plutôt que vers la prestation de services. Selon Marianne FAURE-ABBAD et Hugues PÉRINET-MARQUET, l'usage concomitant de la société de

---

au minimum d'un an ou dix-huit mois pour un immeuble collectif, et peut être bien supérieure si l'opération est importante. D'où la nécessité d'un préfinancement de la construction, qui permette une rotation plus rapide du capital industriel et, par conséquent, lui assure une rentabilité normale ».

[1243] N. SYMCHOWICZ, *op. cit.*, p. 318.

[1244] L'obligation de construire qui pèse sur le vendeur d'immeuble à construire implique de livrer au client un bien achevé, à tout le moins en secteur protégé. La vente d'immeuble à construire originellement visée par la loi du 3 janvier 1967 diffère donc de la vente en « prêt à finir » ou « brute de béton », dans laquelle l'immeuble livré au sens contractuel correspond à un immeuble matériellement « inachevé », dont les finitions sont réalisées par l'acquéreur. Un tel dispositif peut convenir aux accédants qui souhaitent achever eux-mêmes les travaux dans un souci d'économie, ou à ceux qui envisagent des prestations très spéciales ou haut de gamme, qu'ils préfèrent confier à des corps d'état spécialisés. Or, l'article 75 de la loi « ELAN » du 23 novembre 2018 est venue modifier les articles L. 261-11 et L. 261-15 du CCH, afin d'intégrer dans la loi la possibilité pour l'acquéreur de se réserver « *l'exécution des travaux de finition ou d'installation d'équipements qu'il se procure par lui-même* » ; autrement dit, de décharger le vendeur de son obligation de livrer l'ouvrage achevé (M. FAURE-ABBAD, « L'impact de la loi Elan sur les contrats spéciaux de construction immobilière », *RDI*, 2019, p. 17). Un décret n° 2019-641 du 25 juin 2019 est venu préciser, à l'article R. 261-13-1 du CCH, que les travaux de finition s'entendaient de ceux « *des murs intérieurs, de revêtement ou d'installation d'équipements de chauffage ou sanitaires, et le cas échéant du mobilier pouvant les accueillir* » (un arrêté du 28 octobre 2019 est venu fixer la liste limitative et les caractéristiques de ces travaux réservés). En toute logique, le décret a également modifié la définition de l'achèvement donnée à l'article R. 261-1 du CCH, afin de tenir compte des travaux éventuellement exécutés par l'acquéreur.

[1245] H. PÉRINET-MARQUET, « Propos conclusifs : la loi du 3 janvier 1967, modèle ou top model ? », *JCP N*, n° 30-34, 28 juillet 2017, p. 85.

[1246] *Ibid.*, p. 82.

construction-vente et de la vente d'immeubles à construire « *constitue un cadre à la fois plus performant et plus contraignant pour l'activité du promoteur que le contrat spécifique censé régir son activité* »[1247]. En ce sens, « *l'intervention législative du 3 janvier 1967 a permis de doter la vente d'immeubles à construire d'un cadre complet et efficace. Les règles et les instruments juridiques mis en place par le législateur ont été bien acceptés par les acteurs de la promotion immobilière qui, considérant les avantages de clarté et de simplicité qu'ils présentaient, ont abandonné les structures à base de mandat pour leur préférer la technique de la vente* »[1248]. Le contrat de vente en l'état futur d'achèvement a incontestablement fait l'objet d'un accueil favorable auprès des professionnels. L'ancienne Présidente de la Fédération des Promoteurs Immobiliers, Alexandra FRANCOIS-CUXAC, reconnaît l'importance du contrat de vente en l'état futur d'achèvement et des mécanismes qui vont de pair, comme éléments structurants de l'activité du promoteur-vendeur[1249]. Maître Pierre-Jean MEYSSAN le justifie par deux raisons : « *d'une part, le réalisme économique, d'autre part, la modestie législative contrebalancée par l'intervention de professionnels* »[1250]. Le succès de la vente en l'état futur d'achèvement se dessine à travers l'analyse des contrats spéciaux de la construction, institués par la suite, pour lesquels les dispositions des articles L. 261-1, R. 261-1 et suivants du Code de la construction et de l'habitation ont été une véritable source d'inspiration. Dans cette perspective, « *la réglementation de la vente d'immeuble à construire a nourri le droit moderne de la promotion immobilière en servant souvent de modèle aux différents contrats de la promotion immobilière inventés par les pratiques et/ou légiférés* »[1251]. Ce régime précurseur, « *en mettant en œuvre une réglementation*

[1247] H. PÉRINET-MARQUET, « Promotion immobilière », *Répertoire de droit immobilier*, Dalloz, janvier 2013 (actualisé en mars 2014, M. FAURE-ABBAD), § 3.

[1248] J.-P. TRICOIRE, Fasc. 10 « Contrat de promotion immobilière », *JCl. Construction-Urbanisme*, LexisNexis, 12 décembre 2011 (actualisé le 4 janvier 2017), § 4.

[1249] A. FRANCOIS-CUXAC, *L'immobilier au cœur. Plaidoyer pour une nouvelle donne dans la politique du logement en France*, FPI, 2017, p. 29 : « *Par le jeu combiné de la vente en l'état futur d'achèvement (VEFA), de la garantie financière d'achèvement (GFA) et d'un encadrement strict du crédit immobilier, qui structurent l'activité de promotion, nous avons traversé cinquante ans de succès, avec très peu d'échec ou de sinistres* ». P.-J. MEYSSAN, « La qualification du contrat relatif à la construction » *in* S. BECQUÉ-ICKOWICZ, S. CABRILLAC, J.-F. MONTREDON (dir.), *La protection de l'accédant immobilier*, LexisNexis Litec, 2010, p. 77 : « *Depuis quarante ans, les biens immobiliers qui ont été vendus au moyen de ce contrat se comptent par millions, et le contentieux en la matière est quasi inexistant* ».

[1250] P.-J. MEYSSAN, *art. préc. in* S. BECQUÉ-ICKOWICZ, S. CABRILLAC, J.-F. MONTREDON (dir.), *op. cit.*, p. 77.

[1251] M. POUMARÈDE, « L'évolution de la loi de 1967 relative aux VIC et à l'obligation de garantie à raison des vices de construction : d'une bonne loi à une grande loi », *JCP N*, n° 30-34, 28 juillet 2017, p. 27.

protectrice, ouvrait la voie à ce que l'on a appelé un statut d'ensemble de la promotion immobilière »[1252].

356. De très nombreuses opérations de promotion immobilière prennent appui sur le contrat de vente en l'état futur d'achèvement. En sus de son efficacité sur le plan juridique, la loi du 3 janvier 1967 a également rencontré un franc succès sur le plan économique. Le promoteur initiateur a fait de la vente en l'état futur d'achèvement son outil contractuel de prédilection pour commercialiser ses lots en cours de construction, au point que la qualité de vendeur d'immeuble à construire et celle de promoteur paraissent désormais indissociables.

2. L'identification du « promoteur initiateur » au vendeur d'immeuble à construire

357. Deux qualités apparemment dissociées. Les qualités de vendeur d'immeuble à construire et de promoteur immobilier sont distinctement employées par la loi, qui les envisage à travers des contrats alternatifs, par la doctrine, qui évoque séparément les deux acteurs, et par la jurisprudence. En 1977, la Cour de cassation compare le promoteur immobilier au vendeur d'immeuble à construire, en laissant implicitement entendre qu'ils sont, pour le reste, différents : « *le promoteur était, comme l'est, selon l'article 1646-1 du code civil, le vendeur d'immeubles à construire tenu, par une obligation de résultat, de garantir les vices de la construction* »[1253]. Dans un arrêt du 15 février 1989, la Cour de cassation constate la coexistence d'un vendeur d'immeuble à construire et d'un promoteur-mandataire, dans le cadre d'une seule et même opération[1254]. Les hypothèses de dissociation du promoteur et du vendeur, qui figurent dans les actes juridiques dressés par les parties, sont néanmoins sanctionnées par la jurisprudence, lorsque ces derniers sont établis avec l'intention frauduleuse de contourner l'application de certaines règles juridiques[1255]. A l'inverse, le juge prend parfois l'initiative de qualifier le vendeur d'immeuble à construire de promoteur immobilier, alors qu'une telle qualification fait inutilement doublon, du point de vue des responsabilités encourues[1256]. Malgré l'identification d'un contrat spécial de construction, il arrive donc à la Cour de cassation de recourir à la définition du « promoteur de

---

[1252] C. PONCE, *op. cit.*, p. 9.

[1253] Cass. Civ. 3ème, 22 juin 1977, n° 75-15155, *Bull. civ.* III, n° 281, p. 214.

[1254] Cass. Civ. 3ème, 15 février 1989, n° 87-17603, *Bull. civ.* III, n° 38, p. 22 : l'arrêt se réfère à la fois à l'article 1646-1 du Code civil, à propos de « *la société civile immobilière ... (SCI), vendeur d'un immeuble en l'état futur d'achèvement* », et à l'article 1831-1 du Code civil, à propos de « *la société Batima* (…) *promoteur tenue d'une obligation de résultat* ».

[1255] Cass. Civ. 3ème, 13 janvier 1982, inédit.

[1256] J.-C. GROSLIÈRE, P. JESTAZ, Chron. « Promotion immobilière – Vente d'immeuble », *RDI*, 1984, p. 422.

fait »[1257]. « *C'est sans doute par facilité qu'elle préfère y recourir ; l'originalité vient seulement du fait que cette qualité s'ajoute à celle de vendeur* »[1258]. Ces exemples concrets démontrent que la qualité contractuelle de vendeur d'immeuble à construire n'est pas, en jurisprudence, un critère suffisant d'identification du promoteur immobilier.

358. Deux qualités distinctes pour un intervenant unique. Bien que la vente d'immeuble à construire ne soit pas utilisée exclusivement par le promoteur immobilier, puisqu'elle est susceptible de s'appliquer à toute personne qui en remplit les conditions, elle constitue le cadre contractuel qui s'accorde le mieux avec la définition jurisprudentielle du promoteur, en tant qu'initiateur de l'opération et responsable principal de sa réalisation. Cependant, le promoteur immobilier et le vendeur d'immeuble à construire sont distingués artificiellement, ces deux qualifications étant paradoxalement employées indépendamment l'une de l'autre. Dans la majorité des cas, il s'agit pourtant du même intervenant. Cette différenciation est alimentée par une perception restrictive de la qualité de promoteur immobilier, soit comme une qualité professionnelle, soit comme une qualité contractuelle correspondant exclusivement à celle qui est attachée au contrat de promotion immobilière. En réalité, le promoteur assume bien une activité professionnelle qui lui est propre, mais celle-ci est susceptible d'embrasser des qualités contractuelles diverses, en fonction du type de contrat conclu avec l'accédant (vente d'immeuble à construire, contrat de promotion immobilière ou autres). Or, parmi ces différentes alternatives, « *la vente d'immeubles par celui qui a pris l'initiative de leur construction, constitue l'objet générique de l'acte de promotion immobilière* »[1259], son expression la plus emblématique. Plusieurs auteurs ont ainsi abondé dans le sens d'une assimilation du vendeur d'immeuble à construire au promoteur immobilier, qui dans ce cas de figure, s'apparente particulièrement au promoteur initiateur capitaliste. Albert CASTON évoque ainsi le vendeur d'immeuble à construire comme étant « *l'avatar* » du promoteur immobilier[1260], tandis que Robert DENOYELLE appréhende le contrat de construction conclu par le promoteur principalement sous l'angle de la vente d'immeuble à construire[1261].

[1257] Cf. *Supra*, § 311-313. Cass. Civ. 3ème, 10 février 1993, n° 90-21891, *Bull. civ.* III, n° 17, p. 11, *D.* 1993. Somm. 355, obs. F. MAGNIN, *RDI* 1993. 387, obs. J.-C. GROSLIÈRE, C. SAINT-ALARY-HOUIN.

[1258] J.-C. GROSLIÈRE, C. SAINT-ALARY-HOUIN, « Vente clés en mains et promesse de vente », *RDI*, 1994, p. 463.

[1259] B. AVRIL, B. ROTH, *La promotion immobilière. Construire pour autrui*, Presses de l'école nationale des Ponts et Chaussées, 2001, p. 13.

[1260] A. CASTON, « Des droits à indemnisation de l'acquéreur contre le promoteur vendeur d'ouvrage immobilier », *RDI*, 2013, p. 517.

[1261] R. DENOYELLE, *th. préc.*, p. 95 : « *Le contrat de construction est un contrat par lequel une personne physique ou morale, le promoteur, s'engage, dans l'exercice de sa profession, envers une autre personne, le souscripteur, à livrer un immeuble ou une*

359. La qualité commune de maître d'ouvrage. L'assimilation du vendeur d'immeuble à construire au promoteur immobilier est pleinement justifiée par la qualité de maître d'ouvrage reconnue par la loi au vendeur d'immeuble à construire et par la nature des missions qui lui sont confiées à ce titre. « *La qualité de maître d'ouvrage, qui correspond à la phase d'édification de l'immeuble, n'existe que dans la perspective de la vente de celui-ci ; la qualité de vendeur n'est concevable que parce qu'a existé une maîtrise d'ouvrage* »[1262]. L'article 1601-3 alinéa 2 du Code civil dispose à ce titre que le vendeur conserve « *les pouvoirs de maître d'ouvrage* » jusqu'à la réception des travaux. Cette attribution est un indicateur essentiel de la convergence des rôles du promoteur et du vendeur d'immeuble à construire, le promoteur immobilier étant par nature un maître d'ouvrage professionnel[1263]. Dans la plupart des cas, « *le vendeur d'immeuble à construire est un promoteur immobilier qui dispose aussi de la qualité de maître de l'ouvrage pour l'exécution des contrats d'entreprise conclus pour réaliser le programme* »[1264]. Il résulte de cette qualité partagée un ensemble de traits communs au promoteur et au vendeur d'immeuble à construire, que Robert DENOYELLE résume par le fait que l'un et l'autre forment « *écran entre les ''candidats propriétaires'' et les collaborateurs à l'œuvre de construction* ». En effet, « *le promoteur vendeur* (…) *est entièrement libre de mener les opérations comme bon lui semble, il n'a à subir aucun contrôle des acquéreurs et aucun compte à leur rendre. Il est seul maître de l'ouvrage, signe tout contrat qu'il lui plaît avec les entrepreneurs, architectes et autres professionnels du bâtiment. Il est seul tenu envers eux et eux ne sont tenus qu'envers lui* »[1265].

360. Paradoxalement, les qualités de promoteur immobilier et de vendeur d'immeuble à construire sont employées de manière dissociée, alors que dans l'hypothèse du promoteur initiateur, elles sont réunies sur la tête du même intervenant. En effet, si la qualité de vendeur d'immeuble à construire renvoie à une fonction contractuelle temporaire et la qualité de promoteur immobilier à une fonction professionnelle permanente, il n'en reste pas moins qu'elles désignent toutes deux un seul et même agent dans cette hypothèse. Si l'on assimile facilement le vendeur d'immeuble à construire au promoteur, qu'en est-il des autres vendeurs d'immeubles, à rénover ou achevés ?

---

fraction d'immeuble dont la construction est ou va être entreprise, en contrepartie de versement de sommes d'argent ».

1262 J.-P. STORCK, « La notion du constructeur au sens de l'article 1792-1, 2° du Code civil », *D.* 1998, p. 234.

1263 Cf. *Infra*, § 686.

1264 M. FAURE-ABBAD, « Responsabilité des constructeurs et des vendeurs pour les dommages intermédiaires : unité ou diversité ? », *RDI*, 2013, p. 456.

1265 R. DENOYELLE, *th. préc.*, p. 223.

II. La qualification de promoteur dans les autres contrats de vente immobilière

361. Le promoteur capitaliste, qui initie l'opération aux fins de la commercialiser, conclut un contrat de vente en l'état futur d'achèvement lorsqu'il procède à des travaux de construction neuve. En dehors de ce cas de figure, le promoteur initiateur, qui choisit de réaliser des travaux sur un ouvrage existant, peut devoir conclure un contrat de vente d'immeuble à rénover, parce qu'il en remplit les conditions. Il peut autrement contourner les dispositifs légaux impératifs, en commercialisant son bien une fois les travaux achevés, en ayant recours dans cette hypothèse à la vente immobilière de droit commun. Si la qualification de vendeur d'immeuble en l'état futur d'achèvement conduit à celle de promoteur immobilier, rien n'est moins sûr s'agissant des qualifications de vendeur d'immeuble à rénover (A) ou de vendeur d'immeuble achevé (B).

A) L'hypothèse de la conclusion d'une vente d'immeuble à rénover

362. La vente d'immeuble à rénover est le second contrat de vente spécial du droit de la construction, après la vente d'immeuble à construire. Moins utilisé que son prédécesseur, le contrat de vente d'immeuble à rénover a été adopté afin d'étendre les mécanismes légaux de protection de l'accédant aux opérations de rénovation (1). La question de savoir si le contrat de vente d'immeuble à rénover doit être intégré dans le champ d'application de la promotion immobilière n'a pas été tranchée, comme le révèlent les hésitations et réticences formulées tant par la doctrine que par la jurisprudence (2).

1. L'adoption d'un nouveau contrat spécial

363. La participation du promoteur à l'activité de rénovation immobilière. La rénovation peut s'entendre soit de la reconstitution d'un bien par le remplacement d'éléments, soit de la transformation ou de l'amélioration de ce dernier[1266], notamment grâce à des agrandissements ou des redistributions spatiales[1267]. La rénovation est *a priori* l'apanage du marchand de biens, dont l'activité consiste à acquérir et revendre des biens immobiliers de manière

---

[1266] http://cnrtl.fr/definition/r%C3%A9novation.

[1267] Nicolas LEPAROUX propose une distinction entre la « rénovation-amélioration » ou rénovation légère, « *qui conduit à attribuer à l'immeuble les normes actuelles de confort sans bouleverser dans le même temps la configuration de sa structure et de sa distribution* », et la « rénovation-construction » ou rénovation lourde, « *dont l'objectif réside dans la modification plus ou moins profonde de la disposition des lieux et de la restructuration intérieure du bâti conduisant,* in fine, *à une redistribution de l'immeuble* » (N. LEPAROUX, *La vente d'immeuble à rénover. Analyse critique et comparative*, Thèse, Université de Toulouse, 2010, p. 9).

habituelle, avec une intention spéculative[1268]. En principe, « *le marchand de biens a pour vocation première d'accomplir un acte simple de commerce, c'est-à-dire l'achat et la revente* », auquel il est possible d'ajouter « *des prestations techniques pouvant parfois être comparées à de la production immobilière* »[1269]. Dans ce contexte, le marchand de biens est amené à rénover les immeubles qui intègrent son patrimoine, selon une intensité variable, pour leur conférer une valeur ajoutée. Bien que la rénovation se rattache à l'activité de marchand de biens, ce dernier n'est pas le seul rénovateur. Pour Philippe MALINVAUD, ce dernier doit s'entendre largement, comme « *celui qui commercialise l'immeuble en cours de rénovation, promoteur ou marchand de biens, ou même simple particulier, par opposition aux architectes, entrepreneurs et autres professionnels qui réalisent matériellement l'opération de rénovation* »[1270]. Le « rénovateur » professionnel serait ainsi l'intermédiaire qui commande et supervise les travaux de rénovation auprès des constructeurs, au profit d'un tiers, destinataire final des travaux. Or, cette activité d'intermédiaire n'est pas sans rappeler celle assumée par le promoteur immobilier dans le cadre de la vente d'immeuble à construire. Si le promoteur immobilier est connu pour son investissement dans la construction neuve, qu'en est-il de la rénovation d'immeubles existants ? « *Les promoteurs professionnels développent de plus en plus d'opérations de rénovation en zones urbaines ou se voient confier la gestion d'opérations de réhabilitation pour le compte de tiers souhaitant rénover ou réaffecter leur patrimoine immobilier* »[1271]. L'activité de rénovation peut être moins contraignante qu'une activité de construction car elle ne nécessite pas les mêmes autorisations administratives ni les mêmes procédés techniques. En outre, le Gouvernement encourage de longue date les promoteurs immobiliers à se tourner vers ce type d'activité, afin de soutenir la rénovation énergétique des bâtiments édifiés sur la base de procédés constructifs obsolètes et promouvoir la réhabilitation d'immeubles anciens pour lutter contre la pénurie foncière[1272]. Plusieurs mécanismes incitatifs[1273] ou répulsifs ont directement ou

---

[1268] G. PICAULT, *Promoteurs, marchands de biens, opérations de rénovation, lotisseurs... Comptabilité, fiscalité et environnement juridique des opérations immobilières*, Maxima, 2017, p. 21. H.-M. TUBIANA, S. GAILLARD, *Marchands de biens et autres activités immobilières. Aspects juridique, financier, comptable, fiscal et audit*, 5ème éd., LexisNexis Litec, 2009, p. 21 : « *Le profit doit être dégagé par la spéculation du professionnel qui évalue la possibilité de revente au meilleur prix d'un immeuble, en totalité ou par lots, acheté au préalable dans des conditions optimales* ».

[1269] H.-M. TUBIANA, S. GAILLARD, *op. cit.*, pp. 1-2.

[1270] P. MALINVAUD, « Les nouvelles règles de responsabilité du rénovateur », *RDI*, 2007, p. 39.

[1271] B. GOLFIER, « Vente d'immeuble à rénover et vente d'immeuble à construire », *RDI*, 2007, p. 31.

[1272] B. MALLET-BRICOUT, « Le nouveau contrat : la vente d'immeuble à rénover », *RDI*, 2007, p. 17.

[1273] A titre d'exemple, on peut citer la loi n° 62-903 du 4 août 1962 « MALRAUX », qui a prévu, au profit des propriétaires de biens rénovés, un dispositif de déduction du déficit foncier induit par la réalisation des travaux de rénovation.

indirectement permis de stimuler la rénovation immobilière. « *Promoteurs et marchands de biens, sous l'influence de différents facteurs dont l'institution d'un plafond légal de densité n'est pas le moindre, se sont de plus en plus tournés vers cette nouvelle activité* »[1274].

364. La réglementation applicable avant la loi du 13 juillet 2006[1275]. Comme en matière de vente en cours de construction, aucun contrat ne régissait spécialement les ventes de biens en cours de rénovation avant 2006, date à laquelle le contrat de vente d'immeuble à rénover a été adopté. Les biens rénovés étaient vendus postérieurement à l'achèvement des travaux de rénovation, ou bien en cours de chantier, grâce à un complexe de contrats, impliquant la signature d'une vente immobilière de droit commun - pour transférer la propriété du bien existant à l'acquéreur - et d'un contrat d'entreprise - pour confier au vendeur le soin de réaliser ou de terminer les travaux de rénovation. À partir de 1967, la vente d'immeuble à construire pouvait néanmoins trouver à s'appliquer[1276], si la rénovation s'apparentait à une véritable réhabilitation, comparable à une construction neuve[1277]. La jurisprudence a privilégié l'usage de critères relatifs à la consistance des travaux exécutés, qui ont conduit à considérer que la vente d'immeuble à construire prévalait lorsque les travaux de rénovation à entreprendre étaient d'une importance telle qu'ils étaient assimilés à des travaux de construction[1278]. Pour autant, malgré la combinaison de critères à la fois quantitatifs et qualitatifs, la question du seuil à prendre en compte, s'agissant du prix ou de l'assiette des travaux, n'était pas clairement déterminé. Il en résultait une situation incertaine, susceptible de donner lieu à des erreurs de qualification, qui pouvaient le cas échéant, être lourdement sanctionnées, notamment sur le plan pénal[1279].

1274 R. SAINT-ALARY, « Le consommateur et son logement », *RDI*, 1981, p. 19.

1275 Loi n° 2006-872 du 13 juillet 2006 portant engagement national pour le logement.

1276 O. TOURNAFOND, « Vente d'immeuble à construire », *Répertoire de droit civil*, Dalloz, mars 2004 (actualisé en juin 2019), § 43-48.

1277 Toutefois, certaines des dispositions de la loi de 1967 n'étaient pas transposables en l'état, à l'instar de l'échelonnement des paiements prévu à l'article R. 261-14 du CCH. P. MALINVAUD, « Les nouvelles règles de responsabilité du rénovateur », *RDI*, 2007, p. 39.

1278 P. MALINVAUD, B. BOUBLI, « Un rénovateur est-il un constructeur d'ouvrage au sens de l'article 1792 ? », *RDI*, 1993, p. 378 : « *S'agissant d'un rénovateur le critère de la ''construction'' est rempli lorsque les travaux peuvent, à raison de leur importance, être assimilés à une construction* ». Selon une approche quantitative, la vente d'immeuble à construire doit être préférée à la vente immobilière de droit commun si le prix des travaux dépasse la valeur intrinsèque de l'immeuble (Cass. Civ. 3ème, 1er décembre 2004, n° 03-13860, inédit). O. TOURNAFOND, *art. préc.*, § 48 : selon l'approche qualitative, telle qu'elle est décrite par Olivier TOURNAFOND, « *il existe quatre sortes de réhabilitation : légère, moyenne, lourde et exceptionnelle, les deux dernières relevant de la fonction ''construction''* [c'est-à-dire de la vente d'immeuble à construire] *et les deux premières de la fonction ''équipement''* ».

1279 Cf. *Supra* : Cass. Crim. 27 janvier 2004, n° 03-83428, inédit.

S'agissant de la responsabilité du rénovateur, la jurisprudence n'hésitait pas à mettre en œuvre les garanties légales des constructeurs, lorsque les travaux de rénovation étaient d'une ampleur telle qu'ils s'apparentaient à la construction d'un ouvrage. La nature du contrat conclu entre les parties n'était pas prise en compte ; la signature d'un contrat de vente immobilière étant indifférente[1280]. Au besoin, la jurisprudence recourait également à la qualification de promoteur de fait, en se fondant sur plusieurs indices tenant aux missions confiées, afin de faire supporter au rénovateur une obligation de résultat générale[1281]. A ce stade, si la jurisprudence admet l'idée d'une superposition des qualités de vendeur d'immeuble en cours de rénovation et de promoteur immobilier, la confusion des deux qualités - à l'instar de celle observable en matière de vente d'immeuble à construire - n'est pas encore reconnue.

365. L'adoption du « contrat de vente d'immeuble à rénover ». Afin de clarifier la situation de celui qui acquiert un bien à rénover, l'article 80 de la loi du 13 juillet 2006 a consacré l'adoption d'un nouveau contrat réglementé : la vente d'immeuble à rénover[1282]. Celle-ci prévaut sur la vente immobilière de droit commun et la vente d'immeuble à construire lorsque le vendeur s'engage, auprès du même acquéreur, à transférer la propriété d'un bien destiné, immédiatement ou après travaux, à un usage au moins partiel d'habitation, et à exécuter ou faire exécuter des travaux de rénovation, en contrepartie d'un prix versé avant la livraison. « *Le nouveau statut de la vente d'immeubles à rénover distingue aujourd'hui la construction neuve de la rénovation* »[1283]. La destination d'habitation du bien étant l'un des éléments caractéristiques du contrat, ce dernier a de fait été exclusivement conçu en secteur protégé[1284]. Le

---

[1280] Cass. Civ. 3ème, 9 décembre 1992, n° 91-12097, *Bull. civ.* III, n° 321, p. 198, *RDI* 1989. 360.

[1281] Cass. Civ. 3ème, 18 mars 1981, n° 79-15672, *Bull. civ.* III, n° 60, *JCP N* 1981.II.235, *RDI* 1981. 516, obs. J.-C. GROSLIÈRE, P. JESTAZ. V. également, Cass. Civ. 3ème, 5 janvier 1994, n° 91-21428, *Bull. civ.* III, n° 1, p. 1, *RDI* 1994. 463, obs. J.-C. GROSLIÈRE, C. SAINT-ALARY-HOUIN.

[1282] Article L. 262-1 du CCH.

[1283] D. TOMASIN, « Le contrat de rénovation d'une maison individuelle n'est pas un contrat de construction de maison individuelle avec fourniture de plan », *RDI*, 2013, p. 325.

[1284] A la différence du contrat de vente d'immeuble à construire, dont seules certaines dispositions s'appliquent en secteur protégé, l'ensemble des dispositions qui régissent la vente d'immeuble à rénover sont d'ordre public. Si la rénovation concerne « *un immeuble à usage commercial ou professionnel, l'alternative sera entre la vente d'immeuble à construire et la vente de droit commun* » (P. MALINVAUD, « Les nouvelles règles de responsabilité du rénovateur », *RDI*, 2007, p. 39), sauf à ce que les parties se placent volontairement sous l'égide des articles L. 262-1 et suivants du CCH. Du reste, comme dans la vente en l'état futur d'achèvement, l'existence de versements avant achèvement est un autre élément caractéristique du contrat : si le prix est versé intégralement après la fin des travaux de rénovation, la vente d'immeuble à rénover ne s'impose plus, même si les autres conditions de formation sont réunies.

contrat de vente d'immeuble à rénover porte sur la rénovation d'un immeuble bâti ou d'une partie d'immeuble bâti[1285]. La loi ne donne aucune précision sur la nature des travaux de rénovation mis en œuvre, puisque les dispositions réglementaires visent bien « *tous les travaux qui portent sur un immeuble bâti existant* », si ce n'est qu'elles excluent de l'assiette du contrat les « *travaux d'agrandissement ou de restructuration complète de l'immeuble, assimilables à une reconstruction* ». Ces derniers sont détaillés à l'article R. 262-1 du Code de la construction et de l'habitation, sur la base de critères techniques difficiles à manipuler[1286]. Ces travaux sont assimilés à des travaux de construction, de manière à pouvoir intégrer le giron de la vente d'immeuble à construire, bien qu'ils correspondent en réalité à une « *vente d'immeuble à reconstruire* »[1287]. S'agissant des missions du vendeur, l'article L. 262-1 susmentionné précise qu'il s'engage à « *réaliser, directement ou indirectement, des travaux sur cet immeuble ou cette partie d'immeuble* ». Le projet de loi disposait pour sa part que le vendeur s'engageait à « réaliser, faire réaliser ou procurer » des travaux[1288]. Le terme « procurer » était néanmoins mal venu car le but du dispositif est précisément que le vendeur s'engage à faire les travaux, non que ces derniers soient déjà faits au moment de la vente. Le terme « faire réaliser » renvoyait au rôle plus distant réservé en principe au promoteur du contrat de promotion immobilière. Ainsi, le vendeur d'immeuble à rénover s'engage à « réaliser » les travaux, plutôt à la manière du vendeur d'immeuble à construire. Néanmoins, le fait que le vendeur puisse réaliser « indirectement » les travaux démontre que le statut impératif de la vente d'immeuble à rénover s'étend également au simple intermédiaire, non réalisateur. Dans les deux hypothèses, le vocabulaire utilisé autorise une possible assimilation du vendeur d'immeuble à rénover au promoteur immobilier.

366. Un régime trop contraignant au regard de l'objet du contrat. Le contrat de vente d'immeuble à rénover obéit à un régime hybride, empruntant à la fois à la vente immobilière de droit commun et à la vente en l'état futur d'achèvement[1289], sans véritable autonomie, ce que certains auteurs ont

---

[1285] L'« immeuble » est entendu dans un sens juridique et non matériel, le contrat pouvant aussi bien concerner une maison, un appartement ou un immeuble collectif.

[1286] J.-L. BERGEL (dir.), *Les contentieux immobiliers*, Lextenso, 2010, p. 314 : il en résulte que « *la frontière entre la vente d'immeubles à rénover et la vente d'immeubles à construire est assez hasardeuse, car les textes sont ambigus et compliqués* ». J.-L. BERGEL (dir.), « Les conditions d'application de la réglementation », *Lamy Droit Immobilier*, actualisé en juin 2019, § 4249 : la résolution des litiges en la matière « *risque d'impliquer des expertises longues et coûteuse et des procédures inutiles* ».

[1287] N. LEPAROUX, *th. préc.*, pp. 118-133.

[1288] G. HAMEL, Rapport n° 2771 fait au nom de la Commission des affaires économiques, de l'environnement et du territoire sur le projet de loi adopté par le Sénat, portant engagement national pour le logement (n° 2709), enregistré à la Présidence de l'Assemblée Nationale le 21 décembre 2005.

[1289] Article L. 262-1 alinéa 4 du CCH.

regretté[1290]. Surtout, la vente d'immeuble à rénover est le fruit d'une « *logique du tout sécuritaire, qui conduit à soumettre la moindre opération de vente d'un bâti existant, assortie de travaux, à un régime excessivement contraignant, quelles que soient l'ampleur et la nature de ces derniers* »[1291]. La loi ne subordonne aucunement le déclenchement du régime impératif de la vente d'immeuble à rénover à un seuil minimal de travaux. Or, puisque la rénovation lourde dépend de la législation relative à la vente d'immeuble à construire, le régime de la vente d'immeuble à rénover concerne tous les travaux d'une ampleur inférieure, dont notamment les menus travaux d'amélioration, ou les simples travaux d'entretien ou de réparation, qui font alors l'objet de règles excessives[1292]. Pour l'heure, le législateur a choisi de « *faire cohabiter au sein d'une même réglementation les aménagements allant d'un simple coup de peinture à la restructuration intérieure de l'immeuble* »[1293].

367. L'absence de « valeur plancher » est discutable, car elle implique notamment la fourniture d'une garantie financière même si le rénovateur se contente de faire de menus travaux de rénovation, ce qui est objectivement disproportionné. Du reste, l'article L. 262-2 alinéa 3 du Code de la construction et de l'habitation soumet en toutes hypothèses le vendeur d'immeuble à rénover aux garanties légales des constructeurs[1294]. Selon Jean-Philippe TRICOIRE et Olivier TOURNAFOND, les contraintes de la vente d'immeuble à rénover incitent donc les professionnels du secteur à contourner son régime. Ces derniers préfèrent probablement mobiliser les fonds nécessaires à l'achèvement de la rénovation[1295] et renoncer ainsi au bénéfice du versement progressif du prix, plutôt que de supporter l'ensemble des obligations associées à la vente d'immeuble à rénover, lesquelles sont constitutives d'une « *réglementation*

[1290] N. LEPAROUX, *th. préc.*, pp. 416-417.
[1291] J.-P. TRICOIRE, O. TOURNAFOND, « Critères du secteur protégé et vente d'immeuble assortie de travaux de rénovation lourde (avant la vente d'immeuble à rénover) », *RDI*, 2016, p. 150.
[1292] V. ZALEWSKI-SICARD, « Réflexions sur les aménagements à apporter aux dispositions relatives à la vente d'immeuble à construire », *JCP N*, n° 30-34, 28 juillet 2017, p. 56 : « *Il est toujours délicat d'appliquer les règles de la VEFA à une rénovation lourde* », dès lors que « *les textes n'ont pas été rédigés pour régir de telles ventes* ». En conséquence, « *il s'agirait de modifier le champ d'application de la VIR en l'élargissant aux rénovations lourdes et en excluant les menus travaux, pour lesquels la consignation d'une partie du prix de vente apparait suffisante pour assurer la protection de l'acquéreur* ».
[1293] N. LEPAROUX, *th. préc.*, p. 101.
[1294] Article L. 262-2 alinéa 3 du CCH. P. MALINVAUD, « Les nouvelles règles de responsabilité du rénovateur », *RDI*, 2007, p. 39.
[1295] J.-P. TRICOIRE, O. TOURNAFOND, « Critères du secteur protégé et vente d'immeuble assortie de travaux de rénovation lourde (avant la vente d'immeuble à rénover) », *RDI*, 2016, p. 150.

juridique étouffante à l'égard du vendeur »[1296]. A la lumière de ces différentes observations, « *on peut se demander si le législateur n'est pas tombé une fois de plus dans le piège de la surprotection de l'accédant à la propriété* »[1297]. Finalement, seule une réglementation assouplie aurait permis d'endiguer les découpages frauduleux des opérations de rénovation, que l'on peut encore déplorer aujourd'hui. On ne peut donc que « *se montrer sceptique à l'heure d'aborder la question du caractère opérationnel du contrat de vente d'immeuble à rénover* »[1298].

368. L'absence de protection du propriétaire faisant rénover son habitation. Seuls les travaux de rénovation réalisés dans le cadre d'une vente bénéficient d'un régime spécial de protection. Pour le reste, à défaut de tendre vers la construction d'un ouvrage neuf, les travaux de rénovation commandés par un maître d'ouvrage déjà propriétaire de l'existant ne sont pas éligibles au contrat de construction de maison individuelle[1299], ou au contrat de promotion immobilière. Ainsi, les propriétaires qui font rénover leur bien pour un coût qui peut être proche de celui d'une construction neuve, n'ont d'autre choix que de conclure un contrat d'entreprise de droit commun. Pourtant, lorsque le bien est destiné à l'habitation, la situation du maître d'ouvrage est proche de celle de l'accédant en secteur protégé, *a fortiori* si le prix est réglé au moyen de versements intervenant en cours de chantier. Le droit positif tolère ainsi une rupture d'égalité, dont pâtit en première ligne le particulier qui fait rénover sa maison, sans bénéficier de l'arsenal de protection propre aux contrats spéciaux de la construction. « *Rien ne justifie que celui qui confie à un tiers la rénovation complète d'une maison bénéficie des règles du secteur protégé dans le cadre d'un contrat de vente et en soit exclu dans le cadre d'un contrat de louage d'ouvrage* »[1300]. Cette situation légitimerait dès lors l'adoption d'un contrat dit « de rénovation », ce que préconise Vivien ZALEWSKI-SICARD[1301].

[1296] N. LEPAROUX, *th. préc.*, p. 420. A titre d'exemple, la loi impose de faire appel à un homme de l'art, désigné à l'amiable ou par ordonnance de référé, pour attester de la répartition du prix entre la valeur de l'existant et celle des travaux, de l'accomplissement des deux premiers stades d'avancement et de l'achèvement des travaux (article R. 262-7 du CCH).

[1297] P. MALINVAUD, P. JESTAZ, P. JOURDAIN, O. TOURNAFOND, *Droit de la promotion immobilière*, 9ème éd., Dalloz, 2014, p. 23.

[1298] N. LEPAROUX, *th. préc.*, p. 415.

[1299] Cass. Civ. 3ème, 20 mars 2013, n° 11-27567, *Bull. civ.* III, n° 36, *D.* 2013. 838. Pour l'application du contrat de construction de maison individuelle, la Cour de cassation retient une conception très restrictive de la notion de travaux de construction. Ceux-ci ne peuvent s'apparenter qu'à des travaux « à partir de zéro », sans pouvoir correspondre, par assimilation, à des travaux de rénovation de grande ampleur.

[1300] V. ZALEWSKI-SICARD, « Pour l'instauration d'un contrat de rénovation en secteur protégé », *RDI*, 2014, p. 442.

[1301] *Idem* : Ce contrat s'appliquerait, sous peine de nullité, à « *toute personne qui se charge, directement ou indirectement, de la réalisation de travaux, entraînant l'agrandissement ou la restructuration complète d'un immeuble bâti à usage*

369. Comme l'avait fait en son temps la loi du 3 janvier 1967, la loi du 13 juillet 2006 a apporté un cadre juridique à une situation contractuelle risquée du secteur de la construction. S'il est une source de protection pour une nouvelle catégorie d'accédants, le contrat de vente d'immeuble à rénover est peu mis en œuvre en pratique. Son régime est trop contraignant pour les professionnels du secteur et sont exclus de son dispositif ceux qui font rénover un bien qui leur appartient déjà. Indépendamment de ces observations, se pose la question de savoir si un rénovateur peut être considéré comme un promoteur.

2. L'attribution incertaine de la qualité de promoteur au vendeur d'immeuble à rénover

370. Alors que le vendeur d'immeuble en l'état futur d'achèvement est par nature assimilable au promoteur immobilier, tel n'est pas nécessairement le cas du vendeur d'immeuble à rénover. Existe-t-il un promoteur initiateur « rénovateur » ? Les arguments favorables à cette reconnaissance (a) semblent l'emporter sur les arguments défavorables (b).

a. Les arguments favorables

371. A la lecture de la loi. Daniel TOMASIN considère que « *le secteur de la rénovation a aussi été intégré dans le domaine d'intervention de la notion de promoteur* »[1302]. Selon Brice GOLFIER, le contrat de vente d'immeuble à rénover aurait été créé afin de répondre à un « *objectif de politique générale du législateur qu'il ne faut pas sous-estimer. Il s'agit de la volonté de faire émerger une profession de ''promoteurs-rénovateurs''* »[1303]. La législation relative à la vente d'immeuble à rénover s'est largement inspirée de celle applicable à la vente d'immeuble à construire[1304], qui concerne au premier chef le promoteur initiateur. Les missions dévolues au vendeur d'immeuble à rénover étant très proches de celles du vendeur d'immeuble à construire, le promoteur immobilier serait donc susceptible de recourir tant à l'une qu'à l'autre. Dans les deux hypothèses, le vendeur prend l'initiative et le soin principal de l'opération, en faisant l'acquisition d'un terrain nu ou construit, sur lequel il se charge de faire

---

d'habitation ou à usage professionnel et d'habitation ». En revanche, ses dispositions seraient facultatives pour le « *maître d'ouvrage rénovant un immeuble bâti dans le cadre de son activité professionnelle* ». Le « contrat de rénovation » serait conforme aux principes directeurs des contrats spéciaux de la construction ; il serait fondé sur une liste de mentions obligatoires, comporterait un échelonnement des versements proportionnel aux tranches de travaux effectivement réalisées et serait assorti d'une garantie financière de type extrinsèque.

[1302] D. TOMASIN, « Promotion immobilière (notion et responsabilités) » *in* P. MALINVAUD (dir.), *Droit de la construction*, 7ème éd., Dalloz, 2018, § 450.61.

[1303] B. GOLFIER, « Vente d'immeuble à rénover et vente d'immeuble à construire », *RDI*, 2007, p. 31.

[1304] Cf. *Supra* § 366-367.

réaliser des travaux. Comme le vendeur d'immeuble à construire, « *le vendeur d'un immeuble à rénover demeure maître d'ouvrage jusqu'à la réception des travaux* »[1305]. A l'instar du vendeur d'immeuble à construire, la loi confie au vendeur d'immeuble à rénover le soin d'exercer seul les prérogatives attachées à la maîtrise d'ouvrage, malgré le transfert de propriété intervenu lors de la vente au profit de l'acquéreur. Cette circonstance démontre à elle seule que le vendeur d'immeuble à rénover se classe dans la catégorie des maîtres d'ouvrages professionnels. De surcroît, l'article R. 262-2 du Code de la construction et de l'habitation reprend rigoureusement les dispositions de l'article R. 261-5 du même Code, en assortissant le contrat de vente d'immeuble à rénover d'un mandat répondant aux mêmes conditions que celui susceptible d'être annexé au contrat de vente d'immeuble à construire. Fort de cette double investiture juridique que constituent la délégation de la maîtrise d'ouvrage et la conclusion éventuelle d'un mandat résiduel, le vendeur d'immeuble à rénover peut diriger l'opération en pleine autonomie et, ce faisant, en assumer le « soin principal », comme le ferait le promoteur immobilier.

372. A la lecture de la jurisprudence. Avant même que loi du 13 juillet 2006 soit adoptée, la jurisprudence avait eu l'occasion de reconnaître, dans un arrêt du 18 mars 1981, l'existence d'un « *promoteur d'opération de rénovation* »[1306], qui avait pris l'initiative de travaux de rénovation et vendu le bien avant l'achèvement de ces derniers. Cette décision a permis à la Cour de cassation d'admettre, pour la première fois, « *que les opérations de rénovation-vente entr*[ai]*ent dans le concept de promotion immobilière* »[1307]. La jurisprudence se fonde elle-même sur le critère du « soin principal » pour requalifier la prestation de certains marchands de biens en activité de promotion immobilière. Dans un arrêt de la Cour d'appel de Paris du 21 décembre 1983, un marchand de biens a pu être qualifié de promoteur au motif qu'il avait, selon l'arrêt, « *pris le soin principal d'une importante opération de rénovation immobilière..., et ce, aussi bien sur les plans administratif, financier et juridique que technique* »[1308]. Dans d'autres arrêts, la jurisprudence déduit de l'obligation de garantie du vendeur-rénovateur la qualité de promoteur. Elle considère notamment qu'une société, spécialiste de l'immobilier, se trouvait « *en tant que venderesse professionnelle d'un immeuble en voie de rénovation, tenue contractuellement d'une obligation de garantie* l'assimilant à un promoteur »[1309]. Cette formule de la Cour d'appel de Versailles est « *bizarre* » selon Jean-Claude GROSLIÈRE et Philippe JESTAZ : « *au lieu d'assimiler le vendeur à un*

[1305] Article L. 262-2 alinéa 1er du CCH.

[1306] Cf. *Supra* : Cass. Civ. 3ème, 18 mars 1981, n° 79-15672, *Bull. civ.* III, n° 60. Dans le même sens, Cass. Civ. 3ème, 15 janvier 1997, n° 95-11606, inédit.

[1307] J.-C. GROSLIÈRE, P. JESTAZ, Chron. « Promotion immobilière – Vente d'immeuble », *RDI*, 1981, p. 516.

[1308] J.-C. GROSLIÈRE, C. SAINT-ALARY-HOUIN, Chron. « Promotion immobilière – Vente d'immeuble », *RDI*, 1985, p. 161.

[1309] CA. VERSAILLES, 29 avril 1983.

promoteur et d'en déduire l'obligation de résultat, elle pose a priori *l'obligation de garantie dont elle déduit ensuite l'assimilation !* »[1310]. L'obligation de garantie des désordres semble être utilisée en l'espèce comme un postulat de qualification du promoteur. Pourtant, une telle qualification est superfétatoire si l'on considère que l'objectif de protection poursuivi est atteint à travers l'obligation de garantie qui pèse déjà sur le vendeur d'immeuble à rénover, sans qu'il ne soit nécessaire de mobiliser la notion de promoteur à cette fin. Aussi, cette entreprise de qualification cherche-t-elle sans doute à répondre à un objectif de clarification, visant à préciser que la vente assortie de travaux de rénovation place le vendeur dans la catégorie des promoteurs.

b. Les arguments défavorables

373. Un risque de confusion entre le promoteur immobilier et le marchand de biens. Parmi les arguments avancés pour contester la qualité de « rénovateur » du promoteur immobilier, figure la crainte de voir supprimée toute frontière entre promoteur et marchand de biens[1311]. Afin d'éviter une confusion entre les deux corps de métiers, on pourrait soutenir que l'activité de promotion immobilière se limite à la construction d'ouvrages neufs, tandis que la rénovation de biens anciens renvoie exclusivement à l'activité de marchand de biens, mais cette clef de répartition sied mal à la réalité, plus complexe. Certains auteurs considèrent pour leur part que « *le promoteur est un intermédiaire qui fait construire pour le compte d'un maître d'ouvrage alors que le marchand de biens agit pour son propre compte* »[1312], ce qui est contestable, puisque ce dernier réalise des travaux au profit de tiers à qui le bien sera *in fine* loué ou vendu. Dans les faits, le marchand de biens peut être aisément confondu avec le promoteur immobilier lorsqu'il procède à des travaux de rénovation d'importance ; il s'agit là d'un « *point de rencontre sensible* » entre les deux activités[1313]. Par ailleurs, l'enchevêtrement des fonctions de promoteur et de marchand de biens est patent en jurisprudence, notamment lorsque le bien rénové est vendu avant achèvement. Les deux qualifications coexistent et se concurrencent lorsque le bien est commercialisé en cours de chantier, c'est-à-dire lorsque le vendeur s'oblige à la fois à vendre et à construire. La Cour de cassation a néanmoins pris le soin de préciser que la vente du bien postérieurement à l'achèvement des travaux de rénovation plaçait

---

[1310] J.-C. GROSLIÈRE, P. JESTAZ, Chron. « Promotion immobilière – Vente d'immeuble », *RDI*, 1984, p. 194.

[1311] Cette frontière est d'ailleurs entretenue par la jurisprudence elle-même, qui prend le soin de dissocier les deux activités. Cass. Com, 8 octobre 2002, n° 99-18619, *Bull. civ.* IV., n° 136, p. 152.

[1312] H.-M. TUBIANA, S. GAILLARD, *op. cit.*, p. 11. Les auteurs précisent en ce sens que « *le marchand de biens est nécessairement propriétaire des biens objets de son commerce* » (*Ibid.*, p. 15).

[1313] *Ibid.*, p. 11. Dans le même sens, v. T. DELESALLE, E. CRUVELIER, *Marchand de biens. Statut juridique, pratiques professionnelles*, 12ème éd., Delmas, 2019, p. 18.

le vendeur dans la catégorie des marchands de biens, non dans celle des promoteurs[1314]. Aussi conviendrait-il de dénier la qualité de promoteur immobilier au vendeur qui se contente de transférer la propriété du bien déjà rénové, afin que seule la qualification de marchand de biens puisse trouver à s'appliquer dans cette hypothèse. Lorsque le bien est vendu clefs en mains, une fois les travaux de rénovation terminés, le marchand de biens se trouverait dans la plénitude et dans l'exclusivité de sa fonction. A l'inverse, la qualification de promoteur immobilier serait réservée au vendeur qui contracte une obligation de construire, ou plutôt de faire construire, comme dans l'hypothèse de la vente d'immeuble à rénover.

374. L'incompatibilité entre la promotion immobilière et les travaux de faible importance. Si l'on considère que le promoteur peut être un vendeur d'immeuble à rénover, au sens de l'article L. 262-1 du Code de la construction et de l'habitation, cela signifie qu'il est susceptible de se charger de la réalisation de simples travaux d'entretien ou de rénovation légère, dès lors que la loi ne prévoit pas de seuil minimal de travaux. Or l'exécution de telles prestations parait incompatible avec sa fonction de « constructeur ». En effet, il paraitrait surprenant de considérer que l'activité du promoteur puisse à la fois porter sur la construction d'ouvrages neufs - comme dans le cadre de la vente d'immeuble en l'état futur d'achèvement que le promoteur utilise massivement - et sur l'exécution de menus travaux, alors que les uns et les autres nécessitent la mobilisation de compétences et impliquent des prestations de services radicalement différentes. Dans un souci de cohérence, il est donc possible de défendre l'idée d'une distinction entre le promoteur et le vendeur d'immeuble à rénover fondée sur le critère de l'importance des travaux mis en œuvre. Puisque les travaux dits de « rénovation lourde » ou de « réhabilitation » sortent du champ d'application de la vente d'immeuble à rénover pour être appréhendés par le contrat de vente d'immeuble à construire, ils rejoignent, par cette fiction, le champ d'intervention « naturel » du promoteur immobilier, celui de la construction neuve, à laquelle ils sont assimilés. Il ne fait donc aucun doute que le promoteur exécute ce type de travaux. Pour le reste, parmi tous les autres travaux de rénovation susceptibles d'être couverts par la vente d'immeuble à rénover, seuls les travaux impliquant une restructuration, c'est-à-dire autres que de simple réparation ou d'entretien, devraient pouvoir intégrer le champ d'intervention du promoteur. Certes, le défaut d'une telle lecture réside dans le caractère aléatoire de l'appréciation que pourrait faire le juge de la nature des travaux objets du contrat, en l'absence de seuil quantitatif ou qualitatif déterminé. Toutefois, les incertitudes qui pourraient en découler seraient exclusivement « notionnelles », en ce qu'elles porteraient uniquement sur l'identification ou l'absence d'identification du promoteur. S'agissant du contrat

---

[1314] Cass. Civ. 3ème, 6 novembre 1985, n° 84-11574, *Bull. civ.* III, n° 140, p. 107, *RDI* 1986. 212. « Engagement relatif à l'édification d'un immeuble », *Dictionnaire Permanent Construction et Urbanisme*, Editions Législatives, actualisé le 25 juin 2014, § 42, p. 3566.

à appliquer et des règles à faire respecter, le juge met en application le régime différencié prescrit par la loi, selon que les travaux relèvent ou ne relèvent pas de l'article R. 262-1 du Code de la construction et de l'habitation.

375. La vente d'immeuble à rénover est susceptible d'être utilisée par le promoteur immobilier dans le cadre de son activité professionnelle, bien qu'en tant que « rénovateur », il puisse être confondu avec le marchand de biens. L'amalgame entre les deux acteurs cesse néanmoins lorsque la commercialisation du bien intervient une fois les travaux de rénovation terminés, car alors le vendeur n'est plus tenu à l'obligation de construire qui caractérise la prestation du promoteur. Du reste, contrairement au marchand de biens, le promoteur se charge de la réalisation de travaux substantiels, correspondant dans ce secteur à de la rénovation lourde, ainsi qu'*a fortiori* à de la réhabilitation, mais également à des travaux de restructuration, autres que de réparation ou d'entretien. Qu'en est-il néanmoins lorsque le promoteur n'a d'autre choix que de commercialiser ses biens après achèvement, en recourant à la vente immobilière de droit commun ?

B) L'hypothèse de la conclusion d'une vente d'immeuble achevé

376. Indépendamment des contrats réglementés susceptibles de s'imposer à lui, le promoteur peut être amené à commercialiser tout ou partie de son programme à l'aide de ventes immobilières de droit commun. S'il possède la surface financière suffisante, le promoteur peut choisir de vendre ses biens « clefs en mains », comme il peut être contraint de le faire pour se décharger des « queues de programme ». La conclusion d'un tel contrat ne supprime pas *de facto* toute référence à la qualité de constructeur du promoteur ; un régime hybride s'applique alors (1). Paradoxalement, le fait de conclure une vente immobilière qui n'implique aucune obligation de travaux à l'égard de l'acquéreur n'est pas nécessairement de nature à faire obstacle à la qualification de promoteur immobilier (2).

1. La vente de l'immeuble après achèvement

377. Une configuration parfois souhaitée, parfois subie. Les ventes après achèvement sont en principe relativement rares car le promoteur préfère associer les accédants au financement des travaux, plutôt que d'avancer l'intégralité des sommes nécessaires à l'achèvement de l'ouvrage. Dans ces conditions, la vente « clefs en mains » peut être utilisée pour commercialiser des ouvrages nécessitant l'avance de fonds raisonnables, tels que des maisons individuelles ou certains lots d'immeubles collectifs. En vendant après achèvement, le promoteur peut souhaiter contourner les contraintes juridiques et financières des contrats réglementés ou, selon une logique commerciale, chercher à sécuriser ses clients qui n'auront pas à s'engager sur une chose future. En ce sens, « *la vente ''clefs en mains'' connaît un certain succès en période de prospérité économique ; elle* *impose au promoteur un effort financier plus important mais, en contrepartie, elle lui permet d'échapper aux règles contraignantes du secteur protégé ; en outre le fait que l'immeuble soit achevé inspire confiance aux acquéreurs potentiels et constitue un argument commercial* »[1315]. Ces derniers suivent dans ce cas une démarche d'investissement moins aléatoire et moins risquée que celle consistant à acquérir un immeuble en cours de construction, dont le résultat final n'est pas connu[1316]. Quoique convaincante, la stratégie commerciale consistant à vendre le bien une fois achevé n'est cependant pas suffisante pour systématiser le recours des promoteurs à la vente immobilière de droit commun. En réalité, ce contrat se substitue le plus souvent à la vente d'immeuble à construire contre la volonté des promoteurs immobiliers. Ceux-ci l'utilisent essentiellement pour céder les lots invendus de leurs opérations, qui étaient originellement destinés à être commercialisés au moyen de ventes en l'état futur d'achèvement, préalablement ou concomitamment à la phase de chantier.

378. L'application du régime de la vente immobilière de droit commun. La vente après achèvement échappe au régime impératif de la vente d'immeuble à construire, puisque la condition des versements avant achèvement fait précisément défaut. Le prix est intégralement versé au moment de la vente, soit postérieurement à l'achèvement des travaux. Dans cette hypothèse, le transfert de propriété porte sur la totalité de l'ouvrage, c'est-à-dire à la fois sur le terrain et sur la construction dans son entier ; le mécanisme de l'accession, qui s'applique dans la vente d'immeuble à construire, n'a pas vocation à jouer dans cette situation. L'ouvrage est délivré, et non livré.

379. L'application ponctuelle du régime de la vente d'immeuble à construire. Puisque le régime de la vente immobilière de droit commun régit les ventes après achèvement, les parties sont en principe libres de conclure l'avant-contrat qu'elles souhaitent. La question s'est néanmoins posée de savoir si la promesse de vente conclue avant l'achèvement - dans la perspective d'un contrat définitif de vente signé après achèvement - restait une promesse de vente ou devenait un contrat préliminaire, impliquant le respect des conditions impératives visées aux articles L. 261-15 et R. 261-25 et suivants du Code de la construction et de l'habitation. Dans un souci de protection de l'accédant, la Cour de cassation a exigé la signature d'un contrat préliminaire conforme aux règles du secteur protégé, peu important que le contrat de vente définitif soit signé après achèvement[1317]. Ceci « *revient à dire – la nouvelle est d'importance – qu'on peut, qu'on doit même dans certains cas vendre en état futur un*

[1315] O. TOURNAFOND, « Vente d'immeuble à construire », *Répertoire de droit civil*, Dalloz, mars 2004 (actualisé en juin 2019), § 28.
[1316] Cf *Supra*, § 106.
[1317] Cass. Civ. 3ème, 29 janvier 1980, n° 78-13709, *Bull. civ.* III, n° 23, p. 16, *Defrénois* 1980.1.951, obs. H. SOULEAU. CA. LYON, 6 février 1980, *D.* 1980. 586, note F. MAGNIN.

immeuble déjà construit ! »[1318]. Ce mélange des genres est critiquable selon Philippe MALINVAUD, dans la mesure où l'extension du secteur protégé à des avant-contrats qui devraient relever du droit commun est contraire à la règle de l'accessoire, qui implique une identité de régime entre l'avant contrat et le contrat définitif. De surcroît, cette jurisprudence met en œuvre des textes spéciaux pénalement sanctionnés, qui devraient être interprétés strictement[1319]. En revanche, puisque la loi du 3 janvier 1967 a été conçue pour empêcher le découpage frauduleux de l'opération de construction en deux contrats distincts, la sévérité de cette jurisprudence permet de prévenir les recours abusifs au contrat de vente après achèvement, qui seraient motivés par la volonté de contourner les règles impératives du Code de la construction et de l'habitation[1320].

380. L'application des garanties légales des constructeurs au vendeur après achèvement. Alors que la vente après achèvement devrait en principe placer le vendeur en dehors des limites de la législation applicable à la construction, celui-ci partage avec les constructeurs la charge des garanties légales décrites aux articles 1792 et suivants du Code civil[1321]. Pourtant, « *à la différence du vendeur d'immeuble à construire, ce vendeur-là, réputé constructeur par l'autorité de la loi (art. 1792-1, 2°), n'a contracté aucune obligation de construire à l'égard de son acquéreur. Par définition, il vend après achèvement* »[1322]. Les articles L. 261-9 du Code de la construction et de l'habitation et 1792-1 2° du Code civil confirment pourtant l'assujettissement du vendeur après achèvement aux garanties biennale et décennale. Si l'article 1792-1 2° est d'application générale, l'article L. 261-9 vise précisément l'hypothèse des « queues de programme » vendues après achèvement, dans le cadre d'opérations dont les lots ont pour le reste été commercialisés au moyen de ventes d'immeubles à construire. Toutefois, le vendeur après achèvement n'est tenu pour sa part ni à la garantie d'isolation phonique, ni à la garantie des vices apparents.

381. Le cumul des garanties légales et de la garantie des vices cachés. Alors que la garantie des vices cachés prévue à l'article 1641 du Code civil ne se cumule pas avec les garanties légales qui pèsent sur le vendeur d'immeuble à construire[1323], la jurisprudence a finalement considéré que le vendeur après

---

[1318] J.-C. GROSLIÈRE, P. JESTAZ, Chron. « Promotion immobilière – Vente d'immeuble », *RDI*, 1981, p. 232.

[1319] P. MALINVAUD, P. JESTAZ, P. JOURDAIN, O. TOURNAFOND, *op. cit.*, p. 451.

[1320] J.-C. GROSLIÈRE, P. JESTAZ, *art. préc.*, p. 233.

[1321] Cf. *Supra* § 237.

[1322] M. FAURE-ABBAD, « Responsabilité des constructeurs et des vendeurs pour les dommages intermédiaires : unité ou diversité ? », *RDI*, 2013, p. 456.

[1323] Cass. Civ. 3ème, 24 janvier 1979, n° 77-14886, *Bull. civ.* III, n° 25, p. 19, *RDI* 1979. 475, obs. J.-C. GROSLIÈRE, P. JESTAZ. Cass. Civ. 3ème, 11 décembre 1991, n° 90-15469, *Bull. civ.* III, n° 317, p. 187, *RDI* 1992. 339, obs. J.-C. GROSLIÈRE, C. SAINT-

achèvement devait les deux[1324]. Le cumul de la garantie des vices cachés et de la garantie décennale n'est pas d'une grande utilité *a priori* puisque toutes deux ont vocation à couvrir les dommages rendant l'ouvrage impropre à sa destination. En réalité, l'avantage pour l'acquéreur réside dans la possibilité de mettre en œuvre l'action en garantie des vices cachés une fois la garantie décennale prescrite, puisqu'il s'agit d'une action contractuelle enfermée dans un délai de deux ans, commençant à courir à compter du jour de la connaissance du vice (et non à compter d'un point de départ fixe comme c'est le cas pour la garantie décennale). Il en résulte que « *l'acquéreur d'un immeuble qui n'est plus neuf est mieux protégé que s'il avait acheté un immeuble neuf* »[1325], ce qui est absurde car il ne prend pas les mêmes risques qu'un accédant qui acquiert un bien en cours de construction. De son côté, le vendeur après achèvement qui est recherché sur le fondement de la garantie des vices cachés, postérieurement au délai décennal, ne dispose plus d'aucune action récursoire contre les entreprises fautives, car l'écoulement du délai décennal a épuisé leur responsabilité[1326]. Du reste, le vendeur après achèvement est présumé connaitre les vices de l'ouvrage, puisqu'il s'est chargé lui-même de la construction, ce qui rend inefficace la clause de non-garantie des vices cachés qu'il est susceptible de stipuler dans le contrat de vente[1327], cette dernière étant du reste proscrite pour les professionnels. En conséquence, si le cumul des garanties légales et de la garantie des vices cachés est profitable à l'acquéreur, elle s'exerce en revanche au détriment du vendeur. Selon Olivier TOURNAFOND, la solution risque d'être particulièrement coûteuse pour les promoteurs qui vendent des immeubles neufs après achèvement : « *ceux-ci font déjà un important effort financier en n'utilisant que leurs fonds personnels et leurs crédits bancaires, sans aucune aide de l'accédant et paradoxalement, alors que le contrat proposé est beaucoup plus sûr pour les consommateurs de logement, ils devront donner à leurs acquéreurs une double garantie, bien plus protectrice que celle qu'aurait donné un vendeur d'immeubles à construire ! On conviendra qu'il y a quelque chose qui ne va pas dans ce système...* »[1328]. De même, pour Jean-Philippe

---

ALARY-HOUIN. Dans le même sens : Cass. Civ. 3ème, 25 janvier 1995, n° 93-12017, *Bull. civ.* III, n° 31, p. 19. O. TOURNAFOND, « Dans les ventes après achèvement, la garantie décennale n'exclut pas la garantie des vices cachés du code civil », *RDI*, 2009, p. 475.

1324 Cass. Civ. 3ème, 27 septembre 2000, n° 99-10017, inédit, *RDI* 2001. 84, obs. P. MALINVAUD. Cass. Civ. 3ème, 17 juin 2009, n° 08-15503, *Bull. civ.* III, n° 143, *D.* 2009. 1760 : « *Lorsqu'une personne vend après achèvement un immeuble qu'elle a construit ou fait construire, l'action en garantie décennale n'est pas exclusive de l'action en garantie des vices cachés de droit commun de l'article 1641 du code civil* ».

1325 J.-P. STORCK, « A propos de la responsabilité du vendeur qui vend, après achèvement, un ouvrage qu'il a construit ou fait construire », *D.* 2001, p. 2628.

1326 Cf. *Infra*, § 878.

1327 J.-P. STORCK, « A propos de la responsabilité du vendeur qui vend, après achèvement, un ouvrage qu'il a construit ou fait construire », *D.* 2001, p. 2628.

1328 O. TOURNAFOND, « Dans les ventes après achèvement, la garantie décennale n'exclut pas la garantie des vices cachés du code civil », *RDI*, 2009, p. 475.

TRICOIRE, un tel cumul de fondements de responsabilité conduit à alourdir exagérément la charge de responsabilité pesant sur le vendeur après achèvement et « *grève à n'en pas douter l'équilibre économique des opérations de promotion immobilière* »[1329].

382. Ainsi, un bien peut être vendu après achèvement de manière volontaire ou contrainte, en fonction des circonstances de la vente. Celle-ci conduit à l'application d'un régime hybride, essentiellement composé de règles inhérentes à la vente immobilière de droit commun et, accessoirement, de règles propres à la vente d'immeuble à construire[1330]. Parallèlement, se pose la question de la compatibilité des qualités de vendeur après achèvement et de promoteur immobilier.

2. L'attribution incertaine de la qualité de promoteur au vendeur après achèvement

383. Si le vendeur après achèvement conserve certains liens avec la qualité de constructeur, sa qualité de promoteur immobilier fait débat. De nombreux auteurs admettent que le promoteur conserve sa qualité lorsqu'il est amené à vendre après achèvement (a), mais plusieurs arguments permettent tout autant de considérer que le vendeur après achèvement n'est pas en tant que tel un promoteur immobilier (b).

a. Les arguments favorables

384. La vente avant achèvement n'est pas un élément essentiel de la définition du promoteur initiateur. Jean-Louis BERGEL et Sylvie CIMAMONTI estiment que « *la commercialisation sur plans n'est pas un élément constitutif de la définition du promoteur* »[1331]. Selon Jean-Claude GROSLIÈRE et Corinne SAINT-ALARY-HOUIN, « *les promoteurs vendeurs ne parviennent pas toujours à réaliser toutes les aliénations en cours de construction. Ils n'en sont pas moins promoteurs* »[1332]. Pareillement, pour Philippe MALINVAUD, Philippe JESTAZ, Patrice JOURDAIN et Olivier TOURNAFOND, « *il va de soi qu'un promoteur ne perd pas cette qualité lorsque par force ou même par choix, il commercialise après l'achèvement. La commercialisation sur plans n'est qu'une modalité de la promotion – permettant*

[1329] J.-P. TRICOIRE, « La responsabilité du vendeur d'immeuble après achèvement pour désordres intermédiaires », *RDI*, 2011, p. 116.

[1330] Ce que démontre, entre autres, le cumul des garanties légales des constructeurs et de la garantie des vices cachés.

[1331] J.-L BERGEL, S. CIMAMONTI, Fasc. 222 « Construction. – Responsabilité des vices, malfaçons et dommages du promoteur à l'égard du souscripteur », *JCl. Construction-Urbanisme*, LexisNexis, 2006, p. 6.

[1332] J.-C. GROSLIÈRE, C. SAINT-ALARY-HOUIN, Chron. « Promotion immobilière – Vente d'immeuble », *RDI*, 1986, p. 213.

d'associer l'accédant au financement – et non un élément de sa définition »[1333]. Robert DENOYELLE observait dans cette perspective que « *la commercialisation sur plans n'est pas un élément nécessaire de la définition, mais une simple contingence liée à l'insuffisance de surface financière chez la plupart des opérateurs* »[1334]. Il est intéressant d'observer en outre que la proposition de loi déposée en 1977 par le Député Alain MAYOUD, visant à doter le promoteur immobilier d'un statut professionnel[1335], envisageait d'intégrer dans son giron les promoteurs vendant leurs biens cinq ans après achèvement[1336], confirmant ainsi que la vente après achèvement ne prive pas le promoteur immobilier de sa qualité. Dans un arrêt rendu en 1982, la Cour d'appel de Versailles a considéré qu'une société qui prenait l'initiative et le soin principal d'une opération devait être qualifiée de promoteur immobilier, peu importante le fait que la commercialisation soit intervenue postérieurement à l'achèvement des travaux[1337]. Ainsi, le promoteur initiateur n'est pas nécessairement celui qui a commercialisé sa production dès le début des travaux, en recourant à la vente d'immeuble à construire. Le promoteur conserve sa qualité s'il vend ses biens après achèvement, en utilisant la vente immobilière de droit commun.

385. La vente après achèvement n'est qu'une circonstance qui ne remet pas en cause la nature de la prestation du promoteur. Selon une approche restrictive, on pourrait admettre que le promoteur ne perd pas sa qualité lorsqu'il vend des produits finis, sans contracter aucune obligation de construire à l'égard de l'accédant, si et seulement si, ce mode de commercialisation s'est imposé à lui au gré des circonstances de l'opération. Ce faisant, le promoteur immobilier resterait promoteur en étant amené à vendre après achèvement, dès lors qu'il aurait prioritairement cherché à céder ses lots en cours de construction. Ce postulat est toutefois contesté par Jean-Claude GROSLIÈRE et Philippe JESTAZ, pour qui « *il n'y a pas besoin pour être promoteur d'avoir proposé la vente sur plans dans une première étape* »[1338]. Plus largement, on pourrait retenir que ce qui fait du vendeur un constructeur et partant, un promoteur immobilier, c'est uniquement le fait qu'il vende un bien neuf qu'il a lui-même fait construire, peu important que le transfert de propriété intervienne avant ou après achèvement. Eric POURCEL abonde en ce sens, en faisant remarquer que : « *la réputation de constructeur ne vaut pas pour tous les vendeurs de biens*

[1333] P. MALINVAUD, P. JESTAZ, P. JOURDAIN, O. TOURNAFOND, *op. cit.*, p. 7.

[1334] J.-C. GROSLIÈRE, P. JESTAZ, Chron. « Promotion immobilière – Vente d'immeuble », *RDI*, 1983, p. 461.

[1335] Cf. *Infra* § 765 et s. Doc. Ass. Nat. 1977, proposition de loi n° 3248, session parlementaire d'avril-juin 1979.

[1336] J.-C. GROSLIÈRE, P. JESTAZ, Chron. « Promotion immobilière – Vente d'immeubles », *RDI*, 1979.

[1337] CA. VERSAILLES, 16 juin 1982, *RDI* 1983. 461.

[1338] J.-C. GROSLIÈRE, P. JESTAZ, Chronique « Promotion immobilière – Vente d'immeuble », *RDI*, 1983, p. 461.

immobiliers, puisqu'en sont exclues les ventes de biens immobiliers existants, mais uniquement pour tous les vendeurs d'immeubles futurs ou ventes sur plans ou plus justement tous ceux qui finalement vendent un bien immobilier qu'ils ont construit ou fait construire ou sur lesquels ils ont fait effectuer des travaux modificatifs ou de rénovation antérieurement à la vente »[1339]. Ainsi, demeure promoteur, le vendeur d'immeubles neufs qu'il a lui-même pris l'initiative de faire construire et dont il a supervisé le chantier, peu important que la commercialisation intervienne en tout ou partie postérieurement à l'achèvement.

b. Les arguments défavorables

386. La dissociation des qualités de promoteur et de vendeur après achèvement. Certains auteurs semblent dénier la qualité de promoteur immobilier à celui dont l'activité consiste, dès l'origine, à vendre des biens neufs achevés. Pour Robert DENOYELLE, « *l'opération de promotion immobilière se distingue ainsi du système de la vente dite ''clefs en mains'' où un capitaliste fait construire un immeuble avec des capitaux par lui fournis puis, après son achèvement, le vend par appartements* »[1340]. La jurisprudence a déjà montré qu'elle adhérait à cette vision stricte de la notion de promoteur, dans laquelle le vendeur après achèvement n'a pas sa place. Elle a ainsi refusé la qualité de promoteur au professionnel dont l'immeuble avait été vendu après achèvement[1341], quand bien même le gérant avait utilisé « *tous les mécanismes juridiques de la profession de promoteur pour réaliser l'opération sous le couvert de la société dont il était le gérant, prenant ainsi, comme intermédiaire nécessaire, l'initiative et le soin principal de l'affaire* ». Dans cet arrêt du 6 décembre 1989, la Cour de cassation s'est fondée sur le fait que « *les propriétaires avaient acquis l'immeuble après son achèvement* », pour en déduire que le gérant n'avait pu intervenir auprès d'eux en qualité de promoteur. Une telle interprétation revient à dire qu'« *il n'y a plus de place pour cette notion dès lors que l'immeuble est achevé* »[1342]. Cette lecture valide le fait que la vente clefs en main d'immeubles rénovés par un marchand de biens ne donne pas lieu à la qualification de promoteur, malgré la caractérisation du soin principal de l'opération sur les plans administratif, juridique, technique et financier[1343]. Cette dissociation des qualités de vendeur et de promoteur se répercute sur l'analyse du régime applicable. La Cour de cassation a déjà eu l'occasion de distinguer l'obligation de résultat du promoteur et la garantie des vices cachés du vendeur : alors que « *Veillerot était le promoteur de l'opération*

[1339] E. POURCEL, « Le constructeur est-il un objet juridique identifié ? », *Constr.-Urb.* n° 4, avril 2013, étude 4.

[1340] R. DENOYELLE, *th. préc.*, p. 68.

[1341] Cass. Civ. 3ème, 6 décembre 1989, n° 88-14116, *Bull. civ.* III, n° 230, p. 126.

[1342] J.-C. GROSLIÈRE, C. SAINT-ALARY-HOUIN, « Notion de promoteur », *RDI*, 1990, p. 220.

[1343] Cf. *Supra* : Cass. Civ. 3ème, 6 novembre 1985, n° 84-11574, *Bull. civ.* III, n° 140, p. 107.

immobilière et avait par suite assumé vis-à-vis des acquéreurs une obligation de résultat (…), sa responsabilité se trouvait engagée, sans que soient applicables les dispositions de l'article 1648 du code civil »[1344]. Dans la même perspective, la Cour de cassation applique un régime différent au vendeur et au promoteur-vendeur en cas de vente forcée[1345]. Il convient néanmoins de relever qu'une telle approche est en contradiction avec l'article 1792-1 3° du Code civil, qui fait supporter au vendeur après achèvement les mêmes garanties légales que celles qui pèsent sur les promoteurs.

387. Ainsi, la question de l'identification du vendeur d'immeuble après achèvement au promoteur immobilier donne lieu à des réponses doctrinales et jurisprudentielles divergentes. Certes, la vente d'un bien achevé ne peut s'apparenter, à elle seule, à une activité de promotion immobilière. Encore faut-il, à cet effet, que la vente intervienne postérieurement à un chantier que le promoteur a lui-même initié et supervisé. Dans cette perspective, le fait pour le promoteur de vendre ses lots après leur achèvement ne lui fait pas perdre sa qualité, que ce mode de commercialisation s'impose à lui par défaut (dans le but d'écouler des reliquats d'opération), ou qu'il s'inscrive dans une démarche volontaire (éventuellement en lien avec une stratégie commerciale). Dans cette hypothèse, le contrat conclu par le promoteur est réduit à sa valeur de simple outil juridique, sans être un indice déterminant de sa qualification. En effet, la signature d'un contrat de vente immobilière de droit commun n'est ni une clef d'entrée vers la notion de promoteur – comme peut l'être inversement le contrat de vente d'immeuble à construire – ni un critère d'éviction de nature à priver le promoteur de sa qualité.

[1344] Cf. *Supra* : Cass. Civ. 3ème, 24 janvier 1979, n° 77-14886, *Bull. civ.* III, n° 25, p. 19.

[1345] Cass. Civ. 3ème, 21 novembre 1990, n° 89-13775, *Bull. civ.* III, n° 242, p. 137 : « *Le promoteur est tenu, même en cas de vente forcée, d'une obligation de résultat de livrer des locaux et équipements exempts de vices* ».

Conclusion du Chapitre 1

388. Pour pallier les carences de la loi, la Cour d'appel de Paris a défini le promoteur immobilier dans un arrêt de 1963, sur la base de deux critères qui ont ensuite été conservés par la jurisprudence, pour identifier le promoteur parmi les différents intervenants à la construction. Le promoteur immobilier est perçu par le juge comme l'« initiateur » des opérations de construction qu'il supervise et comme celui qui se charge d'en prendre le « soin principal ». L'« initiative » et le « soin principal » de l'affaire sont des critères relativement équivoques et suffisamment souples, pour que le juge puisse les employer dans des circonstances variées. Intrinsèquement liés aux missions assumées par l'intervenant dans le cadre de l'opération, ces critères donnent lieu à une analyse empirique des faits contentieux. A mesure de ses décisions, le juge a ainsi pu mettre au jour une série d'indices, qui loin de faciliter la compréhension de la notion, en a révélé son caractère flou et évolutif. C'est ce que démontrent, entre autres, les nombreuses confusions constatées en jurisprudence, entre le promoteur et d'autres acteurs de l'opération, ne possédant aucunement cette qualité professionnelle. La notion jurisprudentielle de promoteur immobilier est incontestablement une notion « de fait », qui sert un objectif clair : celui de trouver aisément un intervenant qui puisse être qualifié de promoteur immobilier, afin de lui faire supporter le régime juridique spécial qui découle de cette qualité. La jurisprudence rendue en matière de promotion immobilière porte ainsi régulièrement atteinte au principe de sécurité juridique, en conduisant à la requalification du contrat conclu entre les parties. Plus généralement, elle place l'ensemble des contractants dans une incertitude alimentée par le caractère imprévisible et peu intelligible des décisions de justice rendues dans ce domaine.

389. En tant qu'« initiateur », le promoteur est nécessairement le maître d'ouvrage originel des programmes qu'il promeut. Cette qualité permet de l'identifier au vendeur d'immeuble à construire, qui acquiert un terrain et supervise la conception et l'exécution de l'opération, dans le but de proposer à des accédants, ultérieurement identifiés, des produits finis, commercialisés en cours de chantier. Le vendeur d'immeuble à construire transfère ainsi la propriété du sol et s'engage à construire ; cette double obligation fait du contrat qu'il utilise un instrument hybride, à mi-chemin entre la vente et l'entreprise. Très pratiquée, la vente en l'état futur d'achèvement constitue un modèle contractuel pérenne qui profite aux deux parties, malgré une réglementation foisonnante et exigeante à l'endroit du vendeur, en secteur protégé. Le fait de pouvoir identifier, sur un plan contractuel, le promoteur initiateur au vendeur d'immeuble à construire soulève inévitablement la question de savoir si une telle association est envisageable à l'égard des autres typologies de vendeurs immobiliers. Dans le prolongement de la vente d'immeuble à construire, le législateur a adopté le contrat de vente d'immeuble à rénover, afin de donner un cadre protecteur à l'acquéreur qui achète un bien en cours de rénovation. La qualité de maître d'ouvrage du vendeur d'immeuble à rénover et la nature des missions qu'il assume justifient *a priori* qu'il puisse être qualifié de promoteur immobilier, au même titre que le vendeur d'immeuble à construire. Toutefois, l'activité de « rénovateur » du promoteur présente le risque d'entraîner une confusion entre son périmètre d'action et celui du marchand de biens. Or, en principe, le promoteur immobilier ne se charge pas des travaux de faible importance et contracte l'obligation de réaliser des travaux substantiels vis-à-vis de l'accédant, ce qui implique qu'il ne lui vende pas des biens à rénover « faiblement ». Outre les travaux de rénovation lourde et de réhabilitation, qui impliquent la conclusion d'un contrat de vente d'immeuble à construire et que le promoteur assume par nature, ce dernier est également susceptible de conclure une vente d'immeuble à rénover, dès lors qu'elle ne porte pas sur de simples travaux d'entretien, de réparation, ou d'amélioration superficielle. Enfin, il arrive au promoteur de recourir à la vente d'immeuble achevé, volontairement ou par défaut. Dans ce cas, un régime hybride est mis en œuvre, dans lequel certaines règles issues du droit de la construction s'appliquent, en considération de l'état neuf du bien vendu. Il est possible de soutenir, à l'instar d'une majorité d'auteurs, que le promoteur ne perd pas sa qualité en vendant ses lots après achèvement - quelle que soit la cause de ce mode de commercialisation - dès lors qu'il s'est lui-même chargé de leur réalisation.

Chapitre 2. Le « promoteur exécutant » intervenant en qualité de mandataire ou d'entrepreneur

390. La jurisprudence a été la première à donner une traduction juridique à l'activité de promotion immobilière, en définissant le promoteur comme l'initiateur d'une opération de construction, dont il supervise toute l'organisation. Le fait pour le promoteur d'initier l'opération, c'est-à-dire d'acquérir le terrain et de déterminer les conditions de conception et de réalisation de l'ouvrage, dans le but de proposer un produit fini à des accédants, renvoie à une promotion immobilière de type capitaliste. Si cette forme de promotion est majoritaire depuis l'origine, elle n'est pas pour autant la seule observable. Avec la loi du 16 juillet 1971[1346], le législateur a renouvelé la notion de promoteur immobilier en adoptant le « contrat de promotion immobilière », au point que l'on ait été tenté de considérer ensuite que le promoteur était « *la personne physique ou morale titulaire d'un contrat de promotion immobilière* »[1347]. Ce nouveau modèle contractuel fut l'occasion de découvrir une définition alternative du promoteur immobilier, celle d'un promoteur non initiateur. Contrairement au promoteur capitaliste, le promoteur pensé par le législateur est un prestataire de services qui n'investit pas dans une opération dont il aurait l'initiative, pour en tirer des bénéfices. Il met ses compétences au service d'un maître d'ouvrage, en contrepartie d'une rémunération. Le promoteur est, au sens de la loi, un maître d'ouvrage professionnel exécutant qu'un accédant sollicite pour diverses missions de nature intellectuelle, afin de gérer l'opération de construction sur les plans juridique, administratif et financier. Pour ce faire, l'accédant, titulaire de la maîtrise d'ouvrage, conclut un mandat avec le promoteur, par lequel il lui confie le soin d'exercer en son nom et pour son compte les actes nécessaires à la réalisation du programme. Le contrat de promotion immobilière encadre très précisément les conditions de formation et d'exécution de ce mandat, *a fortiori* lorsque ses dispositions sont conçues pour le secteur protégé. C'est pourquoi, parallèlement, d'autres conventions de mandat ou d'assistance ont été imaginées par les praticiens pour contourner la rigueur du contrat de promotion immobilière (Section 1).

391. Plus largement, lorsqu'il intervient comme prestataire de services, le promoteur immobilier peut également être amené à prendre en charge des prestations matérielles en sus de ses prestations intellectuelles. Il peut ainsi se voir confier tout ou partie de l'édification de l'ouvrage, en sous-traitant au besoin ce chef de mission à des entrepreneurs. Dans cette perspective, se pose la question de savoir si un constructeur de maisons individuelles, dont l'intervention consiste en une prise en charge globale de l'opération, y compris sur le plan matériel, peut être qualifié de promoteur immobilier ? Par extension,

[1346] Loi n° 71-579 du 16 juillet 1971 relative à diverses opérations de construction.

[1347] J.-B. TAILLAN, C. SABUT (dir.), *Dictionnaire de la maîtrise d'ouvrage publique et privée*, 2ème éd., Le Moniteur, 2019, p. 377.

l'obligation de construire contractée par le promoteur conduit à s'interroger sur la reconnaissance éventuelle d'un promoteur-entrepreneur et commande d'examiner les conséquences qu'un tel cumul de fonctions pourrait avoir sur le plan contractuel (Section 2).

Section 1. La notion légale de « promoteur exécutant » : un « promoteur mandataire »

392. Dans le prolongement du contrat de vente d'immeuble à construire, adopté par la loi du 3 janvier 1967, le législateur envisage, presque concomitamment, la création d'un nouveau contrat spécial de construction qui puisse protéger l'accédant déjà propriétaire du terrain à construire. Le contrat d'entreprise est écarté au profit du contrat de mandat, dont les caractéristiques sont adaptées afin de tenir compte de la spécificité de son objet et du besoin de protection du maître d'ouvrage. Inspiré par la réussite rencontrée en pratique par le contrat de vente en l'état futur d'achèvement, le législateur puise dans ses dispositions pour bâtir le régime juridique applicable au contrat de promotion immobilière. Particulièrement sévère pour le mandataire, le contrat de promotion immobilière est éludé par les professionnels du domaine (I). En secteur libre, où les parties ont le choix de leur convention, ces derniers lui préfèrent des modèles plus souples. Ils interviennent ainsi comme maîtres d'ouvrage délégués, en recourant au mandat de droit commun, voire comme assistants à maître d'ouvrage, en agissant comme prestataires de services. Dans l'un et l'autre cas, les obligations qui pèsent sur le cocontractant du maître d'ouvrage sont plus légères (II).

I. Le promoteur du contrat de promotion immobilière : un mandataire singulier

393. Le contrat de promotion immobilière vise à régir l'opération par laquelle un maître d'ouvrage confie à un tiers le soin de procéder, sur son terrain, à l'accomplissement des actes juridiques, administratifs et financiers qu'implique la réalisation de la construction. Bien que la prestation du promoteur suggère l'exécution d'actes matériels (et non exclusivement juridiques), le législateur a défini le contrat de promotion immobilière comme un contrat de mandat, d'un genre spécial (A). Celui-ci, essentiellement conçu dans l'intérêt du maître d'ouvrage, s'est révélé inadapté aux professionnels du secteur (B).

A) Le contrat de promotion immobilière, un mandat particulier

394. Afin d'apporter à l'accédant qui envisage de faire construire un bien sur son propre terrain, une protection équivalente à celle dont bénéficie l'accédant qui acquiert à la fois les droits sur le terrain et la propriété de la construction nouvellement édifiée, le législateur a adopté un nouveau contrat spécial de construction (1). Il s'agit d'un mandat, dont la nature juridique a été adaptée, pour correspondre à la particularité de son objet (2).

1. La création d'un contrat légal de promotion immobilière

395. Le contrat de promotion immobilière s'est imposé peu de temps après l'adoption du contrat de vente d'immeuble à construire, pour placer une nouvelle catégorie d'accédants dans un cadre juridique protecteur (a). L'examen de ses éléments constitutifs, particulièrement précis, permet de le distinguer des autres conventions et d'appréhender les contours de cette catégorie singulière de promoteurs (b).

a. Le contexte d'émergence du contrat de promotion immobilière

396. L'absence de réglementation de la promotion immobilière sous forme de prestation de services. A l'origine « *promoteur et mandataire* »[1348], le promoteur a ensuite majoritairement eu recours à la vente, la maîtrise d'ouvrage « directe » s'étant rapidement imposée comme la principale forme de promotion immobilière. La distinction entre les deux formes d'exercice réside dans le fait que le promoteur initiateur est titulaire de la maîtrise d'ouvrage, tandis que le promoteur prestataire de services se contente de l'exercer, à la demande du maître d'ouvrage, qui le précède dans le lancement du programme. Le promoteur prestataire de services « *ne prend pas, juridiquement, l'initiative de faire appel à des tiers. Il fait appel à eux pour satisfaire une demande préalable de son client. Les contrats qu'il conclut avec les prestataires ne le sont pas* ab initio, *mais postérieurement au contrat passé avec le maître de l'ouvrage* »[1349]. En revanche, même s'il n'est pas à l'initiative du programme, le promoteur prestataire de services possède légitimement la qualité de promoteur car il assume des fonctions similaires de supervision et de gestion. En effet, « *ce personnage est à la tête de tous les participants, dans le sens où il procède à l'organisation de leur intervention. Si ce n'est pas lui qui décide de la formation d'une chaîne, il apparaît toutefois comme le ''chef d'orchestre'', ce rôle justifiant le choix du vocable promoteur* »[1350]. Bien que la première définition du promoteur, donnée par la jurisprudence, se soit intéressée à la situation du promoteur initiateur, le promoteur immobilier est bien intervenu dès ses débuts comme prestataire de services, pour le compte d'un maître d'ouvrage préalablement identifié, comme le prouvent les méthodes de Grenoble et de Paris[1351]. Par la suite, cette activité a perduré[1352]. Or, contrairement au

---

[1348] Cass. Civ. 3ème, 24 juin 1971, n° 68-11186, *Bull. civ.* III, n° 406, p. 288.

[1349] D. BAZIN-BEUST, *L'obligation de faire faire*, Thèse, ANRT, 2000, p. 159.

[1350] *Idem.*

[1351] Cf. *Supra*, § 88 et s., 94 et s.

[1352] B. AVRIL, B. ROTH, *La promotion immobilière. Construire pour autrui*, Presses de l'école nationale des Ponts et Chaussées, 2001, p. 14 : « *Si la réalisation d'immeubles en*

promoteur capitaliste, le promoteur exécutant n'avait, jusqu'en 1971, aucun contrat spécial sur lequel fonder son activité, alors que cette dernière représente une portion de son champ d'intervention. Les parlementaires ont donc cherché à combler cette lacune juridique : puisqu'il s'agissait d'un fait nouveau, il fallait « *le traduire juridiquement par un contrat nouveau* »[1353].

397. Le déficit de protection du maître d'ouvrage propriétaire du terrain à construire. Avant l'intervention du législateur, l'accédant propriétaire du terrain à construire était soumis au droit commun et pâtissait d'un niveau de protection insuffisant. Après le succès de la vente en l'état futur d'achèvement, l'heure est à l'adoption d'un nouveau contrat de construction qui puisse sauvegarder les intérêts de cette typologie d'accédant. Le contrat de promotion immobilière se propose alors d'« *assurer protection et prévision, chaque fois qu'à défaut de transfert, même indirect, du foncier, la vente en l'état futur d'achèvement* [est] *inapplicable* »[1354]. Dans un souci d'équité, le législateur souhaite appliquer le même degré d'encadrement juridique aux maîtres d'ouvrage propriétaires de leur terrain, qui s'en remettent à un promoteur pour la totalité de l'opération de construction. Le but du contrat de promotion immobilière a donc été de « *parachever la protection des accédants – essentiellement de locaux à usage d'habitation – quelle que soit la structure juridique d'accession choisie* »[1355]. Daniel TOMASIN évoque une recherche de « neutralité » dans les différentes formules juridiques d'intervention des promoteurs[1356], afin de garantir l'égalité entre tous les accédants *lato sensu*[1357],

---

vue de leur vente constitue bien l'essence même de la promotion immobilière, il convient de mentionner le développement d'une activité connexe pour les professionnels de ce secteur, consistant à mettre à profit leur expérience et leur technicité au profit de clients sollicitant leur concours pour se faire construire des bâtiments ou pour rénover, restructurer ou reconvertir des patrimoines leur appartenant ».

[1353] JOAN, Débats, 13 juin 1971, p. 2813. « *Il n'a jamais pu être question dans l'ancienne Rome, chez Loiseau, ni dans la coutume de Bourgogne ou celle de Franche-Comté, ni à plus forte raison dans le Code civil, de promotion immobilière. Cette notion, à ma connaissance, n'était guère connue à l'époque* » (*idem*).

[1354] G. DURAND-PASQUIER, « Le contrat de promotion immobilière sous le prisme de la réforme » *in* M. FAURE-ABBAD (dir.), *Les contrats de construction au prisme de la réforme du droit des contrats*, Presses universitaires juridiques de Poitiers, 2018, p. 62.

[1355] J.-P. TRICOIRE, Fasc. 10 « Contrat de promotion immobilière », *JCl. Construction-Urbanisme*, LexisNexis, 12 décembre 2011 (actualisé le 4 janvier 2017), § 5. D. TOMASIN, « Contrat de promotion immobilière » *in* P. MALINVAUD (dir.), *Droit de la construction*, 7ème éd., Dalloz, 2018, § 230.51.

[1356] D. TOMASIN, « Contrat de promotion immobilière » *in* P. MALINVAUD (dir.), *Droit de la construction*, 7ème éd., Dalloz, 2018, § 230.51. C. PONCE, *Le contrat de construction de maison individuelle, 15 ans après la loi du 19 décembre 1990*, LexisNexis Litec, 2006, p. 9 : « *La loi devait rechercher une ''neutralité juridique'' des divers moules contractuels possibles et dresser une sorte de ligne Maginot qui se devait d'aller ''jusqu'à la mer'' (c'est-à-dire ne laisser aucune formule d'accession sans*

confrontés aux mêmes aléas et dangers[1358]. En ce sens, l'apport principal de la loi du 16 juillet 1971 réside dans le fait de décharger le maître d'ouvrage propriétaire du terrain des risques de l'opération, en les transférant sur son cocontractant clairement désigné, le promoteur immobilier[1359]. « *La* ratio legis *était de faire du promoteur mandataire le véritable responsable technique et financier du projet immobilier, à l'instar des vendeurs d'immeubles à construire ou des constructeurs de maisons individuelles* »[1360]. Les dispositions du contrat de promotion immobilière varient en fonction du secteur auquel elles se rapportent ; en secteur protégé, elles structurent de manière impérative l'ensemble du processus contractuel.

b. Les éléments essentiels du contrat de promotion immobilière

398. Les conditions cumulatives d'identification du contrat. Le contrat de promotion immobilière, défini à l'article 1831-1 du Code civil, procède de plusieurs conditions cumulatives. Il constitue un mandat « d'intérêt commun », au terme duquel le promoteur s'engage à assumer personnellement toutes les missions « administratives, juridiques et financières » concourant à l'opération, en contrepartie d'une « rémunération convenue ». Le promoteur est garant du prix et des agissements des entreprises qu'il sollicite au nom du maître d'ouvrage, en étant lui-même débiteur des garanties légales des constructeurs. Si en sus de l'exercice de la maîtrise d'ouvrage, il se charge de l'édification de la construction, il assume au surplus les obligations d'un locateur d'ouvrage. Le contrat de promotion immobilière est conçu pour le maître d'ouvrage, particulier ou professionnel, qui entreprend de construire sur son terrain. Celui-ci peut prendre les traits d'une société de construction-attribution[1361] ou d'une coopérative[1362], si à défaut de confier l'organisation de l'opération à leur gérant, elles souhaitent faire appel à un tiers. Etonnamment, aucune disposition légale ne précise que le contrat de promotion immobilière est réservé au maître d'ouvrage propriétaire du terrain à construire, ou titulaire d'un droit de construire, alors qu'il s'agit là d'un critère déterminant. Néanmoins, ce critère ne nécessite pas d'être particulièrement défini, dans la mesure où la titularité des droits sur le sol s'entend dans un sens large. Elle peut se concrétiser dans un droit de propriété plein et entier, dans des droits réels démembrés (usufruit, droit

---

réglementation) ». P. JESTAZ, « Vers un statut d'ensemble de la promotion immobilière », *D.* 1972, p. 177.

1357 Cf. *Supra*, § 153.

1358 Cf. *Supra*, § 102 et s.

1359 J.-L. BERGEL (dir.), « Construction par un intermédiaire sur le terrain du maître de l'ouvrage », *Lamy Droit Immobilier*, actualisé en juin 2019, § 2758.

1360 M. FAURE-ABBAD, « La responsabilité des mandataires du secteur de l'immobilier » *in* B. REMY (dir.), *Le mandat en question*, Bruylant, 2013, p. 184.

1361 Article L. 212-10 du CCH.

1362 *Ibid.*, articles L. 213-3, L. 213-6.

d'usage, droit de superficie, droit réel de jouissance spéciale[1363]), ou bien encore dans un droit de propriété indivis. En revanche, un droit personnel ne peut suffire, sauf à ce qu'il soit assorti d'une autorisation de construire. Inversement, si le terrain est procuré directement ou indirectement par le promoteur, la vente d'immeuble à construire supplante le contrat de promotion immobilière, conformément à l'article L. 261-10 alinéa 2 du Code de la construction et de l'habitation.

399. La réalisation d'un programme de construction. Dans le cadre du contrat de promotion immobilière, le promoteur est tenu de « *faire procéder, au moyen de contrats de louage d'ouvrage, à la réalisation d'un programme de construction d'un ou de plusieurs édifices* ». La référence à la réalisation d'un programme de « construction » interroge. On peut considérer, avec Jean-Philippe TRICOIRE, que les opérations de rénovation sont susceptibles de relever du contrat de promotion immobilière dès lors qu'elles portent sur un « édifice » et qu'elles induisent l'exécution de travaux de construction[1364], ce qui revient à exclure la rénovation simple du champ d'application du contrat[1365]. En tant que telle, la notion d'« édifice » doit être comprise *lato sensu*. Depuis la loi du 4 janvier 1978, la notion d'« ouvrage » s'est substituée à celles d'« édifice » et de « bâtiment », si bien que, par analogie, le contrat de promotion immobilière est susceptible de porter sur tous types de travaux, y compris de génie civil, dès lors qu'ils sont de nature immobilière, c'est-à-dire incorporés au sol. L'obligation de réalisation de l'opération de construction est caractéristique du contrat de promotion immobilière ; en l'absence d'un tel engagement, et malgré l'accomplissement de missions administratives, juridiques ou financières, les dispositions des articles L. 222-1 et suivants du Code de la construction et de l'habitation sont écartées[1366]. Le promoteur est un prestataire de services global qui se charge de « faire procéder » à la réalisation de l'ouvrage, c'est-à-dire de missionner des intervenants qui se chargeront de la conception et de l'édification de l'immeuble, pour le compte du maître d'ouvrage. L'articulation des alinéas de l'article 1831-1 laisse entendre que le promoteur recourt en principe à des tiers pour la construction de l'ouvrage mais

---

[1363] V. à ce titre, J. FRANÇOIS, « Qu'est-ce qu'un droit réel de jouissance spéciale ? », *D.* 2019, p. 1660. W. DROSS, « La perpétuité du droit réel de jouissance spéciale : une réponse en trompe-l'œil », *RTD Civ.* 2018, p. 712. L. D'AVOUT, B. MALLET-BRICOUT, « De l'autonomie, de la durée et des causes d'extinction des droits réels de jouissance spéciale », *D.* 2017, p. 134.

[1364] J.-P. TRICOIRE, Fasc. 10 « Contrat de promotion immobilière », *JCl. Construction-Urbanisme*, LexisNexis, 12 décembre 2011 (actualisé le 4 janvier 2017), § 14.

[1365] J.-L. BERGEL (dir.), « Mission du promoteur », *Lamy Droit Immobilier*, actualisé en juin 2019, § 2761 : « *La rénovation d'un immeuble ne devrait en conséquence pas entrer dans l'objet d'un contrat de promotion immobilière* ».

[1366] Cass. Civ. 3ème, 23 avril 1986, n° 84-12852, *Bull. civ.* III, n° 52, p. 40.

que, par exception, il peut conserver cette attribution[1367]. Dans ce cas, il est prévu qu'il ne puisse exécuter qu'une « *partie* » de l'ouvrage, mais pourquoi pas la totalité ? Cette disposition ayant été conçue avant l'entrée en vigueur du contrat de construction de maison individuelle, ce n'est pas dans un souci de distinction des deux conventions que cette précision a été inscrite. Peut-être le législateur a-t-il souhaité faire en sorte que le contrat demeure en toutes hypothèses un mandat à titre principal. En tout état de cause, cette option laissée au promoteur n'est pas déterminante ; qu'il se charge lui-même des travaux de construction ou qu'il les délègue, il assume l'obligation de résultat propre au locateur d'ouvrage, ainsi que les garanties légales des constructeurs.

400. L'organisation de l'opération. En l'absence de supervision de la réalisation des travaux, le contrat de promotion immobilière consisterait en un simple mandat, et en l'absence de supervision de l'organisation de l'opération, il correspondrait à un simple louage d'ouvrage. En réalité, « *la mission principale de réalisation du programme et la mission accessoire de gestion de l'opération sont indissociables l'une de l'autre* »[1368]. C'est ce cumul de missions qui fait la singularité du contrat : une prestation globale au terme de laquelle le promoteur prend le « soin principal de l'affaire » : « *il est plus qu'un agent de liaison. Il est un véritable rouage de l'opération qu'il organise. Il y est impliqué. Il ne s'efface ni derrière son client ni derrière ses prestataires* »[1369]. Ainsi, en sus de la réalisation de l'ouvrage, le promoteur se substitue pleinement et totalement au maître d'ouvrage dans l'agencement, la conduite et le suivi du programme. L'article 1831-1 du Code civil indique que le promoteur est chargé de « *procéder ou faire procéder à tout ou partie des opérations juridiques, administratives et financières concourant* » à la construction. L'article L. 222-2 alinéa 2 du Code de la construction et de l'habitation précise à cet égard que le contrat de promotion immobilière cesse de s'imposer lorsque le promoteur se contente de prendre uniquement en charge les missions administratives, indiquant par là même que les trois typologies de missions sont cumulatives. S'agit-il de missions ressortant exclusivement de l'exercice de la maîtrise d'ouvrage, ou bien s'apparentent-elles également à des prestations intellectuelles techniques confinant à de la maîtrise d'œuvre ? La loi semble opter pour le premier postulat. L'article 1831-2 du Code civil donne quelques illustrations des missions que le promoteur est susceptible d'accomplir : « *le contrat emporte pouvoir pour le promoteur de conclure les contrats, recevoir les travaux, liquider les marchés et généralement celui d'accomplir, à concurrence du prix global convenu, au nom du maître de l'ouvrage, tous les actes qu'exige la réalisation du programme* ». Quoiqu'il en soit, comme pour les travaux de

---

[1367] Article 1831-1 alinéa 2 du Code civil : « *Si le promoteur s'engage à exécuter lui-même partie des opérations du programme, il est tenu, quant à ces opérations, des obligations d'un locateur d'ouvrage* ».

[1368] J.-P. TRICOIRE, Fasc. 10 « Contrat de promotion immobilière », *JCl. Construction-Urbanisme*, LexisNexis, 12 décembre 2011 (actualisé le 4 janvier 2017), § 21.

[1369] D. BAZIN-BEUST, *th. préc.*, p. 231.

construction, la loi autorise le promoteur à « *faire procéder* », c'est-à-dire à déléguer ses attributions, indépendamment de la responsabilité qui lui incombe à ce titre.

401. Le pouvoir de représentation du promoteur. Le contrat de promotion immobilière est un mandat, au sens de l'article 1984 alinéa 1er du Code civil, par lequel le maître d'ouvrage confie au promoteur le soin de faire, en son nom et pour son compte, tous les actes nécessaires à la réalisation de l'ouvrage. Le mandat consiste en l'accomplissement d'actes juridiques de représentation, auxquels peuvent accessoirement s'ajouter des actes matériels, sous réserve d'une dénaturation du contrat qui conduirait à une requalification en louage d'ouvrage. Pour Nicolas DISSAUX, la représentation et l'exécution d'actes exclusivement juridiques doivent être relativisés au profit de la notion d'intermédiaire qui donne toute sa spécificité au mandat[1370], comme c'est le cas en promotion immobilière. Le promoteur est investi d'un mandat général ; il ne peut conclure d'actes de disposition, telle que la souscription d'un emprunt, sans un pouvoir spécial du maître d'ouvrage[1371]. Pour le reste, son mandat comprend tous les actes de gestion courante, afin qu'il puisse jouir d'une marge de manœuvre suffisante dans l'exercice des prérogatives du maître d'ouvrage. La Cour de cassation a déjà pu considérer à cet égard qu'un mandat donné pour des actes précis et ponctuels était exclusif de la qualification de promoteur immobilier, le prestataire devant être considéré comme un mandataire simple[1372]. En tant que tel, le promoteur n'agit pas *in nomine proprio* mais *in contemplatio domini* ; il ne contracte personnellement aucun engagement envers les tiers. Les contrats d'entreprise conclus par le promoteur immobilier lient par principe uniquement le maître d'ouvrage et les entreprises, ces dernières répondant uniquement de leurs actes à l'égard du maître d'ouvrage. Néanmoins, comment articuler cet effet habituel du mandat avec l'obligation pour le promoteur de garantir la réalisation matérielle de l'ouvrage, et partant, d'être comptable des agissements des constructeurs intervenants ? « *La garantie instituée au profit du maître de l'ouvrage perturbe les solutions traditionnelles de l'absence d'engagement du mandataire envers les tiers quant aux actes passés dans le cadre de sa mission* »[1373].

402. Cette observation soulève plus largement la question de savoir si la représentation du maître d'ouvrage est toujours parfaite dans le cadre des rapports que le promoteur entretient avec les entreprises. A l'inverse de la représentation parfaite, dans laquelle le tiers sait que son cocontractant agit pour un autre, la représentation imparfaite est « *celle dans laquelle le représentant*

[1370] N. DISSAUX, « Mandat et réforme du droit des contrats » *in* L. ANDREU, M. MIGNOT (dir.), *Les contrats spéciaux et la réforme du droit des obligations*, Institut Universitaire Varenne, 2017, p. 352.

[1371] Article 1831-2 alinéa 2 du Code civil.

[1372] Cass. Civ. 3ème, 9 octobre 1991, n° 90-10514, inédit.

[1373] D. BAZIN-BEUST, *th. préc.*, p. 121.

agit pour le compte *du représenté mais* en son nom propre »[1374]. Dans ce cas, le représentant ne révèle pas sa qualité aux tiers, avec qui il est seul engagé[1375]. Or, « *si l'effacement du mandataire se conçoit dans le contrat de mandat en général, il est plus difficile à admettre à propos du promoteur immobilier. Si le simple mandat opère avec transparence, le contrat de promotion immobilière est davantage empreint d'opacité* »[1376]. Les contrats que le promoteur conclut avec les entreprises ne mentionnent pas systématiquement l'identité du maître d'ouvrage ; la loi ne prévoit aucune obligation en ce sens. Certains praticiens reconnaissent ainsi qu'« *à la différence du mandat de représentation, le promoteur n'est pas transparent, et ce n'est d'ailleurs pas son client qui se trouve engagé par les contrats qu'il conclut pour les besoins de l'opération, mais uniquement lui* »[1377]. Pourtant, en tant mandataire - au sens de la loi - il est attendu du promoteur une représentation parfaite, c'est-à-dire qu'il agisse pour le compte mais également au nom de son mandant, conformément à l'article 1984 alinéa 1er du Code civil. Si l'on doit considérer que le contrat de promotion immobilière donne parfois lieu à une représentation imparfaite du maître d'ouvrage, le contrat de commission aurait sans doute dû alors être privilégié au mandat, dès lors que le commissionnaire réalise des actes en son nom propre, pour le compte d'un tiers[1378]. C'est ce que laisse entendre Delphine BAZIN-BEUST, pour qui il eût été possible de « *considérer le promoteur comme un ''commissionnaire de construction'', le client devenant propriétaire des ouvrages immobiliers comme un commettant* »[1379]. Toutefois, à la différence du mandat, le commissionnaire est juridiquement tenu à l'égard des tiers avec lesquels il a contracté, peu important que l'identité du commettant ait été ou n'ait pas été révélée[1380], ce qui n'est aucunement le sens de la loi du 16 juillet 1971. Les actes conclus par le promoteur immobilier produisent leurs effets juridiques sur la tête et dans le patrimoine du maître d'ouvrage.

403. Ainsi, le contrat de promotion immobilière a été adopté afin de garantir l'égalité entre les accédants qui s'en remettent intégralement à un prestataire global, que celui-ci transfère la propriété du terrain ou intervienne directement sur un tènement appartenant à son client. L'article 1831-1 du Code civil définit le contrat de promotion immobilière par une série d'éléments essentiels permettant de mieux cerner le rôle de mandataire assigné au promoteur prestataire de services.

1374 P. PUIG, *Contrats spéciaux*, Dalloz, 8ème éd., 2019, p. 761.
1375 Article 1154 alinéa 2 du Code civil.
1376 D. BAZIN-BEUST, *th. préc.*, p. 120.
1377 N. DOURLENS, R. DE MOUSTIER, « Le recours aux contrats de promotion immobilière par les opérateurs publics », *Contrats et Marchés publics* n° 4, avril 2018, étude 6.
1378 Article L. 132-1 alinéa 1er du Code de commerce.
1379 D. BAZIN-BEUST, *th. préc.*, p. 288.
1380 N. DISSAUX, « Commissionnaire », *Répertoire de droit commercial*, Dalloz, septembre 2019, § 222-223.

2. Les spécificités du mandat imposé au promoteur immobilier

404. En choisissant le mandat pour incarner le contrat de promotion immobilière, le législateur en a conservé l'essence, en confiant au promoteur le pouvoir de représenter le maître d'ouvrage, en lui permettant d'exercer ses fonctions en toute indépendance, ou bien encore en lui imposant de procéder à la reddition des comptes[1381]. En réalité, le mandat confié au promoteur a été fortement adapté pour convenir aux singularités de l'opération de construction, ce qui en fait un mandat particulier. Puisqu'il est un mandat « d'intérêt commun », le maître d'ouvrage ne peut révoquer le promoteur discrétionnairement, sauf à lui verser une indemnité (a). En outre, le fait pour le promoteur de garantir les agissements des constructeurs conduit à considérer le contrat de promotion immobilière comme un mandat ducroire (b).

a. Un mandat d'intérêt commun

405. La définition du mandat d'intérêt commun. Conformément au choix opéré par la Commission des lois de l'Assemblée Nationale en 1971[1382], le mandat du promoteur présente l'originalité d'être un mandat d'« intérêt commun », c'est-à-dire un mandat « *dans lequel mandataire et mandant sont liés par une convergence d'intérêt* »[1383]. Cette notion, qui est à l'origine une création prétorienne[1384], consacrée ensuite par le législateur[1385], renvoie à la situation du mandataire qui est intéressé à la « *réalisation de l'objet du mandat* », non uniquement « *au mandat lui-même* »[1386]. Aussi y a-t-il mandat d'intérêt commun lorsque mandant et mandataire ont tous deux l'objectif de favoriser l'essor de leur entreprise, notamment par la création et le développement d'une clientèle partagée[1387]. Plus largement, l'« intérêt commun » est caractérisé lorsque les deux parties participent et jouissent du

---

[1381] Article 1831-4 du Code civil, reprenant en substance l'article 1993 du Code civil. En vertu de cette obligation de reddition des comptes, le promoteur doit porter à la connaissance du maître d'ouvrage les conventions conclues avec les entreprises. En fin de mission, le promoteur établit et remet au maître d'ouvrage un bilan général des travaux, comportant le détail de toutes les dépenses réalisées, certifiant l'exactitude des facturations et des paiements.

[1382] *JOAN*, Débats, 13 juin 1971, pp. 2813-2815.

[1383] P. LE TOURNEAU, « De l'évolution du mandat », *D.* 1992, p. 157.

[1384] Cass. Civ., 13 mai 1885.

[1385] Cette notion a d'abord été consacrée dans le décret n° 58-1345 du 23 décembre 1958 relatif aux agents commerciaux, avant de l'être dans la loi n° 91-593 du 25 juin 1991 relative aux rapports entre les agents commerciaux et leurs mandants, laquelle a été abrogée au 21 septembre 2000.

[1386] A. PIMBERT, « Le mandat d'intérêt commun » *in* B. REMY (dir.), *op. cit.*, p. 190.

[1387] Cass. Com., 8 octobre 1969, *Bull. civ.* IV, n° 284 ; Cass. Com, 20 janvier 1971, n° 69-14744, *Bull. civ.* IV, n° 20, p. 19.

développement d'une chose commune[1388]. Cet intérêt commun ne peut se limiter à la simple perception d'une rémunération[1389], de même qu'il ne peut se déduire de la seule qualité de professionnel du mandataire. En outre, seuls les mandats à durée indéterminée peuvent être qualifiés comme tels[1390]. Comme le souligne Pierre-Yves GAUTIER, « *qu'est-ce que le critère déterminant du mandat d'intérêt commun ? On ne l'a pas encore véritablement trouvé* »[1391]. En définitive, selon l'auteur, ce type de mandat renvoie à l'idée selon laquelle « *le mandataire est intéressé, sur plusieurs années et s'engage, par ses activités, par ses diligences, à faire prospérer la clientèle, de sorte que le mandant ne peut pas révoquer sans indemnité le contrat* »[1392].

406. Ce type de convention a pour principal effet de déroger au principe de libre révocabilité qui caractérise le mandat. Puisque le mandat est un contrat conclu par nature *intuitu personae*, le mandant dispose du droit de révoquer unilatéralement le mandataire, *ad nutum*, même si le mandat a été conclu pour une durée déterminée[1393]. A l'inverse, le mandat d'intérêt commun est révoqué du consentement mutuel des parties, sauf pour le mandant à le faire unilatéralement, en indemnisant le mandataire qui ne consent pas à la rupture[1394]. Cette règle cède cependant en cas de force majeure ou de faute simple du mandataire : dans ces hypothèses, le mandant se fonde sur un motif légitime qui lui permet de révoquer le contrat sans indemniser son cocontractant[1395]. Selon certains auteurs, le régime attaché au mandat d'intérêt commun dénature l'institution du mandat. Si *a fortiori*, les parties stipulent une clause d'irrévocabilité, il parait difficile d'imaginer un mandat persistant malgré la perte de confiance dans le mandataire[1396]. L'irrévocabilité « *menace en réalité la* liberté *et la* confiance *qui caractérisent la représentation* (…). *Réalisant une représentation de la volonté et de la personne du mandant, dans le but de*

[1388] E. POURCEL, « Le constructeur est-il un objet juridique identifié ? », *Constr.- Urb.* n° 4, avril 2013, étude 4. F. TERRÉ, P. SIMLER, Y. LEQUETTE, F. CHÉNEDÉ, *Droit civil. Les obligations*, 12ème éd., Dalloz, 2018, p. 473 : « *Chaque obligation, qu'elle soit instrumentale ou finale, est ordonnée à la poursuite d'un projet commun qui profite aux deux parties, en sorte qu'il existe entre elles un lien de complémentarité* (…) *on peut parler à leur propos non de contreprestation mais de ''coprestation''* ».

[1389] Cass. Com. 20 janvier 1971, n° 69-14744, *Bull. civ.* IV, n° 20, p. 19.

[1390] Cass. Com 3 juin 1997, n° 95-11450, *Bull. civ.* IV, n° 172, p. 153.

[1391] P.-Y. GAUTIER, « Nature et régime juridique du mandat : jeux croisés » *in* N. DISSAUX (dir.), *Le mandat, un contrat en crise ?*, Economica, 2011, p. 93.

[1392] *Ibid.*, p. 94.

[1393] Article 2004 du Code civil. Cass. Civ. 1ère, 14 mars 1984, n° 83-10897, *Bull. civ.* I, n° 92.

[1394] Cass. Civ. 1ère, 1er juillet 1986, n° 85-11356, *Bull. civ.* I, n° 186, p. 183. *A contrario*, Cass. Civ. 1ère, 2 octobre 2001, n° 99-15938, *Bull. civ.* I, n° 239, p. 151.

[1395] Cass. Civ. 1ère, 17 mars 1987, n° 85-11570, *Bull. civ.* I, n° 94, p. 71. P. LE TOURNEAU, « De l'évolution du mandat », *D.* 1992, p. 157.

[1396] I. NAJJAR, « Mandat et irrévocabilité », *D.* 2003, p. 708.

conclure un acte - non un fait - juridique, la liberté doit, en principe, demeurer entière tout le long de la ''vie'' du mandat »[1397].

407. Un choix critiquable en matière de promotion immobilière. Le mandat d'intérêt commun est un critère d'identification du contrat de promotion immobilière[1398]. Mais comment un tel choix peut-il se justifier en matière de promotion ? Est-ce dans un souci de stabilité du contrat ou bien d'équilibre entre les parties ? Le recours au mandat d'intérêt commun s'expliquerait par « *la volonté du législateur d'imposer une certaine continuité du contrat de promotion immobilière, ''en tant qu'accessoire utile à l'exécution de relations préexistantes ou créées concomitamment entre les parties''* »[1399]. En effet, la complexité du chantier pourrait légitimement justifier qu'il demeure sous la supervision du même mandataire tout au long de l'opération. Du reste, alors que les règles du contrat de promotion immobilière sont favorables au maître d'ouvrage, la qualification d'intérêt commun du mandat permettrait de protéger exceptionnellement les intérêts du promoteur, en supprimant le risque d'une révocation sans motif et sans contrepartie. Cette interprétation entraîne néanmoins l'écueil d'une distorsion « *entre les objectifs protecteurs du maître de l'ouvrage poursuivis par cette loi et la technique juridique* (...) *consacrée pour le promoteur* »[1400], même si la protection ponctuellement accordée à ce dernier reste minime face à la lourdeur des obligations mises à sa charge.

408. Du reste, « *on peut douter de cet intérêt commun* »[1401] en matière de promotion immobilière. Critiqué par la doctrine, ce choix de qualification parait peu adapté à la réalité des rapports entre le promoteur et le maître d'ouvrage, d'abord parce que le contrat de promotion immobilière présente certaines caractéristiques qui paraissent incompatibles avec les critères du mandat d'intérêt commun, ensuite parce que l'intérêt commun fait défaut. En premier lieu, le contrat de promotion immobilière est un contrat à durée déterminée - compte tenu de l'obligation impérative du promoteur de stipuler un délai d'achèvement des travaux[1402] - qui sied mal avec toute perspective de développement commun. Par ailleurs, le seul intérêt commun observable serait la rémunération du promoteur, ce qui n'est pas suffisant pour justifier de la

[1397] I. NAJJAR, *art. préc.*, p. 708.

[1398] CA. VERSAILLES, 25 novembre 1994. J.-C. GROSLIÈRE, C. SAINT-ALARY-HOUIN, « Notion de promoteur », *RDI*, 1995 p. 556 : « *L'arrêt présente l'originalité d'insister sur le fait que le promoteur avait un intérêt personnel à l'affaire : il était associé dans la société qui devait construire et tirait un avantage personnel de la construction* ».

[1399] J. HUET cité *in* D. BAZIN-BEUST, *th. préc.*, p. 161.

[1400] D. BAZIN-BEUST, *th. préc.*, p. 160.

[1401] D. TOMASIN, « Contrat de promotion immobilière » *in* P. MALINVAUD (dir.), *Droit de la construction*, 7ème éd., Dalloz, 2018, § 230.42.

[1402] Article L. 222-3 g) du CCH.

catégorisation du contrat dans cette variété de mandat[1403]. Marianne FAURE-ABBAD relève à ce titre que cette qualification est « *bien discutable, sauf à confondre intérêt commun et onérosité* »[1404]. En effet, elle « *n'est pas satisfaisante car le mandat d'intérêt commun suppose que le mandataire ait un intérêt lié à la réalisation de l'objet du mandat, non pas le salaire mais par exemple une clientèle commune* »[1405]. Néanmoins, bien que le critère de la rémunération soit en principe inopérant, le fait pour le mandataire de percevoir un salaire « *sous forme d'un pourcentage des bénéfices ou du chiffre d'affaires de l'opération à effectuer est un indice important de l'intérêt commun* »[1406]. Or, en pratique, les honoraires du promoteur correspondent le plus souvent à un pourcentage du prix global de l'opération de construction. De même, Agnès PIMBERT souligne que « *l'existence d'une clause d'exclusivité ou la participation du mandataire aux risques financiers de l'entreprise commune constituent souvent des indices de l'intérêt commun, sans caractériser en eux-mêmes cet intérêt commun* »[1407]. S'il ne s'agit là que d'indices, force est d'observer qu'ils peuvent servir à justifier le mandat d'intérêt commun exclusivement confié au promoteur, qui supporte le risque de dépassement du prix de la construction. Au surplus, comme tout mandat, le contrat de promotion immobilière est empreint d'un *intuitu personae*, que l'on peut considérer suffisamment fort ici pour que soit conservée une révocabilité libre et gratuite du mandataire.

b. Un mandat ducroire

409. La définition du mandat ducroire. Le mandat ducroire est celui par lequel le mandataire accepte conventionnellement de prendre à sa charge les risques de l'opération, notamment ceux liés à l'inexécution des engagements souscrits par les tiers. S'il existe plusieurs clauses de ducroire, il s'agit traditionnellement de « *celle par laquelle un intermédiaire appelé ducroire garantit son cocontractant contre le risque d'insolvabilité d'un tiers ou de la bonne fin d'une opération* »[1408]. Le mandat ducroire revêt une double utilité pour le mandant : il joue d'abord un rôle préventif, en obligeant le mandataire à

[1403] P. LE TOURNEAU, « De l'évolution du mandat », *D.* 1992, p. 157. H. PÉRINET-MARQUET, « Promotion immobilière », *Répertoire de droit immobilier*, Dalloz, janvier 2013 (actualisé en mars 2014, M. FAURE-ABBAD), § 19.

[1404] M. FAURE-ABBAD, « La responsabilité des mandataires du secteur de l'immobilier » *in* B. REMY (dir.), *op. cit.*, p. 182.

[1405] D. TOMASIN, « Contrat de promotion immobilière » *in* P. MALINVAUD (dir.), *Droit de la construction*, 7ème éd., Dalloz, 2018, § 230.42.

[1406] A. PIMBERT, *art. préc. in* B. REMY (dir.), *op. cit.*, p. 191. CA. VERSAILLES, 7 juillet 1999, *RJDA*, 1999, n° 1203.

[1407] A. PIMBERT, *art. préc. in* B. REMY (dir.), *op. cit.*, p. 191. Cass. Com., 29 février 2000, n° 97-15935, *Bull. civ.* IV, n° 44, p. 37.

[1408] A. LECOURT, « La clause de ducroire. Définition, objet et utilité de la clause de ducroire dans les contrats d'affaires », *AJCA*, 2014, p. 216.

bien choisir le tiers contractant, puis un rôle indemnitaire, en rendant le mandataire garant du fait du tiers contractant[1409]. Le mandat ducroire a la valeur d'une sûreté personnelle, en ce qu'il permet de « *faire garantir par un contractant, moyennant une augmentation sensible de sa rémunération (elle est en pratique doublée, sous la forme d'une prime), la bonne exécution de l'opération projetée entre son partenaire contractuel et un tiers* »[1410]. La nature juridique de la clause « ducroire » interroge. Il ne s'agit pas d'un cautionnement. Le mandataire ducroire répond de la force majeure alors que la caution peut invoquer les exceptions qui sont celles du débiteur principal ; la caution est rémunérée par le débiteur principal alors que le ducroire est rémunéré par le mandant ; enfin, le ducroire n'a pas le bénéfice de discussion propre à la caution[1411]. Il ne s'agit pas non plus d'une clause de porte-fort car le ducroire garantit la bonne exécution du contrat et non sa ratification, sauf à considérer le ducroire comme un porte-fort d'exécution[1412].

410. Une qualification conforme au contrat de promotion immobilière. La clause de ducroire se rencontre majoritairement dans les relations d'affaires (d'agent, de commissionnaire ou de mandataire), notamment en matière bancaire (entre escompteur et tireur). Considérée comme un usage commercial, elle est la plupart du temps d'origine contractuelle, même si « *par ailleurs, dans certains domaines spécifiques, c'est la loi elle-même qui impose le statut de ducroire aux acteurs principaux* »[1413]. C'est ce que le législateur a fait dans le contrat de promotion immobilière, puisque celui-ci a été conçu comme un outil réglementé de protection de l'accédant au logement, non comme un contrat de la vie des affaires. Ainsi, l'article 1831-1 du Code civil dispose que le promoteur qui conclut un contrat de promotion immobilière « *est garant de l'exécution des obligations mises à la charge des personnes avec lesquelles il a traité au nom du maître de l'ouvrage. Il est notamment tenu des obligations résultant des articles 1792,1792-1,1792-2 et 1792-3 du présent code* ». Le mandat ducroire présente la particularité de ne pas être obligatoirement rattaché à une cause spécifique ; il est donc valide même si, comme dans le contrat de promotion immobilière, aucune rémunération n'est prévue en contrepartie[1414]. En tant que ducroire, le promoteur garantit les conséquences de l'inexécution des obligations des constructeurs qu'il missionne, alors que ces obligations ne lui incombent pas

---

[1409] A. LECOURT, *art. préc.*, p. 216

[1410] *Idem.*

[1411] E. GAVIN-MILLAN, *Essai d'une théorie générale des contrats spéciaux de la promotion immobilière*, Thèse, LGDJ, 2003, p. 49.

[1412] A. LECOURT, *art. préc.*, p. 216.

[1413] *Idem.*

[1414] Sur la rémunération du mandataire ducroire : Cass. Com. 27 octobre 2009, n° 08-10391, inédit, *JCP* 2010. I. 708, n° 11, obs. P. SIMLER.

personnellement. « *Il y a là probablement l'originalité la plus remarquable du régime de responsabilité de ce mandataire* »[1415].

411. Ainsi, le mandat confié au promoteur immobilier est d'un genre particulier. Il est d'« intérêt commun », alors que ni ses caractéristiques, ni les objectifs poursuivis par chacune des parties, ne justifient une telle qualification. Il est d'autre part un mandat ducroire, puisque le promoteur est garant du fait des tiers avec qui il contracte pour le compte du mandant. Or, le mandat de promotion immobilière n'a pas seulement une nature juridique originale : son régime a également été mis en conformité avec la spécificité des risques encourus par le mandant.

B) Le contrat de promotion immobilière, un mandat inadapté au promoteur

412. Le modèle du mandat fut assez largement adapté, tant au niveau de ses caractéristiques, que de son régime juridique, pour satisfaire l'objectif légal de protection du maître d'ouvrage. Le contrat de promotion immobilière donne lieu à l'application de règles dérogatoires ajoutées dans l'intérêt du mandant, qui prennent le contre-pied de celles découlant habituellement du mandat de droit commun (1). Du fait de son inadaptation à l'activité du promoteur exécutant et de la sévérité de ses dispositions, le contrat de promotion immobilière a été relégué par les praticiens (2).

1. Le régime spécial imposé au promoteur immobilier

413. Le contrat de promotion immobilière connaît un formalisme rigoureux en secteur protégé[1416], qui tranche avec le consensualisme qui caractérise par principe le mandat de droit commun[1417]. Par ailleurs, outre l'existence d'un prix et d'une rémunération convenus (a), l'obligation de moyens habituellement assignée au mandataire est ici transformée en obligation de résultat (b).

a. Un prix et une rémunération convenus

414. L'encadrement du risque financier de l'opération. Les modalités de financement de l'opération de promotion immobilière diffèrent de celles qui régissent l'exécution du mandat de droit commun. L'article 1999 du Code civil dispose que « *le mandant doit rembourser au mandataire les avances et frais que celui-ci a faits pour l'exécution du mandat, et lui payer ses salaires lorsqu'il en a été promis. S'il n'y a aucune faute imputable au mandataire, le mandant ne*

[1415] M. FAURE-ABBAD, « La responsabilité des mandataires du secteur de l'immobilier » *in* B. REMY (dir.), *op. cit.*, p. 184.
[1416] L'article L. 222-3 du CCH fait état de plusieurs mentions obligatoires.
[1417] Il existe néanmoins de nombreux mandats spéciaux répondant à un formalisme spécifique, tel que notamment celui de l'agent immobilier.

peut se dispenser de faire ces remboursements et paiement, lors même que l'affaire n'aurait pas réussi, ni faire réduire le montant des frais et avances sous le prétexte qu'ils pouvaient être moindres ». Au contraire, dans le contrat de promotion immobilière, indépendamment du versement du prix et de la rémunération, les frais supportés par le promoteur ne sont pas remboursés. De surcroît, à travers la double exigence d'un prix et d'une rémunération « convenus », le législateur a cherché à contenir l'enveloppe financière du maître d'ouvrage, en la préservant de tout dépassement.

415. Pour autant, comment doit-on précisément comprendre le terme « convenu » ? Ce qualificatif implique-t-il que le prix de la construction et le montant de la rémunération du promoteur doivent être déterminés dès la formation du contrat, à rebours de la règle applicable en matière de louage d'ouvrage, selon laquelle le prix peut être fixé postérieurement, voire une fois la prestation exécutée[1418] ? Assurément. S'agit-il de montants forfaitaires au sens de l'article 1793 du Code civil ? La loi autorise la constitution d'un poste pour imprévus et la stipulation de clauses d'actualisation et de révision du prix[1419], y compris lorsque le contrat est conclu en secteur protégé. Ces éléments suggèrent donc que ni le prix de la construction, ni le montant de la rémunération du promoteur, ne revêtent un caractère forfaitaire. Néanmoins, dans l'hypothèse d'un dépassement de prix, le promoteur, tenu de mener l'opération à bonne fin, se doit de garantir l'achèvement des travaux, en souscrivant pour ce faire une garantie bancaire[1420]. En cas d'échec de l'opération ou de surcoût, loin de se faire rembourser par le maître d'ouvrage les frais qu'il a supportés, comme le régime du mandat de droit commun l'envisage, le promoteur assume pleinement le risque de l'opération. Il ne peut se retourner contre son mandant, sauf si les dépassements de prix lui sont directement imputables[1421]. En conséquence, « *si dans un contrat de mandat classique, le mandataire n'est tenu de verser que ce qu'il a reçu en vertu de sa qualité, dans le contrat de promotion il est responsable non seulement du crédit de l'opération mais également du solde de celle-ci* »[1422].

b. Une obligation de résultat à la charge du mandataire

416. Une obligation dérogatoire au régime habituel du mandat. Le contrat de mandat de droit commun ne met à la charge du mandataire qu'une obligation de moyens. L'article 1991 alinéa 1er du Code civil prévoit que « *le mandataire (…) répond des dommages-intérêts qui pourraient résulter de son inexécution* », de même que l'article 1992 alinéa 1er précise que « *le mandataire*

[1418] Cf. *Supra*, § 77.
[1419] Article R. 222-6 du CCH.
[1420] Cf. *Supra*, § 190.
[1421] Article R. 222-12 alinéa 1er du CCH.
[1422] V. IONESCU, *L'équilibre juridique de l'opération immobilière d'habitation*, Thèse, Université de Dijon, 2000, p. 331.

répond non seulement du dol, mais encore des fautes qu'il commet dans sa gestion ». La jurisprudence a pu indiquer à ce titre que si l'inexécution totale du contrat permettait de présumer la faute du mandataire, il n'en allait pas ainsi dans l'hypothèse d'une exécution défectueuse, cette dernière impliquant pour le mandant de rapporter la faute du mandataire[1423]. Outre le fait qu'il soit garant de l'exécution des obligations mises à la charge des personnes avec lesquelles il a traité au nom du maître d'ouvrage, le promoteur « *se trouve tenu à une obligation de résultat et non à une obligation de moyens comme le serait un mandataire ordinaire* »[1424]. Toutefois, ni les dispositions des articles L. 221-1 à L. 221-6 du Code de la construction et de l'habitation, relatives au régime général du contrat de promotion immobilière, ni celles des articles L. 222-1 à L. 222-7 et R. 222-1 à R. 222-14 du même Code, relatives au régime du secteur protégé, ne mentionnent spécifiquement l'obligation de résultat du promoteur. Celle-ci se déduit des garanties légales qui lui sont imposées par l'article 1831-1 alinéa 2 du Code civil, et d'une jurisprudence constante rendue en ce sens[1425]. *A fortiori*, lorsque le promoteur intervient en sus comme locateur d'ouvrage, son obligation de résultat découle de l'application du régime applicable au contrat d'entreprise.

417. Ainsi, le mandat confié au promoteur dans le cadre du contrat de promotion immobilière tolère plusieurs dérogations au régime originel du mandat, dans l'intérêt du mandant, en faisant supporter au promoteur le risque financier de l'opération et en lui faisant endosser une obligation de résultat. Les promoteurs prestataires de services, déjà peu nombreux, se sont détournés du contrat de promotion immobilière, du fait de sa nature inadaptée et de son régime trop sévère.

2. L'inadéquation du contrat à l'activité du « promoteur exécutant »

418. Le choix du mandat, qui a finalement eu les faveurs du législateur, n'est pas pleinement satisfaisant, car le contrat de promotion immobilière prévoit de nombreuses prestations intellectuelles ou matérielles à la charge du promoteur, qui relèvent plutôt du louage d'ouvrage (a). On observe en pratique une désaffection des « promoteurs exécutants » pour ce contrat, qu'ils jugent inadapté et trop sévère, compte tenu des faibles avantages qu'il est susceptible de procurer sur le plan économique. C'est pourquoi, « *placé en écho des ventes*

1423 Cass. Civ. 1ère, 18 janvier 1989, n° 87-16530, *Bull. civ.* I, n° 26, p. 18.

1424 « Obligation de résultat », *Dictionnaire Permanent Construction et Urbanisme*, Editions Législatives, actualisé le 25 juin 2014, § 50, p. 3567. V. également, M. FAURE-ABBAD, « La responsabilité des mandataires du secteur de l'immobilier » *in* B. REMY (dir.), *op. cit.*, p. 184.

1425 Cf. *Supra*, § 201 et s.

en l'état futur d'achèvement, si usitées, le contrat de promotion immobilière semble avant tout se singulariser par sa grande rareté »[1426] (b).

a. Un contrat à la nature contestée

419. Un contrat à la nature ambiguë. L'étude du contrat de promotion immobilière illustre bien le fait que « *contrat de mandat et contrat d'entreprise entrent tous deux dans la catégorie générique des prestations de services* »[1427], tous deux pouvant se retrouver dans un même corpus contractuel. Il ressort du second alinéa de l'article 1831-1 du Code civil que le promoteur peut, en sus du mandat reçu pour l'organisation administrative, juridique et financière du programme, se charger partiellement de son édification matérielle[1428]. Le cas échéant, le promoteur peut conserver à sa charge l'exécution de cette obligation, ou choisir de sous-traiter les travaux, en confiant - en son nom et pour son compte - leur réalisation à d'autres locateurs d'ouvrage[1429]. L'alinéa 2 de l'article 1831-1 fait donc « *transparaître l'autre nature de ce type de contrat qui tient, en effet, à la fois du mandat et du louage d'ouvrage* »[1430]. Pourtant, les deux contrats diffèrent sur de nombreux points ; « *l'entrepreneur accomplit une* activité, *tandis que le mandataire exerce une* fonction »[1431]. Le mandat est présumé conclu à titre gratuit tandis qu'une présomption d'onérosité pèse sur le contrat d'entreprise ; ce dernier porte sur des actes matériels ou intellectuels tandis que le mandat ne porte que sur des actes juridiques ; l'entrepreneur ne dispose d'aucun pouvoir de représentation, à l'inverse du mandataire, *etc*[1432]. Or, en laissant la possibilité au promoteur mandataire d'agir comme un locateur d'ouvrage, la loi obscurcit la nature du contrat. Puisque les missions du promoteur peuvent être diverses, et correspondre tout à la fois à des actes juridiques de représentation et à des actes matériels de construction, les

---

1426 G. DURAND-PASQUIER, « Le contrat de promotion immobilière sous le prisme de la réforme » *in* M. FAURE-ABBAD (dir.), *Les contrats de construction au prisme de la réforme du droit des contrats*, Presses universitaires juridiques de Poitiers, 2018, p. 61.

1427 F. LABARTHE, « La distinction du mandat et du contrat d'entreprise » *in* N. DISSAUX (dir.), *op. cit.*, p. 39.

1428 Cette possibilité est une exception légale au principe posé à l'article 1161 du Code civil, selon lequel « *en matière de représentation des personnes physiques, un représentant ne peut agir pour le compte de plusieurs parties au contrat en opposition d'intérêts ni contracter pour son propre compte avec le représenté* ». Néanmoins, l'alinéa 2 précise qu'« *en ces cas, l'acte accompli est nul à moins que la loi ne l'autorise ou que le représenté ne l'ait autorisé ou ratifié* ».

1429 D. TOMASIN, « Contrat de promotion immobilière » *in* P. MALINVAUD (dir.), *Droit de la construction*, 7ème éd., Dalloz, 2018, § 230.41.

1430 J.-L. BERGEL (dir.), « Qualification légale du contrat de promotion immobilière : mandat d'intérêt commun », *Lamy Droit Immobilier*, actualisé en juin 2019, § 2760.

1431 P. LE TOURNEAU, C. BLOCH, D. KRAJESKI, M. POUMARÈDE, « Les contrats dans leur diversité » *in* P. LE TOURNEAU (dir.), *Droit de la responsabilité et des contrats. Régimes d'indemnisation*, 11ème éd., Dalloz, 2017, § 33.00.

1432 F. LABARTHE, *art. préc.*, pp. 39-47.

parlementaires ont eu à déterminer laquelle de ces deux activités était l'accessoire de l'autre, pour pouvoir arrêter la nature définitive du contrat. Le projet de loi initial qualifiait le contrat de promotion immobilière de contrat de « louage d'ouvrage » et l'insérait aux articles 1799-1 à 1799-5 du Code civil, comme une quatrième espèce de « louage d'ouvrage et d'industrie »[1433]. Finalement, le mandat fut privilégié, semble-t-il par défaut. Il est le fruit « *d'un arbitrage de dernière heure de la Commission des lois de l'Assemblée nationale (…) entre partisans d'une qualification de mandat et partisans d'une qualification de louage d'ouvrage* »[1434].

420. Les arguments en faveur du mandat. Hugues PÉRINET-MARQUET évoque « *le caractère globalement satisfaisant* » de la qualification de mandat retenue par le législateur[1435]. A ce titre, Pierre-Yves GAUTIER évoque l'*intuitu personae*, que l'on trouve dans le contrat de promotion immobilière, comme l'une des principales spécificités du mandat[1436]. En effet, la loi précise que le promoteur « *ne peut se substituer un tiers dans l'exécution des obligations qu'il a contractées envers le maître de l'ouvrage sans l'accord de celui-ci* »[1437] et ses missions de pure représentation ne sauraient être déléguées[1438]. De surcroît, l'essence du contrat de promotion immobilière résiderait dans la représentation du maître d'ouvrage par le promoteur, en tant que substitut professionnel. La doctrine majoritaire considère à cet égard que le pouvoir de représentation constitue la véritable clef de distinction des contrats de louage d'ouvrage et de mandat. Selon Pascal PUIG, « *le mandat apparaît clairement comme une espèce particulière de louage d'ouvrage qui ne se distingue de son genre que par le mécanisme de la représentation qu'il met en œuvre* »[1439]. Mustapha MEKKI abonde en ce sens en soulignant que « *le pouvoir est au centre de la définition* » du mandat figurant à l'article 1984 du Code civil, laquelle se contente d'évoquer le pouvoir du mandataire « *de faire quelque chose pour le mandant* ». Pour l'auteur, cette expression « *englobe tant les actes juridiques que les actes*

[1433] Après le « louage de service », le louage des « voituriers par terre et par eau » et le louage des « devis et marchés ».

[1434] D. TOMASIN, « Contrat de promotion immobilière » *in* P. MALINVAUD (dir.), *Droit de la construction*, 7ème éd., Dalloz, 2018, § 230.41.

[1435] H. PÉRINET-MARQUET, « Promotion immobilière », *Répertoire de droit immobilier*, Dalloz, janvier 2013 (actualisé en mars 2014, M. FAURE-ABBAD), § 19.

[1436] P.-Y. GAUTIER, « Nature et régime juridique du mandat : jeux croisés » *in* N. DISSAUX (dir.), *op. cit.*, p. 92.

[1437] Article 1831-3 alinéa 3 du Code civil.

[1438] Toutefois, le promoteur n'a pas l'interdiction de sous-traiter les missions matérielles qu'il prend directement en charge, en tant que locateur d'ouvrage ; mais ces dernières sont optionnelles et ne constituent pas le cœur de ses attributions.

[1439] P. PUIG, « Le contrat d'entreprise » *in* L. ANDREU, M. MIGNOT (dir.), *op. cit.*, p. 124. V. T. GENICON, « Mandat et représentation » *in* B. REMY (dir.), *op. cit.*, pp. 33-67.

matériels »[1440], ce qui explique que la qualification de mandat du contrat de promotion immobilière soit « *difficile à justifier au moyen du seul critère de l'acte juridique* »[1441].

421. Cela étant, les tribunaux tendent à considérer que le contrat de promotion immobilière « *s'analyse fondamentalement en un mandat contrairement au contrat de construction immobilière qui suppose la réalisation* [exclusive] *d'actes matériels* »[1442]. Si le contrat de promotion immobilière avait dû être rangé dans la catégorie des louages d'ouvrage, il en serait résulté une confusion avec le contrat de construction de maison individuelle, notamment sans fourniture de plan. Puisque le promoteur peut se charger de la réalisation des travaux de gros œuvre, de mise hors d'eau et de mise hors d'air, à l'image du constructeur de maison individuelle, c'est bien l'existence du mandat qui permet de différencier les deux contrats[1443]. Par ailleurs, la lettre du contrat de promotion immobilière veut que le promoteur « fasse faire » la construction, non qu'il s'en charge lui-même, cette alternative n'étant abordée qu'en second plan, en tant qu'option. Pour le reste, la qualification de mandat n'est pas totalement dissociable de la réalisation d'actes matériels ou intellectuels, dès lors qu'ils sont accessoires à la prestation juridique du mandataire. Or, il est possible de considérer que ces actes ponctuels du promoteur ne suffisent pas à remettre en cause la nature de mandat du contrat de promotion immobilière. Le cas échéant, les prestations relevant du louage d'ouvrage ne supplantent pas le mandat mais se superposent à lui, sous la forme de « *greffons* », qui évitent ainsi sa dénaturation[1444]. D'ailleurs, l'article 1831-1 alinéa 2 du Code civil semble indiquer que les règles du louage d'ouvrage, qui trouvent à s'appliquer au besoin, répondent à une logique distributive. Il reste néanmoins à déterminer comment le caractère « accessoire » des actes intellectuels ou matériels du promoteur est apprécié. En l'espèce, la rémunération unique perçue par le promoteur, le plus souvent sur la base d'un pourcentage prélevé sur le montant total des travaux, rend difficilement perceptible la part prise par chaque type de mission dans la prestation globale du promoteur.

422. Les arguments en faveur du louage d'ouvrage. Puisque le promoteur peut accomplir une prestation matérielle, certains estiment que cette mission ne fait que se superposer au mandat, quand d'autres considèrent au contraire que le

---

[1440] M. MEKKI, « La distinction entre acte juridique et acte matériel à l'aune du contrat de mandat » *in* B. REMY (dir.), *op. cit.*, p. 14.

[1441] *Ibid.*, p. 26.

[1442] J.-C. GROSLIÈRE, C. SAINT-ALARY-HOUIN, Chron. « Promotion immobilière – Vente d'immeuble », *RDI*, 1985, p. 164. A titre d'exemple : Cass. Civ. 1ère, 8 mars 1977, n° 75-15331, *Bull. Civ.* I, n° 117, p. 90, *RTD Civ.* 1977. 787, obs. G. CORNU, *D.* 1979.I.R.122. note GIVERDON.

[1443] A. CAYOL, *Le contrat d'ouvrage*, Thèse, IRJS éditions, 2013, pp. 212-213, 217.

[1444] P. MALINVAUD, P. JESTAZ, P. JOURDAIN, O. TOURNAFOND, *Droit de la promotion immobilière*, 9ème éd., Dalloz, 2014, p. 698.

contrat doit s'apparenter dans sa totalité à un louage d'ouvrage. Le contrat de promotion « *place le promoteur dans la situation d'un ''prestataire de services global'' en matière immobilière pour le compte du maître de l'ouvrage. C'est pour cela qu'il est plus proche d'un louage d'ouvrage* »[1445]. En effet, « *si la prestation du mandataire se caractérise par l'accomplissement d'actes juridiques, il n'est pas sûr qu'il en soit ainsi pour le promoteur* »[1446], dont la fonction implique plus largement l'exécution d'actes intellectuels. Le promoteur se charge entre autres de choisir les intervenants à la construction, de préparer les marchés, d'organiser la coordination des entreprises sur le chantier, de gérer la comptabilité, de réceptionner les travaux[1447] ; autant de tâches qui dépassent la simple conclusion d'actes juridiques au nom et pour le compte du maître d'ouvrage[1448]. Le promoteur s'attèle en priorité à « *exécuter des actes de gestion intellectuelle ou matérielle de la programmation ou de l'exécution. Certes, il pourra, dans certains cas, représenter le maître de l'ouvrage, mais son ''obligation essentielle'' restera celle d'un locateur d'ouvrage qui s'engage à réaliser un programme de construction. Il est donc proche d'un louage d'ouvrage* »[1449]. La diversité des missions du promoteur justifierait donc le choix du louage d'ouvrage, qui tolère tous types d'actes, plutôt que celui du mandat, servant principalement à l'accomplissement d'actes juridiques[1450]. Grâce à son champ d'application très large, le louage d'ouvrage peut être utilisé pour une prestation intellectuelle d'organisation, comme pour une prestation matérielle de construction. Lorsque l'article 1831-1 alinéa 2 du Code civil prévoit la possibilité pour le promoteur de se charger directement de la construction de l'ouvrage, il précise certes qu'il ne peut s'agir que d'une « partie » de la construction, mais il ne mentionne pas pour autant le caractère seulement « accessoire » de cette mission. Or, la réalisation matérielle du programme suppose l'accomplissement d'actes intellectuels liés à la conception de l'ouvrage, ou *a fortiori* d'actes matériels liés à son édification. De même, l'article 1792-1 3° du Code civil évoque la situation du mandataire débiteur des garanties légales des constructeurs en mettant en exergue ses « *missions assimilables à celles d'un locateur d'ouvrage* ».

[1445] D. TOMASIN, « Contrat de promotion immobilière » *in* P. MALINVAUD (dir.), *Droit de la construction*, 7ème éd., Dalloz, 2018, § 230.42.
[1446] E. GAVIN-MILLAN, *th. préc.*, p. 52.
[1447] Cf. *Infra*, § 694 et s.
[1448] E. GAVIN-MILLAN, *th. préc.*, p. 47 : choisir le mandat, c'est « *faire abstraction des actes matériels accomplis par le promoteur* ».
[1449] D. TOMASIN, « Contrat de promotion immobilière » *in* P. MALINVAUD (dir.), *Droit de la construction*, 7ème éd., Dalloz, 2018, § 230.42.
[1450] Cass. Civ. 1ère, 19 février 1968, n° 64-14315, *Bull. civ.* I, n° 69, p. 54. Sur l'effritement de ce critère de distinction, v. M. MEKKI, « La distinction entre acte juridique et acte matériel à l'aune du contrat de mandat » *in* B. REMY (dir.), *op. cit.*, pp. 13-32.

423. Enfin, « *l'intention du législateur n'a-t-elle pas été d'imposer* [au promoteur] *des devoirs dépassant ceux que sa qualité de mandataire laissait supposer ?* »[1451]. Indépendamment de la typologie des actes exécutés par le promoteur, le régime qui lui est applicable dans le contrat de promotion immobilière constitue un autre argument justifiant la classification de ce dernier dans la catégorie du louage d'ouvrage. En effet, « *l'essentiel de son activité semble davantage ressortir du louage d'ouvrage* » : « *la loi lui impose des garanties, notamment des vices cachés, totalement étrangères au droit du mandat* »[1452]. A rebours des obligations traditionnellement imputées au mandataire, le promoteur immobilier est tenu de livrer au mandant le programme de construction demandé, achevé et conforme à la commande et aux normes techniques en vigueur. Par ailleurs, « *la qualité de mandataire du promoteur immobilier cadre mal avec la responsabilité qui lui incombe au titre des constructeurs* »[1453]. A la lumière de ces différents arguments, Jean-Philippe TRICOIRE estime que la qualification de mandat est « *imparfaite et partielle* »[1454]. Elodie GAVIN-MILLAN abonde dans son sens, en considérant que « *la catégorie du louage d'ouvrage a été sacrifiée, sur le bûcher de la vanité, au mépris de la réalité* »[1455]. Aussi, aurait-on pu préférer le louage d'ouvrage au mandat, en chargeant au besoin le promoteur d'une mission de représentation ponctuelle, limitée aux actes nécessitant une délégation de signature du maître d'ouvrage[1456].

424. Les arguments en faveur d'une qualification hybride. En réalité, les analyses convergent vers la reconnaissance du caractère hybride du contrat de promotion immobilière, seul à même de retranscrire la spécificité de la prestation de services mixte à laquelle il renvoie. Le contrat de promotion immobilière, « *à la lisière du mandat et du louage d'ouvrage, ne peut pas intégrer purement et simplement l'une de ces deux qualifications au risque de dénaturer l'obligation ambivalente du promoteur. Le promoteur n'est pas mandataire ou entrepreneur. Il est à l'intersection des deux* »[1457]. Le contrat de promotion immobilière est « *un contrat complexe par addition d'obligations de natures différentes* »[1458], certaines relevant du mandat, d'autres du louage d'ouvrage, selon une logique distributive. En effet, « *les deux obligations contenues dans le contrat ne peuvent être réduites ni par le critère de l'objet, car aucune n'absorbe l'utilité économique de la convention, ni par le critère de*

[1451] D. BAZIN-BEUST, *th. préc.*, p. 120.
[1452] P. LE TOURNEAU, « De l'évolution du mandat », *D.* 1992, p. 157.
[1453] D. BAZIN-BEUST, *th. préc.*, p. 162.
[1454] J.-P. TRICOIRE, Fasc. 10 « Contrat de promotion immobilière », *JCl. Construction-Urbanisme*, LexisNexis, 12 décembre 2011 (actualisé le 4 janvier 2017), § 26.
[1455] E. GAVIN-MILLAN, *th. préc.*, p. 45.
[1456] Depuis l'entrée en vigueur de l'ordonnance n° 2016-131 du 10 février 2016, les articles 1153 à 1161 du Code civil réglementent la représentation en tant que telle.
[1457] D. BAZIN-BEUST, *th. préc.*, p. 163.
[1458] E. GAVIN-MILLAN, *th. préc.*, p. 59.

la cause, car aucune n'est l'accessoire de l'autre »[1459]. Puisque ni le mandat ni le louage d'ouvrage ne parviennent à s'imposer, ces derniers se rejoignent dans un même dispositif contractuel, qui fait la singularité du contrat de promotion immobilière, en tant que prestation globale. Cette analyse vient conforter l'idée selon laquelle le promoteur prestataire de services prend le « soin principal de l'affaire », en embrassant toutes les missions nécessaires à la bonne fin de l'opération.

b. Un contrat peu utilisé par les promoteurs immobiliers

425. En raison de l'objet du contrat. Le contrat de « promotion immobilière » avait-il vocation à faire entrer toute l'activité de promotion immobilière dans une définition juridique unique, celle de l'article 1831-1 du Code civil ? On observe que « *rien dans la lecture de l'exposé des motifs ou des rapports présentés devant les Chambres ne permet de considérer que l'on ait voulu distinguer parmi les promoteurs au sens actuel du terme pour refuser à l'avenir ce titre à ceux qui utilisent les autres procédés juridiques* »[1460]. Pour cause, cette activité est peu usitée « *car trop partielle* »[1461]. Les promoteurs visés par la loi du 16 juillet 1971 sont aujourd'hui une minorité : « *un simple regard sur le marché de la construction permet d'affirmer que la moins utilisée des conventions que le législateur a mis à la disposition des parties est justement le contrat de promotion immobilière* »[1462]. Dans ce contrat, le promoteur est un prestataire de services, qui ne dispose d'aucun droit sur l'assiette foncière et qui n'investit pas de fonds propres dans l'opération. Or le promoteur immobilier tire plus de bénéfices à enrichir les capitaux investis dans une opération qu'il initie, plutôt qu'à obtenir de simples honoraires de gestion, qui par définition, ne sont que la stricte contrepartie de la nature et de la durée des prestations exécutées. Dès lors, « *le promoteur, simple prestataire de services, supporte les risques d'une opération faisant le profit d'une autre personne. C'est cette particularité qui explique sans doute le succès de la formule de la vente d'immeuble à construire par rapport au contrat de promotion immobilière* »[1463]. De fait, alors que dans le contrat de promotion immobilière, le promoteur supporte les risques de l'opération sans pouvoir dégager de bénéfices, le promoteur initiateur retire un profit bien plus substantiel dans la vente d'immeuble à construire, moyennant des contraintes analogues. Finalement, « *le contrat de promotion immobilière n'est pas un outil de*

[1459] E. GAVIN-MILLAN, *th. préc.*, p. 74.
[1460] R. DENOYELLE, *Le promoteur de constructions immobilières*, Thèse, Berger-Levrault, 1965, p. 121.
[1461] M. PAINCHAUX, Fasc. 222 « Construction. – Responsabilité des vices, malfaçons et dommages du promoteur à l'égard du souscripteur », *JCl. Construction-Urbanisme*, LexisNexis, 2018, § 1.
[1462] V. IONESCU, *th. préc.*, p. 322.
[1463] J.-L. BERGEL (dir.), « Qualification légale du contrat de promotion immobilière : mandat d'intérêt commun », *Lamy Droit Immobilier*, actualisé en juin 2019, § 2760.

l'activité de promotion pour le débiteur de l'obligation. Il l'est pour le client final qui a pu en prendre l'initiative sans l'intervention du titulaire du contrat de promotion »[1464].

426. En raison de la lourdeur des obligations. En apparence, le contrat de promotion immobilière présente plusieurs avantages pour le promoteur prestataire de services. Celui-ci n'est pas tenu d'assumer le risque du financement, comme le fait le promoteur initiateur : il n'a ni fonds à investir, ni prêt à solliciter. Le promoteur est libéré du risque de mévente, qui pèse en revanche sur celui qui commercialise son programme. Sur le plan juridique, le promoteur de l'article 1831-1 du Code civil peut proposer la conclusion d'un contrat d'études préliminaires rémunéré[1465], ou encore disposer d'un poste pour imprévu[1466] lui permettant de pallier les aléas du chantier. Toutefois, plusieurs auteurs ont dénoncé la sévérité des règles du contrat de promotion immobilière[1467] : « *les auteurs de la loi du 16 juillet 1971 sont tombés de l'absence de réglementation dans l'excès contraire, mettant sur pied une formule dont on a pu dire que son caractère draconien en fait un véritable repoussoir* »[1468]. Cette situation découlerait notamment du décalque des dispositions tirées du contrat de vente d'immeuble à construire, « *alors qu'ils n'ont pas le même profil* »[1469]. Le contrat de promotion immobilière donne lieu à une formule trop protectrice des intérêts du mandant, qui explique en partie son échec. « *Sous prétexte que le client devrait bénéficier de la même protection que celle affichée par la vente d'immeubles à construire, le législateur a semblé sacrifier l'évident déséquilibre économique à l'impératif d'une systémique consumériste* »[1470]. Selon Valentin IONESCU, « *le contrat de promotion immobilière est tributaire de ce fléau protectionniste qui l'empêche de connaître un usage plus conséquent* »[1471]. Outre qu'il ne s'adresse qu'à une minorité de promoteurs, le contrat de promotion immobilière pêche par excès de rigueur et reste donc très peu utilisé. « *Sa lourdeur en rend l'usage dissuasif, au moins dans le secteur protégé. Le caractère rarissime de la jurisprudence en la matière en constitue une preuve* »[1472].

1464 X. BEZANCON, P. BITTER, C. CUCCHIARINI, *Guide de la commande privée*, Le Moniteur, 2008, p. 90.

1465 Article R. 222-4 du CCH.

1466 *Ibid.*, article L. 222-3.

1467 J.-L BERGEL, S. CIMAMONTI, Fasc. 222 « Construction. – Responsabilité des vices, malfaçons et dommages du promoteur à l'égard du souscripteur », *JCl. Construction-Urbanisme*, LexisNexis, 2006, p. 22.

1468 P. MALINVAUD, P. JESTAZ, P. JOURDAIN, O. TOURNAFOND, *op. cit.*, p. 694.

1469 E. GAVIN-MILLAN, *th. préc.*, p. 12.

1470 V. IONESCU, *th. préc.*, p. 331.

1471 *Ibid.*, p. 330.

1472 H. PÉRINET-MARQUET, « Promotion immobilière », *Répertoire de droit immobilier*, Dalloz, janvier 2013 (actualisé en mars 2014, M. FAURE-ABBAD), § 6.

427. Malgré le caractère hybride des missions du promoteur et ses obligations qui excèdent celles d'un simple mandataire, le choix du mandat l'a emporté sur le louage d'ouvrage, qui paraissait pourtant mieux convenir au contrat de promotion immobilière. Dès lors, si ce dernier a le mérite de définir, selon une approche restrictive, une autre façon d'exercer l'activité de promotion immobilière que celle reconnue en jurisprudence, l'analyse de sa nature juridique et de ses conditions d'application révèle son caractère inadapté et explique son inemploi. Le souci affiché du législateur de préserver les intérêts du maître d'ouvrage a contribué à faire du contrat de promotion immobilière un instrument trop contraignant, éloigné des attentes des promoteurs, qui privilégient ainsi d'autres types de conventions.

II. Le promoteur immobilier dans les conventions voisines non réglementées

428. En dehors du contrat de promotion immobilière, dont l'application impérative en secteur protégé implique qu'il soit majoritairement utilisé dans le domaine de l'habitation[1473], l'activité du promoteur prestataire de services s'épanouit sous d'autres formes contractuelles, notamment avec des maîtres d'ouvrage professionnels. En effet, les « *promoteurs au sens large lui préfèrent d'autres formes, liant davantage profit et responsabilité* »[1474]. Puisque le contrat de promotion immobilière est peu utilisé par les praticiens qui le trouvent trop contraignant, ces derniers recourent à des conventions « voisines », telles que la maîtrise d'ouvrage déléguée ou l'assistance à maîtrise d'ouvrage, dont l'objet est comparable[1475]. Simple mandat ou louage d'ouvrage, ces conventions ne sont soumises à aucune réglementation particulière, notamment impérative, ce qui permet aux parties de les ajuster librement à leurs exigences[1476]. Toutefois, la proximité des contrats de maîtrise d'ouvrage déléguée ou d'assistance à maîtrise d'ouvrage avec le contrat de promotion immobilière expose les contractants à un risque de requalification, notamment en secteur protégé. Si le premier est vraisemblablement un outil exploité par le promoteur prestataire de services (A), rien n'est moins sûr s'agissant du second (B).

[1473] Néanmoins, si le bien à construire est destiné à l'habitation, le contrat de maîtrise d'ouvrage déléguée est tout de même susceptible d'être utilisé par les personnes privées et publiques qui ne sont pas assujetties aux règles d'ordre public de la loi du 16 juillet 1971, en raison des dérogations prévues aux articles L. 222-1 alinéa 2 et L. 222-2 du CCH.

[1474] D. BAZIN-BEUST, *th. préc.*, p. 376.

[1475] Cass. Civ. 3ème, 12 avril 2018, n° 16-17769.

[1476] S. BENILSI, « Quel contrat conclure ? », *Defrénois*, n° 12, 30 juin 2014, p. 667 : « *Le choix est donc toujours le suivant : soit proposer une intervention complète, permettant à l'accédant de se décharger complètement sur le promoteur, ce qui a un prix et implique une certaine protection imposée par les textes ; soit une intervention limitée, qui aura une moindre valeur économique mais permettra de conclure des contrats dont le contenu sera libre* ».

A) L'attribution de la qualité de promoteur au maître d'ouvrage délégué

429. Le contrat de promotion immobilière et le contrat de maîtrise d'ouvrage déléguée sont tous deux des contrats de mandat permettant au propriétaire d'un terrain, qui envisage la construction d'un immeuble sous sa maîtrise d'ouvrage, de se faire représenter dans l'exercice de cette fonction. Le contrat de maîtrise d'ouvrage déléguée se présente donc comme un mandat alternatif, susceptible d'être utilisé toutes les fois que le contrat de promotion immobilière ne trouve pas à s'appliquer (1). Sa nature et son objet en font un contrat très proche du contrat de promotion immobilière, bien que quelques points les différencient, dont notamment le régime de responsabilité du mandataire (2).

1. Un mandat comparable au contrat de promotion immobilière

430. Les hypothèses de recours à la maîtrise d'ouvrage déléguée. C'est sous l'effet des crises immobilières que la maîtrise d'ouvrage déléguée s'est développée, chaque fois que les promoteurs vendeurs rencontraient des difficultés à initier un programme de construction et à le commercialiser. « *Nombre de promoteurs échaudés par la mévente de programmes trop coûteux, se sont pour partie reconvertis dans la maîtrise d'ouvrage déléguée pour le compte d'investisseurs, notamment d'investisseurs institutionnels* »[1477]. Dans des contextes économiques moins favorables, les promoteurs de métier ont en effet proposé leurs services rémunérés en intervenant comme délégataires des maîtres d'ouvrage, et non plus directement comme titulaires de la maîtrise d'ouvrage. Depuis, le domaine de prédilection du contrat de maîtrise d'ouvrage déléguée est resté la construction d'ouvrages tertiaires ou industriels, pour le compte de maîtres d'ouvrage institutionnels, qui envisagent de faire construire sans disposer des compétences suffisantes pour gérer l'opération de manière autonome. Le contrat de maîtrise d'ouvrage déléguée permet en effet « *aux promoteurs privés d'offrir à des opérateurs immobiliers du secteur privé (investisseurs, banquiers, assureurs...) des prestations de service, rémunérées librement, échappant à toute réglementation spécifique d'ordre public* »[1478]. Plus généralement, le contrat de maîtrise d'ouvrage déléguée peut être utilisé chaque fois qu'un maître d'ouvrage, particulier ou professionnel - le plus souvent occasionnel - envisage de mandater un tiers pour le représenter dans l'exercice de ses attributions, dès lors que le contrat de promotion immobilière ne trouve pas à s'imposer.

[1477] P. MALINVAUD, « Nouvelles fonctions dans les marchés de construction », *RDI*, 1996, p. 447.

[1478] B. KOHL, *Droit de la construction et de la promotion immobilière en Europe. Vers une harmonisation de la protection du consommateur en droit de la construction ?*, Thèse, LGDJ, 2008, pp. 158-159.

431. La définition du contrat de maîtrise d'ouvrage déléguée. Fruit de la pratique, la maîtrise d'ouvrage déléguée est « *une notion mal connue des spécialistes de construction et peu traitée par la doctrine* »[1479]. Il s'agit de « *l'acte par lequel le maître de l'ouvrage transmet ses prérogatives à un tiers dans le but de mener à bien en ses lieu et place l'opération de construction considérée* »[1480]. Précisément, le contrat de maîtrise d'ouvrage déléguée peut être défini comme le contrat par lequel un maître d'ouvrage confie à un tiers de son choix, mandataire ou délégataire, le soin de le représenter dans l'accomplissement des actes relevant de ses attributions, nécessaires à l'opération de construction[1481], tels que notamment le dépôt des demandes d'autorisations administratives, la sélection des entreprises, la signature des marchés, la souscription des polices d'assurance, la supervision du chantier, le paiement des entreprises, la réception des travaux, la mobilisation des garanties légales[1482], *etc*. Le contrat de maîtrise d'ouvrage déléguée est un mandat au sens de l'article 1984 du Code civil, ce que la jurisprudence a eu l'occasion de confirmer[1483]. Dans cette perspective, le contrat de maîtrise d'ouvrage déléguée doit principalement porter sur des actes juridiques de représentation. « *Toutes les fois que cette représentation disparaît et que le maître de l'ouvrage délégué agit en son nom et pour son compte, il s'agira d'une mission relevant du contrat d'entreprise* »[1484]. En principe, le maître d'ouvrage délégué ne peut « *réaliser d'actes matériels autrement qu'à titre accessoire* »[1485] : s'il assume certaines missions techniques, celles-ci ne peuvent être que ponctuelles et secondaires.

432. Les points de convergence avec le contrat de promotion immobilière. Les contrats de maîtrise d'ouvrage déléguée et de promotion immobilière peuvent être rapprochés à plusieurs égards. Ils sont tous deux utilisés par le promoteur prestataire de services, qui n'a pas l'initiative du programme, mais qui est sollicité par un maître d'ouvrage tiers pour le

---

1479 C. CHARBONNEAU, « La responsabilité des maîtres d'ouvrage délégués », *RDI*, 2011, p. 208.

1480 J.-M. BERLY, « La qualité de maître de l'ouvrage du crédit-bailleur immobilier qui achète le terrain et fait construire ''pour son compte'' l'immeuble objet du contrat », *RDI*, 2003, p. 1.

1481 D. TOMASIN, « Maîtrise d'ouvrage déléguée (droit privé) » *in* P. MALINVAUD (dir.), *Droit de la construction*, 7ème éd., Dalloz, 2018, § 370.05. C. CHARBONNEAU, *art. préc.*, p. 208 : « *On entend comme contrat de maîtrise d'ouvrage déléguée un contrat conclu entre le maître de l'ouvrage et une personne à laquelle va être confié tout ou partie de ce qui relève normalement de la maîtrise d'ouvrage la conduisant à agir au nom et pour le compte du maître de l'ouvrage dans les strictes limites contractuellement déterminées* ».

1482 Cass. Civ. 3ème, 5 décembre 2007, n° 07-10806, inédit.

1483 Cass. Civ. 3ème, 21 septembre 2010, n° 09-67270, inédit.

1484 C. CHARBONNEAU, *art. préc.*, p. 208.

1485 S. DWERNICKI, E. MARTIN- IMPÉRATORI, Fasc. 200-50 « Contrat de maîtrise d'ouvrage déléguée de droit privé », *JCl. Construction-Urbanisme*, LexisNexis, 27 juin 2014, § 8.

représenter. Les deux contrats sont par nature des mandats ; « *le contrat de promotion immobilière est proche de la maîtrise d'ouvrage déléguée dans le secteur privé dans la mesure où le maître d'ouvrage donne mandat à son promoteur de le représenter dans la formation des contrats de louage d'ouvrage nécessaires à la réalisation des ouvrages* »[1486]. Ce faisant, promoteur immobilier et maître d'ouvrage délégué doivent tous deux assumer les obligations du mandataire : représenter le maître d'ouvrage dans ses rapports avec les tiers, lui rendre compte du déroulement de la mission, de l'utilisation des fonds, *etc.* En sus de cette mission principale de représentation, l'un et l'autre peuvent accepter accessoirement des missions techniques. Le maître d'ouvrage délégué peut librement définir le périmètre de son contrat, en incluant s'il le souhaite ce type de mission complémentaire, tandis que la loi prévoit explicitement la possibilité pour le promoteur de prendre partiellement en charge la construction de l'ouvrage. On peut enfin citer le parallèle entre les deux contrats qui a été dressé à l'occasion de l'extension du champ d'application de la convention collective des promoteurs immobiliers. Par un accord en date du 18 décembre 1997, les constructeurs de maisons individuelles ont fait l'objet d'un rattachement à la convention collective nationale de la promotion immobilière, créée le 18 mai 1988. Or, le préambule de cet accord a justifié ce rattachement par le fait que l'activité de construction de maisons individuelles « *se révèle très proche de la promotion quant à la démarche commerciale et à la coordination des travaux qui peuvent l'assimiler à une maîtrise d'ouvrage déléguée* »[1487], laissant ainsi entendre que cette dernière doit être comprise comme une forme de promotion immobilière. En définitive, il existerait une différence de degré plus que de nature entre le contrat de maîtrise d'ouvrage déléguée et le contrat de promotion immobilière, ce dernier incarnant une forme plus complète, plus structurée et beaucoup plus encadrée du mandat de maîtrise d'ouvrage. Pour autant, les deux contrats se démarquent aussi l'un de l'autre à plusieurs titres.

433. Les points de divergence avec le contrat de promotion immobilière. A bien y regarder, le contrat de maîtrise d'ouvrage déléguée et le contrat de promotion immobilière ne sont pas aussi similaires qu'il y parait de prime abord. Ils ne s'adressent pas aux mêmes types de contractants. En pratique, le contrat de promotion immobilière est majoritairement un outil utilisé par des professionnels, dans le cadre d'une activité habituelle et permanente, en raison des garanties que la loi exige de réunir. Le niveau d'engagement du mandataire est maximal dans le contrat de promotion immobilière, tandis que « *le maître d'ouvrage délégué ne s'engage ni sur le prix ni sur les délais* »[1488]. Inversement,

---

[1486] D. TOMASIN, « Contrat de promotion immobilière » *in* P. MALINVAUD (dir.), *Droit de la construction*, 7ème éd., Dalloz, 2018, § 230.42.

[1487] *Convention collective nationale de la promotion immobilière du 18 mai 1988. IDCC : 1512*, 8ème éd., Les éditions des journaux officiels, novembre 2013, pp. 31-32.

[1488] F. DANEMANS, « Libres propos sur le maître de l'ouvrage d'une opération de construction » *in Etudes offertes au Professeur Philippe Malinvaud*, LexisNexis Litec, 2007, p. 173.

le contrat de maîtrise d'ouvrage délégué, moins contraignant, peut être conclu de manière occasionnelle, en dehors de toute activité professionnelle, voire en dehors de toute activité rémunérée[1489]. A titre d'exemple, il arrive fréquemment que le preneur dans le contrat de crédit-bail se fasse déléguer la maîtrise d'ouvrage de l'opération envisagée, alors qu'il ne s'agit pas de son activité principale, afin de délester de cette charge le bailleur, qui sera le plus souvent un investisseur, non-professionnel de la construction[1490]. Sur un plan exclusivement juridique, le contrat de maîtrise d'ouvrage déléguée s'apparente à un mandat *stricto sensu*, incluant la possibilité d'exécuter des actes matériels mais uniquement à titre accessoire, alors que le promoteur immobilier signe un contrat hybride qui lui permet d'exécuter lui-même une partie des travaux de construction, en prenant dans cette hypothèse la qualité de locateur d'ouvrage. La maîtrise d'ouvrage déléguée est un mandat ordinaire, qui implique que le mandataire puisse être révoqué *ad nutum*, tandis que le contrat de promotion immobilière est un mandat d'intérêt commun, révocable uniquement à titre onéreux.

434. De même, l'objet de chaque contrat diffère. Le contrat de maîtrise d'ouvrage déléguée porte sur une délégation limitée ou partielle des attributions du maître d'ouvrage tandis que le contrat de promotion immobilière porte sur une délégation totale, le promoteur se chargeant de l'ensemble des missions administratives, juridiques et financières permettant de mener à terme l'opération. Autrement dit, alors que le contrat de promotion immobilière consiste en la réalisation d'un programme de construction dans sa globalité, le contrat de maîtrise d'ouvrage déléguée consiste en une mission de représentation partielle, impliquant la prise en charge de certaines attributions de la maîtrise d'ouvrage. Le maître d'ouvrage délégué ne peut en principe se voir déléguer la totalité des missions attachées à la maîtrise d'ouvrage, et ainsi « *disposer de la maîtrise totale de l'opération* »[1491], sous peine de voir sa prestation requalifiée en promotion immobilière, au sens de l'article 1831-1 du Code civil. En conséquence, « *pour conserver son caractère spécifique, le contrat de maîtrise d'ouvrage déléguée ne doit pas comporter d'engagement sur le prix ni sur les délais, à la différence du contrat de promotion immobilière* »[1492]. Dans cette perspective, le mandat du contrat de maîtrise d'ouvrage déléguée est nécessairement transparent vis-à-vis des autres intervenants. Le maître d'ouvrage délégué n'intervient que pour des missions ciblées, ce qui signifie

---

[1489] Cass. Civ. 3ème, 17 décembre 1997, n° 96-12030, inédit, *Constr.-Urb.* 1998, comm. 100.

[1490] Cass. Civ. 3ème, 2 octobre 2002, n° 01-01783, *Bull. civ.* III, n° 201, p. 171.

[1491] S. DWERNICKI, E. MARTIN- IMPÉRATORI, Fasc. 200-50 « Contrat de maîtrise d'ouvrage déléguée de droit privé », *JCl. Construction-Urbanisme*, LexisNexis, 27 juin 2014, § 8.

[1492] A. CASTON, F.-X. AJACCIO, M. CABOUCHE, L. DE GABRIELLI, M. HUET, *Traité des marchés privés de travaux. Passation et exécution*, 6ème éd., Le Moniteur, 2016, p. 55.

qu'*a minima* pour le reste, le maître d'ouvrage est clairement identifié par les tiers. Le contrat de maîtrise d'ouvrage déléguée n'est ainsi valable que si le commanditaire conserve tout de même en substance une partie des prérogatives qu'implique l'exercice de la maîtrise de l'ouvrage[1493], en plus d'en être titulaire. A ce titre, certains praticiens considèrent que le contrat de promotion immobilière serait plus adapté au maître d'ouvrage novice, quand le contrat de maîtrise d'ouvrage déléguée permettrait au maître d'ouvrage plus aguerri de moduler l'intervention du mandataire « *et ainsi de conserver éventuellement un droit de regard sur le chantier* »[1494]. Il est difficile de déterminer en deçà de quel seuil d'implication du prestataire le contrat s'apparente à de la maîtrise d'ouvrage déléguée (au regard du contrat de promotion immobilière) et au-delà de quel seuil il devient un contrat de maîtrise d'ouvrage déléguée à part entière. En effet, il est possible de prévoir dans un contrat d'une autre nature, des obligations s'apparentant à une délégation de maîtrise d'ouvrage. Le maître d'ouvrage peut parfaitement déléguer à un architecte ou à un entrepreneur, dans le cadre d'un contrat d'entreprise, certaines missions bien identifiées, comme par exemple le soin de déposer les demandes d'autorisations administratives[1495]. La maîtrise d'ouvrage déléguée peut donc consister en un contrat autonome, comme elle peut se manifester sous la forme d'une délégation ponctuelle stipulée dans un autre type de contrat.

435. Le contrat de maîtrise d'ouvrage déléguée présente des analogies avec le contrat de promotion immobilière, qui découlent notamment de leur nature commune de mandat, bien que l'éventail des attributions confiées à chaque contractant ne soit pas le même. En réalité, ce qui distingue principalement ces deux contrats est leur régime juridique. Celui du contrat de maîtrise d'ouvrage délégué est bien plus souple et bien moins contraignant que celui qui s'impose dans le cadre du contrat de promotion immobilière.

2. Un mandat privilégié par le « promoteur exécutant »

436. L'absence de régime légal spécial. Le contrat de maîtrise d'ouvrage déléguée est une création de la pratique, qui a été progressivement encadrée par la jurisprudence, sans faire l'objet d'une réglementation légale spéciale, à tout le moins en droit privé. Seules les dispositions relatives au contrat de mandat et,

---

[1493] *Ibid.*, p. 19 : « *Afin d'éviter toute confusion entre ces deux conventions, le maître d'ouvrage devra, dans un contrat de maîtrise d'ouvrage déléguée, conserver* in fine *la maîtrise de l'opération, son mandataire n'intervenant qu'en vue de l'assister et de le conseiller pour mener à bien son projet* (…). *Les parties doivent donc convenir de missions du maître d'ouvrage délégué plus restreintes que celles prévues par les dispositions de l'article L. 221-1 du CCH pour éviter tout risque de requalification* ».

[1494] M. SERROR FIENBERG, J.-M. BRIQUET, B. GAGNAIRE, Q. ROUSSEAU, « Le contrat de promotion immobilière : aspects pratiques », *RDI*, 2018, p. 320.

[1495] A titre d'exemple, une telle mission est généralement confiée au constructeur de maison individuelle, accessoirement à son obligation de construction.

plus généralement, celles ressortant du droit commun des obligations, lui sont à ce jour applicables. Pour le reste, les parties jouissent d'une assez grande liberté contractuelle. Partant, « *le principal intérêt de la maîtrise d'ouvrage déléguée est de permettre aux professionnels délégataires de faire échapper le contrat qu'ils passent aux réglementations des contrats de promotion immobilière ou de vente d'immeuble à construire qui en sont assez proches* »[1496].

437. La forme consensuelle du contrat. Alors que le contrat de promotion immobilière doit être conclu par écrit et comporter un ensemble de mentions obligatoires lorsqu'il est conclu en secteur protégé, le contrat de maîtrise d'ouvrage déléguée est un contrat consensuel, qui ne nécessite aucun formalisme. Dans un souci de sécurité juridique, les parties établissent à tout le moins un acte sous seing privé, afin de se ménager la preuve de leur accord[1497]. En revanche, si le maître d'ouvrage demande à être représenté dans la conclusion d'un acte authentique, le contrat de maîtrise d'ouvrage déléguée doit lui-même être passé par-devant notaire, conformément à la règle du parallélisme des formes[1498].

438. L'absence de prix ou de rémunération « convenus ». Le promoteur immobilier est responsable de tous les dépassements de prix rendus nécessaires par l'achèvement du programme, ce qui lui impose de souscrire une garantie de bonne fin, tandis que le maître d'ouvrage délégué ne s'engage pas sur la base d'un prix convenu ou d'un quelconque forfait. Il s'agit là d'un point fondamental de démarcation entre les deux contrats. Dans le cadre de la maîtrise d'ouvrage déléguée, le mandant conserve en substance la maîtrise de l'ouvrage et, avec elle, le risque économique de l'opération, ce qui implique que les surcoûts restent à sa charge. S'agissant des modalités de paiement, le maître d'ouvrage délégué se fait lui aussi rémunérer en honoraires, le plus souvent sous la forme d'un pourcentage indexé sur le prix des travaux. En revanche, il n'est pas limité par une rémunération « convenue » et peut solliciter des paiements complémentaires au maître d'ouvrage, si ses prestations ont requis plus de diligences que prévu. De surcroît, en tant que mandataire, le maître d'ouvrage délégué a droit au remboursement des dépenses réalisées pour les besoins de l'exécution du mandat et à l'indemnisation des pertes subies à ce titre.

439. La responsabilité contractuelle allégée du maître d'ouvrage délégué. Le régime de responsabilité du maître d'ouvrage délégué est bien plus

---

1496 P. MALINVAUD, P. JESTAZ, P. JOURDAIN, O. TOURNAFOND, *op. cit.*, p. 91.

1497 Au-delà de 1 500 euros, l'écrit est en tout état de cause obligatoire (décret n° 80-533 du 15 juillet 1980, modifié par le décret n° 2016-1278 du 29 septembre 2016). Plus largement, un acte sous seing privé sera nécessaire pour décrire avec précision les missions diverses et complexes du maître d'ouvrage délégué, en préservant l'accord éclairé des parties.

1498 V. S. BECQUÉ-ICKOWICZ, *Le parallélisme des formes en droit privé*, Thèse, Editions Panthéon-Assas, 2004.

favorable que celui du promoteur immobilier, débiteur d'une obligation de résultat générale à l'égard du mandant. Pour sa part, « *le maître d'ouvrage délégué n'engage sa responsabilité que sur le fondement de sa faute personnelle* »[1499] et ses obligations sont de moyens, conformément à sa qualité de mandataire[1500]. Ainsi, sa responsabilité n'est jamais présumée à l'égard du maître d'ouvrage, sauf dans l'hypothèse d'une inexécution totale du mandat[1501]. *A fortiori*, la responsabilité du maître d'ouvrage délégué qui ne serait pas rémunéré est encore moins sévèrement appréciée, en vertu de l'article 1992 alinéa 2 du Code civil, qui précise que « *la responsabilité relative aux fautes est appliquée moins rigoureusement à celui dont le mandat est gratuit qu'à celui qui reçoit un salaire* ». Le maître d'ouvrage délégué n'entretient aucune relation contractuelle avec les constructeurs, sauf à ce qu'il souscrive, en son nom propre, des engagements avec eux. Il n'est pas tenu au-delà des termes précis de sa mission ; il ne répond ni des fautes des intervenants, ni de la bonne fin de l'opération, comme le fait le promoteur immobilier[1502].

440. La responsabilité légale conditionnée du maître d'ouvrage délégué. Dans le contrat de promotion immobilière, le promoteur est tenu aux garanties légales des constructeurs, peu important son absence de participation au chantier. Le maître d'ouvrage délégué n'étant pas un constructeur réalisateur, la jurisprudence ne cherche pas à lui faire supporter les non-conformités[1503] ou les désordres matériels à la construction[1504], en l'absence de faute clairement démontrée. La loi ne mentionne donc pas expressément le maître d'ouvrage délégué parmi les débiteurs des garanties légales des constructeurs. En revanche, dès lors que ses missions de mandataire sont « *assimilables à celles d'un locateur d'ouvrage* », au sens de l'article 1792-1 3° du Code civil - c'est-à-dire si certaines d'entre elles induisent une implication technique dans la conception ou l'exécution de l'ouvrage - alors le maître d'ouvrage délégué est « réputé constructeur » par la loi et devient débiteur des garanties visées aux articles 1792 et suivants[1505]. En effet, selon une application distributive des régimes juridiques applicables, le maître d'ouvrage délégué qui assume les obligations d'un locateur d'ouvrage, même ponctuellement, assume les garanties qui vont de pair, pour les chefs de missions concernés. Si, en pratique, le maître d'ouvrage délégué n'intervient pas dans l'édification de l'immeuble, il peut en revanche exercer certaines fonctions qui relèvent de la maîtrise d'œuvre, comme un

---

1499 H. PÉRINET-MARQUET, « Promotion immobilière », *Répertoire de droit immobilier*, Dalloz, janvier 2013 (actualisé en mars 2014, M. FAURE-ABBAD), § 22.
1500 Cass. Civ. 3ème, 16 juin 2009, n° 07-21198, inédit.
1501 Cf. *Supra*, § 416.
1502 Cass. Civ. 3ème, 20 décembre 1995, n° 93-18899, inédit.
1503 CA. PARIS, 17 novembre 2005, jurisdata n° 2005-286159.
1504 Cass. Civ. 3ème, 29 mars 2000, n° 98-19804, inédit.
1505 J.-M. BERLY, « La qualité de maître de l'ouvrage du crédit-bailleur immobilier qui achète le terrain et fait construire ''pour son compte'' l'immeuble objet du contrat », *RDI*, 2003, p. 1.

contrôle des travaux en phase d'exécution[1506]. Ce type de mission l'expose ainsi à devoir supporter les garanties biennale et décennale, parfois sans avoir pu l'anticiper. Des difficultés peuvent donc survenir si, au terme d'un contentieux, le maître d'ouvrage délégué est qualifié de constructeur. Il ne sera pas assuré au titre de sa responsabilité civile décennale dans cette hypothèse, alors que le défaut d'assurance est pénalement sanctionné[1507]. Puisque l'article 1792-1 du Code civil est d'ordre public, les parties ne peuvent y déroger à titre conservatoire dans leur contrat. En revanche, elles peuvent stipuler, par précaution, que la mission du maître d'ouvrage délégué ne comprend aucune tâche assimilable à de la maîtrise d'œuvre[1508]. La Cour de cassation a également pu décider que le maître d'ouvrage délégué non rémunéré n'était pas assimilable à un promoteur et, partant, n'était pas tenu aux garanties légales[1509] (dans la logique de sa responsabilité allégée). Il est intéressant de noter enfin, à titre de comparaison, que les maîtres d'ouvrage délégués intervenant pour le compte d'une personne publique ne sont pas soumis aux garanties légales ; « *leur responsabilité, en droit public, est celle du mandataire et non celle du constructeur* »[1510].

441. Tableau de comparaison des contrats de maîtrise d'ouvrage déléguée et de promotion immobilière.

	Contrat de maîtrise d'ouvrage déléguée	**Contrat de promotion immobilière**
Nature	Mandat simple.	Mandat d'intérêt commun et ducroire.
Forme	Acte sous seing privé.	Acte sous seing privé et publication au fichier immobilier.
Objet	Représentation dans les actes juridiques mentionnés au contrat. Délégation partielle de la maîtrise d'ouvrage.	Représentation dans tous les actes juridiques, administratifs et financiers nécessaires à l'achèvement de l'opération. Délégation totale de la maîtrise d'ouvrage.
Garantie financière	Pas de garantie financière imposée par la loi.	Garantie financière de bonne fin.
Assurance	Eventuellement, assurance responsabilité civile décennale pour couvrir les « actes matériels s'apparentant à du louage d'ouvrage ».	Assurance responsabilité civile décennale.

[1506] Cass. Civ. 3ème, 21 octobre 2009, n° 08-17395.
[1507] Articles L. 241-1 alinéa 1er, L. 243-3 alinéa 1er du Code des assurances.
[1508] CA. PARIS, 17 novembre 2005, jurisdata n° 2005-286159 ; CA. PARIS, 26 septembre 1989, jurisdata n° 1989-024762 ; CA. PARIS, 27 novembre 2001, jurisdata n° 2001-160269 ; CA. CAEN, jurisdata n° 2013-024988.
[1509] Cass. Civ. 3ème, 17 décembre 1997, n° 96-12030, inédit. Cf. *Infra*, § 516.
[1510] F. MODERNE, « Rapport de synthèse : Nouvelles fonctions dans les marchés de construction », *RDI*, 1996, p. 511.

Responsabilité contractuelle	Obligation de moyens dans l'exécution des missions visées au contrat.	Obligation de résultat de livrer un bien conforme aux règles de l'art, à la commande et au prix convenu. Responsabilité du fait des dommages intermédiaires.
Garanties légales	Les garanties légales ne s'appliquent pas, sauf dans l'hypothèse d'« actes matériels s'apparentant à du louage d'ouvrage » (ex. mission de suivi d'exécution des travaux).	Garantie décennale. Garantie biennale. Garantie d'isolation phonique.

442. Outre le fait que sa formation et son exécution soient soumises à des règles plus simples et moins assujettissantes, le contrat de maîtrise d'ouvrage déléguée présente l'avantage de ne pas faire supporter les risques économiques de l'opération au mandataire du maître d'ouvrage. En dehors des cas d'application impérative du contrat de promotion immobilière, le promoteur prestataire de services peut accompagner le maître d'ouvrage dans sa démarche, sans le représenter nécessairement dans le cadre d'un mandat, en concluant un simple contrat d'entreprise.

B) La qualité de promoteur contestée à l'assistant à maître d'ouvrage

443. Le maître d'ouvrage qui souhaite recourir aux services d'un tiers compétent pour l'aider à exercer ses fonctions peut faire appel à un « assistant à maître d'ouvrage », à qui il ne déléguera aucun pouvoir (1). Si un parallèle peut facilement être dressé entre le contrat de maîtrise d'ouvrage déléguée et le contrat d'assistance à maîtrise d'ouvrage, en ce qu'ils satisfont un même besoin, en mobilisant des compétences similaires, le contrat d'assistance à maîtrise d'ouvrage reste pour sa part très éloigné du contrat de promotion immobilière (2).

1. Une prestation de services sans représentation

444. Les hypothèses de recours à l'assistance à maîtrise d'ouvrage. Le contrat d'assistance à maîtrise d'ouvrage a les faveurs de deux typologies de maîtres d'ouvrage : les maîtres d'ouvrage professionnels supervisant des opérations complexes sur le plan technique ou juridique, qui ont besoin du concours d'un sachant dans l'exercice de leurs fonctions et les maîtres d'ouvrage occasionnels, qui ne disposent pas des compétences suffisantes pour mener à bien leur opération ; aucun ne souhaitant pour autant déléguer ses attributions[1511]. Si les missions d'assistant à maître d'ouvrage peuvent être exécutées par des promoteurs de métier, notamment en période de crise

---

[1511] G. QUIGNA, « La mission d'assistance : programmation, assistance à la maîtrise d'ouvrage AMO, conduite d'opération », *RDI*, 1996, p. 483.

économique[1512], elles sont en réalité majoritairement assumées par des personnes qui ont exercé ou qui exercent parallèlement des fonctions de maître d'œuvre.

445. La définition du contrat d'assistance à maîtrise d'ouvrage. L'assistance à maîtrise d'ouvrage, née de l'imagination des praticiens, consiste en une prestation de services fondue dans le moule du contrat d'entreprise. Il s'agit d'un contrat « *plastique* », susceptible de « *se plier aux nouvelles exigences nées du développement de nouvelles fonctions dans le droit de la construction, notamment celles qui portent sur l'assistance au maître d'ouvrage dans ses différentes facettes* »[1513]. Les parties peuvent être amenées à conclure une « convention d'assistance à maîtrise d'ouvrage » au sens littéral, ou plus simplement une « convention de gestion » *sui generis*, qui « *s'apparente juridiquement au louage général de l'article 1710 du Code civil et en aucune façon au mandat d'intérêt commun de l'article 1831-1 du Code civil* »[1514]. En effet, ce qui distingue nettement le contrat d'assistance à maîtrise d'ouvrage du contrat de maîtrise d'ouvrage déléguée et, *a fortiori*, du contrat de promotion immobilière, est l'absence de mandat. L'assistant à maître d'ouvrage se contente d'accompagner le maître d'ouvrage dans sa démarche, de l'aider à piloter le projet, de le seconder dans les tâches qui lui reviennent ; il ne dispose d'aucun pouvoir de signature, ni d'aucune délégation. Il doit se borner à conseiller le maître d'ouvrage, afin de l'aider à prendre des décisions justes et éclairées. L'assistant à maître d'ouvrage peut ainsi « *intervenir ponctuellement sur des questions précises (AMO technique, AMO administratif)* », comme il peut « *accompagner le maître d'ouvrage tout au long de l'opération (AMO management de projet)* »[1515]. Le champ de son intervention est clairement limité, notamment pour les autres constructeurs, qui ne sauraient le confondre avec le maître d'ouvrage. Bien qu'en principe, l'assistant à maître d'ouvrage se cantonne à un rôle d'adjoint du maître d'ouvrage, dans la supervision de l'opération, ses fonctions peuvent parfois se recouper avec celles de la maîtrise d'œuvre. Franck MODERNE évoque à cet égard « *la profusion contemporaine des missions d'assistance au maître d'ouvrage, dont l'effet majeur est de grignoter de toutes parts la maîtrise d'œuvre* »[1516]. Lorsqu'il intervient,

---

[1512] G. QUIGNA, « La mission d'assistance : programmation, assistance à la maîtrise d'ouvrage AMO, conduite d'opération », *RDI*, 1996, p. 483.
[1513] F. MODERNE, « Rapport de synthèse : Nouvelles fonctions dans les marchés de construction », *RDI*, 1996, p. 511.
[1514] G. LEGUAY, « La fonction de promoteur s'inscrit-elle nécessairement dans le cadre d'un contrat de promotion immobilière ? Le contrat d'assurance ''responsabilité civile promoteur'' couvre-t-il la responsabilité du promoteur hors de ce cadre ? », *RDI*, 1999, p. 128.
[1515] P. GRELIER WYCKOFF, *Pratique du droit de la construction. Marchés publics – Marchés privés*, 8ème éd., Eyrolles, 2017, p. 23.
[1516] F. MODERNE, « Rapport de synthèse : Nouvelles fonctions dans les marchés de construction », *RDI*, 1996, p. 511.

l'assistant à maître d'ouvrage assume les missions juridiques, administratives ou financières qu'il arrive au maître d'œuvre de prendre en charge, en cantonnant alors ce dernier à un strict rôle de conception ou de suivi d'exécution.

446. Le régime juridique souple du contrat d'assistance à maîtrise d'ouvrage. En l'absence de loi réglementant spécifiquement le contrat d'assistance à maîtrise d'ouvrage, celui-ci est entièrement régi par les règles applicables au contrat d'entreprise de droit commun[1517]. En tant que locateur d'ouvrage, l'assistant à maître d'ouvrage est tenu à une obligation de résultat dans l'exécution de ses missions, qui permet au maître d'ouvrage d'engager facilement sa responsabilité contractuelle. En revanche, l'assistant à maître d'ouvrage n'est pas un locateur d'ouvrage que l'article 1792-1 du Code civil qualifie de constructeur, sauf si son intervention s'apparente pour partie à de la maîtrise d'œuvre, au sens de l'article 1792-1 1° du Code civil. Le cas échéant, l'assistant à maître d'ouvrage pourra voir sa responsabilité recherchée sur le fondement des garanties biennale et décennale.

447. Le contrat d'assistance à maîtrise d'ouvrage est un contrat d'entreprise qui ne fait l'objet d'aucune réglementation spéciale. Il permet au maître d'ouvrage peu expérimenté d'être accompagné et soutenu dans ses démarches, par un sachant qui lui délivre une prestation de conseil et d'assistance. Si certaines de ses attributions rappellent celles du maître d'ouvrage délégué et, partant, celles du promoteur immobilier au sens de la loi, l'assistant à maître d'ouvrage ne saurait pour autant se confondre avec ce dernier.

2. Un contrat éloigné du contrat de promotion immobilière

448. L'absence de mandat. En première lecture, les contrats d'assistance à maîtrise d'ouvrage et de promotion immobilière pourraient tous deux être utilisés par le promoteur prestataire de services, car ils mobilisent des compétences et renvoient à des fonctions en apparence identiques. Assistant à maître d'ouvrage et promoteur immobilier sont tous deux chargés de l'obtention des autorisations administratives, de la recherche des entreprises, de la conclusion des marchés, de la souscription des assurances, de la surveillance du chantier, du paiement des entreprises, de la réception des travaux, *etc*. Toutefois, l'assistant à maître d'ouvrage n'a aucune mission de représentation du maître d'ouvrage ; il ne peut en aucun cas l'engager à l'égard des tiers. Son rôle se limite à une fonction de conseil, de proposition, d'information et d'assistance. Or, bien que le maître d'ouvrage délégué n'intervienne lui aussi que pour des missions ciblées, et non au titre d'une prise en charge globale de l'opération (comme le fait le promoteur immobilier dans le cadre du contrat de promotion immobilière), il partage à tout le moins avec ce dernier la qualité de mandataire du maître d'ouvrage. Tel n'est pas le cas de l'assistant à maître d'ouvrage, qui

---

[1517] Cf. *Supra*, § 77 et s.

non seulement n'interfère que pour certains postes de missions, mais en outre, ne représente pas le maître d'ouvrage. Aussi, le seul fait pour l'assistant à maître d'ouvrage de partager certaines de ses compétences et fonctions avec le promoteur immobilier ne peut suffire à justifier une assimilation du premier à l'égard du second.

449. Le contrat d'assistance à maîtrise d'ouvrage s'est imposé comme une solution à l'incompétence ou à l'indisponibilité de certains maîtres d'ouvrage qui ne souhaitent ou ne peuvent assumer pleinement leur rôle. Simple prestation de services, le contrat d'assistance à maîtrise d'ouvrage est un contrat d'entreprise, à l'inverse du contrat de maîtrise d'ouvrage déléguée qui constitue un mandat. Si ces derniers sont très souvent comparés l'un à l'autre, en tant qu'alternatives au contrat de promotion immobilière, *a priori* seule la maîtrise d'ouvrage déléguée se rapproche véritablement du contrat de promotion immobilière. En tout état de cause, l'horizon contractuel du promoteur prestataire de services s'étend au-delà du contrat de promotion immobilière et des contrats qui lui sont directement apparentés. Le contrat pensé par le législateur pour encadrer son activité n'est que « *l'un des instruments juridiques mis par le droit à la disposition du promoteur pour exercer son activité* »[1518]. Il arrive ainsi que le promoteur se charge lui-même de la réalisation de l'ouvrage, et qu'il contracte l'obligation de construire.

Section 2. L'identification contractuelle du « promoteur exécutant » en qualité d'entrepreneur

450. En parallèle de la définition jurisprudentielle du promoteur, qui insiste sur sa qualité d'« initiateur », le contrat de promotion immobilière a permis au législateur de mettre en lumière une formule différente, celle du promoteur prestataire de services, mandataire du maître d'ouvrage. Son intervention se limite selon la loi aux fonctions juridiques, administratives et financières qui caractérisent l'exercice de la maîtrise d'ouvrage. Pour autant, la mission dévolue au promoteur immobilier ne peut-elle pas également inclure des prestations techniques ? Le contrat de promotion immobilière envisage lui-même cette hypothèse, en laissant la possibilité au promoteur d'outrepasser ses fonctions « naturelles », pour participer à l'élaboration matérielle de l'ouvrage. Il faudrait donc en déduire que le promoteur immobilier ne perd pas sa qualité lorsqu'il se comporte en constructeur réalisateur. Le critère du « soin principal de l'affaire », sur lequel se fonde entre autres la définition jurisprudentielle du promoteur, implique par essence que le promoteur se charge de la totalité de l'opération. En l'absence de précision sur le niveau d'implication du promoteur, celui-ci peut donc faire réaliser les travaux comme il peut les réaliser lui-même. L'hypothèse d'un promoteur-entrepreneur serait *a priori* pleinement admissible. Dans cette

[1518] J.-P. TRICOIRE, Fasc. 10 « Contrat de promotion immobilière », *JCl. Construction-Urbanisme*, LexisNexis, 12 décembre 2011 (actualisé le 4 janvier 2017), § 2.

perspective, la question se pose de savoir s'il convient de classer le contrat de construction de maison individuelle, dans lequel le constructeur prend en charge la conception et l'exécution de la totalité des travaux, parmi les contrats spéciaux de la promotion immobilière (I). La reconnaissance d'un promoteur-entrepreneur interroge plus largement, notamment au regard des conséquences qu'un tel cumul de qualités est susceptible d'engendrer (II).

I. L'attribution incertaine de la qualité de promoteur au constructeur de maisons individuelles

451. Si l'on estime que le promoteur immobilier n'est pas exclusivement l'organisateur d'un programme de construction mais qu'il peut aussi contribuer à sa réalisation concrète, il est envisageable de voir le promoteur sous les traits du constructeur de maisons individuelles (A). Ce dernier réalise une prestation globale, qui consiste à la fois à superviser l'opération et à l'exécuter sur un plan matériel. Il en supporte les risques et livre un produit fini au maître d'ouvrage. Celui-ci, relativement passif, peut aisément être considéré comme un simple accédant. Cette configuration n'est pas sans rappeler les contrats-types du promoteur immobilier que sont notamment la vente en l'état futur d'achèvement et le contrat de promotion immobilière. Toutefois, certains auteurs plaident en faveur d'une distinction entre le constructeur de maisons individuelles et le promoteur immobilier. Cette discrimination repose précisément sur le fait que le contrat de construction de maison individuelle est un louage d'ouvrage, se rapportant à une prestation technique (B).

A) La qualité supposée de promoteur immobilier du constructeur de maisons individuelles

452. La généralisation de la construction pavillonnaire a rendu nécessaire l'adoption d'un contrat dédié, visant à éviter les montages frauduleux et le recours inapproprié à des conventions ne garantissant pas une protection suffisante au maître d'ouvrage. Le contrat de construction de maison individuelle permet ainsi au propriétaire d'un terrain de se faire livrer, clefs en mains, une maison ne comportant pas plus de deux logements. S'il offre un cadre protecteur à une nouvelle catégorie d'accédants, sa réglementation reprend en substance celle des autres contrats spéciaux de la construction (1). Le cadre dans lequel ce contrat est utilisé, les missions assumées par le constructeur, ou bien encore l'étendue de sa responsabilité, sont autant d'arguments qui suggèrent, en apparence, l'identification du constructeur de maisons individuelles au promoteur immobilier (2).

1. Le champ d'application du contrat de construction de maison individuelle

453. La nécessité de remédier à une protection insuffisante de certains accédants. La construction de maisons individuelles connaît une forte expansion à partir des années 1950[1519]. En l'absence de réglementation spéciale, les maîtres d'ouvrage n'ont d'autre choix que de recourir au louage d'ouvrage, pour confier à une entreprise générale ou à plusieurs corps d'état séparés, la construction de leur maison. Lorsque celle-ci est entièrement laissée à la charge d'un même intervenant, l'opération est d'autant plus risquée ; la « *centralisation des missions mais aussi des paiements, sur un seul professionnel, aggravée par la différence de moyen et de compétence, peut créer un important déséquilibre dans la relation contractuelle* »[1520]. Afin de résoudre les difficultés rencontrées par ces maîtres d'ouvrage, possédant le plus souvent « *la qualité de ''consommateur de logement''* »[1521], « *le parachèvement du régime juridique mis en place était apparu indispensable au législateur* »[1522]. Avant l'adoption de la loi du 19 décembre 1990[1523], la construction de maisons individuelles fait l'objet de plusieurs ébauches de réglementation[1524]. L'encadrement juridique du

---

[1519] P. MALINVAUD, P. JESTAZ, P. JOURDAIN, O. TOURNAFOND, *op. cit.*, p. 23 : le manque de terrains constructibles dans les centres villes, de plus en plus saturés, le développement de l'automobile et un contexte économique favorable facilitent l'accession à la propriété de maisons individuelles construites en zone périurbaine. P. THIRIOT, *Le contrat de construction d'une maison individuelle avec fourniture du plan (après la loi n° 90-1129 du 19 décembre 1990)*, Thèse, Université de Toulouse, 1991, p. 9 : « *''L'idéologie pavillonnaire'' diffusée par le discours politique s'appuie sur des valeurs de liberté, de sécurité et de propriété* ».

[1520] C. PONCE, *op. cit.*, pp. 7-8.

[1521] C. NOBLOT, « Renaissance de l'obligation du prêteur de vérifier la qualification du contrat de construction », *RDI*, 2012, p. 167.

[1522] J.-L. BERGEL (dir.), « Contrat de construction de maison individuelle : la construction par un intermédiaire sur le terrain du maître de l'ouvrage sans pouvoir de représentation », *Lamy Droit Immobilier*, actualisé en juin 2019, § 2837.

[1523] Loi n° 90-1129 du 19 décembre 1990 relative au contrat de construction d'une maison individuelle.

[1524] La construction de maison individuelle est appréhendée pour la première fois sous la forme d'un contrat autonome dans le décret n° 58-933 du 8 octobre 1958, qui réglemente les « *constructions légères préfabriquées à usage d'habitation* ». Par la suite, l'article 45 du Titre VI de la loi n° 71-579 du 16 juillet 1971 définit le contrat de construction de maison individuelle comme le contrat par lequel « *une personne se charge de la construction d'un immeuble à usage d'habitation ou d'un immeuble à usage professionnel et d'habitation d'après un plan qu'elle a proposé ou fait proposer au maître de l'ouvrage* » et assortit déjà le contrat de plusieurs règles d'ordre public, qui seront ultérieurement reprises par la loi de 1990. Enfin, les articles 30 et 31 de la loi n° 72-649 du 11 juillet 1972 viennent ajouter des règles complémentaires. Bien que novateurs, ces différents corps de règles essuient cependant plusieurs critiques (B. BOUBLI, « Commentaire de la loi n° 90-1129 du 19 décembre 1990 sur la construction d'une maison individuelle », *D.* 1991, p. 165). « *Sur bien des points la*

contrat est finalement actualisé sous l'égide de la loi du 19 décembre 1990, dont les objectifs sont d'une part, « *d'assurer une meilleure protection des accédants (…), en améliorant la sécurité financière et juridique de l'opération de construction* » et, d'autre part, « *d'accroître le professionnalisme des acteurs de la construction* »[1525]. Ainsi, le contrat spécial de construction de maison individuelle s'impose lorsqu'un immeuble à usage d'habitation ou mixte, ne comportant pas plus de deux logements pour le compte du même maître d'ouvrage[1526], est édifié[1527] sur un terrain lui appartenant déjà, par un constructeur qui fournit directement ou indirectement le plan[1528], ou bien qui réalise cumulativement les travaux de gros œuvre, de mise hors d'eau et de mise hors d'air. Selon le périmètre d'intervention du constructeur, les parties sont amenées à conclure un contrat de construction de maison individuelle avec ou sans fourniture de plan[1529]. S'agissant du premier, puisque le maître d'ouvrage confie la conception de l'ouvrage, ainsi que tout ou partie de son exécution, à un intervenant unique, il prend un risque qui justifie l'application d'une réglementation impérative. S'agissant du second, dans la mesure où le constructeur va jusqu'à la mise hors d'air, l'importance de son implication justifie l'encadrement légal du contrat. Ces travaux représentent en effet une part substantielle de l'exécution de l'ouvrage et les postes concernés sont assurément stratégiques au regard de la solidité du bâtiment et de ses conditions d'habitabilité.

454. Un contrat d'entreprise spécial. « *Finalement devant l'inconnu du contrat* sui generis*, la pratique, la doctrine et la jurisprudence ont préféré faire entrer ce nouveau contrat dans une classification déjà existante, celle du contrat*

---

protection du maître de l'ouvrage n'était pas satisfaisante » (D. TOMASIN, « Contrats de construction de maison individuelle : généralités relatives à la réglementation » *in* P. MALINVAUD (dir.), *Droit de la construction*, 7ème éd., Dalloz, 2018, § 220.26).

1525 P. THIRIOT, *th. préc.*, p. 20.

1526 C. PONCE, *op. cit.*, p. 29 : « *Jadis l'évasion était possible en construisant deux logements (dont l'un pouvait être un modeste studio) ; aujourd'hui la fuite n'est plus possible que si l'on réalise trois logements, ce qui suppose des moyens matériels et financiers dissuasifs* ».

1527 Le contrat de construction de maison individuelle ne porte que sur les constructions neuves. Il ne peut être utilisé dans le cadre de la rénovation ou la réhabilitation de maisons individuelles (Cass. Civ. 3ème, 20 mars 2013, n° 11-27567, *Bull. civ.* III, n° 36). S. BENILSI, *art. préc.*, p. 667.

1528 Il suffit que « *le constructeur propose le plan du bâtiment, qu'il l'ait ou non personnellement élaboré* » (J.-C. GROSLIÈRE, C. SAINT-ALARY-HOUIN, « Contrat de construction de maisons individuelles : notion », *RDI*, 1990, p. 221) ; peu important que le constructeur se soit seulement contenté de mettre en forme un plan imaginé par le client (P. THIRIOT, *th. préc.*, p. 31) ou qu'il ait modifié l'un de ses plans pour se conformer aux prescriptions du maître d'ouvrage (Cass. Civ. 3ème, 5 décembre 1990, n° 89-12931, *Bull. civ.* III, n° 256, p. 145).

1529 Articles L. 231-1 alinéa 1er et L. 232-1 alinéa 1er du CCH.

d'entreprise »[1530]. Le contrat de construction de maison individuelle étant une « *variété de contrat d'entreprise* », il partage de nombreux points communs avec son modèle. Néanmoins, à la lecture des articles L. 231-1 et L. 232-1 du Code de la construction et de l'habitation, plusieurs points de dissemblance apparaissent. En sus d'être circonscrit à une seule typologie de constructions (des maisons individuelles neuves ne comportant pas plus de deux logements)[1531], le contrat de construction de maison individuelle se distinguerait du louage d'ouvrage « *par le fait que le constructeur se charge de la construction selon un plan qu'il propose au maître de l'ouvrage* »[1532]. Cependant, un tel critère n'est pas déterminant car le contrat de construction de maison individuelle peut également être conclu sans plan. En revanche, il est possible de considérer que la différence entre les deux contrats réside dans le fait que le contrat de construction de maison individuelle s'impose lorsque la participation du constructeur atteint un certain niveau d'implication, soit qu'il fournisse le plan, soit qu'il se charge de l'exécution des travaux les plus substantiels.

455. Il s'agit surtout d'un contrat d'entreprise d'un genre particulier, « *à protection renforcée* »[1533]. Ses dispositions sont toutes relatives au secteur protégé et partant, impératives. Le constructeur « *assume une mission et des responsabilités qui dépassent celles d'un simple entrepreneur* »[1534]. Plusieurs auteurs ont d'ailleurs dénoncé l'excès de contraintes mises à sa charge, conduisant à une surprotection du maître d'ouvrage et, partant, à un contournement du dispositif[1535]. « *Cette loi complexe n'a pas rempli son rôle et son caractère excessif a conduit à un véritable détournement de ses règles* »[1536] par les professionnels du secteur, souvent peu structurés[1537]. Pourtant, le

---

[1530] P. THIRIOT, *th. préc.*, p. 76. Cass. Crim., 20 décembre 1978, n° 78-92655, *Bull. crim.*, n° 361, p. 941, *RDI* 1979. 479.

[1531] P. MELMOUX, « Loi du 19 décembre 1990. Le nouveau contrat de construction de maison individuelle », *AJDI*, 1992, p. 8.

[1532] J.-C. GROSLIÈRE, C. SAINT-ALARY-HOUIN, Chron. « Promotion immobilière – Vente d'immeuble », *RDI*, 1988, p. 222.

[1533] B. BOUBLI, « Commentaire de la loi n° 90-1129 du 19 décembre 1990 sur la construction d'une maison individuelle », *D.* 1991, p. 165.

[1534] P. THIRIOT, *th. préc.*, p. 77.

[1535] P. MALINVAUD, P. JESTAZ, P. JOURDAIN, O. TOURNAFOND, *op. cit.*, pp. 26-27 : « *Le contrat est trop contraignant, trop compliqué, mal conçu et la garantie de livraison a un coût littéralement prohibitif. On assiste du coup à une véritable explosion des opérations frauduleuses destinées à éluder le régime protecteur : pseudos contrats de ''maitrise d'œuvre'', fausses ''maîtrises d'ouvrage déléguées'', faux louages d'ouvrage,* etc ».

[1536] J.-L. BERGEL (dir.), « Contrat de construction de maison individuelle : la construction par un intermédiaire sur le terrain du maître de l'ouvrage sans pouvoir de représentation », *Lamy Droit Immobilier*, actualisé en juin 2019, § 2837.

[1537] P. MALINVAUD, P. JESTAZ, « La recommandation de la Commission des clauses abusives concernant le contrat de construction de maisons individuelles », *RDI*, 1981,

propriétaire de la maison à construire conserve ici l'exercice de la maîtrise d'ouvrage. Force est de constater que l'« *on a paradoxalement fait un quasi-accédant de celui qui est déjà propriétaire* », en le traitant « *comme l'acquéreur d'un produit, ce qui fait que l'on oublie qu'il est propriétaire et maître de l'ouvrage* »[1538]. Curieusement, bien que la réglementation applicable en fasse un contrat d'adhésion standardisé d'inspiration consumériste, le contrat de construction de maison individuelle est l'un des contrats spéciaux de la construction qui permet le moins au maître d'ouvrage de déléguer ses attributions. Inversement, lorsque le maître d'ouvrage recourt à différentes entreprises qu'il fait intervenir par corps d'état séparés, le contrat d'entreprise recouvre son empire à titre résiduel[1539], sans qu'aucune réglementation spéciale vienne préserver les intérêts de celui qui cherche à se loger. Cette conjoncture est discutable car celui qui recourt à un interlocuteur unique pour le gros œuvre, la mise hors d'eau et la mise hors d'air est plus protégé que celui qui fait construire son habitation par plusieurs entrepreneurs, alors que son besoin en protection est analogue, si ce n'est supérieur.

456. Le contrat de construction de maison individuelle apporte un cadre très protecteur au maître d'ouvrage qui fait construire une maison sur son terrain, en remédiant à une situation que les autres contrats spéciaux ne résolvaient que partiellement. Ce louage d'ouvrage, d'un genre spécial, se distingue *a priori* du contrat de promotion immobilière, quoique certains arguments permettent en réalité de les rapprocher.

2. La construction de maisons individuelles, une forme de promotion immobilière

457. Un contrat comparable au contrat de promotion immobilière. Le contrat de construction de maison individuelle et le contrat de promotion immobilière possèdent plusieurs points communs, qui autorisent à penser que la construction de maisons individuelles pourrait s'apparenter à une forme de promotion immobilière. Dans l'un et l'autre contrat, le maître d'ouvrage initial et définitif de l'opération, s'adresse à un interlocuteur unique, qu'il charge de

---

p. 155 : « *Alors qu'en général les promoteurs de logements collectifs sont d'une taille importante, qu'ils bénéficient des conseils des juristes, avocats, conseils juridiques, notaires,* etc., *les constructeurs de maisons individuelles sont, pour nombre d'entre eux, de petites entreprises de bâtiment indépendantes dont les préoccupations juridiques sont souvent faibles ; ainsi, dans bien des cas, c'est beaucoup plus par ignorance de la loi que par volonté délibérée que des irrégularités se glissent dans ces contrats* ».

[1538] F. ZÉNATI-CASTAING, « La dimension fondatrice de l'accession à la propriété » *in* S. BECQUÉ-ICKOWICZ, S. CABRILLAC, J.-F. MONTREDON (dir.), *La protection de l'accédant immobilier*, LexisNexis Litec, 2010, p. 31.

[1539] CA. DIJON, 14 avril 1992, jurisdata n° 1992-042957. M. BARRÉ-PÉPIN, « Contrat de construction d'une maison individuelle », *Répertoire de droit immobilier*, Dalloz, janvier 2007 (actualisé en septembre 2019), § 25.

réaliser ou de faire réaliser l'opération. En prévoyant que le constructeur de maison individuelle « se charge de la construction », l'expression utilisée à l'article L. 231-1 du Code de la construction et de l'habitation « *renvoie à la logique du contrat de promotion immobilière (initiative, soin principal)* »[1540]. En pratique, les constructeurs de maisons individuelles se présentent de plus en plus « *comme des chefs d'orchestre, des ''ensembliers'' dont la mission est de commercialiser un produit puis de le faire réaliser par un réseau de sous-traitants présélectionnés. La démarche ressemble donc,* mutatis mutandis, *aux méthodes de la promotion immobilière : le constructeur apparaît comme un opérateur central ayant la charge, voire le ''soin'' de réaliser un ouvrage* »[1541]. Néanmoins, le contrat de promotion immobilière se caractérise principalement par la prise en charge du montage et du suivi de l'opération et, ce faisant, par la représentation du maître d'ouvrage dans tous les actes de gestion qui lui incombent. En comparaison, l'entrepreneur qui « *exécute seulement des travaux de construction, ne peut, à aucun moment, être qualifié de représentant du maître de l'ouvrage, critère du contrat de promotion* »[1542]. Pour sa part, le contrat de construction de maison individuelle se caractérise principalement par la prise en charge de la phase de conception et/ou d'édification de l'ouvrage. Ainsi, « *lorsque le constructeur traite en son propre nom les divers contrats d'entreprise et non comme mandataire du propriétaire, il y a contrat de construction* », ce qui signifie que « *la faculté de sous-traiter caractériserait le contrat de construction par rapport au contrat de promotion immobilière* »[1543].

458. Il arrive cependant que les missions confiées respectivement au constructeur et au promoteur se confondent. Lorsque le contrat de promotion immobilière comporte une mission accessoire d'édification, « *il ne faut pas s'étonner que certains auteurs le rapprochent du contrat de construction de maison individuelle avec fourniture de plan* »[1544]. En effet, la réalisation matérielle de l'ouvrage peut n'être prise en charge que partiellement par le constructeur de maisons individuelles. L'article L. 231-1 b) du Code de la construction et de l'habitation dispose que le constructeur qui fournit le plan peut réaliser « *une partie des travaux de construction* », de même que l'article L. 232-1 du même Code décrit la situation du constructeur qui ne se charge que des travaux de gros œuvre, de mise hors d'eau et de mise hors d'air. Par ailleurs, la distinction entre les deux contrats devient ténue lorsque le constructeur de maisons individuelles représente ponctuellement le maître d'ouvrage pour des missions juridiques, administratives ou financières - telles que l'obtention du

---

[1540] C. PONCE, *op. cit.*, pp. 39, 47.
[1541] *Ibid.*, p. 5.
[1542] D. TOMASIN, « Contrat de construction de maison individuelle : domaine de la réglementation » *in* P. MALINVAUD (dir.), *Droit de la construction*, 7ème éd., Dalloz, 2018, § 221.42.
[1543] P. THIRIOT, *th. préc.*, p. 63.
[1544] D. TOMASIN, « Contrat de promotion immobilière » *in* P. MALINVAUD (dir.), *Droit de la construction*, 7ème éd., Dalloz, 2018, § 230.42.

prêt ou le dépôt de la demande de permis de construire[1545] - ce que son contrat ne lui interdit pas de faire. Ces prestations réalisées au nom et pour le compte du maître d'ouvrage sont, « *d'évidence, exorbitantes du champ du contrat de louage d'ouvrage* »[1546]. Dans certains cas, les missions de représentation confiées au constructeur sont d'une importance telle qu'elles supplantent la mission principale de réalisation des travaux, et conduisent le juge à privilégier la qualité de « promoteur de fait », malgré la conclusion d'un contrat de construction de maison individuelle[1547]. Enfin, le promoteur et le constructeur de maisons individuelles partagent sensiblement le même régime de responsabilité. Ce dernier « *assume une mission et des responsabilités qui dépassent celles d'un simple entrepreneur et s'apparentent plutôt à celles d'un promoteur* »[1548].

459. A la lumière de ces différents arguments, il serait donc possible de voir dans le contrat de construction de maison individuelle « *une formule intermédiaire entre le marché de travaux et le contrat de promotion* »[1549]. Certains auteurs soutiennent le parallèle entre ces deux catégories d'intervenants. Pour Philippe MALINVAUD, Philippe JESTAZ, Patrice JOURDAIN et Olivier TOURNAFOND, l'assimilation de l'un à l'autre ne fait pas de doute : « *il n'y a qu'un seul cas où le promoteur réalise l'immeuble, c'est celui du contrat de construction de maison individuelle où le promoteur est en même temps un constructeur. Sans doute faudrait-il parler dans ce cas seulement de ''constructeur'', mais comme ce professionnel est soumis à des règles analogues, il est d'usage de parler alors de ''promoteur-constructeur''* »[1550]. Mélanie PAINCHAUX évoque quant à elle le « *promoteur constructeur de maisons individuelles* » sans s'en justifier, laissant ainsi entendre qu'il s'agit là d'une figure acquise[1551]. Pour sa part, Jean-Philippe TRICOIRE n'est pas opposé à l'idée que le constructeur de maisons individuelles puisse être considéré comme un promoteur, qui serait « *alors davantage un constructeur au sens technique qu'un véritable promoteur au sens*

[1545] Selon une lecture négative de l'article L. 231-3 a) du CCH, ce type de mandat est bien envisageable sous réserve qu'il respecte les prescriptions légales.

[1546] C. PONCE, *op. cit.*, p. 39.

[1547] Cf. *Supra,* § 313 : Cass. Civ. 3ème, 10 février 1993, n° 90-21891, *Bull. civ.* III, n° 17, p. 11, *RDI* 1993. 387, obs. J.-C. GROSLIÈRE, C. SAINT-ALARY-HOUIN : « *malgré l'existence d'un contrat de construction de maison individuelle signé par le maître de l'ouvrage et un constructeur, la société Tradition 4 Etoiles s'était comportée en promoteur, en prenant l'initiative et le soin principal de l'affaire, et était tenue, comme tel, de répondre des malfaçons, même en dehors de tout contrat de promotion immobilière au sens de l'article 1831-1 du Code civil* ».

[1548] P. MALINVAUD, P. JESTAZ, P. JOURDAIN, O. TOURNAFOND, *op. cit.*, p. 628.

[1549] *Idem.*

[1550] *Ibid.*, p. 1.

[1551] M. PAINCHAUX, Fasc. 222 « Construction. – Responsabilité des vices, malfaçons et dommages du promoteur à l'égard du souscripteur », *JCl. Construction-Urbanisme*, LexisNexis, 2018, § 7.

proprement économique »[1552]. Par ailleurs, ce rapprochement a été clairement reconnu dans le cadre des accords professionnels qui régissent le secteur. La convention collective nationale de la promotion immobilière du 18 mai 1988 règle les rapports entre les employeurs et les employés des entreprises assurant principalement « *une activité de promotion immobilière ou une activité de constructeur de maisons individuelles* »[1553]. Le préambule de l'accord du 18 décembre 1997, qui a consacré le rattachement des constructeurs de maisons individuelles à la convention collective de la promotion, expose les motifs qui ont présidé à cette décision. Le but était de doter les constructeurs de maisons individuelles d'un statut collectif traitant des différentes problématiques soulevées par l'exercice de la profession, en évitant, pour ce faire, la création d'une nouvelle convention collective autonome, qui se serait surajoutée à celles existant déjà. Surtout, le préambule expose que « *le choix de la convention collective nationale de la promotion-construction se justifie naturellement par le fait que l'activité de construction de maisons individuelles (exercé dans un cadre juridique très précis réglementé par les articles L. 231-1 et suivants et L. 232-1 et suivants du Code de la construction et de l'habitation) se révèle très proche de la promotion quant à la démarche commerciale et à la coordination des travaux qui peuvent l'assimiler à une maîtrise d'ouvrage déléguée* »[1554], cette dernière étant, à certains égards, un succédané du contrat de promotion immobilière[1555].

460. En apparence, le contrat de construction de maison individuelle et le contrat de promotion immobilière reposent tous deux sur un objet et un régime comparables, qui suggèrent ainsi que la construction de maisons individuelles peut constituer une forme de promotion immobilière. En réalité, des divergences de fond fragilisent l'idée d'une assimilation du constructeur de maisons individuelles au promoteur immobilier.

B) La qualité contestée de promoteur immobilier du constructeur de maisons individuelles

461. A l'inverse des autres types de contrats que le promoteur est amené à utiliser, le louage d'ouvrage serait inadapté à son activité (1). L'amalgame entre les fonctions de promoteur immobilier et d'entrepreneur du bâtiment est au

---

[1552] J.-P. TRICOIRE, Fasc. 10 « Contrat de promotion immobilière », *JCl. Construction-Urbanisme*, LexisNexis, 12 décembre 2011 (actualisé le 4 janvier 2017), § 2.

[1553] *Convention collective nationale de la promotion immobilière du 18 mai 1988. IDCC : 1512*, 8ème éd., Les éditions des journaux officiels, novembre 2013, p. 1. L'article 1er rattache explicitement l'activité de construction de maisons individuelles aux « *dispositions des articles L. 231-1 et suivants et L. 232-1 et suivants du CCH* ».

[1554] *Convention collective nationale de la promotion immobilière du 18 mai 1988. IDCC : 1512*, 8ème éd., Les éditions des journaux officiels, novembre 2013, pp. 31-32.

[1555] Cf. *Supra*, § 430 et s.

surplus contestable, que cette qualité soit lue sous un angle juridique ou matériel[1556] (2).

1. Un contrat de louage d'ouvrage

462. L'absence de louage d'ouvrage entre le promoteur et l'accédant. Le contrat d'entreprise ne compte pas parmi les outils contractuels reconnus comme étant ceux du promoteur, car son activité est essentiellement associée à la vente ou au mandat[1557]. *A contrario*, le constructeur de maisons individuelles est nécessairement le signataire d'un contrat d'entreprise, « *qui ne peut entraîner de confusion avec le contrat de promotion car l'obligation principale de l'entrepreneur porte sur des actes matériels* »[1558]. L'exercice d'une activité exclusivement « technique », correspondant à l'exécution de travaux de construction, empêche ainsi la qualification de promoteur[1559]. Le vendeur d'immeuble à construire et le promoteur mandataire « font réaliser » l'ouvrage mais ne le réalisent pas eux-mêmes : « *le propre du promoteur n'est pas de construire, mais de faire construire* »[1560]. Dans la vente en l'état futur d'achèvement comme dans le contrat de promotion immobilière, le louage d'ouvrage est utilisé dans les rapports entre le promoteur et les intervenants, non dans les relations que le promoteur entretient avec l'accédant[1561]. Le promoteur apparait en conséquence comme « *un simple intermédiaire et non le réel constructeur du programme* »[1562], « *l'intermédiaire entre l'accédant et les hommes de l'art* »[1563]. Assurément, « *le rôle du promoteur n'est pas de participer à l'édification de l'immeuble en qualité de locateur d'ouvrage mais de servir d'intermédiaire pour permettre la réalisation de l'opération de construction en se chargeant d'accomplir les actes et formalités nécessaires* »[1564]. Sa collaboration à l'opération correspond par essence à une « *prestation de services intellectuels* », une « *entremise* »[1565]. Ainsi, le promoteur commande les travaux pour son compte, en qualité de maître

---

[1556] B. AVRIL, B. ROTH, *op. cit.*, p. 15.
[1557] Cass. Crim, 20 décembre 1978, n° 78-92655, *Bull. crim.*, n° 361, p. 941, *RDI* 1979. 479.
[1558] D. TOMASIN, « Contrat de construction de maison individuelle : domaine de la réglementation » *in* P. MALINVAUD (dir.), *Droit de la construction*, 7ème éd., Dalloz, 2018, § 221.42.
[1559] Cass. Soc, 29 mai 1979, n° 78-10256, *Bull. soc.*, n° 473, *RDI* 1980. 181.
[1560] R. DENOYELLE, *th. préc.*, p. 82.
[1561] J.-P. TRICOIRE, Fasc. 10 « Contrat de promotion immobilière », *JCl. Construction-Urbanisme*, LexisNexis, 12 décembre 2011 (actualisé le 4 janvier 2017), § 15.
[1562] J.-L. BERGEL (dir.), « Mission du promoteur », *Lamy Droit Immobilier*, actualisé en juin 2019, § 2761.
[1563] V. IONESCU, *th. préc.*, p. 12.
[1564] « Promotion immobilière », *Dictionnaire Permanent Construction et Urbanisme*, Editions Législatives, actualisé le 25 juin 2014, § 1-2.
[1565] CA. PARIS, 8 mars 1966, *RTD Com.* 1966. 965.

d'ouvrage, ou pour le compte de son mandant, tandis que le constructeur, qui est chargé de les exécuter, les sous-traite au besoin pour son propre compte.

463. Bernard BOUBLI souligne à ce titre que le constructeur de maisons individuelles n'est pas toujours le constructeur qu'il parait être : « *prestataire de service qui propose un plan, selon un modèle type ou selon un modèle préétabli, il sous-traite en pratique la totalité des travaux. Juridiquement locateur d'ouvrage, il est, en fait, un intermédiaire entre l'accédant et les constructeurs* »[1566]. En effet, si le constructeur de maisons individuelles sous-traite toutes les prestations matérielles qui lui incombe, il réduit son intervention à celle d'un intermédiaire, d'un organisateur et partant, d'un promoteur. L'intégration du constructeur de maisons individuelles dans la catégorie des promoteurs pourrait donc être envisageable à la condition qu'il sous-traite la totalité de ses missions matérielles. En réalité, « *le constructeur ne peut sous-traiter que ce qu'il est habilité à accomplir lui-même. L'activité d'un constructeur de maison individuelle est donc assimilable à celle d'une entreprise de bâtiment, même si le constructeur ne se réserve qu'un rôle de prestataire de service* »[1567]. Aussi, le seul fait pour le constructeur de maisons individuelles d'être juridiquement chargé de l'accomplissement des travaux fait irrémédiablement de lui un locateur d'ouvrage, peu important qu'il sous-traite ces derniers, cette circonstance n'ayant aucune incidence sur la nature du contrat conclu avec le maître d'ouvrage.

464. La délégation seulement éventuelle et ponctuelle de l'exercice de la maîtrise d'ouvrage au constructeur de maisons individuelles. Dans le contrat de construction de maison individuelle, le maître d'ouvrage conserve l'exercice de la maîtrise d'ouvrage, alors que dans les contrats relevant de la promotion immobilière, cette tâche incombe par principe au promoteur. Le constructeur de maisons individuelles ne doit pas réunir les mêmes compétences dès lors qu'il ne gère pas les tâches administratives, juridiques ou financières. A titre d'exemple, « *le constructeur de maisons individuelles, qui est un professionnel de la construction et non du crédit, n'est pas tenu d'un devoir de conseil en ce dernier domaine* »[1568]. En outre, « *le constructeur de maisons individuelles, classiquement considéré comme un locateur d'ouvrage n'est pas astreint à l'obligation de souscription* [de l'assurance dommages-ouvrage] *puisqu'il n'est ni vendeur, ni propriétaire, ni mandataire du propriétaire* »[1569]. En tout état de cause, « *l'accomplissement de certaines formalités administratives pour le*

[1566] B. BOUBLI, « Commentaire de la loi n° 90-1129 du 19 décembre 1990 sur la construction d'une maison individuelle », *D.* 1991, p. 165.

[1567] P. MALINVAUD, B. BOUBLI, « Contrat d'entreprise. Entreprise générale de bâtiment. Définition », *RDI*, 1992, p. 326.

[1568] CA. PARIS, 2 mars 1988. J.-C. GROSLIÈRE, C. SAINT-ALARY-HOUIN, « Promotion immobilière – Vente d'immeuble », *RDI*, 1988, p. 222.

[1569] F. AUSSEUR, « Les obligations particulières du maître de l'ouvrage : les assurances », *RDI*, 2002, p. 458.

maître de l'ouvrage ne fait pas du constructeur d'une maison individuelle son mandataire »[1570]. La distinction entre les deux contrats réside dans l'étendue des attributions déléguées par le maître d'ouvrage : la totalité par principe au promoteur, certaines éventuellement au constructeur de maisons individuelles. Si, à certains égards, le contenu du mandat confié au promoteur peut partiellement « *ressembler aux prestations fournies par un constructeur de maison individuelle (par exemple pour l'obtention du permis de construire ou de la garantie ''dommage-ouvrage''), l'incertitude cesse à l'examen détaillé de la situation* »[1571].

465. Ainsi, l'existence d'un contrat de louage d'ouvrage entre le maître d'ouvrage et le constructeur de maisons individuelles place ce dernier en dehors de la catégorie des promoteurs immobiliers, ces derniers intervenant en qualité de maîtres d'ouvrage professionnels, plutôt sous les traits du vendeur ou du mandataire. En sus d'être un locateur d'ouvrage au sens du droit, le constructeur de maisons individuelles est également un entrepreneur du bâtiment, ce qui le distingue du promoteur, pour plusieurs raisons.

2. Une intervention principalement matérielle

466. Une identité différente. A l'inverse du promoteur immobilier, qui « *ne se charge pas de l'édification matérielle, ni même de la conception architecturale* »[1572], le constructeur de maisons individuelles est un entrepreneur du bâtiment. « *Le promoteur immobilier est, dans le cas général, un agent extérieur aux entreprises de bâtiment* »[1573], tandis que le constructeur de maisons individuelles est un réalisateur. Or, « *la promotion immobilière ne consiste nullement à exécuter les constructions, pas plus que la tâche d'un entrepreneur ne s'étend à la promotion* »[1574]. André TISSERAND, rapporteur de la Commission Mixte Paritaire saisie à l'occasion de l'adoption de la loi du 16 juillet 1971, avait tenu à différencier ces deux acteurs, en demandant à ce que « *dans les textes d'application, il soit bien précisé que le maçon de campagne, ou l'entrepreneur de plomberie, qui construit tout ou partie d'un immeuble ne soit pas soumis à une obligation qui, à l'évidence, ne vise pas l'artisan ou le petit entrepreneur individuel* », dès lors que « *le projet concerne essentiellement les véritables promoteurs* »[1575]. Cette distinction est soutenue par le fait que le constructeur de maisons individuelles est, en toutes hypothèses, assujetti à la

---

[1570] M. BARRÉ-PÉPIN, « Contrat de construction d'une maison individuelle », *Répertoire de droit immobilier*, Dalloz, janvier 2007 (actualisé en septembre 2019), § 24.
[1571] C. PONCE, *op. cit.*, p. 38.
[1572] P. MALINVAUD, P. JESTAZ, P. JOURDAIN, O. TOURNAFOND, *op. cit.*, p. 2.
[1573] J.-J. GRANELLE, « La place de la promotion immobilière privée dans l'évolution du marché », *AJDI*, 1993, p. 5.
[1574] R. DENOYELLE, *th. préc.*, p. 75.
[1575] Ass. Nat., débats parlementaires, loi n° 71-579 du 16 juillet 1971 relative à diverses opérations de construction, *JORF*, n° 54, 30 juin 1972, pp. 2986-2987.

Caisse des congés payés du bâtiment, quand bien même il n'emploierait que du personnel administratif[1576]. De même, lorsque Alain MAYOUD propose en 1977 une loi visant pour la première fois à doter le promoteur immobilier d'un statut, il est question que cette loi ne soit applicable ni aux architectes, ni aux entrepreneurs et autres techniciens[1577].

467. Un segment d'activité différent. Le promoteur peut se charger d'opérations destinées à tous types d'usages[1578], quand l'activité du constructeur de maisons individuelles est uniforme. Elle ne porte que sur la construction d'ouvrages destinés exclusivement à l'habitation, sous forme de maisons individuelles, le plus souvent standardisées. Le niveau de spécialisation qui caractérise son segment d'activité tranche ainsi avec la typologie diversifiée des opérations de promotion immobilière ; même si, dans les faits, la majorité des promoteurs interviennent dans le secteur de l'habitation. Ceux-ci auront dans ce cas vocation à gérer des programmes de constructions collectives[1579]. Robert DENOYELLE fait même de cette condition un élément de définition du promoteur : « *pour qu'il y ait promotion immobilière, il faut qu'il y ait construction d'un immeuble ou d'un ensemble d'immeubles destinés à faire l'objet d'une copropriété horizontale ou verticale* »[1580]. Le développement des constructions collectives et la sophistication croissante des projets comptent parmi les facteurs d'émergence du promoteur immobilier, tandis que les opérations individuelles se rattachent au schéma traditionnel de la construction. Enfin, le « rôle social » attribué aux promoteurs et aux constructeurs de maisons individuelles n'a pas la même portée. Pour Alexandra FRANCOIS-CUXAC, ancienne présidente de la Fédération des Promoteurs Immobiliers, les promoteurs sont « *d'abord des acteurs de la densification* », qui « *reconstruisent la ville sur la ville* » et qui « *optimisent l'usage des sols* »[1581], ce que ne sont pas les constructeurs de maisons individuelles, qui œuvrent à la satisfaction de besoins en logement strictement individuels, qui ne leur permettent pas, ou modérément, de participer à la redéfinition des territoires. D'ailleurs, sur un plan syndical, les constructeurs de maisons individuelles ne sont pas admis au sein de

---

[1576] Cass. Ch. mixte, 10 avril 1992, n° 89-13246, *Bull. C.M.*, n° 2, p. 2. Cass. Ch mixte, 10 avril 1992, n° 88-84492, *Bull. C.M.*, n° 1, p. 1.

[1577] Doc. Ass. Nat. 1977, n° 3248, proposition venue en discussion lors de la session parlementaire d'avril-juin 1979. V. à ce titre, J.-C. GROSLIÈRE, P. JESTAZ, « Promotion immobilière – Vente d'immeubles », *RDI*, 1979.

[1578] Cf. *Infra*, § 656 et s.

[1579] C. PONCE, *op. cit.*, p. 38 : « *Les ventes sur plan se rencontrent dans le cadre de programmes immobiliers d'ensemble. Le contrat de construction de la loi du 19 décembre 1990 correspond à des réalisations isolées* ».

[1580] R. DENOYELLE, *th. préc.*, p. 67.

[1581] A. FRANCOIS-CUXAC, *L'immobilier au cœur. Plaidoyer pour une nouvelle donne dans la politique du logement en France*, FPI, 2017, p. 26.

la Fédération des Promoteurs Immobiliers mais possèdent leur propre instance professionnelle depuis 1984[1582].

468. Malgré les quelques points de convergence qui rapprochent les contrats de promotion immobilière et de construction de maison individuelle, le fait que ce dernier soit par nature un louage d'ouvrage, dont l'objet porte sur des opérations généralement standardisées et de faible envergure, s'oppose à l'idée d'une assimilation du constructeur de maisons individuelles au promoteur immobilier. Ainsi, « *l'organisation de l'opération sur le plan juridique, administratif et financier est l'œuvre propre du promoteur (…). Pour l'édification de l'immeuble en revanche, le promoteur agit par délégation, à moins qu'il ne cumule son activité avec la profession d'entrepreneur* »[1583].

II. La qualité d'entrepreneur du promoteur dans le cas d'un cumul de fonctions

469. En dehors de l'hypothèse du contrat de construction de maison individuelle, et indépendamment du fait que les qualités de promoteur et d'entrepreneur ne peuvent en principe être confondues, se pose la question de savoir si un cumul de ces qualités est concevable, sous la forme d'une superposition. Certains promoteurs se livrent en effet à des tâches d'édification : « *ces personnages, de quelque nom qu'ils se nomment, cumulent simplement le métier d'entrepreneur ou de maître d'œuvre avec les fonctions d'intermédiaire habituellement dévolues à un tiers* »[1584]. Si un tel cumul est juridiquement envisageable, il emporte certaines conséquences du point de vue du régime applicable (A). Lorsqu'au contraire, le promoteur se cantonne à son rôle de constructeur non-réalisateur, les rapports entretenus avec les autres constructeurs n'obéissent pas aux mêmes règles (B).

A) Le promoteur « constructeur réalisateur », un promoteur également entrepreneur

470. L'expression de « promoteur-constructeur » est généralement employée pour désigner le promoteur initiateur, notamment vendeur d'immeuble à construire, qui supervise en son nom propre l'exécution des travaux, à la différence du promoteur prestataire de services. En ce sens, le promoteur-constructeur désignerait « *l'entrepreneur qui prend le risque financier de l'opération immobilière et qui en assure la promotion et, éventuellement, la commercialisation* »[1585]. L'expression « promoteur-constructeur » est

---

[1582] Cf. *Infra*, § 820.
[1583] P. MALINVAUD, P. JESTAZ, P. JOURDAIN, O. TOURNAFOND, *op. cit.*, p. 31.
[1584] *Ibid.*, p. 2.
[1585] G. PICAULT, *Promoteurs, marchands de biens, opérations de rénovation, lotisseurs... Comptabilité, fiscalité et environnement juridique des opérations immobilières*, Maxima, 2017, p. 158.

trompeuse, ou à tout le moins, impropre dans cette hypothèse. Afin d'éviter tout *quiproquo*, il conviendrait de réserver la dénomination de « promoteur-constructeur » au promoteur qui se charge personnellement de la réalisation matérielle des travaux. Il parait plus délicat de parler de « promoteur-entrepreneur », car le terme d'entrepreneur fait référence au contrat d'entreprise au sens large. Or, un promoteur peut exécuter une prestation de services sous cette forme, sans pour autant participer à l'édification matérielle de l'ouvrage. L'utilisation de la dichotomie « promoteur ''constructeur réalisateur'' » - « promoteur ''constructeur non-réalisateur'' » semble être la plus opportune. Elle a notamment le mérite de reprendre la classification établie au regard de la liste des débiteurs des garanties légales ; les « constructeurs réalisateurs » étant ceux qui participent matériellement au chantier, tandis que les « constructeurs non-réalisateurs » sont les garants-relais désignés par la loi, dont le promoteur fait partie. Or, selon l'amplitude des engagements pris à l'égard de l'accédant, le promoteur peut se charger de la réalisation concrète de l'ouvrage et cumuler sa fonction avec celle d'un entrepreneur, en étant alors un promoteur « constructeur réalisateur » (1). Le cas échéant, le cumul des qualités de promoteur et d'entrepreneur produit divers effets juridiques (2).

1. Les situations de cumul des fonctions

471. En raison d'une concentration d'activités au sein d'un même groupe de sociétés. Il arrive que le promoteur assume en sus de sa fonction naturelle de maître d'ouvrage, la fonction d'entrepreneur du bâtiment. Une telle situation peut résulter des statuts de la société de promotion, qui ne limitent pas l'objet social de la personne morale à une stricte activité de promotion immobilière, mais l'autorisent au contraire à pratiquer diverses activités en lien avec la construction. Souvent, la double activité de promotion et de construction ne sera pas directement le fait d'une unique société, mais plutôt de plusieurs personnes morales appartenant à un même groupe[1586]. Ce phénomène est notamment observable dans « *les structures des grands groupes de promotion immobilière* », qui disposent dans leurs différentes filiales, d'économistes, d'ingénieurs, d'ouvriers du bâtiment, *etc.*, en plus des salariés se chargeant des tâches de promotion à proprement parler[1587].

472. En vertu du contrat de construction. Rien n'interdit aux promoteurs « *de proposer des contrats ou des prestations mixtes qui pourront ou non être qualifiées de contrat de promotion immobilière ou de contrat d'entreprise en fonction du caractère principal ou accessoire des missions exercées pour le compte du maître d'ouvrage* »[1588]. En effet, comme le prévoit la loi elle-même, à l'article 1831 alinéa 2 du Code civil, le promoteur peut choisir de sortir du cadre

---

[1586] Cass. Civ. 3ème, 8 mars 1968, *Bull. civ.* III, n° 102.

[1587] M. HUET, « Rôle du maître d'ouvrage dans la définition du programme », *RDI*, 2002, p. 442.

[1588] X. BEZANCON, P. BITTER, C. CUCCHIARINI, *op. cit.*, p. 93.

strict de son mandat de maîtrise d'ouvrage pour participer à la réalisation matérielle de la construction. De même, aucune disposition relative à la vente d'immeuble à construire n'interdit au vendeur de se charger personnellement de l'édification de l'ouvrage qu'il commercialise. En effet, « *le vendeur est réputé agir pour son propre compte afin de satisfaire à son obligation de livrer l'immeuble, et non pour le compte de l'acheteur* »[1589]. Si en principe, « *il traite avec les exécutants en son nom propre* »[1590], il peut aussi être lui-même l'un des leurs. Plus largement, en secteur libre, le promoteur dispose d'une véritable liberté pour concevoir des contrats mixtes, qui lui permettent de cumuler les fonctions de promoteur et de réalisateur. Le cas échéant, « *à l'abri de réglementations nommées parfois sclérosantes, le contrat innommé se nourrit essentiellement de la théorie générale du contrat* »[1591]. De cette recherche de personnalisation des relations contractuelles, sont nées différentes conventions, que le législateur n'a ni définies ni réglementées à ce jour.

473. A titre d'exemple, la convention de contractant général est certes un contrat prioritairement conclu par les entreprises du bâtiment, mais il est intéressant de relever que la mission sur lequel il porte débute très en amont de la phase de réalisation. En effet, le contractant général se charge, moyennant un prix convenu, des études de conception du projet, de sa faisabilité technique, et de l'exécution des travaux. De surcroît, à cette double fonction de conception et d'exécution de l'ouvrage, le contractant général peut parfaitement ajouter une fonction de représentation du maître d'ouvrage dans ses différentes attributions. Dans une perspective similaire, la convention d'ensemblier consiste en un contrat multifonctions dans le cadre duquel l'intervenant propose, pour un coût global, une gamme de prestations de services plus ou moins étendue. La convention d'ensemblier s'apparente à un contrat d'entreprise hybride qui comprend en réalité plusieurs obligations contractuelles successives : un contrat de prestations intellectuelles pour les missions à exercer en amont du projet (recherche du terrain, études de faisabilité, *etc*…), un contrat de conception-réalisation[1592], puis éventuellement un contrat de maintenance-exploitation, auxquels il est possible d'ajouter des obligations ponctuelles de représentation. Ces illustrations de contrats de construction « clefs en mains »[1593] montrent qu'il est possible pour le promoteur d'associer au noyau dur de son activité, des prestations de construction répondant à un cadre juridique librement défini.

[1589] N. SYMCHOWICZ, *Traité des montages contractuels complexes publics*, 4ème éd., Le Moniteur, 2017, p. 325.

[1590] *Idem.*

[1591] D. GRILLET-PONTON, « Nouveau regard sur la vivacité de l'innommé en matière contractuelle », *D.* 2000, p. 331.

[1592] Article L. 2171-2 du Code de la commande publique. V. à ce titre, P. NOVAT, H. LANNOY, *La conception-réalisation : comprendre les conditions de recours, gérer les spécificités du contrat, suivre le déroulement de la procédure*, Le Moniteur, 2010.

[1593] B. BOUBLI, « Contrat d'entreprise », *Répertoire de droit immobilier*, Dalloz, novembre 2016 (actualisé en octobre 2019), § 143-151.

474. Ainsi, le promoteur peut être amené à joindre à son activité de promotion immobilière *stricto sensu* une activité de construction, grâce à des adaptations statutaires ou contractuelles. En tout état de cause, le promoteur qui choisit d'assumer personnellement tout ou partie de l'activité de construction reste libre de sous-traiter ses travaux à des entreprises tierces dont il sera responsable. Le cumul des activités entraîne certaines conséquences, qui intéressent notamment la qualification du contrat et le régime de responsabilité du promoteur.

2. Les conséquences du cumul de fonctions

475. Les conséquences sur la qualification du contrat. Se pose en premier lieu la question de savoir quelle qualification contractuelle retenir en présence d'un contrat hybride ? En effet, si le promoteur se charge de réaliser la totalité des travaux du programme de construction, tout en assumant l'organisation de l'opération, peut-il être qualifié de promoteur au sens de l'article 1831-1 du Code civil (alors que l'alinéa 2 n'envisage qu'une participation aux travaux) ou doit-il être qualifié d'entrepreneur, au sens du droit commun[1594] ? Il n'existe pas de seuil maximal de travaux que le promoteur pourrait conserver, sous peine de perdre sa qualité, au profit de celle d'entreprise générale. La jurisprudence ne s'est pas prononcée sur ce point. En tout état de cause, il appartient au promoteur de décrire dans le contrat qu'il conclut avec l'accédant le caractère mixte de son intervention. Dès lors que le promoteur utilise l'un des contrats spéciaux réglementés du secteur protégé, il ne saurait lui substituer un contrat *sui generis*. Tout au plus, le promoteur peut-il s'engager sur une mission plus étendue que celle mise à sa charge par le contrat spécial en question, au risque cependant de le dénaturer ou de complexifier ses conditions d'exécution. A titre d'exemple, si le contrat de promotion immobilière prévoit la possibilité pour le promoteur de participer à la réalisation matérielle des travaux, en revanche, les règles impératives applicables au contrat n'anticipent pas les conséquences qu'un tel choix est susceptible d'entraîner. Qu'il s'agisse des dispositions légales ou réglementaires, aucune ne décrit les obligations supplémentaires qui pèsent sur le promoteur, ni n'aborde la modification des conditions de paiement. A l'inverse, dans le contrat de vente en l'état futur d'achèvement, le fait que le promoteur prenne directement en charge les travaux n'est pas de nature à modifier les dispositions contractuelles. Il s'engage à livrer un bien achevé, peu important qu'il missionne des entreprises pour ce faire, ou qu'il édifie lui-même le bien. Si toutefois le promoteur contracte en secteur libre, il est en mesure d'établir le contrat qu'il souhaite, dans la limite des règles qui s'imposent à lui. Sans nécessairement concevoir un régime juridique sur-mesure, le promoteur peut se contenter de lister ses différentes interventions, en leur appliquant les régimes contractuels qui vont de pair, selon une logique distributive.

[1594] J.-P. TRICOIRE, Fasc. 10 « Contrat de promotion immobilière », *JCl. Construction-Urbanisme*, LexisNexis, 12 décembre 2011 (actualisé le 4 janvier 2017), § 17.

476. Les conséquences sur la responsabilité du promoteur. Certains auteurs dénoncent le caractère antagoniste des relations entre l'accédant et le promoteur, lorsque ce dernier prend part à l'édification de l'ouvrage[1595]. Un tel postulat se fonde sur le fait que le promoteur se substitue en principe au maître d'ouvrage dans ses fonctions et œuvre à ses intérêts, afin de satisfaire sa commande. En tant que promoteur *stricto sensu*, il serait ainsi du côté du maître d'ouvrage, alors qu'en tant que constructeur réalisateur, il basculerait du côté des entreprises. Cette interprétation n'est pas réaliste, si l'on considère que le promoteur poursuit en toutes hypothèses une démarche personnelle, qui vise prioritairement à satisfaire ses propres intérêts. Quoiqu'il en soit, il n'est pas le prolongement de la personne du maître d'ouvrage, mais son cocontractant. D'ailleurs, son régime de responsabilité n'est pas plus sévère lorsqu'il assume une fonction auxiliaire d'entrepreneur. Sans même prendre part à l'édification de l'ouvrage, il est de toute façon déjà garant de sa conformité et de sa solidité. Les garanties légales qui lui incombent sont identiques, qu'il soit constructeur non-réalisateur ou constructeur réalisateur, si ce n'est que, dans ce dernier cas, il devra assumer en sus la garantie de parfait achèvement.

477. En prenant part à la construction matérielle de l'ouvrage, le promoteur s'ajoute le cas échéant aux cotraitants, en assumant un rôle particulier de garant[1596]. Lorsque le promoteur est également entrepreneur et que d'autres constructeurs interviennent à l'opération, sa garantie n'implique-t-elle pas *de facto* une solidarité entre eux ? Ce qui caractérise la solidarité, c'est l'obligation des débiteurs à la même chose, comme l'exposait l'ancien article 1200 du Code civil : « *il y a solidarité de la part des débiteurs, lorsqu'ils sont obligés à une même chose, de manière que chacun puisse être contraint pour la totalité, et que le paiement fait par un seul libère les autres envers le créancier* »[1597]. A l'inverse, pour le promoteur garant qui ne participe pas à la construction matérielle de l'ouvrage, son obligation « *ne fait alors que se juxtaposer à celle, distincte, du cotraitant. En cela, on peut dire que la solidarité est artificielle, et non organique* » : l'accédant exercera son recours éventuel non pas contre deux exécutants, mais contre un exécutant et un garant de l'exécution[1598].

478. Ainsi, le promoteur peut être amené à prendre en charge tout ou partie des travaux nécessaires à l'opération. Il doit pour cela le préciser dans l'accord qu'il conclut avec l'accédant, en prévoyant toutes les incidences que cette double mission pourra avoir sur l'exécution du contrat. Les adaptations qui s'imposent seront plus difficiles à mettre en œuvre dans les contrats réglementés

---

[1595] P. MALINVAUD, P. JESTAZ, P. JOURDAIN, O. TOURNAFOND, *op. cit.*, p. 59.

[1596] Cela ne signifie pas pour autant qu'il est le mandataire solidaire des constructeurs, réunis en groupement.

[1597] L'article 1200 du Code civil a été remplacé par l'article 1313 aux termes de l'ordonnance n° 2016-131 du 10 février 2016.

[1598] L. TRANCHANT, *La cotraitance*, Thèse, Presses Universitaires d'Aix-Marseille, 2004, p. 131.

du secteur protégé qu'en secteur libre, où les parties sont autorisées à modeler leur contrat comme elles l'entendent. En revanche, la responsabilité du promoteur demeure sensiblement la même, puisqu'en qualité de promoteur, il supporte déjà les garanties légales des constructeurs, ainsi qu'une obligation de résultat relative à l'exécution conforme des travaux. Cela étant, la situation du promoteur « constructeur non-réalisateur », qui ne se charge pas de l'édification de l'ouvrage, reste la plus courante.

B) Le promoteur « constructeur non-réalisateur », un promoteur non-entrepreneur

479. Les contrats spéciaux de la construction conçoivent le promoteur dans la plénitude de sa fonction de maître d'ouvrage professionnel, sans mentionner - ou seulement à la marge - le fait qu'il puisse également œuvrer à l'édification matérielle de l'ouvrage. Le promoteur est avant tout perçu comme celui qui endosse un rôle d'organisateur au sens strict. En tant que constructeur non-réalisateur, le promoteur entretient donc des rapports contractuels ou délictuels avec les autres intervenants (1) et se retrouve ainsi au centre d'un complexe de contrats (2).

1. Les rapports du promoteur avec les « constructeurs réalisateurs »

480. Le promoteur qui délègue la construction matérielle de l'ouvrage se charge de rassembler les compétences qui vont être nécessaires à la conception et à la réalisation de ce dernier. Pour ce faire, le promoteur initiateur missionne en son nom propre les intervenants, en régularisant avec eux des contrats d'entreprise (a), tandis que le promoteur mandataire les conclut pour le compte du maître d'ouvrage. Quelle que soit sa forme d'intervention, le promoteur entretient en revanche des rapports délictuels avec les sous-traitants (b).

a. Les rapports contractuels avec les entreprises intervenant au chantier

481. Le choix de l'entreprise générale. Le promoteur qui ne se charge pas de l'édification de l'ouvrage, sélectionne et missionne la ou les entreprises qui seront tenues de le faire. A ce titre, plusieurs options s'offrent à lui. Il peut confier la totalité des travaux à une entreprise unique, qui interviendra en qualité d'entreprise générale, voire éventuellement en qualité d'entreprise principale, si elle choisit de confier tout ou partie des travaux à des sous-traitants[1599]. Le choix

[1599] Quoiqu'il en soit, le recours à la sous-traitance n'est pas un droit acquis de l'entrepreneur. Le maître d'ouvrage peut s'opposer à la sous-traitance en stipulant que le marché est conclu *intuitu personae* (cf. article 1237 ancien du Code civil, devenu 1342-1 depuis l'ordonnance n° 2016-131 du 10 février 2016). Sans interdire la sous-traitance, la norme AFNOR NF P 03-001 prohibe le fait pour l'entreprise de sous-traiter l'intégralité

de l'entreprise générale présente plusieurs avantages pour le maître d'ouvrage : les délais impartis pour réaliser les travaux sont plus facilement respectés ; le prix forfaitaire convenu couvre la totalité des prestations, en évitant les failles ou hiatus qui pourraient résulter de la mosaïque de prix arrêtés dans chacun des marchés dévolus par corps d'état séparés ; enfin, l'intervention d'une seule entreprise facilite les actions récursoires que le promoteur pourrait avoir à diligenter en cas de désordres, en lui permettant de diriger ses recours contre un seul défendeur, automatiquement identifié. Toutefois, la plupart des avantages précités perdent de leur intérêt si l'entreprise générale recourt massivement à la sous-traitance. En outre, le fait pour le promoteur de s'en remettre à une seule et même entreprise l'expose à un important risque de suspension du chantier, en cas de faillite de cette dernière.

482. Le choix de la cotraitance. Le promoteur peut également allotir les travaux par corps d'état, en privilégiant la conclusion de marchés séparés. Le cas échéant, afin d'éviter les contraintes que suppose l'intervention d'une pluralité d'entreprises sur le chantier, celles-ci peuvent se réunir dans un groupement temporaire. Se forme alors une « *réunion momentanée de plusieurs entrepreneurs indépendants qui se placent volontairement sous la direction de l'un d'eux pour accomplir, dans le cadre d'un marché qui les concerne tous, un ouvrage commun* »[1600]. Pour sa part, le promoteur est le maître de l'opération de cotraitance ; il n'est pas « *la personne pour le compte de laquelle tel contrat déterminé est exécuté, mais celle pour le compte de qui l'opération de cotraitance, opération complexe formée d'une pluralité de contrats, se réalise* »[1601]. L'article 75 de l'avant-projet de réforme des contrats spéciaux donnerait à la cotraitance un contenu légal, en prévoyant qu'« *il y a cotraitance lorsqu'un travail commun est confié à plusieurs personnes, le cas échéant sous la coordination d'un maître d'œuvre* », ces dernières étant « *solidairement responsables de sa bonne exécution* ». À l'heure actuelle, la solidarité doit être stipulée dans le contrat de groupement[1602], à défaut de quoi,

---

des travaux qui lui sont confiés, sous peine de résiliation du marché à ses torts. De même, la loi identifie certaines prestations qui ne peuvent être sous-traitées : l'article 37 du Code des devoirs professionnels des architectes interdit à l'architecte de sous-traiter le projet architectural nécessaire à l'obtention d'un permis de construire.

[1600] E. MARTINVILLE, *La sous-traitance de construction. Adaptation du droit aux évolutions économiques en matière de construction*, Thèse, Presses universitaires d'Aix-Marseille, 2004, p. 204. Laeticia TRANCHANT définit la co-traitance comme « *le contrat par lequel chaque partie, appelée cotraitant, par ailleurs liée avec un tiers par un autre contrat, appelé contrat de maîtrise d'opération, s'engage à coopérer avec chaque autre partie, pour l'exécution du contrat que chacun d'eux conclut avec ce tiers, appelé maître de l'opération* » (L. TRANCHANT, *th. préc.*, p. 297).

[1601] L. TRANCHANT, *th. préc.*, p. 52.

[1602] Inversement, dans le groupement conjoint, chaque entreprise n'est responsable que de ses propres dettes, bien qu'un mandataire commun puisse être désigné pour représenter le groupement dans ses rapports avec le maître d'ouvrage. Celui-ci est alors tenu solidairement avec le groupement.

la responsabilité des entreprises cotraitantes ne peut être recherchée qu'*in solidum*, si le dommage indemnisable résulte de causes indivisibles qui leur sont imputables[1603]. Cette nouvelle disposition serait donc favorable au promoteur, qui n'aurait plus à supporter le risque d'insolvabilité du ou des contractants responsables.

483. Les obligations particulières du promoteur à l'égard des entreprises. Le maître d'ouvrage entretient des rapports contractuels avec l'entreprise générale qu'il missionne, ou le cas échéant, avec chaque cotraitant. Ce sont donc les règles du contrat d'entreprise de droit commun qui ont vocation à s'appliquer entre les parties. En sus de l'obligation de paiement qui pèse sur le maître d'ouvrage[1604], la loi du 10 juin 1994[1605] a introduit, à l'article 1799-1 du Code civil, une garantie légale d'ordre public à la charge du maître d'ouvrage professionnel, visant à garantir les sommes dues à l'entrepreneur, dans les marchés privés de travaux excédant la somme de 12 000 euros hors taxes[1606]. Cette garantie peut consister à affecter le crédit souscrit pour le financement des travaux au paiement de l'entreprise, ou à souscrire un cautionnement solidaire. Elle peut être sollicitée et octroyée à tout moment, y compris si le chantier a déjà débuté[1607], voire après la résiliation du marché[1608]. A défaut, l'entreprise peut surseoir à l'exécution de ses obligations. Puisque le vendeur en l'état futur d'achèvement reste maître d'ouvrage le temps de l'opération, il est personnellement débiteur de cette garantie. Dans l'hypothèse du contrat de promotion immobilière en revanche, le débiteur est le maître d'ouvrage, que le promoteur se contente de représenter[1609]. Ainsi, la « *dépendance économique de l'entrepreneur est si évidente que le législateur a jugé utile de rééquilibrer le contrat en instituant une garantie de paiement à la charge du maître de l'ouvrage, qui paraît être le pendant de la retenue de garantie* »[1610]. Cette

---

[1603] La solidarité peut néanmoins être déduite par le juge d'un faisceau d'indices (obligations et responsabilités des membres indistinctes, honoraires non différenciés) : Cass. Civ. 3ème, 11 juillet 2012, n° 10-28535 10-28616 11-10995, *Bull. civ.* III, n° 106.

[1604] Article 1710 du Code civil.

[1605] Loi n° 94-475 du 10 juin 1994 relative à la prévention et au traitement des difficultés des entreprises.

[1606] Ce seuil est fixé par le décret n° 99-658 du 30 juillet 1999. L'article 88 de l'avant-projet de réforme des contrats spéciaux se propose de le relever à 20 000 euros (mais une telle disposition aurait un impact limité sur les chantiers de construction qui sont généralement supérieurs à ce montant).

[1607] Cass. Civ. 3ème, 9 novembre 2005, n° 04-20047, *Bull. civ.* III, n° 216, p. 197. Cass. Civ. 3ème, 15 septembre 2016, n° 15-19648, *D.* 2016. 1862, *D.* 2016. 2237, Chron. A.-L. MEANO, V. GEORGET, A.-L. COLLOMP. B. BOUBLI, « La garantie de l'article L. 1799-1 peut être exigée après la fin des travaux », *RDI*, 2016, p. 646.

[1608] Cass. Civ. 3ème, 18 mai 2017, n° 16-16795.

[1609] C. SIZAIRE, « Garantie de paiement – Conditions d'application de la fourniture d'un cautionnement », *Constr.-Urb.* n° 12, décembre 2013, comm. 173.

[1610] B. BOUBLI, « Les modifications apportées au marché par le maître de l'ouvrage », *RDI*, 2002, p. 482.

garantie de paiement s'ajoute au « privilège du constructeur », prévu à l'article 2374 4° du Code civil, grâce auquel les entreprises bénéficient d'une priorité de paiement sur la vente de l'immeuble, en cas d'impayés. Ces mécanismes participent d'une recherche globale d'équilibre dans les rapports contractuels de l'opération, qui ne se limiterait pas uniquement aux rapports entre promoteur et accédant mais qui inclurait les rapports liant le promoteur aux entreprises de construction[1611]. Certains auteurs perçoivent en effet le maître d'ouvrage comme celui qui « *entretient ses cocontractants dans un lien de dépendance économique* », en raison de sa qualité de donneur d'ordre et de financeur du projet : il suffit « *de comparer le poids économique et financier des promoteurs nationaux à certaines entreprises du BTP, pour mesurer dans quel sens peut s'établir le lien de dépendance* »[1612]. Ce faisant, la loi doit aussi protéger « *les locateurs d'ouvrage contre la puissance économique du promoteur* »[1613].

b. Les rapports délictuels avec les entreprises intervenant au chantier

484. L'absence de contrat entre le promoteur mandataire et les intervenants. Lorsque le promoteur intervient uniquement comme mandataire du maître d'ouvrage, les contrats conclus avec les constructeurs produisent leurs effets sur la tête du maître d'ouvrage mandant, tandis que le promoteur mandataire n'entretient avec eux qu'un rapport délictuel. Cette règle est valable, quelle que soit la qualité du constructeur : fabricant, entreprise ou sous-traitant.

485. L'absence de contrat entre le promoteur initiateur et certains intervenants. Lorsqu'en revanche, le promoteur intervient en tant que maître d'ouvrage de l'opération, il conclut lui-même les contrats avec les entreprises, ce qui ne l'empêche pas pour autant de conserver des rapports délictuels avec certains intervenants. Tel est le cas avec les fabricants des produits et matériaux de construction, qui sont directement commandés par les entreprises, sauf dans l'hypothèse particulière du fabricant d'« EPERS »[1614]. La chaîne de contrats qui relie le fabricant au maître d'ouvrage est hétérogène et non translative de propriété[1615], ce qui explique qu'aucune action contractuelle ne soit transmise au promoteur[1616]. Par ailleurs, le promoteur entretient également des rapports

---

1611 R. PIETTE, « La sécurisation financière des relations entre professionnels : maîtres d'ouvrage et entreprises », *RDI*, 2005, p. 384.

1612 *Idem.*

1613 P. MALINVAUD, P. JESTAZ, P. JOURDAIN, O. TOURNAFOND, *op. cit.*, p. 59.

1614 Cf. *Supra*, § 233, 251.

1615 H. CAPITANT, F. TERRÉ, Y. LEQUETTE, F. CHÉNEDÉ, *Les grands arrêts de la jurisprudence civile T2. Obligations, contrats spéciaux, sûretés*, 13ème éd., Dalloz, 2015, pp. 173-176, 266-267, 268.

1616 P. JOURDAIN, « La nature de la responsabilité civile dans les chaînes de contrats après l'arrêt d'Assemblée plénière du 12 juillet 1991 », *D.* 1992, p. 149. P. JOURDAIN,

délictuels avec les sous-traitants, depuis que l'arrêt d'Assemblée Plénière « *Besse* » du 12 juillet 1991[1617] a affirmé que « *le sous-traitant n'est pas contractuellement lié au maître de l'ouvrage* », au nom du respect du principe de l'effet relatif des contrats, qui prévaut dans les chaines hétérogènes non translatives de propriété. En tout état de cause, admettre l'existence d'un lien contractuel entre le maître d'ouvrage et le sous-traitant aurait eu pour effet de considérer ce dernier comme un constructeur débiteur des garanties légales, alors même que la loi du 4 octobre 1978 a entendu l'exclure de cette catégorie.

486. Conformément au lien délictuel qui les unit, le sous-traitant n'a pas la possibilité d'opposer au promoteur les exceptions prévues dans son sous-traité, à l'instar des clauses limitatives de responsabilité[1618]. Le promoteur qui souhaite engager la responsabilité du sous-traitant doit rapporter la preuve d'une faute et d'un lien de causalité avec le dommage[1619]. Néanmoins, l'ordonnance du 8 juin 2005 a aligné le délai de prescription des actions dirigées contre le sous-traitant sur celles des constructeurs[1620]. Quoiqu'il en soit, « *afin d'assurer la protection du donneur d'ordres contre une diffraction qui risquerait de le précipiter dans une série de recours hasardeux à la suite d'une dilution des responsabilités* »[1621], l'entrepreneur reste responsable à l'égard du maître d'ouvrage des agissements de son sous-traitant, même si les désordres sont entièrement imputables à ce dernier. Il est donc dans l'intérêt du promoteur de diriger en priorité ses réclamations contre l'entrepreneur principal, afin de pouvoir invoquer les clauses de son contrat, actionner les garanties légales dont il est débiteur et mobiliser le cas échéant l'assurance de responsabilité décennale qu'il a souscrite ; à charge pour l'entrepreneur de se retourner contre ses sous-traitants fautifs.

487. Il est intéressant de relever que le sous-traitant est perçu comme une partie faible à protéger[1622], jouissant à ce titre d'un statut particulier[1623]. En vertu

---

« Responsabilité contractuelle du sous-traitant fournisseur envers le maître de l'ouvrage : une restriction à la jurisprudence *Besse* ? », *RTD Civ.*, 2003, p. 94.

[1617] Cass. Ass. Plen., 12 juillet 1991, n° 90-13602, *Bull. A. P.*, n° 5, p. 7.

[1618] Sur la nature des rapports entre le maître d'ouvrage et le sous-traitant, v. J.-P. BABANDO, *La sous-traitance dans la construction. Marchés publics, marchés privés*, 2ème éd., LexisNexis Litec, 2005, pp. 124-130.

[1619] Depuis l'arrêt rendu le 6 octobre 2006 par l'Assemblée Plénière de la Cour de cassation (Cass. Ass. Plen., 6 octobre 2006, n° 05-13255, *Bull. A. P.*, n° 9, p. 23), le maître d'ouvrage a néanmoins la possibilité de se prévaloir des fautes commises par le sous-traitant dans le cadre de ses rapports à l'entreprise principale.

[1620] Article 1792-4-2 du Code civil.

[1621] B. TEYSSIÉ, *Les groupes de contrats*, Thèse, Université Montpellier I, 1974, p. 119.

[1622] E. MARTINVILLE, *th. préc.*, p. 24 : « *Les sous-traitants indépendants juridiquement de l'entrepreneur principal et du maître de l'ouvrage, leur sont économiquement soumis* ». Il peut s'agir d'entreprises de petite taille, faiblement structurées, qui ne disposent pas de véritable pouvoir de négociation. L'entreprise

des articles 12 et 13 de la loi du 31 décembre 1975, le sous-traitant qui a été accepté et dont les conditions de paiement ont été agréées, bénéficie d'une action directe contre le maître d'ouvrage privé, lui permettant de se faire directement régler le solde de sa prestation par ce dernier. L'action directe conduit au paiement des travaux prévus par le contrat d'entreprise, qui ont été effectivement réalisés, et sur lesquels le maître d'ouvrage reste encore devoir des sommes à l'entreprise principale, au jour de la réception de la copie de la mise en demeure de règlement adressée à cette dernière par le sous-traitant[1624]. En outre, l'article 14-1 de loi du 31 décembre 1975 oblige le maître d'ouvrage, qui a connaissance de la présence d'un sous-traitant sur le chantier, à mettre en demeure l'entreprise principale de le lui présenter, et à s'assurer de la constitution par cette dernière d'une garantie de paiement (cautionnement ou délégation de paiement). A défaut, le maître d'ouvrage engage sa responsabilité délictuelle à l'égard du sous-traitant, et peut ainsi être condamné à devoir l'indemniser à hauteur des sommes lui restant dues par l'entreprise principale, peu important que cette dernière ait déjà été entièrement réglée par le maître d'ouvrage[1625]. Force est donc de constater que le promoteur supporte des obligations relativement lourdes dans l'intérêt des sous-traitants[1626].

488. Contrairement au promoteur-mandataire qui n'est engagé dans aucun contrat avec les intervenants, le promoteur initiateur entretient des rapports contractuels avec les entreprises qu'il missionne et des rapports délictuels avec les fabricants et les sous-traitants. Ès qualité de maître d'ouvrage, il supporte les obligations légales qui visent à protéger les sous-traitants, considérés comme des parties faibles. Avec du recul, on peut observer qu'en tant que cocontractant de l'accédant d'une part, et cocontractant des entreprises d'autre part, le promoteur se trouve au cœur d'un complexe de contrats.

---

principale fait peser sur son sous-traitant les contraintes induites par le prix forfaitaire imposé par le maître d'ouvrage, en ne lui laissant qu'une marge réduite.

1623 Erick MARTINVILLE évoque le « super-privilège » du sous-traitant (E. MARTINVILLE, *th. préc.*, p. 24) : articles 12 alinéa 4 et 14 de la loi du 31 décembre 1975.

1624 V. C. COSTAZ, *L'action directe du sous-traitant*, Thèse, Université de Grenoble, 1994.

1625 S. ABBATUCCI, « La responsabilité du maître de l'ouvrage à l'égard de ses sous-traitants », *RDI*, 2002, p. 488.

1626 R. PIETTE, *art. préc.*, p. 384 : « *Sur les plans économique et éthique, la maîtrise d'ouvrage considère que la protection du sous-traitant se justifie* », notamment du fait de la situation de dépendance économique dans laquelle se trouve ce dernier. Néanmoins, « *plutôt que de régler les effets d'un déséquilibre entre cocontractants, le législateur et dans la ''foulée'' la jurisprudence ont placé le maître d'ouvrage au cœur de la sécurisation du sous-traitant plutôt que de régler le problème* ''interpartes''*, alors même que le maître d'ouvrage n'a qu'une action délictuelle à l'égard du sous-traitant selon la jurisprudence affirmée de la Cour de cassation* ».

2. Le promoteur immobilier au centre d'un complexe de contrats

489. En sollicitant des intervenants concepteurs et exécutants pour remplir son engagement de livrer un ouvrage achevé, le promoteur prend à l'égard de l'accédant une « obligation de faire faire ». Ce type d'obligation se retrouve en toute logique dans les contrats d'organisation (a). Or, généralement, « *le contrat de construction, complexe dans son exécution, et dans une certaine mesure, dans sa conception, n'est pas isolé mais constitue le maillon d'une organisation contractuelle plus vaste reliant tous les partenaires à l'opération immobilière* »[1627]. Les contrats conclus pour les besoins du programme peuvent ainsi s'inscrire dans un ensemble contractuel[1628]. Dans ce contexte, le promoteur est « *un élément d'un* système *qui inclut l'ensemble des agents remplissant la même fonction de gestion du capital de promotion* »[1629] (b).

a. Le promoteur, débiteur d'une obligation de faire faire dans le cadre d'un contrat d'organisation

490. La définition du contrat d'organisation. En parallèle des « contrats-échange », il existe des « contrats-organisation » dont l'objet est de réaliser, non une « commutation » ou une « permutation », mais une « agrégation » de biens et de services, dans un certain but. Le contrat-organisation crée « *les conditions d'un jeu de concentration où les parties peuvent gagner ou perdre ensemble* » ; il répond à une « logique de synergie », non de réciprocité[1630]. Bruno DONDERO retient une définition restrictive du « *contrat organisation* » en l'associant au contrat de société, qui en serait l'« *archétype* ». Il s'agirait pour lui du contrat qui institue « *une coopération entre les contractants qui mettent en commun des choses qui, jusque-là leur étaient propres, en les employant à une activité commune* »[1631]. La définition du contrat d'organisation proposée par Delphine BAZIN-BEUST est quant à elle transposable à l'activité de promotion immobilière. Il désigne pour elle le « *contrat par lequel une partie, désignée organisateur, s'engage envers son cocontractant, désigné client, à concevoir une prestation finale (transport, voyage, construction, assistance, travail salarié) à l'exécution de laquelle est associé un tiers spécialisé, le tiers*

[1627] H. PÉRINET-MARQUET, « La responsabilité du maître d'ouvrage dans la préparation et la conclusion du marché », *RDI*, 2002, p. 451.

[1628] G. DURAND-PASQUIER, « L'incidence de la future réforme des conditions de la responsabilité civile sur le droit immobilier et de la construction », *RDI*, 2017, p. 579.

[1629] C. TOPALOV, *Les promoteurs immobiliers. Contribution à l'analyse de la production capitaliste du logement en France*, Mouton, 1974, p. 20.

[1630] F. TERRÉ, P. SIMLER, Y. LEQUETTE, *Droit civil. Les obligations*, 12ème éd., Dalloz, 2018, p. 143. Cette distinction a été proposée par le Professeur Paul DIDIER. V. S. LEQUETTE, *Le contrat-coopération : Contribution à la théorie générale du contrat*, Thèse, Economica, 2012.

[1631] B. DONDERO, *Droit des sociétés*, 6ème éd., Dalloz, 2019, p. 43.

prestataire »[1632]. L'avantage principal du contrat d'organisation est de transcender la distinction qui existe entre le contrat d'entreprise et le contrat de mandat, en réunissant leurs caractéristiques dans un même dispositif contractuel. En effet, la prestation de l'organisateur consiste en l'accomplissement d'actes intellectuels d'organisation, impliquant l'exécution d'actes matériels et juridiques, pour le compte du cocontractant. « *Tant les actes juridiques que les actes matériels impriment son originalité au contrat d'organisation. Ils ne sont pas dans un rapport de principal à accessoire* »[1633]. Afin d'éviter la création d'une nouvelle catégorie juridique *ex nihilo* qui correspondrait au contrat d'organisation, Delphine BAZIN-BEUST suggère de le rattacher à la catégorie du contrat d'entreprise, en tant que prestation de services.

491. Néanmoins, à la différence du contrat d'entreprise, qui peut se suffire à lui-même, le contrat d'organisation contient une obligation de faire faire qui induit par principe la conclusion d'un autre contrat avec un tiers. L'auteur distingue le « contrat d'organisation » *stricto sensu*, qui désigne le contrat conclu entre l'organisateur et le client, du « contrat de réalisation » qui correspond à celui que concluent l'organisateur et le tiers prestataire. Il n'existe pas de hiérarchie entre le contrat d'organisation et le contrat de réalisation, à la manière d'un contrat principal et de son accessoire ; ils sont placés dans un rapport d'égalité et de complémentarité. Le contrat de réalisation est un contrat pour autrui, dans lequel le client est destinataire des effets actifs et passifs du contrat. La créance du client se dédouble : elle existe à l'encontre de l'organisateur, son cocontractant direct, et à l'encontre du tiers prestataire. Le contrat d'organisation peut également n'inclure aucun pouvoir de représentation au profit de l'organisateur ; dans ce cas, son intervention s'apparente à celle d'un intermédiaire mobilisant les services d'autrui au bénéfice d'un tiers. Le contrat de réalisation contient alors une stipulation pour autrui, selon laquelle le bénéfice de la prestation revient au client.

492. Le promoteur immobilier, un « organisateur ». L'organisateur est défini comme « *celui qui est impliqué dans une opération globale et qui structure, met en œuvre, les moyens humains et matériels nécessaires à la réalisation d'une prestation finale* »[1634]. A l'instar du promoteur immobilier, l'organisateur ne participe pas à la réalisation de la prestation attendue par son cocontractant, mais réunit les compétences et les moyens nécessaires à sa réalisation. De fait, « *l'exigence de qualité s'accentuant, le maître de l'ouvrage devient avant tout un organisateur, un ''*manageur*'' chargé de préparer avant de faire* »[1635]. Hugues PÉRINET-MARQUET confirme en ce sens que le contrat conclu entre le promoteur et l'accédant « *présente une certaine connotation*

[1632] D. BAZIN-BEUST, *th. préc.*, p. 238.
[1633] *Ibid.*, p. 236.
[1634] D. BAZIN-BEUST, *th. préc.*, p. 238.
[1635] M. HUET, « Rôle du maître d'ouvrage dans la définition du programme », *RDI*, 2002, p. 442.

organisationnelle »[1636]. Cet aspect de l'intervention du promoteur a été perçu très tôt par la jurisprudence, dans son travail d'identification du promoteur. La Cour d'appel de Paris a eu l'occasion de relever, dans un arrêt du 5 décembre 1969, que le « *travail de préparation et de surveillance exigé* (…) *n'était pas celui d'un constructeur mais de l'organisateur d'une opération à la réalisation de laquelle devraient prendre part, choisis par elle, les professionnels visés à l'art. 1792 C. civ* » : « *cette organisation constituait son propre ouvrage* »[1637]. Dans cette perspective, Delphine BAZIN-BEUST se réfère au contrat de promotion immobilière pour illustrer le mécanisme du contrat d'organisation. Elle précise notamment que « *le maître de l'ouvrage est en quelque sorte un ''créancier de droit''* » quand le promoteur est « *un ''créancier de fait''* »[1638], dans la mesure où il n'est que le cocontractant apparent de l'entreprise, tandis que l'ensemble des effets du contrat se produisent sur la tête du maître d'ouvrage. Le parallèle entre le contrat d'organisation et le contrat du promoteur immobilier est d'autant plus pertinent si l'on s'intéresse au régime de responsabilité réservé à l'organisateur, qui rappelle en tous points celui du promoteur immobilier. Bien que les organisateurs ne prennent pas part à la réalisation matérielle de la prestation, voire parfois ne s'y obligent pas, « *la loi les traite comme des prestataires réels* »[1639]. En effet, la responsabilité de l'organisateur est détachée de tout fait personnel : « *soit la loi rend l'organisateur responsable du fait d'autrui. Soit elle fait peser sur lui, de manière autoritaire et dérogatoire, la même responsabilité que celle des prestataires par une sorte de fiction. Soit elle fait peser sur l'organisateur une responsabilité de plein droit sans distinguer l'origine du dommage* »[1640].

493. L'« obligation de faire faire » du promoteur. Contrairement à l'obligation du tiers en charge de la prestation, tenu à une obligation de faire, l'obligation de l'organisateur, en tant qu'intermédiaire, correspond uniquement à une obligation de « faire faire ». « *Le débiteur d'une obligation de faire contracte personnellement l'engagement de procurer une prestation.* (…) *Le débiteur d'une obligation de faire faire, quant à lui, est tenu de faire intervenir un tiers qui procurera à son client l'exécution effective d'une prestation* »[1641]. L'obligation de faire faire n'est pas réglementée en tant que telle par la loi. Selon Delphine BAZIN-BEUST, il s'agit de « *l'obligation par laquelle une personne – le débiteur – s'engage envers une autre – le client – à promettre l'intervention d'une troisième – prestataire – dont la mission est de procurer*

1636 H. PÉRINET-MARQUET, « La responsabilité du maître d'ouvrage dans la préparation et la conclusion du marché », *RDI*, 2002, p. 451.

1637 CA. PARIS, 5 décembre 1969, *Gaz. Pal.* 8-10 juillet 1970, *RTD Civ*. 1970. 790, obs. G. CORNU *in* D. BAZIN- BEUST, *L'obligation de faire faire*, Thèse, ANRT, 2000, pp. 223-224.

1638 D. BAZIN-BEUST, *th. préc.*, p. 272.

1639 *Ibid.*, p. 432.

1640 *Ibid.*, p. 421.

1641 D. BAZIN-BEUST, *th. préc.*, p. 75.

une prestation finale, c'est-à-dire de participer à la satisfaction du client en assumant une obligation propre, différente de celle née du rapport contractuel initié entre ce client et le débiteur»[1642]. Conformément au principe d'« *extériorité de l'exécution de la prestation finale* », l'intermédiaire, débiteur de l'obligation de faire faire, ne peut accomplir son obligation sans le recours de tiers. Le promoteur est débiteur d'une telle obligation puisqu'il s'engage à procurer les services d'autrui, non à les procurer directement. A titre d'exemple, dans le contrat de promotion immobilière, le terme « faire procéder » apparaît à deux reprises à l'article 1831-1 du Code civil[1643]. Dans la vente d'immeuble à construire, le vendeur est tacitement autorisé à faire procéder à la réalisation des travaux par des tiers, sans que la loi ne fasse de son implication personnelle dans la phase d'édification une condition essentielle du contrat.

b. La promotion immobilière, un ensemble contractuel

494. L'inadéquation de la chaîne de contrats. Pour chaque projet, le promoteur immobilier met en œuvre « *toute une chaîne d'''assemblage''* »[1644]. La chaîne de contrats renvoie à une succession linéaire de contrats reliés par une identité d'objet. Si l'on devait retenir une approche restrictive de la promotion immobilière, qui se limiterait au temps du chantier et à la construction de l'ouvrage, le mécanisme de la chaîne de contrats pourrait être utilisé pour décrire les liens existant entre les interventions. En effet, la phase de construction matérielle de l'ouvrage implique une suite de contrats se rapportant en tout ou partie à sa conception ou à son exécution. Le contrat de promotion conclu entre le promoteur et l'accédant, le contrat de maîtrise d'œuvre conclu avec l'architecte, le contrat d'entreprise conclu entre le promoteur et le constructeur, le contrat de sous-traitance conclu entre le constructeur et son sous-traitant, sont autant de contrats conclus successivement sur le même objet : l'ouvrage à construire. Si l'existence d'une chaîne devait être reconnue, elle ne pourrait être qu'hétérogène, puisque les maillons n'ont pas la même nature contractuelle. Dans le cas de la promotion immobilière capitaliste, le contrat conclu entre le promoteur et l'accédant est une vente, tandis que les contrats qui suivent sont des louages d'ouvrage. Toutefois, l'application de la chaîne de contrats à la promotion immobilière d'initiative n'est pas pleinement satisfaisante car elle ne tient pas compte des contrats conclus par ailleurs, qui conditionnent la mise en œuvre du projet. Il en va notamment ainsi des contrats susceptibles d'être conclus pour conférer au promoteur le droit de construire ou des contrats nécessaires au financement du programme. *A fortiori*, il est possible de considérer que la chaîne contractuelle ne convient pas à la prestation du promoteur mandataire, car celle-ci se surajoute à celle des constructeurs, sans la précéder ou lui succéder. L'objet du contrat conclu entre le promoteur et

---

[1642] D. BAZIN-BEUST, *th. préc.*, p. 76.
[1643] Le promoteur doit « *faire procéder à la réalisation du programme* » et peut « *faire procéder à tout ou partie des opérations juridiques, administratives et financières* ».
[1644] B. AVRIL, B. ROTH, *op. cit.*, p. 17.

l'accédant porte dans ce cas sur un objet distinct : la représentation de ce dernier.

495. L'identification au groupe de contrats. Le groupe de contrats peut se définir au sens large, comme un « *ensemble de contrats liés entre eux parce qu'ils portent sur un même objet ou concourent à un même but* »[1645]. Le groupe de contrats « *associe plusieurs contrats sans en faire, à la différence du contrat complexe, un contrat unique* »[1646]. Il peut résulter de l'exécution d'un contrat par diffraction (impliquant la conclusion de sous-contrats) ou d'une addition de contrats. Dépassant le principe de l'effet relatif, conçu comme un gage de sécurité juridique, le groupe de contrats donne une consistance à l'interdépendance qui existe dans les faits entre certaines conventions[1647]. Ainsi, « *plusieurs contrats peuvent constituer un tout, digne d'être pris en considération, aussi différent de ses composants mais aussi lié à eux, que 12 l'est à l'égard de 7 et de 5* »[1648]. Selon Sébastien PELLÉ, la notion d'interdépendance illustre « *le fait que la réalisation d'une opération globale repose sur l'imbrication d'une pluralité de contrats* » ; « *l'interdépendance contractuelle va alors traduire la relation dynamique qui s'instaure entre l'opération globale et chacun des contrats nécessaires à sa réalisation, de telle sorte que si un seul des contrats est compromis, c'est toute l'opération globale qui est remise en cause* »[1649]. L'auteur observe notamment l'existence d'une interdépendance entre le contrat de réservation et le contrat de prêt souscrit par l'acquéreur dans le cadre de la vente d'immeuble à construire[1650]. Selon Bernard TEYSSIÉ, il résulte paradoxalement du groupe de contrats à la fois un phénomène de complexification et d'uniformisation. La validité de chaque contrat est appréciée à l'aune de celle des autres. Néanmoins, une dynamique unificatrice traverse le groupe. « *Certains complexes contractuels étant organisés autour d'une convention principale, celle-ci n'exerce-t-elle pas sur ses ''satellites'' une attraction si forte qu'elle provoque leur soumission à des règles semblables à celles qui régissent la première* ? »[1651]. A titre d'exemple, on peut remarquer une identité de règles entre les contrats conclus par le promoteur pour la réalisation de l'opération et celui qu'il signe avec l'accédant : l'existence d'un prix forfaitaire, une obligation de résultat commune au promoteur et aux constructeurs, l'application des mêmes garanties légales, *etc.*

[1645] S. GUINCHARD, T. DEBARD, *Lexique des termes juridiques*, 27ème éd., Dalloz, 2019, p. 534.
[1646] F. TERRÉ, P. SIMLER, Y. LEQUETTE, *Droit civil. Les obligations*, 12ème éd., Dalloz, 2018, p. 147.
[1647] S. PELLÉ, *La notion d'interdépendance contractuelle. Contribution à l'étude des ensembles de contrats*, Thèse, Dalloz, 2007, p. 7.
[1648] B. TEYSSIÉ, *th. préc.*, p. 46.
[1649] S. PELLÉ, *th. préc.*, p. 17.
[1650] *Ibid.*, pp. 35-36. Article L. 261-15 du CCH.
[1651] B. TEYSSIÉ, *th. préc.*, p. 196.

Dans cette hypothèse en revanche, ce sont les « satellites » qui exercent une influence sur la convention principale, et non l'inverse.

496. L'adéquation de l'ensemble contractuel. L'ensemble contractuel réunit « *des contrats qui, concourant à la réalisation d'une même opération économique, sont unis par une identité de cause, au sens de but commun* »[1652]. La cause envisagée ici est la *causae remotae*, c'est-à-dire la cause médiate du contrat, correspondant aux mobiles des parties. Au-delà de leurs causes immédiates respectives, les contrats d'un ensemble contractuel partagent une même cause subjective[1653] : « *elle est supposée connue des personnes intéressées à l'opération globale, elle est entrée dans le champ contractuel* »[1654]. Ainsi, ce qui fait la particularité de l'ensemble contractuel, c'est l'existence d'un objectif identique, connu des contractants, reliant différents contrats, de différentes natures. L'ensemble contractuel peut être identifié grâce à une approche objective, fondée sur un faisceau d'indices, tels que la durée concordante des contrats, leur coût respectif, ou bien l'existence d'un mandataire commun. L'ensemble contractuel peut également découler d'une source subjective, c'est-à-dire résulter de la volonté des parties, si elles ont entendu lier le sort de plusieurs contrats, par exemple par une clause d'indivisibilité. A l'inverse de la chaîne ou du groupe de contrats, dont la structure est linéaire, l'ensemble contractuel est circulaire. « *Cette fois-ci, les diverses conventions sont coexistantes, et non plus successives, organisées autour d'un personnage clé en relation contractuelle immédiate avec chacun des participants du groupe* »[1655]. S'agissant des différents contrats qui composent l'ensemble, « *si les manifestations en sont diverses, les critères auxquels ils répondent sont semblables : identité de cause, conjonction au sein d'un même cadre temporel, organisation autour d'un personnage central* »[1656]. L'ensemble contractuel entraîne certaines conséquences sur la qualification des contrats qui le composent, sur leur validité ou encore sur l'appréciation de leur inexécution. En vertu de la cause commune qui caractérise l'ensemble contractuel, et qui légitime l'interdépendance entre les contrats, chacun d'eux peut être annulé pour absence de cause, si l'opération économique globale périclite[1657]. L'article 1186 du Code civil consacre la sanction de la caducité en chaîne des contrats participant de l'opération d'ensemble. De même, le principe de l'effet relatif des conventions est écarté ; des actions contractuelles directes

---

1652 F. TERRÉ, P. SIMLER, Y. LEQUETTE, *Droit civil. Les obligations*, 12ème éd., Dalloz, 2018, p. 148.

1653 Cass. Civ. 3ème, 3 mars 1993, n° 91-15613, *Bull. civ.* III, n° 28, p. 18, *RTD Civ.* 1994. 124, P.-Y. GAUTIER.

1654 D. BAZIN-BEUST, *th. préc.*, p. 137.

1655 D. BAZIN-BEUST, *th. préc.*, p. 99.

1656 B. TEYSSIÉ, *th. préc.*, p. 189.

1657 P.-A. FORIERS, *Groupes de contrats et ensembles contractuels. Quelques observations en droit positif*, Larcier, 2006, pp. 81-105.

sont possibles entre les différents membres de l'ensemble, bien qu'ils ne soient pas parties au même accord.

497. Dans l'opération de promotion immobilière, les travaux des constructeurs s'interpénètrent pour aboutir à un résultat commun : l'ouvrage achevé. « *Le travail de chaque entrepreneur se fond dans un ensemble* », de sorte que « *tous concourent au tout* », un tout « *à la fois unique, autonome et indivisible* »[1658]. Les constructeurs interviennent sous la direction du promoteur. En ce sens, la promotion immobilière s'apparenterait à un « *ensemble contractuel à dépendance unilatérale* »[1659], composé de contrats hiérarchisés, ordonnancés autour du contrat conclu entre le promoteur et l'accédant. Dans ce type d'ensembles contractuels, l'un des contrats « *permet d'atteindre l'objectif poursuivi et les autres en constitue un complément utile* », en facilitant son exécution[1660]. Les contrats s'ordonnancent autour d'un « *participant pivot* », un « *promoteur* », « *un contractant immédiat de chacun des participants du groupe* » : « *le promoteur personnage-clé est systématiquement en position de bénéficiaire des obligations souscrites par ses divers cocontractants* »[1661]. Peut-on voir dans le « promoteur » de l'ensemble contractuel le promoteur immobilier ? Il est possible de répondre par l'affirmative en présence du promoteur initiateur, maître d'ouvrage de l'opération. Dans l'hypothèse du promoteur mandataire, les contrats passés avec les constructeurs sont en réalité conclus par le maître d'ouvrage mandant. Delphine BAZIN-BEUST propose de retenir, dans ce cas, la notion de « *relations groupées* » autour du promoteur, à défaut de pouvoir retenir la notion de « *contrats groupés* ». Selon l'auteur, « *cette locution témoigne du rôle décisif assumé par le promoteur dans son activité d'organisation d'une opération de construction immobilière. Le promoteur est bien l'interlocuteur privilégié des constructeurs* »[1662], quelle que soit la nature de ses rapports avec l'accédant. Cette position centrale du promoteur se reflète également dans le régime de responsabilité multidirectionnel qui lui est applicable. Sa responsabilité est triple : il est responsable « *envers les pouvoirs publics puisqu'il met en œuvre un programme en fonction de la législation et de la réglementation* », il est responsable « *envers tous les techniciens et entreprises du bâtiment puisqu'il est donneur*

[1658] R. RAFFI, *L'obligation de garantie du constructeur immobilier*, Thèse, Université de Bordeaux, 1994, p. 508.
[1659] B. TEYSSIÉ, *th. préc.*, p. 191.
[1660] D. BAZIN-BEUST, *th. préc.*, p. 99.
[1661] *Ibid.*, p. 103. M. PAINCHAUX, Fasc. 222 « Construction. – Responsabilité des vices, malfaçons et dommages du promoteur à l'égard du souscripteur », *JCl. Construction-Urbanisme*, LexisNexis, 2018, § 2 : « *Le promoteur joue un rôle pivot en organisant l'opération et en tenant le juste milieu entre les acquéreurs finaux et les intervenants à l'acte de construire* ».
[1662] D. BAZIN-BEUST, *th. préc.*, p. 120.

d'ordres » et il est responsable « *envers les utilisateurs puisqu'il est producteur de l'opération* »[1663].

498. Ainsi, le promoteur est une sorte de « *''chef d'orchestre'' dans le concert d'organismes et de professionnels qui concourent de près ou de loin à la réalisation d'une opération immobilière* »[1664]. Il est au cœur d'un réseau de relations contractuelles et délictuelles qui l'unissent aux constructeurs, sans lesquelles l'opération ne pourrait voir le jour. Le promoteur assume un rôle d'organisateur, qui s'oblige à « faire faire », c'est-à-dire à reporter sur d'autres acteurs la réalisation concrète de la prestation attendue par le commanditaire, son client. En outre, si l'on analyse l'opération de promotion immobilière comme une suite de contrats différents, concourant au même objet et partageant le même but, il est possible de l'identifier comme un ensemble contractuel, ce que vient confirmer « *l'interdépendance économiquement existante entre les contrats passés par les divers constructeurs avec le maître d'ouvrage* »[1665].

[1663] B. DUBAN, *Les Promoteurs Constructeurs*, PUF, 1982, p. 44.
[1664] J.-L BERGEL, S. CIMAMONTI, Fasc. 222 « Construction. – Responsabilité des vices, malfaçons et dommages du promoteur à l'égard du souscripteur », *JCl. Construction-Urbanisme*, LexisNexis, 2006, p. 4.
[1665] H. PÉRINET-MARQUET, « Les aspects économiques du contrat de construction », *RDI*, 2002, p. 1.

Conclusion du Chapitre 2

499. Contrairement au juge, le législateur n'a pas directement défini le promoteur immobilier, en tant que tel, mais a instauré un nouveau contrat spécial de construction dénommé « contrat de promotion immobilière ». Celui-ci a été conçu pour résoudre le déficit de protection dont souffrait alors le maître d'ouvrage qui recourait à un professionnel pour superviser l'opération de construction qu'il faisait réaliser sur son propre terrain. Le choix du mandat s'est imposé au détriment de celui du louage d'ouvrage, malgré d'importantes hésitations, liées à la nature extra-juridique des actes accomplis par le promoteur. C'est un mandat d'un genre spécial qui a été privilégié. Qualifié à tort de mandat d'« intérêt commun », il est également un mandat ducroire, qui impose au promoteur de se porter garant du fait des constructeurs qu'il missionne pour le compte du maître d'ouvrage. De surcroît, le régime dont le mandat est habituellement assorti a été adapté dans le but d'apporter au mandant une protection efficace. Malgré les efforts fournis par le pouvoir législatif pour donner un cadre juridique à l'activité du promoteur exécutant, le contrat de promotion immobilière est rarement utilisé par les praticiens du secteur, qui le trouvent peu adapté à la réalité de leur activité et, à certains égards, trop contraignant. En secteur libre, ceux-ci se tournent vers d'autres conventions moins réglementées, consistant soit en un mandat, à l'instar du contrat de maîtrise d'ouvrage déléguée, soit en un contrat d'entreprise, à l'instar du contrat d'assistance à maîtrise d'ouvrage. Si la maîtrise d'ouvrage déléguée peut être rapprochée du contrat de promotion immobilière en raison du pouvoir de représentation du maître d'ouvrage qui est confié au mandataire, l'assistance à maîtrise d'ouvrage est en revanche une simple prestation de services, dont le périmètre d'intervention et la faible intensité des obligations justifient qu'elle soit distinguée de l'activité de promotion immobilière.

500. L'analyse du champ d'intervention du promoteur exécutant conduit à s'interroger sur sa faculté à accomplir des actes matériels, en dehors ou en complément des actes intellectuels ou juridiques qu'il est amené à exécuter en qualité de mandataire. Considérer que le promoteur est susceptible d'intervenir au titre de la réalisation technique de l'ouvrage reviendrait à tolérer une assimilation de ce dernier au constructeur de maisons individuelles. Le contrat éponyme associé à cette activité compte parmi les contrats spéciaux de la construction. Il partage, avec les contrats de vente d'immeuble à construire et de promotion immobilière, une réglementation similaire, justifiée par l'objectif habituel de protection de l'accédant, qui dans cette hypothèse, fait construire sur son propre terrain une maison individuelle comportant un ou deux logements. La loi n'interdit pas au promoteur d'accomplir une prestation exclusivement matérielle, comme le suggère l'article 1831-1 alinéa 2 du Code civil. Néanmoins, si une telle prestation peut être accessoirement prise en charge par le promoteur, il ne saurait être question de promotion immobilière lorsque l'activité porte exclusivement sur des tâches de conception ou d'exécution, au risque de légitimer une dilution totale des fonctions du promoteur dans celles des constructeurs de métier. Aussi, le constructeur de maisons individuelles doit-il être distingué du promoteur immobilier. A l'inverse de ce dernier, il ne conclut ni contrat de vente ni contrat de mandat avec son cocontractant, en dehors de délégations ponctuelles éventuelles ; il n'est pas en charge de l'exercice de la maîtrise d'ouvrage ; et son champ d'intervention professionnel est plus limité. En tout état de cause, si le promoteur ne peut pas uniquement être un constructeur matériel, rien ne s'oppose à ce qu'il assume cette fonction en sus de ses fonctions naturelles de maître d'ouvrage. Le cas échéant, en plus d'être promoteur, il est aussi « constructeur réalisateur », ce qui impacte le contenu du contrat à conclure avec l'accédant. A défaut, si le promoteur reste dans les limites assignées à son activité de promotion *stricto sensu*, il demeure un « constructeur non-réalisateur », uniquement tenu à une prestation d'organisation, au titre de laquelle il assume l'obligation de « faire faire » l'ouvrage. Dans cette configuration, le promoteur immobilier est au centre d'un ensemble contractuel, cimenté par une cause médiate commune, celle de livrer au client final un ouvrage conforme aux prescriptions contractuelles et réglementaires.

Conclusion du Titre II

501. La jurisprudence a été la première à définir le promoteur immobilier, en choisissant une définition relativement large, reposant sur des critères souples et malléables, ceux de « l'initiative » et du « soin principal » de l'affaire. L'identification de ces critères dépend d'une série d'indices factuels et évolutifs, qui renvoient aux missions assumées dans le cadre de l'opération (recherche du terrain, obtention des autorisations administratives, choix des entrepreneurs, *etc.*). Cette jurisprudence est peu lisible, ce qui la rend souvent imprévisible et dangereuse au regard du régime applicable, le promoteur immobilier étant notamment tenu, « par nature », à une obligation de résultat générale. En insistant sur l'« initiative » de l'affaire, la jurisprudence a orienté la définition du promoteur vers le « promoteur initiateur », qui assume la maîtrise d'ouvrage de sa propre opération, en s'inscrivant dans une démarche capitaliste. Sur un plan contractuel, le promoteur initiateur s'incarne dans la figure du vendeur d'immeuble à construire et, particulièrement, dans celle du vendeur d'immeuble en l'état futur d'achèvement, qui commercialise un produit en cours de construction, sur un terrain qui lui appartient à l'origine, en conservant les pouvoirs du maître d'ouvrage. Par extension, il est possible de considérer, à certaines conditions, que le promoteur initiateur utilise également la vente d'immeuble à rénover - dès lors que cette dernière porte sur des travaux substantiels - ou la vente immobilière de droit commun, sous réserve d'avoir supervisé au préalable la construction de l'ouvrage. La définition jurisprudentielle du promoteur immobilier a perduré, malgré l'adoption d'une définition légale, sensiblement différente. Ceci s'explique sans doute par le fait que « *la définition jurisprudentielle cadre bien avec le sens littéral du terme promoteur, contrairement à celui qui est entendu dans le contrat de promotion immobilière* »[1666].

502. Depuis la loi du 16 juillet 1971, le promoteur est en effet désigné dans la loi comme le mandataire du maître d'ouvrage, dans le contrat de promotion immobilière. Bien qu'il ait été conçu pour régir spécifiquement l'activité de promotion immobilière, ce contrat est critiquable à plusieurs titres. Peu adapté à la réalité de l'activité, son régime est en outre trop sévère au regard de la nature des missions assumées par le promoteur, ce qui pousse les professionnels du secteur à privilégier des conventions voisines, telles que la maîtrise d'ouvrage déléguée (proche du contrat de promotion immobilière) ou l'assistance à maîtrise d'ouvrage. En tant que prestataire de services, le promoteur peut sortir de son seul rôle de maître d'ouvrage professionnel, pour prendre en charge, totalement ou partiellement, les travaux de construction. A ce titre, certains considèrent que son périmètre d'activité va jusqu'à inclure l'exécution de contrats de construction de maisons individuelles, ce qui est théoriquement contestable. *In fine*, le promoteur immobilier qui exécute lui-même tout ou

[1666] D. BAZIN-BEUST, *th. préc.*, p. 158.

partie des travaux de construction, ne peut conserver sa qualité que si sa prestation matérielle vient en complément de ses missions juridiques, administratives et financières, caractéristiques de l'exercice de la maîtrise d'ouvrage.

503. Ce qui réunit véritablement les deux intervenants sous l'appellation commune de promoteur immobilier est leur fonction de maître d'ouvrage professionnel. Plus précisément, le promoteur initiateur est, à l'origine, titulaire de la maîtrise d'ouvrage - jusqu'à ce que la commercialisation débute et que les acquéreurs, maîtres d'ouvrage définitifs, soient identifiés - et exerce les prérogatives qui lui sont attachées. Pour sa part, le promoteur exécutant se contente de les exercer au nom et pour le compte du maître d'ouvrage, n'étant à aucun moment titulaire lui-même de la maîtrise d'ouvrage. Le titulaire de la maîtrise d'ouvrage est unique, tandis que plusieurs personnes peuvent l'exercer, au besoin en se répartissant ses multiples attributions, dans le cadre de différents appareils contractuels. Ceci rend d'autant plus complexe le travail d'identification de celui qui exerce véritablement la fonction de maître d'ouvrage et qui peut, à ce titre, être qualifié de promoteur. Le tour d'horizon des contrats susceptibles de correspondre à des cas de promotion immobilière, analysés sous l'angle de la vente, du mandat, voire également du louage d'ouvrage, illustre avec force le caractère plurivoque de la notion de promoteur. Conformément à la distinction proposée par Cyril NOBLOT, le promoteur immobilier n'a donc en réalité jamais correspondu à une « *qualité intrinsèque* » au contrat de promotion immobilière. Il s'agit d'une « *qualité extrinsèque* », qui renvoie à une « *catégorie de contractant qui n'est pas objet de création par le droit des contrats* »[1667]. La notion de promoteur immobilier, fonctionnelle et plurivoque, constitue ainsi une notion juridique singulière.

[1667] C. NOBLOT, *La qualité du contractant comme critère légal de protection. Essai de méthodologie législative*, Thèse, LGDJ, 2002, p. 13.

Conclusion de la Première Partie

504. La notion de promoteur immobilier se dévoile à travers l'observation de son régime juridique spécial, fruit d'une chronologie particulière. Lors de son émergence au milieu du XXème siècle, le promoteur tire profit de la liberté contractuelle qui domine alors le secteur de la construction, avant d'être rapidement identifié comme le catalyseur des risques juridiques, financiers et matériels susceptibles de fragiliser la démarche de l'accédant. Conscient du rôle central joué par ce nouvel intermédiaire, la jurisprudence et la loi s'emploient à réglementer son activité ; les tentatives ponctuelles, peu efficaces, laissent place à un régime juridique structuré et pérenne. Celui-ci trouve sa source dans la préservation de l'accès au logement, comme le démontre la création originale d'un « secteur protégé » en droit de la construction, assis sur ce seul critère d'intégration. Alors que ce corps de règles dérogatoires répond à une logique *ratione materiae*, de type finaliste, les règles spéciales du droit de la consommation, qui s'intéressent à la défense des non-professionnels à travers un prisme *ratione personae*, viennent compléter le dispositif. Soucieux de parvenir à un équilibre dans les rapports contractuels opposant le promoteur à l'accédant, le législateur multiplie les lois qui visent à sauvegarder les intérêts de ce dernier, en encadrant le processus contractuel et en renforçant la responsabilité du promoteur. En définitive, celui-ci serait sans doute resté un professionnel de l'immobilier parmi d'autres, sans constituer une notion juridique à part entière, si le législateur et le juge n'avaient pas estimé nécessaire de l'enfermer dans un cadre juridique singulier, protecteur des intérêts de l'accédant. L'analyse des conséquences juridiques déclenchées par la qualification de promoteur révèle la nature fonctionnelle de la notion, en tant que trait distinctif de cette dernière.

505. La notion de promoteur immobilier étant par nature affiliée à un régime particulier, servant lui-même un objectif clairement défini, sa définition se veut suffisamment large pour conduire aisément à sa mobilisation. La notion de promoteur présente ainsi la spécificité de s'entendre de différentes façons. Le juge s'est attelé le premier à la définir, en proposant, dès 1963, une acception mettant en exergue ses qualités d'« initiateur » et de gestionnaire « principal » de l'opération. Loin de constituer des critères d'identification fiables, le recours aux conditions de l'« initiative » et du « soin principal » de l'affaire ont autorisé le développement d'une jurisprudence fluctuante et aléatoire autour de la qualification de « promoteur de fait », peu soucieuse des principes attachés à la sécurité juridique. A défaut de s'imposer comme une source sûre de définition, la qualification jurisprudentielle de « promoteur initiateur » permet à tout le moins d'identifier comme tel le vendeur d'immeuble à construire, véritable archétype contractuel du promoteur immobilier. Si ce dernier est par essence associé à des travaux de construction neuve, rien ne s'oppose à ce qu'il prenne également en charge des travaux de rénovation, à condition qu'ils soient d'une importance suffisante et commercialisés avant achèvement. Il convient d'éviter toute confusion éventuelle avec le marchand de biens, dont l'activité comprend l'exécution de travaux de rénovation légère, le plus souvent réalisés avant la mise en vente du bien. S'agissant au surplus de la vente immobilière après achèvement, elle n'est pas en tant que telle un obstacle à la qualification de promoteur, dès lors qu'elle intervient au terme d'une opération de construction réalisée sous la maîtrise d'ouvrage du vendeur. Pour sa part, le législateur a défini le promoteur sous les traits d'un prestataire de services, agissant en qualité de mandataire, au nom et pour le compte d'un maître d'ouvrage propriétaire du terrain à construire. Le contrat de promotion immobilière, décrit à l'article 1831-1 du Code civil, reste néanmoins peu utilisé en pratique. Il donne lieu à un mandat d'intérêt commun et ducroire, lourdement réglementé et contraignant pour le mandataire, qui lui préfère - notamment en secteur libre - des conventions alternatives, telles que la maîtrise d'ouvrage déléguée ou l'assistance à maîtrise d'ouvrage. Quoiqu'elles puissent être rapprochées du contrat de promotion immobilière, ce dernier garde sa spécificité en raison de la délégation totale qu'il opère dans l'exercice des attributions de la maîtrise d'ouvrage. La perception du promoteur sous les traits d'un exécutant soulève *a fortiori* la question de la prise en charge éventuelle des travaux de construction. Si la loi du 16 juillet 1971 a prévu cette possibilité, elle ne saurait se traduire par la réalisation de tâches exclusivement techniques, sans exercice de la maîtrise d'ouvrage, sous peine d'une confusion entre les fonctions de promoteur et de « constructeur réalisateur ». Dans cette perspective, le promoteur ne saurait être assimilé au constructeur de maisons individuelles. En dehors d'un cumul éventuel de fonctions, le promoteur est en toute logique un « constructeur non-réalisateur », dont la mission est de « faire faire » l'ouvrage, pour le compte d'accédants préalablement identifiés ou à conquérir.

SECONDE PARTIE

LA NOTION JURIDIQUE RÉNOVÉE DE PROMOTEUR IMMOBILIER

506. La promotion immobilière, « *activité courante et d'apparence si familière ne connait pas de véritable définition* »[1668], parce qu'en réalité, elle en connait plusieurs. La loi et la jurisprudence nous donnent à voir le promoteur à travers deux prismes distincts ; celui du « promoteur initiateur » qui utilise la vente dans ses rapports avec l'accédant et celui du « promoteur exécutant » qui utilise le mandat, voire accessoirement le louage d'ouvrage, avec le maître d'ouvrage. Faute de définition légale globale du promoteur immobilier, celui-ci est essentiellement appréhendé à travers les qualités contractuelles qu'il peut revêtir ; explicitement, comme dans l'hypothèse du contrat de promotion immobilière, tacitement ou par déduction dans les autres cas. Or, « *qualifier, c'est aussi définir* »[1669]. Indépendamment des définitions jurisprudentielle et légale du promoteur immobilier et des conséquences qu'il est possible d'en tirer sur le plan contractuel pour cerner les différentes modalités d'intervention du promoteur, de nombreuses incertitudes entourent cette notion. Celle-ci est pourtant employée de manière autonome, en pratique et dans la jurisprudence[1670] - sans être associée à un contrat ou à un régime de responsabilité particulier - ce qui prouve sa vitalité, mais aussi l'urgence qui existe à la définir. Une définition reposant uniquement sur les contrats et le régime de responsabilité susceptibles de s'appliquer au promoteur reste insuffisante. Aussi est-il nécessaire de dépasser le prisme du contrat conclu entre le promoteur et son client pour s'intéresser, en complément, à la personne et aux fonctions du promoteur immobilier. Une telle analyse vise à dégager les traits communs qui donnent à cette catégorie d'acteurs son unité et à cerner les critères qui la distinguent, afin d'élaborer une définition qui soit le plus exhaustive possible de la notion de promoteur immobilier. Celle-ci est indissociable de l'étude des caractéristiques de la personnalité juridique du promoteur et des attributions qu'il exerce dans le cadre de son activité (Titre I).

507. Le travail d'identification du promoteur ne poursuit pas le seul objectif d'apporter à la notion une définition claire et complète. Il est un préalable nécessaire à l'élaboration d'un statut qui se veut adapté au promoteur immobilier, en tant que notion juridique, mais également en tant que profession. « *L'essentiel n'est peut-être pas dans un statut sanctionné par une loi. Ce qui*

[1668] B. AVRIL, B. ROTH, *La promotion immobilière. Construire pour autrui*, Presses de l'école nationale des Ponts et Chaussées, 2001, p. 13.

[1669] M. MEKKI, « La distinction entre acte juridique et acte matériel à l'aune du contrat de mandat » *in* B. REMY (dir.), *Le mandat en question*, Bruylant, 2013, p. 13.

[1670] La jurisprudence utilise le terme de « *promoteur immobilier* » ou d'« *activité de promotion immobilière* » pour désigner l'activité professionnelle d'une partie ou d'un tiers au litige, sans autre précision, en suggérant ainsi que cette dénomination renvoie à une notion communément admise : Cass. Civ. 1ère, 19 septembre 2007, n° 04-18372, *Bull. civ.* I, n° 275 ; Cass. Civ. 2ème, 17 avril 2008, n° 07-10065, *Bull. civ.* II, n° 88 ; Cass. Civ. 1ère, 23 février 2012, n° 10-18343, *Bull. civ.* I, n° 35 ; Cass. Civ. 3ème, 3 juin 2015, n° 14-17744, *Bull. civ.* III, n° 53 ; Cass. Civ. 3ème, 29 octobre 2015, n° 14-17469, *Bull. civ.* III, n° 353.

est, en effet, recherché peut vraisemblablement être obtenu par des voies parallèles : une définition claire, objective et reconnue par tous des activités de la profession de promoteur-constructeur »[1671]. Si à l'heure actuelle, l'activité du promoteur est essentiellement réglementée à travers les législations impératives qui modèlent les contrats conclus avec les accédants, il n'existe aucun statut professionnel du promoteur immobilier, malgré plusieurs tentatives avortées en ce sens ; de même qu'il n'existe pas d'ordre professionnel des promoteurs immobiliers. Ces sujets fondamentaux méritent un positionnement clair, qui implique de s'interroger sur l'opportunité d'instaurer de tels instruments de contrôle de la profession de promoteur dans notre droit positif. En effet, plutôt que d'encadrer strictement l'activité de promotion immobilière, la question se pose d'envisager, en complément ou en remplacement, une restriction de l'accès à la profession de promoteur, sur la base de critères matériels et personnels clairement établis. Parallèlement, le régime spécial qui s'impose au promoteur du fait de sa seule qualité, ou le plus souvent, en raison du cadre contractuel dans lequel il intervient, pourrait être repensé dans un souci d'équilibre. Dans cette perspective, les garanties-relais qui pèsent sur lui pourraient coexister avec une obligation résiduelle qui soit pour partie de moyens et non plus exclusivement de résultat (Titre II).

[1671] B. AVRIL, B. ROTH, *op. cit.*, p. 275.

Titre I. Repenser la notion par une définition du promoteur immobilier

508. Force est de constater que « *l'opération de promotion immobilière est mal connue et le métier de promoteur immobilier encore davantage* »[1672], ce que vient renforcer le caractère plurivoque de la notion. Les définitions légale et jurisprudentielle du promoteur, qui prévalent aujourd'hui, ne disent rien de la personnalité juridique du promoteur, de sa qualité de personne physique ou morale, et des formes qu'il est susceptible d'emprunter dans ce dernier cas. Des traits saillants sont pourtant observables, si l'on s'intéresse à la notion selon une approche *ratione personae* (Chapitre 1). A l'inverse, les définitions du promoteur initiateur et du promoteur exécutant, ainsi que les contrats spéciaux auxquels elles sont rattachées, nous renseignent davantage sur les missions que le promoteur est amené à prendre en charge. Pour autant, elles ne permettent pas une identification claire de la nature et de l'objet de l'activité de promotion immobilière, de même qu'elles ne délimitent pas précisément le périmètre d'action du promoteur, ni ne hiérarchisent ses fonctions. Il importe donc de déconstruire les données que nous donnent à connaître la jurisprudence et l'étude des contrats conclus par le promoteur dans ses rapports aux accédants, pour reconstruire, selon une approche transversale, la définition *ratione materiae* de la notion de promoteur immobilier (Chapitre 2).

[1672] B. AVRIL, B. ROTH, *op. cit.*, p. 11.

Chapitre 1. Les éléments de définition liés à la personne du promoteur immobilier

509. Lorsque la Cour d'appel de Paris définit pour la première fois le promoteur immobilier, dans son arrêt fondateur du 12 juin 1963, elle s'intéresse à sa personnalité juridique, en indiquant que le promoteur est « *la personne physique ou morale qui s'engage directement ou par société interposée* »[1673]. Ces critères de définition ont finalement été abandonnés, au profit d'une définition plus large, reposant sur les seules conditions de l'« initiative » et du « soin principal » de l'affaire. La loi ne se prononce pas plus sur la personne du promoteur, en ne conditionnant pas cette qualité à des données en lien avec sa personnalité juridique. Pourtant, l'analyse de la notion de promoteur immobilier selon un prisme *ratione personae* est riche de multiples enseignements ; elle permet notamment de déterminer si le promoteur immobilier agit nécessairement sous les traits d'un professionnel (Section 1) et, le cas échéant, sous quelles formes juridiques (Section 2).

Section 1. Un professionnel construisant pour autrui

510. Dès 1965, Robert DENOYELLE relève que « *la promotion immobilière ne peut plus être une activité accessoire et occasionnelle, mais devient une activité principale et habituelle, autrement dit une profession* »[1674]. Les statuts actuels de la Fédération des Promoteurs Immobiliers précisent que le promoteur s'entend de celui qui intervient « *de façon habituelle et dans le cadre d'une organisation permanente* »[1675]. S'il est envisageable d'exercer des missions de promotion immobilière de manière épisodique, seul l'exercice professionnel de l'activité conduit à la qualification de promoteur immobilier ; « *le promoteur professionnel doit être considéré comme le promoteur par excellence* »[1676] (I). Dans cette perspective, ce dernier ne construit pas à des fins personnelles, mais pour autrui. Lorsque le promoteur ne répond pas à la commande d'un maître d'ouvrage, en tant que prestataire de services, il doit, en qualité d'initiateur, commercialiser ses immeubles, ou à tout le moins les valoriser, afin d'en retirer un bénéfice (II).

[1673] Cf. *Supra*, § 292. CA. PARIS, 12 juin 1963, *D.* 1964. 472, note R. SAINT-ALARY, *RTD Com.* 1963. 863, obs. R. SAINT-ALARY.

[1674] R. DENOYELLE, *Le promoteur de constructions immobilières*, Thèse, Berger-Levrault, 1965, pp. 30, 74.

[1675] Article 3 des statuts de la Fédération des Promoteurs Immobiliers.

[1676] P. MALINVAUD, P. JESTAZ, P. JOURDAIN, O. TOURNAFOND, *Droit de la promotion immobilière*, 9ème éd., Dalloz, 2014, p. 8.

I. La qualité de promoteur réservée aux personnes agissant à titre professionnel

511. L'article liminaire du Code de la consommation définit le professionnel comme « *toute personne physique ou morale, publique ou privée, qui agit à des fins entrant dans le cadre de son activité commerciale, industrielle, artisanale, libérale ou agricole, y compris lorsqu'elle agit au nom ou pour le compte d'un autre professionnel* ». Il convient de noter la conception accueillante du professionnel, qui désigne ainsi toute personne qui contracte à des fins autres qu'exclusivement personnelles. Le droit de la consommation ne se réfère qu'à la nature de l'activité exercée pour apprécier la qualité de professionnel, mais d'autres attributs la définissent. Ainsi, « *le professionnel est celui qui,* s'affichant *comme tel* (ex professo)*, exerce* avec une exigence de maîtrise *et dans le cadre d'une* organisation fonctionnelle *(éventuellement une entreprise), une* activité de production ou de distribution *de biens ou de prestations de service, à titre* habituel *et moyennant* rémunération »[1677]. Ces critères ont pu être repris en jurisprudence pour qualifier le promoteur[1678]. En tant qu'activité « professionnelle », la promotion immobilière est en effet pratiquée dans un but lucratif (A), de manière habituelle (B) et sur la base d'une compétence spécialisée (C).

A) Une personne agissant à des fins lucratives

512. Le promoteur exerce ses missions en échange de contreparties (1), qui se matérialisent sous la forme de gains pécuniers, ou dans certains cas, matériels (2).

1. La recherche de profits

513. La finalité lucrative de l'activité professionnelle. Une activité est lucrative lorsque de son exercice, il est possible de retirer des gains, des profits ou des bénéfices. Or, une activité professionnelle est par nature « rémunérée (…) *avec la perspective* (…) *de parvenir à un profit* »[1679], qu'il soit en capital ou en nature. C'est pourquoi, les contrats conclus dans un cadre professionnel sont le plus souvent des contrats à titre onéreux, c'est-à-dire des « actes intéressés », dans lesquels l'engagement de chacun a sa raison d'être dans la contrepartie reçue ou attendue de l'autre[1680]. Néanmoins, si dans les contrats à titre onéreux,

---

[1677] C. NOBLOT, *Droit de la consommation*, LGDJ, 2012, p. 160.

[1678] Cass. Civ. 3ème, 11 décembre 1973, n° 72-13827, *Bull. civ.* III, n° 622, p. 453.

[1679] P. LE TOURNEAU, « Obligations des professionnels » *in* P. LE TOURNEAU (dir.), *Droit de la responsabilité et des contrats. Régimes d'indemnisation*, 11ème éd., Dalloz, 2017, § 3124.25.

[1680] F. TERRÉ, P. SIMLER, Y. LEQUETTE, F. CHÉNEDÉ, *Droit civil. Les obligations*, 12ème éd., Dalloz, 2018, p. 453 et s.

chacune des parties tend à l'obtention d'un avantage économique[1681], le caractère lucratif de l'activité s'entend déjà d'une simple recherche de gains pécuniaires, médiats ou immédiats. En effet, indépendamment de ce qui peut être perçu *in fine*, la seule intention d'obtenir un revenu suffit à caractériser le caractère lucratif de l'activité professionnelle. Cette recherche de bénéfices se concrétise dans l'existence d'une clientèle[1682] ; elle en est « *l'incarnation, la personnification* »[1683]. En tout état de cause, les gains visés à travers le caractère lucratif de l'activité professionnelle ne peuvent correspondre qu'aux gains du travail, non à ceux du capital. Ces derniers sont réservés aux investisseurs, qui se contentent de gérer leur patrimoine, sans exercer d'activité professionnelle à cette fin. Daniel BERT considère par ailleurs que la « lucrativité » suppose la recherche d'un profit, qui implique une rémunération supérieure au coût de revient, tandis que le professionnel chercherait seulement à vivre de son activité ; si bien que, tout en étant perçues comme professionnelles, certaines activités ne seraient donc pas nécessairement lucratives[1684]. Cette nuance pourrait s'incarner dans une certaine définition des professions commerciales, ou *a fortiori* artisanales, pour lesquelles il est possible d'admettre que « *l'activité réalisée consiste en une occupation sérieuse de nature à produire des bénéfices et à subvenir aux besoins de l'existence* »[1685], sans constituer pour autant une activité « lucrative ».

514. La finalité lucrative de l'activité du promoteur immobilier. Le contrat que conclut le promoteur immobilier avec l'accédant est nécessairement un contrat synallagmatique, conclu à titre onéreux ; quelle que soit la forme juridique de son intervention, le promoteur n'agit pas gratuitement[1686]. Il agit nécessairement pour satisfaire une clientèle qui le rémunère, qu'elle soit prédéfinie – comme c'est le cas du maître d'ouvrage qui recourt à l'assistance d'un promoteur prestataire de services – ou bien à conquérir – comme c'est le cas des accédants qui acquièrent en l'état futur d'achèvement les produits proposés par un promoteur initiateur. En outre, les gains retirés par le promoteur sont le fruit de son travail et de celui des intervenants qu'il missionne. Même si l'opération de construction est indissociable d'un capital financier, correspondant aux fonds investis, et d'un capital matériel, constitué *a minima* du terrain à construire, elle ne peut voir le jour sans le travail manuel et intellectuel

---

[1681] F. TERRÉ, P. SIMLER, Y. LEQUETTE, F. CHÉNEDÉ, *op. cit.*, p. 117.
[1682] G. CORNU, assoc. H. CAPITANT, *Vocabulaire juridique*, 13ème éd., PUF, 2020, p. 180.
[1683] D. BERT, *Le droit de l'activité professionnelle indépendante. Essai d'une théorie générale*, Thèse, Université de Versailles Saint-Quentin-en-Yvelines, 2010, p. 115.
[1684] *Ibid.*, p. 152.
[1685] C. LEBEL, « Commerçant », *Répertoire de droit commercial*, Dalloz, février 2019, § 31. CA. PARIS, 30 avril 1906. La qualité de commerçant est déniée à l'auteur d'actes non lucratifs (Cass. Com., 13 mai 1970, n° 69-11268, *Bull. civ.* IV, n° 158, p. 141, *D.* 1970. 644).
[1686] Cf. *Supra*, § 189.

de tous les intervenants au chantier, que le promoteur se charge de coordonner. Jean-Louis BERGEL et Sylvie CIMAMONTI relèvent que la notion de promoteur implique « *d'importantes initiatives et des activités diverses dans un but lucratif dont l'absence la dépouille de sa raison d'être et prive de justification les lourdes responsabilités qu'elle implique* »[1687]. Aussi, toute personne qui exerce une activité de promotion, « *à titre d'activité rémunérée, a nécessairement la qualité de promoteur* »[1688] ; ce dernier ne peut être une personne physique, ou une personne morale à but non-lucratif, qui ne chercherait pas à s'enrichir.

515. Il n'est assigné au promoteur aucune limite à sa recherche de profit, tenant par exemple à l'assouvissement des seuls « *besoins de l'existence* ». D'aucuns dénoncent, à plus forte raison, la dimension spéculative de ses actes[1689]. Le « spéculateur » est celui qui cherche un gain en tirant parti des fluctuations de valeur d'une marchandise ou d'un marché[1690]. La recherche de gains cesse de s'inscrire uniquement dans une démarche lucrative pour correspondre à une démarche spéculative, lorsque l'opération est fondée sur la quête d'un bénéfice à court ou très court terme, sans appréciation globale et durable de la situation et, le plus souvent, sans démarche substantielle. La prise de risques est centrale dans l'approche spéculative car celle-ci implique de miser sur la variabilité du marché visé. Un tel critère n'est pas exigé pour apprécier le caractère professionnel d'une activité, son caractère lucratif étant en principe suffisant. Néanmoins, dans un arrêt du 12 février 1985, la Cour de cassation s'est ponctuellement référée au « *caractère spéculatif répété* » d'une activité pour apprécier sa nature commerciale[1691]. En matière de promotion immobilière, le juge n'hésite pas à relever le « *but purement spéculatif* » de l'opération[1692]. Pourtant, si l'activité peut confiner dans certains cas à de la spéculation, celle-ci ne saurait être considérée comme un élément de définition de l'activité de promotion immobilière. En tant qu'activité professionnelle, celle-ci doit uniquement être exercée à des fins lucratives, ce qu'il appartient au juge de vérifier. Pour le reste, le caractère spéculatif du projet immobilier porté par le promoteur relève de l'appréciation économique, non du travail de définition juridique.

[1687] J.-L BERGEL, S. CIMAMONTI, Fasc. 222 « Construction. – Responsabilité des vices, malfaçons et dommages du promoteur à l'égard du souscripteur », *JCl. Construction-Urbanisme*, LexisNexis, 2006, p. 4.

[1688] P. MALINVAUD, P. JESTAZ, P. JOURDAIN, O. TOURNAFOND, *op. cit.*, p. 3.

[1689] Cf. *Supra*, § 22.

[1690] G. CORNU, assoc. H. CAPITANT, *op. cit.*, p. 978.

[1691] Cass. Com, 12 février 1985, n° 83-10864 83-11286, *Bull. civ.* IV, n° 59, p. 50. K. RODRIGUEZ, « Etude 31 – Activités économiques et commerciales » *in* P.-H. DUTEIL (dir.), *Juris Corpus Droit des associations et fondations*, Dalloz, 2016, § 31-23 à 25.

[1692] Cass. Civ. 3ème, 19 avril 1977, n° 75-14734 75-15180, *Bull. civ.* III, n° 165, p. 125.

516. L'appréciation du critère en jurisprudence. L'exercice à titre onéreux de l'activité de promotion immobilière est reconnu de longue date par la jurisprudence comme un critère de définition. Dans un arrêt du 23 janvier 1963[1693], la Chambre criminelle de la Cour de cassation a tenu compte de cet élément pour apprécier la responsabilité pénale d'un gérant de société du fait de manquements à la loi du 7 août 1957[1694], en enseignant notamment que « *la poursuite d'un but lucratif doit s'apprécier dans la personne du promoteur et non dans celle de la société éventuellement fondée* »[1695]. La Haute Cour apprécie l'intention lucrative de la société créée pour les besoins de l'opération pour la qualifier, le cas échéant, de promoteur de fait. Ainsi, dans le cadre d'un arrêt rendu le 14 décembre 1982, une chambre du commerce et d'industrie ayant agi en qualité de mandataire des acquéreurs pour des opérations de construction, a été condamnée en qualité de promoteur, *in solidum* avec l'architecte, à indemniser un défaut d'isolation thermique. La Cour de cassation a sanctionné les juges du second degré, en leur reprochant de ne pas avoir recherché « *si la Chambre de commerce tirait de l'opération un avantage ou un profit personnel* »[1696]. Jean-Claude GROSLIÈRE et Philippe JESTAZ relèvent que « *la Cour de cassation tenait à son idée que le promoteur, mandataire ou non, a une obligation de résultat et elle n'a consenti à infléchir cette position que dans la mesure où la Chambre de commerce intervenait à titre bénévole* ». Ils déduisent de cette décision que « *par exception à la théorie de l'obligation de résultat, le promoteur bénévole ne répond que de sa faute prouvée* »[1697], bien que l'usage du terme « promoteur bénévole » s'apparente en réalité à un abus de langage, si l'on considère qu'il exerce par nature une activité rémunérée. Cela étant, la dimension lucrative de l'activité du promoteur participe pleinement de la définition de la notion, en étant indissociable du régime de responsabilité auquel elle conduit.

517. L'exercice à titre gratuit de l'activité de promotion immobilière. L'exercice bénévole de la promotion immobilière permet d'échapper à la qualification de promoteur immobilier, dans la mesure où le régime juridique qui va de pair ne trouve plus à s'appliquer. Cette dérogation peut s'expliquer à

1693 Cass. Crim, 23 janvier 1963, n° 62-91069, *Bull. Crim.*, n° 44.

1694 Cf. *Supra*, § 122. Loi n° 57-908 du 7 août 1957 tendant à favoriser la construction de logements et les équipements collectifs, *JORF*, 10 août 1957, p. 7906.

1695 R. DENOYELLE, *th. préc.*, p. 74. En ce sens, CA. VERSAILLES, 21 avril 1989 : n'est pas qualifié de promoteur celui qui se comporte en gérant normal de la société, sans retirer un profit personnel de l'opération. H. PÉRINET-MARQUET, « Promotion immobilière », *Répertoire de droit immobilier*, Dalloz, janvier 2013 (actualisé en mars 2014, M. FAURE-ABBAD), § 106.

1696 Cass. Civ. 3ème, 14 décembre 1982, inédit, *RDI* 1982. 194, obs. P. JESTAZ, J.-C. GROSLIÈRE.

1697 J.-C. GROSLIÈRE, P. JESTAZ, Chron. « Promotion immobilière – Vente d'immeuble », *RDI*, 1984, p. 195.

rebours de la théorie du risque-profit, sur laquelle repose ce régime spécial[1698]. La démarche désintéressée de l'intervenant le place ainsi dans le droit commun de la responsabilité, en lui évitant de se confronter à la responsabilité spéciale du promoteur. A titre d'exemple, le mandat général d'un indivisaire, reçu de ses coindivisaires pour les besoins d'une opération de construction, ne fait pas du mandataire un promoteur, car sa mission est exercée à titre gratuit[1699]. S'est néanmoins posée la question de savoir si, en l'absence de gains financiers perçus de la commercialisation de biens nouvellement construits, le recouvrement d'autres sommes pouvait suffire à considérer l'activité comme lucrative. Dans un arrêt rendu le 7 février 1991 par la Cour d'appel de Paris, une société coopérative a été qualifiée de promoteur immobilier, au sens de la loi, alors qu'elle ne poursuivait pas de but lucratif. La Cour d'appel avait tout de même estimé que la perception des cotisations, des frais de gestion et des intérêts des prêts qu'elle avait consentis pouvaient s'analyser en une rémunération, susceptible de justifier qu'elle soit apparentée à un promoteur immobilier. Il est vrai que l'article 1831-1 du Code civil ne fait pas de la poursuite d'un « but lucratif » une condition de qualification du promoteur immobilier : seule l'existence d'une « rémunération » versée au promoteur est expressément requise par la loi. Or, « *si une société coopérative ne recherche pas, au sens strict, le partage de bénéfices, elle n'en poursuit pas moins un objectif économique* ». En l'occurrence, pour la Cour d'appel, « *la perception de cotisations, de frais de gestion et d'intérêts de prêts consentis s'analysait en une rémunération au sens de l'article 1831-1* »[1700]. Dans une autre affaire, la Cour de cassation a finalement considéré qu'en l'absence de profit, une société coopérative de construction, intervenue comme maître d'ouvrage délégué, n'avait pas la qualité de promoteur. La simple indemnisation des frais de gestion n'était pas suffisante à caractériser le caractère lucratif de l'intervention et, partant, à justifier les obligations spéciales découlant de l'attribution de la qualité de promoteur immobilier[1701]. Il convient *a priori* de retenir que le dessein lucratif de l'activité de promotion immobilière s'entend uniquement dans un sens restrictif, en désignant une rémunération sous forme de gains ou de profits, financiers ou matériels, obtenus en contrepartie de l'accomplissement des missions de promotion. Il ne renvoie pas aux économies, aux frais de gestion ou aux indemnités susceptibles d'être perçues à cette occasion.

518. Ainsi, le caractère professionnel de l'activité de promotion immobilière s'illustre notamment dans sa finalité lucrative, qui induit la perception de profits au terme des diligences réalisées. Or, ces derniers ne se limitent pas aux seules

---

[1698] Cf. *Infra*, § 859.

[1699] CA. PARIS, 5 juillet 1988, *RDI* 1988. 469.

[1700] J.-C. GROSLIÈRE, C. SAINT-ALARY-HOUIN, « Promoteur. Notion, Société coopérative universitaire de construction à caractère non lucratif. Promoteur », *RDI*, 1991, p. 486.

[1701] Cass. Civ. 3ème, 17 décembre 1997, n° 96-12030, inédit, *Constr.-Urb*. 1998. Comm. 100.

perceptions de sommes d'argent mais peuvent également correspondre à des gains en nature.

2. Des gains en numéraire ou en nature

519. Les gains en numéraire du promoteur. Les gains de nature financière sont ceux que le promoteur perçoit majoritairement. Ils varient dans leur forme selon le mode d'intervention choisi. Les sommes d'argent reçues par le « promoteur initiateur » correspondent au prix de vente des biens qu'il prend l'initiative de construire et de commercialiser. La rémunération du promoteur initiateur réside dans la marge bénéficiaire qu'il parvient à tirer de l'opération, une fois déduites de son chiffre d'affaires, l'ensemble des dépenses et charges qui ont dû être supportées pour les besoins de l'opération. Déterminé de manière provisionnelle, le montant final de la marge bénéficiaire reste aléatoire, car il est impossible de connaître et de maîtriser à l'avance l'ensemble des fluctuations qui viendront affecter le budget global de l'opération. Le promoteur initiateur assume ainsi le « *risque économique de son activité* », à l'image du professionnel indépendant[1702]. S'agissant des gains financiers du « promoteur exécutant » ou « prestataire de services », ils renvoient uniquement aux honoraires versés par le maître d'ouvrage. Dans ce cas de figure, la rémunération du promoteur est connue dès l'origine, lors de la conclusion de la convention. Si ce type de profit est moins hypothétique et contingent que celui perçu par le promoteur initiateur, il se limite en revanche à la rétribution financière des missions accomplies par le promoteur, sans aucune participation aux bénéfices de l'opération. Pour cette raison, l'activité du promoteur initiateur demeure, dans les faits, plus fructueuse que celle de son homologue exécutant.

520. Les gains en nature du promoteur. En dehors des sommes d'argent qu'il est susceptible de percevoir, le promoteur peut tout aussi bien obtenir des gains matériels dans le cadre de l'exercice de son activité. A ce titre, il peut recourir au contrat d'échange, que l'article 1702 du Code civil définit comme le « *contrat par lequel les parties se donnent respectivement une chose pour une autre* ». Le promoteur peut également fixer un prix et accepter d'être réglé au moyen d'une dation en paiement, c'est-à-dire par la remise d'une chose différente du versement de la somme d'argent attendue[1703]. L'échange comme la dation en paiement peuvent par exemple porter sur le terrain à construire[1704], et l'opération s'apparenter alors à une « cession de terrain contre remise de locaux »[1705]. Ce montage consiste pour le propriétaire d'un terrain, à céder tout

[1702] D. BERT, *th. préc.*, p. 146.

[1703] Article 1342-4 du Code civil. Cass. Ass. Plen, 22 avril 1974, n° 71-13450, *Bull. A.P.* n° 1, p. 1.

[1704] Cass. Civ. 3ème, 21 juin 2006, n° 05-12499, inédit.

[1705] Sur ce point, v. F. STEINMETZ, « Cession de terrain contre remise de locaux » *in* P. MALINVAUD (dir.), *Droit de la construction*, 7ème éd., Dalloz, 2018, § 180.01-180.185.

ou partie de celui-ci au promoteur, en contrepartie de la remise d'un ou plusieurs immeubles construits ou à construire, qu'il s'agisse de locaux déjà achevés, de locaux en cours de construction dans le cadre d'un autre programme ou de locaux à construire directement sur le terrain cédé. Dans cette hypothèse, le promoteur ne perçoit pas une somme d'argent en règlement des biens qu'il s'engage à édifier mais accède à la propriété de l'assiette foncière de son programme. Les droits réels ainsi transmis au promoteur ont une valeur patrimoniale déterminante et présentent un intérêt non négligeable, puisqu'ils conditionnent les profits financiers ultérieurs que le promoteur sera susceptible de récolter grâce à la commercialisation d'autres locaux à construire sur le terrain. Lorsque la convention stipule un prix, la vente du terrain implique sa conversion en une obligation de faire à la charge du promoteur acquéreur : celle de construire les locaux commandés par le vendeur[1706]. Si la convention ne prévoit pas de prix, il s'agit alors d'une « *convention innommée du type* do ut facias *(transfert de propriété contre obligation de faire)* »[1707], régie par le droit commun des obligations.

521. La dimension professionnelle de l'activité du promoteur immobilier suggère l'obtention de gains ou de profits, en capital ou en nature. Or, en sus de sa finalité lucrative, cette activité requiert également un exercice « habituel ».

B) Une personne agissant à titre habituel

522. Les opérations supervisées par le promoteur se succèdent avec une certaine régularité, ce qui constitue un trait caractéristique de la pratique professionnelle (1). Il est donc nécessaire pour le promoteur d'exercer son activité dans le cadre d'une « organisation permanente », afin de jouir d'un environnement juridique et matériel propice à l'accomplissement répété des actes de promotion (2).

1. L'exercice régulier de l'activité

523. Le caractère habituel de l'activité professionnelle. Une activité n'est exercée à titre professionnel que si elle revêt un caractère habituel. A titre d'exemple, le commerçant est nécessairement un professionnel, en ce qu'il doit se livrer de manière habituelle à des actes de commerce[1708]. C'est le sens de l'article L. 121-1 du Code de commerce, selon lequel « *sont commerçants ceux qui exercent des actes de commerce et en font leur profession habituelle* ». Une activité est « habituelle » lorsqu'elle est exercée de manière répétée, à intervalles de temps réguliers. Elle implique d'accomplir, dans un domaine d'activité

[1706] Cass. Civ. 3ème, 9 décembre 1986, n° 85-13373, *Bull. civ.* III, n° 177, p. 139.
[1707] F. STEINMETZ, *art. préc.*, § 180.82.
[1708] C. LEBEL, « Commerçant », *Répertoire de droit commercial*, Dalloz, février 2019, § 23. V. Cass. Com., 20 février 1996, n° 93-20866, *Bull. civ.* IV, n° 54, p. 42, *RTD Com.* 1996. 443, obs. J. DERUPPÉ.

particulier, une succession intentionnelle d'actions, de nature à « *exclure le hasard et impliquer une coordination, sans quoi il ne s'agirait que d'une suite d'actes isolés* »[1709]. En effet, « *la seule répétition d'actes, fussent-ils de même nature et d'objet identique, semble insuffisante à autonomiser une activité professionnelle. Il manque pour cela un lien entre ces différents actes, à savoir une finalité commune* »[1710]. L'exigence d'une succession d'actes soulève inévitablement la question de savoir s'il existe un seuil quantitatif, à partir duquel il est possible de s'accorder en toute objectivité sur l'existence d'une activité professionnelle. Le terme « succession » fait référence à une pluralité d'actes, ce qui suppose d'en accomplir au moins deux pour prétendre accéder au champ « professionnel ». Est-ce pour autant suffisant ? En guise d'illustration, dans un arrêt rendu le 20 septembre 2008, la Cour de cassation a estimé que la répétition de quarante et une opérations identiques en deux ans permettait de conférer la qualité de professionnel à son auteur[1711]. En réalité, « *il semble que fixer un nombre d'actes au-delà duquel une activité constituerait une activité professionnelle introduirait une rigidité non souhaitable en ce qu'elle priverait les magistrats de toute possibilité d'appréciation* »[1712]. Au nombre d'actes pratiqués, s'ajoute en outre la difficulté d'interprétation liée à la fréquence à laquelle ils sont réalisés, cette dernière pouvant être irrégulière et laisser d'importants laps de temps entre chaque prestation. Comme pour le nombre d'actes, l'appréciation de la fréquence se fait nécessairement *in concreto*, le juge ayant la tâche d'observer si l'activité respecte une certaine régularité, ou à tout le moins, une certaine continuité.

524. Le caractère habituel de l'activité de promotion immobilière. En l'absence de critère ou de seuil légal permettant de clarifier le moment à partir duquel l'activité de promotion immobilière devient habituelle, il revient au juge de trancher la question[1713]. La jurisprudence se fonde par défaut sur le nombre d'opérations de promotion accomplies, en admettant qu'une opération isolée ne suffit pas à conférer la qualité de professionnel. Dans un arrêt rendu le 27 mars 1969, la Cour de cassation a jugé que deux opérations successives, non concomitantes, étaient la marque d'une activité professionnelle habituelle[1714]. Le seuil ici retenu n'est pas pleinement satisfaisant, car en plus d'être faible, il ne tient pas compte de l'importance des opérations supervisées. Cela signifie que deux opérations à faible enjeu, portant par exemple sur la construction de

---

[1709] O. GRAF, *La personne morale : un non-professionnel ?*, Thèse, Université d'Aix-Marseille, 2015, p. 133.
[1710] *Ibid.*, p. 134.
[1711] Cass. Civ. 1ère, 30 septembre 2008, n° 07-16878, *Bull. civ.* I, n° 216.
[1712] O. GRAF, *th. préc.*, p. 139.
[1713] En matière commerciale, le caractère habituel des actes de commerce est contrôlé par la Cour de cassation : Cass. Com., 18 novembre 1986, n° 85-15956, *Bull. civ.* IV, n° 215, p. 187, *Gaz. Pal.* 1987.1.167, note A. HONORAT.
[1714] Cass. Civ. 3ème, 27 mars 1969, *Bull. civ.* III, n° 278, *D.* 1969. 633, note P. JESTAZ, *RTD Com.* 1970. 747.

maisons individuelles, autoriseraient à considérer le promoteur comme un professionnel, tandis qu'une opération unique d'envergure, comportant un grand nombre de locaux, conduirait à concevoir l'organisateur non comme un promoteur mais comme un prestataire occasionnel, ce qui parait illogique. La jurisprudence est donc contrainte de recourir au critère complémentaire du volume de l'opération mise en œuvre.

525. Dans une affaire jugée le 23 novembre 1982 par la Cour d'appel de Versailles, deux époux avaient fait édifier sur leur terrain douze maisons individuelles : l'opération était certes unique mais comportait un grand nombre de constructions. Pour écarter la clause de non-garantie insérée dans les contrats de vente (après achèvement), en raison de la qualité de particulier des vendeurs, la Cour d'appel de Versailles relève que le mari avait « *joué le rôle de promoteur de cette opération et s'*[était] *comporté en véritable vendeur professionnel* »[1715]. A travers l'appréciation du niveau d'importance de l'opération, la Cour n'a-t-elle pas aussi tacitement tenu compte du degré de maîtrise de l'activité par l'individu ? Jean-Claude GROSLIÈRE et Philippe JESTAZ approuvent le raisonnement suivi par les juges du second degré, en rappelant que l'appréciation du caractère professionnel ou non-professionnel de la démarche entreprise « *doit s'attacher à un certain comportement économique (exclusif de tout amateurisme) beaucoup plus qu'au nombre des actes professionnels, à l'intensité et à la fréquence de leur répétition, au chiffre d'affaires réalisé,* etc »[1716]. La Cour de cassation pourrait donc désormais combiner les critères de la fréquence et de l'importance des opérations pour qualifier le maître d'ouvrage de professionnel de la promotion[1717].

526. En tout état de cause, la définition du promoteur « habituel » mériterait d'être clarifiée, afin de lier le juge dans son travail de qualification et faire en sorte que cette qualité ne soit attribuée qu'aux véritables professionnels. Il conviendrait à ce titre de recourir à un faisceau de critères se rapportant au nombre d'opérations mises en œuvre, à leur volume, à leur niveau de difficulté technique, voire à leur enjeu financier. En matière de promotion immobilière plus encore que dans d'autres secteurs économiques, le caractère habituel de l'activité doit s'apprécier le plus globalement possible : « *en fonction du nombre, de la nature, du rythme et de l'importance des opérations* »[1718]. En outre, compte tenu de la complexité de l'activité, celle-ci devrait être considérée comme habituelle dès lors qu'elle démontre chez son auteur une aptitude à la pratiquer, ce qu'exprime la formule « avoir l'habitude ». A ce titre, une activité est dite professionnelle dès lors qu'elle n'est pas accomplie « *en amateur ou en*

[1715] CA. VERSAILLES, 23 novembre 1982.

[1716] J.-C. GROSLIÈRE, P. JESTAZ, Chron. « Promotion immobilière – Vente d'immeuble », *RDI*, 1984, p. 193.

[1717] Cass. Civ. 3ème, 28 mars 2012, n° 11-12872, *Bull. civ.* III, n° 54.

[1718] D. BERT, *th. préc.*, p. 142.

dilettante »[1719], conformément à la compétence qu'est réputé détenir le professionnel dans son domaine d'intervention[1720].

527. L'exercice occasionnel de l'activité de promotion immobilière. Il arrive que l'activité de promotion immobilière soit exercée de manière épisodique, lorsque des opportunités, notamment foncières ou financières, justifient de lancer un programme immobilier. Force est de reconnaître qu'en pratique, « *la fonction de promotion peut être exercée par une seule personne, sans autre capital que celui nécessaire pour disposer d'un bureau et d'un téléphone* (…). *Ceci explique qu'un individu, ou une société spécialisée dans une toute autre activité, aient pu et puissent encore exercer occasionnellement ou habituellement la fonction de promotion* »[1721]. C'est le cas notamment des entrepreneurs, des marchands de biens ou des agents immobiliers, qui peuvent être amenés à réaliser ponctuellement de petites opérations de promotion immobilière, en marge de leur activité professionnelle habituelle. Sur le plan juridique, l'absence de règles gouvernant l'accès à la profession et l'absence de contours précis de cette dernière, laissent penser en apparence que l'activité de promotion peut être exercée de manière secondaire ou occasionnelle. Du reste, « *les dispositions juridiques applicables aux promoteurs ne distinguent à peu près jamais selon le caractère occasionnel ou habituel de l'acte* »[1722]. Ni la loi ni la jurisprudence ne hiérarchisent l'exercice habituel de la profession de promoteur et l'accomplissement ponctuel d'actes de promotion ; l'une et l'autre hypothèses sont traitées de manière identique, par l'application d'un régime juridique de même gravité. A titre d'exemple, « *qu'ils exercent leur activité à titre professionnel ou à titre occasionnel* », les promoteurs « *sont soumis aux mêmes obligations, notamment relativement aux vices cachés et aux garanties d'achèvement et de remboursement* »[1723]. Le sort réservé au « vendeur après achèvement » est significatif de cette indifférenciation, en ce qu'il permet l'extension du statut du promoteur à des particuliers qui se contentent de revendre leur bien déjà construit[1724]. Dans ces conditions, l'adoption d'un critère clair tenant au caractère nécessairement habituel des actes de promotion permettrait de réserver la réglementation spéciale applicable au promoteur aux seuls professionnels, en mesure de connaître l'étendue de leurs obligations. Pour autant, une telle analyse irait directement à l'encontre du dispositif de protection en vigueur, dans lequel la réalisation d'un acte de promotion, même marginal, déclenche le régime juridique spécial qui va de pair. Celui-ci répond à des

---

[1719] M. PÉDAMON, H. KENFACK, *Droit commercial. Commerçants et fonds de commerce, concurrence et contrats du commerce*, 4ème éd., Dalloz, 2015, p. 105.

[1720] Cf. *Infra*, § 533.

[1721] C. TOPALOV, *Les promoteurs immobiliers. Contribution à l'analyse de la production capitaliste du logement en France*, Mouton, 1974, p. 105.

[1722] P. MALINVAUD, P. JESTAZ, P. JOURDAIN, O. TOURNAFOND, *op. cit.*, p. 8.

[1723] J.-L. BERGEL (dir.), « Promoteurs privés », *Lamy Droit Immobilier*, actualisé en juin 2019, § 2754.

[1724] Cf. *Supra*, § 237.

critères d'application matériels, relatifs à la nature de l'opération et aux missions exercées, qui ne s'intéressent pas à l'expérience de l'intervenant dans le domaine. Dès lors, s'il est possible d'affirmer, selon une définition positive, que le promoteur s'entend d'un professionnel exerçant son activité à titre habituel, il convient de garder à l'esprit que son régime peut en revanche être étendu à des personnes qui l'ont ponctuellement pratiquée, afin de ne pas compromettre les intérêts des accédants.

528. Bien que la loi n'exclue pas l'exercice occasionnel de l'activité, le promoteur est en principe un « habitué » de la promotion immobilière, au sens où il accomplit de manière habituelle des actes de promotion, qui lui confèrent un certain niveau d'expérience. Dans cette perspective, le promoteur ne saurait régulièrement mettre en œuvre des opérations de construction, sans un cadre d'exercice adéquat et durable.

2. Une organisation permanente

529. Un critère subsidiaire. Le professionnel « *accomplit son* activité de façon indépendante et à titre habituel », en se fondant sur une « organisation fonctionnelle (…) *grâce à laquelle il peut être* efficace, *et qui le met en mesure de* prévenir les risques de dommages *pour les tiers de son activité* »[1725]. L'organisation ne fait pas partie des critères ordinairement admis pour définir l'activité professionnelle ; il s'agit d'un élément de définition que l'on peut qualifier d'« auxiliaire ». Selon Daniel BRET néanmoins, « *l'exercice d'une activité professionnelle est inséparable d'une certaine organisation et de la réunion de moyens permettant l'exercice de l'activité, si minimes soient-ils* »[1726]. En effet, « *c'est grâce à cette organisation que le professionnel saura être efficace* » ; c'est elle qui « *lui conférera sa prééminence* »[1727]. Cette organisation peut impliquer l'idée d'une entreprise. A titre d'exemple, une « *entreprise organisée* » en droit commercial est susceptible de s'interpréter comme impliquant « *au moins un fonds de commerce et une clientèle* »[1728]. L'entreprise peut également s'épanouir au sein d'une société constituée à cet effet, qui structure son organisation[1729].

530. L'« organisation permanente » de l'activité. En promotion immobilière, le caractère habituel de l'activité justifierait une « organisation permanente », selon l'expression consacrée à l'article 3 des statuts de la Fédération des Promoteurs Immobiliers. Comment doit-on comprendre une telle

---

[1725] P. LE TOURNEAU, « Obligations des professionnels » *in* P. LE TOURNEAU (dir.), *op. cit.*, § 3124.25.
[1726] D. BERT, *th. préc.*, p. 143.
[1727] H. NASOM, *Recherche sur la notion juridique de profession*, Thèse, Université Paris X Nanterre, 1999, p. 397.
[1728] M. PÉDAMON, H. KENFACK, *op. cit.*, p. 94.
[1729] Cf. *Infra*, § 571 et s.

exigence ? Il est possible de l'interpréter comme la nécessité de pratiquer l'activité de manière continue, dans un cadre structuré sur le plan juridique et matériel. Si la constitution d'une société n'est requise ni par la loi ni par les statuts de la Fédération comme une condition d'exercice, elle reste néanmoins un instrument de maîtrise des risques, privilégié par les praticiens. S'agissant de l'occupation de locaux professionnels, elle reste nécessaire dans l'hypothèse d'un exercice collectif, et s'effectue sous les formes juridiques alternatives habituelles (occupation précaire, bail, acquisition, *etc.*). En revanche, à l'ère du numérique, la question se pose de savoir dans quelle mesure l'existence de locaux professionnels conditionnent réellement la commercialisation des ouvrages. Dès 2003, le Congrès des Notaires de France observe en ce sens que, « *dans le domaine du neuf,* internet *s'avère un outil particulièrement adapté, qui modifie véritablement la procédure d'entrée en pourparlers avec le promoteur* »[1730]. Ce dernier peut privilégier des méthodes de vente qui ne requièrent pas de recevoir du public dans ses propres locaux, mais *in situ*, dans des « bulles de vente » par exemple. Il peut également déléguer cette mission à un prestataire extérieur, qui fera son affaire personnelle des moyens matériels et humains nécessaires à la commercialisation[1731]. Pour ce qui est en revanche du promoteur-mandataire, il reçoit les commandes des maîtres d'ouvrage et n'est donc pas tenu de disposer de locaux professionnels susceptibles d'accueillir sa clientèle. De même, s'agissant particulièrement du promoteur spécialisé dans la construction de biens publics, il répond à des appels d'offres, sans avoir à confronter sa production à des acheteurs potentiels[1732].

531. Professionnelle par nature, l'activité de promotion immobilière requiert un exercice habituel, qui suppose lui-même une organisation durable. Cette habitude contribue à conférer à son auteur une compétence spécialisée dans son domaine d'intervention. Plus qu'une simple conséquence de l'accomplissement répété des actes de promotion, l'expertise du promoteur immobilier doit être perçue comme un véritable critère de définition.

C) Une personne disposant d'une compétence spécialisée

532. En tant que professionnel, le promoteur immobilier est réputé sachant dans l'exercice de ses fonctions, bien que sa compétence soit un attribut théorique qui n'est pas contrôlé en pratique (1). Son rôle particulier de constructeur « non-réalisateur » nous conduit à nous interroger sur l'étendue de

---

[1730] La consultation dématérialisée des projets immobiliers évite à l'acquéreur de se déplacer pour prendre des renseignements ; « *quant au promoteur, il sait que la clientèle qui vient le voir a déjà franchi une étape* », ce qui « *limite ainsi les visites purement touristiques* » (99e Congrès des Notaires de France, *La vente d'immeuble. Sécurité et transparence*, LexisNexis, 2003, pp. 292-293).

[1731] Cf. *Infra*, § 724.

[1732] Cf. *Infra*, § 660 et s.

ses facultés : doit-il être vu comme un simple professionnel de l'immobilier, ou comme un véritable professionnel de la construction (2) ?

1. Un « sachant »

533. La présomption de compétence du professionnel. Puisqu'elle est habituelle, l'activité professionnelle confère à la personne qui l'exerce une expérience, qui participe de sa compétence dans le domaine concerné. La compétence renvoie à « *la connaissance approfondie et reconnue qui confère à une personne le droit de (…) décider en certaines matières* »[1733]. Celle-ci se concrétise parfois dans les exigences de diplômes ou d'ancienneté qui conditionnent l'accès à certains secteurs d'activité. Le professionnel est reconnu comme tel en raison de la compétence que les tiers lui reconnaissent. « *Le complexe professionnel est un complexe de ''sachants''* »[1734] : le professionnel est considéré, dans son domaine d'exercice, comme « *un être omniscient qui maîtrise parfaitement des techniques complexes et qui possède un ensemble étendu de compétence et de connaissance* »[1735]. En ce sens, « *le titre professionnel est le signe apparent de l'appartenance à la communauté de savoir qu'est la profession* »[1736]. Le professionnel « manifeste avoir cette qualité (…) *ou à tout le moins en donne ouvertement* l'apparence *aux autres* (ex professo) » parce qu'il « *jouit d'une* prééminence *: il a (ou est réputé avoir) une* maîtrise professionnelle (…) *faisant naître une* attente légitime *(spéciale) des clients, qui lui font confiance* ». En effet, il est « maître de ses techniques*, et donc* domine les risques *des choses* (…)*. C'est un initié face à un profane* »[1737]. A défaut de pouvoir juger ses agissements, les tiers sont contraints d'accorder leur confiance au professionnel, *a fortiori* lorsque celui-ci exerce une profession non réglementée[1738]. Pour ces différentes raisons, le professionnel a autorité sur ses clients inexpérimentés, au point parfois de les placer dans un état de subordination. Ainsi, la compétence naturellement prêtée au professionnel emporte certaines conséquences du point de vue du régime juridique applicable. Elle lui confère notamment un pouvoir de prévision et de prévention des risques qui justifie que sa responsabilité puisse être engagée de manière résiduelle sur le fondement de l'obligation de sécurité. En matière immobilière, le vendeur

---

[1733] T. REVET, J. LAURENT, B. CHAFFOIS, C. BOERIO, K. MOYA, *Déontologie de la profession d'avocat*, 2ème éd., LGDJ, 2018, p. 117.
[1734] E. PUTMAN, « Ethique des affaires et déontologie des professions d'affaires : réflexions sur la moralité des marchands » *in* J.-L. BERGEL (dir), *Droit et déontologies professionnelles*, Librairie de l'Université d'Aix-en-Provence, 1997, p. 102.
[1735] M. LEROY, *Contribution à la notion de professionnel*, Thèse, Université de Toulouse, 1995, p. 297.
[1736] H. NASOM, *th. préc.*, p. 383.
[1737] P. LE TOURNEAU, « Obligations des professionnels » *in* P. LE TOURNEAU (dir.), *op. cit.*, § 3124.25. M. LEROY, *th. préc.*, p. 296 : « *le professionnel est tenu à un devoir général de maîtrise professionnelle* ».
[1738] H. NASOM, *th. préc.*, p. 396.

professionnel ne peut prévoir de clause exonératoire de responsabilité pour les vices cachés, car en tant que sachant, il est présumé connaître les vices affectant l'immeuble[1739]. En matière de construction, l'obligation de résultat du professionnel se justifie entre autres par sa compétence. Le constructeur peut à son tour invoquer la compétence du maître d'ouvrage à des fins exonératoires, pour démontrer le caractère apparent d'un désordre à réception, ou pour se prévaloir de l'immixtion fautive d'un maître d'ouvrage notoirement compétent[1740].

534. La compétence professionnelle du promoteur immobilier. En principe, « *le niveau de connaissance est déterminé par rapport à ce qu'il est normal de posséder pour un professionnel de cette branche et de cette importance. C'est cette idée que traduit la notion même de ''bon professionnel de sa spécialité''* »[1741]. Or, la compétence du promoteur immobilier est supposée aussi globale que peut l'être le champ de ses différentes missions, principalement dans les domaines juridique, administratif et financier. Le niveau de compétence du promoteur a évolué avec le temps, conjointement au mouvement de sophistication des techniques de construction, qui est lui-même allé de pair avec une réglementation de plus en plus foisonnante des opérations[1742]. Dans cette perspective, « *la complexité toujours croissante de la promotion immobilière fait que cette activité nécessite aujourd'hui des connaissances et une organisation telles qu'elle ne peut plus être exercée occasionnellement par quelque particulier désireux de tirer un bon parti des terrains dont il est propriétaire* »[1743]. En effet, si la fonction de promoteur immobilier peut encore aujourd'hui être seulement occasionnelle ou secondaire, « *il est patent qu'elle exige de plus en plus le recours à un spécialiste, véritable professionnel ayant des connaissances approfondies sur les aspects économiques, techniques, financiers, administratifs et sociaux... de l'art de bâtir* »[1744].

535. Le promoteur est présumé compétent en matière immobilière ; il doit maîtriser les fluctuations du marché, anticiper la demande et s'adapter à la conjoncture économique. De même, en matière fiscale ; il doit suivre les évolutions et optimiser ses opérations en fonction des impositions ou des réductions en vigueur[1745]. Le promoteur est aussi compétent en matière d'urbanisme ; la connaissance des prescriptions urbanistiques détermine de manière substantielle le lancement d'une opération et la définition de ses

---

[1739] Cass. Civ. 3ème, 7 octobre 2014, n° 13-21957, inédit. Cass. Civ. 3ème, 13 juillet 2016, n° 15-16414, inédit.
[1740] Cass. Civ. 3ème, 9 janvier 1980, n° 78-15178, *Bull. civ.* III, n° 11, p. 8.
[1741] M. LEROY, *th. préc.*, p. 312.
[1742] Cf. *Supra*, § 17-18.
[1743] R. DENOYELLE, *th. préc.*, p. 74.
[1744] B. DUBAN, *Les Promoteurs Constructeurs*, PUF, 1982, p. 119.
[1745] Cass. Civ. 3ème, 5 juin 2012, n° 11-15268, inédit.

caractéristiques techniques[1746]. A ce titre, la Cour de cassation considère comme inexcusable l'erreur commise par une « *SCI, professionnelle des opérations immobilières* » dans l'interprétation des documents d'urbanisme[1747]. Le promoteur immobilier est au surplus compétent sur le plan juridique ; il doit respecter les règles qui régissent ses rapports aux accédants, ce qui lui permet également de mieux les conseiller, ainsi que celles qui encadrent ses rapports aux constructeurs réalisateurs. Sur un plan pénal, notamment en matière de délits de versement irrégulier et de détournement de fonds, il a pu être jugé que l'intention délictuelle du promoteur était présumée en raison de la « *connaissance qu'il devait avoir nécessairement du caractère frauduleux de tels agissements en sa qualité de professionnel de la promotion immobilière* »[1748]. Puisque la compétence du promoteur immobilier porte essentiellement sur la connaissance des différentes normes qui régissent l'opération de construction - en matière fiscale, immobilière, urbanistique, contractuelle, *etc.* - sa responsabilité pourra être engagée sur le fondement de la fiction juridique selon laquelle « *nul n'est censé ignorer la loi* », qui met obstacle à toute exonération de responsabilité au motif de l'ignorance d'une loi ou d'un règlement.

536. En tant que professionnel, le promoteur immobilier est présumé compétent dans son domaine d'intervention. Ses connaissances et son savoir-faire sont réputés transversaux et particulièrement étendus, notamment au regard des différentes réglementations applicables. Puisque le promoteur ne participe pas à l'édification de l'ouvrage, sa compétence devrait néanmoins s'arrêter là où débute celle des constructeurs réalisateurs.

2. Un « professionnel de l'immobilier »

537. Le promoteur : professionnel de l'immobilier ou professionnel de la construction ? Si la présomption de compétence qui pèse sur le promoteur professionnel ne fait pas de doute, la portée de cette compétence interroge cependant. Les aptitudes du promoteur se limitent-elle à celles qu'il possède sur les plans juridique, administratif et financier, comme le laisse entendre la loi du 16 juillet 1971 réglementant le mandat de promotion immobilière, ou bien le promoteur doit-il également être compétent sur le plan technique ? Selon la première hypothèse, le promoteur se bornerait à n'être qu'un « professionnel de l'immobilier », tandis que dans la seconde, le promoteur serait aussi un

---

[1746] La Cour de cassation considère même qu'un maître d'ouvrage professionnel, dont l'activité habituelle est étrangère à la construction, doit connaître la législation applicable en matière d'urbanisme. Cass. Civ. 3ème, 4 mars 1971, n° 69-13413, *Bull. civ.* III, n° 162, p. 117.

[1747] Cass. Civ. 3ème, 11 juin 2013, n° 12-20183, inédit.

[1748] CA. PAU, 15 novembre 2012 *in* C. SIZAIRE, « Délit de détournement de fonds et intention délictuelle du promoteur immobilier », *Constr.-Urb.* n° 3, mars 2013, comm. 45.

« professionnel de la construction ». La jurisprudence est relativement fluctuante à ce propos. Dans un arrêt du 1er mars 2011, la Cour de cassation a eu l'occasion de qualifier expressément une société maître d'ouvrage de « *professionnelle de la construction* », sur la base d'un faisceau d'indices original[1749]. Sa décision fut en l'espèce motivée par le fait que la société avait pour objet social « *l'étude et la* réalisation *de tout projet immobilier* », qu'elle était associée à l'entreprise de construction, mandataire des autres entreprises, et qu'au surplus, elle avait participé à des échanges de nature technique avec les hommes de l'art, en étant « *destinataire de l'avis défavorable du bureau de contrôle qu'elle avait transmis à l'architecte* ». Le raisonnement suivi ici par la Cour de cassation, pour aboutir à la qualification de professionnel de la construction, apparait relativement contingent et empirique. Il ne semble pas possible d'en déduire que le promoteur doit être considéré comme tel par nature. De surcroît, ce postulat se heurterait au fait que le promoteur n'est pas un constructeur réalisateur, sauf dans l'hypothèse d'un cumul de fonctions[1750]. En ce sens, « *la responsabilité technique du maître d'ouvrage ne peut résulter de la simple référence à la profession de promoteur. Elle ne peut être engagée que si sa compétence technique est démontrée et s'il s'est immiscé dans la conception ou la réalisation des travaux* »[1751], ce qui pourra notamment être déduit de l'existence d'un « *personnel ayant une expérience et des connaissances spécifiques lui permettant d'appréhender dans le détail l'ensemble des questions techniques* »[1752].

538. Le promoteur, professionnel de l'immobilier. Dans une affaire jugée le 13 janvier 1982, portant sur une erreur commise dans le choix d'un procédé de construction, la jurisprudence a conditionné la responsabilité du promoteur à la démonstration de sa compétence technique, seule à même de conduire à la reconnaissance d'une immixtion fautive[1753]. La Haute Juridiction a ainsi laissé entendre que le promoteur ne maîtrisait pas, par essence, les techniques de construction ; une telle compétence ne pouvant qu'être additionnelle et nécessitant, pour être admise, la preuve de son existence[1754]. *A fortiori*, la Cour de cassation est allée plus loin encore, dans un arrêt récent du 4 février 2016, en admettant clairement que le « *promoteur immobilier, était un professionnel de l'immobilier mais pas un professionnel de la construction* » et qu'il devait dès lors être considéré « *comme un non-professionnel vis-à-vis du contrôleur*

[1749] Cass. Civ. 3ème, 1er mars 2011, n° 10-11759, inédit, *RDI* 2011. 336, obs. J.-P. TRICOIRE.

[1750] Cf. *Supra*, § 470 et s.

[1751] A. CASTON, F.-X. AJACCIO, M. CABOUCHE, L. DE GABRIELLI, M. HUET, *Traité des marchés privés de travaux. Passation et exécution*, 6ème éd., Le Moniteur, 2016, p. 47. V. à ce titre Cass. Civ. 3ème, 12 juin 1968, *Bull. civ.* III, n° 270.

[1752] Cass. Civ. 3ème, 14 mars 2007, n° 05-20799, inédit.

[1753] Cass. Civ. 3ème, 13 janvier 1982, n° 80-14329, *Bull. civ.* III, n° 14, p. 9.

[1754] Cass. Civ. 3ème, 17 janvier 2006, n° 05-10576, inédit.

technique en application de l'article L. 132-1 du code de la consommation »[1755]. Le litige portait sur une clause limitative de responsabilité bénéficiant au contrôleur technique, susceptible d'être considérée comme abusive en fonction de la qualité de son cocontractant. Puisqu'il s'agissait d'un conflit relatif à une stipulation contractuelle, ne portant aucunement sur un élément relevant des techniques de construction, la désignation du promoteur comme un « non-professionnel » est apparue pour le moins contestable. En tant que maître d'ouvrage, il se charge en effet des tâches intellectuelles que requiert l'organisation de l'opération, cette dernière comprenant, en toute logique, la négociation et la régularisation des contrats[1756]. Conformément au critère du « rapport direct », qui prévaut en jurisprudence pour apprécier si la personne agit dans le cadre de son activité professionnelle ou s'il se comporte en non-professionnel[1757], le juge aurait pu légitimement considérer que la conclusion des contrats nécessaires à l'opération était au cœur des missions dévolues au promoteur et directement en lien avec son activité.

539. La Cour de cassation s'est donc livrée ici à une interprétation particulièrement extensive du champ d'application de la loi prohibant les clauses abusives, qui a conduit à offrir au promoteur une protection inédite, dans un domaine où précisément il n'en éprouvait pas le besoin. Il parait pour le moins difficile de soutenir « *qu'une SCI promoteur et professionnel de l'immobilier n'*[est] *pas à même d'apprécier les conséquences et la portée d'une clause limitative de garantie d'assurance d'un locateur d'ouvrage* »[1758]. Cet arrêt a naturellement donné lieu à de nombreuses critiques. Selon Sophie MOREIL, si la SCI ne prend pas matériellement part au chantier, il n'en reste pas moins que « *sa profession suppose de faire construire. Elle est donc loin d'être placée dans la même situation de faiblesse et d'ignorance qu'un véritable consommateur* »[1759]. Pour Solange BECQUÉ-ICKOWICZ, on ne peut que rester « *songeur face à une SCI promoteur, concluant avec un professionnel un contrat en rapport direct avec son objet social, pour les besoins de son activité professionnelle, mais qui est considérée comme non-professionnel... Les voies de la Cour de cassation son parfois impénétrables !* »[1760]. A son tour,

---

[1755] Cass. Civ. 3ème, 4 février 2016, n° 14-29347, *Bull. civ.* III, n° 905, *RDI* 2016. 290, obs. B. BOUBLI.

[1756] Cf. *Infra*, § 706-707.

[1757] Cf. *Supra*, § 161.

[1758] C. SIZAIRE, « Le promoteur immobilier, exerçant sous la forme de société civile immobilière, est un non-professionnel au sens de la législation sur les clauses abusives », *Constr.-Urb.* n° 3, mars 2016, comm. 44.

[1759] S. MOREIL, « La SCI promoteur immobilier, un éphémère non-professionnel », *LPA*, n° 133, 5 juillet 2016, p. 17. V. également F. MAUME, « Une SCI, promoteur immobilier, peut être considérée comme un non-professionnel au sens du droit de la consommation », *LPA*, n° 131, 1er juillet 2016, p. 16.

[1760] S. BECQUÉ-ICKOWICZ, « Les SCI, professionnelles ou non ? », *Defrénois*, n° 06, 30 mars 2016, p. 273.

Christophe SIZAIRE regrette que « *la Cour de cassation adopte une conception à ''géométrie variable'' du non-professionnel de l'immobilier, qui n'est pas de nature à renforcer la sécurité juridique et qui ne manquera pas de donner lieu à la reprise de discussions sur ce sujet sensible* »[1761].

540. Or, dans un arrêt du 7 novembre 2019, la Haute Juridiction a confirmé l'opportunité d'une dissociation des qualités de professionnel « de l'immobilier » et « de la construction », en affirmant que la seconde ne saurait découler de la première, dans la mesure où « *le domaine de la construction fait appel à des connaissances ainsi qu'à des compétences techniques spécifiques distinctes de celles exigées par la seule gestion immobilière* »[1762]. Si une telle interprétation a le mérite de tenir compte des spécificités de chaque activité, elle ne se justifie guère au profit du maître d'ouvrage. Pour cause, en dehors des aspects juridiques, administratifs ou financiers de l'opération, le maître d'ouvrage s'en remet aux hommes de l'art pour les aspects techniques relevant de la conception ou de l'exécution, sauf dans l'hypothèse particulière d'un cumul de fonctions. Dès lors, si un maître d'ouvrage ne saurait être considéré comme un sachant en matière de construction - dans la mesure où il ne possède pas, par nature, les connaissances techniques afférentes - sa compétence professionnelle en matière immobilière lui permet *a priori* d'assumer, en qualité de professionnel, la maîtrise d'ouvrage *stricto sensu* d'une opération de construction. En tout état de cause, le conflit portait une fois de plus sur une stipulation purement contractuelle, non sur des engagements en lien avec le déroulement du chantier. La seule qualité de professionnel de l'immobilier de la SCI aurait donc dû lui permettre de contester l'existence de la clause litigieuse, sans qu'il soit nécessaire de lui étendre le bénéfice des dispositions consuméristes, en recourant artificiellement à la distinction avec le « professionnel de la construction ».

541. Le promoteur doit ainsi être appréhendé comme un professionnel de l'immobilier ; sa compétence est « *incontestable en matière juridique, administrative et financière. En revanche, sur le plan technique, il s'en remet à des spécialistes* »[1763]. Bien qu'il soit un intervenant habituel du secteur de la construction, il n'en est pas pour autant un « professionnel de la construction », ce qui permet de le distinguer des concepteurs et des exécutants[1764]. En effet,

---

[1761] C. SIZAIRE, « Le promoteur immobilier, exerçant sous la forme de société civile immobilière, est un non-professionnel au sens de la législation sur les clauses abusives », *Constr.-Urb.* n° 3, mars 2016, comm. 44.

[1762] Cass. Civ. 3ème, 7 novembre 2019, n° 18-23259.

[1763] A. CASTON, F.-X. AJACCIO, M. CABOUCHE, L. DE GABRIELLI, M. HUET, *op. cit.*, p. 48.

[1764] J.-P. TRICOIRE, « Promoteur ''professionnel de la construction'' et responsabilité de droit commun de l'architecte », *RDI*, 2011, p. 336 : « *La catégorie de promoteur immobilier n'est pas totalement confondue avec celle de professionnel de la construction et n'en est pas davantage une sous-catégorie* ».

« le promoteur est généralement un professionnel de l'immobilier mais il n'est pas forcément pour autant un professionnel de la construction immobilière dès lors que son activité ne requiert pas une compétence technique de réalisateurs de travaux »[1765]. Dans certains cas néanmoins, le promoteur peut être qualifié de « professionnel de la construction », s'il dispose, au sein de sa propre structure, de compétences techniques qui le justifient[1766], mais cette tendance jurisprudentielle est moins forte à l'heure actuelle. Le cas échéant, ce promoteur désigné comme un « professionnel de la construction » ne doit pas être confondu avec le « promoteur-entrepreneur », en situation de cumul de fonctions, qui est nécessairement compétent techniquement dès lors qu'il assume un rôle de constructeur réalisateur, en complément de ses missions de promotion.

542. Acteur principal d'opérations pour le moins complexes, le promoteur immobilier est nécessairement un sachant. Ses connaissances, aussi nombreuses que variées, principalement dans les domaines juridique, administratif et financier, font de lui un professionnel de l'immobilier, non de la construction. En sus de poursuivre une finalité lucrative et de pratiquer son activité de manière habituelle, le promoteur immobilier entretient donc aussi une compétence spécialisée. Dès lors qu'il agit à des fins professionnelles, il ne construit pas pour lui-même, mais pour autrui.

II. La qualité de promoteur réservée aux personnes construisant pour autrui

543. Le promoteur commercialise auprès du public des immeubles neufs - *« il ne construit pas pour lui-même (…), mais pour des clients (connus ou potentiels) »*[1767] - ou se fait rémunérer par des maîtres d'ouvrage pour assumer à leur place leurs attributions. L'activité de promotion immobilière consiste à construire des ouvrages pour autrui (A). Il arrive cependant que le promoteur fasse le choix ou soit contraint de conserver le bien achevé dans son patrimoine, le cas échéant pour en tirer des revenus locatifs, en optant pour une rentabilité médiate de l'opération (B).

A) La construction d'ouvrages destinés principalement à être livrés

544. Qu'il réponde à une commande déterminée d'un maître d'ouvrage, en tant que promoteur prestataire de services, ou qu'il prenne l'initiative d'une

---

[1765] H. PÉRINET-MARQUET, « Promotion immobilière », *Répertoire de droit immobilier*, Dalloz, janvier 2013 (actualisé en mars 2014, M. FAURE-ABBAD), § 99.

[1766] Malgré l'absence de participation à la conception ou à l'exécution de l'immeuble, la Cour de cassation a considéré qu'une société HLM disposait de compétences techniques intrinsèques. Cass. Civ. 1ère, 6 juin 1962, *Bull. civ.* I, n° 298. V. également, Cass. Civ. 3ème, 3 avril 1973, n° 72-11131, *Bull. civ.* III, n° 253, p. 183, *D.* 1973. 90.

[1767] B. AVRIL, B. ROTH, *op. cit.*, p. 16.

opération, en tant que promoteur initiateur, le promoteur immobilier construit en principe au profit d'accédants tiers, non pour lui-même (1). Le promoteur immobilier se distingue ainsi des « auto-constructeurs », qui cumulent les fonctions de maître d'ouvrage et de constructeur, dans le cadre d'opérations qui leur sont exclusivement destinées (2).

1. La non-conservation des biens à des fins personnelles

545. L'exercice de l'activité de promotion immobilière aux fins de livraison. A titre liminaire, il convient de rappeler qu'« *une activité exercée pour soi n'est jamais professionnelle. L'activité, pour être qualifiée de professionnelle, doit tendre vers la satisfaction des besoins d'autrui sur un marché* »[1768]. Le promoteur supervise les opérations de construction en vue de livrer aux accédants les biens achevés qu'ils ont financés, conformément à leurs commandes. A l'inverse de la réception, la « livraison » n'est pas définie par la loi. Il est intéressant de relever que le lexique des termes juridiques le renvoie aux contrats de consommation[1769], ou le présente comme un synonyme de la « tradition » des biens mobiliers[1770]. Dans son sens courant, elle désigne l'action de « *remettre un acte ou une chose à quelqu'un* »[1771] ; en droit, la livraison est appréhendée à travers l'obligation de délivrance, propre au droit de la vente, que l'article 1604 du Code civil définit comme le « *transport de la chose vendue en la puissance et possession de l'acheteur* ». Si l'identification de la livraison à la délivrance a du sens en matière de vente d'immeuble à construire, en tant que contrat de vente spécial, il semble toutefois difficile d'établir une telle assimilation lorsque la livraison est le fait d'un promoteur prestataire de services. Dans cette hypothèse en effet, la livraison a lieu en vertu d'un contrat de mandat, dans lequel aucun transfert de propriété n'intervient entre le promoteur et son client. Pour être utilisée de manière transversale dans les différents contrats spéciaux de la promotion, la « livraison » revêt nécessairement un sens qui lui est propre en droit de la construction. Celui-ci peut s'interpréter comme la remise à l'accédant de l'ouvrage achevé qu'il a commandé, indépendamment de toute considération pour la nature juridique du contrat utilisé.

546. L'exclusion de la qualité de promoteur en cas de conservation du bien pour soi-même. La livraison, qui consiste pour le promoteur à se dessaisir du bien qu'il a fait construire, afin de permettre à son bénéficiaire d'entrer en

---

[1768] D. BERT, *th. préc.*, p. 144.

[1769] S. GUINCHARD, T. DEBARD, *Lexique des termes juridiques*, 27ème éd., Dalloz, 2019, p. 652.

[1770] *Ibid.*, p. 353.

[1771] S. GUINCHARD, T. DEBARD, *op. cit.*, p. 353. J.-B. TAILLAN, C. SABUT (dir.), *Dictionnaire de la maîtrise d'ouvrage publique et privée*, 2ème éd., Le Moniteur, 2019, p. 279 : la livraison est décrite comme l'« *opération par laquelle le vendeur remet l'ouvrage à l'acquéreur* ».

possession, doit constituer l'objectif principal de l'activité de promotion immobilière. C'est précisément parce que le promoteur construit pour des tiers qu'on le qualifie d'intermédiaire : « *en principe, il ne construit pas lui-même et demeure un intermédiaire entre le maître et les réalisateurs de l'ouvrage* »[1772]. A défaut, il serait le maître d'ouvrage définitif de l'opération, ce qui rendrait superflue sa qualité distincte de promoteur immobilier. En ce sens, « *la condition centrale de la notion de maîtrise d'ouvrage reste bien celle de savoir pour le compte de qui les travaux ont été réalisés* »[1773] : « *le maître d'ouvrage agit pour son compte* »[1774]. En matière de promotion-vente, l'article L. 211-1 alinéa 2 du Code de la construction et de l'habitation précise en ce sens que les immeubles construits par les sociétés de construction-vente « *ne peuvent être attribués, en tout ou en partie, en jouissance ou en propriété, aux associés, en contrepartie de leurs apports, ceci à peine de nullité de l'attribution* ». Dans un arrêt en date du 16 mars 1976, la Cour de cassation avait reproché aux juges du second degré d'avoir condamné un couple de particuliers en tant que promoteurs, sans prendre le soin de s'expliquer « *sur le caractère de vendeurs professionnels des consorts Y...* » et sans rechercher « *si les consorts Y..., s'étaient engagés à construire ou à procurer à autrui un immeuble ou une partie d'immeuble* »[1775]. La construction pour autrui s'impose ainsi comme un critère de définition du promoteur immobilier, dans le prolongement logique de sa qualité de professionnel.

547. La distinction de la coopérative de construction et du promoteur immobilier. A la différence du promoteur immobilier, la société coopérative de construction est conçue exclusivement pour permettre l'accession des associés à la propriété de leur logement. Selon l'article L. 213-1 du Code de la construction et de l'habitation, cette société a pour objet « *la construction d'un ou plusieurs immeubles en vue de leur division par lots ou d'un ensemble de maisons individuelles groupées à usage d'habitation ou à usage professionnel et d'habitation destinés à être attribués ou vendus aux associés* ». Ceci explique que l'objet de la société soit limité à « *l'édification d'immeubles compris dans un même programme, comportant une ou plusieurs tranches, d'un ensemble immobilier* ». La coopérative permet de mutualiser les coûts de construction et de représenter la collectivité des maîtres d'ouvrage, en assumant en lieu et place de chacun d'eux, la totalité de leurs attributions. Elle est proche de la situation du maître d'ouvrage personne physique qui fait construire pour lui-même, dans la mesure où les lots ne peuvent être ni vendus ni attribués à d'autres acquéreurs que les coopérants. Toute cession de droits sociaux entre vifs à titre onéreux est

---

[1772] J.-C. GROSLIÈRE, C. SAINT-ALARY-HOUIN, Chron. « Promotion immobilière – Vente d'immeuble », *RDI*, 1986, p. 471.

[1773] J.-B. TAILLAN, C. SABUT (dir.), *op. cit.*, p. 304. V. à ce titre, Cass. Civ. 3ème, 11 mai 2011, n° 10-13782, *Bull. civ.* III, n° 71.

[1774] P. GRELIER WYCKOFF, *Pratique du droit de la construction. Marchés publics – Marchés privés*, 8ème éd., Eyrolles, 2017, p. 4. Cf. *Infra*, § 730-731.

[1775] Cass. Civ. 3ème, 16 mars 1976, n° 74-13053, *Bull. civ.* III, n° 119, p. 95.

prohibée pendant l'opération de construction[1776]. Les immeubles sont transférés aux associés uniquement, de deux façons[1777] : par la voie de l'attribution-partage, comme le font les sociétés de construction-attribution, ou bien par un contrat de vente en l'état futur d'achèvement[1778]. David HIEZ considère à juste titre que « *même en retenant la définition jurisprudentielle extensive du promoteur immobilier, il n'est donc possible de concevoir la coopérative comme promoteur, ce qui reviendrait à faire des accédants eux-mêmes des promoteurs* »[1779]. Au terme d'un arrêt rendu le 7 février 1991, la Cour d'appel de Paris a pourtant considéré qu'une société coopérative de construction pouvait être qualifiée de promoteur immobilier dès lors qu'elle avait pris le soin principal de l'affaire, en se comportant comme un mandataire au sens de l'article 1831-1 du Code civil[1780]. Cet arrêt, qui a pu se fonder sur l'autonomie juridique de la société au regard de ses associés, est cependant resté isolé.

548. La distinction de la société de construction-attribution et du promoteur immobilier. Selon l'article L. 212-1 du Code de la construction et de l'habitation, la société de construction-attribution a pour objet « *la construction ou l'acquisition d'immeubles en vue de leur division par fractions destinées à être attribuées aux associés en propriété ou en jouissance* ». Les parts attribuées à chaque associé correspondent à un lot dont ils ont la jouissance, avant d'en avoir la propriété lors du partage du capital, au moment de la dissolution de la société. La particularité de la société de construction-attribution réside dans le fait que « *l'actif est prédivisé entre les associés* »[1781]. Cette société ne poursuit pas de but autre que celui de la satisfaction de ses associés ; elle n'est qu'un instrument de gestion de l'opération. Dès lors que les associés sont tous les accédants définitifs de l'opération, la société de construction-attribution s'apparente, à son tour, à une forme de maîtrise d'ouvrage, non à une forme de promotion immobilière, à défaut de construire pour des tiers[1782]. Suivant cette dissociation, « *le promoteur est un professionnel ; quant au maître de l'ouvrage, il peut être un simple particulier, une société ordinaire, et bien entendu une société immobilière d'attribution ou coopérative* »[1783]. En revanche, si la société de construction-attribution est

---

[1776] Article L. 213-11 alinéa 7 du CCH.

[1777] B. BOUBLI, D. CHAUVAUX, C. GELU, M. HUYGHE, P. NEUMAYER, A. KURGANSKY, B. STEMMER, J.-L. TIXIER, « Sociétés coopératives de construction », *Mémento Urbanisme-Construction*, Francis Lefebvre, 2019, p. 1287.

[1778] Article L. 213-5 alinéa 1er du CCH.

[1779] D. HIEZ, « Coopérative de construction et d'habitation », *Répertoire de droit immobilier*, Dalloz, octobre 2013 (actualisé en avril 2016), § 64.

[1780] CA. PARIS, 7 février 1991, *RDI* 1991. 486, obs. J.-C. GROSLIÈRE, C. SAINT-ALARY-HOUIN.

[1781] B. BOUBLI, D. CHAUVAUX, C. GELU, M. HUYGHE, P. NEUMAYER, A. KURGANSKY, B. STEMMER, J.-L. TIXIER, « Sociétés d'attribution », *op. cit.*, p. 1244.

[1782] Cass. Civ. 3ème, 9 octobre 1991, n° 89-20111, inédit.

[1783] P. MALINVAUD, P. JESTAZ, P. JOURDAIN, O. TOURNAFOND, *op. cit.*, p. 685.

constituée d'investisseurs qui se retrouvent à céder progressivement leurs parts à d'autres acquéreurs[1784], alors elle peut être considérée comme un instrument de commercialisation, au même titre que la société de construction-vente, qui intègre pour sa part la catégorie des promoteurs[1785].

549. La contestation de la qualité de promoteur en cas de conservation du bien aux fins de location. Selon Philippe MALINVAUD, Philippe JESTAZ, Patrice JOURDAIN et Olivier TOURNAFOND, « *la définition dénie la qualité de promoteur à celui qui construit l'immeuble pour le donner à bail* », car « *la notion de promoteur suppose une* rentabilité *à relativement court terme de l'opération* »[1786]. Le promoteur prestataire de services recherche un profit immédiat, en se faisant directement rémunérer par le maître d'ouvrage pour les missions qu'il accomplit. Pour autant, cette quête est plus encore associée au promoteur initiateur, que ces mêmes auteurs désignent sous l'appellation de « promoteur capitaliste »[1787]. Celui-ci cherche à transformer rapidement son capital monétaire en un produit immobilier, dont la commercialisation lui assurera des bénéfices instantanés : « *un détenteur de capitaux ne mérite le nom de promoteur que s'il produit des locaux à titre de marchandise. Tel est le cas de celui qui construit en vue d'une commercialisation immédiate car cet investisseur récupère au plus vite les fonds qu'il a engagés dans l'opération* »[1788]. Au surplus, l'on observe en pratique que « *le promoteur immobilier ne construit généralement pas pour son compte* », dans la mesure où « *il n'a ni vocation, ni moyens financiers pour se constituer des patrimoines* »[1789]. A l'inverse, celui qui construit un immeuble en vue de le donner en location doit attendre plusieurs années avant que l'addition des loyers perçus dépasse son investissement, et qu'il puisse en tirer profit. De fait, « *loin de produire une marchandise, il substitue un capital en nature à son capital monétaire. (…) Il n'a donc pas la qualité de promoteur, mais seulement celle de maître d'ouvrage* » : « *le* constructeur locatif *n'est pas un promoteur* »[1790]. Il est intéressant de relever que, dans la première proposition de statut du promoteur, présentée par le député Alain MAYOUD lors de la session parlementaire d'avril-juin 1979, il était question que la loi ne s'applique pas aux promoteurs qui construisent pour louer[1791]. Il semblerait donc que « *si la location pure et simple était envisagée, il ne s'agirait pas d'une activité de promotion*

[1784] « Mode de commercialisation des locaux », *Dictionnaire Permanent Construction et Urbanisme*, Editions Législatives, actualisé le 25 juin 2014, § 12, p. 3562.
[1785] Cf. *Infra*, § 579 et s.
[1786] P. MALINVAUD, P. JESTAZ, P. JOURDAIN, O. TOURNAFOND, *op. cit.*, pp. 1-2.
[1787] *Ibid.*, p. 5.
[1788] *Ibid.*, p. 6.
[1789] B. AVRIL, B. ROTH, *op. cit.*, p. 203.
[1790] P. MALINVAUD, P. JESTAZ, P. JOURDAIN, O. TOURNAFOND, *op. cit.*, p. 6.
[1791] Doc. Ass. Nat. 1977, n° 3248. J.-C. GROSLIÈRE, P. JESTAZ, Chron. « Promotion immobilière – Vente d'immeubles », *RDI*, 1979.

immobilière »[1792], faute pour le promoteur de construire dans l'intention de retirer un profit immédiat de l'opération. Cette approche particulièrement stricte gagnerait cependant à être relativisée afin de tenir compte de la réalité de l'activité[1793].

550. La promotion immobilière consiste à construire des biens destinés à être livrés. Le rôle d'intermédiaire du promoteur prend tout son sens dans le fait qu'il construise pour autrui et non pour lui-même. Dans cette perspective, le promoteur se distingue des sociétés coopératives ou d'attribution, qui construisent au bénéfice de leurs associés, ainsi que, plus largement, des auto-constructeurs.

2. L'exclusion des « auto-constructeurs »

551. La définition de l'« auto-construction ». En dehors des schémas traditionnels de construction, qui consistent à recourir à des professionnels pour la conception et la réalisation des travaux, voire également pour l'organisation du chantier, certains maîtres d'ouvrage choisissent ou sont contraints de se charger eux-mêmes de la totalité de l'opération, réalisation comprise. Lorsqu'ainsi, le maître d'ouvrage assume l'ensemble des tâches nécessaires à l'achèvement de l'ouvrage, en regroupant sur sa tête la totalité des rôles habituellement répartis entre les différents acteurs de la construction, il se trouve en situation d'« auto-construction ». En réalité, il n'est, dans ce cas, « *ni maître d'ouvrage, puisqu'il ne passe pas de commande pour l'exécution des travaux de sa maison, ni locateur d'ouvrage, puisqu'il ne s'engage pas vis-à-vis de lui-même* »[1794]. Néanmoins, l'auto-constructeur n'est pas dispensé de solliciter les services d'un professionnel du bâtiment lorsque la loi l'impose ; c'est le cas notamment pour l'établissement des plans de la construction, qui doivent être confiés à un architecte lorsque la surface de plancher du bien à construire est supérieure à 150 mètres carrés[1795]. De même, l'auto-constructeur peut être amené à missionner certains corps d'état pour les tâches les plus difficiles ou celles qui impliquent l'utilisation de matériaux ou d'engins nécessitant des agréments. Dans ce cas, l'auto-constructeur conclut avec les entreprises des marchés de travaux ciblés et ponctuels[1796].

552. La définition du « castor ». Lorsque l'auto-constructeur est un particulier, il est d'usage de le désigner sous le terme de « castor », cette

---

1792 « Activité des promoteurs-vendeurs », *Dictionnaire Permanent Construction et Urbanisme*, Editions Législatives, actualisé le 25 juin 2014, § 11, p. 3562.
1793 Cf. *Infra*, § 555 et s.
1794 G. LEGUAY, « Le cas du ''Castor'' », *RDI*, 1998, p. 398.
1795 Article R. 431-2 du Code de l'urbanisme.
1796 L. GUGUET, « L'autoconstruction, concurrence ou débouché pour les entreprises ? », *Le Moniteur*, 6 janvier 2015.

expression ayant le mérite de la clarté et de la simplicité[1797]. En effet, « *on sait qu'il s'agit d'un rongeur des rivières et lacs qui bâtit lui-même sa maison ; dans le vocabulaire du droit de la construction, c'est le propriétaire de l'immeuble qui le construit ou le reconstruit, de manière substantielle* »[1798], en dehors des heures de travail dédiées à son activité professionnelle. Les « castors » désignent les personnes physiques qui interviennent à titre individuel dans le cadre d'un chantier qui les concerne exclusivement, ou bien les particuliers regroupés qui prennent collectivement part à une même opération, afin de réunir leurs compétences techniques et leurs ressources financières. Dans cette hypothèse, l'auto-construction revêt une dimension solidaire, voire communautaire ; la collectivisation des moyens de construction pouvant se maintenir après l'achèvement, en laissant place à des habitats partagés[1799]. L'auto-construction ne constitue pas uniquement un mode alternatif de construction, mais s'apparente également à une autre façon d'accéder à son habitat : en pleine autonomie, dans le cadre de chantiers pédagogiques et participatifs, avec la satisfaction de répondre soi-même au besoin essentiel de se loger. En cela, l'auto-construction est aussi un phénomène politique et social. Le « castorat » a connu son âge d'or entre les années 1950 et la fin des années 1970[1800], en s'imposant comme un palliatif à la crise du logement[1801]. Indépendamment de ces considérations, l'un des avantages majeurs de l'auto-construction réside dans les économies qu'elle génère ; la main d'œuvre étant directement fournie par les castors, conformément au principe de l'« *apport-travail* »[1802]. Les castors ne sont pas reconnus par la loi et restent peu structurés sur le plan juridique. Quand ils ne constituent pas une société d'habitat participatif, ils peuvent à tout le moins se constituer en association[1803], notamment pour l'achat du terrain. Plus largement, les castors sont regroupés de longue date dans des associations

---

1797 P.-Y. GAUTIER, « Responsabilité du ''castor'', vendeur-constructeur d'immeuble achevé : quels modes de calcul de la prescription ? », *RTD Civ.*, 2011, p. 778.

1798 *Idem.*

1799 La loi « ALUR » du 24 mars 2014 a créé deux nouvelles formes d'accès au logement par le biais de l'habitat participatif : la coopérative d'habitants et la société d'attribution et d'autopromotion, régies aux articles L. 201-1 et L. 202-1 et suivants du CCH (O. SEIGLE-FERRAND, *Droit de la construction et droit de la consommation. Essai sur les critères de qualification des contractants*, Thèse, Université de Montpellier, 2017, p. 187). L'habitat participatif est défini à l'article L. 200-1 alinéa 1er du CCH.

1800 V. H. INYZANT, *Le mouvement Castor en France. Les coopératives d'autoconstruction entre 1950 et 1960. Recherche historique, analyse économique et politique*, Thèse, Université Paris X, 1981. M. VILANDRAU, *L'étonnante aventure des castors. L'autoconstruction dans les années 50*, L'Harmattan, 2004.

1801 J. BOUSTINGORRY, « Des pionniers autoconstructeurs aux coopérateurs : histoire des castors en Aquitaine » *in Contribution à l'étude du logement en Aquitaine, 1850-1960. Du logement populaire à l'habitat social, des réalisations innovantes à travers les expériences du castorat*, Thèse, Université de Pau, 2008, p. 3.

1802 http://www.castorsrhonealpes.fr/index.php/les-castors/lhistoire.

1803 Ces associations sont régies par la loi du 1er juillet 1901 et possèdent ainsi une forme juridique simplifiée, répondant à un cadre peu contraignant.

nationales indépendantes[1804], qui coordonnent et accompagnent leurs adhérents dans leur projet, grâce à la communication d'informations et de conseils, à l'organisation de rencontres entre auto-constructeurs d'une même zone géographique, ou à la proposition de services destinés à faciliter leur démarche, tels que le prêt de matériel ou l'accès à des tarifs préférentiels pour l'achat de matériaux.

553. La distinction du « castor » et du promoteur immobilier. A la différence du promoteur immobilier, par nature « constructeur non-réalisateur », le castor réalise personnellement les travaux de construction, en prenant en charge tout ou partie du chantier, ce qui le classe parmi les « réalisateurs ». De surcroît, il construit l'ouvrage à des fins exclusivement personnelles, ce qui le distingue du promoteur, qui construit à la demande d'un maître d'ouvrage ou en vue de commercialiser son programme. Bien qu'il possède le savoir-faire des constructeurs, le castor n'est pas un professionnel de l'immobilier, comme peut l'être le promoteur. Alors que ce dernier a une connaissance supposée exhaustive des formalités juridiques, administratives et financières qu'implique une opération de construction, grâce à l'exercice habituel et structuré de son activité, le castor s'investit sur un chantier unique. Il se forme le plus souvent en même temps qu'il exécute la prestation finale. Le promoteur immobilier poursuit enfin un but lucratif, tandis que le castor cherche uniquement à construire son habitation.

554. Ainsi, le promoteur réalise une opération pour un commanditaire, non pour « *la garder dans son patrimoine propre* »[1805]. Cette exigence de livraison à un tiers empêche ceux qui construisent pour eux-mêmes d'être qualifiés de promoteurs, malgré l'existence de missions comparables à celles que ces derniers exécutent. Si les sociétés de coopérative ou de construction-attribution assument la maîtrise d'ouvrage des opérations qui sont destinées à leurs associés - et non à des « tiers » - le « castor » édifie *a fortiori* lui-même son propre ouvrage. Tous se distinguent du promoteur immobilier, en ce qu'ils ne construisent pas pour « autrui ». Ce critère de définition connaît néanmoins certains tempéraments en pratique, lorsque le promoteur conserve l'ouvrage, non pour son usage personnel, mais pour le donner à bail afin d'en tirer des revenus à plus long terme.

[1804] A l'origine, les castors dépendaient de mouvements cultuels, culturels ou politiques, tels que des syndicats ouvriers ou des associations chrétiennes (http://www.strabic.fr/L-esprit-Castor-Mythe-et-realites.html). Dès 1950, une Union Nationale des Castors (UNC) est créée en Bretagne, puis en 1954, la Confédération française des Unions de Castors (CFUC) voit le jour, avant d'être dissoute en 1955. La Confédération Nationale d'Autoconstruction des Castors (CNAC) fédère désormais les associations de castors des différentes régions françaises (http://www.castorsrhonealpes.fr/index.php/les-castors/lhistoire).

[1805] B. AVRIL, B. ROTH, *op. cit.*, p. 20.

B) La conservation subsidiaire des ouvrages par le « promoteur initiateur »

555. Si le promoteur initiateur livre en principe l'ouvrage qu'il a fait construire à des commanditaires, il lui arrive de prendre l'initiative de constructions qu'il conservera totalement ou partiellement dans son patrimoine, soit volontairement, au terme d'une stratégie d'investissement, soit involontairement, en cas de mévente. Dans ce cas, il ne conserve pas le bien pour un usage personnel mais en tire profit autrement, en le donnant à bail. Parmi les baux qui sont susceptibles d'être conclus sur le bien construit, certains peuvent être privilégiés, en ce qu'ils offrent la possibilité de basculer vers un transfert de propriété au profit du locataire ; c'est le cas de la location-accession (1). Plus classiquement, le promoteur peut opter pour un bail limité à l'exercice d'un droit de jouissance, dont la réglementation variera en fonction de la destination du bien. Le cas échant, lorsque le bail à conclure est notamment de nature professionnelle ou commerciale, le promoteur peut envisager de conclure ce dernier « en l'état futur d'achèvement », c'est-à-dire en cours de chantier (2).

1. La location aux fins de vente

556. Le contrat de location-accession pour les biens à usage d'habitation. Ce contrat est décrit à l'article 1er de la loi impérative du 12 juillet 1984[1806] comme « *le contrat par lequel un vendeur s'engage envers un accédant à lui transférer, par la manifestation ultérieure de sa volonté exprimée par lettre recommandée avec demande d'avis de réception et après une période de jouissance à titre onéreux, la propriété de tout ou partie d'un immeuble moyennant le paiement fractionné ou différé du prix de vente et le versement d'une redevance jusqu'à la date de levée de l'option* ». Dans ce contrat de bail *sui generis*, le loyer prend la forme d'une redevance mensuelle, correspondant à « *la contrepartie du droit de l'accédant à la jouissance du logement et de son droit personnel au transfert de propriété du bien* ». Ce dispositif légal est restreint aux contrats « *portant sur des immeubles à usage d'habitation ou à usage professionnel et d'habitation, achevés ou en construction à la date de la signature de la convention* »[1807]. Cette disposition suggère que le promoteur peut, dès avant l'achèvement du bien, donner celui-ci en location-accession, en dérogeant à l'article L. 261-10 du Code de la construction et de l'habitation, qui indique que « *tout contrat ayant pour objet le transfert de propriété d'un immeuble ou d'une partie d'immeuble à usage d'habitation ou à usage professionnel et d'habitation et comportant l'obligation pour l'acheteur d'effectuer des versements ou des dépôts de fonds avant l'achèvement de la construction doit, à peine de nullité* », emprunter la forme du contrat de vente

---

[1806] Loi n° 84-595 du 12 juillet 1984 définissant la location-accession à la propriété immobilière.
[1807] *Ibid.*, article 2.

d'immeuble à construire. Dans le cadre de la location-accession, les versements effectués en cours de chantier correspondent uniquement au droit au transfert de propriété de l'immeuble, car l'accédant n'a pas encore pris possession du bien. Ce faisant, il ne lui appartient pas encore de rémunérer le bailleur pour le droit de jouissance qu'il lui procure. La fraction de la redevance constituant la contrepartie du droit de jouissance ne devient exigible qu'une fois le bien achevé et délivré au locataire.

557. L'originalité du contrat réside dans sa nature hybride, associant la location à la vente. En cela, le contrat de location-accession peut être perçu comme une location assortie d'une promesse unilatérale de vente ou bien comme une vente ferme précédée d'une location. En réalité, ce contrat a son existence propre, qui mêle de manière homogène la vente et le bail : « *s'il permet d'aboutir comme le contrat de vente à un transfert de propriété, c'est selon un processus qui lui est propre, lié indissociablement à une période de jouissance, le tout en application d'un seul et même contrat* »[1808]. L'engagement de vendre du bailleur est définitif[1809] ; l'article 4 de la loi évoque à ce titre la restriction à son droit de disposer. En conséquence, les parties ont l'obligation de conclure le contrat par acte authentique, afin que ce dernier puisse faire l'objet d'une publication à la Conservation des Hypothèques. Il est intéressant de noter, dans cette perspective, que l'accédant se substitue déjà au vendeur dans l'exercice de ses droits en copropriété, sous certaines réserves, décrites à l'article 32 de la loi du 12 juillet 1984. Pour sa part, l'accédant ne s'oblige pas à acquérir. S'il ne lève pas l'option, la part de redevance contenue dans son loyer, destinée à s'imputer sur le prix de vente, lui est restituée au plus tard trois mois après son départ, cette restitution étant de surcroît financièrement garantie par « *un cautionnement, par le privilège de l'accédant ou par une garantie liée à la qualité du vendeur* »[1810]. Dans l'hypothèse d'une location-accession conclue sur un bien en cours de construction, le promoteur doit ainsi fournir deux garanties financières, l'une d'achèvement, comme rappelée à l'article 6 de la loi du 12 juillet 1984, l'autre de remboursement de la fraction de redevance restituable[1811]. Le niveau d'engagement des parties permet de distinguer les contrats de location-accession et de location-vente. A la différence de la location-accession,

---

[1808] M. DAGOT, V. ZALEWSKI-SICARD, Fasc. 700 « Location-accession. – Définition et champ d'application. – Etablissement du contrat. – Contrat préliminaire », *JCl. Construction-Urbanisme*, LexisNexis, 10 février 2012, § 10.

[1809] Cass. Civ. 3ème, 21 octobre 2009, n° 08-19199, *Bull. civ.* III, n° 229.

[1810] Article 14 de la loi n° 84-595 du 12 juillet 1984.

[1811] Il peut néanmoins être déduit du montant à rembourser une indemnité au profit du bailleur, exigible si l'accédant n'a pas pleinement exécuté ses obligations, que l'on pourrait aussi justifier par l'immobilisation contraignante du bien dans l'attente de la décision d'achat de l'accédant. Selon l'article 11 de la loi du 12 juillet 1984, cette indemnité ne peut excéder 1% du prix de l'immeuble, ou 3% si le bien est achevé depuis moins de cinq ans.

le contrat de location-vente est signé par des parties qui s'engagent, définitivement et réciproquement, à vendre et à acheter.

558. L'utilisation du contrat de location-accession par le promoteur. Ce dispositif contractuel présente l'intérêt de faciliter l'accession à la propriété d'acquéreurs peu solvables, tout en constituant « *une opération à but commercial principalement utilisée dans le domaine de la promotion privée pour débloquer des opérations peu commercialisables ou liquider des fins de programme* », ce qui permet au promoteur de ne pas laisser inoccupés des invendus et de transférer aux locataires les charges de copropriété[1812]. Certes, en pratique, « *pour le promoteur, la location-accession ne vaudra jamais la vente puisque l'accédant n'est pas tenu d'acquérir et qu'il n'est même pas dissuadé de ne pas le faire. Elle peut cependant présenter un intérêt dans l'esprit d'une formule d'essai* »[1813]. La locution utilisée par le législateur, selon laquelle le bien donné en location-accession ne peut être qu'« *achevé* » ou « *en construction* », laisse entendre que la conclusion d'un tel contrat est exclue si le chantier n'a pas encore débuté, preuve que ce mécanisme doit être appréhendé comme une technique subsidiaire de commercialisation des immeubles neufs. Néanmoins, puisque ce bail « *ne fait que précéder l'acquisition du logement par son occupant* », « *l'opération se rapproche alors d'une opération de promotion immobilière et elle s'en rapproche d'autant plus que la période d'occupation est plus brève* »[1814]. En effet, la durée de jouissance préalable étant librement fixée par les parties, elle peut parfaitement être stipulée pour un court laps de temps. Elodie GAVIN-MILLAN classe ainsi le contrat de location-accession dans le droit spécial de la promotion immobilière[1815], de même que Jean-Louis BERGEL relève que « *la palette des contrats de promotion immobilière a encore été complétée par la réglementation du contrat de location-accession* »[1816]. Finalement, ce contrat n'a été que peu utilisé par les promoteurs. Il reste dissuasif pour ceux qui ne l'envisagent que comme une location temporaire en vue d'une vente, dès lors qu'il n'existe aucune garantie de commercialisation. La loi cherche au contraire à donner à l'accédant une totale liberté de choix, en allant jusqu'à imposer une garantie de remboursement des redevances versées. « *Le régime de la location-accession, dans le secteur protégé, a été, si l'on peut dire, tué dans l'œuf par une volonté exacerbée d'assurer l'équilibre des*

[1812] J.-B. TAILLAN, C. SABUT (dir.), *op. cit.*, p. 281.

[1813] M. DAGOT, V. ZALEWSKI-SICARD, Fasc. 700 « Location-accession. – Définition et champ d'application. – Etablissement du contrat. – Contrat préliminaire », *JCl. Construction-Urbanisme*, LexisNexis, 10 février 2012, § 49.

[1814] P. MALINVAUD, P. JESTAZ, P. JOURDAIN, O. TOURNAFOND, *op. cit.*, p. 6.

[1815] E. GAVIN-MILLAN, *Essai d'une théorie générale des contrats spéciaux de la promotion immobilière*, Thèse, LGDJ, 2003, p. 13.

[1816] J.-L. BERGEL, « Rapport de synthèse » *in* J.-P. TRICOIRE (dir.), *Le droit de la promotion immobilière, 50 ans après la loi du 3 janvier 1967*, Dalloz, 2017, p. 142.

prestations »[1817]. Ainsi, ce contrat n'est « *guère attractif pour les promoteurs immobiliers qui peuvent alors lui préférer une location-vente immobilière ordinaire* »[1818].

559. L'exclusion du crédit-bail immobilier. Le crédit-bail immobilier est défini à l'article L. 313-7 du Code monétaire et financier, comme l'opération par laquelle « *une entreprise donne en location des biens immobiliers à usage professionnel, achetés par elle ou construits pour son compte, lorsque ces opérations, quelle que soit leur qualification, permettent aux locataires de devenir propriétaires de tout ou partie des biens loués, au plus tard à l'expiration du bail, soit par cession en exécution d'une promesse unilatérale de vente, soit par acquisition directe ou indirecte des droits de propriété du terrain sur lequel ont été édifiés le ou les immeubles loués, soit par transfert de plein droit de la propriété des constructions édifiées sur le terrain appartenant audit locataire* ». Seuls les banques et les établissements de crédit pratiquent ce montage, en tant que mécanisme de financement, à l'exclusion des promoteurs. En effet, « *le crédit-bailleur, bien que juridiquement propriétaire de l'immeuble, entend se cantonner à un rôle de financier et laisser à son cocontractant, le crédit-preneur, le soin d'assumer les risques et obligations qui auraient dû ou pu incomber au propriétaire* »[1819]. L'opération possédant une vocation exclusivement financière, le crédit-bailleur n'est pas un professionnel de l'immobilier, ce qui explique qu'il confie l'exercice de la maîtrise d'ouvrage au preneur. « *Il est nécessaire que lesdits biens correspondent exactement aux besoins du crédit preneur, qui sera donc le mieux qualifié pour définir et gérer l'opération de construction. (…) Juridiquement, le montage financier (…) sera donc complété par un mandat donné au crédit preneur de faire édifier l'immeuble* », prenant la forme d'un contrat de maîtrise d'ouvrage déléguée ou de promotion immobilière[1820]. En matière de crédit-bail, les missions de maîtrise

---

[1817] H. PÉRINET-MARQUET, « Rapport de synthèse » *in* S. BECQUÉ-ICKOWICZ, S. CABRILLAC, J.-F. MONTREDON (dir.), *La protection de l'accédant immobilier*, LexisNexis Litec, 2010, p. 164. P. MALINVAUD, P. JESTAZ, P. JOURDAIN, O. TOURNAFOND, *op. cit.*, p. 22 : « *Théoriquement ce système ne manque pas d'attraits. Mais en pratique le souci peut-être excessif de protéger l'accédant – notamment en lui offrant une porte de sortie peu coûteuse – décourage les promoteurs d'utiliser une formule qui leur fait supporter le risque du financement sans aucune certitude de commercialiser l'immeuble* ».

[1818] J. RAYNARD, J.-B. SEUBE, *Droit des contrats spéciaux*, 10ème éd., LexisNexis, 2019, p. 266.

[1819] V. SAUGER, N. BAUM, « Synthèse – Crédit-Bail immobilier », *JCl. Construction-Urbanisme*, LexisNexis, 2017, p. 1. « *Le contrat de crédit-bail immobilier n'est pas un contrat de louage d'immeuble, mais une opération de financement ayant pour objet essentiel de fournir à un industriel ou un commerçant les fonds nécessaires devant lui permettre de se procurer l'immeuble correspondant à ses besoins* » (*Idem*).

[1820] J.-M. BERLY, « La qualité de maître de l'ouvrage du crédit-bailleur immobilier qui achète le terrain et fait construire ''pour son compte'' l'immeuble objet du contrat », *RDI*, 2003, p. 1.

d'ouvrage incombent ainsi au crédit-preneur, bien que le titulaire de la maîtrise d'ouvrage reste, au sens de la loi, le crédit-bailleur[1821]. Une telle configuration est en totale contradiction avec l'opération de promotion immobilière, dans laquelle la maîtrise d'ouvrage est précisément exercée par le promoteur. C'est pourquoi, ce type de contrat reste étranger à son activité.

560. Ainsi, le promoteur est susceptible de tirer profit de son opération de construction en donnant à bail le bien, achevé ou en cours d'achèvement. Il peut opter pour le mécanisme de la location-accession, qui lui permet de ne pas renoncer définitivement à son projet de vente. Cependant, le transfert de propriété est, dans cette hypothèse, soumis à l'aléa de la levée d'option du locataire et décalé dans le temps. Indépendamment de ce processus, le promoteur peut préférer un bail *stricto sensu*, qu'il peut conclure après achèvement, voire également avant.

2. La location avant ou après achèvement

561. La conclusion d'un bail sur le bien construit. Lorsque le promoteur initiateur n'a pas été en mesure de vendre sa production, il peut encore en tirer profit en la donnant à bail. Le bail de droit commun est peu formel et peu contraignant pour le bailleur[1822]. Sa réglementation a été complétée par de nombreux corps de règles adaptés aux différentes destinations du bien loué, à l'instar du bail d'habitation (nu ou meublé), du bail professionnel ou encore du bail commercial. Le promoteur qui souhaite donner en location son ouvrage achevé doit respecter la réglementation impérative qui trouve le cas échéant à s'appliquer.

562. La conclusion d'un bail en l'état futur d'achèvement. Si le promoteur peut conclure un bail sur son bien une fois ce dernier achevé, il peut aussi désormais prendre cette initiative en cours de chantier. Le contrat de bail en l'état futur d'achèvement est un contrat né de la pratique, consistant en la superposition d'un contrat de construction (vente en l'état futur d'achèvement ou contrat de promotion immobilière) et d'un contrat de bail, quel qu'il soit (bien que dans les faits, ce type de montage concerne majoritairement les locaux commerciaux ou professionnels). Il s'agit d'un bail au terme duquel le bailleur s'oblige à faire construire un immeuble neuf, puis à le délivrer au preneur, pour qu'il en use et en jouisse. Deux périodes contractuelles se succèdent : celle de la construction de l'ouvrage, de la signature du bail jusqu'à la livraison de l'ouvrage, puis celle de la jouissance de l'ouvrage, de sa délivrance au preneur jusqu'à l'expiration du bail. Le bail en l'état futur d'achèvement a pour particularité de porter sur une chose future : l'obligation de délivrance du

---

[1821] Cass. Civ. 3ème, 2 octobre 2002, n° 01-01783, *Bull. civ.* III, n° 201, p. 171, *Constr.-Urb.*, décembre 2002, p. 17, note P. CORNILLE.

[1822] Articles 1719 à 1735 du Code civil.

bailleur est différée à la livraison du local. Pendant la phase de construction de l'ouvrage, les relations contractuelles entre le bailleur et le locataire sont régies par le droit commun des contrats. La législation spéciale réglementant le bail n'a vocation à s'appliquer que lors de la seconde phase, postérieurement à la livraison[1823].

563. Le bail en l'état futur d'achèvement peut être conclu postérieurement au contrat de vente en l'état futur d'achèvement passé entre le promoteur et l'acquéreur, en étant directement conclu par ce dernier, en qualité de bailleur. Autrement, le promoteur peut lui-même conclure un bail en l'état futur d'achèvement avec un locataire, en cours de chantier, à son profit ou pour le céder ensuite à un investisseur qui deviendra propriétaire bailleur du local. Dans ce cas de figure, le locataire est connu avant l'acquéreur et la vente en l'état futur d'achèvement conclue avec ce dernier portera sur un bien déjà loué, ce qui garantit la rentabilité financière de l'opération. Également désigné sous l'appellation de « clés en mains locatif », ce schéma a connu un important essor au cours des dix dernières années. Il s'est imposé comme un levier efficace de commercialisation des immeubles neufs destinés à un usage professionnel, commercial ou industriel, en permettant d'attirer les investisseurs et de sécuriser leur démarche. Le contrat de bail en l'état futur d'achèvement présente également un intérêt pour le locataire. Celui-ci étant identifié en toutes hypothèses avant l'achèvement des travaux, il peut s'associer au processus de construction pour adapter l'ouvrage aux exigences de son activité professionnelle. L'avantage de ce bail est d'associer l'utilisateur à la construction très en amont, dès le stade de la conception, afin de lui proposer du « sur-mesure », dans la limite de ce qu'autorise l'investisseur. Ce type de contrat est utilisé par les professionnels lorsque le marché du neuf ne propose pas de biens correspondant exactement à leurs critères, en termes de surface ou de services. Le preneur peut même solliciter l'exécution de travaux modificatifs, à ses frais, en concluant directement un marché de travaux avec les entreprises du promoteur ou en réalisant lui-même les travaux modificatifs[1824]. Ainsi, le bail en

---

[1823] P. RIGLET, J.-L. TIXIER, « Le bail de locaux en l'état futur d'achèvement », *RDI*, 2014, p. 546.

[1824] A ce titre, il est important d'anticiper, dans les deux contrats, la procédure de mise à disposition anticipée du bien au locataire, en prévoyant notamment : un descriptif précis et exhaustif des travaux projetés par ce dernier (avec la liste des entreprises intervenantes, leurs marchés, leurs attestations d'assurance…) ; l'établissement d'un procès-verbal de livraison en « prêt à finir » pour les parties d'immeubles concernées par l'intervention du locataire ; une clause déchargeant le promoteur de sa responsabilité pour les désordres susceptibles de trouver leur origine dans les travaux pris en charge par le locataire. Cette entrée en jouissance anticipée présente plusieurs risques : la réalisation des aménagements par le preneur peut remettre en cause la conformité contractuelle ou administrative de l'ouvrage ; la coexistence de plusieurs chantiers peut entraîner un concours de responsabilité. En cas de désordre, il pourrait être difficile de savoir qui du promoteur ou du preneur en est à l'origine. Dans un souci de sécurité juridique, il peut donc être opportun de prévoir que les travaux commandés par le preneur doivent l'être

l'état futur d'achèvement concilie les intérêts de l'ensemble des parties : ceux du promoteur-vendeur dont l'objectif est de commercialiser son programme immobilier, ceux du promoteur ou de l'acquéreur-investisseur dont l'objectif est d'investir dans un actif présentant le moins de risques possibles et ceux de l'utilisateur-preneur dont l'objectif est d'occuper un immeuble correspondant parfaitement à ses besoins professionnels[1825].

564. Le bail en l'état futur d'achèvement n'est pas réglementé par la loi à ce jour. Faute de faire l'objet de dispositions spécifiques, il dépend de la liberté contractuelle des parties, dans la limite du respect des dispositions impératives de droit commun. Il est donc nécessaire que son contenu soit suffisamment précis et non-équivoque pour limiter, sur la durée, les imprévus et les conflits entre les parties[1826], notamment lorsque le promoteur n'est pas lui-même le bailleur. Le bien loué doit correspondre rigoureusement au descriptif du bien à construire. A ce titre, il est opportun que le bail stipule une série de clauses permettant d'anticiper les litiges qui pourraient naître de l'articulation du contrat de construction et du contrat de bail (clauses de participation du preneur à la dénonciation des réserves, de dénonciation des vices et de mise en œuvre des garanties légales par le preneur, de tolérance, d'actualisation du loyer, de durée minimale de maintien dans les lieux, *etc.*)[1827].

565. Ainsi, indépendamment des baux qu'il peut conclure sur son ouvrage achevé, le promoteur peut envisager un investissement locatif, à son profit ou au profit d'un tiers acquéreur, dès la phase de construction, en concluant un bail en l'état futur d'achèvement. Ces perspectives se présentent à lui lorsqu'il conserve dans son patrimoine les immeubles construits. Une telle situation reste en principe une alternative secondaire, si l'on considère qu'en qualité de professionnel, le promoteur se dessaisit des ouvrages édifiés. Sauf à adhérer à une vision extensive de la construction « pour autrui », qui ne se limiterait pas aux transferts de propriété, mais inclurait dans son giron les simples transferts de jouissance. Au-delà de la qualité de professionnel du promoteur, se pose également la question de savoir sous quelles formes juridiques il intervient.

---

dans tous les cas auprès des mêmes entreprises que celles qui ont édifié l'ouvrage, ou encore que les « travaux modificatifs acquéreur » commandés par le preneur doivent être mis en œuvre postérieurement à la livraison de l'ouvrage à l'acquéreur, sous peine de faire courir le risque au promoteur de devoir faire lever des réserves qui sont imputables à l'intervention du locataire.

[1825] M. MEKKI, « Le bail en l'état futur d'achèvement (BEFA) : un contrat sur mesure », *Loyers et Copropriété* n° 2, février 2016, dossier 3.

[1826] V. O. HERRNBERGER, « VEFA et BEFA : de quelques questions induites par la coexistence du contrat de construction de l'immeuble et du bail en état futur d'achèvement », *Loyers et Copropriété* n° 2, février 2016, dossier 2.

[1827] P. RIGLET, J.-L. TIXIER, *art. préc.*, p. 546.

Section 2. Une personne physique ou morale répondant à certaines formes juridiques

566. La définition générique du « professionnel » est indifférente à la personnalité juridique que ce dernier est susceptible de revêtir. En effet, « *peu importe que le professionnel soit une personne physique ou une personne morale. La taille de l'entreprise (s'il y en a une), et même le statut sous lequel l'activité est exercée sont également indifférents* »[1828]. Pourtant, le promoteur immobilier se distingue des autres professionnels par sa forme juridique, puisqu'il en privilégie certaines, ainsi que par l'utilisation d'un montage statutaire original. En effet, bien qu'il exerce son activité par le truchement d'une société de promotion, le promoteur constitue en sus une société de construction pour chacune de ses opérations. Il en résulte une superposition de sociétés, caractéristique de l'opération de promotion immobilière (I). L'existence d'« écrans juridiques » n'empêche cependant pas la Cour de cassation d'identifier la personne qui s'est concrètement comportée en promoteur immobilier. Les conditions d'attribution de la qualité de promoteur immobilier parmi les différentes sociétés constituées, et au sein même de ces sociétés, méritent ainsi d'être analysées (II).

I. La constitution habituelle d'une société de promotion et d'une société de construction

567. Ni la loi ni la jurisprudence n'exigent du promoteur le respect d'une quelconque forme juridique pour l'exercice de son activité, si bien que « *le promoteur peut indifféremment être une personne physique ou une personne morale quelle qu'elle soit* »[1829]. La constitution d'une personne morale reste néanmoins un prérequis pour une écrasante majorité de promoteurs agissant à titre professionnel (A). A la société de promotion, qui a vocation à perdurer, s'ajoutent en outre des sociétés de construction, spécialement conçues pour servir temporairement de support statutaire à chacun des programmes supervisés par la société de promotion. En effet, « *le promoteur fait toujours procéder à la construction par l'intermédiaire d'une société civile immobilière spécifique créée pour les besoins de la cause et qui s'interpose entre lui et l'accédant* »[1830] (B).

A) La possibilité de constituer une société de promotion

568. Puisque le promoteur peut tout aussi bien être une personne physique que morale, *a priori*, « *la gamme va de l'entreprise individuelle jusqu'aux*

[1828] J. JULIEN, *Droit de la consommation*, 3ème éd., LGDJ, 2019, p. 44.
[1829] J.-L. BERGEL (dir.), « Définition jurisprudentielle du promoteur », *Lamy Droit Immobilier*, actualisé en juin 2019, § 2747.
[1830] P. MALINVAUD, P. JESTAZ, P. JOURDAIN, O. TOURNAFOND, *op. cit.*, p. 4.

puissantes sociétés anonymes »[1831]. En réalité, l'exercice individuel et en nom propre de l'activité de promotion immobilière est peu compatible avec les risques financiers qu'elle engendre, ce qui explique qu'elle soit principalement pratiquée dans le cadre d'une société de promotion (1). Cette dernière peut revêtir différentes formes, aucune n'étant spécifiquement recommandée ou prohibée sur le plan normatif. L'observation des usages en la matière révèle à tout le moins que le promoteur initiateur s'épanouit particulièrement dans la matrice de la société par actions simplifiée (2).

1. L'exercice à titre individuel ou collectif de l'activité de promotion

569. L'exercice de l'activité à titre individuel. Tout comme « *le caractère professionnel ou non-professionnel d'un être moral doit être considéré comme indifférent quant à la forme adoptée* »[1832], le fait pour le promoteur d'agir en tant que professionnel ne préjuge en rien de sa qualité de personne physique ou de personne morale. Lorsqu'il reste personne physique, sans recourir à la création d'une société, le promoteur a la possibilité d'exercer ses fonctions en qualité d'entrepreneur individuel. L'entreprise renvoie à l'activité économique[1833], tandis que la société renvoie à un statut juridique : « *l'entreprise est la réunion des moyens, matériels et humains, qui permettent de se livrer à une activité économique autonome. La société, elle, constitue la* structure juridique *de l'entreprise* »[1834]. Si le statut d'individuel est autorisé, cela ne signifie pas pour autant que ce mode d'exercice est opportun en matière de promotion immobilière. En effet, quoiqu'il ait le mérite de la simplicité, il implique entre autres une confusion des patrimoines personnel et professionnel de l'entrepreneur individuel, qui est ainsi propriétaire des biens de son entreprise comme de ses biens propres. L'entrepreneur individuel s'engage personnellement dans tous les contrats nécessaires à l'activité de son entreprise. En outre, ses gains sont directement imposés dans son patrimoine, au titre de l'impôt sur le revenu.

570. La théorie de l'indivisibilité du patrimoine[1835] a néanmoins pu être dépassée et il est désormais possible d'envisager l'existence d'un patrimoine détaché de la personnalité juridique qui lui sert en principe de support[1836]. La loi

[1831] P. MALINVAUD, P. JESTAZ, P. JOURDAIN, O. TOURNAFOND, *op. cit.*, p. 7.
[1832] O. GRAF, *th. préc.*, p. 130.
[1833] *Ibid.*, pp. 122-123. M. COZIAN, A. VIANDIER, F. DEBOISSY, *Droit des sociétés*, 31ème éd., LexisNexis, 2018, p. 12.
[1834] B. DONDERO, *Droit des sociétés*, 6ème éd., Dalloz, 2019, p. 11.
[1835] N. REBOUL-MAUPIN, *Droit des biens*, 7ème éd., Dalloz, 2018, pp. 27-28.
[1836] B. MALLET-BRICOUT, « L'unité et l'indivisibilité du patrimoine à l'épreuve du droit des affaires », *Droit et Patrimoine*, n° 278, mars 2018.

du 15 juin 2010[1837] a créé à cet effet l'« EIRL » - l'entreprise individuelle à responsabilité limitée - dans laquelle l'entrepreneur « *peut affecter à son activité professionnelle un patrimoine séparé de son patrimoine personnel, sans création d'une personne morale* »[1838]. L'EIRL autorise en outre l'entrepreneur à opter pour l'impôt sur les sociétés[1839]. Grâce à la création d'un patrimoine d'affectation, spécialement dédié aux créances et aux dettes de l'entreprise, le patrimoine propre de l'entrepreneur échappe aux créanciers professionnels. Plus largement, depuis la loi dite « MACRON » du 6 août 2015[1840], tout entrepreneur individuel bénéficie de l'insaisissabilité de sa résidence principale[1841]. Cette insaisissabilité est de droit, sans qu'aucune formalité particulière soit nécessaire. Elle peut être étendue à tout bien non affecté à l'usage professionnel, par une déclaration en ce sens devant notaire, publiée par ce dernier[1842]. Malgré les alternatives ou les dérogations salutaires qui ont pu être apportées au statut de l'entrepreneur individuel, celui-ci ne peut véritablement convenir au promoteur. Il lui serait fastidieux de déclarer chacun des terrains nus ou bâtis qu'il acquiert, comme faisant partie de l'assiette du patrimoine qu'il affecte à l'exercice de sa profession. En outre, ce modèle convient essentiellement à celui qui est à la tête d'une « *entreprise de subsistance, par opposition à une entreprise de croissance, de type essentiellement capitalistique, tournée vers l'accumulation du profit* »[1843]. Le promoteur immobilier, dont l'activité est par définition économiquement risquée, habituelle et lucrative, préférera agir au moyen d'une personne morale distincte. Plus généralement, dans le domaine de la promotion immobilière comme ailleurs, la décision de créer une société résultent de plusieurs facteurs, notamment « *de l'image que l'entreprise veut donner aux tiers, de l'importance de son activité au regard de son capital social, de la composition de son capital* » et, *a fortiori* dans l'hypothèse d'un exercice collectif, « *des accords entre associés* »[1844].

571. L'opportunité de constituer une société. Dans les faits, « *assez souvent, le promoteur est non une personne physique, mais une personne morale* »[1845]. La Fédération des Promoteurs Immobiliers est plus catégorique, en considérant pour sa part que le promoteur ne peut être qu'une société[1846]. Celle-

---

[1837] Loi n° 2010-658 du 15 juin 2010 relative à l'entrepreneur individuel à responsabilité limitée.
[1838] Article L. 526-6 du Code de commerce.
[1839] T. DELESALLE, E. CRUVELIER, *Marchand de biens. Statut juridique, pratiques professionnelles*, 12ème éd., Delmas, 2019, p. 29.
[1840] Loi n° 2015-990 du 6 août 2015 pour la croissance, l'activité et l'égalité des chances économiques.
[1841] Article L. 526-1 alinéa 1er du Code de commerce.
[1842] *Ibid.*, articles L. 526-1 à L. 526-4.
[1843] M. COZIAN, A. VIANDIER, F. DEBOISSY, *op. cit.*, p. 17.
[1844] J.-M. MOYSE, *Agent immobilier. Statut juridique, achat, vente, location, gestion*, 20ème éd., Delmas, 2019, p. 25.
[1845] R. DENOYELLE, *th. préc.*, pp. 75-76.
[1846] Article 3 des statuts de la Fédération des Promoteurs Immobiliers.

ci est définie à l'article 1832 alinéa 1er du Code civil comme étant « *instituée par deux ou plusieurs personnes qui conviennent par un contrat d'affecter à une entreprise commune des biens ou leur industrie en vue de partager le bénéfice ou de profiter de l'économie qui pourra en résulter* ». La création d'une société dépend de trois éléments constitutifs : la composition d'un capital social - grâce aux apports en numéraire, en nature ou en industrie effectués par les associés - la participation aux résultats, sous la forme de gains ou d'économies, et la contribution aux pertes éventuelles - et l'*affectio societatis* qui « *recouvrirait à la fois l'égalité entre les associés et la volonté de participer à l'exploitation* »[1847]. La constitution d'une société est opportune à plusieurs égards. Il s'agit d'une technique d'organisation entrepreneuriale, facilitant les partenariats et l'exercice collectif d'une activité, en permettant de « *réunir des associés qui souhaitent exercer leur profession en commun* », selon des modalités juridiques optimisées. Il s'agit en outre d'une technique d'organisation patrimoniale, simplifiant la gestion économique de l'entreprise et sa transmission[1848]. La personnalité morale de la société, résultant de son immatriculation au registre du commerce et des sociétés, lui confère un patrimoine propre, la capacité d'exercer ses droits, ainsi qu'une responsabilité civile et pénale[1849]. En contrepartie, la constitution d'une société induit le respect de certaines règles de fonctionnement, plus ou moins exigeantes selon la forme adoptée, ainsi que la tenue d'une comptabilité distincte. Au surplus, la société possède une spécialité, déterminée par son objet social, qui est de nature à limiter son champ d'intervention.

572. L'activité de promotion immobilière est en principe indifférente à la distinction entre personne physique et personne morale, puisque l'une ou l'autre sont susceptibles de l'exercer. Bien que les fonctions de promoteur puissent théoriquement être assumées par une personne physique, l'exercice collégial de l'activité, en vue de la mutualisation des risques, et la nécessité de faire supporter la responsabilité du programme à une personne tierce, justifient le recours généralisé des professionnels de la promotion à la société, en tant qu'instrument de gestion. Pour le promoteur initiateur, cet instrument prend le plus souvent la forme d'une société par actions simplifiée (SAS).

2. Le recours du « promoteur initiateur » à la société par actions simplifiée

573. Une forme sociale privilégiée. Le choix de la structure d'exercice est le fruit de l'examen de différents critères tenant à « *la souplesse des règles gouvernant la structure envisagée* », au « *coût social et fiscal des revenus de l'activité* », ou encore au niveau de responsabilité qu'encourt l'associé en cas de

---

[1847] B. DONDERO, *op. cit.*, p. 58.
[1848] M. COZIAN, A. VIANDIER, F. DEBOISSY, *op. cit.*, pp. 12-15.
[1849] Loi n° 2004-204 du 9 mars 2004 portant adaptation de la justice aux évolutions de la criminalité.

défaillance de la société[1850]. Contrairement à la société de construction qui revêt nécessairement une forme civile - conformément à l'article L. 110-1 du Code de commerce, qui qualifie de civile l'activité consistant à édifier des bâtiments en vue de les vendre[1851] - la société de promotion est pour sa part constituée sous une forme commerciale. Or, parmi les différents modèles de sociétés commerciales susceptibles d'être utilisés par le promoteur, la société par actions simplifiée (SAS) semble avoir les faveurs de celui dont l'activité consiste à construire pour vendre. Outre la plasticité de son fonctionnement qui rappelle celle des sociétés civiles, le choix d'une société par actions présente un intérêt « *si l'activité exercée nécessite des capitaux importants ou débouche sur une exploitation commerciale que les fondateurs ne peuvent pas ou ne veulent pas isoler de l'activité civile* »[1852], ce qui est le cas de l'activité de promotion immobilière. La SAS a été créée par la loi du 3 janvier 1994[1853], avant d'être plusieurs fois remaniée pour que son régime juridique gagne en souplesse, ce qui explique le succès actuel de cette forme sociale. La loi du 12 juillet 1999[1854] a mis un terme au fait de conditionner la création de la société à un nombre minimum d'associés, en créant la société par actions simplifiée unipersonnelle (SASU). Puis la loi « LME » du 4 août 2008[1855] a supprimé l'exigence d'un capital social minimum - alors qu'un montant de 37 000 euros était exigé auparavant - et a autorisé les apports en industrie. En outre, sous certains seuils, la désignation d'un commissaire aux comptes n'est plus obligatoire[1856]. Contrairement à d'autres sociétés commerciales, la SAS ne peut en principe offrir ses titres au public pour faire un appel public à l'épargne, ou être cotée sur un marché réglementé. Or, depuis l'ordonnance du 30 mai 2014[1857], les TPE et PME sous la forme de SAS peuvent accéder à l'appel public à l'épargne et recevoir les fonds de particuliers depuis des plateformes internet, ce qui s'apparente à du *crowdfunding immobilier*[1858]. Par ailleurs, comme la société anonyme (SA), la SAS constitue une société à risque limité, ce qui signifie que les associés prennent le risque de ne jamais récupérer leurs apports, sans engager néanmoins leur patrimoine propre au-delà (sauf exceptions).

1850 J.-M. MOYSE, *op. cit.*, p. 24.

1851 Cf. *Infra*, § 641.

1852 B. GOUTHIÈRE, J.-P. REGOLI, V. JULIENNE, M. SUQUET-COZIC, « Généralités », *Mémento Sociétés civiles*, Francis Lefebvre, 2019, p. 32.

1853 Loi n° 94-1 du 3 janvier 1994 instituant la société par actions simplifiée.

1854 Loi n° 99-587 du 12 juillet 1999 sur l'innovation et la recherche.

1855 Loi n° 2008-776 du 4 août 2008 de modernisation de l'économie.

1856 J. BONNARD, *Droit des sociétés*, 13ème éd., Hachette, 2016, p. 118.

1857 Ordonnance n° 2014-559 du 30 mai 2014 relative au financement participatif.

1858 V. à ce titre : « Les bonnes pratiques du crowdfunding immobilier », communiqué FPI, *JCP N* n° 4, 27 janvier 2017, p. 17. G. DURAND-PASQUIER, « Précautions à prendre pour l'usage du crowdfunding immobilier », *Constr.-Urb.* n° 3, mars 2017, alerte 18.

574. La souplesse du fonctionnement de la société par actions simplifiée. Bien qu'elle soit classée parmi les sociétés de capitaux, la SAS s'impose comme un modèle hybride, qui emprunte certains aspects aux sociétés de personnes. Elle possède un fort *intuitu personae*, grâce auquel elle peut librement organiser son fonctionnement[1859], contrairement à la SA qui repose sur un système plus complexe et plus figé. Cette dominante contractuelle de la SAS est notamment consacrée à l'article L. 227-5 du Code de commerce, qui dispose que « *les statuts fixent les conditions dans lesquelles la société est dirigée* ». La SAS constitue à ce titre « *l'instrument du ''sur-mesure'' en permettant de répondre au mieux au cahier des charges parfois original qu'élaborent son ou ses fondateurs lorsqu'ils s'attachent à la définition de leur projet* »[1860]. Cela étant, le régime légal applicable à la SAS « *traduit la prééminence de la liberté contractuelle instaurée dans tous les domaines, qu'il s'agisse de la direction de la SAS, de la situation des associés, de l'adoption des décisions collectives ou des modalités de financement de cette société* »[1861].

575. La SAS partage plusieurs points communs avec la SA dont, entre autres, les mêmes formalités de constitution et d'immatriculation[1862]. S'agissant de ses règles de fonctionnement et notamment de gouvernance, la loi exige uniquement la nomination d'un président à la tête de la société. Il peut être une personne physique ou morale (cette dernière étant alors représentée par son propre représentant légal), ce que ne permettent pas d'autres sociétés de capitaux, comme la société à responsabilité limitée (SARL) ou la SA[1863]. Le président dépend du régime social des salariés et non de celui des travailleurs non-salariés, comme c'est le cas d'autres dirigeants, à l'instar du gérant majoritaire de la SARL[1864]. Pour le reste, son mode de désignation et ses prérogatives sont entièrement déterminés par les statuts[1865], qui se chargent ainsi de fixer les conditions de sa désignation, la durée de son mandat, la possibilité de le cumuler avec d'autres mandats ou avec un contrat de travail, le montant et les modalités de sa rémunération, les causes et les modalités de sa révocation, *etc.* Les statuts peuvent même ajouter d'autres organes, unipersonnels ou

---

[1859] Cass. Com, 25 janvier 2017, n° 14-28792 : « *Seuls les statuts de la société par actions simplifiée fixent les conditions dans lesquelles la société est dirigée* ».

[1860] E. MASSET, « Une société sur mesure : illustrations pratiques » *in* P.-H. CONAC, I. URBAIN-PARLÉANI (dir.), *La société par actions simplifiée (SAS). Bilan et perspectives*, Dalloz, 2016, pp. 49-50. V. également : P. LECANNU, « Un cadre légal minimal », *op. cit.*, pp. 61-73 ; H. LE NABASQUE, « La flexibilité contractuelle dans la SAS », *op. cit.*, pp. 75-89.

[1861] M.-H. MONSÈRIÉ-BON, L. GROSCLAUDE, *Droit des sociétés et des groupements*, 3ème éd., LGDJ, 2016, p. 357.

[1862] Article L. 227-1 alinéa 3 du Code de commerce. V. P. BILLION, O. CHORON, *SARL, SAS et SA en 50 questions pratiques. Aspects juridique, fiscal, social. Conseils pratiques*, 3ème éd., LexisNexis Litec, 2015.

[1863] J.-M. MOYSE, *op. cit.*, p. 35.

[1864] J. BONNARD, *op. cit.*, p. 119.

[1865] Article L. 227-5 du Code de commerce.

collégiaux, chargés de gérer la société, comme un conseil de surveillance ou d'administration[1866]. Le président « *est investi des pouvoirs les plus étendus pour agir en toute circonstance au nom de la société dans la limite de l'objet social* »[1867]. Il engage la société à l'égard des tiers, y compris pour les actes dépassant l'objet social. La société ne peut se prévaloir des clauses statutaires adoptées en vue d'encadrer les pouvoirs du dirigeant[1868], sauf à ce qu'elle arrive à prouver que le tiers avait conscience du dépassement de l'objet social[1869].

576. S'agissant des associés, ils profitent du bénéfice distribuable, sous la forme de dividendes, ainsi que du *boni* de liquidation, lors de la dissolution de la société. Bien que l'article 1844-1 du Code civil prévoie à titre supplétif que « *la part de chaque associé dans les bénéfices et sa contribution aux pertes se déterminent à proportion de sa part dans le capital social* », les statuts de la SAS peuvent stipuler une clef de répartition différente, dans la limite toutefois d'une clause léonine. Dans la même perspective, le droit de vote peut être décorrélé de la participation au capital, selon ce que les statuts envisagent. Le droit à l'information dont disposent les associés est moins encadré dans la SAS que dans la SA. Ces derniers doivent à tout le moins pouvoir être destinataires du rapport de gestion, des comptes annuels, des conventions réglementées conclues entre la société et l'un de ses membres et, plus généralement, de tous les éléments nécessaires aux délibérations sur les questions portées à l'ordre du jour des assemblées générales[1870]. Les décisions collectives sont adoptées dans les conditions prévues aux statuts (majorité, quorum, *etc.*), sous réserve de certaines exceptions prévues par la loi[1871]. « *Rien ne s'oppose également à ce que les statuts attribuent un droit de veto ou d'ajournement au profit d'un ou plusieurs associés* »[1872]. Du reste, les statuts peuvent prévoir une clause d'inaliénabilité des actions pour une durée inférieure à dix ans, qui serait justifiée par l'intérêt social, ou bien « *soumettre toute cession d'actions à l'agrément préalable de la société* », sous peine de nullité de la cession[1873]. Enfin, les statuts peuvent contenir une clause d'exclusion, comme le tolère l'article L. 227-16 alinéa 1er du Code de commerce, qui prévoit « *qu'un associé peut être tenu de céder ses actions* ». Ces mesures sont toutes des manifestations concrètes de l'*intuitu personae* qui caractérise la SAS.

[1866] J.-M. MOULIN, *Droit des sociétés et des groupes*, Gualino, 2013, p. 397. Article L. 227-6 alinéa 3 du Code de commerce.
[1867] *Ibid.*, article L. 227-6 alinéa 1er.
[1868] *Ibid.*, article L. 227-6 alinéa 4.
[1869] *Ibid.*, article L. 227-6 alinéa 2.
[1870] J.-M. MOULIN, *op. cit.*, pp. 400-401.
[1871] Article L. 227-9 du Code de commerce.
[1872] H. AZARIAN, « Synthèse – Société par actions simplifiée », *JCl. Commercial*, LexisNexis, 2019, p. 3.
[1873] Article L. 227-14 du Code de commerce.

577. Ainsi, lorsque le promoteur initiateur constitue une société de promotion, celle-ci prend généralement les traits de la société par actions simplifiée, qui présente une grande souplesse de gestion. Tandis que la société de promotion peut revêtir une forme commerciale, les sociétés de construction auxquelles elle donne naissance sont des sociétés de nature civile et de forme spéciale.

B) La constitution par le « promoteur initiateur » d'une société de construction par opération

578. L'opération de promotion est réalisable « *par la société de promotion elle-même ou par une structure juridique* ad hoc, *généralement une société civile immobilière, société support du projet qui en définit le cadre et en cloisonne les risques, qui est le maître d'ouvrage de chaque programme immobilier* »[1874]. Cette société, dite « de construction » diffère de la société dite « de promotion » (qui l'a le plus souvent fondée), par son objet social, réduit dans les faits à un seul programme. Cette société intermédiaire prend la forme d'une société civile de construction-vente (SCCV), que le législateur est venu encadrer par des dispositions particulières (1). Le recours à cette société présente plusieurs avantages pour le promoteur, dont celui de faire participer au capital social les investisseurs tiers à la société de promotion, qui apporteront leur concours financier à l'opération (2).

1. Le recours à la société civile de construction-vente

579. La constitution d'une société propre à chaque opération. Le promoteur, personne physique ou morale, a la possibilité de conclure en son nom propre l'ensemble des contrats nécessaires à l'opération. Néanmoins, il est d'usage pour le promoteur initiateur de constituer, pour chaque programme immobilier, une nouvelle « *société interposée* », « *permettant le financement de l'opération, la commercialisation des locaux et, s'il y a lieu, la distribution des bénéfices* »[1875]. C'est à la société « de construction » qu'il appartient le cas échéant de signer les marchés de travaux, de souscrire les prêts, les assurances, *etc*. En effet, « *les nécessités d'une saine gestion imposent de former une société par opération de promotion immobilière. Le promoteur est donc amené à constituer des sociétés en série* »[1876], distinctes de la société de promotion, qui assumeront, en ses lieu et place, la maîtrise d'ouvrage de chaque projet. Contrairement à la société de promotion qui est, en quelque sorte, « permanente » - en ce qu'elle a vocation à perdurer tant que dure l'exercice de

---

[1874] A. FRANCOIS-CUXAC, *L'immobilier au cœur. Plaidoyer pour une nouvelle donne dans la politique du logement en France*, FPI, 2017, p. 14.

[1875] « Intervention du promoteur pour le compte d'une société interposée », *Dictionnaire Permanent Construction et Urbanisme*, Editions Législatives, actualisé le 25 juin 2014, § 14, p. 3562.

[1876] R. DENOYELLE, *th. préc.*, p. 143.

l'activité - la société de construction est par nature éphémère ; elle se maintient le temps de la réalisation d'une opération déterminée. A l'inverse des autres sociétés dont l'objet social porte sur une activité continue ou renouvelable, susceptible de perdurer jusqu'à 99 ans[1877], la société de construction voit son objet social limité à une finalité clairement identifiée et réalisable dans un certain laps de temps. « *Une société de construction n'est normalement qu'un organisme à la vie brève. On a pu écrire que ses membres ne se réunissaient que pour mieux se séparer* »[1878]. Or, parmi les causes de dissolution de plein droit citées à l'article 1844-7 du Code civil, figure la réalisation ou l'extinction de l'objet social. La dissolution de la société de construction devrait donc intervenir lorsque l'opération est achevée et livrée, car cet évènement marque l'épuisement de son objet social. Toutefois, afin de tenir compte des garanties légales qui pèsent sur la société de construction, en qualité de promoteur vendeur, la société doit pouvoir faire face aux actions éventuellement dirigées contre elle dans les dix ans qui suivent la réception. Force est d'admettre néanmoins que la mobilisation de la garantie décennale n'est pas, à elle seule, un obstacle à la dissolution de la société, puisque cette dernière est assurée à ce titre. Au besoin, seul l'assureur en responsabilité décennale de la société de construction sera appelé en cause par les accédants victimes.

580. Le champ d'application de la société civile de construction-vente. La société de promotion revêt une forme civile ou commerciale traditionnelle, tandis que la société de construction fait l'objet d'un statut juridique qui lui est propre[1879], adopté à l'occasion de la loi du 23 décembre 1964[1880]. En sus des règles de droit commun qui s'appliquent à elle, la société civile de construction-vente (SCCV) est régie par un faible nombre de dispositions légales et réglementaires, figurant aux articles L. 211-1 à 4 et R. 211-1 à 6 du Code de la construction et de l'habitation, d'application impérative. Le régime de la SCCV ne comporte pas de mesure protectrice des associés et conserve ainsi une certaine souplesse, adaptée à leur profil d'investisseur et non de candidat à la propriété, comme c'est le cas dans les sociétés de construction-attribution ou de coopérative. Les modalités de fonctionnement de la SCCV sont ainsi librement déterminées par les associés, conformément à la dominante « contractuelle » qui caractérise les sociétés « de personnes », dont la SCCV fait partie. L'article L. 211-1 du Code de la construction et de l'habitation la définit comme la société civile « *dont l'objet est de construire un ou plusieurs immeubles en vue de leur vente en totalité ou par fractions* ». La SCCV doit en premier lieu être créée pour « *construire* » : cette exigence fonde la nature civile de la société. En effet, l'article L. 110-1 du Code de commerce dispose que « *la loi répute actes de commerce : 2° Tout achat de biens immeubles aux fins de les revendre, à moins que l'acquéreur n'ait agi en vue d'édifier un ou plusieurs bâtiments et de*

1877 Article 1838 du Code civil.

1878 R. DENOYELLE, *th. préc.*, p. 142.

1879 P. MALINVAUD, P. JESTAZ, P. JOURDAIN, O. TOURNAFOND, *op. cit.*, p. 36.

1880 Loi n° 64-1278 du 23 décembre 1964 – loi de finances rectificative pour 1964.

les vendre en bloc ou par locaux », ce qui est le cas de la SCCV. Partant, elle ne peut jamais être une société commerciale, ni par sa nature[1881] ni par son objet. A travers elle, le promoteur doit ainsi se borner à une stricte activité de construction, ce qui l'empêche par exemple d'équiper les lots qu'il édifie. Face à la rigueur du principe, l'administration fiscale tolère néanmoins le maintien du statut spécial de la SCCV si les équipements constituent un complément nécessaire[1882]. En revanche, la vente de meubles meublants et d'équipements décoratifs est incompatible avec le statut de la SCCV.

581. Par ailleurs, puisque la SCCV a pour objet de « construire », « *la seule opération de rénovation ne rentre pas dans son objet* »[1883], sauf à ce qu'elle s'apparente à une reconstruction, assimilée à une construction neuve[1884]. En ce sens, « *l'objet de la société peut tout aussi bien être la construction d'immeubles neufs que la réhabilitation lourde assimilée à une reconstruction* »[1885]. En dehors de cette exception, les travaux de rénovation, de transformation, mais également de lotissement « *ne constituent en aucun cas l'édification de bâtiments mentionnée par l'article 632 du code de commerce faisant exception de façon à accorder au promoteur constructeur un statut civil* »[1886]. Enfin, bien que la SCCV soit tenue de « construire », son statut civil peut être conservé dans l'hypothèse d'une revente de terrain sans prestation de construction, dès lors que cet acte reste isolé et que les associés n'exercent pas eux-mêmes une activité immobilière à caractère industriel ou commercial[1887]. La SCCV peut également sauvegarder son statut dans d'autres hypothèses, comme l'a démontré la jurisprudence : si la revente du terrain non construit est imposée au terme d'une procédure judiciaire, si elle fait suite à une impossibilité de réaliser le projet en raison d'un évènement indépendant de la volonté de la société, si elle est

---

[1881] Le fait pour le gérant, par exemple la société de promotion, d'être une société commerciale, est sans incidence sur la nature civile de la société (CA. VERSAILLES, 15 octobre 2009, *RDI* 2010. 388, obs. F. MAGNIN).

[1882] Il en va ainsi des immeubles par destination, des éléments incorporés tels que la climatisation ou les câblages. Pour les éléments ménagers raccordés, leur coût ne doit pas dépasser 4% du prix de revient, dans la limite de 2 440 euros par logement, et doivent être revendus au prix de revient.

[1883] J.-L. BERGEL (dir.), « L'obligation de construire », *Lamy Droit Immobilier*, actualisé en juin 2019, § 2671.

[1884] Cf. *Infra*, § 632-633.

[1885] E. KORNPROBST, « Sociétés de personnes : régime fiscal », *Répertoire des sociétés*, Dalloz, septembre 2012 (actualisé en janvier 2017), § 278. CE, 12 mars 2007, n° 263850, *Dr. Fisc.* 2007, n° 30-35, comm. 782.

[1886] M. BARRÉ, « Sociétés de construction en vue de la vente », *Répertoire des sociétés*, Dalloz, janvier 1993 (actualisé en octobre 2013), § 24. Il en résulte qu'une société civile ne peut utiliser la vente d'immeuble à rénover ; de même, la simple revente d'un bien après restauration ne peut correspondre à l'objet social d'une SCCV, mais tout au plus à celui d'une société commerciale.

[1887] J.-L. BERGEL (dir.), « L'objet particulier de la société de construction-vente doit être respecté », *Lamy Droit Immobilier*, actualisé en juin 2019, § 2676.

prescrite par une contrainte d'urbanisme[1888], si elle profite à une collectivité territoriale, ou encore si cette revente porte sur une petite fraction de terrain cédée à un voisin en contrepartie de l'abandon d'une servitude de passage[1889].

582. En deuxième lieu, la SCCV doit construire « *un ou plusieurs immeubles* », entendus comme faisant partie d'un même programme. A la manière de la coopérative de construction[1890], la SCCV n'a pas été pensée pour perdurer en vue de servir de cadre statutaire à plusieurs programmes successifs, même si la loi est silencieuse sur ce point. Pour le reste, cette disposition légale est entendue largement. Le fait de devoir construire « *un ou plusieurs immeubles* » n'empêche pas la SCCV de construire, à titre connexe, des ouvrages autres que des bâtiments. De même, les immeubles construits peuvent être collectifs ou individuels et remplir toutes destinations[1891]. En troisième lieu, la SCCV doit être créée pour construire un ou plusieurs immeubles « *en vue de leur vente* », sans pouvoir « *être attribués, en tout ou en partie, en jouissance ou en propriété, aux associés* »[1892]. Cette règle déroge à l'article 1844-9 alinéa 3 du Code civil qui prévoit que « *les associés peuvent valablement décider, soit dans les statuts, soit par une décision ou un acte distinct, que certains biens seront attribués à certains associés* ». L'interdiction qui prévaut pour les SCCV n'empêche pas pour autant les associés de devenir acquéreurs des lots, à condition d'en verser le prix à la société. La vente aux tiers des biens à construire peut emprunter différentes formes contractuelles ; en l'absence de précision dans la loi, une commercialisation en l'état futur d'achèvement ou « clefs en mains » est envisageable. Qu'en est-il du recours à des contrats autres que la vente ? *A priori*, d'autres alternatives sont possibles si le contrat est de nature civile, en accord avec la forme sociale de la SCCV. En revanche, les locations de nature commerciale soumettent automatiquement la SCCV à l'impôt sur les sociétés[1893], sauf dans certains cas particuliers, notamment lorsque la location est conclue à titre précaire dans l'attente de la vente, car elle possède alors un caractère accessoire et temporaire au regard de l'objet social[1894]. Cette tolérance est « *opportune du point de vue économique dans la*

[1888] E. KORNPROBST, « Sociétés de personnes : régime fiscal », *Répertoire des sociétés*, Dalloz, septembre 2012 (actualisé en janvier 2017), § 280.

[1889] F. MAGNIN, « Sociétés civiles de vente : constitution » *in* P. MALINVAUD (dir.), *Droit de la construction*, 7ème éd., Dalloz, 2018, § 501.231.

[1890] Article L. 213-2 du CCH.

[1891] P. MALINVAUD, P. JESTAZ, P. JOURDAIN, O. TOURNAFOND, *op. cit.*, pp. 299-302.

[1892] Article L. 211-1 alinéa 2 du CCH.

[1893] E. KORNPROBST, « Sociétés de personnes : régime fiscal », *Répertoire des sociétés*, Dalloz, septembre 2012 (actualisé en janvier 2017), § 282.

[1894] J. SCHMIDT, « Régime fiscal applicable à une société civile de construction-vente louant des locaux dans l'attente de leur vente », *RDI*, 1995, p. 625.

mesure où elle permet une diversification limitée, mais réelle, des activités en période de ralentissement du marché de l'immobilier »[1895].

583. L'avantage de la « transparence fiscale ». La SCCV profite de la même neutralité fiscale que les sociétés de construction-attribution. En principe, l'article 206 alinéa 5 du Code général des impôts dispose que les sociétés civiles sont soumises à l'impôt sur les sociétés « *si elles se livrent à une exploitation ou à des opérations visées aux articles 34 et 35* » dudit Code. Selon l'article 35, sont considérés comme « *bénéfices industriels et commerciaux, pour l'application de l'impôt sur le revenu, les bénéfices réalisés par les personnes physiques (…) qui, à titre habituel, achètent des biens immeubles, en vue d'édifier un ou plusieurs bâtiments et de les vendre, en bloc ou par locaux* ». Or, l'article 239 *ter* alinéa 1er du Code général des impôts instaure un régime de transparence fiscale au profit des SCCV, en prévoyant que « *les dispositions du 2 de l'article 206 ne sont pas applicables aux sociétés civiles créées après l'entrée en vigueur de la loi n° 64-1278 du 23 décembre 1964 et qui ont pour objet la construction d'immeubles en vue de la vente, à la condition que ces sociétés ne soient pas constituées sous la forme de sociétés par actions ou à responsabilité limitée et que leurs statuts prévoient la responsabilité indéfinie des associés en ce qui concerne le passif social* ». En conséquence, les SCCV ne sont pas imposées à l'impôt sur les sociétés. Leurs résultats sont indirectement taxés dans le patrimoine des associés, selon le régime fiscal propre à chacun d'eux, et non directement auprès de la société. Partant, « *un associé peut compenser entre ses mains les déficits ou bénéfices générés par la SCCV avec les revenus de même nature qu'il engrange* »[1896].

584. Les contraintes de la société civile de construction-vente. Alors qu'auparavant, la responsabilité des associés de la SCCV était retenue par parts viriles, conformément au droit commun des sociétés, depuis la loi du 16 juillet 1971[1897], la responsabilité des associés est engagée à proportion de leurs droits sociaux[1898], ce qui constitue aujourd'hui la règle applicable par défaut[1899]. Les associés garantissent le paiement des dettes sociales conjointement. La solidarité, qui prévalait antérieurement, a été supprimée par la loi du 28 mars 2011[1900]. Les associés peuvent donc opposer aux créanciers sociaux les bénéfices de discussion et de division, comme le prévoit aussi l'article 1858 du

---

1895 J.-P. MAUBLANC, « Sociétés civiles de construction-vente : pas de déchéance fiscale lorsque l'activité se réduit à des locations civiles », *AJDI*, 2013, p. 536.

1896 Fasc. 6110 « Construction. – Sociétés civiles de construction-vente », *JCl. Roulois*, Lexis Nexis, 29 novembre 2017, § 3.

1897 Loi n° 71-579 du 16 juillet 1971 relative à diverses opérations de construction.

1898 Article L. 211-2 alinéa 1er du CCH. Cass. Civ. 3ème, 1er décembre 1981, n° 80-12539, *Bull. civ.* III, n° 195.

1899 Article 1857 alinéa 1er du Code civil.

1900 Loi n° 2011-331 du 28 mars 2011 de modernisation des professions judiciaires ou juridiques et certaines professions réglementées.

Code civil. Toutefois, les associés de la SCCV garantissent le paiement des dettes sociales selon un engagement « indéfini », c'est-à-dire non plafonné, conformément à l'article 1857 du Code civil. De surcroît, la jurisprudence impose au cédant de parts sociales d'une SCCV de répondre de toutes les dettes nées avant la cession, et non uniquement de celles qui étaient d'ores et déjà exigibles. Le juge se montre en effet très protecteur des créanciers sociaux dont les dettes sont nées à l'occasion de la réalisation du programme immobilier[1901].

585. Enfin, l'article L. 211-3 du Code de la construction et de l'habitation dispose que « *les associés sont tenus de satisfaire aux appels de fonds nécessaires à l'accomplissement de l'objet social* [proportionnellement à leurs droits sociaux], *pour autant que ces appels de fonds sont indispensables à l'exécution de contrats de vente à terme ou en l'état futur d'achèvement déjà conclus ou à l'achèvement de programmes dont la réalisation, déjà commencée, n'est pas susceptible de division*[1902] ». En effet, la SCCV a pour autre particularité d'admettre des appels de fonds supplémentaires dans le but d'achever la construction et, plus généralement, de réaliser l'objet social. A défaut de répondre à ces appels de fonds, l'article L. 211-3 alinéa 2 précise que les droits de l'associé sont, un mois après mise en demeure restée infructueuse, mis en vente publique à la requête des représentants de la société, au terme d'une décision d'assemblée générale fixant la mise à prix. Toutefois, jusqu'à la vente des parts de l'associé défaillant, les autres associés sont tenus de répondre aux appels de fonds qui lui incombent, en ses lieu et place, au prorata de leurs droits sociaux.

586. L'alternative de la société en nom collectif. Le promoteur initiateur peut préférer à la société de construction-vente la société en nom collectif (SNC), dont la nature commerciale offre au promoteur un champ d'intervention beaucoup plus large, tout en faisant bénéficier les associés de la même transparence fiscale que la SCCV[1903]. En outre, la SCCV fait l'objet de dispositions impératives, qui ne sont pas applicables à la SNC. A titre d'exemple, l'obligation pour les associés de répondre aux appels de fonds complémentaires de la gérance pour la réalisation de l'objet social n'est pas transposable à la SNC, sauf si, dans un souci de sécurité, cette disposition a été conventionnellement intégrée dans les statuts. Toutefois, à la différence de la SCCV, la responsabilité des associés de la SNC au titre du passif social est non seulement indéfinie mais aussi solidaire, en vertu de l'article L. 221-1 du Code

---

1901 Cass. Civ. 3ème, 12 décembre 1990, n° 88-14611, inédit. J.-L. BERGEL (dir.), *Les grands arrêts du droit immobilier*, Dalloz, 2002, pp. 209-214.

1902 Article R. 211-2 du CCH.

1903 Article 28 de la loi du 23 décembre 1964, repris à l'alinéa 2 de l'article 239 *ter* précité du Code général des impôts.

de commerce, sans que les statuts de la société ne puissent y déroger[1904]. C'est la raison pour laquelle les investisseurs sont peu enclins à participer au capital d'une SNC, en dépit des avantages fiscaux de cette forme sociale.

587. Ainsi, le promoteur initiateur ne se sert pas que de sa société de promotion pour la gestion de ses affaires courantes : il crée habituellement une société civile de construction-vente pour chacune de ses opérations. Au-delà du bénéfice de la transparence fiscale, le régime spécial que la loi assigne à cette structure implique certaines contraintes, telles que la responsabilité indéfinie au titre des dettes sociales ou la nécessité de répondre aux appels de fonds supplémentaires pour la réalisation de l'objet social. Il n'en reste pas moins que le promoteur tire plusieurs avantages du montage statutaire consistant à superposer une société de promotion et une société de construction.

2. Les avantages de la superposition des sociétés de promotion et de construction

588. La composition d'un « tour de table »[1905] sur mesure. La société de promotion regroupe des associés qui exercent l'activité à titre habituel, ce qui n'est pas le cas de la société interposée, qui peut être ouverte à d'autres promoteurs (dans l'hypothèse d'une co-promotion) ou à des investisseurs[1906]. En prenant part au capital de la société, ces derniers financent le projet et concourent aux bénéfices, sans assumer la fonction de maître d'ouvrage[1907]. Celle-ci est conservée par la société de promotion à travers la gérance de la SCCV (qu'elle peut aussi exercer en cogérance, dans l'hypothèse d'une co-promotion). Les investisseurs peuvent réaliser des apports en numéraire, prenant la forme de versements de sommes d'argent. Ces liquidités viennent augmenter les fonds propres de la société de construction, qui sont eux-mêmes complétés par les fonds prêtés par les établissements de crédit, puis par les fonds versés par les acquéreurs en cours de chantier. Les apports peuvent également avoir lieu en nature. C'est notamment le cas lorsqu'un investisseur concède à la société des droits réels sur le terrain à construire. Les apports peuvent enfin intervenir en

---

[1904] F. MAGNIN, « Une société de construction-vente soumise aux dispositions des articles L. 211-1 s. CCH est de nature civile, nonobstant le fait que sa gérance soit assurée par une société commerciale », *RDI*, 2010, p. 388.

[1905] B. AVRIL, B. ROTH, *op. cit.*, p. 70 : le tour de table désigne « *la réunion de différents partenaires financiers qui se répartissent le capital d'une société, dont ils deviennent ainsi actionnaires* ».

[1906] P. MALINVAUD, P. JESTAZ, P. JOURDAIN, O. TOURNAFOND, *op. cit.*, p. 36.

[1907] S. DWERNICKI, E. MARTIN- IMPÉRATORI, Fasc. 200-50 « Contrat de maîtrise d'ouvrage déléguée de droit privé », *JCl. Construction-Urbanisme*, LexisNexis, 27 juin 2014, § 1 : « *La financiarisation massive de l'immobilier a donné naissance à des produits immobiliers innovants à forte rentabilité, attirant sur le marché de nouveaux types de maîtres d'ouvrage, au profil purement financier, cherchant à maximiser la création de valeur par le biais de montages juridiques complexes mais n'ayant pas toujours les compétences pour gérer seuls leur patrimoine immobilier* ».

industrie, lorsque l'associé fait profiter la société de ses services ou de ses compétences, quoique ce dernier type d'apport ne puisse concourir à la formation du capital social mais seulement donner lieu à l'attribution de parts. En outre, « *l'associé qui s'est obligé à apporter son industrie à la société lui doit compte de tous les gains qu'il a réalisés par l'activité faisant l'objet de son apport* »[1908] et sa part « *est égale à celle de l'associé qui a le moins apporté* », sauf clause contraire[1909]. Il en ressort que « *le promoteur désireux d'obtenir la rémunération de son activité a donc intérêt à conclure un contrat de travail avec la société plutôt que de la faire prendre en compte au titre de cette forme d'apport* »[1910], en s'associant à la SCCV nouvellement constituée. En contrepartie des apports réalisés, les produits des ventes sont distribués aux associés, à proportion des droits sociaux de chacun[1911]. A ce titre, la transparence fiscale qui caractérise la SCCV est un élément attractif pour les investisseurs, en ce qu'elle permet de faire remonter les bénéfices ou les déficits de l'opération sur leurs propres résultats.

589. L'optimisation des gains. Lorsque la société de promotion constitue une société de construction, la première est le plus souvent la gérante de la seconde. La SCCV ne dispose ni de locaux ni d'un personnel qui lui sont exclusivement rattachés. La société de promotion met donc à sa disposition tous les moyens humains et matériels nécessaires à l'accomplissement de son objet social, en contrepartie d'honoraires négociés dans le cadre d'une « convention de gestion ». Ainsi, la société de promotion est rémunérée « *pour administrer et gérer l'activité de la société maître d'ouvrage* »[1912]. En tant que « *donneur d'ordre* », elle « *met en place une équipe opérationnelle ayant comme objectif la réalisation du contrat dans le respect des conditions contractuelles (techniques, coûts et délais)* »[1913]. Cette « équipe projet » est précisément dirigée par un « responsable de programme » issu de la société de promotion. Au sein de cette dernière, sont également mobilisés les « services supports » : « *il peut s'agir du contrôle des coûts, des ressources humaines, des juristes et d'autres qui ont également dans la société des tâches générales et de consolidation vis-à-vis d'une direction opérationnelle* »[1914]. Cela étant, la société de construction doit déduire les honoraires de gestion qu'elle verse à ses associés « actifs »[1915] de la marge bénéficiaire qu'elle pourra tirer de l'opération ; ils sont pour elle des

---

1908 Article 1843-3 alinéa 6 du Code civil.

1909 *Ibid.*, article 1844-1 alinéa 1er.

1910 F. MAGNIN, « Sociétés civiles de vente : constitution » *in* P. MALINVAUD (dir.), *Droit de la construction*, 7ème éd., Dalloz, 2018, § 501.61.

1911 P. MALINVAUD, P. JESTAZ, P. JOURDAIN, O. TOURNAFOND, *op. cit.*, p. 8.

1912 B. AVRIL, B. ROTH, *op. cit.*, pp. 52-53.

1913 G. PINCHERA, *Passation et gestion des marchés privés de travaux. Guide pratique*, Eyrolles, 2017, p. 71.

1914 *Ibid.*, p. 72.

1915 Ces derniers se distinguent de ceux que l'on désigne comme des « *sleeping partners* ».

charges d'exploitation. En sus des honoraires de gestion, la société de promotion perçoit quant à elle une partie de la marge réalisée par la société de construction à laquelle elle est associée, sous la forme de dividendes, ce qui lui permet de cumuler les revenus. Les honoraires de gestion représentent environ 4 à 5% du chiffre d'affaires dégagé par l'opération, quand la marge bénéficiaire peut atteindre le double[1916]. Grâce à la superposition de la société de promotion et de la société de construction, la première peut facturer ses prestations à la seconde, ce qu'elle n'aurait pas pu faire si elle avait directement construit sous l'égide de sa propre société.

590. L'optimisation fiscale. Force est d'observer « *l'importance particulière que revêt, en matière de sociétés de construction, l'étude des règles fiscales qui commandent bien souvent le choix des fondateurs de sociétés* »[1917]. La société de construction est fiscalement translucide : « *le principe de transparence fiscale permet que les déficits de la fille remontent au niveau de la mère ; l'on parle à ce sujet de consolidation sauvage* »[1918]. En effet, les profits réalisés par la société de construction, qui sont distribués aux associés, sont taxés selon la fiscalité qui leur est propre[1919].

591. La sécurité de la centralisation financière. La limitation de l'objet de la société à un programme précisément identifié permet l'individualisation comptable et financière des dépenses engagées dans le cadre de l'opération[1920]. L'existence d'un compte réservé au programme, dans lequel figurent au crédit, les versements effectués par les acquéreurs, les fonds investis par le compte courant des associés de la SCCV, le montant des prêts souscrits par cette dernière, et au débit, les intérêts de l'emprunt ainsi que tous les paiements induits par l'exécution des différents marchés, est un gage de sécurité pour les accédants[1921]. De la sorte, le promoteur ne tombera pas sous le coup de l'article L. 263-2 du Code de la construction et de l'habitation, qui sanctionne les détournements de fonds, en matière de vente d'immeuble à construire. Christophe SIZAIRE a pu dénoncer, à ce titre, les risques de détournement susceptibles de résulter des flux financiers entre sociétés de promotion et de

---

[1916] B. AVRIL, B. ROTH, *op. cit.*, pp. 199-201 : ces deux ressources diffèrent à plusieurs égards. Les honoraires de gestion rétribuent un service, tandis que la marge dédommage le promoteur des risques qu'il a accepté de prendre. Les honoraires sont dus de manière certaine au fur et à mesure de l'opération, conformément à la convention de gestion, tandis que la marge n'existe que si, *in fine*, les recettes sont supérieures aux dépenses, conformément à l'état de la trésorerie.

[1917] F. LEMEUNIER, *Tous les problèmes juridiques des sociétés de construction : la promotion immobilière*, 3ème éd., J. Delmas, 1983, p. 11.

[1918] J.-M. MOULIN, *op. cit.*, p. 563.

[1919] P. MALINVAUD, P. JESTAZ, P. JOURDAIN, O. TOURNAFOND, *op. cit.*, pp. 303-304.

[1920] B. AVRIL, B. ROTH, *op. cit.*, p. 52.

[1921] M. DAGOT, « La centralisation financière du programme de construction vendu en l'état futur d'achèvement », *JCP N*, 1982, I, p. 1.

construction, en dehors de l'hypothèse d'un véritable groupe de sociétés dont les comptes sont consolidés[1922]. C'est pourquoi, en pratique, les établissements bancaires subordonnent les crédits qu'ils consentent aux promoteurs à l'ouverture d'un compte exclusivement dédié à l'opération[1923].

592. Une administration statutaire simplifiée. Certes, le promoteur doit non seulement « *gérer sa propre entreprise mais également la ou les multiples sociétés civiles immobilières qu'il a constituées pour la réalisation de son ou de ses programmes immobiliers* »[1924]. Néanmoins, la constitution d'une société propre à l'opération de construction facilite la gestion de cette dernière, sur les plans administratif, juridique et financier : la société a la capacité de conclure tous les actes nécessaires au programme qui rentrent dans son objet social, lequel est défini sur mesure au regard des besoins à satisfaire. De même, les clauses des statuts sont adaptées aux spécificités de l'entreprise et les rapports entre associés sont organisés en conséquence.

593. Ainsi, il est opportun pour la société de promotion d'associer à chaque nouveau programme immobilier une société de construction qui lui est spécialement dédiée. Lorsque la SCCV ne trouve pas à s'appliquer, la société de promotion fera le plus souvent le choix de la SNC. Cette superposition de sociétés, caractéristique de la promotion-vente, conduit à s'interroger sur la manière dont la qualité de promoteur est attribuée au sein du montage.

II. L'attribution de la qualité de promoteur au sein du groupe de sociétés

594. Bien que la société de construction assume en principe la fonction de maître d'ouvrage de l'opération, elle n'est pas nécessairement et automatiquement identifiée en tant que promoteur. Le juge étend au-delà son travail de reconnaissance, en dévoilant l'ensemble des acteurs qui ont concrètement œuvré à la maîtrise d'ouvrage du projet. L'attribution de la qualité de promoteur parmi les sociétés du groupe répond à des critères variables (A). Si le promoteur peut désigner une société au sein du montage, il peut également renvoyer à une personne physique au sein de la société, à l'instar du dirigeant ou de l'associé (B).

A) La désignation du promoteur parmi les sociétés du groupe

595. La coexistence d'une société de promotion et d'une société de construction soulève la question de savoir si celles-ci sont constitutives d'un

---

[1922] C. SIZAIRE, « Délit de détournement de fonds et intention délictuelle du promoteur immobilier », *Constr.-Urb.* n° 3, mars 2013, comm. 45.
[1923] V. ZALEWSKI-SICARD, « Vente en l'état futur d'achèvement et compte centralisateur », *Constr.-Urb.*, n° 11, novembre 2019, form. 9.
[1924] B. DUBAN, *op. cit.*, p. 75.

groupe de sociétés et, le cas échéant, si des conséquences juridiques particulières sont susceptibles de résulter d'une telle qualification (1). La caractérisation d'un groupe de sociétés permet au juge de ne pas réserver ses sanctions à la société qui a contracté avec l'accédant victime, mais de les étendre au contraire à la société qui, en dépit des apparences, a assumé la réalité du pouvoir de direction de l'opération (2).

1. L'identification d'un groupe de sociétés

596. La définition du groupe de sociétés. Il s'agit d'une notion juridique que la loi n'appréhende pas en tant que telle. A défaut de définir frontalement ce qu'est un groupe de sociétés, la loi aborde la question par le truchement des notions de filiale, de participation et de contrôle. Conformément à l'article L. 233-1 du Code de commerce, lorsqu'une société voit son capital détenu à plus de 50% par une autre société, la première est une filiale de la seconde[1925]. Lorsqu'une société détient entre 10 et 50% du capital d'une autre société, l'article L. 233-2 du même Code précise que la première possède une participation dans la seconde. A ce titre, l'article L. 233-29 du Code de commerce réglemente les participations réciproques, en prévoyant qu'une société par actions, telle que la SAS, ne peut détenir des actions d'une autre société si cette dernière détient plus de 10% de son capital, afin que la réalité de leur capital respectif soit garanti. Les notions de filiale et de participation sont ainsi basées sur des considérations capitalistiques. Le « contrôle » est quant à lui défini à l'article L. 233-3 du Code de commerce, selon différentes hypothèses, qui s'intéressent principalement à la répartition des droits de vote. Michel STORCK le décrit comme « *le pouvoir souverain de direction, de commandement dont serait investie une personne physique ou morale au sein d'une société juridiquement autonome* »[1926]. Les droits de vote que les sociétés peuvent détenir entre elles sont pris en compte à travers la prohibition de l'autocontrôle[1927].

597. Selon Arnaud LECOURT, « *il y a groupe dès lors que, d'une part, dans le cadre d'une concentration d'entreprises, il est possible de distinguer une unité de direction et de politique, et d'autre part, que des liens caractérisent une influence déterminante d'une ou de plusieurs sociétés dites dominantes sur une*

[1925] Elle se distingue de la succursale qui n'a ni patrimoine propre ni personnalité juridique distincte.

[1926] A. LECOURT, « Groupe de sociétés », *Répertoire des sociétés*, Dalloz, mars 2015 (actualisé en novembre 2019), § 32.

[1927] *Ibid.*, § 56 : « *L'autocontrôle est la possibilité qu'a une société de participer à la constitution de son propre capital par le truchement d'une ou de plusieurs sociétés dont elle détient directement ou indirectement le contrôle* ». Article L. 233-31 du Code de commerce.

ou plusieurs autres dites dominées »[1928]. Le groupe de sociétés peut être défini comme un « *ensemble de sociétés ou d'entreprises juridiquement autonomes mais subordonnées à un même pouvoir de direction, lequel est fondé, soit sur des moyens de droit* (…) *soit encore sur des moyens de fait* »[1929]. Les liens qui relient les sociétés les unes aux autres au sein du groupe peuvent être de différentes natures. Il peut s'agir de liens capitalistiques, comme celui qui résulte de la participation d'une société mère au capital de sa filiale, de liens contractuels ou encore de liens de fait, qui découlent par exemple d'une identité de locaux, d'associés, de dirigeants, *etc.* Jean-Marc MOULIN expose les différentes typologies de groupes de sociétés qu'il est possible de distinguer. En premier lieu, le groupe « *pyramidal* » est celui dans lequel « *une société a des participations directes dans d'autres qui elles-mêmes en ont, par un effet de cascade, dans d'autres, conduisant la première à détenir une participation indirecte dans les secondes* ». Dans cette configuration, la société d'origine est la société mère, également appelée « *holding* » : elle correspond à une société de portefeuille dont l'objet est de gérer ses participations financières dans le groupe[1930]. Lorsqu'« *une société détient directement des participations dans diverses autres sociétés de second rang* », le groupe est dit « *radial* ». Il peut enfin être « *circulaire* », lorsqu'« *une société détient une participation dans une seconde société qui, elle-même, détient une participation dans la première* »[1931]. En matière de promotion immobilière, l'existence d'un groupe de sociétés ne fait *a priori* pas de doute. La société de promotion exerce un pouvoir de direction sur la société de construction, notamment à travers sa participation financière au capital de cette dernière. On observe en outre de nombreuses données factuelles communes entre les deux structures dont, entre autres, une identité de siège et d'associés. Enfin, l'une et l'autre sont contractuellement liées par la convention de gestion qu'elles sont amenées à régulariser[1932]. Ce groupe serait à classer dans la typologie des groupes de forme « radiale » car il ne s'étend pas à la verticale, selon un empilement de sociétés, et n'implique aucune participation réciproque entre ses composantes. La société de promotion possède directement des participations dans différentes sociétés de construction, dont la quantité varie en fonction du nombre de programmes en cours.

598. Le régime juridique applicable au groupe de sociétés. En l'absence de reconnaissance légale, le groupe de sociétés ne bénéficie pas de la personnalité juridique[1933], mais cela ne l'empêche pas d'avoir un intérêt social qui lui est propre, transcendant celui de chacune de ses entités. Celles-ci

---

[1928] A. LECOURT, « Groupe de sociétés », *Répertoire des sociétés*, Dalloz, mars 2015 (actualisé en novembre 2019), § 11.

[1929] M. OUASSINI SAHLI, *La responsabilité de la société mère du fait de ses filiales*, Thèse, Université Paris Dauphine, 2014, p. 28.

[1930] J. BONNARD, *op. cit.*, p. 152.

[1931] J.-M. MOULIN, *op. cit.*, p. 556.

[1932] Cf. *Supra*, § 589.

[1933] Cass. Com., 2 avril 1996, n° 94-16380, *Bull. civ.* IV, n° 113, p. 94.

conservent une totale autonomie juridique, en dépit de leur dépendance économique à l'égard de la société mère ; il n'existe aucun organe social à l'échelon du groupe et la société mère ne peut représenter ses filiales[1934]. Cette autonomie juridique évite aux sociétés d'être recherchées pour les dettes d'une autre composante du groupe. La société mère ne répond pas des obligations de sa filiale et inversement[1935], sauf dans l'hypothèse d'une « confusion des patrimoines », en présence de « *relations financières* anormales *entre les entités du groupe* »[1936] ; « *lorsqu'il deviendra impossible de discerner les biens des unes et des autres ou d'établir des comptes distincts* »[1937]. La « théorie de la fictivité » peut également être mobilisée en démontrant que la filiale n'a pas d'existence propre dès lors qu'elle « *ne constitue qu'une simple façade, un artifice juridique qui masque les agissements d'une autre personne morale* »[1938], ce que peut contribuer à révéler une identité d'associés, de siège social, de dénomination sociale, ou une confusion des comptabilités[1939]. Dans ce cas, une procédure collective ouverte contre une société du groupe peut être étendue à une autre société du groupe[1940]. De même, la théorie de l'apparence peut être utilisée pour pallier les effets néfastes de la séparation juridique des entités. Sur ce fondement, le créancier pourra recouvrer le montant de sa créance auprès d'une autre société du groupe, s'il démontre avoir pu croire légitimement que les deux sociétés étaient dépendantes l'une de l'autre[1941]. C'est alors « *la personnalité de la société mère qu'on a longtemps niée, qui émerge, et c'est l'ensemble du groupe qu'elle a formé, qui est dénudé par la transparence de ses filiales* »[1942]. Enfin, en cas d'immixtion de la société mère dans un contrat conclu par sa filiale, la première peut être tenue de répondre des dettes de la seconde[1943]. La direction de fait de la société mère, caractéristique d'une immixtion dans les affaires de la filiale peut être déduite de l'absence d'autonomie dans les décisions stratégiques[1944] ou de la subordination des dirigeants[1945]. Il s'agit d'une question de fait souverainement appréciée par les juges du fond, qui en font une application relativement stricte[1946]. L'ensemble de

---

[1934] Cass. Com., 18 mai 1999, n° 96-19235, inédit.

[1935] Cass. Ass. Plen, 9 octobre 2006, n° 06-11056, *Bull. A. P.*, n° 11, p. 27.

[1936] M. COZIAN, A. VIANDIER, F. DEBOISSY, *op. cit.*, p. 845. Cass. Com., 26 mai 2010, n° 09-66615, inédit.

[1937] A. LECOURT, « Groupe de sociétés », *Répertoire des sociétés*, Dalloz, mars 2015 (actualisé en novembre 2019), § 16.

[1938] *Ibid.*, § 194.

[1939] M. OUASSINI SAHLI, *th. préc.*, p. 95.

[1940] Article L. 621-2 alinéa 2 du Code de commerce.

[1941] Cass. Com., 18 octobre 1994, n° 93-11807, inédit. Cass. Com., 4 mars 1997, n° 95-10756, *Bull. civ.* IV, n° 65, p. 58. Cass. Com., 12 juin 2012, n° 11-16109, *Bull. civ.* IV, n° 121.

[1942] M. OUASSINI SAHLI, *th. préc.*, p. 50.

[1943] *Ibid.*, p. 159. Cass. Com., 3 février 2015, n° 13-24895, *Bull. civ.* IV, n° 14.

[1944] Cass. Com., 6 juin 2000, n° 96-21134, inédit.

[1945] Cass. Com., 2 novembre 2005, n° 02-15895, inédit.

[1946] Cass. Civ. 3ème, 25 février 2004, n° 01-11764, *Bull. civ.* III, n° 38, p. 35.

ces mécanismes correctifs sont autant de leviers à la disposition du juge pour contourner l'indépendance des sociétés appartenant à un même groupe. En promotion immobilière, ils sont particulièrement employés pour sanctionner au sein du groupe, la société qui, dans les faits, s'est comportée en promoteur de l'opération.

599. Ainsi, le montage statutaire qui caractérise la promotion immobilière semble remplir les critères permettant de conclure à l'existence d'un groupe de sociétés. Bien que la reconnaissance d'un tel groupe ne suffise pas, à elle seule, à revenir sur le principe d'autonomie juridique qui profite à chacune des entités, des sanctions restent envisageables, afin de tenir compte des liens de droit ou de fait qui unissent ces dernières à la société mère. Dans ce contexte, la jurisprudence tient à « *lever le voile de la personnalité morale des sociétés du groupe pour tenter d'appréhender la responsabilité du groupe dans son ensemble* »[1947], ce qui est particulièrement observable en promotion immobilière.

2. La sanction des « écrans juridiques »

600. La recherche du « promoteur de fait » au sein du groupe de sociétés. La signature d'un contrat de construction réglementé garantit un certain niveau de protection à l'accédant. Aussi, l'intervention d'une société interposée n'est pas une source de danger en tant que telle, sauf lorsque le montage qui en découle est le moyen pour le promoteur de se soustraire à ses obligations. Un recours contre la société de promotion peut par exemple être rendu nécessaire par la dissolution anticipée de la société interposée. Dans cette perspective, « *la notion de promoteur est utilisée pour impliquer des personnes qui, bien qu'étant à l'origine de l'opération, ne sont pas directement intervenues dans sa réalisation parce qu'elles ont placé des écrans juridiques entre leur activité et les travaux* »[1948]. A cet effet, la Cour de cassation n'hésite pas à dépasser les apparences contractuelles. A titre d'exemple, alors qu'une société de promotion avait constitué une filiale pour les besoins d'une opération, les acquéreurs ont préféré diriger leur action en indemnisation contre la société de promotion, non contre la société de construction avec laquelle ils avaient directement contracté. La cour d'appel les déboute, au motif qu'ils n'avaient de lien contractuel qu'avec la filiale ; la Cour de cassation casse la décision en indiquant que les juges du second degré ont « *dénaturé les conventions litigieuses* »[1949].

[1947] A. LECOURT, « Groupe de sociétés », *Répertoire des sociétés*, Dalloz, mars 2015 (actualisé en novembre 2019), § 183.
[1948] H. PÉRINET-MARQUET, « Promotion immobilière », *Répertoire de droit immobilier*, Dalloz, janvier 2013 (actualisé en mars 2014, M. FAURE-ABBAD), § 105.
[1949] Cass. Civ. 3ème, 21 mars 1972, n° 70-12131, *Bull. civ.* III, n° 192, p. 136.

601. Ce faisant, une société de promotion qui constitue des sociétés civiles distinctes pour la réalisation de chacun des programmes qu'elle entreprend conserve sa qualité de promoteur, dès lors qu'elle garde la maîtrise de l'opération, peu important l'absence de lien contractuel direct avec les accédants[1950]. Chacune des sociétés de construction n'est alors considérée que comme le « *simple rouage juridique par lequel le promoteur a pu individualiser l'opération et en retirer le bénéfice qu'il escomptait* »[1951]. C'est pourquoi, « *l'interposition de personnes n'est pas un obstacle à l'attribution de la qualité de promoteur, qui peut également être conférée à des intervenants indirects à l'opération de construction* »[1952]. Dans son travail de reconnaissance du « promoteur de fait », la Cour de cassation est amenée à « *rechercher en réalité la personne physique ou morale qui, véritablement, mène l'opération de construction ou de rénovation, même si ces personnes* (…) *n'ont pas de lien de droit ou de fait avec les intervenants de l'opération (en tant que gérant ou filiales par exemple du promoteur de fait)* »[1953]. La Cour de cassation prend soin d'identifier, parmi les différentes personnes morales qui prennent part au montage statutaire, celle qui a réellement exercé un pouvoir de direction et de contrôle dans le cadre de l'opération[1954]. A ce titre, « *l'indépendance et l'autonomie juridique de la société filiale au sein du groupe ne protège pas la société mère qui avait le contrôle financier de la société filiale contre la qualification de ''promoteur''* »[1955].

602. Des critères de désignation variables. « *Une personne morale peut également en cacher une autre que la jurisprudence qualifiera de promoteur*

[1950] Cf. *Supra*, § 207-208.
[1951] Cass. Civ. 1ère, 13 décembre 1967, n° 66-11665, *JCP G* 1968, II, n° 15676, *Gaz. Pal.* 1968, 1, p. 362. J.-L. BERGEL (dir.), « Définition jurisprudentielle du promoteur », *Lamy Droit Immobilier*, actualisé en juin 2019, § 2747. Cass. Civ. 3ème, 25 octobre 1972, n° 70-14368, *Bull. civ.* III, n° 544, p. 397.
[1952] F. MAGNIN, « Attribution de la qualité de promoteur immobilier au gérant d'une société civile immobilière qui est intervenu dans l'acte de construction », *D.* 1993, p. 355.
[1953] H. HEUGAS-DARRASPEN, « Le promoteur de fait, qui est celui qui a conçu et mis en œuvre un projet de rénovation, n'est pas tenu de restituer les frais d'enregistrement des ventes, en cas d'annulation de ces ventes », *RDI*, 2010, p. 103.
[1954] Dans un arrêt de 1991 (Cass. Civ. 3ème, 27 février 1991, n° 89-11619, inédit, *RDI* 1991. 229, obs. J.-C. GROSLIÈRE, C. SAINT-ALARY-HOUIN), la Cour de cassation a eu l'occasion de qualifier une société de promoteur, en se fondant sur sa qualité de cogérante de la société d'attribution à l'initiative de l'opération, ainsi que sur la gestion technique du programme qu'elle avait assumée à travers une société déléguée.
[1955] D. TOMASIN, « Promotion immobilière (notion et responsabilité) » *in* P. MALINVAUD (dir.), *Droit de la construction*, 7ème éd., Dalloz, 2018, § 450.43. Cass. Civ. 3ème, 14 octobre 1992, n° 90-17817, *Bull. civ.* III, n° 272, p. 167, *D.* 1993. Somm. 355, obs. F. MAGNIN.

après l'avoir débusquée »[1956]. Plusieurs sociétés du groupe peuvent parfois être considérées comme ayant en commun la qualité de promoteur[1957]. A titre d'exemple, une société anonyme avait attaqué ses anciens administrateurs, deux sociétés de gestion et une agence, en indemnisation de la mauvaise gestion de la société et de l'exécution défectueuse de la construction. La cour d'appel condamne les trois défendeurs *in solidum* en tant que promoteurs. Bien que l'agence ne se soit chargée que de la gestion administrative et comptable du chantier, elle est tout de même condamnée en qualité de promoteur au motif qu'elle appartient au groupe, ce qui fait d'elle une « émanation » du promoteur[1958]. Alors que la jurisprudence caractérise habituellement l'existence d'un « promoteur de fait », en se fondant sur la nature et l'ampleur des missions assumées[1959], cette qualification est ici appliquée aux administrateurs d'une personne morale dont les missions n'ont été que fragmentaires. Dans une autre affaire, la Cour de cassation a pu décider que deux sociétés mandataires d'une troisième partageaient la qualité de promoteur, en qualité de co-promoteurs. Les tâches incombant au maître d'ouvrage « *avaient été accomplies personnellement par les sociétés Gretima et Sinvim, sous le couvert de la troisième société qui n'était qu'un rouage juridique permettant aux deux autres, dont le rôle fut essentiel, de réaliser l'opération* »[1960]. Ces deux sociétés avaient négocié et signé les marchés, participé aux rendez-vous de chantier et s'étaient attribuées l'exclusivité de la commercialisation. Elles n'étaient que de simples mandataires, mais la Cour de cassation a franchi cet obstacle contractuel en traitant la troisième société, mandante, comme un simple rouage, au lieu de faire reposer sur elle les conséquences des contrats conclus[1961].

603. Dans un autre cas similaire, deux sociétés s'étaient associées pour en créer une troisième, avec identité de dirigeants, de siège social et de personnel. Alors que ces deux sociétés ont accompli les missions de promotion en qualité de mandataires, la Cour d'appel de Paris les a qualifiées de co-promoteurs, en leur faisant supporter l'obligation de résultat attachée à cette qualité[1962]. Aussi, plusieurs promoteurs peuvent être identifiés concomitamment, dès lors que plusieurs sociétés du groupe assument les mêmes fonctions, en s'exposant alors

---

[1956] H. PÉRINET-MARQUET, « Promotion immobilière », *Répertoire de droit immobilier*, Dalloz, janvier 2013 (actualisé en mars 2014, M. FAURE-ABBAD), § 107.
[1957] J.-L. BERGEL (dir.), « Définition jurisprudentielle du promoteur », *Lamy Droit Immobilier*, actualisé en juin 2019, § 2747.
[1958] Cass. Civ. 3ème, 10 janvier 1979, n° 77-10227, *Bull. civ.* III, n° 13, p. 10, *RDI* 1979. 474, obs. J.-C. GROSLIÈRE, P. JESTAZ.
[1959] Cf. *Supra*, § 302 et s.
[1960] Cass. Civ. 3ème, 13 décembre 1978, n° 77-14054, *Bull. civ.* III, n° 371, p. 285, *RDI* 1979. 219.
[1961] J.-C. GROSLIÈRE, P. JESTAZ, Chron. « Promotion immobilière – Vente d'immeubles », *RDI*, 1979, p. 78.
[1962] CA. PARIS, 18 décembre 1981, *RDI* 1983. 235, obs. J.-C. GROSLIÈRE, P. JESTAZ.

à une condamnation *in solidum* en cas de dommages. Plus récemment, la Cour de cassation a eu l'occasion de démontrer que le promoteur de fait pouvait être désigné sur la base de critères particulièrement accueillants. En l'espèce, la société CEDIF était intervenue par l'intermédiaire de la société CIIF, marchand de biens, dans une opération de restauration d'un château. C'est la société CEDIF qui avait conçu le projet de rénovation, choisi les intervenants, sollicité le permis de construire, été le seul interlocuteur des acquéreurs ; « *elle avait demandé à la société CIIF de se substituer à elle pour l'acquisition et la revente par lots* » de l'ouvrage mais « *avait continué, après la vente intervenue par l'intermédiaire d'une société écran, sa mission de promoteur de fait* ». Or, la Cour de cassation en déduit, comme la cour d'appel, que la société CEDIF devait « *être qualifiée de promoteur de fait* »[1963]. Il n'existait pourtant aucun lien contractuel ou capitalistique entre ces deux sociétés : « *jusqu'ici, le promoteur de fait, soit contrôlait directement ou indirectement le capital de la société ou des sociétés interposées, ayant le même siège ou les mêmes dirigeants, soit était cogérant de la société-écran. Ainsi, en rejetant le moyen fondé en l'espèce sur l'indépendance des sociétés en cause, cet arrêt conforte plus encore la jurisprudence relative au promoteur de fait* »[1964].

604. Ainsi, « *dans le souci d'assurer au mieux la protection, la garantie et les recours des usagers, la jurisprudence parvient ainsi à capter, au-delà de l'écran constitué par les montages juridiques, le maximum de responsables* »[1965]. Comme pour l'appréciation de la nature du contrat de construction, la jurisprudence du promoteur de fait s'épanouit « *contre, et malgré, toutes les apparences juridiques formelles tirées des qualifications du droit des sociétés* »[1966]. A ce titre, elle n'hésite pas à qualifier de promoteur immobilier la société qui a assumé la réalité du pouvoir dans l'opération. Or, au sein même de cette société, se pose la question de savoir quelle personne, physique ou morale, est susceptible d'être considérée comme promoteur immobilier.

B) La désignation du promoteur au sein de la société de promotion ou de construction

605. La qualité de promoteur n'est pas exclusivement attribuée à la société de promotion ou à la société de construction, mais peut aussi être attachée aux

---

[1963] Cass. Civ. 3ème, 8 avril 2009, n° 07-20706 07-21304 08-11577, *Bull. civ.* III, n° 81, *D.* 2009. 1205, *RDI* 2010. 103, obs. H. HEUGAS-DARRASPEN, *Constr.-Urb.* 2009. 26, obs. C. SIZAIRE.

[1964] H. HEUGAS-DARRASPEN, *art. préc.*, p. 103.

[1965] J.-L BERGEL, S. CIMAMONTI, Fasc. 222 « Construction. – Responsabilité des vices, malfaçons et dommages du promoteur à l'égard du souscripteur », *JCl. Construction-Urbanisme*, LexisNexis, 2006, p. 4.

[1966] D. TOMASIN, « Promotion immobilière (notion et responsabilité) » *in* P. MALINVAUD (dir.), *Droit de la construction*, 7ème éd., Dalloz, 2018, § 450.42.

personnes physiques qui évoluent en leur sein. Elle n'est pas nécessairement décernée au dirigeant de la société ès qualité[1967], du fait des fonctions et des responsabilités qui sont particulièrement mises à sa charge (1). Elle peut, dans certains cas, renvoyer à l'associé (2).

1. La qualité de promoteur du dirigeant

606. La responsabilité du dirigeant sur le fondement de la « faute détachable des fonctions ». Conformément à l'article 1846 du Code civil, la société civile « *est gérée par une ou plusieurs personnes, associées ou non, nommées soit par les statuts, soit par un acte distinct, soit par une décision des associés* », qui agissent dans le respect de l'intérêt social et de l'objet social[1968]. S'agissant de la société par actions simplifiée, elle est « *représentée à l'égard des tiers par un président désigné dans les conditions prévues par les statuts* » qui, de la même façon, « *est investi des pouvoirs les plus étendus pour agir en toute circonstance au nom de la société dans la limite de l'objet social* »[1969]. Le dirigeant peut être une personne physique ou une personne morale, sans que cela n'influe en rien sur le régime qui lui est applicable[1970]. L'article 1850 du Code civil dispose que « *chaque gérant est responsable individuellement envers la société et envers les tiers, soit des infractions aux lois et règlements, soit de la violation des statuts, soit des fautes commises dans sa gestion* ». La responsabilité du dirigeant peut être recherchée par les associés, agissant au nom de la société, au moyen d'une action *ut singuli*. Envers les tiers, le dirigeant ne peut être tenu pour responsable que s'il est rapporté qu'il a commis une faute détachable de ses fonctions : la faute doit avoir été commise intentionnellement, être d'une particulière gravité, être incompatible avec l'exercice normal des fonctions sociales et avoir causé un préjudice à celui qui s'en plaint[1971]. Pour le reste, les fautes commises dans l'exercice des fonctions engagent seulement la responsabilité de la société à l'égard des tiers, à l'exclusion de celle du dirigeant[1972]. La société demeure notamment la seule débitrice des garanties légales attachées au contrat de construction conclu avec l'accédant, sans que ces dernières ne soient mises à la charge du dirigeant, qui répondra uniquement de ses fautes contractuelles à l'égard de la communauté des associés.

[1967] Cass. Civ. 3ème, 16 mai 1977, n° 75-14743, *Bull. civ.* III, n° 205, p. 157.

[1968] Articles 1848, 1849 du Code civil (Cass. Com., 8 novembre 2011, n° 10-24438, inédit).

[1969] Article L. 227-6 du Code de commerce.

[1970] Article 1847 du Code civil (dans le même sens, article L. 227-7 du Code de commerce, applicable aux sociétés par actions simplifiée).

[1971] Cass. Com., 20 mai 2003, n° 99-17092, *Bull. civ.* IV, n° 84, p. 94.

[1972] J.-L. BERGEL, S. CIMAMONTI, Fasc. 223 « Construction. – Responsabilité de droit commun du promoteur », *JCl. Construction-Urbanisme*, LexisNexis, 2006, p. 18 : la société peut se retourner contre son dirigeant, après avoir été condamnée de son fait, selon une action en responsabilité « réflexe », comme elle peut également agir directement contre lui, sur la base d'une action en responsabilité « immédiate ».

607. La responsabilité personnelle du dirigeant d'une société de construction peut être retenue dans l'hypothèse de la non-souscription des assurances obligatoires de construction[1973], qui constitue une faute intentionnelle séparable de l'exercice des fonctions sociales[1974]. La Cour de cassation a également approuvé la décision d'une cour d'appel qui a retenu la responsabilité personnelle d'un gérant, au motif qu'il avait soldé les entreprises avant la réception, alors que des prestations n'avaient pas été exécutées, et commis des erreurs dans les calculs de révision des prix[1975]. Dans une autre affaire, la responsabilité personnelle d'un gérant a été retenue pour avoir omis de conclure un contrat de construction de maison individuelle, alors que les caractéristiques de son opération le plaçaient sous l'égide de cette réglementation impérative. Un tel manquement a été analysé comme étant constitutif d'une faute séparable des fonctions sociales[1976]. En revanche, lorsqu'il n'identifie pas expressément l'existence d'une faute séparable des fonctions, le juge renonce à qualifier le gérant de promoteur[1977], confirmant ainsi que cette qualification n'est mobilisée que pour le régime de responsabilité et les sanctions auxquels elle conduit.

608. La responsabilité du « dirigeant de fait ». Indépendamment des prévisions statutaires, la jurisprudence n'hésite pas à se référer à la notion de « dirigeant de fait » pour réprimer les agissements de la personne qui a assumé en pratique des prérogatives de direction. Le cas échéant, le juge subordonne la qualification de « dirigeant de fait » à l'existence d'une « *immixtion dans les fonctions déterminantes pour la direction générale de l'entreprise, impliquant une participation continue à cette direction et un contrôle effectif et constant de la marche de la société en cause* »[1978]. Elle est ainsi conditionnée à la « *réalisation d'une activité positive de gestion ou de direction, en toute indépendance* »[1979]. Cette qualification conduit à l'application d'un régime sévère, puisque le dirigeant de fait est « *assimilé au dirigeant de droit pour les aspects contraignants, sans pouvoir se prévaloir des règles favorables* »[1980] inhérentes à ce statut. En matière de promotion immobilière, le juge semble préférer à la notion de « dirigeant de fait », celle de « promoteur de fait », qui ne

---

[1973] Cass. Crim., 7 septembre 2004, n° 03-86292, inédit. Cass. Com., 28 septembre 2010, n° 09-66255, *Bull. civ.* IV, n° 146.
[1974] Cass. Civ. 3ème, 10 mars 2016, n° 14-15326, *Bull. civ.* III, n° 1076.
[1975] Cass. Civ. 3ème, 18 octobre 1978, *Gaz. Pal.* 1979, Somm. 23, *RDI* 1979. 348, obs. J.-C. GROSLIÈRE, P. JESTAZ.
[1976] Cass. Civ. 3ème, 7 juin 2018, n° 16-27680, inédit, *D.* 2018. 1255, *JCP N* 2018. 537.
[1977] CA. PARIS, 29 juin 2007, *Constr-Urb.* 2007. 179, obs. C. SIZAIRE : en l'absence de faute séparable de ses fonctions sociales, n'a pas la qualité de promoteur le gérant d'une société civile de construction-vente qui s'était vu confier par celle-ci, aux termes d'une convention de gestion, les missions administratives, commerciales, juridiques et financières nécessaires à la réalisation de l'objet social.
[1978] CA. PARIS, 11 juin 1987 *in* M. COZIAN, A. VIANDIER, F. DEBOISSY, *op. cit.*, p. 155.
[1979] B. DONDERO, *op. cit.*, p. 198.
[1980] M. COZIAN, A. VIANDIER, F. DEBOISSY, *op. cit.*, p. 156.

résulte pas d'une immixtion dans les affaires de la société, mais qui découle de la réalisation d'actes de promotion, plus facilement identifiables.

609. La responsabilité du dirigeant qualifié de « promoteur de fait ». Au sein de la société de promotion ou de construction, le dirigeant peut être considéré comme celui sur lequel la qualité de promoteur doit *in fine* reposer, parce qu'il est le « promoteur de fait », sans que cela n'implique nécessairement de vérifier l'existence d'une faute séparable des fonctions. François MAGNIN confirme en ce sens que « *le gérant est le plus souvent le promoteur qui a pris l'initiative de la construction ; qu'il s'agisse d'une personne physique ou d'une personne morale (société commerciale de promotion immobilière)* »[1981]. La jurisprudence considère à cet effet que « *le gérant statutaire de la société civile immobilière maître de l'ouvrage qui a pris l'initiative et le soin principal de l'opération immobilière doit être considéré comme ayant la qualité de promoteur* »[1982]. Cette qualité est attribuée au gérant, qui est également le fondateur de la société, s'il est rapporté qu'il a, comme la société elle-même, pris « *l'initiative et le soin principal de l'affaire* », qu'il a en sus « *dirigé, contrôlé l'affaire* » et ainsi, joué un rôle essentiel[1983]. Cette jurisprudence s'est d'abord épanouie dans le domaine des sociétés d'attribution, dans lesquelles la commercialisation du bien à construire se concrétise à travers la cession de parts sociales aux accédants. Ce faisant, le cumul des qualités de fondateur de la société, de gérant de celle-ci et de négociateur des parts sociales a pu justifier l'octroi de la qualité de promoteur[1984]. La jurisprudence motive parfois le recours à cette qualification par la caractérisation d'un faisceau d'indices, comme dans cet arrêt du 20 janvier 1976 : « *il avait contrôlé le déroulement de l'opération jusqu'à la livraison des appartements* », « *c'était à lui personnellement que les acquéreurs de parts avaient fait confiance pour mener à bien ladite opération* », « *sous le couvert de la société de façade qu'il avait constituée avec deux autres associés et dont il était le maître, Busk n'avait recherché que son intérêt personnel* ». Il en résulte que « *Busk avait pris l'initiative de l'affaire, en avait assuré le soin et accompli toutes les actions utiles à sa réalisation* » : « *il avait personnellement agi en qualité de promoteur* »[1985]. Cette qualité est du reste susceptible d'être partagée dans l'hypothèse d'une cogérance[1986].

610. Comme le gérant de la société de construction-attribution, le gérant de la société de construction-vente s'expose au même risque de qualification. En l'espèce, un gérant avait, comme pouvoirs statutairement dévolus, la gestion

---

[1981] F. MAGNIN, « Sociétés civiles de vente : fonctionnement et dissolution » *in* P. MALINVAUD (dir.), *Droit de la construction*, 7ème éd., Dalloz, 2018, § 502.41.
[1982] CA. PARIS, 28 février 1989.
[1983] Cass. Civ. 3ème, 27 avril 1977, n° 75-13457, *Bull. civ.* III, n° 183, p. 141.
[1984] Cass. Civ. 3ème, 21 février 1978, n° 76-13827, *Bull. civ.* III, n° 87, p. 67.
[1985] Cass. Civ. 3ème, 20 janvier 1976, n° 74-13462, *Bull. civ.* III, n° 24, p. 18.
[1986] Cass. Civ. 3ème, 11 octobre 1989, n° 88-12450.

proprement dite de la société, mais également la coordination des différentes activités de chantier, ainsi que la commercialisation de l'opération ; « *cette liste n'étant aucunement limitative* ». Bien que « *la SEPIMO avait la charge d'exécuter l'ensemble des missions propres à assurer la réalisation de l'objet social* », elle n'a pu s'exonérer de sa responsabilité au motif qu'elle n'agissait qu'en qualité de gérante ordinaire[1987]. Le juge sanctionne le gérant dont l'activité est strictement identique à celle exercée par la société de construction[1988], dès lors que ses initiatives sont prises *in personam* et non à travers la société qu'il représente. Ainsi, la Cour de cassation qualifie de promoteur « *le gérant d'une SCI qui avait assuré le montage de l'opération, souscrit une police d'assurance, assumé la direction des travaux et même la commercialisation du programme* »[1989]. Le fait pour le gérant de mettre un terme à ses fonctions avant l'achèvement de la construction est indifférent. La Cour de cassation a en effet qualifié de promoteur immobilier l'administrateur fondateur d'une société civile immobilière, qui avait pris part à des tâches telles que la coordination de l'opération immobilière, la signature du plan de financement ou la supervision des relations avec l'entrepreneur. Alors que l'administrateur avait cessé ses fonctions en cours de chantier, sa seule contribution aux missions susmentionnées a suffi à lui faire endosser la qualité de promoteur[1990]. Jean-Claude GROSLIÈRE et Philippe JESTAZ critiquent à juste titre l'obligation de résultat que la jurisprudence fait peser sur le gérant de la société de construction à travers la qualification de promoteur immobilier. Il convient selon eux de « *se borner à condamner la société venderesse* », si elle n'est pas insolvable. Pour ce qui est de la responsabilité du promoteur-gérant, il ne faudrait l'évoquer que dans deux hypothèses : « *a) si la société cesse ses paiements, auquel cas l'extension de passif rend inutile le recours à l'obligation de résultat ; b) et bien entendu si la société* solvens *se retourne contre son gérant, dont elle doit alors prouver la faute (la jurisprudence, à juste titre, n'a jamais admis l'obligation de résultat qu'à l'égard des accédants)* »[1991].

611. Ainsi, le gérant de la société de promotion ou de construction peut être personnellement désigné comme le promoteur de l'opération, et supporter à

[1987] CA. PARIS, 24 juillet 1981. J.-C. GROSLIÈRE, P. JESTAZ, « Promotion immobilière – Vente d'immeuble », *RDI*, 1982, p. 245.

[1988] CA. PARIS, 7 décembre 1983, *RDI* 1985. 161, obs. J.-C. GROSLIÈRE, C. SAINT-ALARY-HOUIN : la cour d'appel a condamné la société gérante de la société civile de vente pour avoir assuré la promotion de l'opération (choix du maître d'œuvre, conclusion du contrat avec l'architecte, rédaction de la note technique communiquée aux acquéreurs, *etc.*). Selon les auteurs, « *la SCI n'avait aucune activité distincte de la prétendue société de gestion et cela d'autant plus que leurs deux sièges sociaux se trouvaient à la même adresse* ».

[1989] Cass. Civ. 3ème, 17 juin 1992, n° 89-19831, *Bull. civ.* III, n° 210, *D.* 1993. 355, note F. MAGNIN.

[1990] Cass. Civ. 3ème, 16 mai 1977, n° 75-14743, *Bull. civ.* III, n° 205, p. 157.

[1991] J.-C. GROSLIÈRE, P. JESTAZ, « Promotion immobilière – Vente d'immeubles », *RDI*, 1980, pp. 436-437.

l'égard des tiers la responsabilité des dommages qui en résultent. Sur le plan contractuel comme sur le plan statutaire, le juge s'attèle donc à saisir celui qui s'est concrètement comporté en promoteur et qui doit, à ce titre, en assumer pleinement les conséquences juridiques. Alors qu'en principe, cette responsabilité est subordonnée à l'existence d'une faute détachable des fonctions, la jurisprudence se sert de la notion de « promoteur de fait », plus facile à mobiliser, pour mettre en cause le dirigeant. Si ce dernier peut avoir la qualité de promoteur, qu'en est-il de l'associé ?

2. La qualité de promoteur de l'associé

612. L'engagement de la responsabilité de l'associé. Conformément au principe fixé à l'article 1858 du Code civil, « *les créanciers ne peuvent poursuivre le paiement des dettes sociales contre un associé qu'après avoir préalablement et vainement poursuivi la personne morale* »[1992]. Or, dans le cadre des sociétés civiles de construction-vente, « *le créancier de la société civile de vente n'a pas besoin d'avoir épuisé les voies de droit contre la société ni même d'avoir obtenu au préalable la condamnation en justice de celle-ci* »[1993] pour pouvoir mettre en cause les associés. Une simple mise en demeure de la société restée vaine suffit à rediriger les recours contre eux[1994], ce qui est également valable pour les actions fondées sur les garanties légales des constructeurs[1995]. En pratique, la prise en charge du sinistre par l'assureur en responsabilité décennale de la société limite fortement les hypothèses dans lesquelles les associés supportent *in fine* la dette indemnitaire. En tout état de cause, la responsabilité des associés cesse d'être subsidiaire lorsque la société fait l'objet d'une procédure collective. La poursuite préalable de la société étant dans ce cas inopérante[1996], les associés peuvent être directement assignés par les créanciers. Au surplus, indépendamment des cas de figure susmentionnés, la responsabilité personnelle de l'associé peut toujours être engagée à l'égard des tiers en cas de « *faute intentionnelle d'une particulière gravité incompatible avec l'exercice normal des prérogatives attachées à la qualité d'associé* »[1997].

[1992] V. dans le même sens, l'article L. 211-2 du CCH applicable aux SCCV. Cass. Civ. 3ème, 2 décembre 1980, n° 79-10372, *Bull. civ.* III, n° 186.

[1993] F. MAGNIN, « Sociétés civiles de vente : fonctionnement et dissolution » *in* P. MALINVAUD (dir.), *Droit de la construction*, 7ème éd., Dalloz, 2018, § 502.301.

[1994] Celle-ci est *a fortiori* inutile lorsque la société fait l'objet d'une liquidation judiciaire (M. JEANTIN, « Mise en œuvre de la responsabilité aux dettes sociales des associés d'une société civile de construction-vente », *RTD Com.*, 1991, p. 598).

[1995] Article L. 211-2 alinéa 3 du CCH.

[1996] C. SIZAIRE, *Constr. - Urb.* n° 12, décembre 2014, comm. 163. F. MAGNIN, « La responsabilité des associés d'une SCI de construction-vente en liquidation judiciaire », *RDI*, 2015, p. 536.

[1997] Cass. Com., 18 février 2014, n° 12-29752, *Bull. civ.* IV, n° 40.

613. La responsabilité de l'associé qualifié de « promoteur de fait ». Bien que la responsabilité de l'associé ne puisse en principe être engagée que dans certaines hypothèses limitatives, la jurisprudence utilise la qualification de « promoteur de fait » comme levier supplémentaire de responsabilité. La qualité de promoteur n'est pas réservée au gérant de la société[1998], l'analyse de la jurisprudence montre que les associés peuvent également voir leur responsabilité retenue pour avoir exercé, dans les faits, des missions de promotion immobilière. Dans un arrêt du 22 juillet 1974, la Cour de cassation relève par exemple « *qu'ayant pris l'initiative de l'affaire* », les associés « *en avaient assuré le soin et l'avaient menée à bonne fin en accomplissant, sous le couvert de la société, toutes les actions utiles à sa réalisation* »[1999]. Dans une autre affaire, la Haute Juridiction fonde sa décision sur le fait que « *les associés se sont réparti les tâches de promoteur en s'occupant personnellement des différentes missions d'ordre juridique, financier, administratif, commercial et technique, la mission juridique étant assumée par Delobel* ». Or, « *les juges du fond ont ainsi constaté que Delobel avait, concurremment avec les autres associés originaires, pris sous le couvert de la société civile, l'initiative et le soin principal de l'affaire et en ont justement déduit qu'il avait personnellement agi comme promoteur* »[2000].

614. A l'origine, la Cour de cassation tendait à réserver la qualité de promoteur aux associés fondateurs de la société, qui avaient personnellement accompli des actes de promotion[2001], plutôt qu'aux associés investisseurs qui avaient rejoint le projet, afin d'éviter la reconnaissance implicite de « promoteurs financiers ». Dans cette perspective, « *le promoteur* [était] *plutôt celui qui* [avait] *pris l'initiative de constituer la société, elle-même simple rouage de l'opération* »[2002] : les associés fondateurs d'une société d'attribution avaient notamment reçu la qualité de promoteur, au motif que cette dernière n'était en réalité qu'une société de façade[2003]. Un tel critère a été par la suite délaissé par la Cour de cassation. Désormais, « *l'importante participation dans le capital d'une SCI, ou le fait d'en exercer le contrôle financier peuvent constituer un critère de qualification du promoteur* »[2004]. *A fortiori*, l'associé

[1998] CA. PARIS, 6 décembre 1968, *RTD Com.* 1969. 746.

[1999] Cass. Civ. 3ème, 22 juillet 1974, n° 73-11889, *Bull. civ.* III, n° 321, p. 244.

[2000] Cass. Civ. 3ème, 19 avril 1977, n° 75-14734 75-15180, *Bull. civ.* III, n° 165, p. 125, *RDI* 1979. 78, *D.* 1978. I.R.22, obs. C. GIVERDON.

[2001] Cass. Civ. 3ème, 25 octobre 1972, n° 71-10586, *Bull. civ.* III, n° 553, p. 405. « Personnes entrant dans la catégorie des promoteurs », *Dictionnaire Permanent Construction et Urbanisme*, Editions Législatives, actualisé le 25 juin 2014, § 7, p. 3561.

[2002] J.-C. GROSLIÈRE, P. JESTAZ, « Promotion immobilière – Vente d'immeuble », *RDI*, 1984, p. 422.

[2003] Cf. *Supra* : Cass Civ. 3ème, 19 avril 1977, n° 75-14734 75-15180, *Bull. civ.* III, n° 165, p. 125, *RDI* 1979. 78, *D.* 1978. I.R.22, obs. C. GIVERDON.

[2004] Cass. Civ. 3ème, 19 octobre 1982, *RDI* 1983. 461, obs. J.-C. GROSLIÈRE, P. JESTAZ.

peut être individuellement qualifié de promoteur même s'il ne représente « *qu'une partie infime du capital (250 actions sur 10 000) non susceptible de lui conférer un quelconque pouvoir de décision* »[2005]. Aucun associé de la société de construction ne serait donc à l'abri d'une telle qualification.

615. Ainsi, qu'il s'agisse du gérant de la société ou de l'associé, chacun d'eux est susceptible d'être qualifié de promoteur immobilier, parfois au mépris des règles qui encadrent ordinairement leur responsabilité. L'usage particulièrement large et variable de la qualité de promoteur par la jurisprudence confirme une fois de plus que cette qualité n'est pas attachée, par nature, à une catégorie de personnes, mais qu'elle est, au contraire, fonctionnelle.

2005 J.-L BERGEL, S. CIMAMONTI, Fasc. 222 « Construction. – Responsabilité des vices, malfaçons et dommages du promoteur à l'égard du souscripteur », *JCl. Construction-Urbanisme*, LexisNexis, 2006, p. 4. Cass. Civ. 3ème, 15 janvier 1985, *RDI* 1985. 263. Cass. Civ. 3ème, 19 novembre 1986, *RDI* 1987. 239 : a été qualifiée de promoteur la société qui détenait un tiers du capital de la société qui avait conçu le programme immobilier et qui avait été mandatée pour procéder aux opérations administratives et financières concourant à la réalisation de la construction envisagée.

Conclusion du Chapitre 1

616. La notion de promoteur immobilier peut être appréhendée sous différents angles, notamment « personnel » et « matériel ». Si l'on considère le point de vue « personnel », l'étude de la personne du promoteur est riche de multiples enseignements. Ce qui la caractérise en premier lieu est sa qualité professionnelle. Bien que la jurisprudence n'en fasse pas un critère, puisqu'elle considère notamment comme promoteurs des personnes qui se sont livrées à des actes isolés de promotion, force est de reconnaître qu'elle s'exerce en principe dans un cadre professionnel. En effet, les actions du promoteur ne sont pas mues par la satisfaction d'un besoin personnel, mais par la finalité lucrative de l'activité. Le promoteur est à la recherche de profits qui, s'ils s'apparentent principalement à des gains pécuniers, peuvent aussi emprunter d'autres formes. En outre, le promoteur exerce son activité de manière habituelle et régulière, ce qui implique qu'il puisse s'appuyer sur une « organisation permanente », selon le critère retenu par la Fédération des Promoteurs Immobiliers. Enfin, la qualité de professionnel du promoteur le donne à voir comme un sachant, ce que corrobore l'expérience acquise dans l'exercice de son activité. La jurisprudence a eu l'occasion de préciser à ce titre que le promoteur devait être entendu comme un « professionnel de l'immobilier », non comme un « professionnel de la construction ». Son domaine de compétence ne s'étend pas aux questions purement techniques, qui restent l'apanage des constructeurs réalisateurs, dont il se distingue.

617. Au-delà des éléments de définition précités, il ressort de la qualité de professionnel du promoteur que ce dernier fait construire des ouvrages qui ne lui sont pas destinés. Le promoteur construit pour autrui, dans la mesure où les biens dont il a supervisé l'édification ont vocation à être livrés à des tiers. Tandis que le promoteur initiateur prend lui-même l'initiative de proposer des programmes qui devront satisfaire les attentes d'un public cible, le promoteur prestataire de services est directement sollicité par un maître d'ouvrage qui lui commande une prestation. A la différence par exemple de la société coopérative de construction ou des auto-constructeurs, qui supervisent la réalisation d'ouvrages qui leur sont d'emblée dévolus, le promoteur a vocation, par essence, à se dessaisir des biens qu'il fait construire. Il arrive néanmoins que le promoteur initiateur fasse le choix ou soit contraint de conserver les ouvrages dans son patrimoine. Il peut alors envisager de les donner à bail, pour en retirer un profit échelonné dans le temps, et faire jouir « autrui » du bien achevé, à défaut de lui en transférer la propriété. En dehors des différents baux spéciaux que la loi réglemente, le promoteur peut également opter pour un contrat de location-accession, dont la particularité est de donner au preneur la possibilité d'acquérir le bien au terme de la période d'occupation. Le promoteur peut aussi avoir intérêt à conclure un « bail en l'état futur d'achèvement », sans attendre la fin du chantier et la livraison.

618. L'analyse des éléments de définition liés à la personne du promoteur serait lacunaire sans la description de ses différentes formes juridiques. *A priori*, aucune norme n'impose au promoteur d'exercer sous une forme particulière. Partant, rien ne l'empêche d'agir en tant qu'entrepreneur individuel, si ce n'est les risques juridiques et financiers que ce statut induit. Aussi, le promoteur choisit-il le plus souvent d'exercer collectivement au sein d'une société, dont la forme, civile ou commerciale, est déterminée par l'objet de son activité. S'agissant particulièrement du promoteur initiateur, celui-ci a tendance à privilégier le modèle de la société par actions simplifiée, qui constitue une société de capitaux, bénéficiant d'une certaine souplesse contractuelle. En tout état de cause, la société par actions simplifiée n'est pas le seul instrument statutaire que le promoteur initiateur utilise. A l'occasion de chaque nouvelle opération, la « société de promotion » peut être amenée à constituer une « société de construction », exclusivement dédiée à la supervision du programme, prenant la forme d'une société civile de construction-vente, réglementée par la loi. Cette superposition de sociétés, caractéristique de la promotion-vente, présente de nombreux avantages, essentiellement financiers.

619. Le montage statutaire qu'est susceptible d'élaborer le promoteur initiateur s'apparente, à certains égards, à un groupe de sociétés. Si la jurisprudence ne se prononce pas sur une telle qualification, elle semble en revanche en tenir compte dans son travail d'identification du promoteur. Loin de se contenter des apparences juridiques, le juge recherche la personne morale qui s'est concrètement chargée du montage et du suivi de l'opération, conformément à la jurisprudence rendue à propos du « promoteur de fait ». De même que les contrats conclus par les parties ne lient pas nécessairement le juge, celui-ci fait tomber les sociétés « écrans » qui pourraient profiter aux véritables promoteurs de l'opération. Du reste, le juge peut aussi être amené à qualifier de promoteur certaines personnes physiques - dirigeant ou associé - au sein même de la société de promotion ou de construction. En tout état de cause, l'entreprise de définition des éléments qui fondent la notion de promoteur doit également inclure une approche « matérielle », s'intéressant aux contours de son activité.

Chapitre 2. Les éléments de définition liés à l'activité du promoteur immobilier

620. Selon Didier TRUCHET, les définitions « non normatives » « *procèdent souvent par renvoi de ce que sont les personnes ou institutions à ce qu'elles font* ». En ce sens, « *la définition principale n'a guère de signification par elle-même : elle ne devient effective que par consultation de la définition secondaire* »[2006]. Si la définition légale de promoteur immobilier est suffisamment précise pour que l'on puisse la considérer comme « normative », la définition jurisprudentielle du promoteur est quant à elle indéterminée, ce qui la rend aléatoire. Les critères de l'« initiative » et du « soin principal » de l'affaire, sur lesquels elle repose, renvoient à l'activité de promotion immobilière, qui ne fait l'objet d'aucune définition, à laquelle le juge pourrait se référer. C'est précisément cette définition « secondaire », celle de l'activité du promoteur, qu'il est nécessaire de clarifier, afin de mieux saisir *in fine* la notion de promoteur immobilier. Bien qu'elle soit relativement récente, la promotion immobilière ne se pratique plus aujourd'hui comme elle pouvait s'exercer hier ; la réglementation foisonnante de l'acte de construire et la responsabilité accrue du promoteur ont augmenté le niveau de compétence et de spécialisation attendu de lui[2007]. L'activité de promotion immobilière possède sa propre nature et son propre objet (Section 1), qui supposent de confier au promoteur des missions spécifiques. Ces dernières recoupent celles que l'on associe par nature au maître d'ouvrage, si bien qu'un travail de dissociation des deux qualités s'impose (Section 2).

Section 1. La construction et la rénovation de tous types d'ouvrages

621. Comme son nom l'indique, la promotion immobilière se définit objectivement comme une activité de nature immobilière, les chantiers supervisés par le promoteur ne portant que sur des biens immeubles. S'il ne fait pas de doute que les programmes mis en œuvre par le promoteur se rapportent à des travaux de construction destinés à la production de biens neufs, celui-ci ne se contente pas de créer *ex nihilo* des ouvrages mais transforment aussi ceux qui existent déjà (I). Alors que le périmètre de l'activité de promotion immobilière est restreint à la construction et à certaines formes de rénovation, les ouvrages qui en sont issus peuvent être destinés à tous types d'usages, notamment privés ou publics (II).

[2006] D. TRUCHET, « Les définitions législatives » *in* R. DRAGO (dir.), *La confection de la loi. Rapport du groupe de travail de l'Académie des sciences morales et politiques*, mars 2003, p. 83.

[2007] A. FRANCOIS-CUXAC, *L'immobilier au cœur. Plaidoyer pour une nouvelle donne dans la politique du logement en France*, FPI, 2017, p. 13 : depuis son apparition, « *son métier a évolué, notamment sous l'effet des législations très structurantes, qui permettent de répondre à des besoins essentiels : ordonnancer et encadrer son activité, sécuriser ses clients* ».

I. La création et la transformation de biens immobiliers

622. « *L'activité de promotion immobilière embrasse l'ensemble des réalisations immobilières* », c'est-à-dire les constructions neuves, ainsi que, dans certains cas, les « *transformations, rénovations ou restructurations d'immeubles existants* »[2008]. Cette activité immobilière, de création et de renouvellement, revêt certaines caractéristiques qui font précisément d'elle une activité de promotion immobilière. Afin de pleinement la définir, cette dernière doit être appréhendée sous un angle aussi bien matériel (A) que juridique (B).

A) La nature matérielle de l'activité de promotion immobilière

623. Le promoteur immobilier est indissociable d'une activité de nature immobilière (1), qui se concrétise dans la réalisation d'ouvrages neufs et dans l'exécution de travaux de rénovation substantiels (2). À partir des années 1970, « *la profession de promoteur a dû s'adapter à la baisse progressive de la construction de logements, en diversifiant dans d'autres secteurs immobiliers ses activités, ses concours et ses modes d'intervention* »[2009]. Dans ce contexte, le promoteur immobilier a été amené à développer d'autres segments d'activités - d'aménagement, de maintenance ou de gestion - en complément de son activité principale de construction-rénovation[2010] (3).

1. Une activité par nature immobilière

624. Une activité circonscrite aux immeubles. Le promoteur ne dirige que des programmes exclusivement immobiliers, en intervenant sur des immeubles par nature, pour lesquels il existe un critère physique d'immobilisation et de fixité au sol. La loi ne les définit pas mais précise néanmoins que les « *fonds de terre* » et les « *bâtiments* » doivent être considérés de la sorte[2011]. Plus généralement, il convient de classer dans cette catégorie la surface du sol et le sous-sol, ainsi que tout ce qui y est fixé, soit les végétaux et les constructions. S'agissant de ces dernières, le terme « bâtiment » employé par le législateur n'est pas restrictif ; il vise l'ensemble des ouvrages, en ce compris ceux de génie civil, auxquels il faut ajouter « *tous les accessoires incorporés à la construction qui, sans eux, serait incomplète* »[2012]. Les opérations de promotion immobilière ne portent que sur des immeubles par nature, à l'exclusion des autres immeubles au sens de l'article 517 du Code civil et, *a fortiori*, des biens meubles, même « immatriculés », tels que les bateaux, les navires ou les aéronefs. Ces

---

[2008] B. AVRIL, B. ROTH, *La promotion immobilière. Construire pour autrui*, Presses de l'école nationale des Ponts et Chaussées, 2001, p. 13.

[2009] *Ibid.*, p. 29.

[2010] J. POLLARD, *L'Etat, le promoteur et le maire. La fabrication des politiques du logement*, Presses de Sciences Po, 2018, p. 13.

[2011] Article 518 du Code civil.

[2012] F. TERRÉ, P. SIMLER, *Droit civil. Les Biens*, 10ème éd., Dalloz, 2018, p. 41.

infrastructures font l'objet d'un régime juridique renforcé dans le but d'apporter à leur propriétaire une protection plus étendue que celle attachée aux biens meubles, sans pour autant « *modifier la nature juridique qu'ils tirent de leur mobilité naturelle* »[2013]. En conséquence, malgré leur technicité et l'importance de leur coût, qui justifient que leur statut soit plus proche à certains égards de celui des immeubles, les meubles immatriculés restent en dehors de la zone d'intervention du promoteur, faute de revêtir une nature immobilière.

625. L'exclusion des constructions non fixées au sol. Considérant que l'activité du promoteur est nécessairement immobilière, quels rapports celui-ci entretient-il avec les constructions non immobilisées au sol ? Les constructions modulaires renvoient aux « *bâtiments préfabriqués, assemblés et équipés dans un atelier ou une usine* », avant d'être « *transportés sur le site de construction où ils sont assemblés et empilés* »[2014]. La « préfabrication » implique, en toute logique, une « *fabrication avant mise en œuvre* »[2015] ; elle peut concerner certains éléments d'un ouvrage à construire ou la totalité de ce dernier[2016]. Le nouvel article L. 111-1-1 du Code de la construction et de l'habitation indique que les éléments préfabriqués font par nature « *indissociablement corps avec les ouvrages de viabilité, de fondation, d'ossature, de clos et de couvert de la construction* ». Doit-on comprendre que toute construction modulaire est nécessairement fixée au sol, ou bien que les éléments préfabriqués, une fois assimilés, constituent une construction uniforme, sans que cela ne préjuge de son ancrage au sol ? L'article 532 du Code civil dispose que les matériaux assemblés pour construire un nouvel édifice sont « *meubles jusqu'à ce qu'ils soient employés par l'ouvrier dans une construction* », laissant ainsi entendre qu'une fois assemblés sur le chantier, ils sont automatiquement immobilisés au sein de l'ouvrage. Or, puisque l'article L. 111-1-1 « *n'a d'autre utilité que de*

2013 R. LIBCHABER, « Biens », *Répertoire de droit civil*, Dalloz, mai 2016 (actualisé en avril 2018), § 191. TGI. NANTERRE, 21 juin 1996, *RDI* 1996. 575, obs. P. MALINVAUD, B. BOUBLI.

2014 https://blogconstructionmodulaire.com/actualites-modulaires/architecture-modulaire/article/construction-modulaire-batiments-containers-et-maisons. A la différence des constructions traditionnelles, les constructions modulaires ne sont pas élaborées sur le site d'implantation. Elles recourent massivement à la préfabrication, ce qui réduit drastiquement les délais de livraison, permet d'importantes économies sur les coûts de construction, de l'ordre de 10 à 20% (O. BAUMANN, « La construction modulaire à la conquête du marché du logement », *Le Moniteur*, 20 octobre 2014) et évite les nuisances de chantier ordinaires.

2015 M. CARCENAC, *La condition juridique des éléments préfabriqués dans la construction*, Thèse, Université Montpellier I, 1996, p. 1.

2016 Depuis l'adoption de la loi « ELAN » n° 2018-1021 du 23 novembre 2018 (article 67), cette méthode est désormais précisément définie à l'article L. 111-1-1 du CCH comme le fait de « *concevoir et réaliser un ouvrage à partir d'éléments préfabriqués assemblés, installés et mis en œuvre sur le chantier. (…) Ils sont produits sur un site qui peut être soit une usine ou un atelier, soit une installation temporaire jouxtant le chantier* ».

délimiter le champ d'application d'un futur et nouveau modèle de CCMI adapté à la construction modulaire »[2017], il est possible d'interpréter les éléments préfabriqués, au sens de la loi, comme étant destinés à prendre part à des constructions traditionnelles, fixées au sol. En effet, le contrat de construction de maison individuelle ne porte, comme son nom l'indique, que sur des maisons individuelles, immeubles par nature. C'est, au surplus, ce que laisse entendre l'article L. 111-1-1 en se référant aux « ouvrages de fondation ».

626. Pour autant, la préfabrication ne saurait conduire en toutes circonstances à l'élaboration de constructions immobilières. La jurisprudence se montre exigeante pour considérer les constructions issues d'une préfabrication comme des biens immobiliers. Elle estime qu'une structure simplement posée « *sans travaux ni fondations* » n'est pas un ouvrage immobilier, faute de posséder un ancrage au sol[2018]. Tel est notamment le cas des « habitations légères de loisirs », que l'article R. 111-31 du Code de l'urbanisme désigne comme « *les constructions démontables ou transportables, destinées à une occupation temporaire ou saisonnière à usage de loisir* ». Il en va également ainsi de toutes constructions temporaires, caractérisées par « *la faible durée de leur maintien en place* », selon les termes de l'article L. 421-5 du Code de l'urbanisme. Dès lors, « *une maison mobile ne devient un ouvrage immobilier que dans la mesure où elle perd sa mobilité pour être immobilisée, ce qui suppose une fixité et donc une certaine durabilité* »[2019]. Le cas échéant, un permis de construire devra être obtenu par le propriétaire, si la maison mobile ne conserve pas en permanence ses moyens de mobilité[2020]. L'existence de fondations étant un élément déterminant, l'immobilisation de l'ouvrage implique une indivisibilité avec le sol ou l'existant, qui induit elle-même l'utilisation de « techniques du bâtiment »[2021], ne se limitant pas à de simples travaux de pose. L'attache au sol doit se comprendre comme « *un dispositif de liaison, d'ancrage ou de fondation qui révèle que la construction ne repose pas simplement sur le sol, où elle est maintenue par son seul poids* »[2022]. En définitive, malgré leur apparence de

---

[2017] M. FAURE-ABBAD, « L'impact de la loi Elan sur les contrats spéciaux de construction immobilière », *RDI*, 2019, p. 17.

[2018] Cass. Civ. 3ème, 28 avril 1993, n° 91-14215, *Bull civ.* III, n° 56, p. 36, *AJDI* 1994. 377, *ibid.* 1994. 378, obs. J.-P. K.

[2019] P. MALINVAUD, B. BOUBLI, « Les maisons mobiles sont-elles des constructions engageant la responsabilité des constructeurs sur le fondement des articles 1792 et suivants du code civil ? », *RDI*, 1993, p. 379.

[2020] CE, 15 avril 1983, n° 28555, *Commune de Menet*, *Dr. Adm.* 1983, n° 195. CE, 12 février 1990, n° 76485, *M. Jean-Jacques Puggioni*.

[2021] Cf. *Infra*, § 630.

[2022] Cass. Com, 10 juin 1974, n° 73-10696, *Bull. civ.* IV, n° 183, p. 146. A. REYGROBELLET, C. BARTHÉLEMY, J.-E. CROS, J.-L. TIXIER, « De la nature juridique des éoliennes au regard de la distinction meuble/immeuble », *RDI*, 2015, p. 567. Cass. Civ. 3ème, 30 mars 2011, n° 10-10766, inédit. *A contrario* : Cass. Civ. 3ème, 7 novembre 2012, n° 11-25370, *Bull. civ.* III, n° 160. La Cour de cassation a pu exceptionnellement décider qu'un silo devait être qualifié d'ouvrage immobilier, bien

bâtiment, les constructions modulaires s'analysent juridiquement en biens meubles, dès lors qu'elles ne possèdent pas de fondations manifestant un ancrage au sol, et qu'elles restent déplaçables, conformément aux critères appliqués en jurisprudence. Lorsque ces ouvrages ne remplissent pas le critère de fixité qui leur permettrait d'être considérés comme des immeubles, ils sont analysés par défaut comme des biens meubles, ce qui les rend incompatibles avec toute activité de promotion immobilière.

627. L'activité du promoteur est avant tout immobilière, ce qui implique que les ouvrages sur lesquels elle porte aient une emprise au sol. A l'inverse des acteurs qui se chargent de l'ouvrage achevé, tels que l'agent immobilier ou le syndic de copropriété, le promoteur immobilier intervient en amont, en phase de construction ou de rénovation.

2. Une activité principale de construction et de rénovation

628. L'absence de définition légale de la « construction ». Si la notion de promoteur souffre d'être mal définie, la jurisprudence et la loi s'accordent néanmoins pour désigner ce dernier comme un constructeur, ce que vient confirmer son régime de responsabilité spécial, qui fait de lui un « constructeur non-réalisateur »[2023]. Le promoteur est un « constructeur », au sens où il prend part à des opérations de construction ; à ce titre, l'expression « promoteur-constructeur », couramment utilisée dans le langage courant, peut paraître maladroite dès lors que le promoteur ne se charge, par essence, que de « faire réaliser » les travaux[2024]. En toute logique, la notion de « construction » prédétermine celle de « constructeur ». Or, les différentes législations relatives aux contrats spéciaux de la construction emploient toutes ce terme sans pour autant en préciser la signification. S'agissant par exemple des normes applicables au contrat de construction de maison individuelle, « *si l'article L. 231-1 vise expressément ''l'immeuble'', l'article L. 231-2 fait référence à la notion de ''construction'', alors que l'article L. 231-2* c *et* d *utilise la notion de ''bâtiment''. (...) Malheureusement, ces notions sont juridiquement distinctes* »[2025]. Un travail de définition s'impose donc en la matière, comme le suggèrent Philippe MALINVAUD et Philippe JESTAZ : « *les notions du langage courant, lorsqu'elles désignent une réalité pratique à la fois ancestrale et évolutive, n'acquièrent pas comme par enchantement un contenu fortement*

---

qu'il ne possédât pas de fondations, car son déplacement ne pouvait s'effectuer qu'en mobilisant des moyens très importants : Cass. Civ. 1ère, 20 décembre 1993, n° 91-21434, *Bull. civ.* I, n° 374, p. 260.

[2023] Cf. *Supra*, § 234 et s.

[2024] Cass. Civ. 3ème, 23 avril 1986, n° 84-12852, *Bull. Civ.* III, n° 52. V. « Engagement relatif à l'édification d'un immeuble », *Dictionnaire Permanent Construction et Urbanisme*, Editions Législatives, actualisé le 25 juin 2014, § 42, p. 3566.

[2025] P. MELMOUX, « Loi du 19 décembre 1990. Le nouveau contrat de construction de maison individuelle », *AJDI*, 1992, p. 8.

abstrait du seul fait que le législateur les érige en notions de droit ! »[2026]. La notion de construction est « *si incertaine qu'elle fait peser sur le constructeur des risques difficilement acceptables* »[2027]. La nécessité pour les parties de recourir à des définitions contractuelles afin de pallier le silence de la loi est d'autant plus forte que la caractérisation d'une construction, et partant, d'un ouvrage, mène aux garanties légales des constructeurs et elles-mêmes aux assurances obligatoires. Si définir l'activité de « construction » est déterminant au regard des conséquences juridiques qu'une telle qualification emporte, cela présente aussi et surtout l'intérêt de cerner l'objet de l'activité du promoteur.

629. La définition juridique de la « construction ». La construction s'entend habituellement de l'« *opération qui consiste à assembler, à disposer les matériaux ou les différentes parties pour former un tout complexe et fonctionnel* »[2028]. Le terme désigne à la fois l'activité, c'est-à-dire « l'acte de construire » - que l'on interprète largement pour viser aussi bien la prestation de l'entrepreneur du bâtiment, celle de l'architecte ou encore celle du promoteur - et l'objet de cette activité, c'est-à-dire « l'ouvrage achevé ». En la matière, « *la nécessité d'obtention d'un permis de construire ne constitue pas le critère de la notion de construction d'un édifice à elle seule* (…) *; sont à retenir à cet égard la nature des travaux prévus et réalisés* »[2029]. Une prestation de construction suppose l'exécution de travaux qui se distinguent, en raison de leur importance[2030], des travaux mineurs, purement esthétiques[2031] ou de simple réparation[2032]. Les travaux de construction sont mis en œuvre pour bâtir ou édifier. Pour autant, aucun critère ou seuil n'est particulièrement admis, juridiquement ou techniquement. De manière originale, la Cour de cassation a eu l'occasion de traiter des travaux de réparation à la manière de travaux de construction, en adoptant une vision « englobante » de l'opération[2033] . Dans ce cas de figure, selon une approche quantitative, « *c'est l'addition de lots, entre la déclaration réglementaire d'ouverture de chantier (DROC) et la réception de l'ouvrage, qui permet de déterminer la qualification unique et globale des travaux réalisés* » : tous les marchés conclus à l'intérieur de cet espace-temps

---

[2026] P. MALINVAUD, P. JESTAZ, « La définition des travaux de bâtiment dans l'assurance construction », *RDI*, 1985, p. 225.

[2027] V. IONESCU, *L'équilibre juridique de l'opération immobilière d'habitation*, Thèse, Université de Dijon, 2000, p. 275.

[2028] http://www.cnrtl.fr/definition/construction.

[2029] P. MALINVAUD, B. BOUBLI, Chron. « Architectes, Entrepreneurs et Techniciens », *RDI*, 1988, p. 463.

[2030] Cass. Civ. 3ème, 31 octobre 2001, n° 00-14614, inédit, *RDI* 2002. 84, obs. P. MALINVAUD. Cass. Civ. 3ème, 4 octobre 2011, n° 10-22991, inédit, *RDI* 2012. 102, obs. J.-P. TRICOIRE.

[2031] Cass. Civ. 3ème, 19 octobre 2011, n° 10-21323 10-24231, inédit. Cass. Civ. 3ème, 28 mars 2012, n° 11-12537, inédit, *RDI* 2012. 353.

[2032] Cass. Civ. 3ème, 28 février 2018, n° 17-13478, *Bull. civ.* III, n° 24.

[2033] Cass. Civ. 3ème, 24 janvier 2012, n° 11-13165, inédit.

« *ont vocation à s'agglomérer pour constituer un ouvrage* »[2034]. Selon une approche qualitative, il est possible de retenir que les travaux de construction sont ceux qui touchent à la maçonnerie ou au gros œuvre, ou plus généralement, aux « *ouvrages de viabilité, de fondation, d'ossature, de clos ou de couvert* », selon la liste établie à l'article 1792-2 alinéa 1er du Code civil[2035]. Partant, « *si l'on porte atteinte à l'essence du bâtiment, la qualification d'ouvrage sera retenue, même s'il s'agit de petits travaux* »[2036]. En revanche, indépendamment du niveau d'importance que doivent atteindre les travaux pour correspondre à un ouvrage de construction, les techniques employées sont quant à elles indifférentes. Ces dernières ne seront déterminantes qu'en cas de désordres ; l'expert et le juge les apprécieront alors dans le but de vérifier si les règles de l'art ont bien été respectées. Elles pourront, en outre, être prises en compte par l'assureur en responsabilité décennale, lors de la mobilisation de sa garantie[2037].

630. Le recours à la notion de « travaux de bâtiment ». La jurisprudence préfère se référer à la notion de « travaux de bâtiment » plutôt qu'à celle de « construction », difficile à cerner en raison de sa dimension plurivoque. L'emploi de la notion de « travaux de bâtiment » provient originellement de l'article L. 241-1 alinéa 1er du Code des assurances, dans sa version antérieure au 9 juin 2005, qui l'associait à la responsabilité décennale et à l'obligation d'assurance afférente[2038]. En tout état de cause, l'article A 241-2, qui définissait ces travaux, a été annulé par une décision du Conseil d'Etat du 30 décembre 1979, au motif qu'« *il n'appartenait pas au Ministre de délimiter l'étendue de l'obligation d'assurance et du régime de responsabilité* »[2039]. Malgré la suppression de cet article, la Cour de cassation a continué à caractériser l'existence de « *travaux faisant appel aux techniques de travaux de bâtiment* »[2040]. Par la suite, l'ordonnance du 8 juin 2005 a modifié l'article L. 241-1 alinéa 1er du Code des assurances, afin que le champ d'application de l'assurance obligatoire couvre l'ensemble des ouvrages immobiliers susceptibles de donner lieu à une action décennale[2041], en supprimant toute référence à l'exécution de « travaux de bâtiment ». Ceci n'a pas empêché la Cour de

---

[2034] C. FLEURIOT, « Responsabilité : focus sur les notions d'ouvrage et de réception », *Dalloz actu.*, 21 février 2013.

[2035] Cass. Civ. 3ème, 26 avril 2006, n° 05-13971.

[2036] C. FLEURIOT, *art. préc.*

[2037] Cf. *Infra*, § 898.

[2038] J.-B. TAILLAN, C. SABUT (dir.), *Dictionnaire de la maîtrise d'ouvrage publique et privée*, 2ème éd., Le Moniteur, 2019, p. 487. G. LEGUAY, P. DUBOIS, « Des travaux de bâtiment au sens du titre IV du livre II du code des assurances (art. L. 241-1 et s.) », *RDI*, 1991, p. 362.

[2039] CE, 30 décembre 1979, n° 15935 17366, *D.* 1980.I.R.117, obs. P. DELVOLVÉ.

[2040] Cass. Civ. 1ère, 26 février 1991, *Bull. civ.* I, n° 75, *RGAT* 1991. 402, obs. BIGOT. Cass. Civ. 1ère, 31 mars 1993, n° 90-16192, *Bull. civ.* I, n° 133, p. 88. Cass. Civ. 3ème, 16 juin 1993, n° 91-21226, *Bull. civ.* III, n° 85, p. 55.

[2041] V. MARJANOVIC, « La notion de "travaux de bâtiment" selon l'ancien article L. 241-1 du code des assurances », *AJDA*, 2014, p. 36.

cassation de conserver une référence aux « *techniques du bâtiment* », détachée de tout visa relatif au Code des assurances[2042]. La notion de « travaux de bâtiment » restreignait la construction aux seuls travaux conduisant à la réalisation de bâtiments, tandis que les « techniques du bâtiment » permettent quant à elle une interprétation plus souple, centrée sur la technicité et l'importance des interventions, mais détachée de la finalité du projet, devenue indifférente.

631. L'exclusion des constructions livrées « en kit ». Indépendamment de la question de savoir si les constructions sont juridiquement meubles ou immeubles, celles-ci peuvent dans certains cas être livrées « en kit », plutôt que construites *in situ*, comme c'est notamment le cas dans le secteur de la maison individuelle[2043]. Dans cette hypothèse, la prestation fournie à l'acquéreur s'analyse en un contrat de vente plutôt qu'en un contrat d'entreprise, sauf à ce que le fournisseur exécute également des travaux[2044]. Le promoteur immobilier est étranger à l'activité de vente d'ouvrages en « kit » lorsqu'il s'agit de ventes *stricto sensu*, ne comportant aucune obligation de construire.

632. Une activité de construction comprenant, par assimilation, la rénovation lourde. S'il est acquis que le promoteur « construit », peut-on considérer « *qu'on édifie lorsqu'on améliore, réhabilite ou rénove* »[2045] ? L'article 3 des statuts de la Fédération des Promoteurs Immobiliers répond par l'affirmative en incluant la « *rénovation* » et la « *réhabilitation* » dans le périmètre de la promotion immobilière. Si le promoteur est susceptible de recourir au contrat de vente d'immeuble à rénover dans le cadre de son activité, le champ d'application de ce dernier est plus large que celui de la promotion immobilière, en ce qu'il comprend également la rénovation « légère »[2046]. Or, le promoteur immobilier n'est un « rénovateur » qu'autant qu'il est un « constructeur ». Les travaux de rénovation qu'il est amené à prendre en charge doivent pouvoir être assimilés à des travaux de construction, dans la mesure où ils tendent à des opérations de réhabilitation ou de rénovation lourde, s'apparentant à « *des agrandissements ou à des restructurations complètes*

[2042] Cass. Civ. 3ème, 23 mai 2007, n° 04-17473, inédit, *RDI* 2007. 353, obs. P. MALINVAUD, *Constr.-Urb.* 2007, comm. 141.

[2043] D. TOMASIN, « Le contrat de vente ''en kit'' est un contrat de construction de maison individuelle dès que le vendeur s'engage à procéder à la construction d'un chalet d'un certain modèle pour un certain prix », *RDI*, 2001, p. 380. Article L. 111-1-1 du CCH.

[2044] Cass. Civ. 3ème, 17 décembre 2014, n° 13-17485, inédit, *RDI* 2015. 125. obs. B. BOUBLI. Depuis l'entrée en vigueur de la loi « ELAN », dans l'hypothèse où la commercialisation des éléments préfabriqués composant l'ouvrage va de pair avec des prestations de montage, les parties doivent conclure un contrat de construction de maison individuelle (articles L. 231-2, L. 231-3, L. 231-6, L. 242-2 du CCH).

[2045] R. SAINT-ALARY, « Le consommateur et son logement », *RDI*, 1981, p. 14.

[2046] Cf. *Supra*, § 374.

d'immeubles », au sens de la loi[2047]. Si la réhabilitation est appréhendée sous différents angles par le droit commercial, le droit pénal[2048], ou le droit de l'urbanisme[2049], elle n'est paradoxalement pas définie en droit de la construction.

633. Antérieurement, la jurisprudence décidait bien « *de façon constante, que des travaux de restauration suffisamment importants* [étaient] *assimilables à la construction d'un ouvrage* »[2050], mais elle se fondait à ce titre sur des critères variables tels que la nature des travaux, leur assiette, leur volume ou encore leur montant[2051]. Depuis 2008[2052], l'article R. 262-1 du Code de la construction et de l'habitation prend le soin de différencier les travaux de rénovation génériques, qui sont « *tous ceux qui portent sur un immeuble bâti existant* », des travaux de rénovation lourde « *assimilables à une reconstruction* ». Ces derniers supposent de rendre à l'état neuf la majorité des fondations, des autres éléments déterminant la résistance et la rigidité de l'ouvrage, la consistance des façades hors ravalement ou bien deux tiers de certains éléments de second œuvre. Si ces critères restent difficiles à mettre en application en raison de leur caractère technique, qui nécessite de recueillir l'avis d'un spécialiste (vraisemblablement celui d'un expert judiciaire), ils ont le mérite de lier le juge dans son travail de qualification[2053]. Il est intéressant de relever que la définition de l'immeuble neuf, servant de support à la législation fiscale pour le prélèvement de la taxe sur la valeur ajoutée, désigne aussi bien la « *construction nouvelle* » que les « *travaux portant sur des immeubles existants qui ont consisté en une surélévation ou qui ont rendu à l'état neuf* » les mêmes éléments que ceux listés à l'article R. 262-1 du Code de la construction et de l'habitation[2054]. L'application d'un même impôt pour les travaux de construction et pour les

---

[2047] Article R. 262-1 du CCH (cf. *infra*).

[2048] S. GUINCHARD, T. DEBARD, *Lexique des termes juridiques*, 27ème éd., Dalloz, 2019, p. 923.

[2049] Article L. 421-14 du Code de l'urbanisme.

[2050] R. RAFFI, « Assimilation à une construction d'importants travaux de réhabilitation d'un immeuble et indivisibilité entre l'existant et les travaux neufs », *D.* 1995, p. 279.

[2051] CA. RIOM, 16 février 1988, *RDI* 1988. 464 : dans cet arrêt, la cour d'appel se réfère au coût des travaux. CA. VERSAILLES, 10 juin 1988, *D.* 1988.I.212, *RDI* 1988. 463 : dans cette espèce, la Cour a écarté la notion d'édifice au motif qu'il n'y avait pas eu « *construction d'un bâtiment nouveau ou adjonction d'un édifice, ou agrandissement et surélévation de l'immeuble existant mais seulement une rénovation de l'ancien immeuble* » (correspondant à l'aménagement intérieur et à la suppression de cloisons internes). V. également : Cass. Civ. 3ème, 30 mars 1994, n° 92-11996, *Bull. civ.* III, n° 70, p. 42, *RDI* 1995. 194, obs. J.-C. GROSLIÈRE, C. SAINT-ALARY-HOUIN, *D.* 1995. 279, obs. R. RAFFI. Cass. Civ. 3ème, 29 janvier 2003, n° 01-13034, *Bull. civ.* III, n° 18, p. 16, *Constr.-Urb.* 2003. comm. 99.

[2052] Depuis l'adoption du décret n° 2008-1338 du 16 décembre 2008 relatif à la vente d'immeuble à rénover.

[2053] Cass. Civ. 3ème, 4 avril 2013, n° 11-25198, *Bull. civ.* III, n° 45.

[2054] Article 257 2° du Code général des impôts (v. également, article 245 A).

travaux de rénovation lourde plaide dans le sens de leur assimilation en droit et autorise à considérer que l'un renvoie à l'autre, dans un rapport d'équivalence. En conséquence, il est possible de considérer que l'activité de rénovation du promoteur inclut par principe celle que la loi rattache à la construction, conformément à l'article R. 262-1 précité, à laquelle on peut ajouter la réalisation de travaux de rénovation substantiels. Pour le reste, les simples travaux d'entretien ou de réparation et les travaux de rénovation légère, par nature superficiels, se situent en dehors des gammes d'opérations supervisées par le promoteur immobilier.

634. Le sort particulier des travaux sur existants. *A priori*, « *la notion de construction d'un ouvrage rappelle plus l'idée d'une édification à neuf que celle d'une intervention sur un ensemble existant* »[2055]. Néanmoins, dans le cadre de ses opérations de rénovation, le promoteur est amené à intervenir sur des terrains déjà construits, afin de transformer l'existant, pour l'améliorer ou l'agrandir. Cette circonstance n'emporte aucune conséquence particulière, si ce n'est celle d'étendre l'application des garanties légales aux désordres affectant l'existant, dès lors que ce dernier forme un tout indivisible avec les nouveaux ouvrages[2056]. En effet, « *c'est parce que l'idée de construction d'un ouvrage n'est acceptable pleinement que pour des travaux importants qu'on peut en déduire la conséquence générale d'une indivisibilité matérielle entre les parties anciennes et nouvelles, et l'exigence d'une parfaite connaissance du support existant par les locateurs d'ouvrage, comme s'ils l'avaient construit* »[2057]. En tout état de cause, cette jurisprudence a récemment fait l'objet d'un revirement radical, selon lequel les éléments d'équipement dissociables simplement posés sur existant sont désormais également couverts par la garantie décennale[2058]. Si cette évolution n'impacte pas le promoteur, qui n'intervient par définition qu'au titre de travaux de construction[2059], il peut en revanche voir sa garantie décennale mobilisée pour des désordres affectant des existants rendus indivisibles avec les parties neuves de l'ouvrage.

635. En dehors de son activité de constructeur, qui inclut dans une certaine mesure celle de rénovateur, le promoteur peut être amené à intervenir avant le démarrage du chantier, en se chargeant lui-même de l'aménagement du terrain, voire postérieurement à la livraison, en conservant la maintenance de l'ouvrage achevé ou sa gestion. La profession, qui parle à ce titre d'« *intégration*

[2055] R. RAFFI, *art. préc.*, p. 279.

[2056] H. PÉRINET-MARQUET, « La responsabilité relative aux travaux sur existants », *RDI*, 2000, p. 483. *Constr. Urb.* 2007. Etude 11. P. DESSUET, « Travaux sur existants : la responsabilité », *RDI*, 2012, p. 128.

[2057] R. RAFFI, *art. préc.*, p. 279. Cass. Civ. 3ème, 30 mars 1994, n° 92-11996, *Bull. civ.* III, n° 70, p. 42.

[2058] J. ROUSSEL, « Les existants, la Cour de cassation et le législateur », *RDI*, 2018, p. 573.

[2059] Cf. *Supra*, § 628 et s.

verticale »[2060], rechercherait par ce biais des « *activités moins sujettes à des phases de retournement conjoncturel (…) et moins commandées par des variables exogènes* »[2061].

3. Des activités accessoires d'aménagement et de maintenance

636. L'aménagement du terrain. En amont de la phase de construction, certains promoteurs supervisent ou prennent directement en charge les travaux d'aménagement du terrain. L'article L. 300-1 du Code de l'urbanisme définit l'activité d'aménagement à travers le prisme de l'aménagement du territoire et des objectifs que la personne publique doit poursuivre à ce titre. L'aménagement foncier renvoie plus concrètement à l'allotissement des terrains et à l'installation d'infrastructures permettant de viabiliser les tènements à construire afin qu'ils puissent accueillir de nouveaux ouvrages. Il est intéressant de noter que l'article 3 des statuts de la Fédération des Promoteurs Immobiliers cite « *l'aménagement* » parmi les différentes activités qui composent la promotion immobilière. Pour certains auteurs, « *les promoteurs et les lotisseurs semblent se classer dans la catégorie des ''confrères'' mais néanmoins concurrents, puisque ces derniers sont des agents actifs de la production immobilière* »[2062]. Selon Mélanie PAINCHAUX, entre ainsi dans la catégorie des « promoteurs vendeurs d'immeubles », « *le lotisseur vendant des parcelles viabilisées* »[2063]. Jean-Louis BERGEL et Sylvie CIMAMONTI rappellent néanmoins que « *les lotisseurs qui vendent des parcelles viabilisées mais ne procèdent pas eux-mêmes à l'édification des constructions qu'assument les acquéreurs ne sont évidemment pas des promoteurs à proprement parler* »[2064]. En effet, les promoteurs sont susceptibles d'ajouter à leur activité de construction une activité d'aménagement, à titre accessoire. En revanche, ceux qui se bornent à ne faire que de l'aménagement sont uniquement des aménageurs ou des lotisseurs, non des promoteurs.

[2060] A. FRANCOIS-CUXAC, *op. cit.*, p. 47.

[2061] J. POLLARD, *op. cit.*, p. 32.

[2062] H.-M. TUBIANA, S. GAILLARD, *Marchands de biens et autres activités immobilières. Aspects juridique, financier, comptable, fiscal et audit*, 5ème éd., LexisNexis Litec, 2009, p. 10.

[2063] M. PAINCHAUX, Fasc. 222 « Construction. – Responsabilité des vices, malfaçons et dommages du promoteur à l'égard du souscripteur », *JCl. Construction-Urbanisme*, LexisNexis, 2018, § 6. L'auteur justifie ce classement par le fait que « *les opérations de viabilisation sont des ouvrages au sens des articles 1792 et suivants du Code civil* » (*idem*).

[2064] J.-L BERGEL, S. CIMAMONTI, Fasc. 222 « Construction. – Responsabilité des vices, malfaçons et dommages du promoteur à l'égard du souscripteur », *JCl. Construction-Urbanisme*, LexisNexis, 2006, p. 29.

637. La maintenance de l'ouvrage. En aval de la phase de construction, certains promoteurs s'engagent auprès des acquéreurs à assurer la maintenance de l'ouvrage, soit directement, soit en la confiant à des techniciens spécialisés. L'activité de maintenance se situe en principe *a posteriori* de celle assumée par le promoteur, puisqu'il s'agit d'« *une obligation du maître d'ouvrage au cours de la vie des ouvrages et éléments d'équipement* », débutant à la livraison[2065]. La maintenance, qui s'impose essentiellement dans les locaux professionnels[2066], correspond à l'« *ensemble des travaux d'entretien courant, exécutés en vue de maintenir l'état de l'immeuble ou de prévenir la défaillance d'un élément d'équipement commun* »[2067]. La norme AFNOR NF EN 13306[2068] classe les activités de maintenance en fonction de leur nature (en distinguant notamment les maintenances préventive et corrective) et en fonction de leur degré d'importance (des actions simples aux actions les plus complexes). La maintenance permet d'entretenir et de valoriser le patrimoine immobilier du propriétaire, d'optimiser le fonctionnement de l'ouvrage, et de garantir la sécurité, la santé et le confort des utilisateurs. De plus, l'accédant peut avoir intérêt à confier les opérations de maintenance à un professionnel, afin qu'en cas de vices ou de malfaçons, il puisse faire supporter à ce dernier la part de responsabilité qui pourrait éventuellement lui être reprochée du fait d'un mauvais entretien de l'ouvrage.

638. La gestion et l'administration de l'immeuble. Le promoteur peut également rester saisi postérieurement à la livraison de l'opération, en qualité d'administrateur de l'immeuble, en vertu d'un mandat de gestion. Une telle activité présente l'inconvénient d'être réglementée[2069], mais assure des revenus complémentaires relativement sûrs et stables. Certains grands groupes de promotion immobilière possèdent une filiale entièrement dédiée à la gestion immobilière. Dans un autre registre, les « promoteurs défiscalisateurs »

[2065] J.-B. TAILLAN, C. SABUT (dir.), *op. cit.*, p. 297.

[2066] I. SOYER, H. DIXNEUF, J.-P. SEGRÉTAIN, *La maintenance des bâtiments en 100 fiches pratiques*, Le Moniteur, 2014, p. 11 : la maintenance implique une activité de gestion technique, qui renvoie à « *l'ensemble des tâches permettant de fournir à l'entreprise un site correspondant à ses besoins fonctionnels, d'en optimiser le confort et les coûts tout en minimisant les risques et ce, en tenant compte de la politique générale et immobilière de l'entreprise ainsi que des contraintes réglementaires, économiques, techniques et sociales* ».

[2067] *Idem.*

[2068] La norme NF EN 13306 définit elle-même la maintenance comme « *l'ensemble des activités destinées à maintenir ou à rétablir un bien dans un état ou dans des conditions données de sûreté de fonctionnement pour accomplir une fonction requise. Ces activités sont une combinaison d'activités techniques, administratives et de management* » (D. ADDA, M. SISSUNG, *Outils pour sécuriser les contrats de maintenance de bâtiments*, Le Moniteur, 2013, p. 9).

[2069] La « gestion immobilière » fait partie des activités régies par la loi n° 70-9 du 2 janvier 1970 réglementant les conditions d'exercice des activités relatives à certaines opérations portant sur les immeubles et les fonds de commerce.

proposent parfois des prestations globales à leurs clients, incluant la construction puis la gestion locative des immeubles[2070].

639. L'activité du promoteur immobilier se caractérise par son objet limitatif. Ses prestations ne portent que sur des biens immobiliers, qu'il s'agisse de constructions neuves à bâtir ou d'existants à transformer. En sus de ces prestations, exercées à titre principal, le promoteur peut adjoindre en amont et en aval d'autres activités, à titre accessoire, telles que l'aménagement et la maintenance. Si l'activité du promoteur immobilier peut être analysée sous un angle matériel, elle peut également l'être sous un angle juridique.

B) La nature juridique de l'activité de promotion immobilière

640. S'il est certain que la promotion immobilière constitue une activité économique « *de production, de transformation, de distribution de biens et de prestations de services* », « *vendus sur un ou plusieurs marchés* »[2071], quelle est précisément sa nature juridique ? (1). Pour Bertrand AVRIL et Bernard ROTH, « *le promoteur est un producteur et son activité devrait être qualifiée d'industrielle, même si chacune de ses productions présente un caractère plutôt artisanal ne serait-ce que parce qu'il n'y a jamais deux projets identiques, en raison de la spécificité des sites et terrains d'accueil* »[2072]. En réalité, l'activité du promoteur ne s'apparente ni à une activité industrielle ni à une activité artisanale, faute d'en remplir les critères (2).

1. Une activité civile ou commerciale

641. La promotion immobilière sous forme de construction-vente : une activité civile. L'activité civile ne fait l'objet d'aucune définition positive. Elle est, par défaut, ce que l'activité commerciale n'est pas, cette dernière étant définie de manière restrictive aux articles L. 110-1 et L. 110-2 du Code de commerce. Aussi, « *sont civiles toutes les activités qui ne sont pas commerciales, c'est-à-dire toutes celles qui ne constituent pas une entremise dans la circulation des richesses avec intention spéculative* »[2073]. Selon l'article L. 110-1 du Code de commerce, « *la loi répute actes de commerce : (…) 2° tout achat de biens immeubles aux fins de les revendre, à moins que l'acquéreur n'ait agi en vue d'édifier un ou plusieurs bâtiments et de les vendre en bloc ou*

[2070] J. POLLARD, *op. cit.*, pp. 33-34. L'auteur cite en exemple le groupe NEXITY, qui a fait l'acquisition de sociétés d'administration de biens, de résidences étudiantes et de réseaux d'agents immobiliers, pour diversifier son activité.

[2071] J. PAILLUSSEAU, « Les apports du droit de l'entreprise au concept de droit », *D.* 1997, p. 97 *in* O. GRAF, *La personne morale : un non-professionnel ?*, Thèse, Université d'Aix-Marseille, 2015, pp. 123-124.

[2072] B. AVRIL, B. ROTH, *op. cit.*, p. 17.

[2073] B. GOUTHIÈRE, J.-P. REGOLI, V. JULIENNE, M. SUQUET-COZIC, « Généralités », *Mémento Sociétés civiles*, Francis Lefebvre, 2019, p. 24.

par locaux »[2074]. L'achat de biens immobiliers aux fins de revente, qui caractérise notamment la prestation du marchand de biens, est une activité commerciale, tandis que l'édification de bâtiments en vue de la vente se trouve dans la nomenclature des actes civils[2075]. Cette exception renvoie en toute logique à la vente d'immeuble à construire et, à travers elle, au promoteur initiateur, qui « *n'est pas commerçant mais exerce une activité civile* »[2076]. Les opérations de promotion, dans lesquelles un acte de construction précède une vente, se trouvent ainsi placées en dehors de la catégorie des actes de commerce par nature : « *l'activité de pure promotion immobilière devra donc être considérée comme de nature civile* »[2077], car en effet, « *l'activité de construction-vente est une activité civile par détermination de la loi* »[2078]. Comme le souligne néanmoins Philippe MALINVAUD, l'article 35.I. 1°bis du Code général des impôts traite comme des « bénéfices industriels et commerciaux », « *les bénéfices réalisés par les personnes physiques qui, à titre habituel, achètent des biens immeubles, en vue d'édifier un ou plusieurs bâtiments et de les vendre, en bloc ou par locaux* »[2079]. La portée de cette règle doit néanmoins être relativisée au regard de l'autonomie du droit fiscal.

642. La promotion immobilière sous forme de prestation de services : une activité commerciale. L'article L. 121-1 du Code de commerce dispose que « *sont commerçants ceux qui exercent des actes de commerce et en font leur profession habituelle* ». Précisément, le commerçant désigne « *toute personne physique ou morale qui de manière indépendante (pour son propre compte), fait*

[2074] Alors que les activités immobilières revêtaient une nature civile, la loi n° 67-563 du 13 juillet 1967 est venue modifier l'article 632 ancien du Code de commerce pour rendre commerciaux les actes portant sur les immeubles. Puis la loi n° 70-601 du 9 juillet 1970 a précisé, à l'article 632, que cette règle était valable « *à moins que l'acquéreur n'ait agi en vue d'édifier un ou plusieurs bâtiments et de les vendre en bloc ou par locaux* » (P. MALINVAUD, P. JESTAZ, P. JOURDAIN, O. TOURNAFOND, *Droit de la promotion immobilière*, 9ème éd., Dalloz, 2014, p. 299). Le cas échéant, l'activité conserve une nature civile (Cass. Com., 10 avril 1975, n° 73-13310, *Bull. civ.* IV, n° 90, p. 75).

[2075] Quant aux « *opérations d'intermédiaire pour l'achat, la souscription ou la vente d'immeubles, de fonds de commerce, d'actions ou parts de sociétés immobilières* », listées parmi les actes de commerce à l'article L. 110-1, elles ne concernent pas le promoteur immobilier dans la mesure où elles renvoient à de simples opérations d'entremise qui ne comportent aucune prestation de travaux.

[2076] H.-M. TUBIANA, S. GAILLARD, *op. cit.*, p. 11. D. GUÉVEL, Fasc. 40 « Contrats et Obligations. – Preuve testimoniale. – Liberté des preuves en matière commerciale », *JCl. Code civil*, LexisNexis, 2010, § 69 : « *les promoteurs immobiliers, sauf s'ils sont sous forme de sociétés commerciales, sont (par exception) des personnes civiles* ».

[2077] J.-L. BERGEL (dir.), « Promoteur personne physique ou société civile », *Lamy Droit Immobilier*, actualisé en juin 2019, § 2753.

[2078] Fasc. 6110 « Construction. – Sociétés civiles de construction-vente », *JCl. Roulois*, LexisNexis, 29 novembre 2017, § 3.

[2079] P. MALINVAUD, P. JESTAZ, P. JOURDAIN, O. TOURNAFOND, *op. cit.*, p. 38.

profession de réaliser des actes de commerce par nature »[2080]. Les articles L. 110-1 et 2 du Code de commerce établissent deux listes limitatives d'actes de commerce, dont la seconde prévoit que « *la loi répute* (…) *actes de commerce : 1° Toute entreprise de construction* ». Les « *activités du bâtiment* » étaient pourtant qualifiées d'activités artisanales par l'annexe au décret du 2 avril 1998[2081] - qui visait « *la construction, l'entretien et la réparation des bâtiments* », à travers les « *métiers de gros œuvre, de second œuvre et de finition du bâtiment* » - avant que cette annexe soit abrogée par un décret du 4 mai 2017[2082]. Si « *toute entreprise de construction* » correspond à une activité commerciale, doit-on considérer que, par assimilation, l'activité de promotion immobilière possède une nature commerciale ? Le commerce peut correspondre à une « *profession principale ou secondaire* », sans pouvoir constituer une « *activité accessoire à une profession civile principale* »[2083]. Dans cette perspective, le promoteur initiateur, dont l'activité – de nature civile – consiste à vendre des biens à construire, ne peut être considéré comme commerçant, même lorsque qu'il prend accessoirement en charge la commercialisation des lots de l'opération. En revanche, en dehors de la construction-vente, spécifiquement civile, les autres activités du promoteur peuvent quant à elles revêtir une nature commerciale. Dès lors, celui qui achète des immeubles et les revend après rénovation, mais sans avoir fait édifier des bâtiments, « *accomplit bien des actes de commerce* »[2084]. De même, « *lorsque le promoteur agit en qualité de prestataire de services, la plupart des auteurs lui reconnaissent la qualité de commerçant* »[2085]. Il en va donc ainsi du promoteur mandataire intervenant dans le cadre d'un contrat de promotion immobilière, ou du maître d'ouvrage délégué.

643. Conformément aux définitions des activités civiles et commerciales qui prévalent en droit positif, la promotion immobilière est susceptible d'embrasser l'une ou l'autre catégorie, en fonction de son objet. Schématiquement, le promoteur initiateur, qui construit pour vendre, exerce une activité civile, tandis que le promoteur prestataire de services peut être considéré comme un

---

[2080] D. GUÉVEL, Fasc. 40 « Contrats et Obligations. – Preuve testimoniale. – Liberté des preuves en matière commerciale », *JCl. Code civil*, LexisNexis, 2010, § 71. M. PÉDAMON, H. KENFACK, *Droit commercial. Commerçants et fonds de commerce, concurrence et contrats du commerce*, 4ème éd., Dalloz, 2015, p. 95.

[2081] Décret n° 98-246 du 2 avril 1998 relatif à la qualification professionnelle exigée pour l'exercice des activités prévues à l'article 16 de la loi n° 96-603 du 5 juillet 1996 relative au développement et à la promotion du commerce et de l'artisanat.

[2082] Décret n° 2017-767 du 4 mai 2017.

[2083] D. GUÉVEL, Fasc. 40 « Contrats et Obligations. – Preuve testimoniale. – Liberté des preuves en matière commerciale », *JCl. Code civil*, LexisNexis, 2010, § 71. M. PÉDAMON, H. KENFACK, *op. cit.*, p. 94. V. en ce sens, Cass. Com. 17 mars 1981, n° 79-14117, *Bull. civ.* IV, n° 149.

[2084] M. PÉDAMON, H. KENFACK, *op. cit.*, p. 63.

[2085] J.-L. BERGEL (dir.), « Promoteur personne physique ou société civile », *Lamy Droit Immobilier*, actualisé en juin 2019, § 2753.

commerçant, si tant est que sa prestation corresponde à une « *entreprise de construction* ». Pour le reste, la promotion immobilière ne s'apparente ni à une activité artisanale, ni à une activité industrielle, ni encore à une activité libérale.

2. Une activité ni artisanale ni industrielle

644. Une activité qui ne peut être qualifiée d'« artisanale ». L'artisan entretient un lien avec l'artiste si l'on considère qu'il se distingue des autres professionnels par son savoir-faire, qui confine parfois au talent. Cette compétence particulière justifie que certaines qualifications (diplôme, titre, expérience) soient nécessaires pour pouvoir exercer une activité de type artisanal[2086]. L'artisanat constitue une catégorie professionnelle réglementée, notamment conditionnée par une immatriculation au répertoire des métiers[2087]. L'article 19 de la loi n° 96-603 du 5 juillet 1996 définit les artisans comme « *les personnes physiques et les personnes morales qui n'emploient pas plus de dix salariés et qui exercent à titre principal ou secondaire une activité professionnelle indépendante de production, de transformation, de réparation ou de prestation de services figurant sur une liste établie par décret en Conseil d'Etat* ». En dehors de sa définition administrative, l'artisanat est identifié selon un faisceau d'indices prenant en considération « *la nature du travail accompli* », qui doit être manuel, « *la part personnelle que prend l'exploitant à l'exécution du travail* » et « *l'absence de spéculation sur les autres facteurs de production de l'entreprise qu'il met en œuvre* », tels que la main d'œuvre ou les matériaux. En définitive, « *l'artisan au regard du droit privé est une profession qui tire l'essentiel de ses ressources de son travail manuel et du travail de sa famille* »[2088].

645. Il est un travailleur indépendant, qui effectue des travaux unitaires ou de courtes séries, permettant une personnalisation des produits et des services. Son entreprise est de petite taille - l'article 19 de loi du 5 juillet 1996 évoquait à l'origine une limite de dix salariés[2089] - et il ne doit pas faire d'actes de commerce sans rapport avec ses activités artisanales[2090]. Sa prestation induit majoritairement le recours au contrat d'entreprise, en raison de la spécificité de son objet, à l'inverse du commerce qui utilise essentiellement la vente. L'artisan est son propre outil de travail ; à la différence du commerçant qui met en œuvre des moyens qui ne lui sont pas personnels[2091], il exploite uniquement ses propres

---

[2086] Article 21 de la loi n° 96-603 du 5 juillet 1996 relative au développement et à la promotion du commerce et de l'artisanat.

[2087] *Ibid.*, article 19.

[2088] M. PÉDAMON, H. KENFACK, *op. cit.*, p. 110.

[2089] Ce seuil a été modifié ensuite par les lois n° 2014-626 du 18 juin 2014 et n° 2016-1691 du 9 décembre 2016.

[2090] H. NASOM, *Recherche sur la notion juridique de profession*, Thèse, Université Paris X Nanterre, 1999, p. 347.

[2091] Cass. Com., 19 juin 1984, n° 83-11796, *Bull. civ.* IV, n° 199.

qualités, intellectuelles ou manuelles[2092]. Compte tenu de ces différents critères, la promotion immobilière ne peut être considérée comme une activité artisanale. Le promoteur n'accomplit aucun travail manuel ; il supervise différentes équipes, si bien que la part de son implication personnelle dans l'opération de construction reste moindre ; et il spécule sur tous les facteurs de production. En revanche, le promoteur partage avec l'artisan le fait de produire des ouvrages « unitaires », dans la mesure où ses programmes sont par nature uniques[2093].

646. Une activité qui ne peut être qualifiée d'« industrielle ». La nature industrielle de l'activité de promotion immobilière pourrait s'expliquer par « *les enjeux économiques concernés et les masses financières mises en œuvre* », ainsi que par sa technicité, impliquant notamment la « *maîtrise de nombreuses disciplines et la coordination d'acteurs* »[2094]. Pour autant, la promotion immobilière ne remplit pas les critères d'une activité industrielle à proprement parler. Au sens de l'article 1465 du Code général des impôts, qui constitue la seule source juridique, qui plus est « autonome », à se prononcer sur cette notion, « *ont un caractère industriel, les entreprises exerçant une activité qui concourt directement à la fabrication ou à la transformation de biens corporels mobiliers et pour laquelle le rôle des installations techniques, matériels et outillages mis en œuvre est prépondérant* »[2095]. En intervenant uniquement dans le cadre d'opérations immobilières, et non sur des biens mobiliers, le promoteur ne peut être considéré comme exerçant une activité industrielle, à tout le moins au sens juridique du terme.

647. Une activité qui ne peut être qualifiée de « libérale ». Selon la définition donnée par le législateur, à l'article 29 I de la loi du 22 mars 2012[2096], les professions libérales regroupent « *les personnes exerçant à titre habituel, de manière indépendante et sous leur responsabilité, une activité de nature généralement civile ayant pour objet d'assurer, dans l'intérêt du client ou du public, des prestations principalement intellectuelles, techniques ou de soins mises en œuvre au moyen de qualifications professionnelles appropriées et dans le respect de principes éthiques ou d'une déontologie professionnelle, sans préjudice des dispositions législatives applicables aux autres formes de travail indépendant* »[2097]. Ainsi, l'activité libérale est une activité civile, qui se caractérise par son indépendance. Elle implique des prestations intellectuelles,

---

[2092] D. BERT, *Le droit de l'activité professionnelle indépendante. Essai d'une théorie générale*, Thèse, Université de Versailles Saint-Quentin-en-Yvelines, 2010, p. 55.
[2093] Cf. *Supra*, § 156.
[2094] B. AVRIL, B. ROTH, *op. cit.*, p. 203.
[2095] CE, 22 septembre 2014, n° 367204, *Lebon*.
[2096] Loi n° 2012-387 du 22 mars 2012 relative à la simplification du droit et à l'allégement des démarches administratives.
[2097] Il est également intéressant de noter que cette définition est partiellement reprise au considérant 43 de la directive 2005/36/CE du Parlement européen et du Conseil du 7 septembre 2005 relative à la reconnaissance des qualifications professionnelles.

requérant des qualifications particulières, qui sont exécutées en pleine autonomie au profit d'une clientèle, sous la seule responsabilité du professionnel. Les professions libérales sont le plus souvent réglementées et dépendent d'un ordre professionnel[2098]. La promotion immobilière ne peut être assimilée à une activité libérale car, à ce jour, elle ne repose sur aucune qualification particulière et ne répond à aucune déontologie, qui seraient, *a fortiori*, sanctionnées par un ordre professionnel.

648. Si la promotion immobilière peut alternativement être qualifiée d'activité civile ou commerciale, plusieurs de ses traits s'opposent à un classement dans les catégories artisanale, industrielle ou libérale. La définition de l'activité du promoteur, sur les plans juridique et matériel, reste lacunaire si l'on ne s'intéresse pas à l'objet de cette activité : l'ouvrage construit ou rénové. Celui-ci peut emprunter de multiples formes et remplir tous types d'usages.

II. Les finalités variées de l'ouvrage créé ou transformé

649. La promotion immobilière correspond par essence à une activité immobilière de construction-rénovation, impliquant la réalisation de travaux d'une certaine importance, qui tendent à la production d'« ouvrages ». Au-delà de ce premier constat, l'on doit reconnaître qu'elle constitue aussi « *une activité de production de biens immobiliers de nature et d'utilisation diverses (logement, immobilier de loisirs ou immobilier d'entreprise)* »[2099]. Le promoteur déploie son activité auprès de multiples interlocuteurs. Il possède la faculté de répondre à tous types de besoins, sans que son activité soit restreinte par nature à certains usages uniquement (A). Aussi, peut-il être amené à satisfaire les demandes des personnes publiques, parallèlement à son implication principale dans le secteur privé (B).

A) Une activité portant sur tous types d'ouvrages

650. Lorsque le promoteur met en œuvre un programme, quel qu'il soit, son travail est orienté vers la production d'un ouvrage (1), susceptible de remplir différentes destinations (2).

1. Le résultat de l'opération de promotion : l'ouvrage

651. L'abandon des notions restrictives d'« édifice » et de « bâtiment ». Avant la réforme introduite par la loi du 4 janvier 1978[2100], l'article 1792 ancien du Code civil conditionnait l'application de la responsabilité décennale du

[2098] D. BERT, *th. préc.*, p. 51.
[2099] B. AVRIL, B. ROTH, *op. cit.*, p. 14.
[2100] Loi n° 78-12 du 4 janvier 1978 relative à la responsabilité et à l'assurance dans le domaine de la construction.

constructeur à son intervention sur un « *édifice* »[2101]. À l'heure actuelle, l'article 1831-1 du Code civil prévoit encore que le contrat de promotion immobilière porte sur la « *construction d'un ou plusieurs édifices* ». L'« édifice » désigne, à l'instar des autres constructions, un « *ouvrage architectural aux proportions importantes* », « *tout bâtiment ou travail d'art quelconque construit par assemblages de matériaux incorporés au sol* »[2102]. L'édifice a pour particularité de s'élever au-dessus du sol, ce qui exclut de son périmètre les ouvrages tels que les routes ou les terrains sportifs, les piscines, ainsi que toutes les constructions entièrement souterraines[2103]. En revanche, un ouvrage de génie civil tel qu'un pont ou un viaduc peut être entendu comme un édifice, dès lors qu'il s'élève au-dessus du sol, peu important l'absence de clos et de couvert, qui ne constituent pas des conditions déterminantes de la notion. L'« édifice » et le « bâtiment », que le sens courant et la jurisprudence tiennent le plus souvent pour synonymes[2104], coexistent dans la loi. Le terme de « bâtiment » est mentionné entre autres à l'article 1793 du Code civil, dans la définition du marché forfaitaire. La notion de « bâtiment » renvoie à « *toute construction destinée à servir d'abri et à isoler* »[2105], c'est pourquoi il s'agit d'une « *construction couverte et close* »[2106]. Si, à l'inverse de l'édifice, le bâtiment peut tout aussi bien correspondre à une construction élevée au-dessus du sol ou érigée en sous-sol, il a pour trait distinctif de protéger son occupant des éléments extérieurs. Il consiste donc en un « *édifice creux* »[2107], dans lequel il est possible de se mouvoir.

652. La conception extensive de la notion d'« ouvrage ». Avec la loi du 4 janvier 1978, le terme d'ouvrage est préféré à celui d'édifice ou de bâtiment. On conçoit habituellement l'ouvrage, au sens large, comme le produit du travail de l'artisan ou de l'artiste[2108] ; en construction, il renvoie à « *une réalisation de*

2101 P. MALINVAUD, B. BOUBLI, Chron. « Architectes, Entrepreneurs et Techniciens », *RDI*, 1988, p. 463.

2102 http://www.cnrtl.fr/definition/%C3%A9difice.

2103 P. MALINVAUD, P. JESTAZ, « La définition des travaux de bâtiment dans l'assurance construction », *RDI*, 1985, pp. 219-220. TGI. AIX-EN-PROVENCE, 22 juin 1982, *RDI* 1983. 252, obs. M. DURRY.

2104 La jurisprudence avait eu l'occasion d'indiquer que le bâtiment, comme l'édifice, renvoie d'une manière générale à « *toute construction résultant d'un assemblage de matériaux qui d'une part sont reliés artificiellement de façon à procurer une union durable et d'autre part sont incorporés au sol ou à un immeuble par nature* » (CA. PARIS, 26 novembre 1946, *JCP* 1947. II. 3444, concl. DUPIN).

2105 http://www.cnrtl.fr/definition/b%C3%A2timent.

2106 CE, 20 mars 2013, n° 350209, *Lebon*.

2107 P. MALINVAUD, P. JESTAZ, « La définition des travaux de bâtiment dans l'assurance construction », *RDI*, 1985, p. 218. E. NICOLAS, *Le rôle de la jurisprudence civile dans la responsabilité des constructeurs*, Thèse, Université de Toulouse, 1999, p. 251.

2108 L. GUILBERT, R. LAGANE, G. NIOBEY (dir.), *Grand Larousse de la langue française en sept volumes*, t. 5, 1976, p. 3880.

nature immobilière, un travail effectué d'une certaine ampleur »[2109]. L'article L. 1111-2 du Code de la commande publique dispose qu'« *un ouvrage est le résultat d'un ensemble de travaux de bâtiment ou de génie civil destiné à remplir par lui-même une fonction économique ou technique* ». Plus largement, l'ouvrage incarne le « *terme générique englobant non seulement les bâtiments mais tous les édifices et plus généralement toute espèce de construction* »[2110]. Contrairement à l'édifice et au bâtiment, l'ouvrage ne connait aucune limite, car il ne se fonde sur aucune caractéristique particulière. Peu importe son volume, qu'il soit ou qu'il ne soit pas clos et couvert[2111], qu'il soit construit en sous-sol ou élevé au-dessus de celui-ci. En tant que construction, l'ouvrage doit seulement revêtir une nature immobilière, c'est-à-dire être ancré au sol, au moyen de fondations garantissant sa fixité[2112]. Pour le reste, toute construction est un ouvrage, qu'il s'agisse d'un immeuble d'habitation, d'une usine, de voies et réseaux divers (VRD)[2113], d'un ouvrage d'art, d'équipements routiers ou de voies ferrées, d'équipements sportifs non couverts, *etc*. La jurisprudence abonde aussi dans le sens d'une conception accueillante de la notion ; dans un arrêt du 19 janvier 2017, la Cour de cassation a notamment estimé que « *la construction, sur plusieurs kilomètres, d'une conduite métallique fermée d'adduction d'eau à une centrale électrique constitu*[ait] *un ouvrage* »[2114]. Si l'activité du promoteur immobilier porte en principe sur tous types d'ouvrages, dans les faits néanmoins, ceux qu'il construit s'apparentent essentiellement à des bâtiments, c'est-à-dire à des immeubles érigés au-dessus du sol, clos et couverts, destinés à accueillir des activités humaines.

653. Si la notion d'ouvrage est très largement déclinée, la loi favorise dans certains cas une définition limitative. L'article L. 243-1-1 du Code des assurances exclut notamment du champ des assurances construction obligatoires tous les ouvrages autres que ceux correspondant à des édifices ou des bâtiments. De même, en vertu de l'article 1792-7 du Code civil, ne font pas partie des ouvrages couverts par les garanties légales « *les éléments d'équipement, y compris leurs accessoires, dont la fonction exclusive est de permettre l'exercice d'une activité professionnelle dans l'ouvrage* ». A cet égard, il est intéressant de noter que l'ouvrage possède une signification qui lui est propre dans les

---

2109 J.-B. TAILLAN, C. SABUT (dir.), *op. cit.*, p. 342.

2110 G. CORNU, assoc. H. CAPITANT, *Vocabulaire juridique*, 13ème éd., PUF, 2020, p. 720.

2111 P. MALINVAUD, P. JESTAZ, P. JOURDAIN, O. TOURNAFOND, *op. cit.*, p. 108.

2112 A. PELON, « De quelques inconséquences des régimes de responsabilité des constructeurs », *RDI*, 2012, p. 476 : « *Cette notion couvre tout ce qui est construit ou résulte d'opérations de construction et qui est fixé au sol : bâtiments, travaux de génie civil, voies et réseaux divers, stations d'épuration, silos, vérandas, monuments funéraires, aquariums, digues, tennis, golfs, piscines* ».

2113 Cass. Civ. 3ème 17 décembre 1997, n° 96-12209, *Bull. civ.* III, n° 224, p. 150.

2114 Cass. Civ. 3ème, 19 janvier 2017, n° 15-25283, *RDI* 2017. 151, obs. P. MALINVAUD.

dispositions qui réglementent les garanties légales des constructeurs. Il désigne à la fois « *l'ensemble de construction avec tous ses éléments constitutifs et d'équipement* »[2115], selon le sens communément admis, mais également chacun desdits éléments qui le composent, ce qui confère aux garanties légales un horizon beaucoup plus large[2116].

654. La définition doctrinale de l'« ouvrage ». En dehors de son sens matériel, l'ouvrage a sa propre signification théorique. Pour Amandine CAYOL, l'ouvrage est un bien, c'est-à-dire une chose utile, rare et appropriable, sur laquelle s'exerce le droit de propriété. Il répond à un besoin spécifique, déterminé par et pour le commanditaire ; en cela, il est un corps certain, individualisé et unique. L'ouvrage est un « *bien créé pour autrui* » ; il est « *le seul représentant de son espèce* », non fongible et non substituable[2117], même s'il a mobilisé des méthodes de fabrication standardisées ou répétées. La phase de production du bien est primordiale dans le « contrat d'ouvrage », alors qu'à l'inverse, dans le contrat de vente, la chose est préexistante. Le rôle de spécification du maître d'ouvrage est central à ce titre[2118]. En outre, le fait que le « contrat d'ouvrage » porte sur un ouvrage déterminé et précis justifie l'obligation de résultat du débiteur. Selon Amandine CAYOL, contrairement à la prestation de services, par nature évanescente, le « contrat d'ouvrage » se traduit par un résultat substantiel : l'ouvrage est détachable, autonome et durable. A l'inverse, le simple service consiste en un déploiement de moyens, ce qui explique qu'il donne lieu à une obligation de moyens[2119]. Si l'obligation de faire conserve un rôle central dans le « contrat d'ouvrage », puisqu'il se définit comme le résultat d'un travail humain (matériel et indépendant)[2120], ce contrat

---

2115 P. MALINVAUD, P. JESTAZ, P. JOURDAIN, O. TOURNAFOND, *op. cit.*, p. 109.

2116 L'article 1792-2 du Code civil évoque à ce titre les « *ouvrages de viabilité, de fondation, d'ossature, de clos ou de couvert* ». Autrement dit, « *l'ouvrage au sens de l'article 1792 du code civil serait finalement ''constitué par la réunion ''des ouvrages'' qui le composent'', au sens de l'article 1792-2 du code civil* » (M. POUMARÈDE, « Les travaux ne constituant pas un élément constitutif de l'ouvrage ne relèvent pas de la garantie décennale », *RDI*, 2018, p. 466). Matthieu POUMARÈDE propose de retenir pour ces éléments la notion d'« ouvrage-composant » (*idem*). Certains sont des éléments constitutifs, tandis que d'autres sont des éléments d'équipement.

2117 A. CAYOL, *Le contrat d'ouvrage*, Thèse, Université Paris I, 2012, p. 36.

2118 Etant à l'origine du besoin, le maître d'ouvrage propose à un tiers de le concrétiser, avant de réceptionner sa commande, c'est-à-dire de l'approuver. La spécificité de l'ouvrage se manifeste également à travers la possibilité de fixer le prix *a posteriori*. En tant que création originale, l'ouvrage n'a jamais été conçu auparavant ; il est réalisé sur mesure pour satisfaire un besoin nouveau. C'est pourquoi, il peut donner lieu à une incertitude sur sa valeur lors de la formation du contrat.

2119 A. CAYOL, *th. préc.*, p. 125.

2120 R. RAFFI, *L'obligation de garantie du constructeur immobilier*, Thèse, Université Bordeaux I, 1994, p. 78. R. RAFFI, *art. préc.*, p. 279 : la couverture des vices du sol par la garantie décennale démontre que c'est bien le travail que l'on cherche à sanctionner, puisque le sol n'est pas l'ouvrage, en tant que résultat de l'intervention du constructeur.

vise toujours à « *faire pour donner* ». Le transfert de propriété est inhérent au contrat d'ouvrage, comme l'est l'obligation de « faire » l'ouvrage : il s'agit de deux obligations indivisibles relevant d'une seule et même opération. En effet, limiter la prestation du débiteur à l'obligation de faire l'ouvrage le placerait dans une logique de production industrielle destinée à la vente, tandis que l'obligation de donner prévue dans le contrat révèle que le bien a été spécifiquement créé pour être transféré à son commanditaire.

655. Le promoteur organise des opérations de construction ou de rénovation, dans le but de réaliser des ouvrages répondant spécifiquement à des commandes originales (propres au promoteur initiateur, ou passées par des tiers, dans l'hypothèse du promoteur prestataire de services). L'ouvrage étant entendu très largement, il embrasse ainsi, par une notion unique, le produit de l'ensemble des programmes immobiliers susceptibles d'être mis en œuvre par le promoteur, bien que ceux-ci portent le plus souvent sur des bâtiments. Leur destination, en revanche, reste un critère variable.

2. La destination de l'ouvrage : un critère indifférent

656. L'indifférence théorique de la destination. La destination s'entend ici de l'usage auquel est affecté un bien immobilier. A la destination d'habitation, s'opposent l'ensemble des destinations professionnelles, parmi lesquelles se trouvent les destinations libérale, commerciale, artisanale, industrielle ou encore agricole. La définition arrêtée en 1963 par la Cour d'appel de Paris précisait que le promoteur devait être entendu comme « *la personne physique ou morale qui s'engage* (…) *à construire ou à procurer un immeuble ou une partie d'immeuble à usage principal d'habitation* »[2121]. Dans sa thèse de doctorat soutenue en 1965, Robert DENOYELLE s'interrogeait sur le point de savoir « *si le terme de promotion immobilière d*[evait] *être réservé aux programmes de constructions d'immeubles à usage d'habitation, autrement dit, s'il fa*[llait] *tenir compte de l'usage auquel les bâtiments sont destinés* »[2122]. Depuis l'instauration du secteur protégé en 1967, la destination du bien à construire est déterminante, dans la mesure où elle conditionne le régime juridique de l'opération. Néanmoins, indépendamment de la réglementation différenciée qui s'applique aux rapports contractuels liant le promoteur à son client, la définition même de l'activité de promotion immobilière ne dépend pas de la destination du programme. Certes, cette dernière n'est pas sans conséquence sur la stratégie commerciale du promoteur, sur les compétences techniques, juridiques et administratives qu'il devra mobiliser et, *a fortiori*, sur les normes qu'il lui appartiendra de respecter. Pour autant, aujourd'hui comme hier, « *les différences de réglementation*

[2121] CA. PARIS, 12 juin 1963, *D.* 1964. 472, note R. SAINT-ALARY, *RTD Com.* 1963. 863, obs. R. SAINT-ALARY.

[2122] R. DENOYELLE, *Le promoteur de constructions immobilières*, Thèse, Berger-Levrault, 1965, p. 70.

n'affectent pas l'essence même de l'opération »[2123], qui suppose l'accomplissement de missions de promotion sensiblement identiques[2124], quel que soit l'usage auquel on destine l'ouvrage. Partant, « *au stade de la définition et de la qualification, il n'y a donc pas lieu de tenir compte de la destination des constructions, bien que cette destination puisse avoir quelques incidences sur la réglementation applicable aux rapports des parties entre elles* »[2125]. Ni la définition jurisprudentielle actuelle du promoteur, ni la définition légale figurant à l'article 1831-1 du Code civil, ne restreignent l'activité du promoteur à certaines destinations, limitativement énumérées.

657. L'article 3 des statuts actuels de la Fédération des Promoteurs Immobiliers, qui détaille l'activité de ses adhérents, précise qu'elle consiste à produire des « *réalisations immobilières dans divers domaines relevant des logements collectifs ou individuels, des résidences de loisirs, des résidences pour étudiants, des résidences avec service, des hôtels, des bureaux, des locaux commerciaux et industriels, des parcs d'activité* ». Cette description confirme que le promoteur n'est pas, par nature, lié à certaines catégories de biens mais qu'au contraire, toutes les destinations sont *a priori* compatibles avec son activité. Dans ces conditions, la restriction de la promotion immobilière au seul secteur de l'habitation correspond à une vision exiguë, en vigueur dans l'opinion courante, qu'il convient de dépasser. Toujours est-il qu'en pratique, la promotion immobilière est principalement orientée vers le tertiaire et, surtout, vers le logement ; celui-ci est « *le cœur d'activité de la promotion immobilière privée. Il représente plus des trois-quarts du chiffre d'affaires d'une profession contribuant à environ un tiers de la production totale de logements neufs en France* »[2126]. L'habitation, *lato sensu*, constitue la première destination des biens sur lesquels le promoteur intervient. Elle ne renvoie pas uniquement à des immeubles qui ont vocation à servir de résidence principale, mais embrasse plus largement toutes les formes d'habitation. A travers le développement des résidences-services, le logement a connu un mouvement d'ultra spécialisation[2127]. Ces nouvelles subdivisions dans la destination d'habitation n'ont d'incidence sur le régime juridique des immeubles qu'une fois ceux-ci construits et n'impactent donc pas l'activité de promotion immobilière.

658. Des constructions à destination unique ou plurielle. Le promoteur immobilier peut être amené à construire des biens qui n'ont vocation à remplir qu'un usage unique, à l'instar d'un immeuble collectif entièrement destiné à

2123 R. DENOYELLE, *th. préc.*, p. 71.
2124 Cf. *Infra*, § 694 et s.
2125 R. DENOYELLE, *th. préc.*, p. 71.
2126 A. TABURET, *Promoteurs immobiliers privés et problématiques de développement durable urbain*, Thèse, Université du Maine, 2012, p. 14.
2127 D. GUÉVEL, « Les résidences de loisir avec services », *RDI*, 1992, p. 37. V. également I. SOULEAU, « De la résidence avec services aux services avec résidence », *RDI*, 1992, p. 155.

l'habitation. Il peut également superviser des opérations dans lesquelles coexistent plusieurs types de destinations - comme c'est notamment le cas des immeubles comportant de l'habitation en étages et des locaux commerciaux, artisanaux ou professionnels au rez-de-chaussée - voire des ensembles immobiliers complexes[2128]. Le bien peut même être destiné à la fois à un usage privé et à un usage public. Dans cette hypothèse, le promoteur doit tenir compte du fait que le régime de la copropriété des immeubles bâtis, édicté par la loi du 10 juillet 1965, est incompatible avec celui de la domanialité publique[2129], ce qui implique de recourir à la technique de la division en volumes[2130]. Dans ce schéma, il n'existe plus de propriété indivise sur des parties communes ; les lots sont reliés entre eux par des servitudes conventionnelles, qui sont admises sur le domaine public[2131]. Depuis l'entrée en vigueur de la loi « ALUR » du 24 mars 2014[2132], la scission en différents volumes d'un ensemble immobilier placé sous le régime de la copropriété est reconnue dès lors qu'il s'agit « *d'un ensemble immobilier complexe comportant soit plusieurs bâtiments distincts sur dalle*[2133]*, soit plusieurs entités homogènes affectées à des usages différents, pour autant que chacune de ces entités permette une gestion autonome* »[2134].

659. Le promoteur tend à la réalisation d'ouvrages, dont la destination ne figure pas parmi les critères de définition de son activité. Bien qu'en pratique, les secteurs de l'habitation et du tertiaire soient privilégiés, *a priori* aucune destination n'est par nature à exclure de son champ d'intervention. Ainsi, le

---

2128 J.-L. BERGEL (dir.), « Opérations immobilières complexes », *Lamy Droit Immobilier*, actualisé en juin 2019, § 1801 : il s'agit « *d'ensembles immobiliers faisant intervenir plusieurs maîtres d'ouvrages (dont certains peuvent être publics), parfois sur plusieurs unités foncières, pour la construction d'un ou plusieurs bâtiments, qui se caractérisent par la superposition, l'imbrication ou la juxtaposition de locaux devant recevoir des affectations différentes* ».

2129 La propriété indivise des parties communes par la collectivité des copropriétaires porte atteinte à la propriété exclusive de la personne publique sur le domaine public ; celle-ci ne pourrait se voir imposer des décisions prises par l'assemblée générale. De même, la garantie de créance du syndicat des copropriétaires, correspondant à une hypothèque légale sur chaque lot, est contraire au principe d'inaliénabilité du domaine public (A. SÉVINO, C. MORCRETTE, *Montages immobiliers publics*, 2ème éd., EFE, 2018, p. 39. CE, 11 février 1994, *Cie d'assurance la préservatrice foncière*, n° 109564, *Lebon*).

2130 N. LE RUDULIER, « Division en volumes. – Nature et principes », *JCl. Construction-Urbanisme*, LexisNexis, 2016, § 5. V. N. LE RUDULIER, *La division en volumes*, Thèse, Université de Nantes, 2010.

2131 Article L. 2122-4 du Code général de la propriété des personnes publiques.

2132 Loi n° 2014-366 du 24 mars 2014 pour l'accès au logement et un urbanisme rénové.

2133 Indépendamment de la question de la coexistence des usages privé et public, la division en volumes peut également être utile pour faire coexister deux usages privés. Tel est le cas, par exemple, lorsqu'un ensemble immobilier complexe comprend en superficie un établissement hôtelier, et en tréfonds, un parking souterrain en copropriété.

2134 Article 28 de la loi n° 65-557 du 10 juillet 1965 fixant le statut de la copropriété des immeubles bâtis.

promoteur peut construire ou rénover des ouvrages dédiés à différents usages, alternatifs ou cumulatifs, y compris dans le secteur public.

B) Des ouvrages destinés à un usage privé ou public

660. Dans les faits, le promoteur immobilier est traditionnellement associé à une clientèle privée. En réalité, son activité peut potentiellement le conduire à interagir avec des personnes publiques ou assimilées. Il peut être le mandataire d'une personne publique dans le cadre d'un contrat de maîtrise d'ouvrage déléguée portant sur un ouvrage public (1) ou bien vendre à cette dernière ses biens en l'état futur d'achèvement, pour lui permettre de satisfaire une mission d'intérêt général (2).

1. La réalisation d'ouvrages en qualité de mandataire de la personne publique

661. Alors que la maîtrise d'ouvrage déléguée en droit public était auparavant réservée aux mandataires publics, les personnes privées, dont notamment le promoteur immobilier, sont désormais autorisées à exercer certaines des attributions du maître d'ouvrage public, en son nom et pour son compte (a). Une telle mission de représentation implique pour le promoteur de respecter les règles issues du droit public (b).

a. L'exercice de la maîtrise d'ouvrage pour le compte d'une personne publique

662. La maîtrise d'ouvrage publique. A l'inverse des maîtres d'ouvrage privés, qui désignent tous les agents économiques, particuliers et professionnels, qui assument seuls le financement de leurs opérations et qui ne sont soumis à aucune règle pour la passation de leurs marchés, les constructions des maîtres d'ouvrage publics se conforment à des normes fixées par voie d'autorité et bénéficient d'un financement d'origine publique. Elles renvoient à « *la réalisation de tous ouvrages de bâtiment ou d'infrastructure ainsi qu'aux équipements industriels destinés à leur exploitation* »[2135], édifiés sous la maîtrise d'ouvrage de l'Etat, des collectivités territoriales, de leurs établissements publics, des offices publics de l'habitat - en tant que personnes publiques - ou édifiés sous la supervision des « maîtres d'ouvrage privés réglementés »[2136].

[2135] Article 1er de la loi « MOP » n° 85-704 du 12 juillet 1985.

[2136] Conformément à l'article L. 2411-1 du Code de la commande publique, il s'agit des organismes privés de sécurité sociale, des organismes privés d'habitation à loyer modéré et des sociétés d'économie mixte pour la construction de logements à usage locatif aidée par l'Etat. Ce sont des « maîtres d'ouvrage privés réglementés », dont « *l'activité est financée majoritairement par un pouvoir adjudicateur* », ou dont « *la gestion est soumise à un contrôle par un pouvoir adjudicateur* », ou bien dont « *un organe d'administration, de direction ou de surveillance est composé de membres dont plus de la moitié sont*

L'article 2 de la loi du 12 juillet 1985 définissait le maître d'ouvrage comme « *la personne morale (…) pour laquelle l'ouvrage est construit* » ; l'article L. 2411-1 du Code de la commande publique se contente désormais d'indiquer que « *les maîtres d'ouvrage sont les responsables principaux de l'ouvrage* ». Le maître d'ouvrage public ou semi-public « *remplit dans ce rôle une fonction d'intérêt général dont il ne peut se démettre* »[2137]. Il possède plusieurs attributions légales[2138]. Selon l'article L. 2421-1 du Code de la commande publique, après s'être préalablement assuré de la faisabilité et de l'opportunité de l'opération envisagée, il lui appartient de déterminer sa localisation, d'élaborer le programme[2139], de fixer l'enveloppe financière prévisionnelle, de procéder au financement, de choisir le processus selon lequel l'ouvrage sera réalisé et de conclure, avec les maîtres d'œuvre et les entrepreneurs, les marchés publics ayant pour objet les études et l'exécution des travaux. Le maître d'ouvrage peut exercer ces missions de différentes façons[2140] : en pleine autonomie, avec ses propres services ; en se faisant assister par un prestataire extérieur (conducteur d'opération ou assistant à maître d'ouvrage) ; en les déléguant à un mandataire agissant en son nom et pour son compte ; ou bien en en confiant l'exercice à un autre maître d'ouvrage, si l'opération s'inscrit dans le cadre d'une maîtrise d'ouvrage partagée[2141]. Il arrive en effet que la personne publique ne dispose pas des compétences ou du personnel suffisant pour assumer seule la maîtrise d'ouvrage de l'opération et qu'elle soit ainsi empêchée exceptionnellement de conserver l'exercice de ses fonctions. Parmi ces

---

désignés par un pouvoir adjudicateur » (P. GRELIER WYCKOFF, *Pratique du droit de la construction. Marchés publics – Marchés privés*, 8ème éd., Eyrolles, 2017, p. 7).

2137 F. MODERNE, « La responsabilité du maître de l'ouvrage », *RDI*, 2002, p. 500 : « *Si le maître d'ouvrage privé poursuit en principe des objectifs dictés par ses intérêts propres, le maître d'ouvrage public ne saurait être guidé que par des objectifs d'intérêt général, les seuls qui puissent justifier la mobilisation des ressources publiques* », sous peine de détournement de pouvoir.

2138 P. COSSALTER, *Le mandat de maîtrise d'ouvrage et la maîtrise d'ouvrage partagée*, Territorial, 2016, p. 9.

2139 En vertu de l'article L. 2421-2 du Code de la commande publique, le programme comporte : « *1° Les objectifs que l'opération doit permettre d'atteindre ; 2° Les besoins que l'opération doit satisfaire ; 3° Les contraintes et exigences de qualité sociale, urbanistique, architecturale, fonctionnelle, technique et économique, d'insertion dans le paysage et de protection de l'environnement* ».

2140 Article L. 2422-1 du Code de la commande publique : « *1° L'assistance à maîtrise d'ouvrage ; 2° La conduite d'opération ; 3° Le mandat de maîtrise d'ouvrage ; 4° Le transfert de maîtrise d'ouvrage* ».

2141 Il s'agit d'une convention non réglementée, par laquelle plusieurs maîtres d'ouvrage d'une même opération confient à un seul d'entre eux, les droits et obligations de tous les maîtres d'ouvrage signataires. Le maître d'ouvrage choisi devient ainsi le seul maître d'ouvrage de l'opération ; il ne s'agit pas d'un mandat mais d'une substitution totale. Outre le fait qu'il n'y a qu'un seul responsable de l'opération, ce type de convention simplifie la gestion administrative et réduit les coûts (P. COSSALTER, *op. cit.*, pp. 60-62).

différentes alternatives, la délégation de maîtrise d'ouvrage occupe une place prépondérante[2142].

663. L'encadrement des missions déléguées. Si la loi autorise le maître d'ouvrage public à alléger la charge de ses attributions, c'est à la condition qu'il ne soit jamais dépossédé de ses pouvoirs. Philippe COSSALTER dénonce à cet égard les dérives auquel le législateur a entendu mettre un terme : « *les maîtres d'ouvrage s'arrêtaient à l'"idée" de faire un ouvrage et transféraient ensuite toutes leurs prérogatives à une tierce personne qu'ils ne contrôlaient le plus souvent pas ou très peu* ». De surcroît, « *les mandataires* [avaient] *acquis des monopoles de fait dans cette fonction et, dès lors qu'ils ne dépensaient pas "leur argent", des dérives financières importantes ont pu être constatées* »[2143]. Cela étant, seules certaines missions sont susceptibles d'être déléguées par le maître d'ouvrage public, afin que celui-ci honore, même dans l'hypothèse d'une délégation, la mission d'intérêt général dont il est investi. Ainsi, il ne peut reporter sur un tiers la définition du programme et la détermination de l'enveloppe financière de l'opération[2144], ces deux prérogatives étant perçues comme consubstantielles à la maîtrise d'ouvrage ; tout au plus, peut-il se faire assister à cet effet[2145]. Le maître d'ouvrage peut confier les études nécessaires à un assistant à maître d'ouvrage[2146] ou à un conducteur d'opérations, dont le domaine d'intervention est décrit par l'article L. 2422-3 du Code de la commande publique comme « *une assistance générale à caractère administratif, financier et technique* », prenant la forme d'un louage d'ouvrage[2147]. Contrairement à la maîtrise d'ouvrage déléguée de droit public, qui ne porte que sur certaines attributions du maître d'ouvrage, le contrat de promotion immobilière prévoit leur délégation totale au mandataire. Le contrat de promotion immobilière « *semble ainsi pleinement caractériser une démission – prohibée – par le maître d'ouvrage de sa fonction de maître de l'ouvrage* »[2148]. Puisque la personne publique ne peut déléguer sa maîtrise d'ouvrage que dans

---

[2142] M. TIRARD, « Le domaine de la maîtrise d'ouvrage déléguée », *RDI*, 1996, p. 451.

[2143] P. COSSALTER, *op. cit.*, p. 17.

[2144] P. GRELIER WYCKOFF, *Le mémento des marchés publics de travaux. Intervenants, passation et exécution*, 5ème éd., Eyrolles, 2011, p. 11.

[2145] B. BOUBLI, « Architecte », *Répertoire de droit immobilier*, Dalloz, janvier 2012 (actualisé en juin 2019), § 230.

[2146] Article L. 2422-2 du Code de la commande publique.

[2147] F. MODERNE, « La responsabilité décennale des constructeurs dans le cadre spécifique de l'assistance à maîtrise d'ouvrage », *RDI*, 2005, p. 65. P. GRELIER WYCKOFF, *op. cit.*, p. 16 : « *Le conducteur d'opération est un conseiller généraliste, offrant une assistance élargie tout au long de l'opération. Dès lors et* a contrario, *les missions d'assistance à caractère spécialisé ou ponctuel dans les domaines administratif, financier et technique sont réservées à l'AMO* ». F. MODERNE, « Rapport de synthèse : Nouvelles fonctions dans les marchés de construction », *RDI*, 1996, p. 511.

[2148] N. SYMCHOWICZ, *Traité des montages contractuels complexes publics*, 4ème éd., Le Moniteur, 2017, p. 320.

les limites de la loi, elle n'est donc pas en mesure d'utiliser le contrat de promotion immobilière[2149].

664. Pour le reste, l'article L. 2422-6 du Code de la commande publique dispose que le mandat de maîtrise d'ouvrage peut porter sur les attributions suivantes : « *1° la définition des conditions administratives et techniques selon lesquelles l'ouvrage sera étudié et exécuté ; 2° la préparation, la passation, la signature, après approbation du choix de l'attributaire, du marché public de maîtrise d'œuvre ainsi que le suivi de son exécution ; 3° l'approbation des études d'avant-projet et des études de projet du maître d'œuvre ; 4° la préparation, la passation, la signature, après approbation du choix des attributaires, des marchés publics de travaux, ainsi que le suivi de leur exécution ; 5° le versement de la rémunération du maître d'œuvre et le paiement des marchés publics de travaux ; 6° la réception de l'ouvrage* ». Bien que ces missions paraissent relativement étendues, elles ne vont pas nécessairement de pair avec un dessaisissement du maître d'ouvrage, puisque certaines d'entre elles requièrent son approbation, ou à tout le moins, sa collaboration. En effet, la délégation peut être « *complète pour les tâches préparatoires à la conclusion du marché* », mais elle demeure « *conditionnelle, c'est-à-dire subordonnée à l'approbation du maître d'ouvrage, pour la conclusion du marché de maîtrise d'œuvre* »[2150] et des marchés de travaux. La liste établie par le législateur n'étant pas limitative, d'autres missions sont susceptibles d'être confiées au mandataire, à défaut d'indication contraire. A titre d'exemple, dans le cadre de sa mission de gestion des contrats de travaux, il lui incombera d'accepter les sous-traitants et d'agréer leurs conditions de paiement. En tout état de cause, certaines missions sont incompatibles avec l'exercice de la maîtrise d'ouvrage publique, en qualité de maître d'ouvrage délégué. Il en va ainsi de « *toute mission de maîtrise d'œuvre, de contrôle technique (…) ou d'exécution de travaux, portant sur la même opération et exercée soit par le mandataire directement soit par une entreprise liée* »[2151].

[2149] N. SYMCHOWICZ, *op. cit.*, p. 322. N. DOURLENS, R. DE MOUSTIER, « Le recours aux contrats de promotion immobilière par les opérateurs publics », *Contrats et Marchés publics* n° 4, avril 2018, étude 6 : le contrat de promotion immobilière implique que « *l'acheteur confie* in fine *au promoteur la maîtrise totale de l'opération* », « *ce que la loi MOP a précisément pour objet d'interdire puisque ses dispositions font obligation à toute personne morale qui y est soumise d'exercer la maîtrise d'ouvrage* ». En revanche, s'agissant des « *personnes ne relevant pas du champ d'application de la loi MOP, la conclusion éventuelle d'un CPI ne se heurte pas à l'obstacle dirimant de l'obligation d'exercer la maîtrise d'ouvrage* ».

[2150] B. BOUBLI, « Architecte », *Répertoire de droit immobilier*, Dalloz, janvier 2012 (actualisé en juin 2019), § 230.

[2151] Les entreprises considérées comme « liées » à l'entité adjudicatrice sont définies à l'article L. 2511-8 du Code de la commande publique.

665. L'ouverture de la délégation aux personnes privées. A l'origine, le délégataire devait être une personne susceptible d'avoir elle-même la qualité de maître d'ouvrage au sens de la loi de 1985, soit une personne publique ou une personne privée rattachée à la sphère publique. A l'exception de l'hypothèse visée par l'article 4 g) de la loi du 12 juillet 1985 - concernant la personne privée en charge de « *la réalisation d'une ZAC ou d'un lotissement* », en qualité d'aménageur ou de lotisseur - la loi refusait aux personnes privées la possibilité de devenir délégataires de missions de maîtrise d'ouvrage publique. Dans ce contexte, les promoteurs privés ne pouvaient donc intervenir en qualité de mandataires des personnes publiques qui envisageaient de faire construire. Or, « *l'article 4, dans sa rédaction antérieure, en ce qu'il réservait à des catégories limitativement énumérées de personnes morales de droit français l'attribution du mandat, constituait une entrave à la libre prestation des services au sens de l'article 49 CE* »[2152]. Le droit français était en contradiction avec le principe de libre concurrence consacré par le droit communautaire, applicable au mandat de maîtrise d'ouvrage, en tant qu'« activité économique ». C'est l'ordonnance du 17 juin 2004[2153], adoptée dans le but de mettre en conformité la loi « MOP » avec la directive 92/50/CEE du 18 juin 1992[2154], qui a finalement consacré la possibilité pour les maîtres d'ouvrage publics de déléguer leurs missions à des mandataires privés[2155]. L'accès à la maîtrise d'ouvrage déléguée de droit public est désormais ouvert à toutes personnes, y compris aux promoteurs immobiliers, qui peuvent ainsi être désignés mandataires de l'Etat, d'une collectivité ou d'un établissement public, pour assumer en leur lieu et place les attributions « non réservées » de la maîtrise d'ouvrage.

666. La sélection formalisée du délégataire. Puisqu'il s'agit d'un marché public de services, l'attribution du mandat implique le respect d'une procédure de publicité et de mise en concurrence. Celle-ci garantit le respect des principes de liberté d'accès à la commande publique, d'égalité de traitement des candidats et de transparence des procédures[2156], rappelés à l'article L3 du Code de la commande publique. Comme l'énonce l'article L. 2120-1 du Code de la commande publique, « *les marchés sont passés, selon leur montant, leur objet ou les circonstances de leur conclusion : 1° soit sans publicité ni mise en concurrence préalables, 2° soit selon une procédure adaptée, 3° soit selon une*

[2152] J.-P. JOUGUELET, A. GALLAND, « Maîtrise d'ouvrage publique : mandat » *in* P. MALINVAUD (dir.), *Droit de la construction*, 7ème éd., Dalloz, 2018, § 383.31.

[2153] Ordonnance n° 2004-566 du 17 juin 2004 portant modification de la loi n° 85-704 du 12 juillet 1985 relative à la maîtrise d'ouvrage publique et à ses rapports avec la maîtrise d'œuvre privée.

[2154] Directive 92/50/CEE du Conseil du 18 juin 1992 portant coordination des procédures de passation des marchés publics de services modifiée par la directive 97/52/CE du 13 octobre 1997.

[2155] Article 4 ancien de la loi « MOP » du 12 juillet 1985 : « *Le mandat prévu au présent titre, exercé par une personne publique ou privée…* ».

[2156] Cf. *Infra*, § 669.

procédure formalisée ». Le non-respect des règles de forme qui s'imposent peut entraîner l'annulation du marché irrégulier[2157].

667. La responsabilité spéciale du mandataire. Comme en droit privé, la maîtrise d'ouvrage déléguée de droit public est un contrat de mandat, au sens des articles 1984 et suivants du Code civil. Toutefois, « *même d'origine légale, le mandat administratif n'est pas totalement assimilable au mandat civil, mais constitue un mandat d'une nature spécifique* »[2158]. Plusieurs points de son régime diffèrent de celui qui régit l'intervention du promoteur immobilier ou du maître d'ouvrage délégué de droit privé. Tandis que ce dernier peut être tenu aux garanties légales des constructeurs, s'il s'avère qu'il s'est comporté, même partiellement, comme un locateur d'ouvrage[2159], le mandataire du maître d'ouvrage public ne peut, en aucune façon, avoir la qualité de constructeur[2160] (contrairement au promoteur qui l'endosse par nature). Partant, il n'est pas nécessaire qu'il s'assure en responsabilité civile décennale, y compris à titre préventif[2161]. L'article 5 de la loi du 12 juillet 1985 dispose que « *le mandataire n'est tenu envers le maître de l'ouvrage que de la bonne exécution des attributions dont il a personnellement été chargé par celui-ci* ». Sa responsabilité contractuelle peut être engagée pour faute uniquement, en raison de manquements à sa mission de mandataire strictement entendue[2162]. Le maître d'ouvrage délégué en droit public n'est pas responsable du fait des tiers, tandis que le promoteur mandataire est tenu à une obligation de résultat et répond des agissements des constructeurs réalisateurs. *A fortiori*, le *quitus* donné par le maître d'ouvrage public à son délégataire, sans aucune réserve, met un terme à leur relation contractuelle et empêche le premier d'engager à l'avenir la responsabilité du second. Le *quitus* possède un effet exonératoire total, en couvrant aussi bien les vices apparents que cachés[2163]. Le cas échéant, « *comme les fautes du maître d'ouvrage délégué sont opposables au maître de l'ouvrage et constituent pour les constructeurs des causes d'exonération, c'est en*

[2157] Sur le référé précontractuel, v. les articles L. 551-1 et suivants du Code de justice administrative. Sur le référé contractuel, v. les articles L. 551-13 à L. 551-23 du Code de justice administrative. Sur le recours au fond, v. CE Ass., 4 avril 2014, *Département de Tarn et Garonne*, n° 358994, *Lebon*.

[2158] F. LLORENS, « La mission du maître d'ouvrage délégué », *RDI*, 1996, p. 463.

[2159] Cf. *Supra*, § 440.

[2160] CE, 12 janvier 1994, *Société d'équipement du Poitou*, n° 70954, *Lebon*, *RDI* 1994. 244, obs. F. LLORENS, P. TERNEYRE. CE, 10 juillet 1996, *Commune de Boissy-Saint-Léger*, n° 132921, *Lebon*, *RDP* 1988. 1444, obs. F. LLORENS.

[2161] G. LEGUAY, « Les mandataires en marchés publics ne sont pas soumis à l'assurance construction obligatoire », *RDI*, 2006, p. 182.

[2162] Néanmoins, le mandataire ne peut s'exonérer à l'égard du maître d'ouvrage en invoquant la faute commise par l'un des constructeurs : CE, 5 mai 1986, *Ministre de l'Education Nationale c/ Commune de Lagarde*, n° 54479.

[2163] CE, 28 avril 1989, *Commune de Largentière*, n° 65073.

définitive le maître de l'ouvrage qui en supportera la charge sans pouvoir obtenir la garantie de son délégataire »[2164].

668. Depuis 2004, le promoteur immobilier peut être désigné mandataire du maître d'ouvrage public, au terme d'une procédure de sélection qui doit être conforme aux principes de publicité et de mise en concurrence. Son mandat, limité à certaines attributions du maître d'ouvrage, diffère dans son régime de celui qu'il peut recevoir dans les opérations de droit privé. De surcroît, en tant que représentant d'une personne publique, le promoteur doit lui-même respecter les règles de la commande publique pour les marchés qu'il serait amené à conclure.

b. Le respect des règles de droit public

669. L'application des règles de la commande publique. L'article L. 2422-9 du Code de la commande publique dispose que « *les règles de passation et d'exécution des contrats conclus par le mandataire sont celles applicables au maître d'ouvrage, sous réserve d'adaptations éventuelles prévues par voie réglementaire pour tenir compte de l'intervention du mandataire* ». En conséquence, les personnes privées non réglementées, comme les promoteurs immobiliers, qui agissent comme mandataires des personnes publiques, doivent se conformer aux obligations qui incombent spécifiquement à leurs mandantes. Bien que les contrats soient « *passés par des personnes de droit public, d'autres par des personnes de droit privé, (...) ils obéissent à un régime juridique uniforme* »[2165]. Or, même si « *les relations qui s'instituent entre les maîtres d'ouvrage et les constructeurs (ou d'autres protagonistes de l'opération de construction) relèvent de la même logique juridique dans les deux grandes disciplines* »[2166], certaines différences peuvent néanmoins être relevées, compte tenu du régime spécial applicable aux marchés publics. Désormais, les maîtres d'ouvrages publics et les maîtres d'ouvrages privés réglementés sont tous soumis - en tant que « pouvoirs adjudicateurs »[2167] - au Code de la commande publique[2168], pour la passation de leurs marchés de travaux, de fournitures ou de

[2164] F. LLORENS, « La mission du maître d'ouvrage délégué », *RDI*, 1996, p. 463.
[2165] R. NOGUELLOU, « Les catégories du droit des contrats administratifs » *in* J.-B. AUBY (dir.), *L'influence du droit européen sur les catégories du droit public*, Dalloz, 2010, p. 682.
[2166] F. MODERNE, « La responsabilité du maître de l'ouvrage », *RDI*, 2002, p. 500.
[2167] Article L. 1211-1 du Code de la commande publique.
[2168] L'ordonnance n° 2005-649 du 6 juin 2005, qui régissait les marchés passés par les maîtres d'ouvrages privés réglementés, non soumis au Code des marchés publics (comme pouvaient l'être les maîtres d'ouvrages publics), a été abrogée par une ordonnance n° 2015-899 du 23 juillet 2015. Cette dernière a elle-même été abrogée par l'ordonnance n° 2018-1074 du 26 novembre 2018, pour être codifiée dans le Code de la commande publique, à compter du 1er avril 2019.

services[2169]. L'application des règles de la commande publique entraîne certaines conséquences pour le mandataire, dans l'exercice de ses missions. S'agissant par exemple de la sélection des entreprises intervenantes, les principes de liberté d'accès à la commande publique, d'égalité de traitement des candidats et de transparence des procédures sont des « *principes généraux du droit de la commande publique* »[2170], qui imposent au maître d'ouvrage délégué de mettre en œuvre des procédures de publicité et de mise en concurrence, lorsqu'ils régularisent les marchés publics de services et de travaux nécessaires à l'opération[2171].

670. Les effets découlant de la nature administrative des contrats conclus. En complément des principes de la commande publique et des règles attachées aux marchés de travaux publics, édictés par le Code de la commande publique, le maître d'ouvrage délégué se soumet à la réglementation « *propre au maître de l'ouvrage* »[2172]. Lorsque celui-ci est une personne publique, son mandataire - qui peut être une personne privée, notamment promoteur immobilier - doit ainsi se conformer au régime juridique particulier des contrats administratifs. L'article L. 6 du Code de la commande publique confirme en ce sens que les marchés publics (de fourniture, de service ou de travaux) passés par des personnes morales de droit public, sont des contrats administratifs par détermination de la loi. En revanche, lorsque le marché est conclu par une personne privée réglementée, les règles de la commande publique s'appliquent, mais le contrat est privé et répond aux règles du droit privé. En tant que personne publique, le maître d'ouvrage public est doté « *de pouvoirs d'intervention directe dans l'exécution du contrat et notamment du pouvoir de contrôle et de direction qui fait partie de la panoplie des principes généraux applicables aux contrats administratifs* »[2173]. Le pouvoir de direction donne la possibilité au maître d'ouvrage de formuler des ordres, des recommandations et de procéder à des vérifications. En outre, « *la collectivité publique dispose envers son cocontractant du pouvoir de prononcer des sanctions, qui peuvent être de trois types : sanctions pécuniaires, sanctions coercitives et sanction résolutoire* »[2174]. En sus des sanctions pécuniaires, qui renvoient à des pénalités

---

[2169] Article L. 1111-1 du Code de la commande publique.

[2170] Décision n° 2003-473 DC du 26 juin 2003, Loi habilitant le Gouvernement à simplifier le droit. Article 1er de l'ordonnance n° 2015-899 du 23 juillet 2015. CE, 23 décembre 2009, *Établissement public du musée et du domaine national de Versailles*, n° 328827, *Lebon*. P.-M. MURGUE-VAROCLIER, *Le critère organique en droit administratif français*, Thèse, LGDJ, 2018, p. 652.

[2171] C. MAUGÜÉ, « La portée de l'obligation de transparence dans les contrats publics » *in Mouvement du droit public. Mélanges en l'honneur de Franck Moderne*, Dalloz, 2004, p. 609.

[2172] J.-P. JOUGUELET, A. GALLAND, « Maîtrise d'ouvrage publique : mandat » *in* P. MALINVAUD (dir.), *Droit de la construction*, 7ème éd., Dalloz, 2018, § 383.143.

[2173] F. MODERNE, « La responsabilité du maître de l'ouvrage », *RDI*, 2002, p. 500.

[2174] L. RICHER, F. LICHÈRE, *Droit des contrats administratifs*, 11ème éd., LGDJ, 2019, p. 246.

conventionnelles, et des sanctions coercitives, qui ont pour objet « *d'obtenir la prestation en dépit de la carence du cocontractant et à ses frais* »[2175], la personne publique peut aussi déroger à la force obligatoire du contrat. Elle dispose d'un pouvoir de modification unilatérale[2176] : « *la mutabilité du contrat administratif constitue assurément l'un des traits les plus originaux du régime juridique des contrats administratifs* »[2177]. En outre, à rebours du « *mutuus dissensus* », selon lequel chaque partie doit pouvoir consentir à la révocation du contrat, la personne publique dispose également d'un pouvoir de résiliation unilatérale pour motif d'intérêt général[2178], sous réserve d'indemniser son cocontractant des pertes effectives et du manque à gagner (comme en matière de modification unilatérale)[2179].

671. En revanche, « *les ouvrages publics, dont la construction répond nécessairement à des fins d'intérêt général, ont vocation à être affectés à une utilisation publique, directe ou indirecte, et cette affectation suppose des contraintes particulières pour le maître d'ouvrage (contraintes auxquelles échappe en principe le maître d'ouvrage privé)* »[2180]. Ces contraintes se répercutent sur son mandataire. Conformément à la théorie des sujétions imprévues, la personne publique se doit d'indemniser son cocontractant en cas d'aléa technique, c'est-à-dire dans l'hypothèse de difficultés matérielles inattendues, imprévisibles et extérieures aux parties, survenant en cours d'exécution du marché, et rendant l'exécution du contrat plus difficile. Dans ce cas, « *le cocontractant de l'administration a droit à l'indemnisation intégrale de son surcroît de charges, sous réserve toutefois d'avoir poursuivi l'exécution du contrat* »[2181]. En cas d'aléa économique, la théorie de l'imprévision[2182] autorise le cocontractant de la personne publique à déroger à la force obligatoire normalement attachée à son contrat. Dans ce cas, l'administration indemnise son cocontractant, sous déduction d'une franchise, ou procède à la résiliation si le cocontractant n'a pas poursuivi son activité[2183]. Si toutefois, le retour à l'équilibre originel du contrat n'est pas envisageable, le contrat peut être résilié pour cause de « force majeure administrative »[2184]. Enfin, à travers la théorie du

---

2175 L. RICHER, F. LICHÈRE, *op. cit.*, p. 258.

2176 CE, 2 février 1983, *Union des transports publics urbains et régionaux*, n° 34027, *Lebon*. V. à ce titre, M. UBAUD-BERGERON, *La mutabilité du contrat administratif*, Thèse, Université de Montpellier, 2004 ; H. HOEPFFNER, *La modification du contrat administratif*, Thèse, LGDJ, 2009.

2177 F. BRENET, « Les contrats administratifs » *in* P. GONOD, F. MELLERAY, P. YOLKA, *Traité de droit administratif*, t. 2, 2011, pp. 247-251.

2178 CE Ass., 2 mai 1958, *Distillerie de Magnac-Laval*, n° 32401, *Lebon*.

2179 CE, 12 mars 1999, *SA Méribel 92*, n° 176694, *Lebon*.

2180 F. MODERNE, « La responsabilité du maître de l'ouvrage », *RDI*, 2002, p. 500.

2181 F. BRENET, *art. préc. in* P. GONOD, F. MELLERAY, P. YOLKA, *op. cit.*, pp. 251-255.

2182 CE, 30 mars 1916, *Compagnie générale d'éclairage de Bordeaux*.

2183 L. RICHER, F. LICHÈRE, *op. cit.*, pp. 268-269.

2184 CE Ass., 9 décembre 1932, *Compagnie des tramways de Cherbourg*.

fait du prince, un autre droit à indemnisation est reconnu, cette fois en présence d'un aléa administratif[2185]. Le cas échéant, sont couverts les préjudices subis du fait d'une décision ou d'un comportement de l'administration, qui portent atteinte à l'économie du contrat : « *tout acte ou opération licite de l'administration qui cause un préjudice à son cocontractant est assimilable à un fait du prince et justifie dès lors l'engagement de la responsabilité contractuelle sans faute de la personne publique* »[2186].

672. Ainsi, lorsque le promoteur est amené à agir au nom et pour le compte d'un pouvoir adjudicateur en qualité de maître d'ouvrage délégué, il doit respecter les règles de la commande publique, qui impliquent la mise en œuvre de procédures de publicité et de mise en concurrence. *A fortiori,* lorsque le maître d'ouvrage est une personne publique, le promoteur applique le régime spécial attaché aux contrats administratifs. Indépendamment du rôle joué par le promoteur mandataire, le promoteur initiateur peut, lui aussi, mettre ses compétences au service de la personne publique, en lui vendant ses biens en l'état futur d'achèvement.

2. La vente aux personnes publiques d'ouvrages en l'état futur d'achèvement

673. Le recours encadré des personnes publiques à la « VEFA ». L'acquisition de biens en l'état futur d'achèvement présente de nombreux avantages pour la personne publique ; elle n'a pas à se soucier des modalités d'acquisition du foncier, à assumer la maîtrise d'ouvrage de l'opération, à respecter les règles de passation des marchés de travaux (qui allongent le délai de l'opération) et elle réalise des économies d'échelle. Le recours à ce type de contrat peut être opportun lorsque, « *par suite de besoins pressants, les crédits d'équipement d'une administration sont soudainement accrus, sans que ses moyens en personnel ne soient renforcés* »[2187]. En outre, « *l'échelonnement du paiement du prix constitue une voie intéressante qui permet de décupler la capacité d'investissement des collectivités publiques* »[2188]. Afin d'éviter que les personnes publiques procèdent à un contournement frauduleux des règles normalement applicables à la maîtrise d'ouvrage publique, la jurisprudence administrative a arrêté, dans l'arrêt « *Région Midi-Pyrénées* » du 8 février 1991, quatre critères cumulatifs, conditionnant l'acquisition de biens en l'état futur d'achèvement par des personnes publiques. Ainsi, la conclusion d'un tel contrat

---

[2185] L. RICHER, F. LICHÈRE, *op. cit.*, p. 284.

[2186] F. BRENET, *art. préc. in* P. GONOD, F. MELLERAY, P. YOLKA, *op. cit.*, pp. 251-255.

[2187] M. POCHARD, « Le recours des collectivités publiques à la vente en l'état futur d'achèvement », conclusions sur CE, 8 février 1991, *Région Midi-Pyrénées c/ Syndicat de l'architecture de la Haute-Garonne et autres*, *RFDA*, 1992, p. 48.

[2188] S. BRACONNIER, « Vente en l'état futur d'achèvement administrative » *in* P. MALINVAUD (dir.), *Droit de la construction*, 7ème éd., Dalloz, 2018, § 540.23.

de vente est interdite à une personne publique lorsque l'immeuble est construit à son initiative, pour son propre compte, qu'il est destiné à devenir entièrement sa propriété et qu'il est conçu en fonction de ses besoins propres[2189]. Selon le premier et le deuxième critères, la personne publique ne doit pas se trouver dans la logique de faire construire elle-même, mais doit se comporter en acquéreur passif, ou à tout le moins, faiblement impliqué dans la maîtrise d'ouvrage de l'opération[2190] : « *lorsqu'elles ont recours à la VEFA, les personnes publiques sont censées ne pas être maîtres de l'ouvrage. (…) Cette qualité appartient au* ''promoteur privé'' »[2191]. En vertu du troisième critère, le ou les lot(s) acheté(s) par la personne publique doivent rester proportionnés par rapport au reste de l'opération, afin de ne pas laisser aux « *propriétaires privés qu'une surface symbolique* »[2192]. Enfin, le quatrième critère exige que l'ouvrage ne soit pas entièrement conçu ou aménagé pour satisfaire les exigences de la personne publique : « *il faut qu'il soit en quelque sorte ''indifférencié''* »[2193].

674. Plus la personne publique se rapproche en amont du promoteur, plus la question d'une utilisation frauduleuse du contrat de vente en l'état futur d'achèvement est susceptible de se poser. A l'inverse, lorsque l'opération est déjà largement amorcée, le doute est plus facilement écarté, car dans ce cas, la personne publique se contente d'intégrer un programme, dont le promoteur a eu seul l'initiative. Elle doit en effet « *répondre positivement à la sollicitation d'un promoteur* »[2194], se borner « *à saisir l'opportunité que lui offre un projet bâti (si l'on peut dire) en dehors d'elle et réalisé sans intervention de sa part* »[2195]. Le Conseil d'Etat n'a pas hésité à sanctionner des ventes passées en violation des

---

[2189] CE, 8 février 1991, *Région Midi Pyrénées c/ Syndicat de l'Architecture de la Haute-Garonne*, n° 57679, *Lebon*, *AJDA* 1991. 579, obs. X. DELCROS, *D.* 1991. 373, obs. P. TERNEYRE, *JCP* 1991, II, 21738, note E. FATOME. S. BRACONNIER, « Les ventes de locaux à construire consenties à des personnes publiques », *JCP A*, 2011, n° 47, p. 2360.

[2190] N. SYMCHOWICZ, *op. cit.*, p. 192 : « *En bref, l'existence d'un transfert de la maîtrise d'ouvrage et, avec elle, la régularité de la technique contractuelle opérant transfert de maîtrise d'ouvrage, supposent de trouver un équilibre entre la transmission d'informations correspondant aux conditions d'une utilisation adéquate de l'ouvrage et le maintien de la direction technique de l'opération par le prestataire* ».

[2191] F. LLORENS, P. SOLER-COUTEAUX, « Du recours à la VEFA comme moyen d'échapper aux règles de la concurrence », *Contrats et Marchés publics*, n° 12, décembre 2001, p. 246.

[2192] S. BRACONNIER, « Vente en l'état futur d'achèvement administrative » *in* P. MALINVAUD (dir.), *Droit de la construction*, 7ème éd., Dalloz, 2018, § 540.46.

[2193] *Ibid.*, § 540.47.

[2194] *Ibid.*, § 540.13.

[2195] F. LLORENS, « Légalité du recours des personnes publiques à la VEFA et caractère privé des travaux réalisés par le vendeur », *Contrats et Marchés publics*, n° 7-8, juillet 2002, comm. 165.

critères cumulatifs qu'il avait lui-même arrêtés[2196]. En effet, « *le recours à la VEFA devient illégal lorsque les collectivités publiques utilisent ce contrat pour faire construire un immeuble à leur place par un promoteur privé* »[2197]. Dès lors que le contrat de vente en l'état futur d'achèvement est écarté, la personne publique n'a d'autre choix que de se faire assister ou représenter par un maître d'ouvrage délégué, si elle ne souhaite pas assumer seule la maîtrise d'ouvrage du projet[2198]. En toutes hypothèses néanmoins, l'acquisition d'un bien en l'état futur d'achèvement par une personne publique doit être conforme aux exigences de publicité et de mise en concurrence du droit de la commande publique. Pour autant, lorsque l'acquisition porte sur un immeuble dont la construction est déjà en cours, l'acheteur public est exonéré du respect de ces règles et peut donc conclure le contrat de gré à gré[2199]. De même, la personne publique qui acquiert en l'état futur d'achèvement une « *partie minoritaire et indissociable d'un immeuble à construire* » n'aura pas non plus à se conformer aux procédures de mise en concurrence (quand bien même la construction du bâtiment n'aurait pas encore commencé)[2200].

675. Le recours à la technique de la « VEFA HLM ». Le secteur de l'« habitation à loyer modéré » représente une part très importante de la location en France. L'article 55 de la loi « SRU »[2201] prévoit à ce titre que, dans les communes de plus de 3 500 habitants, et 1 500 en Ile de France[2202], 25% des logements construits doivent être des logements sociaux[2203]. Conformément à l'article L. 411-2 du Code de la construction et de l'habitation, les habitations à loyer modéré sont construites, louées et gérées entre autres par les organismes publics d'HLM, qui sont des établissements publics, ainsi que par les SA

[2196] CE, 14 mai 2008, *Communauté de communes de Millau-Grands Causses*, n° 280370, *Lebon*. O. CHAMBORD, « Conditions de recours à une VEFA par une collectivité publique », *Constr.-Urb.* n° 9, septembre 2008, comm. 141. D. DUTRIEUX, « VEFA et personnes publiques : une conciliation difficile », *JCP N*, n° 47, 21 novembre 2008, p. 1330.

[2197] N. SEHIL, *Montages contractuels : qualification, enjeux et perspectives. Contribution à l'analyse en droit privé et en droit public*, Thèse, Université d'Aix-Marseille, 2014, p. 89.

[2198] M. TIRARD, *art. préc.*, p. 451.

[2199] La procédure de mise en concurrence est en effet écartée lorsque l'acquisition porte sur un bâtiment « existant » (article L. 2512-5, 1° du Code de la commande publique), c'est-à-dire sur un bâtiment dont la construction est « entamée » au sens de la jurisprudence européenne (CJCE, 29 octobre 2009, *Commission c/ Allemagne*, aff. C-536/07 ; CJUE, 10 juillet 2014, *Comune di Bari*, aff. C-213/13).

[2200] Article R. 2122-3, 2° du Code de la commande publique.

[2201] Loi n° 2000-1208 du 13 décembre 2000 relative à la solidarité et au renouvellement urbains.

[2202] Communes appartenant à des agglomérations ou intercommunalités de plus de 50 000 habitants, comprenant au moins une commune de plus de 15 000 habitants.

[2203] Loi n° 2013-61 du 18 janvier 2013 relative à la mobilisation du foncier public en faveur du logement et au renforcement des obligations de production de logement social.

d'HLM, qui sont des sociétés anonymes agrées par l'autorité publique, répondant à des statuts types. L'activité des bailleurs sociaux pourrait être rapprochée de celle des promoteurs immobiliers, en ce qu'elle consiste à construire pour autrui. Or, il semblerait qu'une dissociation s'impose au contraire. Les bailleurs sociaux construisent d'abord pour conserver les ouvrages dans leur patrimoine, à des fins de location, avant de les vendre le cas échéant. Il ne s'agit pas là de la pratique principalement suivie par les promoteurs immobiliers[2204]. Par ailleurs, l'article 1er de la convention collective nationale de la promotion immobilière du 18 mai 1988 précise que « *sont exclus du champ d'application de la présente convention les organismes de HLM* »[2205]. Cette disposition s'inscrit dans la droite ligne de la proposition de statut qu'avait porté le député Alain MAYOUD lors de la session parlementaire d'avril-juin 1979[2206]. Celle-ci indiquait que la loi ne s'appliquerait pas aux « dirigeants d'HLM »[2207], laissant ainsi entendre qu'ils se situaient en dehors de la catégorie des promoteurs immobiliers.

676. La vente en l'état futur d'achèvement est une technique particulièrement utilisée par les organismes HLM, si bien que 20 % environ des logements produits par les promoteurs seraient vendus « en bloc » à des bailleurs sociaux[2208]. L'article L. 433-2 du Code de la construction et de l'habitation dispose aujourd'hui qu'« *un organisme d'habitations à loyer modéré mentionné à l'article L. 411-2 ou une société d'économie mixte peut, dans le cadre de l'article 1601-3 du code civil ou des articles L. 262-1 à L. 262-11 du présent code, acquérir :* (…) *des logements inclus dans un programme de construction, à la condition que celui-ci ait été établi par un tiers et que les demandes de permis de construire aient déjà été déposées* ». La commercialisation de biens en l'état futur d'achèvement auprès d'organismes HLM permet au promoteur de se dessaisir d'une part importante de ses lots auprès d'un acquéreur solvable, sûr et régulier. Le promoteur compense alors la marge perdue sur les logements sociaux avec celle obtenue sur les ventes de lots aux personnes privés non réglementées. Les bailleurs sociaux imposent leurs exigences au promoteur, en raison de leur capacité d'achat importante, mais également en raison des compétences techniques qu'ils détiennent, du fait de leur qualité de constructeur. Cette capacité de négociation est renforcée par le fait que les collectivités, dont le territoire est concerné par l'opération, entament parfois un processus de négociation en amont de la délivrance des autorisations

---

2204 Cf. *Supra*, § 549, 555 et s.

2205 *Convention collective nationale de la promotion immobilière du 18 mai 1988. IDCC : 1512*, 8ème éd., Les éditions des journaux officiels, novembre 2013, p. 1.

2206 Doc. Ass. Nat. 1977, n° 3248.

2207 J.-C. GROSLIÈRE, P. JESTAZ, Chron. « Promotion immobilière – Vente d'immeubles », *RDI*, 1979, p. 78.

2208 Ce partenariat entre les promoteurs immobiliers et les organismes HLM a été rendu possible par la loi n° 91-662 du 13 juillet 1991 d'orientation pour la ville et par la loi « MOLLE » n° 2009-323 du 25 mars 2009.

d'urbanisme, au soutien des bailleurs sociaux. C'est notamment l'un des objectifs des « chartes promoteur » en vigueur dans certaines villes, comme Paris[2209]. On peut noter à ce titre que si, « *dans les faits, les procédures d'attribution des permis de construire reposent sur des règles formelles* », elles impliquent également « *la maîtrise de règles informelles proprement locales – qui doivent avoir été intégrées par les promoteurs dans leur projet en amont* »[2210]. En effet, les administrations n'hésitent pas à conclure des accords avec les sociétés de promotion dans le but d'orienter leurs actions et, par là-même, de répondre aux objectifs politiques qu'elles se sont fixées. Selon Anne-Laure JOURDHEUIL, malgré les qualités apparentes du recours à la vente en l'état futur d'achèvement, les bailleurs sociaux regrettent néanmoins de ne plus pouvoir assumer directement la maîtrise d'ouvrage de leurs opérations et dénoncent le passage de leur ancien statut de constructeur à leur nouveau statut de simple acheteur[2211].

677. Ainsi, le promoteur initiateur peut commercialiser ses biens auprès de la personne publique en concluant avec elle un contrat de vente en l'état futur d'achèvement. Un tel contrat n'est admissible qu'à certaines conditions, visant à éviter le contournement frauduleux de la réglementation applicable à la maîtrise d'ouvrage publique et aux marchés publics. La vente en l'état futur d'achèvement administrative est une illustration de la diversité qui caractérise la promotion immobilière. Outre les différentes activités immobilières qu'elle embrasse, la promotion s'exerce sur tous types d'ouvrages, avec tous types de clientèles. Si l'objet de l'activité de promotion parait peu contraint par des critères restrictifs, les missions du promoteur sont quant à elles limitatives.

[2209] J. POLLARD, « L'influence d'un groupe d'intérêt urbain : promoteurs immobiliers et politiques locales du logement en France » *in* S. CADIOU (dir.), *Gouverner sous pression ? La participation des groupes d'intérêt aux affaires territoriales*, LGDJ, 2016, pp. 82-83 : parmi les différents objectifs des municipalités, qui ne sont pas toujours clairement explicités dans l'appareil des normes administratives, on trouve principalement la maîtrise des prix et la lutte contre la spéculation, l'intégration d'une certaine proportion de logements sociaux ou familiaux, le recours à des procédures de consultation, des objectifs de développement durable, voire certaines tendances architecturales.

[2210] J. POLLARD, « L'influence d'un groupe d'intérêt urbain : promoteurs immobiliers et politiques locales du logement en France » *in* S. CADIOU (dir.), *op. cit.*, p. 75.

[2211] A.-L. JOURDHEUIL, « Le logement social produit par les promoteurs immobiliers privés. L'émergence d'une coopération déséquilibrée entre bailleurs sociaux et promoteurs », *Métropoles*, 15 juin 2017, p. 16.

Section 2. L'exercice des missions du maître d'ouvrage

678. Le périmètre d'action du promoteur immobilier n'est pas toujours aisé à cerner en pratique : « *la profession de promoteur présente des contours assez mal définis* »[2212], car « *la nature de ses activités professionnelles demeure floue* »[2213]. L'analyse des décisions de justice rendues à propos du promoteur immobilier a permis de voir les limites de la définition jurisprudentielle, fondée sur une analyse *in concreto*, reposant essentiellement sur les missions accomplies par les intervenants en cause. L'analyse de ces missions par le juge donne lieu à des confusions, qui pourraient être évitées, en définissant et en circonscrivant nettement celles qui appartiennent au promoteur immobilier. Qu'il soit à l'initiative de l'opération ou qu'il y participe en qualité de mandataire du maître d'ouvrage, le promoteur a effectivement « le soin principal de l'affaire », et exerce l'ensemble des prérogatives du maître d'ouvrage, jusqu'à la réception de l'immeuble. Sa responsabilité est « globale » dans l'acte de construire[2214], en raison de « *la variété et* [de] *la complétude de son activité* »[2215]. S'il est acquis que cette approche particulièrement compréhensive du champ d'intervention du promoteur sert les intérêts des accédants qui cherchent à engager sa responsabilité, elle présente également l'avantage de contourner l'obstacle de la définition des missions inhérentes à la promotion immobilière. Pourtant, une telle analyse s'impose à deux égards. En premier lieu, pour cerner la notion de promoteur immobilier d'un point de vue matériel ; cette dernière repose en effet sur une « *définition-fonction* »[2216], assise sur l'exercice d'attributions spécifiques. En second lieu, pour introduire de l'objectivité et, ce faisant, de la sécurité, dans le travail de qualification du juge, qui s'appuie principalement sur cette donnée contingente. Or, l'examen des missions du promoteur immobilier révèle sa qualité de maître d'ouvrage, parfois empruntée, comme dans l'hypothèse du promoteur prestataire de services, parfois constituée, comme dans l'hypothèse du promoteur initiateur. Ainsi, « *le promoteur doit être considéré sinon comme un maître d'ouvrage, du moins*

[2212] G. PICAULT, *Promoteurs, marchands de biens, opérations de rénovation, lotisseurs... Comptabilité, fiscalité et environnement juridique des opérations immobilières*, Maxima, 2017, p. 157.

[2213] J. POLLARD, *op. cit.*, p. 11.

[2214] Alain CHALANDON, Ministre de l'équipement et du logement lors de l'adoption de loi n° 71-579 du 16 juillet 1971, avait précisé que ce texte visait « *les entreprises qui agissent en tant que promoteurs et assument une responsabilité globale dans l'acte de construire, et non pas celles qui interviennent d'une façon ''ponctuelle'' dans le cadre de leur spécialité* » (Ass. Nat., loi n° 71-579 du 16 juillet 1971 relative à diverses opérations de construction, débats parlementaires, *JORF*, n° 54, 30 juin 1972, p. 2987).

[2215] M. PAINCHAUX, Fasc. 223 « Construction. – Responsabilité de droit commun du promoteur », *JCl. Construction-Urbanisme*, LexisNexis, 2018 (actualisé en 2019), § 1.

[2216] F. DANEMANS, « Libres propos sur le maître de l'ouvrage d'une opération de construction » *in Etudes offertes au Professeur Philippe Malinvaud*, LexisNexis Litec, 2007, p. 167.

comme une manière de maître d'ouvrage »[2217]. Tous deux ont pour trait commun d'exercer les missions qui reviennent par nature au maître d'ouvrage[2218] (I). Néanmoins, seul le « promoteur initiateur » est lui-même titulaire de la maîtrise d'ouvrage, à l'origine (II).

I. L'exercice de la maîtrise d'ouvrage : critère commun de définition de la promotion

679. Le maître d'ouvrage « *n'est plus seulement un acteur qui se contente de commander et de payer des prestations. Dans le jeu de rôle des acteurs, il fournit aussi des prestations intellectuelles porteuses de responsabilité* »[2219]. C'est pourquoi, le maître d'ouvrage, désigné comme tel par la loi, transfère désormais la charge de ses attributions sur un professionnel de la maîtrise d'ouvrage, le promoteur immobilier (A). L'exercice de la maîtrise d'ouvrage caractérise ainsi l'activité de promotion immobilière, qu'elle soit d'« initiative » ou d'« exercice »[2220]. Le promoteur exécute en effet toutes les missions que le contrat de construction aurait naturellement fait peser sur le bénéficiaire des travaux (B).

A) L'accomplissement par le promoteur des missions incombant au maître d'ouvrage

680. Le promoteur s'est imposé en quelques dizaines d'années comme un substitut incontournable du maître d'ouvrage dans les opérations de construction, au point que cette appellation soit constamment employée pour le désigner. Ce phénomène s'explique par une transformation du rôle dévolu au maître d'ouvrage, devenu plus technique et plus complexe, qui a nécessité de confier cette fonction à un professionnel (1). Il en résulte que l'activité de promotion immobilière reprend presque intégralement les missions traditionnellement assumées par le maître d'ouvrage (2).

1. La professionnalisation de la maîtrise d'ouvrage

681. L'absence de définition légale du maître d'ouvrage. Le maître d'ouvrage privé n'est défini dans aucun texte, à l'inverse du maître d'ouvrage public, qui a fait l'objet d'une définition légale lors de l'adoption de la loi « MOP » le 12 juillet 1985, le désignant comme « *la personne morale pour*

[2217] *Ibid.*, p. 168.

[2218] R. DENOYELLE, *th. préc.*, p. 60 : « *Le promoteur n'a pas nécessairement vis-à-vis de l'architecte et des entrepreneurs la qualité juridique de maître de l'ouvrage, mais lui seul est qualifié pour en remplir le rôle* ».

[2219] M. HUET, « Rôle du maître d'ouvrage dans la définition du programme », *RDI*, 2002, p. 442.

[2220] C'est notamment ce critère qui distingue l'activité du promoteur de celle du constructeur de maisons individuelles ; Cf. *Supra*, § 464.

laquelle l'ouvrage est construit »[2221]. Cette absence de définition légale du maître d'ouvrage privé contraste avec son rôle économique et juridique, si l'on considère que sa fonction est « *de loin, la plus importante dans une opération immobilière puisque c'est précisément par rapport à elle que se définit tout l'acte de construire* »[2222]. Plusieurs critères ont pu néanmoins être dégagés, à la lecture des textes et de la jurisprudence, afin de cerner l'identité du maître d'ouvrage privé[2223]. Il est communément désigné comme « *la personne quelconque qui, propriétaire du terrain ou à tout le moins titulaire d'un droit de construire sur ce terrain, conclut un ou plusieurs contrats de louage d'ouvrage avec un ou plusieurs professionnels du bâtiment ou locateurs d'ouvrage afin qu'ils édifient un ouvrage pour son compte* »[2224]. Patricia GRELIER WYCKOFF propose plusieurs subdivisions au sein de la maîtrise d'ouvrage privée, non réglementée ; elle y discerne les maîtres d'ouvrage « professionnels », auxquels elle associe les promoteurs ; les maîtres d'ouvrage « institutionnels », tels que les banques ou les compagnies d'assurance ; et les maîtres d'ouvrage « occasionnels », qu'elle identifie aux particuliers et aux professionnels construisant pour leurs propres besoins[2225]. L'identification d'une maîtrise d'ouvrage « institutionnelle » parait devoir être écartée, dans la mesure où elle n'a pas d'existence juridique. En revanche, le départ opéré entre une maîtrise d'ouvrage « occasionnelle » et une maîtrise d'ouvrage « professionnelle » est opportune. En ce sens, « *le maître de l'ouvrage sera profane en matière de construction, proche du consommateur ou de l'utilisateur, ou bien il aura une compétence particulière dans l'exercice d'un métier qui est de construire pour vendre (promoteur)* »[2226]. Pour le reste, le maître d'ouvrage peut être indifféremment une personne physique ou morale, sans que cela ne préjuge de la catégorie à laquelle il appartient.

682. L'évolution de la perception du rôle dévolu au maître d'ouvrage. L'admission d'un maître d'ouvrage « occasionnel », se faisant suppléer dans l'exercice de ses attributions par un professionnel, est en contradiction avec la vision des auteurs du XVIIème et du XVIIIème siècle. Pour DOMAT et POTHIER, le maître d'ouvrage est celui qui donne un ouvrage ou un travail à faire. Il est donc celui qui commande, au sens propre du terme *magister*, qui a

---

[2221] Article 2 de la loi n° 85-704 du 12 juillet 1985 relative à la maîtrise d'ouvrage publique et à ses rapports avec la maîtrise d'œuvre privée, abrogée par l'ordonnance n° 2018-1074 du 26 novembre 2018 portant partie législative du code de la commande publique.

[2222] A. SÉVINO, C. MORCRETTE, *op. cit.*, p. 43.

[2223] P. GRELIER WYCKOFF, *Le mémento des marchés privés de travaux. Intervenants, passation, exécution*, 3ème éd., Eyrolles, 2011, p. 1.

[2224] P. MALINVAUD, P. JESTAZ, P. JOURDAIN, O. TOURNAFOND, *op. cit.*, p. 58.

[2225] P. GRELIER WYCKOFF, *Pratique du droit de la construction. Marchés publics – Marchés privés*, 8ème éd., Eyrolles, 2017, p. 8.

[2226] M. DARNET, L. DEPUY, S. GENDRE, *L'architecte : pratiques professionnelles et responsabilités*, LexisNexis Litec, 2005, p. 21.

donné l'expression « maître » d'ouvrage. « *En droit savant, le maître n'est donc pas un créancier contractuel passif* »[2227]. Cette conception aurait survécu dans les articles du Code civil relatif au louage d'ouvrage, qui n'ont pas évolué depuis 1804. A la lecture de ces textes, Marianne FAURE-ABBAD relève ainsi que « *le maître de l'ouvrage joue un rôle-clef dans le contrat d'entreprise et ce rôle explique le privilège que lui donne l'article 1794 du code civil de résilier unilatéralement le marché à prix fait : il est celui qui fixe l'ouvrage à réaliser, qui a la maîtrise du projet, qui détermine l'étendue du travail, sa finalité, ses caractéristiques et qui, de manière ultime, peut décider de tout arrêter* »[2228]. Selon François DANEMANS, si le Code civil de 1804 « *connaît la notion de* maître *au sens de* maître de l'ouvrage *(art. 1794), il la connaît surtout au sens* d'entrepreneur dans ses relations avec les ouvriers qu'il emploie »[2229]. En effet, contrairement à l'acheteur d'une marchandise, bien meuble standardisé, la spécificité de l'ouvrage suggère le rôle actif du maître d'ouvrage, qui doit s'exercer pendant toute la durée de l'opération, de la préparation du marché à son exécution[2230]. Pour Franck MODERNE, « *l'éventail nuancé des responsabilités du maître de l'ouvrage dans la préparation et l'exécution d'une opération de construction (…) révèle aussi la spécificité de cette fonction, longtemps occultée, et peut-être la spécificité du contrat d'entreprise au sein de la catégorie des louages d'ouvrage* »[2231]. Le contexte actuel de complexification de l'opération de construction, du point de vue juridique et technique, abonde dans le sens d'un retour à la vision idéelle du maître d'ouvrage. Dans les faits, « *la fonction de maître de l'ouvrage requiert désormais des compétences qui ne sont pas à la portée du bon père de famille* »[2232]. Cette conception contemporaine du maître d'ouvrage autorise à penser que, loin d'être un « *simple créancier contractuel* », « *le régime juridique auquel il est soumis, en fait un cocontractant actif, renouant ainsi avec la conception que le droit romain, le droit savant, puis les auteurs classiques avaient de ce créancier singulier* »[2233].

683. Néanmoins, comme le relève dans le même temps Gwenaëlle DURAND-PASQUIER, « *l'idée que le louage constitue, selon les termes de R. DEMOGUE, un ''contrat de commandement'', ''dans lequel une personne commande un travail à faire'' en conservant un rôle de ''chef'', n'apparait plus*

[2227] G. DURAND-PASQUIER, *Le maître de l'ouvrage : contribution à l'harmonisation du régime du contrat d'entreprise*, Thèse, Université Paris I, 2005, p. 3.

[2228] M. FAURE-ABBAD, « L'impact de la réforme des contrats spéciaux sur le contrat d'entreprise », *RDI*, 2017, p. 570.

[2229] F. DANEMANS, *art. préc. in Etudes offertes au Professeur Philippe Malinvaud*, LexisNexis Litec, 2007, p. 158.

[2230] P. MALINVAUD, « La responsabilité du maître de l'ouvrage », *RDI*, 2002, p. 441.

[2231] F. MODERNE, « La responsabilité du maître de l'ouvrage », *RDI*, 2002, p. 500.

[2232] P. MALINVAUD, « Nouvelles fonctions dans les marchés de construction », *RDI*, 1996, p. 447.

[2233] G. DURAND-PASQUIER, *th. préc.*, p. 480.

dans la définition légale du louage d'ouvrage »[2234]. Les règles du contrat d'entreprise sont majoritairement centrées sur la figure de l'entrepreneur : « *le maître est depuis lors désigné par la doctrine contemporaine comme le simple créancier de l'obligation principale du contrat* »[2235]. Le droit positif attribue au maître d'ouvrage un rôle réduit dans l'opération, essentiellement limité au paiement du prix. Dans les textes, « *le maître d'ouvrage ne fournit pas la prestation caractéristique du contrat mais se contente de commander et de payer* »[2236]. *A fortiori*, le maître d'ouvrage est tenu à « *une obligation générale d'abstention* » et engage même sa responsabilité en cas d'immixtion[2237] : il ne peut « *prendre des initiatives incompatibles avec le rôle passif qui doit être le sien dans le marché* »[2238].

684. Du maître d'ouvrage au « client ». Cet amoindrissement du rôle joué par le maître d'ouvrage a été acté dans les différents contrats spéciaux de la construction, adoptés à partir de 1967. L'appellation de « maître d'ouvrage » a été conservée dans ces nouvelles réglementations, sans l'exercice des fonctions qui vont en principe de pair. Dans ces modèles contractuels, la maîtrise d'ouvrage est en effet retirée au destinataire des travaux et expressément confiée à un professionnel, soit parce que la maîtrise d'ouvrage appartient temporairement au promoteur, soit parce que le maître d'ouvrage est assisté dans ses fonctions par ce dernier. En raison de la diversité et de la complexité de ses missions, « *le maître d'ouvrage se trouve très souvent dans l'impossibilité de les assumer. En conséquence, un maître d'ouvrage moderne fait souvent le choix de faire appel à un tiers professionnel, qui le représentera auprès des autres opérateurs et endossera son rôle pour mener à bien l'opération projetée* »[2239]. En réalité, ce nouveau maître d'ouvrage « *n'est plus seulement celui qui commande et paie* », il possède une compétence et des responsabilités « *qui sont celles d'un professionnel reconnu du secteur du bâti* »[2240]. Désigné principal responsable de l'opération, le promoteur occupe légitimement la place du maître d'ouvrage actif ; « *que serait une ''maîtrise'', au sens fort du terme, si elle ne s'accompagne pas de la responsabilité correspondante ?* »[2241]. Puisque « *la prise en charge d'un risque financier, administratif et juridique constitue la*

[2234] G. DURAND-PASQUIER, *th. préc.*, p. 4.
[2235] *Ibid.*, p. 5.
[2236] H. PÉRINET-MARQUET, « La responsabilité du maître d'ouvrage dans la préparation et la conclusion du marché », *RDI*, 2002, p. 451.
[2237] B. BOUBLI, « Les modifications apportées au marché par le maître de l'ouvrage », *RDI*, 2002, p. 482.
[2238] B. BOUBLI, « Le marché peut être résilié aux torts réciproques », *RDI*, 2004, p. 292.
[2239] S. DWERNICKI, E. MARTIN- IMPÉRATORI, Fasc. 200-50 « Contrat de maîtrise d'ouvrage déléguée de droit privé », *JCl. Construction-Urbanisme*, LexisNexis, 27 juin 2014, § 5.
[2240] A. CASTON, F.-X. AJACCIO, M. CABOUCHE, L. DE GABRIELLI, M. HUET, *Traité des marchés privés de travaux. Passation et exécution*, 6ème éd., Le Moniteur, 2016, p. 44.
[2241] F. MODERNE, « La responsabilité du maître de l'ouvrage », *RDI*, 2002, p. 500.

spécificité de la fonction de maître d'ouvrage privé »[2242], en transférant ces risques sur le promoteur, le maître d'ouvrage lui a concomitamment transféré sa qualité.

685. Présumé désormais profane en construction, et nécessitant d'être protégé à ce titre, le bénéficiaire des travaux voit ses attributions circonscrites au seul paiement du prix de la construction, ou à de simples choix ponctuels de convenance personnelle (choix des matériaux, de la disposition des pièces, *etc.*). Ceux-ci sont sans commune mesure avec la définition et l'organisation du programme, qui reviennent pourtant au « maître d'ouvrage » par nature, et qui sont aujourd'hui dévolues au promoteur immobilier. Cette nouvelle répartition des rôles est à l'origine d'un amalgame entre la notion de maître d'ouvrage et celle d'accédant, voire de consommateur immobilier[2243]. L'avant-projet de réforme du droit des contrats spéciaux rédigé par l'Association Henri Capitant marque un pas supplémentaire dans cette évolution en substituant au terme de maître d'ouvrage celui de « client », ce que Philippe MALINVAUD avait critiqué dès 2002 : « *on dira souvent que le maître de l'ouvrage est le Client. La terminologie est ici trompeuse. Elle suggère en effet l'idée, d'une part que le Client joue un rôle purement passif, d'autre part qu'il est un profane par rapport aux professionnels que sont les entrepreneurs* »[2244]. De même, pour Hugues PÉRINET-MARQUET, « *dans le monde de l'immobilier, le maître d'ouvrage n'est pas considéré comme un client, même s'il en a certaines caractéristiques* »[2245]. Force est pourtant de reconnaître que le « maître d'ouvrage » visé dans les contrats spéciaux de la construction est plus proche de l'accédant et, en secteur protégé, du consommateur immobilier, que d'un responsable d'opération, ce qu'incarne dorénavant le promoteur immobilier. Une telle réflexion met en exergue les difficultés d'interprétation qui naissent de l'emploi concomitant du terme « maître d'ouvrage » pour désigner à la fois le promoteur et l'accédant.

686. Une appellation unique pour différents intervenants. En étant lui-même maître d'ouvrage originel d'un programme, lorsqu'il est initiateur, ou en agissant comme mandataire du maître d'ouvrage, en tant que prestataire de services, le promoteur a pris une place prépondérante dans l'espace de la maîtrise d'ouvrage. Il peut directement s'identifier au maître d'ouvrage, comme c'est le cas dans la promotion-vente ; le représenter, comme dans l'hypothèse du contrat de promotion immobilière, du contrat de maîtrise d'ouvrage déléguée[2246]

[2242] P. GRELIER WYCKOFF, *Pratique du droit de la construction. Marchés publics – Marchés privés*, 8ème éd., Eyrolles, 2017, p. 10.

[2243] Cf. *Supra*, § 153, 160 et s.

[2244] P. MALINVAUD, « La responsabilité du maître de l'ouvrage », *RDI*, 2002, p. 441.

[2245] H. PÉRINET-MARQUET, « Propos conclusifs : Responsabilité civile, contrats spéciaux, sûretés : l'impact des réformes à venir sur le droit immobilier et de la construction », *RDI*, 2017, p. 596.

[2246] Cf. *Supra*, § 430 et s.

ou de la gérance d'une société de construction ; ou encore l'assister[2247]. Dès lors, « *si le client du promoteur est traditionnellement désigné maître d'ouvrage dans le contrat, cette fonction, et les attributs associés, incombent en réalité au promoteur* »[2248]. Pourtant, la loi continue de réserver la qualité juridique de « maître d'ouvrage » à celui qui bénéficie *in fine* de l'ouvrage construit. Si antérieurement, le bénéficiaire de l'ouvrage était aussi celui qui prenait l'initiative de le faire construire et qui dirigeait l'opération, ce type de schéma ne prévaut plus aujourd'hui. En présence d'un intermédiaire comme le promoteur, la maîtrise d'ouvrage se dédouble, en désignant à la fois le promoteur - qui l'exerce le temps de l'opération - et l'accédant final ou le client, propriétaire des ouvrages construits et créancier des garanties légales. La loi entretient elle-même l'ambiguïté, notamment lorsqu'elle précise, à l'article 1601-3 du Code civil, que « *le vendeur conserve les pouvoirs de maître de l'ouvrage jusqu'à la réception des travaux* » : « *le législateur a donc dissocié les qualités de maître de l'ouvrage et de propriétaire du sol* »[2249]. Il en résulte que « *le maître de l'ouvrage peut ainsi être l'accédant lui-même (dans le secteur de la maison individuelle par exemple) comme celui qui se charge de lui transférer la propriété (le promoteur immobilier ou une société interposée)* »[2250]. La notion de maître d'ouvrage, dans laquelle s'incarnent désormais différents acteurs de la construction, n'est plus aussi claire qu'elle pouvait l'être auparavant. François DANEMANS reconnaît explicitement que la professionnalisation de la maîtrise d'ouvrage a eu pour effet de « *créer deux catégories de maîtres d'ouvrage : le maître d'ouvrage particulier, que le législateur fera entrer dans la catégorie des consommateurs, et le maître d'ouvrage professionnel, qu'il rendra débiteur d'obligations spécifiques* »[2251]. Cette ambivalence sied mal au principe d'unicité de la maîtrise d'ouvrage, selon lequel chaque opération ne comporte à sa tête qu'un seul maître d'ouvrage, en accord avec ses fonctions de commande et de supervision[2252].

[2247] P. MALINVAUD, P. JESTAZ, P. JOURDAIN, O. TOURNAFOND, *op. cit.*, p. 59.

[2248] N. DOURLENS, R. DE MOUSTIER, *art. préc.*

[2249] M. POCHARD, « Le recours des collectivités publiques à la vente en l'état futur d'achèvement », conclusions sur CE, 8 février 1991, Région Midi-Pyrénées c/ Syndicat de l'architecture de la Haute-Garonne et autres, *RFDA*, 1992, p. 48.

[2250] E. MARTINVILLE, *La sous-traitance de construction. Adaptation du droit aux évolutions économiques en matière de construction*, Thèse, Presses universitaires d'Aix-Marseille, 2004, p. 39.

[2251] F. DANEMANS, *art. préc. in Etudes offertes au Professeur Philippe Malinvaud*, LexisNexis Litec, 2007, p. 157.

[2252] Le principe d'unicité de la maîtrise d'ouvrage fait néanmoins l'objet d'un tempérament en droit public, puisque la « co-maîtrise d'ouvrage » est accessible aux maîtres d'ouvrages publics qui construisent un ou plusieurs ouvrages ensemble, conformément à ce que prévoit l'article 8 Code des marchés publics et l'article 2 de la loi « MOP » du 12 juillet 1985, abrogée et codifiée depuis le 1er avril 2019 dans le Code de la commande publique.

687. Considérée dès l'origine comme une fonction de commandement - quoiqu'elle ne soit pas relayée par les textes - la maîtrise d'ouvrage de l'opération n'est plus assumée par celui qui en est naturellement titulaire, mais par un professionnel qui possède les compétences adéquates. Cette transformation du rôle dévolu au maître d'ouvrage ne semble pourtant pas avoir été pleinement prise en compte. L'expression « maître d'ouvrage » sert toujours à désigner le bénéficiaire des travaux, tout en étant également utilisée pour qualifier le promoteur immobilier. Or ce dernier est le véritable maître d'ouvrage en exercice, comme le prouvent ses missions.

2. L'exercice des attributions du maître d'ouvrage par le promoteur

688. La description sommaire des missions du maître d'ouvrage dans la loi. Le droit positif ne définit pas la maîtrise d'ouvrage privée à travers une liste déterminée de missions qui lui seraient spécifiquement confiées, comme c'est le cas pour le maître d'ouvrage public, dont les fonctions sont distinguées de celles des autres intervenants[2253]. Dès lors qu'aucune norme ne propose une définition du maître d'ouvrage privé, aucun texte législatif ou réglementaire ne fixe ses fonctions[2254]. Ainsi, « *aux incertitudes terminologiques viennent s'ajouter les imprécisions du droit de la construction quant au rôle des divers intervenants* »[2255]. Or, ces fonctions ne sauraient se limiter aux obligations essentielles que sont la commande et le paiement des travaux, comme la réglementation du contrat d'entreprise le suggère. A tout le moins, ces deux attributions principales méritent-elles d'être détaillées, pour cerner au plus près la variété des missions inhérentes à la maîtrise d'ouvrage.

689. La description sommaire des missions du promoteur dans la loi. Si les attributions du maître d'ouvrage ne sont pas énumérées par la loi, force est de constater que celles du promoteur, qui empruntent à la fonction de maître d'ouvrage, ne le sont pas davantage. Les lois impératives qui régissent les prestations du promoteur mettent à sa charge des obligations précises, juridiquement sanctionnées, mais celles-ci ne sauraient se confondre avec les devoirs qui lui incombent, dans le cadre de la gestion courante de son activité. Certains textes spéciaux explicitent néanmoins son périmètre. A titre d'exemple, l'article 1831-2 du Code civil dispose que le contrat de promotion immobilière « *emporte pouvoir pour le promoteur de conclure les contrats, recevoir les travaux, liquider les marchés et généralement celui d'accomplir, à concurrence*

[2253] Article L. 2421-1 du Code de la commande publique. Cf. *Supra*, § 662. CAA. LYON, 28 juin 1993, *Commune de Domerat*. F. LLORENS, P. TERNEYRE, « Précisions sur la notion de maîtrise d'ouvrage », *RDI*, 1994, p. 445.
[2254] P. GRELIER WYCKOFF, *Pratique du droit de la construction. Marchés publics – Marchés privés*, 8ème éd., Eyrolles, 2017, p. 10. C. CROIX, P. TREILLE, *Passation et exécution des marchés privés de travaux*, Le Moniteur, 2016, p. 56.
[2255] D. BAZIN-BEUST, *L'obligation de faire faire*, Thèse, ANRT, 2000, p. 156.

du prix global convenu, au nom du maître de l'ouvrage, tous les actes qu'exige la réalisation du programme ». La loi se contente ici de mentionner les missions emblématiques du promoteur, sans que celles-ci soient limitatives. En matière de vente d'immeuble à construire, l'article R. 261-7 du Code de la construction et de l'habitation définit sommairement les « pouvoirs du maître d'ouvrage » et à travers eux, les missions que le vendeur est susceptible de prendre en charge. Ces pouvoirs « *comportent ceux de choisir les architectes, entrepreneurs et autres techniciens, d'arrêter librement les conventions passées avec eux et d'effectuer la réception des travaux qu'ils ont faits ou dirigés* ». En l'absence de l'adverbe « notamment », cette liste devrait vraisemblablement être entendue strictement, mais une telle lecture serait insuffisante à cerner l'activité du promoteur-vendeur.

690. La description variable des missions du promoteur dans la jurisprudence. Les missions exécutées par le promoteur sont au cœur du travail de qualification du juge, qui se doit d'identifier parmi les différents intervenants à l'opération, celui qui a pris « l'initiative et le soin principal de l'affaire ». S'il est rare qu'un acte unique suffise à justifier la qualification de promoteur, celle-ci résulte le plus souvent de la combinaison de plusieurs indicateurs, selon la méthode du faisceau d'indices[2256]. Parmi ceux-ci, l'on trouve fréquemment « *la définition du projet immobilier, la recherche du financement, l'assurance de l'opération, le choix des locateurs d'ouvrage – architectes, techniciens, entreprises – la coordination et la surveillance des travaux, ainsi que la commercialisation des locaux* »[2257].

691. L'approche corporatiste des missions du promoteur. Selon la Fédération des Promoteurs Immobiliers, le promoteur se charge principalement d'évaluer l'opportunité et la faisabilité du programme, de déterminer les objectifs de l'architecte, de définir l'offre au public (au travers des plans, de la grille de prix, des documents commerciaux), d'élaborer la stratégie commerciale (impliquant par exemple l'utilisation d'un bureau de vente, le recours à un agent immobilier ou la mobilisation d'un réseau spécialisé), d'établir le montage financier, de constituer l'équipe de conception et de réalisation de l'ouvrage, de régulariser leurs contrats, de vérifier leurs polices d'assurance, de superviser le chantier, de réceptionner l'ouvrage avec l'aide du maître d'œuvre et de le livrer à l'acquéreur[2258].

692. L'approche doctrinale des missions du promoteur. Selon Hugues PÉRINET-MARQUET, les contrats de construction que le promoteur est amené à conclure avec les accédants présentent « *une certaine connotation*

[2256] Cf. *Supra*, § 302.

[2257] F. MAGNIN, « Le promoteur immobilier : une définition extensive », *LPA*, 24 janvier 1994, n° 10.

[2258] http://fpifrance.fr/fr/content/quest-ce-quun-promoteur.

organisationnelle »[2259], qui s'explique par sa double fonction, de montage et de suivi de l'opération. L'analyse des différents fondements textuels et l'observation de la pratique permettent de mettre au jour un répertoire de missions inhérentes à toutes formes de promotion immobilière. Selon Bernard DUBAN, « *les promoteurs-constructeurs ne peuvent déléguer un certain nombre de fonctions telles que l'achat du terrain, l'élaboration du programme et le choix de l'équipe de maîtrise d'œuvre qui constituent leurs prérogatives* »[2260], tandis que pour François MAGNIN, ce sont « *l'établissement du plan et le suivi opérationnel* » qui constituent les « *activités essentielles de la promotion immobilière* »[2261]. Philippe MALINVAUD, Philippe JESTAZ, Patrice JOURDAIN et Olivier TOURNAFOND résument l'activité du promoteur par les missions suivantes : recherche du terrain ; établissement du plan financier de l'opération ; obtention des autorisations administratives et gestion des rapports avec les administrations publiques ; gestion des relations avec les différents corps de métier, passation des marchés de travaux et surveillance de l'exécution de l'ouvrage ; souscription des polices d'assurance nécessaires ; « *d'une façon générale, procéder à toutes les formalités de caractère juridique, administratif et fiscal que requiert la construction de l'immeuble* »[2262]. Ce type de lecture, relativement large, parait la mieux appréhender la diversité des tâches confiées au promoteur. Pour autant, l'absence de positionnement clair du législateur et du juge sur cette question autorise le maintien d'une certaine liberté dans l'interprétation des missions du promoteur.

693. En définitive, « *dire qu'un promoteur conçoit, organise et guide la construction d'un immeuble ne permet pas de distinguer l'opération de promotion immobilière d'une opération de construction quelconque, puisque ce rôle incombe nécessairement au maître de l'ouvrage ou à ceux qui l'assistent* »[2263]. Les missions considérées comme étant substantiellement attachées au promoteur immobilier sont pour l'essentiel celles qui reviennent par nature au maître d'ouvrage : « *un maître d'ouvrage n'est pas nécessairement un promoteur mais un promoteur est nécessairement un maître d'ouvrage* »[2264], au regard de ses fonctions. Or, à l'image des attributions du maître d'ouvrage privé,

---

[2259] H. PÉRINET-MARQUET, « La responsabilité du maître d'ouvrage dans la préparation et la conclusion du marché », *RDI*, 2002, p. 451.
[2260] B. DUBAN, *Les Promoteurs Constructeurs*, PUF, 1982, p. 47.
[2261] F. MAGNIN, « Le promoteur immobilier : une définition extensive », *LPA*, 24 janvier 1994, n° 10.
[2262] P. MALINVAUD, P. JESTAZ, P. JOURDAIN, O. TOURNAFOND, *op. cit.*, p. 3. B. KOHL, *Droit de la construction et de la promotion immobilière en Europe. Vers une harmonisation de la protection du consommateur en droit de la construction ?*, Thèse, LGDJ, 2008, p. 180.
[2263] R. DENOYELLE, *th. préc.*, p. 66.
[2264] A. FRANCOIS-CUXAC, *op. cit.*, p. 14. http://fpifrance.fr/fr/content/quest-ce-quun-promoteur.

les missions du promoteur immobilier ne sont définies par aucune source exhaustive. Bien que certaines dispositions légales les abordent, elles restent librement interprétées dans leur objet. Dans un souci de clarté, il convient donc de les déterminer et d'en définir le contenu.

B) Les missions inhérentes à toutes formes de promotion immobilière

694. Avant que la construction à proprement parler de l'ouvrage ne débute, le promoteur aura réuni les conditions juridiques, financières et administratives préalables au lancement de l'opération[2265]. Le promoteur se charge ensuite d'organiser la réalisation matérielle du programme, afin de livrer à son client l'ouvrage achevé, conforme à sa commande. Aussi, « *les activités qu'il est amené à exercer dans ce cadre sont nombreuses* »[2266]. S'il n'est pas envisageable d'arrêter une liste limitative des missions exécutées par le promoteur, il est possible de s'intéresser à ses missions-types, afin de clarifier son champ d'intervention. Celui-ci peut se résumer en deux phases successives : le montage de l'opération (1) et son suivi (2).

1. Le montage de l'opération

695. L'activité de « montage » d'opérations. Si le montage renvoie en droit à « *une combinaison de plusieurs actes juridiques interdépendants et ordonnés, en vue de la création d'un effet déterminé* »[2267], en matière immobilière, il s'agirait de « *l'ensemble des actes et des procédures mis en œuvre par un opérateur immobilier, le plus souvent un promoteur, afin de trouver un terrain, l'aménager en tant que de besoin et enfin, réaliser ou faire réaliser un projet de construction* »[2268]. Cette définition, trop large, ne permet pas véritablement

---

[2265] B. DUBAN, *op. cit.*, p. 57 : « *les promoteurs-constructeurs se heurtent à de multiples contraintes liées à l'approvisionnement irrégulier en terrains à bâtir, à la mobilisation difficile de moyens financiers et à la multiplication des normes administratives conduisant à un renchérissement des coûts de production* ».

[2266] « Personnes entrant dans la catégorie des promoteurs », *Dictionnaire Permanent Construction et Urbanisme*, Editions Législatives, actualisé le 25 juin 2014, § 7, p. 3561.

[2267] N. SEHIL, *th. préc.*, p. 7. D. PORACCHIA, *La réception juridique des montages conçus par les professionnels*, Thèse, Presses universitaires d'Aix-Marseille, 1998, p. 33. En droit, le montage peut également s'entendre d'« *un assemblage de contrats nommés ou innommés destiné à atteindre un objectif commun* » (N. SYMCHOWICZ, *op. cit.*, p. 49). Le terme de « montage » est directement employé en jurisprudence : v. à titre d'exemple, Cass. Civ. 3ème, 14 septembre 2017, n° 15-19753.

[2268] A. SÉVINO, F. PETIT, *Montages d'opérations immobilières*, 7ème éd., EFE, 2017, p. 12. C. MÉROT, *Montage d'une opération immobilière privée*, Le Moniteur, 2015, p. 7 : le montage d'opérations immobilières consisterait à « *trouver une parcelle sur laquelle le propriétaire accepte que soit imaginé un projet de construction qui rentabilise le terrain ; entrer dans un processus d'aménagement, pénétrer dans les arcanes du droit de l'urbanisme, naviguer dans le monde architectural, surveiller en*

d'individualiser les activités de promotion et de montage, ce qui explique qu'on les tienne souvent pour synonymes. En réalité, il conviendrait de circonscrire le montage à la phase précédant l'ouverture du chantier, lors de laquelle le promoteur se charge de réunir l'ensemble des conditions financières, administratives, juridiques et techniques, nécessaires au lancement du projet. Le terme « montage » évoque en effet l'idée d'un assemblage d'éléments en vue d'un résultat, ce qui sied bien à cette période de préparation, antérieure à la réalisation des travaux. Si le promoteur reste actif tout au long de l'opération, ses compétences et son expertise sont particulièrement mobilisées lors de cette étape fondamentale, qui détermine la concrétisation du projet. La période du « montage » est ponctuée de différentes étapes, qu'il convient de détailler.

696. La définition du programme. « *Que le promoteur doive concevoir l'opération n'implique pas nécessairement qu'il en ait l'idée première* »[2269]. Contrairement à la « définition du projet » qui n'appartient qu'au titulaire de la maîtrise d'ouvrage à l'origine de l'opération[2270], la « définition du programme » est une tâche communément partagée par l'ensemble des promoteurs, initiateurs comme exécutants. Ces derniers sont, en toutes hypothèses, chargés de traduire le besoin exprimé par le commanditaire de l'opération. En effet, « *il ne peut exister une délégation à ce point large que le maître d'ouvrage n'ait pas* (…) *une idée suffisante du produit qu'il va faire réaliser et de l'enveloppe financière nécessaire pour y parvenir* »[2271]. Ses attentes sont formulées lors de la définition du projet, à charge pour le promoteur d'apprécier concrètement les conditions de sa réalisation dans le cadre de la définition du programme. S'agissant du promoteur-vendeur, la définition du projet et la définition du programme lui incombent ; il définit lui-même le projet, en anticipant les besoins que pourrait vouloir satisfaire son public cible. Inversement, dans la promotion sous forme de mandat, le promoteur est sollicité par un maître d'ouvrage qui a préalablement défini son projet : il déduit donc la définition du programme du projet imaginé par son donneur d'ordres.

697. A la différence du projet, qui est librement pensé par le commanditaire, selon les besoins qu'il exprime, le programme, qui correspond à la traduction du projet dans la réalité, dépend de multiples données contingentes[2272]. La

---

permanence les équilibres comptables et financiers nécessaires à la rentabilité de l'opération immobilière ; arriver à un projet de construction abouti ».

[2269] R. DENOYELLE, *th. préc.*, p. 32.

[2270] Cf. *Infra*, § 719-721.

[2271] A. CASTON, F.-X. AJACCIO, M. CABOUCHE, L. DE GABRIELLI, M. HUET, *op. cit.*, p. 57.

[2272] Parmi ces dernières, les caractéristiques géographiques et géologiques du terrain, la localisation de l'opération au regard des avoisinants et plus largement de la commune, la nature et la surface des constructions autorisées en fonction de ce que prévoient les documents d'urbanisme, les exigences réglementaires, les servitudes grevant le terrain, le budget prévisionnel, *etc.*

définition du programme implique de se livrer à « *l'ensemble des investigations, études et démarches destinées à évaluer l'opportunité puis la faisabilité de l'opération projetée, à déterminer l'ensemble des contraintes et des exigences auxquelles elle doit se soumettre, et à préciser et maîtriser la commande de manière à ce qu'elle s'adapte à sa destination* »[2273]. Il s'agit pour le promoteur de confronter le projet au contexte juridique, technique, financier, voire commercial de l'opération projetée, en tenant compte des objectifs et des moyens susceptibles d'être mobilisés[2274]. En ce sens, « *le programme réunit et organise toutes les données de toute nature nécessaires à la conception puis à la réalisation et à l'utilisation de l'ouvrage* »[2275] ; il constitue le point de départ de l'opération. La fonction de programmation « *doit être comprise comme un élément majeur de la maîtrise d'ouvrage* »[2276]. A l'origine en effet, la définition du programme était au fondement même du « *rôle actif du maître de l'ouvrage* », en tant qu'« *initiateur et spécificateur de la prestation caractéristique du contrat* »[2277]. Dans le cas du maître d'ouvrage public, la loi du 12 juillet 1985 faisait de la programmation une obligation fondamentale, intrinsèquement liée à la fonction d'intérêt général assumée par ce dernier[2278].

698. La détermination du programme renvoie à la commande passée par le maître d'ouvrage et ne doit pas être confondue avec sa traduction technique par

---

[2273] G. QUIGNA, « La mission d'assistance : programmation, assistance à la maîtrise d'ouvrage AMO, conduite d'opération », *RDI*, 1996, p. 483. A. FRANCOIS-CUXAC, *op. cit.*, p. 15 : « *le promoteur (…) évalue l'opportunité et la faisabilité d'un programme, apprécie les risques techniques, environnementaux, commerciaux* ».

[2274] M. HUET, « Rôle du maître d'ouvrage dans la définition du programme », *RDI*, 2002, p. 442 : conformément à la définition du programme donnée par l'article 2 alinéa 4 ancien de la loi « MOP » du 12 juillet 1985, celui-ci est déterminé par « *les objectifs de l'opération, les besoins qu'elle doit satisfaire, les contraintes et les exigences culturelles, sociales, urbanistiques, esthétiques, fonctionnelles, techniques et économiques, les orientations concernant l'insertion dans le site, les objectifs de qualité environnementale* ».

[2275] *Idem.*

[2276] *Idem.*

[2277] G. DURAND-PASQUIER, *th. préc.*, p. 25.

[2278] La jurisprudence administrative sanctionne le maître d'ouvrage qui n'a pas défini correctement son programme : v. CE, 25 novembre 1987, *Sté pour l'incinération des résidus de l'agglomération Cannaise* ; CE, 22 mars 1991, *Syndicat mixte du Parc des Volcans d'Auvergne*. M. HUET, « Rôle du maître d'ouvrage dans la définition du programme », *RDI*, 2002, p. 442 : « *Le maître d'ouvrage public ne peut donc pas déléguer la fabrication et la responsabilité du programme à quiconque* », alors qu'« *en droit privé, rien n'empêcherait en principe un maître de l'ouvrage de mandater une personne physique ou morale aux fins d'élaborer pour son compte un programme* ». Si le projet reste défini par le maître d'ouvrage public, celui-ci peut tout de même faire appel à un programmateur, pour l'aider à transcrire ses besoins. G. QUIGNA, *art. préc.*, p. 483 : il n'en reste pas moins que « *le programmateur, sous couvert de réalisation d'études, ne se substitue au maître d'ouvrage ni dans la définition des objectifs, ni dans la définition des besoins et des contraintes et exigences* ».

le maître d'œuvre[2279] : « *étymologiquement, le programme c'est ce qui est avant l'écriture* »[2280]. Le maître d'ouvrage doit « *énoncer avec la plus grande précision possible ses besoins, qui seront traduits par la maîtrise d'œuvre* »[2281]. Il appartient ainsi au promoteur « *d'exprimer son ''attente'' architecturale* »[2282] ; il « *prescrit des objectifs à l'équipe de conception et aux différents partenaires* »[2283]. Le promoteur communique au maître d'œuvre de conception et, le cas échéant, au groupement de maîtrise d'œuvre composé des économistes et des bureaux d'études spécialisés, ses objectifs en termes de typologie de lots, de surfaces, d'organisation des locaux. Il leur confie également toutes les données financières, juridiques et administratives de nature à conditionner le projet architectural, en les informant aussi des contraintes techniques en sa possession. L'objectif est de « *permettre aux équipes de maîtrise d'œuvre de donner une réponse architecturale, technique et économique aux objectifs culturels, sociaux et commerciaux du maître de l'ouvrage* »[2284].

699. L'obtention des autorisations d'urbanisme. « *L'élaboration de toute l'organisation (…) n'aurait aucun sens si le promoteur ne s'était simultanément préoccupé d'obtenir le permis* »[2285]. En effet, la viabilité de l'opération est subordonnée à l'obtention des autorisations d'urbanisme[2286], délivrées par la commune du lieu de situation du terrain à construire. En fonction des caractéristiques techniques du programme, une fois éventuellement obtenu le certificat d'urbanisme (d'information ou opérationnel[2287]), un permis d'aménager[2288] ou un permis de démolir[2289] pourront être nécessaires, en sus du permis de construire[2290]. Le maître d'œuvre assiste le promoteur dans la phase d'obtention des autorisations d'urbanisme, son intervention étant le plus souvent requise par la loi[2291] : il établit les documents graphiques et pièces écrites nécessaires à la constitution du dossier. L'obtention des autorisations administratives constitue une mission centrale du promoteur immobilier,

[2279] Cass. Civ. 3ème, 7 octobre 1998, n° 96-22837, inédit.
[2280] M. HUET, « Rôle du maître d'ouvrage dans la définition du programme », *RDI*, 2002, p. 442.
[2281] A. CASTON, F.-X. AJACCIO, M. CABOUCHE, L. DE GABRIELLI, M. HUET, *op. cit.*, p. 44.
[2282] B. AVRIL, B. ROTH, *op. cit.*, p. 60.
[2283] A. FRANCOIS-CUXAC, *op. cit.*, p. 15.
[2284] M. HUET, « Rôle du maître d'ouvrage dans la définition du programme », *RDI*, 2002, p. 442.
[2285] R. DENOYELLE, *th. préc.*, p. 55.
[2286] Article L. 425-1 du Code de l'urbanisme.
[2287] *Ibid.*, article L. 410-1.
[2288] *Ibid.*, article R. 421-19.
[2289] *Ibid.*, articles R. 421-26 et suivants.
[2290] *Ibid.*, articles R. 421-14 et suivants.
[2291] *Ibid.*, article L. 431-1.

consacrée juridiquement[2292]. Dans le cadre des contrats spéciaux du secteur protégé, l'article R. 262-3 du Code de la construction et de l'habitation prévoit notamment, en matière de vente d'immeuble à rénover, que « *les pouvoirs du maître d'ouvrage (...) comportent (...) ceux de faire toute demande d'autorisation ou déclaration prévue au code de l'urbanisme et nécessaire à la réalisation des travaux faisant l'objet du contrat* ». Paradoxalement, en matière de vente d'immeuble à construire, l'article R. 261-7 du même Code n'évoque pas l'obtention des autorisations administratives parmi les pouvoirs confiés au vendeur, en qualité de maître d'ouvrage. Cela s'explique sans doute par le fait que ces autorisations sont obtenues par le promoteur avant même qu'il ne propose le programme à la commercialisation, et ne signe un tel contrat. Dans le contrat de promotion immobilière, si la mission administrative fait partie des attributions du promoteur mandataire, elle n'est pas suffisante à elle seule pour qualifier sa prestation de promotion immobilière au sens de la loi[2293].

700. Tout au long du chantier, le promoteur reste l'interlocuteur unique de l'administration, en qualité de maître d'ouvrage responsable de l'opération. Aussi, une fois les autorisations obtenues, le promoteur est tenu de respecter leurs prescriptions[2294], en livrant à son client un bien en tous points conforme aux normes applicables. Son « *obligation première est de faire construire un immeuble en conformité à la législation en vigueur, en matière d'urbanisme et de construction* »[2295]. Toutefois, le vendeur d'immeuble à construire n'est pas tenu de garantir à l'acheteur le permis de construire cédé avec le terrain et ne

---

[2292] Article R. 423-1 du Code de l'urbanisme : « *les demandes de permis de construire, d'aménager ou de démolir et les déclarations préalables sont adressées (...) à la mairie de la commune dans laquelle les travaux sont envisagés : a) (...) par le ou les propriétaires du ou des terrains, leur mandataire ou par une ou plusieurs personnes attestant être autorisées par eux à exécuter les travaux* ».

[2293] Cf. *Supra*, § 400. La législation du contrat de promotion immobilière, en secteur protégé, ne s'impose pas aux mandataires qui se contentent d'accomplir des « opérations administratives », telle que l'obtention des autorisations d'urbanisme, pour le compte du maître d'ouvrage. L'article L. 222-2 alinéa 2 du CCH exige que ces missions administratives s'ajoutent à des missions juridiques ou financières pour que le contrat de promotion immobilière s'impose aux parties.

[2294] Conformément aux articles R. 462-1 et suivants du Code de l'urbanisme, en tant que bénéficiaire du permis ou mandataire du bénéficiaire, le promoteur doit adresser au maire une déclaration attestant de l'achèvement et de la conformité des travaux.

[2295] J.-C. GROSLIÈRE, C. SAINT-ALARY-HOUIN, « Promotion immobilière – Vente d'immeuble », *RDI*, 1985, p. 162. CA. PARIS, 6 juin 1984, *Gaz. Pal.* 1985. 12. Cass. Crim. 12 juillet 2016, n° 15-85750, inédit. G. ROUJOU DE BOUBÉE, « L'élément intentionnel dans le délit de construction en contravention avec les dispositions du permis de construire », *RDI*, 2016, p. 600 : « *l'élément intentionnel y est suffisamment caractérisé par la simple constatation de la violation, en connaissance de cause, d'une prescription légale ou réglementaire et seule une erreur de droit inévitable pourrait être source d'exonération* ».

répond pas du retrait de ce permis ou de la restriction des droits de construire[2296].

701. La détermination du budget prévisionnel. Si le promoteur initiateur arrête lui-même l'enveloppe financière qu'il souhaite dédier au programme, il appartient à tout promoteur d'établir le bilan prévisionnel de l'opération, concomitamment à la définition du programme. Le coût global prévisionnel d'une opération de construction-vente est obtenu en confrontant le prix au mètre carré auquel il sera possible de vendre les ouvrages neufs aux charges que le promoteur devra supporter. Parmi ces charges se trouvent le coût du foncier (incluant le prix du terrain, les frais de notaire, les taxes, les honoraires des intermédiaires ou des apporteurs d'affaires), le coût des études préliminaires, le coût des travaux (de la démolition à l'aménagement intérieur, en ce compris les travaux de VRD et de branchements), voire éventuellement le coût des équipements et du mobilier, les honoraires techniques (au titre des études de sol, des diagnostics obligatoires, des honoraires du maître d'œuvre, du contrôleur technique, des conseils juridiques, *etc.*), les frais de commercialisation (comprenant les frais de publicité, les honoraires des commercialisateurs), les frais financiers (qui recouvrent la garantie bancaire d'achèvement, les cautions fournies aux entreprises, les intérêts des prêts, les primes d'assurance, *etc.*), ou bien encore les frais de fonctionnement (induits par la mobilisation des « services support » de la société de promotion).

702. Les choix des intervenants à la construction. En toutes hypothèses, le promoteur est chargé de « faire construire » l'ouvrage. A ce titre, « *il doit avoir, nécessairement, le pouvoir de conclure les contrats de louage d'ouvrage avec les architectes et entrepreneurs et, d'une manière générale, celui de passer les différents marchés* »[2297]. La conclusion des marchés de travaux suppose au préalable de sélectionner les intervenants qui prendront part au programme, concepteurs comme exécutants. « *C'est ici que le promoteur apparaît vraiment comme le chef d'une équipe* »[2298] : il « *réunit une équipe de professionnels qui auront chacun une fonction précise à remplir* »[2299]. Conformément aux articles R. 261-7 et R. 262-3 alinéa 1er du Code de la construction et de l'habitation, qui régissent les ventes d'immeuble à construire et à rénover, « *les pouvoirs du*

[2296] Cass. Civ. 3ème, 22 avril 1975. En revanche, il reste sanctionnable sur le fondement de la caducité du contrat par suite de la défaillance de la condition résultant de l'obtention d'un permis de construire conforme (J.-C. GROSLIÈRE, C. SAINT-ALARY-HOUIN, « Vente clés en main et promesse de vente », *RDI*, 1994, p. 463) ou sur celui de l'obligation de délivrance ou de l'erreur sur la substance (Cass. Civ. 1ère, 2 mars 1964, *Bull. civ.* I, n° 22).

[2297] J.-C. GROSLIÈRE, C. SAINT-ALARY-HOUIN, « Promotion immobilière – Vente d'immeuble », *RDI*, 1986, p. 471.

[2298] R. DENOYELLE, *th. préc.*, p. 40.

[2299] *Ibid.*, p. 33.

maître d'ouvrage (…) *comportent ceux de choisir les architectes, entrepreneurs et autres techniciens* ».

703. Le choix des concepteurs et des contrôleurs. S'agissant des concepteurs, le promoteur désigne prioritairement l'architecte, qui intervient le premier dans l'opération. Néanmoins, il n'est pas le seul maître d'œuvre « de conception ». Le promoteur, ou l'architecte lui-même, se charge de constituer l'équipe de maîtrise d'œuvre, comprenant les bureaux d'études et les économistes de la construction. Lorsqu'il est sollicité pour une mission « globale », l'architecte restera saisi jusqu'à la réception des travaux pour veiller, tout au long du chantier, à l'exécution conforme des ouvrages. A défaut, un autre maître d'œuvre, d'« exécution », s'occupera de superviser les travaux. Les maîtres d'œuvre ne sont pas les seuls prestataires intellectuels que le promoteur fait intervenir. Il est tenu de choisir un bureau de contrôle, dont la mission est définie à l'article L. 111-23 du Code de la construction et de l'habitation. De même, la « coactivité » simultanée ou successive propre à certains chantiers exige la présence d'un « coordonnateur sécurité et protection de la santé », afin de veiller au respect des principes généraux de prévention et assurer la santé et la sécurité de tous les participants[2300].

704. Le choix des exécutants. Le promoteur doit également missionner les exécutants, c'est-à-dire les entreprises du bâtiment qui édifieront matériellement l'ouvrage. Ce sont elles qui se chargeront de faire appel aux fabricants de matériaux et aux fournisseurs d'engins nécessaires au chantier. Différentes méthodes de sélection existent pour constituer les équipes de constructeurs réalisateurs. Le promoteur peut consulter une seule entreprise et conclure avec elle un marché de gré à gré. C'est ce qu'il fait habituellement pour l'architecte, qu'il nomme directement, sans mise en concurrence, sur la foi de sa réputation ou d'expériences précédemment réussies. Le promoteur peut également recourir à la technique de l'appel d'offres, empruntée aux marchés publics, qui consiste à « *mettre en concurrence plusieurs entreprises sur un même dossier de consultation et* [à] *choisir, après comparaison et négociation, le titulaire du marché* »[2301]. Cette procédure implique pour le promoteur d'exprimer le plus clairement possible ses besoins, afin que les entreprises puissent rendre des offres opérationnelles et circonstanciées, en parfaite connaissance de cause. Si le promoteur participe à la sélection des offres, en sa qualité de maître d'ouvrage, il est le plus souvent accompagné du maître d'œuvre, dont les compétences spécialisées lui permettent d'apprécier la conformité des offres aux exigences techniques des documents de conception[2302]. Lorsqu'elle n'est pas le fruit de précédents partenariats, la sélection des entreprises a lieu en considération de

---

2300 Articles R. 4532-2 à 7 du Code du travail.
2301 G. PINCHERA, *Passation et gestion des marchés privés de travaux. Guide pratique*, Eyrolles, 2017, p. 49.
2302 Article 3.33 de la Norme AFNOR NF P 03-001.

différents facteurs : l'expérience, la compétence, la disponibilité, les capacités humaines et matérielles, la santé financière, *etc.*

705. En sélectionnant les constructeurs qui concevront et réaliseront l'ouvrage, le promoteur se lie en quelque sorte pour l'avenir. Il se doit d'être précautionneux dans son travail de désignation des entrepreneurs car, étant lui-même constructeur réputé comme tel par la loi et débiteur des garanties légales, il « *doit répondre du personnel qu'il charge d'exécuter son obligation principale* »[2303]. En tant que « *contractant intermédiaire* »[2304], il demeure « *responsable de l'exécution des prestations visées par l'accord initial* » et a donc intérêt à « *choisir un sous-contractant capable, honnête, solvable...* »[2305]. Aussi, « *la première ''garantie'' que prend le promoteur professionnel consistera à évaluer les entreprises avec lesquelles il va contracter pour la réalisation de l'immeuble* »[2306]. Bernard GROSS évoque à ce titre l'obligation de prévision[2307], propre au garant, qui le contraint « *à prendre, avant même l'exécution du contrat, des mesures afin de ne pas compromettre la bonne fin de l'opération qu'il a conclue avec le garanti* »[2308], sous peine d'engager sa responsabilité personnelle. Il est possible de voir dans la responsabilité légale du promoteur, une sanction de ce dernier pour avoir mal choisi les intervenants - sur le fondement d'une ''*culpa in eligendo*''[2309] - ou pour les avoir mal dirigés - sur le fondement d'une ''*culpa in vigilando*''. En ce sens, « *le débiteur contractuel reste tenu de l'inexécution dès lors qu'il a pris, à un moment ou un autre, l'initiative d'introduire ou de maintenir le tiers ''fautif'' dans la relation contractuelle* »[2310]. Un tel raisonnement se heurte cependant au fait que toutes les entreprises du bâtiment qui œuvrent sur le chantier ne sont pas directement sélectionnées par le promoteur. Si ce dernier n'interdit pas à ses cocontractants

---

2303 M. LEROY, *Contribution à la notion de professionnel*, Thèse, Université de Toulouse, 1995, pp. 167, 288). Cf. *Supra*, § 246-247.

2304 V. N. DISSAUX, *La qualification d'intermédiaire dans les relations contractuelles*, Thèse, LGDJ, 2007.

2305 B. TEYSSIÉ, *Les groupes de contrats*, Thèse, Université Montpellier I, 1974, p. 115. R. DENOYELLE, *th. préc.*, p. 43.

2306 B. GOLFIER, « Les obligations particulières du maître de l'ouvrage : les garanties d'achèvement ou la gestion du risque d'inachèvement par le promoteur immobilier », *RDI*, 2002, p. 473.

2307 B. GROSS, *La notion d'obligation de garantie dans le droit des contrats*, Thèse, Université de Nancy, 1964, p. 194 : « *En vertu de cette obligation qu'on désignera ''l'obligation de prévision'', le garant devra prendre toutes les mesures utiles afin que le contrat se réalise correctement* ».

2308 *Ibid.*, p. 211.

2309 TGI. BAYONNE, 3 avril 1979, *JCP N* 1980. II. 169, note R. BONNAIS. J.-C. GROSLIÈRE, P. JESTAZ, Chron. « Promotion immobilière – Vente d'immeubles », *RDI*, 1980, p. 437 : « *En l'espèce le promoteur, ayant eu le choix de l'architecte et de l'entrepreneur, avait commis une* culpa in eligendo ».

2310 J. BELLISSENT, *Contribution à l'analyse de la distinction des obligations de moyens et des obligations de résultat*, Thèse, Université Montpellier I, 2001, p. 471.

de recourir à la sous-traitance - comme le veut l'usage - la réussite de son opération dépendra aussi de la qualité des prestations exécutées par les sous-traitants sollicités par la ou les entreprises principale(s). Le promoteur conserve néanmoins un droit de regard sur les sous-traitants, à travers le pouvoir d'acceptation et d'agrément que lui reconnait l'article 3 de la loi du 31 décembre 1975[2311].

706. La conclusion des contrats nécessaires à l'opération. Une fois les entreprises sélectionnées, le promoteur négocie leurs conditions d'intervention, puis élabore et conclut avec elles les marchés de travaux[2312]. Les articles R. 261-7 et R. 262-3 du Code de la construction et de l'habitation, relatifs aux contrats de ventes d'immeubles à construire et à rénover, évoquent le pouvoir du promoteur « *d'arrêter librement les conventions passées* » avec « *les architectes, entrepreneurs et autres techniciens* ». L'article L. 221-2 du même Code précise pareillement que le contrat de promotion immobilière « *emporte pouvoir pour le promoteur de conclure les contrats* ». Qu'il soit maître d'ouvrage « titulaire » ou seulement « exerçant », le promoteur conclut librement et en toute indépendance les contrats avec les constructeurs, en son nom propre ou bien au nom de son client. Généralement tenu à un prix global et forfaitaire dans les rapports qu'il entretient avec ce dernier, le promoteur n'a pas à rendre compte des prix convenus avec les entreprises, pas plus qu'il n'a à s'expliquer des dispositions contractuelles fixées avec elles. Cette liberté est toutefois à relativiser pour le promoteur mandataire, qui doit rendre compte de la gestion financière de l'opération. L'article R. 222-6 alinéa 3 du Code de la construction et de l'habitation prévoit en ce sens que « *les clauses d'actualisation et de révision (...),* [qui ne seraient pas] *indiquées dans le contrat de promotion immobilière, et le montant de chaque contrat, marché ou engagement sont notifiés par le promoteur au maître de l'ouvrage* ».

707. L'optimisation de la rédaction des marchés. Les marchés de travaux conclus avec les entreprises comprennent plusieurs documents, dont les plus techniques ne sont pas rédigés par le promoteur mais par l'équipe de maîtrise d'œuvre. Il en va notamment ainsi du cahier des clauses techniques particulières (« CCTP »). Pour sa part, le promoteur se charge de l'élaboration du cahier des clauses administratives générales (« CCAG ») - lorsqu'il ne se contente pas d'un renvoi à la norme AFNOR NF P 03-001 - et particulières (« CCAP »). Dans le cadre de son travail de rédaction des marchés, le promoteur doit prendre le soin d'intégrer certaines exigences dans le champ contractuel. Il doit, entre autres, prévoir un délai d'achèvement équivalent ou plus court que le délai de livraison convenu avec l'accédant, afin de conserver une marge de sécurité et éviter de s'exposer lui-même à des pénalités de retard. Il est par ailleurs dans son intérêt

---

[2311] Cf. *Supra*, § 487.

[2312] V. à ce titre, C. PÉCHEREAU, *Guide de rédaction des marchés privés de construction, 24 étapes pour réussir un marché privé de travaux*, Le Moniteur, 2006.

de ne s'engager que sur des marchés forfaitaires, qui lui garantissent un prix invariable, afin de préserver sa marge bénéficiaire. Même s'il s'agit d'une obligation légale impérative pour les entreprises, il reste préférable pour le promoteur de vérifier qu'elles ont souscrit leurs polices d'assurance, voire de négocier l'étendue de leur couverture, selon une logique préventive. Il peut également être opportun pour le promoteur d'encadrer les conditions de recours à la sous-traitance ou les modalités de levée des réserves, d'exiger une caution bancaire de l'entreprise ou bien encore de prévoir dans le marché qu'une retenue de garantie pourra être prélevée sur son solde, afin de satisfaire aux réserves émises lors de la réception[2313]. Au surplus, conformément aux suggestions habituelles de l'ingénierie contractuelle, le promoteur peut prévoir une clause pénale, résolutoire ou de gestion des litiges (telle qu'une clause de saisine d'un expert amiable, désigné d'un commun accord). Au besoin, les contrats pourront encore évoluer en cours de chantier, par voie d'avenant. En dehors des hypothèses de travaux supplémentaires imprévus inclus dans le forfait, des variations pourront être nécessaires en cas de travaux supplémentaires ou de « travaux modificatifs acquéreurs ».

708. La souscription des polices d'assurance. Parmi les contrats conclus par le promoteur pour les besoins de l'opération, figurent les polices d'assurance obligatoires[2314]. Le promoteur est tenu de souscrire pour son propre compte une assurance en responsabilité civile décennale, à laquelle s'ajoute l'assurance dommages-ouvrage, qu'il doit souscrire pour le compte des accédants ou du maître d'ouvrage qui l'a mandaté. Dans le cadre du contrat de promotion immobilière, l'article L. 111-31 du Code de la construction et de l'habitation dispose expressément que « *les obligations définies aux articles L. 241-2 et L. 242-1 du code des assurances* (...) *incombent au promoteur immobilier* ». Indépendamment des assurances obligatoires que le promoteur a l'obligation de souscrire, il reste libre de négocier une extension conventionnelle de sa police décennale ou d'adhérer à toutes polices facultatives qu'il estimerait opportunes, telle que notamment la police « tous risques chantier »[2315].

709. Au stade du montage de l'opération, certaines missions doivent être objectivement reconnues comme étant consubstantielles à l'activité de promotion immobilière *lato sensu*. C'est le cas de la définition du programme, de l'obtention des autorisations administratives, du choix des intervenants et de la souscription des contrats, en ce compris les polices d'assurance. Conformément à son devoir de prudence, le promoteur se doit d'être « *un homme d'anticipation* »[2316]. Si ces tâches interviennent toutes avant que la phase de travaux ne débute, il conserve également un rôle en cours de chantier.

[2313] Loi n° 71-584 du 16 juillet 1971 tendant à réglementer les retenues de garantie en matière de marchés de travaux définis par l'article 1779-3° du Code civil.
[2314] Cf. *Infra*, § 889 et s.
[2315] Cf. *Infra*, § 897.
[2316] M. LEROY, *th. préc.*, p. 451.

2. Le suivi de l'opération

710. La supervision juridique, administrative et financière du chantier. Le rôle du promoteur à ce stade de l'opération est sans doute moins prégnant qu'en amont, mais il a tout de même « *une mission considérable à remplir au cours de la réalisation de l'opération* »[2317], en assumant notamment sa direction générale. Robert DENOYELLE considérait en 1965 « *qu'en vertu de la raison d'être de sa profession, la mission d'un promoteur professionnel s'étend à la direction et à la surveillance des travaux* »[2318]. La jurisprudence a pu, elle aussi, évoquer l'« *obligation de surveillance du chantier* »[2319] incombant au promoteur. Cette obligation doit aujourd'hui être comprise comme une obligation de supervision générale, non comme une obligation de contrôle matériel. En effet, si le promoteur choisit les intervenants et les missionne dans un cadre contractuel qu'il a lui-même défini, il ne se charge pas de contrôler leurs prestations sur le plan technique[2320]. Le promoteur se cantonne à un strict rôle de maître d'ouvrage, sans empiéter sur le « suivi d'exécution » du chantier, qui est l'apanage du maître d'œuvre éponyme. Pour le reste, comme le mentionne l'article 3.33 de la norme AFNOR NF P 03-001, le maître d'ouvrage demande au maître d'œuvre de « *diriger l'exécution du ou des marchés de travaux* ». Le cas échéant, ce dernier donne aux entreprises présentes sur le chantier les directives propres à assurer le respect des dispositions prévues aux marchés, conformément aux règles de l'art et aux autorisations d'urbanisme. Le maître d'œuvre d'exécution dirige les réunions de chantier, s'assure du respect du planning, gère la coordination des intervenants et vérifie la qualité et la conformité des travaux. Du fait de sa qualité de « responsable de programme », le promoteur se contentera d'assister à certaines réunions de chantier, afin de suivre son évolution et de se tenir informé des problèmes rencontrés (notamment de surcoût ou de retard), qui pourraient menacer ses engagements à l'égard de la clientèle. En tant que maître d'ouvrage ou représentant du maître d'ouvrage, le promoteur demeure néanmoins responsable du chantier à l'égard des tiers. A titre d'exemple, « *le maître d'ouvrage reste un responsable pénal, et par suite civil, lorsque la sécurité n'est pas assurée nonobstant l'existence d'un contrat de coordination* »[2321].

[2317] R. DENOYELLE, *th. préc.*, p. 60.

[2318] *Ibid.*, p. 227.

[2319] Cass. Civ. 3ème, 1er février 1972, n° 70-14079, *Bull. civ.* III, n° 73, p. 53. J.-L. BERGEL (dir.), *Les grands arrêts du droit immobilier*, Dalloz, 2002, pp. 610-612.

[2320] R. DENOYELLE, *th. préc.*, p. 34 : « *Le promoteur qui assume tous les rôles ne peut plus remplir ses fonctions normales de guide et surveillant des divers collaborateurs à l'œuvre de construction* ».

[2321] B. BOUBLI, « La désignation d'un coordonnateur SPS ne dispense pas le maître de l'ouvrage de ses obligations », *RDI*, 2015, p. 529. Cass. Crim, 12 décembre 1989, n° 89-81074, *Bull. crim*, n° 477, p. 1164. Cette position reste néanmoins discutable lorsque le coordonnateur n'est pas un salarié du maître d'ouvrage mais un prestataire indépendant.

711. Le suivi comptable de l'opération. « *Le rôle d'intermédiaire économique joué par le promoteur constitue l'aspect fondamental de son activité* »[2322]. Il est le « *trésorier de l'opération de construction* »[2323]. L'article 1831-2 du Code civil prévoit que le promoteur mandataire est investi du pouvoir de « *liquider les marchés* », c'est-à-dire de verser aux entreprises le prix de leurs prestations, selon les modalités convenues. Généralement, les appels de fonds sont d'abord validés par le maître d'œuvre d'exécution, avant transmission au maître d'ouvrage. A ce titre, l'article 3.33 de la Norme AFNOR NF P 03-001 indique que le maître d'œuvre peut être chargé d'assister le maître d'ouvrage pour « *le règlement des comptes avec les entrepreneurs* »[2324].

712. La réception[2325] et la livraison des travaux. « *Le rôle d'un promoteur de constructions immobilières ne s'achève normalement qu'après l'achèvement de la construction, et l'entrée en possession de ses clients* »[2326]. A ce titre, la Cour de cassation a déjà eu l'occasion de dénier la qualité de promoteur aux associés d'une société qui avaient cédé leurs parts avant le commencement des travaux[2327]. Selon cet arrêt, resté relativement isolé, seul le suivi de l'opération jusqu'à son terme conduit à la qualification de promoteur. L'accomplissement de missions de promotion ponctuelles, en phase de montage notamment, est insuffisant ; encore faut-il que le promoteur livre le bien aux acquéreurs. Or, avant cela, le promoteur se charge de réceptionner l'ouvrage[2328]. Cette attribution lui est expressément confiée par les articles R. 261-7 et R. 262-3 du Code de la construction et de l'habitation, réglementant les contrats de vente d'immeubles à construire et à rénover. Le promoteur a le pouvoir d'« *effectuer la réception des travaux* », que les entreprises « *ont faits ou dirigés, y compris les travaux nécessaires à la levée des réserves* ». L'article 1831-2 du Code civil prévoit également que le contrat de promotion immobilière « *emporte pouvoir pour le promoteur de (…) recevoir les travaux* ». Lorsqu'il procède à la réception, le promoteur doit dénoncer, sous la forme de réserves, les non-conformités et les vices apparents, afin qu'ils ne soient pas considérés comme

---

2322 P. MALINVAUD, P. JESTAZ, P. JOURDAIN, O. TOURNAFOND, *op. cit.*, p. 2.

2323 B. BOUBLI, « Garanties dans la construction et politique de l'habitat » *in Etudes offertes au Professeur Philippe Malinvaud*, LexisNexis Litec, 2007, p. 81.

2324 Sur le suivi comptable de l'opération, v. D. RASANDRATANA, *Le paiement du prix dans les marchés privés de travaux*, Thèse, Université de Besançon, 2016.

2325 V. J. KABORI, *La réception de l'ouvrage en droit de la construction*, Thèse, Université Toulouse I, 2018.

2326 R. DENOYELLE, *th. préc.*, p. 233.

2327 Cass. Civ. 3ème, 19 avril 1977, n° 75-14734 75-15180, *Bull. civ.* III, n° 165, p. 125, *RDI* 1979. 78, obs. R. SAINT-ALARY, J.-C. GROSLIÈRE, C. SAINT-ALARY-HOUIN, *D.* 1978.I.R.22, obs. C. GIVERDON.

2328 Si la réception intervient habituellement en premier lieu, rien n'interdit au promoteur de procéder d'abord à la livraison des ouvrages, afin notamment de reporter dans le procès-verbal de réception les réserves dénoncées par les acquéreurs, et contraindre ainsi les entreprises à les lever.

« purgés » et partant, insusceptibles de recours[2329]. Le cas échéant, le promoteur s'expose à ce que ces désordres soient dénoncés par les accédants lors de la livraison, sans qu'il ne puisse lui-même se retourner contre les entreprises concernées. Il est donc tenu, lors de la réception, d'un « *devoir de vigilance propre* »[2330], sous peine d'assumer seul *in fine* le coût des travaux de levée des réserves. Compte tenu des enjeux de cet acte, le promoteur est susceptible de bénéficier de l'assistance du maître d'œuvre d'exécution, comme le suggère l'article 3.33 de la Norme AFNOR NF P 03-001.

713. Ensuite, le promoteur organise à son tour la livraison des ouvrages auprès des acquéreurs, ou bien du maître d'ouvrage mandant, selon le type de contrat conclu. Lorsque l'ouvrage consiste en un immeuble collectif placé sous le régime de la copropriété, la livraison a lieu pour chaque partie privative, en présence des acquéreurs, tandis que les parties communes sont livrées au syndic provisoirement nommé[2331]. Les acquéreurs et le syndic dénoncent eux aussi, sous la forme de réserves, les non-conformités apparentes qu'ils sont en mesure de constater. Le promoteur se chargera ensuite de veiller à la levée des réserves par les entreprises, selon les modalités prévues au marché. De même que le promoteur retient à ce titre jusqu'à 5% du montant des marchés de travaux, l'accédant est susceptible de procéder de la sorte à son encontre.

714. Le règlement des litiges avec les tiers. En tant que maître d'ouvrage, le promoteur est le premier défendeur assigné du fait des dommages survenant en cours de chantier, et *a fortiori*, après sa réception. Sa responsabilité est susceptible d'être engagée par les constructeurs (en paiement, le plus souvent), par les accédants (pour des dommages purement contractuels tels que du retard ou un défaut d'information, ou bien pour des dommages matériels à l'ouvrage) ou encore par les tiers (par exemple dans le cadre d'actions fondées sur les troubles anormaux du voisinage). Dans le même temps, la maîtrise d'ouvrage assumée par le promoteur le rend responsable des actions judiciaires à diligenter, en tant que demandeur[2332]. Il est opportun pour lui de solliciter, préalablement à la phase d'exécution des travaux, l'organisation d'une mesure de référé préventif (lorsque le seul établissement d'un constat d'huissier n'est pas suffisant), notamment si l'opération s'inscrit dans un environnement urbain

---

2329 Cf. *Supra*, § 243. Préalablement à la réception, le promoteur peut prévoir avec les entreprises de procéder à une visite préalable du chantier, afin que celles-ci puissent assurer la bonne finition des ouvrages dans les délais prévus, ce qui permettra de limiter les réserves à annexer au procès-verbal de réception.

2330 A. CASTON, F.-X. AJACCIO, M. CABOUCHE, L. DE GABRIELLI, M. HUET, *op. cit.*, p. 46. V. à ce titre Cass. Civ. 3ème, 4 février 2016, n° 14-12370, inédit.

2331 Lorsqu'il crée une copropriété, le promoteur se charge de sa constitution : il confie au notaire le soin d'établir le règlement de copropriété et l'état descriptif de division et nomme le premier syndic provisoire. Les copropriétaires élisent ensuite le syndic de leur choix lors de leur première assemblée générale.

2332 Cass. Civ. 3ème, 24 avril 2003, n° 99-14449, inédit.

relativement dense[2333]. Le temps du chantier, le promoteur doit sauvegarder les intérêts de ses clients, en introduisant toute action utile contre les constructeurs ou contre les tiers, dont les agissements pourraient être préjudiciables au déroulement de l'opération[2334]. Dans ses rapports avec les entreprises, le promoteur peut devoir faire face à des malfaçons, à des abandons de chantier, ou encore à des litiges sur la réalisation de travaux supplémentaires. Il peut tout autant avoir à gérer des conflits de voisinage avec des tiers, notamment en lien avec des problématiques d'empiètement. Une fois la livraison intervenue et le bien achevé délivré à l'accédant, il appartiendra à ce dernier d'entreprendre les actions judiciaires relatives à l'ouvrage.

715. Tableau récapitulatif des missions principales du promoteur (non exhaustif).

TYPOLOGIE ET PHASAGE DES MISSIONS	AVANT CHANTIER	EN COURS DE CHANTIER	APRES ACHEVEMENT
GÉNÉRALES	* Sélection des constructeurs (concepteurs et exécutants).	* Supervision générale de l'opération.	* Suivi des travaux de levée des réserves.
JURIDIQUES	* Suivi des recours des tiers contre les autorisations administratives. * Négociation, préparation et conclusion des contrats avec les entreprises. * Négociation et conclusion des polices d'assurance relatives à l'opération.	* Conclusion des avenants éventuels aux marchés. * Suivi des contentieux relatifs à l'opération.	* Réception des travaux avec les entreprises. * Livraison des travaux aux accédants. Eventuellement, suivi des contentieux relatifs à l'opération (mise en œuvre des garanties légales).
ADMINISTRATIVES	* Consultation préalable des services administratifs.	* Etablissement des déclarations d'ouverture de chantier et	* Etablissement de la déclaration attestant l'achèvement et la

[2333] Cette mesure, facultative à ce jour, consiste à confier à un expert judiciaire le soin de constater l'état matériel des immeubles contigus au terrain à construire, qui seraient susceptibles d'être dégradés du fait des travaux. Si des dommages sont observés en cours d'opération sur les immeubles voisins, le rapport d'expertise permettra de savoir, sans autre investigation, si les détériorations préexistaient à l'opération ou si au contraire, elles résultent du chantier.

[2334] Cass. Civ. 3ème, 5 décembre 2007, n° 07-10806, inédit.

	* Dépôt des demandes d'autorisations administratives et suivi de leur instruction auprès de l'administration.	d'achèvement des travaux. * Négociation et signature des contrats d'abonnement avec les services publics nationaux et les concessionnaires. * Interactions avec l'administration en cours de chantier.	conformité des travaux (DAACT). * Suivi de la procédure d'obtention du certificat de conformité.
FINANCIÈRES	* Etablissement de la balance financière prévisionnelle. * Souscription des crédits nécessaires à l'opération. * Souscription des garanties financières au bénéfice des entreprises et des accédants.	* Règlement des entreprises. * Déclarations fiscales.	* Libération des retenues de garantie après la levée des réserves.

716. L'expertise du promoteur ne se limite pas au montage de l'opération. Sa fonction de maître d'ouvrage suppose qu'il puisse suivre le chantier, sur les plans contractuel et financier, sans pour autant en apprécier la progression technique. En outre, le promoteur réceptionne les ouvrages auprès des entreprises, à l'instar de tout maître d'ouvrage, avant de les livrer aux commanditaires définitifs, comme le veut sa fonction d'intermédiaire. Or, au-delà du socle commun de compétences qui définit l'activité de promotion immobilière, certaines sont propres au promoteur initiateur, en tant que titulaire originel de la maîtrise d'ouvrage.

II. La titularité apparente de la maîtrise d'ouvrage, spécificité du « promoteur initiateur »

717. Si la majorité des missions assumées par le promoteur immobilier transcende les différentes formes d'exercice de la profession, en ce qu'elles participent systématiquement à sa définition, certaines dépendent en revanche du cadre d'intervention. Il est possible d'affirmer en cela que « *la notion de ''promoteur immobilier'' est à géométrie variable suivant les fonctions* *assumées ou dévolues à cette personne* »[2335]. Certaines missions ne peuvent être associées qu'au promoteur initiateur, qui les assume en sus de celles résultant de l'exercice de la maîtrise d'ouvrage, qu'il partage avec le promoteur prestataire de services. En effet, dans le cas particulier du promoteur initiateur, la livraison résulte de la commercialisation de l'ouvrage, entendue comme le fait de faire entrer le bien à construire « *dans le circuit de la distribution commerciale* »[2336]. « *Celui qu'on appelle l'accédant entre en rapport avec un promoteur ou assimilé, qui n'est pas nécessairement un commerçant au sens où l'entendent les juristes, mais qui remplit du moins une fonction commerciale* lato sensu »[2337]. Contrairement au promoteur prestataire de services qui répond à la commande d'un maître d'ouvrage, le promoteur initiateur met sur le marché les produits immobiliers qu'il définit lui-même (A). Cela étant, il possède la qualité de maître d'ouvrage originel de l'opération, en étant temporairement titulaire de la maîtrise d'ouvrage, et non uniquement maître d'ouvrage en exercice. Dans ce cas de figure, les notions de promoteur et de maître d'ouvrage paraissent donc totalement identiques, ce qui est source de confusion (B).

A) Les missions complémentaires assumées par le « promoteur initiateur »

718. Si la préparation du chantier et le suivi de son déroulement nécessitent, pour tous les promoteurs, de rassembler les mêmes compétences pour accomplir des tâches identiques, le promoteur initiateur assume quant à lui des missions complémentaires. Selon les potentialités offertes par le terrain qu'il acquiert, il définit le projet en fonction des besoins qu'il a lui-même identifiés (1) et qu'il souhaite satisfaire à travers la commercialisation du programme (2).

1. La définition du projet

719. Le choix et l'achat du terrain. Une part importante de l'activité du promoteur initiateur est dédiée à la prospection foncière. La recherche de terrains à construire est de plus en plus difficile, compte tenu de la pénurie constatée dans les zones urbaines « tendues ». Au sein de la société de promotion, le développeur foncier analyse les offres des apporteurs d'affaires, s'intéresse aux ventes aux enchères, aux appels à projet des personnes publiques, *etc.* La prospection peut déboucher sur une opportunité d'achat en pleine propriété, plus rarement en indivision ou en usufruit, voire plus simplement sur l'obtention d'un titre conventionnel autorisant à construire, dans le cadre d'un bail à construction ou d'un bail emphytéotique par exemple. Indépendamment des aspirations du promoteur et des attentes de la clientèle, le projet est entièrement agencé en fonction des potentialités offertes par le terrain ;

2335 C. SIZAIRE, « Promoteur de fait : définition », *Constr.-Urb.* n° 6, juin 2009, comm. 90.

2336 http://www.cnrtl.fr/definition/commercialisation.

2337 P. MALINVAUD, P. JESTAZ, P. JOURDAIN, O. TOURNAFOND, *op. cit.*, p. 2.

celui-ci constitue la base à partir de laquelle le montage de l'opération est pensé. En effet, c'est bien la localisation du terrain, sa superficie, la présence ou l'absence d'équipement, ses qualités intrinsèques et notamment géologiques, qui détermineront la nature et les caractéristiques du projet.

720. La détermination des caractéristiques du projet. Etant à l'origine de l'opération, le promoteur initiateur définit lui-même le projet. Il ne vise pas ici à répondre à un besoin personnel, contrairement à la démarche qu'adopte le maître d'ouvrage qui construit pour lui-même. Le projet est tout entier tourné vers la satisfaction de la demande des tiers dans le secteur visé. Il est le fruit de « *l'analyse des besoins et* [de] *la quête des désirs des citoyens, usagers et habitants que le maître de l'ouvrage doit directement ou indirectement questionner* »[2338]. La définition du projet permettra ensuite au promoteur d'élaborer le programme, en tant que traduction concrète de sa faisabilité technique et financière[2339].

721. Le financement de l'opération. Une fois le bilan prévisionnel de l'opération établi par le promoteur, « *il lui faut encore prendre parti sur la façon dont seront financés les travaux* »[2340]. Il est très rare que le promoteur supporte seul le projet, sur son propre capital. Pour financer l'opération, il peut recourir à des emprunts bancaires, utiliser des sûretés telle que l'hypothèque, profiter de subventions publiques ou privées, ou encore associer d'autres investisseurs[2341], avant que les acquéreurs ne viennent contribuer au financement grâce à leurs versements échelonnés en cours de chantier. Le financement de l'opération n'est pas uniquement l'apanage du promoteur initiateur ; le promoteur mandataire peut être chargé, aux termes d'un mandat spécial[2342], de trouver des fonds pour le compte du maître d'ouvrage. En revanche, le promoteur initiateur fixe ses propres contraintes budgétaires, même si celles-ci dépendent en réalité des données contingentes du projet.

722. Le promoteur qui initie l'opération, en qualité de titulaire originel de la maîtrise d'ouvrage, choisit le terrain et acquiert le droit de construire, définit le projet avant de le traduire sous forme de programme, et arrête l'enveloppe financière globale de l'opération. Concomitamment, il lance la commercialisation des lots qu'il envisage de construire.

[2338] M. HUET, « Rôle du maître d'ouvrage dans la définition du programme », *RDI*, 2002, p. 442.

[2339] B. AVRIL, B. ROTH, *op. cit.*, p. 60 : il appartient « *au promoteur d'exprimer clairement son programme, expression de son objectif, des contraintes et données (techniques, économiques, commerciales...) de son projet* ».

[2340] R. DENOYELLE, *th. préc.*, p. 46.

[2341] Cf. *Supra*, § 588.

[2342] Article 1831-2 alinéa 2 du Code civil.

2. La commercialisation du programme

723. La commercialisation « internalisée ». La raison d'être de l'opération lancée par le promoteur initiateur réside dans sa commercialisation, car celle-ci conditionne la finalité lucrative de la démarche entreprise par le promoteur. Elle intervient lorsque la faisabilité du programme a été établie, ce qui implique entre autres que le permis de construire ait été obtenu et qu'il soit purgé de tous recours. A l'origine, le promoteur vendait lui-même ses biens, sans avoir recours à des intermédiaires spécialisés. À partir des années 1990, « *l'idée de soumettre les producteurs de logements à la demande de réseaux de commercialisation en aval s'est peu à peu imposée* »[2343]. La commercialisation des immeubles neufs est une activité qui s'est progressivement spécialisée, notamment sous l'effet des lois successives de défiscalisation, qui ont nécessité une compétence particulière dans ce domaine. À l'heure actuelle, plusieurs pratiques coexistent ; certains promoteurs internalisent la fonction de commercialisation. Lorsque le promoteur agit en qualité de vendeur, « *il agit pour son propre compte sur son propre patrimoine et ne peut par conséquent être soumis à la loi du 2 janvier 1970* »[2344]. Dans ce cas, en toute logique, la loi « Hoguet » ne trouve pas à s'appliquer à « *un salarié de la société de construction qui se chargerait de la vente du programme, le contrat le liant au promoteur étant un contrat de travail salarié et non un mandat* »[2345]. De même, la loi « Hoguet » n'est-elle pas plus applicable au promoteur qui agit « *en qualité de mandataire du maître de l'ouvrage et ne dépasse pas sa mission de négociation des contrats de louage d'ouvrage nécessaires à la réalisation de l'opération* »[2346].

724. La commercialisation « externalisée ». Le promoteur peut déléguer la commercialisation de son programme à des agents immobiliers tiers. Si la loi « Hoguet » peut s'appliquer lorsque l'activité de commercialisation n'est exercée qu'à titre accessoire, elle doit en revanche être exercée à titre habituel. Elle ne peut donc être opposée à l'agent commercial d'une société immobilière, ayant agi en qualité de représentant mandataire du vendeur[2347], s'il n'a réalisé qu'une seule opération d'entremise[2348]. Même s'il confie la commercialisation du programme à un partenaire extérieur, le promoteur doit être en mesure de

---

[2343] D. TOMASIN, « Intermédiaires immobiliers et promoteurs immobiliers », *AJDI*, 2003, p. 249.
[2344] J.-M. MOYSE, *Agent immobilier. Statut juridique, achat, vente, location, gestion*, 20ème éd., Delmas, 2019, p. 15. Cass. Civ. 1ère, 1er décembre 1993, n° 91-17746, *Bull. civ.* I, n° 349, p. 243, *RDI* 1994. 263, obs. D. TOMASIN. CA. PARIS, 23 novembre 1999, *AJDI* 2000. 149.
[2345] J.-M. MOYSE, *op. cit.*, p. 15.
[2346] J.-L. BERGEL (dir.), « Professions distinctes ou similaires », *Lamy Droit Immobilier*, actualisé en juin 2019, § 4831.
[2347] Cass. Civ. 1ère, 20 février 2001, n° 98-22830, inédit.
[2348] D. SIZAIRE, « Commercialisation d'un programme immobilier et loi Hoguet », *Constr.-Urb.* n° 4, avril 2002, étude 94.

déterminer la stratégie de vente à déployer. Plusieurs canaux sont envisageables, numériques ou « physiques ». Dans le cadre de la « vente assise », qui consiste pour le promoteur à faire venir le client à lui, il est possible de recourir à des « bulles de vente », de participer à des salons spécialisés, ou encore d'attirer la clientèle *via* des réseaux internet. Le promoteur peut également privilégier la « vente debout ». Dans cette hypothèse, le commercial va lui-même à la rencontre de prospects identifiés, le plus souvent des investisseurs. Le maître d'œuvre, qui évolue aux côtés du promoteur à chaque phase de l'opération, est également présent lors du processus de commercialisation. Il établit la notice descriptive de vente, les plans, coupes, façades et informations techniques nécessaires à la production des plaquettes publicitaires de l'opération. Ces derniers précèdent les documents que la réglementation exige de remettre à l'acquéreur lors de la conclusion de l'acte de vente définitif.

725. Ainsi, le promoteur initiateur « *a bien le rôle d'un maître d'ouvrage* », au sens des missions habituelles, « *auxquelles il faut ajouter, bien sûr, celle de commercialiser le programme* »[2349]. Cette mission est consubstantielle à la finalité de son activité, qui suppose de se dessaisir du bien pour en tirer profit. A la lecture de l'ensemble des attributions assumées par le promoteur initiateur, son assimilation au maître d'ouvrage est prégnante à plusieurs égards, si bien que se pose la question de savoir ce qui distingue véritablement ces deux qualités.

B) L'identification partielle du « promoteur initiateur » au maître d'ouvrage

726. Jusqu'au premier acte de vente définitif conclu sur le bien à construire, rien ne distingue le promoteur initiateur du maître d'ouvrage, tel qu'il est classiquement entendu. Le promoteur remplit dans cette hypothèse les critères qui président à la définition du titulaire de la maîtrise d'ouvrage, en tant que titulaire du droit de construire, cocontractant des entreprises de construction et commanditaire des travaux (1). Toutefois, l'assimilation de l'un à l'autre n'est qu'apparente si l'on considère que le promoteur n'est ni bénéficiaire des travaux, ni créancier des garanties légales des constructeurs, qui sont attachées à la propriété de l'ouvrage (2).

1. Les critères d'identification

727. Le promoteur, titulaire du droit de construire. En faisant abstraction des « *complications résultant d'une dissociation entre droit de propriété et droit de construire* », on peut affirmer que « *la construction a lieu pour le compte de*

[2349] B. AVRIL, B. ROTH, *op. cit.*, pp. 16-17.

la personne qui est juridiquement propriétaire du terrain »[2350]. En effet, le maître d'ouvrage se distingue par sa qualité de propriétaire du terrain, ou *a minima*, de titulaire du droit de construire[2351]. Si, le plus souvent, il s'agit d'un propriétaire exerçant son *abusus*, le maître d'ouvrage peut également être un locataire, signataire d'un bail à construction ou investi d'une simple autorisation de construire de la part de son bailleur, voire un superficiaire, si le terrain fait l'objet d'un droit de propriété démembré. Le fait pour le maître d'ouvrage d'être le propriétaire du terrain ou, à tout le moins, le détenteur du droit de construire « *permet de distinguer dans certaines opérations de promotion le champ d'application des différents contrats* »[2352]. En effet, le contrat de promotion immobilière fait intervenir le promoteur sur un terrain qui appartient au client, tandis que dans les ventes d'immeubles à construire et à rénover, le client acquiert la propriété du terrain et accède à l'ouvrage. Le premier implique une dissociation dès l'origine entre le maître d'ouvrage et le promoteur, alors que dans les seconds, le promoteur possède la qualité de maître d'ouvrage le temps de l'opération, jusqu'à la livraison[2353]. Ainsi, lorsqu'il agit en tant que vendeur, le promoteur doit être considéré comme étant propriétaire du terrain, puisqu'à défaut, il ne pourrait transférer plus de droits qu'il n'en a, lors de la signature des contrats définitifs avec les acquéreurs.

728. Le promoteur, cocontractant des constructeurs. Le maître d'ouvrage est, par définition, le cocontractant du constructeur ; « *dans le contrat de louage d'ouvrage et d'industrie* », il est la « *partie contractante qui obtient, moyennant un prix, les services de l'entrepreneur ou du locateur* »[2354]. Le lien contractuel qui l'unit aux intervenants à la construction est l'un de ses traits caractéristiques ; il est la personne qui « *conclut un ou plusieurs contrats, en vue de la réalisation de l'ouvrage* »[2355]. C'est également à travers ce prisme que l'annexe II de l'article A. 243-1 du Code des assurances définit le maître d'ouvrage. La conclusion des contrats d'entreprise renvoie à sa fonction de commandement, conformément à l'article 1787 du Code civil, qui le désigne comme celui qui « *charge quelqu'un de faire un ouvrage* »[2356]. Si l'on considère le maître d'ouvrage à travers sa qualité de partenaire contractuel des concepteurs

---

[2350] P. MALINVAUD, P. JESTAZ, P. JOURDAIN, O. TOURNAFOND, *Droit de la promotion immobilière*, 9ème éd., Dalloz, 2014, p. 57.

[2351] C. SIZAIRE, « Définition du maître de l'ouvrage », *Constr.-Urb.* n° 7-8, juillet 2011, comm. 111.

[2352] *Idem*.

[2353] Articles L. 261-3 alinéa 2 et L. 262-2 alinéa 1er du CCH.

[2354] S. GUINCHARD, T. DEBARD, *op. cit.*, p. 667. Néanmoins, le vocable « maître d'ouvrage » est utilisé en dehors du contrat d'entreprise. La loi l'emploie notamment dans le cadre du mandat de promotion immobilière, pour désigner le cocontractant du promoteur, ou bien encore dans la vente d'immeuble à construire, pour parler du vendeur.

[2355] P. GRELIER WYCKOFF, *Pratique du droit de la construction. Marchés publics – Marchés privés*, 8ème éd., Eyrolles, 2017, p. 4.

[2356] Cass. Civ. 3ème, 29 janvier 1997, n° 95-13536, inédit. Cf. *Supra*, § 682.

et des entreprises de travaux, le promoteur partage pleinement ce premier critère d'identification avec lui. « *Le donneur d'ordre est l'entité qui passe et qui gère le marché. Ce n'est pas obligatoirement le client principal, appelé ''maître d'ouvrage''* »[2357], au sens où le Code civil l'entend. En effet, quel que soit son mode d'intervention, l'une des fonctions principales du promoteur est de choisir les intervenants et de formaliser les conditions de leur intervention. Lorsqu'il agit à tout le moins comme mandataire, le promoteur conclut les contrats d'entreprise uniquement en qualité de représentant du maître d'ouvrage. Il ne s'engage pas personnellement, ce que fait à l'inverse le promoteur vendeur. A la lecture de ce critère, l'assimilation du promoteur initiateur au maître d'ouvrage est donc prégnante.

729. En tant que cocontractant des constructeurs et titulaire du droit de construire, le promoteur initiateur peut aisément être identifié au maître d'ouvrage, que ces critères définissent habituellement. Pour autant, « *le maître de l'ouvrage ne doit pas être confondu avec le promoteur immobilier* »[2358] : l'analyse d'autres critères de définition de la notion de maître d'ouvrage donne les clefs de leur distinction.

2. Les critères de différenciation

730. Le maître d'ouvrage, bénéficiaire des travaux. Comme l'indique l'article 1711 du Code civil, le maître d'ouvrage est « *celui pour qui l'ouvrage se fait* ». La norme AFNOR NF P03-001 définit également le maître d'ouvrage comme « *celui pour le compte de qui les travaux sont exécutés* »[2359], de même que la loi « MOP » du 12 juillet 1985 décrivait le maître d'ouvrage public comme « *la personne morale pour laquelle l'ouvrage est construit* »[2360]. La qualité de destinataire des travaux supplante parfois les autres critères, comme celui de la conclusion des marchés ou de la propriété du terrain[2361]. Toutefois, si ce critère était le seul retenu pour définir le maître d'ouvrage, elle autoriserait à considérer que l'entreprise principale est maître d'ouvrage vis-à-vis de ses sous-traitants, à rebours du principe d'unicité de la maîtrise d'ouvrage[2362], que la loi

---

[2357] G. PINCHERA, *op. cit.*, p. 22.

[2358] B. BOUBLI, « Contrat d'entreprise », *Répertoire de droit civil*, Dalloz, novembre 2016 (actualisé en octobre 2019), § 157.

[2359] Article 3.32 de la Norme AFNOR NF P 03-001 d'octobre 2017, p. 14.

[2360] Cass. Civ. 3ème, 11 mai 2011, n° 10-13782, *Bull. civ.* III, n° 71, *Constr.-urb.* 2011, comm. 111, obs. C. SIZAIRE : au visa des articles 1779 et 1787 du Code civil, la Cour de cassation censure l'arrêt d'appel pour ne pas avoir précisé « *pour le compte de quelle société les travaux avaient été réalisés* ». C. DREVEAU, « La notion de maître de l'ouvrage au sens des articles 1179 et 1787 du code civil », *RDI*, 2011, p. 461.

[2361] Cass. Civ. 3ème, 15 janvier 2003, n° 01-15317, inédit, *RDI* 2003. 188, obs. P. MALINVAUD.

[2362] R. RAFFI, *th. préc.*, p. 6.

et la jurisprudence ne manquent pas de rappeler[2363]. Ceci étant, « *si l'article 2 de la loi de 1975 décale à chaque fois la notion d'entrepreneur principal (...), le maître d'ouvrage, lui, reste unique, car une seule personne a le pouvoir économique sur le chantier, celui qui commande et qui paie les travaux* »[2364].

731. Le maître d'ouvrage est le commanditaire des travaux, ce qui peut expliquer qu'il en soit le bénéficiaire, mais l'une et l'autre qualité ne sauraient se confondre[2365]. Dire du maître d'ouvrage qu'il est le commanditaire des travaux ne signifie pas mécaniquement que ces derniers lui sont destinés. Le promoteur mandataire commande les travaux aux constructeurs sans pour autant en être personnellement bénéficiaire. De même dans l'hypothèse de la vente d'immeuble à construire, la commande des travaux est passée par le promoteur, sans que ce dernier en soit le récipiendaire ultime. Philippe MALINVAUD, Philippe JESTAZ, Patrice JOURDAIN et Olivier TOURNAFOND indiquent que, « *dans tous les cas, le maître de l'ouvrage est le propriétaire* initial *de cet ouvrage* », au sens où il est « *partie aux contrats conclus avec les professionnels du bâtiment* »[2366]. Le promoteur initiateur, qui commande les travaux, peut être regardé comme le propriétaire « initial » du terrain et des ouvrages à édifier. Mais cette propriété est presque parfois « mort-née », lorsque la commercialisation du bien s'est faite intégralement avant que le chantier ne débute, au stade des réservations. Si en revanche, en cours de chantier, des lots restent à commercialiser, alors le promoteur-vendeur est encore partiellement propriétaire de l'ouvrage, mais il s'agit d'une propriété indivise avec les autres acquéreurs. Au-delà du vendeur, qui n'est que le bénéficiaire « initial » de l'ouvrage, les acquéreurs sont les bénéficiaires finaux. Or, la qualité de maître d'ouvrage est fondamentalement attachée au propriétaire « définitif » de l'ouvrage[2367]. Ce dernier s'entend ici du premier occupant des lieux, sans préjuger des reventes qui pourront intervenir ensuite[2368]. Christophe SIZAIRE soutient en ce sens que « *le maître d'ouvrage est bénéficiaire des ouvrages qui seront réalisés même si par la suite il en transférera la propriété (...) et c'est bien pour le compte de cette personne que les ouvrages sont réalisés par les*

[2363] Cass. Ch. mixte, 18 juin 1982, n° 79-16892, *Bull. Mixte*, n° 3. Article 2 de la loi n° 75-1334 du 31 décembre 1975 relative à la sous-traitance : « *Le sous-traitant est considéré comme entrepreneur principal à l'égard de ses propres sous-traitants* ».

[2364] H. PÉRINET-MARQUET, « Article 14-1 – Obligation du maître d'ouvrage », *RDI*, 2016, p. 279.

[2365] Cass. Civ 3ème, 17 mars 1999, n° 97-13173, inédit.

[2366] P. MALINVAUD, P. JESTAZ, P. JOURDAIN, O. TOURNAFOND, *op. cit.*, p. 58.

[2367] F. DANEMANS, *art. préc. in Etudes offertes au Professeur Philippe Malinvaud*, LexisNexis Litec, 2007, p. 160 : l'auteur recense les nombreuses occurrences doctrinales dans lesquelles les termes de propriétaire et de maître d'ouvrage sont utilisés l'un pour l'autre.

[2368] *Ibid.*, p. 166 : le maître d'ouvrage est celui qui devient « *propriétaire de l'ouvrage à la date de son achèvement, c'est-à-dire immédiatement et non pas, par exemple, à l'expiration d'un contrat de bail (l'ouvrage doit donc avoir été réalisé ''pour son compte'')* ».

différents locateurs d'ouvrage »[2369]. Dans cette perspective, si le promoteur initiateur peut être assimilé au maître d'ouvrage, en tant que commanditaire des prestations réalisées par les constructeurs et titulaire du droit de construire, en revanche, il n'est pas le bénéficiaire terminal des travaux. L'amalgame entre les deux qualités se heurte au fait que le promoteur initiateur construit pour autrui, sauf à ce qu'il se retrouve propriétaire de lots invendus. Ainsi, la qualité de « *bénéficiaire final de l'opération de construction* », qui caractérise le maître d'ouvrage, constitue un point de démarcation avec la notion de promoteur[2370].

732. Le maître d'ouvrage, bénéficiaire des garanties légales. En tant que propriétaire de l'ouvrage, le maître d'ouvrage est créancier des garanties légales[2371]. Par extension, il en va de même de l'ensemble des acquéreurs successifs de l'ouvrage[2372], dans la limite de dix ans après réception. Dès lors, celui qui commande les travaux et conclut les contrats avec les entreprises ne bénéficie pas des garanties légales, si du reste il n'est pas *in fine* propriétaire de l'ouvrage. Le locataire, autorisé à construire en cours de bail, ne peut bénéficier des garanties légales, car il n'est titulaire que d'un droit de jouissance, qui ne s'apparente pas à un droit réel sur l'ouvrage construit, mais à un droit de créance détenu contre le bailleur[2373]. A l'inverse, le promoteur initiateur peut invoquer, sous certaines conditions, le bénéfice des garanties légales, même s'il n'exerce plus aucun droit de propriété sur l'ouvrage[2374]. Cette dérogation est emblématique de l'intrication regrettable qui existe à l'heure actuelle entre les qualités de maître d'ouvrage et de promoteur. En dehors de cette règle particulière, le promoteur initiateur se distingue du maître d'ouvrage en ce qu'il n'est ni propriétaire définitif de l'ouvrage, ni bénéficiaire des garanties légales.

733. Le maître d'ouvrage, financeur de l'opération. Selon Robert DENOYELLE, ce qui différencie le promoteur du maître d'ouvrage « *ordinaire* », c'est que « *la propriété de l'ouvrage doit revenir à d'autres personnes qui ont financé, au moins en partie, la construction et en supporteront*

[2369] C. SIZAIRE, « Définition du maître de l'ouvrage », *Constr.-Urb.* n° 7-8, juillet 2011, comm. 111.

[2370] A. CASTON, F.-X. AJACCIO, M. CABOUCHE, L. DE GABRIELLI, M. HUET, *op. cit.*, p. 44.

[2371] Cass. Civ 3ème, 16 décembre 2008, n° 07-20738, inédit.

[2372] Cass. Ass. Plen, 7 février 1986, n° 83-14631, *Bull. A.P.*, n° 2, p. 2.

[2373] Cass. Civ. 3ème, 1er juillet 2009, n° 08-14714, *D.* 2009. 1964, *RDI* 2011. 461, obs. C. DREVEAU. Cass. Civ. 3ème, 7 octobre 2014, n° 13-19448, inédit : dans cet arrêt, bailleur, preneur et exploitant se disputaient le bénéfice des garanties légales des constructeurs. La Cour de cassation décide que seul le preneur a la qualité pour agir à ce titre, sur le fondement de la propriété du bâtiment et de la commande des travaux. Or, si le commanditaire des travaux et le propriétaire immédiat de l'ouvrage est bien le preneur, la propriété revient au bailleur en fin de contrat (conformément à l'article L. 251-2 du CCH). Selon la Cour de cassation, seul le propriétaire de l'ouvrage au moment du dommage peut mettre en œuvre les garanties légales.

[2374] Cf. *Infra*, § 882.

finalement tout le coût »[2375]. En 1975, la Commission interministérielle sur l'assurance construction avait suggéré de définir le maître d'ouvrage comme « *la personne physique ou morale qui, au moyen de contrats de louage d'ouvrage, commande aux divers réalisateurs qu'il a choisis, l'étude et l'exécution d'une opération de construction dont il a défini le programme et dont il assure le financement* »[2376]. Lorsque l'opération est intégralement financée par un tiers, dès le départ, il ne fait pas de doute que ce dernier est titulaire de la maîtrise d'ouvrage, le promoteur intervenant alors uniquement comme un prestataire de services. Lorsqu'en revanche, comme dans le cadre de la vente d'immeuble à construire, le promoteur préfinance les premières études, voire également les travaux, la question se pose de savoir s'il peut être considéré comme financeur du projet et, partant, maître d'ouvrage. Selon un raisonnement identique à celui suivi pour le critère du « bénéfice des travaux », même si le promoteur est amené en début d'opération à financer le projet, ceux qui, *in fine*, en supporteront le coût intégral sont les accédants. Cela étant, seuls ces derniers peuvent être qualifiés de maîtres d'ouvrage, à l'exclusion du promoteur, y compris initiateur.

734. « Maître *d'*ouvrage » *vs* « maître *de l'*ouvrage ». En définitive, une lecture hâtive des missions du promoteur initiateur pourrait faire croire que ce dernier est maître d'ouvrage « titulaire ». Or, l'analyse approfondie des différents critères qui président à la définition de la maîtrise d'ouvrage permet au contraire de conclure à leur distinction. Si le promoteur initiateur est détenteur du droit de construire et se charge, à l'instar du maître d'ouvrage, de commander les travaux et de conclure les contrats d'entreprise avec les constructeurs, inversement, il ne supporte pas *in fine* le coût de l'opération et n'en est pas le bénéficiaire ultime. En réalité, le promoteur initiateur ne peut être considéré comme étant pleinement titulaire de la maîtrise d'ouvrage. Tout au plus, emprunte-t-il cette qualité le temps de l'opération, comme le résume parfaitement l'article 1601-3 alinéa 2 du Code civil. Il existerait ainsi un dédoublement de la qualité de maître d'ouvrage, qui désignerait successivement le promoteur vendeur et les accédants, selon une lecture chronologique. Le principe d'unicité de la maîtrise d'ouvrage s'opposant à la reconnaissance de plusieurs maîtres d'ouvrage sur une même opération, le postulat d'un emprunt par le promoteur de la qualité appartenant à l'accédant, doit donc être retenu.

735. Afin de différencier le maître d'ouvrage - « titulaire » ou « définitif » - du promoteur, qui se contente d'en exercer les attributions, il est envisageable de s'appuyer sur le lexique du droit de la construction, dans lequel coexistent les expressions « maître *d'*ouvrage » et « maître *de l'*ouvrage », que le législateur, la jurisprudence ou la doctrine emploient aujourd'hui de manière totalement

---

[2375] R. DENOYELLE, *th. préc.*, pp. 62-63.
[2376] F. DANEMANS, *art. préc. in Etudes offertes au Professeur Philippe Malinvaud*, LexisNexis Litec, 2007, p. 161.

indistincte. On pourrait considérer que l'appellation « maître d'ouvrage » se réfère à une fonction permanente, exercée à titre professionnel. Le « maître d'ouvrage » serait ici entendu comme le maître d'ouvrage(s), c'est-à-dire le maître des ouvrages, au sens générique. Une telle expression conviendrait donc pour désigner le promoteur, dont c'est l'activité professionnelle. *A contrario*, l'expression « maître de l'ouvrage » serait plus adaptée à celui qui assume une fonction ponctuelle, dans un cadre spécifiquement identifié, notamment en accédant « passivement » à un ouvrage neuf. Le maître d'ouvrage serait ici entendu comme le maître de l'ouvrage, au sens de l'ouvrage unique, clairement désigné. Cette dissociation littérale, certes subtile, pourrait ainsi simplifier l'approche de ces deux catégories d'acteurs.

736. Le promoteur initiateur ne conserve pas la propriété des ouvrages, n'est pas le bénéficiaire final des travaux, qu'il ne finance pas *in fine*, et n'est pas créancier des garanties légales ; autant de critères distinctifs qui définissent en principe le maître d'ouvrage. Dès lors, en dépit des apparences, bien qu'il soit le maître d'ouvrage originel de l'opération, le promoteur initiateur ne saurait être totalement assimilé au maître d'ouvrage (entendu ici comme le maître *de l'*ouvrage).

Conclusion du Chapitre 2

737. L'étude de la notion de promoteur immobilier induit nécessairement de se prononcer sur les traits caractéristiques de l'activité de promotion immobilière. En effet, le promoteur se définit principalement à travers ses actes et ses missions, ce que suggèrent les définitions légale et jurisprudentielle. Comme sa dénomination le suggère, le promoteur immobilier exerce une activité par nature immobilière, qui porte sur des ouvrages en cours d'élaboration. Si le promoteur est connu pour son implication dans le secteur de la construction, il n'est pas étranger aux opérations de rénovation, lourdes ou à tout le moins substantielles. Tandis que ces activités occupent l'essentiel de son champ d'intervention, le promoteur peut aussi éventuellement s'impliquer en amont du chantier, dans des opérations d'aménagement, voire rester saisi postérieurement à la livraison, pour gérer le bâtiment achevé. Analysée sous un angle exclusivement juridique, l'activité de promotion immobilière s'apparente tantôt à une activité civile, lorsqu'elle consiste à construire pour vendre, tantôt à une activité commerciale. En revanche, la promotion immobilière reste rétive à toute classification dans la catégorie des activités artisanales, industrielles, ou encore libérales.

738. Quelle que soit la forme de son intervention, le promoteur réalise des ouvrages, c'est-à-dire tous types de biens immobiliers, dont essentiellement des bâtiments clos et couverts, pouvant être destinés à tous types d'usages. Quoique le promoteur ne connaisse, par principe, aucune entrave liée à la destination des ouvrages qu'il produit, son activité s'épanouit majoritairement dans les secteurs de l'habitation et du tertiaire. De surcroît, le promoteur peut également être amené à mobiliser ses compétences dans le cadre d'opérations portant sur des ouvrages publics. Dans cette hypothèse, le promoteur est susceptible d'agir en prestataire de services, en exerçant certaines prérogatives du maître d'ouvrage public, dans le cadre d'un contrat de maîtrise d'ouvrage déléguée réglementé par le Code de la commande publique. S'agissant du promoteur initiateur, il peut vendre en l'état futur d'achèvement certains lots de ses programmes immobiliers à des personnes publiques.

739. L'exercice de l'activité de promotion immobilière implique l'accomplissement de certaines missions, qui coïncident avec celles qui incombent par nature au maître d'ouvrage. Celui-ci ne remplit plus l'office que la loi lui a initialement dévolu, en tant que commanditaire de l'ouvrage et maître du chantier. En s'imposant progressivement comme un intermédiaire incontournable dans l'organisation des opérations de construction, le promoteur immobilier a accompagné un mouvement de transformation du maître d'ouvrage, qui trouve son plein épanouissement dans la perception actuelle de certains d'entre eux comme des accédants passifs, voire dans le secteur du logement, comme des « consommateurs immobiliers ». Il en résulte que les attributions du maître d'ouvrage sont désormais exercées par le promoteur immobilier, en tant que « professionnel de la maîtrise d'ouvrage ». A ce titre, le promoteur se charge du montage de l'opération et de son suivi, sur les plans juridique, administratif et financier. Il est notamment investi de l'obtention des autorisations d'urbanisme, du choix des entreprises, de la conclusion de leurs marchés, de la souscription des polices d'assurances, de la comptabilité du chantier, de la réception des ouvrages ou encore du suivi des litiges.

740. La correspondance qu'il est possible d'établir entre le rôle assumé par le promoteur et celui assigné au maître d'ouvrage est particulièrement prégnante s'agissant du promoteur initiateur. Sa qualité de maître d'ouvrage originel de l'opération suggère qu'il définisse lui-même les termes du projet, sans rendre compte de ses initiatives à un donneur d'ordres. En plus d'assumer les mêmes prérogatives que le promoteur exécutant, tout au long de l'opération, le promoteur initiateur est lui-même titulaire de la maîtrise d'ouvrage, avant que cette qualité ne soit transmise aux acquéreurs, en tant que propriétaires de l'ouvrage à construire. La propriété des constructions est précisément ce qui permet *in fine* de distinguer le promoteur du maître d'ouvrage. Ce dernier est, par nature, le bénéficiaire des ouvrages et partant, le créancier des garanties légales, ce que n'est pas le promoteur immobilier (en dehors de rares exceptions).

Conclusion du Titre I

741. Les définitions légale et jurisprudentielle du promoteur, que le droit positif nous donne à connaître, ne permettent que très partiellement de cerner les contours de la notion de promoteur immobilier. Aussi, son analyse requiert-elle une étude approfondie de l'ensemble des éléments susceptibles de concourir à sa définition. Ceux-ci peuvent être déduits d'un rapprochement des dispositions légales, des décisions de jurisprudence, des travaux doctrinaux ou encore des usages observables en pratique. Dans un souci de clarté, il est possible de distinguer parmi les éléments de définition ceux qui se rattachent à la personnalité juridique du promoteur immobilier, à travers un prisme *ratione personae*, de ceux qui se rattachent à son activité, à travers une lecture *ratione materiae*.

742. Selon le prisme « personnel », le promoteur s'identifie à un professionnel ; il poursuit un but lucratif, qui implique que son activité puisse générer des profits. Celle-ci requiert un exercice habituel, ainsi qu'une compétence spécialisée. Quoiqu'elle soit étendue, l'activité du promoteur ne saurait pour autant inclure les procédés techniques, qui relèvent du savoir-faire des constructeurs de métier. Plus encore, la qualité de professionnel du promoteur induit le fait que son activité soit toute entière tournée vers la satisfaction des besoins des tiers. Le promoteur construit pour autrui, aux fins de livraison, sous réserve qu'il ne conserve pas, subsidiairement, la propriété des ouvrages nouvellement construits. Le cas échéant, ces derniers peuvent tout de même être mis à la disposition de tiers, dans le cadre de contrats de location. Par ailleurs, en tant que professionnel, le promoteur exerce majoritairement en société, laquelle participe de son « organisation permanente ». Le modèle de la société par actions simplifiée est plébiscité par le promoteur initiateur, qui constitue, sous cette forme, sa société de promotion. Il est par ailleurs amené à confier à différentes sociétés civiles de construction-vente le soin de superviser chacun de ses programmes. Or, la jurisprudence s'attèle à démanteler les groupes de sociétés que le promoteur, notamment initiateur, est susceptible de constituer, du fait de la superposition des sociétés de promotion et de construction. Ce faisant, le juge sanctionne les « écrans juridiques » pour saisir le véritable promoteur de l'opération, selon une logique comparable à celle utilisée pour la qualification du « promoteur de fait ». Peut ainsi être désigné promoteur une société au sein du groupe, voire une personne physique au sein de la société, à l'instar du dirigeant ou de l'associé.

743. Selon le prisme « matériel », le promoteur immobilier désigne celui dont l'activité consiste à construire des ouvrages immobiliers neufs, ou à rénover des ouvrages existants, impliquant des travaux autres que d'entretien ou de réparation légère. Son activité peut accessoirement inclure des prestations d'aménagement, en amont du chantier de construction, voire des prestations de gestion ou de maintenance, en aval de la livraison. Juridiquement, l'activité de construction-vente est spécifiquement classée par la loi dans la catégorie des actes civils, tandis que les autres formes d'intervention du promoteur peuvent pour leur part s'apparenter à des activités commerciales. En revanche, la promotion immobilière ne peut être considérée ni comme une activité artisanale, ni comme une activité industrielle, ni encore comme une activité libérale. L'ouvrage que tend à créer ou à transformer le promoteur immobilier peut remplir toutes destinations, en secteur privé mais également en secteur public. Le cas échéant, la personne publique peut faire appel au promoteur prestataire de services en tant que maître d'ouvrage délégué, ou répondre à une offre du promoteur initiateur, en faisant l'acquisition d'un bien en l'état futur d'achèvement. Pour parvenir à l'ouvrage achevé, le promoteur doit exercer différentes missions, au stade du montage de l'opération, puis au titre de son suivi, qui correspondent *ispo facto* à celles qu'auraient dû assumer le maître d'ouvrage, s'il n'avait pas eu recours aux services d'un intermédiaire spécialisé. L'assimilation du promoteur au maître d'ouvrage est particulièrement forte lorsqu'il s'agit du promoteur initiateur. Puisque ce dernier prend l'initiative du programme, il doit être considéré comme le maître d'ouvrage en titre, à tout le moins jusqu'à ce que les ouvrages à construire soient vendus aux acquéreurs. N'étant ni propriétaire de l'ouvrage nouvellement construit, ni bénéficiaire des garanties légales, le promoteur doit *in fine* être distingué du maître d'ouvrage, ce que pourrait matérialiser l'emploi dissocié des expressions « maître *d'*ouvrage » et « maître *de l'*ouvrage ».

Titre II. Repenser la notion par une évolution du statut du promoteur immobilier

744. Comme la jurisprudence le démontre avec constance, la qualité de promoteur « *résulte de la commission d'actes de promotion et non point seulement de la profession de celui qui effectue de tels actes* »[2377]. Le point de vue essentiellement matériel qu'ont choisi de privilégier le juge et le législateur a conduit à reléguer au second plan l'analyse de la promotion immobilière selon un prisme *ratione personae*. Pourtant, si le promoteur se définit principalement par la singularité de son activité, nombreuses sont les caractéristiques qui permettent de l'identifier sous un angle « personnel », parmi lesquelles se trouve sa qualité de professionnel. Celle-ci autorise en toute logique à concevoir la promotion immobilière comme une profession. Ce terme possède une résonance plus sociologique que juridique, en renvoyant notamment à une « *position sociale* », un « *titre* », une « *branche d'activité* »[2378]. La profession désigne l'« *activité habituellement exercée par une personne pour se procurer les ressources nécessaires à son existence* » ou encore le « *secteur économique auquel se rattache une entreprise en raison de son activité* »[2379]. La promotion immobilière est un métier appartenant à un secteur d'activité particulier, celui de la construction. Elle figure au sein de la nomenclature d'activités française tenue par l'INSEE[2380] et possède sa propre organisation professionnelle : la Fédération des Promoteurs Immobiliers. Or, si la notion juridique de promoteur souffre de l'absence d'une définition légale ou jurisprudentielle claire et exhaustive, force est de constater que la profession de promoteur n'est pas mieux circonscrite. Ce qualificatif est même contesté par certains auteurs qui vont jusqu'à soutenir qu'en l'absence de statut, la promotion immobilière ne peut se dépeindre comme une profession[2381]. Il est vrai qu'« *en l'état actuel du droit positif, il n'existe ni définition légale, ni certification ou qualification du promoteur immobilier* »[2382] : la profession de promoteur n'est définie dans aucun texte, l'accès à la profession n'est subordonné à aucune condition de diplôme ou d'expérience, de même que son exercice ne requiert aucune formalité juridique, administrative ou financière qui lui est propre. La promotion immobilière n'est ainsi régie par aucun statut professionnel, c'est-à-dire par aucun « *ensemble*

[2377] C. SAINT-ALARY-HOUIN, « Immixtion d'un notaire dans une opération de construction et manquement au devoir de conseil », *RDI*, 2000, p. 350.

[2378] D. BERT, *Le droit de l'activité professionnelle indépendante. Essai d'une théorie générale*, Thèse, Université de Versailles Saint-Quentin-en-Yvelines, 2010, pp. 190-191.

[2379] G. CORNU, assoc. H. CAPITANT, *Vocabulaire juridique*, 13ème éd., PUF, 2020, p. 808.

[2380] Institut National de la Statistique et des Etudes Economiques.

[2381] J. POLLARD, *L'Etat, le promoteur et le maire. La fabrication des politiques du logement*, Presses de Sciences Po, 2018, p. 85.

[2382] J.-P. TRICOIRE, O. TOURNAFOND, « Bref éclairage sur l'article 22 de l'avant-projet de la loi ELAN (évolution du logement et aménagement numérique) », *RDI*, 2018, p. 167.

cohérent de règles applicables à [cette] *catégorie de personnes* (…) *qui en déterminent, pour l'essentiel, la condition et le régime juridiques* »[2383]. L'instauration d'un tel statut aurait pourtant constitué une source non négligeable d'information dans le travail de définition de la notion. Inversement, une notion nettement définie, qui de surcroît s'incarne dans une profession autonome et structurée, doit logiquement pouvoir déboucher sur un statut, lui-même clair et précis. Celui-ci doit s'entendre dans un sens large, incluant non seulement les qualités et garanties requises pour accéder à l'activité et l'exercer, mais également le régime juridique découlant de l'exercice de cette activité.

745. En l'absence de statut professionnel, l'activité de promotion immobilière ne peut pour autant être considérée comme totalement libérale, si l'on considère les nombreuses règles de droit qui la déterminent ; qu'il s'agisse des normes techniques relatives aux procédés constructifs, des normes contractuelles impératives des contrats spéciaux conclus en secteur protégé, ou encore des règles de responsabilité d'origine jurisprudentielle. En apparence accessible à tous, l'activité de promotion immobilière est en réalité réservée à ceux qui sont initiés à sa réglementation spécifique. Si un tel système parait aujourd'hui viable, en ce qu'il permet d'ores et déjà de garantir les intérêts des accédants, l'objectif qu'il poursuit pourrait être atteint différemment et plus efficacement. En complément du droit spécial qui entoure les opérations de promotion immobilière, l'accès à l'activité pourrait être conditionné, à titre préventif, au respect de certaines exigences, afin d'être réservé à ceux qui possèdent les qualités objectives et subjectives requises pour une pratique saine et viable de l'activité. L'instauration de telles mesures aurait pour conséquence de limiter l'accès à l'activité aux professionnels qui présentent les garanties nécessaires au respect de leurs futurs engagements (Chapitre 1). Le cas échéant, cette évolution des conditions d'accès et d'exercice de la profession pourrait justifier de repenser le régime de responsabilité applicable au promoteur. Alors que la notion de promoteur immobilier se caractérise prioritairement par son caractère fonctionnel – fondé sur un objectif clairement affiché de protection de l'accédant, impliquant la mise en œuvre d'un régime dérogatoire à la charge du promoteur – le travail de définition de la notion commande de réinterroger le régime qui lui est attaché, en tant que critère distinctif de cette dernière (Chapitre 2).

[2383] G. CORNU, assoc. H. CAPITANT, *op. cit.*, p. 981. S. GUINCHARD, T. DEBARD, *Lexique des termes juridiques*, 27ème éd., Dalloz, 2019, p. 1027.

Chapitre 1. Les liens notion - profession de promoteur immobilier

746. Bien qu'en principe, toute personne puisse exercer sans condition ni contrainte l'activité professionnelle de son choix, certaines professions sont néanmoins contrôlées en raison de différents facteurs, tenant notamment à la nature et aux enjeux de l'activité, ou encore à la qualité ou à la vulnérabilité de ceux vis-à-vis desquels elle est exercée. Les professionnels concernés ne peuvent alors pratiquer leur activité qu'à certaines conditions de sécurité, de compétence et de moralité, qui sont autant de garde-fous pour la clientèle qu'ils peuvent se constituer. Bien que les intentions poursuivies par le législateur ou le gouvernement soient rarement explicites, l'organisation de ce type de contrôle révèle le besoin d'encadrement de professions jugées « à risques ». Or, contre toute attente, « *la profession de promoteur immobilier n'est pas réglementée* »[2384], ce qui signifie que « *n'importe qui est libre de s'établir promoteur de construction et d'établir comme il lui plaît ses rapports juridiques avec sa clientèle* »[2385]. Comme le souligne notamment Delphine BAZIN-BEUST, tous les « contrats d'organisation »[2386], « *sauf celui de promotion immobilière, dispose d'une législation réglementant l'accès à la profession d'organisateur* »[2387]. Le fait que la profession de promoteur immobilier ne connaisse aucune condition restrictive d'accès interroge, au regard de la complexité des missions qu'elle implique de conduire et de l'importance des enjeux économiques qu'elle induit. L'absence de contrôle tranche du reste avec le regard suspicieux qui a longtemps été porté sur la profession, en raison des abus qui l'ont durablement discréditée. En réalité, « *face aux abus dont cette liberté a été la source, les législateurs et la profession elle-même sont intervenus ; les premiers ont apporté un semblant d'organisation juridique* (…), *la seconde, une organisation pratique par les contrôles interprofessionnels qui en découlent* »[2388]. En effet, le législateur et le juge se sont employés à donner un cadre juridique contraignant à l'activité du promoteur, à travers la réglementation des contrats en secteur protégé et la confection d'un régime de responsabilité strict. De surcroît, la profession s'est elle-même structurée en se regroupant au sein d'une organisation collective, qui s'est appliquée à la former, à la représenter et à la défendre. Aujourd'hui, se pose la question de savoir si les nombreuses règles de protection appliquées dans l'intérêt de l'accédant - au stade de la réalisation de l'opération, dans le cadre de l'exécution du contrat de construction et postérieurement à la réception - ne pourraient pas être complétées, voire partiellement substituées, par un accès contrôlé à la profession de promoteur immobilier (Section 1). En prenant l'initiative de se rassembler

---

[2384] J.-L. BERGEL (dir.), « Cadre de l'organisation », *Lamy Droit Immobilier*, actualisé en juin 2019, § 2748.

[2385] R. DENOYELLE, *Le promoteur de constructions immobilières*, Thèse, Berger-Levrault, 1965, p. 76.

[2386] Cf. *Supra*, § 490 et s.

[2387] D. BAZIN-BEUST, *L'obligation de faire faire*, Thèse, ANRT, 2000, p. 240.

[2388] J.-L. BERGEL (dir.), *art. préc.*, § 2748.

dans un corps représentatif, la profession s'est elle-même progressivement autodéfinie. Indépendamment du contrôle « externe » qu'assurent les trois pouvoirs exécutif, législatif et judiciaire sur le promoteur, un contrôle « interne » pourrait donc également voir le jour, qu'il reviendrait alors à la Fédération des Promoteurs Immobiliers d'assumer (Section 2).

Section 1. Actualiser les conditions d'accès et d'exercice de la profession

747. Le contrôle de l'Etat sur l'accès et l'exercice de certaines professions est une exception au principe de la liberté du commerce et de l'industrie, motivée par un besoin de sécurité. L'encadrement des pratiques professionnelles étant dérogatoire, il ne concerne qu'une minorité d'activités - dont certaines appartiennent au secteur de l'immobilier - et se concrétise par des réglementations strictement définies. À l'heure actuelle, l'accès à la profession de promoteur est libre, sauf pour certaines catégories de personnes, en raison d'interdictions ou d'incompatibilités limitatives. Plusieurs propositions de lois avaient pourtant entendu remédier à cette situation, en tentant d'instaurer un statut professionnel du promoteur immobilier (I). A l'aune des exemples tirés des statuts des autres professions immobilières, ne pourrait-on pas envisager un contrôle renforcé de la profession de promoteur, impliquant la vérification de l'aptitude à exercer l'activité et l'instauration d'exigences visant à sécuriser davantage son exercice (II) ?

I. Des mesures de contrôle actuellement insuffisantes

748. Si quelques professions immobilières font l'objet d'un accès limité et contrôlé, tel n'est pas le cas du promoteur immobilier. Cette situation s'explique principalement par le fait que son activité est jugée suffisamment régulée sous l'effet des normes impératives applicables à l'opération de construction (A). Différents projets d'instauration d'un véritable statut ont été présentés mais ont échoué, malgré la qualité des propositions formulées. Seules quelques règles limitent aujourd'hui l'accès à la profession de promoteur, qui ne connaît ainsi qu'un contrôle partiel, voire purement résiduel en droit positif (B).

A) L'absence de réglementation comparable à celle d'autres professions immobilières

749. La liberté du commerce et de l'industrie ne fait pas obstacle à ce que l'Etat subordonne l'exercice d'une activité professionnelle au respect d'exigences, ce que connaissent plusieurs professions de l'immobilier et de la construction, comme l'agent immobilier ou l'architecte (1). Le promoteur immobilier ne fait pas l'objet d'une réglementation comparable. La liberté d'accès à la profession, qui prévaut à l'heure actuelle, parait pourtant inversement proportionnelle aux risques et aux enjeux que son exercice soulève.

Ce paradoxe n'a pas manqué de donner lieu à une controverse sur la question du statut du promoteur immobilier, qui participe pleinement de la définition de la notion (2).

1. Un contrôle appliqué à certaines professions immobilières

750. La liberté du commerce et de l'industrie : une liberté fondamentale. Dès 1791, le décret « d'Allarde » et la loi « Le Chapelier » consacrent la liberté du commerce et l'interdiction des corporations, comme fondements du principe de libre accès à l'activité professionnelle de son choix[2389]. Par la suite, la « *liberté du travail et de l'industrie* » devient un principe constitutionnel, garantit notamment par l'article 13 de la Constitution du 4 novembre 1848. Elle n'est en revanche pas mentionnée en tant que telle dans le « bloc de constitutionnalité » actuel, puisque ni le Préambule de la Constitution du 27 octobre 1946 ni la Constitution du 4 octobre 1958 ne l'évoquent explicitement. En revanche, les articles 2 et 4 de la Déclaration des Droits de l'Homme et du Citoyen de 1789, qui consacrent le droit à la liberté, soutiennent implicitement la liberté du commerce[2390]. C'est par la décision constitutionnelle du 16 janvier 1982[2391], et les décisions qui suivirent[2392], que le Conseil constitutionnel reconnut la « liberté d'entreprendre », sur le fondement des deux articles précités ; cette dernière étant également consacrée dans les textes européens[2393]. La liberté du commerce et de l'industrie recouvre deux aspects distincts : « *d'un côté, la liberté pour les personnes privées d'exercer l'activité économique de leur choix, et de l'autre, la liberté de pouvoir exercer cette activité sans être concurrencé par les initiatives des personnes publiques* »[2394], que pourrait favoriser l'utilisation de leurs

[2389] Article 7 de la loi du 17 mars 1791, dit « décret d'Allarde », et article 1er de la loi « Le Chapelier » du 14 juin 1791.

[2390] G. DRAGO, « Pour une définition positive de la liberté d'entreprendre » *in* G. DRAGO, M. LOMBARD (dir.), *Les libertés économiques*, Editions Panthéon-Assas, 2003, p. 30.

[2391] Décision n° 81-132 DC du 16 janvier 1982, Loi de nationalisation.

[2392] V. notamment : décision n° 89-254 DC du 4 juillet 1989, Loi modifiant la loi n° 86-912 du 6 août 1986 relative aux modalités d'application des privatisations. Décision n° 99-423 DC du 13 janvier 2000, Loi relative à la réduction négociée du temps de travail. Décision n° 2000-439 DC du 16 janvier 2001, Loi relative à l'archéologie préventive.

[2393] A l'échelle européenne, l'article 16 de la Charte des droits fondamentaux de l'Union européenne consacre également la « *liberté d'entreprise* », tandis que l'article 49 du Traité sur le Fonctionnement de l'Union Européenne prohibe « *les restrictions à la liberté d'établissement des ressortissants d'un État membre dans le territoire d'un autre État membre* » ; ses articles 34, 45 et 56 garantissant la libre circulation des marchandises, des personnes et des services. La directive européenne 2006/123/CE « services » du 12 décembre 2006 exige, en son article 9, que les Etats ne subordonnent pas, sauf exception, l'accès à une activité de service à un régime d'autorisation.

[2394] C. MAUGÜÉ, « La liberté du commerce et de l'industrie : archaïsme ou renouveau » *in* G. DRAGO, M. LOMBARD (dir.), *op. cit.*, p. 51.

prérogatives de puissance publique. S'agissant du premier aspect, même si les contours de cette liberté se dessinent au fur et à mesure des restrictions apportées par le législateur[2395], il est possible de la définir comme le « *droit pour toute personne physique ou pour toute société de se livrer au commerce ou à l'industrie de son choix* »[2396]. Prise dans son sens commun « *d'accéder à l'activité indépendante souhaitée* », elle « *emporte la possibilité pour toute personne, qu'elle soit physique ou morale, de s'installer en créant, en acquérant et en organisant une entreprise* »[2397]. La liberté du commerce et de l'industrie connait une subdivision entre d'une part, la liberté d'entreprendre et, d'autre part, la liberté d'exploiter. On trouve dans la liberté d'entreprendre, la libre installation professionnelle, la libre concurrence, la liberté de cesser son activité[2398]. Quant à la liberté d'exploiter, elle renvoie au « *droit pour tout commerçant ou industriel de conduire son affaire comme il l'entend, de gérer son entreprise comme il le désire* »[2399], ce qui implique par exemple de « *choisir sa politique ou sa stratégie commerciale, de choisir des partenaires, fournisseurs ou clients, de s'autofinancer ou de s'endetter, de choisir ses salariés, voire d'aménager les relations au sein de l'entreprise* »[2400].

751. Comme le suggère sa dénomination, la liberté du commerce et de l'industrie bénéficierait aux seuls commerçants et industriels, ce que semble également confirmer l'interprétation que font certains auteurs des libertés d'entreprendre et d'exploiter. Si l'on doit alors considérer que cette liberté ne peut être invoquée que par l'agent qui exécute des actes de commerce au sens des articles L. 110-1 et 2 du Code de commerce, le promoteur initiateur - dont l'activité consiste à « *acheter des biens immeubles aux fins de les revendre, en vue d'édifier un ou plusieurs bâtiments et de les vendre en bloc ou par locaux* » - se situerait alors en dehors de son périmètre[2401]. Seuls les promoteurs exécutants, agissant en qualité de mandataires, seraient protégés par la liberté du commerce et de l'industrie. En réalité, la liberté d'entreprendre doit être entendue de manière extensive, comme permettant à tout professionnel de créer son entreprise et d'exercer l'activité économique de son choix, quelle que soit sa nature juridique, civile ou commerciale.

[2395] G. DRAGO, M. LOMBARD (dir.), *op. cit.*, pp. 27, 33.

[2396] M. PÉDAMON, H. KENFACK, *Droit commercial. Commerçants et fonds de commerce, concurrence et contrats du commerce*, 4ème éd., Dalloz, 2015, pp. 132, 453.

[2397] D. FERRIER, « La liberté du commerce et de l'industrie » *in* R. CABRILLAC (dir.), *Libertés et droits fondamentaux*, 23ème éd., Dalloz, 2017, p. 949.

[2398] J.-P. CAMBY, « La reconnaissance de la liberté d'entreprendre par le Conseil constitutionnel a-t-elle une portée ? » *in* G. DRAGO, M. LOMBARD (dir.), *op. cit.*, p. 28.

[2399] M. PÉDAMON, H. KENFACK, *op. cit.*, p. 453.

[2400] D. FERRIER, *art. préc.*, p. 950.

[2401] Cf. *Supra*, § 641.

752. Les limites apportées à la liberté du commerce et de l'industrie. L'article 7 du « décret d'Allarde » de 1791 tempère dès l'origine cette liberté, en précisant que toute personne qui exerce une profession « *sera tenue de se pourvoir auparavant d'une patente, d'en acquitter le prix suivant les taux ci-après déterminés et de se conformer aux règlements de police qui sont ou pourront être faits* ». De même, dans sa décision du 16 janvier 1982, le Conseil constitutionnel évoque la liberté d'entreprendre en indiquant d'emblée qu'elle n'est ni générale ni absolue et qu'elle ne peut exister que dans les limites de la loi[2402], signifiant par là même qu'elle doit être comprise comme une liberté de « second rang »[2403]. Les limitations apportées à la liberté d'entreprendre peuvent s'exprimer sous différentes formes. Elles concernent en premier lieu l'ensemble des réglementations, techniques ou contractuelles, visant à encadrer l'activité sur le plan « matériel ». Elles renvoient, en second lieu, aux normes qui encadrent l'activité sur le plan « personnel », en en conditionnant l'accès par des exigences de compétence et de capacité. Ces dernières peuvent notamment s'incarner dans des mesures « prohibitives », c'est-à-dire dans des régimes d'incompatibilités, d'incapacités ou d'interdictions. A titre d'exemple, les professions commerciales sont incompatibles avec certains statuts professionnels[2404] et connaissent des interdictions d'exercer en cas de condamnation pénale[2405], fiscale[2406], ou de faillite personnelle[2407].

753. Le plus souvent, les mesures adoptées sont « préventives », en ce qu'elles visent à restreindre l'accès à certaines professions, par des déclarations ou des autorisations administratives. Dans cette dernière hypothèse, une qualification peut être requise « *afin de contrôler une aptitude ou la conformité à certaines normes destinées à protéger d'autres acteurs économiques et notamment les consommateurs* »[2408]. L'article 3 de la directive européenne du 7

[2402] Décision n° 82-141 DC du 27 juillet 1982, Loi sur la communication audiovisuelle, *RDP* 1983. 333, obs. L. FAVOREU : la liberté du commerce et de l'industrie n'est « *ni générale ni absolue* », elle ne peut s'exercer que dans le cadre « *d'une réglementation instituée par la loi* ». Décision n° 2000-439 DC du 16 janvier 2001, Loi relative à l'archéologie préventive.

[2403] M. LOMBARD, « La reconnaissance de la liberté d'entreprendre par le Conseil constitutionnel a-t-elle une portée ? » *in* G. DRAGO, M. LOMBARD (dir.), *op. cit.*, p. 24.

[2404] L'exercice d'une activité commerciale est incompatible avec les statuts de fonctionnaire, d'officier public ministériel, d'avocat, de notaire, d'administrateur judiciaire, de mandataire liquidateur, de commissaire aux comptes, d'expert-comptable, ou encore d'architecte.

[2405] Article L. 131-27 alinéa 2 du Code pénal.

[2406] Article 1750 du Code général des impôts.

[2407] Articles L. 653-1 à L. 653-11 du Code de commerce.

[2408] D. FERRIER, « La liberté du commerce et de l'industrie » *in* R. CABRILLAC (dir.), *op. cit.*, p. 955.

septembre 2005[2409] définit ainsi la profession réglementée comme celle « *dont l'accès, l'exercice ou une des modalités d'exercice est subordonné directement ou indirectement, en vertu de dispositions législatives, réglementaires ou administratives, à la possession de qualifications professionnelles déterminées* ». Ce type de réglementation a été jugé compatible avec la liberté d'établissement qui prévaut en droit européen[2410]. A titre d'illustration, selon l'article 21 de la loi du 5 juillet 1996[2411], ne peuvent se prévaloir de la qualité d'artisan que ceux qui « *justifient d'un diplôme, d'un titre ou d'une expérience professionnelle dans le métier qu'ils exercent* », comme c'est le cas de l'artisan en bâtiment[2412].

754. Le contrôle de l'accès aux professions de l'immobilier. Plusieurs professions de l'immobilier voient leur accès conditionné au respect de certaines exigences. Tel est notamment le cas de l'agent immobilier et des professionnels assimilés - administrateur de biens et marchand de listes - depuis l'adoption de la loi « HOGUET » du 2 janvier 1970[2413]. L'exercice de la profession d'agent immobilier nécessite l'obtention d'une carte professionnelle, délivrée sur la base de plusieurs critères définis à l'article 3 de la loi : l'aptitude professionnelle (sanctionnée par des diplômes d'études supérieures ou par un certain nombre d'années d'expérience), la souscription d'une assurance couvrant la responsabilité civile professionnelle, la justification d'une garantie financière permettant la restitution au client des fonds détenus pour son compte et l'absence d'incapacité ou d'interdiction d'exercer. Le non-respect de ces exigences est frappé d'une peine de six mois d'emprisonnement et d'une amende de 7500 euros[2414]. Contrairement à l'agent immobilier, le marchand de biens ne figure pas parmi les professions de l'immobilier réglementées, bien que son activité présente des risques juridiques et financiers équivalents, voire supérieurs, pour la clientèle. Une réglementation de la profession de marchand de biens avait pourtant été proposée, en vue de ralentir les tendances spéculatives, à l'occasion de la proposition de loi n° 2125 renforçant les protections des locataires victimes de ventes à la découpe[2415]. En l'absence de

---

[2409] Directive 2005/36/CE du Parlement européen et du Conseil du 7 septembre 2005 relative à la reconnaissance des qualifications professionnelles.

[2410] La loi « Hoguet » n° 70-9 du 2 janvier 1970 a été jugée compatible avec la directive n° 67/43/CEE du 12 janvier 1967 relative à la liberté d'établissement pour les activités non salariées relevant du secteur des « affaires immobilières » (CJCE, 28 janvier 1992, Aff. C-330/90, *Angel Lopez Bréa* ; C-331/90, *Carlos Hidalgo Palacios*, *RDI* 1992. 343, obs. D. TOMASIN).

[2411] Loi n° 96-603 du 5 juillet 1996 relative au développement et à la promotion du commerce et de l'artisanat.

[2412] *Ibid.*, article 16.

[2413] Loi n° 70-9 du 2 janvier 1970 réglementant les conditions d'exercice des activités relatives à certaines opérations portant sur les immeubles et les fonds de commerce.

[2414] Article 14 de la loi n° 70-9 du 2 janvier 1970.

[2415] http://www.assemblee-nationale.fr/12/rapports/r2290.asp#P297_65158. Cette proposition avait été formulée dans le rapport n° 2290, établi par le député socialiste

statut juridique spécifique, le marchand de biens se conforme uniquement au régime applicable aux commerçants. Pour le reste, « *il est apparu que la réglementation de la profession était difficile et pas réellement souhaitable, mais qu'en revanche, il paraissait nécessaire d'encadrer cette activité par un certain nombre de règles spécifiques* »[2416], garantissant entre autres les intérêts des acquéreurs et des locataires, à la manière du choix suivi par le législateur pour le promoteur immobilier.

755. Le contrôle de l'accès aux professions de la construction. Dans le secteur de la construction, l'accès à la profession d'architecte est réglementé par la loi du 3 janvier 1977[2417]. Son article 10 prévoit les conditions d'inscription au tableau tenu par l'Ordre des architectes : peuvent prétendre à cette inscription les personnes physiques qui « *jouissent de leurs droits civils, présentent les garanties de moralité nécessaires* » et qui possèdent un diplôme ou une qualification reconnue. L'article 16 impose à tout architecte de souscrire une assurance couvrant sa responsabilité civile professionnelle. Au surplus, la loi de 1977 s'immisce dans les conditions d'exercice de l'activité, en définissant certaines règles de fonctionnement des sociétés d'architecture[2418], ou en imposant le respect de formalités, notamment déclaratives[2419]. Indépendamment de l'architecte, l'Etat contrôle également l'accès à la profession de géomètre-expert. L'article 3 de la loi du 7 mars 1946[2420] prévoit ainsi que l'inscription au tableau de l'Ordre des géomètres experts nécessite de remplir un certain nombre de conditions (âge, diplôme, absence de condamnation…)[2421], sous peine d'exercer illégalement la profession et de s'exposer aux peines encourues pour le délit d'usurpation de titre prévu aux articles 433-14 et 433-17 du Code pénal[2422]. L'article 8 de la loi du 7 mars 1946 énumère les incompatibilités

---

Jean-Yves LE BOUILLONNEC, enregistré le 4 mai 2005 à la Présidence de l'Assemblée Nationale. Devait ainsi être considéré comme marchand de biens « *toute personne pratiquant l'achat de biens immobiliers affectés à l'habitation en vue de leur revente dans un délai de moins de six ans, dès lors que la personne pratique plus de deux reventes par an* ». Des règles encadrant l'exercice de la profession dans le domaine du logement devaient notamment être adoptées par décret, afin de détailler les exigences suivantes, en les assortissant de sanctions professionnelles et pénales : « *un montant minimal de capital social ; un ratio de fonds propres ; une garantie financière lorsque le marchand de biens reçoit des fonds avant de livrer les biens ; une assurance en matière de responsabilité civile professionnelle et des garanties de bonne fin des opérations et de bonne réalisation des travaux ; une conformité des biens vendus aux obligations législatives de décence* ».

2416 T. DELESALLE, E. CRUVELIER, *Marchand de biens. Statut juridique, pratiques professionnelles*, 12ème éd., Delmas, 2019, p. 20.

2417 Loi n° 77-2 du 3 janvier 1977 sur l'architecture.

2418 *Ibid.*, articles 13 et 13-1.

2419 *Ibid.*, articles 15 et 17.

2420 Loi n° 46-942 du 7 mai 1946 instituant l'Ordre des géomètres experts.

2421 *Ibid.*, article 3.

2422 *Ibid.*, article 7.

faisant obstacle à l'exercice de l'activité (dans l'hypothèse d'une charge d'officier public ou ministériel, d'un mandat commercial, d'un emploi rémunéré par traitement ou salaire…). Les articles 9-1 et 9-2 exigent, comme il est d'usage, la souscription et la justification d'une assurance garantissant la responsabilité civile professionnelle.

756. Ainsi, la liberté du commerce et de l'industrie, dont sont directement issues les libertés d'entreprendre et d'exploiter, connait de nombreuses limites. En sus des normes qui régissent les modalités d'exercice des activités, l'accès à certaines professions est réservé aux personnes qui remplissent les conditions de capacité et de compétence prescrites par la loi. Si le secteur de l'immobilier et celui de la construction connaissent à la marge ce type de réglementation - s'agissant notamment de l'agent immobilier ou de l'architecte - la profession de promoteur demeure quant à elle libre d'accès, pour différentes raisons.

2. Un contrôle exclu pour le promoteur immobilier

757. Le libre accès à l'activité de promotion immobilière. Comme le relève Michel LEFEBVRE, anciennement vice-président de la Fédération Nationale des Promoteurs Constructeurs, « *la situation est cocasse. Il faut montrer patte blanche pour vendre ou gérer des biens immobiliers, alors que n'importe qui peut construire, ce qui est pourtant la chose la plus complexe qui soit !* »[2423]. Le promoteur immobilier ne connait en effet aucune réglementation spécifique qui restreigne, par des conditions juridiques ou financières, la pratique de son activité, « *à l'exception de quelques règles s'y appliquant de manière indirecte. L'accès à cette profession est libre ; aucune justification de diplôme ni d'autorisation spéciale ni d'assurance financière n'est exigée* »[2424]. Toute personne physique ou morale peut donc « *en théorie, se lancer du jour au lendemain dans la profession !* »[2425]. Le constructeur de maisons individuelles est placé dans la même situation : son activité est accessible sans formalité, « *sans presque aucune sélection préalable* »[2426]. Aucune loi spéciale ne

---

[2423] M. LEFEBVRE cité *in* H. GIRAUD, « Faut-il un statut pour les promoteurs ? », *Les Echos*, 2 juin 1994, p. 19.

[2424] J.-L. BERGEL (dir.), « Absence de réglementation », *Lamy Droit Immobilier*, actualisé en juin 2019, § 2749. « Absence de réglementation », *Dictionnaire Permanent Construction et Urbanisme*, Editions Législatives, actualisé le 25 juin 2014, § 17, p. 3563.

[2425] F. MAGNIN, « Un statut pour le promoteur immobilier ? (1ère partie) », *LPA*, 27 mars 1995, n° 37, p. 21.

[2426] C. PONCE, *Le contrat de construction de maison individuelle. 15 ans après la loi du 19 décembre 1990*, LexisNexis Litec, 2006, p. 6.

s'applique à elle, à l'exclusion de « *la réglementation de l'accès aux métiers du bâtiment par la loi du 5 juillet 1996 et le décret du 2 avril 1998* »[2427].

758. Les arguments défavorables à l'instauration d'un accès réglementé à la profession de promoteur. Des arguments défavorables à l'élaboration d'un statut professionnel du promoteur avaient d'ores et déjà été soulevés lors de l'adoption du décret du 10 novembre 1954[2428]. Les débats organisés dans ce contexte avaient mis en exergue la nécessité de ne pas entraver l'activité économique des organismes de promotion honnêtes, par la création d'un statut dirigiste, qui aurait obstrué l'accès à une profession satisfaisant les besoins de l'Etat[2429]. L'instauration d'un accès réglementé à la profession de promoteur immobilier est jugée inutile ou inopportune pour d'autres raisons[2430]. Ce type de loi aurait d'abord une valeur essentiellement médiatique, qui serait d'autant plus limitée que l'image dégradée du promoteur provient plus de l'activité de promotion en tant que telle[2431], que de l'incompétence de celui qui l'exerce ou de l'insuffisance des garanties apportées à l'accédant. Un tel argument parait cependant contestable si l'on considère que l'activité de promotion est intrinsèquement liée à celui qui la pratique – à ses initiatives et à ses objectifs – si bien que l'un et l'autre paraissent indissociables. D'aucuns avancent également que l'exigence de compétence ou d'expérience n'est pas un rempart sans faille contre les erreurs. Les grandes firmes du secteur de la promotion ont un taux de contentieux proportionnel au nombre de chantiers qu'elles supervisent, qui ne serait pas inférieur à celui des plus petites structures ou des plus récentes.

759. Par ailleurs, l'absence de statut professionnel du promoteur pourrait s'expliquer « *par le caractère protéiforme de la notion* »[2432]. L'hétérogénéité des promoteurs - encore mal appréhendée à l'heure actuelle - compliquerait le contrôle des conditions d'accessibilité à la profession. Comme l'avait souligné la Chancellerie dans une réponse ministérielle en 1994, la création par la loi d'un statut professionnel « *conduirait à définir juridiquement, donc restrictivement, une activité aujourd'hui diversifiée et complexe* ». La tâche

---

[2427] D. TOMASIN, « Contrats de construction de maison individuelle : généralités relatives à la réglementation », *in* P. MALINVAUD (dir.), *Droit de la construction*, 7ème éd., Dalloz, 2018, § 220.44.

[2428] Décret n° 54-1123 du 10 novembre 1954 tendant à protéger l'épargne contre certaines activités répréhensibles dans le domaine de la construction, *JORF*, 16 novembre 1954, p. 10766 : « *Les entreprises dont les agissements malhonnêtes et dangereux ont été exposés ne constituant qu'une minorité, il importait avant tout de n'entraver en aucune façon l'activité des autres. De plus, la multiplicité de ces divers organismes excluait toute possibilité de contrôle ou de surveillance systématique* ».

[2429] Cf. *Supra*, § 29.

[2430] H. GIRAUD, « Faut-il un statut pour les promoteurs ? », *Les Echos*, 2 juin 1994, p. 19.

[2431] Cf. *Supra*, § 21-26.

[2432] D. BAZIN-BEUST, *th. préc.*, p. 245.

s'annonçant rude, le Ministère avait précisé qu'une telle entreprise « *ne pourrait être envisagée qu'après qu'un examen approfondi en ait démontré la nécessité* »[2433]. L'édiction de règles visant à conditionner l'accès à la profession de promoteur impliquerait ainsi de surmonter l'obstacle que représente *ab initio* la définition de cette notion. On ne peut que relever ici le lien établi, au plus haut niveau de l'Etat français, entre la problématique de la notion de promoteur immobilier et celle de son statut professionnel.

760. La réglementation suffisante des actes de promotion immobilière. Surtout, c'est parce que « *les actes de promotion immobilière sont insérés dans les règles rigides de la loi du 16 juillet 1971 régissant le contrat de promotion immobilière et de la loi du 3 janvier 1967 relative à la vente d'immeubles à construire* », que « *l'accès à la profession et son exercice demeurent, en revanche, tout à fait libres* »[2434]. Jusqu'ici, les pouvoirs publics ont en effet choisi de protéger les accédants en agissant directement sur les règles applicables aux contrats qui les lient aux promoteurs immobiliers. C'est donc plus « *la réglementation morcelée des actes juridiques, dédiés aux opérateurs de promotion immobilière, que la réglementation de son accès qui a permis d'assainir la profession* »[2435]. Or, « *cette politique (…) ayant eu d'heureux effets, il ne semble pas que la création d'un statut du promoteur immobilier soit indispensable* »[2436]. Lorsqu'en 1995, a été déposée une seconde proposition de loi - faisant suite à celle de 1977 - dont le but était de doter le promoteur immobilier d'un statut professionnel, le Ministre de la Justice n'a pas manqué de rappeler que la loi mettait déjà à la charge de cet acteur des obligations, dont certaines pénalement sanctionnées[2437], à l'instar de celles obligeant à fournir une garantie financière et à souscrire une assurance responsabilité civile décennale. Il est vrai que « *la protection du cocontractant peut (…) intervenir à un autre niveau qui est celui du cadre d'exercice de la profession et des techniques utilisées* » ; à ce titre, « *force est d'observer que le promoteur n'a rien à envier aux autres professionnels de l'immobilier* »[2438]. Une réglementation exigeante détermine déjà les modalités d'exercice de l'activité, sur le plan contractuel, technique, fiscal et financier. Ces contraintes permettent, dans le secteur protégé *a fortiori*, de moraliser l'activité et de garantir la sécurité juridique de l'opération. Cette méthode de contrôle des professionnels, que d'autres pays

---

[2433] Rép. Min., *JO Sénat*, 27 octobre 1994, p. 2580.

[2434] J.-C. GROSLIÈRE, C. SAINT-ALARY-HOUIN, Chron. « Promotion Immobilière – Vente d'immeuble », *RDI*, 1989, p. 473.

[2435] J.-L. BERGEL (dir.), « Absence de réglementation », *Lamy Droit Immobilier*, actualisé en juin 2019, § 2749.

[2436] J.-C. GROSLIÈRE, P. JESTAZ, Chron. « Promotion immobilière – Vente d'immeubles », *RDI*, 1980, pp. 304-305. Rep. Min, *JO déb. Ass. Nat*, 18 février 1980, n° 23877, p. 613.

[2437] Rép. Min., *JO Sénat*, 27 octobre 1994, p. 2580.

[2438] F. MAGNIN, « Un statut pour le promoteur immobilier ? (Suite et fin) », *LPA*, 3 avril 1995, n° 40, p. 11.

européens partagent[2439], s'est poursuivie depuis, comme le prouve l'adoption de nouveaux contrats spéciaux de la construction, dont le plus récent est la vente en l'état futur d'inachèvement, instituée en 2018. Brice GOLFIER observe justement que la création de nouveaux modèles de contrats permet d'« *éviter, comme le suggéraient certains parlementaires, de réglementer cette profession, qui du reste est difficilement identifiable* »[2440]. Ajouté aux règles du secteur protégé qui régissent déjà l'acte de construire, l'assujettissement du promoteur à un statut professionnel pourrait également contribuer à consacrer un « *secteur ''super-protégé''* »[2441] en matière d'habitation. Puisque les opérations de promotion sont déjà encadrées juridiquement, « *le supplément d'efficacité qu'on pourrait attendre d'une réglementation de la profession parait assez hypothétique, tandis qu'en revanche la superposition des réglementations entrainerait des inconvénients flagrants* »[2442], dont notamment celui de surenchérir les contraintes imposées au promoteur.

761. L'existence de contrôles indirects. Toute idée de « contrôle » n'est pas pour autant exclue, dans la mesure où les promoteurs seraient déjà contrôlés de manière informelle, par les prestataires avec lesquels ils travaillent. En pratique, la liberté d'accès à l'activité de promotion immobilière n'est qu'apparente si l'on tient compte des difficultés que pourra rencontrer un promoteur novice auprès des banques, pour obtenir un financement ou souscrire une garantie d'achèvement. Les établissements de crédit « *n'acceptent de garantir et de cautionner que les promoteurs dont l'activité et la situation financière sont saines* »[2443]. Ils sont donc très peu enclins à prêter à une société qui n'a pas déjà fait ses preuves dans le domaine de la promotion, car sa solvabilité est alors plus difficile à appréhender. Dans ce contexte, les banquiers assument un rôle de « filtre », en utilisant de nombreux critères pour mesurer les capacités de remboursement des candidats, parmi lesquels : l'expérience de la société, sa solvabilité, son *ratio* de fonds propres, le nombre de ses marchés en cours, la qualité de présentation de son projet, les compétences des employés mobilisés, *etc.* Dans un même registre, il a pu être avancé que la réglementation des opérations de promotion était préférée à « *un filtrage de la profession par ses*

[2439] M. HUET, « Les professionnels de la construction », *RDI*, 1992, p. 437 : « *Plutôt que de créer un statut des promoteurs constructeurs, les réglementations existant dans les différents pays de la Communauté ont préféré s'attacher à l'acte de construire* ».

[2440] B. GOLFIER, « Vente d'immeuble à rénover et vente d'immeuble à construire », *RDI*, 2007, p. 31.

[2441] J.-C. GROSLIÈRE, C. SAINT-ALARY-HOUIN, « Promotion Immobilière – Vente d'immeuble », *RDI*, 1989, p. 473.

[2442] P. MALINVAUD, P. JESTAZ, P. JOURDAIN, O. TOURNAFOND, *Droit de la promotion immobilière*, 9ème éd., Dalloz, 2014, p. 39.

[2443] D. BAZIN-BEUST, *th. préc.*, p. 245. P. MALINVAUD, P. JESTAZ, P. JOURDAIN, O. TOURNAFOND, *op. cit.*, p. 50 : un établissement bancaire ne soutient l'opération d'un promoteur « *que si les bases financières et commerciales de l'opération lui ont paru saines et par ailleurs ce financier a trop besoin de la confiance du public pour tolérer que son nom reste attaché à une construction médiocre* ».

propres membres »[2444], afin d'éviter d'éventuelles dérives corporatistes. Dans les faits, une partie des promoteurs se contrôleraient « entre eux », à travers leur syndicat - aujourd'hui, la Fédération des Promoteurs Immobiliers - qui veille à ce que la profession conserve auprès du public une image de marque[2445].

762. À l'heure actuelle, la profession de promoteur ne fait l'objet d'aucun statut de nature à en conditionner l'accès. Si l'activité de promotion immobilière peut être librement exercée par quiconque, c'est essentiellement parce que les opérations sur lesquelles elle porte font - au moins dans le secteur de l'habitation - l'objet d'une réglementation dense, *a priori* suffisante. « *Ayant levé au fil des ans les incertitudes pouvant peser sur les acquéreurs de logement en mettant en place un cadre précis de garanties juridiques, financières et techniques, les pouvoirs publics n'ont pas choisi la voie de la réglementation de cette profession* »[2446]. L'édiction d'un statut professionnel serait pourtant un moyen efficace de prévenir les litiges et abus éventuels, en sélectionnant parmi les aspirants ceux qui présentent les qualités nécessaires.

B) Les tentatives de réglementation de la profession de promoteur immobilier

763. Il n'existe pas de statut professionnel du promoteur dans notre droit positif, en dehors de la convention collective nationale de la promotion immobilière adoptée le 18 mai 1988, qui définit le statut des travailleurs de la branche[2447]. Des mesures ponctuelles de contrôle existent néanmoins, prenant la forme d'interdictions ou d'incompatibilités. Celles-ci paraissent toutefois insuffisantes si l'on considère qu'un véritable contrôle de l'accès à la profession devrait être instauré (2). A ce titre, plusieurs propositions de lois ont cherché à réformer le système actuel. « *La définition juridique du statut de promoteur semble avoir constitué une préoccupation politique récurrente et fait l'objet de demandes répétées de la part des promoteurs, en particulier de leur fédération professionnelle* »[2448], mais ces tentatives sont restées vaines (1).

1. Les tentatives avortées d'instauration d'un statut professionnel

764. La tentative d'instauration d'un organisme autonome de qualification. La portée d'un statut professionnel diffère en fonction de sa nature réglementaire ou seulement corporatiste. Les dispositions réglementaires

---

2444 F. MAGNIN, « Un statut pour le promoteur immobilier ? (Suite et fin) », *LPA*, 3 avril 1995, n° 40, p. 11.

2445 Cf. *Infra*, § 824 et s.

2446 B. DUBAN, *Les Promoteurs Constructeurs*, PUF, 1982, p. 43.

2447 *Convention collective nationale de la promotion immobilière du 18 mai 1988. IDCC : 1512*, 8ème éd., Les éditions des journaux officiels, novembre 2013.

2448 J. POLLARD, *op. cit.*, p. 83.

s'appliquent *ipso facto* à tous ceux qu'elles visent, tandis que les règles purement corporatistes ne peuvent concerner que les adhérents de l'organisation qui les a édictées, puisque nul n'est tenu d'adhérer à une association ou à un syndicat. Les organismes corporatistes possèdent une vision concrète des enjeux de la profession qu'ils représentent, ce qui leur permet de contrôler les professionnels au moyen de critères pragmatiques et efficaces. Dans cette perspective, la Fédération Nationale des Promoteurs Constructeurs (FNPC), qui sera renommée par la suite « Fédération des Promoteurs Immobiliers », avait réfléchi en 1975 à l'instauration d'un organisme autonome de qualification : l'« Office National de Qualification des Promoteurs Constructeurs » (ONQPC)[2449]. Ses missions auraient consisté à centraliser tous les renseignements concernant les entreprises de promotion, afin de les classer en fonction de différents critères économiques, les qualifier en fonction d'une grille d'indices (selon les types de réalisations, de structures…)[2450] et porter cette documentation à la connaissance des tiers, notamment des acquéreurs. Ces projections n'ont toutefois jamais été mises en œuvre.

765. La proposition de loi n° 3248 du 15 novembre 1977. Indépendamment des initiatives prises par la Fédération, les pouvoirs exécutif et législatif se sont également penchés sur la question du statut professionnel du promoteur immobilier. Le gouvernement évoque pour la première fois la nécessité d'un « *assainissement de la profession* »[2451], lors de l'adoption du décret du 10 novembre 1954. La loi du 7 août 1957, qui lui succède, dispose alors en son article 20, que « *le Gouvernement déposera, dans le délai de trois mois, à compter de la promulgation de la présente loi, un projet de loi organisant, compte tenu de l'évolution des techniques et des besoins de la*

[2449] Celui-ci aurait pris la forme d'une association régie par la loi du 1er juillet 1901, dont la création, le fonctionnement et le financement auraient été définis par convention avec le Ministre chargé de la Construction. La composition et le fonctionnement de cet organisme aurait associé les pouvoirs publics et les promoteurs immobiliers, afin que ces derniers puissent participer à l'élaboration des normes qui les concernent directement. Outre les adhérents, auraient été « membres participants », la Fédération Nationale du Bâtiment (qui deviendra la « Fédération Française du Bâtiment » - FFB), la Fédération Nationale des Travaux Publics, l'Ordre des architectes, la Fédération Nationale de l'Immobilier (FNAIM), ainsi que, plus largement, toute autre organisation participant à l'acte de construire. Cette ouverture aurait permis de doter l'ONQPC d'une vision transversale et interprofessionnelle des qualités requises pour l'exercice de l'activité de promotion immobilière.

[2450] Les qualifications auraient été attribuées par la « Commission Nationale de Qualification », qu'auraient présidée des membres éminents de la Fédération Nationale des Promoteurs Constructeurs, rattachés à sa direction exécutive. Tout litige sur les qualifications concédées aurait été soumis à l'examen d'une « Commission Supérieure de Qualification », intervenant en appel.

[2451] Décret n° 54-1123 du 10 novembre 1954 tendant à protéger l'épargne contre certaines activités répréhensibles dans le domaine de la construction, *JORF*, 16 novembre 1954, p. 10765.

construction, les professions qui concourent à l'acte de construire et déterminant la responsabilité des personnes exerçant ces professions »[2452]. Ce projet de loi ne verra jamais le jour. En revanche, une proposition de loi « *portant statut professionnel du promoteur-constructeur* » est enregistrée à la Présidence de l'Assemblée Nationale le 15 novembre 1977 par le député « UDF »[2453] Alain MAYOUD, ainsi que par trente-deux autres députés. Elle sera examinée en première session ordinaire de 1977-1978, mais ne sera jamais adoptée. Son contenu reste néanmoins riche de multiples enseignements.

766. La définition du promoteur et de son activité. L'article 2 de la proposition de loi précise que l'objet de l'activité de promotion immobilière consiste notamment à prendre l'initiative des opérations (en étant propriétaire du terrain à construire et en définissant les ouvrages à réaliser), à choisir les intervenants, à obtenir les autorisations administratives, à conclure les marchés de travaux, à mettre en place les financements nécessaires, à gérer la réalisation des opérations et à se charger, directement ou indirectement, de leur vente. Une telle description n'est pas sans rappeler celle qui découle de l'observation actuelle des usages en vigueur, servant de fondement à la définition de la notion de promoteur[2454]. Par ailleurs, l'article 3 de la proposition de loi circonscrit l'activité du promoteur à quelques formes d'intervention seulement, également admises aujourd'hui : la gérance d'une société de construction-vente, d'attribution ou coopérative ; la conclusion d'un contrat de promotion immobilière régi par le Code civil ; ou bien encore la « *maîtrise d'ouvrage assumée en vue de la vente* », renvoyant à la vente d'immeuble à construire. A l'inverse, est exclue du champ d'application de la proposition de loi, la conclusion d'un des contrats de louage d'ouvrage visés à l'article 1779 3° du Code civil. Cette précision marque une distinction nette entre le promoteur et le constructeur réalisateur, distinction conservée depuis[2455]. L'article 4 de la proposition de loi suggère en revanche l'extension du statut aux « *aménageurs de terrains non bâtis notamment en vue de leur division parcellaire* » et aux « *personnes qui réhabilitent, restaurent ou transforment des immeubles existants soit pour le compte d'autrui, soit pour leur propre compte en vue de la vente* », aucune condition n'étant spécifiée sur le type de contrat utilisé par ces lotisseurs et rénovateurs. L'aménagement est une activité connexe à la promotion, que le promoteur peut prendre en charge, en complément de son activité de construction habituelle[2456]. S'agissant de la rénovation, le fait pour les députés de se référer à la « réhabilitation », à la « restauration » ou à la « transformation », montre leur souci d'inclure dans le statut du promoteur ceux qui se livrent à des travaux sur existants d'une certaine importance, que l'on

---

[2452] Loi n° 57-908 du 7 août 1957 tendant à favoriser la construction de logements et les équipements collectifs, *JORF*, 10 août 1957, p. 7909.
[2453] Union pour la Démocratie Française.
[2454] Cf. *Supra*, § 122.
[2455] Cf. *Supra*, § 254.
[2456] Cf. *Supra*, § 636.

peut rapprocher - par leur étendue ou leur complexité - aux travaux neufs. Il est frappant de constater que le législateur entretenait ainsi une vision du champ d'intervention du promoteur comparable à celle que l'on est susceptible de retenir aujourd'hui, au terme d'une analyse exhaustive de son domaine d'activité.

767. Les personnes exclues du statut. L'article 5 de la proposition de loi dresse une liste d'acteurs qui n'ont pas leur place dans la catégorie juridique des promoteurs immobiliers. Il s'agit en premier lieu des « *maîtres d'ouvrage qui, à titre occasionnel, font construire une maison individuelle pour leur usage personnel* ». Cette exclusion ne peut qu'être approuvée, si l'on considère que le promoteur est par essence un professionnel qui construit aux fins de livraison pour autrui[2457]. La proposition de loi écarte, en deuxième lieu, « *les maîtres d'ouvrage qui procèdent à la vente après expiration d'un délai de cinq ans à compter de la déclaration d'achèvement des travaux* », ce qui revient à exclure les maîtres d'ouvrage qui construisent, au moins à l'origine, à des fins personnelles. En troisième lieu, ne peuvent être qualifiés de promoteurs immobiliers, au sens de la proposition de loi, « *les maîtres d'ouvrage faisant construire un ou plusieurs immeubles en vue de la location* ». Selon l'exposé des motifs, cette exclusion ne vaut pas pour les constructeurs pratiquant la location-vente, ces derniers ayant pour dessein de transférer *in fine* la propriété des ouvrages construits. En effet, le promoteur n'est pas supposé conserver dans son patrimoine les biens qu'il fait édifier, sauf à ce que ces derniers y transitent temporairement, en étant donnés à bail[2458]. En quatrième lieu, sont, en toute logique, retranchés du statut professionnel, « *les architectes, les entrepreneurs de bâtiment et autres techniciens ou hommes de l'art, à moins qu'ils participent aux activités visées aux articles 3 et 4 en une qualité autre que celle qui s'attache à l'exercice normal de leur profession* ». Ne peuvent ainsi être promoteurs immobiliers les architectes et les constructeurs de métier, concepteurs ou exécutants, qui agissent dans le cadre de leur activité habituelle. Cela étant, la seule qualité d'architecte ou d'entrepreneur n'est pas en tant que telle un motif d'exclusion de la catégorie des promoteurs, si cette qualité va de pair avec la constitution d'une des sociétés visées par la loi, ou avec l'une des activités qu'elle cible. En cinquième et dernier lieu, « *les représentants légaux ou statutaires des organismes d'HLM et des sociétés d'économie mixte* » se situent en dehors du champ d'application de la proposition de loi. L'exposé des motifs justifie cette exclusion par la « *réglementation particulière* » applicable à ces structures.

768. Les conditions d'inscription sur la liste des promoteurs immobiliers. S'agissant des conditions concrètes d'accès à l'activité de promotion immobilière, telle qu'elle est définie aux articles 2 à 5 de la

---

[2457] Cf. *Supra*, § 511 et s., 545 et s.
[2458] Cf. *Supra*, § 555 et s.

proposition de loi, l'article 7 prévoit l'inscription du professionnel sur une liste librement consultable par le public[2459]. Le candidat doit d'abord justifier de « *son aptitude professionnelle résultant soit de l'expérience seule, soit de l'expérience et de la détention d'un ou plusieurs diplômes figurant sur une liste fixée par décret en Conseil d'Etat* ». L'exposé des motifs suggère une expérience de dirigeant ou de cadre et ajoute une obligation de formation spécialisée, restant à déterminer[2460]. Ensuite, le candidat doit pouvoir attester de « *l'absence d'interdiction résultant de l'une des décisions mentionnées aux articles 11 et 12* ». L'article 11 répertorie les peines d'emprisonnement, y compris avec sursis, prononcées à l'occasion de la sanction d'une infraction commerciale[2461] ou d'urbanisme[2462]. L'article 12 renvoie quant à lui aux faillis non réhabilités, aux officiers publics et ministériels destitués, aux agréés syndics et administrateurs judiciaires révoqués et aux membres radiés disciplinairement et définitivement de leur ordre pour manquement à la probité. Enfin, le candidat doit faire état de son « *engagement de contracter les assurances contre les conséquences pécuniaires de la responsabilité civile professionnelle et une assurance maître d'ouvrage* », cette dernière faisant référence à l'assurance responsabilité décennale, consacrée concomitamment par la loi « SPINETTA » du 4 janvier 1978. Une fois inscrit sur la liste, le promoteur immobilier peut faire l'objet d'une suspension provisoire, selon l'article 14, en cas d'incompatibilité résultant de l'exercice d'un mandat parlementaire[2463]. Le préfet peut même envisager une radiation de la liste dans l'hypothèse d'une cessation d'activité de plus de cinq ans, s'il est prononcé contre le promoteur l'une des interdictions visées aux articles 11 et 12 de la proposition de loi, ou encore en cas de défaut d'assurance[2464]. Dans ce cas, l'article 18 dispose que les

---

[2459] Celle-ci aurait été établie par le préfet, au niveau de chaque département et publiée au recueil des actes administratifs de ce dernier. L'article 10 alinéa 1er précise que si le promoteur est une personne morale, ses représentants légaux doivent être inscrits sur la liste, ce qui induit qu'ils remplissent personnellement les conditions de l'article 9. Ce dernier détaille les critères à respecter pour prétendre à l'inscription.

[2460] Cf. *Infra*, § 785-787.

[2461] Infractions visées à l'article 1er de la loi du 30 août 1947 relative à l'assainissement des professions commerciales et industrielles, à l'article 41 de la loi n° 71-579 du 16 juillet 1971 relative à diverses opérations de construction, à l'article 44 de la loi n° 73-1193 du 27 décembre 1973 d'orientation du commerce et de l'artisanat (publicité mensongère).

[2462] Infractions visées au Titre VIII du Livre IV du Code de l'urbanisme (infractions commises au regard des autorisations de construction, d'aménagement et de démolition).

[2463] Cf. *Infra*, § 778.

[2464] L'article 22 ajoute à ce titre que le promoteur doit informer le préfet de ces différentes causes de radiation, dans le mois de leur survenance, sous peine de faire l'objet d'une amende et/ou d'une peine d'emprisonnement. Une fois la radiation prononcée, le promoteur doit cesser son activité sous un mois, ou au jour de la condamnation définitive dont il peut faire l'objet au titre des infractions visées aux articles 11 et 12 précités.

opérations en cours ne peuvent être continuées que par un autre promoteur[2465]. Selon l'exposé des motifs, le tribunal devrait alors désigner le nouveau maître d'ouvrage parmi des experts promoteurs-constructeurs inscrits sur des listes arrêtées par les cours d'appel[2466].

769. La protection du titre de promoteur immobilier. Conformément à l'article 21 de la proposition de loi, seuls les professionnels inscrits sur les listes départementales sont autorisés à utiliser le titre de « promoteur-constructeur », encore en usage en 1977. Celui-ci serait aujourd'hui remplacé par la dénomination « promoteur immobilier », plus adéquate pour rendre compte de l'autonomie de son activité au regard de celle du constructeur réalisateur[2467].

770. La proposition de loi n° 230 du 6 mars 1995. La première tentative de réglementation de l'accès à l'activité de promotion immobilière, portée par la proposition de loi du 15 novembre 1977, n'a pas été suivie d'effets. Néanmoins, le projet de réforme refait surface dans les années 1992-1994. « *Au moment de la crise des années 1990, la Fédération des Promoteurs Constructeurs dénonce les dysfonctionnements dus à certains promoteurs ''occasionnels'' et le discrédit pour la profession qui en découle* » ; elle « *demande alors que soit établi un statut professionnel* »[2468] du promoteur. Le Sénateur « RPR »[2469] Philippe MARINI, ainsi que treize autres sénateurs, déposent la proposition de loi n° 230 « *visant à instituer un statut professionnel des promoteurs-constructeurs* », dont le contenu reprend en substance celui de la proposition déposée en 1977. Ce nouveau texte est enregistré à la Présidence du Sénat le 6 mars 1995, puis examiné en deuxième session extraordinaire de 1994-1995.

2465 Selon l'article 24 de la proposition de loi, les personnes antérieurement condamnées au jour de l'entrée en vigueur de la loi sont autorisées à achever les opérations en cours, sous réserve de la non-application de l'article 55-1 ancien du Code pénal et de l'article 703 du Code de procédure pénale.

2466 Ce mécanisme trouverait également à s'appliquer, selon l'article 19, lorsque le promoteur fait l'objet d'une interdiction de gérer et que la personne morale qu'il a constituée est contrainte de désigner un nouveau représentant. En tout état de cause, l'article 20 interdit au promoteur radié d'utiliser des moyens détournés pour poursuivre son activité, sous peine d'être condamné aux peines envisagées à l'article 22. Il ne peut par exemple devenir salarié d'une autre société de promotion.

2467 Selon l'article 8, tout document établi dans le cadre d'une opération de promotion immobilière, destiné à l'information du public, doit comporter le patronyme du promoteur, ainsi que, le cas échéant, la dénomination de la personne morale dont il est le représentant statutaire. L'article 23 prévoit en revanche que l'exercice de l'activité par un professionnel non inscrit l'expose aux sanctions prévues à l'article 22, ainsi qu'aux peines de l'article 259 ancien du Code pénal, qui sont également transposables au cas d'utilisation d'un titre professionnel ressemblant, de nature à induire le public en erreur.

2468 J. POLLARD, « Les grands promoteurs immobiliers français », *Métropolis Flux*, 2007/3, n° 69, p. 94.

2469 Rassemblement Pour la République

Dans une question écrite déposée en 1994[2470], Philippe MARINI insiste auprès du Ministre du Logement sur « *l'intérêt et l'importance qui s'attacheraient à la mise en œuvre d'un statut professionnel définissant l'activité des promoteurs-constructeurs* », ces derniers étant « *présents dans l'ensemble du processus relatif à l'acte de construire* ». Après avoir rappelé que « *cette activité professionnelle nécessite des compétences juridiques, techniques, financières, commerciales* », le sénateur fait valoir qu'il est « *nécessaire, comme le souhaite la Fédération nationale des promoteurs constructeurs (FNPC) de définir un statut susceptible de mieux assurer la qualité de cette activité professionnelle et les garanties que sont en droit d'attendre celles et ceux qui y font appel* »[2471]. Les services de la Chancellerie répondent défavorablement[2472], en arguant que ce nouveau texte viendrait se surajouter inutilement à un arsenal législatif déjà très protecteur de l'accédant au logement[2473]. Le projet de statut du promoteur n'ayant plus fait partie des priorités de l'année électorale 1995, la proposition de loi n° 230 a été frappée de caducité[2474].

771. La définition du promoteur et de son activité. L'article 2 de cette proposition de loi détaille également les modes d'intervention susceptibles de caractériser une activité de promotion immobilière. Le promoteur est celui qui acquiert directement ou indirectement un terrain, conçoit l'immeuble à édifier, met en place les moyens financiers, juridiques et techniques nécessaires à la réalisation du produit et le vend globalement ou par lots. Sont également visés par le statut ceux qui concluent avec le maître d'ouvrage un contrat de construction de maison individuelle, avec ou sans fourniture de plan, alors qu'une dissociation des deux activités serait plutôt préconisée à l'heure actuelle[2475].

772. Les personnes exclues du statut. L'article 3 de la proposition de loi liste, à l'identique de la proposition de 1977, les personnes exclues du statut, à quelques exceptions près. Les aménageurs et les personnes qui réhabilitent, restaurent ou transforment des immeubles existants, pour le compte de tiers ou pour leur propre compte en vue de la vente, sont ici retranchés du dispositif, contrairement à ce que prévoyait l'article 4 de la première proposition.

[2470] P. MARINI, question écrite n° 06355, *JO Sénat*, 26 mai 1994, p. 1262.
[2471] *Idem*.
[2472] Rép. Min., *JO Sénat*, 27 octobre 1994, p. 2580.
[2473] Cf. *Supra*, § 175 et s.
[2474] Selon l'article 28-2 du Règlement du Sénat, les propositions de loi « *sur lesquelles le Sénat n'a pas statué deviennent caduques de plein droit à l'ouverture de la troisième session ordinaire suivant celle au cours de laquelle elles ont été déposées* ». Selon la tradition parlementaire, sont également déclarées caduques les propositions de loi non encore concernées par l'application de l'article 28-2 du Règlement, mais dont l'unique auteur n'est plus en fonction suite à l'interruption de son mandat (pour cause de nomination au Gouvernement, de décès, de non-renouvellement de son mandat, *etc*).
[2475] Cf. *Supra*, § 461 et s.

Toutefois, l'exclusion du rénovateur n'a plus lieu d'être si les travaux ont nécessité l'obtention d'un permis de construire ; les travaux sont alors d'une importance telle qu'il convient d'assimiler son activité à celle du promoteur immobilier qui réalise des constructions neuves[2476].

773. Les conditions d'inscription sur la liste des promoteurs immobiliers. L'article 5 de la proposition de loi reprend l'idée de la constitution de listes départementales, recensant les promoteurs immobiliers habilités à exercer. Quelques modifications peuvent cependant être relevées au regard de la première proposition de 1977. L'exposé des motifs prend le soin d'indiquer qu'il ne s'agit pas d'établir un *numerus clausus*, car celui-ci serait contraire aux exigences de l'Union Européenne sur la libre concurrence, et inopportun au regard du développement que connaît le secteur de la construction. L'article 6, relatif aux conditions d'inscription, précise que l'expérience résulte de l'exercice, pendant un certain nombre d'années et à un certain niveau hiérarchique, de la profession de promoteur-constructeur, de façon habituelle et dans le cadre d'une organisation permanente. L'article 8 supprime la possibilité pour la personne morale de souscrire elle-même les assurances requises ; cette obligation incomberait aux promoteurs personnes physiques, y compris s'ils constituent une personne morale pour les besoins de leur activité. S'agissant des exclusions liées à des condamnations, l'article 9 limite ces dernières uniquement aux peines d'emprisonnement ferme prononcées sur le fondement de l'une des infractions prévues aux articles L. 241-1 et suivants du Code de la construction et de l'habitation et L. 121-1 du Code de la consommation (qui vise les pratiques commerciales trompeuses). Enfin, l'article 19 sanctionne par des condamnations pénales plus sévères le non-respect des règles d'inscription et des décisions de radiation.

774. Un projet de décret en 1996 comme dernière tentative. Après l'échec de cette seconde proposition de loi, sur les préconisations de la Fédération Nationale des Promoteurs Constructeurs, le Garde des Sceaux a suggéré en 1996 l'adoption d'un décret se limitant à la création et à la protection du titre de promoteur, sans que cette réglementation n'ait pour but d'empêcher l'exercice de l'activité par les non-promoteurs. Le projet de décret prévoyait en substance les mêmes règles que celles précédemment décrites dans la proposition de loi de 1995, sous réserve de quelques nouvelles précisions. S'agissant de la compétence professionnelle requise, le projet de décret faisait état d'une expérience de six ans, ou bien de trois ans à condition d'être corroborée par un diplôme de type « BAC +4 ». Concernant l'obligation d'assurance, seule une police « responsabilité professionnelle » aurait été requise (probablement parce que l'« assurance maître d'ouvrage », couvrant la responsabilité décennale, est

---

[2476] Au surplus, l'article 8 de cette proposition de loi n'exige l'inscription du nom du promoteur ou celle de la dénomination de la société, sur tous les documents relatifs à l'opération, que pour les programmes neufs.

en tout état de cause d'application impérative). Une fois de plus, ce projet est resté lettre morte.

775. Plusieurs tentatives de réglementation ont cherché, dès la fin des années 1970, à remédier au défaut de statut professionnel du promoteur immobilier, sans succès, ce que déplorent certains auteurs[2477]. Quoiqu'elles n'aient jamais été adoptées, les propositions de loi déposées en 1977 et en 1995 ont eu le mérite de proposer des définitions de la notion de promoteur, ainsi qu'un *corpus* de règles à respecter pour pouvoir exercer son activité. Il ne reste de ces propositions de lois innovantes aucune mesure particulière, si ce n'est celles qui existaient déjà antérieurement : des interdictions et des incompatibilités ponctuelles.

2. Des mesures insuffisantes d'interdictions et d'incompatibilités

776. Les interdictions d'exercice applicables au promoteur immobilier. Les incapacités résultant de condamnations pénales existent dans certaines professions réglementées, à l'instar de celle d'agent immobilier[2478]. Bien que sa profession ne fasse pas l'objet d'un statut particulier, le promoteur immobilier connaît ce type de dispositif. L'article 60 de la loi du 7 août 1957 a interdit à certaines personnes, directement ou par société interposée, l'accès aux opérations visées au décret du 10 novembre 1954[2479]. Or, « *le souci de prévention, manifesté dès la loi de 1957, n'a pas disparu et il est toujours aussi opportun d'écarter des opérations de construction les individus dont le passé fait mal augurer de l'avenir. D'où l'établissement d'interdictions professionnelles destinées à assainir un secteur du monde des affaires dont la réputation a parfois souffert du fait des agissements de quelques-uns* »[2480]. L'article L. 241-3 du Code de la construction et de l'habitation dispose aujourd'hui que ne peuvent participer, en droit ou en fait, directement ou par personne interposée, à la fondation ou à la gestion d'une société de construction vente, d'une société de construction-attribution ou coopérative, d'une société d'attribution d'immeuble en jouissance à temps partagé ou d'une société de promotion immobilière, ni à la conclusion d'un contrat de promotion immobilière ou d'un contrat de construction de maison individuelle, les personnes qui ont fait l'objet de l'une des condamnations énumérées à l'article

---

[2477] J. POLLARD, *op. cit.*, p. 103 : « *l'absence de reconnaissance étatique du statut de profession pour les promoteurs a pour effet à la fois de limiter la légitimité de ces acteurs professionnels et de rendre plus difficile leur constitution comme acteur collectif* ».

[2478] Articles 9 à 13 de la loi n° 70-9 du 2 janvier 1970.

[2479] Cf. *Supra*, § 114.

[2480] G. ROUJOU DE BOUBÉE, « La responsabilité pénale dans les contrats de construction », *RDI*, 1979, pp. 16-17.

1er de la loi du 30 août 1947[2481] ou d'une condamnation à une peine d'emprisonnement, avec ou sans sursis, pour l'une des infractions listées à l'article L. 241-3[2482].

777. Il est intéressant de noter que le législateur ne se contente pas d'imposer uniquement ces interdictions aux promoteurs, au sens de l'article 1831-1 du Code civil, mais qu'il inclut les sociétés de construction, en tant que véhicules juridiques des promoteurs. Le champ d'application extensif de l'article L. 241-3 du Code de la construction et de l'habitation démontre ainsi que le législateur conçoit le promoteur immobilier au-delà du seul contrat éponyme, alors qu'il paraissait avoir enfermé en son sein la notion légale de promoteur. L'article L. 241-4 du Code de la construction et de l'habitation vient préciser que l'interdiction d'exercice concerne également les faillis non réhabilités et les personnes frappées soit de faillite personnelle, soit d'une interdiction de diriger, gérer, administrer ou contrôler toute entreprise commerciale ; les officiers publics et ministériels destitués ; les agréés, syndics et administrateurs judiciaires révoqués, ainsi que les professionnels constitués en ordres radiés disciplinairement et à titre définitif, pour manquement à la probité[2483]. Le non-respect de l'interdiction d'exercice par les professionnels visés est pénalement sanctionné, d'un emprisonnement de deux ans et d'une amende de 22 500 euros, ou de l'une de ces deux peines seulement[2484]. Enfin, au rang des interdictions d'exercice, on peut relever, à la marge, que l'article R. 322-6 du Code de l'environnement proscrit au Conservatoire de l'espace littoral et des rivages lacustres de « *se livrer à aucune opération de promotion immobilière en vue de la vente ou de la location de locaux ou de terrains* ».

778. Les incompatibilités applicables au promoteur immobilier. L'incompatibilité est un mécanisme qui permet « *d'éviter les conflits d'intérêts entendus comme des situations dans lesquelles un intérêt secondaire pourrait venir défier l'intérêt primaire que doit défendre une personne ou une institution* »[2485]. Des incompatibilités parlementaires ont été édictées par l'article

---

[2481] Loi n° 47-1635 du 30 août 1947 relative à l'assainissement des professions commerciales et industrielles.

[2482] Parmi ces dernières, se trouvent les délits de faux et d'usage de faux ; de vol, recel, escroquerie, abus de confiance, banqueroute, extorsion de fonds, valeurs ou signatures ; d'émission de mauvaise foi de chèque sans provision, usure ; de soustraction commise par dépositaire public, concussion commise par fonctionnaire public, corruption de fonctionnaires publics et d'employés des entreprises privées, communication de secrets de fabrique ; d'atteinte au crédit de l'Etat, organisation du refus collectif de l'impôt ; de faux témoignage, faux serment, subornation de témoin, ou encore proxénétisme.

[2483] Cette liste rappelle celle qui figurait à l'article 12 de la proposition de loi n° 3248 du 15 novembre 1977.

[2484] Article L. 241-5 du CCH.

[2485] J. MORET-BAILLY, D. TRUCHET, *Droit des déontologies*, PUF, 2016, p. 123.

15 de l'ordonnance du 24 octobre 1958[2486], dont la liste a été complétée par l'article 15 de la loi organique du 24 janvier 1972[2487], qui vise explicitement les promoteurs immobiliers. L'article LO 146 du Code électoral dispose ainsi que « *sont incompatibles avec le mandat parlementaire les fonctions de chef d'entreprise, de président de conseil d'administration, de président et de membre de directoire, de président de conseil de surveillance, d'administrateur délégué, de directeur général, directeur général adjoint ou gérant exercées dans : (…) 4° Les sociétés ou entreprises à but lucratif dont l'objet est l'achat ou la vente de terrains destinés à des constructions, quelle que soit leur nature, ou qui exercent une activité de promotion immobilière ou, à titre habituel, de construction d'immeubles en vue de leur vente* ». Etant précisé que ces dispositions sont également applicables « *à toute personne qui, directement ou par personne interposée, exerce en fait la direction de l'un des établissements, sociétés ou entreprises ci-dessus visés* ». Cette incompatibilité entre mandat parlementaire et activité de promotion immobilière aurait été justifiée par le souci d'assurer une séparation nette entre la fonction représentative et les intérêts privés des promoteurs, dont un nombre important vit de la commande publique ou commercialise sa production auprès de personnes publiques[2488]. Ne doit-on pas, en réalité, voir dans cette interdiction d'accéder au mandat parlementaire le signe d'une déconsidération du législateur pour le promoteur, en raison de sa démarche lucrative, voire spéculative, qui le rendrait indigne d'occuper de telles fonctions ? Cette mesure, obsolète dans le contexte actuel, mériterait sans doute d'être supprimée, au profit d'autres dispositifs, plus adéquats. L'activité de promotion immobilière fait du reste l'objet d'autres incompatibilités. L'article 14 alinéa 7 de la loi du 3 janvier 1977 interdit par exemple à l'architecte d'être salarié d'un promoteur immobilier. Au surplus, toutes les professions qui connaissent une incompatibilité avec une activité commerciale ne peuvent, par extension, accéder aux activités de promotion immobilière exercées sous forme commerciale[2489].

779. Les arguments favorables à l'instauration d'un accès réglementé à la profession de promoteur immobilier. Les mesures de contrôle de la profession actuellement en vigueur se limitent à de simples interdictions et incompatibilités, alors que l'instauration d'un véritable statut professionnel serait opportune à plusieurs égards. En premier lieu, l'adoption d'une loi visant à restreindre les conditions d'accès à la profession de promoteur immobilier serait l'occasion, pour le législateur, de définir avec clarté et précision ce que recouvre la notion, car l'une et l'autre sont indissociablement liées : s'il « *n'y a pas de*

[2486] Ordonnance n° 58-998 du 24 octobre 1958 portant loi organique relative aux conditions d'éligibilité et aux incompatibilités parlementaires.
[2487] Loi n° 72-64 du 24 janvier 1972 portant modification de l'ordonnance n° 58-998 du 24 octobre 1958.
[2488] Cf. *Supra*, § 660 et s.
[2489] Cf. *Supra*, § 642.

définition simple du promoteur, il n'a pas de statut »[2490]. Cette loi permettrait en effet au législateur de se prononcer sur ce qu'il convient d'inclure dans le champ d'intervention du promoteur, en précisant les différentes prestations contractuelles qu'il est susceptible de prendre en charge. Cette loi pourrait également donner toutes indications sur la constitution et le fonctionnement des sociétés - autres que les SCCV d'ores et déjà réglementées par la loi - que le promoteur peut être amené à créer pour les besoins de son activité. L'ensemble des renseignements contenus dans cette loi contribueraient ainsi à mettre un terme à la jurisprudence librement rendue en matière de promotion « de fait »[2491]. La notion de promoteur serait associée à une profession au cadre légalement défini, et cesserait alors d'être une qualification contractuelle imprécise et fluctuante. Du reste, en instaurant un contrôle de l'accès à l'activité de promotion immobilière, le législateur organiserait les conditions d'un recensement exact des membres de la profession, qui lui conférerait une meilleure visibilité de l'identité des professionnels du secteur. Il faciliterait en sus la distinction entre les promoteurs professionnels et ceux qui se livrent à des opérations de promotion de manière seulement occasionnelle, ce qui permettrait de réserver aux premiers le titre de « promoteur ».

780. Sur le fond, la restriction de l'accès à la profession par le respect de conditions positives de compétence et de capacité, ou encore la constitution de garanties financières, serait une façon de privilégier une démarche « préventive », en complément des sanctions « correctives » qui prévalent à ce jour. Exiger par exemple des candidats à la profession un certain niveau de compétence ou d'expérience autoriserait à considérer qu'ils sont efficacement préparés à assumer toutes leurs obligations. Les accédants auraient la certitude que le promoteur avec qui ils contractent a été préalablement « sélectionné » sur la base de critères crédibles et fiables. Les partenaires du promoteur bénéficieraient également des bienfaits d'une « pré-sélection » des acteurs avec qui ils travaillent. En 1994, Michel LEFEBVRE, alors vice-président de la Fédération Nationale des Promoteurs Constructeurs, faisait part de son souhait de voir élaborer, pour cette raison, un statut professionnel du promoteur immobilier : « *l'instauration d'un véritable climat de confiance, avec les banquiers comme avec le public, passe (...) par l'adoption d'un statut légal. Un texte qui définirait le métier et préciserait ses conditions d'accès* »[2492]. De surcroît, si - comme ont pu le soulever les détracteurs d'un statut professionnel du promoteur - une telle réglementation s'ajouterait au dispositif de protection déjà applicable en matière d'habitation[2493], elle serait au contraire le seul gage de sécurité dans les autres opérations, placées en secteur libre et gouvernées par le droit commun (parfois au mépris de la qualité de non-professionnel de

---

[2490] https://politiquedulogement.com/dictionnaire-du-logement/p/promoteur/.
[2491] Cf. *Supra*, § 311 et s.
[2492] M. LEFEBVRE cité *in* H. GIRAUD, « Faut-il un statut pour les promoteurs ? », *Les Echos*, 2 juin 1994, p. 19.
[2493] Cf. *Supra*, § 760.

l'accédant[2494]). Or, bien que le promoteur réalise principalement des logements, aucun autre domaine ne lui est inaccessible, ce qui donne toute son importance à ce dernier argument.

781. Des mesures d'incompatibilités ou d'interdictions, dont certaines surannées, contribuent ponctuellement à circonscrire l'accès à l'activité de promotion immobilière, en excluant de son périmètre certains professionnels, ou en bornant le champ d'intervention des promoteurs en fonction. En revanche, il n'existe pas de loi déterminant positivement les conditions d'accès et d'exercice de la profession, en dépit des efforts déployés en ce sens. Plusieurs arguments de poids viennent pourtant au soutien d'une telle réforme. Aussi, la préservation des intérêts de tous les accédants « *et la qualité des réalisations nécessitent, plus que jamais, que ceux qui décident d'exercer ce métier respectent des conditions de compétence et de moralité fixées par un statut professionnel* »[2495]. La question d'un contrôle renforcé de l'activité de promotion immobilière reste donc pleinement d'actualité.

II. La proposition d'un contrôle renforcé de la profession

782. Faudrait-il envisager des règles différentes en fonction du mode d'intervention du promoteur ? *A priori*, rien ne le justifie. Promoteur initiateur et promoteur exécutant partagent des compétences similaires. Si l'activité du promoteur initiateur est plus risquée sur le plan économique, l'un et l'autre font face, sur le plan juridique, à un régime de responsabilité comparable, si bien que tous deux devraient se conformer à la même typologie d'obligations professionnelles. Or, l'instauration d'un statut entraîne l'obligation pour le professionnel de fournir des « garanties » à sa clientèle. Il est d'abord « *réputé avoir une maîtrise professionnelle résultant d'une formation spécifique accompagnée d'une expérience* »[2496]. Exiger du promoteur un certain niveau de compétence parait donc primordial à titre préventif ; de même que lui imposer la constitution de garanties financières, ou la souscription obligatoire d'une assurance professionnelle, à titre curatif (A). L'objectif de sécurisation, que ces précautions poursuivent, ne peut du reste être valablement atteint que si le promoteur en exercice a également le devoir de se plier à une certaine éthique professionnelle (B).

[2494] Cf. *Supra*, § 143.

[2495] B. AVRIL, B. ROTH, *La promotion immobilière. Construire pour autrui*, Presses de l'école nationale des Ponts et Chaussées, 2001, p. 274.

[2496] S. BOURREL, *Le consommateur d'immeuble*, Thèse, Université de Reims Champagne-Ardenne, 2015, p. 86.

A) La nécessité de vérifier l'aptitude à exercer la profession

783. Toute profession réglementée induit nécessairement « *la possession de qualifications professionnelles déterminées* »[2497]. Aussi, à la question de savoir s'il faut, « *comme la chose a été envisagée, prévoir une réglementation organisant l'accès à la profession en fonction de la compétence du promoteur* »[2498], il convient de répondre par l'affirmative. En effet, « *au-delà d'une image parfois véhiculée sur la facilité du métier de promoteur, force est de constater que le métier d'opérateur immobilier est complexe et présente des risques qui nécessitent des compétences juridiques, techniques, financières, commerciales et de gestionnaire* »[2499]. Ces qualifications particulières nécessitent d'être sanctionnées par l'obtention de diplômes adaptés ou par une expérience prolongée en promotion immobilière (1). De surcroît, les risques induits par les opérations de construction sont tels que des garanties de nature financières pourraient être imposées au promoteur, en complément de celles que les contrats spéciaux lui imposent déjà de constituer (2).

1. L'examen des compétences professionnelles

784. Les métiers de la promotion immobilière. La profession de promoteur peut s'exercer sous la forme « *d'une activité de travailleur indépendante* »[2500] ou salariée. Parmi les promoteurs salariés, « *trois quarts ont une position de cadre* »[2501]. Or, l'observation des pratiques professionnelles révèle que le métier exercé est rarement celui de « promoteur immobilier » à proprement parler. En réalité, la profession de promoteur se subdivise en différentes fonctions, que l'on trouve réunies dans les sociétés ou groupes de promotion immobilière. En premier lieu, le « développeur foncier » a pour mission de « *prospecter des zones foncières afin de détecter et analyser les opportunités foncières en vue du montage de l'opération, sous la responsabilité du responsable de développement* », qui se chargera de « *monter l'opération jusqu'à la promesse de vente et le dépôt du permis de construire* »[2502]. Le promoteur immobilier est ensuite et surtout associé à la fonction de « responsable de programme », lequel a pour mission d'« *assurer le montage et la finalisation d'un projet immobilier,* [d']*en assurer la coordination, le suivi et l'administration en cohérence avec les*

[2497] Au sens de la directive 2005/36/CE du Parlement européen et du Conseil du 7 septembre 2005 relative à la reconnaissance des qualifications professionnelles.

[2498] F. MAGNIN, « Un statut pour le promoteur immobilier ? (1ère partie) », *LPA*, 27 mars 1995, n° 37, p. 21.

[2499] A. SÉVINO, F. PETIT, *Montages d'opérations immobilières*, 7ème éd., EFE, 2017, p. 21.

[2500] Cass. Soc., 18 octobre 1978, n° 77-10885, *Bull. civ.* III, n° 686, p. 513.

[2501] B. DUBAN, *op. cit.*, p. 49.

[2502] « Des métiers pour construire son avenir », Observatoire prospectif des métiers et des qualifications de la branche professionnelle de la promotion construction (https://www.agefos-pme.com/branche-professionnelle/promotion-immobiliere).

obligations de la maîtrise d'ouvrage, et [de] *garantir le respect du budget* ». Son travail est supervisé par un directeur de programme, qui a pour attribution supplémentaire de « *superviser une équipe de responsables de programme* » et de gérer les projets plus complexes[2503].

785. La validation des compétences par les diplômes. L'étendue et le degré de technicité des compétences qui caractérisent les métiers associés à la promotion immobilière placent au centre du débat la question des diplômes comme condition d'accès à la profession. « *L'autodidacte qui constituait la base même de la profession dans les années 1950 a cédé la place aujourd'hui à un homme de formation universitaire ou acquise dans les grandes écoles* »[2504]. En effet, « *la complexité de la pratique de cette profession s'est considérablement accrue au cours des dernières années, nécessitant des connaissances approfondies dans des secteurs aussi variés que l'urbanisme (…), la fiscalité, la gestion financière, les techniques de construction et la commercialisation* »[2505], auxquelles peuvent être ajoutés le droit et la comptabilité. Toutes ces compétences doivent donc pouvoir être homologuées dans le cadre de diplômes spécialement dédiés à la promotion immobilière. Or, on constate que « *ce qui caractérise sans doute, les formations des professionnels* [de la construction], *que ce soit en Europe ou dans chacun des pays d'Europe, c'est leur extrême hétérogénéité* »[2506], qui rend d'ailleurs plus difficiles les équivalences. Le système français a tendance à opposer traditionnellement les formations exclusivement théoriques aux formations pratiques dites « professionnelles ». Les métiers de la promotion immobilière transcendent ce type de distinction. Une grande variété de diplômes permet dans les faits d'y accéder, issus de cursus différents - ingénierie, école de commerce, université, centres de formations professionnelles - qui ne se rattachent parfois qu'indirectement à la promotion immobilière. L'offre est désormais renforcée par l'intérêt croissant

---

[2503] « Des métiers pour construire son avenir », Observatoire prospectif des métiers et des qualifications de la branche professionnelle de la promotion construction (https://www.agefos-pme.com/branche-professionnelle/promotion-immobiliere). Son activité consiste à concevoir le projet, en se livrant à des études de constructibilité, en définissant les prestations à proposer, en participant à l'élaboration de la notice descriptive destinée aux acquéreurs, en vérifiant l'obtention des autorisations administratives, en suivant les procédures réglementaires d'ouverture de chantier. Il gère ensuite le pilotage du programme, qui implique le lancement commercial et l'animation des équipes de vente, la gestion du budget de l'opération, l'obtention des garanties financières, la centralisation des informations administratives, juridiques et financières, le contrôle du déroulement global de l'opération, la coordination des acteurs, le respect des obligations réglementaires de la maîtrise d'ouvrage (notamment hygiène et sécurité), la mise au point du règlement de copropriété et la désignation du syndic, l'organisation de la réception et des livraisons, le suivi de la levée des réserves, ou bien encore la gestion des contentieux.

[2504] B. DUBAN, *op. cit.*, pp. 50-51.

[2505] « Exposé des motifs », Proposition de loi n° 230, 6 mars 1995, p. 2.

[2506] M. HUET, « Les professionnels de la construction », *RDI*, 1992, p. 437.

des structures de formation pour ce secteur d'activité. Cet attrait s'explique par « *le niveau de plus en plus élevé des aspirations des usagers, la complexité croissante du cadre législatif et réglementaire, l'évolution des techniques du bâtiment* », qui « *sont autant de facteurs qui exigent une adaptation permanente de la profession et une formation de plus en plus rigoureuse et complète du promoteur* » ; au point que « *les évolutions prévisibles de la production* » ont incité, dès les années 1980, « *maints responsables à envisager la création d'une grande école des bâtisseurs* »[2507]. Dans cette perspective, Bernard ROTH et Bertrand AVRIL avaient suggéré la création d'un « *Institut de la maîtrise d'ouvrage* ». Celui-ci aurait eu pour vocation de réunir les différentes familles de maîtres d'ouvrage, au-delà notamment du clivage public-privé, dans le but de mettre fin au compartimentage des formations, en fonction des statuts et des modes opératoires choisis[2508]. S'il n'existe toujours pas, à l'heure actuelle, d'école de la promotion immobilière, plusieurs établissements possèdent néanmoins des formations qui ciblent expressément cette activité[2509]. A ce titre, une formation diplômante validant quatre à cinq ans d'études supérieures pourrait *a priori* convenir aux enjeux de la profession.

786. La validation des compétences par l'expérience professionnelle. L'obtention d'un diplôme n'est pas la seule façon d'attester que l'on possède les qualifications requises pour l'exercice d'une activité ; une expérience de plusieurs années est tout autant un vecteur de compétence. A titre d'exemple, l'article 14 du décret du 20 juillet 1972[2510] réglementant la profession d'agent immobilier, dispose que l'occupation d'un emploi salarié de cadre sur une durée de plus de quatre ans, ou sur une durée de plus de dix ans en l'absence de baccalauréat, permet d'obtenir la carte professionnelle nécessaire à l'exercice de l'activité. L'article 16 dudit décret précise en outre que ces temps d'expérience sont réduits de moitié si l'emploi occupé correspond à un poste de dirigeant (gérant ou salarié). Or, « *pour être maîtrisées et menées à bonne fin* », les multiples missions du promoteur « *requièrent de plus en plus des connaissances pluridisciplinaires. Celles-ci ne peuvent être acquises que grâce à une expérience professionnelle approfondie, plus ou moins longue selon l'absence de diplôme ou le niveau du ou des diplômes détenus par le promoteur* »[2511]. La Fédération Nationale des Promoteurs Constructeurs avait pour sa part suggéré que l'accès à la profession soit réservé aux professionnels dotés d'une expérience de cinq ans minimum, ce seuil pouvant être revu à la baisse pour les postulants titulaires de certains diplômes, ce qui semble être une solution

[2507] B. DUBAN, *op. cit.*, pp. 119-120.
[2508] B. AVRIL, B. ROTH, *op. cit.*, p. 219.
[2509] L'Ecole Sciences-U ; l'Institut de droit et d'économie appliqués à l'immobilier (ICH), relevant du Conservatoire National des Arts et Métiers (CNAM) ; l'Ecole Supérieure des Professions Immobilières (ESPI).
[2510] Décret n° 72-678 du 20 juillet 1972 fixant les conditions d'application de la loi n° 70-9 du 2 janvier 1970.
[2511] « Exposé des motifs », Proposition de loi n° 3248, 15 novembre 1977, p. 6.

convenable. En raison du faible nombre de formations initiales consacrées à cette profession en France, on observe que les promoteurs sont encore issus de précédentes expériences dans des métiers connexes. Ils deviennent ainsi promoteurs après avoir été architecte, entrepreneur du bâtiment, juriste, ou encore banquier.

787. La validation des compétences par les diplômes et l'expérience professionnelle. Outre l'exigence alternative de diplômes ou d'expérience, la combinaison de ces deux critères peut également apparaitre comme une voie opportune. Elle existe déjà pour l'agent immobilier, qui peut prétendre obtenir la carte professionnelle, en étant titulaire du baccalauréat ou d'une certification professionnelle de niveau IV dans les études juridiques, économiques ou commerciales, s'il atteste avoir occupé trois ans au moins un emploi salarié se rattachant spécifiquement à l'activité qui correspond à la carte désirée[2512]; l'expérience requise étant uniquement d'un an et demi, dès lors que l'emploi occupé correspond à une fonction de direction (gérant ou salarié)[2513]. S'agissant du promoteur immobilier, il est intéressant de relever que le projet de décret qui avait fait suite à l'échec de la proposition de loi de 1995 s'était arrêté sur l'exigence d'une expérience de six ans, substituable par une expérience de trois ans, à condition d'être corroborée par un diplôme de type « BAC +4 » ; ce qui pourrait en effet convenir.

788. Les outils de contrôle. La Fédération Nationale des Promoteurs Constructeurs s'était interrogée en 1975 sur plusieurs modalités alternatives de qualification professionnelle, dans le cadre de son projet d'instauration d'un « Office National de Qualification des Promoteurs-Constructeurs » (ONQPC)[2514]. Cette qualification aurait pu se matérialiser sous la forme d'un agrément, d'un conventionnement, d'un label, d'un certificat ou d'une simple autorisation, émanant de l'administration ou délivré directement par la Fédération, voire par une autre organisation professionnelle. En définitive, il avait été décidé que la qualification se concrétiserait dans la délivrance d'une carte professionnelle, sur la base d'une compétence appréciée par la « Commission Nationale de Qualification », selon la catégorie d'activité concernée. Les qualifications attribuées auraient ensuite été revues tous les trois ans (cette durée étant proche de celle d'un programme de construction). Les entreprises nouvelles sur le secteur auraient eu une carte professionnelle provisoire de deux ans, transformable en carte définitive, à l'issue de programmes correctement menés dans ce délai. La carte aurait pu faire l'objet d'un retrait en cas de manquements au règlement intérieur de l'association « ONQPC ». Un tel dispositif n'est pas sans rappeler les différentes cartes professionnelles susceptibles d'être octroyées aux agents immobiliers, en

---

[2512] Article 12 du décret n° 72-678 du 20 juillet 1972.
[2513] *Ibid.*, article 16.
[2514] Cf. *Supra*, § 764.

fonction de leur segment d'activité. Celles-ci sont délivrées par la Chambre de commerce et d'industrie du lieu du siège du demandeur depuis 2015[2515], pour une durée de dix ans, renouvelable. Il est intéressant de relever qu'une carte professionnelle avait également été imaginée pour les constructeurs de maisons individuelles[2516], avant que le législateur n'opte une fois de plus pour la réglementation des opérations plutôt que des acteurs, en imposant la constitution d'une garantie bancaire pour chaque contrat conclu avec un maître d'ouvrage[2517]. Certains auteurs persistent néanmoins à considérer, à juste titre, que l'instauration d'une carte professionnelle pour les constructeurs de maisons individuelles constituerait un moyen efficace de lutter contre les fraudes à la loi du 19 décembre 1990[2518].

789. L'un des premiers critères de contrôle de la profession de promoteur immobilier consisterait à s'assurer que le professionnel dispose des compétences nécessaires pour l'exercice de son activité, cette dernière s'incarnant dans différentes fonctions, du développeur foncier au directeur de programme. Pour ce faire, plusieurs solutions existent, inspirées des autres statuts professionnels : l'exigence d'un diplôme, l'exigence d'une expérience professionnelle ou l'exigence combinée de ces deux sources de qualification. La compétence reconnue pourrait alors se matérialiser dans la délivrance d'une carte professionnelle, facile à contrôler. Indépendamment de la vérification de l'aptitude à exercer la profession, d'autres « garanties » ou formalités, notamment financières, peuvent être exigées dans un souci de sécurité.

2. La constitution de garanties obligatoires

790. La souscription obligatoire d'une garantie d'achèvement. La Fédération Nationale des Promoteurs Constructeurs avait instauré une caisse de caution mutuelle, alimentée par une taxe parafiscale : la « Caisse de garantie de la Construction immobilière », dont l'objet était de garantir la livraison des biens vendus par les promoteurs[2519]. L'adhésion à cette Caisse était obligatoire et conditionnée à la souscription d'une assurance professionnelle[2520]. La Fédération avait également songé à l'établissement de « syndics spécialisés » ou « syndics de liquidation judiciaire », afin de procéder, avec le concours de la

---

[2515] Décret n° 2015-702 du 19 juin 2015 modifiant le décret n° 72-678 du 20 juillet 1972.

[2516] P. THIRIOT, *Le contrat de construction d'une maison individuelle avec fourniture du plan*, Thèse, Université de Toulouse, 1991, p. 10 : l'Union Nationale des Constructeurs de Maisons Individuelles (UNCMI) avait créé une carte professionnelle, à délivrer aux adhérents s'engageant à respecter les statuts et le règlement intérieur de l'organisation, ses règles de déontologie, les recommandations du bureau de vérification de la publicité, ainsi que le CCH.

[2517] H. BAYARD, question écrite n° 20507, *JOAN*, 20 novembre 1989.

[2518] C. PONCE, *op. cit.*, p. 48.

[2519] P. MALINVAUD, P. JESTAZ, P. JOURDAIN, O. TOURNAFOND, *op. cit.*, p. 40.

[2520] Cass. Civ. 3ème, 6 janvier 1972, n° 70-11998, *Bull. civ.* III, n° 8, p. 6, *D.* 1972. 273.

Caisse et sous le contrôle du juge commissaire, à l'achèvement et à la livraison des immeubles[2521]. La conception de cette caisse de caution mutuelle était résolument avant-gardiste puisqu'en 1978, le législateur a assorti les ventes d'immeubles à construire, conclues dans le secteur de l'habitation, d'une garantie financière d'achèvement. Cette dernière présente l'avantage de se rattacher au contrat conclu, sans dépendre d'une éventuelle appartenance du promoteur à une organisation professionnelle. Elle est du reste souscrite auprès d'établissements financiers, d'entreprises d'assurance ou de sociétés de caution mutuelle[2522], dont la solvabilité est certaine. Désormais, chaque contrat spécial de la construction, conclu en secteur protégé, comprend une garantie financière, prenant la forme d'une ouverture de crédit ou d'un cautionnement solidaire, visant à garantir la bonne exécution du contrat jusqu'à son terme[2523].

791. Fortes de leur efficacité et de leur succès, ces garanties légales mériteraient sans doute d'être imposées au-delà de leur champ d'application originel, en étant par exemple généralisées à tous les contrats conclus entre le promoteur et les accédants, consommateurs et non-professionnels, quelle que soit la destination du programme envisagé. En effet, peu important l'objectif poursuivi, la personne morale non-professionnelle et, *a fortiori*, le consommateur immobilier doivent pouvoir obtenir, avec certitude, l'achèvement conforme du bien qu'ils ont commandé, sans avoir à supporter les conséquences néfastes d'une éventuelle défaillance du promoteur. Le renchérissement du coût des constructions, qui pourrait résulter d'une telle mesure, serait le cas échéant compensé par une plus grande sécurité. En revanche, si ces garanties profitent déjà aux accédants professionnels qui font construire un immeuble à usage de logement, ces derniers n'ont pas à bénéficier pour le reste de telles dispositions impératives, alors que leur qualité doit au besoin leur permettre de les négocier conventionnellement.

792. La souscription obligatoire d'une assurance responsabilité civile professionnelle. Le promoteur immobilier est d'ores et déjà tenu de souscrire une police d'assurance dans le cadre de son activité, mais celle-ci se borne à couvrir les conséquences pécuniaires résultant de l'engagement de sa responsabilité civile décennale, sauf à ce qu'il souscrive volontairement des garanties facultatives additionnelles. L'agent immobilier a, par exemple, l'obligation de couvrir la responsabilité qu'il peut encourir dans l'exercice de son activité professionnelle, « *du fait des dommages incorporels causés à autrui par suite d'erreurs, omissions ou négligences commises par* [lui-même], *ses*

[2521] Si ces « syndics » n'ont jamais vu le jour, la loi n° 2018-1021 « ELAN » du 23 novembre 2018 a récemment introduit, à l'article L. 261-10-1 du CCH, la possibilité de désigner un administrateur *ad hoc* lors de la mobilisation de la garantie financière d'achèvement (cf. *Supra*, § 192).
[2522] Article R. 261-17 du CCH.
[2523] Cf. *Supra*, § 191 et s.

collaborateurs ou préposés »[2524], sous peine de ne pouvoir exercer sa profession[2525]. Le promoteur pourrait pareillement voir sa responsabilité civile professionnelle - et non plus uniquement décennale - couverte par une assurance obligatoire, dont l'étendue des garanties et le plafond lui seraient imposés. Cette assurance couvrirait ainsi, de manière résiduelle, ce que la police décennale ne couvre pas. Dans le cas de l'agent immobilier, cette assurance est souscrite sous la forme d'une police de groupe, dont les garanties vont généralement au-delà de la couverture exigée, en incluant notamment les dommages corporels[2526]. De la même façon, pour les adhérents de la Fédération des Promoteurs Immobiliers, on pourrait imaginer qu'une partie des cotisations versées soit dédiée à la souscription d'une assurance collective de responsabilité professionnelle. Cela permettrait des économies d'échelle, éviterait aux adhérents d'avoir à supporter individuellement les formalités de souscription, et apporterait aux accédants la certitude que le promoteur est effectivement et correctement assuré.

793. L'ouverture de comptes spécialement affectés à chacune des opérations. En plus des obligations comptables imposées à tout commerçant[2527], certaines professions réglementées sont soumises à une comptabilité spécifique[2528]. Dans le cas de l'agent immobilier, elle se justifie par la fonction de dépôt qu'il assume vis-à-vis de ses clients, du fait des fonds susceptibles de transiter sur ses comptes. Ces dépôts justifient également l'obligation mise à sa charge de constituer un dépôt de garantie[2529]. Le promoteur ne connaît pas ce genre d'obligations. En revanche, la prudence voudrait qu'il soit tenu de gérer sur un compte séparé la comptabilité de chacune de ses opérations. Il s'agit là d'un usage majoritairement suivi dans les faits lorsqu'est créée une société *ad hoc*, à l'instar d'une société civile de construction-vente, spécialement dédiée au programme[2530]. Compte tenu de la sécurité apportée par cette démarche, il serait judicieux de la généraliser, en lui donnant force obligatoire.

794. Un *ratio* minimum de fonds propres dans chaque opération. Conformément aux pratiques déjà en cours auprès de certains établissements bancaires, il serait également envisageable d'interdire au promoteur de financer

---

[2524] Article 1er de l'annexe I de l'arrêté interministériel du 1er septembre 1972.

[2525] En cas de suspension ou de résiliation de la police : la chambre de commerce et d'industrie territoriale qui a délivré la carte professionnelle doit en être informée (articles 6 et 50 du décret n° 72-678 du 20 juillet 1972). En l'absence de justification d'une nouvelle assurance, la carte professionnelle est retirée (article 7 du décret n° 72-678 du 20 juillet 1972).

[2526] J.-M. MOYSE, *Agent immobilier. Statut juridique, achat, vente, location, gestion*, 20ème éd., Delmas, 2019, p. 75.

[2527] Articles L. 123-12 et R. 123-172 et suivants du Code de commerce.

[2528] Article 17 de la loi n° 70-9 du 2 janvier 1970. J.-M. MOYSE, *op. cit.*, p. 63.

[2529] Article 3 alinéa 2 de la loi n° 70-9 du 2 janvier 1970. E. CRUVELIER, « Agent immobilier », *Répertoire de droit immobilier*, Dalloz, janvier 2017 (actualisé en mars 2019), § 64.

[2530] Cf. *Supra*, § 579 et s.

la totalité du coût prévisionnel de l'opération, par l'emprunt ou la pré-commercialisation, étant rappelé que cette dernière donne lieu à des versements non encadrés en secteur libre. Exiger du promoteur, en toutes hypothèses, qu'il atteigne un certain seuil de fonds propres, serait une façon de le responsabiliser dans la conduite de son projet. Certains professionnels ont pu par exemple suggérer un autofinancement du promoteur à hauteur de 20 % du prix de revient de l'opération[2531]. Si un tel seuil peut sembler exigeant, notamment dans le cadre d'opérations de grande envergure, il a le mérite de constituer un outil de sélection efficace.

795. En sus des compétences que le promoteur doit démontrer posséder, l'accès à l'activité devrait être réservé à ceux qui remplissent toutes les exigences de sécurité requises, visant à prévenir ou à corriger les difficultés susceptibles d'émailler l'exercice de la profession. Ces exigences peuvent être de différentes sortes : garantie d'achèvement, *ratio* de fonds propres, ou encore assurance de responsabilité professionnelle. Une fois ces conditions préalables réunies, le promoteur devrait aussi pouvoir exercer son activité en se conformant à une certaine éthique professionnelle.

B) La nécessité d'imposer des règles déontologiques à la profession

796. L'activité de promotion immobilière est complexe et risquée. Ce faisant, « *la protection du ''consommateur'' nécessite de s'assurer que ceux qui décident d'exercer un tel métier respectent certaines conditions de compétences et de moralité* »[2532]. Si la déontologie participe pleinement de la définition de certaines professions, pour lesquelles elle constitue un trait caractéristique (à l'instar de l'avocat ou du médecin), tel n'est pas le cas du promoteur immobilier. Néanmoins, afin que l'activité soit exercée avec l'intégrité et la probité qui a pu parfois lui faire défaut, le promoteur pourrait soumettre sa pratique à une certaine éthique professionnelle (1). La Fédération des Promoteurs Immobiliers a récemment pris le soin d'adopter en ce sens des « principes éthiques ». Bien qu'ils ne revêtent aucune valeur contraignante, ils tentent de systématiser ce que pourraient être les règles de bonne conduite de la profession (2).

1. L'intérêt pour le promoteur de se doter de règles déontologiques

797. La notion de « déontologie ». La déontologie renvoie à des règles de conduite édictées pour régir « *le comportement que doit respecter le professionnel dans l'exercice de son art, dans ses relations avec ses clients et ses confrères, et parfois même dans sa vie privée* »[2533]. En vertu de leur portée

[2531] H. GIRAUD, « Faut-il un statut pour les promoteurs ? », *Les Echos*, 2 juin 1994, p. 19.
[2532] « Exposé des motifs », Proposition de loi n° 230, 6 mars 1995, p. 2.
[2533] M. LASCOMBE, « Les ordres professionnels », *AJDA*, 1994, p. 855.

morale et comportementale, ces règles diffèrent de celles que l'on trouve dans les statuts professionnels - régissant les conditions d'accès à la profession, déterminant son organisation et les modalités de contrôle de son exercice - bien que les unes et les autres vont le plus souvent de pair[2534]. *A fortiori*, en plus de faire parfois l'objet d'un statut, les professions qui se conforment à un code de déontologie sont souvent constituées en ordres professionnels[2535]. Selon Joël MORET-BAILLY et Didier TRUCHET, il est possible de résumer en sept principes, les normes qui composent habituellement les recueils de règles déontologiques, quelle que soit la profession concernée : respect des personnes et de leur dignité ; respect de l'intérêt général ; probité ; compétence et rigueur ; évitement des conflits d'intérêts ; indépendance, impartialité et loyauté ; secret, discrétion et confidentialité[2536] ; auxquels on peut encore ajouter l'intégrité, la conscience, voire pour les professions libérales, le désintéressement.

798. La valeur juridique des règles déontologiques. Loin d'appartenir exclusivement au registre de la morale, les devoirs déontologiques peuvent revêtir une valeur contraignante. En cela, la déontologie constitue une illustration parmi d'autres de « *l'inefficacité de la pure règle morale et* [de] *l'exigence de juridicité qu'implique la nécessité de faire respecter les devoirs considérés* »[2537]. A ce titre, les règles déontologiques peuvent être intégrées dans un texte législatif ou réglementaire[2538], ou bien être opposables aux membres qui se sont engagés à les respecter lors de leur adhésion au groupe qui les a instaurées. Dans cette dernière hypothèse, leur violation peut donner lieu à des sanctions disciplinaires, si le groupe est constitué en ordre professionnel ou s'il est, à tout le moins, doté d'organes habilités à prononcer des sanctions[2539]. On observe de surcroît une « juridicisation » progressive des règles déontologiques. En principe, le respect de ces règles n'est pas une condition de validité du

---

2534 S'agissant par exemple de la profession d'agent immobilier, celle-ci est désormais tenue d'appliquer son propre code de déontologie, depuis l'entrée en vigueur du décret n° 2015-1090 du 28 août 2015.

2535 Les avocats sont ainsi soumis aux règles déontologiques répertoriées dans le Règlement Intérieur National (RIN), tout comme les médecins doivent se conformer au Code de déontologie médicale. J.-P. MARKUS, *Les juridictions ordinales*, LGDJ, 2003, p. 53 : les professions à ordre partagent ainsi les devoirs d'indépendance, de respect des règles de l'art, de secret professionnel, de dévouement et de compétence. Ils font prévaloir la liberté de choix du client et s'interdisent de pratiquer leur art comme un commerce ou de faire tout acte de nature à déconsidérer leur profession.

2536 J. MORET-BAILLY, D. TRUCHET, *op. cit.*, p. 25.

2537 J.-L. BERGEL, « Du concept de déontologie à sa consécration juridique » *in* J.-L. BERGEL (dir), *Droit et déontologies professionnelles*, Librairie de l'Université d'Aix-en-Provence, 1997, p. 10.

2538 J. MORET-BAILLY, « Règles déontologiques et fautes civiles », *D.* 2002, p. 2820.

2539 Les codes de déontologie ne répondent pas au principe de légalité des délits et des peines, dans la mesure où ils ne détaillent pas avec précision les comportements interdits, susceptibles de donner lieu à sanction. Les sanctions disciplinaires sont donc prononcées sur la base d'une interprétation au cas par cas. M. LASCOMBE, *art. préc.*, p. 855.

contrat conclu entre le professionnel et son client ou son partenaire, que l'on peut sanctionner par la nullité[2540]. Pour autant, la Cour de cassation a déjà eu l'occasion de considérer qu'un contrat conclu par un médecin pouvait être considéré comme caduque dès lors que le respect d'une règle déontologique, qui avait été érigé en condition suspensive, n'avait pu être vérifié par l'Ordre des médecins[2541]. De même, les engagements déontologiques d'un professionnel peuvent être analysés comme ayant intégré le champ contractuel, dès lors qu'ils ont été communiqués à grand renfort de publicité à celui qui souhaite s'en prévaloir[2542]. La Haute Juridiction a également pu décider que la violation d'une règle déontologique pouvait s'analyser en une faute civile de nature délictuelle[2543].

799. En tout état de cause, si ce type de règle ne sert pas explicitement de fondement à l'engagement de la responsabilité du professionnel, elle reste une référence dans l'appréciation de son comportement, à la manière d'un « *standard* »[2544]. En ce sens, « *élevant le niveau d'exigence qu'elle revendique* », la norme déontologique « *élève par là même les conditions d'analyse de la normalité* » du comportement du professionnel : il ne se place plus « *sous la seule comparaison du bon professionnel normalement diligent mais se situe volontairement à un degré d'exigence renforcé* »[2545], dont le juge peut tenir compte. On peut relever, dans cette perspective, « *une certaine cohésion et cohérence entre les décisions rendues par la Cour de cassation et le Code des devoirs professionnels* » de l'architecte[2546]. Du reste, au-delà des sanctions - disciplinaires ou judiciaires - les prescriptions déontologiques sanctionnent le crédit que l'on peut attribuer à l'entreprise dans son domaine d'activité. De fait, en « *contrevenant aux règles posées par le code sectoriel* », elle « *s'expose à un fort risque réputationnel* »[2547].

[2540] J. MESTRE, « Le sort des contrats conclus en violation d'une règle de déontologie professionnelle », *RTD Civ.*, 1992, p. 383.

[2541] Cass. Civ. 1ère, 28 février 1995, n° 93-12529, inédit, *RTD Civ.* 1996. 605, obs. J. MESTRE.

[2542] F.-G. TRÉBULLE, « Responsabilité sociale des entreprises : entreprise et éthique environnementale », *Répertoire des sociétés*, Dalloz, mars 2003 (actualisé en juillet 2018), § 43.

[2543] Cass. Com. 29 avril 1997, n° 94-21424, *Bull. civ.* IV, n° 111, p. 98, *RTD Civ.* 1998. 218, obs. R. LIBCHABER, *ibid.* 1999. 117, obs. J. MESTRE.

[2544] V. REBEYROL, « Les codes d'éthique sectoriels et leur appréhension juridique », *JCP E*, n° 14, 5 avril 2018, p. 1178.

[2545] F.-G. TRÉBULLE, *art. préc.*, § 37.

[2546] J. CHRISTOPHE MAZARD, *La responsabilité contractuelle de droit commun des constructeurs*, Thèse, Université de Toulouse, 2005, p. 69.

[2547] V. REBEYROL, *art. préc.*, p. 1178. F. BUY, J. THÉRON, « L'éthique de l'entreprise », *JCP E*, n° 25, 20 juin 2013, p. 1359. V. à titre d'exemple, article L. 225-37-4 8° du Code de commerce.

800. Le développement de l'« éthique » au sein des professions marchandes. Sauf exception, la loi n'impose pas l'adoption de règles déontologiques ; elles résultent de démarches volontaires, d'initiatives prises librement par les acteurs privés, sans être réservées aux ordres professionnels. Ainsi, « *ces codes visent à encadrer les pratiques des membres d'une industrie déterminée et sont, la plupart du temps, l'œuvre d'associations professionnelles regroupant les entreprises d'un même secteur économique* »[2548]. Ils constituent, plus largement, les « *productions juridiques d'institutions, associations, syndicats, entreprises, fédérations* »[2549]. Leur élaboration peut s'organiser à différents échelons : interprofessionnel, syndical, voire directement à l'échelle d'un établissement[2550]. Dans ce cas, les règles ne sont pas publiées par les canaux habituels d'accès au droit, mais sont tout de même accessibles aux tiers, grâce à la communication qu'en font les groupes professionnels. Des « codes éthiques » s'imposent de plus en plus en leur sein, comme le complément utile des normes en vigueur en droit positif. Pour Véronique MAGNIER, une telle tendance révèle que « *les opérateurs privés, confrontés à l'impossibilité dans laquelle se trouvent les Etats de réglementer complètement et unilatéralement leur économie* (…), *font acte de coopération* »[2551]. Alors que la déontologie était à l'origine un trait caractéristique des professions libérales, théoriquement désintéressées, d'autres professions ont ressenti le besoin de se donner un code de bonne conduite, « *jusqu'aux activités les plus spéculatives et matérialistes* »[2552]. Selon Joël MORET-BAILLY et Didier TRUCHET, le terme d'« éthique » est « *essentiellement utilisé en ce qui concerne les entreprises* », quand celui de « déontologie » serait employé par les professions organisées de la santé, du droit et du chiffre, ainsi que par les agents publics[2553]. L'adoption de principes éthiques va de pair avec la recherche d'une représentation positive de la profession auprès des tiers et, particulièrement, auprès de la clientèle : « *les déontologies sont de plus en plus utilisées comme un manifeste de vertu envers l'opinion publique* »[2554], un vecteur de bonne réputation. Ces principes procèdent précisément d'« *une volonté identitaire et* [du] *souci de se donner une*

[2548] V. REBEYROL, *art. préc.*, p. 1178.

[2549] J. MORET-BAILLY, « Les sources des déontologies en droit positif » *in* J.-L. BERGEL (dir), *Droit et déontologies professionnelles*, Librairie de l'Université d'Aix-en-Provence, 1997, p. 34.

[2550] Le « code de déontologie » adopté dans une entreprise peut être assimilé à un acte unilatéral de l'employeur et correspondre à un élément du règlement intérieur, ayant un caractère obligatoire pour les salariés.

[2551] V. MAGNIER, « Les codes d'éthique, un nouveau défi pour l'entreprise », *JCP E*, n° 26, 26 juin 2014, p. 459. On assiste notamment au développement de la « responsabilité sociale des entreprises » (RSE), qui place les questions environnementales au centre des préoccupations éthiques.

[2552] J.-L. BERGEL, « Du concept de déontologie à sa consécration juridique » *in* J.-L. BERGEL (dir), *Droit et déontologies professionnelles*, Librairie de l'Université d'Aix-en-Provence, 1997, p. 12.

[2553] J. MORET-BAILLY, D. TRUCHET, *op. cit.*, p. 8.

[2554] *Ibid.*, p. 91.

image de fiabilité et de prestige »[2555], qui contribue à les définir. En se positionnant sur les valeurs qui structurent leur activité, les professionnels recherchent une légitimité sociale. Emmanuel PUTMAN dénonce à ce titre le « *prestige d'emprunt* » dont se parent les professions marchandes, en signalant non sans ironie, que « *la fonction disciplinaire n'est pas très souvent placée au premier rang des préoccupations de ces codes* »[2556].

801. Le développement de l'éthique en promotion immobilière. La propension des professionnels à se doter de codes déontologiques a également touché la promotion immobilière, activité marchande par nature. Il est intéressant de relever qu'en 1973, la Fédération Nationale des Promoteurs Constructeurs avait annexé à son règlement intérieur un lexique à destination des accédants, ainsi que des règles professionnelles à destination des promoteurs, portant sur la manière de formuler les prix[2557], les délais de livraison[2558] et les dimensions[2559], traitant des mentions relatives aux équipements collectifs[2560], de la rédaction des documents publicitaires[2561] et de la présentation commerciale des logements[2562]. Ces règles, qui allaient ensuite être consacrées par le législateur dans le cadre de l'obligation d'information du promoteur, avaient été intégralement pensées dans l'intérêt des clients. En cela, elles pouvaient s'apparenter à une sorte de code de bonne conduite avant l'heure, préfigurant l'adoption de normes explicitement éthiques. En effet, après plusieurs projets en ce sens, la Fédération des Promoteurs Immobiliers a adopté une liste de « principes éthiques », lors de son assemblée générale de juillet

---

[2555] J.-L. BERGEL, *art. préc.*, p. 10.

[2556] E. PUTMAN, « Ethique des affaires et déontologie des professions d'affaires : réflexions sur la moralité des marchands » *in* J.-L. BERGEL (dir), *op. cit.*, pp. 106, 108. F.-G. TRÉBULLE, « Responsabilité sociale des entreprises : entreprise et éthique environnementale », *Répertoire des sociétés*, Dalloz, mars 2003 (actualisé en juillet 2018), § 22 : il ne s'agit bien souvent que « *d'un simple discours, d'un mode nouveau et supplémentaire de communication de surface à visée publicitaire* ». F. BUY, J. THÉRON, *art. préc.*, p. 1359 : « *Il est possible de suspecter une forme de cynisme entrepreneurial consistant à afficher une image morale destinée à séduire les actionnaires et les consommateurs* », voire « *à masquer des pratiques peu recommandables* ».

[2557] A titre d'exemple : la notion de « prix minimum » étant susceptible d'induire en erreur, elle ne doit pas être utilisée.

[2558] A titre d'exemple : les documents publicitaires doivent indiquer un délai de livraison prévisionnel.

[2559] A titre d'exemple : les unités de dimension utilisées ne doivent donner lieu à aucune ambiguïté.

[2560] A titre d'exemple : les références à des équipements collectifs figurant dans les documents publicitaires doivent être assorties d'une description suffisante.

[2561] A titre d'exemple : les documents publicitaires doivent comporter des indications exactes et conformes aux éléments correspondants des documents contractuels.

[2562] A titre d'exemple : tous les éléments contractuels doivent figurer sans modification dans le logement modèle.

2017. Ce document, qui n'est pas communiqué au public, lie les adhérents, à défaut de pouvoir bénéficier d'une application généralisée à l'ensemble de la profession[2563]. Il contient une série de principes qui poursuivent plusieurs objectifs d'éthique « interne » et « externe », valables tant à l'égard des travailleurs du secteur, des partenaires, que des clients. Sa portée se veut la plus générale possible, afin d'embrasser toutes les formes de promotion et éviter ainsi toute difficulté d'interprétation.

802. Ainsi, les règles déontologiques sont des normes comportementales, applicables dans l'exercice d'une profession, visant à astreindre le professionnel au respect de valeurs morales, qui peuvent, à certaines conditions, être sanctionnées sur le plan disciplinaire, voire judiciaire. Lorsqu'elles ne sont pas imposées par la loi ou par le règlement, les entreprises ou les organismes professionnels peuvent librement se doter de telles règles. Cette tendance s'observe dans de nombreux domaines, la promotion immobilière ne faisant pas exception.

2. Les « principes éthiques » consacrés par la Fédération des Promoteurs Immobiliers

803. Les « principes éthiques » à destination des tiers. Les principes éthiques retenus par la Fédération des Promoteurs Immobiliers consacrent en premier lieu les devoirs que le promoteur doit assumer en tant qu'acteur de projets urbains. Il doit s'atteler à proposer des bâtiments pérennes, soucieux du paysage et de l'environnement, de bonne qualité architecturale ; favoriser la diversité des usages et des occupations ; proposer des logements pour toutes les catégories sociales ; promouvoir l'innovation technique, numérique et sociale ; assurer la prévention des risques sanitaires et environnementaux. En second lieu, les principes éthiques insistent sur l'accompagnement du client, qui se matérialise dans l'écoute et l'intégrité de l'interlocuteur, la délivrance d'une information intelligible et équilibrée sur les risques associés à l'opération, puis la délivrance d'une information régulière et transparente jusqu'à la remise des clefs, le respect des termes du contrat allant jusqu'à la constitution d'un service après-vente garantissant un produit de qualité. Emmanuel PUTMAN met en exergue la filiation qui existe entre cette seconde catégorie de devoirs et le déséquilibre qui caractérise les relations entre professionnels et consommateurs[2564]. En la matière, la déontologie ne peut avoir qu'une fonction de « relais », si l'on considère les nombreuses règles de protection consuméristes d'ores et déjà applicables en droit positif. L'auteur dénonce « *l'entreprise de ''récupération'', consistant à faire siennes (ou à faire passer pour siennes) des règles dont la substance est déjà imposée par le droit en*

[2563] Cf. *Infra*, § 821.

[2564] E. PUTMAN, « Ethique des affaires et déontologie des professions d'affaires : réflexions sur la moralité des marchands » *in* J.-L. BERGEL (dir), *Droit et déontologies professionnelles*, Librairie de l'Université d'Aix-en-Provence, 1997, p. 99.

vigueur »[2565]. A ce titre, figure parmi les devoirs professionnels du promoteur, comme dans la plupart des *corpus* déontologiques, le fait de s'engager à se conformer à l'ensemble des lois et règlements applicables à la profession. S'il peut paraitre surprenant de voir un tel rappel « *formulé en lettres d'or, comme si respecter la loi était devenu une vertu si rare qu'il faille la rappeler et s'en enorgueillir* »[2566], il a le mérite de sanctionner doublement les manquements qui pourraient être commis, sur le plan légal et le cas échéant, sur le plan disciplinaire.

804. Les « principes éthiques » entre promoteurs. En troisième lieu, les principes éthiques s'intéressent aux relations entre promoteurs, en encourageant ces derniers à entretenir des rapports confraternels, dans le cadre d'une concurrence libre, saine et loyale. La confraternité peut se définir comme « *l'établissement et le maintien de rapports étroits fondés sur une similitude de conditions ou de situations* »[2567]. Elle interdit toute démarche, manœuvre ou déclaration susceptible de nuire à la réputation de la profession ou d'un confrère et suggère au contraire de faire preuve de loyauté et d'intégrité à son endroit. Philippe STOFFEL-MUNCK nourrit une vision de la confraternité qui convient aux promoteurs, en ce qu'elle « *semble essentiellement exprimer une identité au sein d'un corps professionnel, une appartenance commune, qui justifie l'obéissance à une discipline tendue vers l'organisation économique de l'activité, plutôt qu'une série de devoirs d'entraide* »[2568]. En dehors des rapports qui les unissent, les promoteurs se doivent d'être honnêtes à l'égard des fournisseurs et de tous les acteurs engagés dans l'acte de construire, ce qui implique de respecter les engagements pris, notamment les délais de paiement. Il est aussi attendu d'eux qu'ils soutiennent l'excellence, à travers la qualité des produits et des services commandés, ainsi que l'innovation. Vis-à-vis des collaborateurs, le promoteur est tenu de conduire ses équipes dans le respect, sans s'adonner à aucune discrimination. Il doit entretenir et développer leurs compétences professionnelles, favoriser le dialogue interne, la confiance et le respect mutuel. Enfin, les membres de la Fédération des Promoteurs Immobiliers s'engagent, à travers leur adhésion, à être le relais des messages portés par la Fédération, à contribuer aux différents observatoires et enquêtes nationales ou régionales conduits par cette dernière, à être force de proposition dans l'intérêt de la profession, afin d'agir de concert pour la défense de son image[2569]. Il est à noter que le non-respect des principes éthiques est passible des procédures et

[2565] E. PUTMAN, *art. préc.*, *in* J.-L. BERGEL (dir), *Droit et déontologies professionnelles*, Librairie de l'Université d'Aix-en-Provence, 1997, p. 100.
[2566] P. STOFFEL-MUNCK, « Déontologie et morale » *in* J.-L. BERGEL (dir), *Droit et déontologies professionnelles*, Librairie de l'Université d'Aix-en-Provence, 1997, p. 74.
[2567] T. REVET, J. LAURENT, B. CHAFFOIS, C. BOERIO, K. MOYA, *Déontologie de la profession d'avocat*, 2ème éd., LGDJ, 2018, p. 108.
[2568] P. STOFFEL-MUNCK, *art. préc. in* J.-L. BERGEL (dir), *Droit et déontologies professionnelles*, Librairie de l'Université d'Aix-en-Provence, 1997, p. 77.
[2569] Cf. *Infra*, § 824 et s.

sanctions disciplinaires prévues à l'article 34 des statuts et 25 et suivants du règlement intérieur, sous réserve que la Fédération fasse le choix de poursuivre les adhérents contrevenants, ce dont il est possible de douter.

805. Une éthique centrée sur l'activité plutôt que sur les qualités des acteurs. En principe, les devoirs déontologiques doivent être définis « *à partir des opérateurs, plus que des opérations juridiques ou matérielles auxquelles ils procèdent* »[2570]. Or, pour les professions marchandes et notamment pour celle de promoteur, la déontologie tend à être « *la morale du métier, morale du faire et du savoir-faire plutôt que de l'être et du devoir-être* »[2571], comme le prouvent les « règles professionnelles » adoptées en 1973, majoritairement centrées sur le contenu de l'activité, ainsi que les principes éthiques adoptés en 2017, dont les références aux valeurs purement morales sont marginales. Ainsi, « *la déontologie des marchands se présente surtout comme un mode de régulation des activités auxquelles ils se livrent, et s'adresse moins aux personnes qu'aux actes* »[2572]. Ceci peut s'expliquer par le fait que les devoirs tels que la conscience, l'humanité, l'honneur, la délicatesse, l'indépendance, ou encore le dévouement, ne sont ni des engagements que le promoteur doit respecter par nature, ni des obligations qu'il lui appartiendrait de se donner à lui-même, pour les besoins de son activité. On pourrait néanmoins imaginer ajouter aux principes éthiques du promoteur, la probité, la diligence, voire également la prudence. La probité correspond à la vertu qui consisterait pour le promoteur à « *observer scrupuleusement les règles de la morale sociale, ainsi que les devoirs imposés par l'honnêteté et la justice* » et à faire preuve de bonne foi[2573]. La diligence imposerait au promoteur d'apporter, avec ponctualité, un soin attentif et appliqué aux tâches qu'il exécute au profit de ses clients[2574]. La prudence voudrait qu'il agisse avec précaution et discernement, afin de sécuriser sa démarche et réduire la part d'aléa inhérente à l'opération de construction[2575]. Ces principes, ajoutés à ceux que la Fédération a formulés, mériteraient d'être consacrés dans un texte impératif, de nature réglementaire, applicable à tous les promoteurs, et dont les tiers pourraient se prévaloir devant les juridictions.

806. La Fédération des Promoteurs Immobiliers a pris le soin de définir un ensemble de principes éthiques, que ses adhérents s'engagent à respecter dans les rapports aux tiers. Cette initiative démontre l'intérêt que les promoteurs portent à l'image de leur profession et aux valeurs qui doivent l'animer. Elle

---

[2570] J.-L. BERGEL, « Du concept de déontologie à sa consécration juridique » *in* J.-L. BERGEL (dir), *Droit et déontologies professionnelles*, Librairie de l'Université d'Aix-en-Provence, 1997, p. 15.
[2571] E. PUTMAN, « Ethique des affaires et déontologie des professions d'affaires : réflexions sur la moralité des marchands » *in* J.-L. BERGEL (dir), *op. cit.*, p. 97.
[2572] *Ibid.*, p. 101.
[2573] T. REVET, J. LAURENT, B. CHAFFOIS, C. BOERIO, K. MOYA, *op. cit.*, p. 93.
[2574] *Ibid.*, p. 119.
[2575] Cf. *Infra*, § 911 et s.

n'en est pas moins insuffisante au regard de la dimension confidentielle des principes consacrés, de leur caractère essentiellement non coercitif et de leur application restreinte aux seuls membres de la profession adhérents à la Fédération. Parallèlement aux règles de fond qui mériteraient d'être adoptées pour réserver l'accès et l'exercice de la profession à ceux qui en ont les compétences, qui présentent les garanties nécessaires et qui agissent avec éthique, il convient également de s'intéresser au rôle joué par la Fédération des Promoteurs Immobiliers dans la structuration des professionnels.

Section 2. Adapter les modalités d'organisation de la profession

807. La notion de promoteur immobilier présente la particularité de s'incarner dans une catégorie d'agents professionnels, reconnus comme tels. Aussi, le travail de définition de la notion commande-t-il de cerner la profession de promoteur, sous un angle aussi bien individuel que collectif. Selon Joël MORET-BAILLY et Didier TRUCHET, ce qui fait la différence entre une simple « fonction » professionnelle et une « profession », c'est « *l'absence de nécessité, pour exercer une fonction, d'appartenir à un groupe professionnel* »[2576]. Or, si l'on évoque la « profession » de promoteur immobilier, c'est aussi parce que cette dernière s'incarne dans un organisme professionnel qui la réunit et la représente : la Fédération des Promoteurs Immobiliers. Il n'existe pas d'ordre professionnel des promoteurs mais un syndicat patronal, auquel les promoteurs peuvent librement adhérer (I). A l'occasion d'une réponse ministérielle rendue en 1994, le Ministre de la Justice estimait qu'il était « *à l'évidence, souhaitable d'encourager les initiatives que prendraient les organisations professionnelles pour améliorer la qualité des prestations fournies* » par les promoteurs immobiliers[2577]. Les initiatives prises en ce sens par la Fédération des Promoteurs Immobiliers sont nombreuses et diverses. Si ses actions visent majoritairement à préserver et favoriser les intérêts des professionnels qu'elle représente, en les défendant et en les formant, la Fédération pourrait également constituer le levier adéquat pour les contrôler, voire au besoin, les sanctionner. Son travail a contribué à faire d'elle un interlocuteur crédible auprès des pouvoirs publics et un acteur de référence dans l'approche de la profession. Ainsi, « *plus une profession s'organise, plus elle tend à se doter d'un droit professionnel issu des organes officiels de la profession, puis reconnu, voire intégré dans l'ordre juridique étatique* »[2578] (II).

[2576] J. MORET-BAILLY, D. TRUCHET, *op. cit.*, p. 15.
[2577] Rép. Min., *JO Sénat*, 27 octobre 1994, p. 2580.
[2578] J.-L. BERGEL, « Du concept de déontologie à sa consécration juridique » *in* J.-L. BERGEL (dir), *Droit et déontologies professionnelles*, Librairie de l'Université d'Aix-en-Provence, 1997, p. 10.

I. L'existence d'une organisation collective représentative : la Fédération des Promoteurs Immobiliers

808. Les promoteurs ont rapidement ressenti le besoin de se rassembler au sein d'une organisation collective, de type syndical, représentant leurs intérêts communs. Depuis le début des années 1960, « *les promoteurs qui exercent leur profession à titre exclusif* (…) *adhèrent, pour la plupart, à la Fédération des promoteurs-constructeurs de France* »[2579], aujourd'hui dénommée Fédération des Promoteurs Immobiliers (A). Instituée presque concomitamment à l'apparition des premiers promoteurs, la Fédération rassemble aujourd'hui les membres de la profession réalisant la plus grande part de son chiffre d'affaires, sur la base de critères d'adhésion strictes (B).

A) Un organisme constitué sous forme de syndicat professionnel

809. A défaut d'être réunis au sein d'un ordre professionnel (1), les promoteurs ont créé leur propre organisation, en optant pour le modèle syndical plutôt qu'associatif (2).

1. L'absence d'ordre professionnel des promoteurs

810. Les pouvoirs des ordres professionnels. Ces derniers renvoient à des organismes corporatifs regroupant des professions libérales réglementées, faisant l'objet d'un statut législatif ou réglementaire - à l'instar des médecins, des vétérinaires, des architectes, des experts-comptables ou encore des géomètres-experts - dans le but de les représenter, de les administrer et de surveiller leurs membres[2580]. La personnalité privée des ordres professionnels n'empêche pas certains d'entre eux d'être investis de prérogatives de puissance publique[2581]. En sus de leur fonction représentative[2582], les ordres professionnels

---

2579 « Contrôle par les organismes professionnels », *Dictionnaire Permanent Construction et Urbanisme*, Editions Législatives, actualisé le 25 juin 2014, § 23, p. 3563.

2580 V. G. LIET-VEAUX, Fasc. 145 « Ordres professionnels – Règles communes. Inscription au tableau », *JCl. Administratif*, LexisNexis, 26 juillet 2004 (actualisé le 1er octobre 2017). A titre d'exemple, v. articles 21 et suivants de la loi n° 77-2 du 3 janvier 1977 sur l'architecture.

2581 CE, Sect., 28 juin 1961, *Morand*, *Lebon*, p. 183. TC, 13 février 1984, *Cordier et autres*, *Lebon*, p. 447, *LPA*, 14 novembre 1984, p. 11, concl. D. LABETOULLE, *RDP* 1984. 1139, note R. DRAGO. Les ordres professionnels sont qualifiés de personnes morales de droit privé chargées de gérer un service public (M. LONG, P. WEIL, G. BRAIBANT, P. DELVOLVÉ, B. GENEVOIS, *Les grands arrêts de la jurisprudence administrative*, 22ème éd., 2019, p. 311).

2582 M. GUIBAL, *L'ordre professionnel*, Thèse, Université de Montpellier, 1970, p. 127 : l'ordre professionnel représente la profession devant les juridictions et les pouvoirs publics.

assument une fonction normative[2583] - induisant le pouvoir réglementaire d'« *édicter des règles générales et impersonnelles qui s'imposent* [à leurs] *ressortissants* »[2584] - et, pour certains, une fonction disciplinaire[2585]. L'ordre professionnel peut endosser une mission de contrôle, qui lui permet de vérifier que chaque membre se conforme au fonctionnement de la profession. Il convient alors de distinguer « *dans la mission fondamentale de police assurée par l'ordre professionnel, la mission de recherche des fautes disciplinaires et de leurs auteurs, de la mission de prendre et de faire respecter toutes les mesures nécessaires à la défense de l'honneur et de l'indépendance de la profession* »[2586]. Les objectifs sont les mêmes en toutes hypothèses : garantir la qualité des prestations et préserver la confiance des clients. Les ordres professionnels sont d'abord chargés de sélectionner les praticiens : « *les autorités ordinales ont le droit et le devoir de vérifier, au moment où il fait acte de candidature, si le candidat à l'ordinalité a eu et a un comportement conforme*

[2583] Le pouvoir normatif des ordres professionnels s'exprime sous la forme d'un pouvoir réglementaire délégué et spécialisé, permettant de prendre des actes administratifs généraux et impersonnels obligatoires, pour l'adoption de mesures relatives au fonctionnement et à l'organisation de la profession (CE Sect., 6 décembre 1957, *Conseil central des pharmaciens d'officine*, *Lebon*, p. 664). Pour ce qui est de l'adoption des codes de déontologie, au centre de la production normative des ordres professionnels, ces derniers se trouvent progressivement réduits à un simple rôle de définition et de proposition à l'égard du pouvoir réglementaire ; ce type de norme étant adopté dans le cadre de décrets en Conseil d'Etat. De même, pour les règles de fonctionnement des ordres, leur entrée en vigueur est conditionnée à l'approbation de l'autorité de tutelle. Cela étant, certains auteurs estiment que les ordres professionnels ne détiennent plus le pouvoir réglementaire, mais sont réduits à un rôle consultatif (M. LASCOMBE, *art. préc.*, p. 855). Au surplus, lorsqu'il vise à l'adoption de mesures individuelles, le pouvoir réglementaire des ordres professionnels n'est exercé que sur délégation expresse (CE, 29 mai 1987, *Union nationale pour l'exercice comptable*, *Lebon*, p. 908), légale ou réglementaire (selon que la matière relève de l'article 34 ou 37 de la Constitution).

[2584] M. GUIBAL, *th. préc.*, p. 69.

[2585] H. NASOM, *Recherche sur la notion juridique de profession*, Thèse, Université Paris X Nanterre, 1999, pp. 145-150. Tous les ordres ne disposent pas d'un tel pouvoir ; à l'instar de l'Ordre des architectes. La fonction disciplinaire de l'ordre professionnel est indissociable de la justice ordinale. Celle-ci se définit comme une « justice concédée », qui n'est pas exercée par l'Etat, mais par une personne privée (J.-P. MARKUS, *op. cit.*, p. 35). Dans ce contexte, le contrôle des décisions par le juge administratif s'impose (CE Sect., 2 février 1945, *Moineau*, Rec. CE, p. 27, *D.* 1945. 269, note J.-C. COLLIARD ; les juridictions ordinales des avocats et des avocats aux Conseils sont exceptionnellement rattachées à l'ordre juridictionnel judiciaire). Celui-ci veille au respect des règles du procès équitable définies à l'article 6§1 de la Convention européenne des droits de l'homme (CEDH, 2 décembre 1992, n° 18160/91, *Diennet contre France*, *AJDA* 1993. 490). Le contrôle s'exerce parfois dès la première instance, par le recours au mécanisme de l'échevinage. Il se déploie autrement par la saisine en appel, puis en cassation, des juridictions nationales.

[2586] M. GUIBAL, *th. préc.*, p. 163.

aux règles relatives à l'exercice de la profession qu'elles ont édictées »[2587]. Les conditions d'inscription aux tableaux des professions constituées en ordres reposent le plus souvent sur des critères communs : compétence, absence de condamnation, respect de formalités ou bien encore constitution de garanties financières. Or, « *les décisions individuelles prises en cette matière ont un but disciplinaire ; par rapport à la collectivité, il s'agit d'un contrôle préventif ; par rapport à l'individu, il s'agit d'un contrôle répressif* »[2588]. En outre, conformément à la mission de contrôle qui lui est confiée, l'ordre professionnel est autorisé à prononcer à l'encontre des membres qui n'ont pas respecté le règlement intérieur ou les règles déontologiques de la profession, des sanctions graduelles telles que l'avertissement, le blâme, la réprimande ou l'interdiction d'exercer temporaire ou définitive[2589].

811. L'absence d'ordre professionnel en matière de promotion immobilière. Les ordres professionnels ne sont pas concevables « *pour l'exercice d'une profession commerciale, en application du décret du 14 juin 1791 prohibant le corporatisme dans le commerce et l'artisanat* »[2590], ce qui explique qu'ils soient réservés aux professions civiles. Les promoteurs immobiliers ne sont pas réunis au sein d'un ordre professionnel, alors que leur activité de construction-vente, de nature civile[2591], ne s'y opposerait pas en principe. Néanmoins, les ordres professionnels regroupent dans les faits des professionnels libéraux, dont l'activité est régie par un statut particulier, ce qui ne caractérise pas le promoteur, quel qu'il soit. L'absence d'une telle organisation ne signifie pas pour autant l'absence de tout regroupement professionnel ; d'autres modes d'« autogestion » existent. A titre d'exemple, l'article 24 II de la loi « ALUR » du 24 mars 2014[2592] a instauré un Conseil National de la Transaction et de la Gestion immobilière (CNTG), « *dont la mission est de veiller au maintien et à la promotion des principes de moralité, de probité et de compétence nécessaires au bon accomplissement des activités* » d'agent immobilier et d'administrateur de biens. Il est notamment prévu au sein de ce Conseil, une commission de discipline chargée de sanctionner les manquements aux règles déontologiques visées au décret du 28 août 2015[2593]. Si aucun texte législatif ou réglementaire n'est venu consacrer ce type d'« *ordre*

[2587] M. GUIBAL, *th. préc.*, p. 90.
[2588] *Ibid.*, p. 91.
[2589] Des sanctions accessoires, comme l'inéligibilité ou la publicité de la décision, peuvent également être ordonnées.
[2590] J.-M. MOYSE, *op. cit.*, p. 54.
[2591] Cf. *Supra*, § 641.
[2592] Loi n° 2014-366 du 24 mars 2014 pour l'accès au logement et un urbanisme rénové.
[2593] Décret n° 2015-1090 du 28 août 2015 fixant les règles constituant le code de déontologie applicable à certaines personnes exerçant les activités de transaction et de gestion des immeubles et des fonds de commerce.

virtuel »[2594] pour les promoteurs immobiliers, cela ne les a pas empêchés de se regrouper librement au sein d'une instance professionnelle.

812. Certaines professions civiles libérales, réglementées par un statut, sont constituées en ordres, ce qui n'est pas le cas du promoteur immobilier, qui ne se trouve pas dans cette catégorie de professionnels. Il n'est donc pas intégré au sein d'un groupement investi de prérogatives de puissance publique, exerçant à ce titre, des pouvoirs normatifs ou disciplinaires. En revanche, le promoteur possède son propre syndicat professionnel.

2. Le choix du modèle syndical plutôt qu'associatif

813. L'hypothèse du modèle associatif. La liberté d'association, consacrée à l'article 11 de la Convention européenne de sauvegarde des droits de l'homme et des libertés fondamentales, est en France un principe fondamental reconnu par les lois de la République[2595]. L'association est définie à l'article 1er de la loi du 1er juillet 1901 comme « *la convention par laquelle deux ou plusieurs personnes mettent en commun, d'une façon permanente, leurs connaissances ou leur activité dans un but autre que de partager des bénéfices* »[2596]. Aussi peut-elle parfaitement être en charge de la défense d'intérêts professionnels, à l'instar d'un syndicat. La confusion entre les deux structures juridiques est d'ailleurs directement entretenue par la loi[2597]. Cet amalgame trouve notamment sa source dans le fait que le syndicat puisse être constitué sous la forme associative, dès lors qu'il respecte l'objet et les formalités constitutives prescrites par le Code du travail. Dans cette perspective, « *les dispositions légales relatives aux syndicats sont des dispositions spéciales par rapport aux principes généraux de la loi du 1er juillet 1901* »[2598]. Selon une lecture comparative, l'objet particulièrement large de l'association peut expliquer que ce type de modèle soit privilégié par les professionnels, cherchant à échapper au principe de spécialité inflexible qui s'impose au syndicat. En effet, aux termes de l'article L. 2131-1 du Code du travail, les syndicats professionnels ont exclusivement pour objet l'étude et la défense des droits, individuels et collectifs, des personnes mentionnées dans leurs statuts. Il s'agit là du critère déterminant de différenciation entre l'association et le syndicat[2599]. Par ailleurs, en complément de son objet ouvert,

---

[2594] J.-M. MOYSE, *op. cit.*, p. 54.
[2595] Décision n° 71-44 DC du 16 juillet 1971, Liberté d'association, *AJDA* 1971. 537.
[2596] P. MACQUERON, D. GATUMEL, D. DE GUIBERT, C. CLÉMENT, V. JULIENNE, X. DELSOL, « Introduction », *Mémento Associations. Fondations – Congrégations – Fonds de dotation*, Francis Lefebvre, 2019, p. 28.
[2597] L'article L. 2131-2 du Code du travail, définissant le syndicat, évoque « *les syndicats ou associations professionnels* ». V. également l'article L. 2231-1 alinéa 4.
[2598] P. MACQUERON, D. GATUMEL, D. DE GUIBERT, C. CLÉMENT, V. JULIENNE, X. DELSOL, *op. cit.*, p. 25.
[2599] A. BECQUART, L. BUTSTRAEN, *Associations et syndicats professionnels. Guide juridique et fiscal*, Juris éditions, 2004, p. 46.

l'association peut être composée de personnalités diverses, ce qui n'est pas le cas du syndicat, qui regroupe obligatoirement des « *personnes exerçant la même profession, des métiers similaires ou des métiers connexes* », comme l'exige l'article L. 2131-2 du Code du travail[2600]. Partant, les groupements patronaux ont tendance à privilégier la forme associative, car non limitée à un objet professionnel unique et à des personnes partageant rigoureusement la même activité. En effet, la forme syndicale ne leur est pas imposée, comme le précise la loi du 11 février 1950[2601] : « *contrairement aux organisations syndicales, les organisations patronales sont libres dans le choix de leur structure d'organisation, qui peut soit correspondre à un syndicat soit à une association loi de 1901* »[2602]. A titre d'exemple, le Mouvement des entreprises de France (MEDEF) n'est pas constitué sous la forme d'un syndicat mais d'une association, car cela lui permet de ne pas se cantonner à la défense d'intérêts professionnels homogènes mais de regrouper au contraire des employeurs issus de secteurs économiques divers.

814. Le rejet du modèle associatif. Sur son site internet, la Fédération des Promoteurs Immobiliers lève toute ambiguïté quant à sa nature juridique, en se définissant comme un « *syndicat professionnel régi par le code du travail* »[2603]. A la lumière des arguments précités, pourquoi la Fédération n'a-t-elle pas opté pour le modèle associatif ? Indépendamment de leur objet distinct, des différences de régime opposent les deux types de groupements. Alors que « *dans le cadre de son objet statutaire, la capacité juridique du syndicat est complète* »[2604], l'association n'a qu'une capacité réduite, comme le montre la liste limitative de ses prérogatives, figurant à l'article 6 de la loi du 1er juillet 1901. A titre d'exemple, l'association ne peut être propriétaire que de certains biens immobiliers : « *le local destiné à l'administration de l'association et à la réunion de ses membres* » et « *les immeubles strictement nécessaires à l'accomplissement du but qu'elle se propose* »[2605]. Avant son abrogation par l'ordonnance du 12 mars 2007[2606], l'article L. 411-12 alinéa 1er du Code du travail prévoyait que le syndicat avait quant à lui « *le droit d'acquérir sans autorisation, à titre gratuit ou à titre onéreux, des biens meubles ou immeubles* ». Puisque la recodification intervenue en 2007 s'est faite « à droit constant » et qu'il n'existe aucune nouvelle restriction textuelle, cette

---

2600 Cf. *Infra*, § 815.
2601 Loi n° 50-205 du 11 février 1950 relative aux conventions collectives et aux procédures de règlement des conflits collectifs de travail.
2602 G. BÉLIER, H.-J. LEGRAND, A. CORMIER LE GOFF, *Le nouveau droit de la négociation collective. Acteurs et accords*, 6ème éd., Wolters Kluwer, 2018, p. 159.
2603 https://fpifrance.fr/mentions-legales.
2604 G. BÉLIER, H.-J. LEGRAND, A. CORMIER LE GOFF, *op. cit.*, p. 36.
2605 Article 6 de la loi du 1er juillet 1901 relative au contrat d'association.
2606 Ordonnance n° 2007-329 du 12 mars 2007 relative au code du travail (partie législative).

autorisation peut être considérée comme étant toujours en vigueur[2607]. Du reste, en plus des cotisations qu'elle peut percevoir de ses adhérents et des subventions qu'elle est susceptible d'obtenir dans certains cas, l'association peut recevoir des dons manuels mais ne peut accepter de libéralités entre vifs ou testamentaires, sauf exceptions (notamment si elle fait l'objet d'une reconnaissance d'utilité publique)[2608]. Le syndicat ne connait quant à lui aucune limitation tenant aux acquisitions qu'il peut faire à titre gratuit. Les biens nécessaires à son fonctionnement sont du reste insaisissables[2609]. Pour le reste, à l'instar du syndicat, l'association est désormais habilitée à représenter l'intérêt collectif de ses adhérents, dès lors que celui-ci entre dans son objet social[2610] ; il ne s'agit donc plus d'un critère de distinction entre les deux modèles.

815. Le choix du syndicat. La Fédération des Promoteurs Immobiliers a choisi de prendre la forme d'un syndicat, de type patronal. A l'inverse des syndicats de salariés, les syndicats patronaux regroupent en majorité des personnes morales, ce qui est notamment le cas de la Fédération qui réunit principalement les sociétés de promotion, plutôt que leurs associés ou employés. Suite à l'abolition du délit de coalition par la loi « Ollivier » du 25 mai 1864, la liberté syndicale a été consacrée positivement dans la loi « Waldeck Rousseau » du 21 mars 1884[2611], avant d'être interdite sous le régime de Vichy[2612], puis réaffirmée à l'article 6 du Préambule de la Constitution de 1946[2613]. Celui-ci dispose que « *tout homme peut défendre ses droits et ses intérêts par l'action syndicale et adhérer au syndicat de son choix* », l'adhésion n'étant pas obligatoire. L'article L. 2131-1 du Code du travail dispose que « *les syndicats professionnels ont exclusivement pour objet l'étude et la défense des droits ainsi que des intérêts matériels et moraux, tant collectifs qu'individuels, des personnes mentionnées dans leurs statuts* ». Un syndicat doit avoir pour seul objectif la défense d'intérêts professionnels communs, quelle que soit la branche d'activité concernée, industrielle, commerciale, agricole ou libérale. En cela, le syndicat répond à un principe de spécialité, auquel s'ajoute un principe de connexité. L'article L. 2131-2 du Code du travail précise ainsi que peuvent se constituer en syndicats les « *personnes exerçant la même profession, des métiers similaires ou des métiers connexes concourant à l'établissement de produits déterminés* », ou par extension, proposant les mêmes services. En vertu des liens

---

[2607] G. BÉLIER, H.-J. LEGRAND, A. CORMIER LE GOFF, *op. cit.*, p. 37.
[2608] Article 910 du Code civil.
[2609] Article L. 2132-4 du Code du travail.
[2610] Cass. Civ. 2ème, 27 mai 2004, n° 02-15700, Bull. civ. II, n° 239, p. 204.
[2611] Sur l'historique de la loi, v. H. NASOM, *th. préc.*, pp. 83-92.
[2612] L'interdiction a été consacrée par la loi du 4 octobre 1941 relative à l'organisation sociale des professions, dite « Charte du Travail ».
[2613] La liberté syndicale est également inscrite dans de nombreux textes supranationaux, notamment à l'article 11 de la Convention européenne des droits de l'homme, à l'article 5 de la Charte sociale européenne ou encore à l'article 8 du Pacte international relatif aux droits économiques, sociaux et culturels.

exclusifs entretenus avec la profession représentée, l'action du syndicat ne peut ni confiner à une action de politique générale, ni impliquer l'exercice d'activités commerciales ; la méconnaissance de cette règle étant sanctionnée pénalement[2614].

816. Les prérogatives du syndicat. Etant doté de la personnalité juridique[2615], tout syndicat - qu'il soit représentatif ou non représentatif - peut ester en justice pour défendre ses propres intérêts[2616], mais également les intérêts collectifs de la profession[2617] ; sans que l'intérêt collectif de la profession ne se confonde avec l'intérêt général[2618]. Si la méconnaissance de dispositions sociales intéresse de prime abord les syndicats de salariés, les organisations patronales peuvent également avoir un intérêt à agir, notamment sur le fondement d'une concurrence libre et égale entre entreprises[2619], ou contre l'adoption de textes réglementaires intéressant la profession[2620]. Cette prérogative offerte au syndicat est la même que celle dont peuvent disposer les ordres professionnels, à la seule différence que l'ordre possède une représentativité plus large en raison de l'affiliation obligatoire de ses membres, tandis que l'adhésion à un syndicat demeure facultative. L'ordre professionnel ne peut se charger que de représenter la profession, à l'exclusion des professionnels, qui sont représentés par les syndicats[2621]. Pour Bernard TEYSSIÉ, la coexistence d'un syndicat et d'un ordre professionnel est admise « *sur la base d'un partage d'attributions, l'ordre veillant au respect de la déontologie et de la discipline, le syndicat prenant en charge la défense des intérêts financiers de la profession* »[2622]. En revanche, seuls les syndicats « représentatifs »[2623] peuvent négocier et conclure les conventions collectives, recevoir des subventions publiques, participer à des organismes nationaux et locaux (tels que ceux de la Sécurité sociale ou de Pôle emploi) ou à des institutions qui ont une mission consultative (tel que le Conseil économique, social et environnemental). Il existe quatre échelons de représentation : « interprofessionnel »[2624], « branche »[2625], « entreprise »[2626] et « groupe »[2627].

[2614] Article L. 2135-1 du Code du travail.
[2615] *Ibid.*, article L. 2132-1.
[2616] Cass. Soc., 12 juillet 2006, n° 05-60353, *Bull. civ.* V, n° 252, p. 238.
[2617] Article L. 2132-3 du Code du travail.
[2618] M. GRÉVY, « Syndicats professionnels : prérogatives et action », *Répertoire de droit du travail*, Dalloz, avril 2014 (actualisé en janvier 2019), § 62-63.
[2619] *Ibid.*, § 59.
[2620] CE, 28 décembre 1906, *Syndicat des patrons coiffeurs de Limoges*, *Lebon*, p. 977.
[2621] M. GUIBAL, *th. préc.*, p. 32.
[2622] B. TEYSSIÉ, *Droit du travail. Relations collectives*, 11ème éd., LexisNexis, 2018, p. 22.
[2623] Article L. 2151-1 du Code du travail.
[2624] *Ibid.*, articles L. 2232-1 et suivants.
[2625] *Ibid.*, articles L. 2232-5 et suivants.
[2626] *Ibid.*, articles L. 2232-11 et suivants.
[2627] *Ibid.*, articles L. 2232-29 et suivants.

Parmi les organisations patronales, certaines sont généralistes ou interprofessionnelles, à l'instar du MEDEF[2628] ou de la CPME[2629], tandis que d'autres, comme la Fédération des Promoteurs Immobiliers, s'adressent à une branche professionnelle particulière. Il convient de préciser que « *la représentativité n'est exigée côté patronal que pour conclure des accords de branche susceptibles d'extension ou des accords nationaux interprofessionnels* »[2630].

817. Les promoteurs immobiliers se sont constitués sous la forme d'un syndicat plutôt que d'une association, en considération du régime plus favorable attaché à ce dernier. C'est au sein de la « Fédération des Promoteurs Immobiliers » que les promoteurs sont aujourd'hui rassemblés. A l'instar de l'UNIS[2631] ou de la FNAIM[2632], qui ont pour traits communs de représenter les professions immobilières, d'œuvrer à leur information et à l'amélioration de leurs conditions d'exercice[2633], la Fédération des Promoteurs Immobiliers fait de même dans le domaine de la promotion immobilière. Unique syndicat exclusivement dédié à la profession depuis son émergence, la Fédération a proposé, grâce à ses critères d'adhésion, sa propre définition du promoteur.

B) Une fédération ouverte à tous les promoteurs

818. Le contexte d'apparition de la Fédération. Dès la fin des années 1950, et avant même que le législateur ne décide de réglementer la promotion immobilière, les premiers promoteurs prennent conscience des enjeux de leur activité et du rôle qu'ils sont amenés à jouer sur le plan économique, dans une société où l'offre de logements est nettement inférieure à la demande. Ils savent, dans le même temps, que l'image qu'ils véhiculent est négative pour divers motifs[2634]. Aussi, en se réunissant au sein d'une même instance professionnelle, et en confiant à cette dernière le soin d'agir en régulateur de la profession, les promoteurs poursuivent l'objectif « *de rétablir le bon renom d'une profession en butte à une certaine méfiance populaire* »[2635]. Au début des années 1960, deux syndicats distincts coexistent : l'Association Nationale des Promoteurs Constructeurs (ANPC) et la Fédération Nationale des Promoteurs Constructeurs (FNPC), qui fusionnent finalement en 1971 au sein de cette dernière. En 2005, la Fédération Nationale des Promoteurs Constructeurs est rebaptisée « Fédération

---

[2628] Mouvement des Entreprises de France.

[2629] Confédération des Petites et Moyennes Entreprises.

[2630] G. BÉLIER, H.-J. LEGRAND, A. CORMIER LE GOFF, *op. cit.*, p. 142. B. GAURIAU, « Synthèse – Droit syndical », *JCl. Travail*, LexisNexis, 2019, § 113. Article L. 2261-19 du Code du travail.

[2631] Union des Syndicats de l'Immobilier.

[2632] Fédération Nationale de l'Immobilier.

[2633] T. DELESALLE, E. CRUVELIER, *op. cit.*, p. 35.

[2634] Cf. *Supra*, § 21-26.

[2635] R. DENOYELLE, *th. préc.*, p. 78.

des Promoteurs Constructeurs de France » (FPCF), afin de faciliter sa visibilité sur le marché européen et ne plus circonscrire son action au seul territoire national. En 2010, la Fédération des Promoteurs Constructeurs de France adopte la dénomination « Fédération des Promoteurs Immobiliers » (FPI), dans le but de tenir compte des nouveaux segments d'activité de la profession, parmi lesquels figure la rénovation[2636]. Même si pour la Fédération, l'expression « promoteur-constructeur » renvoyait plutôt aux promoteurs-vendeurs qui prennent l'initiative d'une construction et se chargent de la faire édifier, cette évolution accompagne de manière salutaire le mouvement de dissociation des fonctions de constructeur et de promoteur, ce dernier n'étant, tout au plus, qu'un « constructeur non-réalisateur ».

819. Le modèle fédéral. Du latin *foederatio*, le terme « fédération » renvoie à la notion d'alliance. Loin de la signification qui est la sienne en droit constitutionnel ou international, la fédération doit ici être entendue dans le sens d'un regroupement de plusieurs entités juridiques partageant un but commun, ou plus précisément, comme un « *groupement de syndicats représentant le même métier ou la même branche d'industrie* »[2637]. Les articles L. 2133-1 à L. 2133-3 du Code du travail consacrent le principe de libre constitution des unions de syndicats. Ces dernières renvoient à la situation des « *syndicats d'une même tendance adhérant à la fois à une union, locale, départementale ou régionale, et, selon le type d'activité qu'ils couvrent, à la fédération professionnelle correspondante* »[2638]. La Fédération des Promoteurs Immobiliers ne s'apparente pas à une union de syndicats, dans la mesure où elle ne rassemble pas différents syndicats mais constitue un syndicat unique, subdivisé en chambres réparties sur l'ensemble du territoire national. L'usage du terme « fédération » renvoie donc ici à une organisation verticale exclusivement géographique ; la Fédération nationale étant composée de différentes chambres régionales, situées à proximité immédiate des adhérents.

820. La définition des adhérents. Conformément à l'article 3 des statuts, ne peuvent être adhérents à la Fédération que les personnes physiques ou morales dont la profession est de prendre, de façon habituelle et dans le cadre d'une organisation permanente, l'initiative de réalisations immobilières dans divers domaines et/ou d'assumer la responsabilité de la coordination des opérations intervenant pour l'étude, l'exécution, la livraison et la gestion des programmes de construction, d'aménagement, de rénovation ou de réhabilitation[2639]. En

---

[2636] https://fpifrance.fr/articles/historique-de-la-fpi-france.

[2637] S. GUINCHARD, T. DEBARD, *op. cit.*, p. 1043.

[2638] B. TEYSSIÉ, *op. cit.*, p. 28. Dans cette configuration, les confédérations et les fédérations apparaissent comme « *les véritables organes d'impulsion et de décision, les syndicats qui y sont affiliés étant souvent enfermés dans le rôle d'agents d'exécution* » (*idem*).

[2639] Selon l'article 3 des statuts, peuvent devenir adhérentes « *les personnes physiques ou morales dont la profession ou l'objet est d'assurer, de façon habituelle et dans le cadre*

détachant les fonctions d'étude, d'exécution et de gestion des programmes immobiliers de leur initiative - grâce à l'usage de la conjonction de coordination « ou » - l'article 3 des statuts vise à la fois les promoteurs initiateurs et les promoteurs exécutants, en intégrant ces deux catégories de professionnels dans le giron de la Fédération. En n'exigeant pas de l'adhérent qu'il soit en toutes hypothèses le maître d'ouvrage originel de l'opération, les statuts ne réservent pas l'entrée dans la Fédération aux seuls promoteurs initiateurs, qui commercialisent leurs productions par la vente, bien que ces derniers représentent la majorité des acteurs du secteur. Un tel positionnement aurait été critiquable dès lors que la Fédération se présente comme l'unique syndicat spécialement dédié à la représentation des promoteurs immobiliers. De surcroît, pareille démarcation aurait perdu de son sens si un adhérent avait décidé, temporairement, d'exercer son activité en tant que prestataire de services. Aurait-il alors cessé, durant cet intervalle, d'être représenté et défendu par son syndicat ? Au contraire, en accueillant toutes les formes d'intervenants, la Fédération reconnait l'hétérogénéité qui caractérise les promoteurs immobiliers. Par ailleurs, les statuts prennent le soin d'intégrer dans le champ d'activité du promoteur adhérent les programmes de « rénovation ou de réhabilitation »[2640], voire également d'« aménagement »[2641]. S'agissant en revanche des constructeurs de maisons individuelles, ils ne sont pas admis au sein de la Fédération mais possèdent leur propre syndicat. L'Union Nationale des Constructeurs de Maisons Individuelles (UNCMI) a été créée en 1984. Celle-ci est devenue l'« Union des Maisons Françaises » (UMF) en 2008, puis a fusionné au sein de la Fédération Française du Bâtiment (FFB) en 2016. L'existence d'organismes différenciés pour le promoteur et le constructeur de maisons individuelles est l'une des conséquences logiques de la distinction qui prévaut entre les deux métiers[2642].

821. Le profil des adhérents. La Fédération des Promoteurs Immobiliers comprend plus de cinq cents membres, répartis en dix-huit chambres régionales. Essentiellement composée de promoteurs professionnels dont l'activité est relativement bien structurée, elle « *regroupe tous les acteurs clés de la branche : la totalité des majors et la plupart des indépendants. Ils représentent seulement*

---

d'une organisation permanente, la maîtrise d'ouvrage ou de prendre l'initiative de réalisations immobilières dans divers domaines relevant des logements collectifs ou individuels, des résidences de loisirs, des résidences pour étudiants, des résidences avec service, des hôtels, des bureaux, des locaux commerciaux et industriels, des parcs d'activité, de l'aménagement, de la rénovation et de la réhabilitation, ainsi que tout autre domaine connexe et/ou d'assumer la responsabilité de la coordination des opérations intervenant pour l'étude, l'exécution, la livraison et la gestion des programmes immobiliers ».

2640 Cf. *Supra*, § 632-633.

2641 Cf. *Supra*, § 636.

2642 Cf. *Supra*, § 461 et s.

20% des entreprises de la branche mais 85% de son chiffre d'affaires total »[2643]. La promotion immobilière reste en effet un secteur très morcelé, composé de nombreuses micro-entreprises, dont la durée de vie est limitée à une seule opération. Les sociétés de promotion de très petite taille renonceraient pour leur part à adhérer à un syndicat, probablement en raison du coût que représentent les cotisations et des mesures de contrôle auxquelles elles pourraient être confrontées. Ainsi, les adhérents de la Fédération des Promoteurs Immobiliers ne représentent qu'une partie seulement des effectifs de la profession, quoiqu'elle soit substantielle. Les promoteurs qui exercent l'activité mentionnée à l'article 3 des statuts en complément d'une autre peuvent, du reste, être représentés par plusieurs syndicats (dont notamment la Fédération Nationale de l'Immobilier ou la Fédération Française du Bâtiment…). Bien que l'adhésion à la Fédération des Promoteurs Immobiliers ne soit ni exhaustive ni exclusive, c'est elle qui incarne le plus notablement la représentation de la profession.

822. En adhérant à la Fédération des Promoteurs Immobiliers, les professionnels intègrent une organisation syndicale de type patronal, dont le fonctionnement est fédéral. La Fédération a le mérite de structurer la profession de longue date, en ayant à cœur de s'adapter aux évolutions de son activité, comme le montre la définition compréhensive de ses adhérents. Grâce à une organisation optimisée, la Fédération assume de nombreuses missions à leur égard, qui pourraient encore être renforcées ou étoffées.

II. L'extension suggérée des missions de la Fédération des Promoteurs Immobiliers

823. La Fédération des Promoteurs Immobiliers possède d'ores et déjà un répertoire étendu de missions, qu'il est possible de regrouper en quatre axes principaux. En premier lieu, la Fédération assume une fonction de représentation, qui consiste à « *étudier, faire valoir et défendre les intérêts économiques, techniques, juridiques, sociaux et sociétaux de la profession* » et à « *participer à la construction des politiques immobilières régionales, nationales et européennes* », que l'on peut rapprocher, en deuxième lieu, de sa fonction de promotion de la profession, dont le but est de faire connaître le domaine d'activité, en valorisant les actions des adhérents. En troisième lieu, la Fédération possède une mission d'accompagnement, qui implique de « *conseiller individuellement les entreprises adhérentes et leur apporter des informations fiables et actualisées dans tous les domaines* », mais également d'« *accompagner les mutations de la profession en veillant les sujets de rupture stratégiques (données, digital, transition écologique et énergétique)* ». En quatrième lieu enfin, la Fédération favorise la « connexion » entre adhérents afin d'« *entretenir un esprit confraternel entre les entreprises adhérentes autour du*

[2643] A. FRANCOIS-CUXAC, *L'immobilier au cœur. Plaidoyer pour une nouvelle donne dans la politique du logement en France*, FPI, 2017, p. 20.

socle éthique et des valeurs de la FPI » et « *déployer les ambitions partagées par tous les adhérents pour le développement pérenne de la profession* »[2644]. En définitive, les attributions de la Fédération des Promoteurs Immobiliers visent essentiellement, voire exclusivement, à préserver les intérêts de la profession. Si des prérogatives de protection doivent inévitablement être confiées à la Fédération (A), ces dernières ne devraient-elles pas s'accompagner de pouvoirs plus coercitifs, permettant le contrôle de la profession (B) ?

A) Les missions actuellement assumées par la Fédération

824. Le premier rôle de la Fédération des Promoteurs Immobiliers est celui de la représentation et de la défense des intérêts de la profession à l'égard des administrations, des institutions et du public (1). Les adhérents recherchent également auprès de la Fédération une information permanente sur les évolutions de la profession et une assistance dans la résolution des problématiques techniques qu'ils rencontrent (2). Ces deux champs d'intervention démontrent que la Fédération est avant tout tenue à un devoir de protection et de soutien à l'égard de ses membres.

1. La représentation et la défense des intérêts de la profession

825. La représentation de la profession. Indépendamment des actions que la Fédération des Promoteurs Immobiliers est susceptible d'entreprendre devant les juridictions, en défense des intérêts collectifs de la profession, sa fonction de représentation est permanente[2645]. La Fédération cherche à entretenir sa position d'unique représentant des promoteurs immobiliers, alors que d'autres organismes seraient en mesure d'accueillir ses adhérents[2646]. Julie POLLARD dénonce la « *faible capacité d'alliance* » de la Fédération et son « *isolement* » sur la scène nationale. Selon l'auteur, dans ses relations à la Fédération Française du Bâtiment, elle « *apparait dominée* », tandis que les rapports avec l'Union Sociale pour l'Habitat[2647] « *sont quant à eux souvent hostiles* »[2648]. La Fédération œuvre pourtant au dialogue interprofessionnel, comme le montre notamment son adhésion au Mouvement des Entreprises de France (MEDEF), dans lequel elle siège au conseil d'administration. Le travail de représentation de

---

[2644] https://fpifrance.fr/articles/role-federation-des-promoteurs-immobiliers-de-france-fpi-france.

[2645] Si elle exerce principalement cette fonction en interne, la Fédération des Promoteurs Immobiliers a reçu mandat en 2018 de présider l'Union Européenne des Promoteurs Constructeurs (UEPC), à laquelle elle est adhérente.

[2646] Elle redoute notamment la création d'une organisation professionnelle concurrente, ou bien l'intégration des promoteurs au sein de syndicats existants, à l'instar de la Fédération Française du Bâtiment (FFB).

[2647] Avant octobre 2002, elle portait le nom d'Union nationale des fédérations d'organismes HLM.

[2648] J. POLLARD, *op. cit.*, pp. 119-120.

la Fédération est multidirectionnel, et vise aussi bien le grand public que les partenaires institutionnels. La Fédération des Promoteurs Immobiliers cultive une image positive de la profession à l'égard du public, grâce à de multiples initiatives. Elle a créé sa propre fondation en 2010, sous l'égide de la Fondation de France, afin de démontrer que les promoteurs ont à cœur de répondre aux attentes de leurs concitoyens, notamment en venant en aide aux plus démunis. Une campagne d'appel aux dons a pu ainsi être lancée auprès des adhérents de la Fédération, dans le but de construire du « logement très social ». Par ailleurs, la Fédération valorise les démarches artistiques au sein des opérations, à travers son programme « *un immeuble, une œuvre* », en partenariat avec le Ministère de la Culture. Ces projets ont tous vocation à incarner les valeurs que le public doit désormais associer à la profession de promoteur.

826. La défense des intérêts de la profession. La Fédération s'attèle à participer à la confection des lois qui concernent directement ou indirectement la promotion immobilière, en étant « *étroitement associée à la phase préparatoire de nombreux travaux législatifs et, tout au long du processus d'élaboration des lois, à travers des auditions parlementaires et des entretiens, et en participant à de nombreux groupes de travail où son expertise est sollicitée* »[2649]. Les contacts entre la Fédération et les personnalités politiques ou les pouvoirs publics peuvent être directs et officiels. A titre d'exemple, le ministre en charge du logement se déplace régulièrement aux congrès annuels de la Fédération, afin de recueillir ses doléances et prendre publiquement des engagements à son égard[2650]. D'une manière générale, la fréquentation des membres du gouvernement ou des parlementaires s'inscrit dans le travail de lobbying de la Fédération, dont l'existence ne fait pas de doute mais dont le contenu n'est pas rapporté aux adhérents. Si, jusqu'à la fin des années 2000, la Fédération serait restée « *un interlocuteur ''aléatoire'' des pouvoirs publics* », inhabile à « *stabiliser des rapports d'échange* » avec eux[2651], Philippe MALINVAUD cite explicitement la Fédération des Promoteurs Immobiliers parmi les principaux lobbys actuels du secteur de la construction, aux côtés de la Fédération Française du Bâtiment (FFB) et de la Fédération Nationale des Travaux Publics (FNTP)[2652].

827. Le « lobby » des promoteurs immobiliers. Les expressions « groupe ou représentant d'intérêt », « groupe de pression » et « lobby » sont

---

2649 https://fpifrance.fr/articles/role-federation-des-promoteurs-immobiliers-de-france-fpi-france.

2650 Monsieur Julien DENORMANDIE, « Ministre auprès de la ministre de la Cohésion des territoires et des Relations avec les collectivités territoriales, chargé de la Ville et du Logement », a participé au 49ème Congrès de la Fédération des Promoteurs Immobiliers en 2019.

2651 J. POLLARD, *op. cit.*, p. 106.

2652 P. MALINVAUD, « *Lobbying* et construction », *RDI*, 2012, p. 361.

majoritairement employées dans le langage courant de manière indistincte[2653]. André MACH définit le groupe d'intérêt comme « *l'organisation collective formalisée d'une partie de la société en vue de défendre les intérêts de ses membres et promouvoir la cause du groupe dans la sphère publique* »[2654]. Sous l'angle sociologique, il est possible de définir les « lobbys » comme des « *entreprises commerciales de représentation d'intérêts mettant en œuvre un type spécifique de répertoire de courtage politique revendiquant une expertise* »[2655]. Sous l'angle juridique, le « lobbying » consiste en « *une action d'influence motivée par un intérêt particulier, catégoriel, fractionnel, qui s'exerce sur un auteur ou auprès d'un organe producteur de norme juridique impérative* »[2656]. Grégory HOUILLON met en exergue plusieurs critères d'identification de la pratique du « lobbying ». Elle se définit pour lui comme une action spontanée, dont la finalité est d'obtenir d'une autorité investie d'un pouvoir décisionnel, l'intégration d'un intérêt particulier au sein des dispositions impératives d'un acte juridique, en cours d'élaboration ou spécifiquement élaboré à cet effet, sans contrepartie directement liée à cet objectif[2657]. La pratique du lobbying va fréquemment de pair avec l'activité syndicale mais ne lui est pas réservée[2658].

828. André MACH distingue cinq ressources de pouvoir, que les groupes d'intérêt peuvent exploiter alternativement ou cumulativement : un nombre important de membres et la capacité à les mobiliser, des moyens financiers, une expertise, une reconnaissance auprès des pouvoirs publics et la faculté de sensibiliser l'opinion[2659]. Parmi l'ensemble de ces critères, l'expertise parait s'imposer comme la ressource de pouvoir principale de la Fédération des Promoteurs Immobiliers. C'est grâce aux « *compétences des salariés spécialistes des domaines d'activités du groupe, capables de procéder à des analyses approfondies et détaillées* », que la Fédération est en mesure de « *formuler des propositions crédibles et réalistes auprès des acteurs politico-*

2653 J. LAPOUSTERLE, *L'influence des groupes de pression sur l'élaboration des normes. Illustration à partir du droit de la propriété littéraire et artistique*, Thèse, Dalloz, 2009, p. 5.

2654 A. MACH, *Groupes d'intérêt et pouvoir politique*, Presses polytechniques et universitaires romandes, 2015, pp. 11-12.

2655 M. OFFERLÉ, « Une cause entendue ? L'impossible définition du ''lobbying'' entre stigmatisation et revendication d'une modernité expert » *in* M. MEKKI, P.-Y. MONJAL (dir.), *Le ''lobbying responsable'' : info ou intox ?*, L'Harmattan, 2016, p. 33.

2656 G. HOUILLON, « L'influence normative des lobbies » *in* M. MEKKI, P.-Y. MONJAL (dir.), *op. cit.*, p. 54.

2657 G. HOUILLON, *Le lobbying en droit public*, Bruylant, 2012, pp. 8-54 cité *in* P.-Y. MONJAL, « La transparence des lobbies : du mythe à la… fiction » *in* M. MEKKI, P.-Y. MONJAL (dir.), *op. cit.*, p. 85.

2658 A. LYON-CAEN, « De l'influence des syndicats dans la confection des lois » *in* G. BORENFREUND, M.-A. SOURIAC (dir.), *Syndicats et droit du travail*, Dalloz, 2008, p. 64.

2659 A. MACH, *op. cit.*, p. 36.

administratifs »[2660]. Pour sa part, Stéphane CADIOU attribue aux groupes d'intérêt différents registres de légitimité, parmi lesquels le registre « *notabiliaire* », le registre « *institutionnel* », le registre « *expert* », ou encore le registre « *socio-électoral* ». Or, l'auteur associe expressément le promoteur immobilier au « *registre expert* », qui donne du crédit au groupe « *au nom d'une détention de savoirs, tirés soit d'une connaissance technique, soit de l'expérience* », lui permettant de participer à l'élaboration des politiques publiques, « *sur la base d'une information spécialisée que maîtrisent mal les autres protagonistes* »[2661]. Du reste, deux processus d'intervention coexistent au sein de la Fédération : « *un répertoire d'action bureaucratique formel (recours à la production d'expertise, participation à des réunions publiques,* etc.*)* » et « *un répertoire bureaucratique informel (ensemble des pratiques peu codifiées visant à développer des liens et l'interconnaissance)* »[2662]. S'agissant par ailleurs des modes de pression indirecte - tels que la sollicitation de l'opinion publique (par le registre de la sympathie ou de la contestation), l'élaboration de stratégies d'alliance avec d'autres groupes de pression, ou l'utilisation des voies contentieuses[2663] - ils ne sont pas privilégiés par la Fédération des Promoteurs Immobiliers, ni plus largement par les acteurs de l'immobilier. Enfin, il semblerait que « *la structuration professionnelle et collective des promoteurs immobiliers* [soit] *marquée par une prégnance de l'échelon national* »[2664], l'essentiel du travail de lobbying étant réalisé en direction du gouvernement et des parlementaires. La Fédération des Promoteurs Immobiliers dispose par ailleurs d'un échelon régional mais ne connaît aucun échelon inférieur, ce qui ne l'empêche pas d'émettre des recommandations sur les actions locales à mettre en œuvre. Elle ne dispose pas de moyens suffisants pour agir directement dans les territoires, mais peut compter sur le relais des promoteurs *in situ*.

829. La Fédération des Promoteurs Immobiliers a pour première mission de représenter la profession et de défendre ses intérêts, principalement à l'égard des pouvoirs publics, ce qui l'amène à mobiliser des techniques de lobbying. En complément de cette fonction, le devoir de protection de la Fédération se

---

[2660] *Ibid.*, p. 38. A cet égard, André MACH associe aux groupes d'intérêt trois principaux domaines d'action ; des prestations de services développées en faveur de leurs membres, des actions contribuant à la régulation économique du secteur d'activité dans lequel ils interviennent - parfois, en collaboration avec d'autres groupes de pression - et des stratégies développées en direction des autorités politiques (*ibid.*, p. 41). Ces trois domaines d'action se retrouvent dans le champ d'intervention de la Fédération des Promoteurs Immobiliers.

[2661] S. CADIOU, « La politique territoriale des groupes d'intérêt » *in* S. CADIOU (dir.), *Gouverner sous pression ? La participation des groupes d'intérêt aux affaires territoriales*, LGDJ, 2016, p. 33.

[2662] J. POLLARD, « L'influence d'un groupe d'intérêt urbain : promoteurs immobiliers et politiques locales du logement en France » *in* S. CADIOU (dir.), *op. cit.*, p. 80.

[2663] J. LAPOUSTERLE, *th. préc.*, pp. 65-77.

[2664] J. POLLARD, « L'influence d'un groupe d'intérêt urbain : promoteurs immobiliers et politiques locales du logement en France » *in* S. CADIOU (dir.), *op. cit.*, p. 79.

manifeste dans l'obligation d'information et d'assistance qu'elle assume à l'égard de ses adhérents.

2. L'information et la formation des adhérents

830. L'information des adhérents. La Fédération des Promoteurs Immobiliers se charge de « *décrypter l'information en temps réel, d'analyser les évolutions du marché* »[2665] et de relayer ces informations à ses membres, afin de leur permettre de mieux conduire au quotidien leur activité. La Fédération produit elle-même l'information, en se positionnant comme un observateur fiable. Outre les enquêtes et les analyses établies par les services fédéraux, la Fédération possède seize observatoires statistiques réunis dans un observatoire national, couvrant les évolutions conjoncturelles du marché national du logement neuf[2666]. La Fédération collecte à cet effet un grand nombre d'informations en interne, à partir des données communiquées par les adhérents. Associée aux partenaires sociaux, elle renseigne des organismes tels que l'AGEFOS PME[2667], qui gère un observatoire des métiers de la promotion immobilière, dont il résulte chaque année un état des lieux de l'activité et une actualisation des profils de chaque métier de la branche. Par ailleurs, la Fédération est à l'origine de nombreuses publications, sur différents supports, numériques ou papiers, ce qui permet aux adhérents d'accéder à une importante base de données[2668].

831. Les échanges entre adhérents. La Fédération se veut un espace d'échange privilégié entre promoteurs, destiné à favoriser l'entraide et à instaurer des rapports de confraternité, dans un secteur par nature très concurrentiel. Les adhérents se réunissent dans des groupes de travail, autour de thématiques juridiques ou économiques, qui sont traitées dans le cadre de rencontres échelonnées sur plusieurs semaines, ce qui permet aux adhérents de se rencontrer et d'interagir sur leurs pratiques respectives. En sus des groupes de travail, la Fédération des Promoteurs Immobiliers organise deux fois par an des séminaires professionnels à Paris, dénommés « Journées d'Etudes Professionnelles ». Chaque année, a lieu en outre le Congrès de la Fédération, qui rassemble tous les adhérents, d'autres professionnels du secteur conviés en tant que partenaires actuels[2669] ou potentiels dans le cadre d'une « exposition technique », ainsi que des personnalités politiques, pour un temps d'échange et

---

[2665] https://fpifrance.fr/articles/role-federation-des-promoteurs-immobiliers-de-france-fpi-france.

[2666] https://fpifrance.fr/articles/lobservatoire-de-la-fpi.

[2667] Association de Gestion des Fonds de Formation des Salariés des Petites et Moyennes Entreprises.

[2668] http://fpifrance.fr/fr/content/mission.

[2669] La Fédération est en effet engagée dans de nombreux partenariats avec des concessionnaires, des établissements de crédit, des assureurs, des contrôleurs techniques, *etc*.

de débat sur deux jours, se rapportant aux enjeux de la profession. A l'occasion du Congrès, les résultats du concours des « Pyramides d'Or » sont dévoilés. Ce concours des réalisations les plus emblématiques des adhérents, dans différentes rubriques, est destiné à promouvoir la qualité, le savoir-faire et l'innovation[2670]. Dans un autre registre, la Fédération propose également une plateforme internet - « Promoteurs de talents » - destinée à faciliter les démarches des adhérents en matière de recrutement.

832. La formation des adhérents. « *Ce qui fonde le consentement des adhérents, manifesté par le paiement d'une cotisation, c'est la qualité d'un service (consultations et défense fiscale, sociale, mise à jour législative et réglementaire, formation...)* »[2671]. C'est pourquoi, à l'instar de la Fédération, « *les syndicats et les associations patronales ont* (…) *très tôt développé des services de conseil juridique auprès des syndiqués* »[2672]. En plus des conseils qui leur sont prodigués par les services fédéraux, sous la forme de consultations à la demande, ou dans le cadre des différents évènements organisés par la Fédération, les adhérents peuvent aussi suivre des formations. L'enseignement est un service que l'on retrouve dans la plupart des associations patronales de branche, afin d'aider les adhérents dans l'exercice de leur métier. La Fédération des Promoteurs Immobiliers ne déroge pas à la règle, en proposant des formations courtes ou ciblées, ainsi que des cycles complets de formation, en partenariat avec l'Ecole Supérieure des Professions Immobilières (ESPI).

833. Si vis-à-vis des tiers, la Fédération des Promoteurs Immobiliers assume une fonction de représentation et de défense des intérêts de la profession, elle a également pour mission, en interne, d'informer et de former ses adhérents, afin de les aider dans leur pratique professionnelle. Cet objectif la conduit à encourager les échanges entre adhérents, pour tendre vers un climat plus confraternel et moins concurrentiel. Dans l'intérêt de la profession, le rôle de protection assigné à la Fédération pourrait néanmoins être contrebalancé par des pouvoirs de contrôle et de sanction.

B) L'opportunité de doter la Fédération de nouvelles missions

834. Bien qu'elle ait tenté, par le passé, de s'approprier un rôle disciplinaire, la Fédération des Promoteurs Immobiliers n'endosse à ce jour aucune mission de contrôle ou de répression à l'endroit des adhérents, ou seulement à la marge. En l'absence de contrôle organisé par l'Etat, il serait opportun que la Fédération se saisisse de telles attributions, afin de renforcer sa position à l'égard des

---

[2670] Les prix sont les suivants : « Grand Prix national », « Innovation industrielle », « Immobilier d'entreprise », « Mixité urbaine », « Conduite responsable des opérations », « Bâtiment bas-carbone », « Première réalisation » et « Grand Public ».

[2671] M. OFFERLÉ, L. FLAMENT, « Quelle représentativité pour les organisations patronales ? », *RDT*, 2010, p. 269.

[2672] A. MACH, *op. cit.*, p. 42.

adhérents, de rendre plus crédibles les engagements qu'elle prône à l'égard du public et des institutions, et de sécuriser d'avantage la démarche des accédants. Le renforcement des pouvoirs dévolus à la Fédération compléterait ainsi utilement le nouveau statut associé à la notion de promoteur immobilier. Parmi ses prérogatives, la Fédération pourrait ainsi contrôler ses adhérents (1) et les sanctionner, lorsque cela s'impose. A ce jour cependant, un tel pouvoir ne peut, par nature, lui être attribué (2).

1. Le contrôle envisageable des conditions d'accès et d'exercice de la profession

835. Des mesures de contrôle délaissées. La Fédération a cherché, par le passé, à s'imposer comme un organe de contrôle de la profession, à travers la délivrance d'agréments, visant à valider ou invalider l'accès des professionnels à l'activité de promotion, ou de labels, permettant de promouvoir la qualité de certains programmes immobiliers. En effet, la Fédération Nationale des Promoteurs Constructeurs a exigé un temps que les promoteurs entrant dans la profession soient soumis à son agrément. Malgré la mise en œuvre de contrôles superficiels, la Fédération a tout de même été condamnée à indemniser des accédants qui avaient contracté avec un promoteur agrémenté ayant fait faillite[2673]. Dans un autre registre, les programmes agréés par la Fédération Nationale des Promoteurs Constructeurs étaient estampillés d'un label syndical[2674] destiné à offrir au public des garanties de sécurité. A ce titre, la responsabilité d'une chambre syndicale de la Fédération a pu être retenue suite à la liquidation judiciaire d'un promoteur labellisé[2675]. Ces expériences démontrent que les démarches de contrôle engagées par la Fédération ont servi

---

[2673] P. JESTAZ « Faute du promoteur syndiqué et responsabilité syndicale », *D.* 1971, p. 71.

[2674] « Certification des opérations de promotion immobilière », *Dictionnaire Permanent Construction et urbanisme*, Editions Législatives, actualisé le 25 juin 2014, § 27, p. 3564 : « *Pour assurer un meilleur service offert aux maîtres de l'ouvrage, la Fédération des promoteurs-constructeurs de France a mis en place une certification particulière à la profession qui, par ailleurs, peut être une première étape conduisant à la certification ISO 9001 (dont la procédure d'obtention est plus complexe). Intitulée QUALIPROM, cette démarche de qualité tend à améliorer l'information donnée aux clients sur les caractéristiques et les performances de la construction, objet du contrat, lesquelles sont définies dans un cahier des charges établi et validé par l'ensemble des parties* ». Le label QUALIPROM a été créé en collaboration avec l'Association Française pour l'Assurance de la Qualité (AFAQ) - qui fusionnera avec l'Association Française de Normalisation pour former le groupe AFNOR - et le Centre Scientifique et Technique du Bâtiment (CSTB). J.-B. TAILLAN, C. SABUT (dir.), *Dictionnaire de la maîtrise d'ouvrage publique et privée*, 2ème éd., Le Moniteur, 2019, p. 96 : le référentiel de certification QUALIPROM « *comporte des exigences relatives au système de management des processus de réalisations opérationnels des promoteurs constructeurs touchant leur organisation* ».

[2675] Cass. Civ. 3ème, 6 janvier 1972, n° 70-11998, *Bull. civ.* III, n° 8, p. 6, *D.* 1972. 273.

les intérêts des accédants, dans leur contenu mais également dans leurs effets, en leur permettant d'agir contre elle en indemnisation, lorsque ces démarches n'avaient pas produit les résultats attendus. Indépendamment de ce risque contentieux, qui reste anecdotique, ces contrôles servent les intérêts de la profession, en la rendant plus sélective et, ce faisant, plus performante. Ils favorisent de surcroît les intérêts des partenaires et des clients, en répondant au plus près à leurs attentes. Ces contrôles peuvent emprunter différentes voies. Certains méritent d'être imposés aux professionnels, comme dans le cas de l'agrément, car la vérification des conditions d'accès à la profession est déterminante. D'autres méthodes de « contrôle », comme les labels, devraient au contraire s'appliquer à la discrétion des promoteurs, dans la mesure où elles s'inscrivent dans une démarche de qualité que tous les promoteurs n'ont pas les moyens de poursuivre, sans pour autant être défaillants dans l'exercice de leur activité.

836. Un contrôle *intuitu personae* par la délivrance d'agréments. La délivrance d'un agrément va de pair avec l'instauration d'un statut professionnel, prévoyant des conditions restrictives de compétence ou d'expérience, ainsi que la souscription de garanties de nature financière ou assurancielle. Un tel agrément pourrait, comme cela a été proposé et à l'instar de ce qui se pratique dans d'autres professions immobilières, se matérialiser dans l'édition d'une carte professionnelle, facile à communiquer auprès de l'administration, des établissements bancaires ou d'assurance, des constructeurs, voire également des clients. Les conditions à réunir pour l'obtention de la carte pourraient le cas échéant être vérifiées par la Fédération, qui se chargerait alors de délivrer l'agrément permettant l'exercice effectif de l'activité, en étant investie d'une telle mission par la loi. La Fédération pourrait ainsi exercer cette fonction indépendamment des adhésions régularisées par les promoteurs auprès d'elle, afin de respecter le principe constitutionnel de liberté syndicale. A défaut, pour pouvoir représenter la totalité de la profession, sans que l'adhésion ne soit plus une faculté laissée à la libre discrétion de ses membres, le rapprochement de son statut avec celui de l'ordre professionnel serait *a priori* inévitable.

837. Un contrôle *intuitu materiae* par la délivrance de labels. Un label peut se définir comme le « *signe distinctif apposé sur un produit destiné à la vente ou accompagnant un service et garantissant une certaine qualité du produit (matière première, solidité, épreuves subies...)* »[2676]. Il n'est pas sans rappeler le mécanisme de la certification[2677], que l'article L. 115-27 du Code de la consommation définit comme le fait pour un « *organisme, distinct du fabricant, de l'importateur, du vendeur, du prestataire ou du client* », d'attester « *qu'un produit, un service ou une combinaison de produits et de services est*

[2676] G. CORNU, assoc. H. CAPITANT, *op. cit.*, p. 593. On peut citer, à titre d'exemple, les labels « Vivrelec », « Qualitel » ou encore « Promotelec ».

[2677] On peut citer, à titre d'exemple, les certifications « NF Maison Individuelle » ou « ISO 9000 » (distribués aux grands promoteurs immobiliers).

conforme à des caractéristiques décrites dans un référentiel », d'ordre technique. En incitant à la production de bâtiments de meilleure qualité, les certifications d'immeubles neufs représentent incontestablement des avantages commerciaux pour les promoteurs[2678], dans la mesure où elles sont un gage tangible de sophistication et de performance pour le candidat à la propriété. Si la dynamique de labellisation des bâtiments à laquelle on assiste aujourd'hui n'a pas conduit l'Etat à définir son propre label - alors qu'un tel projet pourrait être l'occasion d'incarner les engagements pris en faveur de l'écologie[2679] - la Fédération des Promoteurs Immobiliers pourrait se charger de superviser la délivrance des labels aux professionnels qui en remplissent les conditions. Force est néanmoins de reconnaître que, même labellisé, aucun programme immobilier ne peut écarter avec certitude la survenance de dommages ou de préjudices de jouissance, sur la période d'épreuve décennale. De fait, « *malgré tous les progrès techniques, en dépit du professionnalisme des intervenants, nonobstant une législation de plus en plus contraignante et protectrice des intérêts des habitants, personne n'a encore réussi à construire un immeuble parfait* »[2680]. En outre, la recherche de labels s'accompagne inévitablement d'une augmentation du coût de la construction[2681].

838. Doter la Fédération des Promoteurs Immobiliers d'un pouvoir de contrôle serait un moyen efficace de matérialiser la restriction de l'accès et de l'exercice de l'activité aux promoteurs possédant les qualités exigées. De manière facultative, la Fédération pourrait aussi être amenée à valoriser les programmes, dont les caractéristiques les rendent éligibles à l'obtention de labels ou certifications. Une fois intégré parmi les promoteurs habilités, le professionnel devenu défaillant ne saurait poursuivre impunément son activité. Avant d'envisager le retrait de son agrément, symbolisant son interdiction d'exercer, il devrait pouvoir faire l'objet de sanctions échelonnées visant à le rappeler à l'ordre. Toutefois, de telles sanctions paraissent à ce jour inconcevables.

2. L'exercice compromis de prérogatives coercitives

839. Des sanctions graduelles. Conformément à ce que les ordres professionnels pratiquent le plus souvent, la Fédération pourrait se référer à une échelle de peines graduées, allant de l'avertissement à l'interdiction définitive

---

[2678] M. MARTON, « Les certifications en exploitation : le nouveau critère différenciant », *Le Moniteur*, 28 octobre 2014.

[2679] T.L., « 440 000 logements et 3,7 millions de m2 de tertiaire labellisés Effinergie », *Le Moniteur*, 20 janvier 2015.

[2680] B. DUBAN, *op. cit.*, p. 114.

[2681] *Ibid.*, p. 121 : « *Au nom de l'intérêt général et de la qualité de l'habitat, prolifèrent depuis plusieurs années des normes dont le bien-fondé n'est pas contestable mais dont les effets économiques provoquent une désolvabilisation de nombreux accédants à la propriété* ».

d'exercer, en passant par le blâme et l'interdiction temporaire d'exercer. Elle aurait en outre la possibilité de prononcer les sanctions avec sursis, de les assortir de mesures de contrôle ou de formation, voire d'imposer la publication de la décision, par ses propres canaux ou par d'autres médias. En tout état de cause, la procédure devrait immanquablement respecter l'ensemble des critères découlant du droit au procès équitable, consacré à l'article 6§1 de la Convention européenne de sauvegarde des droits de l'homme et des libertés fondamentales[2682]. Les décisions de la Fédération devraient notamment pouvoir faire l'objet de voies de recours devant les juridictions administratives nationales.

840. L'absence de pouvoir de sanction des adhérents. En tant que syndicat, la Fédération des Promoteurs Immobiliers ne pourrait raisonnablement être investie d'un pouvoir de sanction à l'égard de professionnels situés en dehors de son cercle d'adhérents. En l'absence de tout lien de droit entre elle et ces tiers, aucune prérogative coercitive n'est envisageable à leur encontre. Or, la question se pose aussi à l'égard de ses propres adhérents. Un syndicat peut-il véritablement sanctionner ses membres alors que ses principaux revenus, si ce n'est la majorité, proviennent des cotisations qu'ils lui versent ? Un conflit d'intérêts pourrait apparaitre. De surcroît, le pouvoir de sanction est en principe réservé aux ordres professionnels, dotés de prérogatives de puissance publique, à l'exclusion des syndicats, dépourvus de tels moyens d'action. Confier à la Fédération ce pouvoir impliquerait donc nécessairement de faire évoluer son statut juridique, par la voie législative, ce qui n'est, à ce jour, ni un projet souhaité par les professionnels, ni un projet à l'étude auprès des parlementaires.

841. Nombreux sont les auteurs qui reconnaissent que « *la prévention des sinistres pourrait être améliorée en amont, par un encadrement plus sévère de la qualité des hommes qui construisent, des processus mis en œuvre, ainsi que de la qualité des contrôles réalisés sur les constructions* »[2683]. En ce sens, la Fédération des Promoteurs Immobiliers pourrait aspirer à voir ses missions de représentation et d'assistance complétées par des pouvoirs de contrôle et de sanction des professionnels. Si l'extension de ses prérogatives reste parfaitement théorique à ce jour, car subordonnée à une réforme législative qui n'est pas d'actualité, elle doit rester un projet qui continue à susciter la réflexion, dans l'intérêt des promoteurs comme des tiers.

2682 Cf. *Supra*, § 810.

2683 C. PONCE, *Assurance-construction et garanties de bonne fin*, Thèse, Université d'Aix-Marseille, 2003, p. 382.

Conclusion du Chapitre 1

842. Bien que la liberté du commerce et de l'industrie soit un principe de valeur constitutionnelle en France, il souffre de nombreuses dérogations, comme le démontrent les professions qui voient leur accès et leurs conditions d'exercice enfermées dans un statut légal ou réglementaire. Parmi elles, se trouvent certains acteurs de l'immobilier ou de la construction, dont le promoteur immobilier ne fait pas partie, ce qui est pour le moins paradoxal à l'aune des risques matériels et juridiques qu'implique son activité et des enjeux financiers qu'elle soulève. A défaut de contrôler les professionnels, le législateur réglemente les opérations de construction sur le plan technique comme juridique. Spécialement en secteur protégé, la promotion immobilière est soumise à « *une législation d'assainissement spécifique* »[2684]. Cela étant, « *sans que la profession existe en tant que telle* », à travers un statut qui lui est propre, « *la pratique est extrêmement réglementée* »[2685]. Pourtant, plusieurs propositions de lois ont tenté, en 1977 et en 1995, d'instaurer un statut spécialement applicable au promoteur. Ces projets de réforme, restés lettre morte, furent l'occasion de présenter une définition du promoteur et de son activité, ainsi qu'une description détaillée des conditions à respecter pour pouvoir l'exercer. À l'heure actuelle, seules des mesures ponctuelles d'interdictions ou d'incompatibilités subsistent, à l'exclusion d'un véritable statut : les professionnels qui ont fait l'objet de condamnations à certaines infractions et les parlementaires ne sont pas autorisés à exercer une activité de promotion immobilière. Pourtant, force est de constater que les arguments favorables à l'instauration d'un statut restent d'actualité. Parmi eux, se trouvent la possibilité de doter le promoteur d'une définition claire et la volonté de privilégier un régime préventif - et non essentiellement correctif comme c'est le cas aujourd'hui - pour l'ensemble des promoteurs, y compris en secteur libre. Se pose donc encore la question de savoir comment l'accès à la profession pourrait être réglementé et comment son exercice pourrait ensuite être contrôlé.

843. L'aptitude à exercer la profession de promoteur doit pouvoir être vérifiée, à travers un examen de ses compétences professionnelles. Les métiers qui composent la promotion immobilière, du développeur foncier au directeur de programmes, sont polyvalents et nécessitent de nombreuses connaissances. Plusieurs diplômes proposent désormais des formations sur mesure pour embrasser ce type de carrière, dont l'obtention pourrait être impérative, et non plus seulement facultative. En lieu et place des diplômes, ou en complément, pourrait également être exigées plusieurs années d'expérience dans le secteur de la promotion immobilière, afin de tenir compte des qualifications acquises en pratique. Outre les compétences subjectives, le candidat à la profession de

---

[2684] J.-L. BERGEL (dir.), « Interdictions d'exercice », *Lamy Droit Immobilier*, actualisé en juin 2019, § 2750.
[2685] J. POLLARD, *op. cit.*, p. 15.

promoteur devrait également attester du respect de certaines formalités, de nature financière, visant à le prémunir d'éventuelles difficultés en cours d'activité. Ainsi, il pourrait notamment lui être imposé de souscrire une garantie d'achèvement, y compris en secteur libre, de contracter une assurance professionnelle résiduelle venant compléter la couverture de l'assurance décennale, ou bien encore de disposer d'un *ratio* de fonds propres à investir dans chacun de ses projets. De surcroît, ces précautions restent insuffisantes si le promoteur ne se conforme pas, pendant sa vie professionnelle, à une certaine éthique. Alors que l'on associe traditionnellement la déontologie aux professions réglementées, notamment libérales, on observe un développement de cette dernière chez les professionnels marchands, sous la forme de règles adoptées spontanément, sanctionnées dans certains cas sur le plan disciplinaire. La Fédération des Promoteurs Immobiliers a elle-même adopté en 2017 ses propres « principes éthiques ». Ceux-ci s'intéressent au rôle du promoteur en société, à l'accompagnement du client, ainsi qu'aux rapports entre « confrères », en valorisant une déontologie plus centrée sur la conduite de l'activité que sur l'individu.

844. En parallèle, il convient aussi de s'interroger sur le rôle déterminant que serait susceptible de jouer la Fédération des Promoteurs Immobiliers, en tant qu'organisme collectif représentatif de la profession. En effet, à défaut d'être réunis au sein d'un ordre professionnel, les promoteurs ont constitué leur propre syndicat patronal. Si son objet est plus restreint que celui d'une association professionnelle, sa capacité juridique est bien plus étendue. À l'heure actuelle, la Fédération est dotée de missions presque exclusivement dédiées à la protection de ses adhérents, qu'il s'agisse de la représentation de la profession et de la défense de ses intérêts à l'égard des tiers - à travers sa fonction de lobby - ou de l'information et de la formation de ses membres. En contrepartie des services auxquels elle pourvoit, on pourrait imaginer qu'elle soit également dotée de prérogatives plus coercitives, lui permettant de se saisir du contrôle des professionnels, *intuitu personae* par la délivrance d'agrément, ou *intuitu materiae* par la délivrance de labels. S'agissant pour le reste d'un éventuel pouvoir de sanction, il ne saurait être confié pour l'heure à la Fédération, faute pour cette dernière de posséder le dimensionnement juridique adéquat. Ainsi, la notion de promoteur, par nature fonctionnelle et incarnée dans une figure professionnelle, commande d'interroger le statut sur lequel elle débouche, tant du point de vue professionnel, que du point de vue juridique, au regard du régime de responsabilité encouru.

Chapitre 2. La réévaluation du régime de responsabilité du promoteur immobilier

845. L'entreprise de définition de la notion de promoteur immobilier, qui s'impose en considération des ambiguïtés constatées en droit positif, implique aussi de s'interroger sur le régime juridique qui lui est attaché *lato sensu*. L'adoption d'un statut professionnel applicable au promoteur immobilier permettrait d'introduire des mesures de contrôle préventives, qui autoriseraient à repenser le système normatif dans lequel celui-ci évolue. En effet, les réflexions menées sur le statut du promoteur ne doivent pas se limiter aux seules règles de nature « professionnelle », mais doivent inclure les questionnements relatifs à la responsabilité qu'il supporte, dans ses rapports aux accédants. L'instauration d'un statut professionnel pourrait conduire à revoir son régime de responsabilité, ou à tout le moins, à mettre l'un et l'autre dans un rapport de cohérence et de proportion. Cela étant, instaurer un statut « professionnel » du promoteur induit de réexaminer plus largement son statut « juridique », soit également sa responsabilité légale et contractuelle, selon une vision englobante et exhaustive. Compte tenu de son caractère fonctionnel, la notion de promoteur immobilier s'est forgée autour du régime juridique spécifique qui a été pensé pour elle, et non l'inverse. La notion de promoteur se découvre donc *ab initio* à travers l'analyse de la responsabilité dérogatoire qu'elle entraîne, en tant que fondement de celle-ci. Puis le travail de définition de la notion conduit *in fine* à revenir sur les conditions du régime qui lui est attaché. A ce titre, si les garanties légales qui pèsent sur le promoteur paraissent critiquables, en ce qu'elles sont décorrélées de toute faute de sa part, voire détachées de tout lien d'imputabilité[2686], celui-ci n'en est qu'un « débiteur-relais » et ne les supporte pas définitivement. Rien ne justifie leur suppression mais plusieurs arguments militent au contraire pour leur amélioration (Section 1). En revanche, le fait pour le promoteur de voir sa responsabilité contractuelle reposer sur une obligation de résultat générale à l'égard de l'accédant n'est pas justifié en toutes hypothèses. Afin de préserver un certain équilibre dans la relation qui unit ces deux parties, son obligation de résultat de principe devrait être remplacée par un régime d'obligation hybride, mieux adapté aux particularismes de son activité. L'obligation de résultat du promoteur pourrait ainsi coexister avec une obligation de moyens en matière de conformité technique (Section 2).

Section 1. L'intérêt de conserver les garanties légales imposées au promoteur

846. Les garanties légales du promoteur immobilier - des vices apparents, d'isolation phonique, biennale et décennale - ont été conçues pour préserver les intérêts des accédants confrontés à des dommages matériels sur leur construction, dans un délai maximal de dix ans. Le fait pour le promoteur d'être

[2686] Cf. *Supra*, § 215.

tenu aux mêmes responsabilités légales que les constructeurs réalisateurs est un gage d'équilibre dans la relation qui l'unit à l'accédant, dans la mesure où elles sont pour ce dernier une source de protection non négligeable. Si ces garanties se justifient sur le plan théorique, leur mise en œuvre sur le plan procédural s'avère cependant délicate pour plusieurs raisons. Le recours systématique à l'expertise judiciaire, et la possibilité pour les défendeurs d'appeler en cause leurs propres débiteurs à titre incident, rendent la procédure en dédommagement longue et coûteuse (I). Ces garanties demeurent néanmoins un levier important d'indemnisation pour l'accédant, qui est d'autant moins critiquable du point de vue du promoteur qu'elles ne pèsent sur lui que temporairement, du fait de sa qualité originale de « garant relais ». Les actions récursoires qui lui sont ouvertes à l'encontre des constructeurs réalisateurs et l'existence des assurances obligatoires lui permettent d'amoindrir le montant de la dette indemnitaire restant à sa charge, voire d'en être totalement exempté (II).

I. Des garanties destinées à équilibrer les rapports entre promoteur et accédant

847. Si les garanties légales des constructeurs ont connu différentes évolutions, le principe même de garantie de l'ouvrage nouvellement construit est consacré de longue date par le législateur[2687]. Un tel dispositif était alors à l'avant-garde du mouvement d'objectivation de la responsabilité civile, dans lequel s'inscrivent aujourd'hui pleinement les garanties légales. Le fait pour le promoteur immobilier de compter parmi les débiteurs légalement désignés de ces garanties peut paraître critiquable en première lecture, dans la mesure où il ne prend pas directement part au chantier. En réalité, il doit ces garanties en tant qu'organisateur de l'opération et en raison des profits qu'il tire de cette dernière (A). Quoique bien conçues sur le fond, les garanties légales ne permettent d'aboutir à une réparation des dommages qu'au terme d'une procédure judiciaire chronophage et onéreuse. L'identification des causes techniques des désordres implique d'abord de diligenter, avant dire droit, une expertise judiciaire. Ensuite, concomitamment à cette dernière ou une fois au fond, le promoteur ou tout autre constructeur qui est assigné a la possibilité de faire les appels en cause qu'il juge utiles à titre incident, afin qu'ils soient traités dans le cadre de la même procédure que celle initiée par l'accédant (B).

A) Des garanties justifiées par le besoin de protection des accédants

848. Le droit de la responsabilité civile est pleinement tourné vers la protection de la victime, à qui l'on doit pouvoir garantir la réparation de son dommage, même si cela implique de renoncer à l'exigence de la preuve d'une faute imputable au débiteur. Le droit à la sécurité des victimes a conduit le

[2687] Cf. *Supra*, § 227.

législateur à adopter plusieurs garanties en construction, qui se définissent par leurs caractères objectif, impératif et exclusif (1). Intégré artificiellement à la catégorie des constructeurs, le promoteur supporte paradoxalement les mêmes garanties que les intervenants matériels, alors qu'il ne participe ni à la conception ni à l'exécution de l'ouvrage, ni encore à son contrôle. Sa qualité de garant s'explique néanmoins par l'enrichissement que lui procure l'opération, étant précisé du reste qu'il n'est qu'un « garant relais », non destiné à supporter *in fine* la dette de réparation (2).

1. La garantie comme instrument de protection de l'accédant victime

849. Le mouvement d'« objectivation » de la responsabilité civile. Si, à l'origine, la responsabilité se déclenchait principalement par la démonstration d'une faute, selon une logique répressive, elle répond aujourd'hui tout autant à une fonction corrective, centrée sur le besoin de réparation de la victime. Les garanties légales des constructeurs s'inscrivent pleinement dans le mouvement d'« objectivation » qu'a connu le droit de la responsabilité[2688], à rebours du principe selon lequel la responsabilité personnelle est nécessairement fondée sur la faute[2689]. Les théories du risque-créé et du risque-profit, systématisées par Raymond SALEILLES[2690] et Louis JOSSERAND[2691] à la fin du XIXème siècle,

---

[2688] L. GRYNBAUM, « Responsabilité du fait des choses inanimées », *Répertoire de droit civil*, Dalloz, juin 2011 (actualisé en septembre 2018), § 23 : la « *dépersonnalisation de l'origine du dommage, la nécessité de réparer les victimes et la prise en charge par un tiers de l'indemnisation (assurance, sécurité sociale) représentent les causes essentielles du déclin de la faute comme fondement de la responsabilité.* (…) *La faute, notion religieuse ou morale ne convenait plus comme justification universelle et unique d'une responsabilité qui tend à une réparation systématique* ».

[2689] Il s'agit désormais d'un principe constitutionnel (Cons. const., 22 octobre 1982, décision n° 82-144 DC, loi relative au développement des institutions représentatives du personnel ; Cons. const., 9 novembre 1999, décision n° 99-419 DC, loi relative au pacte civil de solidarité).

[2690] R. SALEILLES, *Les accidents du travail et la responsabilité civile*, A. Rousseau, 1897. J. BELLISSENT, *Contribution à l'analyse de la distinction des obligations de moyens et des obligations de résultat*, Thèse, Université de Montpellier, 2001, p. 178 : selon Raymond SALEILLES, est tenu pour responsable celui qui « *a accepté de courir un risque en vue d'obtenir un profit ou une satisfaction quelconque* ». Il en résulte que « *dans le Code civil, le risque constitue ''le fondement'' le plus immédiat du transfert de dette de réparation qui s'opère entre l'auteur matériel du dommage d'une part, et le responsable définitif d'autre part* ». Toute activité dommageable, même non fautive, doit être génératrice de responsabilité pour celui qui en est à l'origine.

[2691] L. JOSSERAND, *De la responsabilité du fait des choses inanimées*, A. Rousseau, 1897. G. MAITRE, *La responsabilité civile à l'épreuve de l'analyse économique du droit*, Thèse, LGDJ, 2005, p. 35 : pour Louis JOSSERAND, la responsabilité repose sur une « *causalité mécanique* » entre l'agent et le dommage, selon une « *formulation*

ont largement favorisé l'émergence des responsabilités objectives, à l'instar de celles consacrées à partir des articles 1384 et suivants du Code civil[2692]. Comme le résume Philippe LE TOURNEAU, « *en se plaçant dans cette perspective du risque, le juge n'a pas à rechercher l'illicéité de l'acte reproché à l'agent. Les questions de responsabilité deviennent de simples questions* objectives, *qui se réduisent à la recherche d'un* rapport de causalité »[2693]. Pour Grégory MAITRE néanmoins, cette vision évolutive de la responsabilité doit être tempérée ; « *la théorie du risque de Saleilles persiste à reprocher quelque chose au responsable, ce qui ne la détache pas totalement de l'idée de faute* »[2694].

850. Au XXème siècle, Boris STARCK marque une nouvelle rupture, en œuvrant pour la reconnaissance d'un « droit subjectif à la sécurité »[2695] dans le cadre de sa théorie de la garantie[2696]. Celui-ci « *modifie la prémisse du raisonnement en droit de la responsabilité ; il part de la victime pour fonder son analyse et non de l'auteur du dommage comme c'était le cas pour la faute et la théorie du risque* »[2697]. Selon lui, il existe une garantie objective au profit de toute victime d'un dommage corporel ou matériel, sans qu'il soit nécessaire qu'une faute ait été commise. Il n'est plus requis dans ce cas de rechercher la cause du dommage : seule compte la réparation de la victime. La preuve d'une faute ne resterait nécessaire que lorsque le dommage est de nature économique ou morale[2698]. Certes, la responsabilité objective présente l'avantage d'automatiser la réparation de la victime, mais elle malmène la fonction dissuasive de la responsabilité. On peut difficilement considérer que cette dernière conserve dans ce cas sa « *fonction normative* », « *en prescrivant aux professionnels des normes de comportement, afin de moraliser la vie des affaires et protéger le marché dans son ensemble* »[2699], dans la mesure où « *la*

---

extrême de la théorie du risque », visant à en « *extraire définitivement toute idée de faute* ».

[2692] L. GRYNBAUM, *art. préc.*, § 22.

[2693] P. LE TOURNEAU, « Responsabilité : généralités », *Répertoire de droit civil*, Dalloz, mai 2009 (actualisé en avril 2019), § 161.

[2694] G. MAITRE, *th. préc.*, p. 35.

[2695] M. POUMARÈDE, « Notion d'obligation contractuelle » *in* P. LE TOURNEAU (dir.), *Droit de la responsabilité et des contrats. Régimes d'indemnisation*, 11ème éd., Dalloz, 2017, § 3122.61.

[2696] B. STARCK, *Essai d'une théorie générale de la responsabilité civile considérée en sa double fonction de garantie et de peine privée*, L. Rodstein, 1947.

[2697] L. GRYNBAUM, « Responsabilité du fait des choses inanimées », *Répertoire de droit civil*, Dalloz, juin 2011 (actualisé en septembre 2018), § 25.

[2698] F. TERRÉ, P. SIMLER, Y. LEQUETTE, F. CHÉNEDÉ, *Droit civil. Les obligations*, 12ème éd., Dalloz, 2018, p. 984 : en présence de dommages corporels ou matériels, une garantie objective serait due à la victime. Pour ces dommages, il ne serait pas nécessaire d'apporter la preuve d'une faute. En revanche, en cas de dommages purement économiques ou moraux, la responsabilité de l'auteur resterait fondée sur la faute.

[2699] D. BERT, *Le droit de l'activité professionnelle indépendante. Essai d'une théorie générale*, Thèse, Université de Versailles Saint-Quentin-en-Yvelines, 2010, p. 334.

responsabilité sans faute n'impose qu'une constatation objective du fait générateur, sans procéder en principe à aucune évaluation du comportement du responsable »[2700]. Grégory MAITRE considère à l'inverse que la responsabilité sans faute « *incite l'auteur du dommage à adopter spontanément le niveau de précaution optimal* »[2701].

851. Le recours au mécanisme de la « garantie » en construction[2702]. La loi ne donne aucune définition générique de la garantie[2703], si bien que plusieurs définitions coexistent en fonction de la typologie concernée[2704]. Selon Bernard GROSS, la garantie est « *une obligation complexe, d'origine légale ou conventionnelle, qui, dans certains contrats à titre onéreux où le créancier peut craindre d'être trompé sur les droits que son contractant lui transmet sur la chose, ou sur l'utilité de celle-ci, vient se superposer à certaines obligations nées du contrat et assure le garanti du résultat pratique de l'exécution normale de la convention, tout en lui promettant une réparation très efficace du dommage causé au cas où ce résultat ne serait pas atteint définitivement* »[2705]. Elle constitue, en cela, « *une mesure visant à restaurer au profit du créancier l'avantage qu'il entendait à l'origine tirer du contrat* »[2706]. La garantie se présente ainsi comme une exception apportée au régime de responsabilité de

---

[2700] G. MAITRE, *th. préc.*, p. 85.

[2701] *Ibid.*, p. 136.

[2702] R. RAFFI, *L'obligation de garantie du constructeur immobilier*, Thèse, Université de Bordeaux, 1994, p. 313 : « *C'est pour essayer de dépasser le cadre classique de la responsabilité quasi-subjective du constructeur immobilier, dans le but d'améliorer la situation de la victime, que le législateur a été conduit, presque nécessairement, à réduire l'imputabilité à la portion congrue et, de la sorte, à envisager la désignation de garants, dont la fonction est, précisément, de garantir, plus exactement de préfinancer la réparation du dommage* ».

[2703] B. GROSS, *La notion d'obligation de garantie dans le droit des contrats*, Thèse, Université de Nancy, 1964, p. 64 : « *En droit français, tout au moins, la notion est trop vague, trop fuyante pour servir de base à une institution de droit positif* ». V. P. JOURDAIN, « Quelques réflexions sur la notion de garantie en droit privé » *in Etudes offertes au Professeur Philippe Malinvaud*, LexisNexis Litec, 2007, p. 303.

[2704] S. GUINCHARD, T. DEBARD, *Lexique des termes juridiques*, 27ème éd., Dalloz, 2019, p. 518 : en droit de la vente, la garantie se définit comme « *une obligation mise à la charge d'un contractant, destinée à assurer la jouissance paisible de fait et de droit de la chose remise à l'autre partie, alors même que le trouble ne résulte pas de son fait* ».

[2705] B. GROSS, *th. préc.*, p. 103. L'étendue de l'engagement assumé par le garant fait dire à l'auteur : « *ce n'est pas le bon père de famille, c'est le contractant parfait* » *(ibid.*, p. 138).

[2706] N. BARGUE, *Essai sur la notion de garantie*, Thèse, Université Paris I, 2008, p. 53. La garantie offre au créancier « *un droit d'action supplémentaire en cas de survenance du risque* », afin d'« *aider l'obligation principale du contrat à atteindre son but* » (*idem*).

droit commun, pour pallier ses insuffisances[2707]. Il s'agit d'un accessoire de la créance[2708], soit dans notre hypothèse, d'un accessoire du droit de propriété exercé sur le bien nouvellement construit[2709]. Les garanties sont ponctuellement consacrées par la loi, dans des cadres contractuels réglementés[2710]. Elles se rencontrent dans les contrats onéreux les plus importants de la vie courante, dont l'exécution comporte une part d'incertitude. On trouve ainsi la garantie des vices cachés et la garantie d'éviction, dans la vente immobilière[2711] et le bail[2712]. En matière de construction, les garanties légales visent pour l'essentiel à garantir la viabilité de l'ouvrage dans le temps. Si elles peuvent être rapprochées de la garantie des vices cachés, au regard de leur assiette exclusivement matérielle et de leur finalité - la réparation de vices altérant l'usage du bien - elles n'en conservent pas moins leur spécificité.

852. Le caractère objectif des garanties légales de construction. Comme l'indique l'article 1792 du Code civil, les garanties qui pèsent sur le promoteur donnent lieu à une « *responsabilité de plein droit* », qui s'apparente à une véritable « *présomption de responsabilité* », puisque la faute du débiteur est totalement indifférente et que la constatation du dommage est suffisante[2713]. De même que pour l'obligation de résultat, il n'est aucunement tenu compte des diligences accomplies par le débiteur dans l'exécution de ses engagements. En revanche, à la différence de l'obligation de résultat, le garant peut rester tenu même lorsque le dommage résulte d'une cause étrangère. Les garanties n'entraînent donc pas seulement une présomption de responsabilité, qui consisterait en un renversement de la charge de la preuve, elles se rapprochent d'une véritable règle de fond. En ce sens, l'obligation de garantie, contrairement à l'obligation de résultat, « *n'appartient pas au domaine de la responsabilité* »[2714], bien que l'article 1792 du Code civil se réfère à la « *responsabilité* » décennale. Pour que celle du promoteur soit engagée, il suffit

---

[2707] Le droit commun prévoit néanmoins, en dehors de toutes prévisions des parties, certains mécanismes destinés à « garantir » le créancier (action directe, action oblique ou paulienne, compensation, rétention, exception d'inexécution…).
[2708] N. BARGUE, *th. préc.*, p. 281.
[2709] *Ibid.*, p. 335.
[2710] B. GROSS, *th. préc.*, p. 112.
[2711] Articles 1626, 1643 du Code civil.
[2712] *Ibid.*, article 1721.
[2713] V. Cass. Civ. 3ème, 21 février 1979, n° 77-15476, *Bull. civ.* III, n° 46, p. 34.
[2714] N. SAID BENYAHIA, *L'évolution des concepts d'obligation de moyens et d'obligation de résultat*, Thèse, Université Rennes I, 1990, p. 335. M. POUMARÈDE, « Preuve de l'inexécution d'une obligation contractuelle » *in* P. LE TOURNEAU (dir.), *op. cit.*, § 3123.53 : la garantie du promoteur « *va ainsi beaucoup plus avant que l'obligation de résultat, dont elle se sépare radicalement : non seulement la charge est renversée, mais la nature de l'engagement est affectée (…). La garantie, purement objective, est comme une sûreté au profit de son bénéficiaire, qui échappe en vérité au mécanisme et à la logique du Droit de la responsabilité* ».

uniquement que le désordre ait un lien avec l'opération qu'il a supervisée[2715], sans qu'il ne puisse, en réalité, s'exonérer par le fait du tiers, la faute de la victime ou la force majeure[2716]. Partant, si le promoteur ne parvient pas, dans le cadre de ses propres recours, à imputer le désordre à un constructeur réalisateur clairement identifié, il reste obligé à l'égard de l'accédant. En tant que garant, il supporte ainsi « *la charge des hypothèses douteuses* »[2717].

853. Le caractère impératif des garanties légales de construction. Conformément à l'article 1792-5 du Code civil, les garanties légales des constructeurs sont d'ordre public. Il s'agit ici d'un ordre public économique et de protection, cherchant à « *rétablir entre le faible et le fort un équilibre que ne réalise pas spontanément le jeu contractuel* »[2718], quoique certains auteurs voient dans les garanties un objectif de sécurité publique[2719]. Les parties, même professionnelles, ne peuvent en aucun cas renoncer à ces garanties par la voie conventionnelle, à l'inverse de la garantie des vices cachés, qui peut être écartée au profit du vendeur non-professionnel[2720]. Le caractère impératif des garanties rappelle que ces dernières incarnent la protection minimale à laquelle l'accédant doit toujours avoir droit, les parties pouvant *a fortiori* prévoir conventionnellement une extension de leur assiette[2721].

854. Le caractère exclusif des garanties légales de construction. Les garanties légales des constructeurs ne se cumulent avec aucune autre source de responsabilité, que ce soit concomitamment - sauf exception relative aux non-conformités réservées[2722] - ou successivement[2723]. En premier lieu, si les

---

2715 R. RAFFI, *th. préc.*, p. 505 : « *La différence entre la garantie et la responsabilité recouvre celle qui existe entre l'imputabilité du désordre à l'activité de construction (condition de la garantie d'indemnisation) et l'imputabilité du désordre à l'activité du constructeur (condition de la responsabilité)* ».

2716 Cf. *Supra*, § 218 et s.

2717 B. GROSS, *th. préc.*, p. 174.

2718 F. TERRÉ, P. SIMLER, Y. LEQUETTE, F. CHÉNEDÉ, *op. cit.*, p. 571.

2719 B. GROSS, *th. préc.*, p. 110.

2720 V. G. VINEY, « Les clauses aménageant la responsabilité des constructeurs », *RDI*, 1982, p. 319.

2721 A titre d'exemple, l'article 1792-3 du Code civil indique que la garantie de bon fonctionnement est d'une durée « minimale » de deux ans.

2722 Les non-conformités réservées sont couvertes à la fois par la garantie de parfait achèvement et par la responsabilité contractuelle. Cass. Civ. 3ème, 13 décembre 1995, n° 92-11637, *Bull. civ.* III, n° 255, p. 172, *RDI* 1996. 223, obs. P. MALINVAUD, B. BOUBLI : « *la responsabilité contractuelle de droit commun de l'entrepreneur et de l'architecte, avant la levée des réserves, subsiste concurremment avec la garantie de parfait achèvement due par l'entrepreneur* ». Cass. Civ. 3ème, 30 juin 2009, n° 08-18410, inédit, *Constr. Urb.* 2009. 116, obs. M.-L. PAGÈS-DE VARENNE. Cass. Civ. 3ème, 12 novembre 2020, n° 19-22304, inédit : « *l'inexécution par l'entrepreneur de ses obligations à l'égard du maître de l'ouvrage engage sa responsabilité contractuelle de droit commun, laquelle subsiste concurremment avec la garantie de parfait achèvement,*

conditions qui président à l'application des garanties légales sont remplies, seules ces dernières sont mobilisables, à l'exclusion de l'article 1231-1 du Code civil qui sanctionne les inexécutions contractuelles[2724]. Il faut donc en déduire que « *c'est uniquement lorsque les conditions de mise en œuvre des garanties légales ne sont pas réunies que les désordres invoqués sont susceptibles d'être réparés en vertu du droit commun, lequel est en définitive d'application seulement subsidiaire* »[2725]. Les garanties sont aussi exclusives au sens où elles ne se cumulent pas entre elles, afin d'éviter une superposition qui conduirait à la « *balkanisation* » du régime de responsabilité du constructeur[2726]. Les garanties sont, au contraire, alternatives. A titre d'exemple, « *la garantie des dommages des articles 1792 et suivants va se substituer à la garantie de la vente qui aurait normalement été applicable au contrat de commercialisation considéré* »[2727], telle que la garantie des vices cachés[2728] ou la responsabilité légale du fait des produits défectueux[2729], « *parce que l'objet de la vente, un immeuble neuf, prend le pas sur la qualification juridique de l'opération* »[2730]. Selon François MAGNIN, cette règle est défavorable aux deux parties. Du point de vue de l'acheteur, au lieu de courir sur deux ans à compter de la découverte du vice, la garantie de l'immeuble vendu est limitée à un, deux ou dix ans après la réception et dépend ainsi d'un point de départ « fixe ». S'agissant du vendeur non-professionnel, il est quant à lui privé de la possibilité de s'exonérer pleinement des vices cachés lorsqu'il vend un immeuble construit depuis moins

même si la mise en œuvre de la responsabilité n'est pas intervenue dans le délai de cette garantie ».

2723 P. MALINVAUD, « L'autonomie de la garantie des vices en matière immobilière », *RDI*, 1998, p. 321.

2724 Cass. Civ. 3ème, 10 avril 1996, n° 94-17030, *Bull. civ.* III, n° 100, p. 65, *RDI* 1996. 379, obs. P. MALINVAUD, B. BOUBLI.

2725 N. RIAS, « Des actions de l'acquéreur immobilier victime de dommages de construction », *Gaz. Pal.*, n° 269, 26 septembre 2013. J.-B. AUBY, H. PÉRINET-MARQUET, R. NOGUELLOU, *Droit de l'urbanisme et de la construction*, 11ème éd., LGDJ, 2017, pp. 867-873 : le fondement contractuel pourra ainsi être employé dans le cas de travaux non constitutifs de la réalisation d'un ouvrage, de travaux non réceptionnés, en cas de non-respect d'obligations « purement contractuelles » (manquement à l'obligation d'information, retard), *etc.*

2726 J.-L BERGEL, S. CIMAMONTI, Fasc. 222 « Construction. – Responsabilité des vices, malfaçons et dommages du promoteur à l'égard du souscripteur », *JCl. Construction-Urbanisme*, LexisNexis, 2006, p. 25.

2727 P. MALINVAUD, « L'autonomie de la garantie des vices en matière immobilière », *RDI*, 1998, p. 321. Cass. Civ. 3ème, 25 janvier 1995, n° 93-12017, *Bull. civ.* III, n° 31, p. 19. Cass. Civ. 3ème, 7 avril 2004, n° 02-31015, *Bull. civ.* III, n° 73, p. 68. Cass. Civ. 3ème, 6 décembre 2005, n° 04-18503, inédit.

2728 Cass. Civ. 3ème, 29 mars 2000, n° 97-21681, *Bull. civ.* III, n° 78, p. 52, *RDI* 2001. 74, obs. C. SAINT-ALARY-HOUIN. Article 1641 du Code civil.

2729 Article 1386-6 dernier alinéa du Code civil.

2730 J.-P. STORCK, « La notion du constructeur au sens de l'article 1792-1, 2° du Code civil », *D.* 1998, p. 234.

de dix ans[2731]. C'est peut-être à la lumière de ces arguments que la Cour de cassation a finalement admis le cumul des garanties légales des constructeurs et de la garantie des vices cachés, implicitement d'abord[2732], explicitement ensuite[2733].

855. En second lieu, « *aucune responsabilité ne prend le relais de la garantie des constructeurs lorsque celle-ci est éteinte* »[2734]. C'est là tout l'objet de l'article 1792-4-1 du Code civil, qui prévoit que les personnes réputées constructeurs par la loi et débitrices à ce titre des garanties légales, sont déchargées de toute responsabilité une fois expiré le délai de dix ans qui suit la réception des travaux. Comme le relève François MAGNIN, « *il serait en effet inadmissible de considérer que la garantie du droit commun de la vente prenne ensuite le relais, compte tenu du principe du non-cumul de ces deux types de responsabilités bien établi par la jurisprudence* »[2735]. Par exception cependant, le constructeur peut voir sa responsabilité recherchée au-delà du délai décennal dans l'hypothèse d'une faute dolosive[2736].

856. En écho à l'évolution qu'a connu le droit de la responsabilité civile, le droit de la construction répond à une logique indemnitaire plutôt que répressive, en consacrant l'existence de garanties légales objectives, impératives et exclusives. Ces garanties pèsent sur le promoteur immobilier, malgré sa qualité de constructeur non-réalisateur, du fait des gains qu'il retire de la réalisation du programme.

[2731] F. MAGNIN, « En matière de responsabilité d'un vendeur d'immeuble, la rénovation est assimilée à la construction de celui-ci », *D.* 1993, p. 359.

[2732] Cass. Civ. 3ème, 15 février 1989, n° 87-17603, *Bull. civ.* III, n° 38, p. 22.

[2733] Cass. Civ. 3ème, 17 juin 2009, n° 08-15503, *Bull. civ.* III, n° 143, *RDI* 2009. 475, obs. O. TOURNAFOND : « *Mais attendu que lorsqu'une personne vend après achèvement un immeuble qu'elle a construit ou fait construire l'action en garantie décennale n'est pas exclusive de l'action en garantie des vices cachés de droit commun de l'article 1641 du code civil* ». Dans le même sens : Cass. Civ. 3ème, 11 mai 2010, n° 09-13358, inédit, *RDI* 2010. 450, obs. J.-P. TRICOIRE.

[2734] J.-P. STORCK, « A propos de la responsabilité du vendeur qui vend, après achèvement, un ouvrage qu'il a construit ou fait construire », *D.* 2001, p. 2628.

[2735] F. MAGNIN, art. préc.

[2736] Cass. Civ. 3ème, 27 juin 2001, n° 99-21017 99-21284, *Bull. civ.* III, n° 83, p. 63, *D.* 2001. 2995, obs. J.-F. WEBER, *D.* 2001. 2998, obs. J.-P. KARILA, *RTD Civ.* 2001. 887, obs. P. JOURDAIN, *RDI* 2002. 231, obs. D. TOMASIN, *RDI* 2016. 650, obs. P.MALINVAUD. Cass. Civ. 3ème, 13 octobre 2016, n° 15-24463, inédit, *AJDI* 2017. 48, *RDI* 2017. 94, obs. O. TOURNAFOND, J.-P. TRICOIRE. Cass. Civ. 3ème, 5 janvier 2017, n° 15-22772, *D.* 2017. 392, obs. D. MAZEAUD, *RDI* 2017. 155, obs. P. MALINVAUD.

2. Le devoir de garantie du promoteur fondé sur la théorie du risque-profit

857. Une garantie *a priori* injustifiée au regard du champ d'intervention du promoteur. En intégrant à la catégorie juridique des constructeurs le vendeur d'immeuble construit ou à construire et le mandataire du maître de l'ouvrage, « *le législateur a entendu accroître la liste des personnes redevables de l'indemnisation, sans que leur responsabilité proprement dite soit, sinon concevable, du moins fréquemment envisageable* »[2737]. L'approche communément admise - et du reste vérifiée - de l'activité de promotion immobilière, exclut de cette dernière toute participation matérielle au chantier (en dehors d'un cumul de fonctions), ce qui devrait théoriquement suffire à la rendre étrangère au principe de garantie de l'ouvrage. Ainsi, particulièrement pour le promoteur, ces garanties entraînent une responsabilité détachée de toute faute qui, de surcroît, n'est subordonnée à la preuve d'aucun rapport de causalité entre la prestation exécutée et la survenance du dommage[2738]. Alors qu'en règle générale « *la garantie décennale d'un constructeur ne peut pas être mise en œuvre pour des désordres qui ne sont pas imputables à son intervention* »[2739], cette exigence est balayée lorsqu'il s'agit du promoteur.

858. Une garantie *a priori* injustifiée au regard de l'incompétence technique du promoteur. La garantie va de pair avec la compétence : « *l'homme qui garantit est un homme qui doit être certain de son fait* (…). *Quant au garanti, c'est celui qui a placé sa confiance dans une autre personne et qui attend en retour une sécurité* »[2740]. La responsabilité objective se justifie par le « pouvoir *qu'avait le responsable d'éviter le dommage* »[2741], ou par la « *maîtrise qu'il avait ou qu'il aurait dû normalement avoir des êtres dont il répond* »[2742]. Si la garantie se fonde sur la compétence du débiteur, ou sur le pouvoir qu'il exerce sur les intervenants qu'il missionne, aucun de ces motifs ne peut être avancé s'agissant du promoteur immobilier[2743]. En effet, la majorité des promoteurs, « *simples agents économiques investisseurs ou intermédiaires, ne sont pas des constructeurs au sens technique* »[2744]. Pour cause, « *un promoteur peut être un bon commerçant et un bon financier et ne rien connaître*

[2737] R. RAFFI, *th. préc.*, pp. 375-376.

[2738] Cf. *Supra*, § 213 et s.

[2739] Cass. Civ. 3ème, 25 mars 2015, n° 13-27584 14-13927 14-16441 14 19942, inédit.

[2740] B. GROSS, *th. préc.*, p. 99.

[2741] P. LE TOURNEAU, « Responsabilité : généralités », *Répertoire de droit civil*, Dalloz, mai 2009 (actualisé en avril 2019), § 162.

[2742] *Idem*.

[2743] Cf. *Supra*, § 245, 537 et s.

[2744] J.-P. TRICOIRE, « Promoteur ''professionnel de la construction'' et responsabilité de droit commun de l'architecte », *RDI*, 2011, p. 336.

aux techniques de construction »[2745]. Par ailleurs, le fait de voir dans la responsabilité objective une contrepartie de « *l'*autorité *qui est exercée par le commettant* »[2746] n'est pas plus transposable au promoteur, car la qualité de préposé est incompatible avec le statut du locateur d'ouvrage, qui agit en toute indépendance. Tout au plus pourrait-on considérer qu'à défaut de maîtriser la phase d'édification de l'ouvrage, le promoteur « maîtrise » l'opération, en tant qu'initiateur et organisateur de celle-ci.

859. Des garanties en réalité justifiées par la théorie du risque-profit. Conformément à l'adage « *ubi emolutum ibi et onus esse debet* » - « là où il y a le profit, l'avantage, il y a aussi la charge » - celui qui tire profit d'une activité doit en assumer toutes les conséquences, y compris celles qui ne lui sont pas directement imputables. Cette situation évoque celle du promoteur initiateur qui réalise une marge bénéficiaire sur l'opération qu'il conduit et qui doit, à ce titre, en garantir dans le temps la pleine conformité à ses clients. Dans le prolongement de la théorie du risque-profit, un parallèle peut également être établi avec la théorie anglo-saxonne du « *deep pocket* », qui décrit « *la tendance à désigner en tant que responsable une personne dont les moyens financiers permettront de réparer le préjudice du demandeur alors même que le comportement reproché ne présente pourtant qu'un lien de causalité indirect avec le dommage* »[2747]. Autrement dit, « *il s'agirait d'aller prendre l'argent là où il se trouve et de faire peser le coût des dommages, indépendamment de toute considération sur la causalité, sur ceux qui sont le plus à mêmes de l'assumer, tout simplement parce qu'ils en ont les moyens financiers* »[2748]. L'objectif n'est pas de trouver le responsable du dommage, mais un débiteur solvable qui garantisse à la victime la réparation intégrale de ses préjudices, comme le suggère Boris STARCK[2749]. Si cette explication peut s'employer à justifier les garanties légales pesant sur le promoteur initiateur, qui retire un profit de l'opération, sa portée est moindre s'agissant du promoteur exécutant, dont la rémunération se limite à des honoraires versés en contrepartie des services fournis au maître de l'ouvrage. En tout état de cause, la raison qui consiste à « *désigner un* solvens *au profit de la victime, réputé plus solvable que l'auteur direct du dommage* »[2750] ne se vérifie pas systématiquement en matière de promotion, le promoteur pouvant être *in fine* bien moins solvable que les concepteurs ou les exécutants choisis pour l'opération. Dans un autre registre, le

[2745] H. PÉRINET-MARQUET, « La responsabilité du maître d'ouvrage dans la préparation et la conclusion du marché », *RDI*, 2002, p. 451.

[2746] P. LE TOURNEAU, *art. préc.*, § 170.

[2747] M. BOCCARA, J.-M. BERLY, « La responsabilité du prêteur dans le financement du CCMI », *RDI*, 2015, p. 392.

[2748] J.-S. BORGHETTI, « Peut-on se passer de la causalité en droit de la responsabilité ? » *in* Y. LEQUETTE, N. MOLFESSIS (dir.), *Quel avenir pour la responsabilité civile ?*, Dalloz, 2015, p. 13.

[2749] Cf. *Supra*, § 850.

[2750] *Ibid.*, § 163.

système de garantie applicable au promoteur permettrait également « *de faire peser la responsabilité des dommages passés non pas nécessairement sur ceux qui les ont causés, mais sur les* cheapest cost avoiders, *c'est-à-dire les personnes le plus à même de minimiser, à l'avenir, les coûts liés aux accidents du type de ceux ayant provoqué ces dommages* »[2751]. Les garanties légales auraient ainsi pour vocation d'exercer une influence positive sur le comportement des promoteurs, afin que, dans le cadre de leurs futures opérations, ils agissent en faveur de la prévention des dommages.

860. La garantie « en première ligne » du promoteur. A l'image des garanties qui existent en matière de responsabilité du fait d'autrui, la garantie du promoteur a pour but de mettre à la disposition de la victime « *un deuxième débiteur d'indemnisation, probablement plus apte à fournir une indemnisation que le premier, de façon à ce que la réparation de son dommage soit la plus complète et la plus effective possible* »[2752]. L'accédant peut dès lors parfaitement diriger l'intégralité de ses réclamations contre le promoteur, plutôt que contre les intervenants. La responsabilité légale du promoteur est mobilisable « *concurremment avec celle qui est imposée aux locateurs d'ouvrage, aucune disposition ne lui conférant un caractère subsidiaire par rapport à cette dernière* »[2753]. En effet, « *la plupart de la doctrine analyse cette obligation de garantie, non comme un simple cautionnement, qui permettrait au promoteur d'invoquer le bénéfice de discussion, mais bien, conformément à l'esprit du texte, comme une garantie principale qui autoriserait le maître de l'ouvrage à mettre directement en cause le promoteur* »[2754]. De fait, en assignant uniquement le promoteur, l'accédant victime s'épargne le lourd travail d'identification des entreprises et de collecte des pièces contractuelles et techniques afférentes à leurs prestations, nécessaires à la preuve de l'imputabilité du désordre. En tenant le rôle de garant principal, le promoteur facilite donc l'action en indemnisation de l'accédant. En outre, ce dernier maximise ses chances d'obtenir la réparation de son dommage, en contournant l'insolvabilité éventuelle du constructeur fautif : « *le but poursuivi est d'offrir à*

[2751] Théorie attribuée à G. CALABRESI, *The Costs of Accidents : A Legal and Economic Analysis*, Yale University Press, 1970 cité *in* J.-S. BORGHETTI, *art. préc. in* Y. LEQUETTE, N. MOLFESSIS (dir.), *op. cit.*, p. 13.

[2752] N. BARGUE, *th. préc.*, p. 282.

[2753] Cass. Civ. 3ème, 12 juin 1985, n° 84-12238, *Bull. civ.* III, n° 94, p. 72, *D.* 1987. 418, obs. J.-P. REMERY. J.-L. BERGEL (dir.), *Les grands arrêts du droit immobilier*, Dalloz, 2002, pp. 145-151. P. MALINVAUD, P. JESTAZ, P. JOURDAIN, O. TOURNAFOND, *Droit de la promotion immobilière*, 9ème éd., Dalloz, 2014, p. 703 : « *On serait a priori tenté d'analyser l'obligation du promoteur en un cautionnement qui, en matière civile, ne peut être présumé solidaire et ce raisonnement conduirait à accorder le bénéfice de discussion au promoteur. Mais l'intention manifeste du législateur ayant été de faire du promoteur un garant à titre principal et non subsidiaire, il convient de lui dénier ce bénéfice* ».

[2754] J.-L. BERGEL (dir.), « Missions du promoteur », *Lamy Droit Immobilier*, actualisé en juin 2019, § 2767.

la victime, outre un éventuel recours contre l'auteur du dommage, un second recours contre une personne supposée plus solvable que la première et qui jouera un rôle de garantie à l'égard des tiers »[2755]. Un tel dispositif correspond parfaitement à la *ratio legis*, qui place la protection de l'accédant au sommet de ses objectifs.

861. La « garantie relais » du promoteur. Si le promoteur est un garant principal, au même titre que les autres - alors même qu'il ne peut théoriquement être tenu pour responsable des dommages techniques à la construction - il présente, en revanche, la particularité d'être uniquement un « garant relais ». Sa responsabilité est certes la plus facile à engager pour l'accédant victime, car elle ne s'embarrasse pas de la preuve d'une faute ou d'un lien de causalité[2756], mais le promoteur peut à son tour se retourner contre les constructeurs fautifs, afin de ne pas avoir à supporter *in fine* la dette de réparation. Cette situation se reflète dans les interrogations de Daniel TOMASIN, qui écrit que « *la place du promoteur vendeur est structurellement ambigüe, à la fois maître de l'ouvrage à l'égard des locateurs qu'il emploie et vendeurs à l'égard des acquéreurs. Il est dans une situation de responsable de premier choix pour les plaideurs. Mais doit-il pour cela être tenu pour fautif à l'égard de ses acquéreurs lorsqu'un manquement fautif aux règles de l'art a été commis par un locateur d'ouvrage ?* »[2757]. Il convient de répondre par la négative. Le promoteur a la possibilité d'agir à titre récursoire contre ceux qui sont véritablement à l'origine du désordre. L'action récursoire peut se définir comme le « *recours en justice de la personne, qui a dû exécuter une obligation dont un autre était tenu (…), contre le véritable débiteur de l'obligation (…), pour obtenir sa condamnation* »[2758]. Comme le relèvent Jean-Louis BERGEL et Sylvie CIMAMONTI, « *à l'égard du souscripteur, maître de l'ouvrage ou acquéreur, la responsabilité du promoteur au sens large apparait donc bien (…) comme une ''responsabilité-relais''. Son intérêt est de ne mettre en œuvre que la responsabilité du promoteur, celui-ci se chargeant d'exercer tels recours qu'il juge bons, pour tenter de reporter la charge de la réparation sur les autres intervenants* »[2759]. De même, pour Jean-Claude GROSLIÈRE et Corinne

---

[2755] P. MALINVAUD, M. MEKKI, J.-B. SEUBE, *Droit des obligations*, 15ème éd., LexisNexis, 2019, p. 616. J.-L. BERGEL (dir.), *art. préc.*, § 2767 : « *l'obligation de garantie du promoteur n'a pas un caractère subsidiaire. (…) Par ce choix législatif, le maître de l'ouvrage bénéficie d'une double garantie : celle du promoteur et celle des entrepreneurs* ».
[2756] Cf. *Supra*, § 204, 213 et s.
[2757] D. TOMASIN, « Le promoteur reste tenu d'une responsabilité contractuelle de droit commun lorsqu'il commet une faute dolosive », *RDI*, 2002, p. 231.
[2758] G. CORNU, assoc. H. CAPITANT, *Vocabulaire juridique*, 13ème éd., PUF, 2020, p. 27.
[2759] J.-L BERGEL, S. CIMAMONTI, Fasc. 222 « Construction. – Responsabilité des vices, malfaçons et dommages du promoteur à l'égard du souscripteur », *JCl. Construction-Urbanisme*, LexisNexis, 2006, p. 40.

SAINT-ALARY-HOUIN, si le promoteur « *est tenu à garantie, c'est à titre de relais : il est garant du fait d'autrui et peut exercer une action récursoire contre les réalisateurs d'ouvrage, véritables responsables des malfaçons* »[2760]. Marianne FAURE-ABBAD attribue expressément la qualité de « garant relais »[2761] aux vendeurs d'immeubles à construire qui, à certaines conditions, sont eux-mêmes créanciers des garanties légales à l'égard des entrepreneurs auxquels ils ont confié l'édification de l'ouvrage[2762]. Au-delà de cette dérogation, le promoteur utilise plus largement les actions en responsabilité contractuelle ou délictuelle que lui offre le droit commun. Ainsi, le promoteur est tout autant un agent intermédiaire entre les accédants et les constructeurs, le temps de l'opération, qu'un garant intermédiaire, postérieurement à la réception, qui se doit de désintéresser l'accédant avant de pouvoir, en définitive, agir à son tour contre les intervenants en faute. Ce positionnement de « médiateur », qui caractérise le promoteur, détermine donc autant ses conditions d'intervention que son régime de responsabilité.

862. Puisque la garantie s'impose comme le mécanisme juridique le plus efficace pour apporter à l'accédant la protection à laquelle il a droit, le promoteur est débiteur des garanties légales, dans les mêmes proportions que les autres constructeurs, malgré sa qualité de « non-réalisateur ». Si ce devoir de garantie est en théorie très favorable à l'accédant, dans la mesure où il engage la responsabilité du promoteur sans faute et sans lien d'imputabilité, sa mise en œuvre doit être relativisée en pratique.

B) Des garanties en pratique altérées par des contraintes procédurales

863. L'avantage que représente le caractère objectif des garanties légales doit être nuancé car il « *n'empêche pas le débat judiciaire, le risque et la perte de temps qui vont avec* »[2763]. En matière de construction, l'expertise est en effet nécessaire pour donner au juge l'éclairage technique qui lui fait défaut, afin de connaître l'origine du désordre, évaluer les mesures de reprise à prévoir et déterminer les responsabilités en cause. Or, cette mesure d'instruction, particulièrement longue, est le plus souvent organisée aux frais avancés de l'accédant victime, demandeur à l'action (1). Elle prend plus largement place

---

2760 J.-C. GROSLIÈRE, C. SAINT-ALARY-HOUIN, Chron. « Promotion immobilière – Vente d'immeuble », *RDI*, 1985, p. 384.

2761 M. FAURE-ABBAD, *Droit de la construction*, 3ème éd., Gualino-Lextenso, 2016, p. 321.

2762 Cass. Civ. 3ème, 3 mai 1989, n° 87-16407, *Bull. civ.* III, n° 96, p. 54. En principe pourtant, seuls le maître d'ouvrage et les propriétaires successifs de l'ouvrage sont créanciers des garanties légales et ont la qualité pour en bénéficier, à l'exclusion des constructeurs au sens de la loi. Cf. *Infra*, § 882.

2763 M. ZAVARO, *La responsabilité des constructeurs*, 3ème éd., LexisNexis, 2013.

dans « *un contentieux ardu* »[2764], que viennent alourdir les appels en cause librement formés par les constructeurs à titre incident, c'est-à-dire au cours de la même instance que celle initiée par l'accédant. Grâce à cette technique procédurale, le promoteur est dispensé de faire l'avance des fonds nécessaires aux réparations (2).

1. Le recours à l'expertise judiciaire

864. La nécessité d'une expertise judiciaire pour rapporter la matérialité du désordre. Puisque les garanties légales donnent lieu à une responsabilité sans faute, il parait *a priori* inutile de solliciter en justice l'organisation d'une expertise judiciaire. En réalité, la construction étant une discipline particulièrement technique et, partant, inaccessible aux non-initiés, la preuve de l'existence même du dommage, dans sa consistance et son étendue, doit pouvoir être attestée par un homme de l'art. Si l'accédant est certes déchargé par le législateur du fardeau de la preuve de la faute et du lien de causalité, il est en revanche logiquement tenu de rapporter la matérialité du désordre, de laquelle découlera la reconnaissance de son préjudice[2765]. Cette exigence se fonde sur l'article 1353 du Code civil, qui commande à celui qui réclame l'exécution d'une obligation de rapporter les preuves de sa démonstration, tout comme l'article 6 du Code de procédure civile prévoit qu'« *à l'appui de leurs prétentions, les parties ont la charge d'alléguer les faits propres à les fonder* ». L'expertise est ainsi diligentée pour pallier « *l'absence d'éléments* [probatoires] *suffisants* », sans pour autant que cela conduise à « *suppléer la carence de la partie dans l'administration de la preuve* »[2766]. Elle est le plus souvent demandée devant le juge des référés, avant dire droit, au visa de l'article 145 du Code de procédure civile. L'assignation doit clairement mentionner les désordres mis en cause ; le bénéfice de l'interruption de la prescription ne valant que pour les désordres strictement mentionnés dans l'acte[2767], afin d'éviter la signification d'assignations volontairement imprécises, dont le but est de proroger indûment les effets des garanties légales. En plus de servir à étayer la demande d'indemnisation formulée par l'accédant, le rapport d'expertise établi

---

[2764] B. CHEMIN, X. CHEMIN, « De quelques pièges de procédure dans les litiges de construction », *RDI*, 1993, p. 461 : « *Cela tient à l'accroissement et au raffinement des dispositions législatives et réglementaires, à la multiplicité des intervenants à l'acte de bâtir et à la complexité technique de la construction moderne, à la quasi-inéluctabilité de l'apparition des désordres dans le temps, à l'irritation et au désarroi des ''victimes'', aux coûts financiers et aux difficultés économiques* ». J.-L. SABLON, *Le contentieux des dommages de construction. Analyse et stratégie*, Eyrolles, 2012.

[2765] F. GARCIA, « Garantie décennale : nécessité de la preuve de l'étendue du désordre », *RDI*, 2016, p. 480 : « *Le droit spécial de la construction protège efficacement le maître d'ouvrage victime de désordres mais la négligence et/ou la mauvaise foi de ce dernier dans l'établissement de la preuve en constitue(nt) naturellement une limite* ».

[2766] Article 146 alinéa 2 du CPC.

[2767] Cass. Civ. 3ème, 21 juillet 1999, n° 98-11124, inédit, *RGDA* 1999. 28, obs. J. P. KARILA.

initialement à son intention va servir de preuve aux constructeurs, pour leurs propres recours en garantie[2768]. Du point de vue de la juridiction, la mission du juge est de dire le droit mais, pour ce faire, encore faut-il qu'il apprécie les faits soumis à son analyse[2769]. Or, dans un domaine tel que la construction, ce travail requiert l'aide d'un spécialiste. En ordonnant une expertise, le juge commet un « technicien » - c'est-à-dire une personne expérimentée dans un métier, un art ou une science - afin qu'il procède à toutes investigations utiles lui permettant d'obtenir les renseignements nécessaires à la solution du litige[2770]. Il est, en cela, un collaborateur occasionnel du service public de la justice[2771]. Bien que l'article 147 du Code de procédure civile enjoigne au juge de privilégier la mesure d'instruction la plus simple et la moins onéreuse, l'expertise s'impose en matière de construction[2772]. Conformément à l'article 232 du Code de procédure civile, le juge choisit librement l'expert en fonctions des compétences qu'induit sa qualité professionnelle : d'ingénieur, d'architecte, de bureau d'étude, *etc*[2773]. Il est un homme de l'art, agissant en tant que travailleur indépendant.

865. L'influence du rapport d'expertise sur la décision du juge. En principe, le technicien « *ne doit jamais porter d'appréciations d'ordre juridique* »[2774]. Le juge ne peut charger l'expert de « *fixer les responsabilités encourues* »[2775] car il lui revient de tirer ses propres conclusions des résultats obtenus. En réalité, « *dans le cas d'une mission complexe intéressant un procès de construction mettant en cause plusieurs locateurs d'ouvrage, le juge ne reprochera pas à l'expert de dresser un tableau récapitulatif des responsabilités qu'il estime encourues par chacun des intervenants à l'acte de bâtir* »[2776]. Cette

---

[2768] J. CHRISTOPHE MAZARD, *La responsabilité contractuelle de droit commun des constructeurs*, Thèse, Université de Toulouse, 2005, p. 255.

[2769] Le Code de procédure civile propose trois mesures d'instruction graduelles : la constatation, qui correspond à de simples constats matériels exclusifs de tout avis (articles 249 à 255 du CPC), la consultation, qui consiste en la résolution d'une question technique précise ne nécessitant pas d'investigations complexes (*ibid.*, articles 256 à 262) et l'expertise (*ibid.*, articles 263 à 284-1).

[2770] J. BOULEZ, *Expertises judiciaires. Désignations, missions, procédure selon la juridiction*, 18ème éd., Delmas, 2018, p. 98. V. également, G. YANAMADJI TOLNGUEDJI, *L'expertise judiciaire dans le procès civil*, Thèse, Université de Poitiers, 1992.

[2771] CE, 26 février 1971, n° 77459, *Aragon*, *Lebon*, *AJDA* 1971. II. 177. L'expert n'est pas un « auxiliaire de justice ».

[2772] Cass. Civ. 1ère, 6 janvier 1998, n° 95-19902 96-1672, *Bull. civ.* I, n° 3, p. 2.

[2773] Le juge peut désigner un expert inscrit ou non sur la liste de la cour d'appel dont dépend sa juridiction, ou sur celle d'une cour d'un autre ressort. V. VIGNEAU, « Désignation du technicien : décision du juge » *in* T. MOUSSA (dir.), *Droit de l'expertise*, 3ème éd., Dalloz, 2015, § 224.31.

[2774] Article 238 alinéa 3 du CPC. Cass. Civ. 2ème, 9 décembre 1997, n° 95-10798, inédit.

[2775] Cass. Civ. 2ème, 19 décembre 1973, n° 72-13103, *Bull. civ.* II, n° 341, p. 278.

[2776] G. BOURGEOIS, P. JULIEN, M. ZAVARO, *La pratique de l'expertise judiciaire*, Litec, 1999, p. 109. D'ailleurs, un rapport d'expertise comportant des appréciations

initiative présente l'avantage d'aiguiller le juge et d'offrir une certaine visibilité aux parties, qui pourront par exemple utiliser les conclusions de l'expert pour transiger, avant toute action au fond. Il arrive en revanche que ces conclusions soient ambiguës ; « *le problème est que l'implicite est sujet à interprétation, et qu'en choisissant cette voie,* [l'expert] *ouvre parfois une brèche dans laquelle une partie n'hésitera peut-être pas à s'engouffrer* »[2777]. *A contrario*, le fait pour l'expert de trancher les responsabilités en cause présente l'inconvénient de conditionner le juge et d'orienter l'issue du litige. Théoriquement pourtant, « *le juge n'est pas lié par les constatations ou les conclusions du technicien* », comme le rappelle expressément l'article 246 du Code de procédure civile. Le juge peut librement interpréter le rapport d'expertise, sous réserve de ne pas dénaturer son contenu[2778]. Dans les faits cependant, force est d'observer que « *les juges accordent foi aux constatations effectuées par les techniciens qu'ils commettent et répugnent à s'éloigner des conclusions qu'ils proposent* »[2779]. Partant, « *les juges peuvent s'approprier les motifs du rapport d'expertise qu'ils homologuent pour motiver leur décision sans avoir à répondre aux divers arguments qui leur sont présentés* »[2780]. En matière de construction, le rapport d'expertise détermine ainsi le sort des réclamations de l'accédant victime, en exerçant une influence tacite, mais bien réelle, sur les responsabilités susceptibles d'être retenues au fond, ainsi que, plus généralement, sur l'étendue des travaux de réparation à mettre en œuvre. Lorsque l'expert considère à l'inverse que le désordre n'est pas caractérisé, son rapport compromettra la demande indemnitaire formulée par l'accédant. L'expertise judiciaire constitue donc pour ce dernier une étape aussi délicate que décisive.

866. Une mesure d'instruction longue et coûteuse. Considérée comme la plus aboutie des mesures d'instruction, l'expertise s'étale habituellement sur plusieurs années. Elle requiert en principe plusieurs séries de constats *in situ*, ainsi qu'un contrôle sur pièces de la conformité technique des ouvrages affectés, qui s'appuie lui-même sur de nombreux échanges de documents entre les parties et l'expert. Il arrive du reste que les opérations d'expertise soient suspendues le temps que des appels en cause soient régularisés, ce à quoi les défendeurs peuvent s'atteler avec plus ou moins de zèle. L'expert peut aussi faire appel à un sapiteur, dont les conclusions tardent à être rendues. Le déroulement couramment fastidieux de la mesure expertale impacte directement le

---

juridiques n'est pas sanctionné par la nullité : Cass. Civ. 1ère, 7 juillet 1998, n° 97-10.869, *Bull. civ.* I, n° 239. V. VIGNEAU, « Désignation du technicien : décision du juge » *in* T. MOUSSA (dir.), *op. cit.*, § 224.24.

2777 L. TRANCHANT, « L'expertise judiciaire et le principe du contradictoire » *in* A. GUILLOTIN (dir.), *L'actualité du droit immobilier et de la construction. Les premières assises de L'Institut de droit immobilier de Toulon et du Var*, Edilaix, 2004, p. 208.

2778 Cass. Civ. 1ère, 9 juillet 2015, n° 14-18970, inédit.

2779 G. BOURGEOIS, P. JULIEN, M. ZAVARO, *op. cit.*, p. 90.

2780 *Ibid.* p. 91.

demandeur, qui tarde à voir ses demandes aboutir et à qui le juge enjoint en principe de faire l'avance des frais afférents. En sus de la provision initiale, le juge peut être amené à accueillir les demandes de provisions complémentaires formulées par l'expert au cours de ses opérations. Lorsque néanmoins, ces demandes de provisions sont justifiées par des interventions forcées, elles sont d'ordinaire mises à la charge de ceux qui en sont à l'origine. A l'aune de ces différentes observations, « *l'expertise judiciaire alors enclenchée, longue, lourde et coûteuse, constitue un poids financier important engendré par des charges lourdes (...) et aggravantes* »[2781].

867. L'accédant ne peut prétendre mettre en œuvre les garanties légales qui lui sont octroyées par la loi qu'en rapportant la matérialité des désordres subis. Pour ce faire, une mesure d'instruction s'impose dans la majorité des cas, prenant la forme d'une expertise judiciaire. Chronophage et onéreuse, l'expertise détermine l'issue du recours exercé par le demandeur, en orientant le sens et le contenu de la décision du juge. Outre les contraintes soulevées par cette étape préalable, le cours de l'action du demandeur peut être perturbé par les appels en cause que les défendeurs, dont le promoteur, exercent à titre incident.

2. Les appels en cause exercés par les défendeurs à titre incident

868. Une pratique en opportunité. Selon Rémy RAFFI, « *ce qui conduisait, précédemment, aux plus grandes difficultés, et alimentait le jeu procédural, à savoir la détermination de l'origine du dommage au regard de l'activité de tel constructeur, n'est pas pour autant exclu, mais n'est utile qu'après indemnisation de la victime, au stade du recours exercé par le garant solvens* »[2782]. Cette remarque ne se vérifie pas dans les faits car, précisément, le constructeur recherché en garantie n'attend pas sa condamnation pour entreprendre, dans un second temps, une action récursoire. Il introduit généralement cette dernière à titre incident, par une procédure en intervention forcée, qui lui permet de joindre à l'instance principale qui l'oppose au maître d'ouvrage, l'instance qui l'oppose aux autres constructeurs. Comme cela est autorisé, « *une partie assignée en justice est en droit d'appeler une autre en garantie des condamnations qui pourraient être prononcées contre elle, une telle action ne supposant pas que l'appelant en garantie ait déjà indemnisé le demandeur initial* »[2783]. Dès lors, afin d'éviter d'avoir à faire l'avance des frais d'indemnisation de la victime, et de supporter le coût d'une procédure supplémentaire diligentée contre les constructeurs fautifs et leurs assureurs, le

---

[2781] M.-L. PAGÈS-DE VARENNE, *« Dérives » de l'assurance construction et propositions de réforme*, Thèse, Université Paris I, 1999, p. 122.
[2782] R. RAFFI, *th. préc.*, pp. 308-309.
[2783] Cass. Civ. 3ème, 8 septembre 2009, n° 08-17012, *Bull. civ.* III, n° 180, *RCA* 2009, comm. n° 370, note H. GROUTEL.

promoteur a pleinement intérêt à introduire ses recours récursoires *ab initio*, à titre incident, dans un souci d'économie de temps et d'argent. Il utilise pour ce faire deux mécanismes prévus par le Code de procédure civile : l'intervention forcée et la jonction d'instance.

869. L'intervention forcée. En vertu de l'article 66 du Code de procédure civile, l'intervention a pour objet « *de rendre un tiers partie au procès engagé entre les parties originaires* ». Elle est « *forcée* » « *lorsque le tiers est mis en cause par une partie* ». Comme le rappelle l'article 325 du Code de procédure civile, à l'instar de toute intervention, l'appel en cause d'un tiers n'est recevable que « *s'il se rattache aux prétentions des parties par un lien suffisant* ». L'intervention forcée peut avoir deux objets selon l'article 331, dont notamment celui d'obtenir la condamnation d'un tiers, lorsque « *la solution du litige en cours conditionne l'aboutissement d'une action, généralement récursoire* »[2784], comme c'est précisément le cas en matière de construction.

870. La jonction de l'instance principale et de l'appel en cause. La jonction d'instances consiste à réunir plusieurs instances connexes[2785], c'est-à-dire unies par des liens étroits, devant la même juridiction, afin de donner au juge une vision d'ensemble du litige et lui éviter de rendre des décisions contradictoires sur une même problématique. L'article 367 alinéa 1er du Code de procédure civile dispose en ce sens que « *le juge peut, à la demande des parties ou d'office, ordonner la jonction de plusieurs instances pendantes devant lui s'il existe entre les litiges un lien tel qu'il soit de l'intérêt d'une bonne justice de les faire instruire ou juger ensemble* ». Lorsque le juge du fond ordonne une jonction, il prend une mesure d'administration judiciaire[2786], par nature dépourvue de toute valeur juridictionnelle ; elle n'a pas l'autorité de la chose jugée, ce qui permet au juge de la remettre en cause, même d'office[2787]. Elle ne fait l'objet d'aucun contrôle de la Cour de cassation et est insusceptible d'appel[2788]. Or, un tel régime est d'autant plus contraignant en matière de construction, que les conséquences de la jonction d'instance sont lourdes. Elle autorise, de fait, une instruction commune de toute la chaîne d'appels en cause entre coobligés. L'instance principale, à laquelle ont été joints les appels en cause, intègre les prétentions nouvelles qui résultent de ces derniers. Chaque tiers intervenant forcé devient une partie autonome, qui produit ses propres écritures et dispose des mêmes prérogatives procédurales que toutes les autres parties ; rien ne l'empêche de faire à son tour tous les appels en cause qu'il

---

2784 P. HOONAKKER, « Intervention » *in* S. GUINCHARD (dir.), *Droit et pratique de la procédure civile. Droit interne et européen*, 9ème éd., Dalloz, 2016, § 312.43.

2785 C. CHAINAIS, F. FERRAND, L. MAYER, S. GUINCHARD, *Procédure civile. Droit interne et européen du procès civil*, 34ème éd., Dalloz, 2018, p. 1112.

2786 Article 368 du CPC.

2787 I. PETEL-TEYSSIÉ, « Incidents relatifs au cours de l'instance » *in* S. GUINCHARD (dir.), *op. cit.*, § 352.482.

2788 Article 537 du CPC.

souhaite[2789]. Au surplus, la procédure civile étant accusatoire, le juge ne mettra fin à la mise en état que lorsque les parties auront pu abondamment conclure les unes contre les autres. Cette pratique met obstacle à une réparation rapide des dommages dénoncés par l'accédant, à rebours de l'objectif annoncé dans les textes. En effet, au lieu d'agir contre un seul défendeur - le promoteur - le demandeur initial se retrouve dans une procédure dans laquelle se confrontent de multiples parties, ce qui la rend plus complexe et plus longue[2790]. La réunion, dans une instance « unique »[2791], des prétentions croisées de l'ensemble des garants du dommage, retarde immanquablement la mise en délibéré de la décision définitive sur la réclamation initiale[2792].

871. Des prérogatives procédurales critiquables en matière de construction. Le système procédural qui prévaut en pratique - combinant intervention forcée et jonction des instances - est critiquable à plusieurs titres. Le traitement concomitant des actions principales et récursoires au sein d'une seule instance revient à faire bénéficier le promoteur des mêmes effets juridiques que le « fait du tiers », en tant que cause exonératoire de responsabilité. Le promoteur ne supporte pas *in fine* le coût de l'indemnisation du dommage, non pas parce que sa responsabilité est exonérée, mais parce qu'il a pu, parallèlement, exercer ses propres recours récursoires contre les constructeurs fautifs. Il conviendrait que l'action récursoire ne puisse être

---

[2789] P. HOONAKKER, « Intervention » *in* S. GUINCHARD (dir.), *op. cit.*, § 312.46.

[2790] P. MALINVAUD, « Le droit à un procès d'une durée raisonnable et le droit de la construction », *RDI*, 2017, p. 217.

[2791] Cass. Civ. 2ème, 17 mai 2001, n° 99-18509, *Bull. civ.* II, n° 98, p. 66, *RTD Civ.* 2001. 656, obs. R. PERROT : en réalité, « *une jonction des instances ne crée pas une procédure unique* » ; les deux instances sont uniquement appelées sous le même numéro de répertoire général, mais conservent leur autonomie juridique.

[2792] L'évaluation du préjudice se fait au jour où le juge statue, afin de respecter le principe de réparation intégrale (Req., 24 mars 1942, *RTD Civ.* 1942. 289). Partant, « *la décision judiciaire intègre tous les changements qui ont affecté la consistance du dommage depuis la production du préjudice* » (F. EWALD, A. GARAPON, G.-J. MARTIN, H. MUIR WATT, P. MATET, N. MOLFESSIS, M. NUSSEMBAUM (dir.), *Les limites de la réparation du préjudice*, Dalloz, 2009, p. 152). Toutefois, si les préjudices immatériels consécutifs aux dommages matériels peuvent être facilement actualisés sur la base d'une méthode de calcul (à titre d'exemple, la multiplication de la valeur locative de l'immeuble par le nombre de jours durant lequel le préjudice de jouissance a perduré), les nouveaux travaux à prévoir, en réparation des dommages matériels, seront quant à eux difficiles à quantifier par le juge au jour du délibéré. Les parties ne sont plus autorisées à communiquer de pièces postérieurement à l'ordonnance de clôture d'instruction prise par le juge de la mise en état (article 802 alinéa 1er du CPC), sauf à solliciter un rabat de clôture (*ibid.*, article 803), rarement admis en pratique, ou à produire une note en délibéré devant la formation de jugement (*ibid.*, article 445). La jurisprudence considère en tout état de cause qu'en dehors d'un défaut d'entretien qui aurait contribué à la survenance du dommage, il ne peut être reproché à l'accédant d'avoir tardé à engager des mesures réparatoires et, partant, d'avoir « *contribué à l'aggravation du dommage* » (Cass. Civ. 3ème, 1er décembre 1993, n° 92-10851, inédit).

recevable que si le débiteur initial a désintéressé la victime : « *tous les recours en contribution sont soumis à un paiement préalable excédant la part contributive du coobligé solvens. La nécessité d'un paiement, comme condition d'exercice du recours, est une règle qui a cours pour le recours personnel tout autant que pour le recours subrogatoire* »[2793]. Ce qui n'est pas le cas en l'espèce. Plus largement, force est de constater qu'en construction, « *les potentiels codébiteurs (…) ne sont pas contraints d'attendre leur condamnation pour formuler leurs demandes à l'encontre des personnes qu'ils estiment leur devoir garantie* »[2794]. Dans ces conditions, le promoteur formule des appels en cause sans véritable intérêt à agir, au mépris de l'article 31 du Code de procédure civile. L'existence d'un préjudice né et actuel n'est pas démontrée, sauf à considérer que le préjudice résulte de la condamnation à venir, mais celle-ci reste seulement éventuelle au stade des appels en cause, puisque l'instance principale n'est pas encore épuisée. Sur le plan financier ensuite, ce type de procédure engendre des frais de justice importants. Certes, les dépens sont en principe intégralement supportés par la partie perdante[2795], dans la limite des actes énumérés à l'article 695 du Code de procédure civile. En revanche, s'agissant des « frais irrépétibles »[2796], prévus à l'article 700 du même Code, la somme forfaitaire arrêtée par le juge ne couvre qu'une partie de la rémunération versée à l'avocat. Or, les honoraires de suivi seront d'autant plus conséquents que la procédure est longue. Aussi, même s'il obtient gain de cause au principal, le demandeur initial risque de supporter définitivement une part conséquente des dépenses déployées pour la préservation de ses droits en justice. Le domaine de la construction est en tout état de cause difficilement compatible avec les modes alternatifs de règlement des différends - tels que la conciliation ou la médiation - essentiellement en raison de la multiplicité des intervenants et de la technicité des litiges[2797]. Du reste, le choix de cette méthode n'exonère pas nécessairement le demandeur de l'assistance d'un conseil. A l'action en réclamation de

---

[2793] M. RANOUIL, *Les recours entre coobligés*, Thèse, IRJS éditions, 2014, p. 232. La Cour de cassation a expressément accepté la subrogation « *in futurum* » de l'assureur dommages-ouvrage, qui est autorisé à se retourner contre les responsables avant même d'avoir indemnisé son assuré (Cass. Civ. 3ème, 8 septembre 2009, n° 08-17012, *Bull. civ.* III, n° 180, *RCA* 2009, comm. n° 370, note H. GROUTEL). En revanche, l'indemnisation de l'assuré doit au moins avoir lieu avant que le juge statue (Cass. Civ. 3ème, 28 avril 2011, n° 10-16269, *Bull. civ.* III, n° 60), conformément au principe selon lequel la fin de non-recevoir - à laquelle correspond le défaut d'intérêt à agir - s'apprécie à cette date (articles 122 et 126 alinéa 1er du CPC).

[2794] L. KARILA, C. CHARBONNEAU, *Droit de la construction : responsabilités et assurances*, 3ème éd., LexisNexis, 2017, p. 606.

[2795] Article 696 du Code civil.

[2796] V. DE WULF, « La réparation du dommage judiciaire » *in* R. COBAYE (dir.), *Questions spéciales relatives à la réparation du dommage*, Anthémis, 2017, pp. 205-233.

[2797] J.-L. SABLON, « Dommages de construction et modes alternatifs de règlement des litiges : les problèmes soulevés par la prescription et l'expertise », *RDI*, 2013, p. 130. L'article 2238 du Code civil prévoit désormais que ces mesures suspendent le délai de prescription, dans les mêmes conditions que la signification d'une assignation.

l'accédant, devrait donc succéder, dans un second temps et dans le cadre d'une procédure indépendante, les actions récursoires entre coobligés, sans que ces dernières ne viennent perturber d'une quelconque façon l'action originelle. C'est d'ailleurs le sens même de l'article 326 du Code de procédure civile, qui prévoit que « *si l'intervention risque de retarder à l'excès le jugement sur le tout, le juge statue d'abord sur la cause principale, sauf à statuer ensuite sur l'intervention* ». En matière de construction, l'usage devrait donc être le refus de principe de la jonction des appels en cause en chaîne, voire, dans l'intérêt de la victime, la disjonction des instances lorsque l'ensemble des parties est d'emblée dans la cause. La disjonction, qui s'apparente à une « *demande de sursis à statuer partiel* »[2798], parait opportune en présence d'un litige « multidirectionnel », comme c'est le cas ici.

872. L'accédant est confronté malgré lui à des contraintes procédurales induites par les appels en cause que sont susceptibles de régulariser les défendeurs (dont le promoteur fait partie), ainsi que par les jonctions d'instance qui en résultent. Dès lors, « *une affaire apparemment bien cadrée au départ quant aux prétentions émises et aux partenaires visés peut se compliquer par des demandes connexes ou reconventionnelles, s'enfler par des appels en garantie en cascade* (…) *la multiplicité des demandes ''croisées'' ou ''tous azimuts'' en rend la maîtrise globale de plus en plus difficile* »[2799]. Ajoutées aux contraintes de l'expertise judiciaire, ces interventions forcées complexifient l'action en indemnisation de l'accédant, au point que l'on puisse dénoncer l'écart qui existe entre les droits qui lui sont reconnus dans la loi et leur mise en œuvre réelle. Du point de vue du promoteur, la charge que représente les garanties légales doit également être relativisée car ce dernier, en tant que « garant relais », ne les supporte pas en définitive.

II. Des garanties limitées dans leurs effets en raison de la qualité de « garant relais » du promoteur

873. Considérées comme nécessaires à la protection des accédants, bien qu'elles soient difficiles à mettre en application, les garanties légales qui pèsent sur le promoteur voient leurs effets atténués, voire supprimés, par deux contrepoids. Le promoteur apparaît en effet comme un débiteur « intermédiaire » des garanties légales, dans la mesure où il n'en est ni le débiteur unique, ni le débiteur final. D'abord, s'il fait l'objet d'une condamnation sur ce fondement, il peut exercer des actions récursoires, permettant de faire le départ entre les garants responsables et les garants non responsables, dans le but de faire peser la charge finale de l'indemnisation sur

---

2798 I. PETEL-TEYSSIÉ, « Incidents relatifs au cours de l'instance » *in* S. GUINCHARD (dir.), *op. cit.*, § 352.473.

2799 B. CHEMIN, X. CHEMIN, *art. préc.*, p. 461.

les premiers uniquement[2800]. En tant que constructeur non-réalisateur, le promoteur, qui s'est cantonné à son rôle naturel d'organisateur, pourra théoriquement se retourner pour le tout contre les concepteurs et les exécutants, identifiés comme responsables au terme du rapport d'expertise (A). Ensuite, la loi impose, depuis 1978, la souscription d'assurances-construction obligatoires, tant pour l'accédant, qui doit souscrire une assurance dommage-ouvrage, que pour le promoteur, qui doit souscrire une assurance en responsabilité décennale. Pensé dans l'intérêt de l'accédant, le système de la « double détente » présente également l'avantage d'éviter au promoteur d'avoir à supporter *in fine* la dette indemnitaire, lorsque survient un désordre de nature décennale (B).

A) La possibilité d'agir à titre récursoire contre les constructeurs

874. A défaut de solidarité légale ou conventionnelle entre constructeurs, ces derniers peuvent être condamnés *in solidum*, lorsque le dommage est imputable à une pluralité d'entre eux. La responsabilité du promoteur étant rarement engagée seule - grâce aux interventions forcées entreprises par ce dernier - il fait le plus souvent l'objet d'une condamnation *in solidum* avec les autres intervenants concernés par le désordre, ce qui lui confère la qualité de coobligé (1). Si le promoteur ne peut être subrogé dans les droits et actions de l'accédant, il peut en revanche diligenter des « recours personnels » contre les constructeurs fautifs (2).

1. La qualité de coobligé du promoteur

875. La condamnation *in solidum* du promoteur et des autres constructeurs. Conformément à l'article 1309 du Code civil, la divisibilité des poursuites est de principe, en l'absence de solidarité. Comme le précise l'article 1310, « *la solidarité est légale ou conventionnelle ; elle ne se présume pas* », sauf en matière commerciale[2801]. Le législateur ne prévoit aucune solidarité dans les rapports contractuels qui unissent le promoteur aux constructeurs. En l'absence de solidarité, seule l'obligation *in solidum* permet de contraindre le promoteur à la réparation de dommages qui ne lui sont pas entièrement imputables[2802]. Cette notion, d'origine jurisprudentielle, peut être invoquée lorsque les « *fautes conjuguées* »[2803] de plusieurs coauteurs, indissociables, ont

---

[2800] R. RAFFI, *th. préc.*, p. 513 : « *On parle alors d'imputabilité du désordre à l'acte du constructeur, ou imputabilité stricte, par opposition à l'imputabilité allégée correspondant au lien entre le désordre et l'acte de construction, qui constitue une condition primordiale de la garantie d'indemnisation* ».

[2801] Cass. Com., 16 janvier 1990, n° 88-16265, inédit.

[2802] P. MALINVAUD, « La présomption de responsabilité de l'article 1792 ne tombe que devant la preuve de la cause étrangère », *RDI*, 2016, p. 39.

[2803] Cass. Civ. 3ème, 26 mars 1997, n° 95-14136, inédit, *RDI* 1997. 450, obs. P. MALINVAUD. Cass. Civ. 3ème, 30 avril 2002, n° 00-15645, *Bull. civ.* III, n° 86, p. 76, *RGDA* 2002. 726, obs. H. PÉRINET-MARQUET.

toutes concouru à l'entier dommage[2804], ou lorsqu'il existe une incertitude sur le lien d'imputabilité. Le cas échéant, le juge n'individualise pas la responsabilité de chaque constructeur - en dépit de la ventilation susceptible d'être proposée dans un rapport d'expertise - mais les condamne *in solidum*[2805]. Devient alors coobligé « *celui, qui en raison de son engagement total ou partiel à une dette qui n'est pas étrangère à celle d'un autre codébiteur, peut être amené à s'exécuter pour une part dépassant la charge définitive qu'il doit supporter* »[2806]. Il en résulte que « *chacun est débiteur principal pour une partie de la dette et est garant pour le surplus* »[2807]. Le fait que le fondement de la responsabilité de chaque coauteur ne soit pas identique est indifférent, l'un pouvant être tenu contractuellement, l'autre délictuellement[2808]. Il en va de même d'une exclusion conventionnelle de ce type de condamnation[2809].

876. Un mécanisme juridique protecteur des intérêts de l'accédant. D'une part, une condamnation *in solidum* « *allège le coût de la preuve pour la victime, en transférant partiellement la charge de la preuve sur les épaules des responsables potentiels, à qui il incombe de démontrer le déroulement causal exact des circonstances à l'origine du dommage* »[2810]. D'autre part, elle offre au demandeur la possibilité de ne poursuivre qu'un seul débiteur, celui de son choix, en échappant à l'insolvabilité ou à la déconfiture éventuelle des autres. Comme l'écrit Marine RANOUIL, « *tenus au total de la dette, à titre seulement transitoire et sur fond de service d'amis, sans donc être payés pour garantir* », les coobligés sont « *livrés au pouvoir discrétionnaire du créancier* », qui exerce librement sa faculté d'élection, « *pour choisir auquel de ses codébiteurs il demandera paiement du tout* »[2811]. Le créancier peut préférer faire exécuter la totalité de la condamnation à celui qui présente la plus grande surface financière : « *il s'agit alors d'un choix, en quelque sorte,* intuitu pecuniae *ou* intuitu bonorum ». Tout comme le créancier peut souhaiter agir contre le débiteur qu'il apprécie le moins, en vertu d'un « intuitus personae *négatif* »[2812]. Qu'il s'agisse de la première ou de la seconde hypothèse, le créancier orientera *a priori* toujours l'intégralité de ses poursuites vers le promoteur. La responsabilité *in*

[2804] A. RICHARD, *Le paiement de la dette d'autrui*, Thèse, Presses universitaires d'Aix-Marseille, 2007, p. 181 : « *L'obligation au tout supportée par chaque codébiteur trouve sa contrepartie dans l'entier préjudice causé à la victime* ».

[2805] Cass. Civ. 3ème, 16 mars 2011, n° 10-30189, inédit.

[2806] M. RANOUIL, *th. préc.*, p. 18.

[2807] M. MIGNOT, *Les obligations solidaires et les obligations* in solidum *en droit privé français*, Thèse, Dalloz, 2002, p. 365.

[2808] A titre d'exemple, peuvent être tenus *in solidum* un constructeur et un sous-traitant.

[2809] L. KARILA, C. CHARBONNEAU, *op. cit.*, p. 599. Les clauses insérées dans les contrats d'architecte, excluant toute condamnation solidaire, ne peuvent en principe s'appliquer en cas de condamnation *in solidum* (pour une interprétation *a contrario* : Cass. Civ. 3ème, 14 février 2019, n° 17-26403).

[2810] G. MAITRE, *th. préc.*, p. 142.

[2811] M. RANOUIL, *th. préc.*, p. 21.

[2812] *Ibid.*, p. 70.

solidum apparait clairement comme un palliatif aux effets néfastes de la divisibilité des poursuites, conçu dans l'intérêt exclusif de la victime. Il en va pour preuve que la Cour de cassation a déjà refusé de prononcer une condamnation *in solidum*, au motif qu'elle ne pourrait être entièrement exécutée par l'un seulement des coobligés[2813]. Comme le relève pourtant Michel ZAVARO, « *la possibilité pour le maître de l'ouvrage d'obtenir entière satisfaction de la part de l'un quelconque des coobligés n'a jamais été une condition de l'obligation* in solidum »[2814]. Il est intéressant de noter du reste que l'article 1265 du projet de réforme sur la responsabilité civile envisage d'introduire une solidarité légale entre le maître d'ouvrage - promoteur - et les constructeurs. Ce positionnement clair en faveur du créancier ne fait pas l'unanimité. Jérôme HUET considère qu'en cas de malfaçons, puisque la contrepartie attendue par le créancier n'a pas été respectée, l'obligation de chaque constructeur devrait être conjointe, tandis qu'en matière de vices, l'obligation *in solidum* serait justifiée par le droit à réparation de la victime[2815].

877. La répartition de la charge de l'indemnisation. Selon Anne RICHARD, puisque l'obligation *in solidum* induit que « *chacun doit le tout, parce que chacun est censé engendrer la totalité du préjudice* », alors « *la dette de chaque débiteur* in solidum *serait une dette véritable dont il devrait supporter le poids définitif* ». Toutefois, comme le reconnaît l'auteur, cela engendrerait « *l'enrichissement injuste des codébiteurs non actionnés en paiement* », dont le patrimoine ne supporterait pas les séquelles de leurs obligations[2816]. Les avances réalisées par les coobligés au stade de la contribution à la dette peuvent s'analyser comme le paiement de dettes d'autrui[2817]. Anne RICHARD souligne que le paiement de la dette d'autrui correspond en réalité à un « *paiement non extinctif* », dans la mesure où « *le* solvens *ne saurait épanouir complètement l'obligation dans l'instant de son intervention, si bien que l'exécution réalisée ne constitue pas un paiement au sens plein du terme. (…) Pour l'heure, c'est son patrimoine qui porte les stigmates de la dette et non celui d'autrui, contrairement à ce qui devrait être* »[2818]. L'auteur considère ainsi que le paiement n'interviendra véritablement que lorsque le débiteur final se sera personnellement exécuté. A ce moment-là, l'élément « *devoir* » inscrit dans le « *programme de l'obligation* » se sera réalisé[2819]. Que l'obligation soit solidaire ou *in solidum*, le résultat est le même dans les rapports contributifs entre coobligés. A l'instar de ce que l'article 1317

[2813] Cass. Civ. 3ème, 17 mars 2004, n° 02-17681, *Bull. civ*. III, n° 57, p. 53.

[2814] M. ZAVARO, « L'évolution récente de la responsabilité des constructeurs et de l'assurance construction » *in* A. GUILLOTIN (dir.), *op. cit.*, pp. 12-13.

[2815] J. HUET, « L'obligation in solidum et le jeu de la solidarité dans la responsabilité des constructeurs », *RDI*, 1983, p. 13.

[2816] A. RICHARD, *th. préc.*, pp. 181-182.

[2817] Article 1342-1 du Code civil.

[2818] A. RICHARD, *th. préc.*, p. 120.

[2819] *Ibid.*, pp. 124-125.

du Code civil prévoit en matière de solidarité, les codébiteurs *in solidum* « *ne contribuent à la dette que chacun pour sa part. Celui qui a payé au-delà de sa part dispose d'un recours contre les autres à proportion de leur propre part* »[2820]. Ce système a vocation à éviter « *le risque d'un circuit d'actions récursoires sans fin entre les différents coobligés* »[2821], et par là-même, la multiplication des recours. La charge définitive de la dette est fixée en fonction des fautes respectives de chaque intervenant[2822], souverainement appréciées par le juge[2823]. Si une expertise a eu lieu, celui-ci peut se référer à la répartition des responsabilités suggérée par l'expert dans son rapport[2824]. En l'absence de fautes clairement identifiées, le juge s'intéresse au rôle causal de chaque intervention : « *au sein des responsabilités sans faute, le rôle causal est un complément au principe de la répartition par parts égales* »[2825]. A défaut, il ventile la dette par parts viriles[2826].

878. Lorsque sont en concours des responsables pour faute et des responsables sans faute, les premiers supportent *in fine* l'indemnisation des dommages[2827] ; « *le ou les responsables de plein droit ont un recours intégral contre le ou les auteurs de fautes, alors que ceux-ci n'ont pas de recours contre les responsables de plein droit* »[2828]. Les constructeurs sont tous responsables de plein droit en vertu des mêmes garanties légales, mais dans leurs rapports, sur le plan délictuel ou contractuel[2829], ils sont tenus à mesure des fautes qu'ils ont commises[2830]. En tant que maître d'ouvrage, le promoteur non responsable des désordres de construction peut ainsi se faire intégralement relever en garantie

---

[2820] Cass. Civ. 1ère, 12 novembre 1987, n° 85-17383, *Bull. civ.* I, n° 290, p. 209. L. KARILA, C. CHARBONNEAU, *op. cit.*, p. 615.
[2821] M. RANOUIL, *th. préc.*, p. 243.
[2822] Cass. Civ. 3ème, 26 avril 2006, n° 05-10100, *Bull. civ.* III, n° 100, p. 83, *RTD Civ.* 2006. 573, obs. P. JOURDAIN.
[2823] Cass. Civ. 1ère, n° 02-13550, *Bull. civ.* I, n° 451, p. 376.
[2824] F. LINDITCH, « Responsabilité décennale », *Répertoire de droit immobilier*, Dalloz, mars 2016 (actualisé en novembre 2019), § 388.
[2825] M. RANOUIL, *th. préc.*, p. 265.
[2826] Cass. Civ. 3ème, 20 décembre 2006, n° 05-10855, *Bull. civ.* III, n° 254, p. 216, *RGDA* 2007. 129, obs. J.-P. KARILA, *D.* 2007. 148, obs. I. GALLMEISTER, *ibid.*. 2007. 1472, obs. J.-P. KARILA, *RTD Civ.* 2007. 360, obs. P. JOURDAIN, *RDI* 2007. 170, obs. P. MALINVAUD.
[2827] Cass. Civ. 3ème, 15 décembre 2010, n° 09-17119, inédit.
[2828] G. VINEY, « Evolution de la signification et du rôle de la faute en droit de la responsabilité civile » *in* Y. LEQUETTE, N. MOLFESSIS (dir.), *op. cit.*, p. 12.
[2829] Cass. Civ. 3ème, 8 février 2012, n° 11-11417, *Bull. civ.* III, n° 23 : « *Le recours d'un constructeur contre un autre constructeur ou son assureur n'est pas fondé sur la garantie décennale, mais est de nature contractuelle si ces constructeurs sont contractuellement liés, et de nature quasi délictuelle s'ils ne le sont pas* ».
[2830] Cass. Civ. 3ème, 14 septembre 2005, n° 04-10241, *Bull. civ.* III, n° 164, p. 152, *RDI* 2005. 460, obs. P. MALINVAUD.

par les constructeurs dont les fautes ont été identifiées[2831]. En effet, puisque le principe de la division des poursuites n'a cours qu'entre coobligés de même rang, « *il est donc naturel que le recours exercé par le maître de l'ouvrage solvens contre les constructeurs n'ait pas à être divisé, chaque constructeur devant une garantie complète au maître de l'ouvrage* (…). *Ainsi, le maître de l'ouvrage, à la différence des constructeurs - supportant la charge définitive de la dette -, ne doit supporter aucune charge contributive pour la dette en question* »[2832]. Le recours en contribution pourra donc être total si le promoteur n'indemnise la victime qu'en vertu de son rôle de « garant relais ». Il ne sera que partiel s'il a participé, d'une quelconque façon, à la survenance du dommage. La situation du promoteur est d'autant plus dangereuse dans le premier cas qu'il « *supporte le risque de la preuve et donc la charge de l'indemnisation s'il n'établit pas la faute des réalisateurs de l'ouvrage* »[2833]. S'agissant de la perte occasionnée par l'insolvabilité de l'un d'eux, elle se répartit par contribution entre tous les autres codébiteurs solvables, comme l'indique l'article 1317 alinéa 3 du Code civil[2834]. Si cette solution se comprend dans le cadre d'obligations solidaires, dans la mesure où les parties ont envisagé de supporter l'insolvabilité éventuelle d'un partenaire contractuel, elle parait plus discutable en matière d'obligation *in solidum*, comme le souligne Cyrille CHARBONNEAU[2835].

879. Le plus souvent, le promoteur verra sa responsabilité recherchée *in solidum* avec celle des autres constructeurs, afin que l'accédant puisse maximiser ses chances de réparation. En tant que coobligé, le promoteur pourra appeler en garantie les constructeurs fautifs, ou agir contre eux postérieurement au paiement, afin qu'ils contribuent à la dette, avec le risque néanmoins de devoir supporter *in fine* leur insolvabilité. Ces recours en contribution n'ont pas de valeur subrogatoire, le promoteur ne pouvant diligenter que des « recours personnels » contre les intervenants.

2. Les recours en contribution du promoteur

880. L'absence d'action subrogatoire du promoteur. La « *position de ''garant général''* » du promoteur ne lui interdit pas « *d'exercer un recours à l'encontre du ou des locateurs d'ouvrage à l'origine du dommage, ces derniers*

[2831] Cass. Civ. 3ème, 4 novembre 1992, n° 90-17871, *Bull. civ.* III, n° 285, p. 175, *RDI* 1993. 88, obs. P. MALINVAUD, B. BOUBLI.
[2832] M. RANOUIL, *th. préc.*, p. 242.
[2833] J.-C. GROSLIÈRE, C. SAINT-ALARY-HOUIN, Chron. « Promotion immobilière – Vente d'immeuble », *RDI*, 1985, p. 384.
[2834] Cass. Civ. 1ère, 24 juin 1997, n° 92-16834, inédit. *A contrario* : Cass. Civ. 3ème, 21 janvier 2004, n° 00-17882, *Bull. civ.* III, n° 10, p. 7.
[2835] C. CHARBONNEAU, « La contribution de la dette dans les obligations nées de l'édification d'un ouvrage immobilier (suite et fin) », *Constr.- Urb.* n° 12, décembre 2007, étude 25.

étant [eux-mêmes] *susceptibles d'être condamnés* in solidum *à son égard* »[2836]. Or, la question se pose de savoir si ce recours peut revêtir une nature subrogatoire, permettant au promoteur d'agir en lieu et place de l'accédant, notamment sur le fondement des garanties légales, réservées à ce dernier. L'action récursoire peut en principe emprunter la voie de la subrogation, afin d'optimiser les chances de recouvrer ce qui a été versé pour autrui, c'est-à-dire ce qui excède la part contributive du demandeur à l'action. L'article 1346 du Code civil prévoit en ce sens que « *la subrogation a lieu par le seul effet de la loi au profit de celui qui, y ayant un intérêt légitime, paie dès lors que son paiement libère envers le créancier celui sur qui doit peser la charge définitive de tout ou partie de la dette* ». Or, si l'assureur ne dispose pour sa part que d'une action subrogatoire dans les droits et actions de son assuré, le promoteur ne peut quant à lui agir à titre récursoire que sur la base d'un recours personnel, sauf à bénéficier d'une subrogation conventionnelle[2837]. Ainsi, « *l'appelant en garantie n'est nullement subrogé dans les droits du maître de l'ouvrage et agit pour lui-même* »[2838]. Jean-Philippe TRICOIRE confirme que « *toute subrogation du promoteur dans les droits et actions du maître de l'ouvrage étant impossible, pour que son recours puisse prospérer, le promoteur devra rapporter la preuve que le dommage est bien imputable à une faute des constructeurs contre lesquels il s'est retourné* »[2839]. Cette dérogation pourrait s'expliquer en théorie par le fait que l'obligation *in solidum* est incompatible avec le recours subrogatoire. Dans cette hypothèse en effet, le codébiteur ne fait que s'acquitter de sa propre dette, étant tenu à la totalité de cette dernière à l'égard du créancier, pour avoir contribué à la survenance de son entier dommage[2840].

881. Le cas échéant, si la subrogation est fermée au promoteur qui est titulaire d'une action contractuelle contre les intervenants, qu'en est-il du promoteur qui, agissant en qualité de mandataire du maître d'ouvrage, n'entretient que des rapports délictuels avec ces derniers ? La subrogation devrait pouvoir lui être ouverte *a contrario*[2841]. Jean-Louis BERGEL et Sylvie CIMAMONTI se positionnent en faveur de cette distinction entre promoteurs : « *au plan théorique, il existe une différence due au fait que le promoteur* [qui conclut un contrat de promotion immobilière] *exerce une action subrogatoire, tandis que le vendeur d'immeuble à construire intente sa propre action fondée*

[2836] J.-P. TRICOIRE, Fasc. 10 « Contrat de promotion immobilière », *JCl. Construction-Urbanisme*, LexisNexis, 12 décembre 2011 (actualisé le 4 janvier 2017), § 50.

[2837] L'article 1346-1 du Code civil précise que cette subrogation doit être expresse et consentie au plus tard le jour du paiement.

[2838] F. LINDITCH, « Responsabilité décennale », *Répertoire de droit immobilier*, Dalloz, mars 2016 (actualisé en novembre 2019), § 389.

[2839] J.-P. TRICOIRE, *art. préc.*, § 50.

[2840] M. RANOUIL, *th. préc.*, p. 134.

[2841] P. MALINVAUD, « Responsabilité des constructeurs (droit privé) : généralités » *in* P. MALINVAUD (dir.), *Droit de la construction*, 7ème éd., Dalloz, 2018, § 470.22.

sur les marchés qu'il a signés pour son propre compte »[2842]. En réalité, seule une indemnisation préalable de la victime ouvrirait droit à l'action subrogatoire[2843], ce qui est d'autant plus rare que les appels en garantie sont généralement formés à titre incident, avant condamnation[2844]. Dès lors, « *faute de subrogation après paiement, la responsabilité de l'entrepreneur est de nature nécessairement contractuelle* »[2845]. Comme le relève Marine RANOUIL, cette jurisprudence trouble la lecture que l'on peut faire de la nature des actions récursoires du promoteur, en laissant entendre que le recours subrogatoire est envisageable en cas de paiement préalable de la victime et que les recours personnels sont les seuls possibles dans le cas contraire[2846].

882. Les recours personnels du promoteur. En l'absence d'action subrogatoire, il reste au promoteur ses recours personnels contre les intervenants responsables. Ceux-ci consisteront en une action contractuelle de droit commun si le promoteur est lié aux constructeurs par un contrat - ce qui est le cas du promoteur initiateur[2847] - ou en une action délictuelle de droit commun, dans l'hypothèse du promoteur mandataire[2848]. L'une comme l'autre implique la démonstration d'une faute et d'un lien de causalité avec le dommage, lequel correspond au versement effectif, ou encore éventuel[2849], de dommages et intérêts à la victime. Il appartient au promoteur de prouver la faute du constructeur dans l'exécution de ses missions, ainsi que le lien de causalité avec la survenance du désordre à l'origine de l'indemnisation. Néanmoins, à la différence du promoteur mandataire, le promoteur vendeur dispose pour sa part du droit de se prévaloir de la garantie décennale à l'encontre des locateurs d'ouvrage. Comme le résument Philippe MALINVAUD et Bernard BOUBLI, « *le vendeur d'immeuble à construire (...) est aussi maître de l'ouvrage à*

2842 J.-L BERGEL, S. CIMAMONTI, Fasc. 222 « Construction. – Responsabilité des vices, malfaçons et dommages du promoteur à l'égard du souscripteur », *JCl. Construction-Urbanisme*, LexisNexis, 2006, p. 24. P. MALINVAUD, *art. préc.*, § 470.24.

2843 Cass. Civ. 3ème, 31 octobre 2001, n° 00-14614, inédit, *RTD Civ.* 2002. 315, obs. P. JOURDAIN.

2844 Cf. *Supra*, § 868 et s.

2845 P. JOURDAIN, « Le fondement du recours du maître de l'ouvrage contre l'entrepreneur de construction dépend de l'existence ou de l'absence d'indemnisation de la victime », *RTD Civ.*, 2002, p. 315. « *Le maître de l'ouvrage serait donc tenu désormais de fonder son action récursoire sur le contrat le liant à l'entrepreneur faute de pouvoir admettre une subrogation* in futurum, *avant tout paiement. Il n'en irait autrement que lorsque le maître, condamné, se retourne contre l'entrepreneur après avoir dédommagé la victime : la subrogation légale (ou conventionnelle) peut alors jouer et autorise le maître à invoquer les règles délictuelles, y compris la responsabilité pour trouble du voisinage* » (*idem*).

2846 M. RANOUIL, *th. préc.*, p. 232.

2847 Cf. *Supra*, § 481 et s.

2848 Cf. *Supra*, § 484.

2849 Cf. *Supra*, § 868.

l'égard des constructeurs et, à ce titre, les locateurs d'ouvrage lui doivent garantie in solidum, *également dans les termes des articles 1792 et suivants* »[2850]. Il s'agit là d'un avantage considérable, permettant au promoteur vendeur de tourner les difficultés liées à la preuve de la faute. Au surplus, alors que la jurisprudence réservait jusque-là cette action récursoire au vendeur d'immeuble à construire, la Cour de cassation en a récemment étendu le bénéfice au vendeur après achèvement[2851].

883. Approche comparative des deux types de recours. Les effets attachés aux recours subrogatoire et personnel diffèrent. Dans la première hypothèse, en plus de pouvoir invoquer les responsabilités objectives dont les constructeurs sont débiteurs, le promoteur *solvens* profite des interruptions de prescription intervenues préalablement entre eux et l'accédant. En contrepartie, le *solvens* peut se voir opposer les exceptions et moyens de défense qui découlent du rapport d'obligation liant les débiteurs à leur créancier originel, mais ce risque est atténué par le fait que le promoteur définit lui-même le contrat de construction. Le promoteur *solvens* pourrait en revanche voir son action subrogatoire compromise par le fait que le débiteur s'est déjà libéré, sous l'effet de la compensation ou de la prescription[2852]. Dans la deuxième hypothèse, l'action récursoire personnelle du promoteur peut se heurter aux clauses défavorables qui lui auraient été imposées dans les marchés[2853], bien qu'une fois de plus, le promoteur s'en prémunisse en négociant les contrats, voire en se chargeant directement de leur rédaction[2854]. Les recours du promoteur s'exercent par ailleurs dans la limite des engagements contractés vis-à-vis de ses clients qui

[2850] P. MALINVAUD, B. BOUBLI, « Quel est le fondement du recours du vendeur d'immeuble contre les coauteurs du dommage ? », *RDI*, 1993, p. 88. Cass. Civ. 3ème, 20 avril 1982, n° 81-10026, *Bull. civ.* III, n° 95 : « *Attendu que si l'action en garantie décennale se transmet en principe avec la propriété de l'immeuble aux acquéreurs, le maître de Y... ne perd pas la faculté de l'exercer quand elle présente pour lui un intérêt direct et certain* ». Cass. Civ. 3ème, 29 octobre 2015, n° 14-20133, inédit. Récemment, la Cour de cassation a néanmoins conditionné la mobilisation de la garantie décennale par le promoteur vendeur à la preuve d'un engagement pris à l'égard du propriétaire victime de réaliser les travaux de réparation, de dépenses réalisées à ce titre, ou encore à l'existence de préjudices personnellement subis : Cass. Civ. 3ème, 4 mars 2021, n° 18-21344, inédit.

[2851] Cass. Civ. 3ème, 12 novembre 2020, n° 19-22376. M.-L. PAGÈS-DE-VARENNE, « Vendeur après achèvement et fondement de l'action récursoire », *Constr.-Urb.* n° 1, janvier 2021, comm. 9. S. BERTOLASO, « Application de l'article 1792 du Code civil au recours du maître de l'ouvrage cédant : quand la faculté devient contrainte... », *JCP N* n° 17, 30 avril 2021, 1174 : l'auteure souligne qu'au cas d'espèce, le vendeur s'est trouvé privé de la souplesse du délai d'action attaché à la responsabilité contractuelle.

[2852] A. RICHARD, *th. préc.*, pp. 143, 146.

[2853] Le maître d'œuvre peut, par exemple, se prévaloir d'une clause excluant sa responsabilité solidaire dans ses rapports avec les autres constructeurs (Cass. Civ. 3ème, 19 mars 2013, n° 11-25266, inédit, *RDI* 2013. 316, obs. B. BOUBLI).

[2854] Cf. *Supra*, § 706-707.

ne seraient pas opposables aux constructeurs, faute d'avoir été intégrés dans leurs contrats[2855].

884. Les limites induites par les délais de prescription applicables aux recours personnels. Puisque « *l'interruption civile du délai pour prescrire doit émaner de celui qui entend en empêcher le cours* »[2856], le promoteur qui exerce un recours personnel devra être attentif à assigner lui-même les intervenants dont il souhaite engager la responsabilité, sans s'arrêter au fait qu'ils sont déjà dans la cause, en raison de l'assignation initiale qui leur a été délivrée par l'accédant victime[2857]. En effet, « *l'assignation n'a de valeur interruptive* » qu'au profit de la partie qui en est à l'origine[2858]. Est ainsi écarté « *tout effet interruptif* erga omnes *s'agissant des délais d'action en responsabilité* »[2859], sauf dans l'hypothèse d'une décision judiciaire modifiant le champ matériel d'une expertise judiciaire[2860]. De surcroît, le promoteur devra être particulièrement attentif au point de départ et au délai des actions intentées à titre récursoire. En matière purement contractuelle ou délictuelle, le point de départ de l'action en responsabilité de droit commun est mobile : selon les termes de l'article 2224 du Code civil, il correspond au jour de la connaissance du dommage, c'est-à-dire au jour de la signification de l'assignation reçue par le promoteur. Cela signifie que même si l'assignation est signifiée la veille de l'expiration du délai décennal, le promoteur dispose encore d'un délai de cinq ans pour agir en garantie.

885. Mais qu'en est-il de l'application de l'article 1792-4-3 du Code civil ? Depuis 2008, celui-ci précise qu'en dehors des actions fondées sur les garanties légales, les autres « *actions en responsabilité dirigées contre les constructeurs* (…) *se prescrivent par dix ans à compter de la réception des travaux* ». La loi ne distinguant pas en fonction de la qualité du demandeur à l'action, il est possible d'en déduire que le texte n'est pas réservé à l'usage de l'accédant et qu'il peut ainsi être utilisé par le promoteur. En effet, il n'exclut pas de manière explicite les actions dirigées par des constructeurs contre d'autres constructeurs. Comme le suggère Philippe MALINVAUD : « *les recours entre constructeurs sont bien des actions en responsabilité ; rien ne permet de les faire échapper à*

2855 Cass. Civ. 3ème, 10 octobre 2012, n° 10-28309, *Bull. civ.* III, n° 140. C. CHARBONNEAU, « L'étendue des recours du promoteur contre les constructeurs et leurs assureurs », *L'Essentiel droit des assurances*, n° 10, 15 novembre 2012, p. 4.

2856 Cass. Civ. 3ème, 4 juin 1998, n° 96-17283, inédit ; Cass. Civ. 3ème, 31 janvier 2019, n° 18-10011 ; Cass. Civ. 3ème, 21 mars 2019, n° 17-28021.

2857 Cass. Civ. 3ème, 17 mars 1993, n° 91-19271, *Bull. civ.* III, n° 37, p. 24.

2858 B. CHEMIN, X. CHEMIN, *art. préc.*, p. 461.

2859 L. KARILA, C. CHARBONNEAU, *op. cit.*, p. 482.

2860 Cass. Civ. 3ème, 29 mai 2001, n° 99-14127, inédit, *RGDA* 2002. 77, obs. M. BRUSCHI. Cass. Civ. 3ème, 24 février 2009, n° 08-12746, inédit.

l'article 1792-4-3 »[2861]. En revanche, son application aurait pour conséquence de priver le promoteur de la possibilité d'agir à titre récursoire contre les constructeurs dans l'hypothèse d'une assignation initiale très tardive. Cyrille CHARBONNEAU objecte ainsi qu'« *un recours entre coobligés n'a aucune raison d'être soumis aux règles de la forclusion des délais d'action* »[2862], sous peine de mettre en péril le partage de la dette entre coobligés, lors des recours en contribution. L'article 97 de l'avant-projet de réforme des contrats spéciaux maintiendrait en substance les dispositions de l'article 1792-4-3, sans pour autant apporter un éclairage sur la question de l'applicabilité du texte aux rapports entre constructeurs. Dans un arrêt du 16 janvier 2020, la Cour de cassation a finalement tranché le débat en précisant que les recours entre constructeurs sont « *de nature contractuelle si les constructeurs sont contractuellement liés et de nature quasi-délictuelle s'ils ne le sont pas* », sans pouvoir être fondés sur l'article 1792-4-3 du Code civil, réservé au maître de l'ouvrage. En effet, « *fixer la date de réception comme point de départ du délai de prescription de l'action d'un constructeur contre un autre constructeur pourrait avoir pour effet de priver le premier, lorsqu'il est assigné par le maître de l'ouvrage en fin de délai d'épreuve, du droit d'accès à un juge* »[2863].

886. Le promoteur devra également être vigilant dans la mise en œuvre des actions récursoires impliquant la mobilisation de garanties légales. Lorsque le promoteur est recherché sur le fondement de la garantie des vices apparents, il peut se retourner contre les entrepreneurs sur le fondement de leur garantie de parfait achèvement. Toutefois, lorsque la réception intervient avant la prise de possession, le délai pour agir en parfait achèvement expire avant celui attaché à l'action des vices et défauts de conformité apparents, si bien que le promoteur peut se retrouver d'emblée forclos pour agir en parfait achèvement contre les locateurs d'ouvrage. Un raisonnement identique peut être suivi s'agissant de la garantie d'isolation phonique[2864]. Ainsi, « *tandis que les garanties offertes par*

[2861] P. MALINVAUD, « Prescription et responsabilité des constructeurs après la réforme du 17 juin 2008 », *RDI*, 2008, p. 368.

[2862] C. CHARBONNEAU, « Les responsabilités spécifiques des constructeurs » *in* J.-P. TRICOIRE (dir.), *Le droit de la promotion immobilière, 50 ans après la loi du 3 janvier 1967*, Dalloz, 2017, p. 116.

[2863] Cass. Civ. 3ème, 16 janvier 2020, n° 18-25915, C. AUCHE, N. DE ANDRADE, *Dalloz actu.* 10 février 2020, *D.* 2020. 81 : « *Attendu qu'il s'ensuit que le recours d'un constructeur contre un autre constructeur ou son sous-traitant relève des dispositions de l'article 2224 du code civil* ». Il est néanmoins regrettable que la Cour de cassation fixe comme point de départ du recours en garantie le jour de signification de l'assignation en référé-expertise, alors que celle-ci ouvre une phase d'instruction préalable qui vise précisément à vérifier la responsabilité éventuelle des constructeurs mis en cause.

[2864] L'article L. 111-11 du CCH précise que les travaux de reprise à diligenter dans cette hypothèse « *relèvent de la garantie de parfait achèvement visée à l'article 1792-6 du code civil* ». Il faut sans doute comprendre que la garantie pèse uniquement sur le promoteur, à charge pour lui de se retourner contre les entreprises concernées, en mobilisant la garantie de parfait achèvement, dont ils sont seuls débiteurs. Cette chaîne

les locateurs d'ouvrage commencent à courir à la réception des ouvrages par le promoteur, les garanties auxquelles est tenu celui-ci ne courent qu'à compter de la réception par le maître d'ouvrage »[2865] dans l'hypothèse du contrat de promotion immobilière, ou de la livraison à l'accédant, dans le cas de la vente d'immeuble à construire. Plus largement, il est opportun pour le promoteur d'insérer au contrat un mécanisme de pré-livraison, lui permettant de connaître en amont l'ensemble des réserves à dénoncer auprès des entreprises, afin qu'il puisse conserver la possibilité d'utiliser à son profit la garantie de parfait achèvement, lorsque les délais le permettent. Comme le suggère en définitive Philippe MALINVAUD, « *quitte à repenser la question, n'aurait-on pas meilleur compte à supprimer la garantie des vices apparents et, en contrepartie, à étendre au vendeur d'immeuble à construire la garantie de parfait achèvement de l'art. 1792-6 ?* ». Selon lui, « *la protection des acquéreurs s'en trouverait renforcée* »[2866].

887. En dehors du cas particulier, relativement rare, d'un paiement préalable de la victime, l'action subrogatoire n'est pas ouverte au promoteur. En tant que coobligé, le promoteur est en revanche susceptible de diligenter ses propres recours à titre récursoire, afin de se faire relever et garantir indemne des condamnations prononcées à son encontre, par les constructeurs fautifs. En complément de cette faculté, l'existence d'une double assurance obligatoire en matière de construction permet de reporter sur un tiers le poids définitif des indemnités, ce qui renforce encore davantage l'identité de « garant relais » du promoteur.

B) La prise en charge définitive de la dette indemnitaire par les assureurs

888. Le contrat d'assurance, qui s'inscrit dans la catégorie des contrats aléatoires, peut se définir comme « *une convention répondant à une technique de couverture d'un risque, conclu par une partie – l'assuré, le souscripteur* (…) *– qui s'engage à verser une prime* (…)*, en vue de permettre au bénéficiaire de*

---

d'actions aurait pu se justifier par l'identité des délais de prescription, d'une durée d'un an pour chacune des garanties. Toutefois, le point de départ des deux actions n'est pas le même : il s'agit de la réception pour la garantie de parfait achèvement et de la prise de possession pour la garantie d'isolation phonique. Cela étant, comme dans l'hypothèse susmentionnée de la garantie des vices apparents, lorsque la réception intervient préalablement à la prise de possession, le point de départ de l'action en garantie de parfait achèvement est antérieur à celui de l'action en garantie d'isolation phonique, ce qui signifie que le délai de la première prend fin avant celui de la seconde. Durant cet intervalle, le promoteur est privé de toute action récursoire contre les entreprises, fondée sur la garantie de parfait achèvement.

[2865] M. SERROR FIENBERG, J.-M. BRIQUET, B. GAGNAIRE, Q. ROUSSEAU, « Le contrat de promotion immobilière : aspects pratiques », *RDI*, 2018, p. 320.

[2866] P. MALINVAUD, « L'impossible garantie des vices apparents et la protection de l'acheteur d'immeuble à construire », *RDI*, 1980, p. 140.

l'assurance, ou au tiers, de disposer d'une garantie par l'assureur, lors de la survenance du sinistre »[2867]. Dans ce contrat, la garantie n'est pas un accessoire mais l'obligation principale du débiteur ; la garantie de l'assureur « *n'est pas la conséquence de ses actes, mais uniquement la prise en charge, à titre dérogatoire, du risque couru par l'assuré* »[2868]. A l'instar de la Sécurité sociale ou des fonds de garantie, l'assurance privée constitue un procédé de financement mutualisé[2869] - et non plus individualisé - d'indemnisation des victimes[2870], qui a notamment cours dans les opérations de construction. Depuis l'entrée en vigueur de la loi « Spinetta » du 4 janvier 1978[2871], les accédants - « maîtres de l'ouvrage » - doivent souscrire une assurance dommages-ouvrage leur permettant d'obtenir le préfinancement des désordres de nature décennale qu'ils pourraient avoir à subir. Parallèlement, chaque constructeur susceptible de voir sa responsabilité engagée au visa de l'article 1792 du Code civil doit souscrire une assurance couvrant les conséquences financières de cette dernière. En prenant en charge le coût des travaux de réparation des désordres décennaux, en lieu et place du promoteur ou des autres constructeurs, l'assureur sert les intérêts de la victime, qui peut compter sur un débiteur solvable, dont les garanties sont aisément mises en œuvre. L'assuré n'est pas en reste, dès lors qu'il n'a pas à supporter la charge pécuniaire qu'induirait l'engagement de sa responsabilité. Partant, « *les tribunaux n'hésitent pas à condamner quelqu'un à réparation, même en l'absence d'une véritable faute, sachant, qu'en définitive, il n'en supportera pas le poids* » ; finalement, « *le responsable est celui qui apporte une assurance à la victime* »[2872]. Dans ce contexte, l'obligation d'assurance qui pèse sur les constructeurs « *se justifie plus par une volonté de protection de la victime que par un souci de sauvegarde du patrimoine de l'assuré* »[2873] (1). Le mécanisme à « double détente » instauré par le législateur souffre néanmoins de quelques lacunes, qui conduisent à relativiser son efficacité réelle (2).

2867 B. BEIGNIER, S. BEN HADJ YAHIA, *Droit des assurances*, 3ème éd., LGDJ, 2018, p. 284. Sur les éléments constitutifs du contrat d'assurance que sont le risque, la prime et la garantie : Cass. Civ. 1ère, 24 avril 1979, n° 76-13620, *Bull. civ.* I, n° 115, *RGAT* 1980. 50.

2868 N. BARGUE, *Essai sur la notion de garantie*, Thèse, Université Paris I, 2008, pp. 94, 96.

2869 M. CHAGNY, L. PERDRIX, *Droit des assurances*, 4ème éd., LGDJ, 2018, p. 30.

2870 G. MAITRE, *La responsabilité civile à l'épreuve de l'analyse économique du droit*, Thèse, LGDJ, 2005, p. 63.

2871 Loi n° 78-12 du 4 janvier 1978 relative à la responsabilité et à l'assurance dans le domaine de la construction.

2872 P. LE TOURNEAU, « Responsabilité : généralités », *Répertoire de droit civil*, Dalloz, mai 2009 (actualisé en avril 2019), § 181.

2873 F.-X. AJACCIO, A. CASTON, R. PORTE, *L'assurance construction. Fondements, régimes juridiques, évolution*, 3ème éd., Le Moniteur, 2019, p. 24.

1. L'instauration d'une double assurance obligatoire

889. L'instauration du mécanisme de la « double détente » en assurance construction. Avant la loi du 4 janvier 1978, l'article 3 de la loi du 31 décembre 1940 imposait déjà aux architectes de souscrire une assurance couvrant leur responsabilité professionnelle[2874]. En dehors même de toute obligation légale, l'assurance construction a rapidement constitué un besoin pour les professionnels du secteur[2875] ; les entrepreneurs affiliés à la Fédération Nationale du Bâtiment[2876] étaient en principe tenus de s'assurer[2877]. Le Comité « Spinetta » a considéré que le régime des garanties légales actualisé par la loi du 3 janvier 1967 n'était pas suffisant. Il a pu observer que « *le système souffrait de délais de règlement des sinistres trop long* »[2878], ce qui avait pour conséquence d'aggraver les préjudices du fait de l'apparition de nouveaux désordres ; qu'il y avait « *un accroissement de la charge des sinistres, lié notamment à l'absence de rigueur dans la sanction des fautes commises par les participants à l'acte de construction* » ; ainsi qu'une « *sous-assurance manifeste dans le secteur* »[2879]. Dès lors, « *l'indemnisation des victimes était tout à la fois tardive en raison de la lenteur des procédures et aléatoire par suite de l'insolvabilité de certaines entreprises et d'un défaut d'assurance assez généralisé* »[2880]. Afin d'apporter une réponse efficace et durable à la situation, la loi du 4 janvier 1978 a instauré deux polices d'assurance, que les assurés visés doivent souscrire, qui contiennent des postes de garantie obligatoires, que les assureurs sont eux-mêmes tenus de couvrir[2881]. Le système à « double détente » imaginé par le législateur implique un préfinancement des travaux de réparation par l'assureur dommages-ouvrage, avant que celui-ci ne puisse se retourner contre les assureurs des constructeurs responsables. L'article L. 121-12 alinéa 1er du Code des assurances prévoit à cet égard une subrogation légale de l'assureur dans les droits et actions de l'assuré. Quant à ce dernier, il pourra encore envisager une action contre les responsables et leurs assureurs, mais uniquement pour la part

---

[2874] Article 3 de la loi du 31 décembre 1940 instituant l'ordre des architectes et réglementant le titre et la profession d'architecte.

[2875] M.-L. PAGÈS-DE VARENNE, *th. préc.*, p. 5 : les entrepreneurs ont créé, dès 1849, la Mutuelle des entrepreneurs et les architectes possèdent la Mutuelle des architectes français, dont les origines remontent à 1931.

[2876] Celle-ci deviendra la Fédération Française du Bâtiment.

[2877] M.-L. PAGÈS-DE VARENNE, *th. préc.*, p. 8.

[2878] N. GSTALTER-BRANDES, *Le domaine d'application du système de responsabilité et d'assurance obligatoire pour les dommages de construction*, Thèse, Université Strasbourg III, 2006, p. 14 : « *Huit années étaient nécessaires pour 75% d'entre eux, les 25% restants n'étant résolus qu'au terme d'une période pouvant atteindre, voire dépasser, vingt ans* ».

[2879] *Idem.*

[2880] P. MALINVAUD, « La responsabilité des constructeurs 40 ans après la loi du 4 janvier 1978 », *RDI*, 2018, p. 417.

[2881] B. BEIGNIER, S. BEN HADJ YAHIA, *Droit des assurances*, 3ème éd., LGDJ, 2018, p. 774.

excédant l'indemnité qu'il a reçue, la subrogation lui faisant perdre, sur cette portion, le bénéfice de ses propres recours. De même, en cas d'échec du préfinancement, l'accédant victime peut directement agir contre les assureurs en responsabilité des intervenants. Ce dispositif a ainsi été pensé « *avec l'intention de séparer radicalement le problème de la réparation des dommages, qui doit être rapide, de celui de la recherche des responsabilités, qui peut prendre du temps* »[2882]. Pour autant, force est d'observer dans les faits, que le mécanisme du préfinancement connaît un succès mitigé.

890. Les difficultés du préfinancement. Le préfinancement des travaux de réparation passe par une phase d'expertise amiable diligentée par l'assureur dommages-ouvrage[2883]. Cette expertise étant réalisée par un expert discrétionnairement choisi par l'assureur[2884] et rémunéré par ce dernier, la neutralité et l'objectivité de ses conclusions peuvent être mises en doute. Au surplus, il est d'usage que le rapport soit prioritairement adressé à l'assureur, au motif (relativement insidieux) qu'il mettrait plus de temps que l'assuré à en prendre connaissance[2885]. Dans ces conditions, « *la méfiance de l'assuré à l'égard de cette expertise dommages-ouvrage a conduit progressivement à la saisine systématique du juge judiciaire, vidant ainsi de son essence la raison d'être de la procédure contractuelle* »[2886] préalable devant l'assureur. Plusieurs mesures correctives existent pourtant. Depuis un arrêté du 16 août 1984, l'assuré a la possibilité de récuser l'expert désigné par l'assureur[2887]. La nécessité de rendre contradictoires les investigations menées par l'expert amiable a été reconnue dans un arrêt de revirement du 17 janvier 1990[2888]. En tout état de cause, la Cour de cassation est venue préciser, dans un arrêt du 28 octobre 1997, que la loi interdisait « *à l'assuré de saisir directement une juridiction aux fins de désignation d'un expert* »[2889] judiciaire, afin de mettre un terme à cette tendance, qui avait pour effet d'allonger inutilement la durée de traitement des litiges.

[2882] V. MARJANOVIC, « La notion de ''travaux de bâtiment'' selon l'ancien article L. 241-1 du code des assurances », *AJDA*, 2014, p. 36.

[2883] Cette étape est obligatoire, sauf lorsque l'assureur refuse sa garantie en raison du caractère manifestement injustifié de la mise en œuvre des garanties ou bien propose une indemnité inférieure à 1 800 euros (annexe II à l'article A. 243-1 du Code des assurances).

[2884] Annexe II de l'article A. 243-1 du Code des assurances.

[2885] M.-L. PAGÈS-DE VARENNE, *th. préc.*, p. 119.

[2886] *Idem.*

[2887] Annexe II de l'article A. 243-1 précitée.

[2888] Cass. Civ. 1ère, 17 janvier 1990, n° 87-13066, *Bull. civ.* I, n° 15, p. 11, *RGAT* 1990. 128, obs. J. BIGOT. Annexe II de l'article A. 243-1 précitée.

[2889] Cass. Civ. 1ère, 28 octobre 1997, n° 95-20421, *Bull. civ.* I, n° 293, p. 197, *RGDA* 1998. 95, obs. H. PÉRINET-MARQUET.

891. Les critères communs aux deux polices. Les assurances construction sont des assurances de dommages[2890], gouvernées par le principe indemnitaire[2891] et le principe de réparation intégrale[2892]. Elles couvrent les dommages matériels immobiliers de nature décennale affectant tous types d'ouvrages neufs[2893] - en ce compris les existants devenus indivisibles à ces derniers[2894] - à l'exclusion des ouvrages listés à l'article L. 243-1-1 du Code des assurances. Le promoteur doit attester de la souscription de l'assurance dommages-ouvrage et de sa propre assurance de responsabilité dans ses rapports contractuels aux accédants[2895]. A défaut de souscription de ces assurances, au plus tard à l'ouverture du chantier, il s'expose aux sanctions pénales prévues à l'article L. 243-3 du Code des assurances, soit à une peine d'« *emprisonnement de six mois et* [à] *une amende de 75 000 euros ou l'une de ces deux peines seulement* ». Ce risque pénal doit néanmoins être relativisé, si l'on considère que les sanctions « *se prescrivent à l'expiration d'un délai de 3 ans à compter de l'ouverture du chantier, puisqu'il s'agit d'un délit instantané* »[2896]. Aussi, lorsque surviendront des dommages de nature décennale induisant la mobilisation des assurances construction obligatoires, le recours qu'aurait pu faire l'accédant devant les juridictions répressives du fait d'un défaut d'assurance sera prescrit ou sur le point de l'être. Il sera donc également privé de la possibilité d'en faire un levier de négociation dans le cadre d'éventuels échanges transactionnels avec le promoteur.

892. L'assurance dommages-ouvrage. Définie à l'article L. 242-1 alinéa 1er du Code des assurances, l'assurance dommages-ouvrage est une assurance de chose, dont l'objet est de réparer, « *automatiquement et efficacement, sans obligation de discussion préalable sur les responsabilités* »[2897], les dommages décennaux affectant l'immeuble de moins de dix ans appartenant à l'assuré. Le souscripteur de cette police est la « *personne physique ou morale qui, agissant en qualité de propriétaire de l'ouvrage, de vendeur ou de mandataire du propriétaire de l'ouvrage, fait réaliser des travaux de construction* », soit le

---

[2890] L'assurance de dommages est une catégorie qui regroupe les assurances de choses et de responsabilité, dont la vocation est de préserver le patrimoine de l'assuré. Elle s'oppose à l'assurance de personnes qui couvre les risques liés à la vie de l'assuré.

[2891] Les assurances de personnes sont quant à elles fondées sur un principe forfaitaire, qui autorise l'assuré à s'enrichir.

[2892] En matière d'assurance dommages-ouvrage, il est même imposé à l'assuré d'affecter les indemnités reçues à la réalisation des travaux de réparation (Cass. Civ. 3ème, 17 décembre 2003, n° 02-19034, *Bull. civ.* III, n° 232, p. 206, *RGDA* 2004. 102, note J.-P. KARILA.).

[2893] Avant l'ordonnance n° 2005-658 du 8 juin 2005, l'obligation d'assurance s'appliquait aux « travaux de bâtiment ». Cf. *Supra*, § 630.

[2894] Article L. 243-1-1 alinéa 3 du Code des assurances.

[2895] *Ibid.*, article L. 243-2.

[2896] M. CHAGNY, L. PERDRIX, *Droit des assurances*, 4ème éd., LGDJ, 2018, pp. 433, 447.

[2897] F.-X. AJACCIO, A. CASTON, R. PORTE, *op. cit.*, p. 26.

promoteur - en qualité de maître d'ouvrage en exercice - dans l'hypothèse de la conclusion d'un contrat spécial de construction. Sont en revanche exclues de l'obligation de souscription, les personnes morales remplissant certaines conditions[2898], qui construisent pour leur propre compte et pour un usage autre que l'habitation. Le promoteur construisant par définition pour autrui[2899], il n'est *a priori* pas concerné par cette dérogation. En tant que souscripteur, il consent au contrat d'assurance, en se chargeant de la déclaration du risque ; c'est sur lui que pèse l'obligation de paiement des primes[2900]. Outre les sanctions pénales encourues, le promoteur qui ne satisfait pas à son obligation de souscription s'expose à voir engager sa responsabilité civile[2901]. Quant à l'assuré - c'est-à-dire la personne dont le patrimoine est exposé au risque couvert par le contrat d'assurance - il s'agit du cocontractant du promoteur, ainsi que de tous les propriétaires successifs de l'ouvrage[2902], jusqu'à l'expiration de la garantie décennale. Puisque les qualités de souscripteur et d'assuré ne sont pas réunies sur la même tête, l'assurance dommages-ouvrage s'analyse en une assurance « pour compte », comme l'envisage l'article L. 112-1 alinéa 2 du Code des assurances. En dehors même d'un mandat qui lui serait donné par l'accédant, le promoteur contracte l'assurance au profit de celui-ci, sur le fondement d'une stipulation pour autrui d'origine légale. Contrairement à la situation du tiers bénéficiaire dans une assurance de responsabilité, l'assuré « pour compte » peut se voir opposer les mêmes exceptions que celles opposables au souscripteur[2903]. Sont obligatoirement couverts par l'assurance dommages-ouvrage les dommages matériels de nature décennale objets du sinistre, ainsi que les dommages matériels consécutifs. Pour que ces derniers soient pris en charge, « *il faut nécessairement un lien entre le trouble annexe subi et le dommage principal* », mais « *le juge apparait plutôt laxiste dans l'appréciation de ce lien* »[2904]. En matière d'assurances de choses, plusieurs valeurs peuvent alternativement être retenues pour l'évaluation de l'indemnité à verser : la valeur

---

2898 Selon l'article R. 111-1 du Code des assurances : soit « *1° le total de son dernier bilan est supérieur à 6,2 millions d'euros* », soit « *2° le montant de son chiffre d'affaires du dernier exercice est supérieur à 12,8 millions d'euros* », soit « *3° le nombre de personnes que* [le maître d'ouvrage] *a employées en moyenne au cours du dernier exercice est supérieur à 250* ». F. AUSSEUR, « Les obligations particulières du maître de l'ouvrage : les assurances », *RDI*, 2002, p. 458 : « *Ces exceptions partent de l'idée que ces maîtres d'ouvrage ont la compétence technique et la capacité financière de faire réparer rapidement les désordres en cas de défaillance des constructeurs* ».

2899 Cf. *Supra*, § 543 et s.

2900 M. CHAGNY, L. PERDRIX, *op. cit.*, p. 83.

2901 Dans le cadre d'une vente d'immeuble à construire, le contrat ne peut néanmoins être résolu sur ce fondement (Cass. Civ. 3ème, 2 mars 2011, n° 09-72576, *Bull. civ.* III, n° 30).

2902 Article L. 121-10 alinéa 1er du Code des assurances.

2903 *Ibid.*, article L. 112-1 alinéa 3.

2904 D. NGOUNGOURE MFENJOU, *L'œuvre créatrice de la jurisprudence en matière de responsabilité civile et d'assurance des constructeurs*, Thèse, Université Lille II, 2007, p. 150.

vénale[2905], la valeur d'usage[2906] ou bien encore la valeur à neuf. Puisque l'assurance dommages-ouvrage porte sur des travaux de construction, la valeur à neuf s'impose afin de permettre à l'assuré d'avoir les fonds suffisants pour financer les matériaux et la main d'œuvre qu'impliquent les mesures réparatoires. Dans ce contexte, « *la réparation est plus une nécessité qu'un enrichissement* »[2907]. Bien qu'un tel système présente l'inconvénient de permettre à l'assuré de reconstruire partiellement ou totalement son ouvrage dix ans après sa construction, alors que celui-ci a déjà subi les effets du temps, une jurisprudence constante refuse d'appliquer tout coefficient de vétusté[2908].

893. L'assurance de responsabilité civile décennale. Définie à l'article L. 241-2 du Code des assurances, cette police a pour objet de couvrir les condamnations prononcées contre l'assuré, du fait des dommages éligibles à la garantie décennale dont il est responsable, à l'égard des accédants ou des acquéreurs successifs de l'ouvrage. A ce titre, le déclenchement de la garantie est subordonné à l'exercice d'un recours par la victime, amiable ou judiciaire[2909]. Doit s'assurer toute personne « *qui fait réaliser pour le compte d'autrui des travaux de construction* », ce qui permet d'inclure dans le champ d'application de cette assurance toutes les typologies de promoteurs. En tant que « constructeur non-réalisateur », le promoteur souscrit une assurance éponyme, dite « CNR », le plus souvent auprès du même assureur que celui qui a consenti la police dommages-ouvrage[2910]. Lorsque sa responsabilité décennale est retenue, le promoteur peut ainsi compter sur la couverture de son assureur pour éviter d'avoir à supporter, sur son propre patrimoine, la charge que représenterait le paiement des dommages et intérêts dus à la victime. Si toutefois sa police « CNR » ne peut être mobilisée, il lui reste la possibilité d'agir directement contre les assureurs de ses coobligés, également assurés au titre de leur responsabilité décennale. Auparavant, cette action était dépendante des mécanismes offerts par le droit commun, comme l'action oblique[2911], ce qui impliquait que la créance subisse le concours des autres créanciers du constructeur. L'article L. 124-3 du Code des assurances prévoit désormais que « *le tiers lésé dispose d'un droit d'action directe à l'encontre de l'assureur*

[2905] M. CHAGNY, L. PERDRIX, *op. cit.*, p. 294 : la valeur vénale correspond « *au prix de vente dans le commerce au moment du sinistre* ».

[2906] *Ibid.*, p. 295 : la valeur d'usage correspond à « *la valeur à neuf du bien sinistré, déduction faite de son éventuelle vétusté* ».

[2907] D. NGOUNGOURE MFENJOU, *th. préc.*, p. 182.

[2908] Cass. Civ. 2ème, 16 décembre 1970, n° 69-12617, *Bull. civ.* II, n° 346, p. 265.

[2909] Article L. 124-1 du Code des assurances.

[2910] Il est intéressant de relever que l'interruption de la prescription à l'égard de l'assureur dommages-ouvrage, ne vaut pas à son égard en tant qu'assureur constructeur non-réalisateur, ce qui implique une certaine vigilance de la part du promoteur. Cass. Civ. 3ème, 4 novembre 2010, n° 09-66977, *Bull. civ.* III, n° 195.

[2911] Article 1341-1 du Code civil.

garantissant la responsabilité civile de la personne responsable »[2912], sans que cette action ne soit plus subordonnée à l'appel en cause préalable ou concomitant de l'assuré[2913]. En revanche, le dommage doit bien être imputable à l'assuré, ce que le promoteur devra démontrer[2914]. En tant que tiers victime, il n'est pas soumis à la prescription biennale, propre au contrat d'assurance, mais au délai de l'action qu'il détient contre l'assuré[2915]. La jurisprudence lui reconnaît même la possibilité d'accoler les deux délais, afin de tenir compte du temps durant lequel l'assuré aurait pu lui-même exercer un recours contre son assureur[2916].

894. Indépendamment du préfinancement susceptible de résulter de la mobilisation de la garantie dommages-ouvrage, souscrite pour le compte de l'accédant, le promoteur peut encore compter sur l'assurance qui couvre sa propre responsabilité décennale, voire rechercher l'application de celle des autres constructeurs, lorsqu'il exerce ses recours en contribution. Toutes ces garanties assurancielles viennent confirmer la fonction de « garant relais » du promoteur. Alors que l'on aurait pu craindre que le système d'indemnisation automatique instauré par l'assurance obligatoire ne fasse perdre à la responsabilité légale son rôle préventif, les lacunes du dispositif suggèrent le contraire.

2. Les lacunes de l'assurance construction obligatoire

895. Un surcoût pour l'accédant. En dehors des « chargements fiscaux », le montant des primes est librement déterminé par l'assureur, sur la base des analyses fournies par les actuaires ; l'administration ne fixant plus les montants minimaux et maximaux des tarifications[2917]. En construction, le montant des primes est particulièrement élevé, à proportion de la complexité du risque à couvrir. Selon Muriel CHAGNY et Louis PERDRIX, c'est parce qu'« *à la place des dommages-intérêts dus à la victime,* [l'assuré] *assume la dette de la prime envers l'assureur* »[2918], que l'instauration de l'assurance de responsabilité obligatoire n'a pas eu pour effet d'encourager l'assuré à « relâcher sa conduite ». Le promoteur est le souscripteur des deux assurances construction obligatoires, ce qui fait de lui l'unique débiteur des primes correspondantes. En réalité toutefois, ces primes constituent un coût supporté par l'accédant, dans la mesure

---

2912 Cette disposition a été ajoutée par la loi n° 2007-1774 du 17 décembre 2007.
2913 Cass. Civ. 1ère, 7 novembre 2000, n° 97-22582, *Bull. civ.* I, n° 274, p. 177.
2914 Cass. Civ. 1ère, 29 février 2000, n° 97-11811, *Bull. civ.* I, n° 64, p. 44.
2915 Cass. Civ. 2ème, 11 juin 2009, n° 08-13478, inédit.
2916 Cass. Civ. 1ère, 29 octobre 2002, n° 99-19742, inédit, *RCA* 2003, comm. n° 21, H. GROUTEL.
2917 V. l'article L. 310-7 du Code des assurances, jusqu'à la loi n° 89-1014 du 31 décembre 1989 portant adaptation du code des assurances à l'ouverture du marché européen. M. CHAGNY, L. PERDRIX, *op. cit.*, p. 137.
2918 M. CHAGNY, L. PERDRIX, *op. cit.*, pp. 350-351.

où leur montant est inclus dans la balance financière du promoteur, qui détermine le prix de vente au mètre carré des locaux à commercialiser. Que l'accédant prenne en charge le coût de l'assurance dommages-ouvrage peut se comprendre, compte tenu de sa qualité de bénéficiaire des indemnités, mais pareil raisonnement n'est pas transposable à l'assurance de responsabilité du promoteur. Outre la prise en charge indirecte du coût de cette dernière, il est à craindre que chaque constructeur intervenant à l'opération ait également pris le soin d'intégrer dans le prix de sa prestation le montant des primes versées au titre de sa propre assurance responsabilité, augmentant d'autant le prix final de l'ouvrage supporté par le client. Finalement, contre toute attente, « *c'est l'accédant* (…) *qui assume le coût financier de sa protection !* »[2919].

896. Une couverture partielle, réduite aux dommages matériels immobiliers de nature décennale. En étant exclusivement réservées aux dommages matériels de nature décennale, les garanties obligatoires laissent de côté un très grand nombre de dommages. Sont exclus du dispositif impératif tous ceux qui ne rentrent pas explicitement dans la description des annexes I et II de l'article A. 243-1 du Code des assurances, c'est-à-dire les dommages immobiliers autres que décennaux, les dommages mobiliers[2920], ainsi que les dommages immatériels[2921], que l'on peut entendre comme « *tout préjudice pécuniaire consécutif à un dommage matériel garanti, conduisant à la privation de la jouissance d'un droit, de l'interruption d'une activité, de la perte d'un bénéfice* »[2922]. La dimension très limitée de la couverture assurancielle obligatoire est défavorable à l'accédant, mais également au promoteur. Celui-ci devra assumer sur ses propres deniers la portion non couverte de sa condamnation et sera éventuellement confronté à l'échec partiel de ses actions récursoires, du fait de l'insolvabilité des constructeurs dont la responsabilité n'est pas entièrement garantie. Toutefois, étendre l'assurance obligatoire à tous les dommages matériels affectant la construction augmenterait le montant des primes et, par voie de conséquence, le coût des ouvrages neufs. Du reste, comme l'admet Christophe PONCE, cela irait à l'encontre de la quête de « moralisation » du secteur de la construction, car « *la motivation des constructeurs à assurer et à améliorer la qualité de leurs prestations risquerait de s'en trouver affectée* »[2923].

[2919] C. SAINT-ALARY-HOUIN, B. SAINT-ALARY, « Le banquier face au contrat de construction de maison individuelle », *RDI*, 1992, p. 283.

[2920] Cass. Civ. 3ème, 3 juillet 1996, n° 94-17708, inédit, *RDI* 1996. 591, obs. G. LEGUAY.

[2921] Cass. Civ. 1ère, 13 mars 1996, n° 93-20177, *Bull. civ.* I, n° 130, p. 92, *RGDA* 1996. 666, obs. H. PÉRINET-MARQUET.

[2922] B. BEIGNIER, S. BEN HADJ YAHIA, *op. cit.*, p. 776. M. CHAGNY, L. PERDRIX, *op. cit.*, p. 449.

[2923] C. PONCE, *Assurance-construction et garanties de bonne fin*, Thèse, Université d'Aix-Marseille, 2003, p. 378.

897. Le recours aux garanties facultatives comme palliatif. Etant donné le cadre relativement restrictif de l'assurance responsabilité obligatoire, le promoteur, comme tout autre constructeur, peut avoir intérêt à compléter la couverture légale par la souscription de garanties facultatives. Celles-ci sont soumises à la liberté contractuelle des parties et échappent ainsi aux règles particulières qui régissent les assurances de construction obligatoires : les plafonds de garantie y sont librement fixés[2924] et les franchises sont opposables à la victime[2925]. Ces garanties facultatives peuvent combler toutes les « failles » de l'assurance obligatoire[2926]. Elles peuvent par exemple étendre la couverture aux dommages survenus avant réception[2927]. Après réception, l'assurance de responsabilité peut comprendre, en option, la couverture des dommages non décennaux, à l'instar des dommages intermédiaires[2928], celle des dommages aux existants divisibles, des dommages immatériels, ou encore des non-conformités contractuelles[2929]. Cette amplification des garanties constituera, le cas échéant, un palliatif non négligeable à l'insolvabilité du promoteur, à laquelle la victime pourrait se heurter en dehors des limites de son assurance responsabilité obligatoire. Lorsqu'elles sont souscrites par les autres constructeurs, ces garanties facultatives servent aussi les intérêts du promoteur, dans le cadre de ses actions récursoires.

898. L'assurance responsabilité restreinte « au procédé déclaré ». En plus d'être circonscrite à la couverture de certains types de dommages, l'objet de l'assurance responsabilité décennale se resserre sous l'effet de certaines clauses. Les annexes I et II à l'article A. 243-1 du Code des assurances mentionnent uniquement trois exclusions de droit commun, très limitatives[2930], en dehors desquelles l'assureur ne peut s'extraire de son obligation de garantie. Or, « *l'objectif de réparation ne pouvant être éludé par le biais de l'exclusion, les assureurs ont placé le débat sur un autre terrain, moins balisé et plus praticable : celui de l'objet de la garantie* »[2931]. Dans un arrêt de revirement en date du 29 avril 1997, la Cour de cassation a considéré que « *si le contrat d'assurance de responsabilité obligatoire que doit souscrire tout constructeur*

[2924] Cass. Civ. 1ère, 6 octobre 1993, n° 91-21599, inédit.

[2925] Cass. Civ. 3ème, 12 mars 1997, n° 95-14262, *Bull. civ.* III, n° 52, p. 33, *RGDA* 1997. 511, obs. J.-P. KARILA.

[2926] Le sous-traitant peut par exemple souscrire une garantie facultative pour couvrir sa responsabilité, en tant qu'intervenant au chantier non soumis à la garantie décennale.

[2927] C'est le cas de l'assurance « tous risques chantier » - dite « TRC » - qui constitue une assurance de chose garantissant l'ouvrage en cours d'édification, ainsi que les matériaux et installations provisoires, à l'exclusion des pertes financières que pourrait subir le promoteur.

[2928] V. G. LEGUAY, « La garantie des dommages intermédiaires. Une garantie indispensable », *RDI*, 2003, p. 235.

[2929] F.-X. AJACCIO, A. CASTON, R. PORTE, *op. cit.*, pp. 364-368.

[2930] Il s'agit du fait intentionnel ou du dol du souscripteur ; des effets de l'usure normale, du défaut d'entretien ou de l'usage anormal ; et de la cause étrangère.

[2931] C. PONCE, *th. préc.*, p. 89.

ne peut comporter des clauses et exclusions autres que celles prévues par l'annexe I à l'article A. 243-1 du Code des assurances, la garantie de l'assureur ne concerne que le secteur d'activité professionnelle déclaré par le constructeur »[2932]. Alors que la qualité des matériaux ou la nature des procédés d'exécution utilisés ne peuvent figurer parmi les exclusions de garantie[2933], elles peuvent en revanche être mentionnées dans la définition de l'activité à couvrir, restreignant ainsi l'objet de la garantie. La jurisprudence refusait antérieurement de tenir compte des « *modalités d'exécution* » de l'activité[2934] : désormais, l'utilisation d'un procédé autre que celui stipulé dans la déclaration met obstacle à la mobilisation de la garantie[2935]. Cette nouvelle orientation parait rigoureuse pour l'assuré, dont l'activité n'est couverte que si elle est exercée conformément au procédé déclaré à l'assureur, quand bien même l'utilisation ponctuelle d'un procédé alternatif n'aurait aucune incidence sur l'appréciation de la couverture du risque. Certes, le constructeur souscripteur doit être vigilant dans la déclaration de l'activité à couvrir, mais il faut aussi tenir compte de « *la négligence des constructeurs qui, pris dans la logique de signature de marchés, ne mesurent pas nécessairement l'incidence des termes sémantiques et* [les] *variations subtiles sur le thème des activités déclarées* »[2936]. Comme le souligne Christophe PONCE, il est « *contestable que le morcellement, excessif, des activités puisse conduire à une non-garantie au sein d'une même spécialité, en fonction de critères subsidiaires définis par l'assureur* »[2937]. Cette jurisprudence est dangereuse pour la victime, mais également pour le promoteur agissant à des fins récursoires, car ils restent sans recours contre l'assureur en responsabilité du constructeur fautif, qui opposera l'absence de garantie. Cette insécurité juridique, qui résulte notamment des différents niveaux d'interprétation entre assureurs, pourrait néanmoins être résolue grâce à l'instauration d'une nomenclature officielle d'activités, associée à un modèle type de formulaire de souscription.

899. ***A contrario*** **: l'inopposabilité des exceptions du contrat d'assurance, favorable aux bénéficiaires**. Comme le prévoit l'article L. 121-1 du Code des assurances, « *il peut être stipulé que l'assuré reste obligatoirement son propre assureur pour une somme, ou une quotité déterminée, ou qu'il supporte une déduction fixée d'avance sur l'indemnité du sinistre* ». A ce titre, la franchise ou le plafond de garantie sont autant de seuils qui impliquent que « *l'assuré*

2932 Cass. Civ. 1ère, 29 avril 1997, n° 95-10187, *Bull. civ.* I, n° 131, p. 87. Cass. Civ. 1ère, 28 octobre 1997, n° 95-19416, *Bull. civ.* I, n° 295, p. 198, *RGDA* 1997. 1045, obs. J.-P. KARILA.

2933 Cass. Civ. 1ère, 7 juillet 1993, n° 91-10071, *Bull. civ.* I, n° 247, p. 170, *RGAT* 1992. 568.

2934 Cass. Civ. 3ème, 10 septembre 2008, n° 07-14884, *Bull. civ.* III, n° 126.

2935 Cass. Civ. 3ème, 8 novembre 2018, n° 17-24488 ; Cass. Civ. 3ème, 30 janvier 2019, n° 17-31121 ; Cass. Civ. 3ème, 16 janvier 2020, n° 18-22108, inédit.

2936 D. NGOUNGOURE MFENJOU, *th. préc.*, p. 130.

2937 C. PONCE, *th. préc.*, p. 94.

supporte, en partie, ou en intégralité, le sinistre »[2938]. Alors que l'article L. 112-6 du Code des assurances consacre le principe d'opposabilité au tiers bénéficiaire des exceptions contenues dans le contrat d'assurance, cette règle n'a pas cours en construction : « *les clauses limitant la garantie* [ne sont] *pas licites dans les assurances de responsabilité décennale des constructeurs* »[2939]. Ainsi, la franchise « *n'est pas opposable aux bénéficiaires des indemnités* »[2940], l'article L. 242-1 du Code des assurances faisant référence au « *paiement de la totalité des travaux* ». S'agissant du plafond de garantie, il était auparavant jugé contraire à l'objet de l'assurance construction obligatoire[2941] : « *les clauses stipulant un plafond de garantie* [ne sont] *pas licites dans les polices d'assurance de responsabilité décennale des constructeurs* »[2942]. Aujourd'hui, les plafonds de garantie ne sont en principe autorisés qu'en dehors du secteur de l'habitation[2943], sans pouvoir cependant être inférieurs au « *coût total de construction déclaré par le maître de l'ouvrage* » ou à 150 millions d'euros, si le coût est supérieur[2944]. Enfin, dans une même perspective, la déchéance de garantie, applicable à l'assuré « *en cas d'inobservation inexcusable des règles de l'art* », « *n'est pas* [non plus] *opposable aux bénéficiaires des indemnités* »[2945]. Ces règles profitent tant à l'accédant qu'au promoteur, dans le cadre de ses recours en garantie contre les assureurs en responsabilité des constructeurs.

900. La notion de promoteur s'analyse en première lecture par le prisme de son régime spécifique, qui participe pleinement de sa définition. Le travail de déconstruction des données liées à la personne et à l'activité du promoteur va ainsi de pair avec le travail de déconstruction des lignes caractéristiques de son régime. Une telle démarche s'impose en présence d'une notion fonctionnelle par nature. Si les nombreuses obligations qui s'imposent au promoteur au stade de la conclusion, puis de l'exécution du contrat qu'il conclut avec l'accédant sont étroitement liées au secteur protégé, il n'en va pas de même des règles ressortant de son régime de responsabilité. Parmi elles, la généralisation des garanties légales à toutes formes de promotion invite à s'interroger sur leurs conditions d'application. En opportunité, ces garanties se justifient par le niveau d'engagement du promoteur – global – et par son positionnement, en tant que bénéficiaire final des fruits de l'opération. Loin de l'objectif affiché, ces

---

2938 B. BEIGNIER, S. BEN HADJ YAHIA, *op. cit.*, p. 775.
2939 Cass. Civ. 3ème, 18 novembre 1992, n° 91-13161, *Bull. civ.* III, n° 296, p. 182, *RDI* 1993. 106, obs. G. LEGUAY.
2940 Annexe I à l'article A. 243-1 du Code des assurances.
2941 Cass. Civ. 1ère, 12 mai 1993, n° 90-14444 90-21968, *Bull. civ.* I, n° 161, p. 111, *RGAT* 1993. 834, obs. A. D'HAUTEVILLE.
2942 Cass. Civ. 3ème, 4 janvier 1996, n° 93-17646, inédit, *RGDA* 1996. 373, obs. H. PÉRINET-MARQUET.
2943 Article L. 243-9 alinéa 1er du Code des assurances.
2944 *Ibid.*, article R. 243-3 alinéa 1er.
2945 *Ibid.*, annexe I à l'article A. 243-1.

garanties ne sont pas les instruments de protection souhaités par le législateur, compte tenu des nombreuses difficultés pratiques rencontrées par les accédants dans leur mise en œuvre. Or, certaines d'entre elles découlent directement des conséquences induites par la qualité de « garant relais » du promoteur, comme le prouvent notamment ses actions récursoires exercées à titre incident. De même, si l'assurance décennale obligatoire qui pèse sur le promoteur, et sur les autres constructeurs, est utile - en ce qu'elle permet de sécuriser la démarche de l'accédant comme celle du promoteur - plusieurs critiques peuvent être formulées à son endroit. En sus du surcoût important supporté par l'accédant, la victime ne bénéficie en réalité que d'une couverture circonscrite. S'agissant par ailleurs de l'obligation de résultat résiduelle mise à la charge du promoteur, il conviendrait de la permuter partiellement en obligation de moyens, lorsqu'est en cause la conformité technique de l'ouvrage.

Section 2. La nécessité de remplacer l'obligation de résultat du promoteur par un régime d'obligation sur mesure

901. En dehors du périmètre des garanties légales, la responsabilité contractuelle du promoteur devrait être susceptible de varier en fonction du régime applicable - tantôt de résultat, tantôt de moyens - selon les caractéristiques de l'obligation « de faire » en cause. On observe pourtant que l'obligation de résultat s'impose de manière systématique, le juge ayant opté pour une interprétation particulièrement accueillante de son champ d'application, calquée sur l'obligation du promoteur de livrer un ouvrage techniquement et contractuellement conforme[2946]. Cette réalité, qui s'estompe avec le temps, reste une constance à laquelle les auteurs se réfèrent régulièrement pour caractériser la notion de promoteur, à la manière d'un trait saillant contribuant à sa singularité. Comme le relève Cyril NOBLOT, « *est-ce-à dire (…) que le promoteur immobilier ne pourrait jamais être tenu d'une obligation de moyens ? L'affirmer serait aventureux* »[2947], si ce n'est erroné. Bien que l'on comprenne aisément les buts poursuivis par le juge, il n'en demeure pas moins que l'obligation de résultat du promoteur n'est pas justifiée en toutes circonstances, si l'on considère les critères doctrinaux qui président au classement de René DEMOGUE. En plus d'être discutable du point de vue du déséquilibre qu'elle engendre dans la relation unissant le promoteur à l'accédant, l'obligation de résultat d'origine prétorienne du promoteur est critiquable du point de vue des conditions d'exécution de ses engagements contractuels. En mettant en œuvre son obligation de construire, le promoteur se confronte *a priori* à des « aléas » incompatibles avec le régime de l'obligation de résultat (I). Il conviendrait dès lors de circonscrire l'obligation de résultat générale qui prévaut actuellement, afin notamment d'insérer dans le régime de

---

[2946] Cf. *Supra*, § 206.

[2947] C. NOBLOT, « Tout professionnel de la construction est tenu, avant réception, d'une obligation de conseil et de résultat », *RDI*, 2010, p. 215.

responsabilité du promoteur une obligation de moyens ponctuelle, relative à la conformité technique des travaux. Cette obligation de moyens pourrait être affinée au besoin, sur la base des catégories intermédiaires d'obligations, dans le but d'arrêter un régime soucieux de la préservation de l'équilibre contractuel (II).

I. L'adéquation de l'obligation de moyens à l'obligation de construire du promoteur

902. « *Longtemps perçu comme le fruit d'un compromis qu'avaient su façonner deux volontés antagonistes, libres et égales, le contrat est progressivement devenu le lieu d'un nécessaire équilibre* »[2948]. Si ce dernier a longtemps servi de fer de lance à la protection des intérêts de la partie faible, il concourt plus largement à la proportionnalité des devoirs de chaque contractant. L'obligation de résultat résiduelle mise à la charge du promoteur par le juge, en complément de sa responsabilité légale objective, fait osciller l'équilibre qui devrait caractériser le contrat de construction, cette fois au détriment du promoteur (A). Si la majorité des critères d'application de l'obligation de moyens ne peuvent être transposés à la situation du promoteur, l'application à ce dernier du critère relatif à l'exécution « aléatoire » de l'obligation autoriserait à considérer, à lui seul, que son obligation de résultat est, au moins en partie, inadaptée. L'obligation principale souscrite par le promoteur - consistant à construire et à livrer à l'accédant un ouvrage conforme à sa commande et aux règles de l'art - renvoie à un résultat précis que le promoteur s'engage à atteindre, alors qu'il n'est pas nécessairement en mesure de le garantir. Cela étant, son obligation de conformité technique devrait être considérée comme étant de moyens, car dépendant de facteurs extérieurs sur lesquels il n'a pas de prise, tandis que les autres obligations qui l'engagent pourraient être conservées sous la forme d'obligations de résultat (B).

A) Le déséquilibre induit par l'obligation de résultat générale du promoteur

903. La notion d'« équilibre contractuel ». L'expression apparaît au XXème siècle, sous la plume de François GENY, pour désigner la recherche d'un « juste milieu ». Selon la vision objective entretenue par Laurence FIN-LANGER, l'idée d'équilibre contractuel « *traduit la volonté d'avoir un échange juste et une composition harmonieuse du contenu du contrat, entre les prestations ainsi qu'entre les droits et les obligations* », afin de « *réaliser la justice à l'intérieur même de la relation entre les deux patrimoines* », sans pour autant induire « *la recherche d'une égalité entre les parties contractantes* »[2949].

[2948] S. PECH-LE GAC, *La proportionnalité en droit privé des contrats*, Thèse, Université Paris XI, 1997, t. 1, p. 1.
[2949] L. FIN-LANGER, *L'équilibre contractuel*, Thèse, LGDJ, 2002, p. 97.

Sophie PECH-LE GAC fonde le rapport d'équilibre sur différents types d'interactions : le rapport « *inter-partes* » entre créancier et débiteur (dont dépendent leurs pouvoirs réciproques), le rapport entre l'objet et son prix (qui relève d'une appréciation quantitative), le rapport entre l'objet et la cause (qui relève d'une appréciation qualitative), ou bien encore le rapport entre la clause et son objet (qui permet d'apprécier l'utilité des stipulations contractuelles convenues entre les parties)[2950]. D'un point de vue statique, l'équilibre contractuel s'intéresse tant à l'équivalence des droits et des obligations, qu'à l'équivalence des prestations échangées, selon une approche systémique du contrat. D'un point de vue dynamique, l'équilibre contractuel tend également à la stabilité du contenu du contrat dans le temps, malgré les facteurs d'évolution inhérents aux parties, au contexte juridique, ou au contexte économique. Par ailleurs, l'équilibre quantitatif, qui renvoie au critère de l'« équivalence », est complété par la recherche d'un équilibre qualitatif, répondant au critère de la « proportionnalité »[2951]. Ce dernier évoque le rapport de convenance, d'adéquation entre les droits et obligations de chacune des parties. Il « *invite à une réflexion sur l'harmonie des rapports. (…) Tout en restant proche dans sa philosophie d'un mécanisme d'équité, il s'en éloigne par son objectivité* »[2952]. Ce qui est intéressant avec ce prisme, c'est qu'il « *ne mène pas à une équivalence stricte mais plutôt à une recherche du raisonnable, autrement dit à la découverte de* justes proportions », qui suggère d'éliminer le « *''surplus'' ou l'excès en posant des limites* maximales »[2953].

904. La recherche d'équilibre contractuel était inconciliable avec le concept d'autonomie de la volonté, qui prévalait auparavant : la volonté étant libre, l'acte était d'emblée considéré comme juste. La conception trop abstraite et trop idéaliste de la libre volonté a finalement eu raison de la prévalence de ce principe. Le développement des dispositions impératives qui suivit a accompagné le déclin du libéralisme au profit du « dirigisme contractuel », ce dont le promoteur a pleinement subi les effets[2954]. En sus des obligations mises à sa charge par le législateur, le juge est venu intensifier son régime de responsabilité[2955]. En droit pourtant, « *aucun texte de portée générale n'exige, dans le Code civil, avant comme après la réforme, un équilibre économique ou juridique global du contrat* », ce que Stéphanie PORCHY-SIMON approuve, en relevant qu'« *une telle absence est heureuse* », dans la mesure où un tel

---

[2950] S. PECH-LE GAC, *th. préc.*, pp. 43-44.
[2951] L. FIN-LANGER, *th. préc.*, pp. 221, 237.
[2952] S. PECH-LE GAC, *th. préc.*, p. 6.
[2953] *Ibid.*, pp. 7, 53.
[2954] Cf. *Supra*, § 174 et s.
[2955] Nombreuses en effet sont les interprétations du juge « *symptomatiques d'une prise de conscience de la réalité du phénomène des déséquilibres contractuels* » (V. LASBORDES, *Les contrats déséquilibrés*, Thèse, Presses universitaires d'Aix-Marseille, 2000, t.1, p. 26). D'une manière générale, il en va notamment ainsi de l'exigence de bonne foi dans l'exécution du contrat.

dispositif aurait été « *contraire à la liberté des parties et source d'une grande insécurité juridique* »[2956]. En matière de construction, force est d'observer que les « *déséquilibres en valeur* » sont combattus par la loi, à travers de multiples règles encadrant le processus contractuel et ses suites. Par ailleurs, le juge se charge de mettre un terme aux « *déséquilibres en pouvoirs* »[2957], dans un souci de protection de l'accédant. L'obligation de résultat que le juge a choisi de faire peser sur le promoteur en est un exemple significatif. Plus largement, « *le traitement des déséquilibres subis, intervenant après la signature du contrat, est globalement défavorable au constructeur* »[2958].

905. La recherche d'équilibre dans l'intérêt de l'ensemble des parties au contrat. Il convient de rappeler que la recherche d'équilibre est non seulement « *une action qui s'attache à la protection du faible, mais qui s'inscrit également en faveur d'une véritable convergence d'intérêts* ». Or, précisément, « *l'équilibre contractuel se présente comme une notion spécifique au contrat d'accession à la propriété, ce qui le distingue du contrat de consommation dont la caractéristique principale est la protection unilatérale* »[2959]. Partant, l'analyse du contrat de construction conclu entre le promoteur et l'accédant peut s'analyser à travers le prisme de l'équilibre contractuel, selon une approche impartiale, garantissant l'équivalence objective des obligations de chaque partie. En effet, « *rechercher l'équilibre contractuel en imposant un comportement positif de nature à éviter la confrontation entre des forces de puissance inégales, ne signifie pas que la protection des acquéreurs de logements doit se faire au détriment des intérêts des promoteurs* »[2960]. Leur cas est symptomatique de la difficulté à atteindre l'équilibre dans des rapports contractuels opposant une partie présumée faible à une partie présumée forte, sans que la balance ne penche vers le premier[2961]. La tâche n'est pas mince si l'on considère que « *la sous-protection freine l'activité contractuelle, par crainte des abus des plus forts* », tandis que « *la surprotection freine l'activité économique, par crainte de la réglementation excessive en faveur des plus faibles* ». C'est pourquoi il convient idéalement de trouver un juste équilibre entre les deux, qui ne procède

---

[2956] S. PORCHY-SIMON, *Les obligations 2020 – Droit civil 2ème année*, 12ème éd., Dalloz, 2019, p. 134.

[2957] V. LASBORDES, *th. préc.*, p. 205 : « *La qualification de contrat déséquilibré en pouvoirs suppose un contrat dans lequel l'une des parties dispose d'un pouvoir déséquilibré, entendu comme le pouvoir d'imposer une volonté unilatérale à un partenaire qui n'est pas en mesure de discuter* ».

[2958] H. PÉRINET-MARQUET, « Les aspects économiques du contrat de construction », *RDI*, 2002, p. 1.

[2959] V. IONESCU, *L'équilibre juridique de l'opération immobilière d'habitation*, Thèse, Université de Dijon, 2000, p. 5.

[2960] *Ibid.*, p. 294.

[2961] P. LE TOURNEAU, « Responsabilité : généralités », *Répertoire de droit civil*, Dalloz, mai 2009 (actualisé en avril 2019), § 161.

ni de la seule autonomie de la volonté, ni d'un ordre public étouffant[2962]. Dans l'hypothèse du promoteur, « *la généralisation de la responsabilité sans faute, fondée sur le risque-profit, est de nature à freiner l'activité* ». En effet, plus on alourdit la responsabilité du professionnel, plus on prend le risque de décourager sa volonté d'agir[2963]. Cela étant, « *la réglementation excessive des opérations de promotion immobilière a eu un effet machiavélique* », dans la mesure où elle a « *conduit à la tentation de contourner la loi ou d'en éluder l'application* »[2964]. L'obligation de résultat du promoteur, mise au jour par la jurisprudence, est venue renforcer ce rapport de causalité, en déstabilisant l'équilibre censé caractériser le niveau d'engagement réciproque de chaque partie au contrat. En conséquence, si la sécurité de l'accédant s'impose comme une nécessité incontestable, elle ne doit pas masquer un autre impératif difficilement conciliable avec le premier : celui de laisser une marge de manœuvre suffisante au promoteur[2965]. Pour ce faire, il serait judicieux d'adopter une vision renouvelée de l'équilibre en vigueur dans la relation contractuelle opposant le promoteur à l'accédant.

906. Si les garanties légales dont le promoteur est débiteur ne requièrent pas d'être réformées, en considération des règles spécifiques qui gouvernent leur mise en œuvre, l'obligation de résultat de principe qui pèse sur le promoteur en toutes circonstances apparait comme une mesure excessive, qui prive la relation contractuelle qui l'unit à l'accédant de l'équilibre auquel elle aspire. Cette lecture s'explique par le caractère parfois inadapté de l'obligation de résultat à l'engagement du promoteur, au regard des critères d'application usuels de l'obligation de moyens.

B) L'application du critère de l'exécution incertaine de l'obligation

907. L'obligation de moyens des professions « intellectuelles ». L'obligation de résultat est en principe l'apanage du professionnel, par nature « sachant », dans la mesure où « *plus que d'autres, le professionnel peut déterminer les causes prévisibles d'insuccès* »[2966]. A l'instar de ce que considérait René DEMOGUE, l'entrepreneur est débiteur d'une obligation de résultat dès lors que le résultat de son activité peut être « *atteint sûrement avec*

[2962] E. GAVIN-MILLAN, *Essai d'une théorie générale des contrats spéciaux de la promotion immobilière*, Thèse, LGDJ, 2003, p. 10. J. CHRISTOPHE MAZARD, *th. préc.*, p. 1 : « *Pour protéger sans oppresser, le législateur est confronté à un dilemme. Il s'agit de protéger au maximum les consommateurs profanes sans imposer, pour autant, aux professionnels une responsabilité accablante, tant dans sa sanction que dans sa durée* ».

[2963] D. BERT, *th. préc.*, p. 332.

[2964] E. GAVIN-MILLAN, *th. préc.*, p. 7.

[2965] P. MALINVAUD, P. JESTAZ, P. JOURDAIN, O. TOURNAFOND, *op. cit.*, p. 14.

[2966] M. LEROY, *Contribution à la notion de professionnel*, Thèse, Université de Toulouse, 1995, p. 444.

la technique appropriée »[2967], ce qui n'est, par exemple, pas le cas des professions libérales[2968]. De fait, « *la jurisprudence est encline à admettre l'existence d'une obligation de résultat là où le cocontractant s'engage à une obligation matérielle, tandis qu'elle préfère la qualification d'obligation de moyens pour les prestations intellectuelles* »[2969]. En mettant à la charge de l'architecte - pourtant constructeur de métier - une obligation de moyens[2970], la jurisprudence accentue le contenu intellectuel de sa prestation, en privilégiant à son profit un régime de responsabilité moins contraignant que celui des locateurs d'ouvrage. *A contrario*, l'obligation de résultat du promoteur est l'un des effets pernicieux de son assimilation aux constructeurs, alors qu'il n'est ni un prestataire matériel, ni un professionnel de la construction, ce que la jurisprudence a elle-même fini par reconnaître[2971]. Les professions catégorisées comme « intellectuelles », dont le promoteur fait partie, devraient faire l'objet d'une obligation de moyens[2972], notamment parce qu'elles se livrent principalement à une activité de conseil. Du reste, selon Matthieu POUMARÈDE, les professions dont l'objet est immatériel sont tenues à une obligation de moyens, comme cela est notamment le cas de l'obligation du mandataire envers le mandant[2973], ce qui autorise à établir un parallèle avec le promoteur prestataire de services décrit à l'article 1831-1 du Code civil. Dès 1980, Jean-Claude GROSLIÈRE et Philippe JESTAZ dénoncent ainsi l'application inadaptée de l'obligation de résultat au promoteur : « *la célèbre obligation de résultat, fort précieuse à l'époque où le droit de la promotion immobilière n'existait pas, ne sert plus aujourd'hui qu'à perturber l'application de ce droit ainsi que celle du droit commun* »[2974].

908. La définition de l'obligation de moyens. Alors que l'obligation de moyens correspond à une simple prestation ou activité, « *dans celle de résultat le débiteur s'engage à une activité ayant un résultat concret, moyennant quoi, non seulement il doit agir, mais il doit aussi remettre au créancier l'œuvre que celui-ci attend* »[2975]. L'obligation de moyens est en apparence moins exigeante, car elle consiste uniquement en « *un effort constant et persévérant qui tend à*

[2967] N. SAID BENYAHIA, *th. préc.*, p. 14.

[2968] Y. PICOD, « Obligations », *Répertoire de droit civil*, Dalloz, juin 2017 (actualisé en janvier 2019), § 84.

[2969] C. CHARBONNEAU, « La responsabilité des maîtres d'ouvrage délégués », *RDI*, 2011, p. 208.

[2970] Cass. Civ. 3ème, 4 avril 2001, n° 99-16998, inédit, *RDI* 2001. 258, obs. P. MALINVAUD.

[2971] Cf. *Supra*, § 538-540.

[2972] N. SAID BENYAHIA, *th. préc.*, p. 14.

[2973] M. POUMARÈDE, « Preuve de l'inexécution d'une obligation contractuelle » *in* P. LE TOURNEAU (dir.), *op. cit.*, § 3123.43.

[2974] J.-C. GROSLIÈRE, P. JESTAZ, Chron. « Promotion immobilière – Vente d'immeubles », *RDI*, 1980, p. 436.

[2975] M. POUMARÈDE, *op. cit.*, § 3123.51.

adopter l'attitude la plus appropriée pour se rapprocher de l'objectif fixé »[2976]. Le débiteur s'engage à être prudent et diligent, à tout mettre en œuvre pour atteindre le résultat escompté, sans le garantir cependant. Certains auteurs ont pu considérer que les initiatives prises par le débiteur, dans le cadre de l'exécution de son obligation de moyens, étaient autant de « résultats » sur lesquels le créancier pouvait compter[2977], faisant ainsi perdre son intérêt au classement proposé par René DEMOGUE. En réalité, la distinction entre obligation de moyens et obligation de résultat prend tout son sens lorsque l'on s'intéresse aux différences de régimes qui existent entre elles[2978]. Dans l'obligation de moyens, le débiteur engage sa responsabilité uniquement si le créancier parvient à rapporter, à son encontre, l'existence d'une faute ou d'un comportement négligent fautif ; l'absence de résultat n'étant pas suffisante en tant que telle. Le créancier ne peut se contenter de montrer que le résultat demandé n'a pas été atteint, aussi doit-il prouver positivement les « erreurs de conduite » du débiteur, en faisant voir qu'il n'a pas apporté tous les soins nécessaires à l'exécution de ses engagements. En revanche, le débiteur ne pourra se retrancher derrière le fait « *qu'il manque d'intelligence, d'instruction ou d'expérience, que sa faculté d'attention est médiocre, ou qu'il a agi par faiblesse de caractère* » ; ses fautes seront appréciées *in abstracto*, à l'aune du modèle conceptuel de l'homme prudent et diligent, « *type impersonnel qui présente certaines qualités de soin, d'expérience et de jugement* »[2979]. Lorsque les parties n'ont pas clairement entendu caractériser une obligation de « moyens » ou de « résultat », et que la loi reste muette, un travail de qualification s'engage par défaut, le plus souvent à l'initiative du juge. A cette fin, l'obligation de moyens s'identifie sur la base de différents critères alternatifs, mis au jour par la doctrine et la jurisprudence, qu'il convient de vérifier pour pouvoir revendiquer son application au promoteur.

909. L'indifférence du critère de la participation du créancier à l'exécution de l'obligation. On admet que lorsque le créancier conserve un rôle actif dans l'exécution de l'obligation du débiteur, ce dernier est réputé n'être tenu qu'à une obligation de moyens, puisque dans ce cas, l'accomplissement de son engagement ne dépend pas seulement de lui. Le rôle actif joué par le créancier crée en effet un aléa dans l'exécution de la prestation du débiteur, qui en perd ainsi la pleine maîtrise. *A contrario*, si le créancier se place dans un rapport de dépendance à l'égard du débiteur, en s'en remettant totalement à lui, alors celui-ci est tenu à une obligation de résultat. La participation du créancier peut prendre diverses formes : elle est « *ordinaire* » lorsque le créancier est libre d'agir en toute indépendance, en conservant son autonomie, ou bien « *contrôlée* », s'il manipule des engins mis à sa disposition par le

---

[2976] N. SAID BENYAHIA, *th. préc.*, p. 100.
[2977] G. MARTON, « Obligations de résultat et obligations de moyens », *RTD Civ.* 1935. 517 *in* N. SAID BENYAHIA, *th. préc.*, p. 103.
[2978] Sur le régime de l'obligation de résultat : v. *Supra*, § 202-204.
[2979] N. SAID BENYAHIA, *th. préc.*, p. 136.

débiteur[2980]. Force est d'observer néanmoins que ce critère n'est pas pertinent dans toutes les situations, ce que révèle l'exemple du médecin : alors que le patient est totalement passif, l'obligation de soins du professionnel est de moyens[2981], sauf exceptions marginales. Employé essentiellement pour les obligations de sécurité, le critère de la participation du créancier n'est pas transposable à l'opération de promotion immobilière. Le promoteur assume en effet seul et en toute indépendance l'exécution de l'obligation de construction ; le créancier se contente de régler le prix et de prendre livraison de l'ouvrage achevé. Si, dans ce dernier cas, son comportement est « actif », il ne vise alors qu'à entériner le travail du promoteur, sans en conditionner la réalisation, qui aura intégralement eu lieu au préalable.

910. L'indifférence des critères de l'acceptation des risques ou de la gratuité du contrat. Si le créancier reconnait explicitement que le résultat attendu du débiteur ne sera pas nécessairement atteint, l'obligation du débiteur n'est alors plus que de moyens[2982]. L'acceptation du risque, qui doit être normal et porté à la connaissance du créancier, constitue une nouvelle forme d'aléa qui autorise le débiteur à ne pas garantir un résultat certain. Bien que le contrat conclu entre le promoteur et l'accédant s'échelonne dans le temps et comporte certains risques d'inexécution[2983], le promoteur est tenu de prendre l'engagement ferme de livrer, dans le délai imparti, un ouvrage conforme au contrat et aux normes en vigueur. Le critère de l'acceptation des risques ne saurait donc motiver la transformation de l'obligation de résultat du promoteur en obligation de moyens. Par ailleurs, « *on conçoit que celui qui rend gratuitement un service n'assume qu'une obligation de moyens, (…) ; inversement, la rémunération incitera le juge à amplifier l'intensité de l'obligation* »[2984]. Le contrat conclu entre le promoteur et l'accédant étant par nature onéreux, un tel critère doit tout autant être écarté.

911. L'application au promoteur du critère de l'absence de maîtrise par le débiteur de l'exécution de l'obligation. « *Si le succès est normalement prévisible, l'obligation est de résultat* (…). *Si inversement, le résultat dépend de circonstances autres que la vigilance du débiteur, l'obligation ne sera que de moyens* »[2985]. En effet, la rigueur de l'obligation de résultat prend sa source dans le caractère réalisable de l'obligation pour le débiteur, c'est-à-dire lorsque ce dernier « *a la maîtrise des choses, des évènements ou des personnes qui sont*

[2980] N. SAID BENYAHIA, *th. préc.*, p. 43.

[2981] Cass. Civ. 1ère, 28 juin 1989, n° 86-19318, *Bull. civ.* I, n° 266, p. 177, *D.* 1990. 413, note Y. DAGORNE-LABBE.

[2982] Cass. Civ. 1ère, 30 novembre 2004, n° 01-13632, *Bull. civ.* I, n° 296, p. 248, *RTD Civ.* 2005. 406, obs. P. JOURDAIN.

[2983] Cf. *Infra*, § 913-915.

[2984] Y. PICOD, « Obligations », *Répertoire de droit civil*, Dalloz, juin 2017 (actualisé en janvier 2019), § 84.

[2985] *Ibid.*, § 82.

confiées à sa garde »[2986]. Il convient en conséquence de privilégier une responsabilité fondée sur la faute, « *lorsque l'accomplissement de l'acte professionnel est soumis à un aléa, quel qu'il soit* »[2987]. Le caractère aléatoire d'une obligation est apprécié de manière relativement souple : il apparait dès lors que « *l'exécution de l'obligation dépend pour une grande partie de circonstances extérieures sur lesquelles la volonté du débiteur n'est pas prépondérante* (…) *en raison de contingences indépendantes* »[2988]. L'aléa doit s'entendre de l'existence de facteurs extérieurs au débiteur, déterminant l'exécution de ses obligations, à l'instar d'un aléa technique ou de l'intervention d'une tierce personne, dont les agissements sont indépendants de ceux du débiteur. Dans ces conditions, l'obligation qui pèse sur le promoteur pourrait objectivement s'analyser en une obligation de moyens, compte tenu du concours de circonstances et d'interventions extérieures qui font que la livraison du bien ne dépend pas que de ses propres initiatives.

912. Toutefois, l'appréciation de ce critère est rendue difficile par le postulat selon lequel toute entreprise comporte une part de risque et s'appuie sur un futur inconnu. L'aléa affecterait ainsi tout type de contrat dès lors qu'il porte sur une prestation future, dont on ignore si elle sera exécutée, et si elle le sera convenablement. Aussi, convient-il de circonscrire l'aléa, afin de le prendre en considération que lorsqu'il est particulièrement prégnant. Le contrat est à proprement parler « aléatoire », au sens de l'article 1108 alinéa 2 du Code civil, lorsque, dès la formation du contrat, « *les parties acceptent de faire dépendre les effets du contrat, quant aux avantages et aux pertes qui en résulteront, d'un événement incertain* »[2989] ; l'article 1964 ancien prévoyait qu'il en allait ainsi du contrat d'assurance, du jeu, du pari et du contrat de rente viagère. Selon Anne MORIN, « *il faut, pour que le contrat soit aléatoire, que l'évènement incertain affecte la valeur d'une des prestations au moment de la conclusion du contrat et crée une chance de gain et un risque de perte pour chacune des parties* »[2990]. Or, comme l'auteur le dénonce, doctrine et jurisprudence parlent d'aléa, voire de contrat aléatoire, lorsqu'il existe un élément d'*incertitude* dans le contrat, « *au point de dévoyer la notion d'aléa de son sens juridique* »[2991]. En réalité, l'aléa évoqué dans l'appréciation du régime d'obligation diffère de celui qui caractérise les contrats aléatoires, nommés comme tels par le Code civil. L'aléa dont il s'agit ici ne porte pas sur l'existence ou le contenu de l'obligation, mais sur les conditions de son exécution[2992]. En effet, « *un environnement incertain*

[2986] M. POUMARÈDE, « Preuve de l'inexécution d'une obligation contractuelle » *in* P. LE TOURNEAU (dir.), *op. cit.*, § 3123.131, § 3123.141.
[2987] D. BERT, *th. préc.*, p. 332.
[2988] N. SAID BENYAHIA, *th. préc.*, p. 91.
[2989] Cass. Com. 10 juin 1960, *Bull. civ.* IV, n° 225.
[2990] A. MORIN, *Contribution à l'étude des contrats aléatoires*, Thèse, LGDJ, 1998, p. 7.
[2991] *Ibid.*, p. 4.
[2992] M. POUMARÈDE, « Preuve de l'inexécution d'une obligation contractuelle » *in* P. LE TOURNEAU (dir.), *op. cit.*, § 3123.131.

dont l'effet consiste à valoriser ou à dévaloriser les engagements des parties, crée une incertitude sur l'avantage retiré de la convention par chacun des contractants. Néanmoins, l'incertitude du contexte du contrat n'expose pas la valeur d'une des prestations à une incertitude au moment de l'échange des consentements, et ne peut, pour cette raison, former un aléa »[2993]. Si la période d'exécution de l'obligation est émaillée par certains changements, matériels ou juridiques, « *ces paramètres, même s'ils affectent l'avantage retiré du contrat, ne peuvent être retenus comme des aléas* »[2994], au sens où l'on entend juridiquement l'aléa dans les contrats aléatoires : ils se contentent de faire fluctuer la valeur de la prestation en cours d'exécution, sans avoir d'incidence sur la formation de l'engagement. En définitive, « *les contrats soumis à cette incertitude constituent des contrats commutatifs à environnement incertain* »[2995], non des contrats aléatoires à proprement parler. Le contrat conclu entre le promoteur et l'accédant rentrerait dans cette catégorie, au regard des occurrences incertaines qui peuvent bouleverser son activité, sur un plan aussi bien matériel que juridique.

913. Les risques matériels. Une fois le chantier débuté, même si « l'aléa technique *pèse normalement sur l'entrepreneur* »[2996], le promoteur pâtit indirectement des évènements fortuits qui peuvent complexifier l'exécution des marchés confiés aux entreprises. Comme le confirme Hugues PÉRINET-MARQUET, « *le contrat de construction est un contrat commutatif assorti de nombreux aléas techniques* »[2997]. De même, pour Bernard BOUBLI, il s'agit d'« *un contrat à exécution successive qui, quoique conclu une fois pour toutes, doit tenir compte d'un certain nombre d'aléas qui bouleversent parfois la convention d'origine* »[2998]. A l'occasion d'une question ministérielle relative à l'applicabilité aux immeubles neufs de la tolérance de 5% sur la différence de métrage (prévue par l'article 1619 du Code civil), le Ministre de la cohésion des territoires et des relations avec les collectivités territoriales avait eu l'occasion d'admettre « *le caractère relativement peu industrialisé de l'activité de construire qui légitime une tolérance entre le produit annoncé et livré, due aux incertitudes résultant de l'exécution de l'ouvrage* »[2999]. La réussite de la phase

---

[2993] A. MORIN, *th. préc.*, p. 109.
[2994] *Ibid.*, p. 114.
[2995] *Ibid.*, p. 116.
[2996] B. BOUBLI, « Les modifications apportées au marché par le maître de l'ouvrage », *RDI*, 2002, p. 482.
[2997] H. PÉRINET-MARQUET, « Les aspects économiques du contrat de construction », *RDI*, 2002, p. 1.
[2998] B. BOUBLI, « Les modifications apportées au marché par le maître de l'ouvrage », *RDI*, 2002, p. 482.
[2999] Question écrire n° 08204 de Madame Françoise LABORDE (Haute-Garonne – Rassemblement Démocratique et Social Européen – « RDSE »), *JO Sénat*, 20 décembre 2018, p. 6547. Réponse du Ministère de la cohésion des territoires et des relations avec les collectivités territoriales, *JO Sénat*, 11 juillet 2019, p. 3738.

de réalisation dépend entre autres du travail établi en amont par l'architecte et l'équipe de conception, sans que le promoteur ne puisse, à aucun moment, apprécier techniquement la qualité et le bien-fondé des prestations exécutées en toute indépendance par ces professionnels. Le promoteur s'expose pourtant personnellement à ces risques, dans la mesure où ils ne sont garantis qu'au profit des acquéreurs. Pour sa part, « *le promoteur professionnel peut se trouver assez dépourvu en cas de défaillance de ses locateurs d'ouvrages* »[3000].

914. Le risque juridique. Les professionnels du secteur de la promotion dénoncent de longue date un phénomène d'« empilement des normes »[3001], qui en sus d'être complexes, sont fluctuantes, augmentant à échéances régulières le niveau d'exigence technique requis[3002]. Comme le fait remarquer Hugues PÉRINET-MARQUET, « *la vraie complexité du droit de la construction vient de l'accumulation des normes qui aujourd'hui polluent la vie juridique et augmentent le coût économique de l'opération* »[3003]. L'évolution des normes impacte d'autant plus les professionnels que le contrat de construction s'étale dans le temps, multipliant ainsi les occasions de revirement. Les normes techniques applicables à l'opération ne sont pas figées à la date d'obtention du permis de construire, car elles sont d'application immédiate. Les constructeurs, dont le promoteur par ricochet, supportent à ce titre le « risque de développement »[3004]. Partant, « *pour les promoteurs et pour toute la filière, le*

[3000] B. GOLFIER, « Les obligations particulières du maître de l'ouvrage : les garanties d'achèvement ou la gestion du risque d'inachèvement par le promoteur immobilier », *RDI*, 2002, p. 473.

[3001] A. DININ, « Le point de vue d'un promoteur sur le marché de l'immobilier et le projet de loi ALUR », *Gaz. Pal.*, 17 décembre 2013, n° 351, p. 8 : « *Il faut savoir que sur dix ans, les prix de la construction ont doublé et que la moitié de cette augmentation est due à l''empilage'' de normes et de réglementations (…). Par ailleurs, tous les dix-huit mois en moyenne, la législation change. Or, songez qu'il faut un minimum de trois ans pour faire sortir un projet immobilier de terre. Du coup, les promoteurs suspendent leurs chantiers, voire n'en lancent pas, en attendant de savoir ''à quelle sauce ils seront mangés''. Tout ceci crée de la pénurie et déséquilibre le marché* ».

[3002] G. DURAND-PASQUIER, « Vers la réécriture du Code de la construction et de l'habitation : quelques réflexions et propositions en attendant l'ordonnance », *RDI*, 2020, p. 34 : « *La complexité du Code de la construction et de l'habitation viendrait ainsi tout à la fois d'une augmentation du nombre des normes et de l'excessive précision du contenu de ces normes, devenues de plus en plus sophistiquées et prescriptives* ». V. la loi « ESSOC » n° 2018-727 du 10 août 2018, pour une réécriture du CCH.

[3003] H. PÉRINET-MARQUET, « Réforme du droit des obligations et contrats de construction : propos conclusifs » *in* M. FAURE-ABBAD (dir.), *Les contrats de construction au prisme de la réforme du droit des contrats*, Presses universitaires juridiques de Poitiers, 2018, p. 133. H. PÉRINET-MARQUET, « Les aspects économiques du contrat de construction », *RDI*, 2002, p. 1 : « *Rien ne sert de renforcer le juridique lorsque le seuil d'intolérance économique est déjà atteint* ».

[3004] M. FAURE-ABBAD, *Droit de la construction*, 3ème éd., Gualino-Lextenso, 2016, p. 340 : le risque de développement est défini comme « *l'impossibilité de connaître ou de prévoir les risques du matériel ou des procédés utilisés, compte tenu de l'état de la*

risque et l'insécurité juridiques deviennent plus prégnants que le risque financier ou commercial »[3005]. Ces normes évolutives peuvent être analysées comme autant d'« aléas » juridiques, qui impliquent que le promoteur exécute son obligation de construire dans un « environnement incertain ».

915. L'activité de promotion immobilière est, par nature, une activité de gestion du risque. Le promoteur « *se définit d'abord comme celui qui, dans une opération immobilière, concentre les risques et les gère : risques financier, commercial, technique, fiscal,* etc. »[3006]. Brice GOLFIER[3007] confirme en ce sens que « *les risques administratifs (délais d'instruction des dossiers d'autorisation, refus...), juridiques (recours), financiers (coût du portage foncier, augmentation des coûts de construction), économiques (conjoncture locale), techniques (défaillance des entreprises, malfaçons,* etc.*) peuvent mettre en péril la réalisation d'un programme immobilier* »[3008]. Ces risques sont, par définition, autant d'évènements imprévisibles ou éventuels qui pourraient être préjudiciables à la réalisation du résultat certifié par le promoteur, s'ils venaient à se réaliser. Si Matthieu POUMARÈDE considère que « *l'obligation de résultat se justifie parfaitement* » s'agissant du vendeur de marchandises[3009], ne peut-on pas réserver un sort différent au vendeur d'immeuble à construire ? Jean-Philippe TRICOIRE défend pour sa part l'idée d'une nécessaire substitution de l'obligation de moyens à l'obligation de résultat actuelle du promoteur, en restreignant cependant son propos au seul cas du promoteur mandataire : « *avec la majorité des auteurs, nous pensons qu'une telle obligation de gestion de l'opération ne peut, par nature, être qu'une obligation de moyen, la responsabilité du promoteur ne pouvant être engagée sur ces points que si la preuve de sa faute est rapportée* »[3010]. Devrait-on envisager un régime d'obligation différencié en fonction de la typologie de promotion concernée ? *A priori*, l'un et l'autre font l'objet d'un régime de responsabilité identique et procèdent sensiblement aux mêmes missions, dont la réalisation est à certains égards incertaine. Ils devraient donc pouvoir faire l'objet d'un même régime d'obligation.

---

science et de la technique à l'époque de la construction ». Cass. Civ. 3ème, 17 mai 1983, n° 81-16876, *Bull. civ.* III, n° 115. D. TOMASIN, « Innovation et responsabilité des constructeurs », *RDI*, 1990, p. 281.

[3005] A. FRANCOIS-CUXAC, *L'immobilier au cœur. Plaidoyer pour une nouvelle donne dans la politique du logement en France*, FPI, 2017, p. 40.

[3006] *Ibid.*, p. 26.

[3007] Ancien directeur juridique de la Fédération des Promoteurs Immobiliers.

[3008] B. GOLFIER, « Les obligations particulières du maître de l'ouvrage : les garanties d'achèvement ou la gestion du risque d'inachèvement par le promoteur immobilier », *RDI*, 2002, p. 473.

[3009] M. POUMARÈDE, « Preuve de l'inexécution d'une obligation contractuelle » *in* P. LE TOURNEAU (dir.), *op. cit.*, § 3123.152.

[3010] J.-P. TRICOIRE, Fasc. 10 « Contrat de promotion immobilière », *JCl. Construction-Urbanisme*, LexisNexis, 12 décembre 2011 (actualisé le 4 janvier 2017), § 38.

916. Outre le fait que l'obligation de moyens convienne mieux aux prestations purement intellectuelles, le critère relatif à l'exécution incertaine de l'obligation parait transposable à l'activité de construction initiée et supervisée par le promoteur. Cette dernière est soumise à des interventions extérieures, constituant pour lui autant d'« aléas », susceptibles de compromettre, malgré lui, le résultat à atteindre. Dans ces conditions, l'usage généralisé de l'obligation de résultat parait inapproprié, notamment lorsqu'est en cause l'obligation de construire du promoteur, qui est en réalité une obligation de « faire construire ». A l'aune de ce constat, ne pourrait-on pas introduire l'obligation de moyens dans le régime d'obligation du promoteur, selon une logique distributive ?

II. La proposition d'un régime d'obligation hybride adapté à l'activité du promoteur

917. Daniel SIZAIRE préconise d'atténuer l'obligation de résultat de principe du promoteur, en distinguant la construction proprement dite et les démarches juridiques ou administratives concourant à l'opération[3011]. Ces dernières, qui renvoient aux missions substantielles assumées par le promoteur lui-même, doivent être maintenues sous l'égide de l'obligation de résultat (A). En revanche, le promoteur pourrait voir sa responsabilité engagée sur le fondement d'une obligation de moyens lorsque sont en cause des dommages matériels à la construction, à l'instar de non-conformités à réception. Lorsqu'elles sont apparentes, le promoteur vendeur est tenu de les lever dans le cadre d'une action contractuelle d'une durée de cinq ans qui court parallèlement à la garantie de parfait achèvement des entrepreneurs et à sa propre garantie des vices et défauts de conformité apparents[3012]. Cette action met en jeu son obligation de résultat de livrer un ouvrage conforme à tous points de vue. Lorsque les non-conformités sont cachées à réception, le promoteur s'expose tout autant à une action en responsabilité contractuelle sur le fondement de son obligation de résultat, qui peut de surcroît être particulièrement tardive, dès lors que le point de départ est « mobile » et non figé à réception. Dans ces hypothèses, les non-conformités résultent nécessairement du non-respect de prescriptions techniques, exclusivement imputable aux concepteurs et/ou aux exécutants, à propos desquelles le promoteur peut difficilement s'engager sur le fondement d'une obligation de résultat (B).

A) La restriction du champ d'application de l'obligation de résultat

918. Une obligation de résultat limitée et non plus générale. Alors qu'elle est aujourd'hui généralisée et globale, l'obligation de résultat du promoteur

[3011] D. SIZAIRE, « Responsabilité du promoteur : portée », *Constr.-Urb.* n° 12, décembre 2000, p. 293.
[3012] Cf. *Supra*, § 854.

pourrait se limiter à certaines prestations bien identifiées, qui sont caractéristiques de l'activité de promotion immobilière strictement entendue. Ainsi, en irait-il de toutes les obligations qui ressortent de l'exécution de ses missions juridiques, administratives et financières[3013]. En effet, les dommages susceptibles de survenir du fait de la non-obtention des autorisations administratives, de surcoûts, ou bien encore d'erreurs dans les marchés de construction justifient que la responsabilité du promoteur puisse être engagée sans faute, car ils sont liés à des obligations qu'il exécute personnellement et pour lesquels il peut garantir une issue favorable. Pourrait, en outre, être ajoutée à la liste de ses obligations de résultat, l'obligation d'information et de conseil, à laquelle il est tenu en tant que professionnel de l'immobilier, présumé sachant[3014]. Au surplus, le promoteur devrait pouvoir honorer l'obligation essentielle qu'il a contractée, consistant à livrer un ouvrage achevé, dans les délais impartis. Sa fonction d'organisateur de l'opération induit qu'il puisse maîtriser le calendrier et œuvrer au respect des délais.

919. Un régime d'obligation hybride. La coexistence de plusieurs typologies d'obligations au sein d'un même régime existe en droit positif, notamment en droit de la construction. « *L'architecte (plus généralement le maître d'œuvre) est tenu, estime-t-on, d'une obligation de moyens, car il fournit un service intellectuel* »[3015], ce qui ne l'empêche pas, postérieurement à la réception des travaux, de supporter les garanties légales des constructeurs. Le maître d'œuvre est ainsi débiteur d'une obligation contractuelle de moyens, puis d'une obligation légale de garantie. Cette coexistence s'exerce, dans le cas de l'architecte, de manière successive - avant et après réception - selon un critère de distribution chronologique. Ne pourrait-on pas imaginer, dans le cas du promoteur, une existence concurrente d'obligations contractuelles - de moyens et de résultat - selon un critère de distribution analytique, s'intéressant à l'objet de l'obligation ?

920. En parallèle des obligations de résultat qui doivent continuer à peser sur lui, le promoteur pourrait être débiteur d'une obligation de moyens, au besoin « renforcée », s'agissant des vices et des non-conformités techniques de l'ouvrage. La responsabilité du promoteur, pour cette typologie de dommages matériels, serait alors subordonnée à la preuve d'une faute, aussi légère soit-elle.

B) La consécration d'une obligation de moyens relative à la conformité technique de l'ouvrage livré

921. Une obligation de moyens réservée à la conformité technique de l'ouvrage. Le promoteur entendu *stricto sensu,* c'est-à-dire en tant que « non

---

3013 Cf. *Supra*, § 694 et s.

3014 Cf. *Supra*, § 186.

3015 B. BOUBLI, « Contrat d'entreprise », *Répertoire de droit immobilier*, Dalloz, novembre 2016 (actualisé en octobre 2019), § 644.

réalisateur », ne prend aucunement part aux phases de conception et d'exécution de l'ouvrage, qui relèvent exclusivement d'interventions tierces. La logique voudrait donc qu'il ne soit pas tenu à une obligation de résultat s'agissant des dommages matériels d'ordre technique. Dans ces conditions, en dehors de l'application des garanties légales - dont on a vu qu'elles pesaient artificiellement sur le promoteur à titre de « relais »[3016] - la preuve d'une faute commise par celui-ci devrait pouvoir être exigée lorsque l'accédant cherche à engager sa responsabilité contractuelle du fait des désordres ou des non-conformités. Une telle réforme aurait pour effet de conditionner l'engagement de la responsabilité du promoteur à la démonstration d'un comportement fautif, sans qu'il n'ait plus à supporter les conséquences des erreurs commises au stade de la conception ou de l'édification, qui ne peuvent en aucune façon lui être imputables. En outre, le promoteur recouvrerait la possibilité de s'exonérer par la démonstration de la faute d'un tiers, ce qu'il n'est pas autorisé à faire aujourd'hui[3017]. On peut noter, au surplus, que, « *d'une manière quelque peu contradictoire,* [le législateur] *s'est appuyé sur la volonté de moraliser le secteur de la construction en ''responsabilisant'' les constructeurs, alors qu'une telle volonté ne trouve sa pleine valeur qu'au sein d'une responsabilité pour faute, non au sein d'une présomption de responsabilité* »[3018].

922. Le recours aux catégories intermédiaires d'obligations. Dans un arrêt du 11 octobre 2000[3019], la Cour de cassation a paru écarter l'obligation de résultat du promoteur « *sans pour autant retenir la simple obligation de moyen* », car « *le promoteur ''justifiait de ses diligences''* », ce qui confinait à « *admettre une certaine présomption de responsabilité* ». Cet arrêt semblait donc placer « *les obligations du promoteur dans une position intermédiaire entre obligation de résultat et obligation de moyens* »[3020]. Les catégories intermédiaires d'obligations sont essentiellement le fruit de stipulations contractuelles. Elles renvoient à un nuancier graduel d'obligations, au sein de chacune des catégories, matérialisant une progression dans l'intensité de la responsabilité. Ainsi, « *le degré d'exigence avec le débiteur détermine directement la gravité de la faute ; plus on sera exigeant et plus il sera facile de caractériser sa faute (…), plus on souhaitera au contraire le protéger et plus grave devra être la faute exigée pour le condamner* »[3021]. L'obligation de moyens « allégée » induit que le créancier ne puisse engager la responsabilité du débiteur qu'en rapportant l'existence d'une faute lourde. Inversement, dans l'obligation de moyens « aggravée ou renforcée », le débiteur peut voir sa

---

[3016] Cf. *Supra*, § 861.

[3017] Cf. *Supra*, § 219-220.

[3018] R. RAFFI, *th. préc.*, p. 300.

[3019] Cass. Civ. 3ème, 11 octobre 2000, n° 98-21826, *Bull. civ.* III, n° 163, p. 113.

[3020] D. SIZAIRE, « Responsabilité du promoteur : portée », *Constr.-Urb.* n° 12, décembre 2000, p. 293.

[3021] C. RADÉ, « Synthèse – responsabilité contractuelle », *JCl. Responsabilité civile et Assurances*, LexisNexis, 5 juillet 2019, § 16.

responsabilité engagée pour une faute simple, facilement caractérisée, sur la base d'une obligation strictement entendue. Dans ce cas, « *une faute légère suffit à retenir la responsabilité du débiteur, tenu non pas à une diligence normale, mais à une exécution particulière stricte* »[3022]. En la matière, « *la qualité professionnelle du débiteur est souvent la source d'une* obligation de moyens aggravée, ou renforcée, *car la diligence attendue du débiteur était stricte (il peut en être ainsi d'une prestation intellectuelle)* »[3023].

923. Une obligation de moyens « renforcée ». Christophe RADÉ énumère plusieurs critères permettant de déterminer le degré d'exigence à retenir dans la définition de l'obligation. Selon lui, il est possible de tenir compte de données propres au créancier et au débiteur (selon leur qualité de professionnel ou de profane, selon que le débiteur requiert une protection particulière, en raison de son âge, d'une situation de vulnérabilité ou de dépendance), « *de l'activité en cause (vitale, aléatoire, dangereuse) ou encore de l'obligation en cause (essentielle ou accessoire)* »[3024]. L'analyse de ces différents critères nous invite à prendre en considération la qualité de professionnel du promoteur, la qualité habituelle de profane de l'accédant (notamment dans le secteur de l'habitation), ainsi que la dimension fondamentale que peut revêtir le contrat de construction, lorsqu'il est destiné au logement. A l'aune de ces éléments, une obligation de moyens renforcée pourrait être privilégiée, afin de garantir à l'accédant - lorsqu'il est assimilable à un consommateur immobilier[3025] - la possibilité d'actionner facilement la responsabilité du promoteur, sur la base d'une faute légère. Partant, la nécessité pour l'accédant de prouver une faute du promoteur ne s'imposerait pas comme un obstacle à la préservation de ses droits, ce qui le prémunirait d'un contraste trop vif avec les actions dont il dispose à l'heure actuelle.

924. Une réforme à consacrer légalement ? Pascal PUIG considère comme « *préférable d'abandonner à la lumière des parties et des juges la question de savoir si le prestataire est tenu d'une obligation de moyens ou de résultat* »[3026], afin d'éviter l'aspect statique et inadapté d'une prise de position figée dans la loi. Toutefois, l'option du juge pour l'une ou l'autre catégorie d'obligation est relativement variable selon les décisions : peuvent ainsi être déterminantes « *la* puissance *économique (ou technique) respective des parties, notamment le fait que le débiteur agissait en tant que* professionnel*, ou la présence d'une*

[3022] Y. PICOD, « Obligations », *Répertoire de droit civil*, Dalloz, juin 2017 (actualisé en janvier 2019), § 86.
[3023] M. POUMARÈDE, « Preuve de l'inexécution d'une obligation contractuelle » *in* P. LE TOURNEAU (dir.), *op. cit.*, § 3123.113.
[3024] C. RADÉ, *art. préc.*
[3025] Cf. *Supra*, § 164.
[3026] P. PUIG, « Le contrat d'entreprise » *in* L. ANDREU, M. MIGNOT (dir.), *Les contrats spéciaux et la réforme du droit des obligations*, Institut Universitaire Varenne, 2017, p. 136.

assurance *d'un seul côté. Voilà pourquoi certains jugements ou arrêts paraissent difficilement explicables ou contradictoires, dans des circonstances de fait comparables* »[3027]. Dans ce contexte, force est de constater que « *la célèbre dichotomie est toute relative. Elle n'est pas un reflet fidèle de la réalité dont elle ne rend compte que très imparfaitement* »[3028]. Puisque la qualification de l'obligation peut être établie en opportunité, sur le fondement de considérations d'équité, il parait préférable de la figer dans le contrat, voire éventuellement dans la loi, afin de ne pas la soumettre à la libre discrétion du juge. La nature des obligations des parties correspond à un aménagement contractuel qu'il leur appartient de définir, afin d'anticiper et de lier le travail de qualification auquel le juge pourrait se livrer dans le cadre d'un contentieux judiciaire. Néanmoins, si le promoteur est libre de prévoir une obligation de moyens dans les contrats qu'il conclut avec d'autres professionnels, qu'en est-il dans ses rapports avec les accédants consommateurs ? La mise en œuvre des prévisions contractuelles des parties pourrait être écartée en justice, comme cela a déjà été le cas par le passé, au profit du maintien de l'obligation de résultat du promoteur immobilier[3029]. Cela étant, ne serait-il pas préférable de consacrer dans la loi le régime d'obligation applicable aux engagements du promoteur ? Cette orientation irait toutefois à l'encontre du faible intérêt que semble aujourd'hui porter le législateur à cette source de qualification. En effet, la célèbre dichotomie proposée par René DEMOGUE ne figure ni dans la réforme des obligations consacrée dans l'ordonnance du 10 février 2016 - seul l'article 1231-1 du Code civil reprend le régime de l'obligation de résultat, sans la nommer - ni dans le projet de réforme de la responsabilité civile présenté par la Chancellerie le 13 mars 2017 - les articles 1250 à 1252 contenus dans la section 3 relative aux « dispositions propres à la responsabilité contractuelle » ne la mentionnant aucunement. Pour certains auteurs en revanche, « *tout laisse présager que, malgré le silence éloquent des textes, la doctrine et la jurisprudence continueront à l'utiliser* »[3030].

925. Rompant avec une tradition bien établie, consistant à pouvoir engager la responsabilité sans faute du promoteur (en dehors d'exceptions marginales tels que les dommages intermédiaires), l'obligation de moyens devrait pouvoir être introduite dans son régime de responsabilité. L'obligation de construire, à laquelle le promoteur s'engage, dépend de nombreux facteurs exogènes, qui impliquent qu'il mette tout en œuvre pour parvenir au résultat escompté, sans

---

[3027] M. POUMARÈDE, « Preuve de l'inexécution d'une obligation contractuelle » *in* P. LE TOURNEAU (dir.), *op. cit.*, § 3123.174.

[3028] *Ibid.*, § 3123.111.

[3029] Cf. *Supra*, § 332.

[3030] Y. PICOD, « Obligations », *Répertoire de droit civil*, Dalloz, juin 2017 (actualisé en janvier 2019), § 89. « *La distinction entre les obligations de résultat et les obligations de moyens constituant un outil précieux pour déterminer l'intensité des obligations et fixer la charge de la preuve. Cette distinction semble en effet écrite dans les lois de la nature...* » (*ibid.*, § 91).

pour autant être en mesure de le garantir pleinement. L'obligation de moyens du promoteur s'entendrait d'une obligation de moyens « renforcée » en présence d'un consommateur immobilier. Elle n'entrerait en jeu qu'au titre des dommages matériels, non couverts par les garanties légales, résultant de vices ou de non-conformités techniques. Le promoteur conserverait pour le reste son obligation de résultat habituelle, s'agissant de l'exécution des missions administratives, juridiques et financières propres à son activité.

Conclusion du Chapitre 2

926. Le promoteur immobilier renvoie à une notion fonctionnelle, qui se caractérise entre autres par la physionomie particulière du régime juridique sur lequel elle débouche. Postérieurement à la réception, le promoteur se voit imposer un régime juridique relativement contraignant, composé de garanties légales et d'une responsabilité contractuelle mobilisable sur le fondement d'une obligation de résultat générique. Ce régime se justifie théoriquement comme la contrepartie des gains que le promoteur retire de l'opération, conformément à la théorie du risque-profit (essentiellement valable s'agissant du promoteur initiateur). Afin d'apporter à la relation unissant le promoteur à l'accédant l'équilibre qui lui fait défaut, le législateur a instauré, de longue date, plusieurs garanties légales, objectives, impératives et exclusives. Bien que ces garanties aient été conçues pour faciliter la réparation des dommages matériels affectant la construction, l'action en indemnisation de l'accédant est difficile à mettre en œuvre. Le recours préalable et presque systématique à une mesure d'expertise judiciaire induit certaines conséquences préjudiciables à l'accédant. En sus d'être complexe, cette mesure est chronophage et implique, pour le demandeur, de faire l'avance de frais importants. En outre, l'accédant doit subir les appels en cause et en garantie diligentés par le promoteur, ainsi que par les autres constructeurs, à titre incident. Cela étant, au lieu d'obtenir rapidement réparation auprès du promoteur - son interlocuteur habituel et souvent unique cocontractant - l'accédant doit assister au traitement de l'ensemble des réclamations croisées du promoteur et des constructeurs, ce qui est de nature à retarder l'indemnisation de ses préjudices. S'agissant en revanche du promoteur, la sévérité apparente des garanties légales mises à sa charge doit être relativisée à l'aune de sa qualité de « garant relais », qui lui évite d'avoir à supporter *in fine* tout ou partie de la dette indemnitaire. En premier lieu, le promoteur peut agir à titre récursoire contre les constructeurs fautifs, dans le cadre de recours personnels, sauf à bénéficier d'une action subrogatoire, en désintéressant préalablement la victime. En deuxième lieu, l'assurance dommages-ouvrage et l'assurance de responsabilité civile décennale, dont la souscription est obligatoire, permettent au promoteur d'être relevé et garanti indemne par un tiers solvable. Sa propre responsabilité décennale est couverte en cas de condamnation et il peut agir directement contre les assureurs en responsabilité des constructeurs à l'origine des désordres. Ces assurances obligatoires représentent néanmoins un surcoût pour l'accédant et restent lacunaires, au regard de leur champ d'application relativement restreint.

927. Le fait pour le promoteur d'être débiteur de garanties légales ne constitue pas un aspect de son régime qu'il convient de réformer, pour les raisons précédemment évoquées. En revanche, la nature particulière des missions qu'il assume justifierait que soit substituée à son obligation de résultat générale, une obligation de résultat restreinte. Les intérêts de chaque partie doivent s'inscrire dans un rapport d'adéquation et d'équivalence, sans que l'impératif de protection de la partie faible ne puisse autoriser la prescription d'obligations injustifiées à la charge du débiteur. L'obligation de résultat du promoteur s'applique parfois au mépris des critères d'application de chaque catégorie d'obligation, tels que la doctrine les a définis. Dans notre hypothèse, le créancier ne participe pas à l'exécution de l'obligation confiée au débiteur ou n'accepte pas les risques induits par cette dernière, mais la réalisation de l'engagement principal du débiteur dépend de paramètres « aléatoires ». Le promoteur se doit de livrer, dans les délais impartis, un ouvrage conforme aux normes en vigueur et à la commande du client. Or, en plus de subir les aléas techniques susceptibles d'altérer le bon déroulement de l'opération, le promoteur est tributaire des prestations de conception et d'exécution confiées aux constructeurs, qu'il n'est pas en mesure d'apprécier. En conséquence, il pourrait être opportun d'extraire du champ d'application de l'obligation de résultat du promoteur la couverture des dommages matériels d'origine exclusivement technique. Serait alors instauré un régime hybride, dans lequel coexisteraient une obligation de résultat – très majoritaire – et une obligation de moyens – circonscrite – qui se limiterait à l'obligation de conformité technique. Une obligation de moyens renforcée pourrait, au besoin, être envisagée à ce titre, afin notamment de sauvegarder la possibilité pour le consommateur immobilier d'actionner facilement la responsabilité du promoteur, en respectant ainsi l'objectif poursuivi par le juge et le législateur. Ce faisant, la notion de promoteur immobilier, mieux définie, donnerait lieu à l'application d'un régime juridique repensé, en accord avec sa logique fonctionnelle.

Conclusion du Titre II

928. En tant que notion fonctionnelle, le promoteur immobilier a été appréhendé à l'origine par le prisme de son seul régime juridique. Celui-ci constitue dès lors une clef d'entrée non négligeable pour comprendre la notion et une source importante d'informations pour déterminer ses critères de définition. Or, le travail de définition de la notion de promoteur immobilier suggère de repenser le régime juridique qui lui est associé. Pour ce faire, une vision d'ensemble s'impose, qui suggère d'appréhender le promoteur dans sa dimension théorique, mais également dans sa dimension incarnée, en tant que profession. On constate à cet égard qu'en dehors des règles qui régissent le déroulement de l'opération de construction, aucun statut professionnel n'encadre les conditions d'accès et d'exercice de la profession de promoteur immobilier. A plusieurs reprises pourtant, le législateur a cherché à instaurer une réglementation visant à réserver la pratique de l'activité à certains professionnels, respectueux d'exigences à la fois substantielles et formelles. De ces projets de réforme, il ne reste rien en droit positif, ce dernier prévoyant seulement des mesures d'interdictions et d'incompatibilités, qui se révèlent inadaptées et insuffisantes. Cependant, à la lumière des enseignements tirés des statuts d'autres professions immobilières, les risques de l'activité de promotion et la complexité des missions qu'elle recouvre justifieraient qu'elle ne soit pas laissée totalement libre d'accès. Au contraire, un niveau de compétence et/ou d'expérience devrait être exigé, ainsi que la constitution de garanties financières et assurancielles permettant de sécuriser l'exercice de l'activité. De surcroît, sa viabilité dépend également du respect de principes éthiques, qui devraient tenir compte de la fonction particulière du promoteur - à l'interface de l'ensemble des participants à l'opération - et des enjeux de son intervention. Par ailleurs, indépendamment des normes qui pourraient structurer la profession, celle-ci possède déjà sa propre organisation représentative : la Fédération des Promoteurs Immobiliers. En l'absence d'ordre professionnel, cette dernière se propose de réunir tous les membres de la profession, au sein d'une structure de type syndicale. Essentiellement tournées vers la préservation des intérêts de ses membres, les missions de la Fédération consistent, pour l'essentiel, à représenter et défendre la profession, ainsi qu'à informer et former les adhérents, afin de faciliter leurs conditions d'exercice. En complément de ses attributions actuelles, il pourrait être opportun de doter la Fédération du pouvoir de contrôler le respect des conditions d'accès et d'exercice de la profession, voire de l'investir de prérogatives coercitives, mais ces évolutions impliqueraient un changement de nature juridique, qui n'est pas envisagé à ce jour.

929. Apprécier le régime juridique du promoteur sous le seul angle de la réglementation professionnelle serait fragmentaire ; aussi convient-il de s'interroger sur le bien-fondé des règles qui gouvernent sa responsabilité légale et contractuelle à l'égard de l'accédant. La responsabilité du promoteur peut, en effet, se résumer schématiquement aux garanties légales qu'il assume dans certains cas et à l'obligation de résultat générale dont il est débiteur à titre résiduel. Si les premières mériteraient d'être conservées, sous réserve de quelques évolutions, tel n'est pas le cas de la seconde. Les garanties légales imposées au promoteur, sur le fondement de la théorie du risque-profit, sont légitimées par le besoin de protection des accédants, bien qu'en pratique, on puisse déplorer qu'elles ne remplissent pas pleinement les objectifs qui leur ont été assignés, en raison des contraintes procédurales qui complexifient leur mise en œuvre. Dépourvues de tout lien de causalité avec le champ d'intervention du promoteur, les garanties légales ne pèsent en réalité sur lui qu'en tant que « garant relais », dans la mesure où plusieurs leviers lui permettent de ne pas avoir à supporter la charge définitive de la dette indemnitaire. Qu'il soit condamné seul ou *in solidum*, en qualité de coobligé, le promoteur peut se retourner pour le tout contre les constructeurs fautifs, en agissant contre eux à titre incident, sans devoir faire l'avance des fonds éventuellement mis à sa charge au terme de l'instance initiée par l'accédant victime. De surcroît, sa responsabilité décennale est couverte par une assurance obligatoire, comme celle de tous les autres « constructeurs » susceptibles d'être recherchés sur ce fondement, ce qui permet au promoteur d'agir directement contre leurs assureurs. S'agissant en revanche de son obligation de résultat, sa dimension globale est critiquable à plusieurs égards. Elle est source de déséquilibre contractuel dans la relation qui unit le promoteur à l'accédant et s'emploie au mépris des conditions d'application de l'obligation de moyens. En effet, compte tenu des paramètres incertains qui déterminent l'obligation de construire du promoteur - tributaire d'interventions tierces - celui-ci devrait pouvoir faire l'objet d'une obligation de moyens lorsque sont en cause des dommages ressortant exclusivement de la conception ou de l'exécution de l'ouvrage. Partant, à l'obligation de résultat actuelle, invoquée en toutes hypothèses, devrait être substitué un régime d'obligation hybride. A cette occasion, une obligation de moyens relative à la conformité technique de l'ouvrage serait consacrée, tandis que pour le reste, l'obligation de résultat habituelle du promoteur serait conservée. Une obligation de moyens renforcée pourrait de surcroît être privilégiée, afin de permettre notamment au consommateur immobilier de continuer à pouvoir engager facilement la responsabilité du promoteur, conformément à la *ratio legis*.

Conclusion de la Seconde Partie

930. Alors que le droit positif donne à voir le promoteur essentiellement sous l'angle de son contrat nommé et de son régime de responsabilité, d'autres leviers peuvent être mobilisés pour le définir. Il s'agit de déconstruire la notion pour la cerner sous tous les angles susceptibles d'en éclairer la portée. Sur un plan *ratione personae*, force est de constater que le promoteur est un professionnel, ce qu'induit la finalité lucrative et le caractère habituel de son activité, auxquels s'ajoute la compétence spécialisée du praticien qui s'en réclame. Cette dernière est celle d'un professionnel de l'immobilier strictement entendue, non d'un professionnel de la construction. En tant que professionnel, le promoteur n'a pas vocation à construire pour lui-même mais pour les tiers qui le sollicite – en qualité de prestataire de services – ou pour ceux auprès desquels il commercialise sa production, s'il agit en qualité de promoteur initiateur. Lorsqu'il ne transfère pas la propriété de ses ouvrages, il peut les donner à bail et en transférer *a minima* la jouissance. En tant que professionnel, le promoteur exerce le plus souvent son activité sous l'égide d'une société de promotion, prenant majoritairement les traits d'une société par action simplifiée. Pour chacun de ses programmes, la société de promotion crée, seule ou avec le concours d'associés extérieurs, une société qui leur est spécialement dédiée. Lorsqu'elle a pour objet de construire en vue de la vente, cette structure « *ad hoc* » prend obligatoirement la forme d'une société civile de construction vente, réglementée par la loi. Cette superposition de structures constitue un groupe de sociétés, au sein duquel les différents liens contractuels sont mis en exergue par le juge, lorsqu'il s'agit de trouver le véritable responsable du dommage.

931. Sur un plan *ratione materiae*, le promoteur exerce une activité de nature immobilière, portant principalement sur la construction et la rénovation. Analysée sous un angle juridique, l'activité du promoteur est civile, lorsqu'elle consiste à construire pour vendre, et commerciale, dans les autres hypothèses. Elle n'est en revanche ni artisanale, ni industrielle, ni libérale. L'activité du promoteur a pour finalité la production d'ouvrages immobiliers, généralement destinés à un usage d'habitation ou tertiaire, sans être circonscrite à une typologie en particulier. Cette ouverture se retrouve dans le large profil de sa clientèle, qui ne saurait se limiter aux personnes privées, mais qui inclut également les personnes publiques. Le promoteur peut agir en leur nom et pour leur compte en qualité de maître d'ouvrage délégué, ou leur vendre certains lots de ses programmes en l'état futur d'achèvement. La description de l'activité du promoteur et de son objet serait partielle sans un examen approfondi des missions qu'elle recouvre. Ainsi, le champ des interventions du promoteur se décline en deux phases successives : en phase de montage, le promoteur définit le projet, s'assure de sa faisabilité financière, juridique, administrative et technique, avant de superviser l'opération en phase de chantier, selon ces mêmes prismes. Lorsqu'il est à l'initiative de l'opération, le promoteur définit en outre le projet et organise son financement. L'ensemble de ces missions renvoie précisément aux attributions de la maîtrise d'ouvrage, que le promoteur assume en lieu et place du bénéficiaire final de l'opération, relégué au rang d'accédant. Depuis la professionnalisation de la fonction de maître d'ouvrage, le vocabulaire juridique n'a pas évolué, si bien que promoteur et accédant sont aujourd'hui susceptibles de recevoir la dénomination de « maître d'ouvrage », ce qui est source de confusion.

932. La notion de promoteur immobilier constitue par ailleurs une notion personnifiée, qui s'incarne dans la figure d'un professionnel, dont les conditions d'exercice font débat. Alors que plusieurs professions de l'immobilier sont sous le coup d'une réglementation visant à en contrôler l'accès et l'exercice, le promoteur connaît pour seule réglementation celle qui s'applique à son activité de construction. Deux propositions de lois ont pourtant cherché à le doter d'un statut professionnel visant à le définir, à cerner son activité et à la sécuriser, d'un point de vue juridique et éthique. Aucun projet de réforme n'ayant finalement été adopté en ce sens, la question de l'admission d'un éventuel statut professionnel reste d'actualité, en complément de la réglementation propre au secteur protégé. Compte tenu de la complexité et des risques induits par l'activité de promotion, l'exigence d'un certain niveau de compétence (sanctionné par les diplômes et/ou l'expérience) et la souscription de différentes garanties financières ou assurancielles pourraient constituer autant de conditions à remplir pour prétendre l'exercer. À l'heure actuelle, le promoteur fait essentiellement l'objet d'un régime répressif, plutôt que préventif, dans lequel les garanties légales tiennent une place prépondérante, compte tenu de leur application généralisée à l'ensemble de la profession. Celles-ci se justifient d'autant plus en opportunité que leur charge doit être relativisée à l'aune de la qualité de « garant relais » du promoteur. En revanche, son obligation de résultat résiduelle et générale interroge. Puisque le promoteur n'exerce aucun contrôle sur la réalisation matérielle des ouvrages, son obligation de résultat pourrait être partiellement permutée en obligation de moyens, lorsqu'est en cause la conformité technique des immeubles livrés. Sur un autre plan, les professionnels en activité pourraient au surplus se conformer à des principes éthiques adaptés, comme le préconise notamment la Fédération des Promoteurs Immobiliers. En tant que syndicat, de type patronal, cette dernière est investie de la défense des intérêts de ses adhérents. Elle pourvoit notamment à leur formation et à leur représentation, sans être titulaire de pouvoirs coercitifs, alors qu'ils pourraient constituer un instrument de contrôle efficace.

CONCLUSION GÉNÉRALE

933. Le promoteur immobilier : un acteur essentiel de la construction, une notion essentielle du droit de la construction. La place centrale occupée par le promoteur dans le domaine de la construction a rendu, avec le temps, son activité familière et son existence incontestable. Le schéma traditionnel, dans lequel coexistaient seulement le maître d'ouvrage, l'architecte et l'entrepreneur a connu un éclatement - en l'occurrence de la maîtrise d'ouvrage - qui a permis l'intégration du promoteur. Le mouvement de diversification s'est ensuite accéléré et étendu. Sur le plan professionnel, l'activité de promotion immobilière s'est ramifiée à mesure de son développement, en créant des métiers spécialisés. Sur le plan juridique, l'activité a progressivement reçu différents échos contractuels, à travers l'adoption des contrats spéciaux de la construction. Difficilement reconnaissable par sa qualité contractuelle lorsque le droit commun était le seul à régir son intervention, le promoteur se distingue désormais par ses qualités spéciales de vendeur d'immeuble à construire ou à rénover, de mandataire au sens de l'article 1831-1 du Code civil ou encore de maître d'ouvrage délégué.

934. *In fine*, derrière l'apparente homogénéité de la catégorie des constructeurs, qui semblent fondus dans le même régime - celui des garanties légales, qui ne discriminent pas - les statuts juridiques particuliers se sont multipliés. Après celui de l'architecte (qui se distinguait déjà dans le Code civil de 1804), celui du contrôleur technique (dont la garantie est plus restreinte), ou encore celui du sous-traitant (en tant qu'entrepreneur de second rang), est venu celui du promoteur immobilier. A rebours de la définition simpliste qu'en donnait la jurisprudence dans les années 1970 et 1980 et de la définition figée qu'en propose la loi depuis 1971, la notion de promoteur immobilier donne à voir ses nombreuses subtilités. Tandis que sur le plan notionnel, le promoteur soulève plusieurs interrogations, son régime est quant à lui très clairement encadré. A l'origine, le droit de la construction s'est forgé autour d'une approche essentiellement « matérielle » - fondée sur les spécificités et les risques propres à l'opération de construction - qui a accouché du régime dérogatoire du promoteur immobilier. Or, force est d'observer qu'une approche « personnelle » de la matière s'impose de plus en plus. Deux figures la polarisent désormais : l'accédant - dont il convient de tenir compte de la qualité, en complément de la destination du bien qu'il envisage de faire construire - et le promoteur immobilier.

935. Le promoteur immobilier, une notion fonctionnelle. Puisque son engagement à l'égard de l'accédant consiste en une prise en charge globale de l'opération, le promoteur immobilier fut rapidement identifié comme le principal destinataire de la réglementation spéciale de la construction. La loi a défini le promoteur dans le cadre d'un dispositif contractuel particulièrement réglementé, donnant lieu à un régime strict. En complément, la jurisprudence se fonde sur une définition plastique et évolutive du promoteur lui permettant de déclencher aisément l'application d'un régime exorbitant. En toutes hypothèses, la notion de promoteur sert l'objectif de protection des intérêts de l'accédant au logement, qu'entretiennent de longue date le juge et le législateur. Cela étant, le promoteur est conduit à assumer une obligation de garantie proportionnelle à l'ampleur de son engagement, couvrant l'ensemble des dommages matériels et immatériels susceptibles de résulter de l'opération de construction. En phase précontractuelle et contractuelle, la réglementation du secteur protégé, à laquelle s'ajoute la législation consumériste, oblige le promoteur à se conformer à un grand nombre d'obligations. Postérieurement à la réception, le promoteur supporte en toutes circonstances les mêmes garanties légales que les constructeurs de métier, alors que les désordres matériels d'origine technique ne lui sont pas imputables. Le promoteur est débiteur, au surplus, d'une obligation de résultat résiduelle, dont la vocation est de couvrir l'ensemble des dommages qui pourraient ressortir du non-respect de l'obligation générale de livrer un ouvrage conforme à la commande et aux règles de l'art.

936. Le promoteur immobilier, une notion plurivoque : les qualités de « promoteur de droit » et de « promoteur de fait ». En tant que création législative, le promoteur mandataire de l'article 1831-1 du Code civil se définit comme « promoteur de droit », quand le promoteur d'origine jurisprudentielle s'impose au contraire sous les traits d'un « promoteur de fait ». Née d'un besoin de protection - que l'adoption des contrats spéciaux de la construction a depuis largement comblé - la qualification de « promoteur de fait » a vu son intérêt se tarir avec le temps. En tout état de cause, « *le caractère fonctionnel d'une notion constituerait une étape sur le chemin d'une conceptualisation plus avancée* »[3031], ce que vient pleinement confirmer l'examen de la notion de promoteur immobilier. Grâce à un travail de définition exhaustif, le recours à la qualification de « promoteur de fait » devrait pouvoir disparaître au profit d'une notion juridique claire de promoteur immobilier.

937. Les qualités d'« initiateur » et d'« exécutant ». Bien que l'état actuel du droit reste à certains égards ambigu ou lacunaire, les deux définitions contemporaines du promoteur immobilier - légale et jurisprudentielle - constituent une base de recherche essentielle et particulièrement riche dans le travail d'analyse de la notion. En effet, à l'exception du contrat de promotion immobilière qui, par essence, mène au promoteur - puisque le législateur l'a conçu comme tel - aucun autre contrat ne traite formellement du « promoteur immobilier ». Au-delà de la dénomination contractuelle explicite de l'article 1831-1 du Code civil, il est possible d'associer l'activité du promoteur à certains contrats selon un raisonnement inductif, en procédant notamment à une analyse comparative des missions confiées et des responsabilités assumées. En premier lieu, le critère de l'« initiative », mis en exergue par le juge, permet de confirmer l'assimilation, tacitement admise, du promoteur au vendeur d'immeuble à construire. Celui-ci initie une opération de construction neuve sous sa maîtrise

---

[3031] N. BARGUE, *th. préc.*, p. 22.

d'ouvrage, pour la commercialiser auprès du public avant achèvement ; voire postérieurement, lorsque les circonstances économiques l'exigent, par une vente immobilière de droit commun. Par extension, le promoteur peut être à l'origine d'un programme de rénovation, impliquant la réalisation de travaux substantiels, qu'il commercialise en recourant à la vente d'immeuble à rénover. En second lieu, le critère du « soin principal » établit une passerelle avec le promoteur mandataire, reconnu par la loi, dont la mission est de représenter le maître d'ouvrage dans toutes ses attributions, en garantissant la livraison d'un ouvrage conforme aux règles de l'art, à la commande et au prix convenu. Compte tenu du faible succès rencontré en pratique par le contrat de promotion immobilière, le promoteur lui substitue, dans les cas autorisés, le contrat de maîtrise d'ouvrage déléguée, qui donne lieu à un transfert en principe partiel des pouvoirs de la maîtrise d'ouvrage. Au-delà de sa fonction naturelle de maître d'ouvrage professionnel, le promoteur peut prendre part à l'exécution des travaux, en assumant au surplus un rôle de « constructeur réalisateur ». Si un cumul de fonctions est admissible, il ne tolère aucune assimilation avec le constructeur de maisons individuelles. En effet, celui-ci est un prestataire global qui ne se voit pas confier le plein exercice de la maîtrise d'ouvrage, son rôle étant par essence celui d'un locateur d'ouvrage prenant en charge l'édification matérielle de l'immeuble.

938. En définitive, l'analyse des contrats spéciaux liant le promoteur à l'accédant révèle le caractère pluriel de ses formes d'intervention. La coexistence des définitions légale et jurisprudentielle a créé un terreau favorable à l'identification d'une dichotomie opposant un promoteur « initiateur » à un promoteur « exécutant », chacun d'eux renvoyant à une catégorie juridique recouvrant plusieurs réalités. Ces qualificatifs présentent l'avantage d'être littéraux, ce qui permet de se figurer aisément les situations auxquelles ils renvoient, à l'image des notions qui jalonnent le droit de la construction. Ce vocabulaire, qui tranche avec la technicité du droit applicable au promoteur, facilite le travail de clarification et de systématisation de la matière. Partant, une telle distinction a vocation à demeurer un critère de distribution utile dans l'approche de la notion de promoteur immobilier.

939. Les qualités de « constructeur non-réalisateur » et de « maître d'ouvrage ». Paradoxalement, les vendeurs d'immeuble à construire et à rénover, ou bien encore le promoteur immobilier de l'article 1831-1 du Code civil « *sont tout à la fois maîtres de l'ouvrage et constructeurs en ce que leur responsabilité vis-à-vis des acquéreurs est calquée sur celle des constructeurs* »[3032]. Le promoteur est précisément un « constructeur non-réalisateur », bien que les expressions de constructeur « réalisateur » et « non-réalisateur » soient approximatives, puisque le terme de « constructeur non-

[3032] P. MALINVAUD, « Prescription et responsabilité des constructeurs après la réforme du 17 juin 2008 », *RDI*, 2008, p. 368.

réalisateur » est aussi utilisé pour désigner les locateurs d'ouvrage dont les prestations sont intellectuelles et non manuelles, comme le maître d'œuvre, le bureau d'études ou le contrôleur technique. Ici, l'expression « constructeur non-réalisateur » contribue à définir la notion de promoteur immobilier, en mettant en exergue sa qualité de constructeur, qui procède des garanties légales dont il est débiteur et de son engagement de faire construire. Cette qualité de « non-réalisateur » vise à montrer que le promoteur est un constructeur d'un genre particulier, « par destination » en quelque sorte, puisqu'en dehors de son régime de responsabilité, il n'a de constructeur que le nom. Il n'en reste pas moins que l'attribution de la qualification de constructeur au promoteur, alors même que le rôle de ce dernier est entendu *stricto sensu* comme celui d'un maître d'ouvrage, entraîne une confusion entre les qualités de « maître d'ouvrage » et de « constructeur », pourtant antagonistes, ce qui est critiquable sur le plan théorique.

940. Le promoteur étant un « ersatz » de maître d'ouvrage, sa définition se nourrit nécessairement de cette notion. Or, la définition relativement sommaire et souple de cette dernière a permis au promoteur d'être reconnu comme un maître d'ouvrage. Dans le même temps, la perception du maître d'ouvrage privé comme un acteur relativement passif du contrat de construction n'a pas facilité l'identification de ses fonctions, dont aucun texte ne propose de description. En tant que superviseur actif de l'opération, le promoteur incarne une sorte de retour à la maîtrise d'ouvrage originelle, caractérisée par son pouvoir de commandement, en reléguant à un simple rôle d'accédant passif, son client qui finance et acquiert la propriété de l'ouvrage. Les missions administratives, juridiques et financières que le promoteur exerce, en lieu et place de l'accédant, font de lui un professionnel de la maîtrise d'ouvrage. Si les correspondances entre le promoteur et le maître d'ouvrage sont nombreuses, particulièrement lorsqu'il s'agit du promoteur « initiateur », le fait qu'il ne soit pas le bénéficiaire des ouvrages à construire le distingue finalement du maître d'ouvrage, au sens de la loi. Puisque l'appellation « maître d'ouvrage » ne donne pas lieu à un usage monopolistique, mais au contraire à un usage partagé entre le promoteur et l'accédant, il pourrait être envisagé d'introduire une subtilité dans l'emploi de cette dénomination, en distinguant le « maître *de l'*ouvrage », en tant qu'accédant ponctuel d'un bien déterminé, du « maître *d'*ouvrage », promoteur immobilier.

941. Les critères de définition personnels et matériels de la notion de promoteur immobilier. Tous les critères en vigueur pour dépeindre le promoteur immobilier ne peuvent entrer dans la définition de la notion, car « *cela l'alourdirait inutilement* » ; « *si bien que l'on peut distinguer critère mineur de distinction (qui n'entre pas dans la définition) et critère majeur (qui* *entre dans la définition)* »[3033]. En premier lieu, le promoteur se caractérise par sa qualité de professionnel ; son activité est exercée de manière habituelle, dans le cadre d'une « organisation permanente » et poursuit une finalité lucrative. Présumé sachant dans son domaine, le promoteur est un « professionnel de l'immobilier », ses compétences s'arrêtant là où débutent celles des constructeurs réalisateurs (sous réserve d'un cumul de fonctions). En tant que professionnel, le promoteur construit pour autrui, au sens où il satisfait la demande d'un tiers. Dans la promotion d'« initiative », le promoteur inaugure une opération qu'il commercialise, en transférant la propriété des ouvrages neufs ou rénovés à des accédants. Dans la promotion sous forme de prestation de services, le promoteur agit pour le compte d'un maître d'ouvrage préalablement identifié. Lorsque, dans la première hypothèse, il est amené à conserver les ouvrages dans son patrimoine, il peut encore les donner à bail puis les vendre de manière différée. En toutes hypothèses, le promoteur ne construit pas pour satisfaire ses propres besoins. Sur le plan matériel, son activité est « immobilière », en ce qu'elle tend à la construction ou à la rénovation lourde d'« ouvrages ». Inclassable dans les catégories artisanale, industrielle ou encore libérale, la promotion immobilière s'apparente à une activité commerciale, sauf lorsqu'elle consiste à construire pour vendre, où elle est alors civile. Le promoteur intervient sur tous types d'ouvrages même si, dans les faits, son périmètre d'intervention se compose essentiellement de bâtiments à usage d'habitation, professionnel et commercial. Bien qu'il soit naturellement associé à une clientèle « privée », le promoteur peut également agir pour le compte de personnes publiques, en qualité de maître d'ouvrage délégué ou de vendeur en l'état futur d'achèvement, à certaines conditions. Quelle que soit sa forme d'intervention et l'objet de son activité, le promoteur s'engage à accomplir un panel de missions, dont certaines peuvent être considérées comme consubstantielles à sa qualité. Par nature, le promoteur se charge du montage de l'opération ; il définit le programme, sollicite les autorisations administratives, élabore la balance financière, choisit les intervenants, signe leurs contrats, souscrit les polices d'assurance. Une fois le chantier débuté, il se charge du suivi financier, comptable, administratif et juridique de l'opération, en procédant notamment à la réception et en faisant son affaire des litiges avec les tiers. Lorsqu'il a en outre l'initiative du programme, le promoteur définit lui-même le projet et obtient les financements nécessaires à sa mise en œuvre.

942. En revanche, le promoteur n'est pas particulièrement caractérisé par les formes juridiques sous lesquelles il choisit d'intervenir. Si le fait de pratiquer son activité en tant qu'entrepreneur individuel soulève des risques qui le déterminent à constituer une société, la forme juridique de cette dernière est indifférente. Tout au plus, s'agit-il d'un élément de compréhension de la notion, non d'un critère de définition que le juge serait amené à mobiliser dans son

---

[3033] F. LABARTHE, « La distinction du mandat et du contrat d'entreprise » *in* N. DISSAUX (dir.), *Le mandat, un contrat en crise ?*, Economica, 2011, p. 47.

travail de qualification. On observe néanmoins en pratique un recours massif des promoteurs au modèle de la société par actions simplifiée, dont l'avantage principal réside dans sa grande souplesse contractuelle. Indépendamment de la société de promotion, il est intéressant de relever que chaque programme donne lieu à la constitution d'une structure « ad hoc », que l'on peut désigner sous l'expression de « société de construction », dont la forme est réglementée par la loi en matière de construction-vente. En dehors de la « SCCV », la société en nom collectif constitue également un support statutaire prisé des professionnels. La superposition des structures qui découle de ce montage statutaire est constitutive d'un groupe de sociétés, que le juge apprécie dans sa globalité, en allant au besoin rechercher la responsabilité de la société « holding », voire en son sein, celle du dirigeant ou de l'associé.

943. L'évolution suggérée du statut du promoteur immobilier. Une fois établis les critères de définition de la notion de promoteur immobilier, le régime applicable à cette dernière peut être réévalué. Alors que le régime particulier associé à la notion de promoteur a nourri sa définition, en faisant d'elle une notion fonctionnelle, le travail de définition de la notion resterait inachevé sans un questionnement relatif aux effets juridiques qu'elle est susceptible d'entraîner. De surcroît, la notion de promoteur immobilier n'est pas une notion purement théorique, mais présente au contraire la particularité de s'incarner pleinement dans la figure d'un acteur professionnel. Or, en dehors du régime juridique déclenché par son contrat, voire par l'exercice de missions caractéristiques (dans l'hypothèse du promoteur « de fait »), le promoteur n'est soumis à aucun statut professionnel. Malgré plusieurs tentatives en ce sens, notamment en 1977 et en 1995, cette profession reste aujourd'hui librement accessible et librement exercée, à l'inverse d'autres professions immobilières, dont les risques associés sont pourtant plus faibles. A l'exception de mesures ponctuelles d'interdictions et d'incompatibilités, aucune condition de diplôme ou d'expérience n'est exigée, ce qui pourrait évoluer à l'avenir. En outre, d'autres conditions pourraient être requises en cours d'exercice, afin que les usages les plus vertueux des praticiens (garantie d'achèvement, assurance professionnelle, *ratio* de fonds propres, *etc.*) deviennent obligatoires, dans un souci de sécurité des accédants, y compris professionnels. A ces dispositifs concrets, pourrait s'ajouter l'obligation de se conformer à des principes éthiques, comme le suggère aujourd'hui la Fédération des Promoteurs Immobiliers.

944. Si la profession de promoteur n'est pas réglementée en tant que telle, son activité l'est indubitablement. Les promoteurs sont tous débiteurs de garanties légales qui ne se justifient pas par des motifs juridiques tenant à l'imputabilité du dommage, mais qui s'imposent comme une contrepartie légitime aux gains retirés de l'opération, selon la logique du « risque-profit ». En opportunité, ces garanties se justifient d'autant plus que le promoteur n'en est qu'un débiteur « relais ». En mobilisant sa propre assurance décennale, ou celle des intervenants, ou en agissant simplement contre eux à titre récursoire, le promoteur a la possibilité de s'affranchir de la charge que représente l'indemnisation de l'accédant. A l'inverse, l'obligation de résultat résiduelle que la jurisprudence lui impute génère, dans certains cas, un nouveau déséquilibre dans la relation qu'il entretient avec son client. En effet, celle-ci ne se justifie pas pleinement au regard du contexte particulier d'exécution de son engagement, qui dépend de l'intervention de tiers - sur lesquels il n'a pas de réel pouvoir de contrôle - et de facteurs incertains. Dans un souci de cohérence, le régime d'obligation du promoteur gagnerait ainsi à introduire une dose d'obligation de moyens, lorsqu'est en cause l'obligation de conformité technique de l'ouvrage.

945. Autrefois reléguée, souvent instrumentalisée, la notion de promoteur immobilier est longtemps demeurée à l'ombre de la figure captivante de l'accédant. Devenu un acteur majeur sur la scène de la construction, le promoteur immobilier s'incarne dans une notion juridique singulière et centrale, qui invite à repenser l'analyse du droit de la construction à travers un prisme renouvelé.

INDEX ALPHABÉTIQUE

L'index renvoie aux numéros des paragraphes

BIBLIOGRAPHIE

I. OUVRAGES

A) Ouvrages généraux, traités, manuels

ATIAS (C.), *Epistémologie juridique*, Dalloz, 2002.

AUBY (J.-B.), PÉRINET-MARQUET (H.), NOGUELLOU (R.), *Droit de l'urbanisme et de la construction*, 11ème éd., LGDJ, 2017.

AUZERO (G.), BAUGARD (D.), DOCKÈS (E.), *Droit du travail*, 33ème éd., Dalloz, 2019.

BEIGNIER (B.), BEN HADJ YAHIA (S.), *Droit des assurances*, 3ème éd., LGDJ, 2018.

BERGEL (J.-L.), *Théorie générale du droit*, 5ème éd., Dalloz, 2012.

BERGEL (J.-L.) (dir.), *Les grands arrêts du droit immobilier*, Dalloz, 2002.

BERNHEIM-DESVAUX (S.), *Droit de la consommation*, 2ème éd., Studyrama, 2011.

BONNARD (J.), *Droit des sociétés*, 16ème éd., Hachette, 2019.

BOUBLI (B.), CHAUVAUX (D.), GELU (C.), HUYGHE (M.), NEUMAYER (P.), KURGANSKY (A.), STEMMER (B.), TIXIER (J.-L.), *Mémento Urbanisme-Construction*, Francis Lefebvre, 2019.

BROS (S.), LARROUMET (C.), *Traité de droit civil. Les obligations, le contrat*, t. 3, 9ème éd., Economica, 2018.

CALAIS-AULOY (J.), TEMPLE (H.), DEPINCÉ (M.), *Droit de la consommation*, 10ème éd., Dalloz, 2020.

CAPITANT (H.), TERRÉ (F.), LEQUETTE (Y.), CHÉNEDÉ (F.), *Les grands arrêts de la jurisprudence civile T2. Obligations, contrats spéciaux, sûretés*, 13ème éd., Dalloz, 2015.

CASTON (A.), AJACCIO (F.-X.), CABOUCHE (M.), DE GABRIELLI (L.), HUET (M.), *Traité des marchés privés de travaux. Passation et exécution*, 6ème éd., Le Moniteur, 2016.

CHAGNY (M.), PERDRIX (L.), *Droit des assurances*, 4ème éd., LGDJ, 2018.

CHAINAIS (C.), FERRAND (F.), MAYER (L.), GUINCHARD (S.), *Procédure civile. Droit interne et européen du procès civil*, 34ème éd., Dalloz, 2018.

CHEVREAU (E.), MAUSEN (Y.), BOUGLÉ (C.), *Histoire du droit des obligations*, 2ème éd., LexisNexis, 2011.

COLLART DUTILLEUL (F.), DELEBECQUE (P.), *Contrats civils et commerciaux*, 11ème éd., Dalloz, 2019.

COZIAN (M.), VIANDIER (A.), DEBOISSY (F.), *Droit des sociétés*, 32ème éd., LexisNexis, 2019.

DEMOGUE (R.), *Traité des obligations en général*, Ed. Rousseau et Cie, 1925.

DONDERO (B.), *Droit des sociétés*, 6ème éd., Dalloz, 2019.

DROBENKO (B.), *Droit de l'urbanisme*, 13ème éd., Lextenso, 2018.

DUTEIL (P.-H.) (dir.), *Juris Corpus Droit des associations et fondations*, Dalloz, 2016.
FAGES (B.), *Droit des obligations*, 9ème éd., LGDJ, 2019.
FAURE-ABBAD (M.), *Droit de la construction*, 3ème éd., Gualino-Lextenso, 2016.
GÉRARD (P.), *Pratique du droit de l'urbanisme. Urbanisme réglementaire, individuel et opérationnel*, 6ème éd., Eyrolles, 2013.
GHESTIN (J.), BARBIER (H.), *Introduction générale. Tome 1, Droit objectif et droits subjectifs, sources du droit*, 5ème éd., LGDJ, 2018.
GONOD (P.), MELLERAY (F.), YOLKA (P.), *Traité de droit administratif*, t. 2, Dalloz, 2011.
GOUTHIÈRE (B.), REGOLI (J.-P.), JULIENNE (V.), SUQUET-COZIC (M.), *Mémento Sociétés civiles*, Francis Lefebvre, 2019.
GRELIER WYCKOFF (P.) :

- *Pratique du droit de la construction. Marchés publics – Marchés privés*, 8ème éd., Eyrolles, 2017.
- *Le mémento des marchés privés de travaux. Intervenants, passation, exécution*, 3ème éd., Eyrolles, 2011.

GUINCHARD (S.) (dir.), *Droit et pratique de la procédure civile. Droit interne et européen*, 9ème éd., Dalloz, 2016.
JULIEN (J.), *Droit de la consommation*, 3ème éd., LGDJ, 2019.
KARILA (L.), CHARBONNEAU (C.), *Droit de la construction : responsabilités et assurances*, 3ème éd., LexisNexis, 2017.
LONG (M.), WEIL (P.), BRAIBANT (G.), DELVOLVÉ (P.), GENEVOIS (B.), *Les grands arrêts de la jurisprudence administrative*, 22ème éd., 2019.
MACQUERON (P.), GATUMEL (D.), DE GUIBERT (D.), CLÉMENT (C.), JULIENNE (V.), DELSOL (X.), *Mémento Associations. Fondations – Congrégations – Fonds de dotation*, Francis Lefebvre, 2019.
MALAURIE (P.), AYNÈS (L.), GAUTIER (P.-Y.), *Droit des contrats spéciaux*, LGDJ, 10ème éd., 2018.
MALAURIE (P.), AYNÈS (L.), JULIENNE (M.), *Droit des biens*, LGDJ, 8ème éd., 2019.
MALINVAUD (P.), *Introduction à l'étude du droit*, 19ème éd., LexisNexis, 2019.
MALINVAUD (P.) (dir.), *Droit de la construction*, 7ème éd., Dalloz, 2018.
MALINVAUD (P.), JESTAZ (P.), JOURDAIN (P.), TOURNAFOND (O.), *Droit de la promotion immobilière*, 9ème éd., Dalloz, 2014.
MALINVAUD (P.), MEKKI (M.), SEUBE (J.-B.), *Droit des obligations*, 15ème éd., LexisNexis, 2019.
MAZEAUD (H.), CHABAS (F.), *Leçons de droit civil. 2.1. Obligations : théorie générale*, 10ème éd., Montchrestien, 2000.
MONSÈRIÉ-BON (M.-H.), GROSCLAUDE (L.), *Droit des sociétés et des groupements*, 3ème éd., LGDJ, 2016.
MOULIN (J.-M.), *Droit des sociétés et des groupes*, Gualino, 2013.
NOBLOT (C.), *Droit de la consommation*, LGDJ, 2012.

PÉDAMON (M.), KENFACK (H.), *Droit commercial. Commerçants et fonds de commerce, concurrence et contrats du commerce*, 4ème éd., Dalloz, 2015.
PUIG (P.), *Contrats spéciaux*, Dalloz, 8ème éd., 2019.
PORCHY-SIMON (S.), *Les obligations 2020 – Droit civil 2ème année*, 12ème éd., Dalloz, 2019.
RAYNARD (J.), SEUBE (J.-B.), *Droit des contrats spéciaux*, 10ème éd., LexisNexis, 2019.
REBOUL-MAUPIN (N.), *Droit des biens*, 7ème éd., Dalloz, 2018.
RICHER (L.), LICHÈRE (F.), *Droit des contrats administratifs*, 11ème éd., LGDJ, 2019.
TERRÉ (F.), SIMLER (P.), *Droit civil. Les Biens*, 10ème éd., Dalloz, 2018.
TERRÉ (F.), SIMLER (P.), LEQUETTE (Y.), CHÉNEDÉ (F.), *Droit civil. Les obligations*, 12ème éd., Dalloz, 2018.
TEYSSIÉ (B.), *Droit du travail. Relations collectives*, 12ème éd., LexisNexis, 2020.

B) Ouvrages spéciaux

99e Congrès des Notaires de France, *La vente d'immeuble. Sécurité et transparence*, LexisNexis, 2003.
ADDA (D.), SISSUNG (M.), *Outils pour sécuriser les contrats de maintenance de bâtiments*, Le Moniteur, 2013.
AJACCIO (F.-X.), CASTON (A.), PORTE (R.), *L'assurance construction. Fondements, régimes juridiques, évolution*, 3ème éd., Le Moniteur, 2019.
ANDREU (L.), MIGNOT (M.) (dir.), *Les contrats spéciaux et la réforme du droit des obligations*, Institut Universitaire Varenne, 2017.
AUBY (J.-B.) (dir.), *L'influence du droit européen sur les catégories du droit public*, Dalloz, 2010.
AVRIL (B.), ROTH (B.), *La promotion immobilière. Construire pour autrui*, Presses de l'Ecole Nationale des Ponts et Chaussées, 2001.
BABANDO (J.-P.), *La sous-traitance dans la construction. Marchés publics, marchés privés*, 2ème éd., LexisNexis Litec, 2005.
BARRÉ-PÉPIN (M.), *La protection du logement en droit privé*, LexisNexis, 2009.
BÉCHADE (A.), *La promotion immobilière*, PUF, 1997.
BECQUART (A.), BUTSTRAEN (L.), *Associations et syndicats professionnels. Guide juridique et fiscal*, Juris éditions, 2004.
BECQUÉ-ICKOWICZ (S.), CABRILLAC (S.), MONTREDON (J.-F.) (dir.), *La protection de l'accédant immobilier*, LexisNexis Litec, 2010.
BÉLIER (G.), LEGRAND (H.-J.), CORMIER LE GOFF (A.), *Le nouveau droit de la négociation collective. Acteurs et accords*, 6ème éd., Wolters Kluwer, 2018.
BERGEL (J.-L.) (dir.) :
- *Les contentieux immobiliers*, Lextenso, 2010.
- *Missions et responsabilités des professionnels de l'immobilier*, Le Moniteur, 2006.

- *Droit et déontologies professionnelles*, Librairie de l'Université d'Aix-en-Provence, 1997.

BEZANCON (X.), BITTER (P.), CUCCHIARINI (C.), *Guide de la commande privée*, Le Moniteur, 2008.

BEZANCON (X.), COSSALTER (P.), CUCCHIARINI (C.), FOURNIER DE LAURIÈRE (J.), *Guide de la commande publique*, 4ème éd., Le Moniteur, 2017.

BILLION (P.), CHORON (O.), *SARL, SAS et SA en 50 questions pratiques. Aspects juridique, fiscal, social. Conseils pratiques*, 3ème éd., LexisNexis Litec, 2015.

BORENFREUND (G.), SOURIAC (M.-A.) (dir.), *Syndicats et droit du travail*, Dalloz, 2008.

BOULEZ (J.), *Expertises judiciaires. Désignations, missions, procédure selon la juridiction*, 18ème éd., Delmas, 2018.

BOURGEOIS (G.), JULIEN (P.), ZAVARO (M.), *La pratique de l'expertise judiciaire*, Litec, 1999.

CABRILLAC (R.) (dir.), *Libertés et droits fondamentaux*, 25ème éd., Dalloz, 2019.

CADIOU (S.) (dir.), *Gouverner sous pression ? La participation des groupes d'intérêt aux affaires territoriales*, LGDJ, 2016.

COHET-CORDEY (F.), *Les droits de l'acquéreur d'un bien immobilier*, L'Harmattan, 2003.

CONAC (P.-H.), URBAIN-PARLÉANI (I.) (dir.), *La société par actions simplifiée (SAS). Bilan et perspectives*, Dalloz, 2016.

COSSALTER (P.), *Le mandat de maîtrise d'ouvrage et la maîtrise d'ouvrage partagée*, Territorial, 2016.

COURTIEU (G.), COURTIEU (D.), *Les troubles du voisinage*, Litec, 2002.

CROIX (C.), TREILLE (P.), *Passation et exécution des marchés privés de travaux*, Le Moniteur, 2016.

DAGOT (M.), *La vente d'immeuble à construire*, 1983.

DARNET (M.), DEPUY (L.), GENDRE (S.), *L'architecte : pratiques professionnelles et responsabilités*, LexisNexis Litec, 2005.

DELESALLE (T.), CRUVELIER (E.), *Marchand de biens. Statut juridique, pratiques professionnelles*, 12ème éd., Delmas, 2019.

DISSAUX (N.) (dir.), *Le mandat, un contrat en crise ?*, Economica, 2011.

DRAGO (R.) (dir.), *La confection de la loi*, Rapport du groupe de travail de l'Académie des sciences morales et politiques, mars 2003.

DRAGO (G.), LOMBARD (M.) (dir.), *Les libertés économiques*, Editions Panthéon-Assas, 2003.

DUBAN (B.), *Les Promoteurs Constructeurs*, PUF, 1982.

DUGUIT (L.), *Les transformations générales du droit privé depuis le Code Napoléon*, 1912, réédition La Mémoire du droit, 2008.

EWALD (F.), GARAPON (A.), MARTIN (G.-J.), MUIR WATT (H.), MATET (P.), MOLFESSIS (N.), NUSSEMBAUM (M.) (dir.), *Les limites de la réparation du préjudice*, Dalloz, 2009.

FAURE-ABBAD (M.) (dir.), *Les contrats de construction au prisme de la réforme du droit des contrats*, Presses universitaires juridiques de Poitiers, 2018.
FORIERS (P.-A.), *Groupes de contrats et ensembles contractuels. Quelques observations en droit positif*, Larcier, 2006.
FRANCOIS-CUXAC (A.), *L'immobilier au cœur. Plaidoyer pour une nouvelle donne dans la politique du logement en France*, FPI, 2017.
GLANSDORFF (F.), *Les obligations d'information, de renseignement, de mise en garde et de conseil*, Larcier, 2006.
GUILLOTIN (A.) (dir.), *L'actualité du droit immobilier et de la construction. Les premières assises de L'Institut de droit immobilier de Toulon et du Var*, Edilaix, 2004.
JOSSERAND (L.) :

- *De l'esprit des droits et de leur relativité. Théorie dite de l'abus des droits*, 2ème éd., 1939, réédition Dalloz, 2006.
- *De la responsabilité du fait des choses inanimées*, A. Rousseau, 1897.

LEMEUNIER (F.), *Tous les problèmes juridiques des sociétés de construction : la promotion immobilière*, 3ème éd., J. Delmas, 1983.
LEQUETTE (Y.), MOLFESSIS (N.) (dir.), *Quel avenir pour la responsabilité civile ?*, Dalloz, 2015.
LE TOURNEAU (P.) (dir.), *Droit de la responsabilité et des contrats. Régimes d'indemnisation*, 11ème éd., Dalloz, 2017.
MACH (A.), *Groupes d'intérêt et pouvoir politique*, Presses polytechniques et universitaires romandes, 2015.
MARKUS (J.-P.), *Les juridictions ordinales*, LGDJ, 2003.
MÉROT (C.), *Montage d'une opération immobilière privée*, Le Moniteur, 2015.
MEKKI (M.), MONJAL (P.-Y.) (dir.), *Le ''lobbying responsable'' : info ou intox ?*, L'Harmattan, 2016.
MIGNOT (M.) (dir.), *Les contrats spéciaux et la réforme du droit des obligations*, Institut Universitaire Varenne, 2017.
MORET-BAILLY (J.), TRUCHET (D.), *Droit des déontologies*, PUF, 2016.
MOUSSA (T.) (dir.), *Droit de l'expertise*, 3ème éd., Dalloz, 2015.
MOYSE (J.-M.), *Agent immobilier. Statut juridique, achat, vente, location, gestion*, 20ème éd., Delmas, 2019.
NOVAT (P.), LANNOY (H.), *La conception-réalisation : comprendre les conditions de recours, gérer les spécificités du contrat, suivre le déroulement de la procédure*, Le Moniteur, 2010.
PÉCHEREAU (C.), *Guide de rédaction des marchés privés de construction, 24 étapes pour réussir un marché privé de travaux*, Le Moniteur, 2006.
PÉLISSIER (A.), COSTA (D.) (dir.), *Contrats et droits fondamentaux*, Presses Universitaires d'Aix-Marseille, 2011.
PICAULT (G.), *Promoteurs, marchands de biens, opérations de rénovation, lotisseurs... Comptabilité, fiscalité et environnement juridique des opérations immobilières*, Maxima, 2017.
PINCHERA (G.), *Passation et gestion des marchés privés de travaux. Guide pratique*, Eyrolles, 2017.

PLAS (D.), PUECHAVY (M.) (dir.), *Le droit au logement : vers la reconnaissance d'un droit fondamental de l'être humain*, Bruylant, 2008.
POLLARD (J.), *L'Etat, le promoteur et le maire. La fabrication des politiques du logement*, Presses de Sciences Po, 2018.
PONCE (C.), *Le contrat de construction de maison individuelle, 15 ans après la loi du 19 décembre 1990*, LexisNexis Litec, 2006.
REMY (B.) (dir.), *Le mandat en question*, Bruylant, 2013. R
REVET (T.), LAURENT (J.), CHAFFOIS (B.), BOERIO (C.), MOYA (K.), *Déontologie de la profession d'avocat*, 2ème éd., LGDJ, 2018.
RIOUFOL (J.), SELAUDOUX (J.-F.), *Le marché immobilier*, PUF, 2005.
ROBAYE (R.) (dir.), *Questions spéciales relatives à la réparation du dommage*, Anthémis, 2018.
SABLON (J.-L.), *Le contentieux des dommages de construction. Analyse et stratégie*, Eyrolles, 2012.
SALEILLES (R.), *Les accidents du travail et la responsabilité civile*, A. Rousseau, 1897.
SÉVINO (A.), MORCRETTE (C.), *Montages immobiliers publics*, 2ème éd., EFE, 2018.
SÉVINO (A.), PETIT (F.), *Montages d'opérations immobilières*, 8ème éd., EFE, 2019.
SOYER (I.), DIXNEUF (H.), SEGRÉTAIN (J.-P.), *La maintenance des bâtiments en 100 fiches pratiques*, 2ème éd., Le Moniteur, 2019.
SYMCHOWICZ (N.), *Traité des montages contractuels complexes publics*, 4ème éd., Le Moniteur, 2017.
TOPALOV (C.), *Les promoteurs immobiliers. Contribution à l'analyse de la production capitaliste du logement en France*, Mouton, 1974.
TRICOIRE (J.-P.) (dir.), *Le droit de la promotion immobilière, 50 ans après la loi du 3 janvier 1967*, Dalloz, 2017.
TUBIANA (H.-M.), GAILLARD (S.), *Marchands de biens et autres activités immobilières. Aspects juridique, financier, comptable, fiscal et audit*, 5ème éd., LexisNexis Litec, 2009.
VILANDRAU (M.), *L'étonnante aventure des castors. L'autoconstruction dans les années 50*, L'Harmattan, 2004.
ZAVARO (M.), *La responsabilité des constructeurs*, 3ème éd., LexisNexis, 2013.

II. ENCYCLOPÉDIES ET DICTIONNAIRES

AZARIAN (H.), « Synthèse – Société par actions simplifiée », *JCl. Commercial*, LexisNexis, 2019.
BACACHE (M.), « Indivisibilité », *Répertoire de droit civil*, Dalloz, 2009.
BARRÉ (M.), « Sociétés de construction en vue de la vente », *Répertoire des sociétés*, Dalloz, janvier 1993 (actualisé en octobre 2013).
BARRÉ-PÉPIN (M.), « Contrat de construction d'une maison individuelle », *Répertoire de droit immobilier*, Dalloz, janvier 2007 (actualisé en septembre 2019).

BERGEL (J.-L.) (dir.), *Lamy Droit Immobilier*, actualisé en juin 2019.
BERGEL (J.-L.), CIMAMONTI (S.) :

- Fasc. 222 « Construction. - Responsabilité des vices, malfaçons et dommages du promoteur à l'égard du souscripteur », *JCl. Construction-Urbanisme*, LexisNexis, 2006.
- Fasc. 223 « Responsabilité de droit commun du promoteur », *JCl. Construction-Urbanisme*, LexisNexis, 2006.

BLOCH (O.), VON WARTBURG (W.), *Dictionnaire étymologique de la langue française*, PUF, 1932.
BOUBLI (B.) :

- « Contrat d'entreprise », *Répertoire de droit civil*, Dalloz, novembre 2016 (actualisé en octobre 2019).
- « Architecte », *Répertoire de droit immobilier*, Dalloz, janvier 2012 (actualisé en juin 2019).

BOUCARD (H.), « Responsabilité contractuelle », *Répertoire de droit civil*, Dalloz, juillet 2018 (actualisé en mai 2019).
BOUDOT (M.), « Apparence », *Répertoire de droit civil*, Dalloz, mai 2018.
BRACONNIER (S.), « Synthèse – Procédures de passation des marchés publics », *JCl. Contrats et Marchés publics*, LexisNexis, 2018.
CORNU (G.), assoc. H. CAPITANT, *Vocabulaire juridique*, 13ème éd., PUF, 2020.
CRUVELIER (E.), « Agent immobilier », *Répertoire de droit immobilier*, Dalloz, janvier 2017 (actualisé en mars 2019).
DAGOT (M.), ZALEWSKI-SICARD (V.), Fasc. 700 « Location-accession. – Définition et champ d'application. – Etablissement du contrat. – Contrat préliminaire », *JCl. Construction-Urbanisme*, LexisNexis, 10 février 2012.
DEUMIER (P.), « Jurisprudence », *Répertoire de droit civil*, Dalloz, novembre 2017 (actualisé en juillet 2019).
Dictionnaire Permanent Construction et Urbanisme, Editions Législatives, actualisé le 25 juin 2014.
DISSAUX (N.), « Commissionnaire », *Répertoire de droit commercial*, Dalloz, septembre 2019.
DUBOIS (J.), MITTERAND (H.), DAUZAT (A.), *Grand dictionnaire étymologique et historique du français*, Larousse, 2019.
DWERNICKI (S.), MARTIN- IMPÉRATORI (E.), Fasc. 200-50 « Contrat de maîtrise d'ouvrage déléguée de droit privé », *JCl. Construction-Urbanisme*, LexisNexis, 27 juin 2014.
Fasc. 6110 « Construction. – Sociétés civiles de construction-vente », *JCl. Roulois*, Lexis Nexis, 29 novembre 2017.
GAURIAU (B.), « Synthèse – Droit syndical », *JCl. Travail*, LexisNexis, 2019.
GRÉVY (M.), « Syndicats professionnels : prérogatives et action », *Répertoire de droit du travail*, Dalloz, avril 2014 (actualisé en janvier 2019).
GRYNBAUM (L.), « Responsabilité du fait des choses inanimées », *Répertoire de droit civil*, Dalloz, juin 2011 (actualisé en septembre 2018).

GUÉVEL (D.), Fasc. 40 « Contrats et Obligations. – Preuve testimoniale. – Liberté des preuves en matière commerciale », *JCl. Code civil*, LexisNexis, 2010.
GUILBERT (L.), LAGANE (R.), NIOBEY (G.) (dir.), *Grand Larousse de la langue française en sept volumes*, 1976.
GUINCHARD (S.), DEBARD (T.), *Lexique des termes juridiques*, 27ème éd., Dalloz, 2019.
HIEZ (D.), « Coopérative de construction et d'habitation », *Répertoire de droit immobilier*, Dalloz, octobre 2013 (actualisé en avril 2016).
KORNPROBST (E.), « Sociétés de personnes : régime fiscal », *Répertoire des sociétés*, Dalloz, septembre 2012 (actualisé en janvier 2017).
LALANDE (A.), *Vocabulaire technique et critique de la philosophie*, PUF, réédition 1997.
LEBEL (C.), « Commerçant », *Répertoire de droit commercial*, Dalloz, février 2019.
LECOURT (A.), « Groupe de sociétés », *Répertoire des sociétés*, Dalloz, mars 2015 (actualisé en novembre 2019).
LE RUDULIER (N.), « Division en volumes. – Nature et principes », *JCl. Construction-Urbanisme*, LexisNexis, 2016.
LE TOURNEAU (P.), « Responsabilité : généralités », *Répertoire de droit civil*, Dalloz, mai 2009 (actualisé en avril 2019).
LIBCHABER (R.), « Biens », *Répertoire de droit civil*, Dalloz, mai 2016 (actualisé en avril 2018).
LIET-VEAUX (G.), Fasc. 145 « Ordres professionnels – Règles communes. Inscription au tableau », *JCl. Administratif*, LexisNexis, 26 juillet 2004 (actualisé le 1er octobre 2017).
LINDITCH (F.), « Responsabilité décennale », *Répertoire de droit immobilier*, Dalloz, mars 2016 (actualisé en novembre 2019).
PAINCHAUX (M.) :

- Fasc. 222 « Construction. – Responsabilité des vices, malfaçons et dommages du promoteur à l'égard du souscripteur », *JCl. Construction-Urbanisme*, LexisNexis, 2018.
- Fasc. 223 « Construction. – Responsabilité de droit commun du promoteur », *JCl. Construction-Urbanisme*, LexisNexis, 2018 (actualisé en 2019).

PÉRINET-MARQUET (H.), « Promotion immobilière », *Répertoire de droit immobilier*, Dalloz, janvier 2013 (actualisé en mars 2014, M. FAURE-ABBAD).
PICOD (Y.), « Obligations », *Répertoire de droit civil*, Dalloz, juin 2017 (actualisé en janvier 2019).
RADÉ (C.), « Synthèse – responsabilité contractuelle », *JCl. Responsabilité civile et Assurances*, LexisNexis, 5 juillet 2019.
REY (A.) (dir.), *Dictionnaire culturel en langue française*, t. 1 et 3, Le Robert, 2005.
REY-DEBOVE (J.), REY (A.) (dir.), *Le Petit Robert de la langue française*, 2015.

SAUGER (V.), BAUM (N.), « Synthèse – Crédit-Bail immobilier », *JCl. Construction-Urbanisme*, LexisNexis, 2017.
SIZAIRE (D.), DURAND-PASQUIER (G.), Fasc. 81 « Ventes d'immeubles à construire – Origine. Législation. Définition », *JCl. Construction-Urbanisme*, LexisNexis, 30 août 2010 (actualisé le 5 août 2019).
SIZAIRE (D.), TRICOIRE (J.-P.), Fasc. 82-20 « Ventes d'immeubles à construire. – Régime général. – Dispositions communes à la vente à terme et à la vente en l'état futur d'achèvement », *JCl. Construction-Urbanisme*, LexisNexis, 15 janvier 2014 (actualisé le 4 janvier 2017).
STORCK (M.), Fasc. Unique « Contrats et Obligations – Représentation dans les actes juridiques », *JCl. Civil*, LexisNexis, 2 juin 2015 (actualisé le 31 août 2019).
TAILLAN (J.-B.), SABUT (C.) (dir.), *Dictionnaire de la maîtrise d'ouvrage publique et privée*, 2ème éd., Le Moniteur, 2019.
TOURNAFOND (O.), « Vente d'immeuble à construire », *Répertoire de droit civil*, Dalloz, mars 2004 (actualisé en juin 2019).
TRÉBULLE (F.-G.), « Responsabilité sociale des entreprises : entreprise et éthique environnementale », *Répertoire des sociétés*, Dalloz, mars 2003 (actualisé en juillet 2018).
TRICOIRE (J.-P.) :

- Fasc. 10 « Contrat de promotion immobilière », *JCl. Construction-Urbanisme*, LexisNexis, 12 décembre 2011 (actualisé le 4 janvier 2017).
- Fasc. 83-10 « Vente d'immeubles à construire. – Secteur protégé. – Champ d'application », *JCl. Construction-Urbanisme*, LexisNexis, 15 décembre 2016.

III. <u>THÈSES</u>

AKODA (Y.), *La recherche d'une protection efficace de l'acquéreur immobilier par le législateur*, Université de Strasbourg, 2009.
BARGUE (N.), *Essai sur la notion de garantie*, Université Paris I, 2008.
BAZIN- BEUST (D.), *L'obligation de faire faire*, ANRT, 2000.
BECQUÉ-ICKOWICZ (S.), *Le parallélisme des formes en droit privé*, Editions Panthéon-Assas, 2004.
BELLISSENT (J.), *Contribution à l'analyse de la distinction des obligations de moyens et des obligations de résultat*, Université de Montpellier, 2001.
BERT (D.), *Le droit de l'activité professionnelle indépendante. Essai d'une théorie générale*, Université de Versailles Saint-Quentin-en-Yvelines, 2010.
BERTHIAU (D.), *Le principe d'égalité et le droit civil des contrats*, LGDJ, 1999.
BIZON (E.), *Le droit au logement*, Presses universitaires Septentrion, 1997.
BOFFA (R.), *La destination de la chose*, Defrénois, 2008.
BOURREL (S.), *Le consommateur d'immeuble*, Université de Reims Champagne-Ardenne, 2015.

BOUSTINGORRY (J.), *Contribution à l'étude du logement en Aquitaine, 1850-1960. Du logement populaire à l'habitat social, des réalisations innovantes à travers les expériences du castorat*, Université de Pau, 2008.
CARCENAC (M.), *La condition juridique des éléments préfabriqués dans la construction*, Université Montpellier I, 1996.
CAYOL (A.), *Le contrat d'ouvrage*, Université Paris I, 2012.
CHARBONNEAU (C.), *La contribution de la Cour de cassation à l'élaboration de la norme*, IRJS éditions, 2011.
CHRISTOPHE MAZARD (J.), *La responsabilité contractuelle de droit commun des constructeurs*, Université de Toulouse, 2005.
COSTAZ (C.), *L'action directe du sous-traitant*, Université de Grenoble, 1994.
DE LA ASUNCION PLANES (K.), *La réfaction du contrat*, LGDJ, 2006.
DENOYELLE (R.), *Le promoteur de constructions immobilières*, Berger-Levrault, 1965.
DISSAUX (N.), *La qualification d'intermédiaire dans les relations contractuelles*, LGDJ, 2007.
DROUOT (G.), *La rétroactivité de la jurisprudence. Recherche sur la lutte contre l'insécurité juridique en droit civil*, Université Paris II, 2014.
DURAND-PASQUIER (G.), *Le maître de l'ouvrage : contribution à l'harmonisation du régime du contrat d'entreprise*, Université Paris I, 2005.
FABRE-MAGNAN (M.), *De l'obligation d'information dans les contrats : essai d'une théorie*, LGDJ, 1992 (réédition 2014).
FIN-LANGER (L.), *L'équilibre contractuel*, LGDJ, 2002.
GAVIN-MILLAN (E.), *Essai d'une théorie générale des contrats spéciaux de la promotion immobilière*, LGDJ, 2003.
GLAVINIS (P.), *Le contrat international de construction*, Université Paris II, 1992.
GRAF (O.), *La personne morale : un non-professionnel ?*, Université d'Aix-Marseille, 2015.
GROSS (B.), *La notion d'obligation de garantie dans le droit des contrats*, Université de Nancy, 1964.
GSTALTER-BRANDES (N.), *Le domaine d'application du système de responsabilité et d'assurance obligatoire pour les dommages de construction*, Université Strasbourg III, 2006.
GUIBAL (M.), *L'ordre professionnel*, Université de Montpellier, 1970.
GUINCHARD (S.), *L'affectation des biens en droit privé français*, LGDJ, 1976.
HOANG (P.), *La protection des tiers face aux associations : contribution à la notion de « contrat-organisation »*, Editions Panthéon Assas, 2002.
HOEPFFNER (H.), *La modification du contrat administratif*, LGDJ, 2009.
INYZANT (H.), *Le mouvement Castor en France. Les coopératives d'autoconstruction entre 1950 et 1960. Recherche historique, analyse économique et politique*, Université Paris X, 1981.
IONESCU (V.), *L'équilibre juridique de l'opération immobilière d'habitation*, Université de Dijon, 2000.

JSENG (P.-C.), *La protection du consommateur immobilier*, Université de Nantes, 2004.
KABORI (J.), *La réception de l'ouvrage en droit de la construction*, Université Toulouse I, 2018.
KARIM ZALLAM (A.), *Les contrats internationaux de construction – exploitation – transfert*, Université Paris II, 1999.
KOHL (B.), *Droit de la construction et de la promotion immobilière en Europe. Vers une harmonisation de la protection du consommateur en droit de la construction ?*, LGDJ, 2008.
LAFAY (F.), *La modulation du droit par le juge. Etude de droit privé et sciences criminelles*, Presses universitaires d'Aix-Marseille, 2006.
LAGELÉE-HEYMANN (M.), *Le contrat à forfait*, IRJS éditions, 2016.
LAPOUSTERLE (J.), *L'influence des groupes de pression sur l'élaboration des normes. Illustration à partir du droit de la propriété littéraire et artistique*, Dalloz, 2009.
LASBORDES (V.), *Les contrats déséquilibrés*, Presses universitaires d'Aix-Marseille, 2000.
LEPAROUX (N.), *La vente d'immeuble à rénover. Analyse critique et comparative*, Université de Toulouse, 2010.
LEQUETTE (S.), *Le contrat-coopération : Contribution à la théorie générale du contrat*, Economica, 2012.
LEROY (M.), *Contribution à la notion de professionnel*, Université de Toulouse, 1995.
LE RUDULIER (N.), *La division en volumes*, Université de Nantes, 2010.
MAITRE (G.), *La responsabilité civile à l'épreuve de l'analyse économique du droit*, LGDJ, 2005.
MALLET-BRICOUT (B.), *La substitution de mandataire*, Editions Panthéon-Assas, 1998.
MARTINVILLE (E.), *La sous-traitance de construction. Adaptation du droit aux évolutions économiques en matière de construction*, Presses universitaires d'Aix-Marseille, 2004.
MASSON (A.), *La dimension pénale des opérations de construction immobilière*, Université de Nice, 2002.
MIGNOT (M.), *Les obligations solidaires et les obligations* in solidum *en droit privé français*, Dalloz, 2002.
MOREIL (S.), *Les obligations nées du contrat d'entreprise*, Université Paris II, 2009.
MORIN (A.), *Contribution à l'étude des contrats aléatoires*, LGDJ, 1998.
MOUSSAVOU-DJEMBI (Y.), *Prévention et règlement amiable des litiges dans le contrat international de construction*, Université d'Angers, 2005.
MURGUE-VAROCLIER (P.-M.), *Le critère organique en droit administratif français*, LGDJ, 2018.
NASOM (H.), *Recherche sur la notion juridique de profession*, Université Paris X Nanterre, 1999.

NGOUNGOURE MFENJOU (D.), *L'œuvre créatrice de la jurisprudence en matière de responsabilité civile et d'assurance des constructeurs*, Université Lille II, 2007.
NICOLAS (E.), *Le rôle de la jurisprudence civile dans la responsabilité des constructeurs*, Université de Toulouse, 1999.
NOBLOT (C.), *La qualité du contractant comme critère légal de protection. Essai de méthodologie législative*, LGDJ, 2002.
OUASSINI SAHLI (M.), *La responsabilité de la société mère du fait de ses filiales*, Université Paris Dauphine, 2014.
PAGÈS-DE VARENNE (M.-L.), *« Dérives » de l'assurance construction et propositions de réforme*, Université Paris I, 1999.
PECH-LE GAC (S.), *La proportionnalité en droit privé des contrats*, Université Paris XI, 1997.
PELLÉ (S.), *La notion d'interdépendance contractuelle. Contribution à l'étude des ensembles de contrats*, Dalloz, 2007.
PENNEAU (A.), *Règles de l'art et normes techniques*, LGDJ, 1989.
PIAZZON (T.), *La sécurité juridique*, Lextenso, 2009.
PONCE (C.), *Assurance-construction et garanties de bonne fin*, Université d'Aix-Marseille, 2003.
PORACCHIA (D.), *La réception juridique des montages conçus par les professionnels*, Presses universitaires d'Aix-Marseille, 1998.
RAFFI (R.), *L'obligation de garantie du constructeur immobilier*, Université de Bordeaux, 1994.
RANOUIL (M.), *Les recours entre coobligés*, IRJS éditions, 2014.
RASANDRATANA (D.), *Le paiement du prix dans les marchés privés de travaux*, Université de Besançon, 2016.
REBAI (A.), *La vente d'immeuble à construire en droit tunisien*, LGDJ, 2003.
RICHARD (A), *Le paiement de la dette d'autrui*, Presses universitaires d'Aix-Marseille, 2007.
SAID BENYAHIA (N.), *L'évolution des concepts d'obligation de moyens et d'obligation de résultat*, Université Rennes I, 1990.
SEHIL (N.), *Montages contractuels : qualification, enjeux et perspectives. Contribution à l'analyse en droit privé et en droit public*, Université d'Aix-Marseille, 2014.
SEIGLE-FERRAND (O.), *Droit de la construction et droit de la consommation. Essai sur les critères de qualification des contractants*, Université de Montpellier, 2017.
SÉNÉCHAL (J.), *Le contrat d'entreprise au sein de la classification des contrats spéciaux. Recherche sur un double enjeu du mouvement de recodification du droit des contrats*, Presses Universitaires d'Aix-Marseille, 2008.
STARCK (B.), *Essai d'une théorie générale de la responsabilité civile considérée en sa double fonction de garantie et de peine privée*, L. Rodstein, 1947.

TABURET (A.), *Promoteurs immobiliers privés et problématiques de développement durable urbain*, Université du Maine, 2012.
TEYSSIÉ (B.), *Les groupes de contrats*, Université Montpellier I, 1974.
THIRIOT (P.), *Le contrat de construction d'une maison individuelle avec fourniture du plan (après la loi n° 90-1129 du 19 décembre 1990)*, Université de Toulouse, 1991.
TRANCHANT (L.), *La cotraitance*, Presses Universitaires d'Aix-Marseille, 2004.
UBAUD-BERGERON (M.), *La mutabilité du contrat administratif*, Université de Montpellier, 2004.
YANAMADJI TOLNGUEDJI (G.), *L'expertise judiciaire dans le procès civil*, Université de Poitiers, 1992.
ZIMMER (C.), *Les garanties de bonne fin dans les ventes en état futur d'achèvement : garanties réelles ou garanties virtuelles*, Université Paris II, 2003.

IV. ARTICLES DE DOCTRINE

ABBATUCCI (S.), « La responsabilité du maître de l'ouvrage à l'égard de ses sous-traitants », *RDI*, 2002, p. 488.
AMBACHER (M.), « Le vendeur, le promoteur et l'obligation de souscrire une police ''constructeur non réalisateur'' », *RDI*, 1989, p. 23.
AUBERT (J.-L.) :

- « Essai de synthèse sur la destination de l'immeuble », *RDI*, 1995, p. 469.
- « Construction. Promoteur. Notion », *Defrénois*, n° 12, 30 juin 1993, p. 779.

AUSSEUR (F.), « Les obligations particulières du maître de l'ouvrage : les assurances », *RDI*, 2002, p. 458.
BALAT (N.), « Le juge contrôlera-t-il d'office la bonne foi des contractants ? », *D.* 2018, p. 2099.
BARBIER (H.), « Le contractant de fait », *RTD Civ.*, 2017, p. 627.
BECQUÉ-ICKOWICZ (S.) :

- « L'impact de la future réforme des effets de la responsabilité civile et des causes d'exonération », *RDI*, 2017, p. 588.
- « Les SCI, professionnelles ou non ? », *Defrénois*, n° 06, 30 mars 2016, p. 273.
- « Responsabilité du vendeur d'immeuble à construire : appréciation des dommages décennaux et délai pour agir en garantie des vices apparents », *RDI*, 2015, p. 400.
- « VEFA et contrats de construction : quelle liberté contractuelle ? », *Defrénois*, n° 12, 30 juin 2014, p. 674.
- « L'impact du Grenelle sur les contrats de construction et la responsabilité des constructeurs », *RDI*, 2011, p. 25.

BENILSI (S.), « Quel contrat conclure ? », *Defrénois*, n° 12, 30 juin 2014, p. 667.

BERGEL (J.-L.) :

- « Rapport de synthèse » *in* TRICOIRE (J.-P.) (dir.), *Le droit de la promotion immobilière, 50 ans après la loi du 3 janvier 1967*, Dalloz, 2017, p. 142.
- « A la recherche de concepts émergents en droit », *D.* 2012, p. 1567.
- « Du concept de déontologie à sa consécration juridique » *in* BERGEL (J.-L.) (dir), *Droit et déontologies professionnelles*, Librairie de l'Université d'Aix-en-Provence, 1997, p. 10.

BERLY (J.-M.) :

- « De la nécessité de compléter la loi de 1967 (éventuellement contractuellement) afin de garantir efficacement les acquéreurs en l'état futur d'achèvement » *in* TRICOIRE (J.-P.), *Le droit de la promotion immobilière, 50 ans après la loi du 3 janvier 1967*, Dalloz, 2017, p. 63.
- « Les évolutions passées et souhaitables de la garantie financière d'achèvement », *JCP N*, 28 juillet 2017, n° 30-34, p. 56.
- « La qualité de maître de l'ouvrage du crédit-bailleur immobilier qui achète le terrain et fait construire ''pour son compte'' l'immeuble objet du contrat », *RDI*, 2003, p. 1.
- « La responsabilité du maître de l'ouvrage en raison des troubles anormaux de voisinage », *Constr.-Urb.*, janvier 2000, Chron. n° 1.

BERTOLASO (S.), « Application de l'article 1792 du Code civil au recours du maître de l'ouvrage cédant : quand la faculté devient contrainte... », *JCP N* n° 17, 30 avril 2021, 1174.

BERTOLASO (S.), MÉNARD (E.), « Elément d'équipement adjoint à un ouvrage existant : révolution en trompe-l'œil », *Constr.-Urb.,* 2018, étude 2.

BOCCARA (M.), BERLY (J.-M.), « La responsabilité du prêteur dans le financement du CCMI », *RDI*, 2015, p. 392.

BONARDI (I.), « La maison connectée à l'épreuve du droit de la construction », *RDI*, 2018, p. 193.

BORGHETTI (J.-S.), « Peut-on se passer de la causalité en droit de la responsabilité ? » *in* LEQUETTE (Y.), MOLFESSIS (N.) (dir.), *Quel avenir pour la responsabilité civile ?,* Dalloz, 2015, p. 12.

BOUBLI (B.) :

- « La garantie de l'article L. 1799-1 peut être exigée après la fin des travaux », *RDI*, 2016, p. 646.
- « La désignation d'un coordonnateur SPS ne dispense pas le maître de l'ouvrage de ses obligations », *RDI*, 2015, p. 529.
- « Garanties dans la construction et politique de l'habitat » *in Etudes offertes au Professeur Philippe Malinvaud*, LexisNexis Litec, 2007, p. 79.
- « Le marché peut être résilié aux torts réciproques », *RDI*, 2004, p. 292.
- « Les modifications apportées au marché par le maître de l'ouvrage », *RDI*, 2002, p. 482.

- « Le contrat d'entreprise de droit commun peut comporter une garantie conventionnelle de bonne fin », *RDI*, 2001, p. 240.
- « Commentaire de la loi n° 90-1129 du 19 décembre 1990 sur la construction d'une maison individuelle », *D.* 1991, p. 165.

BOUYSSOU (F.), « L'Etat et le logement », *RDI*, 1983, p. 1.

BRACONNIER (S.), « Les ventes de locaux à construire consenties à des personnes publiques », *JCP A*, 2011, n° 47, p. 2360.

BRUSCHI (M.), « Fondement et régime des troubles de voisinage résultant de travaux immobiliers », *RDI*, 1999, p. 361.

BUSTIN (O.), « Les présomptions de prévisibilité du dommage corporel », *D.* 2012, p. 238.

BUY (F.), THÉRON (J.), « L'éthique de l'entreprise », *JCP E*, n° 25, 20 juin 2013, p. 1359.

CABRILLAC (R.), « Droits fondamentaux et notion du contrat, regard privatiste » *in* PÉLISSIER (A.), COSTA (D.) (dir.), *Contrats et droits fondamentaux*, Presses Universitaires d'Aix-Marseille, 2011, p. 124.

CAMBY (J.-P.), « La reconnaissance de la liberté d'entreprendre par le Conseil constitutionnel a-t-elle une portée ? » *in* DRAGO (G.), LOMBARD (M.) (dir.), *Les libertés économiques*, Editions Panthéon-Assas, 2003, p. 28.

CASTON (A.), « Des droits à indemnisation de l'acquéreur contre le promoteur vendeur d'ouvrage immobilier », *RDI*, 2013, p. 517.

CHAMBORD (O.), « Conditions de recours à une VEFA par une collectivité publique », *Constr.-Urb.* n° 9, septembre 2008, comm. 141.

CHARBONNEAU (C.) :

- « Quand le quasi-ouvrage emporte l'ouvrage », *RDI*, 2018, p. 41.
- « Les incidences de la réforme du droit des obligations en matière de contrat de sous-traitance » *in* FAURE-ABBAD (M.) (dir.), *Les contrats de construction au prisme de la réforme du droit des contrats*, Presses universitaires juridiques de Poitiers, 2018, p. 41.
- « Les responsabilités spécifiques des constructeurs » *in* TRICOIRE (J.-P.) (dir.), *Le droit de la promotion immobilière, 50 ans après la loi du 3 janvier 1967*, Dalloz, 2017, p. 112.
- « L'avènement des quasi-ouvrages », *RDI*, 2017, p. 409.
- « L'étendue des recours du promoteur contre les constructeurs et leurs assureurs », *L'Essentiel droit des assurances*, n° 10, 15 novembre 2012, p. 4.
- « La responsabilité des maîtres d'ouvrage délégués », *RDI*, 2011, p. 208.
- « La contribution de la dette dans les obligations nées de l'édification d'un ouvrage immobilier (suite et fin) », *Constr.- Urb.* n° 12, décembre 2007, étude 25.

CHAZAL (J.-P.), « De la cohérence de la notion de consommateur : de l'unicité de la définition à la multiplicité des régimes », *D.* 1999, p. 249.

CHEMIN (B.), CHEMIN (X.), « De quelques pièges de procédure dans les litiges de construction », *RDI*, 1993, p. 461.

CORDELIER (J.-P.), « Vers une réforme du droit de la construction ? », *RDI*, 1988, p. 17.
DAGOT (M.) :

- « La vente en l'état futur d'achèvement avant réalisation des fondations », *Defrénois*, 2010, n° 39182, p. 2361.
- « La centralisation financière du programme de construction vendu en l'état futur d'achèvement », *JCP N*, 1982, I, p. 1.

DANEMANS (F.), « Libre propos sur le maître d'ouvrage d'une opération de construction » *in Etudes offertes au Professeur Philippe Malinvaud*, LexisNexis Litec, 2007, p. 155.
DAUDRÉ (G.), « Pratique de la vente en l'état futur d'achèvement dans le secteur libre », *RDI*, 2006, p. 15.
DAVEZE (C.), PROHASZKA (J.-P.), « Bilan général de santé de la Vefa », *JCP N*, 28 juillet 2017, n° 30-34, p. 76.
D'AVOUT (L.), MALLET-BRICOUT (B.), « De l'autonomie, de la durée et des causes d'extinction des droits réels de jouissance spéciale », *D.* 2017, p. 134.
DE LESCURE (P.), « La responsabilité contractuelle de droit commun des constructeurs en cas de dommage à l'ouvrage depuis la loi du 17 juin 2008 », *RDI*, 2009, p. 458.
DEUMIER (P.), « Reconnaissance du *lobbying* en France », *RTD Civ.*, 2010, p. 62.
DESSUET (P.) :

- « De l'immeuble écoresponsable à l'immeuble connecté. Etude prospective sur la mise en jeu des responsabilités et des garanties d'assurance en matière de désordres à la construction », *RDI*, 2019, p. 376.
- « Le problème des travaux sur existants depuis les revirements de juin et sept. 2017 », *RDI*, 2018, p. 136.
- « Travaux sur existants : la responsabilité », *RDI*, 2012, p. 128.
- « Le régime juridique applicable aux dommages intermédiaires sous l'empire de la loi du 4 janvier 1978. Le papillon sort de sa chrysalide... », *RDI*, 2001, p. 113.

DE WULF (V.), « La réparation du dommage judiciaire » *in* ROBAYE (R.) (dir.), *Questions spéciales relatives à la réparation du dommage*, Anthémis, 2017, p. 205.
DININ (A.), « Le point de vue d'un promoteur sur le marché de l'immobilier et le projet de loi ALUR », *Gaz. Pal.*, 17 décembre 2013, n° 351, p. 8.
DISSAUX (N.), « Mandat et réforme du droit des contrats » *in* L. ANDREU, M. MIGNOT (dir.), *Les contrats spéciaux et la réforme du droit des obligations*, Institut Universitaire Varenne, 2017, p. 352.
DOURLENS (N.), DE MOUSTIER (R.), « Le recours aux contrats de promotion immobilière par les opérateurs publics », *Contrats et Marchés publics*, n° 4, avril 2018, étude 6.

DRAGO (G.), « Pour une définition positive de la liberté d'entreprendre » *in* DRAGO (G.), LOMBARD (M.) (dir.), *Les libertés économiques*, Editions Panthéon-Assas, 2003, p. 30.
DREVEAU (C.), « La notion de maître de l'ouvrage au sens des articles 1179 et 1787 du code civil », *RDI*, 2011, p. 461.
DROSS (W.), « La perpétuité du droit réel de jouissance spéciale : une réponse en trompe-l'œil », *RTD Civ*. 2018, p. 712.
DURANCE (A.), « Le logement en 2018, situation et budget », *AJDI*, 2018, p. 177.
DURAND-PASQUIER (G.) :

- « Vers la réécriture du code de la construction et de l'habitation : quelques réflexions et propositions en attendant l'ordonnance », *RDI*, 2020, p. 34.
- « La loi de ratification de l'ordonnance portant réforme du droit des contrats et ses incidences en droit immobilier et de la construction », *RDI*, 2018, p. 532.
- « Le contrat de promotion immobilière sous le prisme de la réforme » *in* FAURE-ABBAD (M.) (dir.), *Les contrats de construction au prisme de la réforme du droit des contrats*, Presses universitaires juridiques de Poitiers, 2018, p. 62.
- « Travaux sur existants : de la nécessité de circonscrire l'extension de la décennale en cas d'installation d'éléments d'équipement dissociables sur existants », *Constr.-Urb.*, 2018, focus 1.
- « L'incidence de la future réforme des conditions de la responsabilité civile sur le droit immobilier et de la construction », *RDI*, 2017, p. 579.
- « Précautions à prendre pour l'usage du crowdfunding immobilier », *Constr.-Urb*. n° 3, mars 2017, alerte 18.
- « Des conditions restrictives de la garantie décennale en cas de défaut de performance énergétique », *RDI*, 2016, p. 120.
- « L'application de la RT 2012 et la responsabilité décennale des constructeurs », *RDI*, 2013, p. 184.
- « Réflexions sur le régime de responsabilité des constructeurs en cas de violation d'une norme », *RDI*, 2012, p. 192.

DURAND-PASQUIER (G.), HERRNBERGER (O.), « Vente d'immeubles à construire et réforme du droit des contrats », *JCP N*, n° 30-34, 28 juillet 2017, p. 37.
DUTRIEUX (D.), « VEFA et personnes publiques : une conciliation difficile », *JCP N*, n° 47, 21 novembre 2008, p. 1330.
FAURE-ABBAD (M.) :

- « L'impact de la loi Elan sur les contrats spéciaux de construction immobilière », *RDI*, 2019, p. 17.
- « L'impact de la réforme des contrats spéciaux sur le contrat d'entreprise », *RDI*, 2017, p. 570.

- « Les incidences de la réforme : sur les effets des contrats de construction : questions choisies » *in* ANDREU (L.), MIGNOT (M.) (dir.), *Les contrats spéciaux et la réforme du droit des obligations*, Institut Universitaire Varenne, 2017, p. 181.
- « Les responsabilités contractuelles de droit commun » *in* TRICOIRE (J.-P.) (dir.), *Le droit de la promotion immobilière, 50 ans après la loi du 3 janvier 1967*, Dalloz, 2017, p. 104.
- « Responsabilité des constructeurs et des vendeurs pour les dommages intermédiaires : unité ou diversité ? », *RDI*, 2013, p. 456.
- « La responsabilité des mandataires du secteur de l'immobilier » *in* REMY (B.) (dir.), *Le mandat en question*, Bruylant, 2013, p. 182.
- « Défiscalisation des investissements immobiliers : dangers et remèdes », *RDI*, 2011, p. 255.

FRANÇOIS (J.), « Qu'est-ce qu'un droit réel de jouissance spéciale ? », *D.* 2019, p. 1660.

GARCIA (F.), « Garantie décennale : nécessité de la preuve de l'étendue du désordre », *RDI*, 2016, p. 480.

GAUTIER (P.-Y.) :

- « Nature et régime juridique du mandat : jeux croisés » *in* N. DISSAUX (dir.), *Le mandat, un contrat en crise ?*, Economica, 2011, p. 93.
- « Responsabilité du "castor", vendeur-constructeur d'immeuble achevé : quels modes de calcul de la prescription ? », *RTD Civ.*, 2011, p. 778.

GAVIN-MILLAN OOSTERLYNCK (E.) :

- « La multiplication des contrats de la promotion immobilière et l'extension du secteur protégé » *in* TRICOIRE (J.-P.) (dir.), *Le droit de la promotion immobilière, 50 ans après la loi du 3 janvier 1967*, Dalloz, 2017, p. 7.
- « Le garant de livraison n'a pas la qualité de constructeur », *L'Essentiel Droit de l'immobilier et urbanisme*, 1er octobre 2011, n° 9, p. 4.
- « L'étonnante jurisprudence du contrat de construction de maison individuelle », *RDI*, 2009, p. 595.

GENICON (T.), « Mandat et représentation » *in* REMY (B.) (dir.), *Le mandat en question*, Bruylant, 2013, p. 33.

GIAMI (P.), « Droit public – Délégation de maîtrise publique d'ouvrage : ouverture à la concurrence », *Juris associations*, 2004, n° 306, p. 20.

GIVERDON (C.), « Le copropriétaire est-il devenu un consommateur ? » *in* *Etudes offertes au Professeur Philippe Malinvaud*, LexisNexis Litec, 2007, p. 237.

GOLFIER (B.) :

- « Vente d'immeuble à rénover et vente d'immeuble à construire », *RDI*, 2007, p. 31.
- « Les obligations particulières du maître de l'ouvrage : les garanties d'achèvement ou la gestion du risque d'inachèvement par le promoteur immobilier », *RDI*, 2002, p. 473.

- « Le risque pénal des professionnels de la vente et de la construction de logements neufs », *RDI*, 2001, p. 462.

GOZZI (M.-H.), « Le risque pénal du droit de la construction », *RDI*, 2001, p. 455.

GRANELLE (J.-J.) :

- « Où en est la promotion immobilière privée ? », *Etudes Foncières*, n° 78, 3 mars 1998.
- « La place de la promotion immobilière privée dans l'évolution du marché », *AJDI*, 1993, p. 5.

GRANIER (J.-L.), BERLY (J.-M.), « La ''défaillance financière'' du vendeur en l'état futur d'achèvement », *RDI*, 2016, p. 454.

GRELIER-BESSMANN (P.), SCHMITT (R.), « Norme NF P03-001 - Edition 2000 : Un nouveau CCAG applicable aux travaux de bâtiment faisant l'objet de marchés privés », *RDI*, 2001, p. 107.

GRIDEL (J.-P.), « La Cour de cassation française et les principes généraux du droit privé », *D.* 2002, p. 228.

GRILLET-PONTON (D.), « Nouveau regard sur la vivacité de l'innommé en matière contractuelle », *D.* 2000, p. 331.

GROSLIÈRE (J.-C.), SAINT-ALARY-HOUIN (C.) :

- « Notion de promoteur », *RDI*, 1995, p. 556.
- « Vente clés en mains et promesse de vente », *RDI*, 1994, p. 463.
- « Approche pragmatique de la notion de promoteur », *RDI*, 1993, p. 387.
- « Promoteur. Notion, Société coopérative universitaire et construction à caractère non lucratif. Promoteur », *RDI*, 1991, p. 486.
- « Promoteur. Responsabilité de droit commun. Dommages intermédiaires affectant les canalisations », *RDI*, 1991, p. 230.
- « Promoteur. Notion. Compagnie d'assurance », *RDI*, 1991, p. 229.
- « Contrat de construction de maisons individuelles : notion », *RDI*, 1990, p. 221.
- « Notion de promoteur », *RDI*, 1990, p. 220.
- « Responsabilité du promoteur », *RDI*, 1990, p. 220.

GUÉVEL (D.), « Les résidences de loisir avec services », *RDI*, 1992, p. 37.

HÉAS (F.), « La représentativité des organisations salariées et patronales en droit français », *RDT*, 2011, p. 91.

HERRNBERGER (O.), « VEFA et BEFA : de quelques questions induites par la coexistence du contrat de construction de l'immeuble et du bail en état futur d'achèvement », *Loyers et Copropriété* n° 2, février 2016, dossier 2.

HEUGAS-DARRASPEN (H.), « Le promoteur de fait, qui est celui qui a conçu et mis en œuvre un projet de rénovation, n'est pas tenu de restituer les frais d'enregistrement des ventes, en cas d'annulation de ces ventes », *RDI*, 2010, p. 103.

HEUGAS-DARRASPEN (H.), SALVANDY (J.), « La loi du 17 mars 2014 modifiée relative à la consommation et le renforcement de la protection du consommateur immobilier », *RDI*, 2014, p. 608.

HOUILLON (G.), « L'influence normative des lobbies » *in* MEKKI (M.), MONJAL (P.-Y.) (dir.), *Le ''lobbying responsable'' : info ou intox ?*, L'Harmattan, 2016, p. 54.
HUET (M.) :

- « Rôle du maître d'ouvrage dans la définition du programme », *RDI*, 2002, p. 442.
- « Les professionnels de la construction », *RDI*, 1992, p. 437.

HUET (J.), « L'obligation in solidum et le jeu de la solidarité dans la responsabilité des constructeurs », *RDI*, 1983, p. 13.
IDOT (L.), « Immeubles et droit communautaire : brèves observations sur une rencontre insolite » *in Mélanges à la mémoire du Professeur Roger Saint-Alary. L'immeuble et le droit*, Editions législatives, Presses de l'Université des sciences sociales de Toulouse, 2006, p. 283.
JALLAMION (C.), « La protection de l'accédant immobilier : perspectives historiques » *in* BECQUÉ-ICKOWICZ (S.), CABRILLAC (S.), MONTREDON (J.-F.) (dir.), *La protection de l'accédant immobilier*, LexisNexis, 2010, p. 3.
JAMIN (C.), « Plaidoyer pour le solidarisme contractuel » *in Etudes offertes à Jacques Ghestin. Le contrat au début du XXIe siècle*, LGDJ, 2001, p. 447.
JEANTIN (M.), « Mise en œuvre de la responsabilité aux dettes sociales des associés d'une société civile de construction-vente », *RTD Com.*, 1991, p. 598.
JESTAZ (P.) :

- « Vers un statut d'ensemble de la promotion immobilière », *D.* 1972, p. 177.
- « Faute du promoteur syndiqué et responsabilité syndicale », *D.* 1971, p. 71.

JOLY (B.), « Pour un juste équilibre : réflexions sur les aménagements à apporter à la loi », *JCP N*, n° 30-34, 28 juillet 2017, p. 64.
JOURDAIN (P.) :

- « Recours du maître de l'ouvrage contre les constructeurs : la limite au recours résultant de l'exigence d'une intervention causale », *RTD Civ.*, 2011, p. 361.
- « Quelques réflexions sur la notion de garantie en droit privé » *in Etudes offertes au Professeur Philippe Malinvaud*, LexisNexis Litec, 2007, p. 303.
- « Responsabilité contractuelle du sous-traitant fournisseur envers le maître de l'ouvrage : une restriction à la jurisprudence *Besse* ? », *RTD Civ.*, 2003, p. 94.
- « Le fondement du recours du maître de l'ouvrage contre l'entrepreneur de construction dépend de l'existence ou de l'absence d'indemnisation de la victime », *RTD Civ.*, 2002, p. 315.
- « La nature de la responsabilité civile dans les chaînes de contrats après l'arrêt d'Assemblée plénière du 12 juillet 1991 », *D.* 1992, p. 149.

JOURDHEUIL (A.-L.), « Le logement social produit par les promoteurs immobiliers privés. L'émergence d'une coopération déséquilibrée entre bailleurs sociaux et promoteurs », *Métropoles*, 15 juin 2017, p. 16.

KARILA (L.), « La jurisprudence a-t-elle créé un nouveau type d'''éléments dissociables''? », *Le Moniteur*, 6 décembre 2013, p. 56.

LABARTHE (F.) :

- « La distinction du mandat et du contrat d'entreprise » *in* DISSAUX (N.) (dir.), *Le mandat, un contrat en crise ?*, Economica, 2011, p. 39.
- « Du louage d'ouvrage au contrat d'entreprise, la dilution d'une notion » *in Etudes offertes à Jacques Ghestin. Le contrat au début du XXIème siècle*, LGDJ, 2001, p. 489.

LAMBERT-PIÉRI (M.-C.), « La responsabilité envers les voisins du fait de la construction », *RDI*, 1980, p. 367.

LARDEUX (G.), « Le contrat de prestation de service dans les nouvelles dispositions du code civil », *D.* 2016, p. 1659.

LASCOMBE (M.), « Les ordres professionnels », *AJDA*, 1994, p. 855.

LECANNU (P.), « Un cadre légal minimal » *in* CONAC (P.-H.), URBAIN-PARLÉANI (I.) (dir.), *La société par actions simplifiée (SAS). Bilan et perspectives*, Dalloz, 2016, p. 61.

LECOURT (A.), « La clause de ducroire. Définition, objet et utilité de la clause de ducroire dans les contrats d'affaires », *AJCA*, 2014, p. 216.

LEGUAY (G.) :

- « Les mandataires en marchés publics ne sont pas soumis à l'assurance construction obligatoire », *RDI*, 2006, p. 182.
- « La garantie des dommages intermédiaires. Une garantie indispensable », *RDI*, 2003, p. 235.
- « La fonction de promoteur s'inscrit-elle nécessairement dans le cadre d'un contrat de promotion immobilière ? Le contrat d'assurance ''responsabilité civile promoteur'' couvre-t-il la responsabilité du promoteur hors de ce cadre ? », *RDI*, 1999, p. 128.
- « Le cas du ''Castor'' », *RDI*, 1998, p. 398.

LEGUAY (G.), DUBOIS (P.), « Des travaux de bâtiment au sens du titre IV du livre II du code des assurances (art. L. 241-1 et s.) », *RDI*, 1991, p. 362.

LE NABASQUE (H.), « La flexibilité contractuelle dans la SAS » *in* CONAC (P.-H.), URBAIN-PARLÉANI (I.) (dir.), *La société par actions simplifiée (SAS). Bilan et perspectives*, Dalloz, 2016, p. 75.

LE TOURNEAU (P.) :

- « De l'évolution du mandat », *D.* 1992, p. 157.
- « De l'allègement de l'obligation de renseignement ou de conseil », *D.* 1987.

LIBCHABER (R.), « La propriété, droit fondamental » *in* CABRILLAC (R.) (dir.), *Libertés et droits fondamentaux*, 24ème éd., Dalloz, 2018, p. 887.

LLORENS (F.) :

- « Légalité du recours des personnes publiques à la VEFA et caractère privé des travaux réalisés par le vendeur », *Contrats et Marchés publics*, n° 7-8, juillet 2002, comm. 165.
- « La mission du maître d'ouvrage délégué », *RDI*, 1996, p. 463.

LLORENS (F.), SOLER-COUTEAUX (P.), « Du recours à la VEFA comme moyen d'échapper aux règles de la concurrence », *Contrats et Marchés publics*, n° 12, décembre 2001, p. 246.
LOMBARD (M.), « La reconnaissance de la liberté d'entreprendre par le Conseil constitutionnel a-t-elle une portée ? » *in* DRAGO (G.), LOMBARD (M.) (dir.), *Les libertés économiques*, Editions Panthéon-Assas, 2003, p. 24.
LYON-CAEN (A.), « De l'influence des syndicats dans la confection des lois » *in* BORENFREUND (G.), SOURIAC (M.-A.) (dir.), *Syndicats et droit du travail*, Dalloz, 2008, p. 64.
MAGGI-GERMAIN (N.), « La représentativité des organisations professionnelles d'employeurs », *Dr. Soc.*, 2011, p. 1072.
MAGNIER (V.), « Les codes d'éthique, un nouveau défi pour l'entreprise », *JCP E*, n° 26, 26 juin 2014, p. 459.
MAGNIN (F.) :

- « La responsabilité des associés d'une SCI de construction-vente en liquidation judiciaire », *RDI*, 2015, p. 536.
- « Une société de construction-vente soumise aux dispositions des articles L. 211-1 s. CCH est de nature civile, nonobstant le fait que sa gérance soit assurée par une société commerciale », *RDI*, 2010, p. 388.
- « Un statut pour le promoteur immobilier ? (1ère partie) », *LPA*, 27 mars 1995, n° 37, p. 21.
- « Le promoteur immobilier : une définition extensive », *LPA*, 24 janvier 1994, n° 10.
- « En matière de responsabilité d'un vendeur d'immeuble, la rénovation est assimilée à la construction de celui-ci », *D.* 1993, p. 359.
- « Attribution de la qualité de promoteur immobilier au gérant d'une société civile immobilière qui est intervenu dans l'acte de construction », *D.* 1993, p. 355.
- « Le point sur la garantie due par le cédant de parts de sociétés civiles immobilières de construction-attribution », *RDI*, 1982, p. 475.

MALLET-BRICOUT (B.) :

- « L'unité et l'indivisibilité du patrimoine à l'épreuve du droit des affaires », *Droit et Patrimoine*, n° 278, mars 2018.
- « Le nouveau contrat : la vente d'immeuble à rénover », *RDI*, 2007, p. 17.

MALINVAUD (P.) :

- « La responsabilité des constructeurs 40 ans après la loi du 4 janvier 1978 », *RDI*, 2018, p. 417.
- « A propos des éléments d'équipement dissociables : observations sur le pouvoir du juge », *RDI*, 2018, p. 230.
- « Le droit à un procès d'une durée raisonnable et le droit de la construction », *RDI*, 2017, p. 217.
- « L'ISF et la construction », *RDI*, 2017, p. 169.
- « Le contrôle de la Cour de cassation sur l'appréciation de l'impropriété à la destination », *RDI*, 2016, p. 476.

- « La végétalisation des toitures est un élément d'équipement dissociable inerte », *RDI*, 2016, p. 232.
- « La présomption de responsabilité de l'article 1792 ne tombe que devant la preuve de la cause étrangère », *RDI*, 2016, p. 39.
- « Les normes citoyennes et le droit de la responsabilité. A propos de la RT 2012 », *RDI*, 2015, p. 553.
- « Confirmation : le carrelage, élément dissociable ''non destiné à fonctionner'' relève de la responsabilité de droit commun, sauf impropriété à la destination », *RDI*, 2015, p. 185.
- « L'élément d'équipement dissociable ''non destiné à fonctionner'' relève de la responsabilité de droit commun », *RDI*, 2013, p. 536.
- « N'est pas réputé constructeur au sens de l'article 1792-1 celui qui vend sa maison avant réception », *RDI*, 2013, p. 276.
- « *Lobbying* et construction », *RDI*, 2012, p. 361.
- « Aux normes, citoyens ! », *RDI*, 2012, p. 185.
- « VEFA : 30% du prix le jour de la vente ? », *RDI*, 2011, p. 296.
- « Propos conclusifs : L'influence de la crise sur le droit immobilier », *RDI*, 2010, p. 61.
- « Prescription et responsabilité des constructeurs après la réforme du 17 juin 2008 », *RDI*, 2008, p. 368.
- « Vers une restriction de la notion de voisin occasionnel tenu des troubles de voisinage », *RDI*, 2008, p. 345.
- « Les nouvelles règles de responsabilité du rénovateur », *RDI*, 2007, p. 39.
- « Bilan et perspectives de la responsabilité des constructeurs. 1967-2004 » *in Mélanges à la mémoire du Professeur Roger Saint-Alary. L'immeuble et le droit*, Editions législatives, Presses de l'Université des sciences sociales de Toulouse, 2006, p. 357.
- « Vers un nouveau régime prétorien de la responsabilité des constructeurs pour troubles de voisinage », *RDI*, 2006, p. 251.
- « La responsabilité pour dommages intermédiaires est une responsabilité pour faute prouvée », *RDI*, 2004, p. 383.
- « La responsabilité du maître de l'ouvrage à l'égard des voisins », *RDI*, 2002, p. 492.
- « La responsabilité du maître de l'ouvrage », *RDI*, 2002, p. 441.
- « Les dommages aux voisins dus aux opérations de construction », *RDI*, 2001, p. 479.
- « L'impropriété à destination peut s'entendre de la non-obtention des économies d'énergie promises », *RDI*, 2001, p. 82.
- « Etendue de la responsabilité de l'entrepreneur à l'égard du maître d'ouvrage », *RDI*, 1999, p. 412.
- « L'autonomie de la garantie des vices en matière immobilière », *RDI*, 1998, p. 321.
- « Dommages intermédiaires et responsabilité pour faute prouvée », *RDI*, 1997, p. 591.

- « Nouvelles fonctions dans les marchés de construction », *RDI*, 1996, p. 447.
- « L'impossible garantie des vices apparents et la protection de l'acheteur d'immeuble à construire », *RDI*, 1980, p. 140.

MALINVAUD (P.), BOUBLI (B.) :

- « Les dommages intermédiaires ne relèvent ni de la garantie décennale ni de la garantie biennale », *RDI*, 1997, p. 242.
- « Le caractère apparent ou caché d'un vice de construction ou d'un défaut de conformité doit s'apprécier au regard du maître de l'ouvrage », *RDI*, 1994, p. 252.
- « Les maisons mobiles sont-elles des constructions engageant la responsabilité des constructeurs sur le fondement des articles 1792 et suivants du code civil ? », *RDI*, 1993, p. 379.
- « Un rénovateur est-il un constructeur d'ouvrage au sens de l'article 1792 ? », *RDI*, 1993, p. 378.
- « Quel est le fondement du recours du vendeur d'immeuble contre les coauteurs du dommage ? », *RDI*, 1993, p. 88.
- « Contrat d'entreprise. Entreprise générale de bâtiment. Définition », *RDI*, 1992, p. 326.

MALINVAUD (P.), JESTAZ (P.) :

- « La définition des travaux de bâtiment dans l'assurance construction », *RDI*, 1985, p. 218.
- « La recommandation de la Commission des clauses abusives concernant le contrat de construction de maisons individuelles », *RDI*, 1981, p. 155.

MARJANOVIC (V.), « La notion de ''travaux de bâtiment'' selon l'ancien article L. 241-1 du code des assurances », *AJDA*, 2014, p. 36.

MASCALA (C.), « L'immeuble : un bien saisi par le Code pénal ? » *in Mélanges à la mémoire du Professeur Roger Saint-Alary. L'immeuble et le droit*, Editions législatives, Presses de l'Université des sciences sociales de Toulouse, 2006, p. 369.

MASSET (E.), « Une société sur mesure : illustrations pratiques » *in* CONAC (P.-H.), URBAIN-PARLÉANI (I.) (dir.), *La société par actions simplifiée (SAS). Bilan et perspectives*, Dalloz, 2016, p. 49.

MAUBLANC (J.-P.), « Sociétés civiles de construction-vente : pas de déchéance fiscale lorsque l'activité se réduit à des locations civiles », *AJDI*, 2013, p. 536.

MAUGÜÉ (C.) :

- « La portée de l'obligation de transparence dans les contrats publics » *in Mouvement du droit public. Mélanges en l'honneur de Franck Moderne*, Dalloz, 2004, p. 609.
- « La liberté du commerce et de l'industrie : archaïsme ou renouveau » *in* DRAGO (G.), LOMBARD (M.) (dir.), *Les libertés économiques*, Editions Panthéon-Assas, 2003, p. 51.

MAUME (F.), « Une SCI, promoteur immobilier, peut être considérée comme un non-professionnel au sens du droit de la consommation », *LPA*, n° 131, 1er juillet 2016, p. 16.
MAZEAUD (D.) :

- « Protection des professionnels contre les clauses abusives : l'imbroglio… », *Gaz. Pal.*, n° 12, 22 mars 2016, p. 20.
- « Loyauté, solidarité, fraternité, la nouvelle devise contractuelle ? » *in Mélanges en hommage à François TERRÉ*, Dalloz, 1999, p. 603.

MEKKI (M.) :

- « Le bail en l'état futur d'achèvement (BEFA) : un contrat sur mesure », *Loyers et Copropriété* n° 2, février 2016, dossier 3.
- « La distinction entre acte juridique et acte matériel à l'aune du contrat de mandat » *in* REMY (B.) (dir.), *Le mandat en question*, Bruylant, 2013, p. 13.

MELMOUX (P.), « Loi du 19 décembre 1990. Le nouveau contrat de construction de maison individuelle », *AJDI*, 1992, p. 8.
MESTRE (J.) :

- « Le sort des contrats conclus en violation d'une règle de déontologie professionnelle », *RTD Civ.*, 1992, p. 383.
- « Bonne foi et équité, même combat ! », *RTD Civ.*, 1990, p. 649.

MEYSSAN (P.-J.), « La qualification du contrat relatif à la construction » *in* BECQUÉ-ICKOWICZ (S.), CABRILLAC (S.), MONTREDON (J.-F.) (dir.), *La protection de l'accédant immobilier*, LexisNexis Litec, 2010, p. 77.
MICHALOPOULOS (C.), « Origines de la copropriété et évolution de la notion de destination de l'immeuble », *RDI*, 1995, p. 409.
MODERNE (F.) :

- « Sur la notion de ''constructeur'' dans le droit de la garantie décennale », *RDI*, 2006, p. 380.
- « La responsabilité décennale des constructeurs dans le cadre spécifique de l'assistance à maîtrise d'ouvrage », *RDI*, 2005, p. 65.
- « La responsabilité du maître de l'ouvrage », *RDI*, 2002, p. 500.
- « Rapport de synthèse : Nouvelles fonctions dans les marchés de construction », *RDI*, 1996, p. 511.

MOLFESSIS (N.) :

- « La Cour de cassation face à la modulation dans le temps des revirements de jurisprudence », *D.* 2009, p. 2567.
- « L'équité n'est pas une source de droit », *RTD Civ.*, 1998, p. 221.

MONJAL (P.-Y.), « La transparence des lobbies : du mythe à la… fiction » *in* MEKKI (M.), MONJAL (P.-Y.) (dir.), *Le ''lobbying responsable'' : info ou intox ?*, L'Harmattan, 2016, p. 85.
MOREIL (S.), « La SCI promoteur immobilier, un éphémère non-professionnel », *LPA*, n° 133, 5 juillet 2016, p. 17.
MORAND (M.), « La légitimité des organisations patronales préalable à la légitimité des accords de branche », *Dr. Soc.*, 2018, p. 148.

MORET-BAILLY (J.) :

- « Règles déontologiques et fautes civiles », *D.* 2002, p. 2820.
- « Les sources des déontologies en droit positif » *in* BERGEL (J.-L.) (dir), *Droit et déontologies professionnelles*, Librairie de l'Université d'Aix-en-Provence, 1997, p. 34.

NAJJAR (I.), « Mandat et irrévocabilité », *D.* 2003, p. 708.

NICOLAS (M.-F.), « La protection du voisinage », *RTD Civ.*, 1976, p. 675.

NOBLOT (C.) :

- « Les risques du sol de l'article 1792 du code civil », *RDI*, 2016, p. 444.
- « Renaissance de l'obligation du prêteur de vérifier la qualification du contrat de construction », *RDI*, 2012, p. 167.
- « Tout professionnel de la construction est tenu, avant réception, d'une obligation de conseil et de résultat », *RDI*, 2010, p. 215.

NOGUELLOU (R.), « Les catégories du droit des contrats administratifs » *in* AUBY (J.-B.) (dir.), *L'influence du droit européen sur les catégories du droit public*, Dalloz, 2010, p. 682.

OFFERLÉ (M.), « Une cause entendue ? L'impossible définition du ''lobbying'' entre stigmatisation et revendication d'une modernité expert » *in* MEKKI (M.), MONJAL (P.-Y.) (dir.), *Le ''lobbying responsable'' : info ou intox ?*, L'Harmattan, 2016, p. 33.

OFFERLÉ (M.), FLAMENT (L.), « Quelle représentativité pour les organisations patronales ? », *RDT*, 2010, p. 269.

PAGÈS-DE-VARENNE (M.-L.), « Vendeur après achèvement et fondement de l'action récursoire », *Constr.-Urb.* n° 1, janvier 2021, comm. 9.

PARMENTIER (M.), « Conditions de la responsabilité du vendeur d'immeuble à construire au titre des désordres intermédiaires », *Gaz. Pal.*, 18 mai 2013, n° 138.

PELON (A.), « De quelques inconséquences des régimes de responsabilité des constructeurs », *RDI*, 2012, p. 476.

PENNEAU (A.), « La notion de règles de l'art dans le domaine de la construction », *RDI*, 1988, p. 407.

PÉRICAUD (J.-F.), « L'harmonisation du droit de la construction à partir du code de la construction et de l'habitation est-elle souhaitable et, dans l'affirmative selon quelles conditions ? », *RDI*, 2004, p. 497.

PÉRINET-MARQUET (H.) :

- « Réforme du droit des obligations et contrats de construction : propos conclusifs » *in* FAURE-ABBAD (M.) (dir.), *Les contrats de construction au prisme de la réforme du droit des contrats*, Presses universitaires juridiques de Poitiers, 2018, p. 133.
- « Propos conclusifs : Responsabilité civile, contrats spéciaux, sûretés : l'impact des réformes à venir sur le droit immobilier et de la construction », *RDI*, 2017, p. 596.
- « Propos conclusifs : la loi du 3 janvier 1967, modèle ou top model ? », *JCP N*, n° 30-34, 28 juillet 2017, p. 82.

- « Champ d'application de la vente d'immeuble à construire », *Defrénois*, n° 12, 30 juin 2017, p. 750.
- « Article 14-1 – Obligation du maître d'ouvrage », *RDI*, 2016, p. 279.
- « Rapport de synthèse » *in* BECQUÉ-ICKOWICZ (S.), CABRILLAC (S.), MONTREDON (J.-F.) (dir.), *La protection de l'accédant immobilier*, Lexis Nexis, 2010, p. 160.
- « Pour l'unité du droit immobilier » *in Mélanges à la mémoire du Professeur Roger Saint-Alary. L'immeuble et le droit*, Editions législatives, Presses de l'Université des sciences sociales de Toulouse, 2006, p. 398.
- « Remarques sur l'extension du champ d'application de la théorie des troubles de voisinage », *RDI*, 2005, p. 161.
- « La responsabilité du maître d'ouvrage dans la préparation et la conclusion du marché », *RDI*, 2002, p. 451.
- « Les aspects économiques du contrat de construction », *RDI*, 2002, p. 1.
- « L'impact de la loi SRU sur la vente immobilière », *JCP N*, 2001, n° 10, p. 533.
- « La responsabilité relative aux travaux sur existants », *RDI*, 2000, p. 483.

PIEDELIÈVRE (S.), « Du passé, ne faisons pas table rase », *D.* 2019, p. 1547.

PIETTE (R.), « La sécurisation financière des relations entre professionnels : maîtres d'ouvrage et entreprises », *RDI*, 2005, p. 384.

PIGNARRE (G.), PAISANT (G.), « A propos de la valeur contractuelle des documents publicitaires », *D.* 1998, p. 248.

PIMBERT (A.), « Le mandat d'intérêt commun » *in* REMY (B.) (dir.), *Le mandat en question*, Bruylant, 2013, p. 190.

PLAGNOT (B.), « La politique fiscale en faveur du logement » *in Mélanges à la mémoire du Professeur Roger Saint-Alary. L'immeuble et le droit*, Editions législatives, Presses de l'Université des sciences sociales de Toulouse, 2006, p. 437.

POLLARD (J.) :

- « La politique territoriale des groupes d'intérêt » *in* CADIOU (S.) (dir.), *Gouverner sous pression ? La participation des groupes d'intérêt aux affaires territoriales*, LGDJ, 2016, p. 33.
- « L'influence d'un groupe d'intérêt urbain : promoteurs immobiliers et politiques locales du logement en France » *in* CADIOU (S.) (dir.), *Gouverner sous pression ? La participation des groupes d'intérêt aux affaires territoriales*, LGDJ, 2016, p. 75.
- « Les grands promoteurs immobiliers français », *Flux*, 2007/3, n° 69, p. 94.

PONCE (C.), « Vers une protection moderne de l'accédant au stade de l'engagement contractuel en matière de vente d'immeubles à construire » *in*

GUILLOTIN (A.) (dir.), *L'actualité du droit immobilier et de la construction. Les premières assises de L'Institut de droit immobilier de Toulon et du Var*, Edilaix, 2004, p. 183.

POUMARÈDE (M.) :

- « Vefa assortie de travaux réservés par l'acquéreur : sa mise en œuvre par décret », *Solution notaire hebdo*, n° 24, 11 juillet 2019.
- « Les travaux ne constituant pas un élément constitutif de l'ouvrage ne relèvent pas de la garantie décennale », *RDI*, 2018, p. 466.
- « La clause de force majeure dans les contrats de construction », *RDI*, 2017, p. 456.
- « L'évolution de la loi de 1967 relative aux VIC et à l'obligation de garantie à raison des vices de construction : d'une bonne loi à une grande loi », *JCP N*, n° 30-34, 28 juillet 2017, p. 28.
- « Les contrats de construction et le droit de la consommation », *RDI*, 2017, p. 8.

POURCEL (E.), « Le constructeur est-il un objet juridique identifié ? », *Constr.-Urb.* n° 4, avril 2013, étude 4.

PUIG (P.), « Le contrat d'entreprise » *in* ANDREU (L.), MIGNOT (M.) (dir.), *Les contrats spéciaux et la réforme du droit des obligations*, Institut Universitaire Varenne, 2017, p. 121.

PUTMAN (E.) :

- « Ethique des affaires et déontologie des professions d'affaires : réflexions sur la moralité des marchands » *in* BERGEL (J.-L.) (dir), *Droit et déontologies professionnelles*, Librairie de l'Université d'Aix-en-Provence, 1997, p. 99.
- « Gwenaëlle DURAND-PASQUIER, Le maître de l'ouvrage – Contribution à l'harmonisation du régime du contrat d'entreprise, thèse Paris I, direction P. DELEBECQUE, novembre 2005, 560 pages (dactyl) », *RTD Civ.*, 2007, p. 211.

QUIGNA (G.), « La mission d'assistance : programmation, assistance à la maîtrise d'ouvrage AMO, conduite d'opération », *RDI*, 1996, p. 483.

RAFFI (R.), « Assimilation à une construction d'importants travaux de réhabilitation d'un immeuble et indivisibilité entre l'existant et les travaux neufs », *D.* 1995, p. 279.

RAJCHENBACH (M.), « Le point de vue d'un promoteur sur le marché de l'immobilier et le projet de loi ALUR », *Gaz. Pal.*, 17 décembre 2013, n° 351, p. 8.

RASANDRATANA (D.), « Le droit de la construction et la réglementation thermique au secours du climat. Entre bonnes intentions et difficultés d'application », *RDI*, 2018, p. 580.

REBEYROL (V.), « Les codes d'éthique sectoriels et leur appréhension juridique », *JCP E*, n° 14, 5 avril 2018, p. 1178.

REBOUL-MAUPIN (N.), « Le voisin occasionnel : précision ou disparition d'une notion ? », *D.* 2011, p. 2607.

REMY (P.), « Distinction de la vente de chose future et de l'entreprise ; le contrat est un contrat d'entreprise et non une vente dès lors que la chose à fabriquer demande un ''travail spécifique'' pour répondre à ''des besoins particuliers exprimés par le maître de l'ouvrage'' », *RTD Civ.*, 1990, p. 105.
REYGROBELLET (A.), BARTHÉLEMY (C.), CROS (J.-E.), TIXIER (J.-L.), « De la nature juridique des éoliennes au regard de la distinction meuble/immeuble », *RDI*, 2015, p. 567.
RIAS (N.), « Des actions de l'acquéreur immobilier victime de dommages de construction », *Gaz. Pal.*, 26 septembre 2013, n° 269.
RIGLET (P.), TIXIER (J.-L.), « Le bail de locaux en l'état futur d'achèvement », *RDI*, 2014, p. 546.
ROUJOU DE BOUBÉE (G.) :

- « L'élément intentionnel dans le délit de construction en contravention avec les dispositions du permis de construire », *RDI*, 2016, p. 600.
- « Le délit de versements irréguliers dans le contrat de VEFA portant sur un immeuble à usage d'habitation », *RDI*, 2011, p. 280.
- « De quelques aspects actuels du droit pénal de l'urbanisme » *in Mélanges à la mémoire du Professeur Roger Saint-Alary. L'immeuble et le droit*, Editions législatives, Presses de l'Université des sciences sociales de Toulouse, 2006, p. 489.
- « La responsabilité pénale dans les contrats de construction », *RDI*, 1979, p. 16.

ROUSSEL (J.), « Les existants, la Cour de cassation et le législateur », *RDI*, 2018, p. 573.
SABLON (J.-L.), « Dommages de construction et modes alternatifs de règlement des litiges : les problèmes soulevés par la prescription et l'expertise », *RDI*, 2013, p. 130.
SAINT-ALARY (R.), « Le consommateur et son logement », *RDI*, 1981, p. 14.
SAINT-ALARY (R.), GROSLIÈRE (J.-C.), SAINT-ALARY-HOUIN (C.), « Promotion immobilière – Vente d'immeuble », *RDI*, 1979, p. 78.
SAINT-ALARY-HOUIN (C.), « Immixtion d'un notaire dans une opération de construction et manquement au devoir de conseil », *RDI*, 2000, p. 350.
SAINT-ALARY-HOUIN (C.), SAINT-ALARY (B.), « Le banquier face au contrat de construction de maison individuelle », *RDI*, 1992, p. 283.
SCHMIDT (J.), « Régime fiscal applicable à une société civile de construction-vente louant des locaux dans l'attente de leur vente », *RDI*, 1995, p. 625.
SÉNÉCHAL (J.) :

- « Impact de la loi du 17 août 2015 relative à la transition énergétique sur le droit de la construction. Cap sur la généralisation des bâtiments performants au plan énergétique », *RDI*, 2015, p. 456.
- « La transition énergétique, aujourd'hui et maintenant ? », *RDI*, 2015, p. 449.

SERROR FIENBERG (M.), BRIQUET (J.-M.), GAGNAIRE (B.), ROUSSEAU (Q.), « Le contrat de promotion immobilière : aspects pratiques », *RDI*, 2018, p. 320.

SIZAIRE (C.) :

- « Vademecum sur la garantie financière d'achèvement (GFA) », *Constr.-Urb.* n° 6, juin 2021, étude 6.
- « Le promoteur immobilier, exerçant sous la forme de société civile immobilière, est un non-professionnel au sens de la législation sur les clauses abusives », *Constr.-Urb.* n°3, mars 2016, comm. 44.
- « Application des dispositions du secteur protégé à la vente de lots de copropriété dans une résidence avec services », *Constr.-Urb.,* n° 2, février 2016, comm. 28.
- « Garantie de paiement – Conditions d'application de la fourniture d'un cautionnement », *Constr.-Urb.* n° 12, décembre 2013, comm. 173.
- « Délit de détournement de fonds et intention délictuelle du promoteur immobilier », *Constr.-Urb.* n° 3, mars 2013, comm. 45.
- « Définition du maître de l'ouvrage », *Constr. -Urb.* n° 7-8, juillet 2011, comm. 111.
- « Promoteur de fait : définition », *Constr.-Urb.* n° 6, juin 2009, comm. 90.

SIZAIRE (D.) :

- « Le vendeur-constructeur », *Constr.-Urb.* n° 2, février 2005, étude 2.
- « Requalification en contrat de promotion immobilière », *Constr.- Urb.,* n° 5, mai 2004, comm. 98.
- « Commercialisation d'un programme immobilier et loi Hoguet », *Constr.-Urb.* n° 4, avril 2002, étude 94.
- « Responsabilité du promoteur : portée », *Constr.-Urb.* n° 12, décembre 2000, p. 293.
- « La détermination contractuelle de la destination de l'immeuble », *RDI*, 1995, p. 415.

SOULEAU (I.), « De la résidence avec services aux services avec résidence », *RDI*, 1992, p. 155.

STOFFEL-MUNCK (P.), « Déontologie et morale » *in* BERGEL (J.-L.) (dir), *Droit et déontologies professionnelles*, Librairie de l'Université d'Aix-en-Provence, 1997, p. 74.

STORCK (J.-P.) :

- « A propos de la responsabilité du vendeur qui vend, après achèvement, un ouvrage qu'il a construit ou fait construire », *D.* 2001, p. 2628.
- « La notion du constructeur au sens de l'article 1792-1, 2° du Code civil », *D.* 1998, p. 234.

TIRARD (M.), « Le domaine de la maîtrise d'ouvrage déléguée », *RDI*, 1996, p. 451.

TOMASIN (D.) :

- « Le contrat de rénovation d'une maison individuelle n'est pas un contrat de construction de maison individuelle avec fourniture de plan », *RDI*, 2013, p. 325.
- « Intermédiaires immobiliers et promoteurs immobiliers », *AJDI*, 2003, p. 249.

- « Le promoteur reste tenu d'une responsabilité contractuelle de droit commun lorsqu'il commet une faute dolosive », *RDI*, 2002, p. 231.
- « Le contrat de vente ''en kit'' est un contrat de construction de maison individuelle dès que le vendeur s'engage à procéder à la construction d'un chalet d'un certain modèle pour un certain prix », *RDI*, 2001, p. 380.
- « Innovation et responsabilité des constructeurs », *RDI*, 1990, p. 281.

TOURNAFOND (O.) :
- « Le payement du prix dans les contrats de construction » *in* TRICOIRE (J.-P.) (dir.), *Le droit de la promotion immobilière, 50 ans après la loi du 3 janvier 1967*, Dalloz, 2017, p. 27.
- « Les modalités de payement du prix et ses questions dans la VEFA : la question des versements exigibles au moment de la signature du contrat », *RDI*, 2012, p. 53.
- « Quel acompte le vendeur peut-il exiger au moment de la signature d'une vente en état futur d'achèvement ? », *RDI*, 2011, p. 281.
- « Les garants financiers retrouvent enfin leur action récursoire contre le promoteur défaillant ! », *RDI*, 2010, p. 560.
- « Dans les ventes après achèvement, la garantie décennale n'exclut pas la garantie des vices cachés du code civil », *RDI*, 2009, p. 475.

TRANCHANT (L.), « L'expertise judiciaire et le principe du contradictoire » *in* GUILLOTIN (A.) (dir.), *L'actualité du droit immobilier et de la construction. Les premières assises de L'Institut de droit immobilier de Toulon et du Var*, Edilaix, 2004, p. 205.

TRÉBULLE (F.-G.) :
- « L'accroissement de la prise en compte du développement durable dans le secteur de la construction », *RDI*, 2008, p. 176.
- « Développement durable et construction », *RDI*, 2006, p. 71.

TRICOIRE (J.-P.) :
- « La VEFA et la protection du ''consommateur immobilier'' » *in* J.-P. TRICOIRE (dir.), *Le droit de la promotion immobilière, 50 ans après la loi du 3 janvier 1967*, Dalloz, 2017, p. 68.
- « Propos introductifs » *in* J.-P. TRICOIRE (dir.), *Le droit de la promotion immobilière, 50 ans après la loi du 3 janvier 1967*, Dalloz, 2017, p. 5.
- « Promoteur ''professionnel de la construction'' et responsabilité de droit commun de l'architecte », *RDI*, 2011, p. 336.
- « Le vendeur d'immeuble en état futur d'achèvement et les dommages intermédiaires », *RDI*, 2011, p. 160.
- « La responsabilité du vendeur d'immeuble après achèvement pour désordres intermédiaires », *RDI*, 2011, p. 116.
- « L'engagement de la responsabilité du vendeur d'un immeuble à construire pour les désordres intermédiaires affectant l'immeuble vendu suppose la démonstration d'une faute », *RDI*, 2010, p. 609.

TRICOIRE (J.-P.), TOURNAFOND (O.) :

- « Article 22 de l'étude d'impact du projet de loi portant évolution du logement, de l'aménagement et du numérique (version 4 avril 2018) », *RDI*, 2018, p. 344.
- « Les conséquences du défaut de conformité de l'ouvrage avant et après la réforme du droit des contrats », *RDI*, 2018, p. 339.
- « Bref éclairage sur l'article 22 de l'avant-projet de la loi ELAN (évolution du logement et aménagement numérique) », *RDI*, 2018, p. 167.
- « Une opération de défiscalisation associant vente d'un bâti existant et travaux de rénovation lourde n'est pas une VEFA dès lors que le vendeur de l'immeuble ne souscrit aucun engagement de réaliser ou de faire réaliser les travaux », *RDI*, 2018, p. 38.
- « L'action exercée par le vendeur ''professionnel'' d'un immeuble vendu en VEFA à l'encontre d'un acquéreur ''consommateur'', pour obtenir paiement du prix, se prescrit par deux ans à compter de la livraison en application des dispositions de l'article L. 218-2 du Code de la consommation », *RDI*, 2018, p. 37.
- « L'achèvement de l'immeuble suppose qu'il soit utilisable en son entier et l'inachèvement de celui-ci permet à l'acquéreur de retenir une somme supérieure au solde de 5% du prix prévu, à l'article R. 261-14 du CCH », *RDI*, 2016, p. 604.
- « Critères du secteur protégé et vente d'immeuble assortie de travaux de rénovation lourde (avant la vente d'immeuble à rénover) », *RDI*, 2016, p. 150.
- « Le maquis des régimes applicables à la violation des normes réglementaires phoniques ou thermiques : dommage décennal, dommage spécial, ou défaut de conformité… ? », *RDI*, 2016, p. 29.
- « La suppression de la garantie intrinsèque. Ordonnance n° 2013-890 du 3 octobre 2013, relative à la garantie financière en cas de vente en l'état futur d'achèvement – Loi n° 2013-659 du 1er juillet 2013 habilitant le gouvernement à adopter des mesures de nature législative pour accélérer les projets de construction », *RDI*, 2013, p. 526.
- « Les vices apparents ne peuvent être soumis à la responsabilité spéciale des dommages intermédiaires », *RDI*, 2013, p. 91.
- « Propositions doctrinales pour une réglementation des ventes d'immeubles inachevés et prêts à finir. Forces et faiblesses de la proposition de loi AN n° 3821 ''concernant la vente en l'état futur d'achèvement d'appartements'' du 18 octobre 2011 », *RDI*, 2012, p. 380.

TRUCHET (D.), « Les définitions législatives » *in* DRAGO (R.) (dir.), *La confection de la loi*, Rapport du groupe de travail de l'Académie des sciences morales et politiques, mars 2003, p. 77.

VALSON (J.-P.), « L'inachèvement de l'ouvrage et la mise en œuvre des garanties financières », *RDI*, 1998, p. 335.

VINEY (G.) :
- « Evolution de la signification et du rôle de la faute en droit de la responsabilité civile » *in* LEQUETTE (Y.), MOLFESSIS (N.) (dir.), *Quel avenir pour la responsabilité civile ?,* Dalloz, 2015, p. 12.
- « Les clauses aménageant la responsabilité des constructeurs », *RDI,* 1982, p. 319.

ZALEWSKI-SICARD (V.) :
- « Vente en l'état futur d'achèvement et compte centralisateur », *Constr.-Urb.*, n° 11, novembre 2019, form. 9.
- « Secteur protégé : un secteur à adapter ? », *Constr.-Urb.* n° 9, septembre 2018, repère 8.
- « La fraude dans la vente en l'état futur d'achèvement en secteur protégé », *Gaz. Pal.*, n° 09, 28 février 2017, p. 56.
- « Le formalisme et le contenu des contrats de la promotion immobilière » *in* TRICOIRE (J.-P.) (dir.), *Le droit de la promotion immobilière, 50 ans après la loi du 3 janvier 1967*, Dalloz, 2017, p. 18.
- « Réflexions sur les aménagements à apporter aux dispositions relatives à la vente d'immeuble à construire », *JCP N,* n° 30-34, 28 juillet 2017, p. 55.
- « Pour l'instauration d'un contrat de rénovation en secteur protégé », *RDI,* 2014, p. 442.
- « Vente en l'état futur d'achèvement et pratique commerciale trompeuse », *Gaz. Pal,* n° 350, 16 décembre 2014, p. 27.
- « Vers l'instauration d'une vente en l'état futur d'inachèvement en secteur protégé ? », *JCP N,* 2011, p. 872.

ZAVARO (M.), « L'évolution récente de la responsabilité des constructeurs et de l'assurance construction » *in* GUILLOTIN (A.) (dir.), *L'actualité du droit immobilier et de la construction. Les premières assises de L'Institut de droit immobilier de Toulon et du Var*, Edilaix, 2004, p. 12.

ZÉNATI-CASTAING (F.), « La dimension fondatrice de l'accession à la propriété » *in* BECQUÉ-ICKOWICZ (S.), CABRILLAC (S.), MONTREDON (J.-F.) (dir.), *La protection de l'accédant immobilier*, LexisNexis Litec, 2010, p. 28.

ZITOUNI (F.), « Le DALO face au principe de réalité », *RDI,* 2016, p. 173.

TABLE DES MATIÈRES

Structures éditoriales du groupe L'Harmattan

L'Harmattan Italie
Via degli Artisti, 15
10124 Torino
harmattan.italia@gmail.com

L'Harmattan Hongrie
Kossuth l. u. 14-16.
1053 Budapest
harmattan@harmattan.hu

L'Harmattan Sénégal
10 VDN en face Mermoz
BP 45034 Dakar-Fann
senharmattan@gmail.com

L'Harmattan Cameroun
TSINGA/FECAFOOT
BP 11486 Yaoundé
inkoukam@gmail.com

L'Harmattan Burkina Faso
Achille Somé – tengnule@hotmail.fr

L'Harmattan Guinée
Almamya, rue KA 028 OKB Agency
BP 3470 Conakry
harmattanguinee@yahoo.fr

L'Harmattan RDC
185, avenue Nyangwe
Commune de Lingwala – Kinshasa
matangilamusadila@yahoo.fr

L'Harmattan Congo
67, boulevard Denis-Sassou-N'Guesso
BP 2874 Brazzaville
harmattan.congo@yahoo.fr

L'Harmattan Mali
ACI 2000 - Immeuble Mgr Jean Marie Cisse
Bureau 10
BP 145 Bamako-Mali
mali@harmattan.fr

L'Harmattan Togo
Djidjole – Lomé
Maison Amela
face EPP BATOME
ddamela@aol.com

L'Harmattan Côte d'Ivoire
Résidence Karl – Cité des Arts
Abidjan-Cocody
03 BP 1588 Abidjan
espace_harmattan.ci@hotmail.fr

Nos librairies en France

Librairie internationale
16, rue des Écoles
75005 Paris
librairie.internationale@harmattan.fr
01 40 46 79 11
www.librairieharmattan.com

Librairie des savoirs
21, rue des Écoles
75005 Paris
librairie.sh@harmattan.fr
01 46 34 13 71
www.librairieharmattansh.com

Librairie Le Lucernaire
53, rue Notre-Dame-des-Champs
75006 Paris
librairie@lucernaire.fr
01 42 22 67 13

www.ingramcontent.com/pod-product-compliance
Lightning Source LLC
LaVergne TN
LVHW011215061026
849535LV00001BA/34